Informatik-Fachberichte 205

Herausgeber: W. Brauer
im Auftrag der Gesellschaft für Informatik (GI)

P. J. Kühn (Hrsg.)

Kommunikation in verteilten Systemen

Grundlagen, Anwendungen, Betrieb
ITG/GI-Fachtagung
Stuttgart, 22.-24. Februar 1989
Proceedings

Springer-Verlag
Berlin Heidelberg New York
London Paris Tokyo

Herausgeber

Paul J. Kühn
Universität Stuttgart
Institut für Nachrichtenvermittlung und Datenverarbeitung
Seidenstraße 36, D–7000 Stuttgart 1

Die Tagung wurde ausgerichtet von der Informationstechnischen Gesellschaft (ITG) in Zusammenarbeit mit der Gesellschaft für Informatik (GI) und der Deutschen Sektion des IEEE

Wissenschaftliche Tagungsleitung

P. J. Kühn, Universität Stuttgart

Programmausschuß

D. Baum	Universität Trier
B. Butscher	GMD FOKUS, Berlin
O. Drobnik	Universität Frankfurt
N. Gerner	Siemens AG, München
G. Glas	DFVLR, Oberpfaffenhofen
H.-G. Hegering	TU München
P. Hohn	DAK, Hamburg
E. Holler	Kernforschungszentrum Karlsruhe
P. J. Kühn (Vorsitz)	Universität Stuttgart
H. W. Meuer	Universität Mannheim
G. Müller	IBM ENC, Heidelberg
J. Otto	DBP FTZ, Darmstadt
P. Pawlita	Siemens AG, München
E. Raubold	GMD, Darmstadt
S. Schindler	TU Berlin
J. C. W. Schröder	DANET GmbH, Darmstadt
O. Spaniol	RWTH Aachen
R. Speth	CEC, Brüssel
J. Swoboda	TU München
J. K. Wild	Int. Unternehmensberatung, Augsburg

CR Subject Classification (1987): C.2-3, B.4, H.4, K.6

ISBN-13:978-3-540-50893-9   e-ISBN-13:978-3-642-74570-6
DOI: 10.1007/978-3-642-74570-6

2145/3140 – 543210 – Gedruckt auf säurefreiem Papier

Vorwort

Die Fachtagungsreihe "Kommunikation in verteilten Systemen" wird von der von GI und ITG gemeinsam getragenen Fachgruppe "Rechnernetze" veranstaltet. Seit 1979 wurden in zweijährigem Turnus Tagungen in Berlin (1979, 1981, 1983), Karlsruhe (1985) und Aachen (1987) durch die Gesellschaft für Informatik (GI) ausgerichtet. Für die Durchführung der sechsten Veranstaltung in Stuttgart (1989) ist die Informationstechnische Gesellschaft (ITG) verantwortlich.

Zehn Jahre nach Einführung dieser Tagungsreihe hat das Gebiet nichts an Attraktivität verloren: Verteilte Systeme sind inzwischen Wirklichkeit geworden in Form von verteilten Datenbanken oder Serverkonzepten; neue Anwendungsbereiche wurden bei der Büroautomatisierung, der Fertigungsautomatisierung sowie der Verwaltung neuer Kommunikationsnetze im lokalen und Weitverkehrs-Bereich erschlossen. Mobilfunknetze für das zukünftige Autotelefon oder gar zur Unterstützung des öffentlichen Straßenverkehrs erweitern die Palette durch z.T. völlig neue Qualitäten.

Die Fachtagung "Kommunikation in verteilten Systemen" hat zum Ziel, neue Erkenntnisse zu Grundlagen, Anwendungen und Betrieb verteilter Systeme und ihren zugehörigen Kommunikationsaspekten zu vermitteln. Die Anwendungsbezüge wie auch die zur Kommunikation in verteilten Systemen erforderlichen Kommunikationsnetze unterstreichen den interdisziplinären Charakter des Gebietes und die Notwendigkeit des Zusammenarbeitens von Experten aus Informatik, Informations- und Nachrichtentechnik. Die Fachtagung soll Gelegenheit zu einem konstruktiven Dialog zwischen Forschern, Entwicklern, Planern und Anwendern aus Universitäten, Forschungseinrichtungen, Industrie und Netzverwaltung/-betrieb bieten.

Dieser Zielvorstellung entspricht in etwa auch das Tagungsprogramm, dessen schriftliche Beiträge in diesem Tagungsband vorliegen. Inhaltlich sind nahezu alle wesentlichen Teilgebiete repräsentiert wie

- Dienste, Protokolle, Standardisierung

- Kommunikations- und Transaktionsmechanismen

- Last- und Funktionsverbund in heterogenen Rechnernetzen

- Beschreibungs-/Entwicklungsmethoden und Werkzeuge

- Technik von LAN, WAN und Mobilfunknetzen

- Kopplung heterogener Netze

- Netzdiagnose und Netzverwaltung

- Leistungsbewertung

- Zuverlässigkeit und Datensicherheit

- Netzplanung.

Die Herkunft der Beiträge verteilt sich zu

- 52% auf Universitäten/Technische Hochschulen

- 38% auf Industrie und Unternehmen

- 10% auf Großforschungseinrichtungen und die DBP.

Hier ist besonders der gegenüber früheren Veranstaltungen deutlich gestiegene Anteil aus der Industrie hervorzuheben.

Abschließend möchte ich mich für das breite Interesse an dieser Fachtagung bedanken, das sich in einer großen Anzahl eingereichter Beiträge niedergeschlagen hat. Den Mitgliedern des Leitungsgremiums der FG Rechnernetze bzw. dem Programmausschuß sowie weiteren Gutachtern sei für ihre Mitwirkung bei der Einwerbung, der Begutachtung, der Programmgestaltung und Durchführung herzlich gedankt. Der VDE-Zentralstelle Tagungen und den Mitgliedern des lokalen Organisationskomitees gilt mein Dank für ihre Unterstützung bei der Organisation und Durchführung der Fachtagung. Die Mitarbeit von Frau V. Hauber war mir eine große Hilfe in allen Phasen der Vorbereitung, wofür ich mich besonders herzlich bedanken möchte.

Stuttgart, im Dezember 1988   Paul J. Kühn

Inhaltsverzeichnis

Formale Beschreibungsmethoden

Kommunikationsmechanismen in verteilten Systemen

Mobilfunknetze

Last- und Funktionsverbund in heterogenen Rechnernetzen

Vermittlungsverfahren und -systeme

Kommunikation in heterogenen Rechnernetzen

ATM-Breitbandvermittlungstechnik

Directory Services in Telekommunikationsnetzen

Leistungsbewertung von Lokalen Netzen

Verkehrslenkung und Datenflußsteuerung

Hochleistungs-LANs

Netzmanagement

Netzkopplung

Netzplanung

Meß-, Monitor- und Diagnosekonzepte

Kommunikation in verteilten Systemen –
Einführung und Überblick

Paul J. Kühn
Institut für Nachrichtenvermittlung und Datenverarbeitung
Universität Stuttgart

Aufbauend auf eine kurzgefaßte Begriffsbestimmung wird versucht, die wesentlichsten Aspekte der Kommunikation in verteilten Systemen anhand von Anwendungen, offenen Kommunikationssystemen und ihrer Standardisierung, Kommunikationsnetzen und anhand von Methoden und Werkzeugen für die Entwicklung sowie des Betriebs zu charakterisieren.

1 Verteilte Systeme

Unter einem verteilten System wird ein *lose gekoppeltes System* aus Datenverarbeitungseinrichtungen (Rechnern) verstanden, in dem mehrere Prozesse in einem funktionellen Verbund in koordinierter Weise ablaufen. Zweck eines verteilten Systemes ist es, Anwendungen zu unterstützen, die ihrer Natur nach örtlich verteilt sind, z.B. in Form von Betriebsmitteln (Prozessoren, Speicher, Server), Endsystemen (Rechner, Datenendgeräte) oder Daten (Datenbanken). Wesentliches Merkmal eines verteilten Systems ist die *dezentrale Organisation*, durch welche Betriebsmittel verwaltet oder Abläufe koordiniert werden. Die Koordination erfolgt durch Austausch von *Botschaften* zwischen den lokalen Betriebssystemen der einzelnen Teilsysteme über ein *Kommunikationsnetz*.
Die einzelnen Teilsysteme des verteilten Gesamtsystems sind i.a. Rechner; anstelle des verteilten Systems wird deshalb auch der Begriff ''*Rechnernetz* '' synonym verwendet. Im Gegensatz zum Rechnernetz beinhaltet das Kommunikationsnetz lediglich die Einrichtungen, welche zur Übertragung, Vermittlung und ggfs. Speicherung von Nachrichten erforderlich sind; das Kommunikationsnetz ist also ein Teil des verteilten Systems, an dem die Teilsysteme als ''Endsysteme'' oder ''Endeinrichtungen'' im Sinne von Ursprung und Ziel auszutauschender Botschaften angeschlossen sind. Abhängig von der Kompatibilität (im Sinne der Schnittstellen, Betriebsmittelausstattung und Software) der in einem verteilten System zusammengeschlossenen Rechner wird zwischen *homogenen* und *heterogenen* Rechnernetzen unterschieden.

2 Anwendungsbereiche

Verteilte Systeme finden sich in verschiedenartigen Bereichen, welche jeweils durch eine dominierende Anwendung gekennzeichnet und daraufhin ausgelegt bzw. optimiert sind. Typische Anwendungsbereiche sind

- *Verteilte Verarbeitung*
  Mehrere Teilsysteme arbeiten an einer gemeinsamen Aufgabe im Last- und/oder Funktionsverbund. Hierunter fallen Anwendungen des Supercomputing mit Pre-/Postprocessing, meteorologische Berechnungen oder Bildauswertungen.

- *Verteilte Datenbanken*
  Umfangreiche Daten sind aus organisatorischen, speichertechnischen oder sicherheitstechnischen Gründen auf mehrere Datenbanken verteilt. Die Datenverwaltung und die Organisation von Transaktionen erfordern eine Koordination, um die Konsistenz der Daten und den konfliktfreien Zugriff sicherzustellen.

- *Büroautomatisierung*

  Die Automatisierung bürotechnischer Vorgänge hat die rechnergestützte Erstellung, die Archivierung, die Veränderung, den Transport und die Wiedergabe von Dokumenten zum Gegenstand. Dokumente sind dabei i.a. aus Text- und Graphikelementen aufgebaut; im Zuge der Entwicklung werden zunehmend multi-mediale Dokumente betrachtet, welche durch Einbeziehung von Sprach- und Videoinformationen entstehen.

- *Fertigungsautomatisierung*

  In rechnerintegrierten Fertigungssystemen (CIM: Computer Integrated Manufacturing) erfolgen Entwicklung, Produktionsplanung, Fertigungsleitung, Fertigung, Materialtransport und Qualitätsprüfung rechnerunterstützt. Zur Koordination tritt neben den Materialfluß der Informationsfluß zwischen den beteiligten Einrichtungen.

- *Verkehrskontrolle*

  Neben die existierenden Leit- und Überwachungssysteme für den Flug-, Schienen-, Wasser- oder Straßenverkehr treten in Zukunft Systeme für den Individualverkehr, welche die Navigation und koordinierte Operationen unterstützen und damit zur Energieeinsparung und Sicherheit im Straßenverkehr beitragen. Derartige verteilte Systeme sind durch einen hohen Grad an Mobilität gekennzeichnet und werden durch Mobilfunknetze unterstützt.

3 Prozeßkooperation und Interprozeß-Kommunikation

Ein verteiltes System ist gekennzeichnet durch eine Reihe von Merkmalen wie die Verteilung von Betriebsmitteln, Daten und Funktionen (Prozessen, Tasks). Der koordinierte Ablauf erfordert eine *Kooperation* zwischen den einzelnen Prozessen. Die Kooperation wird durch Interprozess-Kommunikation sowie durch die Betriebsmittel- und Systemverwaltung unterstützt.

Die *Interprozeß-Kommunikation* hat den zuverlässigen Austausch von Botschaften zum Gegenstand. Das generische Ablaufgeschehen wird in Form des sog. *Client-Server-Models* beschrieben, bei dem ein anfordernder Prozeß (Client) und ein angeforderter Prozeß (Server) über Send- und Receive-Primitive kommunizieren. Spezielle Varianten dieses allgemeinen Modells unterscheiden sich hinsichtlich ihres Synchronisationsaufwandes und sind bekannt als No-Wait Send, Synchronization Send, Remote Procedure Call oder Remote Service Call.

4 Offene Kommunikationssysteme

Um die vielfältigen Funktionen der Interprozeß-Kommunikation zu verstehen und einer Normung zu unterwerfen, wurde ein Architekturmodell für offene Kommmunikationssysteme entworfen. Ziel dieses Modelles ist es, Schnittstellen und Protokolle festlegen zu können, daß Endsysteme oder Funktionsinstanzen innerhalb des Kommunikationsnetzes zusammenarbeiten können und Hersteller-unabhängig werden.

Grundprinzipien des offenen Kommunikationssystemes (OSI: Open Systems Interconnection) sind:

- *Funktionelle Schichtung*

  Aufteilung der Gesamt-Funktionalität in eine Reihe spezifischer, hierarchisch angeordneter Schichten, welche jeweils eine bestimmte Funktionalität und einen bestimmten Wirkungsbereich umfassen. Im ursprünglichen OSI-Modell werden 7 Schichten unterschieden: Bitübertragung(Physical), Sicherung (Data Link), Vermittlung (Network), Transport (Transport), Kommunikationssteuerung (Session), Datendarstellung (Presentation) und Anwendung (Application).

  Die Komplexität der Teilfunktionalitäten erfordert i.a. noch eine weitere Unterteilung in Subschichten wie z.B. 2a: Media Access Control, 2b: Data Link Control.

- *Dienstkonzept*

  Die Funktionalität einer bestimmten Schicht (N) wird in Form eines Dienstes der Schicht (N+1) als Dienstnutzer erbracht. Ein Dienst wird über adressierbare Dienstzugangspunkte und einen genormten Satz von Dienstprimitiven angefordert bzw. bereitgestellt.

- *Protokollkonzept*

  Die Erbringung des Dienstes einer Schicht (N) erfordert die Kooperation mehrerer Schicht (N)-Instanzen, welche in Form eines (N)-Protokolles näher festgelegt ist. Elemente eines Protokolles sind Art und Format der Protokoll-Dateneinheiten sowie alle prozeduralen Festlegungen für den Austausch dieser Dateneinheiten im Regel- wie auch im Fehlerfalle. Zur Unterstützung der Kommunikation zwischen schichtgleichen Instanzen werden unterschiedliche *Verbindungskonzepte* benutzt, welche Teilfunktionalitäten wie Reihenfolge, Datenflußkontrolle oder Fehlerbehebung zum Gegenstand haben.

Das OSI-Modell ist die Grundlage der *Standardisierung* von Protokollen und Diensten im Rahmen internationaler Organisationen (ISO, CCITT, ECMA, CEPT, IEEE, ANSI, IEC, EWOP, ...). Die Standardisierung der unteren Schichten ist an den Spezifika der Netze, die der oberen Schichten an den Spezifika bestimmter Anwendungsklassen orientiert.

5 Kommunikationsnetze

Kommunikationsnetze stellen die Funktionalität zum Austausch von Botschaften zwischen Endsystemen bereit. Sie unterscheiden sich hinsichtlich einer Vielzahl von Merkmalen wie etwa

- Ausdehnung (LAN, MAN, WAN: Local, Metropolitan, Wide Area Networks)
- Topologie (Stern, Ring, Bus, Vermaschung, Hierarchie)
- Übertragungsgeschwindigkeit bzw. Bandbreite
- Vermittlungsprinzip (CS, PS: Circuit, Packet Switching)
- Verkehrslenkung (Fixed, Adaptive, Nonhierarchical Routing)
- Vielfachzugriffsverfahren (zentral/dezentral)
- Signalisierung und Verbindungssteuerung
- Kommunikationsdienst (Sprache, Daten, Video; diensteintegriert)

In Rechnernetzen spielen zunächst die paketvermittelnden, öffentlichen *Weitverkehrsnetze* wie DATEX-P sowie breitbandige *lokale Netze* (LAN) eine herausragende Rolle. Die Ausdehnung der Anwendungsbereiche sowie die technologische Entwicklung erfordern bzw. ermöglichen den Einsatz von *Hochgeschwindigkeits-LAN's* und MAN's mit Paket- *und* Durchschaltevermittlung sowie von *diensteintegrierenden Digitalnetzen* in Form des Schmalband-ISDN und des zukünftigen Breitband-ISDN, welche sowohl durchschalte- als auch paketvermittelte Verbindungen erlauben; derzeit wird für das Breitband-ISDN insbesondere die ATM (Asynchronous Transfer Mode)- Technik diskutiert, bei der alle Kommunikationsdienste in Form virtueller Verbindungen mit schneller Paket-(Zellen-)Vermittlung abgewickelt werden. Für Anwendungen mit mobilen Endsystemen (Fahrzeugen) spielen in Zukunft digitale Mobilfunknetze eine Schlüsselrolle, sei es für die Telefonie oder zur Unterstützung des Individualverkehrs.

Ein spezielles Problem stellt die *Kopplung* heterogener Netze dar. Je nach Heterogenitätsgrad erfolgt die Kopplung auf Schicht 2 (Bridge), 3 (Router) oder darüber (Gateway). In der Netzkoppeleinheit müssen die unterschiedlichen Funktionalitäten der zu koppelnden Netze aufeinander abgebildet (transformiert) werden, was in der Regel mit einer Einbuße hinsichtlich der Funktionalität, aber auch hinsichtlich der Leistungsfähigkeit verbunden ist.

6 Entwicklungsmethoden und –werkzeuge

Die Entwicklung verteilter Systeme und ihrer Kommunikations-Subsysteme erfordert ein breites
Spektrum von Methoden und Werkzeugen, welches im einzelnen charakterisiert werden kann durch

- Sprachen zur formalen Spezifikation von prozeduralen Protokollabläufen
- Sprachen zur Strukturierung von Daten
- Verfahren und (Programm-) Werkzeuge zur formalen Verifikation
- Verfahren und Werkzeuge zur automatischen Codegenerierung
- Verfahren und Werkzeuge zum Konformitätstest
- Methoden und Werkzeuge zur Modellierung und Leistungsbewertung der zufallsabhängigen
  Verkehrsabläufe (Performance Modelling)
- Methoden und Werkzeuge zur Last- und Leistungs-gerechten Planung und Auslegung.

Ein Teil dieser Punkte ist selbst wiederum Gegenstand der internationalen Normung (Spezifikationssprachen, Testanordnungen). Neben den rein funktionellen Gesichtspunkten spielen zukünftig
Merkmale der Fehlertoleranz, der Adaptierbarkeit oder der Wiederverwendbarkeit eine zunehmend
wichtigere Rolle.

7 Betrieb

Verteilte Systeme sind i.a. durch einen hohen Komplexitätsgrad gekennzeichnet. Der Betrieb
solcher Systeme stellt deshalb hohe Anforderungen und muß selbst weitgehendst automatisiert
werden. Unter die betrieblichen Aspekte fallen insbesondere

- Messungen (Monitoring) des Ablaufgeschehens
- Fehlerortung und Fehlerdiagnose
- Rekonfigurierung
- Adressverwaltung (Directory Services)
- Adaptive Verkehrslenkung (Routing)
- Datenflußsteuerung
- Überlasterkennung und -abwehr
- Sicherung gegen mißbräuchlichen Zugriff bzw. gegen Angriffe.

Diese u.ä. Merkmale werden heute i.a. unter dem Dachbegriff des *Netzmanagements* zusammengefaßt. Funktionen des Netzmanagements müssen in Verbindung mit den übrigen Diensten,
Protokollen und Schichten des OSI-Modells gesehen werden; ein Teil von ihnen unterliegt deshalb
ebenfalls der internationalen Normung.

Zusammenfassung

Die Kommunikation in verteilten Systemen überdeckt ein weites Spektrum, welches von den Anwendungen über Betriebssystem-Aspekte, Kommunikationsnetze bis zu hochtechnologischen Komponenten reicht. Die vielfältigen Probleme können nur in interdisziplinärer Weise zwischen Informatik, Kommunikationstechnik und Mikroelektronik adäquat gelöst werden. Ein Großteil der
angesprochenen Probleme wird im vorliegenden Tagungsband in den Einzelbeiträgen behandelt.

INTERNATIONAL STANDARDIZED PROFILES (ISP)

- FTAM als Beispiel harmonisierter OSI - Standards -

Klaus Truöl
DFN - Verein, Berlin
GMD, Darmstadt

1 Einleitung

Offene Kommunikation mit Hilfe elektronischer Medien (Open Systems Interconnection, OSI) ist im Zeitalter von weltweiter enger Verzahnung und Informationsaustausch für Wirtschaft und Wissenschaft ein wichtiges internationales Anliegen für Forscher, Entwickler und Anwender. Sie bedeutet die Möglichkeit, mit Rechnerunterstützung Briefe und Daten auszutauschen, gemeinsame Probleme zu bearbeiten, 'elektronische' Konferenzen abzuhalten, Dateien zu transferieren, die Kapazität entfernter Rechenanlagen und Spezialgeräte zu nutzen. Dies alles unabhängig von speziellen Herstellertechnologien, von Hardware- und Betriebssystemeigenschaften der lokal verfügbaren Rechner.

Nur von solcher Offenen Kommunikation soll hier die Rede sein.

Standards oder **Normen** für diese Art der Telekommunikation werden von den zuständigen Gremien der **ISO** (International Standardization Organization) in Zusammenarbeit mit den nationalen Normungsgremien wie DIN (Deutsches Institut für Normung), AFNOR (Association Francaise de Normalisation), BSI (British Standards Institute) usw. erarbeitet und verabschiedet. Der **CCITT** gibt für die durch Telematik-Dienste berührten Bereiche Empfehlungen *(Recommendations)* heraus, die natürlich auch de facto normativen Charakter haben. Diese legen die Grundregeln für eine vom Anwender dringend geforderte weltweite offene Kommunikation fest; OSI ist das Schlagwort, dem sich Normer, Hersteller und Anwender verschrieben haben.

'International Standards' und 'Recommendations' liegen inzwischen für alle sieben Schichten des Basis - Referenzmodells der ISO für die Kommunikation Offener Systeme vor. Insbesondere für die Anwendungsschicht sind noch eine Reihe weiterer in Bearbeitung. Der Anwender kann sich also zufrieden zurücklehnen; der Implementierer wird flugs diese Standards in benutzerfreundliche Programmpakete überführen? OSI, herstellerübergreifend, weltweit und offen, ist damit Realität geworden? - Dies ist leider nicht der Fall. Es beginnt eine emsige Arbeit, auf die sich Hersteller und Implementierer, Anwender und Nutzervereinigungen stürzen, um OSI wirklich praktikabel zu machen, um die Kommunikationsfähigkeit heterogener Systeme sicherzustellen. Die internationalen Standards und Empfehlungen sind in ihrer Funktionalität - sicher vernünftigerweise - sehr umfangreich; sie decken alle vorhersehbaren Anwenderwünsche ab; sie enthalten viele Optionen und unterschiedliche Wahlmöglichkeiten. Implementierungen für spezielle Anwendungsbereiche werden sich daher im allgemeinen auf bestimmte Teilmengen eines Standards beschränken. Beispiele hierfür sind die einfache Funktionalität der Übertragung vollständiger Files bei FTAM (File Transfer, Access and Management), die Auswahl bestimmter 'Functional Units' der Kommunikationssteuerungsschicht, die Auswahl einer bestimmten Klasse des Transportprotokolls der Schicht 4. Für Parameterwerte, Parameterlängen, Puffergrößen müssen oft Annahmen von Maximalwerten gemacht werden. Es werden somit Anwender mit unterschiedlichen Softwarepaketen nur dann miteinander kommunizieren können, wenn allen die gleiche Teilsicht der relevanten Basisstandards zugrundeliegt.

2   Funktionale Standards

Genau hier ist die Arbeit an **Auswahlnormen, Functional Standards, Profiles, Implementation Agreements, Implementation Guides** etc.   anzusiedeln, die bei zahlreichen Gruppierungen, Organisationen und Projekten mit teilweise komplex vermaschten Kooperationsbeziehungen durchgeführt werden. Während die Basisstandards der ISO horizontale Schnitte durch die Kommunikationsarchitektur beschreiben, eben gemäß dem berühmten 7 - Schichtenmodell, fügt ein funktionaler Standard diese Scheiben wieder zu einem Ganzen zusammen. Er beschreibt die vertikale Sicht, einen 'Protokollstack', aus welchen Protokollauswahlen und -teilmengen, mit welchen zusätzlichen Vereinbarungen, eine Telekommunikationsfunktion (die Schichten 1 bis 4 umfassend) oder eine Anwendungsfunktion (Schichten 5 bis 7) aufgebaut wird. Ein funktionaler Standard legt fest

**"Um die Anwendungsfunktion X zu realisieren, benutze
die Standards A, B, C, ... in der folgenden Weise"**

Dabei ist es das Ziel, in einem funktionalen Standard die Anzahl der Optionen der zugehörigen Basisstandards so weit wie möglich zu reduzieren im Hinblick auf die zu erfüllende Kommunikationsfunktion. Auf dieser Grundlage kann dann der Implementierer noch seine letzten Entscheidungen für die Produktspezifikation oder der Beschaffer/Nutzer für die Beschaffungsspezifikation treffen (Abbildung 1).

```
{Basis - Standards} --> Funktionaler Standard --> Produktspezifikation
```

Abbildung 1:   Funktionaler Standard

In den vergangenen Jahren haben sich eine ganze Reihe von Organisationen, von Nutzer- und Herstellervereinigungen, von Netzbetreibern und sonstigen Interessengruppen, mit dieser Umsetzung von Basisnormen in praktikable und implementierbare Spezifikationen beschäftigt. Dabei gab es ein Netzwerk von teilweise nur von Insidern durchschaubaren Kooperationsbeziehungen zwischen diesen Gremien, mit den entsprechenden Problemen, die Kompatibilität zwischen diesen Spezifikationen zu erreichen.

Einige Namen dieser Gruppen seien hier aufgezählt, ohne ihre Aufgaben im einzelnen zu beschreiben.

CEN/CENELEC	Joint European Standards Institution
ITSTC	Information Technology Steering Committee
CEPT	Konferenz der Europäischen Post- und Fernmeldeverwaltungen
ETSI	European Telecommunications Standards Institute, Sitz bei Nizza
ECMA	European Computer Manufacturers Association
SPAG	Standards Promotion and Application Group (Europa)
COS	Corporation for Open Systems (USA)
POSI	Promoting Conference for OSI (Japan)
INTAP	Interoperability Technology Association for Information Processing (Japan)
MAP	Manufacturing Automation Protocol (USA und weltweit)
EMUG	European MAP Users Group
TOP	Technical and Office Protocols (USA und weltweit)
OSITOP	Europäische TOP- Gruppe

3 Regionale OSI Workshops

Dieses Geflecht von Organisationen ist bzgl. der Erstellung von Profilen eigentlich erst im Jahr 1988 durchschaubarer geworden. Es haben sich weltweit 3 **Regionale OSI Workshops** gebildet, deren Aufgabe es ist, gemeinsam mit Herstellern, Implementierern und Anwendern die Umsetzung der Basis - Standards der ISO in Anwendungsfunktionen, in Funktionale Standards festzulegen. Die Abbildung 2 gibt diese Struktur wieder.

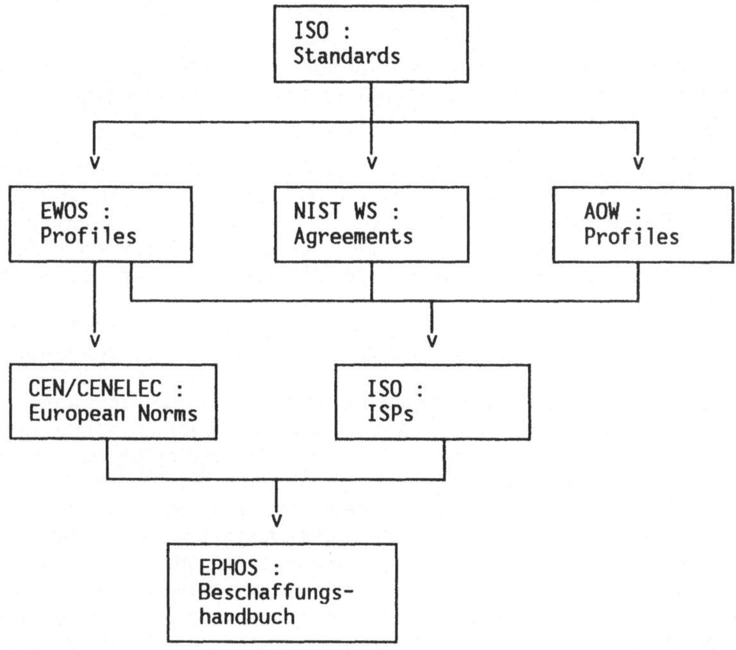

Abbildung 2: Struktur für Standards und Funktionale Standards

EWOS - European Workshop for Open Systems. Gegründet im März 1988 mit Sitz in Brüssel. Der Workshop hat eine Vollversammlung (Technical Assembly) und Experten - Gruppen zu File Transfer, Office Document Architecture, Message Handling, Directory, Virtuelles Terminal, Manufacturing Message Service (MMS) und Lower Layers. In diesen findet die eigentliche technische Arbeit statt. Workshop - Treffen sind viermal jährlich, je eine Woche, wobei die Teilnahme und Mitarbeit im Prinzip offen für alle Firmen, Forschungseinrichtungen und Nutzergruppen ist. Auf diesem Workshop werden 'EWOS Dokumente' (ED) erarbeitet, die Profilen oder funktionalen Spezifikationen entsprechen; sowie 'EWOS Technical Guides' (ETG), die mehr einen informativen, tutoriellen Charakter haben. Die Arbeit von EWOS zielt in Richtung auf europäische Vereinbarungen, abgestimmt mit den übrigen Workshops, und weiter auf europäische Normen und internationale Profile (s. Kapitel 4).

NIST WS - NIST Workshop for Implementors of OSI am National Institute of Standards and Technology (ehemals NBS, National Bureau of Standards) in den USA. Hier werden seit fünf Jahren 'Implementation Agreements for Open Systems Interconnection Protocols' erarbeitet, die weltweite Beachtung gefunden haben. Sie sind insbesondere die Grundlage für die MAP/TOP - Spezifikationen und für das 'Government Open Systems Interconnection

Profile' (US GOSIP). Die Struktur dieses Workshops war in vielem Modellbeispiel für die Bildung der übrigen beiden Workshops.

Es sind hier 'Special Interest Groups' (SIG) eingerichtet für X.400, Directory, FTAM, ODA, Virtuelles Terminal, Security, Management, Upper Layers, Lower Layers, Registration.

AOW - Asian and Oceanian Workshop für den ostasiatischen Raum, gegründet im März 1988 mit den gleichen Zielen wie die oben genannten Workshops. Die Gründungsländer sind Japan, Korea, China und Australien. 'Special Interest Groups' sind zur Zeit gebildet für FTAM, ODA, WAN, LAN.

Im folgenden noch ein Ausblick speziell auf die europäische Szene, um kurz den Weg von den Basisstandards zu Produkt- oder Beschaffungsspezifikationen, dargestellt in Abbildung 2, vollständig zu beschreiben.

CEN/CENELEC - Joint European Standards Institution - ist das Komitee zur Verabschiedung europäischer Vornormen (ENV) bzw. Normen (EN), die auch als Funktionale Standards beschrieben sind. Bisher waren bei CEN/CENELEC eigene Working Groups zur Erarbeitung dieser europäischen Normen eingesetzt; künftig werden die verabschiedeten Workshop-Dokumente von EWOS für diesen Zweck verwendet werden. Europäische Normen und Vornormen haben die wesentliche Bedeutung, daß sie gemäß einem Ratsbeschluß der Europäischen Kommission vom Dezember 1986 künftig obligatorisch Grundlage sind zumindestens für Telekommunikationsbeschaffungen im europäischen öffentlichen Bereich.

EPHOS - European Procurement Handbook for Open Systems - In einem europäischen Projekt, hauptsächlich getragen von den Ländern Bundesrepublik, England und Frankreich, wird seit Juli 1988 an einem solchen Handbuch für Beschaffer im Bereich der Nutzung Offener Systeme gearbeitet. Grundlage hierfür ist eine bereits existierende englische Vorversion (GOSIP - Government Open Systems Interconnection Profile). Ein solches Beschaffungshandbuch, für das europaweit Gültigkeit angestrebt wird, stellt die letzte Stufe in der in Abb. 2 skizzierten Hierarchie dar. Für einen Beschaffer, der im allgemeinen kein OSI - Experte sein wird, sollen verständliche Einführungen, Übersichten und Empfehlungen gegeben werden, welche funktionalen Standards, wie und mit evtl. welchen zusätzlichen Festlegungen bei der Produktauswahl für eine Anwendungsfunktion herangezogen werden sollen. Es wird Hinweise zur Notwendigkeit und Durchführung v n Konformitätstests enthalten. Grundlage für ein solches EPHOS werden die europäiscl.n Normen und die international standardisierten Profile sein. Diese werden also für den Beschaffer verständlich gemacht.

4   **International Standardized Profiles**

'Offene Kommunikation' zielt auf weltweite Kommunikation und sollte nicht auf einzelne Regionen beschränkt bleiben. Es ist daher die grundlegende Annahme, daß die technischen Experten der drei Regionalen Workshops hervorragend zusammenarbeiten, ihre Profiles oder Agreements so weit koordinieren oder **harmonisieren**, daß es möglichst keiner weiteren Koordinierungsanstrengungen bedarf, um gemeinsam aus diesen drei Workshops Entwürfe für **International Standardized Profiles (ISP)** an die ISO für die internationale Registrierung zu schicken. Künftig werden also wichtige OSI-Anwendungs-funktionen durch ISPs beschrieben.

Im Jahre 1987 wurde bei dem ISO/IEC JTC1 die Idee akzeptiert, Profile der oben beschriebenen Art international zu standardisieren, ISPs zu erarbeiten, um die Umsetzung des OSI-Konzeptes in die Praxis zu unterstützen. Es wurde eine 'Special Group on Functional Standardization' (SGFS) gebildet mit dem Auftrag, in einem Technical Report TR

10000 Ziele, Prozeduren, Inhalte für künftige ISPs zu beschreiben. Dieser Report liegt zur Zeit als Entwurf vor, als Proposed Draft TR 10000.

Ein ISP entspricht einem Profil, einem funktionalen Standard, wie sie von den Workshops erarbeitet werden. Wesentlich ist, daß für die Erarbeitung eines ISP keine Arbeitsgruppe bei der ISO eingerichtet wird, sondern daß, auch zur Beschleunigung des Verfahrens, auf bereits existierende und international abgestimmte Profile zurückgegriffen wird. Jede Mitgliedsorganisation der SGFS (die nationalen Normenorganisationen sowie COS, SPAG, POSI, MAP/TOP) kann einen Profil-Entwurf zur Abstimmung zum ISP einreichen. Dabei ist grundsätzlich der Nachweis zu erbringen, daß dieser Entwurf international abgestimmt, also im wesentlichen von den drei Regionalen Workshops akzeptiert oder gemeinsam erarbeitet wurde. Dieser Entwurf wird - vorher auf formale und strukturelle Korrektheit überprüft - an die JTC1-Mitglieder für eine 3-monatige Abstimmung verschickt, und anschließend ist ein ISP verabschiedet. Diese Prozedur ist vereinfacht in der Abbildung 3 wiedergegeben, wobei alle verzögernden Zyklen von formalen Fehlern, von negativen Abstimmungsergebnissen, Einarbeitung von Kommentaren aus der Abstimmung, usw. zur Vereinfachung nicht berücksichtigt wurden.

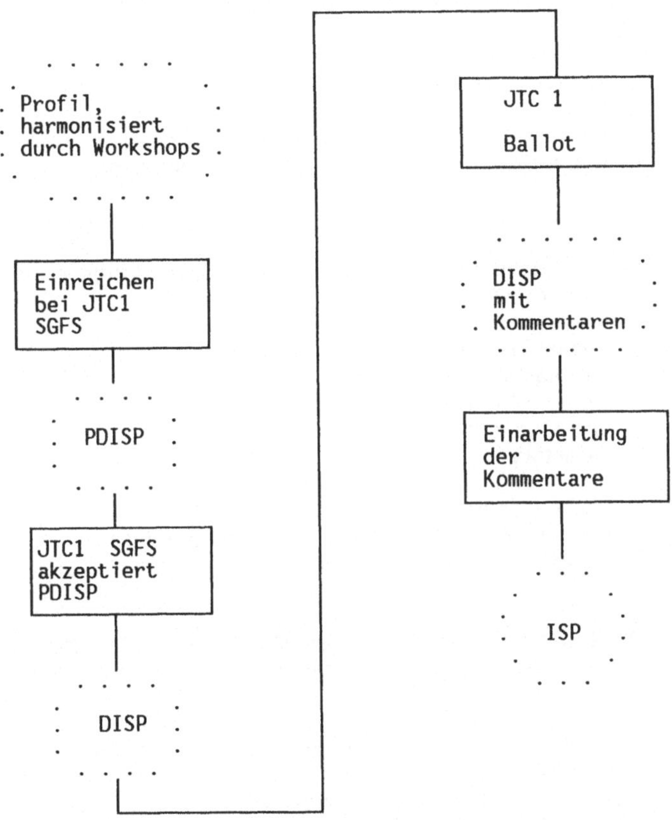

Abbildung 3:   Prozedur für ISPs (vereinfacht)

Die Struktur eines ISP wird im Teil 1 des PDTR 10000 beschrieben. Die wesentlichen Elemente sind die Beschreibung aller getroffenen Auswahlen und Festlegungen für die der angestrebten Funktion zugrunde gelegten Standards. Voraussetzung ist natürlich, daß die Konformität zu den Basisstandards gewahrt bleibt. In tabellarischer Form werden in einem

Anhang, dem **ISPICS Proforma** (ISP Implementation Conformance Statement Proforma) sämtliche Charakteristika der Protokolle, ihrer Protokolldateneinheiten und Parameter gemäß einer Klassifizierung in 'mandatory', 'optional', 'conditional', 'excluded', etc. aufgelistet. Diese Tabellen, erstellt anhand der entsprechenden PICS-Tabellen (Protocol Implementation Conformance Statement) der referierten Basisstandards, geben dem Implementierer die Möglichkeit, weitere Charakteristika eines Produktes zu beschreiben. Dem Nutzer geben sie sehr detailliert Auskunft über die Eigenschaften einer ISP-Realisierung.

5 Taxonomie der ISPs

Eine vollständige Taxonomie der zur Zeit identifizierten ISPs wird in Teil 3 des PDTR 10000 beschrieben. In dem hier vorgelegten Beitrag sollen daher nur einige Grundzüge wiedergegeben und im folgenden am Beispiel von FTAM etwas näher erläutert werden.

Die Einteilung der internationalen Profile ist vorgesehen wie folgt.

Transport-Profile
Zahlreiche einzelne Profile für verbindungsorientierten/verbindungslosen Transportdienst über verbindungsorientiertem/verbindungslosem Vermittlungsdienst für verschiedene Kombinationen von Transportprotokollklassen und für unterschiedliche Typen von Teilnetzen

Relay-Profile
Diese Struktur ist zur Zeit noch nicht genau festgelegt

Anwendungs-Profile
Zahlreiche einzelne Profile für die Anwendungsbereiche
File Transfer, Access and Management
Message Handling
Virtual Terminal
Transaction Processing
Remote Data Base Access
OSI Management
Directory

Format-Profile
Office Document Format
Computer Graphics Metafile Interchange Format
SGML Interchange Format

Es muß dazu erwähnt werden, daß für einige dieser genannten Bereiche die genaue Teilstruktur der ISP-Klassifizierung noch nicht festgelegt ist. Am weitesten entwickelt ist die Taxonomie für den Transportbereich, für FTAM und für MHS.

Konkrete Arbeiten an ISP-Entwürfen in Kooperation zwischen den drei OSI-Workshops laufen zur Zeit an einem FTAM-Profil (s. Kapitel 6) und sechs Transport-Profilen. Der Abschluß dieser Arbeiten, die endgültige Akzeptanz durch die drei Workshops und die Übersendung an ISO/IEC JTC1 als PDISPs ist für das Frühjahr 1989 vorgesehen.

6 Stand der FTAM-Profile

Als ein Beispiel soll hier der Stand der internationalen Arbeiten zur Harmonisierung von FTAM (File Transfer, Access and Management) etwas näher erläutert werden.

Der FTAM-Standard beschreibt ein Protokoll, das es einem 'Initiator' erlaubt, auf Files im 'Virtual Filestore' eines 'Responders' zuzugreifen.

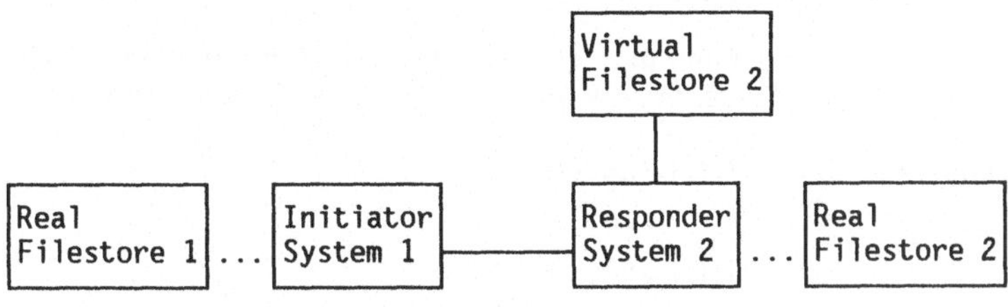

Abbildung 4:   Modell von FTAM

Zugriff auf den Virtual Filestore bedeutet dabei

- Übertragung ganzer Files in beiden Richtungen
- Zugriff (lesend, schreibend) auf einzelne Teile eines Files
- Kreieren und Löschen von Files, Lesen und Verändern von File-Attributen.

Ein virtuelles File ist, grob gesprochen, definiert als eine hierarchische Baumstruktur von Dateneinheiten (File Access Data Units, FADU). Diese FADUs sind die Einheiten in einem File, auf die zugegriffen werden kann, entweder auf die FADU allein oder einschließlich des durch sie bestimmten Teilbaumes der Struktur. Die Abbildung auf den realen Dateispeicher eines konkreten Endsystems wird vom FTAM-Standard nicht beschrieben. Definiert sind umfangreiche Mechanismen, um Klassen von Virtuellen Files (Document Types) gemäß ihrem strukturellen Aufbau, Zugriffsbeschränkungen, abstrakter und konkreter Syntax der FADUs zu beschreiben und zu kommunizieren.

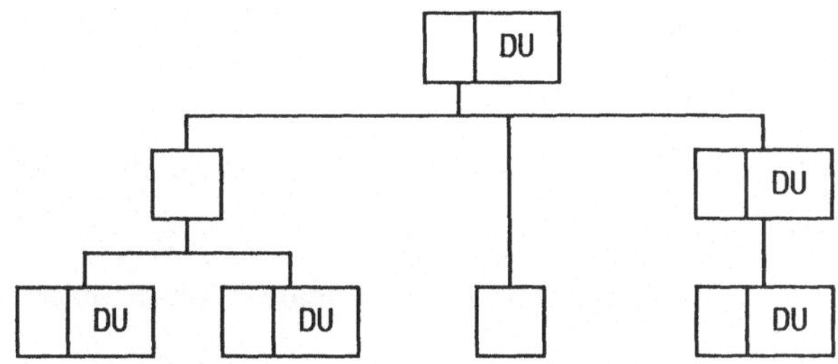

Abbildung 5:   FADU Zugriffsstruktur

Übereinstimmend bei allen drei Workshops und für die ISP-Taxonomie ist die im Detail sehr komplexe Funktionalität des FTAM-Standards unterteilt in sechs verschiedene Anwendungsfunktionen, Profiles (im folgenden wird die ISP-Terminologie verwendet, 'A' steht für Application, 'FT' für File Transfer).

AFT11:   Übertragung ganzer Files, evtl. auch nur für eine Richtung, kein Zugriff auf einzelne FADUs.
Recovery, Kreieren, Löschen, Lesen von Attributen sind Optionen.
Struktur: Hierarchietiefe 1 (entspricht einer Datei mit nur einem einzigen Satz)

AFT12:   wie AFT11
Struktur: Hierarchietiefe 2 (entspricht einer Datei mit Satzstruktur)

AFT13:   wie AFT11
Struktur: Hierarchie beliebig

AFT22:   Übertragung ganzer Files und wiederholter Zugriff auf einzelne FADUs des File
Auch hier sind Recovery, Kreieren, Löschen und Lesen von Attributen Optionen.
Struktur der Files: Hierarchietiefe 2

AFT23:   wie AFT22
Struktur der Files: Hierarchietiefe beliebig

AFT3:   Kreieren und Löschen von Files, Lesen und Verändern von File-Attributen.
Dieses Profil ist vorgesehen für die Implementierung stets zusammen mit mindestens einem der Übertragungs- (AFT1n) oder Zugriffsprofile (AFT2n).

Die internationale Abstimmung zu diesen Entwürfen ist zur Zeit noch in vollem Gange. Die folgende Tabelle gibt eine Übersicht über die erwarteten Fertigstellungstermine.

	EWOS	NIST WS	AOW	ISO PDISP
AFT11	ENV 41 204 Juni 88	März 89	März 89	April 89
AFT12	April 89	März 89	Ende 89	Ende 89
AFT13	offen	offen	offen	offen
AFT22	April 89	März 89	Ende 89	Ende 89
AFT23	offen	offen	offen	offen
AFT3	Januar 89	März 89	Anfang 90	Ende 89

Tabelle 1:   Regionale und Internationale FTAM-Profile

Für die Interpretation dieser Tabelle ist folgendes zu berücksichtigen:

- Einige der genannten Termine beruhen auf persönlicher Einschätzung des Autors

- Terminologie und Name für die Profile ist bei den Workshops leicht unterschiedlich. Ihre technischen Inhalte sind äquivalent bis auf wenige regionale Charakteristika, die Kommunikation nicht beeinträchtigen

- Für den NIST WS wurden die Termine der sog. FTAM Phase 3 berücksichtigt, die eine Fortentwicklung von FTAM-Profilen der Phase 2 (Dezember 1987) darstellt.

7 Konformitäts- und Interoperabilitätstest

Weder internationale Standards noch international standardisierte Profile geben an sich schon die Gewähr, daß entsprechende Produkte auch eine problemlose Kommunikation ermöglichen. Die Bedeutung von Tests, die sowohl Interoperabilität zwischen Systemen als auch Konformität mit Basisstandards oder Funktionalen Standards abprüfen, braucht an dieser Stelle nicht weiter ausgeführt zu werden.

Test-Zentren sind zur Zeit weltweit im Aufbau. In Europa wird dies im wesentlichen vorangetrieben durch die Projekte CTS-WAN und CTS II der Europäischen Kommission (CTS = Conformance Testing Service). Testlabors entstehen beim FTZ in Wiesbaden, British Telecom und NCC in England, SPAG in Brüssel, der PTT in Dänemark, SEPT/CNET in Frankreich, TE in Irland, CSELT in Italien, Telefonica in Spanien.

In USA liegen diese Aktivitäten schwerpunktmäßig bei COS, und in Japan wurde Anfang 1988 ein 'INTAP Conformance Test Center' (ICTC) gegründet. Die Kooperation ist insbesondere sehr eng zwischen SPAG und COS.

Getestet werden von diesen Testlabors im wesentlichen regionale Funktionale Standards (Europäische Vornormen, europäische Normen, Profile der Workshops, MAP/TOP-Spezifikationen). Es ist zu erwarten, daß diese Labors auf ISPs übergehen oder diese zumindestens einbeziehen, sobald sich das Konzept für ISPs stabilisiert hat und vor allem die ersten International Standardisierten Profile offiziell vorliegen werden.

Literatur

CEN/CENELEC/CEPT Memorandum M-IT-02
Directory of Functional Standards, Februar 1988

CEC
IES News - Newsletter zum ESPRIT, Information Exchange System
Luxemburg, Jahrgänge 1987, 1988

ISO/IEC PDTR 10000 Information Processing Systems - International Standardized Profiles
Proposed Draft Technical Report, Oktober 1988
Part 1: Taxonomy Framework
Part 2: Taxonomy Update, ISP Approval and Maintenance
Part 3: Taxonomy of Profiles
Part 4: Directory of Profiles and ISPs

NBS
Stable Implementation Agreements for Open Systems
Interconnection Protocols, Version 1, Edition 1
NBS Special Publication 500 - 150
Dezember 1987 (mit verschiedenen Update-Editions)

OSIS
Open Systems Information Services
IOS, Amsterdam, Jahrgang 1988

Truöl, K.
Standards - Functional Standards - Profiles
Ein Pfad durch den OSI-Dschungel
DFN-Mitteilungen, Heft 5, 1986

US GOSIP
Government Open Systems Interconnection Profile
FIPS Publication 146, NBS 1988

UK GOSIP
UK Government OSI Profile
CCTA, London Januar 1988

Verteilte Bearbeitung von Multi-Media-Dokumenten in einer Breitbandumgebung

G. Schürmann, U. Holzmann, T. Magedanz

Forschungszentrum für Offene Kommunikationssysteme
FOKUS GMD-Berlin
Hardenbergplatz 2
1000 Berlin 12
E-mail: schürmann@fokus.berlin.gmd.dbp.de

Dieser Beitrag beinhaltet eine kurze Beschreibung von Multi-Media-Dokumenten (MMDs) und den sich daraus ergebenden Anforderungen an Kommunikationsstrukturen. Es wird ein erster Ansatz für ein *Multi-Media-Document-Handling-System* (MMDHS) vorgestellt, das zur Handhabung von MMDs in einer Breitbandumgebung, beispielsweise ISDN-B mit einer Übertragungsrate von 144 Mbit/s, eingesetzt werden kann. Das vorgestellte MMDHS integriert und vereinigt existierende Dienste, die zu Übertragung, Verteilung, Handhabung, Speicherung und Zugriff auf MMDs zur Verfügung stehen und ist so konzipiert, daß es um zukünftige Dienste erweiterbar ist.

Ziel ist es ein Kommunikationsmodell zu entwerfen, das den Anforderungen an die Bearbeitung und Verteilung vom Multi-Media-Dokumenten gerecht wird, die sich aus Text, Graphik, Audio, Fest- und Bewegtbild und anwendungsspezifischen Daten, beispielsweise Produktdefinierenden Daten (CAD), zusammensetzen können.

1   Einleitung

Das im folgenden beschriebene *Multi-Media-Document-Handling-System* unterstützt die Bearbeitung von verteilt vorliegenden Multi-Media-Dokumenten in einer Breitbandumgebung. Diese Dokumente können aus einer Anzahl verschiedener *Informationstypen* wie Text, Graphik, Audio/Sprache, Bewegtbild, Festbild und anwendungsspezifischen Informationstypen (CAD) zusammengesetzt sein.

Betrachtet man heute verfügbare Dokumentenverarbeitungssysteme, so lassen sich damit neben Text teilweise auch Tabellen (Spreadsheets), Formeln und Graphik handhaben. Der Nachteil bei vielen Systemen liegt darin, daß hersteller- und/oder produktspezifische Datenstrukturen benutzt werden, und somit extern erzeugte Daten aus Graphik- und Statistikanwendungen nicht integriert werden können.

Daneben existieren einige Telekommunikationsdienste (z.B.: Telex, Teletex, Telefax, Nachrichtenübermittlungssysteme (MHS), Dateitransferdienste), die zum Austausch von Dokumenten benutzt werden können. Jedoch können mit Hilfe dieser Dienste nicht die Informationstypen *Bewegtbild* (Video) und *Audio* übertragen werden und die Weiterverarbeitbarkeit von Dokumenten ist nicht immer gewährleistet.

Aus der Sicht eines Benutzers ist es mehr als wünschenswert die zwei Bereiche der Dokumentenbearbeitung und -übertragung zu harmonisieren. Dazu muß Erzeugung, Austausch, Bearbeitung und Weiterverarbeitbarkeit nach Austausch von Dokumenten ermöglicht werden, ohne Einschränkungen durch verschiedene Rechnersysteme zu unterliegen. Gleichzeitig lassen sich, teilweise auf der Grundlage einer Breitbandumgebung, weiterreichende Forderungen definieren. So sollen beispielsweise die Informationstypen Bewegtbild (z.B. HDTV) und Audio Bestandteil eines Dokuments sein, das somit zu einem Multi-Media-Dokument wird. Die Bearbeitung eines MMD soll von mehreren Benutzern synchrone und interaktiv durchgeführt werden und auf Dokumente muß lokal/global sowie vollständig/teilweise zugegriffen werden können.

Die Integration von Informationstypen wie Bewegtbild und Audio in Dokumente hat einerseits Auswirkungen auf deren Datenstruktur, aber auch auf die in einem Netzwerk zur Verfügung stehenden Dienste aufgrund weitergehender Anforderungen. Darüber hinaus sind Endgeräte wie Workstations und Terminals davon betroffen, die dem Benutzer die Möglichkeit bieten müssen, verschiedene Informationstypen parallel zu präsentieren.

2 Das Multi-Media-Dokumentenmodell

Um zu einem einheitlichen Modell zu gelangen, das die Möglichkeiten einer Breitbandumgebung berücksichtig, sind zwei verschiedene Bereiche aufeinander abzustimmen. Ein *Multi-Media-Datenmodell* ist zu entwerfen, das die möglichen Strukturen eines MMD festlegt, die Informationstypen eines MMD beschreibt und einen Rahmen definiert, in dem MMDs dargestellt und manipuliert werden können. Beim Entwurf des Datenmodells muß berücksichtigt werden, daß MMDs zwischen verschiedenen Instanzen verteilt vorliegen können und die Integration der Informationstypen *Bewegtbild* und *Audio* zur Folge hat, daß das Modell die Dimension *Zeit* beinhalten muß. Letztere ist bis jetzt in keinem Dokumenten-Datenmodell konzeptionel integriert. Der Bereich, in dem Multi-Media-Dokumente verteilt vorliegen können, umfaßt sowohl Büroumgebungen als auch internatonale Arbeitsgruppen, in denen Dokumente, möglicherweise gleichzeitig, von mehreren Personen bearbeitet werden. Das Verhalten von miteinander kommunizierenden Gruppen läßt sich beispielsweise mit Hilfe des *Amigo-Activity-Model* durch die Definition von Rollen, Aufgabenbereichen und Regeln beschreiben [AMIGO-88].

Wie Kommunikation und adequate Handhabung vom Multi-Media-Dokumenten realisierbar ist und durch welche Mittel Kommunikation unterstützt werden kann, wird durch das *Multi-Media-Kommunikationsmodell* definiert. Aus den Anforderungen an (Gruppen-) Kommunikation und den Möglichkeiten, die sich aus Hochgeschwindigkeitsnetzen ergeben, lassen sich neue Dienste idenfizieren, die durch das *Multi-Media-Document-Handling-System* (MMDHS) bereitzustellen sind, da sie bis jetzt noch nicht angeboten werden. In dem Kommunikationsmodell spiegelt sich ferner das Wissen über Multi-Media-Dokumente wieder: Wo sind MMDs im Netzwerk abgelegt? Wie sind unterschiedliche Informationstypen zu übertragen? Welche Kommunikationsinstanzen haben zu kooperieren, um einen Dienst zu erbringen? Hierzu kann unter Umständen auf bestehende Dienst wie *Message Transfer System* und *Directory Service* zurückgegriffen werden (siehe Kapitel 5).

Der Entwurf und die Definition eines Kommunikationsmodell sind nicht unabhängig von dem zugrundeliegenden Datenmodell, da einige Informationstypen die Art der Übertragung von MMDs oder MMD-Teilen beeinflußen. Für den Austausch von Bewegtbildern werden beispielsweise hohe Übertragungsraten ohne Verzögerungen benötigt, wenn Bewegtbildsequenzen ohne Zwischenspeicherung dargestellt werden sollen. Dies ist mit den zur Zeit zur Verfügung stehenden Protokollen auf der Transportschicht (OSI-Layer 4) nicht durchführbar.

Dieses Papier enthält einen ersten Entwurf für ein Kommunikationsmodell, wobei das MMDHS neue Dienste bereitstellt, gegebenenfalls bestehende Dienste integriert oder mit ihnen kooperiert. Das Datenmodell ist nicht Bestandteil dieses Beitags und wird nur, falls notwendig, im Zusammenhang mit dem Kommunikationsmodell erwähnt.

2.1 Existierende Dienste und Möglichkeiten der Erweiterung

Innerhalb der Standardisierung gibt es bereits spezifizierte Anwendungen, die 'verteiltes Bearbeiten' unterstützen wie Directory Service (DS) [CCITT-X.500], Message Handling System (MHS) [CCITT-X.400], Document Filing and Retrieval (DFR) [ISO-DFR], File Transfer, Access and Manipulation (FTAM) [ISO-FTAM]. Diese Systeme unterstützen die Speicherung, Verteilung und Manipulation von Dokumenten und die Kommunikation in verteilten Systemen, haben aber kein Möglichkeit, die Kommunikation von zusammenarbeitenden Gruppen zu ermöglichen. Hierfür werden weiterreichende Werkzeuge und Dienste benötigt, die Teil eines *Multi-Media-Document-Handling-Systems* sein können. Verteilerlisten und Nachrichtenspeicher sind dabei nur ein rudimentärer Ansatz zur Handhabung von MMDs in einer durch Gruppen geprägten Umgebung. Sie genügen jedoch nicht den folgenden Anforderungen:

- N:M-Kommunikation zwischen Gruppen muß möglich sein.

- Dynamisches Gruppenverhalten in Form von Rollen, Regeln, Arbeitsschwerpunkten muß berücksichtigt werden.

- Komplexe Arbeitsvorgänge wie Terminabsprachen und die Erledigung von Büroaufgaben müssen durchführbar sein.

- Die Informationstypen Audio, Fest-/Bewegtbild und Anwendungsspezifische Daten müssen in Dokumente integrierbar sein, das bedeutet die Integration von flußgesteuerten Daten und Daten mit garantiertem Durchsatz.

- Die synchrone Bearbeitung von Multi-Media-Dokumenten (z.B. joint editing) muß gewährleistet werden.

Das nachfolgend skizzierte MMDHS unterstützt die Handhabung und Bearbeitung von MMDs und kooperiert selbst mit anderen Diensten, um die geforderte Funktionalität zu erbringen. Eine Möglichkeit, dieses Ziel zu erreichen, ist die Integration von Diensten in einer gemeinsamen Benutzungsschnittstelle. Dies führt zu einem System, dessen Funktionalität durch die Summe der Einzel-Funktionalitäten bestehender Dienste bestimmt ist. Eine Erweiterung der Funktionalität, wie beispielsweise die Koordinierung von Arbeitsgruppen, kann so nicht erreicht werden. Es macht aber auch nur wenig Sinn, neue Funktionalitäten, die aufgrund erweiterter Anforderungen notwendig werden, in bestehende Dienst zu integrieren. In Bezug auf ein *Client-Server* Modell hieße dies, neue Funktionalität in einer großen Anzahl von *Clients* zu etablieren, anstatt in nur einem *Server*.

Um die Nachteile von Serverfunktionalität in Clients zu vermeiden, um eine vereinheitlichte Schnittstelle zu anderen Diensten zu erreichen und gleichzeitig die Funktionalität zur Koordinierung von

Arbeitsgruppen und -vorgängen einzubinden, ist ein neuer Dienst zu definieren. Dieser Dienst ist dabei so zu entwerfen, daß sich auch neue und zukünftige Dienste in die Benutzungsschnittstelle integrieren lassen oder zur Kooperation herangezogen werden können.

3 Die Dienste des Multi-Media-Document-Handling-Systems

Die Darstellung des *Multi-Media-Document-Handling-System* (MMDHS) gliedert sich in eine globale Beschreibung des Aufbaus und der geforderten Funktionalität, sowie in eine Identifizierung von abstrakten Diensten.

Auf oberster Ebene setzt sich eine Kommunikationsumgebung aus dem *Multi-Media-Document-Handling-System*, Benutzern und einem *Supporting Environment* (SUPPE) zusammen (siehe Kapitel 4). Folgende abstrakte Dienste sind durch das MMDHS bereitzustellen [MMD-ANF] :

- Bearbeitung von MMDs
- Präsentation von MMDs
- Speicherung und Retrieval von MMDs
- Übertragung und Verteilung von MMDs
- Gruppenkommunikation und Koordination
- Informations-Dienst
- Management-Dienst
- *zukünftige Erweiterungen (advanced services)*

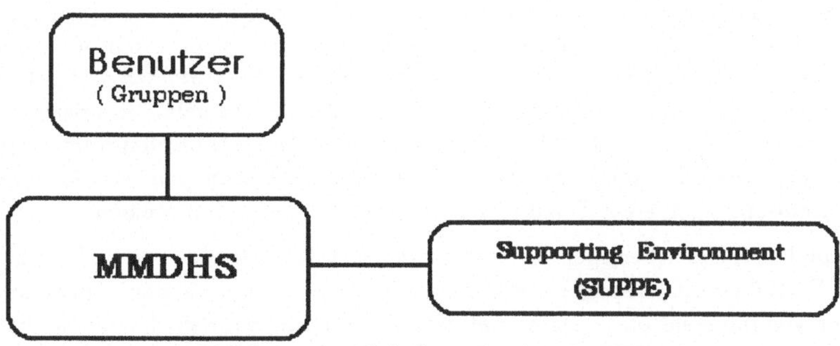

Abbildung 1 : Globale Sicht des MMDHS

Die folgende Abbildung zeigt Relationen auf, in denen Benutzer bei gemeinsamer Arbeit stehen können, wobei es möglich ist, gleichzeitig in mehreren Gruppen und Organisationen mitzuarbeiten. Der abstrakte Benutzer eines MMDHS kann dabei sowohl ein Individuum als auch eine Anwendung oder ein Prozeß sein.

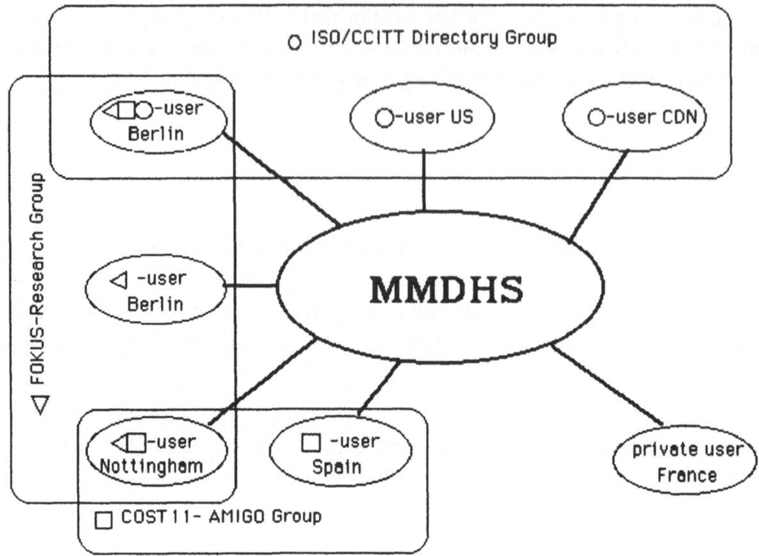

Abbildung 2 : Zugriff auf das MMDHS

3.1 Bearbeitung von MMDs

Der Manipulations-Dienst unterstützt die verteilte Erstellung und Bearbeitung von Multi-Media-Dokumenten. Dabei umfaßt die Erstellung und Bearbeitung von MMDs generell alle Aktivitäten, die das Erzeugen, Verändern und Löschen der Dokumentinhalte und -strukturen eines MMD's zur Aufgabe haben.

Ausgehend von den Bearbeitungsmöglichkeiten unterschiedlicher Grundelemente der verschiedenen Informationstypen und informationstypspezifischen Strukturen durch entsprechende Werkzeuge (z.B. Text-Editor, Bild-Editor, Videokamera, etc.) müssen auch die informationtypübergreifenden Strukturen eines MMD's festgelegt sein. Insbesondere müssen die *zeitlichen* und *örtlichen* Relationen zwischen einzelnen informationspezifischen Teilen eines MMD's gebildet werden können. Nach der Erstellung eines MMD's soll die Möglichkeit bestehen, Dokumentinhalte und -strukturen bei Bedarf zu ändern, wobei die unterschiedlichen Bearbeitungsstadien (editiert, formattiert,...) der einzelnen Informationstypen eines Dokumentes berücksichtigt werden müssen.

Die zeitliche und örtliche Überlagerung verschiedener Informationstypen (z.B. Bewegtbild und Audio, bzw. Festbild und Graphik) stellt eine weitere Anforderung dar, wobei nur bestimmte Kombinationen von Informationstypen hier als sinnvoll erachtet werden. Es muß außerdem möglich sein, Teile aus exisierenden MMDs zu extrahieren und diese in neue MMDs zu integrieren.

Bei der verteilten Bearbeitung von MMDs ist es sinnvoll, Änderungen an MMDs bei allen Benutzern gleichzeitig sichtbar zu machen. Es handelt sich hierbei nicht nur um persönliche, sondern um allgemeine Annotationen (z.B. Markierungen von Abschnitten, die eingefügt wurden). Im Hinblick auf die verteilte Bearbeitung ist auch die Vergabe von bestimmten Bearbeitungsrechten unabdingbar, damit rollenspezifische Arbeiten durchgeführt werden können.

Die in diesem Abschnitt aufgeführten Anforderungen beziehen sich stark auf das MMD-Datenmodell, tragen jedoch zum Verständnis des Manipulations-Dienstes bei.

3.2 Präsentation von MMDs

Die Integration von neuen Informationstypen stellt neue Anforderungen an mögliche Präsentationsformen der in einem MMD enthaltenen Informationen. Durch die Anforderung, mehrere Informationstypen gleichzeitig beziehungsweise an beliebigen Stellen in einem MMD präsentieren zu können, gewinnen die Dimensionen **Ort** und **Zeit** wesentlich an Bedeutung im Hinblick auf eine synchronisierte Präsentation eines MMD. Dabei sind insbesondere die Realzeitanforderungen der Informationstypen *Bewegtbild* und *Audio* zu berücksichtigen.

Die Präsentation eines MMD muß bei Bedarf durch die Definition einer Präsentationsstruktur in mehrere *Präsentationsabschnitte* unterteilt werden können, wobei ein Abschnitt einen Teil eines Informationstyps, einen Informationstyp oder Kombinationen von Informationstypen enthalten kann (z.B. Festbilder mit Sprachanmerkungen). Es müssen zwischen einzelnen Präsentationsabschnitten *Interaktionspunkte* integrierbar sein, die einem Konsumenten die Möglichkeit zu beliebigen Interaktionen geben und somit eine Steuerung des Präsentationsablaufs erlauben.

Eine besondere Präsentationsform stellen an dieser Stelle "elektronische Formulare" dar. Der Präsentationsablauf eines MMD muß deshalb so gestaltet werden können, daß ein Konsument an bestimmten Stellen des MMD zusätzlich inhaltliche Eingaben machen kann/muß, wobei die Daten bei der Eingabe auch noch semantisch überprüft werden können.

Die wichtigsten Aufgaben des Präsentationsservices sind:

- Kontrolle und Steuerung der Reihenfolge und des Ablaufs einer Präsentation (Unterstützung *statischer* und *dynamischer* Präsentationsabläufe)

- Kommunikationssteuerung an möglichen Interaktionspunkten während der Präsentation.

- Örtliche Anordnung und zeitliche Synchronisation von Dokumententeilen oder Informationstypen, wie Sprachanotation während der Darstellung eines Bildes und Lippensynchronisation bei Bewegtbild und Audio.

- Auswahl von alternativen Dokumenteninhalten oder mehrsprachige Präsentationsformen. (Feste und optionale Präsentationsabschnitte, Darstellung von verdeckten Kommentaren, Unterstützung von Varianten)

3.3 Speicherung und Retrieval von MMDs

Ausgehend von den verschiedenen im Einsatz befindlichen Speicherungs- und Retrievalkonzepten unterschiedlicher Funktionalität, sind im Hinblick auf die effiziente Unterstützung der verschiedenen Kommunikationsformen zwei Ablageformen zu unterscheiden. Neben der *privaten* Speicherung, bei der jeder Benutzer die für ihn relevanten MMDs autonom und nach individuellen Bedürfnissen ablegen kann, muß auch eine *gemeinsame* Speicherung von MMDs für beliebig viele Benutzer unterstützt werden. Dabei sollen sowohl gemeinsame Gruppenspeicher für bestimmte (offene und geschlossene) Benutzergruppen als auch öffentliche Archive (z.B. Infobanken) mit beliebiger Struktur möglich sein.

Im Hinblick auf die verschiedenen 'Vertraulichkeitsklassen' von Dokumenten (privat <-> öffentlich) und unterschiedlichen Konzepten, muß der Zugriff auf abgelegte MMDs durch geeignete Mechanismen sowohl archivspezifisch als auch 'MMD'-spezifisch einstellbar und kontrollierbar sein. Dies bedeutet, daß alle MMDs in einem bestimmten Speicher sowohl gemeinsam als auch separat vor unberechtigtem Zugriff zu schützen sind. Dabei müssen sich verschiedene Zugriffsarten (gesperrt, lesen, schreiben, löschen) für unterschiedliche Benutzerklassen definieren lassen.

In Anbetracht der unterschiedlichen Realzeitanforderungen und Datenmengen der einzelnen Informationstypen, muß ein MMD und einzelne Dokumententeile auch verteilt abgelegt werden können, ggf. jeder Informationstyp in einer eigenen, besonders geeigneten Datenbank, wobei trotzdem der Zugriff auf alle Teile bzw. das komplette MMD erhalten bleiben soll, auch unter Berücksichtigung verteilter Bearbeitung.

Der Ort, ob lokal oder entfernt, und insbesondere die Art der Speicherung, ob zentral oder verteilt, müssen sich vor dem Benutzer verbergen lassen. Beim Zugriff auf ein MMD muß dieses systemintern lokalisiert und ggf. angefordert oder entfernt bearbeitet werden, wobei für verschiedene Anwendungen unterschiedliche Anforderungen an die Dienstgüte bezüglich der Verfügbarkeit, Zugriffszeit und Datensicherheit berücksichtigt werden müssen. Beispielsweise stellt die verteilte, synchrone Bearbeitung hohe Anforderungen an die Zugriffsgeschwindigkeit (Realzeitanforderungen) und Konsistenzerhaltung (Synchronisation des gleichzeitigen Zugriffs), während der Zugriff bei Infobanken in der Regel nicht zeitkritisch ist, und die Anforderungen an die Datenkonsistenz vom jeweiligen Dokument abhängen.

Bei der Speicherung eines MMD's besteht der Bedarf nach zusätzlichen Informationen, die bestimmte Eigenschaften des MMD's beschreiben beispielsweise Ablagedatum/-zeit, Größe, Schlagwörter und Statusinformationen. Es muß außerdem die Möglichkeit bestehen, ein MMD permanent oder zeitbezogen beispielsweise mit einem Verfallsdatum abzulegen.

Der Zugriff auf abgelegte MMDs muß durch geeignete Funktionen zum Suchen und Wiederauffinden unterstützt werden. Im Hinblick auf die unterschiedlichen Speicherungskonzepte kann die Suche nach bekannten MMDs beispielsweise MMDs in einem privaten Archiv, die bereits gelesen wurden, und die Suche nach unbekannten MMDs in Infobanken unterschieden werden. Die Suche nach abgelegten MMDs ist jedoch generell unter einer Vielzahl von verschiedenen Kriterien möglich, wie *direkte* Suche anhand einer eindeutigen Identifikation eines MMDs *eigenschaftsbezogene* Suche anhand bestimmter Eigenschaften, *strukturbezogene* Suche orientiert am Aufbau von MMDs, *präsentationsbezogene* Suche, und *ablagebezogene* Suche, bei der bestimmte Ablageeigenschaften (z.B. Ablagedatum/-zeit, Größe, ggf. Schlagwörter, etc.) von MMDs das Suchkriterium können bilden.

Gegenwärtig existiert noch kein Speicherungs-Dienst, der die Anforderungen an die Handhabung von Multi-Media-Dokumenten erfüllt. Innerhalb der CCITT Studiengruppe VII und der mit ihr zusammenarbeitenden ISO-Gruppe wurde ein Nachrichten-Speicher entworfen, der von *einem* Nutzer benutzt werden kann. In der ISO wird sich weiterhin mit der Spezifikation einer 'Document Filing and Retrieval' Anwendung (DFR) befaßt. Auch ECMA arbeitet auf diesem Gebiet.

3.4 Übertragung und Verteilung von MMDs

Dieser Dienst umfaßt den Austausch und die Verteilung von Multi-Media-Dokumenten. Dabei werden verschiedene Kommunikationsformen zum "Wissensaustausch" zwischen zwei oder mehreren Benutzern unterstützt (*conversation, multicast, broadcast*). Für die Übertragung und Verteilung ist die Kooperation des Dienstes mit unterstützenden Diensten, wie *Directory* und Speicherungs und Retrieval Dienst notwendig.

Zunächst besteht die Anforderung, an einen oder mehrere Benutzer (Benutzergruppen) ein oder mehrere MMDs zu übermitteln. Dabei soll neben dem expliziten Verschicken von MMDs (Senderinitiiert) auch die Möglichkeit bestehen, daß ein Benutzer MMDs bei Bedarf aus bestimmten

Gruppen- und Privatarchiven anderer Benutzer anfordern kann, sofern er dazu privilegiert ist (empfänger-initiiert). Wenn die Kommunikation asynchron erfolgen soll, werden die MMDs zeitunabhängig zwischen den Nutzern übertragen und verteilt, bei der synchronen Bearbeitung, beispielsweise in Online-Konferenzsystemen, können MMDs gleichzeitig interaktiv bearbeitet werden.

Aufgrund einer möglichen Inhomogenität der beteiligten Systeme ist gegebenenfalls eine Anpassung der Strukturen und Kodierung eines MMDs oder Teil-MMDs in eine *konkrete Transfersyntax* für die Übertragung erforderlich.

3.5 Gruppenkommunikation und Koordination

Ein Koordinationsdienst hat die asynchrone als auch die synchrone Bearbeitung von MMDs durch Gruppen mit Hilfe geeignete Mechanismen zu unterstützen. Koordinationmechanismen stellen einen wichtigen Faktor bei der verteilten Bearbeitung von Multi-Media-Dokumenten dar und sind in mehrfacher Hinsicht notwendig. Bei der gemeinsamen Bearbeitung von MMDs muß der zeitliche Ablauf koordiniert werden. Dies beinhaltet beispielsweise die Unterstützung beim Versenden von Mahnungen, falls zu festgelegten Zeitpunkten ein Arbeitsschritt nicht beendet oder eine Aktion wie Weiterleitung eines Dokuments nicht erfolgt ist.

Eine Koordination anderer Art ist bei der synchronen, gleichzeitigen Bearbeitung von MMDs nötig. Hier muß der Zugriff auf das MMD, wie die Zuteilung der Berechtigung ein MMD zu ändern, gesteuert werden ("Token-Vergabe", Zugriffskontrolle).

3.6 Informations-Dienst

Der Informationsdienst stellt Informationen über Multi-Media Dokumente und über Nutzergruppen Die in einer Gruppenkommunikationsumgebung arbeiten zur Verfügung. Er basiert auf Diensten, wie Dokumenten Speicherung und Retrieval und *Directory* und wird möglicherweise durch eine Wissensbasis unterstützt. Detailierte Operationen müssen noch näher untersucht werden.

3.7 Management-Dienst

Der Management-Dienst stellt alle Mechanismen zur Unterstützung verteilter Anwendungen in Hinblick auf Administration zur Verfügung. Es werden die netzwerkspezifischen Eigenschaften vor dem Nutzer verborgen, allerdings wird der Nutzer hinsichtlich der *Quality of Service*- Anforderungen, beispielsweise garantierter Durchsatz von Bewegtbildinformation, unterstützt. Der Management-Dienst zur Unterstützung verteilter Anwendungen geht über die OSI-Managementaktivitäten, die nur die Kommunikationsaspekte betrachtet, hinaus (verteilte Speicherung, verteilte Verarbeitung, Gruppenkommunikation).

4 Das funktionale Modell

Auf Basis der vorangegangenen Betrachtungen wird in diesem Kapitel ein abstraktes MMDHS-Modell vorgestellt. Zur Zeit existieren verschiedene Ansätze zur Konzeption und Beschreibung der funktionalen Komponenten verteilter Anwendungen, die jedoch nicht allgemein anerkannt sind.

Ein mögliches Beschreibungsmittel ist die in der X.400-Serie angewandte Konvention zur Definition abstrakter Dienste [CCITT-X.407]. Aufgrund der fehlenden formalen Verifikationsmöglichkeiten ist es jedoch unbedingt erforderlich, zusätzlich formale Beschreibungsmethoden, wie beispielsweise LOTOS [ISO-LOTOS], anzuwenden, die diese Lücke füllen. Darüberhinaus muß auch die *Application Layer Structure* der ISO [ISO-ALS] berücksichtigt werden. Im Hinblick auf die oben erwähnten Beschreibungstechniken müssen bei der Verfeinerung des MMDHS in funktionale Komponenten die Anforderungen an *Dynamic Agents* [Danielson-88][Pays-88] miteinbezogen werden.

Wie bereits in Kapitel 3 beschrieben wurde, stellt das MMDHS seinen Benutzern (Anwendungen) einen abstrakten Dienst bereit. Dieser Dienst wird den Benutzern durch sogenannte *MMD Handling User Agents (MMDHUAs)* bereitgestellt, d.h. ein Benutzer greift über einen MMDHUA auf das MMDHS zu. Die abstrakten Dienste des MMDHS werden dabei durch *Ports* bereitgestellt.[1]

Das MMDHS selbst ist intern als eine Menge von verteilten *MMD Handling System Agents (MMD-HSAs)* realisiert, die gemeinsam den abstrakten Dienst erbringen. Alle MMDHSAs besitzen die gleiche Funktionalität und können zur Diensterbringung miteinander kooperieren. Jeder MMD-HUA kann sich prinzipiell an einen beliebigen MMDHSA wenden, wobei ein MMDHSA gleichzeitig auch mit mehreren MMDHUAs interagieren kann. Die MMDHUAs bilden somit die lokale Schnittstelle zwischen den Dienstbenutzern und MMDHSAs und abstrahieren von der internen Verteiltheit des MMDHS (siehe Abbildung 3).

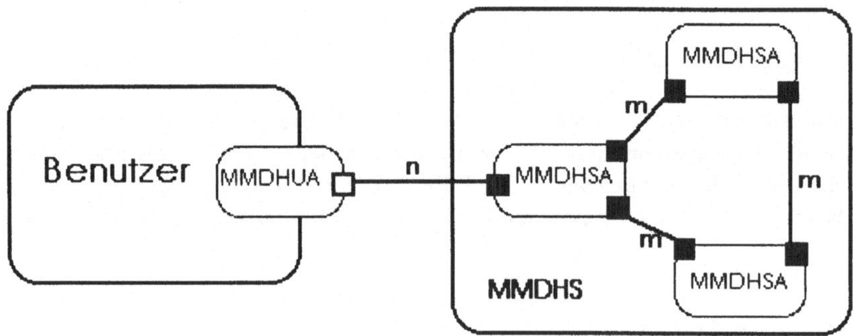

Abbildung 3 : Funktionale MMDHS-Komponenten

Zwischen den funktionalen Komponenten des MMDHS sind mindestens zwei Protokolle zu unterscheiden, die in Abbildung 4 dargestellt sind. Das *MMD Handling Access Protocol (MMDHAP)* definiert die Interaktionen zwischen einem MMDHUA und einem MMDHSA, während das *MMD Handling System Protocol (MMDHSA)* die Interaktionen zwischen zwei MMDHSAs beschreibt.

---

[1]Ports dienen zur logischen Gruppierung von Operationen, die ein Dienst an einem Zugangspunkt bereitstellt, d.h. heißt jeder Port stellt bestimmte Dienste des MMDHS bereit. Der abstrakte Dienst des MMDHS ist demnach durch die Summe der durch alle Ports bereitgestellten Dienste definiert.

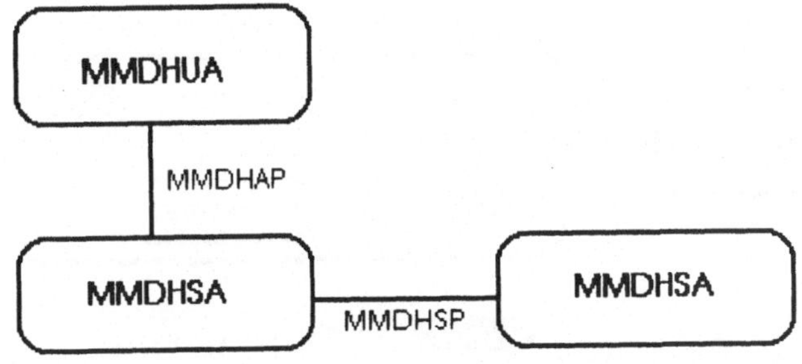

Abbildung 4 : MMDHS-Protokolle

Ein MMDHUA kann sich für den Zugriff auf das MMDHS über das MMDHAP an einen beliebigen MMDHSA wenden, der sich wiederum über das MMDHSP an andere MMDHSAs zur Diensterbringung wenden kann. Die Zusammenarbeit der funktionalen Komponenten ist in Abbildung 5 exemplarisch dargestellt.

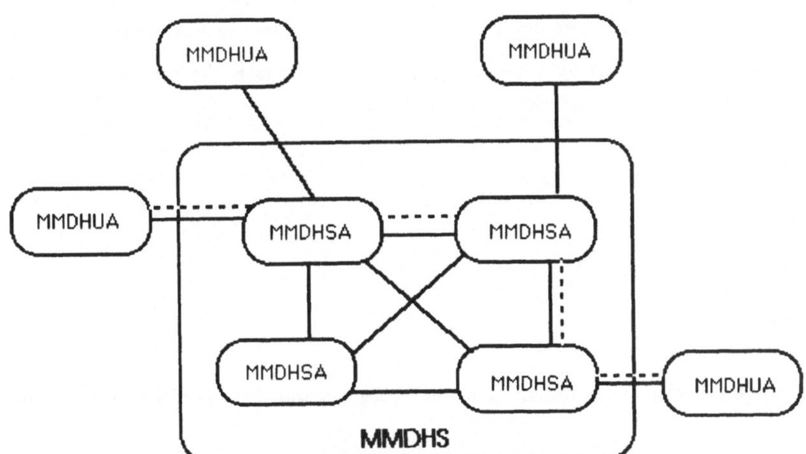

Abbildung 5 : Zusammenarbeit der funktionalen Komponenten

5   Kooperation mit unterstützenden Systemen

Anhand der in Kapitel 3 erwähnten Dienste des MMDHS läßt sich erkennen, daß bestimmte Funktionalitäten durch Kooperation mit einer Menge von unterstützenden Systemen (*Supporting Environment*) erbracht werden können. Das heißt, das MMDHS kann zur Erbringung bestimmter Dienste diese mehr oder weniger existierenden Systeme nutzen (siehe Abbildung 6).

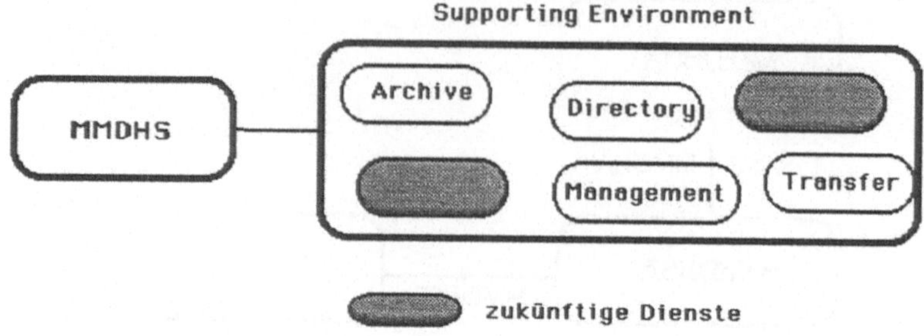

Abbildung 6 : Kooperation MMDHS - unterstützende Systeme

Dabei ist zu beachten, daß einige Systeme sehr spezielle Dienste bzw. nicht vollständig die geforderten Funktionalitäten des MMDHS erbringen. Im Hinblick auf höhere Funktionalitäten muß deshalb die Auswahl und Koordination der Kooperation mit diesen Systemen durch den MMDHS-Kern erbracht werden.

Insbesondere muß die Kooperation mit unterstützenden Systemen bei der Verfeinerung des funktionalen MMDHS-Modells berücksichtigt werden, d.h. die MMDHSAs müssen in geeigneter Weise mit diesen Systemen bzw. entsprechenden Komponenten dieser Systeme interagieren können.

Die Menge der unterstützenden Systeme ist bisjetzt nicht vollständig definiert, jedoch lassen sich momentan die folgenden Komponenten identifizieren:

- Directory Dienst,

- Management System,

- MMD-Transfer System,

- MMD-Archiv System.

Die nachfolgenden Abschnitte befassen sich mit Kooperation des MMDHS mit den einzelnen Systemen.

5.1 Kooperation mit dem Directory Dienst

Bestimmte Informationen über die "Objekte" eines MMDHS wie (Benutzer(gruppen), Dienste, MMDs und MMDHSAs) müssen im Hinblick auf die Unterstützung des einfachen Zugriffs und zur Vermeidung von Kommunikationsinseln global bekannt sein. Die Registrierung und Verwaltung global relevanter Informationen sowie die globale Verfügbarkeit dieser Informationen unterstützt ein Directory Dienst.

Den Ausgangspunkt stellt dabei der von der CCITT und ISO entworfene *Directory Service* [CCITT-X.500] dar. Dieser stellt einen Mechanismus zur Verwaltung eines globalen Namensraums bereit, der hierarchisch strukturierbar ist (*Directory Information Tree*). Jedes Objekt wird über einen globalen Namen eindeutig identifiziert, wobei die Objekte in Form von Objektklassen, die bestimmte Informationen enthalten müssen bzw. können, beschrieben werden. Der aktuelle Standard enthält bislang nur einige global bekannte Objektklassen, wie beispielsweise Länder, Organisationen, Gruppen von Namen, etc.

Im Hinblick auf die globale Verfügbarkeit relevanter Informationen eines MMDHS müssen jedoch neue Objektklassen definiert werden, beispielsweise für bestimmte Gruppenbeziehungen oder MMDHSAs, da die existierenden Objektklassen bei weitem nicht ausreichen. Darüberhinaus wird der Directory Dienst vom Informationsdienst benutzt, der ein wesentliches Hilfsmittel für die Benutzer darstellt. Der Koordinationsdienst, der vorallem Kommunikationsbeziehungen von Gruppen koordiniert (z.B. bei der verteilten Bearbeitung), benötigt Informationen über die Gruppenbeziehungen und beteiligte Komponenten. Zusätzlich kommt dem *Directory*-Dienst zentrale Bedeutung in den anderen unterstützenden Systemen zu (siehe unten).

5.2 Kooperation mit dem Management System

Verteilte Anwendungen erfordern ein hohes Maß an Verwaltungsaufwand um effizient zu arbeiten. Dieser Aufwand ergibt sich im Wesentlichen aus den ständigen Veränderungen der Umgebung. Darüberhinaus müssen oft unterschiedlichste Anforderungen potentieller Benutzer im Hinblick auf den zu erbringenden Dienst unterstützt werden. Ein Management System muß ein verteiltes System dabei unterstützen. Aus diesem Grund müssen deshalb geeignete Management Informationen erzeugt, gesammelt, gespeichert und verwaltet werden. Diese Informationen werden entsprechenden Instanzen zur Auswertung bereitgestellt, die dann ggf. geeignete Aktionen ausführen können.

Zur Zeit befaßt sich die ISO mit der Definition eines *OSI Management Framework*, das sich mit der Struktur von Management Informationen (SMI) sowie Konzepten für *Common Management Information Services / Protocols (CMIS/CMIP)* und *Specific Management Functional Areas (SMFAs)* befaßt. Dabei sind bislang folgende SMFAs identifiziert:

- *Accounting Management (AM),*

- *Configuration and Name Management (CM),*

- *Fault Management (FM),*

- *Performance Management (PM),*

- *Security Management (SM).*

Diese Management Standards bilden die Grundlage für die Realisierung von Management Aufgaben für die Management Anforderungen in den verschiedenen OSI-Schichten.

Das MMDHS muß auf der Basis dieser Konzepte durch ein Management System unterstützt werden. Dabei benutzt das MMDHS die allgemeinen Funktionen des Management Systems, die allen verteilten Anwendungen bereitgestellt werden. Darüberhinaus benötigt das MMDHS spezielle Management Funktionen, die sich vorallem aus den Anforderungen der synchronen und asynchronen Kommunikationsbeziehungen ergeben. Dies sind:

- dynamische Einrichtung von Kommunikationsbeziehungen (Punkt-zu-Punkt, Gruppenkommunikation, etc.),

- dynamische Bereitstellung von geeigneten Kommunikationskanälen für die Übertragung bestimmter Informationstypen,

- Konfiguration von *Online*-Verbindungen für die synchrone gemeinsame Bearbeitung eines MMD,

- Konfiguration von MMD-Archiven für die asynchrone gemeinsame Bearbeitung eines MMD (Verteilung von MMDs und MMD-Teilen),

- Erstellung und Verwaltung einer "organisatorischen Wissensbasis", die für die Bereitstellung von organisatorischen Informationen für intelligente Anwendungen erforderlich ist (Beziehungen, Rollen, Funktion, Regeln, etc.).

Hierbei ist anzumerken, daß diese Liste erweiterbar ist und die Beziehungen zwischen dem MMDHS und einem (nicht existierenden) Management System weitergehend untersucht werden müssen.

5.3 Kooperation mit dem MMD-Transfer System

Der Transfer und die Verteilung von MMDs ist für verteilte Anwendungen von zentraler Bedeutung. Dabei geht es nicht nur um den expliziten Informationsaustausch zwischen beliebigen Benutzer(gruppe)n, sondern auch um die interne Übertragung von MMDs innerhalb des MMDHS (z.B. von einem Archiv zu einem Konsumenten).

Obwohl zur Zeit zahlreiche Systeme zur Übermittlung von "Dokumenten" existieren (z.B. DTAM [ISO-DTAM], MHS), genügen diese nicht den Anforderungen zum Transfer von MMDs. In Anbetracht der großen Datenmengen und Realzeitanforderungen von MMDs sind *Store-and-Forward*-Techniken, wie es beispielsweise bei *Message Handling Systemen* der Fall ist, nicht immer geeignet, da potentielle Zwischenstationen über enorme Speicherkapazitäten verfügen müßten. Insbesondere für den Transfer von MMDs mit großem Bewegtbildanteil müssen Übertragungen direkt von der Quelle zum Ziel erfolgen (z.B. auf der Basis *Referenced Data Transfer*) [ISO-RDT].

Es sei darauf hingewiesen, daß herkömmliche Übertragungsstrategien die Eigenschaften der Breitbandumgebung nicht berücksichtigen und deshalb neue Verfahren entwickelt werden müssen. Unter Umständen ist für die Übertragung eine geeignete Kodierung der Daten (Kompression) notwendig, die dann vor der Präsentation wieder dekodiert werden müssen.

5.4 Kooperation mit dem MMD-Archiv System

Die Speicherung und das Retrieval vom MMDs ist Aufgabe des MMD-Archiv Systems. Die ISO hat im Rahmen der Entwicklungsaktivitäten eines *Distributed Office Application Model (DOAM)* [ISO-DOAM] das *Document Filling and Retrieval (DFR)* Konzept der ECMA aufgegriffen, das einem Benutzer die Speicherung und das Retrieval von Dokumenten in einem entfernten Dokumentenspeicher ermöglicht. Das DFR-Modell stellt dabei diesen permanenten Dokumentenspeicher mit großer Kapazität mehreren Benutzern eines verteilten Systems bereit.

Ziel dieses Konzeptes ist in erster Linie die abstrakte Definition eines verteilten *Document Filing and Retrieval System (DFRS)*, in Form von Diensten und Protokollen, das ausgehend von einem Client-Server-Konzept die Interaktionen zwischen einem Benutzer als *DFR-Client* und einem einzelnen Dokumentenspeicher als *DFR-Server* beschreibt. Der aktuelle Standard betrachtet jedoch nur einen zentralen DFR-Server und definiert lediglich ein rudimentäres Zugriffs-Protokoll auf das DFRS, wobei Dokumenteninhalte bislang vom DFRS nicht interpretiert werden.

Da das aktuelle Modell nicht die erforderliche Funktionalität für das MMDHS erbringt, wurde im Rahmen der Forschungsaktivitäten des MMD-Projekts in Anlehnung an das DFR-Konzept ein verteiltes Archivierungsmodell für MMDs entworfen [Magedanz-88], das als MMD-Archiv System vom

MMDHS genutzt werden kann. Dieses Modell berücksichtigt dabei insbesondere die Datenmengen und Realzeitanforderungen von MMDs, sowie die Eigenschaften zukünftiger Breitbandumgebungen.

Wesentliche Grundlage dieses Archivmodells ist die Trennung von logischer und physikalischer Speicherung von MMDs, d.h. physikalische Einzelheiten werden vor den Benutzern des MMD-Archiv Systems verborgen. Das Modell beschreibt ein virtuelles MMD-Archiv, das systemintern auf einer Menge von, für die Benutzer nicht sichtbaren Systemarchiven verteilt realisiert ist. Ausgangspunkt für die logische Speicherung sind sogenannte Dokumentenkontexte, in denen sich MMDs logisch gruppieren lassen. MMDs, die zu einem oder mehreren Dokumentenkontexten gehören, können systemintern durch spezielle Verteilungstechniken auf geeigneten Systemarchiven gehalten werden. Die in einem MMD enthaltenen Informationstypen können dabei in einem Systemarchiv wiederum auf verschiedenen Speichermedien gespeichert werden.

Das Modell benutzt dabei intern den Directory Dienst, um Informationen über Dokumentenkontexte und Systemarchive im Hinblick auf die Verteilung und Lokalisierung von MMDs zu verwalten, die dadurch global bekannt sind. Darüberhinaus soll auch das Management System für die systeminterne Sicherstellung bestimmter Dienstqualitäten, die ein Archiv-Verwalter für jeden Dokumentenkontext definieren kann (z.B. schneller Zugriff, kostenoptimierte Speicherung), genutzt werden.

6 Beispielanwendungen auf Basis des MMDHS

Dieses Kapitel skizziert zwei Beispielanwendungen auf der Grundlage des MMDHS, die die Funktionalität des MMDHS aufzeigen sollen.

Das erste Beispiel stellt eine Unterrichtseinheit aus einer medizinischen Informationsdatenbank dar, die als ein MMD angesehen werden kann. Das MMD besteht dabei aus verschiedenen Informationstypen: Übersichten (Texte), Graphiken und 3D-Darstellungen von Organen sowie einem Operationsvideo. Bei der Präsentation solcher komplexen Informationsgehalte sind insbesondere Hypermedia-Techniken zu berücksichtigen die es einem Konsumenten erlauben, interaktiv den Ablauf der Unterrichtseinheit nach seinen eigenen Bedürfnissen zu gestalten, wie beispielsweise bestimmte Abschnitte auszulassen oder zu wiederholen.

Das MMDHS muß dabei in der Lage sein, die erhöhten Anforderungen an die Präsentation, insbesondere die Ablaufsteuerung zu unterstützen. Durch die Verwendung von KI-Komponenten könnten Präsentationen dem Wissenstand des Betrachters angepaßt werden.

Das zweite Beispiel befaßt sich mit der Erstellung eines Tagungsbandes, das der verteilten Bearbeitung eines Multi-Media-Dokuments entspricht. Dazu muß zunächst eine entsprechende "Aktivität" in Form geeigneter Rollen, Funktionen und Regeln definiert werden, die eine eindeutige und vollständige Beschreibung des Verhaltens der beteiligten Kommunikationspartner im Voraus erlauben [AMIGO-88]. Die Beschreibung dieser Aktivität wird in geeigneter Form in einer Wissensbasis abgelegt, sodaß alle an dieser Gruppenaktivität beteiligten Kommunikationsinstanzen durch den Informationsdienst die benötigten Informationen erhalten können.

Nach der Erstellung des Inhaltsverzeichnisses eines Tagungsbandes werden zunächst die Verantwortlichkeiten für einzelne Kapitel festgelegt, wobei die Namen der verantwortlichen Editoren und Autoren der einzelnen Kapitel entsprechenden Rollen zugeordnet werden. Ein Satz von Regeln legt dabei fest, welche Rolle welche Funktionen ausführen darf (z.B. Kommentare einfügen).

Das MMDHS ist dabei als eine interpretative Instanz der Aktivität zu betrachten, die diese Aufgabe aktiv unterstützt, wie beispielsweise die automatische Verteilung der einzelnen Kapitel an die beteiligten Rollen.

7 Zusammenfassung

Ausgehend von den Möglichkeiten, die sich mit der Einführung von Hochgeschwindigkeitsnetzen für die Bearbeitung und Gestaltung von Dokumenten ergeben, sind in die Anforderungen an bestehende und zukünftige Dienste aufgestellt worden. Einen Schwerpunkt bildet dabei die Integration der Informationstypen *Bewegtbild* und *Audio* in eine Dokumentenstruktur. Im Kommunikationsbereich müssen Kommunikationsformen, die im wesentlichen durch zusammenarbeitende Gruppen geprägt sind (joint editing), durch neu zu definierende Dienste unterstützt werden. Die Lösungsvorschläge für die Präsentation von MMDs, das Management von Kommunikationsabläufen und die Verwaltung von Informationen sind zu spezifizieren und durch neue Dienste bereitzustellen.

Ein erster Ansatz hierfür kann das *Multi-Media-Document-Model* sein. Das zugehörige *Datenmodell* beinhaltet neue Informationstypen und Strukturen, die vielfältige Präsentationsformen erlauben. Das *Kommuikationsmodell* ermöglicht die Integration bestehender Dienste und wird neue Dienste für Koordination und Präsentation zugänglich machen. Das Modell, insbesondere der Kommunikationsaspekt, dient als Basis für die Standardisierungsbestrebungen der ISO und CCITT in den Bereichen *Open Distributed Processing* (ODP) [ISO-OPD], *Distributed Office Architecture Model* (DOAM). Es unterliegt von daher einer ständigen Verfeinerung und Erweiterung.

Viele Ideen zu diesem Papier sind Ergebnis intensiver Diskussionen mit Mitarbeitern der GMD-FOKUS. Das MMD-Projekt, in dem die Autoren dieses Beitrags mitarbeiten, ist konzeptionel ein Teil des BERKOM-Projekt, das durch die *Deutsche Bundespost* gefördert wird.

8 Literaturverzeichnis

CCITT-X.400   CCITT Draft Recommendation X.400: Message Handling Systems: Part 1-7

CCITT X.407   CCITT Draft Recommendation X.400: Message Handling Abstract Service Definition Conventions

CCITT-X.500   CCITT Draft Recommendation X.500: Open Systems Interconnection (OSI) - The Directory: Part 1-8

ISO-ALS   ISO/2nd DP 9545: Information Processing Systems - Open Systems Interconnection (OSI) - Application Layer Structure (ALS)

ISO-DFR   ISO: Information Processing Systems - Text Communication - Document Filing and Retrieval (DFR) - Part 1: Abstract Service Definition and Procedures, Part 2: Protocol Specification

29

ISO-DOAM   ISO/DIS 10031: Information Processing Systems - Text Communication - Distributed-office-applications Model (DOAM) - Part 1,2

CCITT-DTAM   Document Architecture - Document Transfer, Access and Manipulation (DTAM) T.4nn Series

ISO-FTAM   ISO/DIS 8571: Information Processing Systems - Open Systems Interconnection (OSI) - File Transfer, Access and Management - Part 1-4

ISO-LOTOS   ISO 8807: Information Processing Systems - Open Systems Interconnection (OSI) - Formal Description Techniques - LOTOS

ISO-ODP   ISO: Information Processing Systems - Open Systems Interconnection (OSI) - Open Distributed Processing (ODP) (ISO/TC97/SC21/WG1 N520-526)

ISO-RDT   ISO 10031-2: Information Processing Systems - Text Communication - Distributed-office-application-Model - Part 2: Referenced Data Transfer

MMD-ANF   Multi-Media-Dokumente im ISDN-B, Anforderungsanalyse, Vers. 2.0, September 1988, GMD-FOKUS/BERKOM

AMIGO-88   T. Danielson, U.Pankoke-Babatz, The AMIGO Activity Model, Research into Networks and Distributed Applications, European Teleinformatics Conference EUTECO 88, Vienna, April 20-22, 1988

Danielson-88   T. Danielsen, E. Pastor, Cooperating Intelligent Agents, Research into Networks and Distributed Applications, European Teleinformatics Conference EUTECO 88, Vienna, April 20-22, 1988

Magedanz-88   Ein Archivierungsmodell für Multi-Media-Dokumente in einer Breitbandumgebung, Diplomarbeit, TU Berlin, Fachbereich Informatik, 1988

Pays-88   P.A. Pays, An Architectural Framework for Group Activities, Research into Networks and Distributed Applications, European Teleinformatics Conference EUTECO 88, Vienna, April 20-22, 1988

Aspekte eines allgemeinen Modells zur Strukturierung austauschfähiger Informationen auf der Grundlage internationaler Standardisierung

Ute Bormann, Carsten Bormann, Sigram Schindler

TU Berlin, TELES Berlin

1. Einführung

Der Einsatz elektronischer Informationsverarbeitung hat sich in den vergangenen Jahren auf die unterschiedlichsten Anwendungsgebiete ausgeweitet und wird in den nächsten Jahren noch weiter zunehmen. Informationstechnische Unterstützung ist in vielfältigen Wirtschafts- und Gesellschaftsbereichen und in fast allen Abteilungen eines Unternehmens bzw. einer Verwaltung möglich und sinnvoll. Diese Möglichkeiten werden heute noch kaum ausgenutzt: Selbst in den meisten neuen Techniken aufgeschlossenen Betrieben wird in einigen Abteilungen auf informationstechnische Unterstützung noch ganz verzichtet, in anderen Abteilungen ist sie dagegen auf isolierte Rechnersysteme für die Lösung spezieller Probleme begrenzt.

Diese weitgehend isolierten „DV-Lösungen" tragen lediglich in geringem Maße der Bedeutung von Abteilungs-, Unternehmens- oder Verwaltungsübergreifenden *Kommunikationsvorgängen* Rechnung: die meisten derartigen Einheiten können ihre Aufgaben nur durch intensive Kommunikation mit ihrer Umwelt wahrnehmen. Das heißt insbesondere, daß sie für die Bewältigung ihrer Aufgaben vielfältige Informationen von außen benötigen und in der Regel viele ihrer eigenen Informationen als Eingabe für weitere Arbeitsschritte anderer Einheiten zur Verfügung stellen.

Man beachte in diesem Zusammenhang den Unterschied zwischen *Kommunikation* und *Informationsaustausch*: Zwar ist das Absenden und Empfangen von Informationen im allgemeinen wesentlicher Bestandteil von Kommunikationsvorgängen, diese können jedoch spezielle Merkmale haben, die wir in dieser Arbeit nicht analysieren. Ein Beispiel hierfür liefern die unterschiedlichen Kommunikationsformen, in denen der Austausch vieler Informationen erfolgen kann — z.B. in Form eines Dialogs, in Form einer persönlichen Mitteilung oder in Form einer Verlautbarung. Diese Arbeit beschäftigt sich also (noch) nicht mit der Modellierung von Kommunikationsvorgängen. Diese werden nachfolgend lediglich insofern angesprochen, als dies zur Abgrenzung der Analyse der Struktur austauschfähiger Informationen angemessen scheint.

1.1. Vorverständnis für den Informationsaustausch

Damit Informationen, die auf einem informationstechnischen System erstellt und bearbeitet wurden, nach einem Kommunikationsvorgang auf dem Empfangssystem richtig interpretiert werden können, muß zwischen Sender und Empfänger ein Einverständnis über die Bedeutung der übertragenen Informationen und ihre syntaktische Ausprägung (auf den verschiedenen Darstellungsebenen von Informationen [18]) hergestellt worden sein. Ein Vorverständnis dieser Art kann im wesentlichen auf drei verschiedene Arten zustande kommen:

- Sender und Empfänger verständigen sich in Einzelabsprachen über die genaue Gestaltung des gewünschten Informationsaustauschs.. Dies ist aufgrund der Vielzahl der erforderlichen Parameter einer Kommunikationsbeziehung praktisch nicht möglich, insbesondere wenn es sich um externe Kommunikationsvorgänge handelt.

- Sender und Empfänger einigen sich auf die Verwendung der Produktpalette eines einzigen Herstellers, der (hoffentlich) das erforderliche Vorverständnis für den Informationsaustausch mittels seiner verschiedenen Systeme und Softwareprodukte bereits im Vorfeld getroffen hat. Diese Lösung ist auch wenig attraktiv, da ein einzelner Hersteller in den seltensten Fällen die gesamte erforderliche Produktpalette aller im betrieblichen Bereich erforderlichen Kommunikationssysteme abdeckt (man denke nur an die Steuerung von Spezialmaschinen im Fertigungsbereich). Im Zusammenhang mit externen Kommunikationsvorgängen würde dies darüber hinaus noch einer Monopolstellung des entsprechenden Herstellers (mit allen bekannten Nachteilen) gleichkommen.

- Die Nachteile der beiden obigen Ansätze legen nahe, daß das Vorverständnis für den Informationsaustausch soweit wie möglich in allgemeinen internationalen Absprachen, also *internationalen Standards*, festgelegt werden sollte; dies bedeutet jedoch nicht, daß für Spezialprobleme nicht auch gelegentlich individuelle Vereinbarungen benötigt werden.

Auch wenn die verschiedenen Kommunikationsvorgänge den Austausch von verschiedenen Arten von Informationen erfordern, gestalten sich die Kommunikationsbeziehungen im großen und ganzen immer wieder ähnlich. Insbesondere werden oft Informationen aus einem Kommunikationsvorgang (evtl. nach einer geeigneten lokalen Bearbeitung) als Eingabe für den nächsten Kommunikationsvorgang benötigt.

Diese Beobachtungen legen nahe, daß die erforderlichen Standards nicht für jede Art von Kommunikationsvorgang einzeln entwickelt werden sollten, sondern soweit wie möglich für alle Kommunikationsvorgänge gleichermaßen angewendet werden sollten, die anwendungsspezifischen Aspekte einer Kommunikationbeziehung also auf ein Minimum begrenzt werden sollten. Ein Beispiel, für das diese Anforderung besonders deutlich wird, liefert der Produktionsbereich: Ansätze zur Vereinheitlichung und Integration von firmeninternen und firmenexternen Kommunikationsvorgängen werden häufig unter dem Schlagwort *„Computer Integrated Manufacturing"* (CIM) zusammengefaßt [7].

Bei der Entwicklung von Standards zur Beschreibung der Abwicklung von Kommunikationsvorgängen können, wie oben bereits angesprochen, zwei Problembereiche voneinander getrennt werden[1]:

- Die Bereitstellung eines sicheren und für die Anwendung geeigneten „Kommunikationskanals" zur Informationsübertragung.

- Die „Struktur der zu übertragenden Informationen" selbst — bis hinein in die anwendungsabhängige Strukturierung.

Die aus [7] entnommene Abbildung 1 verdeutlicht diese Zweiteilung. Im Bereich der Informationsstrukturierung wird dort von einer Reihe von völlig voneinander isolierten Vereinbarungen ausgegangen. Diese Arbeit wird nachfolgend noch verdeutlichen, daß dieser erste Ansatz weiterentwickelt werden kann: Aufgrund der Beziehungen der Anwendungsbereiche dieser Standards untereinander ergeben sich auch für die Standards selbst analoge Beziehungen. Der Bereich der „Informations-Standards" erweist sich somit als weitgehend hierarchisch geordnet (wie für einige Anwendungsbereiche in Abbildung 3 angedeutet).

---

[1] Darüber hinaus müssen noch Sicherheitsaspekte betrachtet werden [27], die für die Realisierung von sinnvollen Kommunikationsbeziehungen von fundamentaler Bedeutung sind, dedoch in dieser Arbeit nicht weiter behandelt werden sollen.

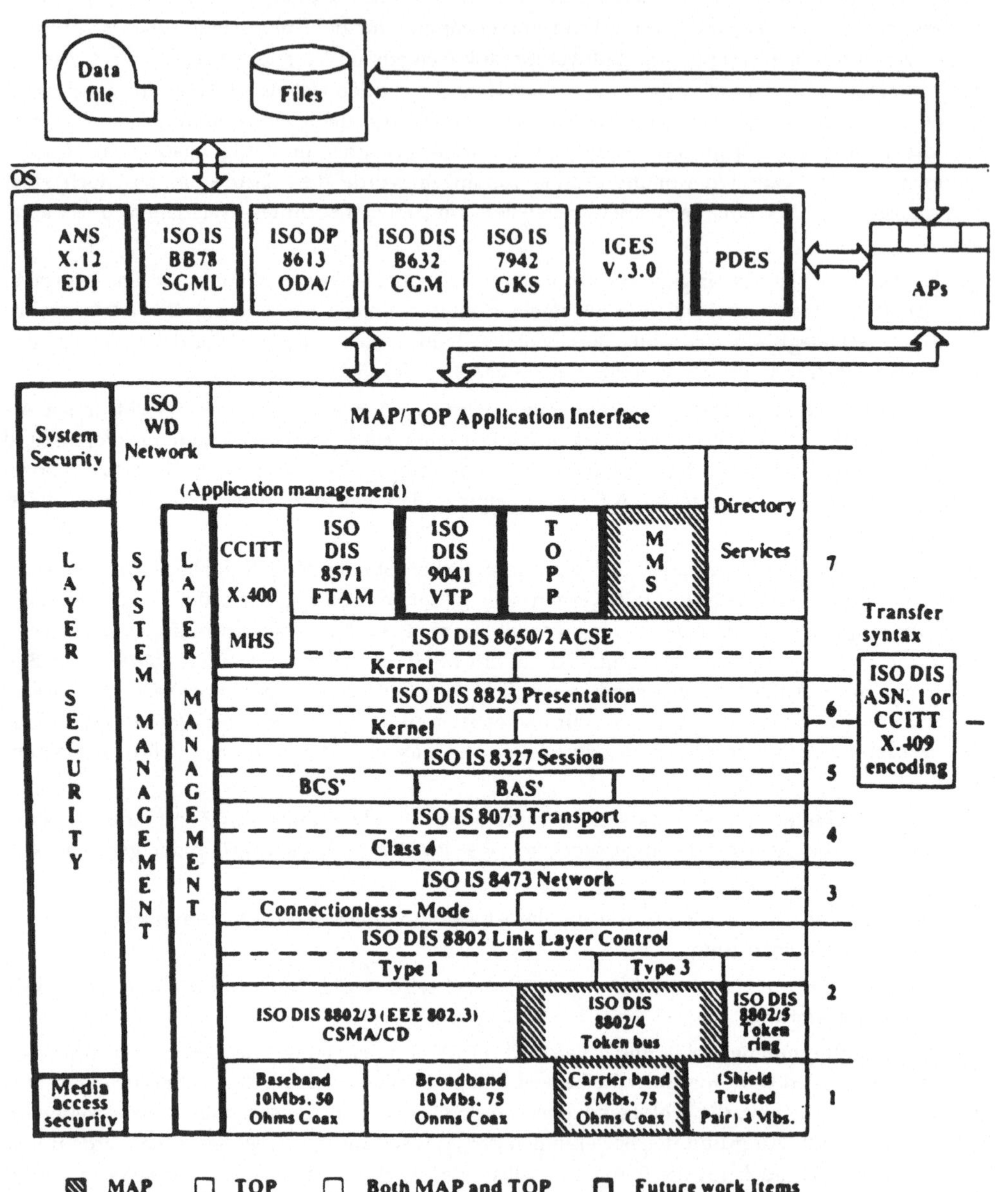

Abb. 1: Übersicht über das traditionelle Verständnis des Verhältnisses von Kommunikations- und Informationsstandards, hier mit Schwergewicht im CIM-Bereich, [7].

Da dieses Diagramm dem Entwicklungsstand von Ende '86 entspricht, sind mittlerweile mehrere der darin genannten „Draft International Standards" (DIS) zu „International Standards" (IS) avanciert. Es ist wohl auch auf dieses Datum zurückzuführen, daß im Kommunikationsbereich die FDDI-Aktivitäten und im Anwendungsbereich die EDIFACT-Aktivitäten [4] völlig fehlen. Gleiches gilt für den anwendungsnahen Sicherheitsbereich [27].

Der Ausgangspunkt für diese Arbeit ist aus dem vorliegenden Diagramm offensichtlich: Die Informations- und Anwendungsstandards sind darin beziehungslos nebeneinander angeordnet.

Kommunikationskanal

Die Bereitstellung eines Kommunikationskanals stellt ein vergleichsweise wohlverstandenes Problem dar. Durch die Entwicklung des ISO-Standards ISO 7498 („Referenzmodell für Offene Kommunikationssysteme", [1]) wurde international festgelegt, wie eine Kommunikationsbeziehung hierarchisch strukturiert werden sollte. Weitere Standards schreiben vor, wie konkrete Dienste und Protokolle auf den verschiedenen OSI-Schichten aussehen sollen[2].

Auch wenn eine Reihe von Optionen auf den meisten Schichten noch immer gewisse Absprachen auf Anwendungsbasis erforderlich machen (diese werden innerhalb der Lösung des zweiten Problemkomplexes üblicherweise mit getroffen), kann das Übertragungsproblem von Nachrichten[3] damit als gelöst betrachtet werden. In der betrieblichen Kommunikationsumgebung kann man dafür insbesondere auf die MAP/TOP-Vereinbarungen zurückgreifen [11] [12]. Als Zwischenlösung bis zur allgemeinen Verfügbarkeit von OSI haben sich auch Nicht-OSI-Standards im Kommunikationsbereich als tragfähig erwiesen [17].

Da dieser Problembereich bereits relativ gut verstanden ist, soll er nicht Gegenstand der weiteren Ausführungen sein. Für die meisten Anwendungen ist ein „Kommunikationskanal" lediglich in seiner Existenz und seiner Dienstgüte interessant, nicht jedoch in seiner konkreten Ausgestaltung. Damit bleibt also in diesem Zusammenhang lediglich festzuhalten, daß zur Realisierung der gewünschten Kommunikationsbeziehungen Kommunikationskanäle verschiedener Dienstgüte bereitgestellt werden können müssen.

Strukturierung von Informationen

Das Problem der Strukturierung der zu übertragenden Informationen selbst ist dagegen weit weniger wohlverstanden. Für viele Anwendungsbereiche existieren hier noch gar keine allgemeingültigen Vereinbarungen, für andere besteht die Tendenz, Speziallösungen für den jeweils vorliegenden Problembereich zu finden und diese architekturell als isolierte Vereinbarungen nebeneinander zu stellen, wie in Abbildung 1 gezeigt wurde.

In diesem Bereich wären jedoch Verallgemeinerungen im Vorfeld der Standardisierung von anwendungsabhängigen Kommunikationsvorgängen möglich, wenn man die Kommunikationsbedürfnisse der verschiedenen Anwendungen genauer analysierte und gemeinsame Komponenten extrahierte.

So ist den Anwendungen gemeinsam, daß die auszutauschenden Nachrichten eine inhärente anwendungsabhängige Struktur haben. Die anwendungsabhängige Semantik der auszutauschenden Informationen kann sicherlich nur innerhalb der spezifischen Anwendungsumgebung festgelegt werden, die Bausteine zum Aufbau der Strukturen und daraus abgeleitete Kodierungsmechanismen von Nachrichten sind jedoch weitgehend anwendungsunabhängig.

---

[2] Dabei werden auf den unteren drei Schichten verschiedene Netztypen für verschiedene Zwecke (verschiedene öffentliche Netze für externe Kommunikationsbeziehungen und verschiedene Arten von lokalen Netzen für interne Kommunikationsbeziehungen) und Gateways zwischen den Netzen bereitgestellt. Schicht 4 sorgt dafür, daß Anwendungen von der Notwendigkeit der genauen Kenntnis des Dienstes der verwendeten Netze befreit werden, und die drei höheren Schichten stellen vereinheitlichte anwendungsspezifische Protokolleigenschaften zum Austausch von Informationen bereit (z.B. Mechanismen zur Kodierung von zu übertragenden Informationen in der Darstellungsschicht [10]). In vielen Anwendungsbereichen wird der Informationsaustausch darüber hinaus auf dem Nachrichtenaustauschdienst der CCITT-Empfehlungen X.400ff [13] und X.500ff [14] oder auf dem FTAM-Dienst der ISO zur Anforderung und Übertragung von Dateien [19] basieren.

[3] Die Termini „Informationsaustausch" und „Nachrichtenaustausch" können in dieser Arbeit als Synonyme betrachtet werden.

Die Kodierungsfrage ist im Rahmen der OSI-Darstellungsschicht und der in diesem Zusammenhang genormten „Abstract Syntax Notation 1" (ISO 8824/8825, CCITT X.208/209 [10]) bereits für viele potentielle Anwendungen beantwortet worden. Für einige Anwendungen mit besonderen Bedürfnissen sind möglicherweise Spezial-Notationen erforderlich. Bei anderen bereits bestehenden Spezial-Notationen (z.B. EDIFACT [4]) ist der Vorteil ihrer Abweichung von dieser Norm zumindest untersuchenswert.

Gegenwärtig gilt: Das Problem der Entwicklung von allgemeingültigen Bausteinen zur Beschreibung der Strukturen von auszutauschenden Nachrichten ist von vielen Anwendungen bisher nicht erkannt worden bzw. nur auf spezielle Art gelöst worden. Dabei ist zu berücksichtigen, daß solche Strukturen selten Einzelstücke sind, sondern in vielen Kommunikationsvorgängen innerhalb einer Anwendungsumgebung in ähnlicher Form immer wieder auftreten (z.B. Austausch von Rechnungsformularen). Diese Ähnlichkeit legt nahe, daß anwendungsunabhängige Vereinbarungen über die Struktur von Nachrichten erfolgen sollten.

Diese Arbeit beschäftigt sich mit der Fragestellung, inwieweit existierende Standards für diesen zentralen Aspekt eines allgemeinen Modells für „austauschfähige Informationen" herangezogen werden können. Dabei liegt der Schwerpunkt dieser Arbeit auf einer entsprechenden Untersuchung der beiden zentralen Standards im Dokumentstrukturbereich, ODA („Office Document Architecture", ISO 8613 [2]) und SGML („Standard Generalized Markup Language", ISO 8879 [3])[4]. Dieser Ansatz erscheint sinnvoll, da im Zuge der Standardisierung von ODA und SGML sehr viel Wert auf eine architekturell klare Strukturierung von Informationen gelegt wurde, auch wenn der konkrete Anwendungsbereich dieser Strukturierung sich auf den diesen Standards zugrundeliegenden Textbearbeitungsbereich beschränkt[5].

1.2. Aufbau der Arbeit

Der nachfolgende zweite Abschnitt skizziert zunächst anhand der Abbildung 2 den Anwendungsbereich (d.h. die verschiedenen betrieblichen Kommunikationsvorgänge), für den das hier vorgestellte Modell zur Informationsstrukturierung universell einsetzbar sein soll. Darüber hinaus werden die diesen Kommunikationsvorgängen zugrunde liegenden Informationsarten und die verschiedenen Arten von Bearbeitungsformen dieser Informationen skizziert.

Auf dieser Grundlage können in Abschnitt 3 die Grundzüge eines Modells zur Strukturierung von austauschfähigen Informationen entwickelt werden. Den konzeptionellen Grundlagen, die hier diskutiert werden, kommt fundamentale Bedeutung für eine klare Analyse der inhärenten Ziele der internationalen Standardisierungsaktivitäten dieses Bereichs zu.

Dieses allgemeine Modell benutzend werden im vierten Abschnitt die wichtigsten konzeptionellen Eigenschaften von ODA und SGML verdeutlicht, soweit sie für die hier vorgegebene Problemstellung relevant sind. Außerdem werden einige der in den nächsten Jahren geplanten Erweiterungen von ODA und SGML skizziert — und wie diese sich auf die vorgegebene Problemstellung auswirken.

Im fünften Abschnitt werden die Beziehungen zwischen dem in Abschnitt 3 skizzierten Modell, ODA/SGML und den wichtigsten anwendungsorientierten Standardisierungsprojekten aus den betrieblichen Kommunikationsbereichen (z.B. MAP/TOP, EDIFACT, CIM) dem heutigen Erkenntnis-

---

[4] Entsprechende Untersuchungen wären möglicherweise auch auf der Grundlage anderer Ansätze denkbar, sollen hier jedoch nicht im Vordergrund stehen. Insbesondere könnte eine weitere interessante Untersuchung darin bestehen, zu beleuchten, inwieweit andere Ansätze mit dem ODA/SGML-Modell vergleichbar sind.

[5] Die auszutauschenden Informationseinheiten werden hier als *Dokumente* bezeichnet. Sie enthalten Textinformationen, die für die menschliche Wahrnehmung konzipiert wurden.

stand entsprechend geklärt. D.h. ausgehend von Abbildung 1 wird in dem Bereich der „Informationsstandards" eine verbesserte Strukturierung erarbeitet und in Abbildung 3 dargestellt.

Der abschließende sechste Abschnitt berichtet kurz über das ISOTEXT-System [24, 26], einen WYSIWYG-Editor/Formatierer, der speziell für die Bearbeitung solcher „standardkonformer" austauschfähiger Informationen konzipiert und teilweise auch bereits so realisiert wurde (wobei das gegenwärtige Schwergewicht im Textbearbeitungsbereich liegt).

2. Universalitätsanforderungen an das Informationsmodell

Kommunikationsbereiche

Die beispielsweise Aufstellung von firmeninternen Kommunikationsvorgängen in Abbildung 2 wurde aus [7] entnommen und verdeutlicht den betrieblichen Informationsfluß im CIM-Bereich.

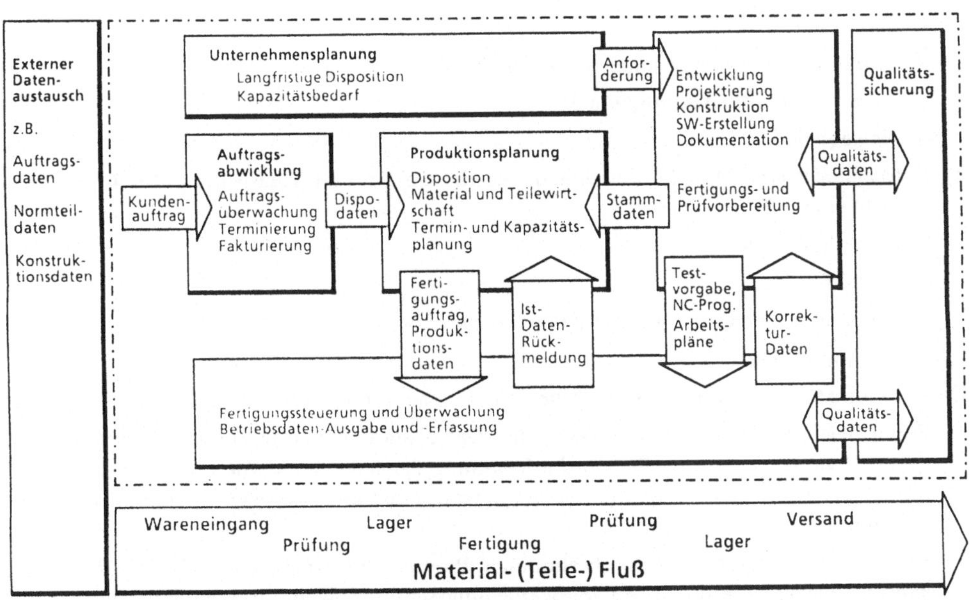

Abb. 2: Funktionen, Informations- und Materialfluß in einem Unternehmen

Wie man an diesen Beispielen sieht, erfordern einige dieser Bearbeitungsaktivitäten firmeninterne Kommunikationsvorgänge zwischen den verschiedenen Abteilungen einer Firma (z.B. Lagerverwaltung und Bestellwesen, Produktspezifikation und Produktion), andere letztlich jedoch auch externe Kommunikationsvorgänge (z.B. verteilte Erstellung von Berichten und Entwürfen, Bestellwesen, Verteilung von „elektronischen Produkten", Verteilung von „elektronischen" Gebrauchsanleitungen).

Kommunikationsmedien

Je nach Anwendungsbereich werden die hier betrachteten elektronischen Kommunikationsvorgänge entweder direkt über *Leitungen* (lokale Netze, öffentliche Datennetze verschiedener Übertragungsraten) oder indirekt über *Datenträger* (z.B. Disketten, CD-ROMs) vorgenommen.

Die Art des Kommunikationsmediums beeinflußt zwar unter Umständen den Ablauf des Kommunikationsvorgangs (die kommunikationsrelevanten unteren Protokollschichten des OSI-Referenzmodells), nicht jedoch in gleichem Maße die auszutauschenden anwendungsrelevanten Informationen selbst (d.h. deren Strukturen und Kodierungen). Daher kann in dieser Arbeit auf eine weitere Klassifikation des Kommunikationsmediums verzichtet werden.

Informationsarten

Die Kommunikationsvorgänge können je nach Anwendungsbereich den Austausch von Informationen unterschiedlichster Art bewirken:

a) *Textinformationen:* D.h. Informationen die direkt (oder indirekt) für die Wahrnehmung durch den Menschen gedacht sind, z.B.

- Zeichenorientierte Informationen eines bestimmten Zeichensatzes
- Rasterbilder
- Zwei- oder drei-dimensionale Geometriebilder
- Sprach- oder Musikinformationen
- Bewegtbilder

b) *Dateninformationen:* D.h. Informationen, die für die Be- und Verarbeitung durch eine Maschine gedacht sind, z.B.

- Produktmodelle
- Meßdaten
- Steuerungsdaten für den Produktionsprozeß
- Rechnungsdaten

Diese Informationskategorien sind natürlich nicht scharf von einander abzugrenzen:

- Daten (wie z.B. Rechnungsdaten aus einer Datenbank) können in ein Rechnungsdokument eingebettet werden, um einer Person die Rechnung darstellen zu können. Dazu werden die Daten in die entsprechenden Textinformationen umgewandelt und angezeigt (Programmierte Textverarbeitung).

- Die Modellbeschreibung eines bestimmten Produkts innerhalb einer CAD/CAM-Anwendung kann möglicherweise durch weitere Bearbeitungsschritte sowohl direkt in die Steuerungsinformationen für die Produktionsmaschinen als auch in eine grafische Darstellung des Produktaufbaus umgewandelt werden.

- Daten können möglicherweise direkt von Menschen eingegeben werden, sofern sie menschenlesbar kodiert sind.

Textinformationen bleiben also im Ablauf mehrerer Bearbeitungsschritte nicht notwendigerweise Textinformationen und Daten nicht notwendigerweise Daten. Insbesondere können Anwendungen u.U. einen Informationsaustausch mit integrierten Text- und Dateninformationen erfordern.

Bearbeitbarkeit von Informationen

Kommunikationsvorgänge können auch danach klassifiziert werden, was mit den Informationen beim Empfangssystem geschehen soll. Die meisten Kommunikationsvorgänge erfordern nicht nur eine uninterpretierte und endgültige *Ablage* der empfangenen Informationen (solche Kommunikationsvorgänge betrachten wir in dieser Arbeit als vergleichsweise uninteressant), sondern

a) eine *Verarbeitung* der empfangenen Informationen (dazu müssen sie beim Empfänger korrekt interpretiert werden können) oder gar

b) eine *Weiterbearbeitung* der empfangenen Informationen entweder durch menschliche Benutzer oder durch Anwendungsprogramme (dazu müssen in der Regel aus den empfangenen Informationen neue Informationen abgeleitet und möglicherweise nachfolgenden Austauschvorgängen und Bearbeitungsschritten zugeführt werden können).

In allen Fällen müssen die Informationen daher in einer Form übertragen werden, in der sie zur Durchführung der weiteren Bearbeitungsschritte geeignet sind: z.B. zur Ablage in einer Datenbank und späteren Wiederauffindung von gewählten Komponenten, zur Formatierung von Texten und späteren Ausgabe auf einem Drucker oder Bildschirm bzw. zur Steuerung von Maschinen anderer Art.

Zusammenfassend: Informationsabsender und Informationsempfänger müssen nicht nur in der Lage sein, Informationen syntaktisch richtig zwischen einander auszutauschen (*Kommunikationsfähigkeit*) sondern mit den ausgetauschten Informationen arbeiten können (*Kooperationsfähigkeit*). Dazu ist entscheidend, daß ein einheitliches Verständnis über die Semantik der ausgetauschten Informationen zwischen Sender und Empfänger vorliegt.

3. Grundzüge eines einheitlichen Modells für Informationsstrukturen

In diesem Abschnitt sollen die wesentlichen Bestandteile eines einheitlichen Modells zur Beschreibung der Strukturen austauschfähiger Informationen skizziert werden.

Dabei werden zunächst verschiedene Stufen von Absprachen über solche Informationsstrukturen unterschieden. Außerdem werden die Merkmale verschiedener Formen von Bearbeitungsschritten von Informationen untersucht. Aus diesen Vorgaben wird dann das einheitliche Modell zur Informationsstrukturierung entwickelt.

Verschiedene Stufen von Vereinbarungen

Die verschiedenen Informationsarten in Nachrichten erfordern im allgemeinen die Standardisierung von speziellen semantischen Bausteinen, z.B.:

– Zeichensätze und Darstellungsattribute im Bereich „zeichenorientierter Texte",

– Grafikprimitiven und -attribute im Bereich von Geometrie-Bildern,

– Rechnungsbestandteile im Bestell- und Abrechnungswesen,

– Topologische und geometrische Primitiven und Materialeigenschaften im CAD-Bereich, etc.

Die Wahl und Verwendung der geeigneten Bausteine ist sicherlich anwendungsabhängig und kann daher nur teilweise verallgemeinert werden. Jedoch können Nachrichten meist auf eine relativ einheitliche Weise aus diesen anwendungsspezifischen Bausteinen aufgebaut werden, wobei die Beschreibungstechniken für die zugrundeliegenden Regeln für den Nachrichtenaufbau anwendungsunabhängig vereinbart werden können.

Darüber hinaus ist zu berücksichtigen, daß Nachrichtenstrukturen meist keine Einzelstücke sind, sondern in vielen Kommunikationsvorgängen innerhalb einer Anwendungsumgebung in ähnlicher

Form immer wieder auftreten (z.B. Austausch von Rechnungsformularen). Diese Ähnlichkeit legt nahe, daß auch anwendungsabhängige Absprachen über die Struktur von Nachrichten im Vorfeld des eigentlichen Nachrichtenaustauschs stattfinden sollten.

In vielen Fällen wird hier eine Standardisierung der anwendungsspezifischen Nachrichtenstrukturen der naheliegendste Weg sein (z.B. ein standardisierter Formularaufbau für eine bestimmte Anwendung).

In vielen anderen Fällen werden zwar die Bausteine des Nachrichtenaufbaus im Vorfeld festgelegt werden können, nicht jedoch die genauen Nachrichtenstrukturen selbst (z.B. im Falle des Aufbaus eines komplexen Typs von Schriftstücken wie firmeninternen Berichten). In einer solchen Anwendung ist es sinnvoll, bei der Festlegung der Nachrichtenstruktur (mindestens) eine weitere Zwischenstufe einzuführen und auch die Regeln für die Struktur der auszutauschenden Nachrichten austauschbar zu gestalten, also selbst wieder als Nachrichten zu behandeln. Dieses Verfahren funktioniert natürlich nur, wenn die Struktur dieser (Regeln für den Aufbau von Nachrichten enthaltenen) Nachrichten ebenfalls durch internationale Vereinbarungen festgelegt ist.

Zusammenfassend lassen sich in einem solchen Modell also (mindestens) drei Stufen von Absprachen über auszutauschende Nachrichtenstrukturen ableiten[6]:

a) *Metavereinbarungen:*
   Hierbei handelt es sich um Vereinbarungen, die den grundsätzlichen Aufbau von Nachrichten anwendungsunabhängig beschreiben und die möglichst international standardisiert sein sollten. Die Festlegung der Eigenschaften solcher Metavereinbarungen und ihre Abgrenzung zu den anwendungsspezifischen Vereinbarungen stellt den Kern des in dieser Arbeit skizzierten Modells zur Informationsstrukturierung dar.

b) *Anwendungsvereinbarungen:*
   Diese Vereinbarungen werden in vielen Anwendungsumgebungen ebenfalls in Form von internationalen Standards verabschiedet werden, die anwendungsspezifische Aspekte festlegen, insbesondere die Semantik von Informationsarten und ihre zusätzlichen Eigenschaften (Beispiele: Zeichensätze, Darstellungsattribute, Grafikprimitiven und ihre Attribute).

c) *Regel-Nachrichten:*
   Aus den grundlegenden (bereits im Vorfeld des Nachrichtenaustauschs vorgenommenen und möglichst standardisierten) Vereinbarungen in a) und b) lassen sich dann Regel-Nachrichten ableiten, die ausgetauscht werden können, um dem Empfänger die Regeln mitteilen zu können, nach denen die konkreten Nachrichten aufgebaut sind oder werden sollen (z.B. eine für einen Nachrichtenaustausch speziell definierte und nicht-standardisierte Formularstruktur).

Konkrete Nachrichten werden gemäß der ausgetauschten *Regel-Nachrichten* (sofern vorhanden) und auf der Grundlage der im Vorfeld des Nachrichtenaustauschs vorgenommenen allgemeinen und anwendungsspezifischen Vereinbarungen strukturiert.

Nachrichten (sowohl Regel-Nachrichten als auch konkrete Nachrichten) können lediglich auf Strukturierungsbausteinen aufsetzen, die in a) oder b) definiert wurden, da eine Kommunikationsbeziehung nicht in der Lage ist, grundsätzlich neue Semantiken zu vermitteln, sondern übermittelte Semantik immer auf vorher vereinbartem Vorwissen aufsetzen muß. Je nach Art der vorher vereinbarten Bausteine können dabei u. U. komplexe semantische Bausteine aus einfacheren Grundlagen „zusammengebaut" und später als semantische Einheit verwendet werden[7].

---

[6] Die nachfolgend gewählten Termini sind vielleicht in einem umfassenderen Sinne noch nicht die günstigsten; sie eignen sich jedoch für die nachfolgende Grundlagendiskussion.

[7] Ähnlich zu der Möglichkeit der Programmierung von Prozeduren.

Arten von Bearbeitungsschritten

Bevor auf die Ausgestaltung von Meta-Vereinbarungen von Informationsstrukturen näher eingegangen werden kann, sollen die potentiellen Bearbeitungsvorgänge beim Sender und Empfänger einer Nachricht etwas genauer analysiert werden[8][9]. Dabei ist im Zusammenhang mit einer hier zugrundeliegenden Modellbildung von Informationsstrukturen insbesondere interessant, welche Informationen die auszutauschenden Informationseinheiten selbst (explizit durch übertragene Informationen oder implizit durch im Vorfeld des Informationsaustauschs vorgenommene Vereinbarungen über die Bedeutung der ausgetauschten Informationseinheiten) zur Steuerung der Bearbeitungsprozesse enthalten, da diese Informationen z.T. ebenfalls anwendungsunabhängig definiert werden können. Dabei lassen sich folgende elementare Bestandteile von Bearbeitungsvorgängen unterscheiden[10]:

– *Produktion:*
Erzeugen einer Informationseinheit durch einen Anwendungsprozeß oder auch einen menschlichen Benutzer (z.B. Erzeugen einer Informationseinheit aus Prozeß-Meßwerten). Dies ist ein Spezialfall der *Manipulation* und wird dort näher betrachtet.

– *Evaluation:*
Umwandlung einer Informationseinheit durch einen Anwendungsprozeß in eine andere (häufig semantisch „niedrigere") Form auf der Grundlage von Informationen, die (ausschließlich) in der Informationseinheit selbst (oder in im Vorfeld getroffenen Vereinbarungen über diese Informationseinheit) enthalten sind (z.B. Auswertung eines Ausdrucks zur Berechnung von Mehrwertsteuern in einer Rechnung oder automatisches Erzeugen der Seiten-Struktur eines im Editor eingegebenen ODA-Dokuments). Diese Umwandlung ist im allgemeinen deterministisch, d.h. erzeugt bei gleicher Eingabe immer wieder dasselbe Resultat.

Mit einem *Evaluations*-Vorgang wird also eine durch die Informationseinheit kontrollierte und lediglich von außen durchgeführte[11] Umwandlung von Informationen innerhalb der Informationseinheit in eine andere Form (z.B. Erzeugung der Layout-Struktur eines ODA-Dokuments) oder in eine neue Informationseinheit (z.B. Umwandlung von EDIFACT-Rechnungsdaten in ein ODA-Rechnungsdokument) Informationseinheit vorgenommen.

– *Resolution:*
Vervollständigen des Informationsgehalts einer Informationseinheit durch Auflösen von externen Referenzen innerhalb der Informationseinheit (z.B. Aufnahme von Rechnungsdaten aus einer Datenbank in ein Rechnungsformular oder Eintragung des aktuellen Datums in einen Brief).

Mit einem *Resolutions*-Vorgang wird also eine (durch die Informationseinheit kontrollierte) Übernahme von Informationen aus der Außenwelt in die Informationseinheit vorgenommen.

---

[8] Dies stellt eine bewußte Abweichung von der üblichen OSI-Konzeption dar, daß die Eigenschaften von lokalen Bearbeitungsprozessen für Informationsaustauschvorgänge nicht betrachtet werden.

[9] Betrachtet man jedoch nicht nur den reinen Informationsaustausch, sondern auch Aspekte lokaler Bearbeitungsvorgänge, so sind die austauschfähigen Informationen in diesem Zusammenhang nicht nur als *Nachrichten* (d.h. als im Austausch befindliche Informationen) sondern auch als in lokaler Bearbeitung befindliche Informationen interessant. Daher soll an den entsprechenden Stellen nachfolgend statt *Nachricht* der allgemeinere Begriff *Informationseinheit* verwendet werden.

[10] Einige dieser elementaren Bestandteile von Bearbeitungsvorgängen wurden in einer Sitzung der ISO/IEC SC18/WG3/SWG „ODA Extensions" bereits erarbeitet und sind in [20] näher beschrieben.

[11] Informationseinheiten können nicht wirklich aktiv sein, sondern bedürfen noch der Bearbeitung durch einen Anwendungsprozeß, der aber in diesem Fall lediglich das Werkzeug zur Bearbeitung ist und keinen eigenen „Willen" hat („automatischer Prozeß").

– *Manipulation:*

Verändern der Informationseinheit durch einen Anwendungsprozeß oder einen menschlichen Benutzer (z.B. Überarbeiten eines Briefes im Editor).

Mit einem *Manipulations*-Vorgang wird also eine von außen kontrollierte Veränderung der Informationseinheit (auf der Grundlage von Informationen aus der Außenwelt) vorgenommen.

– *Konsumption:*

(Endgültiges) Verarbeiten der Informationseinheit durch einen Anwendungsprozeß oder einen menschlichen Benutzer. Dabei bleibt das genaue Wesen der Verarbeitung im Rahmen des Kommunikationsvorganges meist zumindest teilweise im Dunkeln[12] (z.B. Extrahieren von Rechnungsdaten aus einem Rechnungsformular und Ablage der Daten in einer Datenbank oder Steuerung einer Fertigungsanlage aus den Anweisungen einer erhaltenen Informationseinheit).

Mit einem *Konsumptions*-Vorgang wird also eine von außen kontrollierte Übernahme von Informationen aus der Informationseinheit vorgenommen.

Präzise Abgrenzungen dieser Arten von Bearbeitungsvorgängen gegeneinander kann man sicherlich nicht treffen. Auch beinhalten die meisten realen Bearbeitungsvorgänge ohnehin eine Kombination dieser Arten:

– So ist z.B. schwer abzugrenzen, durch welche Art von Bearbeitungsschritten die Informationseinheit als solche erhalten bleibt bzw. in eine neue Informationseinheit überführt wird. Es scheint sinnvoll zu sein, *Resolution* und *Evaluation* in der Regel als Bearbeitungsschritte zu begreifen, die die Informationseinheit bewahren, während eine *Produktion* eine Informationseinheit erzeugt, *Manipulation* die Informationseinheit in eine andere umwandelt und *Konsumption* den für die Anwendung wesentlichen Informationsgehalt aus einer Informationseinheit herauszieht (und sie dann u.U. auflöst).

– Die Abgrenzung zwischen *Manipulation* und *Konsumption* besteht darin, daß die *Konsumption* im wesentlichen darauf abgestellt ist, Informationen aus der Informationseinheit zu ziehen und diese zusammen mit Informationen aus der Außenwelt zu verarbeiten, während die *Manipulation* die Informationseinheit mit Hilfe von Informationen aus der Außenwelt in eine neue Informationseinheit umwandelt. Das Überarbeiten eines Briefes kann also als eine Kombination beider Aktivitäten betrachtet werden, da die Informationen des Originalbriefes erst gelesen und „verarbeitet" werden müssen, bevor die Änderungen eingetippt werden können.

– Die Abgrenzung zwischen *Manipulation* und *Evaluation* besteht darin, daß die Veränderung der Informationseinheit bei der *Manipulation* von der Außenwelt kontrolliert wird und dabei im Prinzip eine Informationseinheit mit völlig anderem Informationsgehalt entstehen kann, während die Veränderung einer Informationseinheit bei der *Evaluation* durch (versteckte) Informationen in der Informationseinheit selbst kontrolliert wird und der Informationsgehalt im Prinzip noch der gleiche ist, wenn auch vielleicht auf einer „semantisch tieferen" (d.h. ausgewerteteren) Ebene. Dabei ist jedoch zu beachten, daß auch typische Manipulationsvorgänge (wie z.B. das Editieren eines ODA-Dokuments) durch das zugrundeliegende Regelwerk eingeschränkt werden können, was im Grenzfall auch zu evaluationsähnlichen Verhaltensmustern führen kann.

– Die Abgrenzung zwischen *Manipulation* und *Resolution* besteht darin, daß die durch die externen Referenzen in der Informationseinheit bereits spezifizierten Informationen eigentlich nur noch tatsächlich integriert werden können, wobei hier allerdings der Zeitpunkt der Integration u.U. die tatsächlich ermittelten Informationen bestimmt (z.B. Integration des aktuellen Datums). U.U.

---

[12] Dies trifft insbesondere bei einer Verarbeitung der Informationen durch einen menschlichen Benutzer zu (z.B. Lesen eines Briefes). Der Lesevorgang selbst kann nicht aus der Informationseinheit heraus kontrolliert werden.

wird jedoch sogar der Zeitpunkt der Resolution aus der Informationseinheit heraus gesteuert werden, z.B. bei Realzeit-Anwendungen. Demgegenüber gestattet ein Manipulationsvorgang dem Anwendungsprozeß im allgemeinen größere Freiheiten der Informationsveränderung. In Grenzfällen können jedoch auch typische Manipulationsvorgänge (wie z.B. das Editieren eines ODA-Dokuments) durch die Informationseinheit oder das zugrundeliegende Regelwerk so eingeschränkt werden, daß daraus ein resolutionsähnliches Verhaltensmuster entsteht (z.B. Ausfüllen eines Anmeldeformulars für eine Tagung: der Benutzer wird dabei im wesentlichen zu einer menschlichen Datenbank, die die relevanten Daten bereitstellt, die vom Formular „abgefragt" werden[13]).

Die übrigen Abgrenzungen dieser Bearbeitungsbestandteile lassen sich aus dieser Aufstellung wohl relativ leicht herleiten oder sind unmittelbar verständlich.

Obwohl die Abgrenzung dieser Bearbeitungsbestandteile offensichtlich nicht immer klar vorzunehmen ist, scheint die Einführung dieser Begriffe sehr behilflich zu sein, um verschiedene Arten von Informationen in einer Informationseinheit zu unterscheiden. Darauf soll im nächsten Abschnitt noch genauer eingegangen werden.

Meta-Vereinbarungen

Gemäß der obigen Klassifikation sollen *Metavereinbarungen* anwendungsunabhängige Hilfsmittel zur Strukturierung von Informationen bereitstellen. Um ihren Zweck zu erfüllen, gemeinsame Grundlage für die verschiedensten anwendungsabhängigen Kommunikationsvorgänge zu sein, sollte man sich soweit möglich auf lediglich eine Ausprägung solcher Vereinbarungen beschränken, die darüber hinaus aussagekräftig genug sein sollte, um der Problemlösung signifikant näher kommen zu können.

Eine erste Idee einer solchen *Metavereinbarung* zur Beschreibung von Informationsstrukturen könnte vielleicht die Standardisierung einer Art „Programmiersprache" sein, mit Hilfe derer Informationsstrukturen und -semantiken entfernt „programmiert" werden könnten. Dieser Ansatz ist jedoch für die meisten Anwendungen nicht geeignet, da es nicht darum geht, die Bearbeitung der ausgetauschten Informationen beim Empfänger bis ins Einzelne zu steuern, sondern lediglich darum, auf deklarative Weise die Struktur der auszutauschenden Informationseinheiten zu beschreiben. Ein Programm würde dem Empfänger in der Regel zu wenig Freiheiten bei der Bearbeitung der Informationen gestatten (so soll z.B. der Empfang einer Rechnung nicht dazu führen, daß der entsprechende Geldbetrag direkt automatisch vom Konto des Empfängers abgebucht wird; dies würde auch erhebliches Potential für Mißbrauch mit sich bringen).

Eine Programmiersprache als Beschreibungstechnik zur Strukturierung von auszutauschenden Informationseinheiten eignet sich also nur für Anwendungen, in denen die Bearbeitung der Informationen genau vom Sender gesteuert werden soll, so z.B. in Anwendungsumgebungen, in denen es direkt um ein „Downloading" von Programmen geht, die beim Empfänger ausgeführt werden sollen. Ein bedeutendes reales Anwendungsbeispiel, in dem so verfahren wird, aber sicherlich nicht unbedingt so verfahren werden müßte, ist die Verwendung einer Seitenbeschreibungssprache wie PostScript [28] zur Steuerung von Druckern.

In den meisten Anwendungsumgebungen sollten *Metavereinbarungen* für die Beschreibung der Strukturierung von Informationen daher auf einem deklarativen Ansatz aufsetzen. Dabei sind als **Basiseigenschaften eines solchen Modells im wesentlichen die folgenden Komponenten hilfreich:**

---

[13] Sobald der Benutzer jedoch über Entscheidungsfreiheit beim Ausfüllen des Formulars verfügt, sollte dieser konkrete Fall ausschließlich als *Manipulation* aufgefaßt werden.

– Bereitstellung von „Containern" für anwendungsspezifische Semantiken

– Anwendungsunabhängige Unterstützung für die verschiedenen Arten von Bearbeitungsvorgängen

Container für anwendungsspezifische Semantiken

Dafür eignet sich wohl am ehesten ein objektorientierter Ansatz, in dem grundsätzlich *Objekte*, *Beziehungen zwischen Objekten* und *Attribute von Objekten* unterschieden werden.

– *Objekte:* Objekte sind als Konzept allgemeingültig, wobei ihre Semantik natürlich anwendungsabhängig ist (z.B. ein „Absatz"-Objekt als Komponente einer Dokument-Struktur im Textbereich oder ein „Rad"-Objekt als Komponente einer Auto-Struktur im CAD-Bereich).

– *Beziehungen zwischen Objekten:*
Auch Beziehungen zwischen Objekten sind als Konzepte allgemeingültig, müssen jedoch mächtig genug sein, um allen anwendungsspezifischen Erfordernissen zu genügen. In vielen Anwendungen ist eine im wesentlichen hierarchische Beziehung zwischen Objekten mit wenigen darüber hinausgehenden Querbezügen ausreichend (z.B im Textbereich: ein Dokument zerfällt in Kapitel, ein Kapitel zerfällt in Absätze, etc.; in einem Absatz steht ein Querverweis zu einem anderen Absatz eines anderen Kapitels). In anderen Anwendungen sind möglicherweise allgemeine Graph-Strukturen und/oder mehrere unabhängige Strukturen der Objekte erforderlich (z.B. wird in CIM-Anwendungen sowohl eine Unterstrukturierung in funktionelle Komponenten als auch in Fertigungseinheiten bzw. Verwaltungseinheiten erforderlich sein).

– *Attribute der Objekte:*
Attribute von Objekten sind als Konzept ebenfalls allgemeingültig, ihre semantische Ausprägung ist jedoch stark anwendungsabhängig und hängt im wesentlichen von den erforderlichen weiteren Bearbeitungsschritten nach dem Informationsaustausch ab: Viele der Attribute werden (zusammen mit der mitgeteilten Information über die Objekte selbst und ihre Beziehungen zueinander) Parameter für spätere Bearbeitungsschritte liefern. Es hängt von der Anwendung ab, ob Attribute sehr spezieller Natur sind (z.B. auf genau einen Bearbeitungsschritt zugeschnitten sind) oder allgemeinerer Natur. (Beispiele: im Textbearbeitungsbereich wird man beim Austausch eines unformatierten Dokuments u.U. Steuerinformationen für eine Formatierung und Ausgabe des Dokuments beim Empfänger in Form von Attributen der Absätze und Kapitel mitgeben. Im CAD-Bereich werden Attribute von Objekten z.B. Materialeigenschaften, Oberflächeneigenschaften, Toleranzen, Stücklisten u.ä. angeben, um so einen späteren Fertigungsprozeß kontrollieren zu können.)

Neben der reinen Identifikation von Attributen sollten Metavereinbarungen auch allgemeine Mechanismen vorsehen, mit Hilfe derer die Attributwerte eines Objekts auf eine flexible Art und Weise aus Regeln oder auch anderen Objekten „vererbt" werden können (*Defaulting*). Beispiel: Voreinstellung eines „normalen" Zeilenabstands für alle Absätze eines spezifischen Dokuments, die in einem konkreten Absatz dieses Dokuments auch überschrieben werden kann.

Als Grundlage für die Attributierung von Objekten und die Beziehung zwischen Objekten werden sinnvollerweise verschiedene „*Meta-Objekttypen*" unterschieden, z.B. innerhalb einer Baumstruktur eine „Baumwurzel" (als spezielles zusammengesetztes Objekt), „zusammengesetzte Objekte" und „elementare Objekte".

Außerdem sollten die Metavereinbarungen grundsätzliche Mechanismen zum Austausch von Regeln zur Verwendung von Objekttypen und Attributen in konkreten Austauschvorgängen enthalten und damit den grundsätzlichen Aufbau von Regel-Nachrichten festlegen.

In diesem Zusammenhang kann es sinnvoll sein, in den Metavereinbarungen allgemeine Mechanismen vorzusehen, wie man solche Regeln auf eine einfache Art und Weise aus ähnlichen Regeln ableiten kann (*Inheritance*, z.B. Konkretisierung eines bereits definierten allgemeinen Formulars für einen speziellen Anwendungszweck).

Zentraler Aspekt von Metavereinbarungen sollte es auch sein, hinreichend *offen* zu sein, um die verschiedensten Arten von Anwendungsvereinbarungen ohne große Aufwände einbetten zu können. Dies sollte im Prinzip auch für gegenwärtig vorhandene Anwendungsvereinbarungen möglich sein, die ohne zugrundeliegende Metavereinbarungen konzipiert wurden.

Unterstützung von Bearbeitungsvorgängen

Neben den allgemeinen Konzepten zur Identifikation von Objekten, Beziehungen und Attributen (die natürlich ebenfalls allgemeine Hilfestellung für Bearbeitungsvorgänge liefern) können Metavereinbarungen bereits anwendungsunabhängige Unterstützung der verschiedenen Arten von Bearbeitungsvorgängen liefern:

- *Evaluation:*
  Hierfür könnten allgemeine Verfahren eines Mechanismus zur Formulierung von komplexen Ausdrücken bereitgestellt werden (ausgehend von einfachen Rechenregeln zu komplexeren Ausdrücken). Dabei ist die Grenze zur Anwendungsabhängigkeit sicherlich fließend und sollte daher noch weiter diskutiert werden.

- *Resolution:*
  Hierfür könnten allgemeine Verfahren zur Formulierung von externen Referenzen bereitgestellt werden.

- *Produktion und Manipulation:*
  Hierfür könnten allgemeine Verfahren zur Formulierung von Manipulationsregeln und zur Konsistenzüberprüfung bereitgestellt werden.

- *Konsumption:*
  Hierfür sind wohl keine zusätzlichen allgemeinen Mechanismen zur Unterstützung erforderlich.

Abgrenzung zwischen Metavereinbarungen und anwendungsspezifischen Vereinbarungen

Zusammenfassend läßt sich folgende grundsätzliche Trennung zwischen Metavereinbarungen und anwendungsspezifischen Vereinbarungen vornehmen, obgleich sie u.U. nicht immer in dieser Schärfe zu ziehen ist und die genaue Ausgestaltung der Metavereinbarungen noch weiterer Untersuchungen bedarf:

- In den *Metavereinbarungen* sollten Objekte und Attribute identifizierbar sein, die gewünschten Beziehungen zwischen Objekten ausgedrückt werden können, "Meta-Objekttypen" eingeführt werden und Mechanismen zum Austausch von Regel-Nachrichten und zur allgemeinen Unterstützung von Evaluations-, Resolutions- und Manipulationsvorgängen bereitgestellt werden. Außerdem sollten Metavereinbarungen für die Einbettung von Anwendungsvereinbarungen *offen* sein.

- Im Rahmen von *Anwendungsvereinbarungen* werden dann anwendungsspezifische Objekttypen und Attribute definiert (z.B. "Absätze" oder "Einrückung" im Textbearbeitungsbereich). Die Definition der für einen Anwendungsbereich relevanten Anwendungsvereinbarungen kann in mehreren Schritten vorgenommen werden: im ODA-Standard selbst werden z.B. lediglich Attribute zur Steuerung des automatischen Formatierprozesses definiert, während die anwendungsspezifischen Objekttypen in "Dokumentanwendungsprofilen" festgelegt werden. Die Datentypen bestimmter Attribute können auch so allgemeingültig sein, daß sie in vielen verschiedenen Anwendungsumgebungen vergewendet werden können und somit womöglich isoliert vereinbart werden sollten[14] (z.B. Farbendarstellungen, Maßsysteme).

– Im Rahmen von *Regel-Nachrichten* werden dann Regeln zum Aufbau von konkreten Nachrichten formuliert. Dabei wird u.U. eine Konkretisierung der anwendungsspezifischen Objekttypen mit speziellen Attributvoreinstellungen vorgenommen, die im folgenden *Objektklassen* genannt werden sollen (z.B. eine Objektklasse „Linksadjustierter Absatz" mit bestimmten Attributwerten in einer Regel-Nachricht zum Aufbau von firmeninternen Berichten in einer Textbearbeitungsanwendung).

Die sinnvolle semantische Ebene der Definition von Objekten und Attributen in einer spezifischen Anwendungsumgebung hängt im wesentlichen von der Anwendungsumgebung selbst ab. Jedoch sollte im Lichte der Integration von Kommunikationsvorgängen (z.B. CIM) dabei bedacht werden, daß Informationen u.U. (möglicherweise in leicht abgewandelter Form) in mehrere Kommunikationsvorgänge involviert sind (hintereinander oder nebeneinander). Diese Beobachtung legt nahe, bei der Beschreibung von Informationsstrukturen für den Informationsaustausch ein möglichst hohes semantisches Niveau zugrunde zu legen, aus dem die verschiedenen Bearbeitungsschritte ihre relevanten Informationen ableiten können. Mit anderen Worten: Es sollte angestrebt werden, die „logische Struktur" von Informationen auszutauschen, aus der die ursprüngliche Bedeutung der Informationen noch abgeleitet werden kann. Dies erfordert allerdings, daß die Bearbeitungsprozesse beim Empfänger in der Lage sind, Informationen dieses höheren semantischen Niveaus zu bearbeiten.

Ein solcher Ansatz ist insbesondere dann erforderlich, wenn der Empfänger im Prinzip die gleichen Bearbeitungsmöglichkeiten der Informationen haben soll wie der Sender. Dies ist vor allem bei einer verteilten Bearbeitung von Informationen der Fall, z.B. bei einer verteilten Erstellung von Texten oder bei einer verteilten Erstellung von Produktmodellen im CAD-Bereich.

Andere Bearbeitungsprozesse (z.B. die Steuerung einer Fertigungsanlage oder eines Druckers) erwarten dagegen u.U. speziellere (semantisch niedrigere) Anweisungen zur Unterstützung ihrer Arbeit. Bestimmte Bearbeitungsprozesse dienen im wesentlichen dazu, diese Umwandlung vorzunehmen (z.B. ein Formatierer im Textbereich).

4. Kommentar zu ODA und SGML

Für die verschiedenen betrieblichen Kommunikationsvorgänge (wie sie Abbildung 2 aufzeigt) gibt es bereits eine Reihe von internationalen Vereinbarungen, die üblicherweise jedoch unabhängig voneinander nebeneinander gestellt werden (wie Abbildung 1 zeigt). Dabei ist insbesondere zu bemerken, daß es gegenwärtig auch gar keine internationalen Übereinkünfte gibt, die von Anfang an für die Rolle der oben skizzierten umfassenden *Metavereinbarungen* konzipiert wären.

Stattdessen werden die Aufgaben der Metavereinbarungen und der Anwendungsvereinbarungen üblicherweise in einer einzelnen Vereinbarung (oder einer Gruppe von zusammengehörigen Vereinbarungen) vereinigt, wobei nicht immer alle oben angesprochenen Aspekte dieser Vereinbarungen auch tatsächlich unterstützt werden. Das Konzept der Regel-Nachrichten wird ebenfalls nicht von allen solchen Vereinbarungen unterstützt.

In diesem Abschnitt beginnen wir, die wichtigsten der bereits existierenden Vereinbarungen vor dem Hintergrund des oben skizzierten Modells zu analysieren. Das Hauptgewicht dieses Abschnitts soll dabei auf einer Untersuchung der beiden Dokumentstrukturierungsstandards ODA und SGML liegen, da die im vorigen Abschnitt beschriebenen Konzepte bei ihnen leicht herausgearbeitet werden können[15].

---

[14] Solche Vereinbarungen können als *Basisvereinbarungen* im Anwendungsbereich betrachtet werden.

[15] Im nächsten Abschnitt werden dann die wichtigsten (anderen) anwendungsorientierten Standardisierungsprojekte aus den betrieblichen Kommunikationsbereichen in das oben skizzierte Modell eingeordnet und ihre Beziehungen zu ODA/SGML geklärt.

Eigenschaften von ODA und SGML

Viele der oben skizzierten Anforderungen an ein allgemeines Strukturierungsmodell von Informationen sind im Rahmen der Entwicklung der beiden wichtigsten Dokumentstrukturierungsstandards ODA und SGML bereits angesprochen und zum großen Teil auch berücksichtigt worden — wenn auch zum Teil in einem etwas eingeschränkteren Anwendungszusammenhang.

Daher erscheint es sinnvoll, die in ODA und SGML gewählten Konzepte im Hinblick auf diese Anforderungen etwas näher zu durchleuchten. Dieses Papier soll keine Einführung in ODA und SGML sein. Für einen Einstieg in die Konzepte (und in die Begriffsbildung) dieser beiden Standards sei auf [9] und [25] (und natürlich auf die Standards selbst [2,3]) verwiesen. Dort wird auch näher beschrieben, für welche Zielgruppen ODA und SGML primär konzipiert wurden.

In Tabelle 1 wurde versucht, die Fähigkeiten von ODA und SGML in die verschiedenen Komponenten von Metavereinbarungen und Anwendungsvereinbarungen einzuordnen.

Bewertung

Wie man aus obiger Tabelle entnehmen kann, sind sowohl ODA als auch SGML in weiten Teilen für die Extraktion von Metavereinbarungen geeignet, wobei beide ihre spezifischen Stärken und Schwächen in diesem Bereich haben:

- *Stärken von ODA gegenüber SGML:*

  - Architekturell sauberere Integration von neuen Inhaltsarchitekturen
  - Potentiell weitergehende Unterstützung von Evaluations-, Resolutions- und Manipulationsvorgängen in der nächsten Version des Standards.
  - Verfeinerung von Objektklassen in Regel-Nachrichten gegenüber den Anwendungsvereinbarungen möglich.
  - Architekturell sauberere Kodierung der Informationen mit Hilfe von ASN.1 gegenüber einer reinen menschenlesbaren Zeichenkodierung. Obwohl die Kodierungsfrage ein Randproblem in diesem Zusammenhang sein sollte, bewirkt die SGML-Kodierung einige Folgeprobleme (sozusagen als Nebeneffekt).

- *Stärken von SGML gegenüber ODA:*

  - Sauberere Trennung von Metavereinbarungen und Anwendungsvereinbarungen (SGML selbst fällt fast vollständig in den Bereich der Metavereinbarungen)
  - Allgemeinerer Mechanismus zur Definition von anwendungsspezifischen Attributen; dabei Trennung zwischen bearbeitungsspezifischen Attributen und den Eigenschaften der Informationseinheit selbst („Links").
  - Etwas allgemeinerer Mechanismus zur Beschreibung von hierarchischen Strukturen
  - Etwas allgemeinerer Mechanismus zur Beschreibung von mehreren Strukturen gleichzeitig.

In anderen Bereichen wird jedoch bei beiden Standards deutlich, daß sie eben nicht unmittelbar mit dem Ziel der Entwicklung von Metavereinbarungen im obigen Sinne entstanden sind:

Konzept	ODA	SGML
Metavereinbarungen		
Allgemeines	Die implizit in ODA enthaltenen Metavereinbarungen sind nicht klar von den Anwendungsvereinbarungen getrennt, da die Kontrolle des ODA-Layoutprozesses im Vordergrund steht, jedoch konzeptionell isolierbar, falls erforderlich.	SGML ist im wesentlichen eine Syntax zum Beschreibung von logischen Strukturen und frei von jeder Anwendungssemantik, also als Teil von Metavereinbarungen geeignet. Allerdings unterstützt SGML nur geringfügige Varianten einer zugrundeliegenden Kodierung.
Objekte	Objekte sind in ODA identifizierbar	Objekte sind in SGML identifizierbar
Beziehungen zwischen Objekten	- Hierarchische Beziehungen werden direkt unterstützt. - Querbezüge sind über explizite Querverweis-Attribute möglich, allerdings primär auf „Layout-Eigenschaften" abgestellt. - Es gibt kaum Möglichkeiten zur Beschreibung allgemeiner Graph-Strukturen. - Informationen können in bestimmten Zusammenhängen gleichzeitig mit den Strukturinformationen zweier verschiedener Strukturen versehen werden. Einziges vorgesehenes Anwendungsbeispiel ist hier jedoch die gleichzeitige Übertragung der logischen Struktur und der Layout-Struktur eines Dokuments. Verallgemeinerungen lassen sich aus diesem Konzept nur schwer ableiten, werden aber möglicherweise im Zuge von Erweiterungen noch konzipiert werden.	- Hierarchische Beziehungen werden direkt unterstützt (noch etwas allgemeiner als bei ODA). - Querbezüge sind über explizite Querverweis-Attribute möglich, die allgemeine Semantik haben können. - Allgemeine Graph-Strukturen können lediglich durch „Mißbrauch" von Querverweisen erzeugt werden. - Informationen können gleichzeitig mit den Strukturinformationen mehrerer verschiedener Strukturen versehen werden. Jedoch ist das Verfahren syntaktisch gegenwärtig sehr einschränkend, so daß eine allgemeine Anwendung dieses Konzepts stark erschwert wird.
Attribute	ODA spezifiziert eine vordefinierte Menge von „layout-relevanten" Attributen, da ODA primär für die automatische Erzeugung und Darstellung einer Seitenstruktur der beschriebenen logischen Dokumente konzipiert wurde. Jedoch sind in dem Attribut „Application Comments" auch prinzipiell Attribute anderer Anwendungen kodierbar (wird leider in den gegenwärtigen Dokumentanwendungsprofilen nicht unterstützt). Der Wertebereich dieses Attributs ist ein OCTETSTRING, der nicht weiter unterstrukturiert oder klassifiziert wird, von den Anwendungen also beliebig verwendet werden kann. Dieses Attribut unterliegt allerdings nicht den komplexen ODA-Defaultingregeln, so daß es nicht ganz so flexibel eingesetzt werden kann wie die meisten der standardisierten Attribute.	SGML sieht einen allgemeinen Mechanismus zur Definition und Verwendung von Attributen vor (Angabe von Attributname, Wertebereich und Default-Wert). Hauptkritikpunkt ist hier die fehlende Unterstützung zur Verwendung komplexer (unterstrukturierter) Wertebereiche; es werden lediglich einige einfache Wertebereiche zur Auswahl vorgegeben.

Tabelle 1: Klassifikation von ODA- und SGML-Fähigkeiten als Metavereinbarungen bzw. Anwendungsvereinbarungen

Konzept	ODA	SGML
Defaulting	ODA sieht einen sehr komplexen, aber auch wenig flexiblen Defaulting-Mechanismus für Attributwerte vor.	Der SGML-Defaulting-Mechanismus für Attributwerte ist nicht so mächtig wie in ODA, aber dafür übersichtlicher. Bearbeitungsrelevante Attribute lassen sich auf mächtige Art und Weise an eine Informationsstruktur anbinden („LINKs").
Anwendungsunabhängige Objekttypen	Die „logischen Objekttypen" sind so allgemein gehalten worden, daß sich damit nahezu beliebige hierarchische Anwendungen unterstützen lassen, auch wenn dies von ODA nicht primär intendiert war („Root", „composite logical object", „basic logical object").	Es werden zwar nicht explizit Objekttypen eingeführt, implizit lassen sich jedoch auch hier grundsätzlich „Wurzel", „zusammengesetzte" und „elementare" Strukturelemente unterscheiden. Die „Strukturelemente" sind also auch hier so allgemein gehalten worden, daß sich damit nahezu beliebige hierarchische Anwendungen unterstützen lassen.
Aufbauregeln für Regel-Nachrichten	Aufbauregeln für Regel-Nachrichten werden unterstützt. Das ODA-Modell sieht vor, daß eine Beschreibung einer „Dokumentklasse" (z.B. für Geschäftsbriefe) aufgesetzt werden kann, die die gemeinsamen Eigenschaften von Dokumenten dieser Klasse festlegt. Solche Dokumentklassen bestehen aus Objektklassen und können mit einem Dokument dieser Klasse oder auch unabhängig davon versendet werden.	Aufbauregeln für Regel-Nachrichten werden unterstützt. Das SGML-Modell sieht vor, daß eine Beschreibung eines „Dokumenttyps" aufgesetzt werden muß, der die strukturellen Eigenschaften von Dokumenten dieses Typs festlegt. Dokumenttypen können mit einem Dokument dieses Typs oder auch unabhängig davon versendet werden.
Allgemeine Mechanismen zur Unterstützung von Evaluations-, Resolutions- und Manipulations-Vorgängen	Solche Mechanismen werden im gegenwärtigen Standard noch nicht unterstützt, jedoch innerhalb der Gremien als ODA-Erweiterung diskutiert. Sie sind vermutlich in einer revidierten Fassung des Standards 1992 zu erwarten.	Über die Einführung solcher Mechanismen in SGML ist nichts bekannt. Im Rahmen der Standardisierung von Layout-Semantik für SGML-Anwendungen [29] werden solche Überlegungen vermutlich zumindest zum Teil später ebenfalls Einzug erhalten (dann jedoch möglicherweise wie bei ODA auf „layout-orientierte" Aspekte begrenzt).
Kombinierbarkeit mit beliebigen Anwendungsvereinbarungen (Offenheit)	- ODA kann im Dokumentarchitekturbereich im Prinzip als „offen" bezeichnet werden (obwohl ursprünglich nicht so intendiert), solange hierarchische Strukturen aufgebaut werden sollen und die Anwendung eine semantische Sequentialisierbarkeit der Informationen vorsieht. - Im Inhaltsarchitekturbereich sind im Prinzip beliebige Erweiterungen möglich. Gegenwärtig werden drei Arten von Inhaltsarchitekturen definiert, die auf unabhängig von ODA festgelegte Vereinbarungen [33,34,35,6] aufsetzen (also von der Erweiterbarkeit von ODA bereits Gebrauch machen).	- SGML kann im Dokumentarchitekturbereich im Prinzip als „offen" bezeichnet werden, solange hierarchische Strukturen aufgebaut werden sollen und die Anwendung eine semantische Sequentialisierbarkeit der Informationen vorsieht. - Im Inhaltsarchitekturbereich sind im Prinzip beliebige Erweiterungen möglich, jedoch ist die Eingliederung von nicht-zeichenorientierten Inhaltsinformationen aufgrund der verwendeten Kodierungsregeln schwerfällig (Verwendung von „Entities" für diesen Zweck). - Zur direkten Einbindung von anwendungsspezifischen Bearbeitungsanweisungen wurde das Konzept der „Processing Instructions" vorgesehen.

Tabelle 1 (Fortsetzung)

Konzept	ODA	SGML
Anwendungsvereinbarungen		
Im Standard	ODA enthält bedingt durch seine Ausrichtung auf eine standardisierte Layout-Semantik bereits im Standard eine Reihe von Vereinbarungen, die man gemäß obigen Modells als Anwendungsvereinbarungen bezeichnen würde. Dies betrifft sowohl die meisten der standardisierten Attribute als auch die Definition von anwendungsspezifischen Objekttypen für Layout-Strukturen als auch die konkreten Ausprägungen von Inhaltsarchitekturen.	SGML ist weitgehend frei von Anwendungsvereinbarungen (Ausnahmen: starke Ausrichtung der Syntax auf einen angegebenen Zeichensatz. Außerdem enthalten einige SGML-Anänge anwendungsspezifische Entity-Definitionen).
Zusätzlich zum Standard	ODA wird gegenwärtig hauptsächlich in Zusammenhang mit sogenannten „Dokumentanwendungsprofilen" [30,31,32] gesehen, die zwei Zwecke erfüllen: – Formulierung von Einschränkungen gegenüber den Anwendungsvereinbarungen im ODA-Standard selbst, wodurch der potentielle Aufbau von Regel-Nachrichten und konkreten Nachrichten eingeschränkt wird. – Festlegung von weiteren Anwendungsvereinbarungen, die benötigt werden, wenn die Dokumentbearbeitung nicht nur aus einer Formatierung und Ausgabe des Dokuments bestehen soll, sondern z.B. auch Editiervorgänge sinnvoll unterstützt werden sollen. In diesen Anwendungsvereinbarungen werden z.B. anwendungsspezifische Objekttypen wie „Absätze", „Kapitel", etc. festgelegt.	SGML-Anwendungen sind (aufgrund der fehlenden Anwendungsvereinbarungen im Standard selbst) nicht ohne weitere Anwendungsvereinbarungen denkbar. Diese legen im wesentlichen anwendungsspezifische Objekttypen wie „Absatz", „Kapitel" etc. und die Verwendung von anwendungsspezifischen Attributen fest. Beispiele für solche Anwendungsvereinbarungen sind in [21,22,23] beschrieben. Sie enthalten entsprechend der allgemeinen SGML-Anwendungsphilosophie aber meist keine Attribute für detaillierte Bearbeitungsanweisungen.
Regel-Nachrichten		
Allgemeines	Wie bereits oben erwähnt unterstützt ODA den Austausch von Regel-Nachrichten („Dokumentklassen") und sieht entsprechende Vereinbarungen zu deren Aufbau vor. Dabei können die allgemeinen und die anwendungsspezifischen Objekttypen zur Definition von Objektklassen verfeinert werden.	Wie bereits oben erwähnt unterstützt SGML den Austausch von Regel-Nachrichten („Dokumenttypen") und sieht entsprechende Vereinbarungen zu deren Aufbau vor. Die Objektklassen in den Regel-Nachrichten werden jedoch üblicherweise direkt aus den anwendungsspezifischen Objekttypen der zugrundeliegenden Anwendungsvereinbarung abgeleitet.

Tabelle 1 (Fortsetzung)

– Ihre architekturelle Einordnung ist immer mit Dokumentstrukturierungsanwendungen verbunden, was sich z.B. auf die Terminologie auswirkt. Im Vordergrund der Bearbeitung von ODA- und SGML-Informationen stehen z.Zt. immer Textinformationen oder die Umwandlung von Daten in Textinformationen (zur späteren menschlichen Wahrnehmung).

– Es können nur im wesentlichen hierarchische Strukturen unterstützt werden.

5. Die Hierarchie der Informationsstandards

In diesem Abschnitt sollen die wichtigsten anderen anwendungsorientierten Standardisierungsprojekte zum betrieblichen Informationsaustausch in das oben skizzierte (und möglicherweise durch einer Erweiterung der entsprechenden ODA/SGML-Konzepte ableitbare) Modell eingeordnet werden.

Im Bereich der Informationsstrukturierung sind dabei verschiedene Formen der Einordnung in den ODA/SGML-Kontext denkbar:

– Einbauen von weiteren Anwendungsvereinbarungen als isolierte „Inhaltsarchitekturen" (ODA) oder „Notationen" (SGML). In diesem Fall werden die in diesen Anwendungsvereinbarungen enthaltenen Strukturierungskonzepte als Feinstrukturen innerhalb von elementaren Objekten der Metavereinbarungen angesiedelt. Dieser Ansatz ist daher für stark strukturorientierte Anwendungen nicht besonders geeignet.

– Versuch der Abbildung der Strukturinformationen innerhalb der Anwendungsvereinbarung auf die Strukturierungskonzepte von ODA/SGML und gegebenenfalls Entwicklung von Erweiterungen, damit dies möglich wird.

CIM-Standards

Im CIM-Bereich existieren seit einigen Jahren ebenfalls umfassende Standardisierungsprojekte [16, 15, 5], die die Möglichkeit bieten, die Struktur von Produktmodellen, ihre topologischen, geometrischen und sonstigen Eigenschaften zu beschreiben[16]. In diesem Bereich werden ebenfalls Objekte (verschiedener Typen und Klassen), Objektbeziehungen und Attribute von Objekten unterschieden.

Die spezifizierten Objektstrukturen werden normalerweise „logischer Natur" sein und können durch attribut-gesteuerte Umwandlungsprozesse in „semantisch niedrigere" Strukturen umgewandelt werden. Ein Beispiel für eine solche Umwandlung ist die Steuerung der Erzeugung einer zweidimensionalen Visualisierung eines übertragenen Produktmodells, die sehr große konzeptionelle Ähnlichkeiten mit einem ODA-Layoutprozeß aufweist [8].

Aufgrund dieser konzeptionellen Ähnlichkeiten erscheint eine Entwicklung von gemeinsamen Metavereinbarungen für Textaustausch und CIM-Bereich sehr vielversprechend. Solche Metavereinbarungen könnten im Prinzip auf den Grundsätzen von ODA und SGML aufsetzen, müßten aber strukturell vermutlich noch erweitert werden, um z.B. mehrere nebeneinanderstehende Strukturen von Informationen adäquat unterstützen zu können.

---

[16] Die Aspekte der Auswahl von geeigneten Kommunikationsprotokollen, so wie sie bei MAP/TOP im Vordergrund stehen, sind nicht Gegenstand dieser Arbeit.

EDIFACT-Standards

Der Austausch von Handelsdaten (Daten im Bestell- und Abrechnungswesen) wird durch den EDIFACT-Standard [4] unterstützt. Dabei handelt es sich im wesentlichen um eine menschenlesbare (und relativ kompakte) Austauschkodierung für Datensätze.

Die potentiellen Bestandteile (z.B. Rechnungsnummern, Stückzahl) werden in einem gesonderten Standard festgelegt. Die Reihenfolge der Bestandteile innerhalb einer bestimmten Typs von Nachricht (z.B. einer Rechnung) wird in anwendungsspezifischen Vereinbarungen festgelegt.

Bezogen auf das in diesem Papier beschriebene allgemeine Modell zur Informationsstrukturierung sind diese Standardisierungsaktivitäten im wesentlichen im Bereich der Anwendungsvereinbarungen einzuordnen, wobei EDIFACT die Rolle von anwendungsspezifischen Metavereinbarungen übernimmt, da darin eine eigene Form (und leider auch Kodierung[17]) der Informationsstrukturen beschrieben wird. Sieht man von der speziellen Kodierung ab, kann man die Informationen auf die Grundkonzepte von z.B. ODA/SGML-basierten Metavereinbarungen abbilden:

- Jeder Eintrag innerhalb eines EDIFACT-Dokuments wird als Objekt (mit Inhaltsstück oder Daten-Attribut) interpretiert.

- Zwischen den Objekten bestehen hierarchische Beziehungen.

Insbesondere könnte man sich ein EDIFACT-Dokument (wieder abgesehen von der Kodierung) auch als ODA-Dokument vorstellen, wenn geeignete vordefinierte Anwendungsvereinbarungen die dazugehörigen Dokumentklassen vordefinieren (z.B. eine Rechnungsstruktur). Dabei bleibt die Frage, ob man die EDIFACT-Einträge als Daten oder als Text interpretieren sollte.

Ergänzt man die entsprechende Dokumentklasse nun auch noch um die geeigneten Layout-Semantik-Informationen, so läßt sich aus einem solchen ODA-Dokument direkt ein entsprechendes (Rechnungs-)Formular erstellen und anzeigen.

Zusammenfassung

Ziel dieser Arbeit war es, die Sinnhaftigkeit einer Definition von Metavereinbarungen für die Strukturierung von „austauschfähigen" Informationen herauszuarbeiten und die potentiellen Inhalte solcher Vereinbarungen grundsätzlich zu beschreiben. Diese Arbeit sollte gezeigt haben, daß ODA und SGML eine Reihe von Grundlagen dafür bieten, wie solche Metavereinbarungen aussehen könnten, auch wenn einige Aspekte der Strukturierung noch nicht unbedingt ausreichend sind (z.B. mehrere Strukturen gleichzeitig, beliebige Graph-Strukturen) und die Möglichkeiten zur Integration von anwendungsspezifischen Semantiken noch zu sehr auf den Anwendungsbereich der Textbearbeitung zugeschnitten sind[18].

Insgesamt erscheint es sinnvoll, in weiteren Untersuchungen zu ermitteln, ob es ein zukünftiges Standardisierungsprojekt zur Definition von Metavereinbarungen geben sollte, ob solche Metavereinbarungen auf den Grundlagen von ODA/SGML aufsetzen sollten und wie sich die gegenwärtigen anwendungsspezifischen Informationsmodelle darin einbetten könnten. Die Einführung von Metavereinbarungen und die hierarchische Ordnung von Informationsstandards könnte die Kommunikations- und Informationsstrukturierungsarchitektur aus Abbildung 1 wie in Abbildung 3 skizziert verändern.

---

[17] Die gewählte Austauschkodierung ist nicht ASN.1-kompatibel, da die ASN.1-Basiskodierung als zu ineffizient angesehen wurde. Stattdessen wurde eine menschenlesbare Kodierung gewählt, bei der die einzelnen Komponenten in fester Reihenfolge und durch vordefinierte Begrenzungszeichen voneinander getrennt übertragen werden (positionsabhängige Kodierung).

[18] Dabei ist insbesondere zu bemerken, daß im ODA-Bereich keine saubere Abgrenzung zwischen logischer Struktur und Layout-Prozeß-Steuerung vollzogen wurde, während das SGML-Modell hier allgemeiner ist.

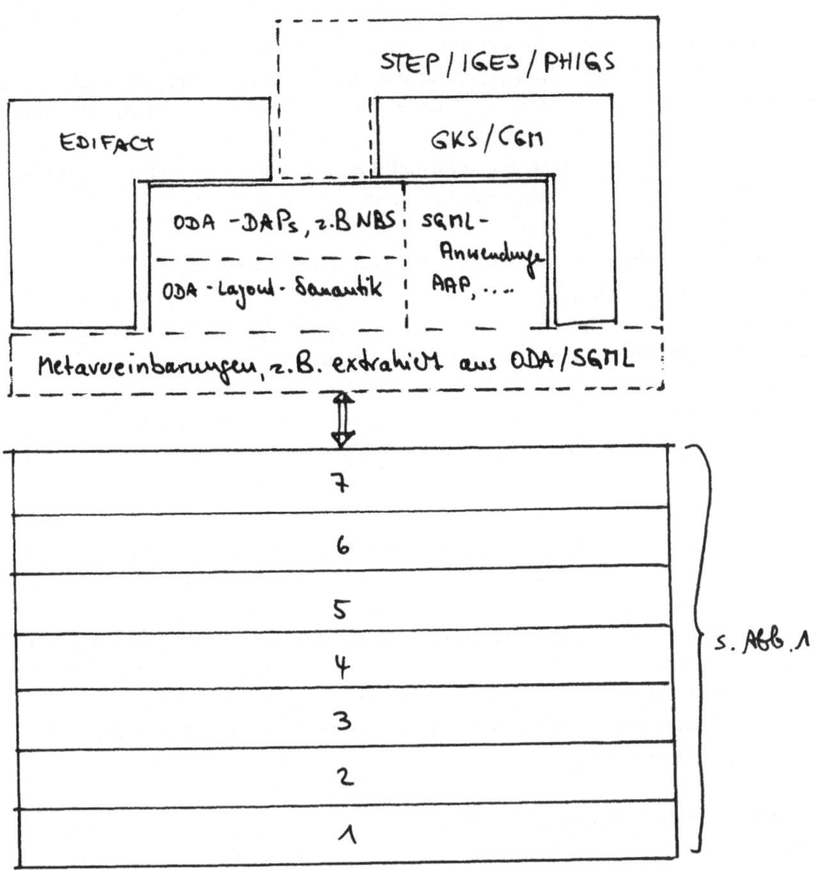

Abb. 3: Einführung von Metavereinbarungen als Grundlage von Informationsstrukturen und hierarchische Ordnung von Informationsstandards

In Abbildung 3 ist veranschaulicht, wie Informationsstandards auf zukünftigen Metavereinbarungen aufsetzen könnten, und wie die anwendungsspezifischen Vereinbarungen im Bereich ODA/SGML dies heute bereits tun.

Darüber hinaus wurde versucht, eine Hierarchie von Informationsstandards zu skizzieren: So wird man EDIFACT teilweise als isolierten Standard verwenden wollen, teilweise jedoch auf die Dokumentstrukturierungsstandards aufsetzen wollen (wenn die EDIFACT-Daten in ein Dokument eingebettet werden sollen). Entsprechend wird man auch die CAD-Standards entweder direkt verwenden wollen oder auf die Graphik-Standards aufsetzen wollen, falls man die geometrischen Eigenschaften eines Produktmodells vermitteln will. Die Graphik-Standards können nun ihrerseits entweder direkt verwendet werden oder durch Aufsetzen auf den Dokumentstrukturierungsstandards ein Einbetten von Graphiken in Dokumenten ermöglichen.

6. Ausblick

Fortschritte in der Vereinheitlichung der Informationsstrukturstandards können auf zwei Arten wirtschaftlichen Nutzen erbringen: Zum einen für die Standardisierungsarbeit selbst, in der erhebliche Rationalisierungseffekte zu erwarten sind, wenn nicht bei jedem Informationsstrukturstandard „das Rad neu erfunden" werden muß. Zum anderen können aber nur Systeme, die von vornherein unter dem Gedanken einer einheitlichen Informationsstrukturierungstechnik konzipiert worden sind, das volle technische Potential solcher neuen Vereinbarungen nutzen.

6.1. Vereinheitlichte Informationsstrukturierung im ISOTEXT-System

Ein solches informationsintegrierendes System entsteht z.Z. in Form des ISOTEXT-Systems [24,26]. Ausgangspunkt dieser Entwicklung ist das Bedürfnis, für die Dokumentbearbeitung über ein Editier- und Formatierwerkzeug zu verfügen, das gleichermaßen mit ODA- wie mit SGML-Dokumenten arbeiten kann. Dazu wird die ODA-Dokumentarchitektur so erweitert, daß SGML-Dokumente von den im ODA-Standard festgelegten Anwendungssemantiken Gebrauch machen können. Informationen (Dokumente) in dieser gemeinsamen ODA/SGML-Struktur können mit ISOTEXT auf zeitgemäße Weise[19] editiert werden.

Das Evaluation/Resolution/Manipulation-Konzept wird in ISOTEXT integriert, indem einzelne Bestandteile des Dokuments in einer applikativen Sprache [36] beschrieben werden können. Insbesondere lassen sich von dieser applikativen Sprache Ergebnisse externer Anwendungsprozesse (z.B. Editoren) anfordern, so daß ISOTEXT kein geschlossenes System ist, sondern existierende informationsbearbeitende Anwendungen integrieren kann. Für eine allgemeinere Anwendbarkeit des ISO-TEXT-Systems wird, zusätzlich zu der bisherigen reinen Orientierung auf die ODA-Attribute und ihre Anwendungssemantik, die Möglichkeit geschaffen, auf der Regel-Nachrichten-Ebene weitere Attribute und ihre Strukturierungsregeln zu vereinbaren und diese mit dem Editor und seinem Evaluation/Resolution/Manipulation-Konzept zu bearbeiten.

6.2. Das Praxis-Umfeld des ISOTEXT-Systems

Neue Systeme (wie ISOTEXT) sollten neue Denkweisen (wie vorangehend beschrieben) nicht nur vermitteln, sondern auch in der Praxis einsetzbar machen. Sie müssen deshalb auf jeden Fall

- Interoperations-fähig,
- Mehrbenutzer-fähig, und
- Integrations-fähig sein.

Für das ISOTEXT-System ist der Nachweis dieser Eigenschaften — also der Nachweis seiner Praxistauglichkeit — zunächst in drei Projekten geplant:

- Interoperations-Fähigkeit im Rahmen des H'89-Projektes.
  ISOTEXT entstand und entsteht in Kooperation der Nixdorf AG mit der TELES GmbH und der TU Berlin, unterstützt durch die ESPRIT-Projekte INCA, PODA 1 und PODA 2 der Kommission der EG. Im Zusammenhang mit diesen EG-Projekten wird von einer Reihe großer Systemhäuser während der CeBIT 1989 eine umfassende Interoperabilitäts-Demonstration von ODA-Produkten veranstaltet. ISOTEXT wird — u.U. unter seinem Produktnamen — an dieser Demonstration beteiligt sein.

---

[19] d.h. in WYSIWYG-Fenstern oder auch in einer (auf verschiedene Arten darstellbaren) logischen Sicht der Informationen, in der direkt die Informationsstruktur bearbeitet wird.

– Mehrbenutzer-Fähigkeit im Rahmen des BERKAPS-Projektes.

Selbstverständlich setzt ISOTEXT auf dem X Window System [38] auf und erfüllt damit eine wichtige Voraussetzung für Mehrbenutzerfähigkeit im Sinne gleichzeitiger gemeinsamer Bearbeitung von Dokumenten von mehreren Arbeitsplätzen aus [37]. Die Bedeutung des so ermöglichten „joint editing" oder „conference editing" kommt jedoch erst bei seinem Einsatz in Videokonferenzen (auf der Grundlage von Breitbandkommunikationstechnik) voll zur Geltung. Das BERKAPS-System [37] ist ein solches Breitband-Videokonferenz-System, das seine „Konferenz-Dokumentbearbeitungs"-Funktionalität mittels des ISOTEXT-Systems realisiert. Seine erste Demonstration ist für Herbst 1989 vorgesehen.

– Integrations-Fähigkeit im Rahmen des DIDAMES-Projektes.

Die Akzeptanz durch die Praxis eines neuen Systems wird in dem Maße verbessert, in dem es „Standardschnittstellen" anbietet, um bestehende Systeme „daran anzuflanschen", d.h. um sie mit dem neuen System zu integrieren — wie oben kurz angesprochen. Das zum RACE-Programm der Kommission der EG gehörende DIDAMES-Projekt ist ein Telekonferenz-System im Bereich „Entwurf und Fertigung von elektronischen Baugruppen auf einem integrierten Breitband-Kommunikationsnetz (IBCN)". Es benutzt als Konferenzeditor das ISOTEXT-System, über dessen „Standard-Anschluß-Schnittstellen" eine ganze Reihe von bereits bestehenden Hilfssystemen (für den Entwurf, die Fertigung und die Verwaltung von elektronischen Baugruppen) in diese Konferenzen zu integrieren sind. Hier sind erste Demonstrationen Ende 1990 geplant.

LITERATURHINWEISE

[1]   ISO 7498: Information Processing Systems — Open Systems Interconnection — Basic Reference Model, 1984

[2]   ISO 8613: Information Processing — Text and Office Systems — Office Document Architecture (ODA) and Interchange Format, 1988

[3]   ISO 8879: Information Processing — Text and Office Systems — Standard Generalized Markup Language, 1986

[4]   DIN 16556: Handelsdatenaustausch — EDIFACT — Elektronischer Datenaustausch für Verwaltung, Wirtschaft und Transport — Syntax-Regeln auf Anwendungsebene (Normentwurf, 1987)

[5]   Standard for the External Representation of Product Definition Data (STEP), ISO TC184/SC4/WG1, 1988.

[6]   ISO 8632: Computer Graphics Metafile for Storage and Transfer of Picture Description Informations, 1987

[7]   DIN-Fachbericht 15: Normung von Schnittstellen für die rechnerintegrierte Produktion (CIM) — Standortbestimmung und Handlungsbedarf, 1987.

[8]   K. Klement, H. Nowacki: Exchange of Model Presentation Information between CAD Systems, Computer & Graphics, Vol.12, No.2, 1988

[9]   U. Bormann: Standardisierte Dokumentbearbeitung — ODA und SGML, Tutorium im Rahmen des GI/ITG-Workshops „Offene Multifunktionale Arbeitsplätze — von Btx bis B-ISDN", 1988

[10]   ISO 8824/8825: Information Processing Systems — Open Systems Interconnection — Specification of Abstract Syntax Notation One (ASN.1) bzw. Specification of Basic Encoding

Rules for Abstract Syntax Notation One (ASN.1), 1987

[11]   MAP Specification — Version 3.0, MAP TRC, April 1987

[12]   Technical and Office Protocols, Specification Version 1.0, Boeing, Nov. 1985

[13]   CCITT Recommendations X.400 ff: Message Handling Systems, Entwurf 1988

[14]   CCITT Recommendations X.500 ff: Information Processing — Open Systems Interconnection — The Directory, Entwurf 1988

[15]   ISO DP 9592: Functional Specification of the Programmer's Hierarchical Interactive Graphics System (PHIGS), 1986

[16]   B. Smith and J. Wellington (eds.): Initial Graphics Exchange Specification (IGES), Version 3.0, U.S. Department of Commerce, National Bureau of Standards, 1986

[17]   Defense Communications Agency: DDN-Protocol Handbook, Network Information Center, No. 50004, No. 50005, No. 50006, SRI International, 1985

[18]   U. Flasche: Information Modelling, Presentation and Representation for Structured Text Processing Systems — Concepts and Standards, Dissertation, TU Berlin, 1984

[19]   ISO 8571: Information Processing Systems — Open Systems Interconnection — File Transfer Access and Management

[20]   ISO/IEC JTC1/SC19/WG3/SWG Extensions to ODA: Framework for future extensions to ODA, 1988

[21]   Association of American Publishers Electronic Manuscript Series: Standard for Electronic Manuscript Preparation and Markup, 1986

[22]   Börsenverein des deutschen Buchhandels: Autorensprache Struktext, 1096

[23]   DFN: DAPHNE — Document Application Processing in a Heterogeneous Network Environment, Benutzer-Handbuch Version 2.0, DFN-Bericht 41, 1986

[24]   S. Schindler, U. Flasche, C. Bormann: ISOTEXT — Ein WYSIWYG-Editor/Formatierer für ODA- und SGML-Dokumente, Tagungsband der GI-Tagung „Kommunikation in verteilten Systemen", Aachen, 1987, Informatik-Fachbereicht, Springer, Berlin Heidelberg New York.

[25]   S. Schindler, U. Bormann, C. Bormann: Standardized Document Architectures — Office Document Architecture vs. SGML, Proceedings of the "International Text and Image Processing Conference", IEPRC/Pira/Bundesverband Druck, Würzburg, 1987

[26]   ISOTEXT — A WYSIWYG Editing and Formatting System for ODA and SGML Documents, Tagungsband des GI/ITG-Workshops „Offene Multifunktionale Arbeitsplätze — Von Btx bis B-ISDN", Berlin, 1988

[27]   B. Struif: TeleTrusT — Vertrauenswürdige elektronische Kommunikation, Der GMD-Spiegel, 1/1988

[28]   Adobe Systems Inc., PostScript Language Reference Manual, 1985, Addison Wesley

[29]   ISO/IEC JTC1/SC18/WG8: Document Style Semantics and Specification Language, Working Draft, 1988

[30]   CCITT-Empfehlung T.502: Document Application Profile PM1 for the Interchange of Processable Form Documents, Entwurf 1988

[31]   EWOS: ODA Document Application Profile Q.112, 1988

[32]   NBS: NBS Implementor's Agreement — ODA Document Application Profile, 1988

[33]   ISO 6937: Information Processing — 7-Bit and 8-Bit Coded Character Sets — Coded Character Sets for Text Communication

[34]   ISO 8859: Information Processing — 7-Bit and 8-Bit Coded Character Sets — 8-Bit Single Byte Coded Graphic Character Sets

[35]   CCITT-Empfehlung T.6: Document Interchange Protocol for the Telematic Services, 1984

[36]   J. Rees, W. Clinger (Hrsg.): Revised[3] Report on the Algorithmic Language Scheme, SIGPLAN Notices Vol. 21 Number 12, 1986

[37]   S. Schindler, C. Heidebrecht: Future IBC-Based Teleconference Workstations, Tagungsband des GI/ITG-Workshops „Offene Multifunktionale Arbeitsplätze — von Btx bis B-ISDN", Berlin, 1988

[38]   Rober W. Scheifler: X Window System Protocol, X Version 11, Release 3, Massachusetts Institute of Technology, Laboratory for Computer Science, 1988

Software in der Kommunikationstechnik

J.C.W. Schröder   Danet GmbH, Darmstadt

1. Einführung

Der Markt für Kommunikationstechnik wuchs in den vergangenen Jahren überdurch-
schnittlich, verglichen mit anderen Märkten. Dieses Wachstum soll auch weiterhin anhalten.
Die Software als wesentlicher Bestandteil der Kommunikationstechnik nimmt zunehmend
eine Schlüsselrolle ein. Sie bestimmt ganz wesentlich die Funktionalität und damit Wettbe-
werbsfähigkeit neuer Kommunikations-Produkte. Der relative Anteil an den Produktkosten,
insbesondere an den Entwicklungsaufwendungen bestimmt mehr und mehr Preis und
Leistung. Aus diesen geschilderten Gründen sind Fragen wie Verfügbarkeit von Werkzeugen
für die Entwicklung von Kommunikations-Software, Testen und Zertifizieren von Kommunikations-Software sowie der Ablauf des Entwicklungszyklus und damit die Produkt-Lebens-
dauerererwartung von hoher Bedeutung.

Aus Sicht eines Softwarehauses, das sich schwerpunktmäßig mit der Konzeption und
Entwicklung von industrieller Software für Kommunkationstechniken beschäftigt, sollen die
folgenden zwei Fragen behandelt werden:

1.   Einsatz von Werkzeugen für die Software-Entwicklung und die Architektur von
      Kommunikations-Software.

2.   Überprüfung von Kommunikations-Software hinsichtlich der Konformität mit
      internationalen Standards (Zertifizierung).

2. Architektur von Software für die Kommunikationstechnik und Einsatz von Entwicklungswerkzeugen

In der klassischen DV-Systemtechnik wird die Kommunikations-Software als Subsystem des Betriebssystems aufgefaßt. Sie kann als spezielle Ein-Ausgabefunktion betrachtet werden, wobei das Ein-/Ausgabegerät (Terminal, Hostrechner) über ein sog. WAN (Wide Area Network) mittels Telematik-Diensten wie Datex-P, Teletex, Btx. usw. oder ein sog. LAN (Local Area Network) angeschlossen wird. Die Einbettung der Kommunikations-Software in eine reale Systemumgebung erfordert die Bedienung von drei Schnittstellen: Betriebssystem, Anwendungen sowie Hardwareplattform (s. Bild 1). Ein Softwarehaus, das auf unterschiedliche Hardwareplattformen und Betriebssysteme portierbare Kommunikations-Software entwickelt, muß eine Software-Architektur wählen, die möglichst unabhängig von den o.g. drei Schnittstellen ist. Danet hat diese Unabhängigkeit mit einer sogenannten MONITOR-Shell realisiert, die die einzelnen Protokollschichten - die z.B. im 7-Schichten-Modell (OSI) nach ISO definiert sind - umhüllt (s. Bild 2). Für den Software-Ingenieur stellt sich nun die Aufgabe, nach außen die Service-Elemente möglichst so festzulegen, daß eine hohe Portabilität erreicht wird. Nach innen stellt sich die Aufgabe, die in den einzelnen CCITT- bzw. ISO-Standards definierten Funktionen zu realisieren. Im Verlaufe der Jahre haben sich gewisse Methoden und Werkzeuge entwickelt, die zum Ziel haben, weitestmöglich mehr oder minder automatisch die formal beschriebenen Standards in Software umzusetzen. Bei Danet wurde eine unabhängige, einheitliche Architektur entwickelt, die in allen Schichten, vornehmlich für die unteren sechs Schichten, angewendet wird.

Die interne Struktur der Protokollmaschine für jede OSI-Schicht zeigt Bild 3. Jede Schicht ist aus Standardbausteinen aufgebaut, die auf die spezielle Funktionalität der Protokollschicht zugeschnitten werden.

Den Kern aller Schichten bildet der "MOTOR", ein Automatentabellentreiber. Das Protokoll selbst ist in Zustandsübergangstabellen (State Transition Tabelle) beschrieben, die direkt aus den Normdokumenten abgeleitet werden können. Wie die Normen, so enthalten auch die Tabellen Verweise auf Prädikate (Condition Routines) und Aktionen (Action Routines). Eine wesentliche Unterstützung im Betrieb und Wartung bildet eine dritte Gruppe von Routinen, die Zustandsübergänge diagnostiziert (Diagnostic Routines). Prädikate, Aktionen und Diagnosen sind zudem nach von außen wählbaren "Diagnosetiefen" einstellbar, so daß beispielsweise im Wartungsfall mehr Information als im Betrieb geliefert wird.

Danet setzt dieses Entwurfsprinzip für Protokollschichten heute generell bei allen Protokollentwicklungen in den unteren sechs Ebenen des OSI-Modells ein. Ebenso läßt sich daß Protokollverhalten von Teilen der Anwendungsschicht (z.B. einer FTAM-Entity) leicht mit dieser Architektur implementieren.

Während der Aufbau der Protokollelemente in den unteren Schichten protokollspezifisch ist und jeweils spezielle Analysatoren und Generatoren erfordert, sind die Anwendungs- und das Presentationsprotokoll alle in der normierten Notation ASN.1 formuliert. Bei der Realisierung von ASN.1 basierenden Protokollen werden die Werkzeuge ASP.1 (Abstract Syntax Processor for ASN.1) und FLASH (Function library for ASN.1 Syntax Handlers) zur Entwicklungsunterstützung eingesetzt.

Beide Werkzeuge verarbeiten (s. Bild 4) ASN.1-Moduldefinitionen in einem Konfigurationsschritt, als dessen Ergebnis Verarbeitungsfunktionen für Daten aus diesem Modul vorliegen.

ASP.1 bildet ein eigenständiges System mit einem benutzerfreundlichen syntax-gesteuerten Bildschirm-Editor für ASN.1-Daten, einem Encoder, der verschiedene- über den Editor eingestellte Kodierarbeiten kennt, und einen Analyzer, der eine vom Editor lesbare Repräsentation der Daten mit Fehlernotation erzeugt. Encoder und Analyzer arbeiten gemäß der normierten ASN.1 Basic Encoding Rules und können über externe Tabelle auf die verschiedensten Presentation-Kontexte eingestellt werden.

FLASH ist eine Funktionsbibliothek, die in Anwendungsimplementierungen zur ASN.1-Verarbeitung verwendet wird. Sie realisiert einen Abstrakten Datentyp mit Generierungs- und Zugriffsfunktionen für ASN.1-Werte. Encoder und Analyzer sind Teil des Funktionssatzes.

FLASH befreit den OSI-Anwendungsentwickler von der ASN.1-Bearbeitung, während ASP.1 zur Prototypentwicklung und zum offline-Test einer OSI-Anwendung herangezogen wird. Online wird ASP.1 in den unten beschriebenen Protokolltestern der OSITEST-Familie eingesetzt.

Neben den bereits erwähnten speziellen Methoden und Werkzeugen hat der Einsatz von generellen Werkzeugen, wie sie vor allem mit UNIX geliefert werden, einen erheblichen Einfluß auf die Softwareproduktivität im Kommunikationsbereich. Hier sollen besonders die Compiler-Compiler LEX und YACC angesprochen werden. Im Kommunikationsbereich finden sich eine Vielzahl von (problemangepaßten) regulären oder kontextfreien Sprachen, für die sich eine Verarbeitung mit generierten Kodier- bzw. Analysefunktionen anbietet: die Protokollelemente einer Schicht, spezielle zulässige Wertemengen oder Kodierungen für Protokollparameter etc. Im Testbereich (s.u.) werden Compiler-Compiler zur Implementierung von standardisierten Testfällen nutzbringend eingesetzt.

Diese Ausführungen sollen beispielhaft zeigen, daß heute spezielle Methoden und Werkzeuge zu einer fortschrittlichen Softwareentwicklung - speziell für die Kommunikations-Software - zum Stand der Technik gehören. Diese Hilfsmittel orientieren sich an den Standards im Rahmen der OSI-Architektur. Hiermit führt einerseits die Standardisierung und andererseits die darauf aufbauend verfügbaren Werkzeuge zu einer erheblichen Verbesserung der Softwareproduktivität. Langfristiges Ziel besteht darin, mit Hilfe von Werkzeugen Protokoll-Software aus dem Standard heraus "quasi automatisch" zu erzeugen.

3. Überprüfung von Software hinsichtlich Konformität mit internationalen Standards

Das sichere und einwandfrei funktionierende Zusammenspiel von Kommunikationssystemen der verschiedensten Hersteller über öffentliche oder private sowie lokale Datenübertragungssysteme erfordert eine Überprüfung der Konformität gegenüber den zugrundeliegenden Normen (CCITT bzw. ISO-Empfehlungen).

Ausgehend von Testsystemkomponenten für die Konformitätsprüfung von Btx- und Teletex-Protokollen der 70er Jahre, die gemeinsam mit dem FTZ erarbeitet wurden, entwickelte Danet in den vergangenen Jahren eine Familie von OSI-Testwerkzeugen. Mit diesen sogenannten OSITEST-Werkzeugen können heute nahezu alle Schichten der unterschiedlichsten Protokollsäulen wie z.B. Btx, Teletex, MHS/X.400, FTAM und X.25 getestet werden. Im folgenden soll ein Überblick über den Stand der Entwicklung von OSITEST-Werkzeugen, deren Einsatzmöglichkeiten sowie die heute vorliegenden Erfahrungen gegeben werden.

Aus den verschiedenen Testmethoden wurde seinerzeit die Methode "Single layer embedded" gewählt (s. Bild 5). Der Tester ist über zwei Funktionen aufgebaut: den unteren Tester (LT) und den oberen Tester (UT). Bei den meist verwendeten "Remote"-Methoden wird der UT vom (menschlichen) Benutzer gebildet. Beide Testfunktionen werden koordiniert über eine Testprozedur, die bei Remote-Methoden natürlich nur informell ist. Die zu testende Implementation (IUT) kann aus einer (i = 0) oder mehreren (i > 0) OSI-Schichten bestehen. Die zu testende Implementation (IUT) kommuniziert mit UT über eine lokale Dienstschnittstelle (ASP) und mit dem LT über zu testende Protokolle. Der wesentliche Vorteil dieses Testverfahrens liegt darin, daß die zu testende Kommunikationssoftware räumlich getrennt sein kann vom Testsystem. Außerdem können die einzelnen Protokollschichten weitestgehend automatisch getestet werden, man spricht auch von "Black-Box" Tests.

Nun zur Frage der Komponenten und Organisation eines Testzentrums (s. Bild 6).

Das als Testsystem bezeichnete Gesamtsystem besteht aus drei Subsystemen

- Ablauffähige Test-Suites
- Entwicklungs-Werkzeugen
- Testwerkzeugen

Ausgangspunkt-Referenz, gegen die OSI-Implementierungen (IUT's) hinsichtlich Konformität mit einem Standard überprüft werden, sind die CCITT/ISO Standard-Dokumente, ergänzt um die Implementationsprofile (NBS, CEN/CENELEC). Letztere enthalten Anwendungen, wie die Standards zu implementieren sind und bzw. legen solche Parameter genauer fest, die im Standard nur allgemein spezifiziert sind.

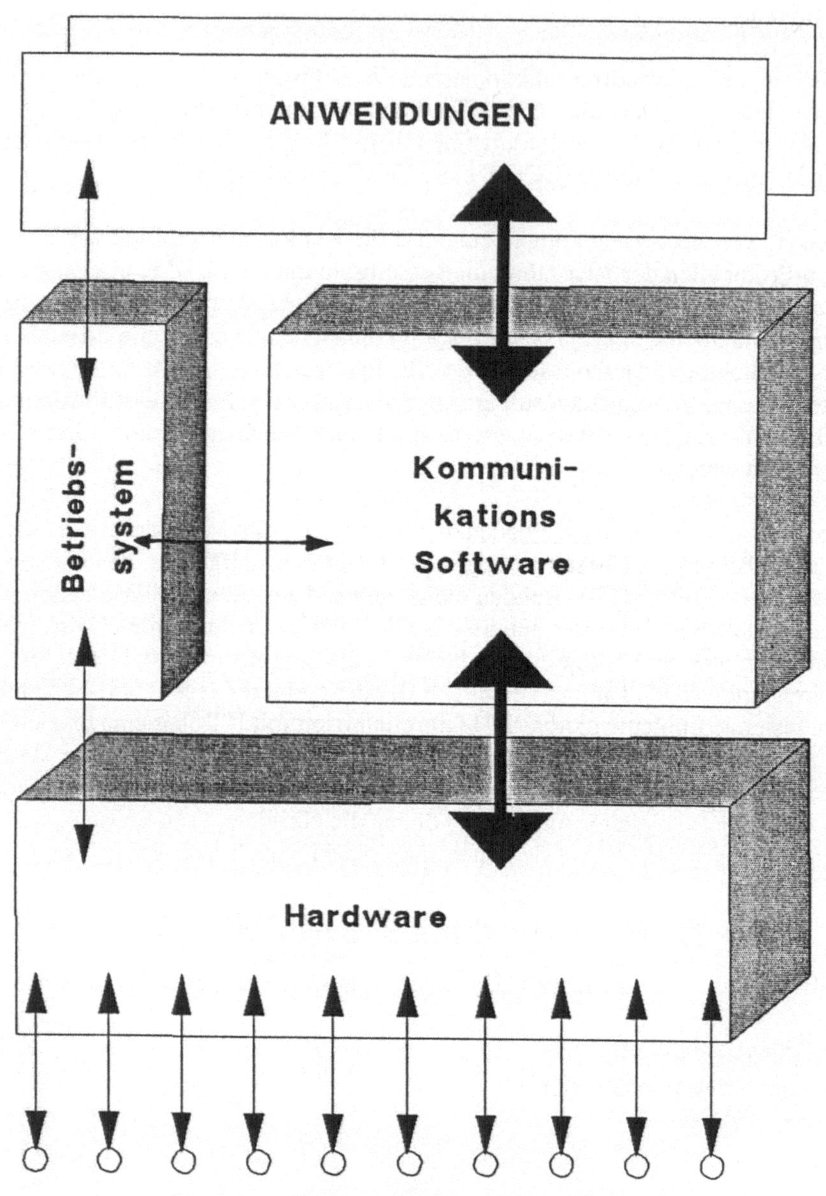

Bild 1: Einbettung der Kommunikations-Software

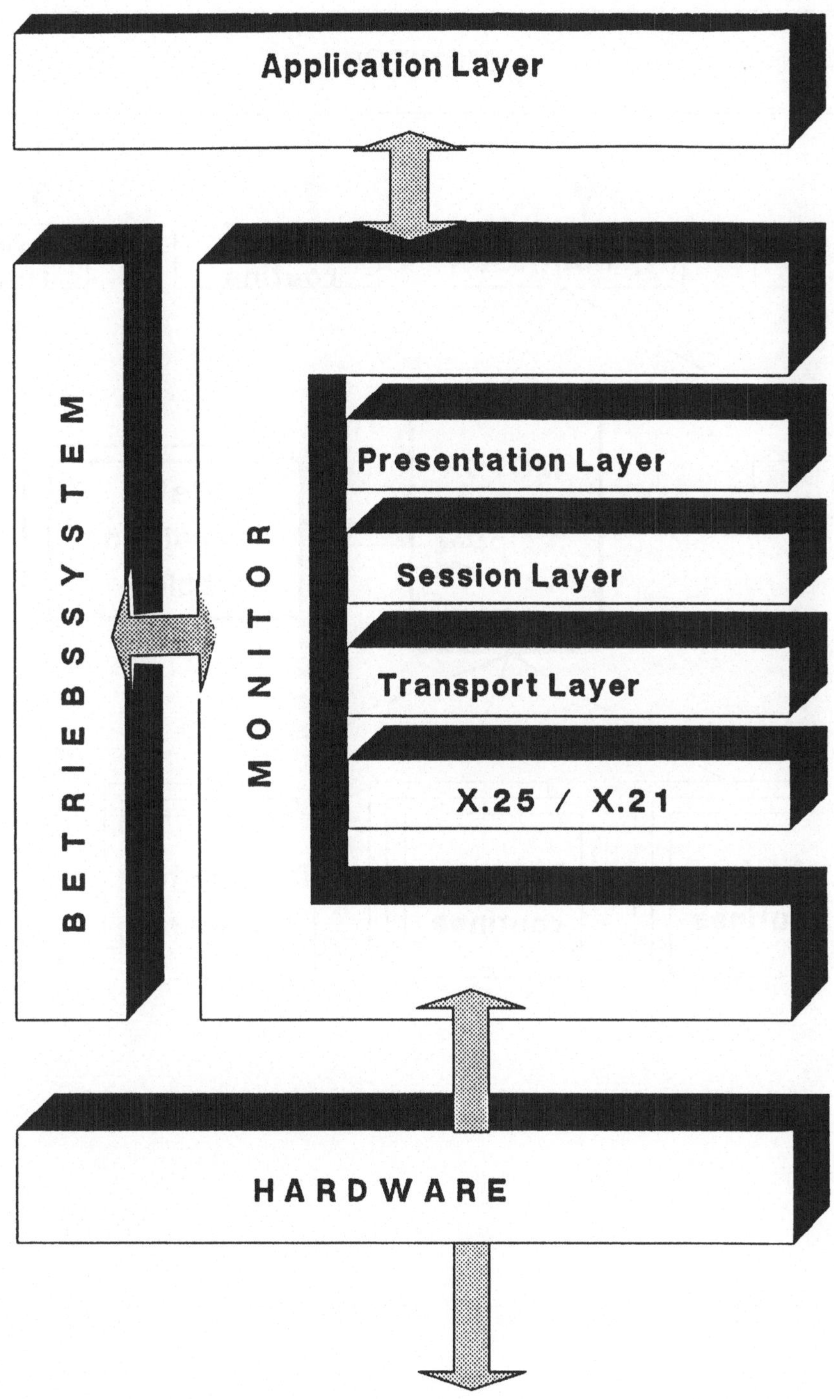

Bild 2: Architektur einer Protokoll-Säule

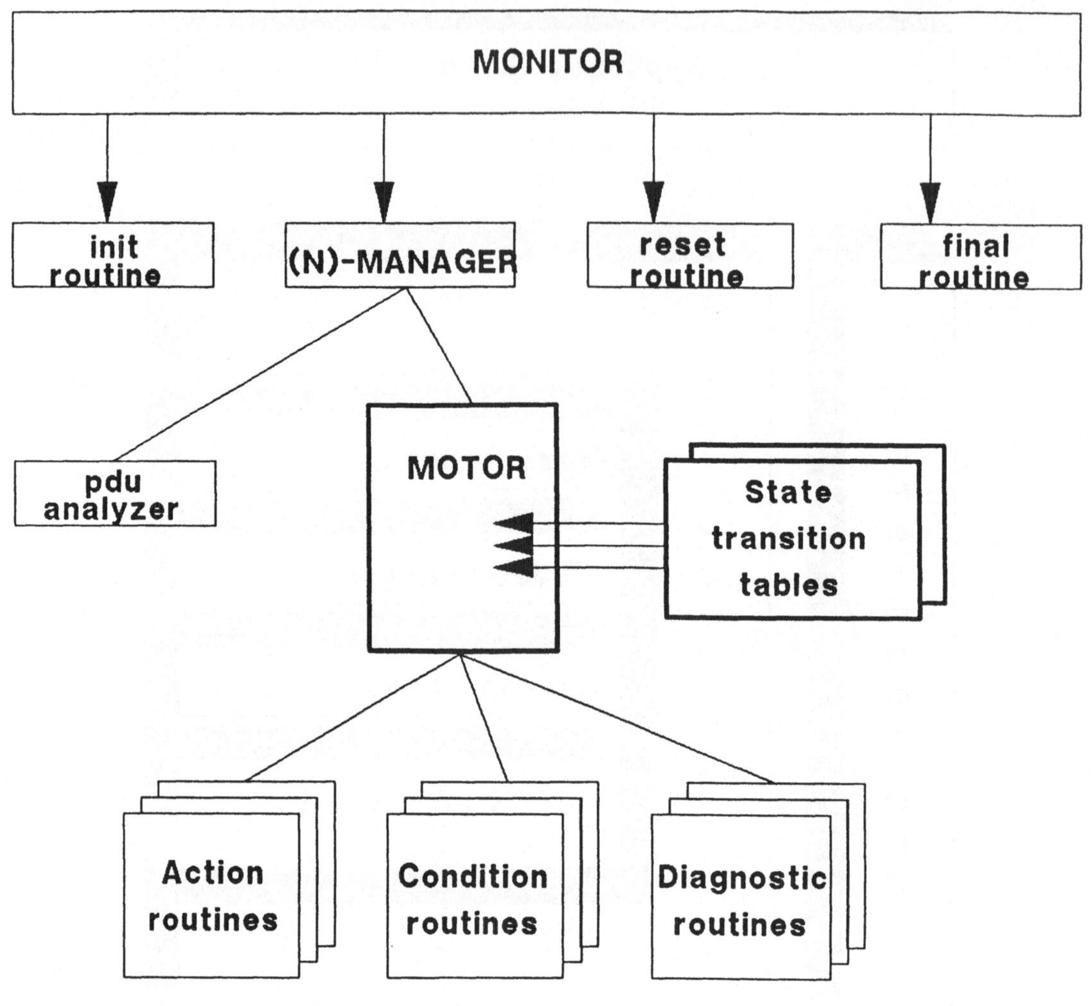

Bild 3: Interne Struktur einer Protokollebene

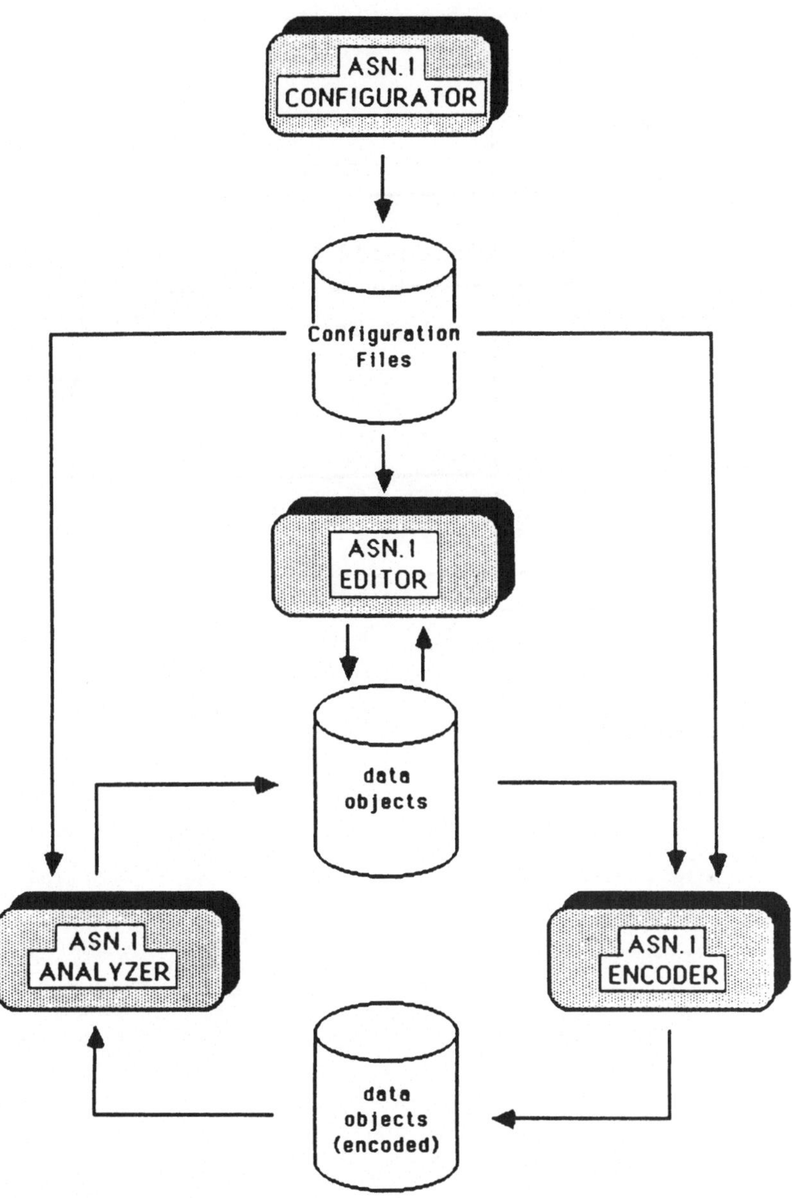

Bild 4: OSITOOL-Werkzeug ASP.1

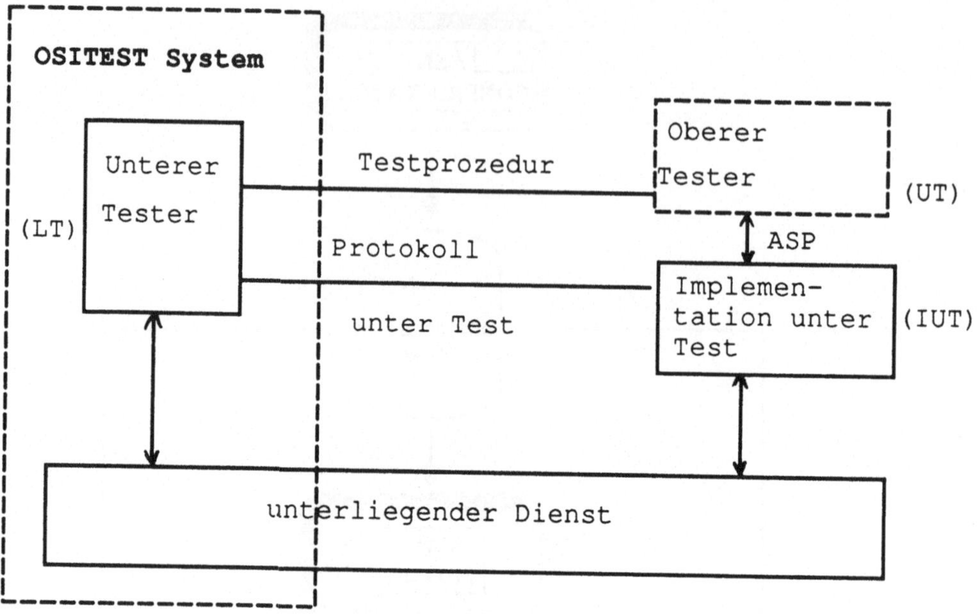

Bild 5: Testmethode

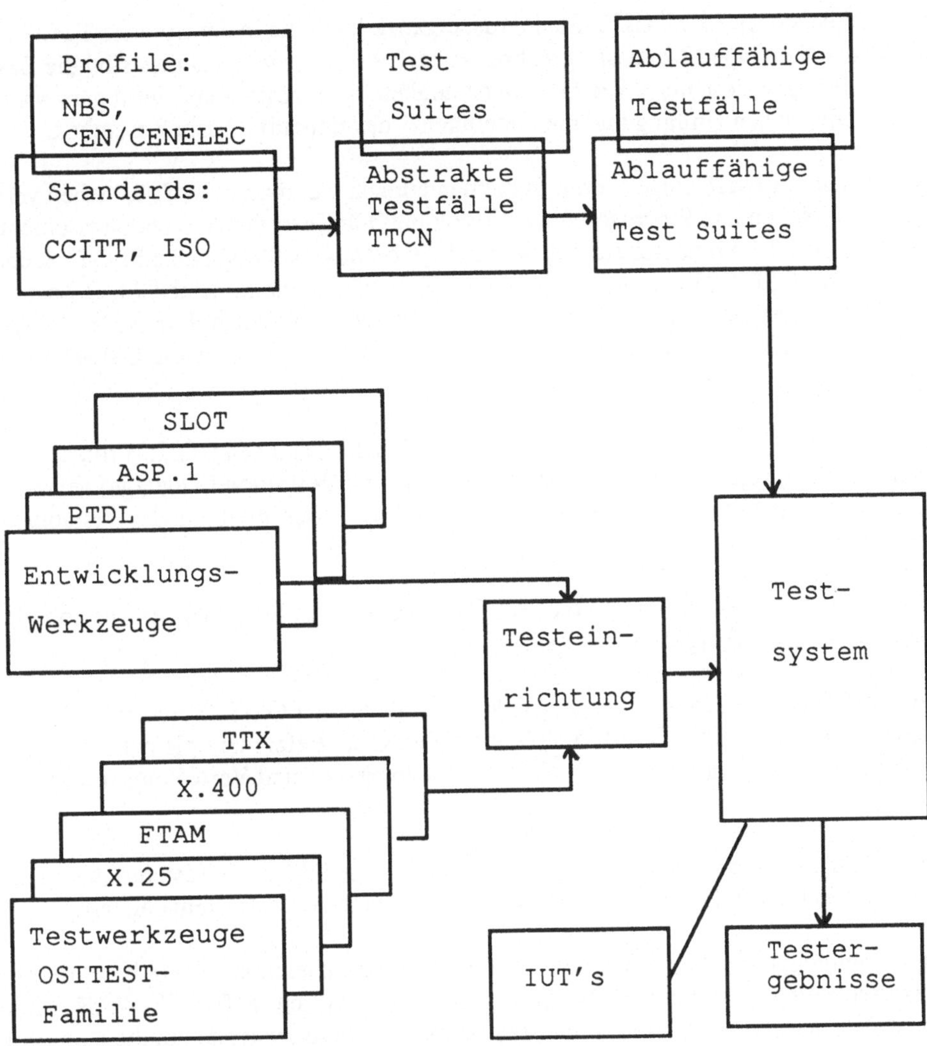

Bild 6: Komponenten eines Testzentrums

Die entsprechenden ISO/CCITT-Standards, ergänzt durch die in der Sprache TTCN (Tree-and Tabular Combined Notation) geschriebenen Testfälle bzw. Testsuites sind die Basis für die ablauffähigen Testsuites. Die Leistungsfähigkeit eines Testsystems wird ganz wesentlich bestimmt durch den Umfang und die "Intelligenz" des Entwurfs dieser Testsuites.

Als Entwicklungswerkzeuge für die Implementation ausführbarer Testfälle stehen verschiedene Testsprachen und Prozessoren zur Verfügung: Für Tests der Anwendungsschicht der bereits o.g. ASN.1-Prozessor ASP.1, die aus TTCN entwickelte Sprache SLOT (Scenario Language for OSITEST) zur Bestimmung des Testablaufs, die Sprache CSL (Constraints Specification Language) zur Formulierung von Anwendungssemantik in ASN.1-Werten und ein Semantikanalysator, der vom IUT gesendete ASN.1-PDUs gegen die CSL-Definitionen prüft.

Für eingebettete Tests der unteren Schichten werden die Sprachen PTDL (Protocol Test Definition Language) und PDUDL (Protocol Data Unit Definition Language) verwendet. PTDL dient (wie SLOT für die Anwendungsschicht) zur Beschreibung des Testablaufs in den Schichten 2 bis 6.

PDUDL dient zur Beschreibung von Test-PDUs der unteren Schichten, erfüllt dort also gewissermaßen die Aufgaben des ASP.1.

Neben den Entwicklungswerkzeugen stehen im Rahmen der OSITEST-Familie die Testwerkzeuge für X.25, FTAM, X.400 und Teletex, die Referenzimplementierungen der Schichtprotokolle, generelle Testabwicklungskomponenten und Verwaltungsfunktionen enthalten.

Die Kombination der Test- und Entwicklungswerkzeuge bilden die Testeinrichtung, die zusammen mit den ablauffähigen Testsuites das sogenannte Testsystem darstellt.

<u>Einsatzmöglichkeiten:</u> Wir sehen heute bereits drei Bereiche, in denen die beschriebenen Testsysteme eingesetzt werden. Die <u>Konformitäts-Prüfzentren</u> (z. B. CTS-WAN = Conformance Test Service Wide Area Networks) verwenden diese Systeme, um die Konformität mit den entsprechenden Standards zu überprüfen. In Deutschland das ZZF Saarbrücken und das EUROLAB in Wiesbaden. <u>Hersteller</u> von Kommunikationssystemen nutzen diese Systeme in den Entwicklungslabors für die Unterstützung beim Entwicklungsprozeß sowie in der Qualitätssicherung bei Produktabnahmetests. Ferner gibt es bereits einige Einzelfälle, bei denen die Testsysteme den <u>Wartungs-</u> und <u>Installations-Service</u> unterstützt. In diesem Einsatzbereich wird der größte Nutzeffekt automatisch arbeitender Testsysteme für die Zukunft gesehen.

<u>Erfahrungen:</u> Die bisher gesammelten Erfahrungen gründen sich auf heute weltweit 29 installierte OSITEST-Systeme (s. Tab. 1).

Die Beobachtungen können wie folgt zusammengefaßt werden:

- Die Anlaufzeit für ein voll funktionierendes Testsystem - einschließlich evaluierter Testfälle und geschultem Bedienungspersonal - wurde von allen Beteiligten bei weitem unterschätzt. Der zeitliche Ablauf bei der Entwicklung eines X.400-Testzentrums mag für sich sprechen (s. Tab. 2).

- Die etwa 5 Jahre dauernde Anlaufzeit gliedert sich in ca. 2 Jahre Entwicklungszeit der Testwerkzeuge, 2 Jahre Entwicklung der Testfälle und bis zu einem Jahr Erprobung und Anlauf des vollständigen Testsystems inkl. aller Testszenarien.

- Entgegen weitläufiger Meinung sind sogenannte "Interoperability Tests" den Konformitätstests bezüglich Fehleraufdeckungsfähigkeit nicht überlegen: alle bei Interoperability Tests im Message-Handling-Bereich gefundenen Fehler wurden auch vom Konformitäts-Testsystem OSITEST/400 diagnostiziert.

- Wegen der hohen Änderungswahrscheinlichkeit der noch jungen und nicht unbedingt ausgereiften Testsuites sind zur Implementation dieser Suites Unterstützungswerkzeuge wie SLOT und PTDL unerläßlich. Nur mit Hilfe solcher Werkzeuge, die eine "hochsprachliche" Formulierung der Testfälle erlauben, sind Änderungen der Suite leicht nachzuziehen.

- Große Bedeutung für die Qualität eines Gesamtsystems haben die Testsuites. Es ist zudem nicht zu vernachlässigen, daß der Testsuitentwurf entscheidenden Einfluß auf die Dauer einer Konformitätsprüfung und damit auf deren Kosten hat.

	OSITEST/ TTX	OSITEST/ 400	OSITEST/ FTAM	OSITEST/ X.25
Europa				
CH PTT	x	x		
D DBP	x x x	x x	x	x
Siemens		o	o o	
Tandem		o		
GB BT		x		
NL PTT		x x	x	
I CSELT		x		
ISPT	x			
SP Telefonica	x	x		x
N PTT	o			
B Wang		o		
Japan NTT		o	o	
USA				
Honeywell		o o	o	
Wang		o		
Unisys		o o		

o = Implementierungs-Unterstützung

x = Konformitäts-Prüfung

Tab. 1: OSITEST-Installationen

-	Start der Entwicklung	Mitte 1984
-	Erste Pilotinstallation	9/1986
-	Start der Entwicklung der Testfälle	1/1987
-	Erste Konfidenztests mit "vorläufigen" Testfällen	10/1988
-	Verfügbarkeit der vollständigen Testsuite gemäß CCITT X.403 (P2, P1, RTS, Session, Transport)	Anfang 1989
-	Erste Zertifikation von X.400-Produkten	Ende/Mitte 1989 ?

Tab. 2: Zeitablauf X.400-Testsystem - OSITEST/400

Die Protokoll–Software–Implementierungsumgebung P R O S I E
(PROtocol Software Implementation Environment)

Rüdiger Köster
Universität Gesamthochschule Siegen
Fachgruppe Nachrichtenübermittlungstechnik
Hölderlinstraße 3, 5900 Siegen

1. Übersicht

Ziel des im folgenden vorgestellten "PROtocol Software Implementation Environment" (PROSIE) ist es, die Lücke zu schließen, die insbesondere in den unteren OSI–Schichten derzeit noch zwischen der formalen Beschreibung von Kommunikationsprotokollen mittels spezieller Sprachen und Algebren [SDL, ESTELLE, LOTOS, CCS] und deren Implementierung in Sprachen mit sehr niedrigem Abstraktionsniveau klafft. PROSIE besteht aus einem vollständig in der Hochsprache Modula–2 [WIRTH85] geschriebenem "Operating System" (OS) sowie einem "PROtocol Software GEnerating Tool" (PROSGET), mit dessen Hilfe, ausgehend von einer formalisierten, maschinenlesbaren Protokollbeschreibung, auf OS ablauffähige Modula–2-Protokoll-Software weitgehend automatisch generiert werden kann. Durch geeignete Angaben in speziellen Konfigurierungs–Files lassen sich diese Programme in Anlehnung an das OSI–Referenzmodell [ISO7498] als Prozesse von Instanzen eines Protokollsystems inkarnieren. Diese Protokollsysteme, welche eine Säule im OSI–Sinn bilden, lassen sich wiederum mehrfach inkarnieren. Die Kommunikation zwischen den Protokollsystemen läuft über nicht assoziierte Kanäle ab, welche erst bei Einrichtung der Prozesse zugewiesen werden. Der "**PRO**tocol Software **DEB**ugger" (**PROSDEB**) ermöglicht es dem Anwender den Protokollablauf auf hohem Abstraktionsniveau beobachten und manipulieren zu können (s.Bild 1).

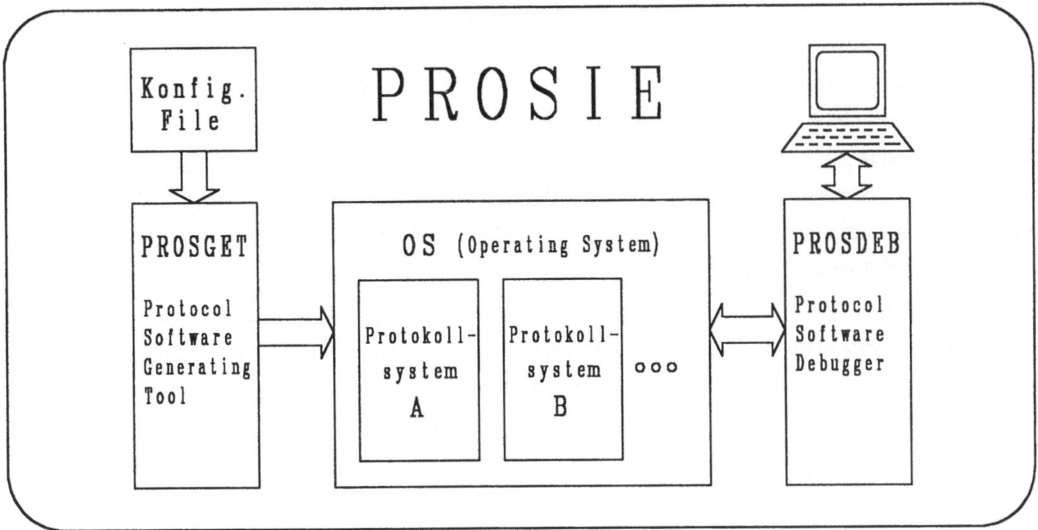

Bild 1 : Systemübersicht

PROSIE benutzt keine eigene Beschreibungssprache, sondern baut auf den in der Hochsprache Modula–2 verfügbaren Sprachmitteln auf. Andere Systemen mit ähnlicher Intention wie z.B. PASS (Parallel Activity Spezifikation Scheme) [FLEIS88], DESIGN (Distributed Environment for Simulation, Investigation and Generation of Network applications) [MÜHL85] oder CIL (Communication service Implementation Language) [KRUMM84] (weitere s. [BOCH87]), haben PASCAL, C oder eigene Beschreibungssprachen zur Grundlage. Die hier verwendete Programmiersprache Modula–2 ermöglicht es, das Betriebssystem, das Generierungswerkzeug, den Debugger sowie die erzeugten Protokollsysteme einschließlich der sehr Hardware–nahen Teile einheitlich zu beschreiben. Der mit Hochsprachen vertraute Anwender braucht daher bei Verwendung von PROSIE keine neuen Beschreibungsmittel zu erlernen. Dies sowie die weite Verbreitung von Modula–2–Compilern schaffen die Voraussetzung für einen breiten Einsatz. Ferner kann die gesamte im "host"–Rechner getestete Software bei Übersetzung mit entsprechenden Compilern unverändert auf Zielsysteme mit verschiedenen Prozessortypen geladen werden (z.B. Logitech Modula–2–Compiler für Intel 86 und 286 oder Hiware Modula–2–Compiler für Motorola 68000 und 68020). Erfahrungen, die bei der Implementierung der ISDN–D–Kanal–Protokolle [FRIED87, SCHAU88, AURA87] gemacht wurden, flossen in Erweiterungen und Verbesserungen des Werkzeugs ein.

2. Das Betriebssystem OS (Operating System)

Das vollständig in Modula-2 geschriebene "Operating System" (OS) [OTTE87] ist ein Betriebssystem, welches auf die speziellen Anforderungen von geschichteter, mit Hilfe erweiterter endlicher Automaten beschriebener Kommunikations–Software zugeschnitten ist. OS setzt sich aus zwei Teilen zusammen, die als **OSKernel** und als **OSMain** bezeichnet werden.

OSKernel stellt den in den Protokollsystemen enthaltenen Programmen eine Sammlung von Hilfsroutinen zur Verfügung. Aufbauend auf dem in Modula–2 enthaltenen Koroutinen-Konzept sind hier beispielsweise Prozeduren zur Prozeß– und Interruptbearbeitung sowie zur Interprozeß-kommunikation implementiert. Desweiteren exportiert OSKernel u.a. noch Prozeduren zum Einrichten von Zeitüberwachungen und zur Behandlung von Warteschlangen.

OSMain ermöglicht das Einrichten und die Verwaltung von Prozessen. Die von OSMain eingerichteten Prozesse sind Inkarnationen der mit Hilfe von PROSGET erstellten Protokollsysteme. In einem Konfigurierungs–File werden vom Anwender Informationen eingetragen, die angeben, welcher Prozeß nach welcher Ablaufvorschrift arbeitet. Es ist dadurch möglich ein Gesamtsystem zu konfigurieren, welches sich aus gleich– und verschiedenartigen Protokollsystemen zusammensetzt.

2.1 Die Protokollsysteme

Im folgenden soll auf die Struktur der in Bild 1 dargestellten Protokollsysteme genauer eingegangen werden. In Anlehnung an das OSI–Referenzmodell beinhaltet ein Protokollsystem jeweils die Instanzen einer OSI–Säule. Die Funktionen dieser Instanzen werden durch einen oder mehrere Prozesse realisiert. Jedes Protokollsystem enthält ein eigenes sogenanntes "Protocol Operating System" (**POS**) (s.Bild 2) welches mit Hilfe von PROSGET individuell für jedes einzelne System generiert wird.

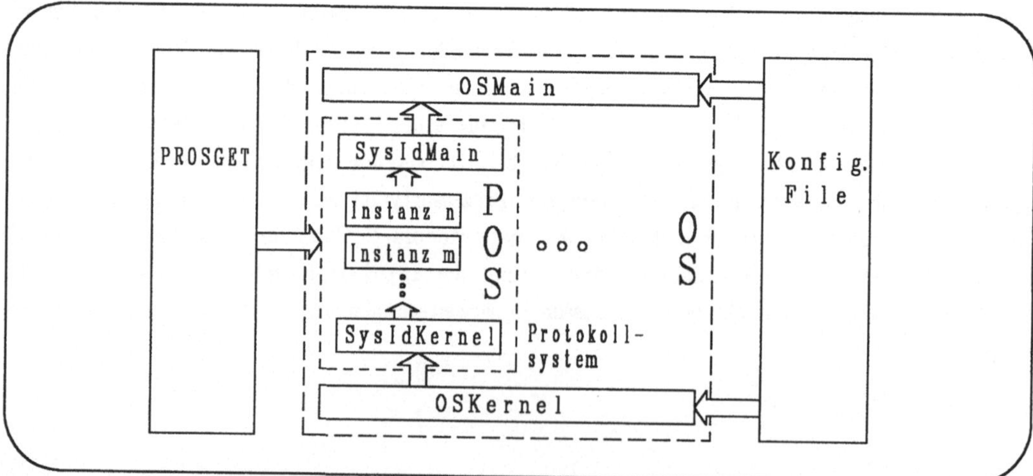

Bild 2 : Protokoll–Betriebssystem POS

Ähnlich wie OS gliedert sich auch POS in zwei Teile, die allgemein als **SysIdKernel** und **SysIdMain** bezeichnet werden. Im konkreten Fall wird das Kürzel "SysId" bei der Generierung mittels PROSGET durch einen individuellen Systembezeichner ersetzt.

SysIdKernel baut auf den von OSKernel zur Verfügung gestellten Routinen auf und bietet den im Protokollsystem zu implementierenden Instanzen speziell zugeschnittene Funktionen an, welche dem Anwender eine protokollnahe Bezeichnungsweise ermöglichen.

SysIdMain verwaltet die Prozesse der Instanzen innerhalb der Protokollsysteme. Außerdem wird von SysIdMain eine Prozedur exportiert, welche von OSMain als Prozeß eines Protokollsystems inkarniert werden kann.

2.2 Die Protokollinstanzen

Neben SysIdKernel und SysIdMain werden von PROSGET auch die Prozesse der Protokollinstanzen automatisch generiert. Eine Protokollinstanz wird dabei durch einen Service–Prozeß und einen oder mehrere Protokoll–Prozesse realisiert (s. Bild 3).

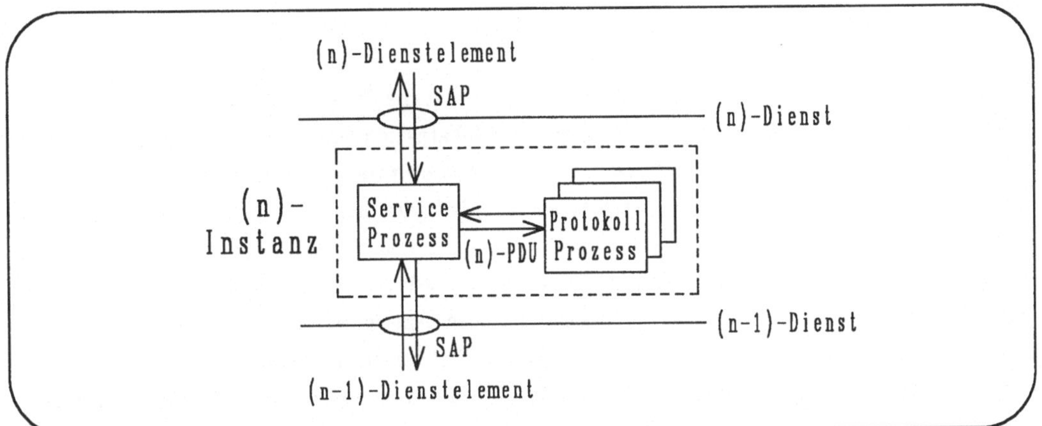

Bild 3 : Prozesse der Protokollinstanzen

Da häufig innerhalb einer OSI–Schicht ein Multiplexen der logischen Verbindung erfolgt, hat der Service–Prozeß die Möglichkeit, die Ablaufvorschrift des Protokoll–Prozesses mehrfach zu inkarnieren (s. Bild 3). Der Begriff Instanz bleibt im folgenden auf einen Service–Prozeß und die zugehörigen Protokoll–Prozesse beschränkt. Es sei jedoch darauf hingewiesen, daß die Funktionen einer Instanz auch mit mehreren Service–Prozessen und unterschiedlichen Protokoll–Prozessen realisiert werden können.

Die Ablaufvorschriften für die Service– und Protokoll–Prozesse sind nach dem Modell des erweiterten endlichen Automaten arbeitende Prozeduren. Ein solcher Automat befindet sich, soweit gerade kein Eingangsereignis verarbeitet wird, in einem definierten Zustand. Wenn ein Eingangsereignis eintrifft, wird entsprechend der Zustands/Ereignis – Kombination eine zugehörige Aktion durchgeführt (z.B. Senden eines Ereignisses an einen anderen Automaten) und in einen Folgezustand übergegangen. Die Eingangsereignisse des Service–Prozesses sind die nach dem OSI–Referenzmodell an den Dienstzugangspunkten (Service Access Points, SAPs) ausgetauschten Dienstelemente (Primitives). Diese können noch Parameter, u.a. auch die Protokolldateneinheiten (Protocol Data Units, PDUs) des zugehörigen Protokoll–Prozesses, enthalten. Innerhalb des Service–Prozesses werden die PDUs in einem De– bzw. Encoder zunächst auf Einhaltung der vom Protokoll geforderten Syntax überprüft. Sind sie fehlerfrei, so werden sie daraufhin im De– bzw. Encoder zwischen der codierten Form und der Darstellung des im Programm verwendeten Datentypes umgewandelt. Das bedeutet, daß zwischen Service– und Protokoll–Prozeß die PDUs nur in decodierter Form übergeben werden. Dies erhöht die Lesbarkeit der Programme und bringt Vorteile beim "debuggen" der Protokollsysteme .

Jedem Service–Prozeß wird von SysIdKernel eine Eingangswarteschlange bereitgestellt, in die andere Instanzen die jeweils zulässigen Eingangsereignisse eintragen können. Der Datenaustausch zwischen dem Service– und den Protokoll-Prozessen erfolgt ebenfalls über Warteschlangen, auf die jedoch von anderen Instanzen nicht zugegriffen werden kann.

2.3 Prozeßverwaltung

Wie aus den ersten Abschnitten bereits hervorgeht, erfolgt die Prozeßverwaltung auf zwei Ebenen. OSMain verwaltet die Protokollsysteme, welche eine Inkarnation einer von SysIdMain exportierten Prozedur darstellen, als einen Prozeß, welcher wiederum die Prozesse der Instanzen verwaltet.

In dem System wurde eine spezielle, auf die Anforderungen der Protokoll-Software zugeschnittene Art der Betriebsmittelvergabe gewählt. Jeder Prozeß, der einmal den Prozessor zugeteilt bekam, behält diesen so lange, bis er ihn selbst wieder abgibt. Dies ist möglich, da alle im System existierenden Prozesse nach dem Prinzip des endlichen Automaten arbeiten, welcher einen Zustandsübergang in einer begrenzten, möglichst kurzen Zeit ausführt. Bekäme ein höherpriorisierter Prozeß direkt beim Empfang eines Ereignisses den Prozessor zugeteilt, dann würde dies zu unnötig vielen Prozeßwechseln führen. Ein Hauptgrund für den Einsatz dieser Strategie besteht jedoch darin, daß alle nicht aktiven Prozesse sich stets in einem definierten Zustand befinden. Dies ermöglicht eine übersichtliche und durchschaubare Simulation der Protokoll-Software.

Bild 4 zeigt die für die Prozeßvergabe relevanten Warteschlangen. Die Instanzen eines Protokollsystems tauschen Daten mittels spezieller von SysIdKernel exportierter Prozeduren aus. Diese gewährleisten, daß nur die von der Zielinstanz selber definierten Eingangsereignisse in die entsprechende Warteschlange (IW) eingetragen werden können. Zwischen verschiedenen Protokollsystemen werden Nachrichten über die Systemwarteschlangen (SW) ausgetauscht. Den Instanzen wird hierfür von OSKernel eine Prozedur zur Verfügung gestellt, mit der sie auf Kanälen senden können. Diese Kanäle werden erst beim Einrichten der Prozesse durch eine Zuordnungsliste in einem Konfigurierungs–File an einzelne Instanzen in bestimmten Inkarnationen der Protokollsysteme angeschlossen. Zur Betriebsmittelvergabe prüft OSMain die Systemwarteschlangen, stets beginnend bei dem System mit der höchsten Priorität, ob ein Ereignis eingetragen wurde. Ist dies der Fall, wird der Prozeß des zugehörigen Protokollsystems gestartet. Dieser liest das Ereignis (bzw. die Ereignisse) und trägt es in die Warteschlange der Zielinstanz (IW) ein. SysIdMain prüft daraufhin ebenfalls, beginnend bei der Warteschlange der Instanz mit der höchsten Priorität, ob sie einen Eintrag enthält und startet ggf. den zugehörigen Service–Prozeß. Dieser liest das Ereignis und führt die betreffenden Aktionen aus. Ein Service–Prozeß gibt erst dann den Prozessor wieder ab, wenn ein möglicherweise von ihm gestarteter Protokoll–Prozeß seine Bearbeitung beendet hat und auch alle u.U. zurückgesendeten Ereignisse bearbeitet wurden. SysIdMain prüft nach jeder Prozessorabgabe durch eine Instanz mit Hilfe einer speziellen von OSMain exportierten Prozedur, ob eine Systemwarteschlange eines höher priorisierten Systems evtl. Einträge enthält und gibt ggf. die Kontrolle an OSMain zurück. Ist letzteres nicht der Fall, behält das gerade aktive Protokollsystem so lange den Prozessor, bis alle Warteschlangen seiner Instanzen leer sind. Enthalten niedriger priorisierte Protokollsysteme noch unbearbeitete Ereignisse, so übergibt OSMain die Kontrolle an den entsprechenden SysIdMain Prozeß. Das angewandte Verfahren gewährleistet, daß im Gesamtsystem stets die Instanz mit der höchsten Priorität, für die ein Ereignis vorliegt, nach Beendigung des gerade aktiven Prozesses, den Prozessor erhält.

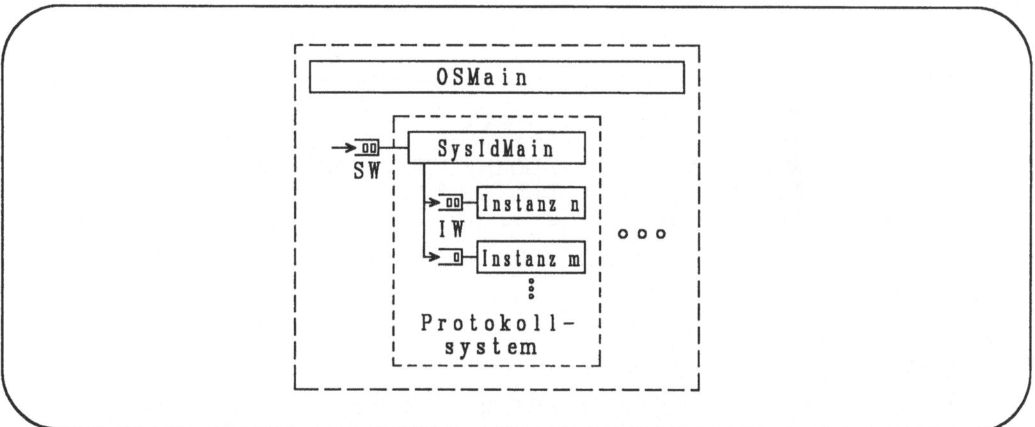

Bild 4 : Warteschlangen der Protokollsyssteme

2.4 Interruptbearbeitung

Jede parameterlose Prozedur kann mit Hilfe einer von OSKernel exportierten Routine als "Interrupt–Handler" an einen bestimmten Interrupt angeschlossen werden. Interruptroutinen unterbrechen jederzeit alle im System laufenden Aktionen mit Ausnahme des von OSMain durchgeführten Zugriffs auf die Systemwarteschlangen. Interruptroutinen dürfen daher Nachrichten nur über die Systemwarteschlangen an die Instanzen senden. Ein weiterer Grund hierfür besteht darin, daß OSMain ein Protokollsystem nur dann startet, wenn Ereignisse in der zugehörigen Systemwarteschlange enthalten sind.

3. Das Generierungswerkzeug PROSGET (PROtocol Software GEnerating Tool)

Wie aus den bereits behandelten Punkten hervorgeht, werden die Protokollsysteme in wesentlichen Teilen automatisch erstellt. Zu diesem Zweck müssen dem Generierungswerkzeug natürlich Angaben zu den Systemen gemacht werden. Diese Informationen werden vom Anwender mit Hilfe eines beliebigen Editors in einer festgelegten Syntax hinter vordefinierten Schlüsselwörtern in Konfigurierungs–Files eingetragen. Diese Files haben stets die Bezeichnung "Name.CFG", wobei Name beliebig ist. PROSGET unterscheidet zwischen den System–Konfigurierungs–Files, welche Angaben zu den Protokollsystemen enthalten und den Instanzen–Konfigurierungs–Files, welche Angaben zu den einzelnen Instanzen enthalten.

3.1 System–Konfigurierungs–Files

Das Bild 5 zeigt ein Beispiel eines System–Konfigurierungs–Files. Die vordefinierten Schlüsselwörter sind darin fett gedruckt.

```
$SystemName      SystemA
$SysId           PSA
$EntityList      L1Entity, L2Entity, L3Entity
$IdList          L1E, L2E, L3E
$WorkspaceList   02000, 10000, 03000
```

Bild 5 : System–Konfigurierungs–File

$ SystemName

> Der Name für ein System wird u.a. benötigt, um die Systemprozesse einzurichten und um die Sende–Kanäle anzuschließen.

$ SysId

> Wird u.a. für die File–Namen der Protokollsysteme als aktueller Bezeichner statt SysId verwendet. (max 3–stellig) (z.B. : SysIdMain = PSAMain, SysIdKernel = PSAKernel)

$ EntityList

> Wird u.a. als Name der jeweiligen Instanzen–Konfigurierungs–Files benutzt. Außerdem wird aus diesen Angaben ein Aufzählungstyp gebildet (EntityList), der in "SysIdKernel" angelegt wird, um die einzelnen Instanzen sowie deren Warteschlangen zu identifizieren. Die Reihenfolge der Instanzen entscheidet über ihre Priorität in den Protokollsystemen. (max 8–stellig)

$ IdList

> Wird als Teil der Namen der Files benutzt, die die generierten Module der einzelnen Instanzen enthalten. (max. 3–stellig)

$ WorkspaceList

> Angaben zu dem max. "workspace" der einzelnen Instanzen. Diese Angabe wird im Modul SysIdMain beim Einrichten der Prozesse der Instanzen benötigt. (5stellig)

3.2 Instanzen–Konfigurierungs–Files

Für jede im System–Konfigurierungs–File angegebene Instanz muß ein eigener Instanzen–Konfigurierungs–File angelegt werden. Der Name des Files ergibt sich aus dem in "EntityList" angegebenen Bezeichner mit der Erweiterung ".CFG" (z.B. : L2Entity.CFG).
Das Bild 6 zeigt die in den Instanzen–Konfigurierungs–Files verwendeten Schlüsselwörter mit beispielhaften Angaben.

```
$State           Idle, WaitForEstInd, Connected
$Event           L2EInit, L2EstReq, L1EstInd, L1DataInd, ProDataReq
$MessageType     L2EMessage = RECORD
                    CASE event : L2EEvent OF
                        L1DataInd    : l2Data    : ARRAY [1..132] OF BYTE;
                      | ProDataReq   : pdu       : (SABM, UA, DISC);
                        END;
                 END;
$ProState        Idle, WaitForUA, Connected
$ProEvent        ProInit, SABM, UA, DISC
$ProMessageType  L2EProMessage = RECORD
                    CASE proEvent : L2EProEvent OF
                    END;
                 END;
```

Bild 6 : Instanzen–Konfigurierungs–File

$ State

> Liste der möglichen Zustände in dem Service–Prozeß. Wird zur Bildung eines Aufzählungstyps "State" benutzt. Der erste Zustand ist automatisch der Anfangszustand des Prozesses.

$ Event

> Auflistung aller erwarteten Ereignisse. Enthält die Liste das Ereignis IdInit (Id s. IdList im System–Konfigurierungs–File), so wird es der betreffenden Instanz zu Beginn in ihre Warteschlange eingetragen. Im Anfangszustand beim Eintreffen des Ereignisses "IdInit" können so Initialisierungsroutinen durchgeführt werden.

$ MessageType

> Als Angabe wird hier eine Typendeklaration in Modula–2–Syntax erwartet. Der Aufbau als varianter Record sowie die Bezeichnungen IdMessage und IdEvent (konkret z.B.: L2EMessage und L2EEvent) sind zwingend vorgeschrieben, da IdMessage sowie IdEvent als Typendeklaration von PROSGET angelegt und benutzt wird. Innerhalb des varianten Teils kann nun für jedes Ereignis, welches neben seinem Bezeichner selbst noch weitere Parameter enthält, ein eigener Typ angegeben werden.

$ ProState (Angaben s. State)
$ ProEvent (Angaben s. Event)
$ ProMessageType (Angaben s. MessageType)

Aus den in den Instanzen–Konfigurierungs–Files enthaltenen Angaben generiert PROSGET die für die Instanz benötigten Module. Die hinter "State", "Event", ... gemachten Angaben beziehen sich dabei auf den Service–Prozeß, die hinter "ProState", "ProEvent", ... gemachten auf den Protokoll–Prozeß. Falls ein Instanzen–Konfigurierungs–File keine Angaben zu dem Protokoll–Prozeß enthält, werden von PROSGET nur die Module für den Service–Prozeß generiert.

3.3 Protokollsystem–Generierungsschritte

Wenn für das zu implementierende Protokollsystem der System–Konfigurierungs–File sowie alle benötigten Instanzen–Konfigurierungs–Files angelegt wurden, können die im folgenden erläuterten Generierungsschritte durchgeführt werden.

I.   Im ersten Schritt wird aus den in den Konfigurierungs–Files gemachten Angaben das protokollsystemspezifische Betriebssystem POS, bestehend aus SysIdMain und SysIdKernel, vollständig generiert.

II.   Im zweiten Schritt werden die Zustandsübergangsprozeduren erstellt. Zu diesem Zweck generiert PROSGET für jede Instanz einen Modula–2-Implementations-Modul Namens Id.MOD (Id s. IdList im System–Konfigurierungs–File). Dieser Modul beinhaltet bereits alle notwendigen Angaben, wie beispielsweise die Import/Export–Listen sowie eine vom Anwender zu bestimmende Anzahl von Prozedurrümpfen, welche zu den vollständigen Übergangsprozeduren ergänzt werden müssen. Bild 7 zeigt als Beispiel eine solche Prozedur welche im Zustand "Connected", beim Empfang des Ereignisses "L1DataInd", vom Service–Prozeß der betroffenen Instanz aufgerufen wird. Der von PROSGET erzeugte Prozedurrumpf ist darin fett gedruckt, die vom Anwender eingetragenen Teile sind durch einen anderen Schrifttype kenntlich gemacht. Neben den Angaben in den Konfigurierungs–Files sind dies im gesamten System die einzigen vom Anwender einzugebenden Texte. Alle Variablen, deren Inhalte nach Beendigung einer Übergangsprozedur nicht verloren gehen dürfen, müssen im Arbeitsspeicher des zugehörigen Prozesses abgelegt und jeweils beim Prozeduraufruf übergeben werden. Die in den Köpfen der Übergangsprozeduren angegebenen Variablen (formal parameter list) werden aus diesem Grund automatisch in dem entsprechenden Prozeß angelegt. Die von PROSGET vorgegebene Variablenliste kann auf die tatsächlich benötigten Variablen reduziert bzw. um weitere ergänzt werden. Die z.T. hinter den Variablen als Kommentar eingefügte Angabe (* stateVar *) ist nur im Hinblick auf den Protokoll-Debugger und noch in Entwicklung befindliche Werkzeuge zur automatischen Testsequenzgenerierung von Bedeutung. Die Variablen, deren Inhalte die Ausführung einer Zustandsübergangsprozedur beeinflussen, sind als Zustandsvariablen (stateVar) zu deklarieren. Die im Beispiel angegebene Variable "state" enthält jeweils den aktuellen Zustand des Prozesses. "message" ist eine

Variable vom Type "MessageType" (s. Instanzen–Konfigurierungs–File), die in Abhängigkeit von dem Eingangsereignis noch weitere Empfangsdaten beinhalten kann. In "proProcess" wird ein Prozeßdeskriptor gespeichert, mit dem die Protokoll–Prozesse identifiziert werden. Die in dem Programm aufgerufenen Prozeduren "SendToProProcess", "StartProcess" und "SendL3EMessage" werden neben weiteren vom Generierungswerkzeug angelegt und sind bereits in den Import–Listen der Module enthalten. Die Angaben hinter den Schlüsselwörtern "STATE/EVENT" legen fest, bei welchen Zustands/Ereignis-Kombinationen die betreffende Prozedur ausgeführt werden soll. Neben einfachen Kombinationen (s. Bild 7) können hier auch Bereiche und Folgen von Zuständen und Ereignissen angegeben werden. (z.B. Idle..Connected/L2Init,L2EstReq oder Idle/L2Init & Connected/L2EstReq)

```
(*****************************************************************)
(*     STATE/EVENT  :  Connected/L1DataInd                     *)
(*****************************************************************)

PROCEDURE ConnDataInd      (    VAR state        : State        (*stateVar*)
                           ;    VAR message      : L2EMessage
                           ;    VAR proProcess   : process                   );

VAR  proEvent    : L2EProEvent;
     error       : BOOLEAN;

BEGIN

     L2EDecoder (message.l2Data, message.length, error, proEvent);
     SendToProProcess (proEvent, noMessage);
     StartProcess (proProcess);
     SendL3EMessage (L2EstInd, noMessage);
     state := Connected;

END ConnDataInd;
```

Bild 7 : Zustandsübergangsprozedur

III.   Im dritten Schritt liest PROSGET den vom Anwender vervollständigten File "Id.MOD" und generiert daraus einen Informations-File Namens Id.INF, der neben allgemeinen Informationen und möglichen Fehlermeldungen auch eine ausdruckbare Zustandsübergangstabelle enthält. Da diese direkt aus dem Programmtext hergeleitet wird, beschreibt sie exakt das Verhalten der Implementierung. Außerdem wird der zu dem Modula–2-Implementations-Modul zugehörige Definitions-Modul (Id.DEF) vollständig von PROSGET erzeugt. Ebenfalls wird in diesem dritten Schritt der Implementations– und Definitions–Modul generiert, welcher die Prozedur enthält, die als Prozeß der betreffenden Instanz von SysIdMain eingerichtet wird. Die zuletzt genannten Module werden von PROSGET in Files angelegt welche die Namen IdTT.DEF und IdTT.MOD tragen. Darin steht TT als Kürzel für "Transition

Table", es soll hiermit zum Ausdruck gebracht werden, daß sie die ausführbare Übergangs-
tabelle enthalten.

Falls die Instanzen–Konfigurierungs–Files die notwendigen Angaben enthalten, werden die Schritte
II. und III. in gleicher Weise für die Protokoll–Prozesse durchgeführt. Die dabei generierten Module
werden in Files Namens IdPro.MOD, IdPro.DEF, IdProTT.MOD und IdProTT.DEF abgelegt.

    Nachdem alle Generierungsschritte durchgeführt worden sind, werden jeweils die Definitions-
und Implementations-Module von SysIdKernel, SysIdMain, Id, IdTT, IdPro und IdProTT mit Hilfe
gängiger Modula–2 Compiler übersetzt und zusammen mit den Modulen OSKernel und OSMain zu
einem ausführbaren Programm gebunden. Dieses Programm kann nun auf unterschiedliche Zielsysteme geladen oder im "host"–Rechner mit Hilfe des im Punkt 4 beschriebenen Debuggers
PROSDEB untersucht werden. In Bild 8 sind alle erforderlichen Schritte zur Erstellung eines
vollständigen Systems in einer Übersicht dargestellt.

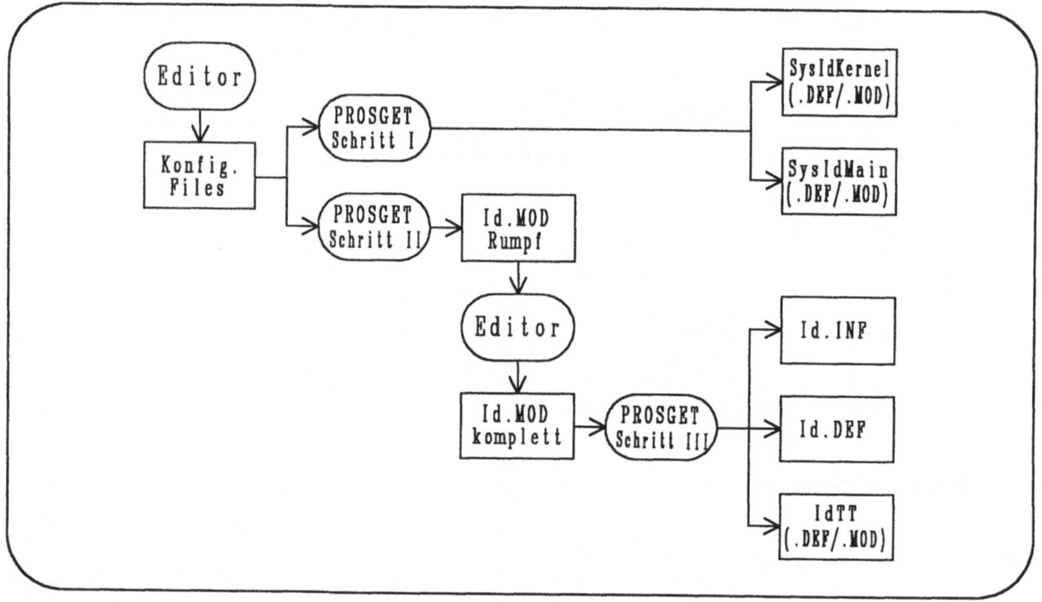

Bild 8 : Entwicklungsschritte

4. Der Protokoll–Debugger PROSDEB (PROtocol Software DEBugger)

Im Unterschied zu allgemeinen hochsprachenorientierten Debuggern, ist der im folgenden vorgestellte Protokoll–Debugger speziell auf die mit PROSGET generierte Protokoll–Software zugeschnitten [RUCK88]. Mit Hilfe von PROSDEB kann der Anwender daher Protokollabläufe auf
hohem Abstraktionsniveau beobachten und manipulieren und auf diese Weise logische Fehler
aufspüren und deren Auswirkungen nachverfolgen. Ebenfalls können spezielle Protokollsituationen
künstlich erzeugt und das Verhalten der Protokolle in ihnen untersucht werden. Neben der Beo-

bachtung des Verhaltens von mehreren untereinander kommunizierenden Protokollsystemen nach einem vom Anwender eingegebenem Anreiz ist es ebenso möglich, ein einzelnes Protokollsystem oder einzelne Instanzen zu untersuchen, indem die Partnerstation bzw. die Nachbarinstanzen durch entsprechende Eingaben vom Terminal aus simuliert werden.

Alle relevanten Informationen, wie z.B. die Inhalte der Warteschlangen, die Werte der Zustandsvariablen oder der Zustand der Instanz werden in einem Ausgabefenster darstellt. In weiteren Fenstern kann sich der Anwender über die Werte der zu den jeweiligen Dienstelementen gehörenden Parameter informieren. Außerdem ist es möglich, die Inhalte der Zustandsvariablen oder auch den Zustand selber zu verändern sowie Dienstelemente mit den zugehörigen Parametern in die Warteschlangen einzutragen. Bei Dienstelementen, die als Parameter eine Protokolldateneinheit enthalten (z.B. L1DataInd), muß der Anwender normalerweise die Daten in der vom jeweiligen Protokoll verlangten, codierten Form hexadezimal eingeben, da diese in dem Service-Prozeß zunächst decodiert werden. Bei symmetrischen Protokollen sowie bei unsymmstrischen Protokollen kann, falls der Encoder der Partnerinstanz verfügbar ist, PROSDEB aufgefordert werden, die eingegebene Protokolldateneinheit, vor dem Eintrag des zugehörigen Dienstelementes in die Warteschlange, zunächst zu codieren. Hierdurch wird es möglich, die Daten in Form des Hochsprachendatentypes einzugeben.

Um alle gewünschten Informationen in gut lesbarer Form darstellen zu können, benötigt der Debugger u.a. die Typen der Variablen, die Textdarstellung der Aufzählungstypen, die Namen der Protokollsysteme, der Instanzen und der Übergangsprozeduren. Alle benötigten Daten liest PROSDEB aus den vom Anwender eingegebenen Konfigurierungs–Files sowie aus den von PROSGET angelegten Informations–Files.

Die Adressen der lokalen, im jeweiligen Prozeßarbeitsspeicher angelegten Variablen werden dem Debugger erst zur Laufzeit, mit Hilfe einer speziellen von OSKernel exportierten Prozedur, bekannt gemacht. Hierdurch ist es möglich, auch die erst zur Laufzeit vom Service-Prozeß eingerichteten Protokoll-Prozesse in gleicher Weise zu untersuchen.

Neben den bereits erwähnten Funktionen bietet PROSDEB desweiteren die Möglichkeit, mit Hilfe eines Hardware–Timers die für die einzelnen Aktionen benötigten Zeiten, mit einer Auflösung von $1\mu sek$, zu messen. So kann z.B. die Dauer ermittelt werden, die eine Instanz zur Bearbeitung eines bestimmten Ereignisses benötigt. Da die simulierte Software unverändert auf die Ziel–Hardware geladen wird, kann so eine gute Abschätzung der Ablaufgeschwindigkeit der implementierten Protokolle durchgeführt werden.

Der Debugger erlaubt, den Gesamtzustand aller Protokollsysteme abzuspeichern und später wieder zu regenerieren. Hierdurch ist es möglich, die Protokollinstanzen direkt in bestimmte Zustände zu versetzen, ohne alle bis dahin nötigen Schritte jeweils erneut durchlaufen zu müssen. Ebenso können am Terminal bestimmte Sequenzen von Ereignissen erstellt werden, die dann jederzeit abrufbar sind. Alle durchgeführten Aktionen können auf einem Datenträger abgelegt und später auf dem Bildschirm oder auf einem Drucker ausgegeben werden.

5. Erweiterungen und Ausblick

Das System wird derzeit in der Weise erweitert, daß der De– und Encoder der Protokolldateneinheiten ebenfalls vollständig vom Generierungswerkzeug erzeugt wird [AURA88]. Zu diesem Zweck ist es notwendig, den Modula–2 Datentyp der PDUs, um einige von PROSGET lesbare Schlüsselwörter unterschiedlicher Art mit zugehörigen Zusatzinformationen, zu erweitern. Eine Art wird dazu benötigt, um einige zur eindeutigen und vollständigen Beschreibung von PDUs notwendige Verfeinerungen der Modula–2-Datentypen zu erreichen. Es sei hier z.B. die Festlegung einer vorgeschriebenen Reihenfolge von Elementen oder deren Deklaration als zwingend vorgeschriebenes bzw. wahlfreies Element erwähnt. Eine zweite Art gibt jeweils an, wie die einzelnen Elemente des Hochsprachentyps in die codierte Form abgebildet werden. Die beschriebenen Erweiterungen werden in Anlehnung an die von der ISO und dem CCITT genormte Beschreibungssprache "Abstract Syntax Notation One" (ASN.1) [ISO8824, GORA87] durchgeführt. Eine direkte Beschreibung in ASN.1 ist hier nicht sinnvoll, da die zugehörigen "Basic Encoding Rules for ASN.1" [ISO8825] eine festgelegte Codiervorschrift angeben, welche nur bei Protokollen die bereits in der ASN.1 spezifiziert wurden, angewendet werden kann.

Mit der genannten Erweiterung liegt nun die Beschreibung des Protokolls wie folgt vor: Die Datenstrukturen der Protokolldateneinheiten können mit einer Modula–2 Typendeklaration und den genannten Erweiterungen eindeutig beschrieben werden. Die prozeduralen Abläufe sind durch das mit PROSGET generierte Programm festgelegt. Mit geeigneten Werkzeugen ist es nun möglich, alle syntaktisch zulässigen Protokolldateneinheiten zu ermitteln. Ebenfalls können alle Zustandsvariablen der Instanzen automatisch auf alle zulässigen Werte gesetzt werden. Derzeit werden Verfahren untersucht, um auf der Basis der beschriebenen Möglichkeiten aus den implementierten Protokollsystemen automatisch Testsequenzen zu den entsprechenden Protokollen herzuleiten.

Danksagungen

Mein besonderer Dank gilt Herrn Prof. Dr. J. Swoboda für die vielen Diskussionen und Anregungen sowie den Herren R. Otterbach, U. Ruckteschler und J. Aurand, deren Diplomarbeiten zur Realisierung des beschriebenen Systems beigetragen haben.

Literatur

[AURA87] Aurand, J. : Aufbau eines ISDN–S_o–Zugangs für eine IBM–PC–Erweiterungskarte und Erstellung der D–Kanal–Schicht–1–Software, Studienarbeit, Universität Siegen, Fachgruppe Nachrichtenübermittlungstechnik, Siegen, 1987

[AURA88] Aurand, J. : Vollständige Beschreibung von Protokolldateneinheiten mittels erweiterter Modula–2 Datentypen und deren automatische De– und Encodierung, Diplomarbeit, Universität Siegen, Fachgruppe Nachrichtenübermittlungstechnik, Siegen, z.Z in Arbeit

[BOCH87]   Bochmann, G.v. : Usage of protocol development tools: the results of a survey, IFIP international meeting on Protocol Specification, Testing and Verification, Zurich, 1987

[CCS]   Milner, R. : A Calculus of Communication Systems, Lecture Notes in Computer Science 92, Springer Verlag, Heidelberg, 1980

[ESTELLE]   International Standart Organisation : ESTELLE – A Formal Description Technique based on an extended state transition model, ISO Draft Proposal 9074

[FLEIS88]   Fleischmann, A. : PASS – The Parallel Activity Specification Scheme, IBM ENC Technical Report No.43.8715, Heidelberg, 1988

[FRIED87]   Friedrichs, D. : Erweiterung des ISDN–D–Kanal Schicht–3–Protokolls um eine Testeinrichtung und Implementierung des Systems, Diplomarbeit, Universität Siegen, Fachgruppe Nachrichtenübermittlungstechnik, Siegen, 1987

[GORA87]   Gora, W., Speyerer, R. : ASN.1 Abstract Syntax Notation One, DATACOM Buchverlag, Puhlheim, 1987

[KRUMM84]   Krumm, H. : Spezifikation, Implementierung und Verifikation von Kommunikationsdiensten für Verteilte DV–Systeme, Dissertation, Universität Karlsruhe, Fakultät für Informatik, Heidelberg, 1984

[ISO7498]   International Standart Organisation : Information Processing Systems – Open System Interconnection – Basis Reference Modell, ISO International Standard 7498

[ISO8824]   International Standart Organisation : Abstract Syntax Notation One, ISO International Standart 8824 (CCITT Draft Rec. X208)

[ISO8825]   International Standart Organisation : Basic Encoding Rules for Abstract Syntax Notation One, ISO International Standart 8825 (CCITT Draft Rec. X209)

[LOTOS]   International Standart Organisation : LOTOS – A Formal Description Technique based on the temporal ordering of observation behavior, ISO Draft Proposal 8807

[MÜHL85]   Mühlhäuser, M., Drobnik, O. : DESIGN – Eine verteilte Umgebung zur integrierten Entwicklung und Leistungsbewertung von Netzwerkanwendungen, GI/NTG – Tagung, Karlsruhe, 1985

[OTTE87]   Otterbach, R. : Entwurf und Implementierung einer Protokoll – Entwicklungs – und Testumgebung, Diplomarbeit, Universität Siegen, Fachgruppe Nachrichtenübermittlungstechnik, Siegen, 1987

[RUCK88]   Ruckteschler U. : Implementierung eines Protokoll–Software–Debuggers, Diplomarbeit, Universität Siegen, Fachgruppe Nachrichtenübermittlungstechnik, Siegen, z.Z in Arbeit

[SCHAU88]   Schaumann, J. : Realisierung einer Anwendungs– und Darstellungsinstanz für die ISDN – Teilnehmerseite, Diplomarbeit, Universität Siegen, Fachgruppe Nachrichtenübermittlungstechnik, Siegen, 1988

[SDL]   CCITT : SDL – Funktional Specification and Description Language, CCITT Red Books Volume VI – Fascicle VI.10 and VI.11, 1984

[WIRTH85]   Wirth, N. : Programmieren in Modula–2, Springer Verlag, Heidelberg, 1985

Using the Object Paradigm for Distributed Application Development

A. Schill[*], L. Heuser[°], M. Mühlhäuser[*] [*]

Project DOCASE
[*]University of Karlsruhe, Institute for Telematics
[°]Digital Equipment GmbH, CEC Karlsruhe
D-7500 Karlsruhe, F.R. Germany

Abstract

During the last decade, significant progress has been achieved in the area of distributed systems. At the same time, the need for distributed applications has increased heavily. A large number of distributed programming languages to support those kinds of applications is now available. Most of these approaches, however, still fail in providing appropriate levels of distribution abstraction and in supporting the software design stage. The object paradigm with extensions towards distributed systems is a promising base to overcome these shortcomings.

In this paper, we analyze existing approaches towards distributed application development and propose foundations for an integrated design method. The method is based on an extension of the classical object paradigm. It provides for tight integration of different aspects and phases of the development process and assures easy extendability concerning tools and application areas. Special aspects of distributed object-oriented application development like object mobility and cooperation are used to demonstrate the suitability of the approach.

Keywords: Distributed Applications, Distributed Programming, Computer Aided Software Engineering (CASE), Object-Oriented Programming, Object Mobility, Object Colocations, Cooperation, Activities.

1 Introduction

During the last decade, great advances have been achieved in the area of distributed systems. This progress has been a prerequisite for the development of complex distributed applications. Moreover, appropriate linguistic support has been recognized as an essential means for efficient development of these kinds of applications. However, many of the existing distributed programming languages lack in essential aspects of distributed application development. A tight integration of both linguistic support and CASE support seems to be necessary in order to achieve a substantial increase in distributed application programming efficiency [MÜH88]. The object-oriented approach seems to be a promising base to provide these kinds of support. Current distributed object-oriented languages and systems hide distribution in general while retaining the ability to control object locations explicitly. This approach seems adequate but is exclusively focussing on the implementation stage. We present a new foundation for the development of distributed object-oriented applications focussing on the design stage.

---

[*]random sequence of authors

Its main characteristics are:

- all aspects of linguistic support can be introduced

- special issues, like object mobility and cooperation, can be integrated

- tight integration of linguistic and CASE support can be achieved

- only one formalism is used throughout

- all of the above can be expressed at design level as opposed to source code level

In order to motivate the proposed extensions, section 2 gives an in-depth description of the requirements for linguistic and CASE support for distributed application development. In section 3, we describe the DOCASE extended object-oriented foundation to establish a general base to meet these requirements. Section 4 tries to prove the suitability of our foundation on the basis of exemplary development issues.

The ideas described in this paper are currently investigated in the joint project *DOCASE* ("Distribution and Objects in CASE") of the Institute for Telematics at the University of Karlsruhe and of Digital Equipment Campusbased Engineering Center (CEC), Karlsruhe.

2 Requirements of Distributed Application Development

2.1 The Need

Along with a considerable maturity of transport-oriented communication protocols, computer networks are finally about to become the "standard" computing environment. This process is speeded up by the rapid deployment of workstations. In this context it is only natural that the demand for distributed applications will increase dramatically. Distributed applications will be written more and more by application programmers as opposed to experienced system specialists. This fact along with the high complexity of distributed applications will make appropriate software engineering support for distributed applications a key issue in future software development efforts.

2.2 Main Characteristics

Distributed applications are mainly characterized by the following features:

- cooperation of loosely-coupled, distributed autonomous entities

- complex structure

- topological irregularity

- parallelism and nondeterminism

- intensive remote communication

- dynamically changing communication patterns

- separation of address spaces

- independent failures of separate distributed application entities

- dynamic configuration changes

These characteristics imply a number of generic requirements for distributed application development support. First of all, adequate *communication* mechanisms are needed. Therefore, a large number of distributed programming languages provide support ranging from pure message passing via remote procedure call [BIR84], [TAN88] up to object-oriented interaction mechanisms [BLA87]. In addition, different variations of these basic facilities exist (e.g. [EBE88]). For example, message passing can be synchronous, asynchronous or rendezvous-oriented. *Structuring mechanisms* enable the programmer to deal with the complexity of an application under development. In addition, they are the prerequisite for dynamic application configuration management [KRA83]. On top of these basic facilities, a large number of integrated higher-level tools is desirable. This way, a comfortable development environment including graphical editors, animation, simulation, test tools and runtime support should be provided.

2.3   Explicit Representation

To enable extensive tool support, a common base of representation is required. Application semantics relevant to distribution should be made explicit by this representation. However, existing distributed programming languages fall short in providing well-defined places in the code where the main characteristics and rules of structure and cooperation can be stated independent of specific points in the flow of control. Besides general structuring mechanisms [KRA83], special semantic relations can be identified in the context of distribution [FOR86], [KAT87]. Examples of such relations are:

- Complex n-party and n-message interactions

- Relations specifying dynamic colocation of interacting entities

- Functional cooperation to express distributed algorithms

- Relations describing reliability and redundancy issues

A wide-spectrum design language integrating these relations and structuring mechanisms seems to be appropriate as a common base. Special tools can be defined exploiting and refining the semantic characteristics of given relations. Relation definition should be supported by graphical and language sensitive editors, in general. Refined relations like *colocations* should be supported by specialized tools like *runtime mobility management*.

2.4   Design Issues

For years, software engineering has lacked appropriate coupling of the software design phase and the software implementation phase. The specification was done mostly informally, using non-computerized tools. The emerging CASE efforts [IEE88] made it possible that software specifications, especially graphical ones, became available on-line. A promising direction for our purposes is the use of a wide-spectrum specification language with integrated transformation steps. Such languages allow the specification of a system at different levels of abstraction ranging from top-level design to a level which can be easily translated into source code. This approach has several advantages:

- Only one formalism is used throughout.

- Transformation steps which lead from one level of abstraction to another can be computer-assisted, where the computer-assistance can even assure verified transformation steps (assuring that if the software was fulfilling its specification before applying a transformation, it will do so afterwards).

- Transformation from the bottom level specification into the implementation is easy and can be automated or at least reduced to a non-creative task. This way maintenance and evolution of the program can be deferred to the specification level, fulfilling a very important requirement in software engineering (because maintenance and evolution at source code level easily leads to a mismatch of specification and implementation).

- Especially in the context of project DOCASE, it became soon evident that using a widespectrum specification language, optimizing tools could reflect their optimization actions in the specification, making them evident to the developers, and allowing generally valid optimization rules to be fed back from a specific installation into the software evolution cycle.

- For the raw design, formal, constructive wide-spectrum specification languages can obviously be complemented by a graphical representation. This can be used as a basis for building a corresponding top-down graphical design aid (in the sense of a CASE tool); the top-level structuring rules and structure elements as well as the refinement steps offered (at least for higher levels of the design) can easily be supported graphically. To demonstrate this, we will in fact introduce the specification language proposed in this paper using basically its graphical representation (cf. section 3).

As a base for our design foundation, we will focus on the *object-oriented* approach. This paradigm provides the highest level of abstraction compared to all other existing distributed programming facilities. Objects are the basic units of encapsulation, structure, mobility and protection. Object-oriented interactions are transparent to distribution. This results in a uniform computational model relieving the application developer from basic problems of distribution.

2.5 Object-Oriented Approaches

State of the art:

The *object-oriented* paradigm [WEG87] has became popular only recently, although the roots of object-oriented systems go back to the 60's, when *Simula* introduced the notion of a *class* describing similar objects. Smalltalk [GOL83] extended this approach with a number of features and was the first fully implemented system based on a *uniform object model*. Smalltalk objects consist of a data structure and associated operations (*methods*) hiding these data (*data abstraction*). The common characteristics of similar objects, namely data structure outlay and method code are described by object classes. A given class can be specialized by defining a *subclass* which *inherits* the data structure and the operations of its ancestor (*superclass*).

The advantages of the object-oriented paradigm for software engineering are well-known [COX86]. The structure of object-oriented software represents reality more closely than non object-oriented structuring would [BOO86]. Software reuse is improved by data abstraction and inheritance.

New approaches support *multiple inheritance* (i.e., more than one superclass), *strong typing*, and *controlled polymorphism*. Hybrid extensions of procedural languages [COX86, STR86] support the object-oriented paradigm, too. A number of systems support *concurrency* inside an application. The multiple threads of control necessary for that are either visible as processes or are hidden by integrating them with *active objects*.

Recently, the object-oriented approach has also been extended to distributed systems. The most important representants are some implementations of *Distributed Smalltalk* [BEN87, CUL87, DEC86], EDEN [ALM85] and the *Emerald System* [BLA86, BLA87, JUL88] as well as the *COMANDOS* architecture [HOR87]. A uniform view on local and remote objects is provided by these systems. All these systems have an explicit notion of object placement available to the programmer. Thus objects can be moved according to special requirements given by the application behaviour. Emerald is able to move an object even if one of its methods is currently activated.

Lacks:

In spite of the numerous advantages of the object paradigm, significant lacks requiring extensions can be identified:

- *Implicit communication:* since communication in distributed object-oriented systems takes place via method calls, and since method calls local to an object, local to a computer, and remote to a computer are not distinguished syntactically, communication is not made explicit. Explicit declaration of cooperation as required in section 2.3 is not provided either.

- *Non-distinction of object types*: since object-oriented systems treat every entity as an object, and since virtually no generic distinction of object types is provided, all software tools have to view an application as a set of objects (object types) whose generic characteristics are hidden from the tools. This is in drastic contrast to the requirement of "linguistic support for programming-in-the-large aspects" stated above.

Object-oriented design techniques tried to make use especially of the information hiding and hierarchical structuring features of the object-oriented paradigm. Known approaches suffer from the lack stated for object-oriented languages already: they do not exhibit the generic characteristics of different (high level) objects of a software system designed.

To summarize, object-oriented languages introduce an excellent path to modularity, hierarchical structuring, and information hiding. With respect to these characteristics, they are very well suited for distributed application programming. Up to now, object-oriented techniques fail in providing support in many other basic problem areas of distributed application programming, such as cooperation and other programming-in-the-large aspects.

3 Proposed Foundation

As stated earlier, an integrated representation model of distributed applications is required to enable application of design methods and extensive tool support. Our approach towards such a model is based on the object paradigm. We define a generic object hierachy providing structural and relational semantics. We will largely use the *graphical* representation of design objects to introduce this foundation. For the sake of space, formal syntactical details will not be discussed.

3.1 Groundrules

A summary of section 2 provides the groundrules for the DOCASE design method introduced in this paper:

- provide an object-oriented widespectrum specification method supported by an adequate design language

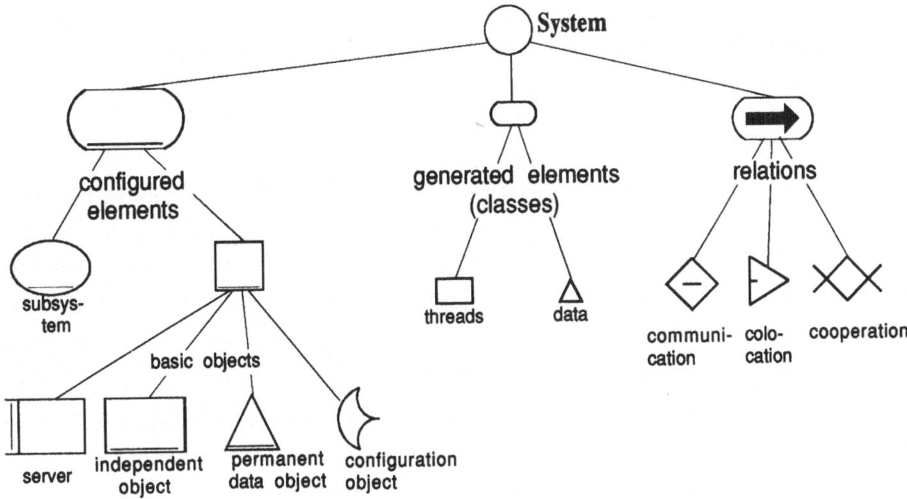

Figure 1: Design Object Hierarchy

- facilitate development by a graphical representation

- support special relations like communication, colocation or cooperation

- make these relations explicit in the design

- provide a generic object hierarchy to be understood by all CASE tools

- use the design as *the* platform for visible interaction between tools and the application structure

- provide means for expressing cooperation and other programming-in-the-large aspects of design.

3.2 Design Method: Object Hierarchy

To develop a distributed object-oriented application, DOCASE is providing a number of generic design objects. These objects form a class hierarchy exploiting inheritance. Objects generated from this class hierarchy represent a particular design. They form an arbitrary instance hierarchy describing the overall top-down view of the designed system. The advantage of the explicit toplevel hierarchy is that all CASE tools (graphical design aids, runtime visualization tools, etc.) can exploit it. In the following, the different design object classes will be introduced (cf. Fig. 1).

The highest level class is the *system component*. It is an abstract class with different concrete subclasses. We distinguish between *configured elements* and dynamically *generated elements*. Configured elements are created, deleted and modified by special *configuration operations*. This way, explicit knowledge of their existence is related to the system and can be used by tools. At design time, statements about their initial instance population can be made. Generated elements are manipulated by usual object-oriented invocations not being recorded by special tools. They are only known by their class at design time, but not as instances. This distinction of configured (intuitively "visible", more "static") objects and generated (intuitively "short-living", more "dynamic") objects has been proven to be very close to a software designer's way of thinking in our former projects.

As the third major class of design elements, we introduce *relation objects* in order to represent static and dynamic relations between other objects. The explicit and separate expression of interobject relations is one of the key issues of the DOCASE foundation.

Configured Elements

Configured elements are divided into *subsystems* and *basic objects*. A *subsystem* is a functionally coherent entity of a distributed object-oriented application. It is the major building block to represent the logical structure of the overall application. Subsystems can be nested and are thus able to represent the system components at different levels of abstraction. Subsystems have a *communication interface* describing the communication patterns between them. This way, a higher level description of the communication among basic component objects is achieved.

At a lower level of abstraction, a subsystem consists of a number of *basic objects*. The class of basic objects is an abstract class having several concrete subclasses, namely server and independent objects as active entities, permanent data objects and configuration objects. A *server object* is a collection of data associated with one or more own threads of control. These control threads are only activated as a result of a service request. As opposed to pure data objects, however, a server control thread is decoupled from the caller. The threads of *independent objects* usually execute without a need to be stimulated from the outside and have full control over the associated active object. A *permanent data object* is a collection of encapsulated data together with associated operations to manipulate that data. Operations on such an object are activated only by method calls from other objects. A *configuration object* is associated with a subsystem and has control over the internal structure of a subsystem. That is, it manages the generation and deletion of nested subsystems and of static objects being manipulated at runtime.

Generated Elements

As *generated elements* we offer objects with associated *threads* of control (basically introducing fine-grained parallelism) and *data* objects. Data objects represent the principle elements of the logical "data flow" in the system.

Relation Objects

Relation objects are divided into different kinds of relations. A *communication* relation describes communication between a number of other objects. Examples range from simple point-to-point to complex *n-party* interactions among more than two objects. *Colocation* relations describe sets of objects to be moved to a common location during periods of application execution. This way, remote communication can be reduced and communication-based migrations can be described in a high-level, goal-oriented way. Especially, the semantics of such migrations are made explicit as opposed to existing approaches where they are hidden in the code. *Cooperation* relations describe complex, long-duration interactions between different configured components of the application system. Beside an abstract description of the functional behaviour, explicit control mechanisms are provided. High-level constructs enable the programmer to add behavioural patterns like "long-duration" or "reliable execution" to the controlled algorithm. Both colocation and cooperation will be described in detail in chapter 4.

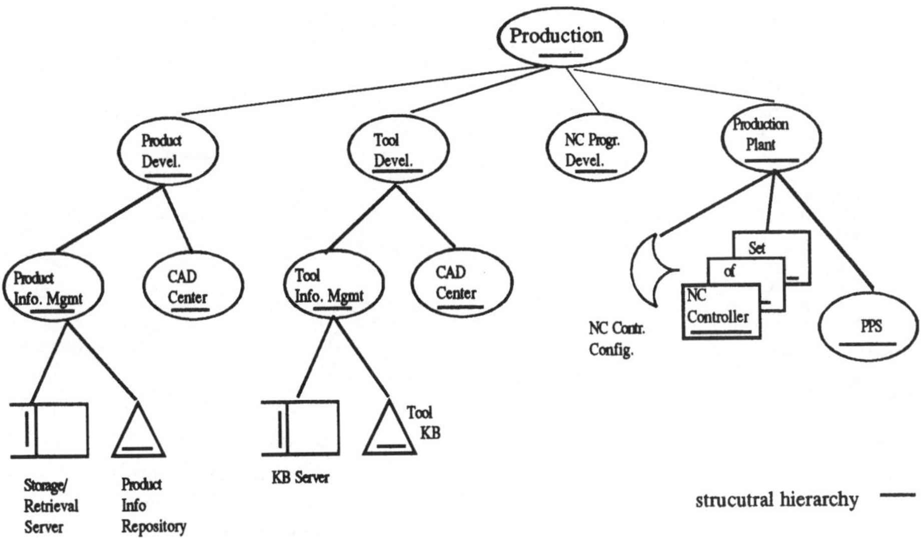

Figure 2: A Design Example: Structure of a Production System

The DOCASE design method provides the framework for any kind of interobject relation. As respective sections of the DOCASE project (e.g. modeling tools, reliability support) will be integrated, these kinds of relations will be refined.

3.3 Design of an Example Application

The object hierarchy introduced in the previous section is the basis of the design example. Figure 2 shows a partially designed production system. This graphical description could be created at an early stage where a lot of details are still missing. The structural hierarchy represents departments of the company involved in the production life cycle and their major components. At different levels of abstraction, various configuration components are used to represent management structures (*Product Development*) as *subsystems* and active entities (*NC Controller*) as *independent objects*. The selection is determined by the level of abstraction related to the problem, by representation details already known to the programmer, and by "is-part" relationships.

In addition new semantic relations between these configured components can be described by the DOCASE hierarchy (cf. Figure 3). First, a *cooperation* of three configured objects is defined to represent the development of new products. These products are composed of new components created by the CAD Center and/or existing product parts provided by the *Storage/Retrieval Center*. At this early stage, the relation just illustrates the potential functional behaviour which has to be refined by selecting the required methods and properties (cf. section 4.2). The second relation describes the complex *communication* of a control entity (*NC Control Configuration* object) and its workers (*Set of NC Controllers*) managing robots. The small triangles of relation II are generated data objects representing *status information* of each NC machine. In further steps, *roles* have to be defined describing communication patterns. For example, updating the status information can be implemented by a replied multicast protocol. The third relation deals with the potential *colocation* of a storage/retrieval server and generated data objects which represent CAD data of different products.

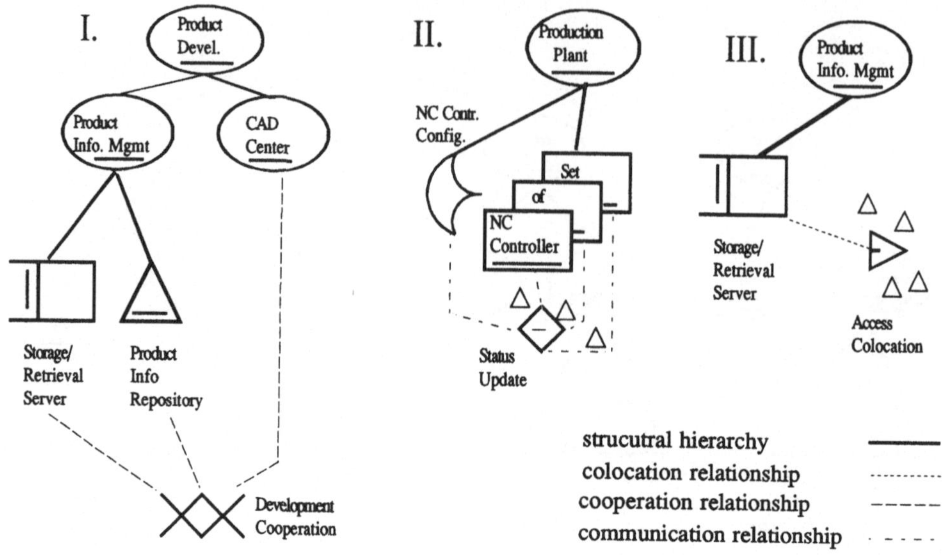

Figure 3: Specific relation examples: I. *Cooperation*, II. *Communication*, III. *Colocation*

Defining this relation enables the product developer to ensure an efficient data access. Normally this kind of relation can also be computed by the system if reducing remote communication is its goal (cf. chapter 4.1). Each object and relation has to be refined in further design stages to complete the application design. Nevertheless the presented development stage of the application could already be animated. Feedback obtained by such development tools might guide further development steps.

4 Specific Foundation Aspects

4.1 Mobility: Object Migration Support

Most distributed object-oriented systems [ALM85, BLA87, DEC86, BEN87] support *object mobility* [JUL88]. Objects can *move* dynamically to different locations at runtime. This section introduces these approaches, discusses their problems and presents the foundation for a higher level control of object mobility. Our thesis is that distribution and mobility aspects should be separated from application semantics explicitly.

Definitions

To clarify our view of object mobility, a basic model similar to the mobility aspects of the Emerald system is introduced by establishing central definitions. We are concerned with *fine-grained* mobility. That is, the units of migration are single objects of various (possibly very small) size. A *logical node* is an address space of multiuser systems or a physical single user node defining the *location* of particular objects. An *object migration* is the movement of an object with its associated data to a different logical node. Migrations remain transparent to object invocations. A number of referenced objects can be strongly *attached* to the object. They are moved together with the referencing object. *Absolute mobility* is the ability to move an activated object together with the associated activation records. *Restricted mobility* does only allow migrations of objects being not currently activated. An object can be *fixed* at its current location and so be prevented from being moved.

With these mobility primitives, it is possible to control object locations. So the high level of abstraction achieved by hiding object locations when invoking a remote object is supplemented by the facility to allocate objects explicitly according to application needs. But as it is shown below, this allocation facility needs further control mechanisms which are not provided by current systems.

Differences to Process Migration Systems

Distributed operating systems supporting *process migration* are well-known. Process migration facilities, however, are quite distinct from object mobility. In general, the grain of process migrations is significantly larger (a whole address space) than an object's data area. Moreover, processes are active entities in each case while objects can both be active or passive. Object migration facilities are application-oriented while process migration is an operating system mechanism. The events triggering object migrations are mostly given by application events while process migration mechanisms are triggered by system events, in general. Besides common goals of process migration like load balancing, remote resource usage or reconfigurations [CAS88], object migrations are also performed to reduce remote interobject communication or to transfer object data. In summary, it becomes clear that process and object migrations are of quite different nature and that different approaches are required to support them.

Problems with Mobility Primitives

At first glance, the concept of providing location independent invocations while preserving the ability to control object placement seems excellent. An application can be developed, implemented and debugged locally and can then be installed in a distributed environment. Where appropriate, code can be intermixed with instructions to control and optimize object placement dynamically. With this approach, however, a number of problems are associated:

- *Complexity*: The complexity of determining optimized object locations for a large, distributed application is relatively high. A good object location policy often depends on a number of dynamically changing conditions which cannot be examined in advance, e.g. the number of current object invocations.

- *Dynamic information*: Static and dynamic information to control object placement should be evaluated by the system. This is prevented by explicit mobility instructions stated by the programmer.

- *Distribution transparency*: Application code independent from object locations is *intermixed* with instructions controlling locations. No clear separation of both aspects is provided. So distribution transparency is lost. This makes software development and changes to existing software more difficult.

- *A-priori information*: A-priori information about object communication characteristics is embedded in mobility instructions. It should be made explicit, however, and should even be generated automatically. This way, such information can support system-controlled object placement.

In summary, a *higher level* mobility control hiding single migration instructions seems adequate. This higher level control is exhibited in the DOCASE design method by the object class "colocation".

Higher Level Control of Object Placement

The higher level control of object placement proposed by our approach is focussing on the goal of dynamical colocation of interacting application objects. The approach is based on information about application behaviour rather than on direct calls to mobility operations. Therefore, we introduce a special *control layer* providing a conceptual view of a distributed object-oriented application. Using this base, analysis of object communication behaviour and mobility control is enabled.

The control layer uses a *conceptual model* of a distributed object-oriented application provided by the DOCASE method. In particular, all global objects including their special characteristics and the relationships among them are represented explicitly. Restrictions of mobility, of possible node types for object placement and of mutability can be defined. In addition, object *colocation definitions* describing objects to be colocated can be given. A colocation definition consists of a number of root objects and associated dependent objects being reachable via explicit relationships. The system can detect objects being related during an interaction started by an invocation. So it can create colocation definitions automatically based on information about relationships and associated method call intensities. Colocation definitions are instantiated by application events forcing an attempt to colocate the related objects actually.

Based on predefined and automatically generated colocation definitions, the control layer will have a-priori knowledge about the future use of a relationship between global objects and about the object access characteristics of a method execution. This data combined with other information like object sizes will be used to initiate appropriate object migrations. Migration decisions are managed in a decentralized way. The major base of decision consists of data about object sizes determining the costs of object migrations and the gathered data about the expected future invocations to an object. While these data are treated as hints, restrictions are absolute and must be obeyed by mobility decisions. This way, the number of possible object allocations is reduced. The information is evaluated by a heuristic being currently under development.

We have designed an architecture to realize the concepts associated with mobility. It consists of a base system written in C++ [STR86] which is emulating an object-oriented distributed environment. This component has already been realized. Additional components under development include a definition tool to describe a conceptual application model, a monitor component to generate and evaluate colocation definitions and a runtime management realizing object migrations based on this information. These components, however, are only one part of the DOCASE architecture.

4.2   Cooperation: Algorithm Control Support

Functional behaviour and algorithms are essential to computer systems. The concepts range from system-oriented processes up to application-defined algorithms. Therefore, some terminology is introduced which arises from the needs of developing *cooperation relations* in large distributed object-oriented systems.

Terminology

Cooperation: - A cooperation relation defines the functional behaviour of a set of autonomous configured objects. It describes explicit control mechanisms supervising the "real" algorithm. Intermixing the original code with control constructs is prevented by the system.

Controlling an algorithm can be divided into different levels of abstraction. Relations defining these levels of control support have to be introduced. The following concepts present the means of specific *cooperation relations* from the programmer's point-of-view. We show the relationship to the underlying application structure and the integration of these relations into the object hierarchy described in chapter 3.2. For the sake of space, a formal description of each construct is beyond the scope of this paper.

Activity - In contrast to other systems [HOR87, SCH86], a *DOCASE Activity* describes the functional and cooperative behaviour of a *whole* subsystem during a period depending on its environment, for example the input/output information, the local state of the subsystem and the global state of the related ComProc (see below). Our definition conforms to real-world activities, for example the design of a part of a software application. An Activity has a well-defined initial state and also a well-defined final state[1]. The following 7-tupel defines its representation:

$$A = (CP,SS,I,S(CP),S(SS),ALG,O)$$

CP: The superimposed ComProc
SS: The underlying subsystem
I: Input information, e.g. required time constraints,resources, etc.
S(CP):   Current state of the superimposed ComProc
S(SS):   Required state of the underlying subsystem
ALG: The basic algorithm performed by the Activity
O: Output information, e.g. the Activity state, success, etc.

Complex Procedure - A complex procedure (*ComProc*) describes the dynamic properties of interactions between different applications or different users (humans or machines) in a real world environment. An example might be the production of software or the transfer of funds through a wide area network. Typically, a ComProc starts at a single point in time with a certain Activity and extends to many parallel or sequential activities on different places divided into different stages of execution. Its duration and reliability depend on the user-defined behaviour and its time constraints. ComProcs are nested and thus can be viewed as an aggregation of algorithms hierarchically ordered. These application "services" are provided by sub-ComProcs or Activities. So, a ComProc does not act on the application structure but on the above mentioned functional components.

Requirements

Flows of control and cooperation exist in every computer system, mostly implemented via processes. New approaches arised at the time when distributed systems were introduced. Extensions to the classical process models are now under investigation to obtain better descriptions of the active entities. Such extensions allow the distribution of a sequential process [BLA87] and the interaction of concurrent distributed processes [HOR87]. New developments in this area investigate the possibility of getting higher levels of abstraction such as *tasks* [HOG87, FOE88]. Nevertheless, a number of requirements are still not addressed or only partly solved by these approaches:

---

[1]Error states and timeouts can be described as well-defined final states if the related conditions can be identified

- An explicit notion of relations between different application entities to perform a common algorithm.

- No intermixing of explicit algorithm control constructs (e.g. long-duration, reliable-execution) with computational control constructs (e.g. loop, method call).

- Algorithm control support should be orthogonal to the application structure.

- Transparent distribution of the involved objects should be provided using the information offered by the application structure. Only logical distribution of services spanning a various number of subsystems should be visible to the programmer.

In summary, we can say that many problems still exist when using these approaches to model the overall behaviour of a large system like a distributed CASE environment or a product management system. The application programmer needs higher levels of abstraction and the notion of cooperation relations between different autonomous entities. In the next section we present *Activities* and *ComProcs* as such explicit relations providing functional cooperation.

Activities and ComProcs as Software Engineering Constructs

Following the requirements described above new constructs and basic operations have to be introduced. At the moment, we will focus on the design stage of the software life cycle. We will show the relationships between the cooperation relations and the structure of the underlying application.

Designing the functional behaviour of an application system requires a structural description of each *cooperation* dealing with the application as a whole or with any of its subsystems. Therefore, we introduce ComProcs which can be nested and Activities. They are able to represent the cooperative behaviour at different levels of abstraction. Each ComProc is composed of sub-ComProcs and/or Activities. Having the possibility of incomplete decomposition of a ComProc, the programmer may describe only those parts he is responsible for. This is a natural situation and DOCASE supports this by coordinating the development of each ComProc hierarchy and marking those levels which are not fully designed. After describing the structure of a ComProc, the programmer has to define the precedence order and time constraints of its entities. Therefore, he distributes them in different stages of execution. The structure of a stage is bounded by a ComProc at the beginning and one or more ComProcs which define its end. At a single point in time, different stages of execution of the same ComProc might exist, for example one person could have several different roles, each of them represented as a list of stages of execution.

On the leaves of such a ComProc hierarchy, only *Activities* are found. ComProcs need information about their behaviour and components like: a) their structure defined by the 7-tupel, b) the initial state, and c) the final state. The *structure* is divided into two main parts, in analogy to [KAT87]. One describes the basic algorithm (ALG) and the other the interactions and relations to the superimposed ComProc (CP,SS(CP)) and the underlying subsystem (SS,S(SS)). Additional information (I,O) is used for computing properties and state information of the actual Activity. This division helps to separate the algorithm control functions (like checking the time constraints) from the user-defined basic algorithm.

The *initial state* of an Activity defines instances of each entity of the tupel (except for the O-entity). The basic algorithm is represented by methods $m_1,..,m_l$ invoked in parallel; the rest of the description is used for Activity management. The *final state* is used by the ComProc to compute time constraints and the duration of stages of execution, and helps to find deadlocks, for example. In addition, it is possible to check the success of the terminated Activity via the state entities, $(s(cp_i)_{a+\delta a})$, $(s(ss_k)_{b+\delta b})$, and the output (n+m)-tupel $O = (tc_1,..,tc_n;\ p_1,..,p_m)$ which describes time constraints and properties computed during the Activity. The formal description of the cooperation relation will be given in a more in-depth report in the future.

5   Conclusions and Future Work

Extending the object paradigm, we were able to introduce a powerful design method for distributed applications. We showed how this foundation enables the explicit representation of central semantic issues related to distribution. We are currently examining these aspects in greater detail on the basis of example prototype implementations. In particular, we are refining the syntax and semantics of the DOCASE design language.

Other members of the DOCASE project are investigating different aspects of distributed application development which will be centered around the presented design method, too. One special issue is support during the early stages of design, namely the phase of requirements analysis and its transformation into the design representation. Future work will mainly focus on the development of appropriate tools and workbenches exploiting and supporting the design method. These tools shall be composed forming an integrated CASE environment for distributed application development.

References

[ALM85] Almes, G., Black, A., Lazowska, E., Noe, J.
The Eden System: A Technical Review
IEEE Trans. on Software Engineering, Jan. 1985

[BEN87] Bennett, J.K.
The Design and Implementation of Distributed Smalltalk
OOPSLA '87 Proceedings, ACM 1987

[BIR84] Birrell, A.D., Nelson, B.J.
Implementing Remote Procedure Calls
ACM Transactions on Computer Systems, Feb. 1984

[BLA86] Black, A., Hutchinson, N., Jul, E., Levy, H.
Object Structure in the Emerald System
OOPSLA '86 Proceedings, ACM 1986

[BLA87] Black, A., Hutchinson, N., Jul, E., Levy, H., Carter, L.
Distribution and Abstract Types in Emerald
IEEE Trans. on Software Engineering, Jan. 1987

[BOO86] Booch, G.
Object Oriented Development
IEEE Trans. on Software Engineering, Feb. 1986

[CAS88] Casavant, T.L., Kuhl, J.G.
A Taxonomy of Scheduling in General Purpose Distributed Computing Systems
IEEE Trans. on Software Engineering, Feb. 1988

[COX86] Cox, B.J.
Object Oriented Programming
Addison-Wesley 1986

[CUL87] McCullough, P.L.
Transparent Forwarding: First Steps
OOPSLA '87 Proceedings, ACM 1987

[DEC86] Decouchant, D.
Design of a Distributed Object Manager for the Smalltalk-80 System
OOPSLA '86 Proceedings, ACM 1986

[EBE88] Eberle, H., Geihs, K., Schill, A., Schoener, H., Scmutz, H.
Generic Support for Distributed Processing in Heterogeneous Networks
HECTOR Proceedings, Vol. 2, Springer 1988

[FOE88] Förster, C.
Controlling Distributed User Tasks in Heterogeneous Networks
HECTOR Proceedings, Vol. 2, Springer 1988

[FOR86] Forman, I.R.
On the Design of Large Distributed Systems
Proc. 1st Intl. Conf. Computer Languages, Miami, Oct. 1986

[GOL83] Goldberg, A., Robson, D.
Smalltalk-80: The Language and its Implementation
Addison-Wesley, Menlo Park, California, 1983

[HOG87] Hogg, J., Weiser, S.
OTM: Applying Objects to Tasks
OOPSLA '87 Proceedings, ACM 1987

[HOR87] Horn, C.
COMANDOS: Object-Oriented Architecture
ESPRIT Project 834, Sept. 1987

[IEE88] Special Issue on CASE
IEEE Software, March 1988

[JUL88] Jul, E., Levy, H., Hutchinson, N., Black, A.
Fine-Grained Mobility in the Emerald System
ACM Transactions on Computer Systems, Vol. 6, No. 1, Feb. 1988, pp. 109-133

[KAT87] Katz, S.
A Superimposition Control Construct for Distributed Systems
MCC Technical Report No. STP-268-87, Aug. 1987

[KRA83] Kramer, J., et al.
CONIC: an integrated approach to distributed computer control systems
IEEE PROC., Vol. 130, No. 1, January 1983

[MÜH88] Mühlhäuser, M.:
Software Engineering For Distributed Applications: The DESIGN Project
*Proc. IEEE 10th Intl. Conference on Software Engineering
Singapore, April 1988*

[STR86] Stroustrup, B.
An Overview of C++
SIGPLAN Notices, Oct. 1986

[TAN88] Tanenbaum, A.S., van Renesse, R.
A Critique of the Remote Procedure Call Paradigm
Proc. Research into Networks and Distributed Applications, Wien, April 1988. North Holland

[WEG87] Wegner, P.
Dimensions of Object-Based Language Design
OOPSLA '87 Proceedings, ACM 1987

<u>ÜBER DAS ISO NORM-PROJEKT ZUR VERTEILTEN TRANSAKTIONSVERARBEITUNG:</u>
<u>STAND UND TECHNISCHE ALTERNATIVEN</u>

M.W. Austen, J.M. Janas, H.R. Wiehle
Universität der Bundeswehr München
Werner-Heisenberg-Weg 39, D-8014 Neubiberg
Bundesrepublik Deutschland

1. Einführung, Übersicht und Projektgeschichte

1.1 Einführung

Gegen Ende 1986 wurde bei der International Standardization Organization (ISO) in der Arbeitsgruppe TC97/SC21/WG5 ein Normungsprojekt begonnen, das heute die Kurzbezeichnung "Transaction Processing" trägt und für das im folgenden das Kürzel "ISO-TP" benutzt wird.

Ziel des Projekts ist eine Kommunikationsnorm - im Rahmen der OSI-Architektur und bestehender OSI-Normen -, zur Unterstützung einer transaktionsorientierten Kooperation zwischen mehreren offenen Systemen, d.h. zur Unterstützung der verteilten Transaktionsverarbeitung bzw. der Kooperation von Transaktionssystemen [1].

Aus einer umfangreichen Liste von Anforderungen an ISO-TP seien einige wenige - z.T. auszugsweise - zitiert. Zu erzielen bzw. bereitzustellen seien:

(1) akzeptable Antwortzeiten für die Benutzer

(2) vorzugsweise eine Optimierung des (störungsfreien) Normalfalls statt Optimierung des Ausnahmefalles

(3) Widerstandsfähigkeit gegenüber Störungen; dazu Mittel zur Fehlerbehandlung und zur Wiederaufnahme der gestörten Verarbeitung

(4) Kommunikationsformen, die den Dienst-Benutzern die Transaktionsbildung ohne besondere Mithilfe des Dienst-Erbringers überlassen

(5) Konsistenz mit der OSI-Architektur; Nutzung von Protokollen der Anwendungsschicht sowie niedrigerer Schichten.

Trotz der Komplexität des Gegenstands fand das Projekt von Anfang an ein vergleichsweise großes Interesse. Mit diesem Beitrag soll die interessierte Öffentlichkeit über den Stand des Vorhabens informiert werden.

1.2 Übersicht

In Abschnitt 2 findet sich eine Darstellung der technischen Grundbegriffe, die in den weiteren Abschnitten verwendet werden, und im Abschnitt 3 eine grobe Übersicht über die einzelnen Funktionen des ISO-TP-Dienstes. Eine detailliertere Beschreibung der Commitment-Funktionsgruppe sowie eine Schilderung der Kontroverse um das nicht-angeforderte READY (Unsolicited READY) bringt Abschnitt 4. Im letzten Abschnitt wird die Fehlerbehandlung bei Störungen besprochen, die den Transaktionsbaum temporär zertrennen; dabei wird insbesondere auch über die noch weitgehend offene Problematik der sog. heuristischen Entscheidungen berichtet.

In diesem Beitrag fehlt die Beschreibung der Protokoll-Spezifikation zu ISO-TP.

Obwohl das gegenwärtig verfügbare Protokoll-Dokument umfangreiches Material über eine mögliche Abbildung des ISO-TP-Dienstes enthält, wobei die Funktionalität bestehender Dienste der Schichten 5 bis 7 des OSI-Referenzmodells in hohem Maße genutzt wird, muß man davon ausgehen, daß es in der Rapporteurgruppe noch keine endgültige Einigung über die Umsetzung des ISO-TP-Dienstes in ein Protokoll gibt. Zum einen vertreten einige Mitglieder der Rapporteurgruppe die Ansicht, daß aus Performance-Gründen andere Abbildungen geeigneter seien. Zum anderen kann man wegen der sich immer wieder ändernden Dienste-Definition und des enormen Zeitdrucks, in dem das Norm-Projekt vorangetrieben wird, nicht erwarten, daß die gegenwärtige Protokoll-Spezifikation eine vollständige und konsistente Abbildung ist.

Sofern aber durch das Modell verbindliche Vorschriften über protokollrelevante Verfahren gemacht werden, die für das grundlegende Verständnis von ISO-TP wichtig sind, wie z.B. Commitment-Protokoll oder Verfahren zur Fehlerbehandlung, sind diese natürlich im folgenden aufgeführt.

1.3 Zur Geschichte des Projekts

Schriftstücke, die ein ISO-Projekt zur verteilten Transaktionsverarbeitung forderten, erschienen zuerst im Frühjahr 1985. Im November desselben Jahres stellte die ECMA bei einer SC21/WG5-Sitzung Vorarbeiten zu "Connection-Oriented Transaction Processing" vor. Das Deutsche Institut für Normung (DIN) brachte dort ein "Position-Paper on Transaction Processing Standardization" ein, das später in leicht überarbeiteter Fassung als [2] in der ISO verteilt wurde.

Im März 1986 wurde ein Projektvorschlag zu "Transaction-Mode Application Service Element and Protocol for OSI" [3] ausgearbeitet. Obwohl die Abstimmung noch im Gange war, wurde im September 1986 bei der SC21/WG5-Sitzung bereits zwei bis drei Tage lang über Transaktionsverarbeitung diskutiert; verschiedene Normungsgremien und Experten stellten ihre Konzepte vor. Eine Liste von Anforderungen sowie eine Liste offener Fragen wurden aufgestellt.

Das Abstimmungsergebnis vom Dezember 1986 war äußerst klar; elf nationale Normungsgremien erklärten sich zu aktiver Mitarbeit bereit [4].

Das erste Rapporteurgruppentreffen fand im Januar 1987 in Paris statt; es nahmen fast 30 Experten teil, eine Zahl, die später auch immer wieder erreicht oder überschritten wurde. Weitere Treffen gab es im Jahr 1987 im Juni in Tokio und im Oktober in Palo Alto. Ergebnis dieser Treffen waren drei Arbeitsdokumente: eines über die grundlegenden Modellvorstellungen ("Model"), eines über die Definition eines TP-Dienstes ("Service") und eines mit der Protokoll-Spezifikation ("Protocol").

Im März 1988 wurden die drei nochmals erheblich umgearbeiteten Texte als Normentwürfe (ISO-Draft-Proposal on Transaction Processing [5], [6], [7]) registriert und dem üblichen internationalen Abstimmungsverfahren unterworfen. Bei dieser Abstimmung stimmten elf von vierzehn nationalen Normungsgremien gegen die Normentwürfe und monierten im Zuge dieses Verfahrens mehrere hundert Einzelpunkte. Diejenigen Kritikpunkte, über die sich ohne größere Schwierigkeiten Einigkeit herstellen ließ, wurden bei einem redaktionellen Treffen im September 1988 in Mailand ausgeräumt. Die ca. 40 verbleibenden Problempunkte sollen auf dem Treffen der Rapporteurgruppe in Sydney im Dezember 1988 gelöst werden.

2. Grundlegende Begriffe

Eine <u>Transaktion</u> ist eine Verarbeitungseinheit, die durch die Eigenschaften Atomizität, Isolation, Dauerhaftigkeit und Konsistenz gekennzeichnet ist. <u>Atomizität</u> bedeutet, daß die Operationen einer Verarbeitungseinheit entweder korrekt und vollständig ausgeführt werden oder keinerlei bleibende Wirkung haben. <u>Isolation</u> bedeutet, daß auf vorläufige Ergebnisse, die ggf. von einer Verarbeitungseinheit erzielt werden, vor Abschluß der Verarbeitungseinheit von außerhalb der Verarbeitungseinheit nicht zugegriffen werden kann. Dauerhaftigkeit bedeutet, daß alle nicht flüchtigen Wirkungen einer abgeschlossenen Verarbeitungseinheit spätere Betriebsstörungen jeglicher Art unbeschadet überstehen. Konsistenz bedeutet, daß die Operationen einer Verarbeitungseinheit bei korrekter und vollständiger Ausführung die "transaktionsgebundenen Daten" von einem konsistenten Zustand stets wieder in einen konsistenten Zustand transformieren. Der Begriff der Konsistenz ist der einzige völlig anwendungsspezifische unter den vier konstitutiven Begriffen. "Konsistenz" muß von Fall zu Fall aus der vom Benutzer gesehenen Bedeutung der manipulierten Daten heraus definiert werden.

Die vier genannten Eigenschaften sind nicht unabhängig voneinander; vielmehr ist die zentrale Anforderung an Transaktionen die Konsistenz, wohingegen die übrigen Eigenschaften nur dazu dienen, Konsistenz (insbesondere auch bei der zeitlich überlappenden Ausführung mehrerer Transaktionen) zu gewährleisten: Akzeptiert man, daß nur teilweise ausgeführte Verarbeitungseinheiten die Konsistenz verletzen können, dann ist Atomizität Voraussetzung für Konsistenz. Akzeptiert man, daß es zur Gewährleistung von Atomizität erforderlich werden kann, daß die von den Operationen einer Verarbeitungseinheit ausgehenden Wirkungen unter gewissen Umständen wieder aufgehoben werden, dann ist die Forderung von Dauerhaftigkeit bei zeitlich überlappender Ausführung von Transaktionen eine naheliegende Konsequenz aus der Forderung von Atomizität. Akzeptiert man schließlich, daß die von einer Verarbeitungseinheit ausgehenden Wirkungen abhängig sein können von Wirkungen, die von anderen Verarbeitungseinheiten ausgegangen sind, dann ist klar, daß der Verzicht auf Isolation einer Transaktion die Dauerhaftigkeit anderer Transaktionen gefährdet; denn die spätere Annullierung von Zwischenergebnissen einer Transaktion könnte dann auch die davon abhängigen Ergebnisse bereits beendeter Transaktionen annullieren.

Es mag überraschen, daß der Normentwurf für ISO-TP streng genommen nur Mittel zur Gewährleistung von Atomizität umfaßt, und keinerlei Unterstützung zur Sicherstellung der drei anderen genannten Eigenschaften bietet. Auf den zweiten Blick ist das allerdings durchaus verständlich, da dazu detailliertere Annahmen über die Struktur der von den Transaktionen zu manipulierenden Daten (beispielsweise in Form eines bestimmten Datenmodells) und die Art der darauf auszuführenden Operationen erforderlich wären; beides würde jedoch die Allgemeinheit des Normentwurfs in unerwünschter Weise einschränken. Die Kehrseite dieser Allgemeinheit besteht allerdings darin, daß so wichtige Aufgaben wie Zugriffssynchronisation oder Erkennung von Verklemmungssituationen vom Normentwurf unberücksichtigt bleiben. (Um genau zu sein, muß man sagen, daß eine Entscheidung darüber, ob ISO-TP Mittel zur Erkennung von Verklemmungssituationen bieten soll, noch nicht endgültig gefallen ist; da dies jedoch ein Schritt von sehr großer Tragweite wäre, ist zumindest in einer ersten Norm wohl nicht damit zu rechnen.)

Unter den bereits erwähnten transaktionsgebundenen Daten versteht man diejenigen Daten, die der Benutzer mittels seiner Transaktionen zu manipulieren beabsichtigt; was zu den transaktionsgebundenen Daten zählt und was nicht, wird ausschließlich von der jeweiligen Anwendung bestimmt. Transaktionsgebundene Daten werden typischerweise auf sicheren Speichern gehalten und es ist insofern davon auszugehen, daß ein Verlust transaktionsgebundener Daten nur ausgesprochen selten vorkommt. Neben den transaktionsgebundenen Daten gibt es noch weitere Arten von Daten, die für die Ausführung der Transaktionen von großer Wichtigkeit sind und insofern tunlichst ebenfalls auf sicheren Speichern untergebracht werden; im Gegensatz zu den transaktionsgebundenen Daten werden diese Daten nur mittelbar vom Benutzer manipuliert und der Benutzer beabsichtigt auch gar nicht, diese Daten zu manipulieren, da sie ihm typischerweise gar nicht bekannt sind. Solche Daten sind im weiteren nicht Gegenstand der Diskussion.

Die Transaktionen, die im Kontext von OSI betrachtet werden, sind - auch wenn das nicht explizit erwähnt wird - immer verteilte Transaktionen, d.h. die von einer Transaktion erbrachte Verarbeitungsleistung wird auf mehreren offenen Systemen erbracht. In jedem an einer verteilten Transaktion beteiligten offenen System gibt es eine Dienst-Benutzer genannte Instanz, die anwendungsspezifische Anteile dieser verteilten Transaktion ausführt. Der verbleibende Rest der Gesamtleistung, die eine verteilte Transaktion darstellt, wird vom sogenannten _Dienst-Erbringer_ beigesteuert. Beim Dienst-Erbringer handelt es sich um die Instanz, die den im Normentwurf für ISO-TP beschriebenen Satz von Dienstelementen realisiert.

Die einzelnen Dienst-Benutzer, die in einer verteilten Transaktion kooperieren, sind in einer hierarchischen Struktur organisiert, die als _Transaktionsbaum_ bezeichnet wird. Ein Transaktionsbaum besteht zunächst einmal aus einem einzelnen Dienst-Benutzer, der üblicherweise als _Wurzel_ des Transaktionsbaums bezeichnet wird. Jeder Dienst-Benutzer hat die Möglichkeit, neue Dienst-Benutzer auf entfernten offenen Systemen zu aktivieren, damit diese Teile der verteilten Transaktion ausführen; in einem solchen Fall wird der aktivierende Dienst-Benutzer als _Auftraggeber_ (AG) und der aktivierte Dienst-Benutzer als _Auftragnehmer_ (AN) bezeichnet. Je nach Betrachtungsweise kann ein Dienst-Benutzer durchaus gleichzeitig AN und AG sein. Die Lebensdauer eines Transaktionsbaums ist nicht auf eine einzige Transaktion beschränkt; vielmehr können nach Abschluß einer Transaktion der ganze Transaktionsbaum oder ein die Wurzel enthaltender Teilbaum für nachfolgende Transaktionen fortbestehen.

Die Kommunikation ist innerhalb eines Transaktionsbaums darauf beschränkt, daß ein Dienst-Benutzer mit seinem AG oder mit einem seiner AN kommuniziert; jede derartige Zweierbeziehung wird als _Dialog_ bezeichnet. Insofern kann man sich den Transaktionsbaum vorstellen als einen Graph, dessen Knoten die an der verteilten Transaktion beteiligten Dienst-Benutzer sind und dessen Kanten die zwischen diesen bestehenden Dialoge sind.

Damit Atomizität einer verteilten Transaktion erreicht werden kann, müssen sich die beteiligten Instanzen darüber verständigen können, ob die Transaktion _mit "commit"_ _beendet_ werden soll, d.h. daß alle beabsichtigten Wirkungen nach außen sichtbar werden können, oder ob die Transaktion _zurückgesetzt_ werden soll, d.h. daß die von der Transaktion bereits ausgegangenen Wirkungen wieder aufgehoben werden sollen. Erreicht wird diese Verständigung durch Kommunikation über die Dialoge gemäß den Regeln eines sogenannten _Commit-Protokolls_ (siehe z.B. [8]), wobei sich die miteinander kommunizierenden Instanzen zusammensetzen aus jeweils einem Dienst-Benutzer und dem auf dem jeweiligen offenen System residierenden Anteil des Dienst-Erbringers.

Das bekannteste Commit-Protokoll ist das _2-Phasen-Commit-Protokoll_, das auch im Normentwurf für ISO-TP Anwendung findet. Sieht man vom Auftreten von Störungen einmal ab, dann läuft das 2-Phasen-Commit-Protokoll folgendermaßen ab:

(1) Jeder AG im Transaktionsbaum kann das Protokollelement PREPARE an eine beliebige Anzahl seiner AN schicken und diese damit auffordern, die Arbeiten für die laufende Transaktion abzuschließen.

(2) Jeder Dienst-Benutzer im Transaktionsbaum schickt das Protokollelement READY an seinen AG (das gilt nicht für die Wurzel) oder setzt seinen Teil der Transaktion zurück und schickt das Protokollelement ROLLBACK an seinen AG und alle seine AN:

  - READY wird verschickt, wenn der Dienst-Benutzer seine Verarbeitung ordnungsgemäß beendet hat, wenn er seine transaktionsgebundenen Daten in einen Zustand gebracht hat, von dem aus er sie in jedem Fall (auch nach Störungen) vor- oder zurücksetzen kann und wenn er READY von allen seinen AN empfangen hat.

  - ROLLBACK wird verschickt, wenn der AN über irgendeinen seiner Dialoge ROLLBACK empfangen hat oder wenn er seine transaktionsgebundenen Daten nicht in einen Zustand bringen kann, von dem aus er sie vor- oder zurücksetzen kann.

(3) Wenn die Wurzel des Transaktionsbaums ihre Verarbeitung ordnungsgemäß beendet hat und READY von allen ihren AN empfangen hat, dann beendet sie ihren Teil der Transaktion mit "commit" und schickt COMMIT an alle ihre AN.

(4) Jeder AN im Transaktionsbaum, der COMMIT von seinem AG empfängt, beendet seinen
    Teil der Transaktion mit "commit" und schickt COMMIT an alle seine AN.

Man überlegt sich, daß schließlich entweder alle Dienst-Benutzer im Transaktionsbaum
ihren Teil der verteilten Transaktion mit "commit" beendet haben oder alle Dienst-
Benutzer im Transaktionsbaum ihren Teil der verteilten Transaktion zurückgesetzt
haben. Die Schritte (1) und (2) bezeichnet man üblicherweise als erste Phase, die
Schritte (3) und (4) als zweite Phase des 2-Phasen-Commit-Protokolls. Schritt (1)
kann entweder grundsätzlich oder bei manchen AG entfallen; in diesem Fall müssen die
AN allerdings anderweitig feststellen können, wann sie die Verarbeitung für die
aktuelle Transaktion abzuschließen haben.

3. Überblick über die Dienstelemente

Die einzelnen Dienstelemente sind in Funktionsgruppen zusammengefaßt. Jedes Dienstelement gehört genau einer Funktionsgruppe an.

Zu den elementaren Diensten von ISO-TP zählen Eröffnen und Beenden von Dialogen.
Durch die Eröffnung eines Dialoges wird stets eine Partnerinstanz im Zielsystem
(d.h. ein Knoten im Transaktionsbaum) kreiert. Über eine Reihe von Parametern sind
initialisierende Einstellungen des Dialoges und des neuen Dienst-Benutzers möglich.
Kann der Dienst-Erbringer eine Dialogeröffnung nicht durchführen, wird der anfor-
dernde Dienst-Benutzer über ein gesondertes Dienstelement, versehen mit einem
Diagnose-Parameter, informiert.

Ein Dialog kann von beiden Seiten beendet werden; dies führt jedoch nicht unbedingt
zur Beseitigung der Partnerinstanz. Dadurch können ganze Teilbäume vom Transaktionsbaum losgelöst und zeitlich entkoppelte Aufträge abgesetzt werden.

Dialoge können vom Dienst-Erbringer jederzeit und von einem anliegenden Dienst-
Benutzer unter gewissen Voraussetzungen abgebrochen werden. Der Abbruch eines
Dialoges durch den Dienst-Erbringer wird mit einem Dienstelement den beiden über
diesen Dialog verbundenen Dienst-Benutzern angezeigt; den Abbruch eines Dialoges
durch einen Dienst-Benutzer erfährt der Dienst-Benutzer auf der anderen Seite des
Dialoges über ein weiteres Dienstelement. Ein Dienst-Benutzer sollte einen Dialog
nur in Ausnahmefällen abbrechen, z.B. wenn er Störungen der Kommunikation mit
anderen Dienst-Benutzern erkennt, da der Abbruch eines Dialoges eine nachfolgende
Fehlerbehandlung erfordert.

Kann ein Dienst-Benutzer, der die zu einer Transaktion gehörige Verarbeitung noch
nicht abgeschlossen hat, aufgrund verarbeitungsbedingter Schwierigkeiten die Verarbeitung nicht fortsetzen, dann kann dies zusammen mit Informationen über die Ursache
anderen Dienst-Benutzern mit einem anderen Dienstelement mitgeteilt werden. Schließlich gibt es noch ein Dienstelement, mit dem der Dienst-Erbringer die Dienst-
Benutzer über von ihm erkannte Störungen informieren kann. In den letzten beiden
Fällen wird dadurch ein Dialog weder beendet noch abgebrochen.

Dialoge werden hauptsächlich für den Austausch von Nachrichten (Aufträge, Ergebnisse) zwischen einzelnen Dienst-Benutzern verwendet. ISO-TP sieht dafür ein spezielles
Dienstelement vor, das - im Gegensatz zu allen anderen Dienstelementen - nur als
Platzhalter für Nachrichten-Transportdienste aus anderen ISO Diensten wie z.B. ROS
[9] dient. Wie die Einbettung "fremder" Dienstelemente in ISO-TP erfolgen soll, ist
in den Dokumenten nicht beschrieben.

Ein Dialog d kann von den beiden zugehörigen Dienst-Benutzern entweder wechselnd
oder gemeinsam kontrolliert werden. Mit dem Begriff "wechselnde Kontrolle über d"
bezeichnet man die Eigenschaft von d, daß nur ein strenges Wechselgespräch geführt
werden darf, abgesehen vom Gebrauch einiger Dienstelemente zur Fehlerbehandlung. Bei
Dialogen mit dieser Eigenschaft kann die Kontrolle über den Dialog durch spezielle
Dienstelemente abgegeben oder angefordert werden. Unter "gemeinsame Kontrolle über

d" versteht man die Eigenschaft von d, daß beide Dienst-Benutzer asynchron Nachrichten austauschen können, abgesehen vom Gebrauch einiger koordinierender Dienstelemente zur Synchronisation oder Transaktionsbeendigung. Bei gemeinsam kontrollierten Dialogen gibt es kein explizites Kontrollrecht und daher auch keine Dienstelemente zur Abgabe oder Anforderung der Kontrolle.

Die Transaktionsbearbeitung wird in ISO-TP auf zwei unterschiedlich komfortable Arten unterstützt. Im Unterstützungsgrad "COMMITMENT" ist der Dienst-Erbringer, soweit möglich, für die Einhaltung der Transaktionseigenschaften zuständig. Dem Dienst-Benutzer stehen Dienstelemente zur Verfügung, mit denen die Transaktionsbeendigung größtenteils vollständig auf den Dienst-Erbringer übertragen und dort "automatisch" abgewickelt wird. Im Unterstützungsgrad "NONE" muß der Dienst-Benutzer selbst für die Einhaltung der Transaktionseigenschaften (speziell der Atomizität) sorgen. In diesem Fall stehen keine Dienstelemente für Commitment oder Rollback einer Transaktion zur Verfügung, d.h. insbesondere, daß die Dienst-Benutzer die Transaktionsbeendigung durch geeignete Verfahren (wie z.B. ein 2-Phasen-Commitment-Protokoll) selbst abwickeln müssen.

Der Unterstützungsgrad zur Transaktionsbeendigung ist eine Eigenschaft eines Dialoges, d.h. in einem Transaktionsbaum können Dialoge mit unterschiedlichem Unterstützungsgrad enthalten sein. Eine Anwendung dieser Möglichkeit besteht beispielsweise darin, daß ein AG von seinem AN nur lesenden Zugriff auf Daten verlangt und dabei einen geringeren Grad an Konsistenz (z.B. Unwiederholbarkeit der Leseoperation) in Kauf zu nehmen bereit ist. Der Vorteil einer solchen Maßnahme besteht darin, daß der AN und mit ihm seine ANs nicht in das Transaktionsbeendigungsverfahren einbezogen werden muß und somit Einsparungen beim Protokoll und damit indirekt bei der Laufzeit der Transaktion möglich sind. Der Unterstützungsgrad kann mittels dafür vorgesehener Dienstelemente dynamisch von Transaktion zu Transaktion geändert werden; dabei ist allerdings zu beachten, daß die Änderung des Unterstützungsgrads eines Dialogs an gewisse nicht-lokale Voraussetzungen gebunden ist.

Für den Fall, daß eine nicht vom Dienst-Erbringer unterstützte Transaktionsbearbeitung stattfinden oder über einen Dialog eine gemeinsame Kontrolle ausgeübt werden soll, kann eine Funktionsgruppe zur Synchronisation ausgewählt werden. Synchronisation bedeutet, daß sich AG und AN bzgl. eines Dialoges einen gemeinsam erreichten Stand bei der Auftragsbearbeitung gegenseitig mitteilen. Auch die Möglichkeit der Synchronisation ist eine Eigenschaft eines Dialoges; es kann nur bei Dialogeröffnung festgelegt werden, ob über den entsprechenden Dialog der Synchronisationsdienst verwendet werden darf oder nicht.

Die Dienste zur Transaktionsbeendigung bei Unterstützungsgrad "COMMITMENT", die eine eigene Funktionsgruppe bilden, werden im folgenden Abschnitt noch ausführlicher beschrieben.

4. Transaktionsbeendigung (Commitment/Rollback)

4.1 Verkettete Transaktionsbeendigung auf Dienstebene

Sämtliche Erörterungen in diesem und im folgenden Abschnitt beziehen sich der Einfachheit halber auf den Fall, daß der Unterstützungsgrad auf allen Dialogen des Transaktionsbaums "COMMITMENT" ist. Das in Abschnitt 2 beschriebene 2-Phasen-Commit-Protokoll stellt ein allgemeines Schema dar, durch das noch keineswegs festgelegt wird, welche Zustände für die Dienst-Benutzer in einem Transaktionsbaum sichtbar werden. Außerdem bestehen diverse Möglichkeiten, den Protokollfluß im Transaktionsbaum durch Hinzunahme weiterer Abfolgebedingungen stärker zu reglementieren. Konsequenterweise erwies sich die Festlegung der Dienstelemente für die Steuerung des 2-Phasen-Commit-Protokolls als eine der strittigsten Fragen bei der Gestaltung des Normentwurfs für ISO-TP.

Der Ablauf des 2-Phasen-Commit-Protokolls wird in Gang gesetzt durch einen TP-COMMIT request des Dienst-Benutzers an der Wurzel des Transaktionsbaums. Dieses Ereignis bewirkt, daß zunächst sämtliche AN der Wurzel von deren Absicht, die Transaktion zu beenden, durch TP-COMMIT indications unterrichtet werden; jeder so unterrichtete Dienst-Benutzer sorgt - ggf. nach Ausführung abschließender Arbeiten - für die Weitergabe dieser Information an seine AN mittels eines TP-CONTINUE-COMMIT request. Auf diese Weise erfahren schließlich sämtliche Dienst-Benutzer des Transaktionsbaums von der Einleitung des Transaktionsendes; protokollseitig entspricht der Propagierung dieser Information das Versenden von PREPARE auf allen Dialogen im Transaktionsbaum, und zwar strikt von oben nach unten.

Mit seinem TP-COMMIT request bzw. TP-CONTINUE-COMMIT request erklärt ein Dienst-Benutzer, daß aus seiner lokalen Sicht die Transaktion mit "commit" beendet werden könnte; eine solche Erklärung beinhaltet insbesondere, daß die zu erbringende Verarbeitung erfolgreich abgeschlossen ist, daß sich die transaktionsgebundenen Daten in einem Zustand befinden, von dem aus sowohl der Zustand zu Beginn der Transaktion als auch der Zustand, der die Wirkungen der Transaktion wiedergibt, erreichbar sind und daß der Dienst-Benutzer für den Rest der Transaktion auf die Möglichkeit, ein Zurücksetzen der Transaktion auszulösen, verzichtet.

Der TP-COMMIT request und der TP-CONTINUE-COMMIT request haben beide zur Folge, daß PREPARE an sämtliche AN des jeweiligen Dienst-Benutzers geschickt wird. Unter bestimmten Umständen kann es jedoch von Vorteil sein, wenn darüber hinaus die Möglichkeit besteht, PREPARE selektiv an einzelne AN zu schicken: Falls an AN, von deren Arbeitsergebnis bereits bekannt ist, daß es mit allen anderen zu erwartenden Arbeitsergebnissen zusammenpassen wird, vorab selektiv PREPARE geschickt werden kann, so werden die READY-Nachrichten von dort früher eintreffen und die Laufzeit der Transaktion wird tendenziell verkürzt. ISO-TP bietet hierfür den TP-PREPARE request, der sich beim Adressaten als TP-COMMIT indication äußert und somit für diesen nicht von einem TP-(CONTINUE-)COMMIT request des AGs unterscheidbar ist. Das Auslösen eines TP-PREPARE requests ist allerdings nur dann zulässig, wenn der Dienst-Benutzer bereits eine TP-COMMIT indication von seinem AG erhalten hat (naheliegenderweise gilt diese Einschränkung nicht für den Dienst-Benutzer an der Wurzel des Transaktionsbaums); dadurch wird sichergestellt, daß die PREPARE-Protokollelemente auch bei Verwendung von TP-PREPARE request verkettet von oben nach unten durch den Transaktionsbaum fließen.

Der TP-ROLLBACK request eines Dienst-Benutzers bedeutet, daß eine Beendigung mit "commit" aus der lokalen Sicht des Dienst-Benutzers nicht möglich ist; Grund dafür werden in erster Linie systemtechnische Störungen sein, wie z.B. das Erkennen einer Verklemmungssituation. Das Auslösen eines TP-ROLLBACK requests durch einen Dienst-Benutzer wird allen anderen Dienst-Benutzern im Transaktionsbaum mittels TP-ROLLBACK indication mitgeteilt; die Propagierung erfolgt von der Auslösungsstelle ausgehend in alle Richtungen und kann - anders als die Propagierung der TP-CONTINUE-COMMIT indications - durch lokale Aktivitäten der Dienst-Benutzer nicht verzögert werden. Prallen die Propagierung der TP-CONTINUE-COMMIT indications und die Propagierung von TP-ROLLBACK indications im Transaktionsbaum aufeinander, dann werden die TP-CONTINUE-COMMIT indications von den TP-ROLLBACK indications überrollt.

Daß die Transaktion endgültig abgeschlossen ist, und insbesondere, in welcher Weise sie beendet worden ist, erfährt der Dienst-Benutzer durch die TP-COMMIT-COMPLETE indication bzw. die TP-ROLLBACK-COMPLETE indication. Ob sich eine weitere Transaktion anschließt oder nicht, ist dem Dienst-Benutzer bereits zuvor bekannt gemacht worden.

4.2 Teilnahme des Dienst-Benutzers an der Transaktionsbeendigung

Könnte man davon ausgehen, daß sämtliche der Atomizität unterliegenden Wirkungen einer Transaktion unter Zwischenschaltung des Dienst-Erbringers erfolgen, dann wäre eine weiterreichende Beteiligung der Dienst-Benutzer an der Abwicklung des 2-Phasen-Commit-Protokolls nicht erforderlich.

Eine derartige Annahme wäre allerdings wenig realistisch. Es ist vielmehr davon auszugehen, daß seitens der Dienst-Benutzer der Bedarf besteht, nicht vom Dienst-Erbringer kontrollierbare transaktionsgebundene Daten zu manipulieren, z.B. bei Nutzung nicht in den Dienst-Erbringer integrierbarer Datenbanksysteme.

Eröffnet wird diese Möglichkeit durch zwei weitere Dienstelemente zur Steuerung des 2-Phasen-Commit-Protokolls im Normentwurf für ISO-TP. Die TP-COMMIT-RESULT indication zeigt einem Dienst-Benutzer an, daß die erste Phase des 2-Phasen-Commit-Protokolls erfolgreich abgeschlossen ist, d.h. daß die Transaktion mit "commit" beendet werden wird; man beachte, daß die gegenteilige Situation dem Dienst-Benutzer ohnehin immer bekannt wird (entweder durch Empfang einer TP-ROLLBACK indication oder - trivialerweise - als Auslöser eines TP-ROLLBACK requests). Damit verfügt ein Dienst-Benutzer also in jedem Fall über ein gesichertes Wissen darüber, ob die Wirkungen auf von ihm kontrollierte Resourcen wirksam werden sollen oder nicht.

Es bleibt nur noch das Problem sicherzustellen, daß die Einbringung lokaler Resourcen in eine Transaktion in jedem Fall rechtzeitig, d.h. vor Empfang der TP-COMMIT-COMPLETE indication bzw. TP-ROLLBACK-COMPLETE indication, erfolgen kann. Das wird dadurch erreicht, daß ein Dienst-Benutzer in jedem Fall vermöge des TP-DONE requests zu erkennen geben muß, daß alle mit der Einbindung lokaler Resourcen in Verbindung stehenden Arbeiten abgeschlossen sind. Es bleibt anzumerken, daß der Zeitpunkt, zu dem TP-DONE request ausgelöst wird, keinerlei Einfluß auf die Propagierung der Protokollelemente der zweiten Phase des 2-Phasen-Commit-Protokolls hat.

4.3 Eine Alternative: das nicht-angeforderte READY

Die prominenteste und dauerhafteste Kontroverse in der Rapporteurgruppe betraf die Zulässigkeit nicht-angeforderter READYs (kurz: NAR; engl.: unsolicited READY). Es geht dabei um die Zulässigkeit eines READY auch dann, wenn der aussendende AN noch kein PREPARE erhalten hat. Anders ausgedrückt: das Aussenden von PREPARE durch einen AG an seine AN gilt als optional. Mit PREPARE und READY sind hier die in Abschnitt 2 beschriebenen Protokollelemente gemeint; da die Aussendung dieser Protokollelemente durch den Dienst-Benutzer zumindest mitbestimmt wird, ist im folgenden zwischen den Protokollelementen und den Dienstelementen, die diesen Protokollelementen ursächlich vorausgehen, nicht unterschieden.

Im März 1988 wurde die Zulässigkeit des NAR für den ersten ISO-TP-Normentwurf mehrheitlich verneint. Es ist nicht ausgeschlossen, daß nach Fertigstellung eines ersten DIS-Textes für ISO-TP die Diskussion über das NAR mit dem Ziel wieder aufgenommen wird, seine Zulässigkeit in einem Addendum zu ISO-TP zu verankern. Bei der folgenden Darlegung von Gründen für und gegen die Zulässigkeit des NAR lassen wir die Nähe der Norm zu irgendwelchen Produkten als Motiv grundsätzlich außer Betracht.

Die Befürworter des NAR (zu ihnen gehörte insbesondere das DIN) hegen vor allem die Vorstellung, daß eine - implizite oder explizite - Aufforderung zum Eintreten in den READY-Zustand dann im Mittel zur Verminderung der Transaktionslaufzeiten beitragen würde, wenn sie bedingten Charakter hätte (bedingtes PREPARE). Da es ein bedingtes PREPARE als Dienstelement und Protokollelement bisher nicht gibt, führt seine Nachbildung zunächst unausweichlich zu einem NAR, wobei das PREPARE irgendwie versteckt in den Anwendungsdaten übermittelt wird. Weiter unten wird auf diesen Punkt noch einmal ausführlicher eingegangen.

Man macht sich den Grund für die laufzeitvermindernde Tendenz des bedingten PREPARE leicht an einem einfachen Beispiel klar: wenn in einem 2-Knoten-Baum der AG dem AN einen Auftrag erteilt (dessen inhaltliche Ausführbarkeit nicht a priori sicher ist) und hinzufügt, daß der AN im Falle der Ausführbarkeit des Auftrags die Transaktion als inhaltlich erfolgreich abschließbar betrachten und sogleich in den READY-Zustand eintreten könne, so wird der sonst nachlaufende Nachrichtenzyklus "explizites PREPARE/anschließendes READY" eingespart. Die Einsparung tritt natürlich nur dann ein, wenn der Auftrag ausgeführt werden kann. Andernfalls muß der AN mittels Anwendungsdaten über die Gründe der Nichtausführbarkeit berichten, und er wird daraufhin eventuell einen modifizierten Auftrag erhalten.

Die Anwendungsvoraussetzungen für das bedingte PREPARE (sei es explizit im Protokoll oder implizit in den Anwendungsdaten) in einem größeren Transaktionsbaum sind nicht ganz trivial. Sei zunächst der Terminus "der einem PREPARE zugeordnete Auftrag" definiert: in der Arbeitsphase vor dem Aussenden eines PREPARE sind Anwendungsdaten vom AG gesendet oder zwischen AG und AN ausgetauscht worden, die schließlich zum gemeinsamen Verständnis irgendeiner inhaltlichen Aufforderung des AG an den AN geführt haben. Dies sei dann der dem PREPARE zugeordnete Auftrag (Änderungen in Datenbanken, Herstellung gewisser Dokumente etc.).

Wenn ein AG einem AN ein bedingtes PREPARE sendet, dessen zugeordneter Auftrag A Veränderungen an transaktionsgebundenen Daten bei AN (oder dessen AN) beinhaltet, so muß der AG sicher sein, daß er mit dem Ergebnis gemäß A die Transaktion inhaltlich erfolgreich abschließen kann; denn ist ein AN erst einmal im READY-Zustand, so kann er in der laufenden Transaktion zu keiner Arbeit mehr außer der COMMIT-Arbeit oder der ROLLBACK-Arbeit veranlaßt werden. Diese Sicht der Dinge setzt ferner voraus, daß der Einsatz des protokollgemäßen Zurücksetzens aus rein inhaltlichen Gründen verboten oder doch wenigstens verpönt ist: das protokollgemäße Zurücksetzen ist nur zur Konsistenzerhaltung bei systemtechnischen Störungen zu verwenden.

Die gebotene Sicherheit über die positive Beendbarkeit der Transaktion kann sich im Transaktionsbaum von oben her ausbreiten: ein AG erhält ein bedingtes PREPARE; er weiß also: falls er den zugeordneten Auftrag erfüllt, kann die Transaktion inhaltlich positiv abgeschlossen werden. Wenn er nur einen einzigen AN hat, kann er diesem ein bedingtes PREPARE schicken - oder, wenn er von allen anderen AN definitiv weiß, daß die von diesen gewünschten inhaltlichen Beiträge geleistet werden können (z.B. durch vorausgelaufenen Nachrichtenaustausch, oder weil sie nur unbedingte, d.h. stets ausführbare Änderungsoperationen zu erledigen haben oder weil sie in dieser Transaktion überhaupt keine Änderungsoperationen an transaktionsgebundenen Daten durchführen werden).

Daß das bedingte PREPARE stets nur verschlüsselt oder versteckt in den Anwendungsdaten erfolgen könne, trifft natürlich nicht zu. Man könnte sehr wohl ein Dienstelement und ein Protokollelement "bedingtes PREPARE-Request/Indication" einführen, muß aber dem AN dann auch ein Mittel zur förmlichen Zurückgabe des bedingten PREPARE an die Hand geben. Die Bedingungen, unter denen diese Rückgabe möglich ist (hier spielt der Zustand der AN des zurückgebenden Knoten hinein), müßten im einzelnen erwogen werden.

Die Einführung eines bedingten PREPARE in ISO-TP ist in der Rapporteurgruppe noch nicht im Detail diskutiert worden. Wie die voranstehende Erörterung zeigt, könnte sich eine wiederbelebte Entwurfsarbeit zum Thema NAR durchaus auf das bedingte PREPARE ausrichten.

Gegen das NAR werden verschieden gewichtige Gründe vorgetragen:

- wichtige Phasen der Transaktionsabwicklung sollen im Protokollfluß sichtbar sein.

- bei gemeinsamer Kontrolle über einen Dialog können bei einem AN noch Anwendungsdaten vom AG her eintreffen, wenn der AN bereits im READY-Zustand ist. Dort wird dadurch eine Fehlersituation erkannt, die aber wegen übergeordneter Regeln nicht mehr zur Auslösung einer Zurücksetzung der Transaktion führen kann (das Auslösen der Zurücksetzung einer Transaktion ist nach Eintritt in den READY-Zustand nicht mehr zulässig). Das Auftreten einer solchen Ereigniskonstellation zeigt allerdings einen schwerwiegenden Fehler in den beteiligten Anwendungsprogrammen an.

- Durch die Verwendung von NARs werde die Gefahr sich widersprechender autonomer

Entscheidungen ("Heuristischer Mix") vergrößert. Die Zeitspanne (vom Absenden des READY bis zur Beendigung der Transaktion durch das reguläre Protokoll), in der ein Knoten eine heuristische Entscheidung (autonome Entscheidung, seine transaktionsgebundenen Daten vor- bzw. zurückzusetzen; näheres in Abschnitt 5.4) treffen kann, nennt man sein Fenster der Unsicherheit in der betrachteten Transaktion. Die Vereinigung aller knotenspezifischen Fenster der Unsicherheit möge "das Fenster der Unsicherheit der Transaktion" heißen. Es ist unter einigen weiteren, naheliegenden Annahmen (z.B. Unabhängigkeit des Auftretens von Störungen vom Inhalt und vom jeweiligen Zustand der Transaktion) plausibel, daß die Gefahr für das Auftreten eines heuristischen Mix mit der Breite des Fensters der Unsicherheit zunimmt. Dieser vermutete Zusammenhang ist für manche ein Ablehnungsgrund für den NAR. Wenn diese nicht zulässig sind, kann man sich vorstellen, daß in der Endphase einer Transaktion eine alle Knoten erfassende "PREPARE-Welle" vom Wurzelknoten aus sehr schnell nach unten durch den Transaktionsbaum läuft, der sofort eine ähnlich schnelle "READY-Welle" in entgegengesetzter Richtung folgt. Dadurch soll die Breite des Fensters der Unsicherheit in der Nähe des theoretischen Minimums bleiben, das etwa als die längste minimale Zeit für eine Nachrichtenkette von einem Blattknoten zur Wurzel des Transaktionsbaums und zurück definiert sein könnte. Man sollte andererseits beachten, daß das in ISO-TP erlaubte selektive PREPARE im Prinzip Transaktionsabläufe gestattet, deren Fenster der Unsicherheit beliebig breit ist.

4.4 Ein weiterer Vorschlag: der aufhebbare READY-Zustand

Eine interessante Ergänzung des bedingten PREPARE könnte ein durch den AG bei einem AN wieder aufhebbarer READY-Zustand sein. Er ist von den Autoren dieses Beitrags der Rapporteurgruppe schon Anfang 1987 vorgeschlagen worden, wurde aber bisher nicht im Detail erörtert oder gar in die Entwürfe übernommen.

Mit einem aufhebbaren READY-Zustand könnte ein AN beispielsweise auf ein bedingtes PREPARE wie folgt antworten: der Auftrag ist nur in modifizierter Form erfüllbar; ich unterstelle, daß dies für den AG akzeptabel ist, verfahre entsprechend und gehe in den aufhebbaren READY-Zustand. Der AN muß, falls die Modifikation des Auftrags nicht akzeptiert wird, in der Lage sein, den READY-Zustand zwecks Wiederaufnahme der Arbeitsphase aufzugeben. Akzeptiert der AG die Modifikation, so wird ein Nachrichtenaustauschzyklus eingespart.

Der aufhebbare READY-Zustand würde ferner die Anwendungsmöglichkeiten des bedingten PREPARE erheblich erweitern: ein AG könnte ohne weiteres an zwei oder mehr AN zeitlich überlappend bedingte PREPARES mit nicht-trivialen (also Datenbankänderungen intendierenden) zugeordneten Aufträgen aussenden. Bekommt er etwa eine nachhaltige Ablehnung (weder so noch in ähnlicher Weise verfügbar!) eines Auftrags, so kann er notfalls die bei anderen AN eventuell bereits eingenommenen READY-Zustände wieder aufheben. Wenn diese Situation hinreichend selten vorkommt, so ist eine durchschnittliche Laufzeitverkürzung der Transaktionen durch intensivierte Parallelarbeit der AN eines AG möglich.

Bedenken gegen den aufhebbaren READY-Zustand kann u.a. der Umstand schüren, daß das Eintreten in den READY-Zustand im allgemeinen einen Aufwand in Gestalt von Schreiboperationen in sicheren Speichern bedeutet, der sich ggf. als vergeblich herausstellt.

5. Fehlerbehandlung bei partitionierenden Störungen

5.1 Grundlegende Annahmen und Konzepte

Eines der gewichtigsten Ziele von ISO-TP ist die korrekte Transaktionsbearbeitung auch im Störungsfall. Im Gegensatz zu nicht partitionierenden Störungen (z.B. Verklemmungen oder begrenzte systemtechnische Störungen in Knoten ohne Beeinträchtigung des Protokollflusses, die durch den Rollback-Dienst behoben werden können) haben partitionierende Störungen wesentlich schwerwiegendere Folgen. Insbesondere ist auch mit dem Verlust von Protokollelementen zu rechnen.

Eine Partitionierung kann durch folgende Störungsarten verursacht werden:

Verbindungsausfall:
Es entstehen aufgrund von kurz- oder langfristigen Ausfällen im Kommunikationssystem zwei oder mehr voneinander getrennte Teilbäume, wobei aber die Knoten eines Teilbaumes weiterhin miteinander kommunizieren können. Zusätzlich können Nachrichten, die zum Zeitpunkt des Eintretens der Störung über die Verbindung transportiert wurden, unwiederbringlich verloren gehen.

Knotenzusammenbruch:
Es wird angenommen, daß der Zusammenbruch eines Knotens zu einem schlagartigen Abbruch der Transaktionsbearbeitung in diesem Knoten und dessen Kommunikation mit anderen Knoten führt. Zusätzlich geht jede nicht auf sicheren Speichern stehende Information verloren.

Im allgemeinen geht man von der Vorstellung aus, daß ein Knotenzusammenbruch von den intakten benachbarten Knoten nur als Verbindungsausfall erkannt wird. D.h., man nimmt an, daß sich die Auswirkungen eines Knotenzusammenbruchs für die benachbarten Knoten so darstellen, als ob alle von dem entsprechenden Knoten ausgehenden Verbindungen ausfallen. Allerdings wurde in einigen Beiträgen, in denen die Auswirkung einer Partitionierung von Transaktionsbäumen näher untersucht wurde, nachgewiesen, daß es in manchen Fällen für benachbarte Knoten von Vorteil wäre, zwischen einem Verbindungsausfall und einem Knotenzusammenbruch unterscheiden zu können.

Zunächst werden für ISO-TP implizit oder explizit Annahmen getroffen, auf denen die globale Fehlerbehandlung nach einer Partitionierung aufbaut:

1) Es wird die Existenz sicherer Speicher in den einzelnen Knoten vorausgesetzt. In diesen sicheren Speichern zeichnet sich jeder Knoten Informationen über bestimmte, während der Transaktion erreichte Zustände auf.

2) Jeder Knoten verfügt über lokale Fehlerbehandlungsverfahren, mittels deren er nach Störungen zunächst lokal seine Funktionsfähigkeit (vollständig oder teilweise, aber in jedem Fall ausreichend für die Teilnahme an globalen Fehlerbehandlungsverfahren) wieder herstellt.

3) Der TP-Dienst unterstützt die globale Fehlerbehandlung nur in den Teilen des Transaktionsbaums, in denen der Unterstützungsgrad "COMMITMENT" eingestellt ist.

Die in ISO-TP verwendeten globalen Fehlerbehandlungsverfahren lassen sich in drei Kategorien einteilen:

- Präventive Fehlerbehandlungsmaßnahmen:
  Darunter fallen alle während der störungsfrei laufenden Transaktionsbearbeitung notwendigen Vorkehrungen vor Auftreten einer Störung, die ausschließlich der lokalen und globalen Fehlerbehandlung dienen.

- Störungserkennung und -eindämmung:
  Hierzu gehören alle Dienstleistungen zur Erkennung von Störungen und ggf. zum Weiterreichen von Störungsmeldungen an Dienst-Benutzer sowie die in ISO-TP vorgesehenen Maßnahmen zur Eindämmung der Auswirkung von erkannten Störungen.

- Fehlerbehandlung erkannter Störungen:
  Diese umfaßt die den Dienst-Benutzern vorgeschriebene Verhaltensweise (für den

Fall der Beteiligung an der Fehlerbehandlung) und das Fehlerbehandlungsverfahren des Dienst-Erbringers.

Unter der Annahme, daß keine heuristischen Entscheidungen (siehe Abschnitt 5.4) getroffen werden dürfen, läßt sich die Fehlerbehandlung im allgemeinen wie folgt darstellen: Nach einer Störung, d.h. in einigen Fällen bereits nach dem Erkennen einer Störung (z.B. Verbindungsausfall vor der Transaktionsbeendigungsphase), in anderen Fällen aber erst nach der Beseitigung einer Störung (z.B. Knotenzusammenbruch während der Transaktionsbeendigungsphase), müssen zunächst alle Änderungen an den transaktionsgebundenen Daten, Änderungen an den "Dialogdaten" (die in den einzelnen Knoten angesammelten dialogspezifischen Kontextinformationen), und sonstige Wirkungen, wie z.B. Änderungen an der Baumstruktur, wirksam oder unwirksam gemacht werden (Herstellen eines konsistenten Zustands). Nach der Herstellung eines konsistenten Zustands kann dann ggf. durch Neueröffnung oder Wiederaufnahme von Dialogen die Bearbeitung folgender Transaktionen fortgesetzt werden.

5.2 Auswirkungen von Presumed Abort auf die Fehlerbehandlung

Das im Modelldokument vorgeschriebene Presumed Abort Verfahren (PA) zur Transaktions-Beendigung (siehe [10]) hat keine Auswirkungen auf die Anwendungsbedingungen der entsprechenden Dienstelemente, impliziert aber protokollrelevante Verhaltensvorschriften.

Das Protokoll für ISO-TP ist unter Abstützung auf CCR [11] definiert. In diesem Zusammenhang ist insbesondere zu erwähnen, daß zum gegenwärtigen Zeitpunkt (November 1988) CCR das PA Verfahren nicht unterstützt; es ist allerdings damit zu rechnen, daß sich das in nächster Zukunft ändern wird.

Gegenüber dem bisher in ISO-TP verwendeten und (noch) in CCR beschriebenen Verfahren zur Transaktions-Beendigung weicht das PA in folgenden Punkten ab:

1. Aufzeichnungen über den Zustand des Protokollflusses während der Transaktionsbeendigung werden von den einzelnen Knoten nur in den folgenden Fällen gemacht:

   - beim Wurzelknoten (unmittelbar) vor der Propagierung der Commit-Entscheidung,

   - bei den restlichen Knoten (unmittelbar) vor dem Absenden der Ready-Meldung und (unmittelbar) nach dem Empfang der Commit-Entscheidung.

   Aufgezeichnet wird von jedem Knoten neben der Transaktionsidentifikation der lokale Zustand der Transaktionsbeendigung (COMMIT propagiert, READY abgeschickt, COMMIT erhalten) und wer der AG ist bzw. welche AN er hat.

   Daher ist nach einem Knotenzusammenbruch aus dem Fehlen entsprechender Aufzeichnungen zu schließen, daß die gestörte Transaktion zurückzusetzen ist bzw. zurückgesetzt wurde. Aus diesem Verfahren leitet sich auch der Begriff "Presumed Abort" ab. Der Vorteil gegenüber dem in CCR verwendeten allgemeinen 2-Phasen-Commit-Protokoll liegt in der Einsparung zeitintensiver Schreiboperationen in sicheren Speichern ("log writes") für den Rücksetzfall.

   Aus der Sicht von ISO-TP sind derartige Aufzeichnungen, d.h. Zeitpunkte und Inhalte der Aufzeichnungen, allerdings nicht explizit vorgeschrieben; ihre Notwendigkeit läßt sich jedoch aus der Modellbeschreibung und aus der Protokollspezifikation ableiten.

2. Auf der Protokollebene ist der Rollback ein unbestätigter Dienst, d.h. er breitet sich von dem das Zurücksetzen der Transaktion auslösenden Knoten in alle Richtungen im gesamten Transaktionsbaum aus, ohne daß die Wurzel von allen restlichen Knoten eine Bestätigung der Verrichtung ihrer lokalen Rücksetzarbeiten erhält. Dadurch wird im Vergleich zu CCR im Falle des Rücksetzens Nachrichtenfluß eingespart und die Gesamtlaufzeit der Transaktion verkürzt.

3. Nach der Wiederherstellung der Verbindung sind AG und AN bzgl. eines gestörten
   Dialoges in verschiedenen, sich überlappenden und auf Teilphasen der Transak-
   tionsbeendigung beschränkten Abschnitten für das Einleiten der gemeinsamen
   Fehlerbehandlung zuständig.

Dies soll an dem einfachen Beispiel eines Transaktionsbaums bestehend aus zwei
über einen Dialog d verbundenen Knoten erläutert werden:

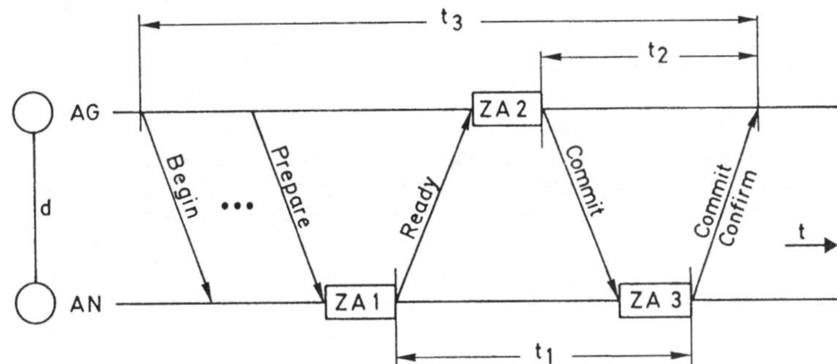

ZA1, ZA2 und ZA3 charakterisieren die zuvor angesprochenen Zustandsaufzeichnun-
gen. t_3 ist die Dauer der gesamten Transaktion bei AG.

In CCR muß nach Behebung einer während t_3 (d.h. irgendwann während der gesamten
Dauer der Transaktion) aufgetretenen Störung immer der AG für die Verständigung
über das gemeinsame Vor- oder Rücksetzen der Transaktion sorgen.

In PA dagegen ist während t_1 der AN und während t_2 der AG dafür zuständig. Bei
Störungen, die vor t_1 bzw. t_2 auftreten, ist wegen der Rücksetzvorschrift für
AN bzw. AG eine Verständigung über das gemeinsame Rücksetzen der Transaktion
nicht notwendig; evtl. Anfragen werden mit "Rollback" beantwortet. Kollisions-
fälle, z.B. nach Behebung eines Verbindungsausfalls während der Überlappung von
t_1 und t_2 (AG erkundigt sich bei AN und umgekehrt), lassen sich ohne Schwierigkeiten auflösen.

Durch dieses Verfahren entfällt im Vergleich zu CCR der Verständigungsaufwand
für das Rücksetzen einer Transaktion, das anläßlich einer partitionierenden
Störung vor der Transaktionsbeendigungsphase erforderlich wird.

5.3. Zusammenwirken von Dienst-Erbringer und Dienst-Benutzer bei der Fehlererkennung und Fehlerbehandlung

Die Vorstellungen in ISO-TP über die Aufgabenteilung zwischen Dienst-Erbringer und
Dienst-Benutzer hinsichtlich der Fehlererkennung und Fehlerbehandlung lassen sich
nur ansatzweise erkennen.

Im Idealfall sorgt der Dienst-Erbringer für die Behebung ihm bekannt gewordener
Störungen und führt, falls notwendig, die Fehlerbehandlung selbst durch, so daß der
Dienst-Benutzer davon nichts erfährt oder allenfalls aus einer möglicherweise
längeren Transaktionsbearbeitungsdauer auf eine Störung schließen kann.

Wenn allerdings der Dienst-Benutzer an der Transaktionsbeendigung beteiligt ist
(vgl. Abschnitt 4.2) oder die Kenntnisse des Dienst-Erbringers über die zu ergrei-
fenden Maßnahmen nicht ausreichen, muß der störungsbedingte Verlust von Nachrichten
dem Dienstbenutzer angezeigt werden, damit dieser die notwendigen Fehlerbehandlungen
einleiten kann. Dafür sind zwar bestimmte Dienstelemente vorgesehen, aber ihre Anwendungsbedingungen sind noch nicht vollständig und endgültig geklärt.

Aufgrund der technischen Gegebenheiten der ISO-TP zugrunde liegenden transportorientierten Schichten kann man annehmen, daß dem Dienst-Erbringer in manchen Fällen eine Störung nicht (sofort) bekannt wird. Geht man weiter davon aus, daß in vielen Fällen nur die Dienst-Benutzer die Lauf- und Wartezeiten einer Transaktion kennen und überwachen, so müssen sie die Möglichkeit haben, z.B. bei Überschreitung von gewissen Zeitschranken die Vermutung einer Störung zusammen mit gewünschten Maßnahmen (siehe heuristische Entscheidungen) dem Dienst-Erbringer zu melden. Dafür sind z.Zt. allerdings noch keine Dienstelemente vorgesehen.

5.4 Heuristische Entscheidungen

Noch ziemlich instabil und unterentwickelt sind die Aussagen von ISO-TP zur Vorgehensweise bei sog. heuristischen Entscheidungen. Bei einer heuristischen Entscheidung (kurz: h.E.; eine treffendere Bezeichnung wäre wohl "autonome" oder "isolierte" Entscheidung) entscheidet ein Knoten, seine transaktionsgebundenen Daten vor- oder zurückzusetzen; er trifft diese Entscheidung autonom irgendwann in der Phase vom Absenden eines READY, bis zum Eintreffen der ersten Nachricht, die die Transaktionsende-Entscheidung (Vor- bzw. Zurücksetzen) gemäß regulärem Protokoll anzeigt. Der Grund für eine h.E. ist typischerweise, daß ein Knoten die andauernde Blockierung seiner transaktionsgebundenen Datenobjekte nicht länger hinnehmen will.

Im Normentwurf zu ISO-TP steht, daß eine h.E. von einem Knoten in totaler Selbstverantwortung und in totaler Isolation gefällt wird. Ein Knoten kann und darf anderen Knoten nicht sagen, daß er eine h.E. fällen will, fällt oder gefällt hat. Er kann und darf überhaupt nichts tun, was anderen Knoten erlauben würde, auf seine h.E. zu schließen. Eine Folgerung aus der Regel der totalen Isolation der h.E. ist, daß ein Knoten auch dann eine eintreffende COMMIT-Aufforderung weitergeben muß bzw. sie ggf. positiv beantworten (COMMIT-Response) muß, wenn er eine h.E. zum Zurücksetzen getroffen und bereits vollzogen hat. Ausschlaggebend für diese Vorschrift war die Einschränkung, daß die Richtung einer h.E. primär von Anwendungsgesichtspunkten jedes einzelnen Dienst-Benutzers bestimmt ist und diesem nicht von anderer Seite vorgeschrieben werden kann.

Das Fällen einer h.E. hängt - immer gemäß aktuellem Normentwurf - von keinerlei Vorbedingungen ab, d.h. insbesondere braucht ein heuristisch entscheidender Knoten nicht zu wissen, daß irgendwo im Transaktionsbaum eine Störung eingetreten ist oder war. Er könnte beispielsweise eine Zeitgrenze für das Verbleiben im READY-Zustand beachten und bei ihrer Überschreitung eine h.E. treffen. Dieses Überschreiten kann durchaus auf eine partitionierende Störung zurückgehen, aber ebensogut auf zu lange Arbeitsphasen anderer Knoten im Transaktionsbaum. Stellt ein Knoten schließlich fest, daß er eine h.E. im Widerspruch zur Beendigung der TA durch den Wurzelknoten getroffen hat, so muß er die "Außenwelt" darüber informieren.

Im ISO-TP-Normentwurf wird eine mögliche Kohärenzregel für h.E. beschrieben: In einer TA darf ein Knoten k keine h.E. fällen, die in ihrer Richtung der h.E. eines anderen Knotens l widerspricht, vorausgesetzt daß k und l während der gesamten bisherigen Laufzeit der TA miteinander kommunizieren konnten; dabei kann diese Kommunikation auch über einen gemeinsamen übergeordneten Knoten führen. Von der Kohärenzregel wird gesagt, daß ihre Nützlichkeit und ihre etwaige Einführung in ISO-TP weiter erwogen werden soll.

Nach allerjüngsten Äußerungen von Personen und Institutionen, die in der Rapporteurgruppe mitwirken, kann man in Zweifel ziehen, daß die Regel der totalen Isolation die endgültige und einzige Vorschrift über h.E. bleiben wird. Es ist allerdings aus den diversen mündlichen und schriftlichen Beiträgen zu diesem Thema auch nicht erkennbar, daß es Abstimmungs- oder Harmonisierungsverfahren für h.E. gäbe, die eine deutliche Mehrheit in der Rapporteurgruppe finden würden. Im folgenden werden einige Fragen zur Vorgehensweise im Umfeld heuristischer Entscheidungen aufgelistet, um wenigstens einen gewissen Eindruck von der Vielfältigkeit der Detailprobleme zu vermitteln.

Auf welche Weise könnten in einer Transaktion brauchbare Grenzwerte für Laufzeiten und Wartezeiten bestimmt werden? Wie wären sie im Transaktionsbaum weiterzugeben? Wie wären sie zu interpretieren - z.B. als maximale oder minimale Wartezeiten bis zum Transaktionsabschluß ab Eintritt in den READY-Zustand?

Soll das Auftreten einer partitionierenden Störung in den noch zusammenhängenden Teilbäumen schnellstmöglich allen Knoten bekanntgegeben werden bei möglichst genauer Charakterisierung der Störung (Art, Ort, erwartete Dauer etc.)?

Soll in einem abgetrennten unteren Teilbaum der oberste Knoten "autoritär" eine für alle verbindliche h.E. treffen? Soll diese ggf. mit Hilfe eines speziellen oder mit Hilfe des normalen Protokolls im Teilbaum verbreitet werden (d.h. für die anderen Knoten als h.E. des Teilbaums erkennbar oder nicht)?

Sollte von jedem Knoten in einem abgetrennten Teilbaum jederzeit die unabweisliche Forderung nach einer sofortigen h.E. erhoben werden können, deren Richtung dann vom obersten Knoten im Teilbaum zu bestimmen wäre? Müssen dann alle Knoten im Teilbaum dieser h.E. sofort folgen oder dürfen sie noch länger warten, um bei einer späteren h.E. aber die gemeinsame Richtung zu beachten?

Wie soll nach Behebung einer partionierenden Störung über etwaige h.E. (nach "oben"?) berichtet werden? Wohin genau? Worüber soll berichtet werden: nur über widersprüchliche h.E., nur über h.E. im Widerspruch zur Richtung des Wurzelknotens?

Literaturverzeichnis

[1] J.M. Janas, H.R. Wiehle
     Kooperierende Transaktionssysteme: Vorausschau auf eine Nutzungsform Globaler Rechnernetze, in 9. NTG/GI-Fachtagung "Architektur und Betrieb von Rechensystemen". (1986)

[2] ISO/TC 97/SC 21 N 1083
     Position-Paper on Transaction Processing Standardization. (1986)

[3] ISO/TC 97/SC 21 N 1742
     Proposal for a New Work Item on Transaction-Mode Application Service Element and Protocol vor OSI. (1986)

[4] ISO/TC 97/SC 21 N 1846
     Summary of Voting on Document ISO/TC 97 N 1742, Proposal for a NWI on Transaction-Mode Application Service Element and Protocol for OSI. (1986)

[5] ISO/IEC JTC 1/SC 21 N 2606
     Information Processing Systems - Open Systems Interconnection - Distributed Transaction Processing - Part 1: Model. (1988)

[6] ISO/IEC JTC 1/SC 21 N 2607
     Information Processing Systems - Open Systems Interconnection - Distributed Transaction Processing - Part 2: Service Definition. (1988)

[7] ISO/IEC JTC 1/SC 21 N 2608
     Information Processing Systems - Open Systems Interconnection - Distributed Transaction Processing - Part 3: Protocol Specification. (1988)

[8] P.A. Bernstein, V. Hadzilacos, N. Goodman
     Concurrency Control and Recovery in Database Systems. Addison-Wesley (1987)

[9] ISO/DP 9072
     Information Processing - Message Oriented Text Interchange Systems - Remote Operation Service - Parts 1&2. (1987)

[10] C. Mohan, B. Lindsay, R. Obermarck
      Transaction Management in the R* Distributed Database Management System. ACM
      TODS vol. 11 (1986), pp 378-396

[11] ISO/DIS 9804.2
      Information Processing - Open Systems Interconnection Definition of Applica-
      tion Service Elements - Commitment, Concurrenty and Recovery. (1988)

Ablaufsteuerung, Wiederanlauf und Portabilität räumlich und zeitlich verteilter Anwendungen in DISCO

Klaus D. Günther
Institut für Systemtechnik
Gesellschaft für Mathematik und Datenverarbeitung
Rheinstraße 75, D-6100 Darmstadt

Zusammenfassung: Das Papier gibt eine Übersicht über die Konzeption des bei der GMD entwickelten DISCO-Systems. (Distributed Communication-Oriented Office Procedures.) Die statische und Laufzeitverwaltung verteilter Anwendungen in DISCO wird erklärt, ebenso wie die Methoden, mit denen DISCO versucht, die Portabilität und die Wiederanlauffähigkeiten verteilter Anwendungen zu verbessern: Durch vereinheitlichte Schnittstellen, bzw. durch ein nachrichtenspeicherndes Kommunikations-Subsystem mit vereinbarten, eindeutigen Datenobjekt-Kennungen.

0. Übersicht

Von der Haupt-Motivation her (jedoch gewiß nicht vom angebotenen Funktionsreichtum im einzelnen) ist die DISCO-Entwicklung mit der des von IBM vorgelegten SAA-Konzeptes [11] vergleichbar:

Es sollen einheitliche sprachliche Ausdrucksmittel und einheitliche Anwendungs-programmierungs-Schnittstellen bereitgestellt werden

- für die Kommunikation zwischen Anwendungsprozessen, die auf verschiedenen Rechnern und Rechnertypen laufen,

- für die Interaktion zwischen Anwendungsprogrammen und Benutzer-Terminals

- und für den koordinierten Zugriff auf lokale Dateien und Datenbanken.

Dadurch soll die Portierbarkeit von Anwendungsprogrammen wesentlich verbessert und auch die Bedienung der Terminal-Schnittstelle der Anwendungsprogramme durch die Benutzer vereinheitlicht werden.

Das DISCO-System baut jedoch auf herstellerunabhängigen Kommunikationsprotokollen auf und will darüberhinaus

- die organisatorische Einbindung,

- sowie die Ablaufsteuerung und Zustandsüberwachung verteilter Anwendungsvorgänge so weit wie möglich durch das System unterstützen und durch den Benutzer kontrollierbar machen,

- wobei die kooperierenden Teilprozesse einer verteilten Anwendung auch zeitlich gegenein-ander versetzt laufen können sollen,

- den automatischen Wiederanlauf nach absichtlichem Abbruch laufender Teilprozesse verteilter Anwendungen oder nach technischen Störungen weitgehend unterstützen, bei minimalem Verlust von Terminal-Eingabedaten, und möglichst ohne den Wiederanlauf anderer Teilprozesse zu erfordern.

Primär zielt der Systementwurf auf den Anwendungsbereich "präzise geregelte, verteilt und kooperativ ablaufende Bürovorgänge mit formular-orientierter Benutzeroberfläche", wie zum Beispiel

- Antragstellung und Antragsbearbeitung,

- Bestell- und Abrechnungsvorgänge,

- Materialausgabe, Lagerverwaltung,

- Umläufe und Umfragen,

- kooperatives Erstellen von Plänen und Berichten mit vorgeschriebener Struktur,

- geregelte Abstimmungs- und Zustimmungsprozeduren.

Das vorliegende Papier (vgl. auch [3], [4]) ist folgendermaßen gegliedert:

Abschnitt 1 führt eine Reihe grundlegender Entitäten und Zuordnungen zwischen diesen ein, die für die vergleichende Betrachtung verschiedener Konzeptionen zur verteilten Anwendungs-programmierung nützlich sind.

In Abschnitt 2 wird dargelegt, wie das DISCO-System im Hinblick auf diese Problem-Strukturierung einzuordnen ist.

Abschnitt 3 faßt zusammen, auf welche Weise DISCO den Wiederanlauf, insbesondere den isolierten Wiederanlauf abgebrochener Anwendungs-Teilprozesse unterstützt.

Abschnitt 4 skizziert die Wege, auf denen DISCO die Portabilität von Anwendungspro-grammen in einer heterogenen Rechnerungebung zu verbessern versucht und berichtet über erste diesbezügliche Erfahrungen.

Abschnitt 5 skizziert die Entwicklungsumgebung des Projektes und den derzeit erreichten Stand der Entwicklungsarbeiten.

Abschnitt 6 gibt einen Ausblick auf geplante Folgeaktivitäten, die auf der Basis einer auf Büroanwendungen zugeschnittenen logischen Programmiersprache die Anwendungsprogram-mierung auf eine noch höhere Stufe anheben und zugleich die Portierbarkeit der Programme noch weiter verbessern sollen.

Unmittelbar vor dem Literaturverzeichnis ist eine Abbildung zu finden, die die Kommunika-tionsbeziehungen zwischen den Hauptkomponenten des DISCO-Systems veranschaulicht.

Neu gegenüber dem Vorgänger-Papier [4] sind vor allem die in Abschnitt 1 erklärte und in Abschnitt 2 durchgeführte Entitäten-Zuordnungs-Systematik, die ausführliche Darstellung der Portabilitätsproblematik in Abschnitt 4, die aktualisierte Beschreibung von Entwicklungsstand und -Umgebung in Abschnitt 5 und der in Abschnitt 6 präsentierte Ausblick auf die geplanten Folgeaktivitäten.

1. Allgemeines zur Strukturierung verteilter Anwendungen

Bei der Beschreibung und Realisierung verteilter Anwendungen spielen unter anderem die folgenden "Entitäten" eine grundlegende Rolle:

- Personen,

- Orte (lokale Rechnersysteme),

- Zuständigkeitsbereiche von Personen (= Organisationseinheiten),

- Funktionen (elementare Aufgaben der Organisationseinheiten),

- Anwendungen (Zusammenspiel von Funktionen zur Lösung einer komplexen Aufgabe),

- Transaktionen (Zusammenspiel von Funktionen zur Lösung einer komplexen Teilaufgabe innerhalb einer Anwendung; bleibende Außenwirkungen hat eine Transaktion jedoch nur dann, wenn sie erfolgreich beendet wird; unvollständige Ergebnisse einer gescheiterten Transaktion werden automatisch rückgängig gemacht),

- Vorgänge (die einzelnen, konkreten Läufe einer Anwendung),

- Anwendungsprogramme (jedes beschreibt eine Funktion),

- Anwendungsprozesse (die einzelnen Läufe einer Funktion),

- Betriebssystemprozesse,

- zwischen Funktionen kommunizierte Daten,

- auf Endgeräten ein- und auszugebende Daten,

- in Datenbanken oder Dateien gespeicherte Daten,

- Identifizierende Kennzeichen dieser verschiedenen Arten von Entitäten,

- Berechtigungen (von Personen, Organisationseinheiten, Funktionen, Anwendungen, ...).

In Abschnitt 2 wollen wir die folgenden paarweisen Zuordnungen ("Bindungen") zwischen diesen Entitäten im einzelnen betrachten und die für DISCO gewählte Gestaltung dieser Zuordnung erläutern:

- Person / Organisationseinheit: Welche Person ist für welche Organisationseinheit zuständig und verantwortlich?

- Organisationseinheit / Ort: An welchem Ort hat eine Organisationseinheit ihren "Stammsitz" oder ihren gegenwärtigen "Ausweichsitz"?

- Organisationseinheit / Funktion: Welche Organisationseinheit übt welche Funktion aus?

- Funktion / Anwendung: Welche Funktionen spielen in einer Anwendung zusammen?

- Funktion / Anwendungsprogramm: Durch welches Anwendungsprogramm wird eine Funktion realisiert?

- Anwendung / Vorgang: Zu welcher Anwendung gehört ein Vorgang?

- Anwendungsprozeß / Betriebssystemprozeß: Welche Anwendungsprozesse wickelt ein Betriebssystemprozeß ab? Genau einen? Mehrere?

- Daten / identifizierende Kennzeichen: Wie sind die am Terminal einzugebenden, zwischen Funktionen zu kommunizierenden, zu speichernden/wiederzufindenden Daten entsprechend ihrer Bedeutung gekennzeichnet?

- Funktion / Daten: Welche Daten produziert oder benötigt eine Funktion?

- Berechtigung / (Person, Organisationseinheit, ...): Welche Rechte haben Personen / Organisationseinheiten / Funktionen / Anwendungen / ...?

Im Hinblick auf diese paarweisen Zuordnungen zwischen Entitäten ist es charakteristisch für jedes Anwendungs-Programmiersystem

- durch wen und zu welchem Zeitpunkt die Zuordnung festgelegt wird, und

- ob die zugeordnete Entität jeweils eine von der Primär-Entität unabhängige Beschreibung und Existenz hat, oder

- nur als Bestandteil der Primär-Entität beschrieben wird, oder

- überhaupt nicht als Entität zur Kenntnis genommen wird.

2. Struktur verteilter Anwendungen in DISCO

2.1. Person / Organisationseinheit / Ort

Personen stellen in DISCO keine eigene Art von Entitäten dar, sondern werden als spezielle, "persönliche" Organisationseinheiten behandelt.

Auf jedem lokalen Rechnersystem gibt es ein Verzeichnis, das den dort bekannten lokalen Benutzerkennzeichen (soweit die Benutzer an DISCO teilnehmen wollen) eindeutig eine persönliche, systemweit einheitliche Organisationseinheit zuordnet.

Meldet sich ein Benutzer auf einem lokalen Rechnersystem bei der dortigen lokalen DISCO-Komponente an, so bestimmt diese als erstes anhand dieses Verzeichnisses die persönliche Organisationseinheit des Benutzers. Danach kann der Benutzer bei Bedarf und wenn er dazu berechtigt ist (vgl. 2.8) auch in die Rolle anderer (nicht-persönlicher) Organisationseinheiten schlüpfen.

Die Gesamtheit der Namen aller Organisationseinheiten bildet einen systemweit einheitlichen Namensraum, der ähnlich hierarchisch strukturiert ist wie ein "file system" unter UNIX.

Es gibt in DISCO kein zentrales Verzeichnis aller Organisationseinheiten, sondern nur lokale Verzeichnisse der "ortsansässigen" Organisationseinheiten. Ist eine direkte Unter- oder Obereinheit einer ortsansässigen Organisationseinheit selbst nicht dort ansässig, so enthält das lokale Verzeichnis einen Verweis auf den Ort, an dem diese Unter- oder Obereinheit ansässig ist (d.h. "ihren Stammsitz hat").

Eine Organisationseinheit kann aber zeitweilig auch von einem anderen Orte aus mit DISCO arbeiten ("Ausweichsitz"), oder dauerhaft "umziehen".

"Orte" werden in DISCO als selbständige Entitäten behandelt und mit einem symbolischen Namen versehen. Zu dem erwähnten lokalen Teil-Verzeichnis der Organisationseinheiten gibt es ein ergänzendes Verzeichnis, das den symbolischen Ortsnamen reale Kommunikationsadressen zuordnet.

2.2. Organisationseinheit / Funktion

Die elementaren Funktionen (Aufgaben) einer Organisationseinheit (soweit sie durch DISCO unterstützt werden), sind in DISCO primär an Anwendungen gebunden, da sie konkret nur im Rahmen einer Anwendung ausgeübt werden können. In der sogenannten "Anwendungsbeschreibung" (s. 2.3) ist festgehalten, aus welchen Funktionen eine Anwendung besteht. Zusätzlich kann einer Funktion auch bereits in der Anwendungsbeschreibung eine Organisationseinheit zugeordnet werden, die die Funktion ausüben soll.

Die Bindung einer Funktion an eine ausübende Organisationseinheit kann aber oft erst beim Start oder sogar erst während eines Vorgangs (also zur Laufzeit einer Anwendung) erfolgen. Zum Beispiel wenn "der Vorgesetzte" des "Initiators" eines Vorgangs einen Antrag des letzteren genehmigen muß: Hier wird der Initiator beim Start des Vorgangs festgestellt; dessen Vorgesetzter wird erst zur Laufzeit durch die Antragstellungs-Funktion "berechnet".

Oft kann die gleiche Funktion von verschiedenen Organisationseinheiten ausgeübt werden (z.B. "Stellen eines Reiseantrags").

2.3. Funktion / Anwendung

Zu jeder Anwendung gibt es in DISCO eine "Anwendungsbeschreibung". Diese "gehört" derjenigen Organisationseinheit, die die Anwendung definiert hat, also die Anwendungsbeschreibung bei DISCO abgeliefert hat. Sie wird zumindest am Stammsitz der besitzenden Organisationseinheit gespeichert. Die Beschreibung häufig benutzter Anwendungen kann auch an mehreren Orten gespeichert werden.

In der Anwendungsbeschreibung steht unter anderem,

- aus welchen Funktionen die Anwendung besteht und wie diese heißen,

- welche Organisationseinheit die Funktion ausüben soll, soweit dies schon vorab feststeht,

- ob die Funktion parallel bei verschiedenen zu berechnenden Organisationseinheiten ausgeübt werden kann (z.B. Umlauf, Umfrage),

- ob sie Zugang zum Benutzerterminal braucht oder autonom ablaufen kann.

Ein Dialog zwischen verschiedenen Benutzern wird immer durch Kommunikation zwischen Funktionen vermittelt, die den entsprechenden Organisationseinheiten zugeordnet sind.

2.4. Anwendung / Vorgang

Zu jeder Anwendung gibt es eine Anwendungsbeschreibung (s. 2.3). Wird eine Anwendung gestartet, so entsteht ein Vorgang. Die (statischen) Anwendungsbeschreibungen, wie auch die aktuell laufenden Vorgänge, werden von einem verteilten "Anwendungs-Manager" (AM) verwaltet, der in jedem lokalen Rechnersystem durch einen permanenten Prozeß (im Sinne des Betriebssystems) vertreten ist.

Jedem Vorgang ordnet der AM ein systemweit und über alle Zeiten eindeutiges Vorgangskennzeichen zu, das dann im Verlaufe des Vorgangs auch zur eindeutigen Kennzeichnung der innerhalb der Vorgänge zwischen den Anwendungsprozessen kommunizierten Daten dient (s. 2.6).

Beim Start einer Anwendung entnimmt der AM der Anwendungsbeschreibung diejenigen Funktionen, für die bereits dort festgelegt worden ist, von welcher Organisationseinheit sie ausgeübt werden sollen. Er trägt diese im sog. "Auftragsbuch" der betreffenden Organisationseinheit ein.

Das Auftragsbuch wird normalerweise am "Stammsitz" der Organisationseinheit geführt und besteht aus der Liste aller Funktionen laufender Vorgänge, die im Laufe des Vorgangs von der Organisationseinheit ausgeübt werden sollen.

Wird zur Laufzeit des Vorgangs noch für weitere Funktionen die jeweils "zuständige" Organisationseinheit ausgerechnet und dem AM mitgeteilt, so führt dies entsprechend zu weiteren Auftragsbuch-Einträgen bei den berechneten Organisationseinheiten.

Weiterhin kontrolliert der AM den Start und das Ende der einzelnen, in den Auftragsbüchern stehenden, zu einem Vorgang gehörigen Funktionen bzw. Anwendungsprozesse und das Ende des Gesamtvorgangs.

Fällt der Rechner, auf dem sich das Auftragsbuch aktuell befindet, aus, so kann sich die Organisationseinheit dennoch auf einem anderen Rechner bei DISCO anmelden und zumindest neue Vorgänge starten. Das Auftragsbuch ist in diesem Falle "geteilt".

2.5. Funktion / Anwendungsprogramm / Anwendungsprozeß / Betriebssystemprozeß

In DISCO werden die Funktionen einer Anwendung in MODULA-2 programmiert.

Der Start eines Anwendungsprozesses zur Ausführung einer Funktion kommt in DISCO folgendermaßen zustande:

Nach der Anmeldung bei DISCO, d.h. beim lokalen Anwendungs-Manager (AM, s. 2.4), bietet der AM dem Benutzer ein Menü von DISCO-Diensten an.

Zum Beispiel kann der Benutzer dann spezifizieren, in die Rolle welcher Organisationseinheit er nun schlüpfen möchte, falls er nicht mit seiner "persönlichen" Organisationseinheit arbeiten möchte.

Insbesondere kann er sich das Auftragsbuch (s. 2.4) der aktuellen Organisationseinheit zeigen lassen.

Aus dem Auftragsbuch kann er eine Funktion einer laufenden Anwendung (d.h. eines Vorgangs) zur Bearbeitung auswählen. Das der Funktion zugeordnete Anwendungsprogramm wird dann gestartet. Dadurch wird ein neuer Anwendungsprozeß ins Leben gerufen, der dann dem Benutzer Formulare zum Ausfüllen präsentieren wird.

Der Start eines Anwendungsprogramms zu einer Funktion wird vom AM jedoch nur dann erlaubt, wenn die eventuell in der Anwendungsbeschreibung spezifizierten "Startdaten" dieser Funktion an diesem Ort bereits zur Verfügung stehen (also von anderen Funktionen innerhalb des Vorgangs produziert und verschickt worden sind).

2.6. Funktion / Daten / daten-identifizierende Kennzeichen

2.6.1. Funktion / kommunizierte Daten

2.6.1.1. Kommunizierte konkrete Datenobjekte

Eine grundlegende Besonderheit von DISCO liegt darin, daß die zwischen Anwendungs-Funktionen kommunizierten Daten eine eigenständige Existenz, insbesondere ein systemweit und über alle Zeiten eindeutiges Kennzeichen haben.

Wenn in DISCO ein Anwendungsprozeß, der eine Anwendungs-Funktion ausführt, einem anderen solchen Anwendungsprozeß ein Datenobjekt zusenden will, so kann dies im allgemeinen nicht sofort und direkt geschehen, etwa durch eine zweiseitige Datentransport-Verbindung zwischen den beiden Prozessen oder durch einen Datagramm-Dienst, da die beiden Prozesse in der Regel gar nicht gleichzeitig laufen werden. (Z.B. 1. Funktion = "Organisationseinheit 1 stellt einen Antrag", irgendwann später Start der 2. Funktion = "Organisationseinheit 2 genehmigt den Antrag".)

In DISCO müssen kommunizierte Datenobjekte daher im allgemeinen langfristig (auf Platte) gespeichert werden. Wenn man dies schon tun muß, so liegt es nahe, damit zugleich einen gezielten, wahlfreien Zugriff der Anwendungsprozesse auf diese zwischengespeicherten Daten-objekte zu ermöglichen.

Die Zwischenspeicherung kommunizierter Datenobjekte geschieht in dem Kommunikations-Subsystem ORCUS (= "Object-Related Communication and Upkeep Service") von DISCO, das in jedem Rechner durch einen permanenten Prozeß vertreten ist.

Ein Produzentenprozeß kann bei dem lokalen ORCUS-Prozeß ein Datenobjekt abliefern und dazu spezifizieren, welche anderen Anwendungs-Funktionen innerhalb des aktuellen Vorgangs das Objekt konsumieren dürfen.

Zusammen mit dem Objekt muß der Produzent dem ORCUS auch das (zwischen den Funktio-nen vereinbarte) eindeutige Objekt-Kennzeichen des Objekts nennen. Der lokale ORCUS-Prozeß macht das Objekt-Kennzeichen durch Hinzufügen des systemweit eindeutigen Vorgangs-Kennzeichens ebenfalls systemweit eindeutig und verschickt dann das Objekt an die anderen am Vorgang beteiligten lokalen ORCUS-Prozesse an den Orten der potentiellen Konsumentenprozesse (soweit bzw. sobald diese Orte bekannt sind).

Die zwischengespeicherten Datenobjekte werden vom ORCUS (maximal bis zum Vorgangsen-de) aufgehoben, so daß die Konsumenten ein Objekt auch wiederholt abrufen können.

Aufgrunddessen kann ein Anwendungsprozeß nach einem störungsbedingten oder vom Benutzer veranlaßten Abbruch einen ("isolierten") Wiederanlauf (vgl. 3.) vornehmen, ohne daß die Produzentenprozesse davon betroffen sind (außer im Falle einer verteilten Transaktion (s. 2.7), wo die beteiligten Anwendungsprozesse koordiniert wiederanlaufen und die von ihnen während der Transaktion produzierten Objekt vom ORCUS gelöscht werden müssen).

2.6.1.2. Typdefinitionen kommunizierter Datenobjekte

In den MODULA-2-Anwendungsprogrammen, welche die Anwendungsfunktionen realisieren, werden die Datentypen der zu kommunizierenden Datenobjekte im wesentlichen durch ganz normale Typdeklarationen definiert, die jedoch mit %TYPE statt TYPE eingeleitet werden. Mit geringfügigen Einschränkungen können also alle in MODULA-2 vorgesehenen Typen von Datenobjekten zwischen Anwendungsfunktionen kommuniziert werden, darüberhinaus auch baumförmig verzeigerte RECORD-Strukturen.

Der zu dem DISCO-System gehörige MODULA-2-Präprozessor erzeugt aus den %TYPE-Deklarationen entsprechende Datenkonversions-Prozeduren, die die zu kommunizierenden Datenobjekte in eine rechnerunabhängige Darstellung (nämlich gemäß dem CCITT-ASN.1-Standard) bringen, bzw. in Empfangsrichtung wieder aus der ASN.1-Darstellung in die Darstellung des lokalen, empfangenden MODULA-Systems. Der Aufruf dieser Konversionsprozeduren wird durch Präprozessor-Makros %PUT und %GET erleichtert und verschönert.

2.6.2. Funktion / Terminal-Ein/Ausgabe-Daten

DISCO bietet dem Anwendungsprogrammierer eine geräteunabhängige Terminalschnittstelle auf hoher Ebene an. Eine Formularstruktur wird dabei in dem MODULA-2-Anwendungsprogramm im wesentlichen durch eine normale Datentyp-Deklaration definiert, die jedoch mit %FORM statt TYPE einzuleiten ist und allerlei zusätzliche Ausdrucksmittel enthalten kann, die dazu dienen, die genaue Darstellung des Formulars auf dem Bildschirm zu beeinflussen. Benutzt der Programmierer diese zusätzlichen Ausdrucksmittel nicht, so wird eine Standarddarstellung erzeugt.

Auf diese Weise erhält der Anwendungsprogrammierer ohne zusätzlichen Aufwand bereits brauchbare Bildschirmformulare einschließlich automatischer Überprüfung der Eingabesyntax und recht komfortabler Edier- und Scroll-Funktionen.

Der DISCO-Präprozessor erzeugt aus dieser %FORM-Deklaration

- die entsprechende MODULA-2-TYPE-Deklaration,

- die Syntaxdefinition des zugehörigen Formulars und

- Konversionsprozeduren für die Übermittlung des Formularinhalts und einzelner Formularfelder zwischen dem Anwendungsprogramm und dem separaten "Terminal-Interaktions-Prozeß" (TIP).

Die Übermittlung selbst wird durch weitere Präprozessor-Makros ausgedrückt. Z.B. "%SHOW", um ein komplettes Formular (oder mehrere gleichzeitig in übereinander angeordneten Bildschirm-Fenstern) auf dem Bildschirm zum Ausfüllen zu präsentieren.

Der TIP läuft, wo es das jeweilige Betriebssystem zuläßt, als separater Prozeß im Sinne des Betriebssystems und kann dann Formulare mehrerer Vorgänge in separaten Bildschirm-Fenstern präsentieren.

Er sichert die vom Terminal-Benutzer eingegebenen Daten immer so schnell wie möglich durch Übermittlung an den lokalen ORCUS-Prozeß. Im Wiederanlauf-Fall holt sich der TIP zunächst von dort die gesicherten Daten und füllt die Formulare damit wieder aus, so daß dem betroffenen Benutzer selbst nach plötzlichen technischen Störungen nur ein minimaler Verlust an Eingabedaten entsteht.

2.6.3. Funktion / gespeicherte Daten

Der DISCO-Prototyp bietet den Anwendungs-Funktionen noch keine ausreichende Unterstützung für Datenbank-Anwendungen; diese wird vielmehr erst im Rahmen einer logischen Programmiersprache ("PLOP", s. [1]) auf der Basis von DISCO realisiert werden (vgl. auch Abschnitt 6 "Ausblick").

Der Prototyp wird zunächst nur folgendes bieten:

- auf den verschiedenen Rechnern einheitliche Moduln für formatierte Datei-Ein/Ausgabe (insbesondere eine Variante des Wirthschen Moduls "InOut") und unformatierte Datei-Ein/Ausgabe (mit UNIX-ähnlichen Primitiven "open", "close", "read", "write", "lseek", u.ä.); diese ist jedoch nicht in das DISCO-Wiederanlauf-Konzept einbezogen,

- eine einfache, rechnerunabhängige, tabellenorientierte, wiederanlauffähige lokale Datenverwaltungsschnittstelle "TIM" (Table and Index Manager) mit der Möglichkeit, beliebig viele Tabellen zu bearbeiten, aber ohne Mehrbenutzerbetrieb.

In Bezug auf Transaktionen unterstützt TIM jedoch nur den Wiederanlaufaspekt. Das Anwendungsprogramm muß parallele Transaktionen selbst korrekt synchronisieren.

2.7. Funktion / Transaktion

Obwohl DISCO zunächst nur beschränkte Datenbank-Unterstützung bietet, ist dennoch von vornherein eine Konzeption von "verteilten Transaktionen" vorgesehen schon um zu demonstrieren, wie dies mit dem objektbezogenen Verfahren der Kommunikation zwischen Anwendungs-Funktionen und dem DISCO-Wiederanlaufkonzept in Einklang zu bringen ist.

Mehr Einzelheiten über die Unterstützung verteilter Transaktionen in DISCO, insbesondere ein Zustandsübergangs-Diagramm des "blockade-unempfindlichen" verteilten Commit-Protokolls, sind in [2] zu finden. Vgl. auch [7] und [10].

2.8. Berechtigung / (Person, Organisationseinheit, ...)

Bezüglich der Verwaltung und Kontrolle von Berechtigungen beschränkt sich DISCO zunächst nur auf ein Minimum, nämlich im wesentlichen auf die Kontrolle der Berechtigung einer Organisationseinheit, in die Rolle einer anderen Organisationseinheit zu schlüpfen (vgl. 2.1).

3. Wiederanlauf von DISCO-Anwendungen

Für die anvisierte Art von Anwendungen ist es wichtig, daß eine Anwendungsfunktion nach einem technisch bedingten Fehler oder nach einem gewollten Abbruch am gleichen oder an einem anderen Ort wiederanlaufen kann, und zwar möglichst ohne daß andere Anwendungsfunktionen dann ebenfalls wiederanlaufen müssen, und auch ohne daß der mit der Anwendungsfunktion verbundene oder sogar andere Benutzer Eingabedaten in großem Umfang noch einmal eintippen müssen.

Nach den diesbezüglichen Ausführungen der Abschnitte 2.6.1.1 und Abschnitt 2.6.2 bleibt noch nachzutragen, daß aus Sicht des verteilten Anwendungs-Managers (AM, s. 2.4 und 2.5) ein Anwendungsprozeß normalerweise so lange im Auftragsbuch der zugeordneten Organisationseinheit bleibt, bis er dem AM sein endgültiges, erfolgreiches Ende gemeldet hat; wenn aber eine Anwendungsfunktion noch im Auftragsbuch steht, so kann sie auf Wunsch der zugeordneten Organisationseinheit auch noch einmal gestartet werden.

Die einfachste, und in Büroanwendungen vermutlich meistens ausreichende Art des Wiederanlaufs ist ein Neustart des Anwendungsprogramms vom Beginn an.

4. Portabilität von DISCO-Anwendungen

Da es in der Regel nicht ausreicht oder gar nicht möglich ist, jede Funktion einer verteilten Anwendung einem festen Rechner zuzuordnen, auf dem sie abläuft, muß die Portierung der entsprechenden Anwendungsprogramme auf die verschiedenen Rechner und Betriebssysteme mit möglichst geringem Aufwand verbunden sein.

Die Haupt-Hindernisse, die der Portierung eines Anwendungsprogrammes einer verteilten Anwendung entgegenstehen, sind die folgenden:

- Auf den verschiedenen Rechnern werden unterschiedliche Varianten der benutzten Programmiersprache unterstützt (sofern sie überhaupt unterstützt wird).

- Unterschiedliche Kommunikations-Schnittstellen für die Kommunikation zwischen den an der verteilten Anwendung beteiligten Anwendungsprozessen.

- Die programminterne Darstellung elementarer oder komplexer Datenobjekte unterscheidet sich bei den verschiedenen Rechnern/Compilern, so daß die Objekte nicht direkt als Speicherabzug zwischen den Anwendungsprozessen kommuniziert werden können.

- Unterschiedliche Terminal-Schnittstellen.

- Unterschiedliche File-Management- und Datenbank-Schnittstellen.

- Die lokalen Datenbanken unterstützen kein Zwei-Phasen-Commit. Dies ist jedoch für den konsistenten Abschluß einer verteilten Transaktion nötig.

- Unterschiedliche sonstige Systemdienste und Bibliotheksprozeduren von allgemeiner Bedeutung (z.B. dynamische Hauptspeicherverwaltung, Zeit- und Datumsabfrage, Timer-Signale, Zeichenfolgen-Verarbeitung).

Diese Hindernisse versucht DISCO folgendermaßen zu überwinden:

- Für die System- und Anwendungsprogrammierung wird eine moderne, auf hinreichend vielen Rechnern verfügbare, besonders "portierungsfreundliche" Programmiersprache, nämlich MODULA-2 benutzt.

Da sich die jeweils mitgelieferten Modul-Bibliotheken im allgemeinen deutlich voneinander unterscheiden, sind die wichtigsten Standard-Moduln für die DISCO-Implementation noch einmal neu programmiert worden, und zwar auf der Basis zweier grundlegender Moduln, in denen alle Rechnerabhängigkeiten konzentriert worden sind. Der eine davon enthält grundlegende rechnerabhängige Konstanten und Tabellen, wie z.B. die Zahl der Bytes pro Wort und Umcodierungstabellen von ASCII-Code in den lokalen Code und umgekehrt.

Der zweite rechnerabhängige Modul stellt die am häufigsten benötigten Betriebssystemdienste, insbesondere für File-Management, Übernahme von Kommando-Parametern, Zeit- und Datumsabfrage, in weitgehend UNIX-ähnlicher Form zur Verfügung.

- Für die Kommunikation zwischen den an der verteilten Anwendung beteiligten Anwendungsprozessen gibt es in DISCO einheitliche Schnittstellen auf ISO-Transportdienst-Ebene (als "procedure call"-Schnittstelle), sowie eine "hohe" Schnittstelle auf der Ebene der Präprozessor-Makros.

Die ISO-Transportdienst-Schnittstelle ist auf allen beteiligten Rechnern so realisiert, daß sie auch für die Kommunikation innerhalb des Rechners in völlig gleicher Weise benutzt werden kann. Sie wird daher in DISCO sowohl für die Kommunikation zwischen den in verschiedenen Rechnern laufenden ORCUS-Prozessen, wie auch zwischen Anwendungsprozessen und AM einerseits und dem lokalen ORCUS-Prozeß andererseits benutzt. So ist es z.B. auch möglich, daß die Anwendungsprozesse in einer Workstation, und zugleich für ein ganzes lokales Netz nur ein "lokaler" ORCUS-Prozeß in einem permanent und stabil laufenden Server-Rechner residieren.

Auf dem mit TCP/IP-Protokollen betriebenen lokalen Netz ist die ISO-Network-Schnittstelle ("X.25"), auf der das ISO-Transportprotokoll aufbaut, auch oberhalb von TCP/IP realisiert worden, so daß sie auch in denjenigen Rechnern verfügbar ist (und damit die Transport-Schnittstelle), die keinen eigenen X.25-Anschluß haben.

(Diese gesamten Protokolle und Schnittstellen, außer den erwähnten einheitlichen MODULA-2-Schnittstellen, sind natürlich im Rahmen anderer Projekte entwickelt worden. S. [8], [5], [6].)

- Die Unterschiede zwischen den programminternen Darstellungen elementarer und komplexer Datenobjekte auf den verschiedenen Rechnern werden in DISCO durch Daten-Konversionsprozeduren überbrückt, die der DISCO-Präprozessor aus den %TYPE/%FORM-Typdeklarationen (s. 2.6.1.2 und 2.6.2) automatisch erzeugt.

Diese Konversionsprozeduren vermitteln zwischen der lokalen MODULA-Darstellung der Datenobjekte und einer einheitlichen Transfer-Darstellung der Objekte nach dem ISO/CCITT-ASN.1- (= X.409-) Standard. Da in ASN.1 beliebig tief geschachtelte Objektstrukturen vorgesehen sind, konnten auf der MODULA-Seite auch allgemeinere, baumförmig verzeigerte RECORD-Strukturen unterstützt werden, was sich für die DISCO-Systemprogrammierung bereits als sehr nützlich herausgestellt hat.

- Über die einheitliche, geräteunabhängige DISCO-Terminal-Schnittstelle ist in Abschnitt 2.6.2 bereits hingewiesen worden. Sie ist ebenfalls durch mehrere aufeinander aufbauende Ebenen realisiert. Wir skizzieren hier nur die drei untersten Ebenen:

1. Die unterste Ebene ist die Ebene der geräteunabhängigen, zeichenweisen Terminal-Ein/Ausgabe. Sie ist auf den UNIX-Systemen im wesentlichen durch die bekannte (von uns für MODULA zugänglich gemachte) "curses"-Schnittstelle, in Verbindung mit den entsprechenden "terminfo"-Beschreibungen der Terminaleigenschaften, gegeben.

2. Die zweite Ebene "von unten" kontrolliert die Ein- und Ausgabe einzelner Bildschirm-Felder, die jeweils allerlei Attribute haben können (geschützt, ungeschützt, (nicht) hervorgehoben, unsichtbar).

   Diese Ebene ist für die von vornherein feld-orientierten Terminals, insbesondere für die von DISCO unterstützten IBM/3270-ähnlichen Terminals, die unterste Ebene. Sie wurde gerade so konzipiert, daß sie als gemeinsamer Nenner für zeichen- und feld-orientierte Terminals dienen kann.

3. Auf der dritten Ebene werden komplette, in Felder unterteilte Bildschirme aufgebaut und vom Benutzer feldbezogen ediert. Auf dieser Ebene werden auch den geräteabhangigen Funktionstasten der Terminals anwendungsbezogene Bedeutungen (nämlich Anwendungskommandos, evtl. mit Parametern) zugeordnet.

- Über die einheitlichen File-Management- und Datenbank-Schnittstellen ist schon in den Abschnitten 2.6.3 und 2.7 berichtet worden.

5. Entwicklungsumgebung und aktueller Stand der DISCO-Enwicklung

5.1. Entwicklungsumgebung

Die primäre Entwicklungsumgebung besteht z.Z. aus einigen plattenlosen SUN 3 - Workstations mit einem zugehörigen File-Server (Betriebssystem SUN UNIX 4.2). Grund: Das SUNTOOLS-Window-Management und der auch auf SUN-Modula-2 anwendbare sehr komfortable interaktive Laufzeit-Debugger DBXTOOL bilden eine sehr produktivitätssteigernde Programmierumgebung.

Daneben wird DISCO auch auf zwei PCS/CADMUS-Rechnern (16 und 32 Bit Wortlänge, Betriebssystem MUNIX), die am gleichen Ethernet wie die SUN-Rechner hängen, zum Laufen gebracht (MODULA-2-Compiler/Postmortem-Debugger von GMD-F2 [9], auch auf mehreren anderen Rechnern unter UNIX erhältlich), ebenso auf einem IBM/4361-Rechner (Betriebssystem VM/CMS, Terminals: 3278 Modell 4, MODULA-2-System M2-CMS von der TU Berlin).

Die unter UNIX betriebenen Rechner kommunizieren mit TCP/IP-Protokollen über das Ethernet. Der SUN-File-Server und der eine PCS/CADMUS verfügen über einen X.25-Anschluß, der zu einem X.25-Inhouse-Vermittler führt. Der letztere ist seinerseits an das öffentliche Datex-P-Netz angeschlossen.

Auf allen "UNIX-Rechnern" ist eine einheitliche X.25-Service-Schnittstelle implementiert, die auf denjenigen Rechnern, die keinen eigenen X.25-Anschluß haben, oberhalb von TCP/IP angesiedelt ist und die Rechner mit "echtem" X.25-Service als Gateway zur "X.25-Welt" benutzt. Auf allen Rechnern existiert auf MODULA-Ebene eine einheitliche ISO-Transportdienst-Schnittstelle.

5.2. Aktueller Stand der DISCO-Enwicklung

Zur Zeit (November 1988) sind weitgehend vollständige Testversionen von AM, ORCUS, Präprozessor, TIM und TIP fertiggestellt. Die Integration dieser Komponenten, bei gleichzeitiger Vervollständigung, ist voll im Gange. Ein erster lauffähiger Prototyp wird voraussichtlich Anfang 1989 fertiggestellt werden.

Bislang bestehen die entwickelten Programme aus ca. 90000 Zeilen MODULA-2-Code und einer vernachlässigbar kleinen Menge von PASCAL-, C- und IBM-Assembler-Programmen (zur Anpassung an existierende "fremdsprachliche" Basis-Schnittstellen).

Am Projekt arbeiten z.Z. fünf wissenschaftliche Mitarbeiter vollzeitlich mit (eine Mitarbeiterin halbtags).

6. Ausblick

Es ist vorgesehen, daß nach Abschluß und auf der Basis des DISCO-Prototyps in einem Anschluß-Projekt die verteilte Implementation einer auf Büroanwendungen zugeschnittenen logischen Programmiersprache (PLOP, s. [1]) begonnen wird.

In PLOP wird eine verteilte Anwendung durch ein einziges Programm beschrieben. Der Begriff der Anwendungs-Funktion, die durch ein separates Anwendungsprogramm beschrieben wird, entfällt dann auf Anwendungsprogrammierungs-Ebene.

Stattdessen wird schon der PLOP-Compiler erkennen, welche Beiträge die einzelnen Organisationseinheiten zu der Gesamtanwendung leisten und wird das Programm bei der Erzeugung des rechnerunabhängigen ausführbaren Codes selbsttätig in entsprechende Anwendungs-Funktionen zerlegen.

Der rechnerunabhängige ausführbare Code stellt dann die DISCO-Anwendungsprogramme dar. Diese werden auf den jeweiligen Rechnern interpretativ ausgeführt, wodurch sowohl die Portierbarkeit des PLOP-Compilers, wie auch die der PLOP-Programme entscheidend erleichtert werden wird.

PLOP versucht insbesondere die Problematik der verteilten Datenbanken und der "langen" Transaktionen, sowie die für Büroanwendungen wichtige Nachvollziehbarkeits- und Versionsführungs-Problematik auf begrifflich sehr einheitliche und unkonventionelle Weise zu lösen oder doch zu "entschärfen".

Danksagung

Den folgenden Kollegen danke ich für ihre Kommentare zum DISCO-Entwurf, bzw. ihre teils abgeschlossene, teils noch fortdauernde Mitarbeit an der DISCO-Implementierung:
W. Barwig, H. Ehmke, I. Günther, F. Lorenz, E. Raubold, R. Rieke, H. Sarbinowski.

Besonders hinweisen möchte ich auf die Tatsache, daß meine Frau Irmtraut die gesamte DISCO-Konzeption und wichtige Teile der Implementation wesentlich geprägt hat und dies noch weiter tut.

Kommunikationsbeziehungen zwischen den DISCO-Komponenten

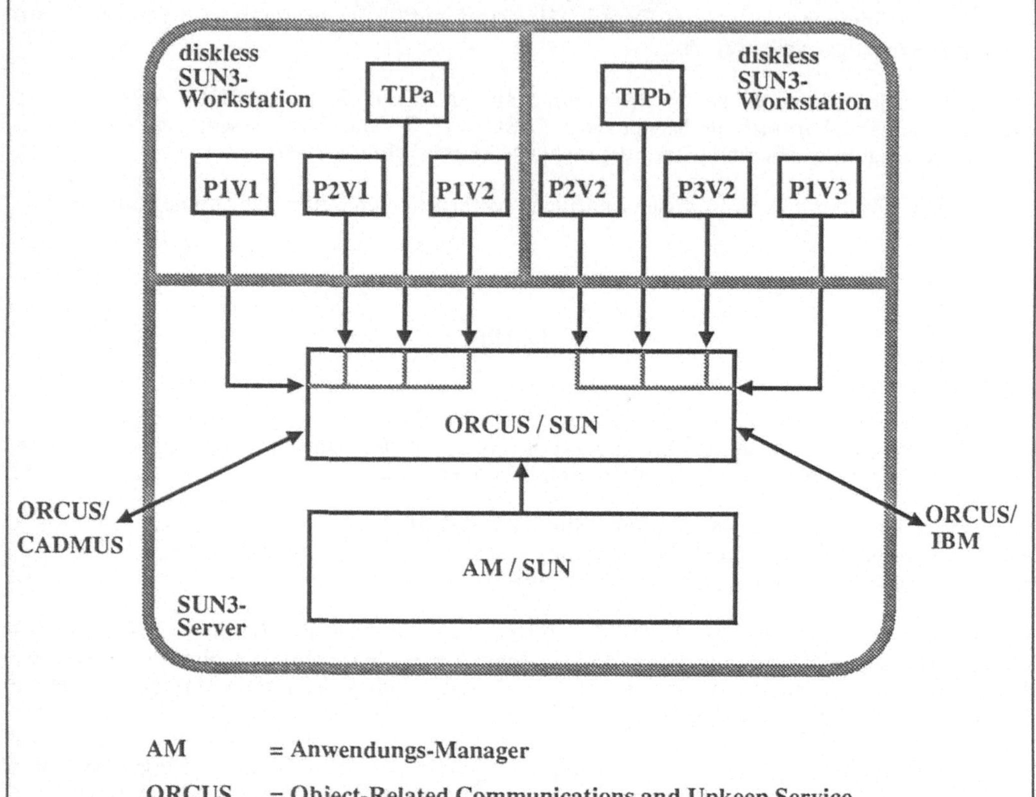

AM	= Anwendungs-Manager
ORCUS	= Object-Related Communications and Upkeep Service
TIPx	= Terminal-Interaktions-Prozess des Benutzers x
PiVk	= Anwendungsprozess i im Vorgang k
⟶	= ISO-Transportverbindung, Aufbaurichtung
∿∿∿	= Kommunikationswege TIP / Anwendungsprozess via ORCUS

Die anderen via ORCUS laufenden Kommunikationswege, z.B. zwischen Anwendungsprozessen, sind nicht dargestellt.

Auf jedem der anderen Rechner liegt eine analoge Konfiguration vor.
Die Rechner/Rechner-Kommunikation erfolgt auf der ORCUS-Ebene.

Auf dem IBM/4361-Rechner unter VM werden die Anwendungsprogramme (AP) mit dem TIP zusammengebunden. AM, ORCUS und TIP/AP laufen dort in je einer eigenen virtuellen Maschine.

Literatur

[1]   Günther, K.D.:
Logic Programming Tailored for Office Procedure Automation,
in S.-K. Chang (Hrsg.): Languages for Automation,
Band. II der Reihe: Advances in Management and Information Systems, Plenum
Publishing Corporation (1985), S. 27-66.

[2]   Günther, I., Günther K.D.:
Distributed Transactions without Master-Slave-Hierarchy,
Tagungsband GI-Fachtagung "Datenbanksysteme in Büro, Technik und Wissenschaft",
Darmstadt, April 1987, Springer-Verlag, Informatik-Fachberichte 136, S. 470-474.

[3]   Günther, I., Günther K.D.:
DISCO: A Programming and Run Time Support System for Distributed
Communication-Oriented Office Applications,
Tagungsband IEEE Workshop on Languages for Automation, Wien, August 1987, S.
141-144.

[4]   Günther, I., Günther K.D.:
DISCO: A Programming and Run Time Support System for Distributed
Communication-Oriented Office Applications,
in R. Speth (Hrsg.): Research into Networks and Distributed Applications,
Tagungsband EUTECO '88, Wien, April 1988, North-Holland, S. 761-773.

[5]   Hinsch, E., Giessler, E., Jägemann, A. Mäser, E.:
Beziehungen zwischen einem abstrakten Kommunikationsmodell und seiner konkreten
Implementierung,
Tagungsband GI-NTG-Fachtagung "Kommunikation in Verteilten Systemen",
Karlsruhe, März 1985, Springer-Verlag, Informatik-Fachberichte 95, S. 89-119.

[6]   Hinsch, E., Giessler, E., Jägemann, A. Mäser, E.:
Realisierung des Teletex-Transportprotokolls in UNIX,
Arbeitspapiere der GMD, Nr. 238 (1987), 102 Seiten.

[7]   Lakshman, T.V., Agrawala, A.K.:
Efficient Decentralized Consensus Protocols,
IEEE Trans. SE, Vol. SE-12, No. 5 (1986).

[8]   Raubold, E. (Hrsg.):
Einheitliche Schnittstelle zum ISO-Transport-Dienst für UNIX,
Arbeitspapiere der GMD, Nr. 183 (1985), 37 Seiten.

[9]   Schroeer, F.W.:
Das GMD Modula-2 Entwicklungssystem,
GMD-Spiegel 1/1988, S.20-22.

[10] Skeen, D., Stonebraker, M.:
A Formal Model of Crash Recovery in a Distributed System,
IEEE Trans. SE, Vol. SE-9 (May 1983), S. 219-228.

[11] IBM:
Systems Application Architecture, An Overview,
Bestellnummer GC26-4341-1, 2. Auflage, Sept. 1987.

A Multi-Level Approach to Replication Management in Large Scale Networks

Bernd Freisleben, Jörg Baumgart and Peter Brössler

Technische Hochschule Darmstadt
Fachbereich Informatik
Alexanderstr. 24
D-6100 Darmstadt
West Germany

Abstract

Techniques for replicating objects in a large scale network composed of thousands of nodes cannot simply be deduced from the ones used in small networks. Possibly high replication factors raise new issues which must be addressed. In this paper, we present a solution to the problem of managing replicas in a large scale environment. The solution is based on a multi-level directory organization for efficiently locating any replica in the system. It is simple, easy to implement and tolerates several types of failure.

1 Introduction

The proliferation of personal workstations and communication technology has fostered the development of computer networks. An obvious extrapolation is that the size of such networks will rapidly increase in the future, not only because the number of machines connected via a local area network is moving upward, but also because there is a need to combine several separate local area networks into a single, large wide-area network in order to enable the individual networks to cooperate with each other. Therefore, such networks might contain several thousands of independent machines.

The scaling property introduces many new problems for the management of such a large networking environment, but the solutions to these problems cannot easily be deduced from the approaches employed in small networks. These problems stem from the fact that a very large system contains a great deal of information concerning the location of data, the status of machines, the system topology, the location of peripheral devices etc. Moreover, since a large number of components will inherently represent many possible sources of failure, much of this global information will change frequently. Thus, any successful approach to the scaling issue must be based on relieving each node from keeping as much of the irrelevant system state information as possible. On the other hand, any node must be able to access any of the system's resources, within the limitations of security and local autonomy policies. In addition, maintaining state information has to account for the dynamic nature of a node's interests.

Since the probability of failures increases with a large number of nodes, provisions have to be taken to ensure that malfunctioning system components do impact users as little as possible. One way of allowing users to continue their work in spite of crashes is to replicate critical data at multiple nodes with independent failure modes. This does not only increase the availability of data, but also improves the overall system performance. By storing copies of shared data objects on nodes where they are frequently accessed, communication costs are reduced, because remote requests will no longer be necessary. Unfortunately, it is difficult to achieve high performance and availability while ensuring that the semantics of replicated data objects are identical to those of their non replicated counterparts. This difficulty arises for the following reasons:

1. The management of replicas requires additional programming effort to provide users transparently with a logical *single-copy image* of a set of physical copies; without replication transparency the complexity of user applications would increase.

2. The mutual consistency of all replicas must be ensured despite the possible concurrency of conflicting accesses and the presence of node or communication failures, including network partitions.

In a large scale environment with possible replication factors in the thousands efficient solutions to both problem domains are even harder to find. Care has to be taken to ensure that the amount of management overhead does not outweigh the benefits of replication. In our opinion, global replication of objects which may change on a frequent basis must be avoided in large scale systems and high replication factors should only be applied to objects with low update rates. Such fairly static objects are, for example, commonly used programs which provide services needed at a large number of nodes. Sooner or later a new or debugged version of a program must be installed, and it may be necessary for all users to see the new version simultaneously, or as close as simultaneously as possible. It is definitely wrong to shift such a problem to the users, because a great burden would be put on them to find out where the appropriate resources are located, to change them in a cooperative manner and so on. This task should be automatically handled by the system.

In this paper we develop a solution for the problem of managing largely replicated objects. In particular we tackle all the issues involved in maintaining a minimum but sufficient amount of state information to address and locate replicas in an efficient manner. We show how this state information can accomodate changes in the number of replicas as a result of creating and deleting them. We deliberately exclude a thorough treatment of techniques for guaranteeing mutual consistency from our discussion. Although a large number of proposals have been made towards this aim [1, 4, 7, 10], most of them seem only satisfactorily applicable in small or medium sized networks. Scaling them to a large environment is an issue of further research, but such solutions are by no means excluded from our approach. We will demonstrate that our work will form a suitable base for building appropriate mechanisms on top of it.

Our solution to the replica management problem relies on a multi-level directory organization for each replicated object, which at the same time provides a fair abstraction from the details of replicas' locations and suffices to supply enough information to find them. It can straightforwardly be implemented and is inexpensive, both in terms of memory space and processor time needed to support it and the cost of retrieving information. It can easily adapt to dynamic configuration changes, which are quite common in large networks.

The paper is structured as follows. Section 2 discusses alternative approaches for locating replicas in a large network. Our solution to this problem is presented in section 3. In section 4 we provide details about the concurrency aspects of our approach, followed by a treatment of node failures in section 5. Section 6 concludes the paper and discusses areas for further research.

2 Alternative Approaches

An important scaling strategy in a networking environment is to limit the amount of globally relevant information at each node, but at the same time provide sufficient knowledge to enable access to all commonly usable system resources. The management of replication is a good candidate for such a strategy, because a node must be able to locate one, a subset or all replicas, depending on the nature of the operations to be performed and the mechanisms to implement them. The problem of locating replicas is a special case of a general naming service [8, 9, 11] for a distributed system. Whereas naming can usually be seen as a one-to-one mapping between an object's identification and its physical location, replicas require a one-to-many mapping to map an object's name to a set of locations.

There are several possible approaches for providing a node with the necessary information to locate replicas. They may be briefly summarized as follows.

1. <u>No Information</u>

   In this approach a node does not have any knowledge about the locations of replicas on other nodes. To find one or more replicas some form of dynamic binding, such as broadcast has to be used. Although the amount of information about other nodes storing replicas is reduced to a minimum, the huge communication overhead excludes the use of this approach in a large scale environment.

2. <u>Centralized Information</u>

   In this approach the mapping information for all replicated objects in the system is stored at a known server node. The location of replicas can easily be obtained by questioning the server. The amount of information at each node is restricted to the address of the server. However, a single centralized component might not only become a bottleneck, but also would seriously affect system operation in case of a crash. Furthermore, in a large geographically dispersed network, a single server will be inefficient owing to the long delays in accessing it.

3. <u>Distributed Information</u>

   In this approach the complete mapping information for all replicated objects is stored redundantly at all nodes. Although this organization avoids the disadvantages of the centralized server approach, it requires a great deal of additional work to maintain the consistency of the replicated server information. This implies that any change in the mapping information has to be propagated to all nodes, which is far too costly in a very large network. Furthermore, a substantial amount of memory space is needed at each node for storing the mapping.

4. <u>Hierarchical Information</u>

   In this approach the system is logically decomposed into several sets of nodes, each with its own server storing only mapping information relevant to the corresponding set. These sets are hierarchically organized into one or more additional groupings, such that each higher layer server has just enough information to direct enquiries to one of its subservers containing the full information. This hierarchical server approach is very attractive for a large scale environment, because it limits the amount of information needed at every node in a reasonable manner. However, if the nodes in a set only know about exactly one server, problems arise if this server crashes.

Our solution to the problem of locating replicas is a variant of the fourth alternative. In contrast to another approach [11], which handles server crashes by replicating each server responsible for a set of nodes, we upgrade the mapping information at each node to autonomously employ other strategies for finding replicas and enable the replacement of a failed server in a simple manner. This avoids the consistency problems in the replicated server approach and handles server crashes equally well, without the need for storing large amounts of additional information. The solution will be described in detail in the next section.

3 A New Proposal

3.1 Addressing Scheme

As mentioned in the previous section, the underlying principle of our solution is to organize the nodes in a logical hierarchy possibly but not necessarily independent of the physical topology of the network. The system designer can freely choose any number of levels and any number of units per level to establish the hierarchy. The important thing is that once the hierarchy has been set up, any node in the system can be uniquely identified by its membership to the different hierarchy levels. For example, in a four-level hierarchy consisting of nodes, clusters, domains and districts (in increasing order) the node with address [3,2,1,2] is node 2 within cluster 1, which is a member of domain 2, belonging to district 3. Note that in this organization there is no single entity at the top of the hierarchy.

3.2 Directory Structure

The hierarchical partitioning of the network is used to provide nodes with sufficient information to locate replicas. Each node interested in using a replicated object is equipped with a directory which contains information about the locations of the replicas according to the addressing scheme described in the previous section. There is a separate directory for each replicated object in each node permitted to access the object. The directory structure is a table with a fixed number of rows, one for each hierarchy level. Each row may vary in length, depending on the number of units per level (Figure 1).

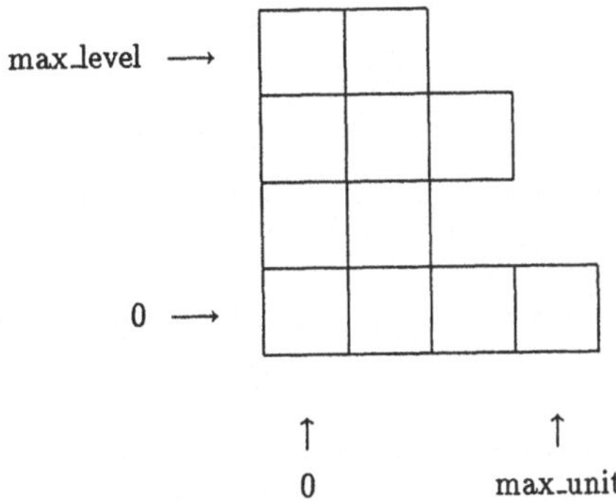

Figure 1: General Directory Structure

To simplify the explanation we assume without loss of generality that the directory structure is represented as a matrix indexed by hierarchy level and unit per level.

Each entry (i,j) is a boolean value, which is set if at least one replica exists in unit j of level i. In this case an entry additionally contains the address of a server node per unit (except for the lowest hierarchy level), which is used as a reference for enquiries about its sublevels. Any node in the system is potentially able to perform the server duties. A direct consequence of this structure is that the information about replicas decreases with increasing net levels.

Continuing our example from the previous section, a node's directory for a replicated object in a hierarchy with four levels and four units per level could be as shown in figure 2.

	unit 0	unit 1	unit 2	unit 3
districts	$1 : [0, 2, 1, 0]$	0	$1 : [2, 2, 1, 1]$	0
domains	0	0	$1 : [2, 2, 1, 1]$	$1 : [2, 3, 3, 3]$
clusters	0	$1 : [2, 2, 1, 1]$	0	$1 : [2, 2, 3, 1]$
nodes	1	1	0	1

Figure 2: A Four-Levels/Four-Units Directory

If this directory, for example, is stored at node [2,2,1,3] it can easily see that replicas are stored at the nodes [2,2,1,0] and [2,2,1,1] of its own cluster. It also knows at which other hierarchy levels at least one replica is located. For example, in cluster [2,2,3] which belongs to the same domain at least one replica exists. The hierarchy from the viewpoint of node [2,2,1,3] is further illustrated in figure 3.

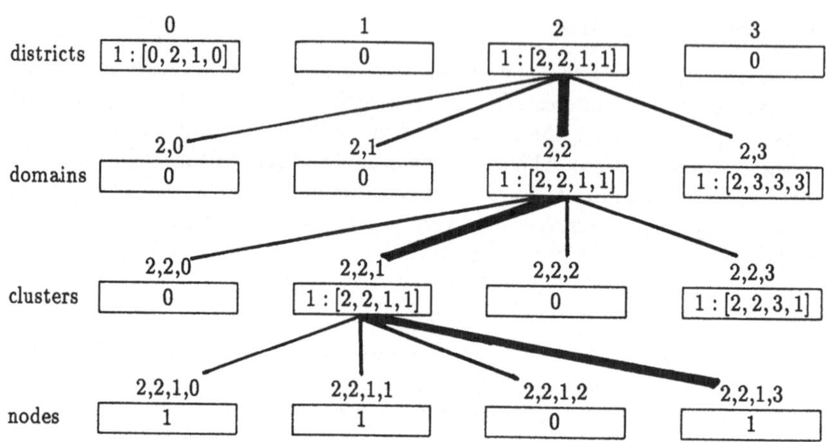

Figure 3: Hierarchy for node [2,2,1,3]

It is important to note that the interpretation of the directory content is dependent on the node address of the owner. The directory of the previous example located at node [0,3,3,1] would, for example indicate that nodes [0,3,3,0] and [0,3,3,3] of the same cluster have replicas.

The advantage of the presented directory structure is that the content changes only when the first member of a unit is created or the last member is deleted. For example, if node [2,2,1,3] decides to delete its replica only two messages have to be sent to inform nodes [2,2,1,0] and [2,2,1,1] about a directory change on the node level, while all upper level entries remain the same as before. In a fully distributed directory organization, however, all nodes would have to be informed.

The addresses of the server nodes for each unit are used to direct access requests to the appropriate nodes. If a node has to locate all replicas of an object to perform an operation on it, the node determines the servers at the highest level and sends corresponding messages to them. The messages include the net level as a parameter. A receiving server determines by means of its directory the set of servers at the next lower level which must be informed. This process terminates when the lowest level is reached.

The proposed directory structure provides a small but sufficient amount of information to enable each node to locate replicas in a simple manner. It represents a suitable abstraction from the location details of replicated objects in a large scale environment and it can be efficiently implemented.

3.3 Directory Management

To clarify the issues involved in managing the directory structures the nodes in the network are classified according to their relation to a replicated object. Three different classes of nodes can be distinguished:

CLASS_3   consists of all nodes, which neither have a replica of the object nor have the information where replicas are located.

CLASS_2   consists of all nodes, which know about the locations of replicas but do not possess one.

CLASS_1   consists of all nodes, which have both a replica and the information where other replicas are located.

The classification of the nodes supports the conventional access operations READ and WRITE in different manners. For a READ operation only one replica must be found. Depending on the class membership this is achieved as follows:

1. A CLASS_1 node uses its own replica for the READ access.

2. A CLASS_2 node is able to determine another node possessing a replica.

3. A CLASS_3 node must multicast a search request or randomly ask other nodes, until a replica has been found.

A WRITE operation implies accessing all replicas to maintain a consistent object state. The nodes from CLASS_1 and CLASS_2 use their replica directory to determine the affected set of nodes. Thus messages are only sent to nodes which have a replica. The only possibility for a CLASS_3 node to update an replicated object is to broadcast the corresponding information within the whole network. However, this can be avoided by changing a node of CLASS_3 to CLASS_2 or CLASS_1 before generating a new object value.

The operations for managing replicas can be modelled by several membership changes of a node from one class to another. The possible transitions are shown in figure 4.

from \ to	CLASS_1	CLASS_2	CLASS_3
CLASS_1	—	T2	T6
CLASS_2	T1	—	T4
CLASS_3	T5	T3	—

Figure 4: Transition Table

Transition T1 corresponds to a CREATE_REPLICA operation, transition T2 to a DELETE_REPLICA operation. Transitions T3 and T4 are equivalent to the operations CREATE_DIRECTORY and DELETE_DIRECTORY. The remaining transitions T5 and T6 are compound transitions. T5 corresponds to the operations CREATE_DIRECTORY and CREATE_REPLICA while T6 comprises the operations DELETE_REPLICA and DELETE_DIRECTORY.

These six different transitions are implemented by different combinations of eight basic procedures. These procedures are:

determine_member_in_class:
This procedure selects the lowest level on which a member of the desired class exists. The server address and the selected level are returned as output parameters.

add_own_node_to_class:
This procedure adds the calling node to the desired class.

delete_own_node_from_class:
This procedure deletes the calling node from the desired class and determines the lowest level at which still a member of the class exists.

add_member:
This procedure is used to add a new member to a class description.

delete_member:
This procedure is used to delete a member from a class description.
build_set:
This procedure determines a set of server nodes depending on the parameter level. If for a particular unit both server nodes from CLASS_1 and CLASS_2 are available an arbitrary node can be chosen.
check_directory:
This procedure is used for a transition from CLASS_3 to CLASS_1 or CLASS_2. It checks whether a received replica directory contains the correct class descriptions.
update_directory:
This procedure is used when a node has received a correct replica directory and an update of the class descriptions is necessary, depending on the state of the units which include the node.
In addition to these procedures a further procedure **choose_node_set** is necessary. It is applied during a transition from CLASS_3 to CLASS_1 or CLASS_2. Since a node of CLASS_3 has no information about the locations of CLASS_1 or CLASS_2 nodes it must find a node with a replica directory. For this purpose different strategies are conceivable:

1. The search is started at the lowest net level by sending an enquiry message to each member of the own cluster. If this attempt is not successful the search proceeds to the next higher level until a replica directory is received. This method has the advantage that a replica directory is possibly delivered from a node with the lowest net level which is a member of CLASS_1 or CLASS_2 (in the absence of failures). The directory contains the entire information needed to allow the requesting node to produce a correct replica directory for itself.

   However, if a directory is received which does not belong to a node of the lowest possible net level then the node can only use the directory to determine a node on a lower level which also is a member of CLASS_1 or CLASS_2. The procedure **check_directory** tests whether a directory contains the necessary information.

2. The search is done by selecting an arbitrary node (or node set). This process is repeated until a directory is found, which is also tested as described above.

These basic procedures are presented (in PASCAL) in the appendix. They are combined to form the full replica management operations according to the transition table mentioned above. The combination of the basic procedures to the management operations is described by means of SDL-Diagrams, which are a specification tool for networking software as recommended by CCITT [2]. These diagrams for selected transitions can also be found in the appendix.
The transitions T5, T6 and T1 are presented in detail. The remaining transitions are omitted because they are similar to the ones described. T2 is similar to T1: the demanding of a replica is omitted and the class descriptions for the **delete_own_node_from_class** and **add_own_node_to_class** procedures are exchanged. T3 is similar to T5: the demanding of the replica is omitted and the **add_own_node_to_class** procedure is applied to the CLASS_2 description. T4 is similar to T6: the **delete_own_node_from_class** procedure is applied to the CLASS_2 description.

4 Concurrency Aspects

The execution of the management operations has to be coordinated to ensure that the consistency of the replica directories is maintained. Problems can be caused by an interleaved partial execution of management operations, by the simultaneous execution of management operations, by conflicting directory accesses and by node or network failures.
In the sequel we consider these cases. We restrict our discussion to the three operations ADD a member to a class, DELETE a member from a class and GET a replica directory and demonstrate how the concurrency problems can be solved. The generalization to all management operations is straightforward.

4.1 Interleaved Partial Execution

If an operation to update all the directories of the members of a unit is interleaved by some action of
another operation manipulating the same unit, the contents of replica directories could be falsified.
Our solution to this problem is to perform management operations on the same unit in a manner
similar to a *distributed two-phase-commit protocol* used in database systems [3].

A node initiating an update request to add or delete a member of a unit sends a corresponding
message to the server. The server distributes this information to the members of the unit and waits
for the acknowledgements. Subsequently the server sends an acknowledgement to the source of the
ADD_MEMBER or DELETE_MEMBER message. In a second phase the source node distributes the
completion of the management operation to the corresponding units.

A management operation is considered complete when all non failed nodes of the corresponding unit
have acknowledged the update. Update information for failed nodes is buffered in order to reach a
consistent state after recovery.

4.2 Simultaneous Execution of Management Operations

4.2.1 DELETE Operations

If two or more DELETE operations concern disjunctive units then they can be performed independently. A synchronization problem arises when two (or more) DELETE operations take place which
individually considered affect a smaller hierarchy level than their combined execution. For example,
assume that two nodes of cluster[1,2,3] both decide to change from CLASS_1 to CLASS_3. The nodes
are the only members of CLASS_1 relating to cluster[1,2,3]. Each node deduces from its local replica
directory that DELETE_MEMBER messages must be distributed within cluster[1,2,3]. However,
the combination of the DELETE operations lead to a deletion of the last member of CLASS_1 in
cluster[1,2,3]. Thus DELETE_MEMBER messages also have to be sent to domain[1,2].

The problem is solved by means of a special protocol for server nodes. A server which is not the
last member of a class in its unit must determine a new server before leaving the class. If all other
nodes of the unit also decide to leave the class a new server cannot be found. Thus the current server
recognizes that its DELETE operation does not only affect the unit which was deduced from its local
replica directory, but also a higher level unit. If a new server has been succesfully determined, it can
distribute the server change within the concerned unit.

The protocol must only be executed by server nodes. Non server nodes can always perform a DELETE
operation on the basis of their local replica directory.

4.2.2 ADD Operations

If two nodes belonging to the same domain but different clusters both change from CLASS_2
to CLASS_1 and a member of CLASS_1 in the domain does not yet exist, both nodes generate
ADD_MEMBER messages at the domain level. However, a synchronization problem does not arise
in this case, because both nodes can distribute the messages without a conflict. The only consequence
is that unnecessary messages result.

4.2.3 Simultaneous ADD and DELETE Operations

If two or more ADD and DELETE operations affect the same unit then inconsistencies in the directories are possible. However, they can be easily detected by the participating nodes. For example,
assume that a node [1,1,1,1] decides to change from CLASS_2 to CLASS_3 and another node [1,2,3,4]
wants to change from CLASS_1 to CLASS_2. The node [1,1,1,1] is the last member of domain [1,1]
within CLASS_2. Thus it distributes the DELETE_MEMBER messages within district[1]. Node
[1,2,3,4] decides on the basis of its local directory that ADD_MEMBER messages must be distributed within domain [1,1] (because of the existence of a CLASS_2 member in cluster[1,1,1]). Upon
reception of the ADD_MEMBER message [1,1,1,1] detects the inconsistency and can inform [1,2,3,4]

that it is the first member of CLASS_2 in domain [1,1]. Similarly the inconsistency can also be detected by [1,2,3,4] after receiving the DELETE_MEMBER message.

4.2.4 Simultaneous GET, ADD and DELETE Operations

If a node wants to change from CLASS_3 to CLASS_1 or CLASS_2 it first has to search for a correct replica directory. Thereafter it distributes the corresponding ADD_MEMBER messages. Since other nodes may possibly not yet be informed that the changing node has already obtained a replica directory in the meantime, they cannot take this node into consideration for the distribution of DELETE_MEMBER or ADD_MEMBER messages. To solve this problem the node which delivered the replica directory transmits these messages to the changing node until it has completed the distribution of the ADD_MEMBER messages.

4.3 Directory Accesses

Conflicting accesses to the entries of a directory have to be prevented by mutually excluding them. This can easily be achieved by using a suitable primitive synchronization mechanism [5].

5 Node Failures

Node failures create special problems which must be addressed. In particular, server failures are critical since server nodes are necessary to distribute directory management messages and they are necessary to support the READ and WRITE operations on replicas. If a server has failed the only possibility to access all nodes of a class within the unit is a message multicast. This can involve the sending of thousands of messages when a server of a higher level failed. To avoid such multicasts we propose to store multiple server addresses per unit, possibly but not necessarily depending on the hierarchy level. For example one server address is stored per cluster, two per domain and three per district. In this case the probability of a failure of all server nodes is in inverse proportion to the number of nodes involved in a multicast.

It is assumed that node failures are detected by the underlying message transport system by means of handshaking protocols. Server failures during the processing of a received message can be recognized by the source node of the message applying a timeout mechanism. In this case the message is sent to another server (if available). The recovery of a failed server is handled by requesting the necessary directory information from one of its sibling servers.

As already mentioned in the introduction we do not present solutions for guaranteeing the mutual consistency of all replicas despite the possible concurrency of conflicting accesses and the presence of node and communication failures, including network partitions. However, our multi-level approach seems to be a very promising base for investigating and building solutions for these hard problems on top of it. For example, a variant of quorum protocols [7] for handling network partitions could be envisaged, in which a different number of votes may be assigned to different hierarchy levels. This has the advantage that a large variety of vote assignment strategies can be supported in an easy and flexible manner, because the assignment scheme is always related to a fixed number of units per level and it is relatively immune to changes in the number of participating nodes as compared with conventional flat approaches [6].

6 Conclusions

In this paper we have presented a solution for managing replicated objects in a large scale network. Because very high replication factors are possible in such an environment, an important problem is to maintain a minimum but sufficient amount of information at each node to address and locate replicas in an efficient manner. Our approach to this problem was based on a logical, hierarchical partitioning of the nodes and a multi-level directory organization for each replicated object, in which each node could potentially perform server functions for a lower level. Our scheme is fairly simple, robust and inexpensive and can easily adapt to dynamic configuration changes. Although we excluded mechanisms for preserving the consistency of replicated objects from our discussion, our solution is a suitable base for building such mechanisms on top of it. Scaling mechanisms for mutual consistency to a large networking environment is a promising area for further research.

References

[1] P.A. Bernstein and N. Goodman. An algorithm for concurrency control and recovery in replicated distributed databases. *ACM Transactions on Database Systems*, 9(4):596–615, 1984.

[2] CCITT. Functional specification and description language (SDL). Technical Report Redbook, Vol. 6, Facsicle 6.11, Geneva, 1985.

[3] S. Ceri and A. Pelagatti. *Distributed Database Systems*. McGraw–Hill, 1984.

[4] D. Davĉev and W. A. Burkhard. Consistency and recovery control for replicated files. In *Proc. of the ACM Symposium on Operating System Principles*, pages 87–96, 1985.

[5] B. Freisleben. *Mechanisms for the Synchronization of Parallel Processes (in German)*, volume 133 of *Informatik Fachberichte*. Springer–Verlag, 1987.

[6] H. Garcia-Molina and D. Barbara. How to assign votes in a distributed system. *Journal of the ACM*, 32(4), 1985.

[7] D. Gifford. Weighted voting for replicated data. In *Proc. of the ACM Symposium on Operating System Principles*, pages 150–162, 1979.

[8] B.W. Lampson. Designing a global name service. In *Proc. of the 5th ACM Symposium on Principles of Distributed Computing*, pages 1–10, 1986.

[9] D. Oppen and Y. Dalal. The Clearinghouse: A decentralized agent for locating named objects in a distributed environment. *ACM Transactions on Office Information Systems*, 1(3), 1983.

[10] D.S. Parker, G.J. Popek, G. Rudisin, A. Stoughton, B.J. Walker, E. Walton, J.M. Chow, D. Edwards, S. Kiser, and C. Kline. Detection of mutual inconsistency in distributed systems. *IEEE Transactions on Software Engineering*, SE-9(3):240–246, 1983.

[11] P. Reiher and G. Popek. Locus naming in a large scale environment. In *Proc. of the GI/NTG Conference on Communication in Distributed Systems*, pages 167–177. Springer–Verlag, 1987. in: Volume 130 of Informatik–Fachberichte.

Appendix

The appendix contains the basic procedures for managing replicas as described in Section 3.3, followed
by SDL-Diagrams [3] for describing selected class transitions by combining these basic procedures.

```
const max_level = 3;
      max_unit  = 3;
type  membership = (yes , no);
      net_levels = 0..max_level;
      units_in_level = 0..max_unit;
      address = array[net_levels] of units_in_level;
      class_description = record member:array[net_levels,units_in_level] of membership;
                                 server_node:array[net_levels,units_in_level] of address;
                          end;
      directory = array[1..2] of class_description;
      n_set = array[units_in_level] of record member : membership;
                                             member_node : address;
                                      end;
var own_node : address;   {address of the node executing a procedure}


procedure determine_member_in_class(var member_found : boolean;    {output parameter}
                                    var level : net_levels;        {output parameter}
                                    var node : address;            {output parameter}
                                        dir : class_description); {input parameter}
   label 1;
   var lev : net_levels;
       unit : units_in_level;
   begin member_found:=false;
        for lev:=0 to max_level do
            for unit:=0 to max_unit do
                if dir.member[lev,unit] = yes
                   then begin node:=dir.server_node[lev,unit];
                              level:=lev;
                              member_found:=true;
                              goto 1;
                        end;
     1:
   end;


procedure add_own_node_to_class(var dir : class_description); {input/output parameter}
   label 1;
   var lev : net_levels;
   begin for lev:=0 to max_level do
            if dir.member[lev,own_node[lev]] = yes
               then goto 1
               else begin dir.member[lev,own_node[lev]] := yes;
                          dir.server_node[lev,own_node[lev]] := own_node
                    end;
     1:
   end;


procedure delete_own_node_from_class(var dir : class_description;  {in/out parameter}
                                     var level : net_levels;       {output parameter}
                                     var member_found : boolean);  {output parameter}
   label 1;
   var lev : net_levels;
```

```
                unit : units_in_level;
       begin member_found := false;
           for lev := 0 to max_level do
               begin dir.member[lev,own_node[lev]] := no;
                      for unit := 0 to max_unit do
                          if dir.member[lev,unit] = yes
                             then begin level := lev;
                                        member_found := true;
                                        goto 1;
                                  end;
               end;
          1:
       end;

       procedure add_member(    node : address;             {input parameter}
                            var dir : class_description;  {output parameter}
                                level : net_levels);        {input parameter}
         begin level := level+1;
             repeat level := level-1;
                    dir.member[level,node[level]] := yes;
                    dir.server_node[level,node[level]] := node;
             until own_node[level] <> node[level]
         end;

       procedure delete_member(    node : address;             {input parameter}
                               var dir : class_description;  {output parameter}
                                   level : net_levels);        {input parameter}
         begin level := level+1;
             repeat level := level-1;
                    dir.member[level,node[level]] := no
             until own_node[level] <> node[level]
         end;


       procedure build_set (    level : net_levels; {input parameter}
                                dir : directory;    {input parameter}
                            var node_set : n_set);  {output parameter}
         var unit : units_in_level;
             node : address;
         procedure choose_node (var nd : address);    {output parameter}
           begin nd := dir[1].server_node[level,unit]  {also class[2] server}
           end;                                        {node could be selected}


         begin
           for unit := 0 to max_unit do
               node_set[unit].member := no;  {initialize set as empty}
           for unit := 0 to max_unit do
               begin
               if (dir[1].member[level,unit] = yes) and (dir[2].member[level,unit] = yes)
                  then begin choose_node(node);
                             node_set[unit].member := yes;
                             node_set[unit].member_node := node;
                       end;
               if (dir[1].member[level,unit] = yes) and (dir[2].member[level,unit] = no)
                  then begin node_set[unit].member := yes;
                             node_set[unit].member_node := dir[1].server_node[level,unit];
```

```pascal
                    end;
          if (dir[1].member[level,unit] = no) and (dir[2].member[level,unit] = yes)
             then begin node_set[unit].member := yes;
                        node_set[unit].member_node := dir[2].server_node[level,unit];
                  end;
          end; {for}
    end; {procedure}


  procedure check_directory(var level : net_levels;              {output parameter}
                                node_1 : address;                {input parameter}
                            var node_2 : address;                {output parameter}
                                dir : directory;                 {input parameter}
                            var directory_correct : boolean); {output parameter}

    procedure choose_node (var nd : address);     {output parameter}
      begin nd := dir[1].server_node[level,own_node[level]]
      end;

    begin
      level := max_level;
      while own_node[level] = node_1[level] do level := level-1;
      if level=0
        then directory_correct := true
        else begin if (dir[1].member[level,own_node[level]] = no) and
                      (dir[2].member[level,own_node[level]] = no)
                      then directory_correct := true;
                   if (dir[1].member[level,own_node[level]] = yes) and
                      (dir[2].member[level,own_node[level]] = no)
                      then begin directory_correct := false;
                                 node_2 := dir[1].server_node[level,own_node[level]]
                           end;
                   if (dir[1].member[level,own_node[level]] = no) and
                      (dir[2].member[level,own_node[level]] = yes)
                      then begin directory_correct := false;
                                 node_2 := dir[2].server_node[level,own_node[level]]
                           end;
                   if (dir[1].member[level,own_node[level]] = yes) and
                      (dir[2].member[level,own_node[level]] = yes)
                      then begin directory_correct := false;
                                 choose_node(node_2)
                           end;
             end;
    end;


  procedure update_directory(var dir : directory;        {output parameter}
                                 level : net_levels);  {input parameter}
    var lev : net_levels;
        unit : units_in_level;
    begin level := level-1;
        for lev := 0 to level do
            for unit := 0 to max_unit do
                begin dir[1].member[lev,unit] := no;
                      dir[2].member[lev,unit] := no;
                end;
    end;
```

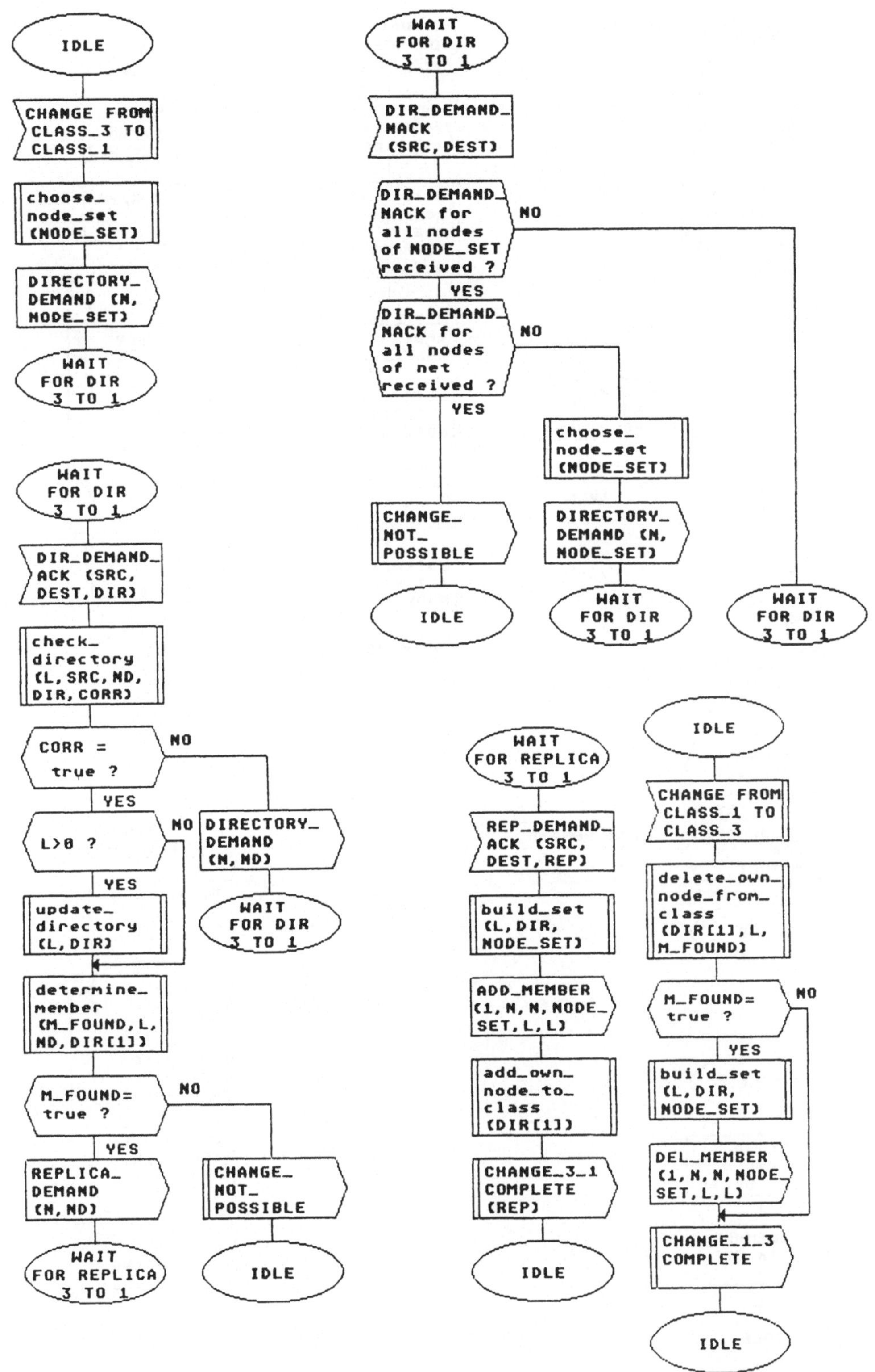

IDLE
CHANGE FROM CLASS_3 TO CLASS_1
choose_node_set (NODE_SET)
DIRECTORY_DEMAND (N, NODE_SET)
WAIT FOR DIR 3 TO 1
WAIT FOR DIR 3 TO 1
DIR_DEMAND_ACK (SRC, DEST, DIR)
check_directory (L, SRC, ND, DIR, CORR)
CORR = true ?
NO
YES
L>0 ?
NO
YES
update_directory (L, DIR)
DIRECTORY_DEMAND (N, ND)
WAIT FOR DIR 3 TO 1
determine_member (M_FOUND, L, ND, DIR[1])
M_FOUND= true ?
NO
YES
REPLICA_DEMAND (N, ND)
CHANGE_NOT_POSSIBLE
WAIT FOR REPLICA 3 TO 1
IDLE
WAIT FOR DIR 3 TO 1
DIR_DEMAND_NACK (SRC, DEST)
DIR_DEMAND_NACK for all nodes of NODE_SET received ?
NO
YES
DIR_DEMAND_NACK for all nodes of net received ?
NO
YES
choose_node_set (NODE_SET)
CHANGE_NOT_POSSIBLE
DIRECTORY_DEMAND (N, NODE_SET)
IDLE
WAIT FOR DIR 3 TO 1
WAIT FOR DIR 3 TO 1
WAIT FOR REPLICA 3 TO 1
REP_DEMAND_ACK (SRC, DEST, REP)
build_set (L, DIR, NODE_SET)
ADD_MEMBER (1, N, N, NODE_SET, L, L)
add_own_node_to_class (DIR[1])
CHANGE_3_1 COMPLETE (REP)
IDLE
IDLE
CHANGE FROM CLASS_1 TO CLASS_3
delete_own_node_from_class (DIR[1], L, M_FOUND)
M_FOUND= true ?
NO
YES
build_set (L, DIR, NODE_SET)
DEL_MEMBER (1, N, N, NODE_SET, L, L)
CHANGE_1_3 COMPLETE
IDLE

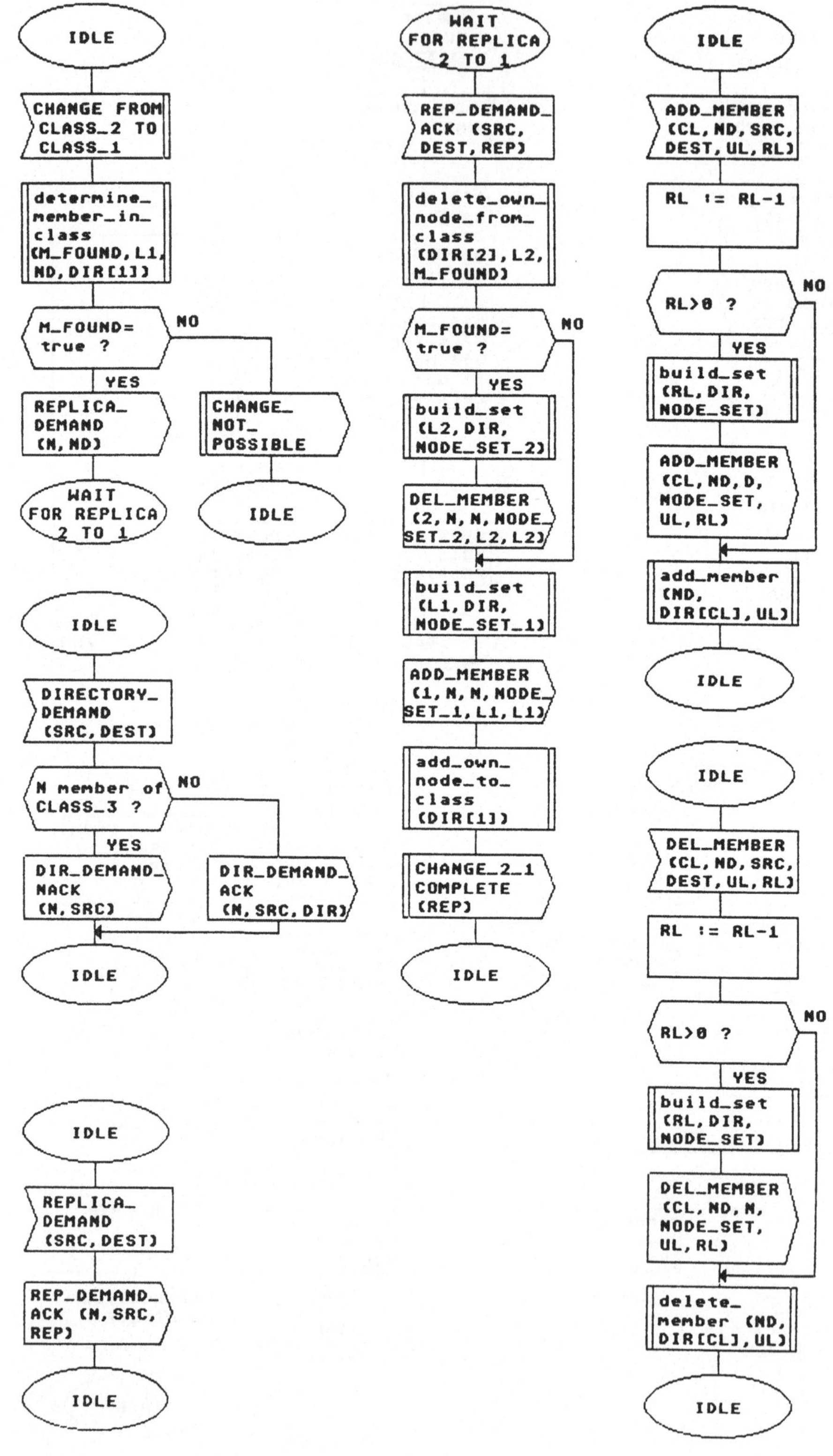

Kommunikationsmechanismen in einer
multiprozessorfaehigen SDL-Laufzeitumgebung

B. Ludwig, C. Krechel

Philips Kommunikations Industrie AG Nuernberg

Abstract:
Dieses Papier behandelt eine SDL-Laufzeitumgebung und ihre Kommunikationsmechanismen in einer Multiprozessorumgebung. In einem
kurzen Streifzug werden Grundzuege der PKI-CCITT-SDL Umgebung
geschildert und ihre Realisierung in der SDL-Laufzeitumgebung
dargestellt. Ausfuehrlich werden die dort benoetigten Kommunikationswege und Mechanismen beschrieben. Auf Overload-Behandlung,
Recovery und Resourcehandling wird ausserdem gesondert eingegangen. Ein abschliessendes Kapitel behandelt den in die Laufzeitumgebung integrierbaren SDL-Debugger und seine Faehigkeit
SDL-Kommunikationskanaele zu simulieren.

1. Einfuehrung

Digitale Kommunikationssysteme sind heute in der Regel verteilte
Multiprozessor-Systeme. Der Einfluss der Software-Entwicklung
auf Entwicklungskosten und -zeit solcher Systeme steigt staendig
an. Deshalb ist es sehr wichtig, geeignete Software-Entwicklungs-
umgebungen einzusetzen. Diese muessen ausserdem optimal mit den
eingesetzten Realzeitbetriebssystemen und den Meldungskanaelen
eines verteilten Systems zusammenarbeiten.

In den letzten Jahren wurde in PKI deshalb u.a. die von CCITT
empfohlene Spezifikations- und Beschreibungssprache SDL [1]
verwendet und fuer sie eine Entwicklungsumgebung erstellt. Sie
besteht aus einer umfassenden Toolumgebung und verschiedenen
Laufzeitsystemen, die den entsprechenden Hardware- und Prozessor-
anforderungen optimal angepasst sind.

Im weiteren wird hier eine Laufzeitumgebung fuer die Sprache 'C'
betrachtet. Sie ist geeignet fuer mittlere bis grosse Einfach-,
Multi- und verteilte Prozessorsysteme. Bevor naeher auf die
Eigenschaften der Laufzeitumgebung eingegangen wird, ist zum
Verstaendnis ein Ueberblick ueber die SDL-Methodik und Tool-
umgebung notwendig.

2. SDL Methodik

Die SDL Methode wird ausfuehrlich in der CCITT Recommendation Z.100 beschrieben. Deswegen wird hier nur auf einige Highlights eingegangen.

- Die SDL Methode ist im allgemeinen geeignet zur Entwicklung von ereignisgesteuerten Realzeitsystemen.

- Das Gesamtsystem wird zerlegt in funktionale Bloecke. Ein funktionaler Block ist ein Objekt von handhabbarer Groesse mit einem bestimmten Innenleben. Er kann mehrere, aber mindestens einen Prozess enthalten. Der funktionale Block beschreibt eine Sicht des Systems. Diese Bloecke werden in fruehen Projekt-phasen durch Orthogonalisierung der Funktionalitaet aus den verschiedenen Systemsichten gebildet.

- Ein Prozess fuehrt eine logische Funktion durch. Diese Durch-fuehrung benoetigt zu verschiedenen Zeitpunkten eine Reihe von Informationseinheiten (Events) um voranzukommen. Im SDL-Sinn ist deshalb ein Prozess ein Objekt, das:

  . entweder in einem Zustand einen Input (Event) erwartet

  . oder nach Eintreffen eines Events in einen neuen Zustand uebergeht.

  In der Feinspezifikationsphase eines Projektes werden aus den funktionalen Bloecken die Prozesse gebildet.

- Beide, funktionale Bloecke wie auch Prozesse, werden behandelt als (erweiterte) endliche Automaten.

- Prozesse werden in der programmiersprachen-aehnlichen Form 'SDL-Linear' (CCITT Bezeichnung SDL/PR) beschrieben.

- Wie die meisten anderen Methoden unterstuetzt SDL eine phasen-orientierte Entwicklung nach dem Top-down Prinzip.

- In nachrichtentechnischen und protokollorientierten Systemen hat in der Regel das Kommunikationsverhalten und der Steu-erungsvorgang Vorrang vor Datenaspekten. Deshalb setzt SDL das Schwergewicht auf fruehe Formulierung der Kommunikations- und Steuerungsaspekte und verschiebt das Ausarbeiten detaillierter Datenmodelle auf spaetere Phasen. Diese Vorgehensweise gestat-tet den Anschluss von verschiedenen Validierungs- und Veri-fikationsschritten. Auch 'Rapid Prototyping' wird damit unterstuetzt.

- Die Steuerungsebene der Software wird in SDL beschrieben. Die Einzelaktionen von SDL, die die sogenannte Datenmanipulations-ebene bilden, sowie das Betriebssystem, koennen in einer pas-senden hoeheren Programmiersprache (auch Assembler ist moe-glich) geschrieben werden.

- SDL hat im wesentlichen einfache Sprachmittel. Es stehen zur
  Verfuegung:

    . prozessrelevante Statements wie
            PROCESS, STATE, EXIT
    . Kommunikationsorientierte Aktionen wie
            INPUT, OUTPUT, OUTIPC
    . Kontrollstrukturen wie
            IF, CASE
    . einfache Aktionen wie
            TASK, NCALL, XCALL, TIMESTART, TIMESTOP

  Damit wird eine einfache Erlernbarkeit gewaehrleistet.

- SDL unterstuetzt nur einfache Synchronisationsmethoden von
  parallelen Prozessen

    . send without wait
    . receive with wait

  Dies macht die komplizierten Kommunikationsverhaeltnisse
  ueberschaubar und minimiert die Fehleranfaelligkeit.

3. SDL-Entwicklungsumgebung

Neben der Laufzeitumgebung wird die SDL Methodik bei PKI durch
eine Toolumgebung (siehe [3],[4],[7]) unterstuetzt. Sie gestattet eine automatische Umsetzung der SDL-Spezifikation in eine ge-
wuenschte Zielsprache, wobei die zugehoerigen Automaten- und Kon-
figurationstabellen fuer das Laufzeitsystem ebenfalls erzeugt
werden. Insbesondere hat die Laufzeitumgebung noch folgende
Features:

- Erzeugung von SDL Grafik aus SDL-Linear

- Syntaktische Ueberpruefung der SDL-Sourcefiles

- Erzeugen von Data Dictionaries mit SDL-Objekten

- Semantische Ueberpruefung der SDL-Sourcen mit Hilfe der Data
  Dictionaries

- Erzeugung von wahlweise Zielsprachencode oder Interpretercode
  aus der SDL-Source

- Erzeugung von Zugangstabellen zu den SDL-Transitions fuer die
  jeweilige Laufzeitumgebung

- Statische Ueberpruefung der Prozesse und des Meldungsverhaltens

- Erzeugung von Zustandstabellen fuer die Laufzeitumgebung

- Erzeugung von Routingtabellen aus Konfigurationsdateien fuer
  den Meldungsverkehr

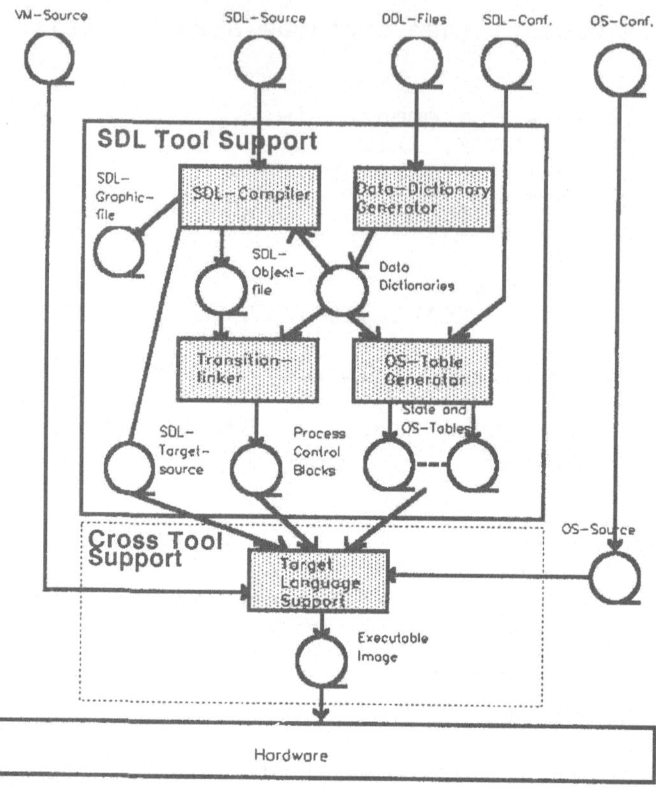

Bild 3-1: SDL-Entwicklungsumgebung

4. Das SDL-Laufzeitsystem

Ein SDL-Laufzeitsystem hat die Aufgabe in SDL geschriebene Software zum Ablauf zu bringen. Dies geschieht auf folgende Weise:

Das Gesamtsystem wird in sogenannte Subsysteme unterteilt. Ein Subsystem besteht dabei aus einem oder (meistens) aus mehreren SDL-Prozessen. Instanzen eines Prozesses koennen jedoch auch ueber mehrere Subsysteme verteilt werden.

Fuer jedes Subsystem ist ein eigener Laufzeitsystemkern verantwortlich. Subsysteme koennen auf einer Hardware (CPU) in Konkurrenz zueinander ablaufen oder auch, was der haeufigere Anwendungsfall ist, auf verschiedene Hardwaren (CPUs) verteilt sein (siehe Bild 4.1). Laufen Subsysteme auf einer CPU in Konkurrenz zueinander ab, so wird dieses Nebeneinander von einem 'Host'-Betriebssystem gesteuert. Als 'Host'-Betriebssysteme eignen sich sowohl komplexe Realzeitbetriebssysteme, wie MTOS68K, als auch einfache, die nur aus einem Scheduler bestehen. Diese Art von Multiprozessorfaehigkeit fordert von einer Laufzeitumgebung ein hohes Mass an Kommunikationsfaehigkeit, d.h. es muss viele verschiedene Kommunikationsmechanismen realisieren. Diese bleiben allerdings fuer den Anwender verborgen, da er nur die in Kapitel 2 erwaehnten SDL-Mechanismen sieht.

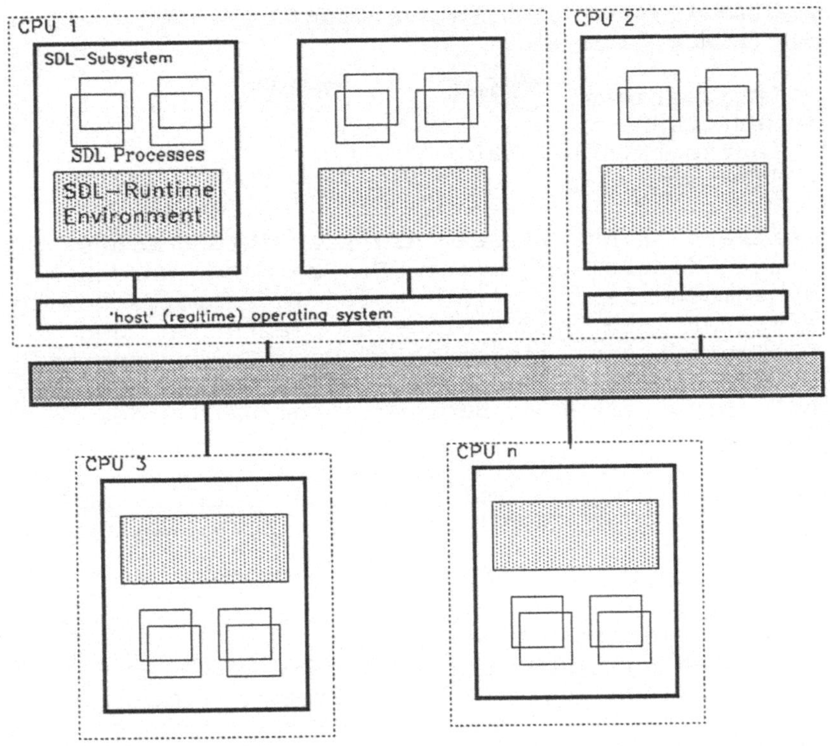

Bild 4.1: Multiprozessorumgebung

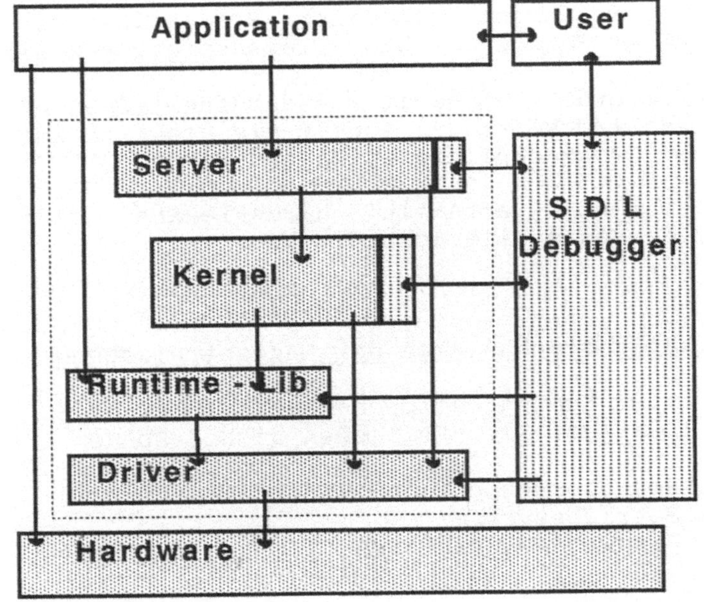

Bild 4.2: Struktur des SDL-Laufzeitsystems

Das SDL-Laufzeitsystem SDLEXE unterteilt sich in 4 Software-Ebenen (siehe Bild 4.2)

- Laufzeitkern
- Services
- Laufzeitbibliothek
- Treiber

Der Laufzeitkern kontrolliert die Ausfuehrung eines SDL Subsystems. Zustandstabellen aller SDL-Prozesse werden gefuehrt, Warteschlangenmechanismen fuer die Interprozesskommunikation werden verwaltet und gesteuert, von Events in den Meldungen werden SDL-Transitions ausgefuehrt. Dabei gilt innerhalb eines SDL-Subsystems das Prinzip 'one-at-a-time', d.h. eine Transition kann nicht von einer anderen innerhalb des Subsystems unterbrochen werden.

Neben der Ausfuehrungskontrolle im Laufzeitkern enthaelt das Betriebssystem in der Serviceschicht noch etliche Servicefunktionen wie

- Memorymanager
- Timer-Dienste
- Trace-Moeglichkeit
- Mechanismen fuer die Inter-Prozess-Kommunikation

Die Trace-Moeglichkeit erlaubt das Protokollieren aller SDL-Transitions mit nur geringen Auswirkungen auf das Realzeitverhalten des Subsystems und damit spaetere Auswerten von Realzeittests.

Die Mechanismen fuer die Inter-Prozess-Kommunikation erlauben das Routen von Meldungen von einer Prozessinstanz zu einer anderen, auch ueber Subsystem- bzw. Prozessorgrenzen hinweg.

Die Laufzeitbibliothek enthaelt Standardfunktionen wie Stringmanipulation und I/O-Routinen, soweit sie nicht in der Laufzeitbibliothek eines Crosscompilers enthalten sind.

Die Treiberschicht enthaelt hardwarenahe Terminal- und Disk-I/O-Routinen sowie eine Echtzeituhr.

5. Die Kommunikationsmechanismen der Laufzeitumgebung

Eine Uebersicht der Kommunikationsmechanismen eines SDL-Systems ist in Bild 5.1 dargestellt. Es lassen sich 3 Ebenen erkennen:

- die Benutzerschicht
- das Betriebssystem
- die Hardware-Mechanismen

Benutzerschicht

In der Benutzerschicht gibt es nur einen einfachen Mechanismus:

- Beim Senden von Meldungen kann der Sendeprozess den Zielprozess anhand folgender Angaben eindeutig adressieren:

      Prozesstyp
      Prozessinstanz

   Er muss dabei nicht wissen auf welchen Einheiten (Subsystem) und welcher Hardware (CPU) diese Prozessinstanz realisiert ist.
- Umgekehrt empfaengt ein Prozess eine Meldung ohne zu wissen, aus welchem Subsystem bzw. aus welcher physikalischen Einheit die Meldung kam.

Die Vorteile dieses Verfahrens sind:

- Die Benutzerschicht ist unabhaengig gegenueber Umkonfigurationen.
- Der Routingmechanismus (siehe Kap. 6) wird nur einmal und zwar im Betriebssystem realisiert.

Die Folge davon ist:

- Die Wiederverwendbarkeit der Anwendungsprozesse steigt.
- Das System ist flexibel gegenueber hardware- und lastbedingten Konfigurationen.

Betriebssystemschicht (siehe Bild 5.2)

Das Laufzeitsystem 'verteilt' und empfaengt die Meldungen. In das Laufzeitsystem hinein gelangen die Meldungen auf folgende Weise:

Von der Applikationsschicht und den externen Schnittstellen wird ein Betriebssystemservice benutzt: PUT_MESSAGE. Dieser Service sorgt dann fuer die richtige Verteilung. Aus dem Laufzeitsystem heraus zu den Applikationsprozessen gelangen die Meldungen auf folgende Weise:

- In das eigene Subsystem ueber die Queueingmechanismen. Der Scheduler des Betriebssystemkern holt sich jeweils mit dem Service GET_NEXT_MESSAGE die naechste relevante Meldung.
- Aus dem eigenen Subsystem heraus ueber den Inter-Subsystem-Kommunikationsmechanismus, der hardware-spezifisch festgelegt ist.

Hardware-Mechanismen

Hardware-Mechanismen werden in der Regel nur fuer externe Kommunikation verwendet. Sie koennen bestehen aus

- Bustreibern (nahe Kommunikation) und der
- untersten Schicht von OSI-Protokollen und -Diensten.

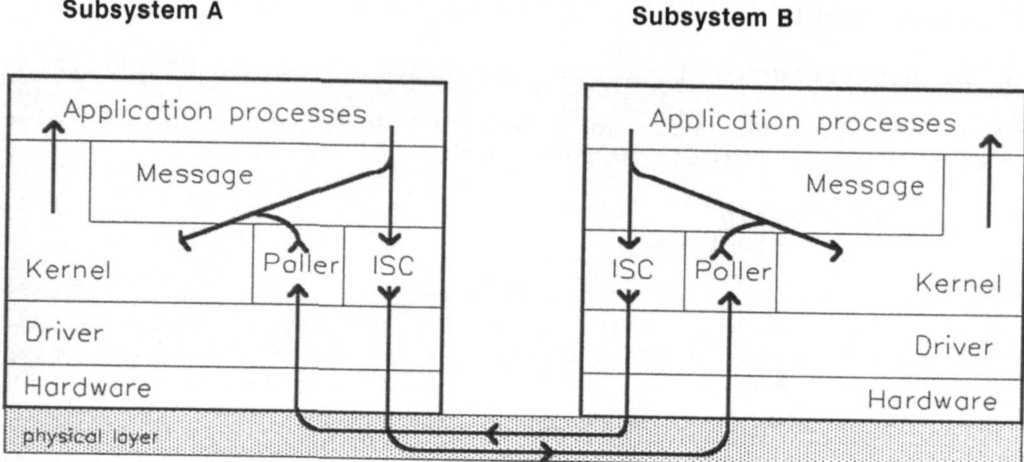

Bild 5.1: Uebersicht Meldungsfluss

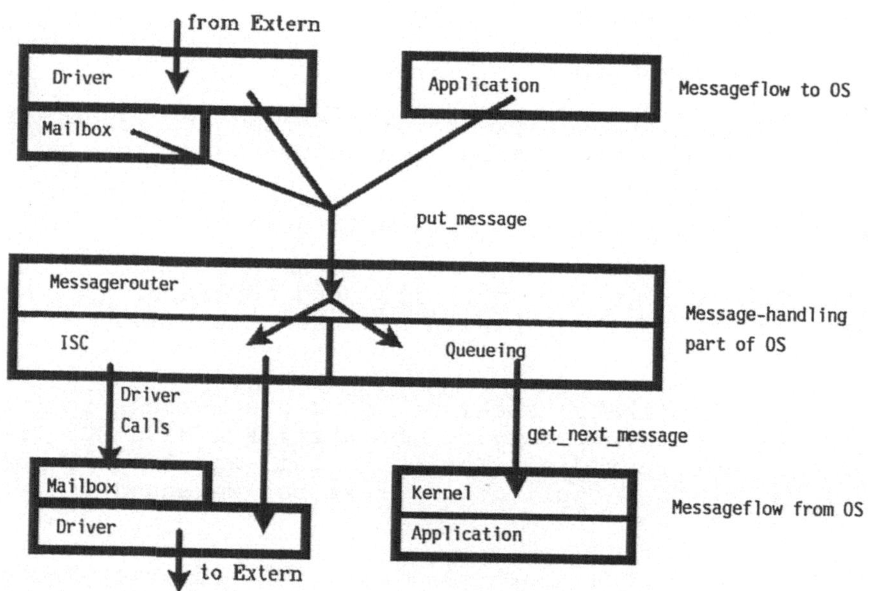

Bild 5.2: Meldungsfluss in der Betriebssystemschicht

Meldungsformat

Eine Meldung in SDL-Systemen besteht in der Regel aus folgenden Teilen:

> . Adresse bestehend aus Prozesstyp und Prozessinstanz
> . Event
> . Datenbereich mit zusaetzlicher Information
> . eventuell der Absenderinformation

Dabei werden die wesentlichen Meldungsinhalte (naemlich der Datenbereich) soweit als moeglich ueber Pointer-Mechanismen, d.h. ohne Kopieren transportiert.

6. Message Routing

Ein grundlegender Gedanke des Message Routing des SDL-Laufzeitsystems besteht darin, dass der Anwender sich um Details des Message Routing nicht kuemmern muss. Dies aeussert sich insbesondere darin, dass dem Benutzer lediglich ein Betriebssystemdienst (PUT_MESSAGE) zur Verfuegung steht, um eine Meldung an die Instanz eines anderen Prozesses zu senden.

Auf Grund der Multiprozessorfaehigkeit des Betriebssystems unterstuetzt das Message Routing die bereits in Kapitel 5 eroerterten Mechanismen
> - Inter-Prozess-Kommunikation (IPC) und
> - Inter-Subsystem-Kommunikation (ISC).

Darueberhinaus muss innerhalb des Message Routing das Konzept 'Prozess mit verteilten Instanzen' behandelt werden. Dieses Feature erlaubt die statische Konfiguration von Instanzen eines Prozesses auf verschiedenen Subsystemen.

Die Prozeduren des Message Routing operieren im Prinzip auf den im Konfigurationsmodul deklarierten und in Bild 6.1 skizzierten Datenstrukturen
> - 'process routing table',
> - 'instance routing table' und
> - 'subsystem routing table'.

Die Datenstruktur 'process routing table' gibt fuer jeden Prozess, der durch den Prozess-Code gekennzeichnet wird, Auskunft ueber

- die Art des Prozesses, d.h. ob dessen Instanzen auf einem oder
  mehreren Subsystemen konfiguriert sind, und
- die Identifikationsnummer des Subsystems, falls sich die
  Instanzen lediglich auf einem Subsystem befinden.

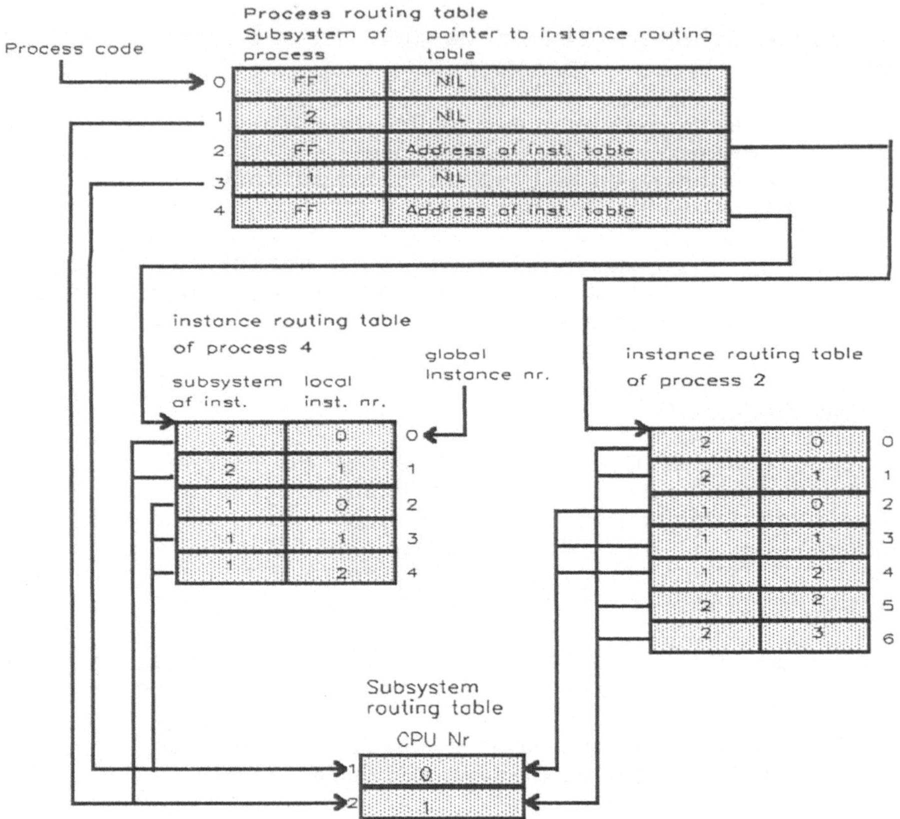

Bild 6.1: Datenstrukturen des Messagerouting

Sofern ein Prozess verteilte Instanzen besitzt, gibt es in der 'process routing table' einen Verweis auf die entsprechende 'instance routing table' des Prozesses. Diese enthaelt fuer jede Instanz des Prozesses

- die Subsystem-Idenfikationsnummer sowie
- eine subsystem-lokale Instanznummer, die fuer interne Verwaltungsaktivitaeten benoetigt wird.

Den Bezug zur Hardware stellt letztlich die dritte Datenstruktur 'subsystem routing table' dar. Sie enthaelt die Information, welches Subsystem auf welchem CPU-Board angesiedelt ist.

Im Detail erfolgt das Routing der Messages auf folgende Weise :

Mit Hilfe des 'process-code' als Index in die 'process routing table' wird zunaechst ermittelt, ob der Empfaenger-Prozess der Message verteilte oder kontinuierliche Instanzen hat.

Handelt es sich um einen kontinuierlichen Prozess, so wird mit Hilfe des Elementes 'subsys_of_process' festgestellt, ob der Empfaenger-Prozess auf dem gleichen Subsystem konfiguriert ist wie der Sender-Prozess.
Ist dies der Fall, so handelt sich um eine Inter-Prozess-Kommunikation (IPC) und die Message wird sofort in die lokale IPC-Queue des Subsystems gehaengt.
Sollte der Empfaenger-Prozess auf einem anderen Subsystem als der Sender-Prozess angesiedelt sein, so handelt es sich um eine Inter-Subsystem-Kommunikation (ISC). In dieser Situation wird die Message in die Mailbox des entsprechenden Empfaenger-Subsystems eintragen. Das Empfaenger-Subsystem kettet diese Nachricht nach einer konfigurierbaren Strategie aus der Mailbox aus und traegt sie in die empfaenger-lokale IPC-Queue ein.

Wird dagegen anhand des Wertes im Element 'subsys_of_process' festgestellt, dass der Prozess verteilte Instanzen aufweist, so dient der Inhalt des Elementes 'pointer to instance routing table' als Zeiger auf die zugehoerige Datenstruktur. Mit Hilfe der in der Message angegebenen globalen Instanz des Empfaenger-Prozesses wird nun als Index auf die 'instance routing table' zugegriffen und das Subsystem ermittelt.
Entsprechend der Vorgehensweise bei einem kontinuierlichen Empfaenger-Prozess wird ermittelt, ob eine Inter-Prozess- oder eine Inter-Subsystem-Kommunikation vorliegt und analog wie dort beschrieben verfahren.

7. Overload und Recovery Aspekte

Die Leistungsfaehigkeit eines SDL-Systems haengt neben Anderem auch vor allem vom reibungslosen Funktionieren der Kommunikation zwischen den einzelnen Prozessinstanzen ab. Auch in Ausnahmesituationen muss sich dabei eine Laufzeitumgebung definiert verhalten. Denn im laufenden Betrieb eines Realzeitsystems kann es trotz sorgfaeltiger Vorsorgemassnahmen zu Ueberlastsituationen bei den Kommunikationskanaelen kommen. Die Laufzeitumgebung muss diese Vorgaenge erkennbar machen, damit die Anwendungsprozesse Lastabwehrmechanismen initiieren koennen.

Aehnliches gilt nach erzwungenem System-Reset. Die Laufzeitumgebung muss einen definierten Wiederanlauf ermoeglichen und Systemdaten so weit als moeglich wiederherstellen.

Overload-Behandlung

Innerhalb der Laufzeitumgebung werden fuer die folgenden Betriebssystemdienste Overloaderkennungsmechanismen zur Verfuegung gestellt:

        - Mailbox - Service
        - DRAM und SRAM Memory-Manager
        - Queue - Manager

Die Behandlung von Overload-Situationen besteht aus den folgenden Schritten :

- Erkennung einer derartigen Situation,
- Benachrichtung der Applikations-Software durch das Betriebssystem und
- Initiierung einer speziell abgestimmten Abwehrstrategie innerhalb der Applikations-Software.

Die Erkennung von bestimmten Overload-Situationen kann der Anwender durch die Initialisierung von spezifischen Schwellwert-Parametern steuern. Auf diese Weise ist es fuer ihn moeglich, differenziert auf die besondere Situation zu reagieren.

Als Beispiel diene die Behandlung einer Overload-Situation im Mailbox Service. Mit Hilfe der beiden Parameter MBX_CRIT und MBX_HYSTERESIS legt der Anwender fest, in welchen Situationen er ueber eine Aenderung des Mailbox-Status informiert werden soll. Wird beim Eintragen einer Message in eine Empfaenger-Mailbox festgestellt, dass die Mailbox zu mehr als MBX_CRIT % des moeglichen Speicherplatzes gefuellt ist, so wird der Anwender ueber die steigende Gefahr unterrichtet und kann entsprechende Massnahmen ergreifen. Ebenso wird im umgekehrten Fall der Anwender beim Auslesen der Mailbox und beim Unterschreiten der Grenze (MBX_CRIT - MBX_HYSTERESIS) % informiert, dass keine Gefahr mehr fuer das Eintragen von Messages besteht.

Recovery

Der zentrale Errormanager des Laufzeitsystems sorgt dafuer dass bei Laufzeitfehlern gezielte Recoverymassnahmen getroffen werden koennen. Als Massnahmen sind dabei denkbar:

- Gesamtreset eines Subsystems ohne Wiederherstellung der statischen Daten (Kaltstart)
- Gesamtreset eines Subsystems mit Wiederherstellung der statischen Daten (Warmstart)
- Gezielter Wiederanlauf einzelner Prozessinstanzen
- Gezielter Wiederanlauf von Kommunikationstreibern ohne Beeintraechtigung der SDL-Prozesse.

Insbesondere die letzte Recoveryart gestattet, bei Kommunikationsproblemen auf nur einem Kanal, diesen gezielt wieder-anlaufen zu lassen ohne dabei die Kommunikationsfaehigkeit des Subsystems ueber die restlichen Kanaele zu gefaehrden.

Geschicktes Ablegen von kommunikationsrelevanten Daten in das statische Memory erlaubt zusaetzlich das Retten von wichtigen Meldungen ueber einen Reset hinaus (beim Warmstart).

8. Resource Management

Unter dem Gesichtspunkt der Kommunikation sind sowohl

- die zwischen den Prozessen auszutauschenden Events (Signale), als auch

- die Empfaenger dieser Nachrichten, die Prozess-Instanzen,

als Resourcen aufzufassen. Fuer beide Resourcen werden in der Laufzeitumgebung Mechanismen bereitgestellt, die eine oekonomische Nutzung ermoeglichen.

SAVE-Mechanismus

In Zustaenden eines Prozesses, in denen bestimmte Signale nicht konsumiert werden koennen, ist es mit Hilfe des in CCITT-SDL-88 vorgeschlagenen SAVE-Konzeptes moeglich,

- diese Events zu sichern und

- dem Prozess verzoegert wiederzuzufuehren, wenn dieser seinen Zustand geaendert hat.

Damit wird ein wiederholtes Senden von Nachrichten vermieden und so die Belastung der Kommunikationswege des Systems reduziert.

Dynamisches Allokieren von Prozess-Instanzen

In Kommunikationssystemen besteht haeufig die Forderung, dass physikalische 'Geraete' (z.B. Betriebsmittel wie physikalische Schnittstellen, Drucker, Pfade zu Hard-Disks usw.) ihre funktionalen Eigenschaften software-maessig in einem Block wiederspiegeln (Port orientiertes Software-Design). Dabei tritt oft eine Diskrepanz zwischen der aus oekonomischen Gruenden limitierten Anzahl der Geraete und der Anzahl der Verwendungsanforderungen auf. Um diesen Engpass zu beheben, wird vom Betriebssystem ein Instance Handler bereitgestellt, der einen Pool von Instanzen des gleichen Prozesses verwaltet.

Benoetigt ein Anwenderprogramm eine derartige Prozess-Instanz, so stellt er eine ensprechende Anforderung an den Instance Handler. Dieser allokiert daraufhin aus dem orhandenen Pool eine Instanz, indem der Zustand dieser Instanz von INSTANCE_DISABLED nach INSTANCE_IDLE uebergefuehrt wird und dem Anwender die Instance-Nummer mitgeteilt wird. Nach Verwendung gibt der Anwender die Instanz wieder an den Instance Handler zurueck und sorgt auf diese Weise fuer eine rationelle Ausnutzung der vorhandenen Instanzen.

9. Debugging-Moeglichkeiten

Ein Realzeitsystem braucht neben der Unterstuetzung durch ein Laufzeitsystem auch vor allem waehrend der Testphase umfangreiche Moeglichkeiten zur Fehlerfindung und -behebung. Dieser Wunsch wird durch den SDL-Debugger erfuellt (siehe [6]). Er kann zu der Laufzeitumgebung optional dazugebunden werden.

Der SDL-Debugger stellt eine benutzerfreundliche Umgebung fuer fruehzeitiges und vereinfachtes Testen auf der Steuerebene SDL dar. Er erlaubt interaktives und symbolisches Debugging sowohl in der Entwicklungsumgebung der VAX als auch auf der Zielhardware. Als Hardwareumgebung sind zur Zeit Mikroprozessorsysteme der Motorola 68000 Familie sowie PC's im Einsatz. Durch die Implementierung in 'C' ist mit Hilfe entsprechender Cross-Compiler eine Portierung ohne grossen Aufwand moeglich.

Insbesondere kann durch den Einsatz des SDL-Debugger das Kommunikationsverhalten zwischen

- Prozessen innerhalb eines Subsystems sowie

- zwischen Prozessen in verschiedenen Subsystemen

evaluiert werden. Unter den zahlreichen Funktionen sind fuer das Testen des Kommunikationsverhaltens insbesondere die Teile des Debuggers von Bedeutung, die die Kommunikation sowohl innerhalb eines Subsystems als auch zwischen Subsystemen transparent und modifizierbar machen.

Mit Hilfe des SDL-Debuggers kann das Anstehen von Meldungen, die an einen Prozess gerichtet sind, dargestellt und beeinflusst werden. Dies geschieht durch direkten Eingriff in die Warteschlangen des Laufzeitsystems. Damit ist es moeglich den Meldungsfluss an einen einzelnen Prozess oder eine Gruppe von Prozessen zu simulieren und ihr Verhalten separat zu testen.

Eine zweite Gruppe von Debugger-Funktionen gestattet in aehnlicher Weise Operationen, die fuer die Kommunikation zwischen Subsystemen relevant sind. Objekt dieser Operationen sind die Messages in den fuer die Inter-Subsystem-Kommunikation eingerichteten Mailboxes.

10. Erfahrungen und weiteres Vorgehen

Die in den vorhergehenden Kapiteln beschriebene Laufzeitumgebung wird in Textnebenstellenanlagen mit Multiprozessorkonfiguration und einem Umweltsimulator fuer ISDN Anlagen eingesetzt. Dabei reicht das Anwendungsgebiet vom Standalone-Einsatz auf verschiedener Hardware (PG2020/24 oder CPU2PB o. a.) bis zum Einsatz unter Realzeitbetriebssystemen wie MTOS68K, sowie Standardbetriebssystemen wie MS-DOS oder zum hardwareunabhaengigen Testen unter VAX/VMS. Folgende Erfahrungen wurden dabei von den ca 40 Anwendern des Laufzeitsystems gemacht:

- Die Moeglichkeit des hardwareunabhaengigen Testen auf dem
  Hostrechner (VAX/VMS) ergab:
  . Die Testzeiten werden noch mehr als bei normalen
    SDL-Systemen ueblich reduziert
  . Hard- und Software werden zunaechst weitgehend entkoppelt.
  . Die Wiederverwendbarkeit der auf dem Host erzeugten
    Testfiles bei den Hardwaretests liefert sehr gute Fehler-
    hinweise bei auftretenden Integrationsproblemen.

- Die flexible Konfigurierbarkeit, unterstuetzt durch die
  Kommunikationsmechanismen, ergibt folgende Vorteile:
  . Die Software kann auch zu spaeten Projektphasen noch optimal
  an Hardwaregegebenheiten und aeussere Einfluesse angepasst
  werden.
  . Das Realzeitsystem kann flexibel hinsichtlich unterschied-
  licher Lastanforderungen konfiguriert werden.
  . Kleine und grosse Ausbaustufen der gleichen Anlage lassen
  sich aus der selben Grundsoftware automatisch generieren.
  . Die Wiederverwendbarkeit der Software steigt.

- Im Vergleich zu anderen Laufzeitumgebungen zeichnet sich ein
  SDL-Laufzeitumgebung dadurch aus, dass
  . Prozesssynchronisationsmechanismen nur auf sehr einfacher
  Basis erstellt werden muessen, was zu deutlich stabilerem
  Betriebssystemverhalten fuehrt,
  . bei verteilten Systemen der Kommunikationsaspekt im
  Vordergrund bleibt und es gestattet das Design komplizierter
  Systeme optimal auf Hardwaregegebenheiten anzupassen,
  . der Benutzer dieses Laufzeitsystems in der Anwendungsschicht
  der Software nicht anzugeben braucht, wo der adressierte
  Partner physikalisch zu finden ist.

Fuer die Zukunft wird geplant, die flexiblen Konfigurations-
moeglichkeiten des Laufzeitsystems durch Tools besser zu
unterstuetzen. Das Benutzerinterface des Debuggers soll weiter
verbessert werden, ausserdem wird angedacht mit Hilfe eines
unabhaengigen 'Debuggerkernes' mehrere SDL-Subsysteme gleichzeitig testen zu koennen.

11. Literatur

[1] CCITT Recommendation Z.100
     Specification and Description Language SDL
[2] PKI SDL Language Reference Manual
[3] PKI SDL Production Guide
[4] B. Gaissmaier, H.Schirmeier, 'An Integrated Software
     Development Method for Switching Systems based on
     CCITT's SDL', 5th Conference on Software Engineering for
     Telecommunication Switching Systems, IEE, Lund 1983
[5] W.Irler, R.Husi, B.Gaissmaier, 'Ein Echtzeitsbetriebssystem
     fuer rechnergesteuerte Vermittlungsanlagen', 13.GI Symposium
     Hamburg 1983
[6] B. Jobes, W. Irler, 'SDL-Debug a portable test environment
     for SDL systems', Third SDL Forum, The Hague 1987
[7] C. Krechel, 'A highly tool-supported SDL-environment',
     Third SDL Forum, The Hague 1987

Konstruktive Qualitätssicherungsmaßnahmen für Dienst- und Protokollspezifikationen

Dieter Hogrefe
Universität Hamburg
Fachbereich Informatik
Rothenbaumchaussee 67/69
D-2000 Hamburg 13

Zusammenfassung

Seit einigen Jahren werden formale Beschreibungssprachen für die Protokollspezifikation in Normungsgremien und anderen Institutionen eingesetzt. Eine solche Sprache ist SDL. Jedoch hat es sich gezeigt, daß es außerordentlich schwierig ist, korrekte Spezifikationen herzustellen insbesondere dann, wenn es sich um komplexe Systeme handelt. Einer nachträgliche Überprüfung einer Spezifikation mit Hilfe von formalen Verifikationsmethoden sind aufgrund der Komplexität Grenzen gesetzt, und sie ist daher in den meisten realistischen Fällen nicht durchführbar. In dieser Arbeit werden einige Maßnahmen vorgestellt, wie die Qualität einer SDL-Spezifikation mit konstruktiven Mitteln erhöht werden kann. Die Maßnahmen ergeben sich aus Erfahrungen bei der Spezifikation sehr komplexer Systeme mit SDL, z.B. /5/, /4/ und /10/.

1. Einleitung

Eine Hauptaktivität bei der Entwicklung von Systemen aller Art ist die Herstellung von Dokumenten, die das Verhalten des Systems spezifizieren. Das beginnt bei sehr abstrakten, vagen Beschreibungen zur Problemdefinition. Diese Beschreibungen werden dann detailliert und präzisiert und münden in einer Anforderungsspezifikation, auf deren Basis das System entworfen und letztlich implementiert wird.

Insbesondere bei verteilten Systemen, also solchen, die zur Erfüllung ihrer Aufgaben miteinander kommunizieren müssen, ist die präzise Spezifikation von Anforderungen eine anspruchsvolle Tätigkeit. Das liegt an der umfangreichen Parallelität, durch die verteilte Systeme gekennzeichnet sind. Eine solche komplexe Aufgabe verlangt den Einsatz von speziellen Sprachmitteln, denn die übliche natürliche Sprache ist aufgrund ihrer manchmal nicht eindeutigen Interpretierbarkeit nicht immer geeignet. Zudem sind umgangssprachliche Dokumente schwer in Hinblick auf Korrektheit und innere Konsistenz überprüfbar, und ob ein System, das aufgrund umgangssprachlicher Anforderungsdokumente entwickelt wurde, tatsächlich den Anforderungen genügt, ist eine Glaubensfrage.

Die potentiellen Mißverständnisse und Fehler, die sich aus unpräzisen Dokumenten ergeben, sind im Bereich der verteilten Systeme besonders schwerwiegend. Das liegt daran, daß verteilte Systeme oft auch verteilt entwickelt werden. Anforderungen, z.B. Protokolle und Dienste werden nicht selten in internationalen Normungsgremien entwickelt und Produktentwicklungen werden vielfach von mehreren Firmen in Kooperation vorgenommen.

Die Dokumente, die das verteilte System spezifizieren, müssen also in den wesentlichen Punkten präzise und eindeutig und möglichst im Hinblick auf Korrektheit überprüfbar sein. Zu diesem Zweck wurden in den internationalen Normungsorganisationen CCITT (Committee Consultativ International Telegraphique et Telephonique) und ISO (International Organization for Standardization) spezielle Sprachen entwickelt: *Estelle* /15/ und *LOTOS* /14/ in der ISO und *SDL* /3/ im CCITT. Die Entwicklung solcher Sprachen ist deswegen die Aufgabe von Normungsinstitutionen, weil natürlich auch die Beschreibungssprache selbst weltweit präzise und eindeutig interpretierbar sein muß, damit es die mit ihr beschriebenen Dokumente ebenfalls sind.

Estelle und LOTOS wurden speziell für das OSI-Referenzmodell /12/ entwickelt, wohingegen SDL für einen größeren Bereich der Telekommunikationssysteme entwickelt wurde. Diese Arbeit steht hauptsächlich im Zusammenhang mit der Sprache SDL, die Prinzipien sind jedoch auch auf die anderen Sprachen übertragbar.

Mit dem zunehmenden Gebrauch der formalen Spezifikationstechniken kam ein neues Problem auf: die Korrektheit der formalen Spezifikation gegenüber dem, was zu spezifizieren beabsichtigt war. Die Benutzung einer formalen Spezifikationssprache garantiert nämlich keineswegs, daß das richtige System spezifiziert ist. Es gibt keine Möglichkeit, zu beweisen, daß das spezifizierte System das gewünschte System ist. Es gibt aber Möglichkeiten, durch gezielte Qualitätssicherungsmaßnahmen das Problem so weit wie möglich zu minimieren.

In nächsten Abschnitt wird zunächst das Problem der Korrektheit einer formalen Spezifikation allgemein diskutiert. Danach schließt sich eine kurze Einführung in die Sprache SDL an und danach ein Abschnitt über die Möglichkeiten der Qualitätssicherung im Zusammenhang mit SDL.

2. Korrektheit von formalen Spezifikationen

Aus dem vorigen Abschnitt folgt, daß die Benutzung einer formalen Spezifikationssprache zur Qualität einer Spezifikation beitragen kann.

Es folgt jedoch im allgemeinen nicht, daß allein durch die Benutzung einer solchen Sprache die Spezifikation in allen Punkten korrekt ist. Eine formale Spezifikation ist zwar präzise und eindeutig interpretierbar, drückt aber nicht unbedingt den gewünschten Sachverhalt aus.

Die Erfahrung hat gezeigt, daß das ein großes Problem ist, das umso größer wird, je komplexer die Spezifikation ist. Ohne Übertreibung kann man behaupten, daß es zur Zeit weltweit fast keine "korrekte" formale Spezifikation realistischen Ausmaßes gibt, was auch immer man unter Korrektheit verstehen mag. Das hat mehrere Ursachen:

- Das menschliche Gehirn denkt nicht formal. Bei jedem Formalismus spielt die Intuition eine gewisse Rolle und der Mensch tendiert dazu, sich Formalismen gemäß seiner Vorstellungskraft zu vergegenwärtigen. Die Vorstellung spiegelt dabei jedoch oft falsche Tatsachen vor.

- Ein Benutzer einer formalen Spezifikationssprache tendiert dazu, das ursprüngliche Problem so zu manipulieren, daß es für die Sprachkonstrukte "paßt".

- Es gibt heute wenig leistungsfähige Werkzeuge zur Unterstützung des Spezifizierers. Das wird noch einige Zeit so bleiben, weil solche Werkzeugentwicklungen sehr zeitaufwendig sind und viel Geld kosten.

- Nicht alles kann oder soll formal spezifiziert werden, aber die Grenze zwischen dem, was formal spezifiziert werden soll und was intuitiv folgen soll, ist in der Regel unklar.

Aus den obigen Ausführungen folgt, daß doch einige Qualitätssicherungsmaßnahmen notwendig sind. Der Wert einer inkorrekten formalen Spezifikation ist sehr gering. In den folgenden Abschnitten werden einige Maßnahmen im Zusammenhang mit der Spezifikationssprache SDL vorgestellt. Die Maßnahmen sind zum Teil sprachunabhängig und können auch auf andere Spezifikationssprachen übertragen werden.

3. Die Spezifikationssprache SDL

SDL /3/ ist ebenso wie Estelle und LOTOS eine Sprache zur Spezifikation und Beschreibung von komplexen Systemen. Die Grundidee von SDL ist, ein System in Form von kommunizierenden Prozessen zu beschreiben, was auf die besondere Eignung von SDL im Bereich der parallel arbeitenden (z.B. verteilten) Systemen hindeutet.

Die Beschreibung von verteilten Systemen, insbesondere Telekommunikationssystemen war auch der Auslöser zur Entwicklung der Sprache im CCITT (Commitee Consultativ International Telegraphique et Telephonique, internationale Standardisierungsorganisation im Bereich der Telekommunikation).

Das Grundelement in SDL ist der Prozeß. Ein Prozeß ist ein erweiterter endlicher Automat und kann mit anderen parallel existierenden Prozessen über Kanäle mit Hilfe von Signalen kommunizieren (Für Automaten siehe z.B. /2/). Ein erweiterter endlicher Automat unterscheidet sich dadurch von einem endlichen

Automaten, daß er neben seinen Zuständen lokal Daten halten und manipulieren kann. Die Daten existieren in Form von Werten von Variablen.

Das SDL zugrunde liegende Modell ergibt sich aus der Charakterisierung eines Prozesses:

- ein Prozeß befindet sich entweder gerade in einem
  Zustandsübergang, oder wartet auf eine Eingabe

- es gibt eine Eingabewarteschlange für jeden Prozeß, sodaß,
  wenn der Prozeß eine Eingabe erhält, während er sich in
  einem Zustandsübergang befindet, die Eingabe in der
  Eingabewarteschlange gespeichert werden kann

- wenn zwei Eingabe einen Prozeß gleichzeitig erreichen,
  werden sie in zufälliger Reihenfolge in der
  Eingabewarteschlange gepuffert

Die Dynamik einer SDL-Spezifikation wird ausschließlich durch Prozesse beschrieben, die völlig *gleichberechtigt* nebeneinander existieren. Es gibt *keine* hierarchisch über- oder untergeordneten Prozesse. Dabei kann jedoch ein Prozeß einen anderen Prozeß erzeugen. Der erzeugte Prozeß existiert fortan allerdings völlig gleichberechtigt mit dem erzeugenden Prozeß. Ein Prozeß kann nur aus dem System wieder verschwinden, wenn er sich selbst beendet.

Die Sprache SDL besitzt zwei syntaktische Formen, die beide auf dem gleichen semantischen Modell basieren. Die eine wird SDL/GR (SDL Graphical Representation) genannt und die andere SDL/PR (SDL Phrase Representation). Jedes Sprachelement besitzt eine Repräsentation in SDL/GR und eine in SDL/PR. Wir wollen uns hier der Einfachheit halber auf die graphische Form beschränken.

Die Basiskonstrukte zur Beschreibung eines Prozesses sind in Fig.1 aufgeführt. Es handelt sich um das

- Start-Symbol, mit dem der Beginn des Prozeßverhaltens
  spezifiziert wird,

- Zustands-Symbol, mit dem die Zustände eines Prozesses
  spezifiziert werden,

- Eingabe-Symbol, mit dem die Eingaben spezifiziert werden,
  die den Prozeß aus einem Zustand zu einem Zustandsübergang
  stimulieren können,

- Ausgabesymbol, mit dem eine Ausgabe an einen anderen Prozeß
  spezifiziert werden kann.

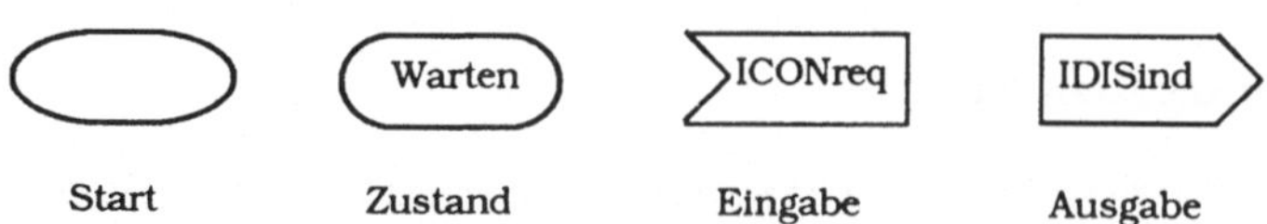

Fig.1

Das Prozeßverhalten wird mit Hilfe von *Prozeßdiagrammen* beschrieben. Fig.2 zeigt dazu ein Beispiel.

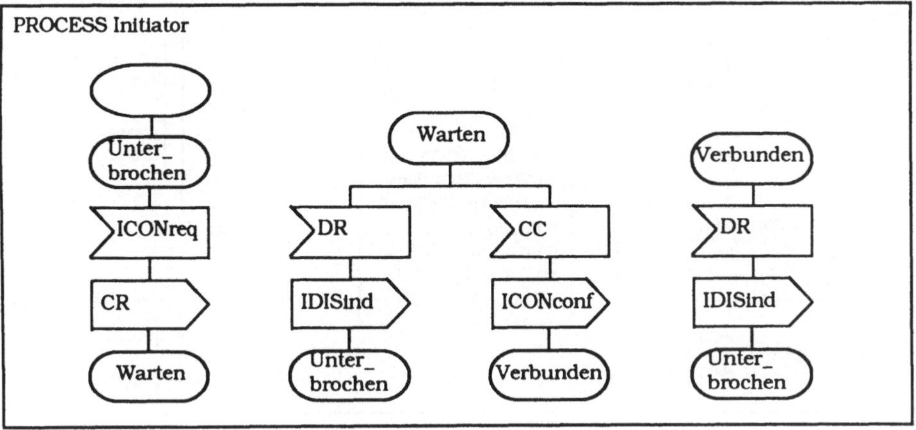

Fig.2

Die Kommunikationsstruktur zwischen den Prozessen wird mit Hilfe von *Prozeßinteraktionsdiagrammen* spezifiziert. Dazu zeigt Fig.3 ein Beispiel.

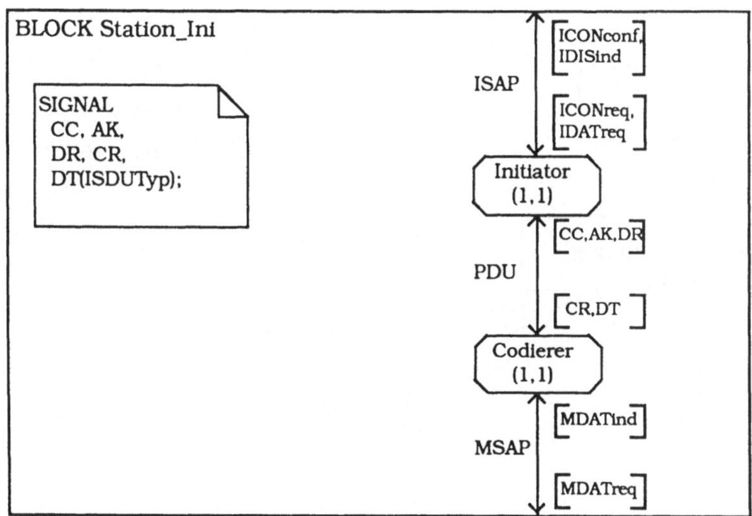

Fig.3

In SDL gibt es weitere Strukturierungsmöglichkeiten. Ein Prozeßinteraktionsdiagramm definiert einen *Block*. Blöcke werden in SDL durch Kanäle verbunden. Daraus resultiert ein *Blockinteraktionsdiagramm*, das selbst wieder einen Block definiert. Der Block auf der obersten Ebene der Spezifikation wird in SDL *System* genannt. Ein Beispiel zeigt Fig.4.

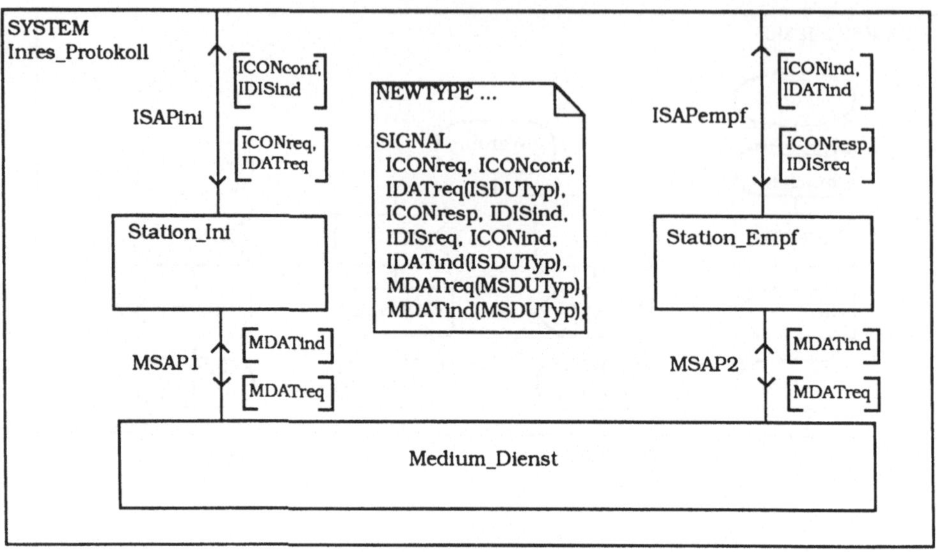

Fig.4

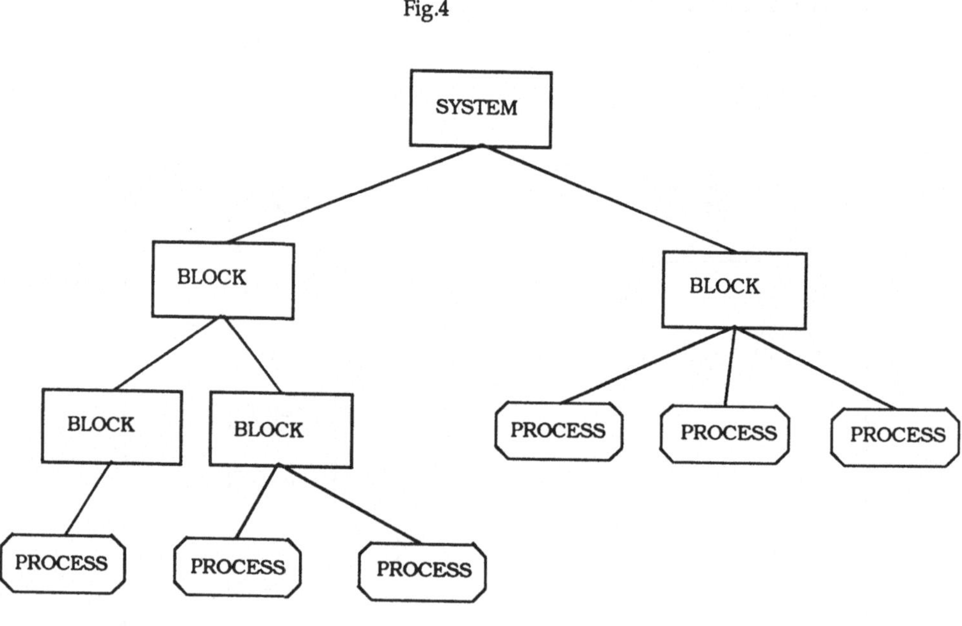

Fig.5

Insgesamt kann die Struktur einer SDL-Spezifikation als Baumhierarchie verstanden werden. Eine solche Hierarchie zeigt Fig.5.

Diese Einführung in SDL ist sehr unvollständig und läßt viele Fragen offen. Eine ausführlichere Darstellung hätte den Rahmen dieser Arbeit gesprengt. Für weitere Details zu SDL wird auf /3/ oder /9/ verwiesen. Der Umfang der in dieser Arbeit dargestellten Sprachkonstrukte umfaßt insbesondere die Strukturierungsmöglichkeiten in SDL, die im folgenden Kapitel über die Qualitätssicherungsmaßnahmen benötigt werden.

4. Qualitätssicherungsmaßnahmen

Die Qualitätssicherungsmaßnahmen können im wesentlichen unter zwei Aspekten gesehen werden:

- konstruktiv und

- analytisch.

Unter *konstruktiven* Qualitätssicherungsmaßnahmen versteht man solche, die von Beginn der Tätigkeit des Spezifizierens an eingesetzt werden. Es handelt sich hierbei um Richtlinien, wie eine Spezifikation gestaltet werden sollte. Eine besondere Rolle spielt hierbei die Strukturierung der Spezifikation, der im folgenden ein spezieller Abschnitt gewidmet ist. Weil die SDL-Spezifikationen sich größtenteils auf Dienste und Protokolle beziehen, ist der Zusammenhang zum OSI-Referenzmodell ein wichtiger Aspekt.

Analytische Maßnahmen sind solche, die nach Fertigstellung der Spezifikation, bzw. Teilen der Spezifikation, eingesetzt werden können, um die Qualität zu überprüfen. Einige dieser Maßnahmen, insbesondere die ohne Werkzeuge durchgeführt werden können wie *Walkthrough* und *Inspection*, sind allgemein in der Softwaretechnik bekannt und einsetzbar und in der entsprechenden Literatur hinreichend beschrieben. Weitere analytische Maßnahmen ergeben sich aus der Erreichbarkeitsanalyse im Zustandsraum. Damit können eventuell ungewollte Verklemmungen festgestellt werden. Diese Art der Analysen mit mehr theoretischem Hintergrund sind jedoch heutzutage in der Praxis oft nicht einsetzbar, z.B. /11/, weil die zu untersuchenden Systeme zu komplex für umfangreiche Zustandsraumuntersuchungen sind. In dieser Arbeit wird daher nur auf die konstruktiven Maßnahmen eingegangen.

4.1 Konstruktive Maßnahmen durch Strukturierung

Strukturierung ist allgemein als wichtiges Hilfsmittel zur Bewältigung der Komplexität anerkannt. Das gilt in der Programmierung ebenso wie beim Hardwareentwurf. Im Bereich der verteilten Systeme ist ein großer Fortschritt bei der Strukturierung durch die Einführung des OSI-Referenzmodells /12/ gemacht worden. Hier ist das Prinzip der Schichtung von Funktionen in einen internationalen Standard umgesetzt worden, der weite Akzeptanz findet. Für die Spezifikationssprachen ist es wichtig, die Sprachkonstrukte gemäß dem OSI-Referenzmodell einzusetzen.

Im diesem Abschnitt soll die Quebeziehung zwischen Spezifikationssprache und OSI-Referenzmodell anhand von SDL gezeigt werden. Es wird dabei versucht, einige OSI-Konzepte auf die Sprachkonstrukte abzubilden. Es ist nicht sinnvoll, für alle OSI-Konzepte Modellierungsregeln anzugeben, weil einige Konzepte anwendungsabhängig sehr unterschiedlich modelliert werden müssen.

4.1.1 Statische Architekturkonzepte

Eine Dienstspezifikation der **Schicht N** kann mit einem Block *Nservice* modelliert werden, der im einfachsten Fall zwei Prozesse *NserviceA* und *NserviceB* für jeden **Dienstzugangspunkt** enthält (Fig.6). In komplizierteren Fällen kann der Block auch noch mehr Prozesse, wenn es mehr **Dienstzugangspunkte** oder **Verbindungsendpunkte** gibt. Beispiele sind im Abschnitt 4.2.1 enthalten.

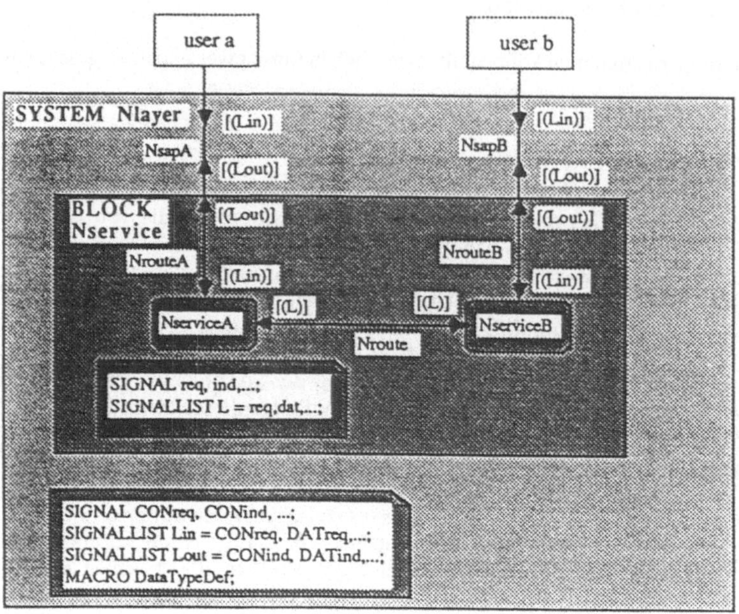

Fig.6

In Fig.6 sind die Benutzer des **Dienstes** in der Umgebung des Systems und können als Prozesse aufgefaßt werden, die mit dem System kommunizieren.

Ein **Dienstzugangspunkt** kann als Kanal repräsentiert werden (*NsapA*, *NsapB*), der die **Dienstelemente** in Form von Signalen transportiert. Ein Signal kann in SDL Daten enthalten, womit die Parameter der **Dienstelemente** modelliert werden können. Die Datentypdefinitionen der Daten der Signale sind in der Darstellung in Fig.6 nicht enthalten und werden nur als Makrodefinition *DataTypeDef* referenziert, weil sie im Zusammenhang mit dieser Arbeit unwichtig sind.

Sowohl lokale alsauch Ende-zu-Ende Aspekte werden hier berücksichtigt. Das lokale Verhalten wird unabhängig mit den Prozessen *NserviceA* und *NserviceB* modelliert. Diese Prozesse kommunizieren untereinander mit den Signalen *req, ind,* etc., die innerhalb des Blocks von dem Signalweg *Nroute* transportiert werden. Im Fall eine symmetrischen **Dienstes** sind die Prozesse *NserviceA* und *NserviceB* identisch.

Der Grund, warum in dem Modell für jeden **Dienstzugangspunkt** ein Prozeß existiert, liegt in der vereinfachten Darstellung von Kollisionssituationen, die dadurch ermöglicht wird. Eine Kollision entsteht zum Beispiel dadurch, daß an beiden **Dienstzugangspunkten** gleichzeitig ein Verbindungsaufbauwunsch geäußert wird.

Das Verhalten eines **Diensterbringers** ist in der Regel nicht-deterministisch, weil ein **Dienst** z.B. verweigert werden kann oder eine Verbindung ohne zutun der Benutzer einfach abgebrochen werden kann. Wie solche nicht-deterministischen Verhaltensweisen in SDL modelliert werden können, ist in /10/ und /16/ beschrieben.

Eine Dienstspezifikation definiert nur das nach außen sichtbare Verhalten eines Dienstes aber nicht, wie der Dienst erbracht wird. Dazu gibt es das zum **Dienst** gehörende **Protokoll**. Die Protokollspezifikation stellt im weitesten Sinne eine Implementierung des **Dienstes** dar. Diese Implementierung kann in SDL durch Hinzufügen einer Unterstruktur zu der Blockdefinition dargstellt werden (Fig.7).

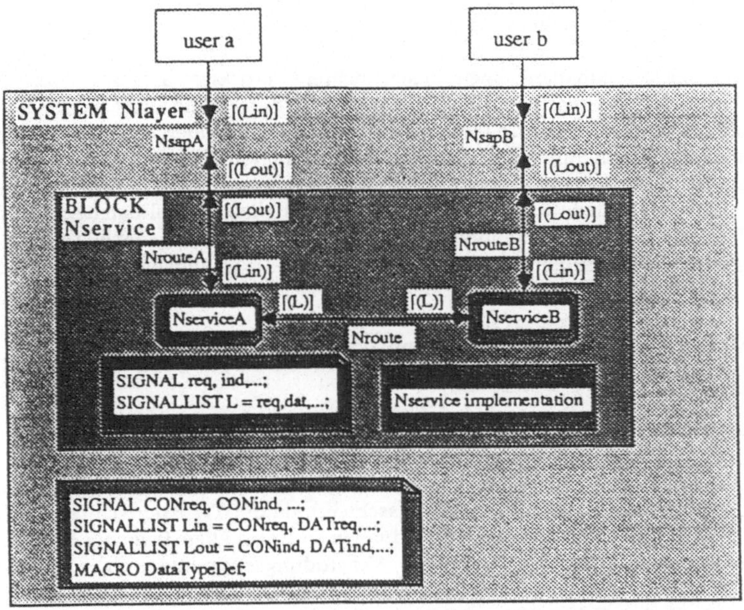

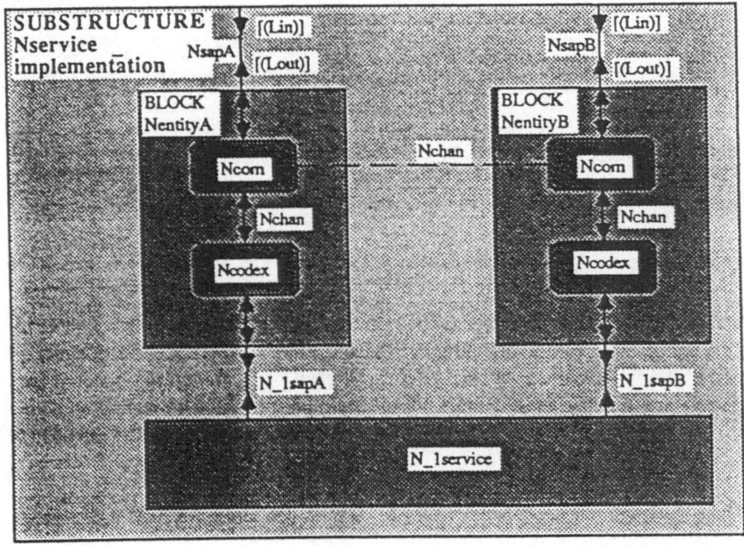

Fig.7

In dem Block *Nservice* in Fig.7 ist eine Unterstruktur mit Namen *Nservice implementation* eingeführt. Die Beschreibung der Unterstruktur befindet sich im unteren Teil von Fig.7 und enthält die Blöcke *NentityA*, *NentityB* und *N_1service*. *NentityA* und *NentityB* modellieren die **Protokollinstanzen** der **Schicht N**. *N_1service* ist eine Dienstbeschreibung analog zu *Nservice*. Im Allgemeinen kann die **Schicht N** natürlich mehr als zwei **Protokollinstanzen** besitzen, insbesondere, wenn im OSI-Referenzmodell die **Vermittlungsschicht** betrachtet wird, in der die Kommunikation zwischen zwei Benutzern über meherer **Relaysysteme** abgewickelt werden kann. Darauf soll allerdings nicht näher eingegangen werden. Die hier beschriebenen Prinzipien können in solchen Fällen völlig analog übernommen werden.

Die **Protokollinstanz**-Blöcke enthalten einen oder mehrere Prozesse abhängig von der speziellen Charakteristik des Protokolls. Das Beispiel in Fig.7 beschränkt sich der Einfachheit halber auf zwei Prozesse *Ncom* und *Ncodex*, weil hierdurch eine häufig vorhandene Charakteristik widergegeben wird. *Ncom* spezifiziert das eigentliche **Protokoll**, indem mit Hilfe von **Protokolldateneinheiten** die **Verbindungen** kontrolliert aufgebaut, verwaltet, für Datenaustausch benutzt und abgebaut werden. In Fig.7 ist zwischen den beiden Prozessen *Ncom* ein "virtueller" Kanal *Nchan* eingezeichnet, über den die **Protokolldateneinheiten** ausgetauscht werden. Tatsächlich jedoch muß zur Kommunikation der zugrundeliegende **Dienst** *N_1service* benutzt werden. Dazu müssen die **Protokolldateneinheiten** in **Dienstelemente** des zugrundeliegenden Dienstes umgeformt werden, wofür der Prozeß *Ncodex* zuständig ist.

Weitere Details zur Strukturierung können /1/ entnommen werden.

4.1.2 Dienstzugangspunkte mit mehreren Verbindungsendpunkten

Im vorigen Abschnitt wurde ein **Dienstzugangspunkt** mit Hilfe eines Kanals modelliert. In manchen Fällen, insbesondere im Zusammenhang mit der **Vermittlungsschicht** und der **Transportschicht**, reicht diese simple Betrachtungsweise nicht aus. Oft sind mehrere Verbindungen an einem **Dienstzugangspunkt** möglich, d.h. in einem **Dienstzugangspunkt** gibt es mehrere **Verbindungsendpunkte**. Die Architektur eines **Dienstzugangspunktes** mit mehreren **Verbindungsendpunkten** ist nicht ganz trivial. Allgemeine Untersuchungen hierzu finden sich z.B. in /17/ und Spezifikationsmöglichkeiten mit SDL in /8/. Aus Platzgründen kann hier nicht näher darauf eingegangen sondern nur auf die entsprechende Literatur hingewiesen werden.

4.1.3 Adressierung

In SDL gibt es mehrere Möglichkeiten, einen Prozeß zu adressieren, zwei davon sind:

- indirekte Adressierung

- direkte Adressierung

Bei der *indirekten* Adressierung wird der Empfänger eines Signals durch die Kommunikationsstruktur der Spezifikation bestimmt. So ist zum Beispiel der Empfänger eines Signals *restart_request*, das vom Prozeß *DTE_manager* in Fig.8 abgesendet wird, eindeutig daraus identifizierbar, daß es nur einen Signalweg ausgehend von *DTE_manager* gibt, der dieses Signal transportieren kann. Bei der indirekten Adressierung ist darauf zu achten, daß der Empfänger tatsächlich eindeutig bestimmbar ist, andernfalls ist die Spezifikation nicht korrekt. Die indirekte Adressierung kann z.B. gut benutzt werden, um einen **Dienstzugangspunkt** zu erreichen, wenn dieser durch einen Kanal repräsentiert ist.

Schwieriger ist die Adressierung, wenn es in einem **Dienstzugangspunkt** mehrere **Verbindungsendpunkte** gibt, wie im Fall von Fig.8. Sämtliche Signalwege *NCEP* können z.B. das Signal *NCONresp* transportieren. In diesem Fall muß der Zielprozeß *direkt* adressiert werden können.

In SDL besitzt jeder Prozeß eine eindeutige Identifikation, die bei seiner Initialisierung festgelegt wird. Auf die Wahl des Bezeichners hat der Spezifizierer keinen Einfluß, er wird von der (gedachten) Interpretationsmaschine in jedem Fall eindeutig festgelegt. Der Prozeßbezeichner ist vom Typ *Pid*, der in SDL vordefiniert ist. In einem Prozeß gibt es implizit stets eine Variable *SELF* vom Typ *Pid*, auf der der Prozeßbezeichner abgelegt ist. Ein **Verbindungsendpunkt** kann also über einen entsprechenden Prozeßbezeichner adressiert werden. Die einzige Schwierigkeit ist, daß der sendende Prozeß, der ein Signal an den **Verbindungsendpunkt** senden möchte, die Adresse kennen muß. Das geht in SDL nur dadurch, daß der **Verbindungsendpunkt** nach seiner Initialisierung seine Adresse der Umgebung bekanntgibt. Im Beispiel aus Fig.8 gibt es dafür das Signal *NCEP_reporting*. Weitere Details hierzu können /10/ entnommen werden.

4.1.4 Daten und Informationsaustausch

Zum Daten und Informationsaustausch kennt das OSI-Referenzmodell /12/, /13/ die Konzepte der **Protokolldateneinheit** (Abk. PDU), der **Dienstdateneinheit** (Abk. SDU) und dem **Dienstelement** (Abk. SP). Der Zusammenhang zwischen diesen Konzepten ist in Fig.8 /9/ dargestellt.

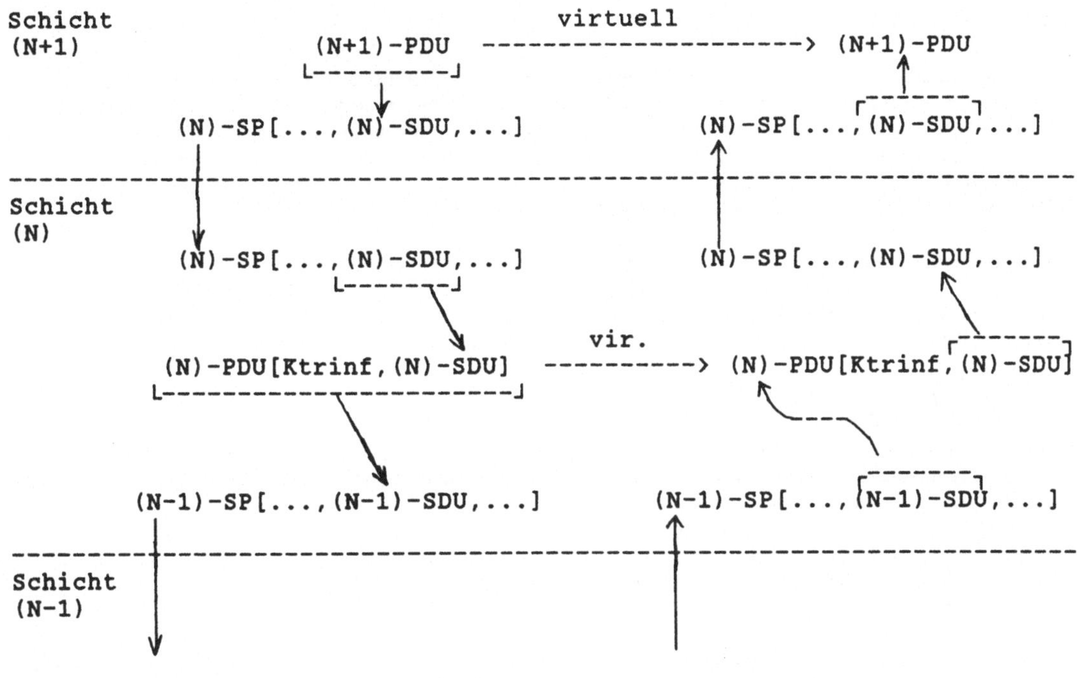

Fig.8

Zum Zweck der Kommunikation tauschen die **(N+1)-Protokollinstanzen** (N+1)-PDUs aus. Dieser Datenaustausch findet allerdings nicht horizontal also direkt zwischen den Instanzen statt, sondern die Instanzen können nur über den **(N)-Dienst** miteinander kommunizieren. Die (N+1)-PDUs werden dabei in (N)-SDUs umgewandelt und dann als Parameter von (N)-SPs an den **(N)-Dienst** übermittelt.

Die Umwandlung von (N+1)-PDUs in (N)-SDUs kann eins-zu-eins sein. Aber auch andere Abbildungen sind möglich, z.B. viele-zu-eins oder eins-zu-viele.

Der **(N)-Dienst** transportiert die (N)-SDUs transparent zwischen den (N)-SAPs. Die Information einer (N)-SDU wird vom **(N)-Dienst** nicht benutzt und nicht verändert. Eine (N)-SDU wird in der Regel von einer (N)-Instanz zusammen mit zusätzlicher Protokoll-Kontrollinformation zu einer (N)-PDU gemacht und an die entsprechende(n) (N)-Partnerinstanz(en) gesendet. Eine (N)-Partnerinstanz entfernt dann die Kontrollinformation und sendet die (N)-SDU als Parameter eines (N)-SPs an den lokalen (N)-Dienstbenutzer. Wenn der (N)-Dienstbenutzer eine (N+1)-Instanz ist, wird die (N)-SDU wieder in eine (N+1)-PDU umgewandelt.

Diese Konzepte lassen sich in SDL relativ problemlos umsetzen. Eine **Protokolldateneinheit** kann durch ein Signal modelliert werden. Die Parameter der **Protokolldateneinheit** werden dabei durch Daten des Signals repräsentiert. Entsprechendes gilt für das **Dienstelement**. Eine **Dienstdateneinheit** ist kein Signal, sondern wird durch ein einfaches Datum repräsentiert, das als Parameter in **Protokolldateneinheiten** und **Dienstelementen** existiert.

4.2 Weitere konstruktive Maßnahmen

Im vorigen Abschnitt wurden Qualitätssicherungsmaßnahmen im Zusammenhang mit dem OSI-Referenzmodell beschrieben. In diesem Abschnitt sollen nun weitere konstruktive Maßnahmen beschrieben werden, die unabhängig vom OSI-Referenzmodell bei der Spezifikation mit SDL immer angewendet werden können.

4.2.1 Robustheit

Eine Spezifikation definiert meist ein System, das mit seiner Umgebung kommuniziert. Dabei findet ein Informationsaustausch mit der Umgebung statt. In SDL und in vielen anderen Spezifikationssprachen sind es Prozesse innerhalb des Systems, die mit der Umgebung Informationen austauschen. In SDL ist die Kommunikation asynchron, d.h. die Umgebung kann einem Prozeß jederzeit Signale senden, ohne daß der Prozeß unbedingt bereit sein muß, diese zu empfangen. Die Signale werden in einem gedachten FIFO-Eingabepuffer gespeichert und bei Bedarf vom Prozeß konsumiert.

Entsprechend kommunizieren die Prozesse innerhalb des Systems untereinander.

In jedem Zustand erwartet ein Prozeß nur bestimmte Signale. Da eine Prozeßdefinition aber nur das definiert, was den Prozeß selbst betrifft, kann es durchaus passieren, daß dem Prozeß in einem bestimmten Zustand ein Signal angeboten wird, das er in diesem Zustand nicht erwartet.

Eine Prozeßspezifikation muß so *robust* sein, daß sie auf ein Fehlverhalten ihrer Umgebung angemessen reagiert, also ein solches Fehlverhalten der Umgebung zum Beispiel ignoriert oder einen Fehler an die Umgebung meldet. Es darf nicht dazu kommen, daß die Spezifikation nicht mehr interpretierbar ist, wenn sich die Umgebung "falsch" verhält.

In SDL ist das Problem der Robustheit dadurch entschärft, daß ein Prozeß ein in einem Zustand unerwartetes Signal *implizit* konsumiert, d.h. das Signal wird einfach aus dem Eingabepuffer entfernt, und der Prozeß bleibt in seinem Zustand.

Das kann jedoch auch zu Problemen führen. Dadurch, daß ein Signal auf dem Weg zwischen zwei Prozessen auf einem Kanal einer beliebig langen Verzögerungszeit unterliegt, kann ein erwartetes Signal am Zielprozeß früher oder später eintreffen. Der Spezifizierer muß darauf achten, daß das Signal dann nicht ungewollt implizit konsumiert wird.

Es gibt noch einen anderen Aspekt, der unter dem Stichpunkt Robustheit zu erwähnen ist. Der implizite Konsum bezieht sich nämlich nur auf unerwartete Signale. Nun können Signale aber auch Daten mitführen. Das Problem der unerwarteten Daten wird jedoch durch den impliziten Konsum nicht gelöst. Der Spezifizierer sollte stets darauf achten, daß eventuell falsche Daten in einem korrekten Signal nicht zu einem völligen Fehlverhalten des Prozesses führen.

4.2.2 Import und Export von Variablen

Prozesse können lokal Daten halten und verwalten. Manchmal ist es sinnvoll, solche Daten auch in anderen Prozessen zu benutzen. Dafür gibt es SDL Import- und Exportmechanismen, sodaß auf die Variablen lesend zugegriffen werden kann. Da das SDL-Modell jedoch kein direktes Lesen von Variablen eines anderen Prozesses zuläßt, was auch sinnvoll ist, um das Modell einfach zu halten, wird der Import und Export über einen impliziten Signalaustausch vorgenommen. Bei dem Signalaustausch kann es aber zu Verzögerungen kommen, und es können unerwartete Effekte auftreten. Zu der geauen Semantik des Imports und Exports wird auf /3/ verwiesen.

Das Lesen von Variablen eines anderen Prozesses muß wegen der möglichen unerwarteten Effekte als insgesamt kritisch angesehen werden. So ist es zum Beispiel möglich, daß ein Prozeß versucht, eine Variable von einem Prozeß zu lesen, der sich kurz darauf beendet. Wenn die Beendigung eintritt, bevor das implizite Signal den Besitzer der Variable erreicht, wird der lesende Prozeß für alle Ewigkeiten auf die Antwort warten, und es entsteht eine Verklemmung. Diese Verklemmung ist deswegen besonders kritisch, weil sie durch einen impliziten Signalaustausch entsteht, der von dem Spezifizierer nicht kontrolliert werden kann. Man kann kein *timeout* oder ähnliche Sicherungsmechanismen einbauen.

Es ist wegen dieser Problematik daher zu raten, den Import und Export möglichst zu vermeiden und wenn, dann nur über kurze Strecken durchzuführen und ferner darauf zu achten, daß der Besitzerprozeß nicht enden kann.

4.2.3 Lokalität von Datendefinitionen

In SDL kann an jeder beliebigen Stelle in der Spezifikationshierarchie ein abstrakter Datentyp definiert werden. Mit einem abstrakten Datentyp werden sogenannte Sorten und Operationen auf den Sorten definiert. Zu einer Sorte, die auf einer Ebene definiert wurde, können auf darunterliegenden Ebenen weitere Operationen auf diesen Sorte definiert werden. So ist es denkbar, daß eine Sorte auf einer sehr hohen Hierarchieebene zunächst definiert wird, dann auf niedrigerern Ebenen weitere Operationen definiert werden und die Sorte letztlich auf einer sehr niedrigen Ebene benutzt wird.

Eine solche Konstruktion verstößt klar gegen das Prinzip der Lokalität, das in der Softwaretechnik allgemein gilt. Die Definition einer Sorte erstreckt sich über mehrere Seiten eines Spezifikationsdokuments und ist damit schwer überschaubar.

Manchmal ist es nicht möglich, das Prinzip der Lokalität zu verfolgen, weil die Sorte an verschiedenen Stellen benötigt wird und somit in einer hierarchisch übergeordneten Instanz definiert werden muß. Zu empfehlen ist jedoch, die Sorte möglichst dicht bei ihrer Verwendung zu definieren und dort möglichst vollständig.

4.2.4 Spezifikationsstil und Standardschemata

In jeder Spezifikationssprache gibt es in der Regel unterschiedliche Möglichkeiten ein und dieselbe Sache auszudrücken.

So kann in SDL zum Beispiel das Ziel eines Prozesses auf drei verschiedene Weisen spezifiziert werden:

 - durch direkte Angabe einer Zieladresse,

 - durch indirekte Adressierung, indem das Ziel eindeutig aus
  der Systemstruktur hervorgeht oder

 - durch Angabe eines Kanals oder Signalwegs, über den
  gesendet werden soll.

Für Details wird wieder auf /3/ verwiesen. Es ist günstig, wenn man in der Spezifikation nicht allzuoft zwischen diesen Möglichkeiten wechselt, sondern stets im gleichen Zusammenhangdie gleiche Form wählt.

Ein anderes Beispiel ist das graphische Symbol für die Eingabe. Es ist in zwei spielgebildlichen Formen möglich (Fig.11).

Fig.9

Beide Formen sind erlaubt, und es gibt keinen semantischen Unterschied. In manchen Spezifikationen, z.B. /5/, werden beide Formen benutzt damit zwei verschiedene Arten von Sendern unterschieden. Im Fall von /5/ wird die linke Form aus Fig.9 benutzt, wenn es sich um ein Signal von dem Benutzer handelt. Die rechte Form wird benutzt, wenn es sich um ein Signal vom Netz handelt. Diese Art der Unterscheidung kann die Lesbarkeit einer Spezifikation erheblich erhöhen.

Die obigen Beispiele zeigen, daß es möglich ist, einen Spezifikationsstil zu verfolgen. Das konsequente Einhalten eines Stils kann die Lesbarkeit und Verständlichkeit einer Spezifikation erheblich verbessern. Wenn ein Leser einer Spezifikation einmal den Spezifikationsstil verstanden hat, fällt es ihm leicht, auch die Spezifikation selbst zu verstehen. Das ist insbesondere wichtig für die analytischen Maßnahmen *Walkthrough* und *Inspection.*

4.2.5 Vereinfachtes Interpretationsmodell

In seinem vollen Umfamg betrachtet besitzt SDL ein sehr komplexes Interpretationsmodell. Eine vollständige Beschreibung enthalten die Anhänge F.2 und F.3 von /3/. Die Komplexität des Interpretationsmodells ergibt sich aus der Allgemeingültigkeit. Jede beliebige syntaktisch korrekte SDL-Spezifikation muß hinsichtlich des Interpretationsmodells eindeutig interrpetierbar sein. Ein kompliziertes Interpretationsmodell erschwert dann auch das Nachvollziehen dessen, was man spezifiziert hat.

Schränkt man jedoch den Sprachumfang ein, so ist ein sehr viel einfacheres Interpretationsmodell möglich und die Spezifikation ingesamt durchschaubarer. In vielen Anwendungen kommt man in der Tat mit einem eingeschränkten Sprachumfang aus. Insbesondere die Sprachkonstrukte SAVE und SERVICE und der Import und Export von Variablen verkomplizieren das Modell. Durch Weglassen einiger Sprachkonstrukte verliert die Sprache allerdings an Mächtigkeit. Wenn dadurch jedoch die Klarheit der Spezifikationen erhöht wird, kann ein solcher Nachteil nach Meinung des Autors durchaus inkaufgenommen werden.

Ein eingeschränkter Sprachumfang erleichtert übrigens auch die Entwicklung von Werkzeugen in Umfeld von SDL. Natürlich muß beachtet werden, daß solche Werkzeuge dann nur eingeschränkt im Zusammenhang mit SDL einsetzbar sind. Jedoch ist es nach Meinung des Autors besser, ein einsatzfähiges einfaches Werkzeug zu besitzen als gar kein kompliziertes.

5. Schlußfolgerungen

In dieser Arbeit wurde gezeigt, wie Dienst- und Protokollspezifikationen mit Hilfe von gezielten Qualitätssicherungsmaßnahmen klarer strukturiert und insgesamt durchsichtiger gestaltet werden können. Natürlich ist diese Katalog von Maßnahmen nicht vollständig und kann anwendungsspezifisch beliebig erweitert werden. Er stellt jedoch einen gewissen Anfang einer Denkrichtung dar, die entstanden ist, weil herkömmliche analytische Protokollverifikationsmaßnahmen in der Praxis aufgrund der Komplexität der zu untersuchenden Systeme meist scheitern. Der Ansatz verfolgt die Faustregel: Nicht etwas irgendwie spezifizieren und dann nachprüfen, ob es korrekt ist, sondern von vornherein versuchen mit gezielten Maßnahmen korrekt zu spezifizieren.

6. Literatur

/1/   Belina, F., Hogrefe, D., Trigila, S.: Modelling OSI in SDL, (in Turner K.: Formal Derscription Techniques), North Holland, 1988.

/2/   Brauer, W.: Automatentheorie, B.G. Teubner, Stuttgart, 1984.

/3/   CCITT SG X: Recommendation Z.100: Specification and Description Language SDL, Contribution Com X-R15-E, 1987.

/4/   CCITT SG XI: Recommendation Q.701-795: Specification of Signalling System No. 7, Red Book, 1985.

/5/   CCITT SG XI: Recommendation Q.931: ISDN user-network interface layer 3 specification, Red Book, 1985.

/6/   CCITT SG VII: Recommendation X.25: Data Communication Networks Interfaces, Red Book, 1985.

/7/   CCITT SG VII: Recommendation X.25 Layer 3, Contribution Com VII-144-E, 1987.

/8/   Hogrefe, D.: OSI Service Specification with CCITT-SDL, ACM Comp. Comm. Review, no.1,
        1988.

/9/   Hogrefe, D.: Estelle, LOTOS und SDL: Standard-Spezifikationssprachen für verteilte
        Systeme, Springer, 1988.

/10/   Hogrefe, D.: Protocol and Service Specification with SDL: the X.25 case study, report no.
        FBI-HH-B-134/88, University of Hamburg, 1988.

/11/   Holzmann, G. J.: On Limits and Possibilities of Automated Protocol Analysis, Proc. 7-th
        IFIP Workshop on Protocol Specification, Verification and Testing, Zurich, May 1987.

/12/   ISO: Basic Reference Model, International Standard, ISO/IS 7498, 1984.

/13/   ISO TC97/SC21: OSI Service Conventions, Technical report ISO/TR 8509, 1987.

/14/   ISO TC97/SC21: LOTOS: Language for the temporal ordering specification of
        observational behaviour, Draft International Standard ISO/DIS 8807, 1987.

/15/   ISO TC97/SC21: ESTELLE: A formal description technique based on an extended state
        transition model, Draft International Standard ISO/DIS 9074, 1987.

/16/   ISO TC97/SC21: Guidelines for the application of ESTELLE, LOTOS, and SDL, Document
        SC21/WG1/N451, June 1987.

/17/   Tomas, J.G., et al.: OSI service specification: SAP and CEP modelling, ACM Computer
        Comm. Review, vol.17, no.1/2, April 1987, pp. 48-70.

FOUR OPERATORS TO EXPRESS TIME CONSTRAINTS IN A PROCESS ALGEBRA

Guy A. T'Hooft
Université Libre de Bruxelles, Service Réseau (CP125)
50, Av. F.Roosevelt, B-1050 Bruxelles, Belgium

0. Abstract.

The Calculus of Communicating Systems (CCS) [1] of Milner led to many variants, like the Language of Temporal Ordering Specification [2] of the ISO or Timed LOTOS [3] of Quemada-Fernandez. This last variant introduces time intervals on event offers. We first informally motivate the need for a new variant. Then we present four alternative operators to timed LOTOS, that try to suit more accurately the characteristics of current operating systems. Finally, we show, by means of a small example, that the above operators effectively allow to cope with real-time constraints.

Keywords: Process algebras, Calculus of Communicating Systems (CCS), Language of Temporal Ordering Specification (LOTOS), Operational semantics, Time ranges.

1. Introduction.

While studying the current tendencies in the above Protocol Specification Methods (ESTELLE, LOTOS, SDL) from the ISO and the CCITT, we have found pros and cons for each technique.

Some models, like ESTELLE and SDL, are, in our opinion, too far from "specification" concerns: they are very "implementation-oriented" and close to programming languages. Moreover they do not offer mathematical rules to analyse the specifications.

On the contrary, LOTOS is, in our opinion again, too far from operating implementation concerns: their semantics are directly usable for verification purposes (analysis-oriented), but not for building straightforward efficient implementations.

Our feeling is that people in the industrial telecommunication world need an intermediate language, collecting the advantages of both methods and trying to reduce as much as possible their respective drawbacks.

The starting point of our work has been to consider non instantaneous transitions, which is a rather natural hypothesis, and a quantification of time-out values.

A priori, we can imagine two techniques to fulfill our aims: a) to take an implementation-oriented language and to add to it a calculus of properties; b) to take a specification-oriented language and to modify it to reflect implementation concerns.

We chose the second approach, which seemed more promising.
This choice being taken, we have considered four main steps to tackle the problem: a) the definition of operators able to fully satisfy real time constraints requirements; b) the definition of an ad hoc timed equivalence/congruence between terms; c) the building of the

corresponding expansion theorem; d) the presentation of example applications; the present paper only tackles points a) and d).

The next section gives an overview of our model.

2. An Alternative Model.

For the sake of conciseness, we suppose hereafter the reader familiar with the notations of CCS, LOTOS and Timed LOTOS (cfr [1-3]). Nevertheless, here is a (very) short introduction.

The components of the system to be studied are represented in an abstract way, by processes. Each process executes actions that are instantaneous occurrences of events. For instance, we write: p --a--> p' to denote the fact that a process p executes an action a (not further detailed) and then behaves like process p'.

In this model, we have basically four operators to express relations between component events: a) when an action b can only occur after another action a, we use the the sequentialization ";" operator (a ; b ...); b) when the environment has the choice between two actions c and d, we use the summation "+" operator (c ... + d ...); c) when a process starting with e can be executed concurrently with another one starting with f, we use the parallel composition "|" operator; in that case, matching actions (input with output) can synchronize together; d) when we want to restrict independent actions of concurrent processes, we use the restriction operator "\" (e ... | f ...) \ g; in that case we can only have a synchronized progression if e and f match each other.

The other operators of CCS are process definition, process instantiation, conditional behaviours, etc ... They are especially well suited to structure large specifications. The interested reader can see reference [1] for more details.

Here are three key ideas of our model.

2.1. Difference between action and event.

In CCS, LOTOS and Timed LOTOS, the actions are considered as atomic and instantaneous. Using an arrow (labelled by the name of the event) to represent a transition, we can draw it as:

a) one process involved:

(B1|...|Bi|...|Bn) --action in process Bi--> (B1|...|Bi'|...|Bn)

b) two (or more in LOTOS) processes involved (synchronization):

(B1|...|Bi|...|Bj|...|Bn)
--synchronization of an action of Bi with one of Bj-->
(B1|...|Bi'|...|Bj'|...|Bn)

A first main difference we introduce with respect to CCS and LOTOS, is that we distinguish between **actions** and **events**: actions take some amount of time to be executed, events are instantaneous. Each action a defines implicitly two events: its start <a and end a> events. We think that this conception of actions is closest to those of real operating systems where the interactions are usually atomic but not instantaneous. We can draw it as:

a) one process involved:

```
(B1|...|Bi            |...|Bn) --event1 (start of work in Bi)-->
(B1|...|Working(Bi)   |...|Bn) --event2 (end of work in Bi)-->
(B1|...|Bi'           |...|Bn)
```

where Working(Bi) means that Bi is executing an action

b) two processes involved (synchronization):

```
(B1|...|Bi     |...|Bj     |...|Bn) --event1-->
(B1|...|X(Bj)  |...|X(Bi)  |...|Bn) --event2-->
(B1|...|Bi'    |...|Bj'    |...|Bn)
```

where event1 and event2 are resp. start and end of synchronization between Bi and Bj; X(Bj) stands for eXchanging(Bj) and means that process Bi is involved in the action of exchanging information with Bj.

We must stress that our notations are slightly ambigute here. Indeed, when writing W(Bi), internal choices in process Bi might have been taken (if any). The same holds for X(Bi) and X(Bj). An index should be added to refer to the right alternative of the process. When the intention is clear, we have dropped these details.

We must mention here that, with respect to LOTOS, we cut some generality: we only consider general input and output event offers (cfr 3.3) and no mixing of input and output offers in the same action. We restrict the synchronizations to those of two processes because it is closer to existing operating systems.

2.2. Time constraints.

The second main difference with respect to CCS and LOTOS, is that we introduce real-time constraints on the actions. We use the term real-time because we count the time like a clock would do and not in terms of number of events, for instance. We already mentioned that actions are not instantaneous in operating environments. We shall thus allow to associate time ranges to actions.

We have adopted the requirements for real-time constraints that are stated in paragraph 2.6 of [5]: "The concept of time can be used in three ways:
a) to specify that an action must be executed within T seconds;
b) to specify that the environment will react after/within T seconds;
c) to specify a time-dependent waiting status."

In order to fulfill these requirements, we associate four time values to each action: two of them restrict the freedom range for the corresponding start event and the two others state the freedom range for the execution time (or the end event!).

A denotation $a<t_0,t_1,t_2,t_3>$ means that the action **a** may not start before t_0, may not start after t_3, and, when started, it lasts at minimum t_1, and at maximum t_2.

In a real implementation, action a corresponds to a portion of code, that we note algor(a). Writing $a<t_0,t_1,t_2,t_3>$ in a specification means
a) that any implementation must ensure that algor(a) is started inside the time interval t_0,t_3 after enabling of **a**;
b) that any implementation must satisfy the requirement: execution time of algor(a) bounded by t_1 and t_2.

All those time considerations lead to the intuitive fact that a global system may exhibit at the same instant more than one activity. Thus, for instance, an action can start in process Bi while processes Bj and Bk are exchanging information (i, j and k all different). On the other hand, when involved in an action, a process is unable to see other offered actions.

2.3. Three remarks about Timed LOTOS semantics.

In [4], we already pointed out the two first of them.

a) similar constraints can lead to non similar behaviours.

We show here after that the parallel composition of two (similar) processes submitted to similar time constraints, can lead to a non similar behaviour. What is surprising.

Let us consider the interleaving of two mere processes: we have a similar behaviour without time constraints (--\--> means no derivation possible).

```
G0 = a ; stop | b ; stop
-- a --> G1
-- b --> G2

G1 = stop | b ; stop -- b --> G3

G2 = a ; stop | stop -- a --> G4

G3 = stop | stop --\-->

G4 = stop | stop --\-->
```

If we add time constraints, event a can only occur at 2 while event b at 3 units of time, we get a non similar behaviour:

```
G0 = a<2,2> ; stop | b<3,3> ; stop
-- a,2 --> G1
-- b,3 --> G2

G1 = stop | b<1,1> ; stop -- b,1 --> G3

G2 = stop | stop --\--> (!)

G3 = stop | stop --\-->

G4 = stop | stop --\-->
```

It seems to us that one branch is missing, reflecting the fact that a can occur alone, never followed by b. What we would like is the similar behaviour:

```
G0 = a<2,2> ; stop | b<3,3> ; stop
-- a,2 --> G1
-- b,3 --> G2
-- a,2 --> G4

G1 = stop | b<1,1> ; stop -- b,1 --> G3

G2 = stop | stop --\-->
```

```
G3 = stop | stop --\-->

G4 = stop | stop --\-->
```

b) no real model of timer.

Let us consider that we have two processes: one waiting for an acknowledgement and having a timer enabled, the second offering the needed acknowledgement. We get for instance:

```
ack<0,99> ; OK [] i<100,100> ; NOK |[ack]| ack ; READY
-- ack,t --> OK |[ack]| READY
-- i,100 --> NOK |[ack]| ack ; READY (!)
```

where the first transition is valid for all t included in 0..99, and the second means that, although the acknowledgement is present, ready to be taken into account, the time-out can still occur!

c) no model of independent actions overlapping in time.

Let us consider that we want to model two processes such that:
- the first starts to do something immediately;
- the second starts to do something else a bit later, but before the end of the execution of the first;
- the second finishes its execution before the first.

For instance, we could specify that in Timed LOTOS by:

```
G0 = a_begins<0,0> ; a_ends<20,20> ; stop
 ||| b_begins<10,10> ; b_ends<5,5> ; stop
-- a_begins,0 --> G1
-- b_begins,10 --> G2

G1 = a_ends<20,20> ; stop ||| b_begins<10,10> ; b_ends<5,5> ; stop
-- b_begins,10 --> G3
-- a_ends,20 --> G4

G2 = stop ||| b_ends<5,5> ; stop -- b_ends,5 --> G5

G3 = a_ends<10,10> ; stop ||| b_ends<5,5> ; stop
-- b_ends,5 --> G6
-- a_ends,10 --> G7

G4 = stop ||| stop --\-->

G5 = stop ||| stop --\-->

G6 = a_ends<5,5> ; stop ||| stop -- a_ends,5 --> G8

G7 = stop ||| stop --\-->

G8 = stop ||| stop --\-->
```

These semantics do not correspond to the intuitive specification we wanted:

```
G0 = a_begins<0,0> ; a_ends<20,20> ; stop
 ||| b_begins<10,10> ; b_ends<5,5> ; stop
-- a_begins,0 --> G1

G1 = a_ends<20,20> ; stop ||| b_begins<10,10> ; b_ends<5,5> ; stop
-- b_begins,10 --> G3
```

G3 = a_ends<10,10> ; _stop_ ||| b_ends<5,5> ; _stop_ -- b_ends,5 --> G6

G6 = a_ends<5,5> ; _stop_ ||| _stop_ -- a_ends,5 --> G8

G8 = _stop_ ||| _stop_ --\-->

3. Alternative operators.

Again for the sake of brevity, we suppose the reader familiar with the usual notations used in CCS (cfr [1]) and LOTOS (cfr [2]).

3.1. Preliminary notations.

1) The time is considered as discrete; it is represented by the naturals N but we only need to be able to compare and add (subtract) time values.

2) For each action a in an expression B, for each instant t in N, enabled(B,a,t) is true iff B currently offers a and this offer started at t. The unique t in N satisfying enabled(B,a,t) is referred to as te(a) or time of enabling for a.

3) The default values are 0 for t0 and t1; infinite (noted *) for t2 and t3. T0 and t3 are relative to the time of enabling; t1 and t2 to the start event. We require t0 <= t3 and t1 <= t2. Every action is (implicitly or explicitly) parameterized by these four time quantities, noted as <t0, t1, t2, t3>.

4) All the transitions of the system will be labelled by two or three items like: IS -- B,event(s),+<min,max> --> NS where IS is the initial state of the system; B is the name of the global expression in which things occur; B may be absent when the context allows no ambiguity; event(s) is (are) the name(s) of the event(s) responsible for the transition, these names are separated by a ':' character when independent (more than one event occur simultaneously); +<min,max> is the time freedom range for that transition; NS is the next state of the system.

5) As far as actions take time to be completed, we need a means to express the aging of expressions. Given an "Action To be Started" ats<t0,t1,t2,t3> or an "Action currently In Progress" aip<t1,t2>, and a time variable f bound to the freedom range +<minf,maxf>, we have:

```
Age (ats<t0,t1,t2,t3> , f)
= ats<max(0,t0-f),t1,t2,t3-f> if t3-f >= 0 (minf <= f <= maxf)
= stop                        if t3-f <  0 (minf <= f <= maxf)

Age (aip<t1,t2> , f)
= aip<max(0,t1-f),t2-f> if t2-f >= 0 (minf <= f <= maxf)
= stop                  if t2-f <  0 (minf <= f <= maxf)
```

The aging of a behaviour expression B is by definition the aging of all its enabled actions.

3.2. Inaction.

stop; there is no atomic action; _stop_ is the process that can do nothing.

3.3. Actions.

3.3.1. Internal:
timer<t0,0,0,t3>;B' or timer<t0,t3>;B' (timer toggle)
nondet<0,0,0,*>;B' or nondet;B' (non determinism)
work<0,t1,t2,0>;B' or work<t1,t2>;B' (working)

3.3.2. General output:
g!E1,..,En<t0,t1,t2,t3>;B' (Ei are value expressions)
g!E1,..,En<0,t1,t2,*>;B' or g!E1,..,En<t1,t2>;B'

3.3.3. General input:
g?x1:ty1,..,xn:tyn<t0,t1,t2,t3>;B' (xi are variables of type tyi)
g?x1:ty1,..,xn:tyn<0,t1,t2,*>;B' or g?x1:ty1,..,xn:tyn<t1,t2>;B'

3.3.1. Formal semantics for internal actions

enabled(B,timer<t0,t3>,te)
-- (timer)
timer<t0,t3>;B' -- timer,+<t0,t3> --> B'

enabled(B,nondet,te)
-------------------------------- (nondeterminism)
nondet;B' -- nondet,+<0,*> --> B'

enabled(B,work<t1,t2>,te)
-- (working)
work<t1,t2>;B' -- <work,+<0,0> --> W<t1,t2>;B'

enabled(B,W<t1,t2>,te)
------------------------------------ (working)
W<t1,t2>;B' -- work>,+<t1,t2> --> B'

When offering timer<t0,t3>, a process starts a timer (let us say at global time te to fix the ideas), the time-out shall occur between t0 and t3 units of (global) time later, unless another branch of the process disables it (timer abort); thus, a (relevant) difference with Timed LOTOS [3] is that, there, i<t0,t3> may occur only between te+t0 and te+t3 (but nothing ensures it will appear) whereas here timer<t0,t3> necessarily occurs, at the latest at te+t3. Timer<t0,t3> is considered as an event (is instantaneous). We say that it is a sure event at t3.

Timer<t0,t3>;B1+timer<t0',t3'>;B2 is equivalent to timer<t0,t3>;B1 if t0' > t3. In case of overlapping of the time ranges the choice is non deterministic in this area.

Nondet is also considered as an event (is instantaneous) and is not timely constrained: it is a special case of timer in fact. Nevertheless an important difference is that it is never a sure event (even if nothing else can happen).

Work<t1,t2> can be used to model internal computation time (when offered alone in a process step); the same difference with Timed LOTOS [3] holds; it is worth mentioning that work starts as soon as it is enabled (thus, after t0 and before t3 are useless here).

Work<t1,t2>;B1+work<t1',t2'>;B2 leads to an instantaneous non deterministic choice.

3.3.2. Formal semantics for g!E1,..,En<t0,t1,t2,t3>;B'

```
enabled(B,g!E1,..,En<t0,t1,t2,t3>,te)
-------------------------------------------------------------- (Start)
g!E1,..,En<t0,t1,t2,t3>;B' -- <g,+<t0,t3> --> X(g!)<t1,t2>;B'


enabled(B,X(g!)<t0,t1,t2,t3>,te),
vi=value_of(Ei) for 1<=i<=n
----------------------------------------------- (End)
X(g!)<t1,t2>;B' -- gv1,..,vn>,+<t1,t2> --> B'
```

We only consider general input and general output (i.e. no mixing of
!Ei with ?xj:tyj in the same event like in LOTOS and Timed LOTOS)
because most of the operating systems only offer those kinds of
synchronization mechanisms (but neither value generation nor value
matching); the time constraints on an event offer represent in fact
the bounds of time each process needs to complete the synchronization
with the other (copy of information, recognizing the message, ...).

3.3.3. Formal semantics for g?x1:ty1,..,xn:tyn<t0,t1,t2,t3>;B'

```
enabled(B,g?x1:ty1,..,xn:tyn<t0,t1,t2,t3>,te)                (Start)
------------------------------------------------------------------
g?x1:ty1,..,xn:tyn<t0,t1,t2,t3>;B' --<g,+<t0,t3>--> X(g?)<t1,t2>;B'


enabled(B,X(g?)<t1,t2>,te),                                 (End)
vi in Q(tyi) for 1<=i<=n (Q(tyi) is data carrier of tyi)
Ex1,...,Exn are value-expressions with vi=value_of(Exi)
-----------------------------------------------------------------
X(g?)<t1,t2>;B'-- gv1,..,vn>,+<t1,t2> --> [Ex1/x1,...,Exn/xn]B'
```

Similar intuitive meaning as in 3.2.3.
[Ex1/x1,...,Exn/xn]B' is the simultaneous substitution in B' of all
variables xi with the corresponding expressions.

3.3.4. Remark for all actions.

Contrary to LOTOS (cfr section 7.4.2.5.a and b of [2]) and Timed
LOTOS, we do not consider predicates associated with actions like:
timer[P]<t1,t2> or g?x1:ty1,...,xn:tyn[P]<t0,t1,t2,t3> or nondet[P] or
g!E1,...,En[P]<t0,t1,t2,t3>.

There are three reasons for this:

a) looking at the above action denotations, a question arises: do we
have to consider (P _at_ tf) or (P _since_ t1) or (P _since_ te) in order to
execute the transition? (te=time of enabling, tf=time of firing, _since_
t means continuously true "since" that instant; _at_ t means that we
only check the truth "at" this instant). It is worth mentioning that a
similar mechanism: "_provided_ P _delay_ (t0,t3)" is offered in ESTELLE. A
previous experience (cfr [6], concept of short task) taught to us the
fact that implementing constraints like (P _since_ t1) or (P _since_ te)
is not easy and at least asks for very particular operating system
primitives and a lot of care in the writing of the algorithms. So we
opted for the most natural one: (P _at_ tf). We comforted ourselves in
our opinion by the fact that the predicate generally relates on the
environment (a buffer is free, etc ...), thus it is at this instant
that we need the truth of the predicate;

b) generally the operating systems do not directly offer a mechanism
to implement this feature;

c) to be coherent with ourselves, we would have to introduce a second couple of times to represent the firing time of the predicate P, what we do not want to do (heavy mechanism, can always be specified in two steps with a choice after the time-out).

3.4. Parallel composition of two processes B = B1 | B2

(Independent progression of B1, and similar for B2)

```
B1 -- B,a,+f<t,t'> --> B1'
----------------------------------------
B -- B,a,+f<t,t'> --> B1' | Age(B2,f)
```

The idea is that whenever one of the components B1 or B2 of B can do something, not constrained to synchronization, the parallel composition can also do it. B2 is aged by f included in <t,t'>.

(Synchronization, from B1 to B2 and similar for other direction)

```
enabled(B1,a!E1,...,En<t0,t1,t2,t3>;B1',te),
enabled(B2,a?x1:ty1,...,xn:tyn<t0',t1',t2',t3'>;B2',te'),
intersection (<te+t0,te+t3>,<te'+t0',te'+t3'>) = <t",T">
t" <= T" (not empty) and st = t"
-----------------------------------------------------------------
B -- B,<i(a),+<st,st> --> X(a!)<t1,t2>;B1' | X(a?)<t1',t2'>;B2'
```

```
enabled(B1,X(a!)<t1,t2>;B1',te),
enabled(B2,X(a?)<t1',t2'>;B2',te),
mt1 = max(t1,t1'), mt2 = max(t2,t2')
----------------------------------------
X(a!)<t1,t2>;B1' | X(a?)<t1',t2'>;B2'
    -- B,i(a,v1,...vn)>,+<mt1,mt2> -->
         B1' | B2'
```

Two processes can synchronize together if one is ready to output a suite of values, the other is ready to input it, the parallel operator allows it and the start freedom ranges of both are compatible. The duration of synchronization is comprised between max(t1,t1') and max(t2,t2'). During this time both processes are busy, not able to watch their environments. We chose a max-max policy because when two machines are synchronizing the fastest one has to wait for the slowest one. Thus again we have taken the most natural.

3.5. Restriction: B = (B1 | ... | Bi | ... | Bn) \ A

```
Bi -- B,b,+<t,t'> --> Bi', i is_in 1..n,
not ( name(b) is_in {<al,...,<an,al>,...,an>} )
----------------------------------------------------------
B -- B,b,+<t,t'> --> ( B1 | ... | Bi' | ... | Bn ) \ A
```

```
B -- B,...:i(b):...,+<t,t'> --> B',
there is no b in this composed transition such that:
not ( name(b) is_in {al,...,an} )
----------------------------------------------------------
B -- B,...:i(b):...,+<t,t'> --> B'
```

where A = {al,...,an} i.e. a set of gate names.

The first rule says, by substraction, that all independent progressions on a gate included in A are removed, whether it is a start or an end event. The second rule says, also by substraction,

that any progression involving at least a synchronization on a gate
not included in A is forbidden.

3.6. Summation: B = B1 + B2

```
B1 -- B,a,+<t,t'> --> B1'
-------------------------
B -- B,a,+<t,t'> --> B1'

B2 -- B,a,+<t,t'> --> B2'
-------------------------
B -- B,a,+<t,t'> --> B2'
```

When offering a choice, a process expresses its capability to do
different things, depending on the environment and its internal decision power (timers, nondeterminism).

4. Formal rules for the global system.

Let us consider the following global system B, result of the parallel
composition of n processes Bi (1 <= i <= n) or B = (B1 | ... | Bi |
... | Bj | ... | Bn)\A. We have three kinds of progressions: basic
progression of one process, basic synchronization of two processes and
composed progressions. The two first kinds have already been
considered (3.3, 3;4). Here is the third one.

Let us consider:

all pi (1 <= i <= im), all qj (1 <= j <= jm) different indexes in
[1..n] such that im+jm = m <= n,

```
Bp1  -- B,event(p1),+<t,t'>  --> Bp1',
.....................................
Bpim -- B,event(pim),+<t,t'> --> Bpim',
all above independent events allowed by restriction \A,
Bq1 | Bq2 -- B,event(q1,q2),+<t,t'> --> Bq1' | Bq2',
..........................................................
Bq(jm-1) | Bqjm -- B,event(qjm-1,qjm),+<t,t'> --> Bq(jm-1)' | Bqjm'
all above synchronized events allowed by restriction \A
-----------------------------------------------------------------------
B--B,event(p1):.:event(pim):event(q1,q2):.:event(qjm-1,qjm),+<t,t'>-->
  (...|Bp1'|...|Bq1'|...|Bpim'|...|Bqjm'|...)
```

Whenever two, three or more transitions can occur in the components of
B, such that every process is involved in at most one of them, the
parallel composition can see these transitions simultaneously. For
instance in a composition of three processes, we can have two of them
synchronizing _while_ the third makes internal work. All the processes
not involved in the transition are aged by +<t,t'>.

Firing principle.

The rules above give us, for each global state of the system, a set of
possible transitions or **firable** transitions. In our model, at any
given instant, we can only derive the firable transitions that have
the smallest time constraint(s). This principle insures an effective
model of real-time. Moreover, when considering possible composed
transitions, if one or more actions are sure at this instant, we
restrict the set of possible transitions to those including all the
sure events.

For example, if we have a system B composed of a sender process B1 and of a medium B2, given by:

```
B := (B1 | B2)\a

B1 := a!val<2,2> ; B1' + timer<5,5> ; B1"
B2 :=  (0) a?x:int<2,2>;  (1) b!coded(x);B2'
```

We can distinguish two cases:

a) when B2 is at control point (0), we get two firable transitions:

```
B1 -- timer,+<5,5> --> B1' and
(B1|B2)\a -- <i(a),+<0,0> --> ...
```

but the firing principle only allows the second at this instant;

b) when B2 is at control point (1), we get one firable transition:

```
B1 -- timer,+<5,5> --> B1'
```

and if B2 does not manage to come back at control point (0) in a delay of five units of time, we will eventually get this transition effective.

5. Example of application.

5.1. A couple of processes.

Let us consider that we have two processes that must synchronize on a gate beta, after, one of them exchanging data with the environment and the other one doing some internal work. Let us also suppose that the beta synchronization can be disabled by a timer if it does not occur "very" quickly (we will make this more precise later).

5.1.1. We get in CCS:

```
p := alpha! ; beta? ; p
r := tau1 ; (beta! ; r + tau2 ; stop)
```

where the tau's are internal actions.

The semantics of the system are:

```
ccs0 = ( p | r )\beta
-- tau1,+<0,*> --> ccs1
-- alpha!,+<0,*> --> ccs2

ccs1 = ( p | beta! ; r + tau2 ; stop )\beta
-- tau2,+<0,*> --> ccs3
-- alpha!,+<0,*> --> ccs4

ccs2 = ( beta? ; p | r )\beta
-- tau1,+<0,*> --> ccs4

ccs3 = ( p | stop )\beta
-- alpha!,+<0,*> --> ccs5

ccs4 = ( beta? ; p | beta! ; r + tau2 ; stop )\beta
-- tau(beta),+<0,*> --> ccs0
-- tau2,+<0,*> --> ccs5
```

```
ccs5 = ( beta? ; p | stop )\beta
--\-->
```

Thus we see that, in state ccs4, the freedom ranges allow the occurrence of the transitions from 0 to the infinite.

It is worth mentioning that the freedom ranges do not belong to the CCS model. We have added them here to allow the comparison with the following subsections.

5.1.2. If we try to model in CCS the duration time of actions by splitting each action into two events, we get:

```
P := <alpha! ; alpha!> ; <beta? ; beta?> ; P
R := tau1 ; (<beta! ; beta!> ; R + tau2 ; stop)
```

The semantics of the system are:

```
CCS0 = ( P | R )\<beta\beta>
-- <alpha!,+<0,*> --> CCS0/2
-- tau1,+<0,*> --> CCS1

CCS0/2 = ( alpha!> ; <beta? ; beta?> ; P | R )\<beta\beta>
-- alpha!>,+<0,*> --> CCS2
-- tau1,+<0,*> --> CCS1/4

CCS1 = ( P | <beta! ; beta!> ; R + tau2 ; stop )\<beta\beta>
-- <alpha!,+<0,*> --> CCS1/4
-- tau2,+<0,*> --> CCS3

CCS2 = ( beta? ; P | R )\<beta\beta>
-- tau1,+<0,*> --> CCS4

CCS1/4 = ( alpha!> ; <beta? ; beta?> ; P | <beta! ; beta!> ; R + tau2
; stop )\<beta\beta>
-- alpha!>,+<0,*> --> CCS4
-- tau2,+<0,*> --> CCS3/5

CCS3 = ( P | stop )\<beta\beta>
-- <alpha!,+<0,*> --> CCS3/5

CCS3/5 = ( alpha!> ; <beta? ; beta?> ; P | stop )\<beta\beta>
-- alpha!>,+<0,*> --> CCS5

CCS4 = ( <beta? ; beta?> ; P | <beta! ; beta!> ; R + tau2 ; stop
)\<beta\beta>
-- tau(<beta),+<0,*> --> CCS4/0
-- tau2,+<0,*> --> CCS5

CCS4/0 = ( beta?> ; P | beta!> ; R )\<beta\beta>
-- tau(beta>),+<0,*> -> CCS0

CCS5 = ( <beta? ; beta?> ; P | stop )\<beta\beta>
--\-->
```

In state CCS4, we can observe the same as before: both transitions can occur at any instant.

5.1.3. With our operators and the default values, we get:

```
P := alpha!<0,0,*,*> ; beta?<0,0,*,*> ; P
```

```
R := nondet1 ; (beta!<0,0,*,*> ; R + nondet2 ; stop)
```

The semantics of the system in TCCS are:

```
S0 = ( P | R )\beta
-- <alpha!,+<0,*> --> S0/2
-- nondet1,+<0,*> --> S1
-- <alpha!:nondet1,+<0,*> --> S1/4


S0/2 = ( X(alpha!)<0,*> ; beta?<0,0,*,*> ; P | R )\beta
-- nondet1,+<0,*> --> S1/4
-- alpha!>,+<0,*> --> S2
-- alpha!>:nondet1,+<0,*> --> S4

S1 = ( P | beta!<0,0,*,*> ; R + nondet2 ; stop )\beta
-- <alpha!,+<0,*> --> S1/4
-- nondet2,+<0,*> --> S3
-- <alpha!:nondet2,+<0,*> --> S3/5

S2 = ( beta?<0,0,*,*> ; P | R )\beta
-- nondet1,+<0,*> --> S4

S1/4 = ( X(alpha!)<0,*> ; beta?<0,0,*,*> ; P
         | beta!<0,0,*,*> ; R + nondet2 ; stop )\beta
-- alpha!>,+<0,*> --> S4
-- nondet2,+<0,*> --> S3/5
-- alpha!>:nondet2,+<0,*> --> S5

S3 = ( P | stop )\beta
-- <alpha!,+<0,*> --> S3/5

S3/5 = ( X(alpha!)<0,*> ; beta?<0,0,*,*> ; P | stop )\beta
-- alpha!>,+<0,*> --> S5

S4 = ( beta?<0,0,*,*> ; P | beta!<0,0,*,*> ; R + nondet2 ; stop)\beta
-- <i(beta),+<0,0> --> S4/0
-- nondet2,+<0,0> --> S5

S4/0 = ( X(beta?)<0,*> ; P | X(beta!)<0,*> ; R )\beta
-- i(beta)>,+<0,*> --> S0

S5 = ( beta?<0,0,*,*> ; P | stop )\beta
--\-->
```

Thus, we see that, by default, these semantics are very close to the
CCS's one with the explicit model of duration. Nevertheless, two
important differences are: a) when synchonizing processes; in our
case, it happens as soon as possible; b) we can observe "true
concurrency" (not only interleaving of events) with the composed
transitions like the one from S0 to S1/4, etc

5.1.4. The main point about our model is that it allows to extract
parts of the above accessibility graph, by taking into account the
(real-) time constraints. Let us take an example where process R
requests an immediate synchronization with its correspondent (P here).
Neither CCS nor LOTOS can express it in a natural way. Here we may
write for instance:

```
P := alpha!<5,5,5,5> ; beta?<0,5,5,10> ; P
R := work<10,10> ; (beta!<0,5,5,0> ; R + timer<1,1> ; stop)
```

The semantics of the system are:

```
S0 = ( P | R )\beta
-- <work,+<0,0> --> S0'

S0' = ( P | W<10,10> ; (beta!<0,5,5,0> ; R + timer<1,1> ; stop))\beta
-- <alpha!,+<5,5> --> S0/1

S0/1 = ( X(alpha!)<5,5> ; beta?<0,5,5,10> ; P
       | W<5,5> ; (beta!<0,5,5,0> ; R + timer<1,1> ; stop )\beta
-- alpha!>:work>,+<5,5> --> S4

S4 = ( beta?<0,5,5,10> ; P
     | beta!<0,5,5,0> ; R + timer<1,1> ; stop )\beta
-- <i(beta),+<0,0> --> S4/0

S4/0 = ( X(beta?)<5,5> ; P | X(beta!)<5,5> ; R )\beta
-- i(beta)>,+<5,5> --> S0
```

We see that, with these time constraints, we are able to express the
fact that the system never deadlocks.

5.2. Comparison with CCS and LOTOS.

We just have the place to quote some of them here:
a) CCS, LOTOS and even Timed LOTOS would allow, from S4 above, to
derive a i-transition; the fact that this transition does not appear
here reflects closely a "real" timer; b) if we do not specify any time
constraint for any action of a specification, the resulting global
transition system is similar to a CCS one (considering timer, nondet
and work as (unobservable) internal actions); c) similar time
constraints lead to similar behaviours (contrary to Timed LOTOS); d)
we are able to describe synchronous and asynchronous actions.

6. Conclusions.

We hope to have made clear that the calculus presented above allows:
a) to quantify specifications timely; b) to cope more accurately with
the characteristics of current operating systems (with their usual
mechanisms).

The key points that we would like to stress are that: a) we have a
very rich model of parallelism, capable of expressing both synchronous
and asynchronous actions; b) we can extract parts of accessibility
graphs that correspond to specific time constraints.

Acknowledgements.

I wish to thank Professor R. Devillers (Laboratoire d' Informatique
Théorique) and Professor F. D'Hautcourt (Service Réseau) for their
valuable help in my work.

References.

[1] R. Milner, <u>A Calculus of Communicating Systems</u>, Springer, LNCS 92.

[2] ISO, <u>Revised DP8807: A Formal Description Technique Based on the
Temporal Ordering of Observational Behaviour</u>, July 1986.

[3] J. Quemada, A. Fernandez, <u>Introduction of Quantitative Relative
Time into LOTOS</u>, Proc. of the VIIth Protocol Specification, Testing
and Verification Symposium, May 1987.

[4] G. T'Hooft, <u>Timer Description in CCS (Milner), LOTOS (ISO) and Timed LOTOS (Quemada-Fernandez). A case analysis.</u>, ACM SIGCOMM Computer Communication Review, nr 1/2, 1988.

[5] RACE, <u>Specification environment for communication software (SPECS), IBC view of existing specification methods and tools, Part II: critical evaluation, Deliverable D4</u>, RACE ref: 2039, 1986.

[6] L. Libert, G. T'Hooft, <u>RESOS, A Real-time Multi-Tasks Operating System Kernel</u> (in french), Proceedings of the "9èmes Journées Francophones sur l'Informatique - Les réseaux de communication - Nouveaux outils et tendances actuelles, Liège", January 1987.

[7] G. T'Hooft, <u>Introduction of real-time constraints in process algebras</u>, Conference on Protocol Specification, Université Libre de Bruxelles, January 1988.

Interprocess Communication in MARS

M. Pflügl, A. Damm, W. Schwabl

Institut für Technische Informatik
Technische Universität Wien, Austria

Abstract

This paper outlines the interprocess communication mechanisms developed in the MARS (*MA*intainable *R*eal-time *S*ystem) project. Since additional requirements in the time domain have to be fulfilled by real-time systems, only a few of the traditional communication mechanisms are feasible for real-time applications. The approach taken in MARS meets the real-time communication requirements by using periodic messages, a deterministic medium access strategy, and a simple datagram protocol. Reliability requirements are met by repetitive sending of messages on a broadcast-bus. On top of efficient message handling routines within the kernel, high-level C/MARS language constructs provide a powerful and easy to use interface to the application programmer. The applicability of the C/MARS language constructs is not limited to certain fields of real-time processing but they are designed for general use.

1. Introduction

A variety of mechanisms for interprocess communication in distributed systems attempts to attain different goals such as atomicity, reliable transmission, etc. Their effectiveness has been studied on the implementation of systems like LOCUS /PW85/, CHORUS /BCGMZ81/, and V /Che84/.

Distributed real-time systems have additional requirements. Timeliness of activities and communication is considered part of the definition of correct system behavior. It is not sufficient to ensure only that data is correct, it also has to be transmitted and presented in a timely manner. In a real-time system, communication must be performed according to the time constraints imposed by the environment, i.e. the controlled object. A system designed to support real-time applications must provide communication mechanisms that take these time-related issues into account and help the application programs in meeting their time constraints. This support is necessary to releave the programmer from complex programming style and to allow predictable communication and static timing analysis.

In the fault-tolerant distributed real-time system MARS /KM85/ it is aspired to implement a system, deterministic in its time behavior. All actions are processed with a specified frequency at predetermined points in time. This characteristic is believed to be more essential than excellent performance. Similar suggestions have been made in /LG85/.

The main objective of this paper is to describe the communication mechanisms realized in MARS. The paper is organized as follows. Section 2 discusses requirements of communication mechanisms in real-time systems and describes the approach taken in MARS. Section 3 particularizes syntax as well as semantics of the high-level C/MARS language constructs developed for interprocess communication. Several applicabilities are depicted to underline the usefulness of the language constructs proposed. Section 4 outlines the message handling within the MARS operating system kernel.

2. Communication in the Real-Time System MARS

In general, real-time tasks (processes) have to be completed within deadlines dictated by the environment. In hard real-time systems where the costs for missing a deadline are significantly higher than in soft or non real-time systems, tasks have to stay within their deadlines even under peak load and anticipated fault conditions. This can only be achieved if an upper bound on the execution time of each step of a task can be specified. Consequently, the communication phase has to be boundable as well. Many of the popular communication mechanisms are not well suited for hard real-time applications because of either performance penalties or unbounded communication delays.

MARS is intended for process control. It is a deterministic, periodic system including periodic communication. A MARS system is built of a set of clusters. Each of these clusters consists of several self-contained computers, the components, interconnected by a synchronous real-time bus, the MARS-bus. All components within a cluster are provided with a fault-tolerant global time-base /KO87/. Each component is executing a number of communicating, periodic, real-time tasks. A schematic overview of a MARS system is given in Fig. 2.1. A detailed description of MARS can be found in /Kop88/.

State-Messages

The interdependence of real-time tasks is determinated by a unidirectional information exchange and not so much by the classical client-server relation as in many non real-time systems. The goal of maintainability requires a communication mechanism capable of multicasting. Also, a predictable transmission time is an intrinsic necessity of real-time systems. This means that a broad spectrum of communication mechanisms (especially Remote Procedure Call /BN84/) is not applicable in real-time systems.

The mechanism most suitable for communication in real-time systems seems to be message passing. One advantage of message based systems is the little synchronization necessary between communicating tasks. For example, no semaphores are required to coordinate access to shared information which in other systems might be the cause of deadlocks. The number of common resources is minimal in message based systems. Using messages of constant length and a medium access strategy avoiding collisions make the communication behavior predictable and the specification of an upper bound on the communication delay possible.

In MARS, a uniform mechanism is applied for message exchange among tasks, components, clusters, and peripherals. Each message has a cluster-wide *unique name* referring

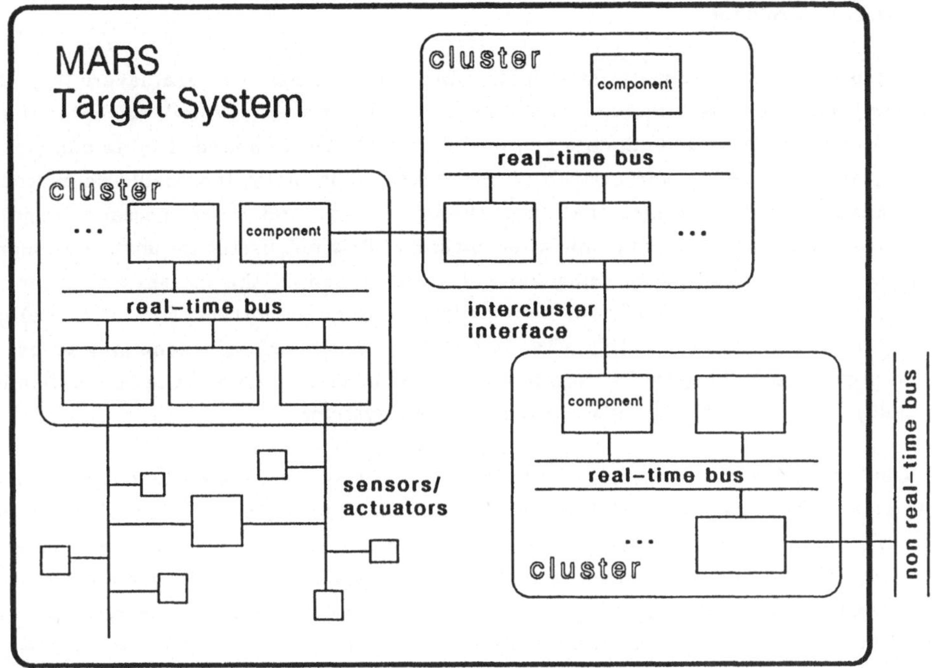

Fig. 2.1: Example of a MARS System

to the semantic contents and the data type of the message. One message of a sequence of messages of the same name is an *instance* of a message.

A *state-message* is an atomic unit containing a state-observation of a real-time entity. It can be read repeatedly without being consumed. The semantics of state-messages can be compared to that of shared variables. Every state-message received overwrites the old state-message of the same name in the kernel's message buffers immediately, i.e. it updates the state described in the message /KM85/.

Message Validity

In real-time systems, information is valid only for a specified period of time. Delivering information late (even if it is correct in the value domain) is at least as critical as not delivering it at all and may lead to decisions based on an inconsistent view of the environment. In the non real-time world we are concerned only with the correctness of information, in the real-time world we also have to consider the time-varying value of information /Kop86/.

MARS messages are sent with a *validity time*. It is set by the sender and specifies when the validity of the message expires. If the message is not read (by any receiver) before the end of its validity time, the message is discarded automatically by the message passing mechanism to prevent the use of outdated real-time information.

Communication Protocol

In non real-time systems, communication protocols consist of several layers (e.g. ISO's OSI model) and achieve reliable communication by sending acknowledgments and by retransmitting lost messages. Such a protocol is reliable but unbounded in its communication delay and may lead to late arrivals of messages. Additionally, time could be wasted for the retransmission of messages that may already be late and other messages might be blocked from accessing the communication medium. It is not useful to perform numerous time consuming checks guaranteeing correct transmission, if the message is potentially delayed and received when it already became invalid. Such a "correct" (but obsolete) message can be discarded immediately after it has arrived. Therefore, a tendency to use the simplest protocol possible /Svo86/ and to handle transmission errors at the application level only /Sal84/ can be observed in distributed real-time systems.

MARS-messages are sent as periodic real-time datagrams. They do not require any replies or acknowledgments at the architectural level. The implementation of a high-level end-to-end protocol lies in the responsibility of the application. Since real-time datagrams are an unreliable communication service (messages may be lost on the bus), all messages are sent at least twice. If actively redundant components exist, messages are sent even four times to be able to tolerate a communication failure during the time of repair of one component. All but one of a number of correctly received redundant messages are masked automatically by the message passing mechanism of the kernel.

The detection of communication errors is done by the receiver. For each message, a maximum interval time (MAINT) between the sending of two instances of the same message has to be specified. Because hard real-time tasks are periodic tasks, they communicate exclusively by periodic messages. The periodicity of the messages allows the receiver to detect communication errors in the time domain. If during run-time of the system, a periodic message does not arrive at the receiver within its predefined MAINT, the communication failed either because of a fault on the communication medium or because of a failure of the sending component. The definition of MAINT is not useful for sporadic messages. They can be sent only by non hard real-time tasks and their timing behavior is not deterministic.

Medium Access Strategy

All messages exchanged among components of one cluster are sent via the MARS-bus realized by a Cheapernet in the current prototype. The medium access protocol normally used on Cheapernets - CSMA/CD - can neither guarantee a predictable nor even a limited transmission delay on the medium. Especially in critical situations when many alarms occur at the same time, the increased traffic might cause numerous collisions, thus increasing the transmission time in an unpredictable manner.

Every CSMA strategy can be used with a TDMA (Time Division Multiple Access) mode of operation. MARS uses TDMA to control the access to the real-time bus. A TDMA-cycle is divided into slots of equal length. Each TDMA-slot is assigned to exactly one component. A component is allowed to send on the MARS-bus in its own slots only. The number of slots in one TDMA-cycle is equal to the maximum number of components a cluster may consist of, i.e.

if a cluster is not fully equipped with components some slots are spare slots. This ensures that components can dynamically be added up to the number of slots a the TDMA-cycle consists of without need for any modifications of the bus access in the existing components.

The synchronous TDMA medium access strategy and the global time-base /KO87/ available in each component of a cluster provide a collision-free communication on the Cheapernet. But above all, a predictable communication time can be guaranteed.

Logical Addressing and Multicasting

MARS messages are sent without addressing a specific receiver. Each message contains its unique message name specified by the application and an appropriate Cheapernet destination address generated automatically. Only in exceptional cases, a distinct receiver may be addressed directly.

Principally, all messages are broadcast on the real-time bus. Each component listening to the bus can read all messages and accepts those for which a receiver is executed on this component. This mechanism is heavily stressing the message passing system of each component since unrequired messages have to be discarded explicitly. To avoid this unnecessary load, a logical destination address calculated during the design of the system and checked by the LAN controller as well as multicasting are used.

Communication with Devices and Peripherals

No difference is made between internal and external communication, and between communication via the MARS-bus, a parallel interface, and a serial interface. All communication is done uniformly by the exchange of MARS messages. Even logical devices are integrated on a message basis. A logical device has to be able to consume and produce MARS messages. If a physical device cannot interpret MARS messages by itself, an interface module (i.e. a MARS component or a special real-time task) has to be assigned to the device. The interface module and the physical device build the logical device. Using this mechanism, the kernel of a regular MARS component is not burdened with the representation of data (e.g. on screens) and can fully concentrate on the execution of real-time tasks. All questions of data representation and man-machine interface are dislocated to the logical device.

3. High-Level C/MARS Language Constructs

The application programmer needs support to express the time constraints of his programs. This demand is taken into account by extending the C programming language with additional language constructs. Communication is seen as a part of utmost importance within languages for distributed systems. Therefore, our main goal was to provide primitives which enable the application programmer to implement communicating real-time tasks. The MARS kernel offers predictability, maintainability, and fault-tolerance. The high-level C/MARS language /Pfl88/ interfaces these features to an easy to use but nevertheless powerful communication mechanism for distributed programs.

3.1. INPUT-Statement

Two language constructs for communication called *INPUT-* and *OUTPUT-*statement exist in C/MARS. First the *INPUT-*statement will be discussed. The syntax is given in Fig. 3.1.

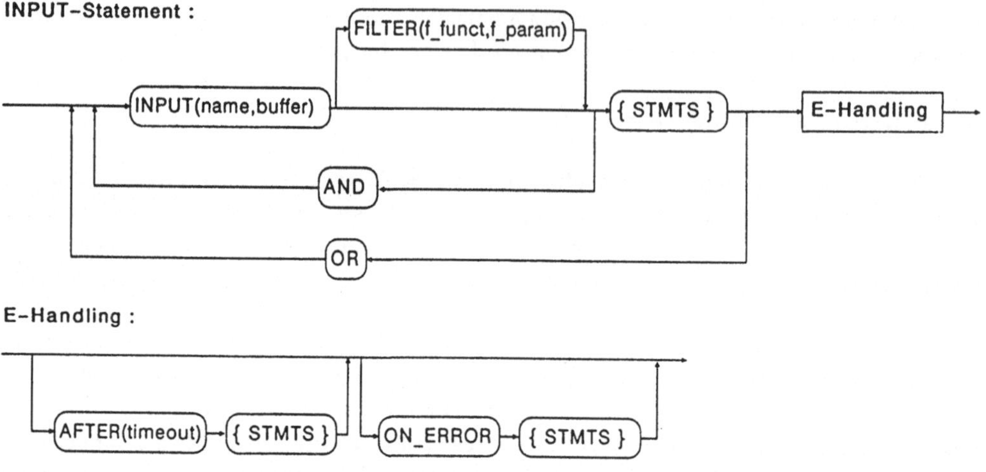

Fig. 3.1: Syntax Diagram of the *INPUT-*Statement

The *INPUT-*statement can be composed of a number of *INPUT-*constructs combined with *AND-* and *OR-*operators. A *FILTER-*construct can optionally be added to each *INPUT-*construct. Also optionally an *AFTER-* and/or *ON_ERROR-*construct may be used.

INPUT-Construct

In the *INPUT-*statement, *buffer* must be a valid message buffer owned by the task (actually it is the address of a pointer to the buffer as will be explained in section four). *INPUT* is blocking until a message named *name* is available. On successful termination a new buffer containing the message is returned to the task and the correlating statements *STMTS* are executed.

FILTER-Construct

The *FILTER-*construct has two parameters: the filter function (*f_funct*) and the filter parameter (*f_param*). The receipt of a message is made dependent on the fulfillment of a condition implemented in *f_funct*. After successful termination of the *INPUT-*construct *f_funct* is executed. Depending on its return value the message is handed over to the task or is rejected further blocking the task in the *INPUT-*statement. *f_param* is a pointer to a structure containing the actual parameters of the filter function. The basic idea of the *FILTER-*construct is to releave the application task from masking messages not found necessary in the current context.

The following examples should demonstrate the applicability of the *FILTER-*construct. Consider a task directing a camera eye to a moving object (e.g. monitoring a robot). The task receives state-messages containing information about the location of the robot. The controlling task is interested only in messages different from the instance previously consumed. If consecutive instances are equal, the robot did not move and the camera is already in correct position. To eliminate all instances equal to its preceding ones, the task uses the *FILTER*-construct. The filter function compares a specified part of the last instance consumed and the one currently received. If both parts are equal, the new message is masked by the filter function and the task is not bothered with data already known to it. The *INPUT*-statement may look like this.

```
struct f_param {
    struct marsmsg **oldmsg, **newmsg;
    int size, offset;
} param;        /* filter parameters */
int not_equal(); /* filter function */

struct marsmsg *msg;
msg_name location;

... ;  /* initializations */

INPUT(location,&msg) FILTER(not_equal,&param)
{   move_camera(msg);
    ... ;
}

not_equal(q)    /* filter function */
struct f_param *q;
{   return(!compare((char *) *(q->oldmsg) + q->offset,
                    (char *) *(q->newmsg) + q->offset,
                    q->size));
}
```

AND- and OR-Construct

INPUT-constructs can be connected by the logical operators *AND* and *OR*. An *AND*-construct becomes true, if all *AND*-connected *INPUT*-constructs are successful. The whole *INPUT*-statement terminates successfully, if one of possibly several *OR*-connected *AND*-constructs becomes true (i.e. *AND* has a higher priority than *OR*). Two consecutive *INPUT*-statements like

```
INPUT(temperature,&msg1);
INPUT(pressure,&msg2)
{ ... }
```

do not have exactly the same semantics as

```
INPUT(temperature,&msg1)
    AND
INPUT(pressure,&msg2)
{ ... }
```

In the first case, the message called *temperature* could have become invalid while the task was blocked in the second *INPUT*-statement. Therefore, the validity of both messages has to be checked after the second *INPUT*-statement has been executed. Whereas in the second case, the two messages are handed over to the task only if both are valid.

AFTER-Construct

Since the *INPUT*-statement is blocking, a construct is necessary to limit the time spent for waiting for the receipt of messages. *AFTER* serves for setting an upper bound on the time a task is blocked in an *INPUT*-statement. *Timeout* is given as an absolute point in time. If the *INPUT*-statement could not be terminated successfully till *timeout*, the statements related to *AFTER* are executed. As a special feature, *INPUT* can be made non-blocking by setting *timeout* to *ONCE*. In this case the availability of required messages is checked exactly once. If they are available at the time *INPUT* is called, the statements belonging to the *INPUT*-construct are executed. Otherwise, the statements belonging to the *AFTER*-construct are executed.

ON_ERROR-Construct

The *ON_ERROR*-construct can be appended optionally. If an error occurred during the execution of the *INPUT*-statement, a global variable (*errno*) is set to specify the error, the *INPUT*-constructs are terminated, and the statements corresponding to the *ON_ERROR*-construct are executed.

3.2. OUTPUT-Statement

The second C/MARS language construct is the *OUTPUT*-statement. Its syntax is outlined in Fig. 3.2. The *KEY-*, *OBSERVED-* and *ON_ERROR*-constructs are optional.

OUTPUT–Statement :

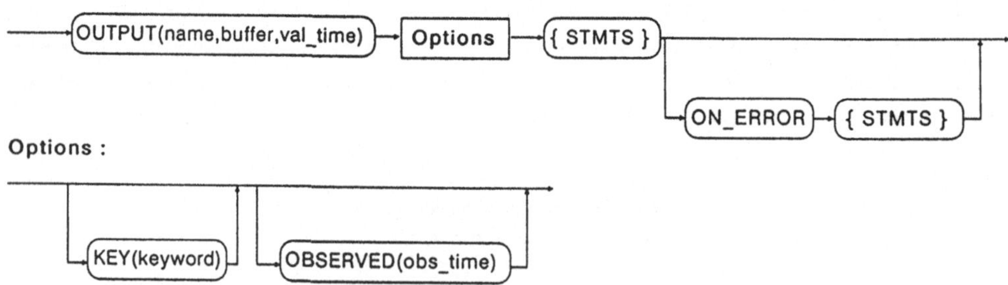

Fig. 3.2: Syntax Diagram of the *OUTPUT*-Statement

OUTPUT is non-blocking, i.e. the *OUTPUT*-statement terminates before the message - contained in *buffer* - is actually sent. The sender has no indication, whether its message has been received or not. The message is valid from the point of observation, specifiable with the construct *OBSERVED*, till *val_time*. *Val_time* has to specify the upper bound of the validity interval and is stated as an absolute point in time. *Name* specifies the name of the message to be sent. Depending on the name, the MARS kernel decides on which communication channel the message is sent. There is no difference in the *OUTPUT*-statement whether the MARS-bus, parallel, or serial port is used for transmission, or whether the message is passed internally. On successful termination an empty (new) buffer is returned and the statements corresponding to the *OUTPUT*-construct are executed.

KEY serves for setting a specific field - called key field - in the message header. Key field and message name must stand in relation. This relation is checked at the sender as well as at the receiver. If it is incorrect at the sender's site, the global variable *errno* is set to an error code and the *OUTPUT*-construct is terminated. If it is incorrect at the receiver, the message is rejected. The key field can be used as a safety precaution for alarm messages. Thus unintentional sending of alarm messages - resulting in a disaster - can be prevented.

OBSERVED is used for attaching a message with the attribute of the observation time. It specifies the point in time when the information described in the message has been observed.

The *ON_ERROR*-construct has the same semantics as mentioned above in connection with the *INPUT*-statement.

3.3. Consequences of the I/O Constructs on the Structure of a Task

The high-level C/MARS language constructs significantly influence the structure of application tasks. A MARS task can be seen as a unit consuming, processing, and sending messages. It consists of sequences of such activities executed periodically. Referring to the stimulus/response model of MARS /KM85/, the three kinds of activities are called stimulus, processing, and response. They can be interpreted as forming a task step.

Stimulus: A task step is triggered either by the consumption of at least one message (*INPUT*-construct) or by an event such as a timeout (*AFTER*-construct).

Processing: In the processing phase a sequence of statements corresponding to the stimulus is executed. The creation of new messages may be part of the processing.

Response: This phase consists of the response to the stimulus depending on the processing. The response is done exclusively by sending messages. The response phase may be omitted, if no response is required.

The structure of a typical application task in MARS is outlined in Fig. 3.3. As an example, a part of a task controlling a chemical refinery is used. A message containing the tank-pressure and another message containing the liquid-temperature are read and a new set-point for the temperature is calculated. Depending on the actual value of the temperature, the tank-pressure has to be lowered or raised. The operator may modify the parameters of the control algorithm.

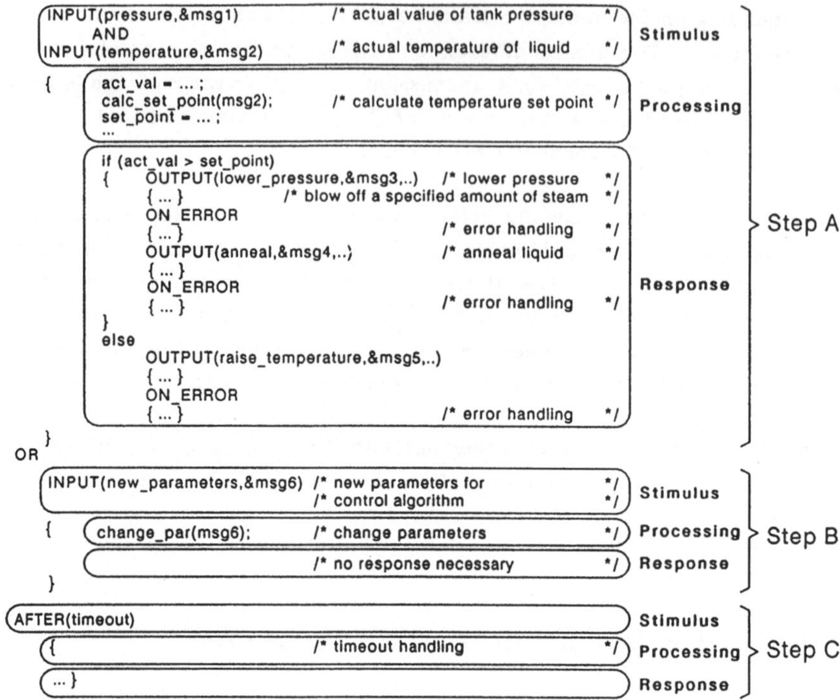

Fig. 3.3: Example of the Structure of an Application Task in MARS

4. Message Handling in the MARS Kernel

The message handling system of MARS is efficient on the one hand as well as time rigid and deterministic on the other hand. Some radical decisions for message interpretation have been made to reach these goals.

4.1. Efficient Handling of State-Messages with a Validity Time

All objects for message passing adhere to a common structure, the MARS message. Data from peripheral devices, such as sensors or actuators have to be converted to the fixed message structure in an appropriate interface.

In contrast to traditional approaches, the MARS kernel treats messages like "globally shared variables". Incoming messages are not queued but overwrite older instances of the same name corresponding to the state-message semantics.

Due to the validity time of a message, it can be decided within the kernel whether the message is timely or not. If two valid instances of a message are present, they are considered to be redundant and only the most recent one is kept in the kernel, i.e. the filtering of redundant messages is done within the kernel.

Flow control problems are solved implicitly by the state-message mechanism. A sender may send an arbitrary number of messages. Even if a receiver is slow, a buffer overflow is impossible due to "overwriting" of state-messages. The maximum number of buffers required is static and can be calculated during design time. Synchronization of sending and receiving tasks is also done at the design of a MARS application /Sen88/.

To increase the reliability of the message transfer, each message is sent twice or even with a higher replication factor on the MARS-bus depending on the fault hypothesis and the probability of transient failures on the bus. In the current prototype, the MARS-bus is a Cheapernet where we measured an experimental message loss probability of $1:10^5$. Sending each message twice decreases the message loss probability to $1:10^{10}$ (in case of statistically independent failures) which is comparable to the failure rates of the component hardware.

The application independent overhead involved in message passing, measured in number of executed machine instructions, is known as *path length*. The total path length for sending and receiving a message can be 20.000 - 50.000 in an OSI protocol /Mit85/. In MARS the total path length is kept as short as possible (approx. 500).

A short path length can only be implemented if physical message copying is avoided. Whenever a task sends or receives a message, a pointer to the message is exchanged with the operating system rather than copying data from the task's address space to the kernel's and vice versa. Physically all messages reside within the kernel's message buffers all the time. If more than one task is receiving the same message, each of them gets a pointer to the same buffer.

The number of buffers within a component is kept constant to overcome the buffer allocation problem. All tasks have preallocated message buffers before they can send or receive a message. A task has to return one of its message buffers to the kernel, whenever it receives a message. Similarly, it gets a new, empty buffer when it sends a message.

4.2. System Calls for Communication

The system calls for communication (Tab. 4.1) can be grouped into calls for input/output of data, buffer management, and configuration control for messages and devices.

Purpose	Object	System Call
I/O	MARS message	sendm() receivem()
	Raw data	input() output()
Buffer Management	Buffer	getbuff() freebuff()
Configuration Control	MARS message	msg_ctrl()
	Device	dev_ctrl()

Tab. 4.1: System Calls for Communication

The MARS kernel distinguishes between two objects for I/O. An array of bytes either corresponds to the MARS message structure, or it is considered to be an arbitrary block of data (raw data), probably belonging to a TCP/IP protocol or originating from the operator's console keyboard.

Before a physical input can be stored somewhere in memory, the kernel must allocate a new buffer. After data has been received it can be decided whether it is a MARS message or raw data. To avoid any message copying, the same kind of buffers is used for MARS messages and for raw data within the kernel. Application tasks do not have to use the system calls directly to send and receive MARS messages. They can use the more convenient high-level C/MARS language constructs which take care of the buffer management as well as the sending and receiving of messages by the appropriate system calls.

Raw data are handled similarly to messages, but they do not have any kind of identification or addressee. They are written to a physical device like a stream of bytes. It depends on the device how to interpret the data. A physical device can be the Cheapernet, the V.24 or one of up to 7 peripheral devices hooked up to an SCSI bus. The system calls for configuration control determine the relation between message names and physical devices (msg_ctrl) as well as the characteristics of a physical device (dev_ctrl), e.g. physical Cheapernet address, baud rate, etc. An example for writing raw data is given in Fig. 4.1.

```
/* initialization */
struct marsmsg *data; /* pointer to buffer */
char *s;
getbuff(&data);      /* get a data buffer */
while (active)
{
    /* prepare data */
    s = data;   /* address of 1st byte */
    ...
    *s++ = byte; /* store byte in buffer */
    ...
    if (output(dev, &data, count) == -1)
    { ... } /* error in system call */
    else
    { ... } /* data points to a new buffer */
    ...
}
```

Fig. 4.1: Example of Raw Data Output

Note that the same buffers are used for MARS messages and for raw data. If a large amount of data is to be written by a task, it must be fragmented into several buffers. The same does the kernel with incoming data.

The MARS message passing mechanism will be sufficient for most tasks. Raw data I/O is restricted to privileged system tasks, the so called "protocol converters".

5. Summary

Most mechanisms used for communication in distributed systems have some drawbacks making them unsuitable for hard real-time systems where enhanced requirements have to be met to guarantee timely communication behavior.

According to the authors' point of view, the attribute predictability is ranked higher than speed. Therefore, fast and efficient communication primitives are definitely not sufficient. Peak-load situations have to be carefully considered during the design of the application software.

In the loosely coupled system MARS, communication between tasks, components, and clusters is done exclusively by message passing. A validity time is assigned to each message. Messages are automatically discarded by the message passing mechanism when their validity expires. A simple datagram protocol is used on the LAN avoiding unbounded delays that might be caused by layered protocols. Messages are replicated to increase the transmission reliability. TDMA is used as medium access strategy.

Only state-messages are handled by the kernel. The state-message mechanism implicitly solves flow control problems and prevents buffer overflow. Messages are not copied between kernel and application tasks, but only pointers are exchanged. The simple datagram protocol and the avoidance of message copying result in a short path length and efficient message handling.

On top of kernel routines, high-level C/MARS language constructs have been built. The major design goal was to provide easy to use language constructs for interprocess communication in distributed real-time systems. The widely used C programming language has been extended with primitives suitable to real-time systems. The *INPUT*-statement allows the combination of *INPUT*-constructs with *AND-* and *OR-*operators, masking of messages by user defined filters, and the specification of a timeout. The *OUTPUT*-statement serves for sending. Several examples of C/MARS programs have been given to demonstrate the usefulness and applicability of the language constructs.

Currently the communication mechanisms are evaluated on an experimental testbed of MARS.

References

/BCGMZ81/   Banino J.S., Caristan A., Guillemont M., Morisset G., Zimmermann H., "Basic Concepts for the Support of Distributed Systems: The CHORUS Approach", 2nd Conference on Distributed Computing Systems, pp. 60-66, April 1981

/BN84/   Birrell A.D., Nelson B.J., "Implementing Remote Procedure Calls", ACM Transactions on Computer Systems 2(1), pp. 39-59, Feb. 1984

/Che84/   Cheriton D.R., "The V-Kernel: A Software Base for Distributed Systems", IEEE Software 1(2), pp. 19-42, April 1984

/KD87/   Kopetz H. and Damm A., "MARS: Concepts and Design of the Second Prototype", Research Report 4/87, Institut für Technische Informatik, Technical University Vienna, 1987

/KM85/   Kopetz H. and Merker W., "The Architecture of MARS", IEEE Proc. of the 15th Symposium on Fault Tolerant Computing, pp. 274-279, June 1985

/KO87/   Kopetz H. and Ochsenreiter W., "Clock Synchronization in Distributed Real-Time Systems", IEEE Transactions on Computers 36(8), pp. 933-940, Aug. 1987

/Kop86/   Kopetz H., "Design Principles for Fault-Tolerant Real-Time Systems", Proc. 19th Hawaii International Conference on System Science, Vol. II, pp. 53-62, 1986

/Kop88/   Kopetz H., Damm A., Koza Ch., Mulazzani M., Schwabl W., Senft Ch., and Zainlinger R., "Distributed Fault-Tolerant Real-Time Systems: The MARS Approach", Research Report 4/88, Institut für Technische Informatik, Technical University Vienna, 1988, (to be published in IEEE Micro, Feb. 1989)

/LG85/   Lee I. and Gehlot, "Language Constructs for Distributed Real-Time Programming", IEEE Proc. Real-Time Systems Symposium, pp. 57-66, Dec. 1985

/Mit85/   Mitchell L. C., "A Methodology for Predicting End-to-End Responsiveness in a Local Area Network", IEEE Tutorial on Local Network Technology, 2nd Ed., pp. 320-328, 1985

/Pfl88/   Pflügl M., "Kommunikationsprimitiva in verteilten Echtzeitsystemen und MARS", Master Thesis, Technical University Vienna, May 1988

/PW85/   Popek G., Walker B., Chow J., Edwards D., Kline C., Rudisin G., and Thiel G., "LOCUS - A Network Transparent, High Reliability Distributed System", Reliable Distributed System Software, pp. 169-177, 1985

/Sal84/   Saltzer J.H., Reed D.P., Clark D.D., "End-To-End Arguments in System Design", ACM Transactions on Computer Systems 2(4), pp.277-288, Nov.1984

/Sen88/   Senft Ch., "A Computer-Aided Design Environment for Distributed Realtime Systems", IEEE Compeuro 88, System Design: Concepts, Methods and Tools, pp. 288-297, April 1988

/Svo86/   Svobodova L., "Communication Support for Distributed Processing: Design and Implementation Issues", Networking in the Open Systems, Lecture Notes in Computer Science 248, Oberlech, Austria, Springer-Publ., pp.176-192, Aug. 1986

Das verteilte 'Polyknoten'-System POOL

K.T.Malowaniec(+),R.Spurk(*)

+ Sonderforschungsbereich 124 / Teilprojekt D3
* Mitarbeiter am Lehrstuhl 'Verteilte Systeme'
FB10-Informatik,D-6600 Saarbrücken 11

Zusammenfassung

Unter Polyknoten-Systemen werden verteilte Systeme (VS) mit grosser Anzahl
an Knoten - etwa einigen Tausend - verstanden. Extensive Hardware-
Unterstützung ist unabdingbare Voraussetzung, um erfolgreich ein
Polyknoten-System aufzubauen und zu betreiben.
POOL ist das prototypische Ergebnis der Anwendung von Konstruktions-
Methodiken, die für Polyknoten-Systeme entwickelt wurden. Diese Methodiken
zielen auf eine hohe Wechselwirkung zwischen Hardware- und
Betriebssystem(BS)-Struktur ab und beziehen Abschätzungen der zukünftigen
technologischen Entwicklung mit ein. Aufbau und Betrieb eines Prototypen
POOL moderater Knotenanzahl sollen die entwickelten Methoden und Ansätze
demonstrieren.
Der Beitrag skizziert die Einflüsse der verteilten Rechner-Architektur
"Polyknoten-System POOL" auf die zugehörigen Software-Ebenen:
Eine Hardware-basierte, Multicast-fähige Kommunikations-Methode, eine auf
ihr aufsetzende, Hardware-basierte Protokoll-Methode und ein dedizierter
Knoten-Aufbau ermöglichen effiziente und flexible Ansätze auf
Betriebssystemebene. Als wichtigste Einzelergebnisse können genannt werden:
'Message Locality'-Betrachtungen sind auf BS-Ebene nicht mehr erforderlich;
approximative Protokollanteile sind innerhalb der Ebene des BS-Kerns stark
reduziert; der Kern des BS stellt eine flexible Basis zur Benutzer-
orientierten, verteilten Implementierung von BS-Strategien dar.

I. Einleitung

Der heutige technologische Entwicklungsstand erlaubt es, Netze, die aus
einer moderaten Anzahl von Verarbeitungsknoten bestehen ([Sei85],[Tan85]),
aufzubauen und sie mit verteilten Betriebssystemen (VBS) zu betreiben.
Entwicklungstendenzen im VLSI-Bereich lassen erwarten, dass einzelne
Verarbeitungsknoten solcher Systeme durch einen oder wenige Chips realisiert
werden können. Computer-Netzwerke mit Tausenden solcher Knoten könnten dann
Realität werden.
Es ist jedoch abzusehen, dass heute übliche Kommunikationsmethoden in ihrer
Leistung nicht ausreichen werden, die Elemente solcher umfangreichen Systeme
effizient miteinander zu verknüpfen. Des weiteren werden derzeit eingesetzte
BS-Strategien, etwa zur Knoten-Verwaltung, nur ungenügend Beiträge leisten
können, solche Systeme beherrschbar und effizient einsetzbar zu machen.

Das Projekt POOL ([Ger88]) befasst sich mit der Entwicklung von

Vorgehensweisen und Konstruktions-Prinzipien für Design, Aufbau und Betrieb von Polyknoten-Systemen. Hohe architekturelle Unterstützung der Software-Ebenen wird angestrebt, um die gewünschte Effizienz und adäquates funktionelles Verhalten von Polyknoten-Systemen zu erreichen. Der Aufbau und Betrieb eines Prototypen POOL kleiner Knotenanzahl soll die entwickelten Methoden demonstrieren. Das für POOL konzipierte VBS, im folgenden POOL-OS bezeichnet, betont dezentrale Lösungsansätze notwendiger BS-Strategien, etwa der 'POOL-Knoten'-Verwaltung.

II. Architektureller Einfluss auf die Entwurfsmethodik für Polyknoten-Systeme

----

Die hohe Integration von Hardware- und Software-Architektur eines Polyknoten-Systems erfordert die adäquate Einbeziehung der Hardware-Ebene in den System-Entwurf: Modellierung und Festlegung von qualitativen und quantitativen Bewertungsmasstäben, die in Zusammenhang mit entspr. Merkmalen der Software-Ebenen gebracht werden können, sind zu bewerkstelligen (Hardware- und Software-integrierende Konstruktions-Methodik).
Systementwurf bedeutet, Funktionen und deren Zusammenhang bzw. deren Abgrenzungen festzulegen. Da ernstzunehmende verteilte Applikationen [Stu87] fast völlig fehlen, ist noch weitgehend offen, was diejenigen verteilten Programme an Unterstützung durch ein VBS erfahren müssen, deren jeweilige Realisierungen grosse Teile eines Polyknoten-Systems einbeziehen. Folglich können bisherige Vorschläge eines allgemein anerkannten Modellierungs-Ansatzes ("Bauplan") für den Entwurf eines VBS unzureichend sein oder sich in Diskussion ([Wat81],[Pra86]) befinden. Modellierungen gibt es nur für einzelne Teilaspekte, etwa zur Netzkonstruktion. Der Entwurf eines VS muss deshalb noch weitgehend über intuitive Ansätze geführt werden. Als relevanteste sind hier zu nennen:
-- Plazierungs-Argumentation:
Beim Systementwurf von 'layered systems' wurden sehr erfolgreich Regeln angewendet, die in [Sal84] unter "End-to-End"-Argumenten subsummiert wurden. Ein End-To-End-Argument wirbt für die Beachtung der Regel, dass eine durch die Applikation benötigte Funktion nur im Rahmen des Applikationskontextes vollständig und korrekt implementierbar ist und funktionelle Redundanz mit unteren Ebenen oder Absenken von Teil-Funktionen nur gerechtfertigt sind, wenn damit eine Leistungssteigerung einhergeht, etwa zur "frühzeitigen" Abstrahierung von einem relativ unzuverlässigen Kommunikationssystem. Ein analoges Argument im Bereich des BS-Entwurfs, hier Minimalitäts-Argument bezeichnet, plädiert dafür, den Kern des BS minimal zu halten und BS-Dienste durch Benutzerprozesse zu realisieren. Im Kontext dieser Ebene können sie flexibler implementiert und experimentelle Erfahrungen mit einbezogen werden.
-- Hardware/Technologie-Argumentation:
Der Einsatz von VLSI-Technik ermöglicht es prinzipiell, Software-Funktionen durch eigens dafür entworfene Hardware-Komponenten zu ersetzen. Funktionen in Hardware sind zuverlässiger, effizienter und weniger manipulierbar. Sie eignen sich damit besonders, BS-Strategien in dezentraler Art zu realisieren. Jedoch nur die absehbare Möglichkeit einer kostengünstigen Herstellung von Komponenten soll als real akzeptierbare architekturelle

Unterstützung der Software-Ebene gelten. Berücksichtigungsfähig sind allerdings nicht nur augenblickliche Erkenntnisse, sondern auch Abschätzungen hinsichtlich der zukünftigen technologischen Entwicklung.
-- Skalierbarkeits-Argumentation:
Eigenschaften und Eignung der ausgewählten Methoden sollen auch beim Übergang von Systemen kleinerer Knotenanzahl (z.B. Prototypen) zu komplexen Polyknoten-Systemen ihre Gültigkeit behalten.

Die Realisierung von Funktionen in Hardware bedarf der Quantifizierung bzgl. Effizienz und Zuverlässigkeit. Die Plazierungs-Argumentation und die Quantifizierung der Skalierbarkeit von Funktionen/Mechanismen der Software-Ebenen müssen darauf gegründet werden.
Der Erläuterung diene die Vorgehensweise bei Entwurf und Realisierung der Hardware-basierten Kommunikations-Methode "dynamische Leitungsvermittlung" für das Polyknoten-System POOL (siehe VI.) und deren Integration in den Gesamtentwurf. Die Modellbildung für diese Kommunikations-Methode und deren Auswertung führten zur Festlegung von Netztopologie und Anforderungen an einen Kommunikations-Chip. Dem Chip-Design, speziell der Festlegung einer relativ einfachen Struktur (symmetrisch -> Crossbar-Technik) und quantitativen Überlegungen (Anzahl der Logik-Elemente), folgte die Umsetzung des Designs unter Beachtung verfügbarer VLSI-Entwurfswerkzeuge und die Übergabe an einen Chip-Hersteller. Modell-Bildung plus technologische Leistungsdaten ermöglichten die qualitative und quantitative Bewertung der funktionellen Leistungsfähigkeit der Kommunikations-Ebene, somit deren mögliche Berücksichtigung in der nächst höheren Protokoll-Ebene. Die Invarianz der hier geführten (Plazierungs-) Argumentation kann im Rahmen des Technologie-Arguments gewährleistet werden, z.B. über redundante Auslegung von Kommunikations-Hardware ('Cross-bar', 'self-checking') oder Vervielfältigung von Leitungen.
Als wesentlichste Schlussfolgerung dieses Abschnitts wird gesehen, dass bei hoher Integration von Hardware- und Software-Architektur auch die Skalierbarkeit der Entwurfs-Methodik quantifizierbar sein muss.

III. Architektureller Einfluss auf die BS-Struktur und Einordnung
     von Applikationen

Die weiteren Ausführungen nehmen an, dass POOL/POOL-OS folgender Grob-Architektur (Schichtung) für VS genügt:
Die Hardware-Ebene (Prozessoren, Geräte-/Netz-Interfaces, Netzverbindungen) bildet die technische Basis des VS. Von den technischen Gegebenheiten (einschliesslich der elementaren Bedienungs-Software) wird in Form von "Knoten" und "Kommunikationssystem" abstrahiert. Die Ebene des Kommunikationssystems bewerkstelligt die physikalische Übertragung von Informationen zwischen Knoten. Ein auf allen Knoten identisch angenommener VBS-Kern umfasst wenigstens Interknoten-Kommunikation mit End-to-End-Protokoll, sowie Kontroll- und Unterstützungsmechanismen, um den Knoten in globale BS-Strategien einzubeziehen. Typische BS-Dienste der Informations- und Geräte-Verwaltung (File-, Print-, Terminal-Dienste), aber auch der Benutzer-Verwaltung, der Konfigurierung u.a. sind auf der nächsten, der BS-Service-Ebene, plaziert. Schliesslich implementiert die Applikations-Ebene verteilt die Lösungen Benutzer-orientierter Problemstellungen. Prinzipielle,

Ebenen-orientierte Aspekte und Aspekte globaler Natur können in Watson's Architektur-Modell [Wat81] gefunden werden.

Es wird nun die Ablauf- und Anwendungs-Umgebung vorgestellt, wie sie für POOL/POOL-OS vom Projekt für die Zukunft erwartet wird. Anforderungen an Betriebssystem- und Hardware-Architektur werden formuliert:

- POOL-OS wird für eine Mehrbenutzer-Umgebung eingesetzt. Somit werden i.a. Mischungen von Applikationen ablaufen, deren Bedarf an POOL-Knoten von einigen Hundert bis zu einigen wenigen reicht.
  Die dynamische und bedarfsorientierte Zuteilung von POOL-Knoten an Applikationen, die nach Benutzung wieder freigegeben werden, wird als adäquate Betreibungsform eines Polyknoten-Systems angesehen. Diese Form wird auch von Tanenbaum [Tan85] in seinem 'Processor Pool Model' vorgeschlagen. Ein VBS für ein Polyknoten-System muss die adäquate Verwaltung der Betriebsmittel 'Knoten' besonders betonen.
- POOL-OS wird als Universalsystem betrieben. Denn die Bewältigung zukünftig erwarteter Applikations-Profile fordert, dass die Durchführung von Experimenten und die Integration "neuer Sichten" möglich sein muss. Konsequenterweise wird POOL-OS als ein "offenes System" organisiert, das einerseits Formulierung und Betreiben von BS-Diensten und globalen BS-Strategien in Form von (verteilten) Applikationen ermöglicht. Andererseits ist dann ein minimaler, effektiver VBS-Kern notwendig, der das Betreiben von verteilten Operationen in Form sog. "stand-alone"-Strukturen ermöglicht: unter minimaler Kontrolle der beteiligten Knoten bzw. BS-Komponenten und fester Kommunikationsstruktur (siehe Abschnitt V).
- Die Betriebsmittel-Verwaltung auf jeder (Software-) Ebene des VBS muss durch dezentrale BS-Strategien organisiert werden: Durch Vermeidung zentraler Instanzen wird die Ausbreitung von Fehlverhalten einzelner Komponenten lokal eingegrenzt. Berücksichtigt werden muss, dass (System-) Informationen wegen der Nachrichten-Laufzeiten vielfach nicht auf dem aktuellsten Stand sein können. Existiernde Inkonsistenzen müssen eingeplant und bewältigt werden.

Die Architektur von Applikationen (und BS-Diensten), realisiert in einem Polyknoten-System, wird wie folgt charakterisiert:
- Viele Applikationen werden in einem "Berechnungs-Knoten" keinen Prozessor sehen, sondern eher Instanzen von abstrakten Datentypen (Objekte). Somit werden "Berechnungs-Knoten" vielmehr über Instanzen-Variablen und Applikations-orientierten Datenstrukturen verwaltet statt in BS-globaler Form. Applikationen werden als "Netze von Berechnungen" gesehen, die sich je nach Bedarf ausdehnen oder schrumpfen.
- Viele verschiedene Berechnungs-Modelle für verteilte Applikationen werden koexistieren; neue Modelle werden stetig hinzukommen.
- Das Laufzeit-System einer verteilten Applikation wird selbst verteilt sein, um die Leistungsfähigkeit des Parallelsystems für alle Teile einer Applikationsrealisierung einzusetzen ("distributed runtime architecture", kurz DRA). Die Kaskadierung von DRAs als Konstruktionsprinzip ("Baustein"-Prinzip) wird in der Systemprogrammierung Anwendung finden.
Da der Übergang zwischen BS-Diensten, DRAs und Applikationen fliessend ist, wird von den jeweiligen Standpunkten (Benutzer, Systemprogrammierer) abstrahiert, werden diese Ebenen in der Ebene der DRAs zusammengefasst und der POOL-OS-Schichtung untergeordnet. Dadurch wird der Charakter von POOL-OS

als "offenes VBS" betont, ferner der Wunsch, BS-Dienste in Form von Applikationen zu formulieren und die hier verfügbare Flexibilität und hierfür existierende Tools auszunutzen.

IV. POOL-Hardware-Architektur und Einfluss auf die Mechanismen
    des VBS POOL-OS

Die analoge Entwicklung, wie sie sich bei monolithischen Systemen vollzog, wird auch für Polyknoten-Systeme angenommen:
- Bestimmte BS-Strategien sind ohne Einsatz spezieller Hardware-Bausteine nicht zuverlässig zu gewährleisten.
- Bestimmte Software-Funktionen auf der Ebene des VBS-Kerns müssen aus Effizienzgründen in Hardware ausgelegt werden.
Besondere Beachtung wird hier die Kommunikations-Ebene finden müssen. Da die Granularität der Anwendungen auf Polyknoten-Systemen vom Verhältnis Kommunikationsleistung und Exekutionsleistung abhängt, ist eine leistungsfähige (effiziente und zuverlässige) Kommunikationsmethode erstrebenswert, die weitgehend in VLSI-Technologie auslegbar ist.

Die konzeptionelle Behandlung der Hardware-Architektur wird als unerlässlich angesehen. Die Entwicklung von Prinzipien zur Konstruktion einer verteilten Hardware-Architektur POOL (Entwurfs-Methodik für POOL) muss in einer Modell-Bildung für Leistungs-Analyse und Basis von Technologie-Abschätzungen münden. Ermittelbare Leistungswerte dienen beim Entwurf der BS-/Kern-Struktur als Grundlage der Plazierungs-Argumentation und der Skalierbarkeits-Quantifizierung.

Folgende Komponenten der Rechner-Architektur 'Polyknoten-System POOL' prägen am markantesten den Software-seitigen Systementwurf:
    - Verfügbarkeit von vielen (und billigen) Knoten,
    - Entwicklung und Einsatz eines Routing-Chips,
    - Aufbau eines Knotens in dedizierter Form,
    - Aufnahme von Fehler-Erkennung und/oder -Toleranz in die Hardware:
      auf Netzwerk-Ebene, an der Knoten/Netzwerk-Verbindung und auf
      Knoten-Ebene.
In den folgenden Abschnitten IV.1 bis IV.4 werden Aufbau und Funktionalität der einzelnen Hardware-Komponenten aufgezeigt und ihre individuelle Einwirkung auf Strategien der Software-Ebene diskutiert.

IV.1 1-1-Korrespondenz logischer und physikalischer Verteilungsgrössen

Polyknoten-Systeme erfordern nicht mehr die Multi-Plazierung von Verteilungseinheiten auf einem Knoten. Konsequenterweise kann auf 'Load-Balancing'-Strategien zwecks Prozessor-Auslastung durch das VBS verzichtet werden. Ferner vereinfacht sich das Naming auf der Ebene des POOL-OS-Kerns: Die knotenlokale Verwaltung besteht dann lediglich in der Kenntnis "Knoten belegt und durch wen belegt". Der knotenlokale Kernanteil kann von den technischen Einzelheiten bzgl. des Operatings "seiner einzigen"

Verteilungseinheit in Form eines Interfaces abstrahieren.

IV.2 Einfluss der Hardware-basierten Kommunikationsmethode

Die eigens entwickelte Kommunikationsmethode "dynamische Leitungsvermittlung" umfasst in ihrer Realisierung (siehe auch VI.):
- ein Punkt-zu-Punkt-Kommunikationsnetz in "Indirect Binary Cube"-Topologie, in dem jeder Netzknoten einen POOL-Knoten identifiziert und jedem POOL-Knoten das Routen der Informationen obliegt, die über ihn als Zwischenstation geführt werden;
- den Einsatz eines entwickelten Kommunikations-Chips ([Sch88]), um den eigentlichen Prozessor eines POOL-Knotens von den eben genannten Routing-Tätigkeiten zu befreien.

Der Begriff "Dynamische Leitungsvermittlung" spiegelt das technische Prinzip wider, dass die Übertragung einer Nachricht vom Quell-Knoten zum Zielknoten ohne Zwischenspeicherung mit geringer Verzögerungszeit über die dazwischenliegenden Kommunikations-Chips führt.

Aufgrund der geringen Verzögerungszeit und geeigneter Festlegung eines Paketformats befindet sich der Anfang der transferierten Nachricht schon in der Ziel-Hardware, wenn sich deren Ende noch bei der Quell-Hardware befindet. Mit dem Durchrouten der Nachricht wird auf der Ebene der "berührten" Kommunikations-Chips ein Rückkanal letztendlich von der Ziel-Hardware zur Quell-Hardware aufgebaut, über den dann Status-Information vom Ziel oder einer "Zwischenstation" zur Quelle geführt werden kann, z.B. zur Erkennung von Nachrichten-Kollisionen.

Somit emuliert dieses technische Prinzip auf Netz-Interface-Ebene einen gemeinsamen Speicher zwischen Quelle und Ziel, und zwar plaziert auf der Zielseite. Diese Emulation läuft ab für fast die gesamte Zeitdauer des schnellen Zugriffs "Nachrichten-Übertragung".

Die Leistungen und der Einfluss des entwickelten Kommunikations-Systems sind:
A. Es existiert eine "einheitliche" Übertragungszeit, unabhängig von der Position der Kommunikationspartner im Netz: POOL-OS braucht keine "message locality"-Betrachtungen anzustellen.
B. Übertragungszeit für eine Nachricht ist gegenüber den Software-Ebenen vernachlässigbar (effizient, zuverlässig).
C. Der Einsatz eines Routing-Chips befreit den Kern bzw. das Kommunikationssystem von Software-mässiger Durchführung von Routing-Tätigkeiten als Zwischenknoten.
D. Die Kommunikationsmethode leistet die Hardware-unterstützte Durchführung von 'unsicherem' Multicast auf einen Teilbereich des Netzwerks. Durch 'sorgfältige' Verwendung dieses Multicast können effizient FINDE-Operationen im Knoten-Netz stattfinden.
E. Aus A. und D. folgt, dass das Problem des Kerns, der Applikations-Ebene die Netz-Topologie transparent zu halten, stark reduziert ist.
F. Der approximative Charakter der Kommunikation und damit die hieraus resultierende Problematik ist reduziert (siehe auch Abschnitt IV.3).

IV.3 Einfluss der Hardware-basierten Protokoll-Methode

Dem   Kern   von   POOL-OS   obliegt   u.a.   die   Realisierung   einer   nicht-
blockierenden,   auftragsorientierten   Interknoten-Kooperation   (siehe   V.).
Überbrückung   der   fehlenden   Synchronisation   auf   der   Applikations-Ebene
zwischen   Quell-   und   Zielknoten   und   End-to-End-Protokoll   sind   hier   zu
leisten.
Die Benutzung eines relativ unsicheren Kommunikationssystems erfordert ein
REQUEST/RESPONSE-Protokoll   mit   Wiederholungen   im   'Time-out'-Fall   und
Flusskontrolle   zur   Duplikat-Erkennung.   Fehlverhalten   von   Prozessoren   und
Netz werden somit approximativ ermittelt.
Die   Hardware-unterstützte   Kommunikationsmethode   "dynamische
Leitungsvermittlung"   leistet eine zuverlässige - wenn auch nicht perfekte -
Nachrichtenübertragung zwischen 2 POOL-Knoten. Der approximative Ansatz der
Tolerierung solcher Fehlerquellen kann auf Kern-Ebene - dann zu Lasten der
höheren Ebenen - entfallen.

Das Hardware-basierte Konzept der dynamischen Leitungsvermittlung kann wie
folgt   fortgesetzt   werden: Durchführung   von   elementaren   Berechnungen
(Konsistenz-Überprüfungen)   beim   entfernten Zugriff auf diesen temporären
'gemeinsamen Speicher' und Rückführung des Resultats-Indikators noch während
der Nachrichten-Übertragung auf dem temporären Rückkanal ("REMOTE-ACCESS-
WITH-RETURN-VALUE").   Die   Operationen   auf Kern-Ebene,   die hier   über   ein
Protokoll   abgewickelt   werden und "NEGATIVE-RESPONSE"-Botschaften   liefern,
sollen mit dieser Zugriffsmethode effizienter und zuverlässiger ausgeführt
werden. Dieses technische Prinzip wird 'Hardware-basierte Protokoll-Methode'
genannt.
Zu diesem Zweck wird das Netz-Interface um eine Logik zur Konsistenz-
Überprüfung und Rückführung des Indikators erweitert. Die Kern-Komponenten
der POOL-Knoten plazieren ihre Status-Informationen "am Netz-Interface".
Ferner   tragen   sie bei jeder Interaktion den von ihnen angenommenen Ziel-
Status im Kopf der Nachricht (SEND) ein.
Folgende Konsistenz-Überprüfungen sind durchführbar:
- Belegungs-Etikette: Sie   dienen   zur   Erkennung   entfernter   Zugriffs-
  Inkonsistenzen (nach Crash, Programm-Beendigung).
- Werte-Etikette: Botschaftslänge   einer   Beauftragung   und   verfügbarer
  Speicherplatz werden beim Einlaufen zur Erkennung eines Speicherengpasses
  verglichen (für eintreffende Resultate Platz stets reserviert).
- Attribut-Etikette: Sie beschreiben die Attribute eines POOL-Knotens, so
  dass in FINDE-Operationen nach freien Knoten eines bestimmten Typs gesucht
  werden kann.
Die Erweiterung der Kommunikations-Methode zu einer Hardware-basierten
Protokoll-Methode   vereinfacht   den   Kern   von   POOL-OS   und   macht   ihn
effizienter:
- Der Protokoll-orientierte Zugriff auf entfernte Knoten wird durch einen
  Hardware-mässigen   Zugriff   ersetzt   (Übergang   von   approximativem   zu
  deterministischem Ansatz).
- Ein Speicherengpass wird bei "REMOTE-ACCESS" unmittelbar erkannt. Ein
  solcher wird hinausgezögert,   weil nur noch Applikations-zugehörige
  Beauftragungen und Resultate zu Protokoll-Botschaften auf Kern-Ebene
  führen.
- Timer werden nur noch zur Überwachung der Laufzeit von Aufträgen (Knoten-

Ausfall oder Engpass in der Auftragsdurchführung?) statt von Nachrichten eingesetzt.

Die Skalierbarkeit des Reduktions-Ansatzes ist an die Skalierbarkeit der Hardware-Architektur gebunden. Diese ist über die "Technologie"-Argumente und Modellbildung sichergestellt worden.

IV.4 Architektureller Einfluss eines dedizierten Knoten-Aufbaus

Der dedizierte Aufbau eines POOL-Knotens ist in Bild 1 dargestellt. Der Einsatz des Routing-Chips befreit den Knoten von Routing-Tätigkeiten als Zwischenstation. Durch die beiden Prozessoreinheiten ist echte Parallelität zur Behandlung von Kommunikations-/Kern-orientierten Vorgängen, abgewickelt durch die CU(=communication unit), und Applikations-Vorgängen, abgewickelt durch die EU(=execution unit), verfügbar. Die knotenlokale Schnittstelle zum POOL-OS-Kern wird über eine 'shared-Memory'-Schnittstelle zwischen CU und EU geführt. Folgende Auswirkungen können genannt werden:

A. Die Verfügbarkeit echter Parallelität zur Behandlung knoten-lokaler Vorgänge.

   Vorteilhaft kann somit den "Berechnungs-Knoten" der DRA-Ebene eine Hardware-unterstützt asynchrone, auftragsorientierte Interknoten-Kooperationsprimitive durch den POOL-OS-Kern angeboten werden. Die Verzweigung der Programm-Kontrolle auf weitere Knoten kann somit effizient geführt werden (siehe auch Abschnitt V).

B. Die Software-mässige, knotenlokale Unterstützung (Support-System) auf verschiedenen Knoten kann unabhängig voneinander, somit jeweils adäquater geführt werden ("Entflechtung von Ebenen-orientierten Unterstützungs-Mechanismen"). Braucht man z.B. für die knotenlokale Realisierung des POOL-OS-Kerns einen ("light-weight") Prozess-Mechanismus, so kann eine solche Art von Unterstützung inadäquat sein für die Realisierung des knotenlokalen Applikations-Anteils. Koexistierende Support-Systeme unter einem Applikationsmodell sind vorstellbar.

V. 'Minimal'-Kern von POOL-OS - Basis für globale BS-Strategien
----

Unter Einsatz von Hardware-basierter Kommunikations- und Protokoll-Methode realisiert der Kern eine Menge von Basis-Mechanismen für POOL-OS. Seine Leistungen umfassen folgende Aspekte:

1. Kommunikation/Kooperation:
Der auftragsorientierte blockadefreie (asynchrone) Kooperations-Mechanismus leistet die Übertragung einer Beauftragung und Rück-Übertragung der produzierten Ergebnisse. Der Kern überbrückt die fehlende Synchronisation zwischen Quell- und Ziel-Berechnungs-Knoten.

2. Elementare Knoten-Kontrollmechanismen:
- Quota(Timer)-Mechanismus zwecks Kontrolle der Belegungs-Dauer eines Knotens: Wird ein POOL-Knoten aus dem Pool an freien Elementen entnommen und als "Berechnungs-Knoten" definiert, so wird ein Quota-Timer eingestellt. Bei Ablauf dieses Timers wird automatisch der Knoten

freigegeben.
- Schutz-Mechanismus zur Erkennung von unzulässigen entfernten Zugriffen.
  Hierzu werden Belegungs-Etiketts (Bit-Muster) benutzt, die besagen, ob der
  POOL-Knoten "frei" oder "belegt" ist. Falls er "belegt" ist , so
  kennzeichnet es systemweit eindeutig den residierenden Berechnungs-Knoten.
  Bis auf System-Etiketts, etwa die "FREI"-Markierung, ist ein Belegungs-
  Etikett eine Zufallszahl aus einem entspr. grossen Zahlenraum.
  Bei eintreffenden Botschaften wird das eingetragene Etikett gegenüber dem
  Belegungs-Etikett abgeprüft. Inkonsistenzen werden den Absendern
  zurückgemeldet.

3. Dezentraler, elementarer Knoten-Allokiermechanismus:
Die Allokierung eines "freien" POOL-Knotens geschieht durch den Kern in 2
Phasen. Zunächst wird in der 'FINDE'-Phase mittels Multicast nach einem
"freien" Knoten ("FREI"-Etikett) gesucht. Für die folgende ALLOKIER-Phase
wählt der Kern unter den einlaufenden Nachrichten eine aus und ist somit im
Besitz der Netz-Adresse des Ziels. Er richtet gezielt einen ALLOKIER-Auftrag
an diesen ZielKnoten. Beim Ziel wird ein neues Belegungs-Etikett generiert
und die Belegungs-Kontrolle (Timer-Überwachung) eingestellt.

4. Unterstützung bei der Erkennung von Fehlverhalten der Hardware-Ebene
(Knoten-Crash, Kommunikationssystem) und von durch den Kern erkennbaren
Inkonsistenzen bzgl. der Applikations-Ebene (Folge eines Knoten-Crashs oder
Terminierung des Berechnungs-Knotens). Der DRA -Ebene obliegt es allerdings,
die Behandlung des Fehlers zu übernehmen.

Die Kern-Mechanismen ermöglichen somit die globalen BS-Strategien:
- Eine DRA kann in einer Art "stand-alone"-Form und dann effizient ablaufen:
  minimale Kontrolle, effektiver Schutz, komfortable Interknoten-Kooperation
  (Effizienz,Einfachheit).
  Darüber hinausgehende Kontroll-Mechanismen können auf der Ebene der DRAs
  adäquat formuliert werden (Flexibilität). Somit werden globale BS-Dienste
  und -Strategien in Benutzer-orientierter Manier formuliert, etwa die
  Verwaltung von externen Namen, Belegungs-Etiketts, Netz-Adressen und deren
  Zuordnungen.
- Der Quota-Mechanismus liefert einen dezentralen Mechanismus zur Deadlock-
  Auflösung auf der DRA-Ebene.

VI. Dynamische Leitungsvermittlung, die Hardware-basierte Kommunika-
    tionsmethode von POOL

Die erste zusammenfassende Abhandlung über die Probleme, die sich aus der
Kommunikation in Polyknoten-Systemen ergeben, kann man in einer Arbeit von
Wittie finden [Wittie 81]. Wittie hat ein analytisches Modell eines
Kommunikationsnetzes angegeben und mit Hilfe dessen mehrere Topologien
miteinander verglichen.
POOL stellt weitergehende Anforderungen an das Kommunikationssystem als
Wittie:
a) Die Kommunikation stellt keinen Engpass im verteilten Betriebssystem dar.
   Das geeignete Mass, um Engpässe aufzudecken, ist die Verkehrsdichte T in

den Kommunikations-Links.

b) Die Übertragungszeiten t(L) sollen "einheitlich" sein. D.h. t(L) hängt nur von Länge L der Botschaft ab und nicht von Netzwerk-Grösse oder Entfernung zweier Knoten: t(L)=L/S, wobei S die Geschwindigkeit des Übertragungskanals ist.

Netze des Typs Ethernet und Token Ring besitzen die geforderte Eigenschaft b), aber die Verkehrsdichte in einem Übertragungslink ist proportional zur Anzahl der Knoten, was schnell zu einem Engpass führt. Ein anderer Typ ist ein Hypercube mit Paketvermittlung: sehr niedrige, Knotenanzahl-invariante Verkehrsdichte, aber Übertragungszeiten, die von Botschaftslänge und Knotenentfernungen abhängen.

Ziel ist es, ein Netz zu konstruieren, das die positiven Eigenschaften der oben genannten Typen kombiniert und deren Probleme eliminiert.

VI.1 Topologie und Vermittlungstechniken

Eine Untersuchung von Netz-Topologien führte zur Wahl des "Indirect Binary Cube" (Bild 3), auch "2-WAy Digit Exchange (2-WADE)" genannt. Diese Topologie ist Cube-artig und mit den Cube-Connected Cycles (CCC) verwandt. Neben niedriger Verkehrsdichte besitzt die ICB-Topologie konstanten Knotengrad (von der Grösse des Netzes unabhängig) , was den modularen Aufbau solcher Netze ermöglicht.

Um die Übertragungszeit unabhängig von Netzgrösse und Knoten-Abstand zu halten, wird eine adäquate Vermittlungstechnik eingesetzt. Diese basiert auf dem "Drehspiegelprinzip" (Bild 2) und wird "dynamische Leitungsvermittlung" genannt: Alle Netzknoten besitzen ein Schaltelement ("Switch"), das einen logischen Spiegel enthält. Die einlaufende Nachricht beinhaltet die Routing-Information in ihrem Header. Durch die Auswertung dieser Information wird der Spiegel so gedreht, dass die Botschaft verzögerungsfrei weitergeleitet werden kann. Zu Problemen kommt es im Falle einer Kollision: zwei gleichzeitig in den Switch einlaufende Botschaften wollen den gleichen Ausgangslink benutzen. Verfahren der Kollisions-Auflösung oder sogar der -Verhinderung müssen eingesetzt werden.

Zunächst verringert die dynamische Leitungsvermittlung die Kollisions-Wahrscheinlichkeit dadurch, dass mehrere Übertragungskanäle in einem logischen Link plaziert werden. Eine Kollision kann nur noch auftreten, wenn alle Ausgangskanäle eines Links besetzt sind und eine neue Botschaft eben diesen Link zu nehmen versucht. In diesem Fall wird schliesslich die Übertragung der Botschaft abgebrochen; der Absender durch ein "Break-Signal" darüber informiert.

VI.2 Modellrechnungen

Die an den Kommunikationseinheiten CU betriebenen Switches SW (Bild 1) sind durch mehrere Übertragungskanäle verbunden, welche die Links der Netztopologie bilden.

Es stellt sich folgende Frage: Wieviele Kanäle m[i,j] soll man in einem Link (i,j) plazieren? Die Antwort auf diese Frage wird anhand von Modellrechnungen gegeben.

Die Eingabeparameter dieser Berechnung bestehen aus drei Gruppen:
- eine Beschreibung des externen Verkehrs, der von den Kommunikationseinheiten in das Netz eingespeist wird:
    Angenommen wird eine Poisson-Ankunftsverteilung der Botschaften mit

Ankunftsrate Lambda2 und eine exponentielle Botschaftslänge mit Durchschnittslänge E(L). Ist S die Geschwindigkeit des Kanals, dann ist Mu = S / E(L) die Servicerate und T2 = Lambda2 / Mu der externe Verkehr.
- eine Topologie-Beschreibung;
- der Routing-Algorithmus selbst: Unicast oder Multicast; deterministisch oder probabilistisch.

Die erste Aufgabe besteht darin, den internen Verkehr in jedem Link der Topologie für gegebene Eingabeparameter abzuleiten:

$$(T2, \text{Topologie}, \text{Routing}) \longrightarrow T[i,j] \ .$$

Ein entsprechender universeller Algorithmus besitzt die Zeitkomplexität O(N**2). Bei grosser Knotenanzahl müssen daher unterschiedliche Modelle für jedes (gegebene) Tupel (Topologie, Routing) erstellt werden. Gegebene Topologie- und Routing-Eigenschaften werden somit zur Komplexitätsreduktion eingesetzt.

Für ein gegebenes Modell wird aus dem externen Verkehr T2 der interne Verkehr T[i,j] in allen Links (i,j) der Topologie berechnet. Ist die Grösse des Verkehrs in einem Link bekannt, so ist die Anzahl m[i,j] der Übertragungskanäle dieses Links berechenbar, um die Kollisionswahrscheinlichkeit (KW) niedrig zu halten. Dies kann mit folgendem Verfahren erreicht werden:

```
begin
for each Link (i,j) do m[i,j] := 1;
B_Limit := 1;
loop do
      (* Berechne KW für jeden Link anhand der Erlang'schen Verlust-
         Formel für das Warteschlangen-Modell /M/m[i,j]/m[i,j]  *)
```

$$
\text{for each Link } (i,j) \quad \text{do } B[i,j] := \frac{T[i,j]^{**}m[i,j]/m[i,j]!}{\displaystyle\sum_{k=0}^{m[i,j]} \frac{T[i,j]^{**}k}{k!}}
$$

```
      (* Berechne die höchste KW im Netz, d.h. auf dem längsten
         Pfad unter Topologie und Routing-Methode                *)
```

$$
P[\text{LongestPath}] := 1 - \prod_{\substack{(i,j)\text{in}\\ \text{LongestPath}}} (1 - B[i,j]) \ ;
$$

```
      (* Abbruch-Kriterium: ermittelte KW unterschreitet vorgebenes
         Limit                                                    *)
if P[LongestPath] < P_Limit then EXIT;

      (* Vermindere die Grenze B_Limit, der hoechsten KW auf einem
         Link                                                     *)
B_Limit := B_Limit - B_Epsilon;

      (* für jeden Link mit grösserer KW als vorgegebenes Limit
         füge Übertragungskanal hinzu (Aufhebung von Kollisionen) *)
for (i,j) with B[i,j]>B_Limit  do m[i,j] := m[i,j]+1.
od;
```

VI.3 Netzaufbau

In Bild 4 wird ein Netz mit vier Knoten als Beispiel dargestellt. Die Anzahl der Übertragungskanäle in den Links wurden mit Hilfe der Modellrechnung bestimmt. Um das Netz vollständig zu beschreiben, muss noch ein Routing-Protokoll vorgestellt werden.
Als Beispiel diene das Senden einer Botschaft von Knoten 1 zu Knoten 3. Sie wird aus der CU mit der Beschreibung des Weges als Vorspann abgeschickt. Die Wegbeschreibung besteht aus binär kodierten Nummern der Links, die unterwegs einzuschlagen sind. Der Switch des Knotens 1 erkennt die ersten zwei Bits '01' als Nummer des Links 1. Diese Bits werden abgeschnitten. Der Rest der Botschaft wird dann durch diesen Link 1 weitergeleitet. Analog verhält sich Switch 2. Im dritten Switch werden zwei weitere Bits '00' entfernt. Diese bestimmen Link 0 als Ausgang für die Botschaft. Dadurch wird sie zur CU-Einheit des dritten Knotens weitergeleitet. Die Botschaft hat ihr Ziel erreicht.

VI.4 Erweiterungen

Die Kommunikationsmethode der dynamischen Leitungsvermittlung umfasst auch den Fall der Multicast-Kommunikation. Ausserdem kann zwischen mehreren Routing-Methoden gewählt werden (statisches Routing, Random-Routing zur gleichmässigen Lastverteilung im Netz). Eine ausführliche Zusammenstellung aller Ergebnisse wird in [Mal88] gegeben.

VII. Stand der Arbeiten

Der Kommunikationsbaustein, dessen Design mithilfe des Venus-Systems [Ven86] vorgenommen wurde, steht seit Herbst 1988 zur Verfügung. Der vollständige Aufbau eines Systems mit 64 Knoten und der Betriebsbeginn wird für Anfang 1989 erwartet. Mit Inbetriebnahme werden Messungen auf Hardware- und Software-Ebene einhergehen; Tuning-Massnahmen und eine kritische Bewertung des Erreichten werden folgen.
Eine Emulation der POOL-Hardware unter einem Host-Betriebssystem und eine zugehörige Implementierung des POOL-OS-Kerns ist seit 1987 im Einsatz.
SA-DOS ("Saarbrücker distributed operating system") wurde als Betriebssystem-orientierte Runtime-Architektur unter POOL-OS im Administrator/Worker-Berechnungsmodell implementiert, welches allerdings gegenüber [Gen81] asynchron ausgerichtet ist. SA-DOS umfasst File-, Print-, Terminal-Services sowie Services zur Benutzer-Verwaltung, Konfigurierung u.a. Die Implementierung dieses "verteilten" Berechnungs-Modells basiert Knoten-lokal auf einem Prozess-orientierten Support-System.

VIII. Verwandte Arbeiten

Eine erste Vermittlungsmethode "Virtual Cut-Through", basierend auf dem Drehspiegelprinzip, wurde anhand eines theoretischen Modells in [Ker79] vorgeschlagen. Seit dieser Zeit sind mehrere Implementierungen vorgestellt worden, die auf diesem Prinzip aufbauen: "Fast Packet Switching" [Tur85] und "Burst Switching" [Has83] sind Lösungen für ISDN Netze. Beide benutzen interne Speicher, um Kollisionen abzufangen. Der "Torus Routing Chip" [Dal86] stellt die erste Implementierung für übliche Computerkommunikation dar. Jedoch bestehen hier die Links nur aus einem einzigen Übertragungskanal, Kollisionen werden durch Übertragungsverzögerung aufgelöst. Es wird eine Knoten-zu-Knoten-Kommunikationszeit in der Grössenordnung eines Speicherzugriffs üblicher sequentieller Computer erreicht. Die Torus-Routing-Lösung wurde bereits in dem kommerziell verfügbaren Parallelrechner iPSC/2 von Intel unter dem Namen "Direct-Connect Routing" eingesetzt [IPA87].

POOL-ähnliche Design-Ansätze wurden auch in folgenden Projekten verfolgt:

Im "Cosmic Cube"-Projekt ([Sei85]) von C.L.Seitz wurde ein Prototyp eines Netzwerks von Computer in verdrahtete Hypercube-Netztopologie (64 Knoten) aufgebaut. Die gewählte Knoten-Architektur - nicht-dedizierte Form - zielt auf VLSI-Realisierung in naher Zukunft ab. In dieser Konfiguration muss ein Knoten neben Exekutions- und Kommunikations-Vorgängen auch das Routen von Nachrichten als Zwischenstation mitübernehmen. Die Entwicklung des Torus-Routing-Chip [Dal86] erlaubt es, Routing auf der Basis von dynamischer Vermittlungstechnik Hardware-unterstützt zu bewältigen [IPA87].

Witties Projekt ([Wit80]) ist vollständig auf die Entwicklung von Polyknoten-Systemen ausgerichtet. Der implementierte Prototyp MICRO/MICRONET basiert nur auf Strategien, welche auf 'Network-Computer' anwendbar sind, die Tausende von Knoten umfassen. Die zugehörige Hardware-Architektur MICRONET ist leicht erweiterbar und beinhaltet Fehler-Toleranz, um lokales Fehlverhalten seines 'Network-Computer' in seinen Auswirkungen einzugrenzen. Das VBS MICRO betont die dezentrale Verwaltung von Resourcen. Alle Knoten werden durch MICRO in Hierarchien verwaltet, die sich an sozialen Institutionen orientieren. Eigenschaften der Netztopologie werden bei der Systeminitialisierung berücksichtigt. Anschliessend leistet diese extensive BS-Organisation die geforderte Transparenz der realen Netztopologie.

Die Realisierung des Linda-Kerns ([Car86]) ist das Ergebnis eines typischen Top-down-Entwurfs. Das Programmierkonzept Linda ([Gel85]) ermöglicht die Kooperation und Synchronisation paralleler Prozesse über einen virtuellen gemeinsamen Speicher. Das zugehörige Laufzeitsystem, der Linda-Kern, implementiert verteilt den gemeinsamen Speicher auf dem S/NET-Multicomputer ([Ahu83]). Die benutzte Hardware-unterstützte Kommunikations-Methode ist zuverlässig und Broadcast-fähig, wobei Puffer-Engpässe bei einem der Ziele Hardware-mässig erkannt und zurückgemeldet werden. Die Datenbank-artige Suche im Knoten-lokalen Speicher innerhalb des Laufzeitsystems soll durch einen 'Linda-Chip' ([Ahu86]) bewerkstelligt werden.

Referenzen

[Ahu83]   S.R.Ahuja: 'S/Net: A   high-speed   interconnect   for   multiple
          computers' IEEE J. Selected Areas in Comm.,11/1983, pp.751-756
[Ahu86]   S.R.Ahuja,N.J.Carriero,D.Gelernter,V.Krishnaswamy: 'Progress
          Towards a Linda Machine' Proc.Int.Conf.on Circuit Design, pp.97-101
[Car86]   N.Carriero, D.Gelernter: 'The S/Net's Linda Kernel' ACM Trans. on
          Computer Systems, Vol. 4(2), 1986, pp. 110-129
[Dal86]   W.J.Dally,   C.L.Seitz: 'The   torus   routing   chip' Distributed
          Computing Vol 1, 1986, pp.187-196, Springer Verlag 1986
[Gel85]   D.Gelernter: 'Generative Communication in Linda' ACM Trans. on
          Computer Systems, Vol. 7(1), 1985, pp. 80-112
[Gen81]   W.M.Gentleman: 'Message Passing Between Sequential Processes: the
          Reply Primitive and the Administrator Concept' Software-Practice a.
          Experience, Vol.11, 1981
[Ger88]   L.Gerlach,K.T.Malowaniec,H.Scheidig,R.Spurk: 'THE   DISTRIBUTED
          SYSTEM POOL' in LNCS 309, Springer Verlag 1988
[Has83]   E.F.Haselton: 'A PCM Frame Switching Concept Leading to Burst
          Switching Network Architecture', IEEE Comm.Magazine, 1983.
[IPA87]   'Direct-Connect Routing solves Node Communications Challenge' in
          iSCurrents, Fall/Winter 1987, Intel Scientific Computers
[Ker79]   P.Kermani,L.Kleinrock: 'Virtual Cut-Through: A New   Computer
          Communiction Switching Technique', Computer Networks, 1979
[Mal88]   K.T.Malowaniec: 'Das   dynamische Leitungsvermittlungsnetz   für
          verteilte Systeme', Dissertation, Universität des Saarlandes, FB10-
          Informatik, in Vorbereitung
[Mul86]   S.J.Mullender, A.S.Tanenbaum: 'The Design of a Capability-Based
          Distributed Operating System' The Comp.Journal, 29(4) 1986,289-299
[Pra86]   S.J.Pratt: 'The Alchemy Model: A Model for Homogeneous and
          Heterogeneous Distributed Computing System' ACM Op.Review, 25-37
[Sal84]   J.H.Saltzer, D.P.Reed, D.D.Clark: 'End-To-End Arguments in System
          Design' ACM Trans.on Comp.Systems, 2(4) 1984, pp. 277-288
[Sch88]   M.Schneider: 'Entwicklung eines intelligenten Links in VLSI-
          Technik für CCC-Netzkommunikation' Diplomarbeit, FB10, Unversität
          d. Saarlandes, in Vorbereitung
[Sei85]   C.L.Seitz: 'THE COSMIC CUBE' CACM Vol. 15(1), Jan.1985
[Spe82]   A.Z.Spector: 'Performing Remote Operations Efficiently on a Local
          Computer Network' CACM Vol. 25(4), 1982, pp. 246-260
[Stu87]   M.Stumm: 'Distributed Systems: An Introduction by Example V' (in
          German) Inform.-Spektrum of GI/W-Germany, 10(2),1987
[Tan85]   A.S.Tanenbaum,   R.v.Renesse: 'Distributed   Operating   System'
          Computing Surveys, Vol. 17(4), Dec. 1985
[Tur85]   J.S.Turner: 'Fast Packet Switching Systems', United States Patent #
          4,494,230, 1985
[Wat81]   R.Watson: 'Distributed system architecture model' Chapter 2, LNCS
          105, ed.Lampson,Paul,Siegert, pp 10-43, 1981
[Wit80]   L.D.Wittie, A.M.van Tilborg: 'MICROS: A Distributed Operating
          System for MICRONET, a Reconfigurable Network Computer'IEEE Trans.
          on Comp., Vol. 29(12), Dec. 1980
[Wit81]   L.D.Wittie: 'Communication Structures for Large Networks of
          Microcomputers', IEEE Trans. on Computers, 1981
[Ven86]   E.Hörbst,M.Nett,H.Schwärtzel: 'Venus: Entwurf   von   VLSI-
          Schaltungen', Springer 1986

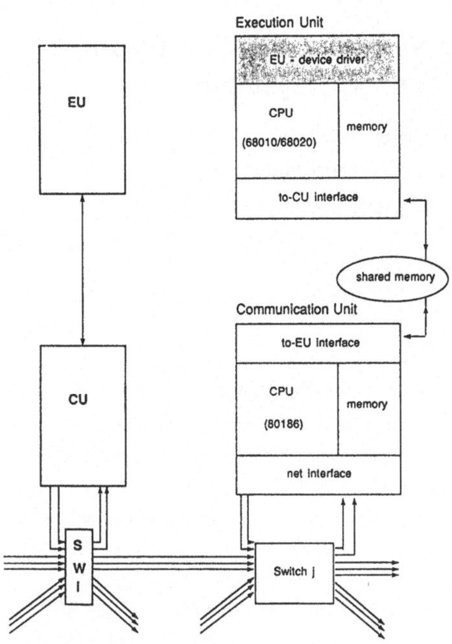

Bild 1 : Aufbau eines POOL-Knotens und 2-WADE-Netzzugang

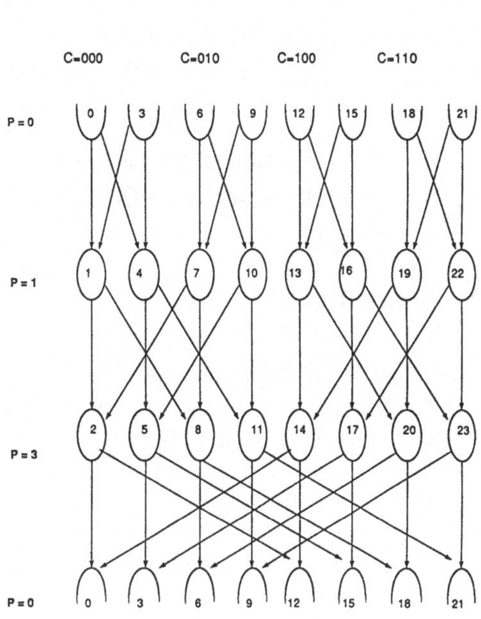

Bild 3: "Indirect Binary 3-Cube"
(3-dimensionaler 2-WADE)

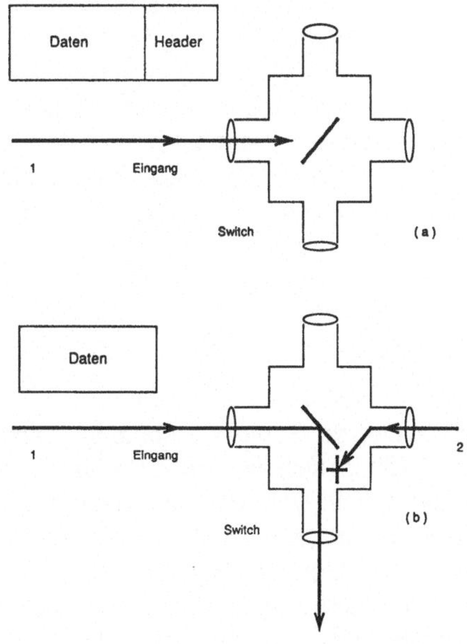

Bild 2 : Das Drehspiegelprinzip
(a) Einstellen des Spiegels
(b) Weiterleiten der Daten

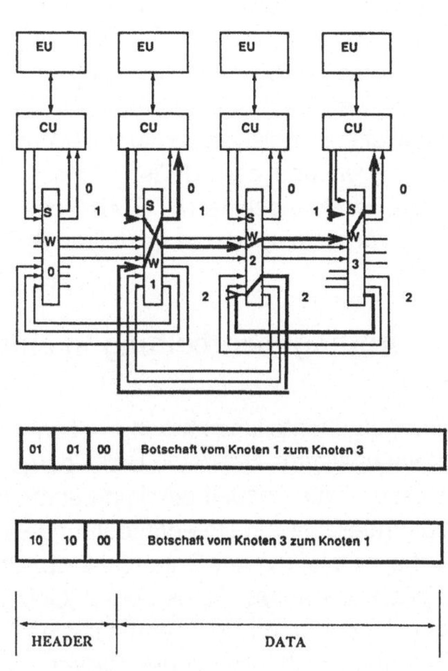

Bild 4 : Demonstration des Routing Verfahrens

COMMA
Ein hybrid-gekoppeltes Mehrrechnersystem zur Unterstützung
von parallelen Abläufen in Datenbanksystemen

Frank Hildebrandt   Holger Herzog[1]

Institut für Betriebssysteme und Rechnerverbund

TU Braunschweig Bültenweg 74/75 D-3300 Braunschweig FRG

1 Motivation

Beim Einsatz von Datenbanksystemen (DBS) in nichtkonventionellen Anwendungsgebieten, wie z.B. CAD/CAM und Bürodatenverarbeitung, zeigte sich die Notwendigkeit der Konzeption neuer Datenbanksysteme (NDBS) /BP 85/. Da insbesondere ein nicht akzeptables Leistungsverhalten von DBS festgestellt wurde, wird in zunehmendem Maße die Ausnutzung von Parallelverarbeitungsmöglichkeiten diskutiert. Grundlage sind dabei verteilte Rechnerstrukturen entweder auf der Basis konventioneller Multiprozessorsysteme /Bü 87/ /Re 86/ oder spezieller Rechnerarchitekturen /Hs 86/ /HHM 86/. In den für DBS neuen Anwendungsgebieten werden vielfach Rechnerstrukturen genutzt, die dem Client/Server-Konzept (C/S) /Sv 85/ entsprechen /Dep 86/. Das in /HH 88/ entwickelte und in dieser Arbeit vorgestellte Architekturkonzept COMMA (**C**omplex **O**bjects **M**anagement **M**ultiprocessor **A**rchitecture) baut aus diesen Gründen auf dem C/S-Konzept auf.

In Kap. 2 wird zunächst eine Schichtenarchitektur der Auftragsbearbeitung in COMMA vorgestellt. Der Client ist dabei ein u.U. mit zusätzlicher Hardware wie Display-Prozessoren versehener Personalcomputer und übernimmt primär Abbildungs- und Ablaufkontrollaufgaben. Aufgrund der bei "massiver" Parallelverarbeitung möglichen Komplexitätssteigerung fordert /HR 85/ eine automatische Übersetzung der Operationen der Benutzerschnittstelle eines NDBS auf parallel ausführbare Serveroperationen. Kap. 3 stellt hierfür einen Lösungsansatz vor. Die eigentliche Parallelverarbeitungsleistung ist vom Server zu erbringen. Aufbauend auf den Erfahrungen und den Meßergebnissen bei der Entwicklung der Braunschweiger **R**elationalen **D**aten**B**ank**M**aschine (RDBM) /Schw 83/ /RDBM 88/ wird in Kap. 4 das Konzept eines Servers vorgestellt, der die gestellten Anforderungen erfüllen soll.

2 Auftragsbearbeitung in einem NDBS

Die Aufgabenteilung zwischen Client und Server wird durch die vom Server angebotene Schnittstelle bestimmt. Bei der in Bild 1 dargestellten Architektur befindet sich ein Kern-DBS im Server. Dessen Datenmodell bestimmt somit die Schnittstelle zum Client. Dem Benutzer eines NDBS soll möglichst ein Datenmodell angeboten werden, das es erlaubt, ein Objekt der realen Welt auf ein Objekt in der Datenbank abzubilden. Dementsprechend bietet die Benutzerschnittstelle ein *semantisches Datenmodell* /Geb 87/ an. Im Client sind Datenbankanwendungen, die mit den Operationen des semantischen Datenmodells formuliert sind, auf die mengenorientierte Operationsschnittstelle des Servers abzubilden. Dabei erfolgt eine Parallelisierung der Serveroperationen und die Generierung der notwendigen Synchronisationsstrukturen. Neben der Parallelisierung gibt es eine Optimierungsphase, bei der Aspekte wie z.B. die verteilte Speicherung

---

[1]neue Adresse: Siemens AG, ZFE F2 SOF41, Otto-Hahn-Ring 6, 8000 München 83

von Subobjekten eines Objektes berücksichtigt werden. Als Mechanismen für die Kommunikation zwischen Client und Server sind in Abhängigkeit vom Synchronisationskonzept der Remote Procedure Call (RPC) /BN 84/ und der Remote Service Call (RSC) /SE 86/ nutzbar.

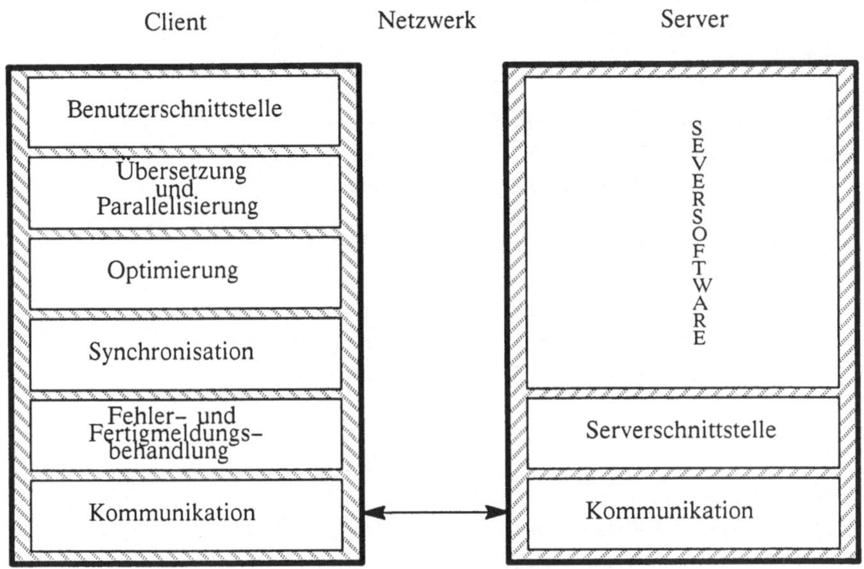

Bild 1: Modell der Auftragsbearbeitung

3 Synchronisation paralleler Datenbankaktivitäten im Client

3.1 Spezifikation der Parallelarbeit

Man kann zwei Parallelverarbeitungsformen in Anwendungen von NDBS unterscheiden: Datenparallelität /HHM 86/ /Re 86/ und Operationsparallelität /MD 86/ /HR 85/. Datenparallelität entsteht durch Ausnutzung der hierarchischen Strukturen von komplexen Objekten und durch Ausnutzung der Menge verschiedener Repräsentationen eines Objektes, wie z.B. der funktionalen Spezifikation und dem Schaltkreisdiagramm beim VLSI-Entwurf. Operationsparallelität entsteht durch parallele Ausführung der gleichen Operation auf unabhängigen Daten und durch parallele Ausführung von Operationen, die keiner Datenabhängigkeit oder logisch-temporalen Abhängigkeit unterliegen.

Die geforderte automatische Übersetzung der Benutzerschnittstelle eines NDBS in parallel ausführbare Serveroperationen läßt sich in zwei Phasen unterteilen:

- die Erkennung der möglichen Parallelarbeit und

- die Generierung von einem synchronisierten Prozeßsystem, das den Ablauf der parallelen Operationen steuert. Auf diesen Aspekt geht Abschnitt 3.3. ein. Eine ausführlichere Darstellung gibt /Her 88b/.

Als einen ersten Ansatz zur automatischen Erkennung der möglichen Parallelarbeit wurden Sprachkonstrukte entwickelt, die eine einfache Spezifikation der Parallelarbeit erlauben und so

```
PROC MAIN ( in ... out ... )
        (OPAR    OpCALL Suche  ( in ... out ... ),
                 OpCALL Suche  ( in ... out ... ),
                 OpCALL Pruefe ( in ... out ... ),
                 OpCALL Loesche( in ... out ... )
        OPAR)
ENDPROC


OpPROC Suche ( in ... out ... )
        (DL    RSC Suche_X1 ( in ... out ... ),
               RSC Suche_X2 ( in ... out ... )
        DL)
ENDPROC


OpPROC Pruefe ( in ... out ... )
        (OSEQ RSC Pruefe_X1 ( in ... out ... ),
              RSC Pruefe_X2 ( in ... out ... )
        OSEQ)
ENDPROC


OpPROC Loesche ( in ... out ... )
        (OL    RSC Loesche_X ( in ... out ... ),
               RSC Loesche_Y ( in ... out ... )
        OL)
ENDPROC
```

Bild 2: Rahmen eines Quellprogramms des entwickelten Übersetzers

die Erkennungskomplexität vermindern. Bild 2 zeigt einen Quellprogrammrahmen des Spezifikationsübersetzers. Abhängigkeitsbeziehungen zwischen gesamten Ablaufstrukturen werden dabei durch eine Art Prozedurkonzept spezifiziert. Während Daten- und Operationsparallelität, die keiner Einschränkung durch Abhängigkeiten unterliegen, durch die Sprachkonstrukte (DL ... DL) und (OL ... OL) beschrieben werden, wird Operationsparallelität, bei der die Abhängigkeitsstruktur erst noch abgeleitet werden muß, durch (OPAR ... OPAR) spezifiziert. Fernaufrufe sind durch das Schlüsselwort RSC gekennzeichnet.

3.2 Übersetzung der Spezifikation in einen Graphen

Zur Darstellung der Abhängigkeitsbeziehungen zwischen parallelen Aktivitäten in einem NDBS wurde in /Her 88a/ das Benutzerauftragsablaufmodell (BA^{2}M) entwickelt, das auf der Theorie der Graph-Grammatiken /Na 78/ aufbaut. Während die Knoten der Graphen Aktivitäten und Strukturklammern beschreiben, stellen die Kanten die Abhängigkeitsbeziehungen dar. Durch Zuordnung von Markierungen zu einzelnen Knoten können diese in ihren Bedeutungen unterschieden werden, so daß beide Parallelverarbeitungsformen modelliert werden können. Die Graphen werden aufgebaut durch Anwendung einer Menge von Regeln (den Graph-Produktionen), die je ein bestimmtes Strukturmerkmal beschreiben. Bild 3 zeigt Beispiele für Graph-Produktionen, die die Erzeugung einer bestimmten Teilstruktur (1), einer bestimmten Form von Parallelität (2) und die

die Generierung einer zusätzlichen Abhängigkeitsbeziehung (3) ermöglichen. Bild 4 zeigt ein BA^{2}M.

Die Implementierung der durch Anwendung von Regeln generierbaren BA^{2}M bilden aufgrund der o.a. Eigenschaften eine ideale Datenstruktur zur Generierung von Prozeßsystemen. Die geforderte automatische Übersetzung wird deshalb in die Übersetzung der Spezifikation in eine Folge von Regeln, in die Generierung eines BA^{2}M aus diesen Regeln und in die Generierung eines Prozeßsystems aus dem BA^{2}M zerlegt. Der erste Schritt dieser Vorgehensweise beruht auf der folgenden Definition /Bae 73/: Seien A_i und A_j zwei Aktivitäten. Seien I_i und I_j die Menge der Eingangs- und O_i und O_j die Menge der Ausgangsgrößen der Aktivitäten. A_i und A_j sind parallel ausführbar, wenn folgende Bedingungen erfüllt sind:

$$
\begin{aligned}
(1) \quad & I_i \cap O_j = \emptyset \\
(2) \quad & I_j \cap O_i = \emptyset \\
(3) \quad & O_i \cap O_j = \emptyset
\end{aligned}
$$

Aktivitäten sind in der o.a. Spezifikation die Prozeduren, soweit sie nicht Sequenzen spezifizieren (OSEQ...OSEQ), und die Fernaufrufe.

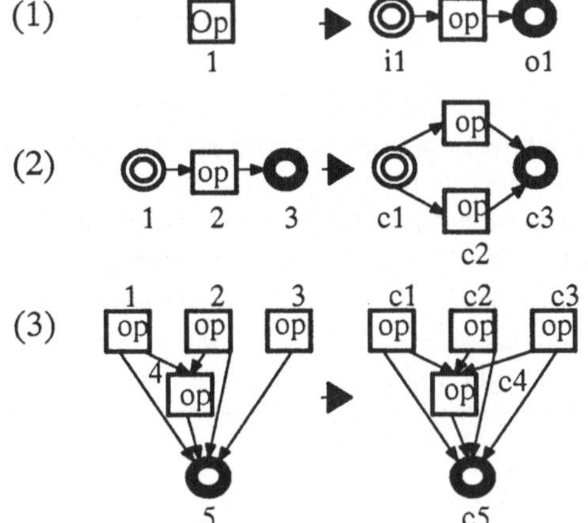

Bild 3: Produktionen der Graph-Grammatik

3.3 Generierung von Synchronisationsstrukturen als Realisierung einer mengenorientierten Serverschnittstelle

Der entwickelte Übersetzer bildet ein BA^{2}M auf zwei Arten von Prozessen ab:

- Prozesse, die Operationsausführungen durch den Server kontrollieren und die nur eine aktive Phase haben, und

- Prozesse, die den parallelen Ablauf einzelner Teile des gesamten Benutzerauftrages initiieren und kontrollieren.

Diese Möglichkeiten entsprechen unterschiedlichen Markierungsformen von Knoten in einem BA^{2}M. Bild 5 zeigt ein vom entwickelten Übersetzer auf der Basis des BA^{2}M aus Bild 4 generiertes Prozeßsystem. Die aufgrund der gewählten Datenstruktur relativ einfache Abbildung von parallelen Aktivitäten auf Prozeßsysteme erscheint bei der Simplizität der Aktivitäten und den entstehenden Prozeßwechselkosten (äquivalent der Ausführungszeit von ca. 5000 Befehlen bei

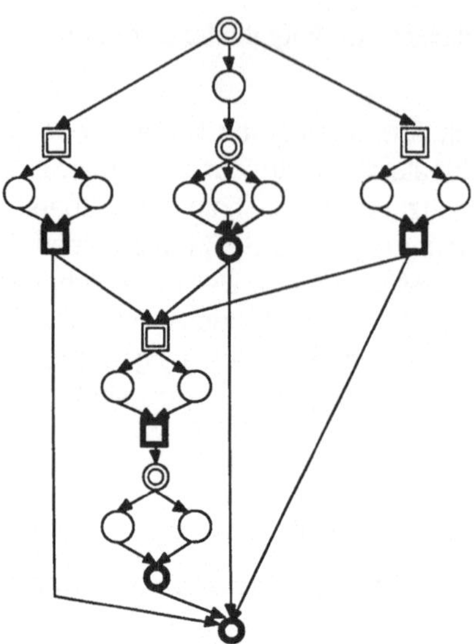

Bild 4: Beispiel eines BA^{2}M

IBM/370 und 500 Befehlen bei TANDEM /Ba 81/) als aufwendig. Sie ist aber notwendig, wenn ein blockierender Kommunikationsmechanismus, wie der RPC /BN 84/, genutzt wird. Bei einem nicht blockierenden Kommunikationsmechanismus, wie dem RSC /SE 86/, ist es möglich, eine prozeßinterne Aktivitätsverwaltung zu realisieren, wie sie aus Transaktionssystemen wie CICS von IBM und dem DBS SESAM von Siemens bekannt ist. Ein entsprechendes Konzept sind die Auftragsnetze /Her 88a/. Dazu werden auf den Knoten eines BA^{2}M Zustände definiert. Die festgelegten Zustandswechsel ermöglichen dann die Synchronisation des Verarbeitungsfortganges. Auftragsnetze haben gegenüber Prozeßsystemen den Vorteil, daß die Generierung der Synchronisationsstruktur als dritte Phase des Übersetzungsprozesses entfällt.

3.4 Entwicklung zuverlässiger Kommunikationsstrukturen

In dem vorhergehenden Abschnitt wurden Werkzeuge zur automatischen Generierung von parallelen Ablaufstrukturen vorgestellt, die vier Phasen des Softwareentwicklungsprozesses unterstützen:

- den *Entwurf*: durch die einfache Spezifikation

- die *Implementierung* und den *Test*: durch die automatische Generierung

- die *Wartung*: durch einfache Änderbarkeit der Graphstruktur und damit – impliziert durch die Werkzeuge – auch der Ablaufstruktur

Geht man von einer korrekten Spezifikation aus, so garantieren die Werkzeuge eine zuverlässige und verklemmungsfreie Kommunikation innerhalb den die mengenorientierte Serverschnittstelle realisierenden Ablaufstrukturen. Ein Test ist nur für die explizit vom Benutzer als parallel ausführbar gekennzeichneten Aktivitäten notwendig. Durch eine Erweiterung des Übersetzers in Richtung einer automatischen Ableitung der Abhängigkeiten entsprechend des COPAR - Konstruktes wird diese Testphase überflüssig.

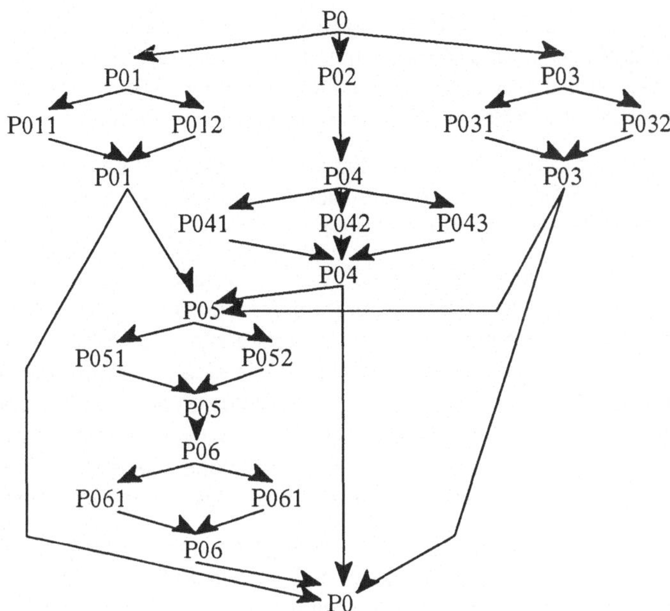

Bild 5: Mengenorientierte Operationsschnittstelle des Servers als Prozeßsystem

4 Serverarchitektur

4.1 Allgemeine Designparameter

Dem Server kommt als zentrale Komponente eine besondere Bedeutung zu. Seine Konzeption muß berücksichtigen, daß

- bei hoher Last Aufträge von vielen Clients gleichzeitig vorliegen, die parallel bearbeitet werden können,

- Ausfälle des Servers das komplette System lahmlegen,

- Engpässe in Funktion und Leistung sich direkt auf die Clients und somit auf das ganze Client/Server-System auswirken.

Die Forderung von Leistungsfähigkeit und Ausfallsicherheit läßt sich am konsequentesten durch ein Multiprozessorsystem erfüllen. Durch Rekonfigurierung nach Ausfall einer Komponente kann "graceful degradation" und somit Ausfallsicherheit gewonnen werden. Die effiziente Programmierung eines parallelen Systems wird als schwierig und aufwendig angesehen. Sie wird hier unterstützt durch die Anwendung der in Kap. 3 vorgestellten Konzepte. Darüberhinaus macht die Auftragsstruktur (viele parallel ablaufende Aufträge) eine unnatürliche, dem Problem nicht angepaßte Parallelisierung unnötig. Die Komponenten eines hier skizzierten Servers lassen sich unterscheiden in Prozessoren, Speicher- und Verbindungssystem. Im folgenden sollen einige Konzeptionsleitlinien für diese Komponenten aufgezeigt werden.

Bei den *Sekundärspeichern* werden auf absehbare Zeit magnetische und optoelektronische Plattenspeicher dominieren. Während die Speicherkapazität ständig zunimmt, können bei Latenzzeit und Transferrate nur wenig Verbesserungen erreicht werden. Hier muß Überlastung vermieden werden, so daß parallel ablaufende Aufträge sich beim Zugriff auf den Sekundärspeicher nicht gegenseitig behindern. Der Transfer großer Datenvolumina, ausgelöst durch die Bereitstellung großer Objekte oder das Durchsuchen großer Datenbestände, muß unterstützt werden durch eine Anzahl parallel arbeitender Platten, die nach dem Prinzip des "disk striping" /Sal 86/ bzw. der "multiple backend database machine" /Boy 83/ /Hs 86/ betrieben werden.

Die Verwendung vieler kleiner Platten anstatt von wenigen großen kann bei gleicher Gesamtspeicherkapazität die Summentransferrate steigern. Ein weitergehender Vorschlag /Kim 85/ sieht sogar den Einsatz vieler synchron drehender Platten vor.

Pufferspeicher auf Halbleiterbasis, ausgeführt als Spurpuffer, Disk-Cache oder allgemein als Systempuffer können zur Leistungssteigerung an der Schnittstelle zum Sekundärspeicher beitragen. Hier tritt jedoch das Problem des a priori unbekannten Referenzierungsprofils auf: Pufferverwaltungsalgorithmen treffen auf heuristischer Basis eine Annahme über zukünfige Zugriffe. Während sich bei konventionellen Systemen LRU-Strategien oder der Verarbeitungsreihenfolge angepaßte Algorithmen /Cho 85/ bewährt haben, sind für Nichtstandard-Datenbanksysteme aufgrund ihres weiten Anwendungsfeldes keine zufriedenstellenden Methoden bekannt. Dies unterstreicht die Notwendigkeit eines schnellen Sekundärspeicher-Konzepts.

Die Organisationsform der *Prozessoren* läßt zwei grundsätzliche Möglichkeiten zu: Ein homogenes Prozessorsystem, d.h. jeder Prozessor kann alle Auftragsformen bearbeiten, oder im Gegensatz dazu das inhomogene Prozessorsystem, wo jeder Prozesor für eine bestimmte Aufgabe vorgesehen ist. Für das inhomogene Prozessorsystem gibt es einige Vorteile: Wegen der Spezialisierung auf Teilaufgaben sinkt die Programmkomplexität, was reduzierten Erstellungsaufwand und bessere Laufzeiteigenschaften verspricht. Darüberhinaus kann auch die Hardware dem Aufgabenspektrum besser angepaßt werden. Die Möglichkeiten gehen von Koprozessoren über Mikroprogrammierung bis zu Spezialhardware. Die Ergebnisse aus dem RDBM-Projekt /RDBM 88/ zeigen, daß gerade hier ein großes Potential zur Leistungssteigerung liegt. Insbesondere Prozessoren mit einfachen Aufgaben, z.B. Datenfilter, erreichen hohe Beschleunigungsfaktoren. Als Nachteil besteht der hohe Entwicklungsaufwand gegenüber einem homogenen System, wo Prozessorendesign und Software nur einmal erstellt und dann vervielfältigt werden können.

Das *Kommunikationssystem* reflektiert die Beziehungen zwischen den Prozessoren: Im Fall des homogenen Systems muß eine leistungsfähige Verbindung von jedem zu jedem Prozessor bestehen, da über den Fluß der Daten von vornherein wenig bekannt ist und zumindest Synchronisationsmeldungen systemweit ausgetauscht werden müssen. In einem inhomogenen System sind Funktionsverteilung und Datenwege weitgehend bekannt. Deswegen stellt ein hybrides Kommunikationssystem, in dem die Kommunikationswege und -mittel den zu übertragenden Datenvolumina angepaß sind, eine kosteneffektive Lösung dar. Dies wird im nächsten Abschnitt näher erläutert.

4.2 COMMA-Server-Architektur

Das in diesem Kapitel vorgestellte Architekturkonzept orientiert sich an den in 4.1. ausgeführten Leitlinien. Analog zur Funktions- und Schichteneinteilung, wie sie für Datenbanksysteme beschrieben wurden /HR 85/, werden auch im COMMA-Konzept die Aufgaben des Speicherservers in Funktionsblöcke zerlegt. Diese Funktionsblöcke können dann auf eigens für diese Funktion vorgesehenen Prozessoren ablaufen. Durch Replikation der Funktionsblöcke kann auf einfache Weise anwendungsprofilangepaßte Parallelisierung erreicht werden.

Diese Strukturüberlegungen treffen noch keine Aussage über die interne Hard- und Softwarearchitektur der Prozessoren. Die Funktionsabgrenzung und die damit vorhandenen klaren Schnittstellen erlauben die Konzeption der Prozessoren weitgehend unabhängig voneinander und vom Gesamtsystem zu entwerfen. Je nach Bedarf kann die funktionsspezifische Software durch aufgabenorientierte Hard- und/oder Firmware unterstützt werden.

Die Kommunikationsstrukturen sind wie die Prozessoren funktional spezialisiert ausgelegt. Dort, wo große Datenmengen zwischen zwei Prozessoren bewegt werden, sind dedizierte Verbindungen vorgesehen. An anderen Stellen ist es erforderlich, weniger große Datenmengen zwischen vielen Prozessoren auszutauschen. Hier wird die Kommunikation durch eine bus- oder ringartige Struktur mit der Fähigkeit zu Broadcast-Meldungen (z.B. Ethernet) übernommen. Eine solche Struktur hat als zusätzlichen Vorteil die flexible Erweiterbarkeit. Weitere Arten der Kommunikation sind der gemeinsame Speicher (hier ausgeführt als datenobjektorientierter Pufferspeicher, siehe Kap. 4.2.4) und die Kommunikation über einen zentralen Prozessor, der u.a. als Synchronisationselement für Transaktionen dient. Aud diese Weise setzt sich das Prinzip der funktionalen Spezialisierung auf die Kommunikationsstrukturen fort.

Die angestrebte Gesamtstruktur zeigt Bild 6.

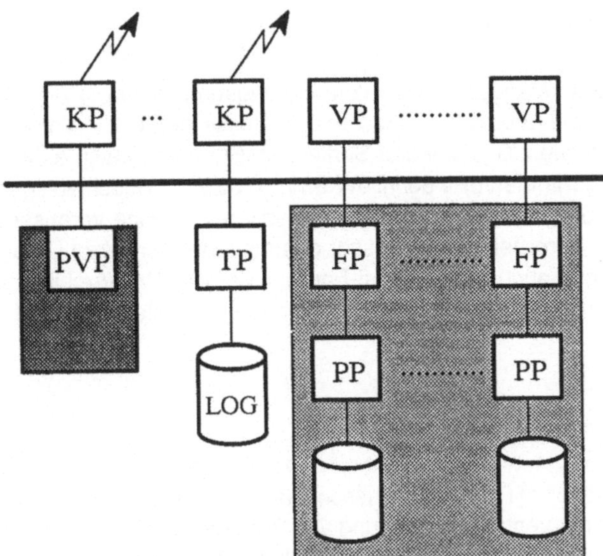

Bild 6: Architektur des COMMA-Servers

4.2.1 Sekundärspeicher und Vorverarbeitung

Auf unterster Ebene arbeiten die Peripherieprozessoren (PP). Sie sind zuständig für die Verwaltung der Daten (einschließlich der Zugriffspfade) auf den Sekundärspeichern. Durch Kenntnis und Ausnutzung von Plattendetails können an dieser Stelle die Datentransferzeiten optimiert werden. Weikum et al. /WMP 87/ zeigt, daß an dieser Stelle große Vorteile erreicht werden können. Minimierung von Armbewegungs- und Drehwartezeiten, sowie die Integration von plattenbezogenen Puffern sind weitere hier anwendbare Techniken zur Leistungssteigerung.

Zugriffe zu Daten, die nicht durch Indexstrukturen unterstützt werden, erfordern das inhaltsorientierte Durchsuchen eines Teils des Datenbestands. Neben dieser assoziativen Filteroperation können an dieser Stelle andere Operationen, die nur einen Durchlauf der Daten benötigen, wie z.B. die Statistikoperationen Minimum, Durchschnitt und Varianz, berechnet werden. Sie erfordern eine hohe Prozessorleistung, um die von den Sekundärspeichern angebotenen maximalen Transferraten auszunützen. Sie werden daher auf eigenen Prozessoren, den Filterprozessoren (FP), ausgelagert. Für diese Prozessoren lassen sich durch hardwareunterstützte endliche Automaten zur Filterung (siehe /Gon 84/) oder Mikroprogrammunterstützung (gemessener Faktor um 30 bei RDBM /RDBM 88/) hohe Beschleunigungsfaktoren erreichen. Die Ansätze zur Konstruktion effektiver Filter sind in /ZeAu 85/ detailliert aufgezeigt.

Zur Bearbeitung der eben skizzierten Operationen werden vom Filterprozessor große Datenmengen verarbeitet, die vom Sekundärspeicher über den Peripherieprozessor geliefert werden. Aus diesem Grund ist der Datenpfad zwischen Peripherieprozessor und Filterprozessor als dedizierte Verbindung ausgelegt. Die bei einem Bus oder Netz auftretenden gegenseitigen Behinderungen werden somit vermieden. Dies bekommt deshalb eine große Bedeutung, weil bei einem gut partitionierten Datenbestand nach Art der "Multiple Backend Database Machine" viele Peripherieeinheiten parallel für einen Auftrag arbeiten. Busse, die den Anschluß von vielen (>100) Peripherieprozessoren erlauben, wären schnell überlastet.

4.2.2 Verknüpfungsprozessoren

Die auf der nächsten Ebene angesiedelten Verarbeitungsprozessoren (VP) verarbeiten die von den Peripherieprozessoren gelieferten Zwischenergebnisse weiter. Die Verarbeitungsprozessoren leisten Operationen wie z.B. JOIN und Sortierung. Für diese i.allg. aufwendigen Operationen gibt es parallele Algorithmen (/Bit 83/ /DeW 83/), so daß zur Beschleunigung eines Auftrags mehrere Verarbeitungsprozessoren eingesetzt werden können. Eine Voraussetzung dazu ist die Möglichkeit, von jedem Verarbeitungsprozessor aus mit jedem anderen Daten auszutauschen, für bestimmte Algorithmen auch in Broadcast-Form. In der COMMA-Architektur übernimmt dies eine busartige Kommunikations-Struktur. Allerdings haben sich hier auch ringförmige Strukturen bewährt /DGS 88/.

4.2.3 Transaktionsprozessor

Der Transaktionsprozessor (TP) hat die ausschließliche Funktion, ändernde Aufträge zu unterstützen. Er sorgt für die zentrale Verwaltung von Transaktionen, Sperren und des Logbuchs und übernimmt die Steuerung der Commit-Phase. Die Lösung mit einem zentralen Prozessor verspricht eine deutlich vereinfachte Programmierung im Vergleich zu einer verteilten Abarbeitung.

Ebenso wie die anderen Prozessoren kann der Transaktionsprozessor auf seine Aufgabe zugeschnitten werden. Dies beeinflußt jedoch nicht nur das Leistungsverhalten sondern auch die Algorithmen, die in diesem Prozessor ablaufen. Eine wichtige Eigenschaft von Transaktionen ist die Dauerhaftigkeit, d.h. daß freigegebene Änderungen dauerhaft bestehen bleiben. Dies wird für gewöhnlich dadurch erreicht, daß alle Änderungen in ein Logbuch auf einem stabilen Speicher geschrieben werden /HR 83/. Diese Daten im Hauptspeicher zu halten ist nicht möglich, da er erstens flüchtig ist, d.h. daß alle Daten nach einem Ausfall der Stromversorgung verloren wären, und zweitens die Gefahr besteht, daß diese Daten durch fehlerhafte Software verfälscht werden.

Ein Transaktionsprozessor könnte durch Erweiterung der Hardware für seine Aufgabe optimiert werden: Der Hauptspeicher oder ein Teil davon kann durch Batteriepufferung nichtflüchtig gemacht werden (NVM: non volatile memory). Aktuelle technische Lösungen erlauben eine Pufferzeit bis zu mehreren Monaten, in der der Speicherinhalt gesichert bleibt. Sollte dieser Zeitraum nicht ausreichen, kann der Hauptspeicherinhalt innerhalb von wenigen Minuten auf eine relativ kleine, nur wenig Energie verbrauchende Magnetplatte (Sicherungsplatte SP), wie sie aus tragbaren PCs bekannt sind, geschrieben werden. Ein versehentliches Überschreiben der Daten im Hauptspeicher verhindert ein Mechanismus, der in /Nee 83/ beschrieben wurde: Vor dem schreibenden Zugriff muß ein Schutzregister auf den korrekten Wert gesetzt werden. Ein davon abweichender Inhalt verhindert auf Harewareebene den unbeabsichtigten Schreibzugriff. Bild 7 zeigt die Struktur des Transaktionsprozessors. Der umrandete obere Teil muß batteriegepuffert werden, falls die Sicherungszeit des NVM nicht ausreichend ist.

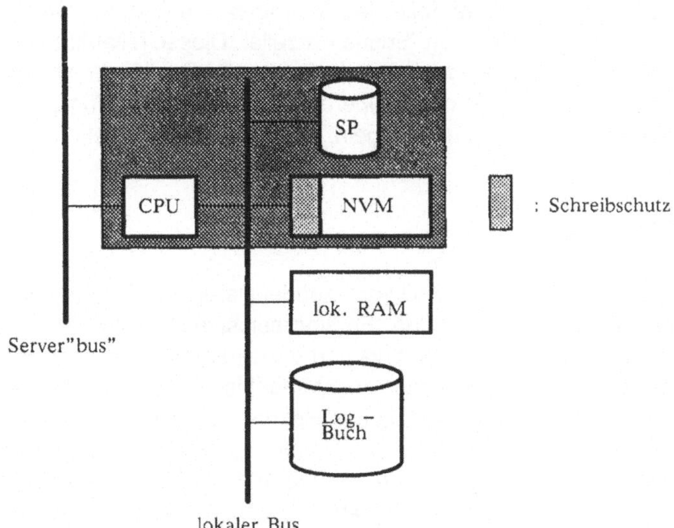

Bild 7: Struktur des Transaktionsprozessors

Dem Nachteil des erhöhten Hardwareaufwandes stehen die Vorteile gegenüber: Dadurch, daß die Log-Daten nicht erst auf eine Platte geschrieben werden müssen, kann eine Transaktion sehr schnell beendet werden, denn die Plattenzugriffszeit spielt keine Rolle mehr. Die maximale Transaktionsrate kann auf diese Weise ohne komplizierte (und damit fehlerträchtige) Algorithmen wie "group commit" sehr hoch sein. Durch die möglichst schnelle Abarbeitung werden darüberhinaus gegenseitige Blockierungen gemindert, falls Transaktionen häufig auf dieselben Daten ("hot spots") ändernd zugreifen.

4.2.4 Zentraler Puffer

Ein Pufferspeicher mit einem Pufferverwaltungsprozessor (PVP) enthält häufig benötigte Basisdaten und Zwischenergebnisse. Der Verwaltungsprozessor erübrigt die Synchronisation aller anderen Prozessoren beim Zugriff auf gepufferte Daten und er erlaubt eine logische Adressierung der Objekte. Logische Adressierung bedeutet, daß Datenobjekte über Identifikation angesprochen werden. Somit übernimmt der Pufferverwaltungsprozessor die Umsetzung von Identifikation zu physischen Adressen des Puffers. Eine Adressierung auf niedrigerem Niveau würde bedeuten, daß der Pufferverwaltungsalgorithmus auf allen angeschlossenen Prozessoren vorhanden sein muß, und daß allein die Synchronisation zur Manipulation der Pufferverwaltungsdaten viele Zugriffe auf den Puffer benötigen würde.

4.2.5 Kommunikations- und Kontrollprozessoren

Auf der einen Seite am Bus, auf der anderen Seite einem oder mehreren Clients zugewandt, befinden sich die Kommunikations- und Kontrollprozessoren (KP). Sie übernehmen die Kommunikation mit den Clients (Entgegennehmen von Aufträgen, Versenden von Ergebnissen), die Übersetzung von Aufträgen in Unteraufträgen und die Kontrolle über die Ausführung der Unteraufträge durch die am Auftrag beteiligten Prozessoren.

Serverintern liegt somit ebenfalls eine Verarbeitungsstruktur gemäß dem Client/Server-Konzept vor. Deshalb können auch hier die Werkzeuge zur automatischen Generierung von Ablaufstrukturen zur Steuerung paralleler Aktivitäten aus Kapitel 3 genutzt werden. Ein Benutzerauftrag wird im Client erzeugt. Bestimmte Teile des Auftrages erfordern die Dienste des Servers, im o.a. Beispiel wäre dies der Teilauftrag "Suche Parzelle". Dieser Teilauftrag kann komplett an den Server übergeben werden, beispielsweise als Subgraph. Der Kontrollprozessor überführt den Auftrag in eine detaillierte Struktur, deren Operationen im Server ausführbar sind, und kontrolliert deren parallele Abarbeitung nach den Regeln, die auch im Client gelten.

4.2.6 Varianten

Die Überlegungen zur Hard- und Software kondensieren die Erfahrungen aus RDBM- und anderen Datenbankmaschinenprojekten. Es sind selbstverständlich auch Varianten mit weniger Hardwareaufwand zu Lasten der Leistung konstruierbar. Auf unterer Ebene ließen sich Peripherieprozessor und Filterprozessor zusammenfassen und bildeten auf diese Weise ein Gebilde, das unter dem Namen "assoziativer Sekundärspeicher" bekannt ist. Auf der oberen Ebene könnten Verarbeitungsprozessor und Kommunikationsprozessor zusammengefaßt werden: der Kommunikationsprozessor würde zu einer Art Front-End-Prozessor. Auch die Aufgaben des Transaktionsprozessors können in diesem Prozessortyp ablaufen, entweder - mit erhöhtem Kommunikationsaufwand - verteilt in allen Verarbeitungsprozessoren oder in einem dafür ausgewiesenen, der allerdings bei Überlastung des gesamten Systems verlangsamt.

Die Frage der Lastverteilung tritt nur für die Belegung der Verarbeitungsprozessoren auf, da alle anderen Prozessoren nicht austauschbar bzw. zuweisbar sind. Für die Verarbeitungsprozessoren existierende Algorithmen müssen auf ihre Anwendbarkeit untersucht werden.

5 Zusammenfassung

Das hier vorgestellte Konzept eines Mehrrechnersystems für nichtkonventionelle Datenbankanwendungen basiert auf dem Client/Server-Modell. Die grundlegenden Prinzipien zur Erreichung eines akzeptablen Leistungsverhaltens sind funktionale Spezialisierung und Parallelverarbeitung. Zur kosteneffektiven Implementierung der Software wurde das Konzept des Benutzerauftragsablaufmodells vorgestellt, das basierend auf Graph-Grammatiken die Spezifikation und Synchronisation von Parallelarbeit unterstützt und einheitliche Kontrollstrukturen für Client und Server anbietet. Aufbauend auf Erfahrung mit Datenbankmaschinen wurde das Architekturkonzept für den Server entworfen.

6 Literatur

/Ba 81/   Bartlett, J.F.: "A 'Nonstop' TM Kernel", in: ACM Operating Systems Review, Vol.15, No.5, 1981

/Bae 73/   Baer, J.L.: "A Survey of Some Theoretical Aspects of Multiprocessing", ACM Computing Surveys, Vol.5, No.1, March, 1973

/BN 84/   Birell, A.D.; Nelson, B.J.: "Implementing Remote Procedure Calls", ACM Transactions on Computer Systems, Vol.2, No.1, Febr., 1984

/BP 85/   Blaser, A.; Pistor, P.(Hrsg.): "Datenbanksysteme für Büro, Technik und Wissenschaft", GI-Fachtagung, IFB 94, Springer-Verlag, 1985

/Bü 87/   von Bültzingsloewen, G. et al.: "Software-Architektur eines Datenbankrechners für die Prozeßautomatisierung", Bericht, FZI Karlsruhe, 1987

/Cho 85/   Chou, H.-T.: "Buffer Management of Database Systems", University of Wisconsin–Madison, Computer Sciences Technical Report #597, May 1985

/Dep 86/   Deppisch et al.: "Überlegungen zur Datenbank-Kooperation zwischen Server und Workstations", Proc. 16. GI-Jahrestagung, IFB 126, Springer-Verlag, Berlin, 1986

/DGS 88/   DeWitt, D.J.; Ghandeharizadeh, S.; Schneider, D.: "A Performance Analysis of the Gamma Database Machine", University of Wisconsin–Madison, Computer Sciences Technical Report #742, Jan. 1988

/Geb 87/   Gebhardt, F.: "Semantisches Wissen in Datenbanken - Ein Literaturbericht", Informatik-Spektrum, Bd.10, Heft 2, 1987

/Her 88a/   Herzog, H.: "Synchronisation kooperierender Aktivitäten in Nicht-Standard-Datenbanksystemen", Dissertation, TU Braunschweig, 1988

/Her 88b/   Herzog, H.: "Automatische Parallelisierung von Aktivitäten in einem verteilten System", in: Valk, R. (Hrsg.): GI-18.Jahrestagung, Hamburg, IFB 188, Springer-Verlag, Berlin , 1988

/HH 88/   Herzog, H.; Hildebrandt, F.: "Überlegungen zur Entwicklung von Datenbankmaschinen für nichtkonventionelle Anwendungen", Informatik-Bericht 88-08, TU Braunschweig, 1988

/HHM 86/   Härder, T.; Hübel, Ch,; Mitschang, B.: "Use of inherent parallelism in database operations", in: /Hä 86/

/HR 83/   Härder, T.; Reuter, A.: "Principles of Transaction-Oriented Database Recovery", ACM Computing Surveys, Vol.15, No.4, Dec. 1983

/HR 85/   Härder, T.; Reuter, A.: "Architektur von Datenbanksystemen für Non-Standard-Anwendungen", in: Blaser, A.; Pistor, P.(Hrsg.): "Datenbanksysteme für Büro, Technik und Wissenschaft", GI-Fachtagung, IFB 94, Springer-Verlag, 1985

/Hs 86/   Hsiao, D.K. et al.: " The Architectural Requirements and Integration Analyses of a Database Server for Office Automation", IFIF Working Conf. on Methods and Tools for Office Systems, Pisa, 1986

/Hs 86/   Hsiao, D.K.: "Super Database Computers: Hardware and Software Solutions for Efficient Processing of Very Large Databases", Information Processing 86, H.-J. Kugler (ed.), IFIP, 1986

/Kim 85/   Kim, M.Y.: "Parallel Operation of Magnetic Disk Storage Devices: Synchronized Disk Interleaving", in: DeWitt, D.J.; Boral, H.:

/MD 86/   Morris, D.T.; Dew, P.M.: "An Adaptive Parallel Algorithm for Display of CSG-Objects", in: /Hä 86/

/Na 78/   Nagl, M.: "Graph-Grammatiken. Theorie. Anwendungen. Implementierung.", Vieweg, Braunschweig, 1978

/Nee 83/   Needham, R.M. et al.: "How to Connect Stable Memory to a Computer", ACM Operating Systems Review, Vol.17, No.1, Jan. 1983

/RDBM 88/   Herzog, H. et al.: "Die Bewertung der Braunschweiger Relationalen Datenbankmaschine RDBM", Informatik-Bericht 88-09, TU Braunschweig, 1988

/Re 86/   Reuter, A. et al.: "An Outlook on PROSPECT", Bericht Universität Stuttgart, Institut für Informatik, 1986

/SE 86/   Seifert, M.; Eberle, H.: "Remote Service Call: A Network Operating System Kernel for Heterogeneous Distributed Systems", NTG/GI-Fachtagung, "Architektur und Betrieb von Rechensystemen", NTG-Fachberichte 92, 1986

/Sv 85/   Svobodova, L.: "Client/Server Model of Distributed Processing", Proc. GI/NTG-Fachtagung, "Kommunikation in verteilten Systemen", Karlsruhe, 1985

/Schw 83/   Schweppe, H. et al.: "RDBM - A Dedicated Multiprocesssor System for Database Management", in: Hsiao, D. (Hrsg.): "Advanced Database Machine Architecture", Prentice-Hall, 1983

/WMP 87/   Weikum, G. et al.: "Konzeption und Realisierung einer mengenorientierten Seitenschnittstelle zum effizienten Zugriff auf komplexe Objekte", in: Schek, H.-J.; Schlageter, G. (Hrsg.): "Datenbanksysteme in Büro, Technik und Wissenschaft", GI-Fachtagung, IFB 136, Springer-Verlag, 1987

/ZeAu 85/   Zeidler, H.Ch.; Auer, H.: "On the Development of Dedicated Hardware for Searching", in: DeWitt, D.J.; Boral, H. (Hrsg.): "Database Machines. Fourth International Workshop Grand Bahama Island, March 1985", Springer-Verlag, 1985

Ein X.400 MHS nach dem Client-Server Konzept
Ein verteiltes Mail System

Ulrich Bell, Karl-Josef Kuhn
Siemens AG, München
Otto-Hahn-Ring 6
8000 München 83

Zusammenfassung

Es wird ein Mail Service präsentiert, der auf der einen Seite den CCITT X.400 Standards genügt, und auf der anderen Seite durch seine Realisierung die Voraussetzung schafft, um in PC-Netzen oder Automatisierungsnetzen eingesetzt zu werden. Das erste Kapitel informiert über die heutige Normenlandschaft und desweiteren über die Zielsetzungen und Randbedingungen für den vorliegenden Mail Service. Im zweiten Kapitel werden die Architektur des Mail Service und dessen Softwarekomponenten vorgestellt. Die weiteren Kapitel gehen näher auf die einzelnen Servicekomponenten Mailbox Access Entity, Mailbox Server und Message Transfer Server ein.

1 Einleitung

X.400 Standard und Randbedingungen

Die heute auf dem Markt erhältlichen Message Handling Systeme (MHS) sind in der Regel konform zum '84er CCITT X.400 Standard. Für einen Anwender stellt sich die Frage, ob er für diese MHS eine ausreichende Hardware besitzt.

Um diese Frage beantworten zu können, muß man sich die CCITT X.400 Architektur genauer ansehen, die eine Reihe von Schichtungen und Protokollen vorsieht. Im folgenden wird zuerst der '84er X.400 Standard beschrieben, bevor auf seine Weiterentwicklung eingegangen wird.

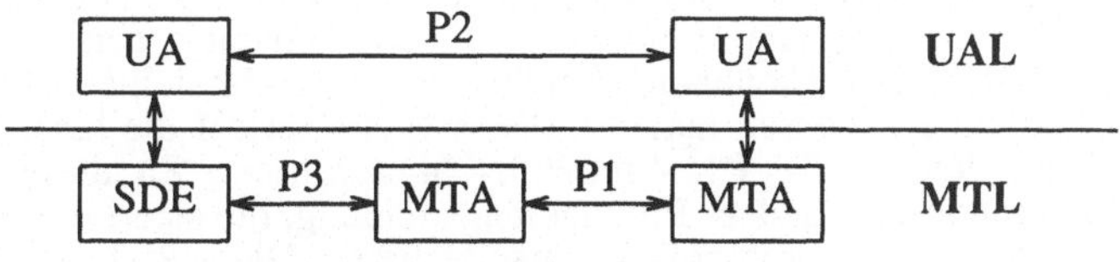

Bild 1: '84er X.400 Modell

In diesem Modell dürfen Nachrichten nur dann beim Message Transfer Service (MTA) gespeichert werden, wenn er den Auftrag (Hold for Delivery) dazu erhalten hat. Dieser Auftragstyp ist jedoch optional und muß somit in einem X.400 konformen Paket nicht realisiert sein. Gleiches gilt auch für den '88er X.400 Standard.

Das verlangt einen User Agent (UA), der erstens jederzeit verfügbar sein muß, und zweitens genügend Plattenraum zur Verfügung stellen muß, um ankommende Nachrichten entgegennehmen zu können. Sind diese Voraussetzungen nicht erfüllt, werden die Nachrichten als unzustellbar an den Absender zurückgesandt. Als man diese Nachteile erkannt hatte, wurde das P3-Protokoll, das den Zugang eines UA zu einem MTA regelt, zunächst zu einem P3$^+$-Protokoll erweitert. Es unterscheidet sich von dem P3-Protokoll durch zusätzliche Retrieval Funktionen.

Durch die Einführung des $P3^+$-Protokolls wurde ein neues architekturelles Element notwendig, der Nachrichtenspeicher, der Bestandteil der Message Transfer Layer (MTL) ist.

Im '88er X.400 Standard wurde diese Funktionalität aufgenommen und erweitert. Der Message Store (MS) erhielt einen zusätzlichen Submission Port, der das Weiterleiten von Nachrichten ermöglicht, ohne sie auf die Client Maschine laden zu müssen.

Für alle bisher dargestellten Ansätze gilt, daß die Retrieveloperationen nur auf Nachrichtenattribute zugreifen können, die durch das P1-Protokoll vorgegeben sind. Da die Menge der P1-Attribute nicht alle benutzerspezifischen Informationen (Betreff, Wichtigkeit, etc.) enthält, sind die bisher diskutierten Konzepte aus Benutzersicht nicht befriedigend.

Von der ECMA wurde bereits 1986 ein anderer Weg beschritten:
Hier wird die User Agent Layer (UAL) in zwei Klassen von Elementen aufgespalten. Auf der einen Seite die Klasse der Mailbox Server (MBS), die eine Menge von Nachrichtenspeichern - die Mailboxen - verwalten, auf der anderen Seite die Klasse der Mailbox Clients (MBC), die mit einem Mailbox Server über ein Mailbox Access Protokoll (P7) kommunizieren. In diesem Modell muß der MBS genügend große Plattenkapazität besitzen und für die MTL permanent verfügbar sein. Ein MBC kann die gespeicherten Nachrichten mit Hilfe ihrer P2 Attribute, den Nachrichtenköpfen und den Inhalten, bearbeiten.

Der Vorschlag der ECMA impliziert zwei große Vorteile. Erstens ist er harmonisch mit den X.400 Empfehlungen zu verbinden, da die MTL unverändert bleibt und ein MBC in Verbindung mit einem MBS mindestens die Funktionalität eines X.400 UA's abdeckt.
Zweitens reiht er sich gut in die heutige verteilte Rechnerlandschaft ein.

Ziele der eigenen Entwicklung

Es sollte ein Mail System für ein Automatisierungsnetz entwickelt werden, das nach dem Client-Server Prinzip realisiert ist, da auf den dedizierten Arbeitsplatzgeräten der Speicherplatz für Mailboxen nicht zur Verfügung stand. Weiter sollte die Entwicklung dieses Mail Systems sich an der internationalen Standardisierung orientieren. Ziel dieser "Standard"-Orientierung war zum einen die mögliche Einbindung fremder Softwarepakete, zum anderen die Kommunikationsmöglichkeit mit fremden Mail Systemen.

Die oben genannten Gründe führten zu dem Schluß, daß das zukünftige System in seinem Außenverhalten dem CCITT X.400 Standard genügen mußte, weil sich dieser Standard als die tragende Normierungsrichtung herauskristallisiert hatte.
Für die innere Struktur des Mail Systems sollte eine standardisierte oder wenigstens eine standardähnliche Entwicklung angestrebt werden. Zum damaligen Zeitpunkt (November 1986) war kein solcher Standard in erkennbarer Reichweite. Vielmehr stellte sich die Normenwelt als sehr chaotisch und unentschlossen dar. An dieser Stelle sei auf die langen und ausführlichen Diskussionen bzgl. des CCITT $P3^+$-Protokolls hingewiesen. Zu diesem frühen Zeitpunkt zeigte sich jedoch schon eine andere Entwicklungsrichtung, die sich im Final Draft der ECMA zum Mailbox Service Access Protocol (P7) manifestierte. Diese Richtung erschien uns als der bessere Weg und wir strebten eine Implementierung dieses Protokolls an. Die '88er CCITT X.400 Empfehlungen und die ISO DIS 10021/1-7 bestätigen unsere damalige Meinung.

Gegebenheiten für den Mail Service

Der Mail Service läuft auf einer Kommunikationssoftware ab, die im Hause Siemens für Automatisierungsnetze entwickelt wurde.
Die Ebenen 1 bis 3 werden durch ein IEEE Ethernet-Protokoll abgedeckt. Die Ebene 4 wird durch das ISO-konforme ina961 von Intel ausgefüllt. Schicht 5 und 6 sind leer. Auf Ebene 7 steht ein Remote Operation Service (ROS) zur Verfügung, der letztendlich auch die Kommunikationsbasis für die Mail Service Entwicklung darstellt.
Neben ROS bedient sich der vorgestellte Mail Service eines Directory Service, der die

Auflösung von Namen in Adressen ermöglicht.
Als Betriebssystembasis für den Mail Service wurde XENIX gewählt.

2 Mail System

2.1 Funktionalität

Der Mail Service ermöglicht es Benutzern, Nachrichten zu erstellen, zu versenden, zu empfangen, zu speichern und empfangene Nachrichten weiter zu verarbeiten (lesen,...). Benutzer können in diesem Zusammenhang Personen oder Applikationen sein.

Dazu stellt er im LAN einen zentralen Server zur Verfügung. Dieser zentrale Server verwaltet die Postkörbe, die die Nachrichten für einen Benutzer oder eine Benutzergruppe speichern.

Auf der lokalen Workstation eines Benutzers befindet sich eine Software-Instanz (Mailbox Service Access Entity), die dem Benutzer die Dienstleistungen des Mail Servers transparent anbietet.

Die Dienstleistungen des Mail Service sind dem Benutzer auf zwei Wegen zugänglich:
Zum einen durch eine Funktionsschnittstelle, die es dem Anwender ermöglicht, die Funktionen des Mail Service in eigene Applikationen einzubinden und zum anderen durch eine objektorienterte Graphikoberfläche.

2.2 Mail Service Architektur

Der Mail Service wird repräsentiert durch ein verteiltes System, das nach dem Client-Server Konzept [5] realisiert wurde.

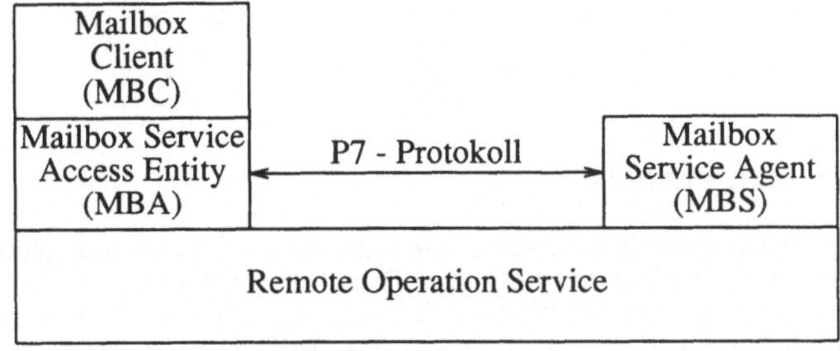

Bild 2: Verteilter Service

Das Client-Server Konzept sieht eine Verteilung eines Service in zwei Klassen vor. Die erste Klasse umfaßt eine oder mehrere Komponenten, die Server, die die funktionale Dienstleistung erbringen. Die zweite Klasse enthält mehrere Komponenten, die Service Access Entities, die durch die Realisierung eines Service Zugriffsprotokolls einem Benutzer oder einer Applikation die Dienstleistungen des Service transparent zur Verfügung stellen.
Server als auch Service Access Entities sind in der Schicht 7 des OSI Referenzmodells anzusiedeln.

Wenn man die obige Aufteilung eines Service für einen Mailbox Service anwendet und man diesen Mailbox Service in die CCITT X.400 Umwelt einordnet, erhält man folgende Struktur.

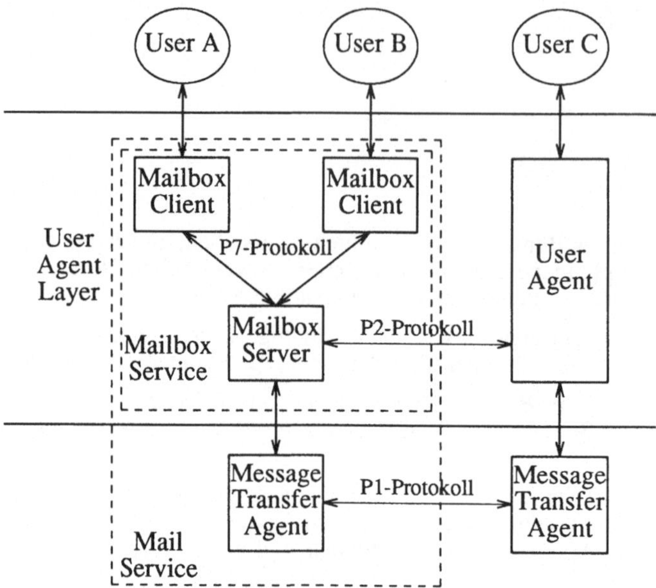

Bild 3: Mailbox Service in der MHS-Landschaft

2.3 Kurzbeschreibung der Instanzen

Mailbox Server (MBS)

Der MBS verwaltet die Mailboxen der Benutzer und führt die vom Benutzer gewünschten Aktionen auf ihnen aus. Dem MBS ist ein Message Transfer Agent (MTA) zugeordnet, der den Zugang zur Message Tranfer Layer (MTL) gewährleistet.

Mailbox Service Access Entity (MBA)

Die MBA ist die Instanz, die dem Benutzer die Dienste des Servers transparent anbietet. Sie leitet die Benutzerwünsche weiter und stellt dem Benutzer die Auftragsergebnisse zur Verfügung. Die Kommunikation zwischen MBA und MBS erfolgt nach dem P7-Protokoll, das zuerst von der ECMA definiert wurde [6] und wovon einige Teile mittlerweile Bestandteil der CCITT X.400 Serie sind.

Message Transfer Agent (MTA)

Der MTA ist die Instanz, die das Versenden und Empfangen von Nachrichten übernimmt, und das P1 Protokoll realisiert.

2.4 Administrationskommandos

Um den Mail Server des Mail Service geeignet administrieren zu können, wurden eine Reihe von Shellkommandos realisiert. Die funktionale Spannbreite dieser Kommandos umfaßt vom Einrichten eines Mail Servers und der ihm zugeordneten Mailboxen bis hin zum Ausgeben von Statistikinformation alles, was zur Administrierung des Systems notwendig ist. Der Zugriff auf die Daten des Servers mit Hilfe der Administrationskommandos kann durch Passwortschutz verhindert werden.

3 Mailbox Service Access Entity (MBA)

3.1 Funktionalität des MBA

In Bild 4 sind die im vorgestellten Mail Service realisierten Serviceelemente des P7-Protokolls aufgelistet. Die Serviceelemente, die nicht realisiert wurden wie z.B. Inlog oder Outlog, lassen sich aufgrund des gewählten flexiblen Implementierungskonzeptes leicht nachträglich einbauen.

Serviceelement Gruppe	Servicelement	notwendig	optional	realisiert
Basic Mailbox Services	Bind	x		x
	Unbind	x		x
Dispatch Services	Dispatch Message	x		x
	Dispatch Returned Message		x	
	Dispatch Probe		x	
	Dispatch Deferred Delivery Cancellation		x	
Message Store Services	Request Message Store Synopsis	x		
	List Message Store Messages	x		x
	Fetch Message Store Messages	x		x
	Delete Message Store Messages	x		x
Inlog Services			x	
Outlog Services			x	
Auto-correlation Request Services			x	
Auto-correlation Information Services			x	
Registration Services			x	
Third Party Transfer Service			x	
Basic Message Transfer Services	Registered Encoded Information Types	x		
	Registered Content Length Capability	x		
Status and Inform Services			x	

Bild 4: P7-Serviceelemente

3.2 Architektur und interne Kommunikation

Die MBA ermöglicht dem Benutzer den Zugang zu seinem Postkorb. Durch sie bleibt dem Benutzer das Netz verborgen. Sie gliedert sich in zwei Komponenten:

(1) MBA_Input_Output-Manager (MBA_IOM)
Der MBA_IOM regelt die Kommunikation mit dem Benutzer. Er nimmt Aufträge vom Benutzer entgegen, codiert sie in die P7-Formate und gibt sie an den MBA_NM weiter.
Ergebnisse, die dem Benutzer zugestellt werden sollen, werden von ihm aus dem P7-Format decodiert.

(2) MBA_Net-Manager (MBA_NM)
Der MBA_NM übermittelt Aufträge an den MBS und nimmt die Antworten des MBS mit Hilfe von ROS entgegen.
Der P7-Transferstring wird transparent behandelt, d.h., der MBA_NM unterscheidet die Aufträge nach ihrer Funktionalität in einem allgemeineren Sinn.
- Verbindungsaufbau
- Verbindungsabbau
- Operationsphase

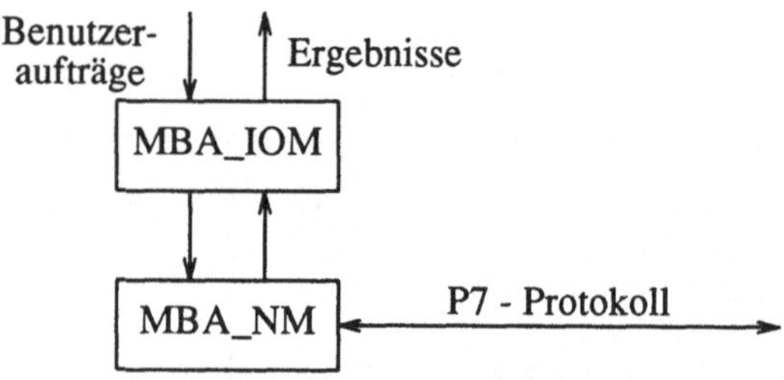

Bild 5: Architektur des MBA

Der MBA_IOM besteht aus einer Menge von C-Routinen, die dem Benutzer in einer Bibliothek angeboten werden.

MBA_IOM und MBA_NM wurden als getrennte Prozesse realisiert, um die Netzdienste von der Benutzerapplikation zu trennen. Dies war insbesondere bei dem zugrunde liegenden Prozessor Intel 80286 von großer Bedeutung, da so die Möglichkeit bestand, den MBA_NM im Middle Model des 80286 zu realisieren, wodurch die Performance verbessert wird. Die Kommunikation zwischen MBA_IOM und MBA_NM erfolgt über ein Shared Memory Konzept, das unter XENIX zur Verfügung steht.

4 Der Mailbox Service Agent (MBS)

4.1 Die Prozeßarchitektur

Es werden fünf denkbare Modelle einer Prozeßarchitektur des MBS vorgestellt. In einem sich anschließenden Vergleich werden dann die Gründe für die Wahl des von uns realisierten Modells offengelegt. Allen Modellen ist gemeinsam, daß sie zur Verarbeitung von Benutzeranforderungen (Aufträgen) parallele Prozesse benutzen. Die Aufträge sind nach dem P7-Protokoll unterteilt in:

- Bind
- Unbind
- List Message Store Messages
- Fetch Message Store Messages
- Delete Message Store Messages
- Dispatch Message
- und Probe Message

Bild 6 zeigt eine Prozeßlösung, die durch zwei Prozeßklassen charakterisiert ist.

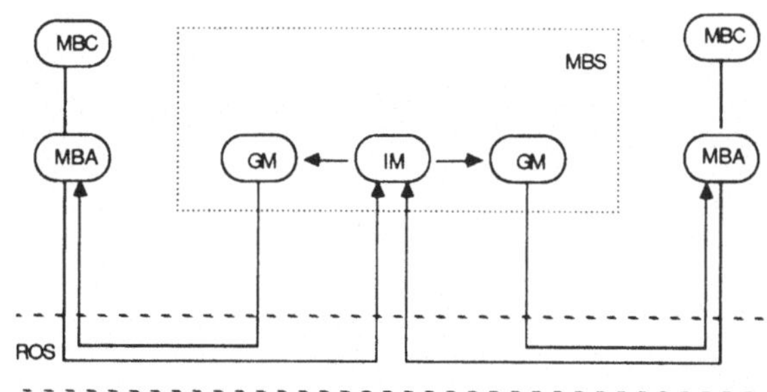

Bild 6: Inputmanager (IM) und General Manager (GM)

Der IM erhält über den unterlagerten Kommunikationsdienst ROS einen Auftrag und generiert daraufhin einen unabhängigen Prozeß (GM), der sowohl für die Bearbeitung des Auftrags als auch dessen Beantwortung über ROS selbst verantwortlich ist. Jeder dieser GM's soll die oben beschriebenen Aufträge bearbeiten können. Das setzt für die P7-Serviceelemente Dispatch Message und Dispatch Probe voraus, daß jeder GM einen Anschluß an den MTA besitzt, um diese Aufträge weiterzuleiten.

Das zweite Modell ist durch eine erweiterte Funktionalität des IM, hier Input/Output-Manager (IOM), und die Einführung von Dedicated Managers (DM) gekennzeichnet. Ein DM ist ebenfalls ein unabhängiger Prozeß, der sich von einem GM dadurch unterscheidet, daß er nur bestimmte Aufträge bearbeiten kann (z.B. nur Fetch Message Store Messages). Im Gegensatz zum IM in Modell 1 ist der IOM für die gesamte Kommunikation mit ROS verantwortlich. Er nimmt nicht nur Aufträge von diesem entgegen, sondern leitet auch die von den GM's oder DM's gelieferten Ergebnisse an den Kommunikationsdienst weiter. Das Entpacken von Aufträgen und das Verpacken von Ergebnissen gehört sinnvollerweise zum Aufgabenspektrum des IOM. Die Kommunikation des IOM mit den GM's erfolgt über pipes.

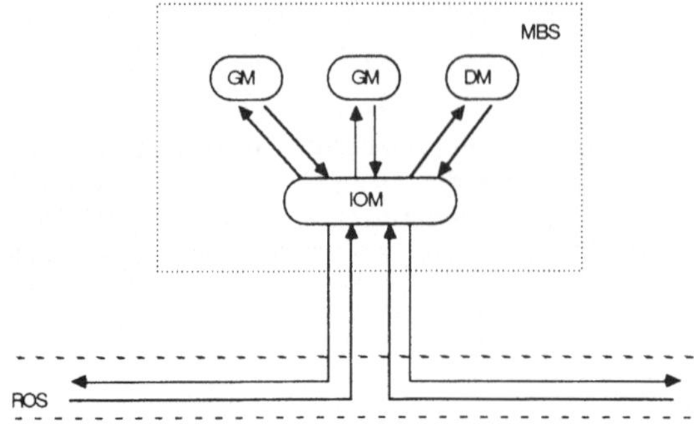

Bild 7: Input/Output-Manager (IOM), GM und Dedicated Manager (DM)

Modell 3 arbeitet mit zwei Warteschlangen (E, A). Die über ROS gelieferten Aufträge werden vom IOM ausgepackt und in die Eingangswarteschlange E eingetragen. Von dort holt sich ein GM einen Auftrag ab, bearbeitet ihn und trägt das Ergebnis in der Ausgangswarteschlange A ein. Der IOM liest die Antwort aus A, verpackt sie und übergibt sie an ROS.

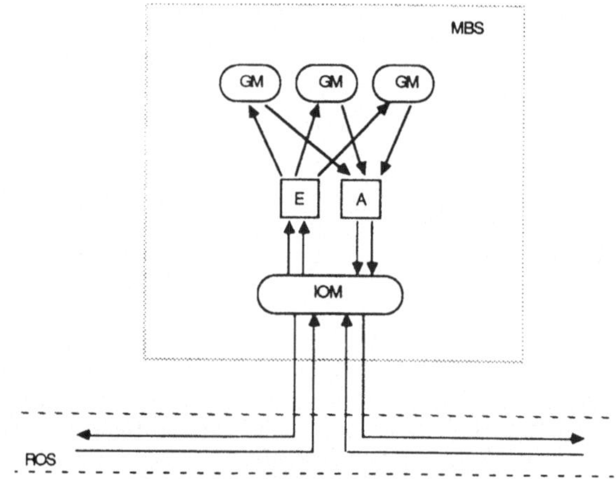

Bild 8: IOM, GM und zwei Warteschlangen

Modell 4 arbeitet ausschließlich mit auftragsspezifischen Prozessen, den DM's, die in drei Klassen unterteilt sind. Die erste Klasse realisiert die Serviceelemente Bind und Unbind, die zweite Probe Message und Dispatch Message und die dritte Fetch-, List und- Delete Message Store Messages. Aufgrund der Klassifizierung der DM's wurde für jede DM-Klasse eine eigene Eingangswarteschlange vorgesehen, in die der IOM nur Aufträge einträgt, die von der zugeordneten DM-Klasse auch bearbeitet werden können. Um ein schnelles und gerechtes Antworten zu gewährleisten, gibt es nur eine Ausgangswarteschlange (Vermeidung von Polling). Der IOM ist auch in diesem Modell für die Kommunikation mit ROS allein verantwortlich.

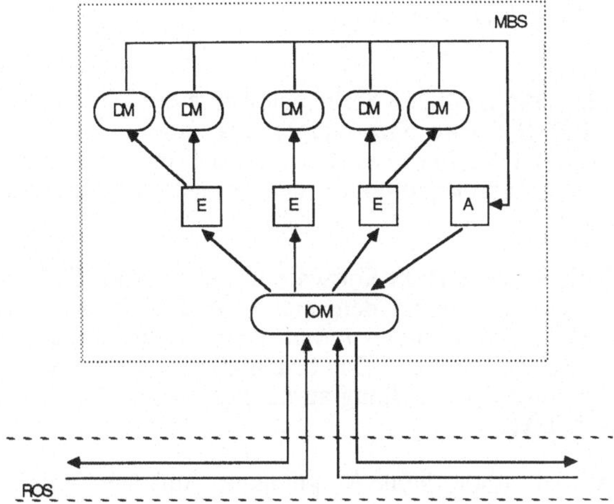

Bild 9: IOM, DM's und mehrere Warteschlangen

Das letzte Modell arbeitet ebenfalls nur mit DM's. Ankommende Aufträge werden vom IOM in der Eingangswarteschlange E eingetragen, von wo sie verschiedene Verteiler herauslesen, entpacken und in den DM spezifischen Eingangswarteschlangen (E1-E3) ablegen. Die DM's tragen ihre Ergebnisse in eine Ausgangswarteschlange AD ein, von wo sie von verschiedenen Verpackern abgeholt, verpackt und in der Warteschlange A abgelegt werden. Der IOM reicht dann nur noch die Antworten an ROS weiter.

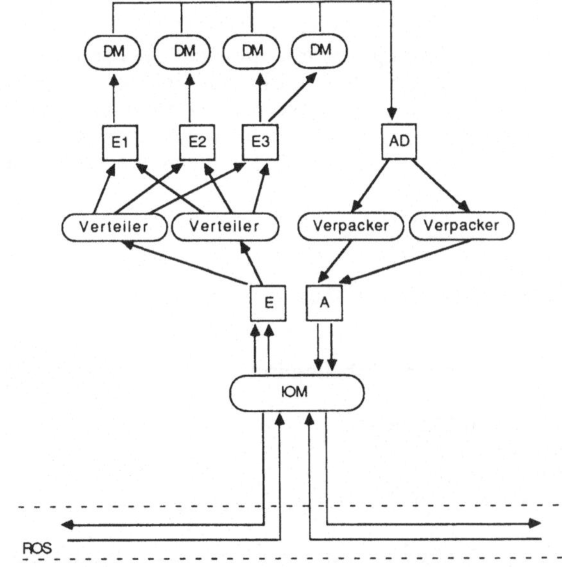

Bild 10: IOM, DM's, Verteiler, Verpacker und Warteschlangen

4.2 Bewertung der verschiedenen Modelle

In Modell 1 realisiert jeder GM sämtliche Serviceelemente des P7-Protokolls. Außerdem muß jeder GM die gesamte ROS-Software dazubinden, was zu einer unnötigen Speicherplatzverschwendung führt. Ein weiterer Nachteil besteht darin, daß in späteren Versionen für Aufträge nur unzureichend Prioritäten berücksichtigt werden können, weil sie nur associationbezogen ausgewertet werden können.

Im zweiten Modell muß die gesamte ROS-Software nur noch vom IOM dazugebunden werden. Dies ist sicherlich ein Vorteil gegenüber dem ersten Modell, jedoch muß dafür ein erhöhter Overhead für das Polling der GM's hingenommen werden. Im zweiten Modell pollt der IOM die GM's, um die Ergebnisse zu erhalten. Das bedeutet, daß die Antworten nicht unbedingt in der zeitlichen Reihenfolge ihrer Fertigstellung zurückgesandt werden. Zusätzlich ist die Anzahl der möglichen pipes beschränkt.

Im ersten und zweiten Modell gibt es keine Möglichkeit, Aufträge zu puffern. Dadurch können Zeitverluste entstehen.

Die Nachteile der Modelle 1 und 2 existieren in den Modellen 3 und 4 nicht. Die Pufferung von Aufträgen bietet den Vorteil, daß mehr Aufträge wie die maximale Anzahl von parallelen GM's zulassen würde, entgegengenommen werden können. Bei unvorhergesehenen Ereignissen wie einem Ausfall von ROS verbleibt das System in einem kontrollierten Zustand, da z.B. die Ergebnisse in einer Ausgangswarteschlange gespeichert werden.

Modell 5 beschreibt eine noch dediziertere Bearbeitung. Eine solche Lösung erfordert jedoch zuviele Prozesse, sodaß eine Realisierung wohl nur für größere Rechenanlagen geeignet erscheint.

Für den MBS wurde eine Prozeßlösung gewählt, die weitestgehend dem in Bild 9 skizzierten 4. Modell entspricht. Eine Einschränkung liegt darin, daß zur Zeit für jeden Auftragstyp nur ein DM zur Verfügung steht. Doch dieser Sachverhalt ist nicht zwingend vorgeschrieben. Die Eigenschaft der in Xenix zur Verfügung stehenden named pipes erlaubt je nach Bedarf im laufenden Betrieb weitere DM's an die Eingangswarteschlangen anzuklemmen. Damit wäre die in Bild 9 beschriebene Situation erreicht.

4.3 Das logische Datenmodell auf dem MBS

Die Daten des MBS sind in Form von Tabellen in Dateien abgelegt. Der MBS besteht aus

> - einer Menge von Mailboxen
> - einer User-Tabelle
> - einer Server-Tabelle
> - und einer Association-Tabelle.

Letztere beinhaltet die wesentlichen Informationen über bestehende Verbindungen. Die Benutzer des Mail Service sind mit ihren Passwörtern in der User-Tabelle registriert. Die Server-Tabelle enthält u.a. die Liste der Mailboxen, die Anzahl der gleichzeitig möglichen Verbindungen und die maximal zulässige Nachrichtenlänge. Eine Mailbox besteht aus einem Message Store und einer Capability Tabelle. Letztere enthält verwaltungsspezifische Informationen zu einer Mailbox wie z.B. das Einrichtungsdatum einer Mailbox und die Liste aller Benutzer mit ihren Zugriffsrechten, die Zugang zu dieser Mailbox haben.

Der Message Store umfaßt alle nachrichtenspezifischen Informationen. In der primären Nachrichtenverwaltungs-Tabelle werden Teile des Headings aus dem P1- und P2-Protokoll gespeichert, während in der sekundären Nachrichtenverwaltungs-Tabelle Informationen weitergeleiterter Nachrichten eingetragen werden. Absender und Empfänger einer Nachricht werden in der OR/Rec-Tabelle verzeichnet. In der BodyPart-Tabelle existiert für jedes Teildokument einer Nachricht ein Eintrag, der u.a. Auskunft darüber gibt, ob ein Teildokument schon gelesen wurde. In den BodyPart-Dateien werden die eigentlichen Dokumente verwahrt. Jedes Teildokument wird in einer eigenen Datei gespeichert.

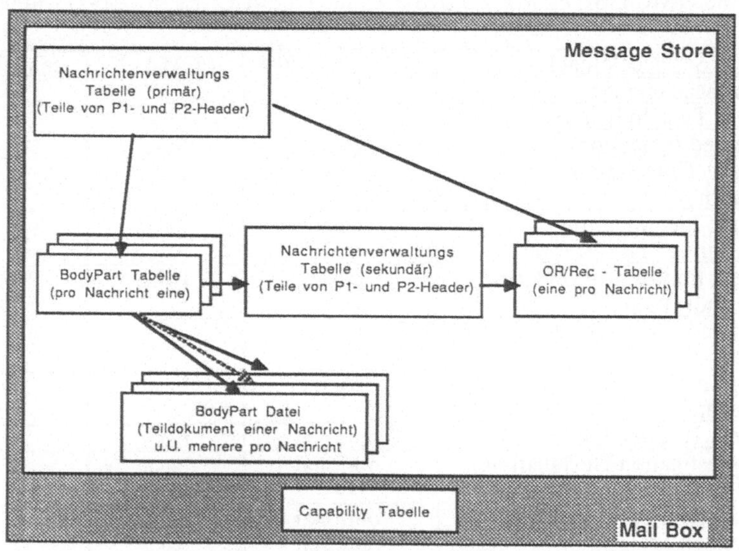

Bild 11: Aufbau einer Mail Box

4.4 Die Zugriffsfunktionen zur Verwaltung und Manipulation

Zur Bearbeitung der vom MBS verwalteten Tabellen stehen Funktionen zum Lesen, Ändern, Löschen und Einfügen von Datensätzen zur Verfügung. Eine Funktion zum Selektieren von Datensätzen über reguläre Ausdrücke wird ebenfalls angeboten.

In dem vorgestellten Mail System wurde dazu ein abstrakter Datentyp (ADT) mit der oben erwähnten Funktionalität entwickelt. Dieser abstrakte Datentyp unterscheidet sich von einem "klassischen" abstrakten Datentyp dadurch, daß mit ihm Tabellen unterschiedlicher Struktur bearbeitet werden können. Wesentliche Vorteile dieser Lösung gegenüber einer Variante, die für verschiedene Tabellenstrukturen verschiedene ADT's anbietet, liegen in der Minimierung des Codeumfanges und in einer flexibleren Handhabung.

5 Der Message Transfer Agent (MTA)

5.1 Serviceelemente des MTA

Grundlage für die Spezifikation der MTA-Funktionen waren die Normen CCITT X.400/X.411, ISO 8505/8883 (MOTIS), ECMA-93 (MIDA) und CEN/CENELEC A/3211 und A/311.

Serviceelement	CCITT X.400	ECMA-93	realisiert
Access Management	basic	-	x
Content Type Indication	basic	basic	x
Converted Indication	basic	basic	-
Delivery Time Stamp Indication	basic	basic	x
Message Identification	basic	basic	x
Non-Delivery Notification	basic	basic	x
Original Encoded Information Types Indication	basic	basic	x
Registered Encoded Information Types	basic	-	-
Submission Time Stamp Indication	basic	basic	x
Delivery Notification	optional	basic	x
Multi-destination Designation	optional	basic	x
Latest Delivery Designation	-	optional	x
Disclosure of other Recipients	optional	basic	x
Conversion Prohibition	optional	basic	-
Probe	optional	basic	x
Hold for Delivery	optional	-	x

Bild 10: Serviceelemente des MTA

Im MTA wurden fast alle Dienstelemente realisiert, die entweder in der Norm ECMA-93 oder in CCITT X.400 als basic gekennzeichnet sind. Nicht implementiert wurden die Dienstelemente Converted Indication, Conversion Prohibition und Registered Encoded Info Types.

Zusätzlich zu den basic Dienstelementen wurden optionale Dienstelemente realisiert, die die Leistung des MTA wesentlich verbessern.

5.2 Die Architektur des MTA

Bild 13 zeigt die Prozeßarchitektur des MTA und den Kommunikationsablauf zwischen einem UA und einem MTA. Der MTA bietet einem UA seine Dienste in Form von Bibliotheksfunktionen an, die von den UA-Prozessen eingebunden werden müssen. Die eigentliche Funktionalität des MTA (Dispatch) ist in zwei selbständigen Prozessen (SEND, RCVE) realisiert. Diese Lösung besitzt den Vorteil, daß der Message Transfer Dienst unabhängig von Benutzeraktivitäten erbracht werden kann. So kann z.B. ein Systemadministrator den MTA in der Nacht laufen lassen und damit die Knotenrechner im Tagesbetrieb entlasten.

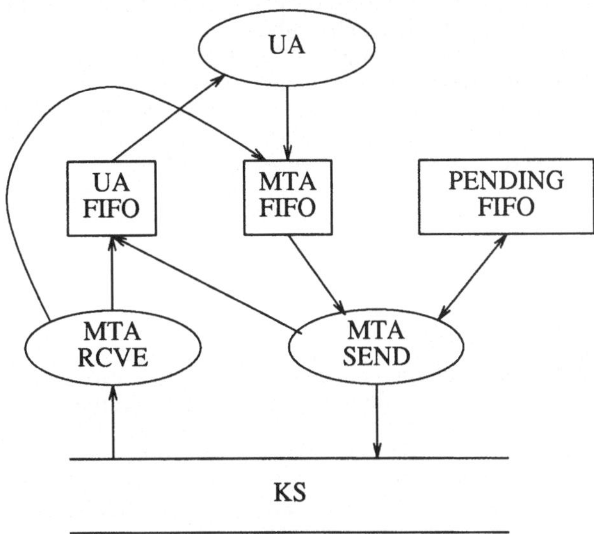

Bild 13: Architekturmodell des MTA

Der MTA SEND-Prozeß liest Aufträge aus der MTA FIFO-Warteschlange und analysiert die Aufträge nach Adressaten. Meldungen für lokale Empfänger schreibt er direkt in die UA FIFO. Entdeckt der MTA SEND-Prozeß bei der Nachrichtenübertragung einen Fehler, z.B. weil der entfernte MTA RCVE-Prozeß oder der Partnerknoten selber inaktiv ist, speichert er die Aufträge in der Pending FIFO für spätere Zustellung zwischen. Periodisch versucht der MTA SEND-Prozeß dann, bis zum Ablauf einer systemspezifischen Zeitvorgabe oder bis zu einem gegebenen spätesten Zustellungstermin ("LatestDeliveryTime"), die Meldung zu übermitteln.

Der MTA RCVE-Prozeß untersucht die Empfängerliste der eingetroffenen Meldungen. Stellt er bei der Analyse nicht lokale Empfänger fest, so schreibt er für sie eine Meldung in die MTA FIFO zur Weiterleitung ("relaying"). Ist ein Empfänger lokal, so legt er die Nachricht in der entsprechenden UA FIFO ab.

5.3 Mögliche Konfigurationen

Es wurde eine sogenannte "co-resident" Konfiguration realisiert, die dadurch charakterisiert ist, daß auf einem Rechner, auf dem MBS Dienste angeboten werden, auch der MTA vorhanden sein muß. Diese Entscheidung wurde getroffen, da der vorgestellte Mail Service eine Verteilung des UA unterstützt und folglich die Software für den MBS nur auf dedizierten Server-Knoten zur Verfügung stehen muß. Für die MTA zu MTA Kommunikation wurde das P1

Protokoll implementiert, beschränkt auf eine Private Management Domain (MD). Die Submission-Delivery-Funktion (SDE) und damit das P3 Protokoll des CCITT X.400 Standards wurden aufgrund obiger Entscheidung nicht realisiert. Darüberhinaus ist es möglich, pure message relay-Knoten zu konfigurieren, in denen neben den MTA Prozessen keine UA-Prozesse laufen.

5.4 Adressierung und Routing

Die Beschränkung des präsentierten Mail Service auf eine MD verhindert die Zustellung von Meldungen an Empfänger, die sich außerhalb der lokalen MD befinden. Die Routing-Funktion des MTA prüft deswegen zur Zeit nur, ob ein Empfänger zur lokalen MD gehört. Falls das nicht der Fall ist und die Nachricht von einem anderen MTA weitergeleitet wurde, wird an diesen eine NonDeliveryNotification verschickt. Sollte der vorgestellte MTA für weltweiten Nachrichtenverkehr eingesetzt werden, müßte er hinsichtlich dieser Funktionalität erweitert werden. Die Architectural BAS (sog. Base Attribute Set - BAS) ist bereits heute darauf ausgelegt.

6 Ausblick

Da es sich bei dem vorgestellten Mail System um einen Prototypen handelt, sind bezüglich Funktionalität, Performance und Stabilität noch einige Verbesserungen wünschenswert. Im Bereich der Funktionalität sind insbesondere die Inlog und Outlog Services zu erwähnen. Ob diese Services tatsächlich realisiert werden sollten, sollte man von den kommenden neuen Functional Standards (CEN/CENELEC) abhängig machen. Eine Performancesteigerung ist durch eine Überarbeitung des Codes zu realisieren. Ein Stabilitätsgewinn ist im wesentlichen durch eine Stabilisierung der zugrunde liegenden Kommunikationssoftware zu erreichen, die im Moment auch nur in einem prototypischen Zustand vorliegt.

Im weiteren ergab sich gerade aus der Forderung der Automatisierungsnetze ein System, in dem sich die Belastung der einzelnen Rechner im Netz dadurch sehr fein dosieren läßt, daß man die Mailbox Server und die von ihnen verwalteten Mailboxen geschickt im Netz verteilt.
Durch diese Möglichkeit ist der Einsatz dieses Mail Systems in allen Rechnernetzen von besonderem Vorteil, die durch die Kopplung von Rechnern verschiedener Leistungsklassen gebildet werden.

7 Literatur

[1] CCITT: X.400 Series 1984
[2] CCITT/ISO: Draft Recommandations X.400, ISO Working Document for DIS 8505-1, Message Handling, Version 4, November 1987
[3] CEN/CENELEC: Private Message Handling System A/3211, February 1986
[4] ISO/IEC: DIS 10021/1-7, MOTIS, Message Handling
[5] ECMA: Framework For Distributed Office Applications, Final Draft, December 1986
[6] ECMA: Distributed Application For Message Interchange (MIDA), Second Edition, Final Draft, Februar 1986
[7] Kupferberg M.: Remote User Agents: the present and future, Online Publications, Electronic Message Systems 1987

Entwurf einer Netzwerktopologie für ein Mobilfunknetz zur Unterstützung des öffentlichen Straßenverkehrs

Arbeitsgemeinschaft Mobilfunk:

W.Kremer, F.Reichert, D.Hübner, A.Mann, J.Rückert

Lehrstuhl für Informatik IV
RWTH - Aachen
D-5100 Aachen

Zusammenfassung

Heute lassen sich auf engstem Raum immer kostengünstigere Computer mit hohen Rechenkapazitäten installieren. Solche Kleinrechner werden in Zukunft auch in Kraftfahrzeugen zum Einsatz kommen.

Im Rahmen eines europäischen Projektes entwickeln europäische Automobilhersteller gemeinsam mit Hochschulinstituten ein System, das der Unterstützung des Autofahrers im täglichen Straßenverkehr dient. Typische Aufgabenbereiche des neuen Systems sind: elektronische Verkehrsführung (Leitsystem), Optimierung des Verkehrsflusses, automatische Stauwarnung,.... . Basis für ein solches System ist die Kommunikation zwischen den Fahrzeugen und ihrer Umgebung.

Der vorliegende Artikel beschreibt eine Netzwerktopologie für ein Mobilfunknetz, daß die Kommunikation zwischen einem Fahrzeug und dessen Umgebung ermöglicht. Dabei wird auf existierende Mobilfunknetze aufgesetzt, um die anfallenden Kosten einzuschränken.

Da gegenüber existierenden Mobilfunknetzen eine viel differenziertere und breiter gefächerte Aufgabenstellung erforderlich ist, werden die neuen Dienste klassifiziert und strukturiert. Anhand der Klassifizierung wird eine erste Abschätzung der anfallenden Daten durchgeführt.

Entsprechend den ausgearbeiteten Anforderungen wird eine Netzwerk-Topologie entwickelt. Dabei werden die klassifizierten Dienste des Gesamtnetzes in eine logische Netzwerkhierarchie integriert. Mit der logischen Struktur wird anschließend unter besonderer Berücksichtigung existierender Netze die physikalische Netzwerktopologie ausgearbeitet.

Anhand der zuvor spezifizierten Anforderungen bezüglich des Datenvolumens wird eine analytische Auswertung der Netzwerktopologie vorgenommen. In der Analyse werden die zu erwartenden Datenraten und die Netzwerkdichte bzw. Knotenzahl abgeschätzt.

2. Einleitung

In den letzten Jahren wurden immer leistungsstärkere und kleinere Computer entwickelt. Dadurch lassen sich heute auf engstem Raum kostengünstige Kleinrechner mit hohen Rechenleistungen bauen. Dies eröffnet nun neue Anwendungsmöglichkeiten, die für eine breite Bevölkerungsschicht finanzierbar geworden sind.

Eine dieser möglichen Anwendungen liegt in der Schaffung neuer Informations-, Steuerungs- und Regelsysteme für den öffentlichen Straßenverkehr durch Einsatz modernster Computer- und Kommunikationstechnologien. Mit Hilfe solcher Systeme können Faktoren wie *Sicherheit, Verkehrsfluß, Umweltfreundlichkeit, Wirtschaftlichkeit* und *Service-Leistungen* positiv beeinflußt werden.

Zur Realisierung eines solchen Systems müssen die Verkehrsteilnehmer mit Kleinrechnern ausgestattet werden, die untereinander und mit zentralen Großrechenanlagen Informationen austauschen. Dieser intensive Datenaustausch setzt eine effiziente Kommunikationsstruktur voraus, die den Anforderungen gerecht wird.

Für die Entwicklung eines Mobilfunknetzes ist es wichtig, die Kosten gering zu halten. Dies kann dadurch geschehen, daß auf vorhandene Systeme aufgebaut wird, soweit dies keine zu großen Einschränkungen bezüglich der gewünschten Funktionalität bedeutet. Für Deutschland wäre an dieser Stelle das C-Netz (bzw. D-Netz) zu nennen /KAMM-84/, /SPIN-86/.

Aufbauend auf den Erfahrungen, die mit existierenden Systemen gemacht worden sind, können geeignete Designkonzepte entworfen werden, mit denen dann ein effizientes Kommunikationssystem entwickelt werden kann /LAM-81/, /SHAC-87/. Grundlage eines solchen Systems ist die Netzwerk-Topologie /KREM-88/, die in dieser Arbeit vorgestellt und anschließend analysiert wird.

3. Das Anforderungsprofil

Um die in der Einleitung umrissenen Aufgaben zu bewältigen, sind eine Reihe neuer Dienste erforderlich. Grundvorraussetzung dafür ist die Lokalisierung der Verkehrsteilnehmer. Die Fahrzeuge müssen einmal wissen, wo sie sich befinden ("Eigenlokalisierung"), und zum anderen muß das 'System' wissen, wie dicht der Verkehr ist bzw. wo sich ein Fahrzeug befindet ("Verkehrsdatenerfassung"). Darauf aufbauend können neue Dienste wie "Verkehrsführung und Leitsystem", elektronische Verkehrsschilder, elektronische Wetter- bzw. Straßenzustandsüberwachung geschaffen werden und letztlich für weitere "Zusatzdienste" der Zugang zum öffentlichen Netz (ISDN-Anschluß) ermöglicht werden.

Die große Anzahl an neuen Diensten wird durch bestimmte Fakten limitiert: Als erstes wäre die stark begrenzte Kanalkapazität in dem für ein Mobilfunksystem relevanten Frequenzbereichen zu nennen /BELL-82/, /MCCO-73/. Da für Mobilfunknetze keine umfangreichen Messungen darüber existieren, welche

Bandbreiten für einzelne Dienste zur Verfügung gestellt werden müssen, ist es problematisch das vorhandene Frequenzspektrum effizient zu nutzen.

Um die neuen Dienste möglichst optimal mit den zur Verfügung stehenden Kanalkapazitäten einzusetzen, ist es wichtig diese Dienste zu strukturieren, zu klassifizieren und in ihren Anforderungen bezüglich Übertragungskapazitäten abzuschätzen /COHE-84/. Diese Vorgehensweise ist allgemein üblich (/BURK-80/, /COHE-83/, /SCHI-70/). Die Autoren der genannten Artikel gehen jedoch von anderen Diensten aus, sodaß für diese Arbeit ein neues Anforderungsprofil geschaffen werden muß.

3.1 KLASSIFIZIERUNG DER KOMMUNIKATIONSDIENSTE

Zur besseren Handhabung werden die unterschiedlichen Dienste in sechs Klassen eingeteilt werden. In jeder Klasse wird zwischen lokalen Diensten, für den Bereich unter 1 km, und globalen Diensten, für den Bereich über 1 km, unterschieden. Ausschlaggebend ist, auf welches Einzugsgebiet sich die auszutauschenden Informationen beziehen; z.B. sind die Informationen über Geschwindigkeitsbeschränkungen von lokaler Natur und Informationen zur Auffindung entfernter Orte von globalem Charakter.

Um eine quantitative Abschätzung der hierfür benötigten Daten zu erhalten, soll eine Framestruktur entworfen werden, die für alle Klassen ein einheitliches Grundformat ermöglicht. Dieses Grundformat hat folgendes Aussehen (vgl. Anhang A):

8 bit	4 bit	52 bit	6 bit	0...140 bit (256 bit)	16 bit	8 bit	
Flag	*Typ*	*Position*	*Richtung*	*Daten*	*FCS*	*Flag*	
0111 1110	s.u.	± 1m	± 10°	siehe Klasse 1...5 (Zusatzdienste)	error-control	0111 1110	

Flag: Mittels ´Bit-Stuffing´ bleibt die Begrenzung durch 6 ´1´-en eindeutig.

Position: je 26 bit für die Breiten- und Längengradkoordinate (± 1m):
Fläche von Europa $\approx$ (10^*10^6 m) X (5^*10^6 m) $\approx$ 2^{24} m X 2^{23} m
Erdumfang $\approx$ 4^*10^7 m , 2^{25} m < 4^*10^7 m < 2^{26} m => **26 bit** .

Richtung: Bestimmt, für welche Fahrbahnrichtung die Position bzw. Information gültig ist.

Typ: Gibt den Typ des Datenframes an. Entsprechend den verschiedenen Diensten erhält man folgende Frametypen:
1 = Eigenlokalisierung [aus Klasse: ´Lokalisierung´];
2 = Verkehrsdatenerfassung (lokal) [aus Klasse: ´Lokalisierung´];
  Verkehrsdatenerfassung (global) [aus Klasse: ´Verkehrsmanagement´];
3 = Aktualisierung der Straßenkarte [aus Klasse: ´Verkehrsführung u. Leitsystem´];
4 = Straßenschilder [aus Klasse: ´Verkehrskontrolle´ (passiv)];
5 = An Straßenkreuzungen (Ampel) [aus Klasse: ´Verkehrskontrolle´ (aktiv)];
6 = Elektronisches Warn-System [aus Klasse: ´Verkehrsmanagement´];
7 = Straßen-/Wetterbedingungen [aus Klasse: ´Umweltbedingungen´];
8...16 = Serviceleistungen [aus Klasse: ´Zusatzdienste´]
  (Hotelbuchungen / Telefon (ISDN) / ...);

FCS: ´Frame Checking Sequence´ Blockprüfungsfeld zur Sicherung der Datenübertragung.

Somit kann folgende Klassifizierung vorgenommen werden:
- **Klasse 1**:   Lokalisierung
- **Klasse 2**:   Verkehrsführung und Leitsystem
- **Klasse 3**:   Verkehrskontrolle
- **Klasse 4**:   Verkehrsmanagement
- **Klasse 5**:   Umweltbedingungen
- **Klasse 6**:   Zusatzdienste

3.2 BESCHREIBUNG DER DIENSTKLASSEN

[1] Lokalisierung

a) Eigenlokalisierung [94 bit]:

Das Fahrzeug berechnet selbständig durch Abgreifen der Räder seine relative Position zu der zuletzt durchgeführten, absoluten Positionsbestimmung (Synchronisation). Für die Synchronisation wird dem Fahrzeug seine momentane Position wiederholt vom 'System' mitgeteilt (s. Anhang A: Typ 1).

b) Verkehrsdatenerfassung (lokal) [130 bit]:

Das Fahrzeug teilt dem 'System' seine momentane Position, Fahrtrichtung und Geschwindigkeit mit. Somit kann das 'System' die aktuelle Verkehrsdichte und den Verkehrsfluß durch eine statistische Auswertung der Informationen bestimmen (s. Anhang A: Typ 2).

[2] Verkehrsführung und Leitsystem [160 bit]

Das Fahrzeug hat eine interne digitale Straßenkarte (z.B.: Optical Disk). Um verkehrstechnische Veränderungen und die aktuelle Verkehrsdichte (Stau, ...) dem Fahrzeug zugänglich zu machen, wird die interne Straßenkarte vom 'System' regelmäßig aktualisiert.

Mittels einer digitalen Straßenkarte kann das Fahrzeug autonom eine optimale Route zu seinem gewünschten Ziel finden. Optimal kann heißen: kürzeste, schnellste, ´schönste´ Strecke zum Ziel (s. Anhang A: Typ 3).

[3] Verkehrskontrolle

a) Straßenschilder [158 bit]:

Die verkehrstechnischen Informationen der Straßenschilder (Geschwindigkeitslimit, Vorfahrtregelung, ...) werden ohne Unterbrechung (permanent) in digitalisierter Form an die im Sendebereich befindlichen Fahrzeuge gesendet (s. Anhang A: Typ 4).

b) Ampeln u.ä.   [116...230 bit]:

Vom 'System' gesteuerte Lichtsignalanlagen (Ampeln, ...) senden den Fahrzeugen ihre optischen Informationen in digitalisierter und somit vom Fahrzeug erkennbarer Form (s. Anhang A: Typ 5).

[4] Verkehrsmanagement

a) Verkehrsdatenerfassung (global)   [130 bit]:

Dies ist der gleiche Dienst wie unter "Verkehrsdatenerfassung (lokal)" [1.b] mit dem Unterschied, daß hier die Fahrzeugdaten bis zu einer globaleren Ebene übertragen werden. Bei Bedarf kann das Fahrzeug auch seine Identität angeben, um von außerhalb (öffentliches Netz) erreichbar zu sein (s. Anhang A: Typ 2).

b) Elektronisches Warn-System (EWS)   [100 bit]:

Verursacht ein Fahrzeug einen Unfall, so meldet es dies automatisch dem 'System' und fordert Hilfe an. Ist das Unfallauto nichtmehr in der Lage eine Warnmeldung abzusetzen, so kann ein vorbeikommendes Fahrzeug die erforderliche Meldung übertragen. Das 'System' kann allen in der Umgebung befindlichen Fahrzeugen bei der Aktualisierung der Straßenkarte eine Warnung zukommen lassen (s. Anhang A: Typ 6).

[5] Umweltbedingungen

a) Straßenbedingungen   [110 bit] ,   Wetterbedingungen   [110 bit]:

Einfachste, mit Sensoren ausgestattete, Sender übertragen zu den im Sendebereich befindlichen Fahrzeugen digitalisierte Informationen (evtl. Warnungen) über den Straßenzustand (Glatteis, Aquaplaning, ...) bzw. über die Wetterlage (Nebel, Wind, ...) (s. Anhang A: Typ 7).

[6] Zusatzdienste   [256 bit]

Über eine Point-to-Point-Verbindung zwischen Fahrzeug und dem öffentlichen Netz können eine Vielzahl zusätzlicher Dienste angeboten werden (Hotelbuchungen, Paging, ...). Der Umfang dieser Zusatzdienste hängt von den zur Verfügung stehenden Kanalkapazitäten ab und soll hier nicht weiter ausgeführt werden (s. Anhang A: Typ 8...16).

4. Logische Netzstruktur

4.1 DIE NETZWERKHIERARCHIE

Gemäß den existierenden bzw. in der Entwicklung befindlichen Mobiltelefonnetzen sind die Netzwerkknoten hierarchisch angeordnet (s. Abb.1). Auf der untersten Ebene befinden sich die mobilen

Teilnehmer, die Fahrzeuge. Die Fahrzeuge haben direkten Kontakt mit einfachen "Traffic Beacons" (TB) bzw. intelligenten "Manager Beacons" (MB).

Die Beacons haben sehr beschränkte Sendereichweiten, sodaß für die globalen Dienste die "Base Stations" (BS) des schon vorhandenen Mobilfunknetzes (C- bzw. D-Netz in West-Deutschland) herangezogen werden müssen. Die MB sind mit den Base-Stations verbunden und werden von diesen gesteuert.

Die über den BS angeordnete "Traffic Management Center" (TMC) organisieren und verwalten sämtliche Base-Stations und bilden die oberste Stufe der Hierarchie. Die einzelnen TMC werden über das öffentliche Netz (ISDN) miteinander verbunden, wodurch gleichzeitig eine Verbindung zwischen Fahrzeug und öffentlichem Netz hergestellt wird.

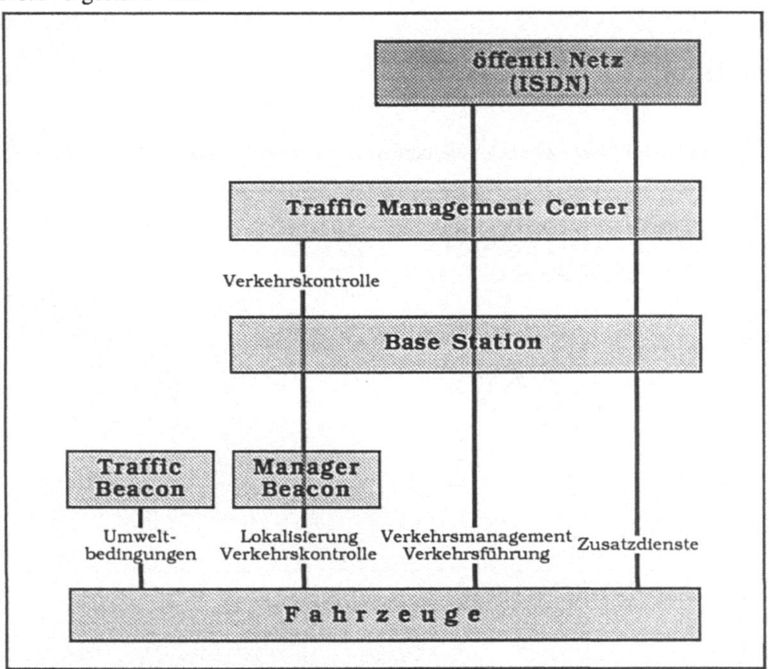

Abb. 1: Die Dienste eingebettet in die Netzwerkhierarchie.

4.2 DIE DIENSTE IM NETZWERK

Die Abb.1 verdeutlicht die Einbettung der oben beschriebenen Dienste in die Netzwerkhierarchie. Die Übertragung der digitalen Straßenschilder und die Dienste der Klasse "Umweltbedingungen" werden direkt über die Traffic-Beacons durchgeführt. Die TB kann somit unabhängig vom restlichen 'System' arbeiten.

Die Dienste der Klasse "Lokalisierung" werden über die Manager-Beacons realisiert. Auch die digitalen Lichtsignalanlagen, die vom 'System' gesteuert werden, sind in der MB integriert.

Die Informationen aus der "Verkehrsdatenerfassung (lokal)" werden in der jeweiligen MB statistisch aufbereitet und an eine BS weitergegeben. Die BS wertet das ankommende Zahlenmaterial aus und kann nun wiederum die Lichtsignale der MB's optimal am Verkehr anpassen. Die statistischen Zahlen werden auch der TMC für BS übergreifende Kontrollen mitgeteilt. Die TMC und BS haben so immer den aktuellsten Verkehrszustand.

Die TMC läßt die erhaltenen Daten in die Aktualisierung der autointernen Straßenkarten einfließen. Diese Updates werden direkt von den BS an die Fahrzeuge unidirektional, broadcast weitergegeben. Genauso wird mit den digitalisierten Wetterbedingungen verfahren.

Die Unfallwarnungen des EWS (Emergency Warning System) werden direkt vom Fahrzeug über eine BS zur TMC und von dort an das öffentliche Netz übergeben. Somit können dann bei Bedarf Unfall- und Rettungsdienste benachrichtigt werden.

Die "Zusatzdienste" werden wie beim üblichen Mobiltelefonnetz über die BS und TMC mit Zugang zum öffentlichen Netz realisiert.

5. Physikalische Netzstruktur

Zur besseren Übersicht soll das Netzwerk in die beiden Ebenen A und B unterteilt werden (s. Abb.2).

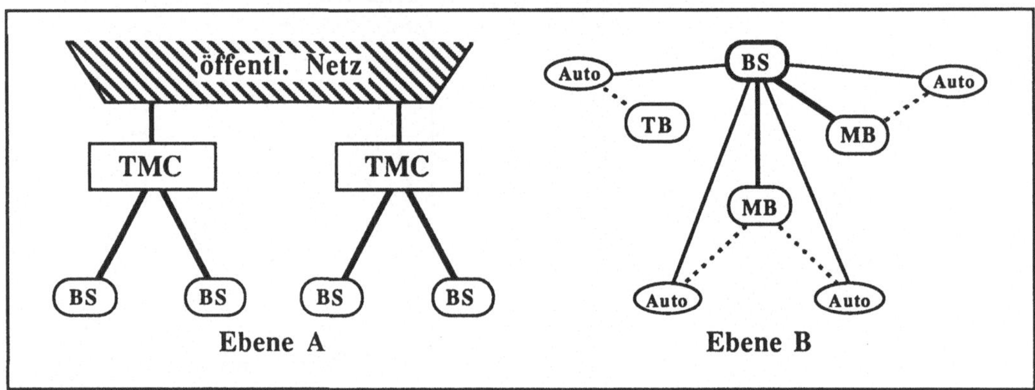

Abb. 2: Die zwei Netzwerkebenen A und B.

Die Ebene A bilden die BS und TMC mit dem Zugang zum öffentlichen Netz. Hier sind lediglich die Verbindungen der BS untereinander, den BS mit der TMC und zwischen TMC und öffentlichem Netz vertreten.

In Ebene B sind die Fahrzeuge mit ihrer Verbindung zu den Baken (TB und MB) und zur BS zu finden. Zudem besteht Ebene B aus dem Teilnetz das eine BS mit seinen MB bildet.

5.1 NETZWERKTOPOLOGIE DER EBENE A

Die hier aufgeführten Base-Stations entsprechen denen des neuen D-Netzes und bilden ein fast flächendeckendes Zellsystem. Durch das im D-Netz gebräuchliche Clusterverfahren (7 Zellen bilden ein Cluster und in einem Cluster werden die gleichen Frequenzen benutzt) wird eine gute Frequenzökonomie für die Kommunikation zwischen Auto und BS erreicht (frequency reuse).

Der jeweilige Senderadius einer BS (Zellgröße) richtet sich nach der geographischen Dichte der Fahrzeuge (cell splitting). Da die Anzahl der zur Verfügung stehenden Kanäle nicht einfach erhöht werden kann, werden die Zellen in Regionen mit dichtem Straßenverkehr (z.B. Innenstadt) in mehrere kleinere Zellen aufgesplittet. Durch das Verkleinern der Zellen kann die zu erwartende maximale Anzahl von Kfz´s pro BS auf einen festen Wert beschränkt werden.

Die Abb.3 gibt die Topologie der Netzwerkebene A graphisch wieder:

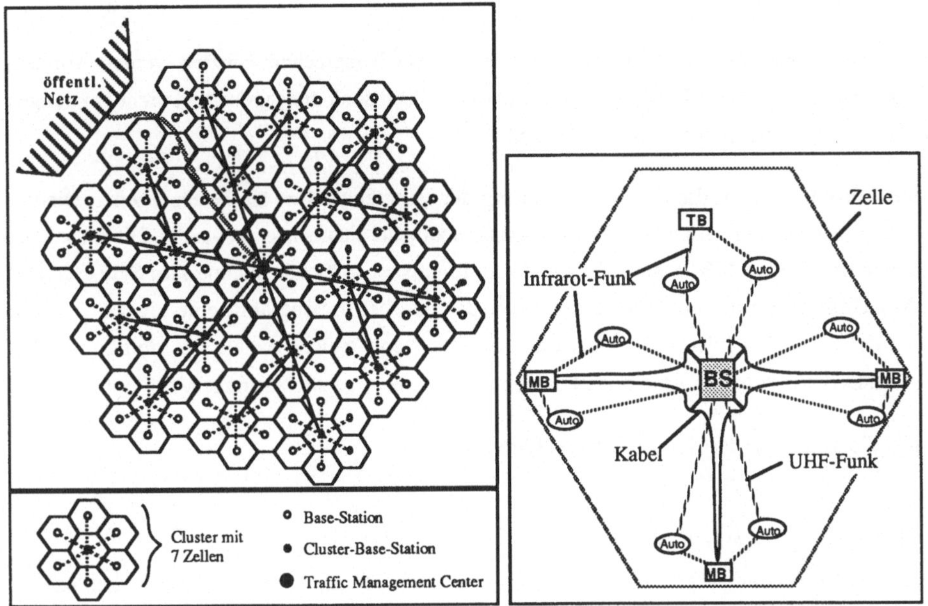

Abb. 3: Die Topologie der Netzwerkebene A. **Abb. 4:** Die Topologie der Netzwerkebene B.

Die einzelnen BS müssen untereinander Nachrichten austauschen können. Die BS sind als feste Stationen über Kabel miteinander verbunden. Jedes Zellcluster bildet hierbei eine Sterntopologie, wobei die in der Mitte liegende BS (im weiteren ´cluster´-BS genannt) jeweils eine Kabelverbindung zu den sechs umliegenden BS hat.

Die ´cluster´-BS sind untereinander in Form einer Baumstruktur über Kabel verbunden. Die Wurzeln der Bäume werden von einer TMC gebildet (s. Abb. 3). Falls z.B. 1183 BS von einer TMC verwaltet werden, so hat dieses Teilnetz eine Tiefe (Weglänge) von 7 Cluster-BS - Cluster-BS -Verbindungen, bestehend aus 169 Cluster und jeder der sechs Bäume hat 196 BS (s. Analyse).

5.2 NETZWERKTOPOLOGIE DER EBENE B

Die Ebene B beschränkt sich auf das jeweilige Teilnetz einer einzelnen Zelle aus Ebene A. Die BS ist für ihre Zelle der zentrale Netzknoten. Daher liegt es nahe die MB einer Zelle sternförmig direkt mit der BS zu verbinden. Um die Anfälligkeit einer Sterntopologie zu vermeiden (wenn der zentrale Knoten ausfällt, bricht der gesamte Stern zusammen), wird auf die Sternform ein Ring gelegt, sodaß der in Abb.4 dargestellte Ring-Stern als endgültige Topologie für BS-MB gewählt wird. Da die MB und BS stationär sind, soll als Übertragungsmedium das Koaxialkabel dienen (evtl. sind für die erforderlichen Übertragungskapazitäten verdrillte Kupferkabel schon ausreichend).

Die MB sind über Infrarot-Transceiver mit den Autos verbunden. Der Vorteil eines Infrarotsystems liegt in der sehr preiswerten Hardware und der Möglichkeit bei kurzen Reichweiten hohe Datenraten zu übertragen ($\approx$ 150 kbps bei 150 m).

Durch die beschränkte Sendereichweite der IR-Sender kann das Übersprechen reduziert werden. Mit dem gleichen System werden auch die TB ausgestattet, wobei die TB jedoch nur senden und nicht empfangen können (unidirektionale Verbindung zwischen TB und Auto).

Ein besonderes Problem bildet die Eigenlokalisierung der Fahrzeuge. Um die beschriebenen Dienste optimal zu nutzen ist eine möglichst exakte Positionsbestimmung der Fahrzeuge notwendig. Hierzu werden im Sendebereich einer jeden MB in die Fahrbahndecke Impulsgeber (Sendeantennen im SHF-Bereich) eingebaut. Mit Hilfe der Impulsgeber kann ein Auto, das darüber hinwegfährt, eine eigene Taktspur erhalten. Von der MB erfährt das Auto (über das Infrarotsystem) welche exakte Position zu welcher Taktspur gehört. Dadurch kann das Auto seine Position auf den Meter genau bestimmen.

Die Abb.4 gibt die Topologie der Netzwerkebene B graphisch wieder.

5.3 DIE NETZWERKKNOTEN

Aus der oben beschriebenen Netzwerktopologie ergeben sich für die Knoten folgende technischen Anforderungen:

Fahrzeug (Auto):
- Infrarot-Transceiver für kurze Reichweiten (<1 km)
- UHF-Transceiver für größere Reichweiten (1...25 km)
- Bodensensor zur Detektion von in die Fahrbahn eingelassene Sendeantennen (Impulsgeber) zur Bestimmung der eigenen Position ($\pm$1 m)
- Bordrechner mit auswechselbarem Plattenspeicher (Optical Disc) für digitale Straßenkarten.

Traffic Beacon (TB):
- Infrarot-Sender für kurze Sendereichweiten (<1 km)
- Ein-Chip Computer.

Manager Beacon (MB):
- Infrarot-Transceiver für kurze Reichweiten (<1 km)
- In die Fahrbahn eingelassene Sendeantennen (Impulsgeber) zur Positionsbestimmung der Autos ($\pm$1 m)
- Kabelverbindung mit der übergeordneten Base-Station und den benachbarten MB für niedrige Datenraten

Base Station (BS):
- UHF-Transceiver für größere Reichweiten (1...25 km)
- Kabelverbindung mit den MB für niedrige Datenraten
- Kabelverbindung mit den anderen BS und der übergeordneten TMC für hohe Datenraten

Traffic Management Center (TMC):

(entspricht "Mobile Switching Center" im D-Netz)

- Kabelverbindung mit den BS für hohe Datenraten

- Kabelverbindung mit dem öffentlichen Netz für sehr hohe Datenraten

- Kabelverbindung mit den anderen TMC über das öffentliche Netz

Eine Übersicht aller Netzwerkknoten und deren Verbindungen ist in Abb.B-1 (Anhang B) zusammengestellt.

6. Netzwerkanalyse

Bei einer ersten Analyse der einzelnen Verbindungsformen werden jeweils folgende Punkte behandelt:

- Datenaufkommen

- Knotendichte (Knoten pro Fläche)

- Anzahl der Knoten für Europa (Netzgröße) .

In Kapitel 3 ("Klassifizierung der Kommunikationsdienste") sind die Angaben über das Datenvolumen der einzelnen Dienste ohne Protokoll-Overhead gemacht worden. Um eine bessere Näherung des tatsächlichen Datenaufkommens zu erhalten, wird in der nachfolgenden Analyse von einem Protokoll-Overhead von ca. 10% der Nutzdaten ausgegangen. Ist der Umfang der Nutzdaten gering (< 1kbit), so wird ein fester Wert (> 10%) für den Overhead eingesetzt.

Bei dieser Analyse sind die Rahmenbedingungen der "Zusatzdienste" maßgeblich, da die Implementierung dieser "Zusatzdienste" die größten Restriktionen bzgl. Knotendichte, Leitungskapazitäten usw. darstellen.

Um konkrete Zahlenwerte zu erhalten, müssen vorab einige Annahmen gemacht werden. Unter Berücksichtigung statistischer Untersuchungen des Straßenverkehrs und in Anlehnung an vorhandene bzw. zukünftige Systeme erhält man folgende Ausgangssituation:

6.1 ANNAHMEN

• Die Kanalkapazität BS-Auto entspricht der des D-Netzes in Deutschland:
  - 140 Kanäle pro BS-Zelle ($\equiv$ 7-Zelle-Cluster mit 1000 Kanälen pro Cluster)

  - 12 kbps pro Kanal Übertragungskapazität .

• Kanalbelastung (BS-Auto) durch die "Zusatzdienste":
  - 10 Frames pro Sek. Übertragungsrate

  - mittlere Framegröße von 350 bit

    => Kanalauslastung von 30% (bei 12 kbps Kanalkapazität; s.o.)

  - 1% der Fahrzeuge sind aktive Nutzer der "Zusatzdienste"

  - 1 aktiver Benutzer generiert 1 Frame pro Sek.

=> 140 000 Fahrzeuge pro Zelle (BS), falls alle 140 Kanäle des D-Netzes für die Zusatzdienste bereitgestellt werden.

- Straßenverkehrsdichte /STRA-87/:

Str.kategorie	Autobahn	Autobahn-Stau	Landstraße	Innenstadt	Innenstadt-Stau
#Kfz/qkm	10	100	20	3200	13 000

- Die Dichte der Manager-Beacons hängt von der Infrastruktur des Straßennetzes und den finanziellen Mitteln der Länder ab. Als Ausgangswerte werden folgende Abschätzungen vorgenommen:

Str.kategorie	Autobahn	Autobahn-Stau	Landstraße	Innenstadt	Innenstadt-Stau
#MB/qkm	0,05	0,05	1	26	26

- Die Senderadien der MB müssen an die Verkehrsinfrastruktur angepaßt werden::

Str.kategorie	Autobahn	Autobahn-Stau	Landstraße	Innenstadt	Innenstadt-Stau
Senderadius einer MB [km]	1	1	0,5	0,1	0,1

- Die Verbindung BS-TMC soll aus Kostengründen eine maximale Leitungskapazität von 100 Mbps nicht überschreiten.

  => $6 \cdot 100$ Mbps über die Verbindung TMC - öffentl.Netz .

- 80% der Lichtsignalanlagen (MB) werden global von einer TMC kontrolliert. Die restlichen Anlagen werden von den jeweiligen BS gesteuert.

- West-Europa bedeckt eine Fläche von $\approx$ 5 378 800 qkm.

- Von der Gesamtfläche entfallen folgende Anteile auf die Straßenkategorieen (Schätzung):

Str.kategorie	Autobahn	Autobahn-Stau	Landstraße	Innenstadt	Innenstadt-Stau
%-Anteil	3,4	6,6	85	1,7	3,3

6.2 VORLÄUFIGE ERGEBNISSE

Gemäß der beschriebenen Topologie berechnet sich die Anzahl der BS pro TMC wie folgt:
$\#BS = 7 + 21 \cdot n(n+1)$, mit n= Tiefe des Baumes;
#Cluster = #BS/7 und (#BS pro Baum) = (#BS-7)/6 ;
Bspl.: für n=7 gilt: #BS = 1183 , #Cluster = 169 , #BS/Baum = 196.

Zum besseren Verständnis für den Einfluß der "Zusatzdienste" auf das Gesamtnetz soll die Abb.5 dienen. Geht man davon aus, daß für die Zusatzdienste 30% der Kanäle aus dem D-Netz bereitgestellt werden, so dürfen die Senderadien der BS folgende Werte nicht überschreiten:

Str.kategorie	Autobahn	Autobahn-Stau	Landstraße	Innenstadt	Innenstadt-Stau
Senderadius BS	25	12,7	25	2,3	1,3
#BS (W.-Europa)	113	846	2 816	6 980	54 725

Um West-Europa flächendeckend mit den Zusatzdiensten zu versorgen, benötigt man somit $\approx$ 65 480 BS (Zellen) und $\approx$ 61 TMC (bei $6 \cdot 196$ BS/TMC). Mit den festgelegten Zellgrößen läßt sich auf die Anzahl der MB pro BS schließen (Netzebene B). Die entsprechenden Zahlen bei 30% Kanalkapazität des D-Netzes sind in der Abb.B-2 und Abb.B-3 (Anhang B) zusammengestellt. Im Sendebereich einer MB sind 10 bis 250 Autos .

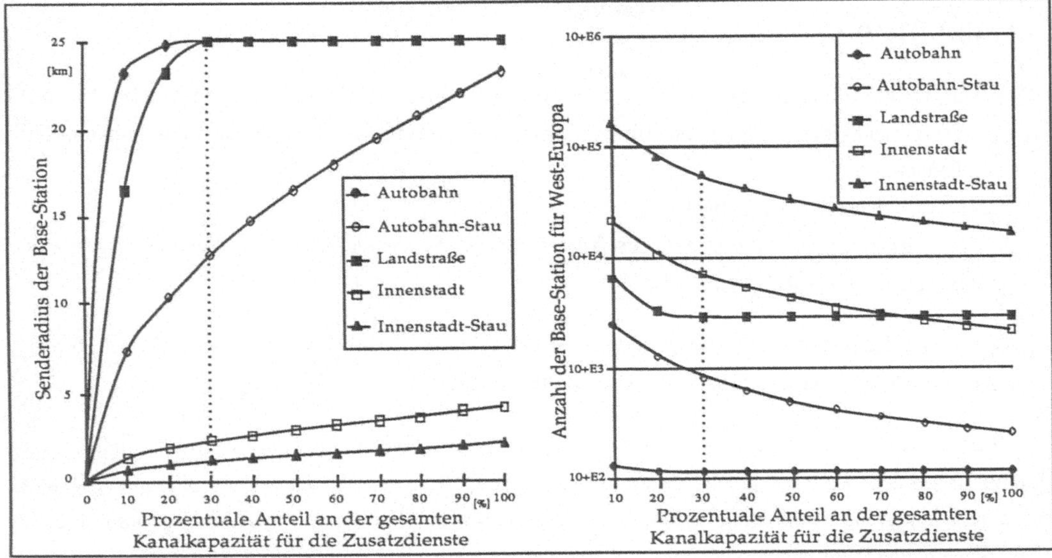

Abb.5: Kurvenverlauf der Zellgrößen in Abhängigkeit von den zur Verfügung stehenden Kanälen aus dem D-Netz (prozentualer Anteil von insgesamt 1000 Kanälen pro Cluster).

In Abb.6 sind die erforderlichen Leitungskapazitäten wiedergegeben. Über die Infrarotverbindung Auto-MB sind lediglich 2...25 kbps zu übertragen. Für das Ring-Stern-System (MB-BS) müssen die Leitungen Übertragungskapazitäten von 3...24 kbps verarbeiten können. Die Kanalkapazitäten des Zellsystems (Auto-BS) entsprechen denen des zukünftigen D-Netzes.

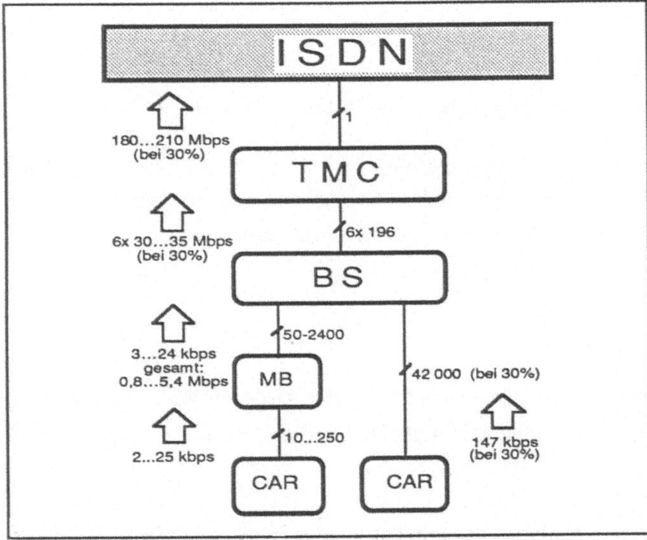

Zwischen BS und TMC können Datenraten von max. 100 Mbps (bei 100% Kanalkapazität für Zusatzdienste) anfallen. Das bedeutet, daß jede TMC einen Zugang für max. 600 Mbps zum öffentlichen Netz (ISDN) haben muß. Bei der oben angenommenen 30% Kanalkapazität für die Zusatzdienste verringern sich die Datenraten zur Realisierung der neuen verkehrstechnischen Dienste auf ≤35 Mbps (BS-TMC) bzw. 210 Mbps (TMC-öffentl.Netz).

Abb.6: Die erforderlichen Leitungskapazitäten bei 30% der Kanalkapazitäten aus dem D-Netz für die Zusatzdienste.

7. Beurteilung und Ausblick

7.1 BEURTEILUNG

Motiviert durch folgende Tatsachen wurde ein hierarchisches Kommunikationssystem für den Straßenverkehr entwickelt, mit dessen Hilfe die Autofahrer im täglichen Straßenverkehr aktiv unterstützt werden können:
- Rechnerkapazitäten werden billiger,
- die Verringerung der Reaktionszeit des Autofahrers im Straßenverkehr um 1 Sekunde ergibt eine Reduzierung der Unfallzahlen um über 60%.

Entsprechend der Spezifikation der in diesem Mobilfunknetz zu realisierenden Dienste wurde für die entwickelte Netzwerktopologie eine erste Analyse durchgeführt.

Ein solches Mobilfunknetz ist in die bestehenden Netze (z.B. C-Netz in der BRD) integrierbar, falls für die zu übertragenden Daten entsprechende Frequenzen bereitgestellt werden. Zusätzlich müssen sogenannte Manager-Baken am Straßenrand installiert werden, damit unter anderem die Fahrzeuge ihre aktuelle Position erhalten (bzw. synchronisieren) und dem System weitergeben können.

Aufbauend auf diesem Lokalisierungsdienst besteht nun die Möglichkeit einen ganzen Katalog von neuen Diensten einzurichten.

Durch die Dienstespezifikation und die Analyse der Netzwerktopologie wird deutlich, daß der größte Teil der neuen Dienste keine nennenswerten Übertragungskapazitäten benötigt. Die Realisierung der Dienste stellt somit keine großen Probleme bezüglich den notwendigen Technologien und dem zu erwartenden Kostenaufwand dar.

Viele Dienste benötigen lediglich eine unidirektionale Broadcast-Verbindung. Dadurch sind die Übertragungsprotokolle hierfür sehr einfach und erfordern nur einen geringen Protokolloverhead.

Erst wenn versucht wird, den Verkehrsteilnehmern die Möglichkeit zu geben vom Fahrzeug aus eine Sprachverbindung mit dem öffentlichen Netz herzustellen, muß das vorhandene Autotelefonnetz erheblich ausgebaut werden, wenn maximal nur 1% der Fahrzeuge diesen Dienst in Anspruch nehmen.

7.2 AUSBLICK

Aufbauend auf der entwickelten Netzwerktopologie müssen nun für die verschiedenen Verbindungsformen (broadcast und unicast, Funk- und Kabel-Verbindungen, bidirektional und unidirektional, ...) geeignete Protokolle entworfen werden.

Da ein Teil der Dienste in einem gewissen Zeitlimit abgearbeitet werden muß, sind hierzu effiziente Kanalzugriffsverfahren zu entwickeln. Dabei muß eine optimale Abstimmung zwischen Sendereichweite,

Kanalkapazität und -anzahl (auch abhängig vom Übertragungsmedium), Sicherheitsbedarf (Fehlerkorrektur, Durchsatz) und Realzeitanforderungen durchgeführt werden.

Es sollte darauf hingearbeitet werden, daß ab einer möglichst niedrigen Ebene des ISO-Referenzmodells die verschiedenen Verbindungen und Dienste zu einem einheitlichen Protokoll zusammengeführt werden können.

Zudem ist noch genauer zu untersuchen, eventuell durch Simulation, wie stark vorhandene Leitungskapazitäten beansprucht werden und in welchem Maße deren Ausnutzung Schwankungen unterworfen ist (Spitzenverkehrszeiten vs. Zeiten ohne nennenswertes Verkehrsaufkommen).

8. Literatur

/BELL-82/   Bellchambers W.H., Durkin J.: "Mobile Radio Spectrum Planning and the Use of New Technology", Proc. IEEE Vehicular Techn. Conf., San Diego, Calif., Mai 1982.

/BURK-80/   Burke M.J., Coyne T.M.R.: "Monitoring Land Mobile Radio Usage", in Radio Spectrum Conservation Techn., IEE Conf. Publications, No. 188, Juli 1980.

/COHE-83/   Cohen P., Haccoun D.: Hoang H.H. "Traffic Analysis for Different Categories of Users of Land Mobile Communications Systems", Conf. Record, IEEE Vehicular Techn. Conf., Toronto, Mai 1983.

/COHE-84/   Cohen P., Hoang H.H., Haccoun D.: "Traffic Characterization and Classification of Users of Land Mobile Communications Channels", IEEE; Science, Systems & Services for Communication, 1984.

/KAMM-84/   Kammerlander K.: "C 900- An Advanced Mobile Radio Telephone System with Optimum Frequenzy Utilization", IEEE Trans. on Vehicular Techn., Vol. VT-33, No. 3, August 1984.

/KREM-88/   Kremer W., Reichert F., Hübner D.: "Road Traffic Management and Route Guidance System Integrated in Existing Networks", IEEE Intern. Workshop on Telematics, Caen, Mai 1988.

/LAM-81/   Lam S.S.: "Design Considerations for Large Mobile Packet Radio Networks", Proc. of Local Networks, Northw., 1981.

/MCCO-73/   McConoughey S.R.: "New Concepts in Spectrum Usage", IEEE Trans.on Vehicular Techn., Vol. VT-22, No. 4, November 1973.

/SCHI-70/   Schiff L.: "Traffic Capacity of Three Types of Common-User Mobile Radio Communication Systems", IEEE Trans. on Commun. Techn., Vol. COM-18, No. 1, Februar 1970.

/SHAC-87/   Shacham N., Westcott J.: "Future Directions in Packet Radio Architectures and Protocols", Proc. IEEE, Vol. 75, No. 1, Januar 1987.

/SPIN-86/   Spindler K.: "The German Cellular Radiotelephone System C", IEEE Commun. Magazine, Vol. 24, No. 2, Februar 1986.

/STRA-87/   "Straßenverkehrszählungen, Jahresauswertung 1986 Langzeitzählstellen", Hrsg. Bundesanstalt für Straßenwesen, Heft 39, 1987.

Anhang A:

TYP 1

8 bit	4 bit	52 bit	6 bit		16 bit	8 bit
Flag	*Typ 1*	*Position*	*Richtung*		*FCS*	*Flag*
0111 1110	0001	± 1m	± 10°		error-control	0111 1110

⇒ Gesamtlänge = **94 bit** .

TYP 2

8 bit	4 bit	52 bit	6 bit		4 bit	32 bit		16 bit	8 bit
Flag	*Typ 2*	*Position*	*Richtung*		*Geschw.*	*Auto-ID*		*FCS*	*Flag*
0111 1110	0010	± 1 m	± 10°		0...240 km/h ±15 km/h	s.u.		error-control	0111 1110

Geschw.: Gibt die momentane Geschwindigkeit des Fahrzeugs an.
Auto-ID: Allein in Europa waren 1984 134 Mio. Kfz zugelassen. Nach Schätzungen gibt es Weltweit ca. 0,5 Mrd. Kfz. Es gilt: $2^{27} < 134$ Mio. $< 2^{28} \approx 255$ Mio. , $2^{30} \approx 1$ Mrd.
Demnach werden 32 bit auch für die nächste Zukunft ausreichend sein, um alle Fahrzeuge eindeutig zu erkennen.

⇒ Gesamtlänge = **130 bit** .

TYP 3

8 bit	4 bit	52 bit	6bit		52 bit	14 bit		16 bit	8 bit
Flag	*Typ 3*	*Position (von)*	*Richtung*		*Position (bis)*	*Änderung*		*FCS*	*Flag*
0111 1110	0011	± 1 m	± 20°		± 1 m	16 000 Mögl.		error-control	0111 1110

Position (von): Gibt an, ab welchen Streckenabschnitt die beschriebene Änderung auftritt.
Position (bis): Gibt an, wo der Streckenabschnitt mit der beschriebenen Änderung endet.
Richtung: Gibt die Richtung in ±20° an, für die die Änderung gültig ist (1xxxxx=´beide Richtungen´).
Änderung: Mit 14 bit können bis zu 16 000 verschiedene Änderungsarten angegeben werden.

⇒ Gesamtlänge = **160 bit** .

TYP 4

8 bit	4 bit	52 bit	52 bit		6 bit	8 bit	4 bit		16 bit	8 bit
Flag	*Typ 4*	*Position (von)*	*Richtung*		*Position (bis)*	*Verkehrs-schild*	*Zusatz-inform.*		*FCS*	*Flag*
0111 1110	0100	± 1 m	± 10°		± 1 m	126 Mögl.	s.u.		error-control	0111 1110

Position (von): Gibt an, ab welcher Position das ´Verkehrsschild´ gültig ist.
Position (bis): Gibt an, bis zu welcher Position das ´Verkehrsschild´ gültig ist.

Verkehrsschild (8 bit):
Geschw.beschr.: 00...001
Einbahnstr.: 00...010
Steigung: 00...011
...

Zusatzinformation (4 bit):
Max. zulässige Geschwindigkeit
0000
Prozentangabe (1%...33% , ±2°)
...

⇒ Gesamtlänge = **158 bit** .

TYP 5

8 bit	4 bit	52 bit	6 bit	3 bit	8 bit	8 bit	16 bit	8 bit
				\multicolumn{3}{}{1...7 mal => 19...133 bit + 3 bit}		
Flag	Typ 5	Position	Richtung	Ziel-Richtung	Grünphase AN	Grünphase LÄNGE	FCS	Flag
0111 1110	0101	±1 m	±10°	7 Mögl. 0 = Ende	in Sek. (≤ 8,5 Min)	in Sek. (≤ 8,5 Min)	error-control	0111 1110

Zielrichtung: Die angegebene Grünphase gilt für Fahrzeuge, die in Zielrichtung fahren wollen (falls z.B. Linksabbieger eine eigene Grünphase haben).
Das heißt, daß pro Fahrtrichtung mehrere verschiedene Zielrichtungen auch unterschiedliche Grünphasen haben. Als Annahme soll eine max. Anzahl von 7 Zielrichtungen angegeben werden (s. rechts):
'000' = Ende der 'Daten'. Pro Zielrichtung werden jeweils die Parameter 'Grünphase AN' und 'Grünphase LÄNGE' mit angegeben.

Grünphase AN: Die Zeitspanne in Sekunden, bis die nächste Grünphase beginnt:
(0...0 = Grünphase bereits aktiv / 1...1 = nächste Grünphase in > 8,5 Min.)

Grünphase LÄNGE: Gibt die Dauer einer Grünphase an (in Sekunden).

⇒ Gesamtlänge = **116...230 bit** .

TYP 6

8 bit	4 bit	52 bit	6 bit	2 bit	4 bit	16 bit	8 bit
Flag	Typ 6	Position	Richtung	Unfall-kategorie	Fahrbahn	FCS	Flag
0111 1110	0110	±1 m	±10°	s.u.	max. 6-spurig	error-control	0111 1110

Unfallkategorie: 0...3 für "leichter" ... "schwerer" Unfall (Krankenwagen, Polizei, ...?)

Fahrbahn:
0001	= Fahrtrichtung, rechte Spur
0010	= Fahrtrichtung, linke Spur
0100	= Fahrtrichtung, mittlere Spur
1xxx	= Gegenrichtung, xxx Spur

⇒ Gesamtlänge = **100 bit** .

TYP 7

8 bit	4 bit	52 bit	6 bit	12 bit	4 bit	16 bit	8 bit
Flag	Typ 7	Position	Radius	Zustand	Stärke	FCS	Flag
0111 1110	0111	±1 m	±1 km	4000 Mögl.	0...15	error-control	0111 1110

Position: Beschreibt den Mittelpunkt des betroffenen Gebietes.

Radius: Gibt die Größe des betroffenen Gebietes als Radius eines Kreises an, dessen Mittelpunkt in *Position* angegeben ist (0,5/ 1/ 2/.../ 64 km).

Zustand (12 bit):   **Stärke (4 bit):**

Glatteisgefahr:	00...001	0000
Nebel:	00...010	1...8
...	...	...

Mit einer Datenbreite von 12 bit sind über 4000 verschiedene Zustandsmeldungen möglich.

⇒ Gesamtlänge = **110 bit** .

T Y P 8...16

8 bit	4 bit	52 bit	6 bit	ø 256 bit	16 bit	8 bit
Flag	8...16	Position	Richtung	Daten	FCS	Flag
0111 1110	Typ	± 1 m	± 10°	Benutzer-Informationen	error-control	0111 1110

Daten: Die Länge und der Inhalt ist abhängig von der jeweiligen Zusatzleistung, die erbracht werden soll (in der Analyse werden ø256 bit angenommen).

Anhang B:

VON	NACH	uni-/bidirekt.	Übertragungs-medium	Verbindungs-form
Auto (mobil)	**B S** (stationär)	bidirektional	UHF	point-to-point *Zellsystem*
Auto (mobil)	**MB** (stationär)	bidirektional	Infrarot	point-to-point *Stern-Form*
Auto (mobil)	**MB** (stationär)	*IMPULS*	SHF / EHF	--- *´1:1´-Verbindung*
T B (stationär)	**Auto** (mobil)	unidirektional	Infrarot	point-to-multipoint *Stern-Form*
MB (stationär)	**Auto** (mobil)	unidirektional	Infrarot	point-to-multipoint *Stern-Form*
B S (stationär)	**Auto** (mobil)	unidirektional	UHF	broadcast *Zellsystem*
MB (stationär)	**B S** (stationär)	bidirektional	Kabel	point-to-point *´Ring-Stern´-Form*
B S (stationär)	**TMC** (stationär)	bidirektional	Kabel	point-to-point *´Baum´-Topologie*
TMC (stationär)	**B S** (stationär)	unidirektional	Kabel	point-to-multipoint *´Baum´-Topologie*
TMC (stationär)	**öffentl.Netz** (stationär)	bidirektional	Kabel	point-to-point *´1:1´-Verbindung*
TMC (stationär)	**TMC** (stationär)	bidirektional	Kabel/Funk	point-to-point *Teilvermascht*

Abb. B-1: Zusammenstellung der unterschiedlichen Netzwerkknoten und ihrer Verbindungen.

Straßenkaregorie:	Autobahn	Autobahn Stau	Landstraße	Innenstadt	Innenstadt Stau
Zellradius einer BS [km]	25	12,7	25	2,3	1,3
Fläche pro Zelle [qkm]	1623,8	419,0	1623,8	13,7	4,4
Flächenanteil [%]	3,4	6,6	85	1,7	3,3
#BS in West-Europa	113	846	2816	6980	54725
#MB/BS	202	46	2319	189	54
#Autos/MB	40	250	10	25	100
MB-BS: Verkehrsdaten gesamtraten pro BS [kbps]	748	1077	2087	454	508
MB-BS: Ampelanlagen 80% pro BS [kbps]	0	0	3339	907	206
MB-BS: Leitungskapazität pro Leitung [kbps]	3,7	23,4	2,7	8,4	15,4

Abb. B-2: Zusammenstellung der Ergebnisse aus der Netzwerkanalyse unter der Annahme, daß 30% der Kanäle des D-Netzes für die Zusatzdienste bereitgestellt werden.
=> 65 480 BS und 61 TMC für West-Europa.

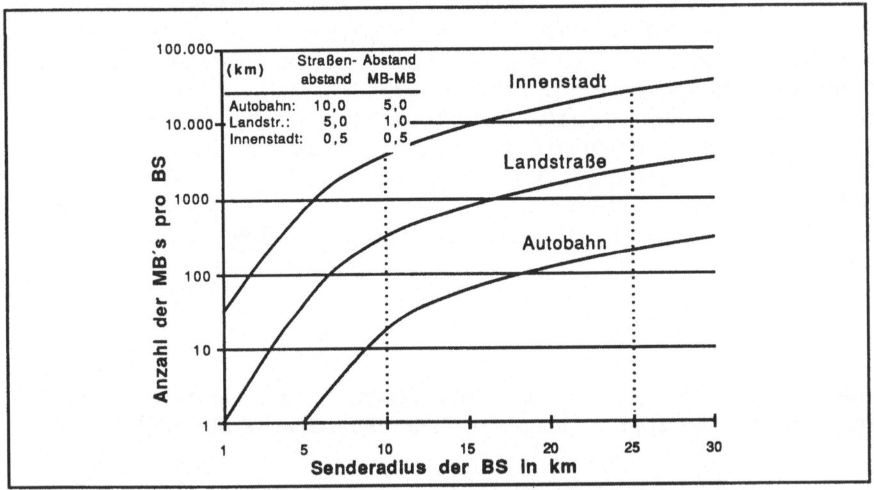

Abb. B-3: Anzahl der Manager-Beacons in Abhängigkeit vom Senderadius der Base-Station für Autobahn, Landstraße und Innenstadt.

Entwurf eines Kanalzugriffsprotokolls für Mobilfunknetze

Arbeitsgemeinschaft Mobilfunk[*]

Lehrstuhl für Informatik IV
RWTH Aachen
Ahornstr. 55
D - 5100 Aachen

Zusammenfassung

In den letzten Jahren läßt sich ein gesteigertes Interesse an digitalen Datenfunknetzen feststellen, da sie eine Reihe von Vorteilen aufweisen, die ihren Einsatz wünschenswert machen. Dabei ergeben sich aber auch neue Probleme, die Gegenstand intensiver Forschungsaktivitäten sind. Dies zeigt sich auch in zahlreichen Veröffentlichungen und der Arbeit der Normungsgremien.
Wurden in den letzten Jahren digitale Datenfunknetze vorwiegend im militärischen Bereich eingesetzt, so ist in nächster Zukunft zunehmend mit zivilen Anwendungen zu rechnen. So werden Vorschläge für digitale in-house Datenfunknetze analysiert, um eine aufwendige Verkabelung zu sparen. Im Gegensatz zu Zellsystemen ist keine Infrastruktur in Form von Basisstationen erforderlich, was zu gesteigerter Zuverlässigkeit und geringeren Kosten führt. Eine andere, neuere Anwendung ist der Informationsaustausch zwischen Fahrzeugen im Straßenverkehr, um die Verkehrssicherheit zu steigern.
In diesem Artikel stellen wir digitale Datenfunknetze vor, diskutieren einige Besonderheiten und zeigen Unterschiede zu leitungsgebundenen Kommunikationssystemen auf, die den Entwurf eines Kanalzugriffsprotokolls für Mobilfunknetze wesentlich beeinflussen. Dabei orientieren wir uns an dem ISO/OSI Referenzmodell. In einem gesonderten Kapitel stellen wir ein neues Kanalzugriffsverfahren für eine spezielle Anwendung vor.

Schlüsselwörter

digitales Datenfunknetz, Konnektivität, Spreiztechniken, Raummultiplex, versteckte Stationen, Cluster, implizite Bestätigung, magische Zahl, hierarchisches Routing, CSAP

1 Einleitung

Wir charakterisieren ein *digitales Datenfunknetz* (packet radio network, PRN) durch vier Eigenschaften:

- Auf dem Funkkanal werden digitale Übertragungstechniken verwendet. Die Fehlerraten sind hierbei niedriger als bei analog arbeitenden Verfahren und die Hardware Komponenten billiger.
- Bedingt durch die Ausbreitungseigenschaften elektromagnetischer Wellen, hat die Datenübertragung in einem lokalen Gebiet "broadcast" Eigenschaft.

---

[*] D. Hübner, W. Kremer, A. Mann, F. Reichert, J. Rückert

- Die Nachrichtenübertragung über größere Entfernung ist paketorientiert wie bei "store-and-forward" Netzwerken. D. h. jedes Paket wird individuell gemäß seiner Adressinformation durch das Netz zum Empfänger transportiert.
- Das Netz ist dezentral organisiert und alle Stationen sind gleichberechtigt. Es ist jedoch nicht ausgeschlossen, daß die Stationen nach einem gemeinsamen Algorithmus eine Station für spezielle Aufgaben auszeichnen.

Gemäß dieser Definition [KAHN-78] sind PRNs von Richtfunksystemen und Zellnetzen (s. Abschnitt 3.2) abgegrenzt. Richtfunksysteme, wie sie beispielsweise von der deutschen Bundespost verwendet werden, ersetzen eine Leitung durch einen Funkkanal, auf dem mehrere logische Verbindungen gleichzeitig existieren.

PRNs werden heute vorwiegend im militärischen Bereich eingesetzt, es zeichnen sich jedoch vielfältige Verwendungen im zivilen Bereich ab. In Kapitel 5 wird ein neues Kanalzugriffsverfahren für den kontinuierlichen Informationsaustausch zwischen Fahrzeugen im Straßenverkehr vorgestellt. Neben dieser Anwendung finden PRNs auch zunehmend Interesse bei in-house Systemen.

Dies begründet sich durch folgende wesentliche Vorteile [IEEE-87, IEEE-87a]:

+ Durch die drahtlose Verbindung zwischen Stationen entfällt das Verlegen von Leitungen, das sehr aufwendig, teilweise sogar unmöglich ist.
+ Wegen der broadcast Eigenschaft des Funkkanals wird jedes Paket von allen Stationen in Sendereichweite einer Station empfangen.
+ Die Integration mobiler Stationen in ein Kommunikationssystem ist möglich.
+ Ein PRN kann schnell installiert werden. Um die Konnektivität des Netzes aufzubauen, werden gegebenenfalls einige Repeater aufgestellt.

Diesen Vorteilen stehen als Nachteile gegenüber:

- Der Funkkanal ist sehr viel störanfälliger als leitungsgebundene Kanäle.
- Da wegen physikalischer Eigenschaften elektromagnetischer Wellen nur Teile des Spektrums genutzt werden können, sind Funkkanäle die limitierende Ressource.
- Behördliche Restriktionen (Frequenzvergabe, Verwendung usw.) erschweren den Aufbau von PRNs.
- Die Entwicklung von PRNs ist (noch) sehr aufwendig.

Im folgenden diskutieren wir einige Besonderheiten von PRNs gegenüber leitungsgebundenen Netzen. Die Gliederung orientiert sich dabei an dem ISO/OSI Referenzmodell [EFFE-86].

Aus Sicht des ISO/OSI Referenzmodell bestehen auf den höheren Ebenen (4 - 7) nur geringe Unterschiede zwischen PRNs und leitungsgebundenen Kommunikationsnetzen; die oberen Schichten sind von dem zugrundeliegenden Netzwerk (weitestgehend) unabhängig. Die Protokolle der Transportschicht haben u. U. andere Parameter, z. B. bzgl. der Wiederholung einer Nachrichtenübertragungen im Fehlerfall, weil die unteren Schichten von PRNs fehleranfälliger sind als diejenigen leitungsgebundener Netze. Einige höhere Dienste sind u. U. nicht so leistungsfähig bzgl. ihrer garantierten Realzeitbedingungen oder Übertragungsgeschwindigkeit.

Wir besprechen im folgenden die unteren drei Schichten des ISO/OSI Referenzmodells für PRNs, wobei kein Anspruch auf Vollständigkeit der Unterschiede und Besonderheiten erhoben wird. Motiviert durch diese Überlegungen stellen wir den Entwurf eines Kanalzugriffsprotokolls für Mobilfunknetze einer spezifischen Anwendung in Kapitel 5 vor.

2. Physikalisches Medium und Signalübertragung

2.1 Physikalische Restriktionen

Soll ein PRN entwickelt werden, so muß zunächst ein geeigneter Frequenzbereich bestimmt werden. Dabei spielen viele Vorgaben wie z. B. die minimale Reichweite, in der eine Sendung noch empfangen werden muß, die erforderliche Bandbreite, die maximal zulässige Antennengröße usw. eine wesentliche Rolle.
Die Entfernung, in der Signale noch empfangen werden können, hängt von der Frequenz bzw. der Wellenlänge ab (s. Abbildung 1). Je geringer die Frequenz, desto größere Entfernungen legen die Wellen zurück. Dies ist bedingt durch unterschiedliche Ausbreitungsarten der Wellen. Wellen geringer Frequenz breiten sich als Bodenwellen aus, Wellen mittlerer Frequenz als Raumwellen durch Reflexionen in der Atmosphäre und Wellen oberhalb 3 GHz weitestgehend als Direktwellen. Besondere atmosphärische Bedingungen können die Ausbreitungsarten und damit die Reichweiten jedoch wesentlich verändern. So können Wellen des UHF-Bereichs durch Störungen des Erdmagnetfeldes infolge stark erhöhter Sonnenaktivität noch mehrere hundert Kilometer entfernt empfangen werden.

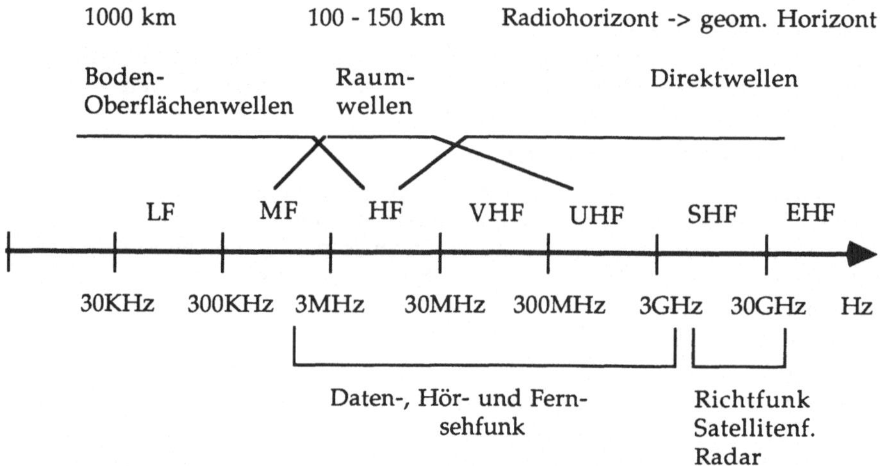

Abbildung 1: Elektromagnetisches Spektrum für Funkanwendungen

Eine weitere Einschränkung der Frequenzwahl ist durch die Antennengröße gegeben. Um Wellen im LF Band oder darunter senden und empfangen zu können, sind große Antennen erforderlich, weil die Antennengröße in einem festen Verhältnis zur Wellenlänge steht, z. B. $\lambda/2$, $\lambda/3$, $5\lambda/8$.
Sonstige physikalische Phänomene verursachen weitere Einschränkungen. So wird die Wellenausbreitung bei 60 GHz durch Absorption an Sauerstoffmolekülen stark gedämpft. Zu ähnlichen Absorptionen kommt es durch Sauerstoff- bei 118 GHz und durch Wassermoleküle bei 22, 183, 320 GHz.
Außer physikalischen Restriktionen müssen postalische Bestimmungen von Anfang an in die Planung eines PRNs einfließen.

2.2 Postalische Restriktionen

Für alle Frequenzen von 9 kHz bis 275 GHz hat die Deutsche Bundespost (DBP) im Rahmen internationaler Abkommen die erlaubten Anwendungen und Restriktionen festgelegt [POST-82]. Die Frequenzbereiche oberhalb 275 GHz werden bei Bedarf durch besondere Regelungen von der DBP zugewiesen. Typische Einschränkungen sind die maximal zulässige Sendestärke, festgelegte Kanalbreiten oder Modulationstechniken.
So werden für Induktionsfunkanlagen, das sind z. B. Personenruf-Funkanlagen, Schwerhörigenanlagen oder Garagenöffnungen Frequenzen zwischen 5 - 135 kHz zugeteilt [POST-82]. Für Funkverbindungen des Deutschen Roten Kreuzes mit dem Internationalen Komitee des Roten Kreuz in Genf werden bei Katastrophen und Notfällen bestimmte Frequenzen im unteren MHz Bereich reserviert. PRNs können in den vorgesehenen Frequenzbereichen des "nicht öffentlichen beweglichen Landfunks" [POST-82] realisiert werden.

2.3 Physikalische Signalübertragung

In diesem Abschnitt betrachten wir ein gegebenes Frequenzband und diskutieren einige physikalische Probleme der Signalübertragung [ANDE-88].
Elektromagnetische Signale im freien Raum werden viel stärker gestört als Signale in einer Leitung (Kabel, Glasfaser). Durch die "elektromagnetische Umweltverschmutzung" [KAHN-78], wie das Anlassen eines KFZ, Generatoren, Ein- und Ausschalten von elektrischen Verbrauchern, Betrieb von PCs usw, steigt die Bitfehlerwahrscheinlichkeit sporadisch an (bursty error).
Neben den externen Fehlerursachen spielt das *Fading* eine wesentliche Rolle. Dies faßt alle ausbreitungsspezifischen Störungen des Signals zusammen. Darunter fallen beispielsweise Phasensprünge, Frequenzverschiebungen, Amplitudenstörungen, Abschirmung usw., die u. a. durch die im folgenden beschriebenen Ursachen bedingt sind.
Die vom Sender emittierten Wellen erreichen den Empfänger auf verschiedenen Wegen (multipathing) (s. Abbildung 2). Sie werden an Hindernissen gebeugt oder ganz abgeschirmt. Beim Empfänger kommt es somit zu Auslöschungen oder Verstärkungen (Interferenzen) der verschiedenen empfangenen Signale. Dies führt zu sogenannten "Empfangslöchern", wie man sie vom Radioempfang im Auto kennt.
Bei beweglichen Stationen führt der Doppler-Effekt zu Frequenzverschiebungen.

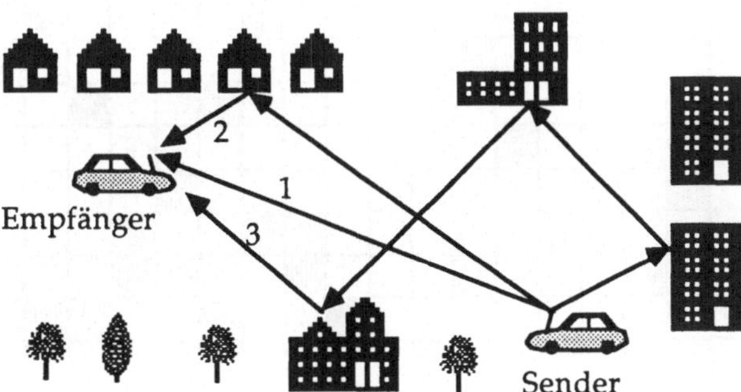

Abbildung 2:   Wellenausbreitung auf drei Wegen

Alle Störeffekte überlagern sich und begrenzen die maximale Sendereichweite. Sie hängt wesentlich von der Umgebung ab. So werden die Signale in einer Stadt oder im Gebirge stärker gestört als in einer Ebene ohne hohe Hindernisse. Als Faustregel gilt:

Die Signalstärke nimmt proportional zu $r^{-\alpha}$ ab, wobei r die Entfernung zwischen Sender und Empfänger ist. α variiert abhängig von der Umgebung:

Ebene: $\alpha \approx 3 - 4$

Gebirge: $\alpha \approx 4 - 5$

Stadt: $\alpha \approx 5 - 6$

Büro: $\alpha \approx 6 - 7$

Unter speziellen Bedingungen differiert α stark. Die starken Störungen erfordern besondere Modulations- und Synchronisationstechniken [LOGD-87, YAMA-87] und wirken sich auf Fehlerbehebungsmechansimen aus (s. Abschnitt 3.4).

Da Funksignale effektiv nur eine begrenzte Reichweite haben, können dieselben Frequenzen an einem anderen Ort wiederverwendet werden, ohne daß sich parallele Übertragungen beeinflussen. So ist neben den bekannten Zeit- und Frequenz- bei PRNs auch ein *Raummultiplex* (spatial reuse) möglich. Dies wirkt sich wesentlich auf Kanalzugriffsprotokolle aus (s. Abschnitt 3.3).

2.4 Spreiztechniken

Eine speziell auf die Anforderungen von Funknetzen zugeschnittene Übertragungsart sind die *Spreiztechniken* [PURS-87]. Ihr gravierender Nachteil ist der große Bedarf an Bandbreite. Ein Signal wird auf die 100 - 1000 fache Bandbreite gespreizt. Dadurch wird die Übertragung sehr robust gegen Störungen und ist schwer zu stören sowie abzuhören. Daher werden Spreiztechniken bislang vorwiegend im militärischen Bereich eingesetzt.

Es lassen sich zwei Klassen von Spreizverfahren unterscheiden. Zum einen die "frequency hopping", zum anderen die "direct sequencing" Verfahren.

2.4.1 Frequency hopping Spreiztechnik

Der gesamte Frequenzbereich wird in mehrere Frequenzbänder (über 100) aufgeteilt. In Abbildung 3 sind acht solche Bänder gezeigt. Jedes Bit wird auf einer anderen Frequenz übertragen (manchmal werden auch mehrere aufeinanderfolgende Bits auf einer Frequenz übertragen).

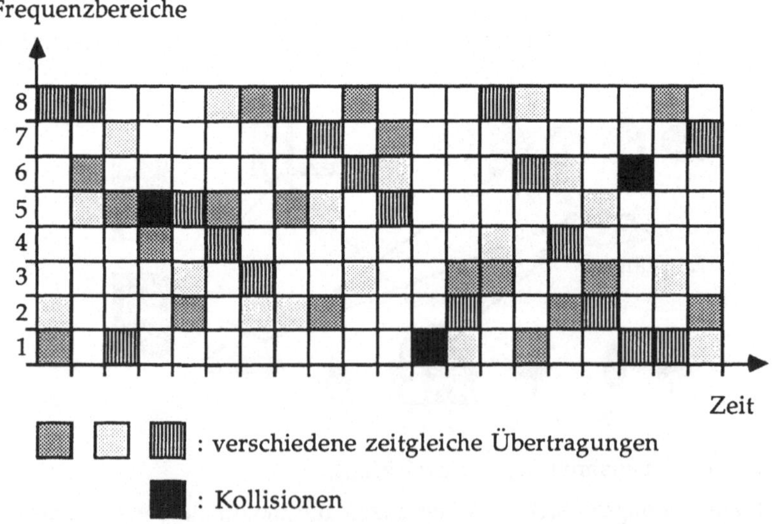

Abbildung 3: Frequency hopping Spreiztechnik

Der Empfänger muß die Sprungfolge des Senders kennen, um das nächste Bit richtig empfangen zu können. In der Regel wird die Sprungfolge durch einen *Pseudozufallszahlengenerator* festgelegt, wobei Sender und Empfänger die gleiche Anfangsbelegung, Code genannt, verwenden [PURS-87].

Gelegentlich senden zwei (oder mehr) Stationen auf der gleichen Frequenz. Die dann gesendeten Bits können nicht korrekt empfangen werden. Da jedoch wenige Übertragungen auf vielen Frequenzen erfolgen und die Zufallszahlenfolgen (idealerweise) orthogonal sind (d. h. zwei Zufallszahlen verschiedener Folgen haben zur gleichen Zeit nicht den gleichen Wert), kommen solche Kollisionen selten vor und können toleriert werden.

2.4.2 Direct sequencing Spreiztechnik

Jedes Nutzbit wird mit mehreren Pseudozufallsbits (über 100) verknüpft. Da alle Übertragungen gleichzeitig auf demselben Kanal stattfinden, kommt es zu Fehlern durch Überlagerungen. Wegen der Verwendung orthogonaler Pseudozufallsbitfolgen verhalten sich die störenden Überlagerungen anderer Übertragungen wie zufälliges Rauschen. Der Empfänger kann dies jedoch ausgleichen, da wegen der starken Spreizung genügend Redundanz zur Korrektur verfügbar ist (Korrelation mit der vom Sender verwendeten Pseudozufallsbitfolge). In der Regel wird die Bitfolge durch einen Pseudozufallszahlengenerator festgelegt, wobei Sender und Empfänger die gleiche Anfangsbelegung, Code genannt, verwenden. In Abbildung 4 ist ein Beispiel mit Spreizfaktor 10 dargestellt.

Datenbits	0	1	1	0
expandiert	0000000000	1111111111	1111111111	0000000000
Pseudozufalls-bits	1110001010	0101000010	0101111010	1111010010
Kodierte Datenbits	1110001010	1010111101	1010000101	1111010010
Übertragung mit Fehlern	11--001-10	---01111-1	1010000---	-1-101001-
Pseudozufalls-bits	1110001010	0101000010	0101111010	1111010010
Dekodierung	00--000-00	---11111-1	1111111---	-0-000000-
Datenbits nach Wiederherstellung	0	1	1	0

Abbildung 4:   Direct sequencing Spreiztechnik

3. Kanalzugriff und Fehlersicherung

Wie wir im vorherigen Kapitel gesehen haben, weist die unterste Schicht bei PRNs einige Besonderheiten auf (hohe Fehlerrate, Ausbreitungseigenschaften der elektromagnetischen Wellen). Deshalb muß die Sicherungsschicht einen effizienten Zugriff auf diesen Kanal gewähren und die Fehlerrate reduzieren.

3.1 Versteckte Stationen

Durch die begrenzte Reichweite der Signalübertragung kann dieselbe Frequenz zur gleichen Zeit an verschiedenen Orten für verschiedene Übertragungen verwendet werden. Somit können nicht nur Frequenzen und Zeit sondern auch der *Raum gemultiplexed* werden (spatial reuse).

Verwendet man statischen Raummultiplex in einem zentral organisierten System, erhält man Zellsysteme (s. Abschnitt 3.2).

Dynamischer Raummultiplex kann beliebig organisiert sein. Dabei werden feste Kanalzuweisungs- als auch Kollisions-Verfahren (contention) verwendet. Durch die begrenzte Reichweite der Signale entsteht dann das Problem der *versteckten Stationen* (hidden stations). In Abbildung 5 ist ein Beispiel skizziert.

Stationen A und B können gegenseitig ihre Datenübertragungen nicht detektieren, da sie zu weit auseinander liegen. C liegt zwischen beiden Stationen und kann weder die Daten von A noch die von B korrekt empfangen, da sich deren Übertragungen überlagern. Dieses Problem muß bei Kanalzugriffsverfahren berücksichtigt werden [TOBA-75].

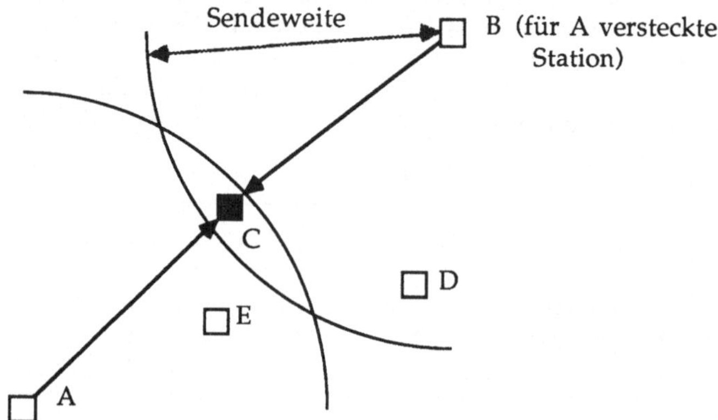

Abbildung 5:   Versteckte Station

3.2 Zellsysteme

Die meisten heute existierenden Netze, wie das deutsche C-Netz [SPIN-86], sind Zellsysteme. Diese sind zentral organisiert und verbindungsorientiert und somit nach unserer Definition (s. Kapitel 1) keine PRNs. Sie werden hier der Vollständigkeit halber kurz angeführt.

Die zu überdeckende Fläche wird vollständig in *Zellen* aufgeteilt. Mehrere Zellen werden zu einem *Cluster* zusammengefaßt (s. Abbildung 6). In jedem Cluster werden dieselben Frequenzbereiche benutzt und so auf die Zellen verteilt, daß sowohl innerhalb der Cluster, als auch zwischen Zellen benachbarter Cluster die Interferenzen minimiert werden. Durch kleinere Zellen läßt sich die Frequenzdichte pro Flächeneinheit steigern, da der Raummultiplex verstärkt ausgenutzt wird.

Zellsysteme werden zentral durch eine Basisstation je Zelle gesteuert. Diese weist den Stationen bei Bedarf verfügbare Kanäle aus ihrem Frequenzbereich zu. Mittels einfacher Zugriffsprotokolle wie S-ALOHA melden die Stationen ihren Bedarf an.

Zellsysteme führen auf eine Vielfalt von Problemen. Exemplarisch seien das Verteilen von Kanälen auf Zellen [GAMS-82, GAMS-86], das Feststellen eines Zellwechsels einer Station, das Neuzuweisen von Kanälen nach einem Zellwechsel, das kontinuierliche Aktualisieren der Position aller Stationen im Zellsystem usw. erwähnt. Einführende und weiterführende Literatur findet man in [CELL-85]. Besonders hervorzuheben ist die Standardisierung eines europäischen Zellsystems für mobile Sprach- und Datenanschlüsse, das unter der Bezeichnung GSM bekannt ist [AUDE-88, HAUG-88].

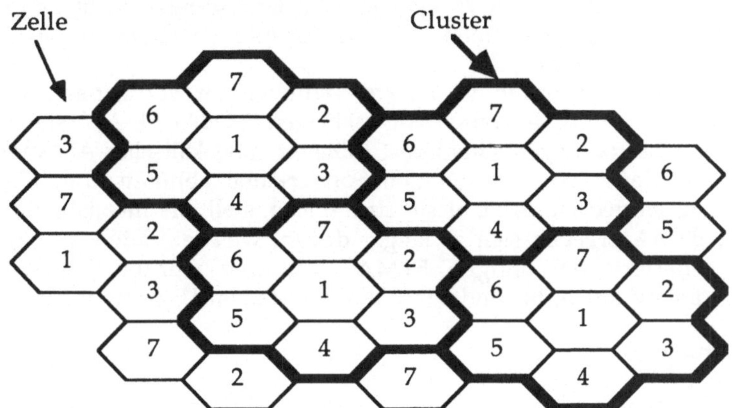

Abbildung 6: Zellsystem mit sieben Zellen pro Cluster und sieben Frequenzbündeln

3.3 Kanalzugriffsverfahren für PRNs

Im Gegensatz zu Zellsystemen weisen PRNs keine zentrale Struktur auf. Bedingt durch die begrenzte Sendereichweite entstehen Gruppen von Stationen, die sich gegenseitig hören können. Diese Stationen konkurrieren um den *Kanalzugriff*.

3.3.1 Kanalzuweisungsverfahren

Der Funkkanal wird mittels Zeit-, Frequenz- oder Codemultiplex in logische Kanäle unterteilt und für jede Station wird ein Kanal reserviert (fixed channel assignment). Die Zuweisung (TDMA, FDMA, CDMA) erfolgt dezentral [CHLA-87, NELS-85]. Dazu bestimmen alle Stationen vorab ihre 2-hop Umgebung. Diese umfaßt alle Stationen die in maximal zwei Übertragungsschritten erreicht werden können. Insbesondere schließt sie alle versteckten Stationen ein. Dadurch können Kanäle konfliktfrei zugewiesen werden.
Kanalzuweisungsverfahren bei PRNs haben zwei Nachteile. Zum einen wird, wie bei leitungsgebundenen Netzen, der sporadische Charakter von Datenübertragungen nicht berücksichtigt. Zum anderen ist immer dann eine Kanalzuweisungsphase erforderlich, wenn sich die Konnektivität des Netzes ändert, z. B. eine Station neu hinzukommt. Während der Kanalzuweisung ist die Datenübertragung für alle Stationen unterbrochen. Somit ist diese Klasse von Kanalzugriffsprotokollen nur dann geeignet, wenn sich die Stationen kaum bewegen, d. h. die Konnektivität weitestgehend stabil ist.

3.3.2 Kollisionsverfahren

Verfahren wie S-ALOHA, bei denen die Stationen ihren Zugriff auf den Kanal nicht koordinieren, sind bei PRNs mit Stationen sehr hoher Mobilität die einzig praktikablen Kanalzugriffsprotokolle. Zwischen zwei aufeinanderfolgenden Übertragungen hat sich die Konnektivität der Stationen vollständig geändert, so daß der Kanalzugriff für jedes zu übertragende Datenpaket neu geregelt werden muß, was zu Kollisionen führen kann. Dies ist auch die übliche Annahme bei der Modellierung solcher Systeme: Für jedes Paket konkurriert eine (von der vorherigen Übertragung) unabhängige Menge von Stationen um den Zugriff.
Zwar kann prinzipiell, wie bei leitungsgebundenen Übertragungen, der Funkkanal auf andere Sendungen hin abgehört werden (channel sensing), es ist jedoch - mit vertretbarem Aufwand - unmöglich, parallel zur eigenen Sendung andere Signale zu empfangen,

um Kollisionen zu erkennen (collision detection). Die Signale des eigenen Senders überlagern alle anderen Signale am eigenen Empfänger zu stark.

Durch versteckte Stationen reduziert sich der Durchsatz von CSMA Protokollen drastisch (bis auf den von ALOHA) [TOBA-75], da deren Übertragungen nicht detektiert werden können, jedoch den Empfänger stören. Ein interessanter Vorschlag zur Realisierung von CSMA wird in [ZAND-88] diskutiert.

Um den Leistungsverlust durch versteckte Stationen zu vermeiden, wurden BTMA Protokolle (Busy Tone Multiple Access) vorgeschlagen [TOBA-75]. Auf einem Sonderkanal werden laufende Übertragungen signalisiert (höherer physikalischer Aufwand). Vor einer Übertragung muß daher eine Station den Sonderkanal abhören, um bereits laufende Übertragungen zu entdecken. Erkennt sie eine solche, stellt sie ihre Übertragung zurück. Varianten von BTMA ergeben sich abhängig davon, welche Station ein Signal auf dem Sonderkanal generiert. Bei einigen BTMA Verfahren werden mögliche, zulässige Übertragungen unterbunden, bei anderen können trotzdem Übertragungen kollidieren.

3.4 Fehlersicherung

Aufgrund der fehleranfälligen unteren Schicht sind leistungsfähige Sicherungsmechanismen bzw. Kombinationen verschiedener Verfahren erforderlich. Des weiteren werden Daten auf mehrere Pakete verteilt (interleaving), damit bei Verlust eines Pakets nicht alle Daten verloren sind. In Zusammenhang mit FEC-Mechanismen läßt sich so der Verlust eines Pakets infolge eines Bündelfehlers (bursty error) tolerieren. Die verbleibenden Fehler können dann mittels bekannter ARQ-Mechanismen behandelt werden.

Soweit besteht kein Unterschied zu extrem fehleranfälligen leitungsgebundenen Kommunikationssystemen.

Eine Besonderheit besteht bei ARQ-Verfahren. Will Station A eine Nachricht über C an B schicken (s. Abb. 5), so empfängt A diese Nachricht auch dann (symmetrische Konnektivität vorausgesetzt), wenn sie von C an B weitergeschickt wird. Eine explizite Meldung von C an A über den korrekten Empfang der Nachricht (acknowledge) kann also entfallen. Man spricht deshalb auch von einer *impliziten Bestätigung*.

3.5 Magische Zahlen

Zur Optimierung des Gesamtdurchsatzes eines PRNs ist festzulegen, wie groß die Sendereichweite einer Station sein muß, d. h. wieviele Stationen im Sendebereich eines Senders liegen sollen. Die optimale Zahl bezeichnet man als *magische Zahl* (magic number). In Abbildung 7 wird diese Problematik verdeutlicht.

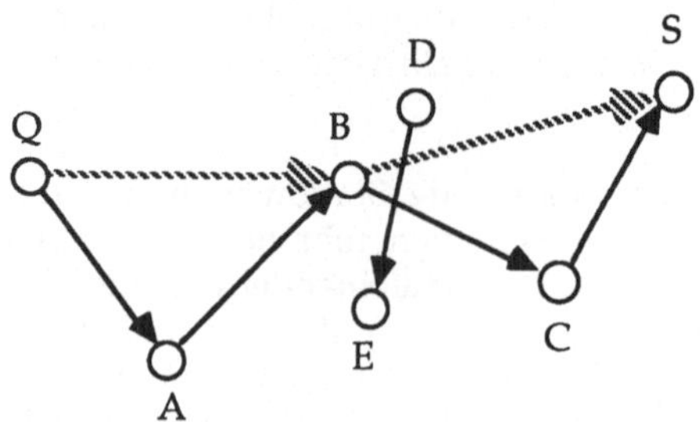

Abbildung 7:   Optimale Sendereichweite von Q

Station Q möchte eine Nachricht an S senden. Sendet Q zunächst an B, so ist der Fortschritt groß. Allerdings kollidiert diese Übertragung mit hoher Wahrscheinlichkeit mit der Übertragung von D nach E. Sendet Q dagegen zunächst an A, so kann diese Übertragung parallel zu der von D nach E ablaufen, der Fortschritt ist jedoch klein. Offensichtlich gibt es eine optimale Sendereichweite.

In der Literatur wird heute auf den erzielbaren Fortschritt hin optimiert. Für S-ALOHA mit optimierter Sendewahrscheinlichkeit (optimal abgestimmt auf die Anzahl der Stationen) liegt dieser Wert bei 8 Stationen [TAKA-84]. Für CSMA wurde kürzlich unter bestimmten Voraussetzungen ein Wert größer als 10 hergeleitet [ZAND-88].

4. Routing und Adressierung

Das *Routing* bei PRNs wird erleichtert, wenn die Adressen die Position einer Station (exakt oder ungefähr) beinhalten. Dann muß jedoch die Adresse einer Station mit ihrer Bewegung aktualisiert werden, was häufig nicht praktikabel ist.

Bei PRNs mit wenigen Stationen können statt dessen *Flutverfahren* (flooding) verwendet werden. Jede Station wiederholt jedes erstmals empfangene Paket. Der Kanal gewährleistet, daß alle Nachbarn dieses Paket empfangen. Ein Zähler in jedem Paket, der bei jeder Übertragung dekrementiert wird, begrenzt die Zahl der Übertragungen.

Bei PRNs mit mehreren tausend Stationen ist das Routing ein weitestgehend ungelöstes Problem. Da sich die Konnektivität kontinuierlich ändert, müssen Routingtabellen häufig aktualisiert werden. Dies reduziert den Gesamtdurchsatz des Netzes. Die Mobilität der Stationen und die Unbeständigkeit des Funkkanals führen gelegentlich zu Sackgassen. Will Station A ein Paket über B an C schicken und ist die Verbindung von B an C unterbrochen, so muß ein neuer Weg gefunden werden. Dieses Problem tritt jedoch sehr viel seltener auch in leitungsgebundenen Netzen auf, wie z. B. nach einem Leitungsausfall. Gegenmaßnahmen in PRNs müssen daher effizient implementiert werden.

Neuere Ansätze berücksichtigen die begrenzte Mobilität der Stationen und die Lokalität der Nachrichtenübertragung [SHAC-87]. Verbindungen einer Gruppe von Stationen bleiben über längere Zeit konstant und die meisten Übertragungen finden innerhalb dieser statt. Damit sind *hierarchische Routing*-Verfahren realisierbar. Die ausgezeichnete Station einer Gruppe kennt die Verbindungen zu allen anderen Stationen im Netz, die Stationen dieser Gruppe schicken ihre Pakete über die ausgezeichnete Station an weiter entfernte Stationen im Netz. Innerhalb der Gruppe kennt jede Station den kürzesten Weg zu jeder anderen. So werden zum einen die Routingtabellen kürzer, zum anderen wird der Aktualisierungsaufwand reduziert.

Zusätzliche Probleme ergeben sich bei dem Anschluß von PRNs an leitungsgebundene, insbesondere auch öffentliche Netze [MOBI-89].

5. Eine Anwendung

Im Rahmen des europäischen Forschungsprojekts PROMETHEUS zur Steigerung der Sicherheit im Straßenverkehr [VOY-87], werden im Teilprojekt PRO-COM u. a. Kommunikationsprotokolle für den Datenaustausch zwischen Fahrzeugen untersucht. Die Fahrzeuge sollen ständig Daten über ihre Fahrtrichtung, Geschwindigkeit, Beschleunigung etc. untereinander austauschen, um Gefahrensituationen rechtzeitig zu erkennen und Unfälle zu verhindern. Es genügt, diese Daten mit den benachbarten Fahrzeugen über Funk auszutauschen. Da nur die aktuellen Informationen von Fahrzeugen interessieren, werden die bei der Übertragung verlorengegangenen Daten nicht wiederholt sondern durch die nachfolgenden ersetzt.

Bekannte Kanalzugriffsprotokolle eignen sich nicht für dieses Szenarium [MANN-88c]. Kollisionsverfahren genügen nicht den hohen Durchsatzanforderungen und Kanalzuweisungsverfahren passen sich den Konnektivitätsänderungen nicht schnell genug an.

Daher schlagen wir ein neues Kanalzugriffsprotokoll *CSAP* (Concurrent Slot Assignment Protocol) vor. Es ist die Kombination eines R-ALOHA Protokolls mit einem einfachen Graphen-Färbungsverfahren, um das Problem versteckter Stationen bei Kanalneuzuweisung zu beheben. Zur Realisierung wird der physikalische Kanal über der Zeit in Rahmen eingeteilt und Rahmen in N Slots (s. Abbildung 8). Ein logischer Kanal, der einem Fahrzeug zugewiesen wird, besteht aus demselben Slot i in aufeinanderfolgenden Rahmen.

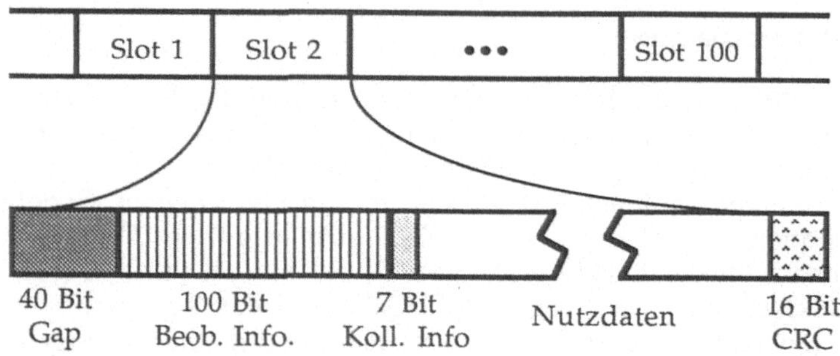

Abbildung 8: Realisierung der CSAP-Struktur

In Abbildung 8 ist die Slotstruktur inklusive einer technisch bedingten Synchronisationszeit (Gap) und einem CRC-Code zur Fehlererkennung dargestellt. Außer den N Bits (hier N = 100) zur Übertragung der beobachteten Information (s. Abschnitt 5.1) werden lb(N) Bits eines Slots verwendet, um die Nummer desjenigen Slots zu übertragen, in dem eine Kollision beobachtet wurde (s. Abschnitt 5.3.1). Wurden in mehr als einem Slot Kollisionen beobachtet, so wird nur eine von diesen gemeldet. Eine Mobilitätsanalyse zeigt, daß keine oder nur eine Stationsneuverbindung die wahrscheinlichsten Fälle sind [MANN-88a].

Für die Verwendung von verteilten Synchronisationsverfahren [KOPE-87] ist eine CSAP Struktur mit relativer Slotnumerierung von Vorteil, da nun eine Synchronisierung der Stationen auf Slotanfänge in gleichem zeitlichen Abstand ausreichend ist. Treffen Gruppen verschiedener Stationen aufeinander, die weder unmittelbar noch über andere miteinander verbunden sind, können deren Sendungen um höchstens eine halbe Slotlänge asynchron sein, während beim hier vorgestellten CSAP Abweichungen um einen halben Rahmen möglich sind. Der Einfachheit halber beschränken wir uns hier auf diese Variante, da sie anschaulich darstellbar ist.

5.1. Beobachtete Information

Als *beobachtete Information* einer Station s_i genügt die Kanalbelegung ihrer Nachbarn. s_i erhält diese Information, indem Sie den physikalischen Kanal beobachtet und für jeden Slot den Zustand speichert (frei, belegt, Kollision). Diese Information teilt s_i ihren Nachbarn in dem N Bit langen Feld mit, alternativ könnten auch nur die Änderungen der beobachteten Information, z. B. Nummern der neu belegten oder freigegebenen Kanäle übertragen werden.

5.2 Lokale Information

Eine Station empfängt alle Daten und beobachteten Informationen ihrer Nachbarstationen. Die bitweise logische ODER-Verknüpfung aller empfangenen und der eigenen beobachteten Informationen ergibt die *lokale Information* der Station. Sie gibt an, welche Kanäle in der 2-hop Nachbarschaft noch unbelegt sind und somit bei Bedarf benutzt werden können, ohne eine Kollision zu verursachen. Durch dieses zur Datenübertragung nebenläufige Verfahren wird das Problem versteckter Stationen gelöst.

In der folgenden Abbildung 9 ist eine Beispielsituation dargestellt. Die in den Stationen angegebenen Zahlen bezeichnen die von ihnen zum Senden verwendeten Slots.

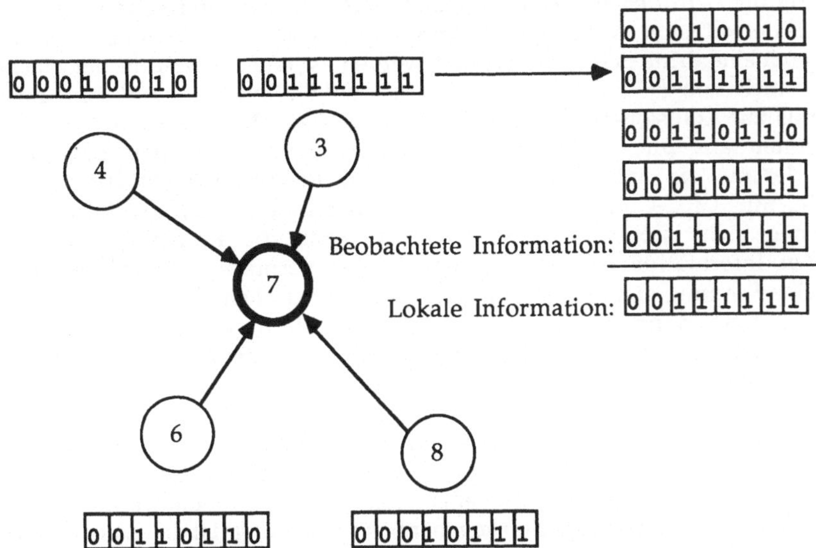

Abbildung 9: Beispiel für die beobachtete Information und die Berechnung der lokalen Information daraus

Eine Station s benutzt Kanal 7 für ihre eigenen Sendungen. Ihre direkten (1-hop) Nachbarn verwenden die Kanäle 3, 4, 6 und 8. Somit beobachtet die Station s Sendungen auf diesen Kanälen, und es ergibt sich die dargestellte beobachtete Information. Zusätzlich ist der von ihr belegte Kanal 7 markiert. Für die Nachbarstationen sind beispielhaft beobachtete Informationen dargestellt. Diese teilen sie Station s mit. s verknüpft all diese Informationen durch bitweises ODER und erhält ihre lokale Information. Im Beispiel sind die Kanäle 1 und 2 in der 2-hop Umgebung von s unbenutzt. s könnte daher, falls ihr eine Kollision auf Kanal 7 gemeldet wird, auf Kanal 1 oder 2 ausweichen.

5.3 Kollisionserkennung

Eine Station kann Kollisionen, in die sie selbst verwickelt ist, nicht erkennen, da gleichzeitiges Senden und Abhören des Radiokanals in der Regel nicht möglich ist, weil die eigene Sendung an der Empfangsantenne energiereicher ist, als alle fremden Sendungen. Im Gegensatz zu leitungsgebundenen Netzen ist ein gleichzeitiges Kanalabhören nur aufwendig durch spezielle, kostspielige Sende/Empfangseinrichtungen zu realisieren.

Es müssen daher zwei Fälle von Kollisionserkennungen unterschieden werden.

5.3.1 Kollisionserkennung durch eine dritte Station

Prinzipiell kann der Kanal drei verschiedene Zustände haben:
- unbenutzt (leer, kein HF-Träger vorhanden),
- benutzt von einer Station (erfolgreiche Übertragung, HF-Träger und korrekt empfangene Daten),
- benutzt von mehreren Stationen (Kollisionen, HF-Träger, aber keine korrekt empfangenen Daten)

Diese Zustände sind durch das Kanalabhören erkennbar. Informationen über unbenutzte (leer oder nicht erfolgreich benutzte) und (erfolgreich) benutzte Kanäle werden, wie in Kapitel 5.1 dargestellt, ausgetauscht. Die Kollisionsmeldungen (NACKs) werden gesondert in dem 7 Bit langen Feld (s. Abb. 9) ausgetauscht und veranlassen explizit den Kanalwechsel der betroffenen Stationen gemäß deren lokaler Information.

Liegt eine Datenkollision zweier neu in Verbindung getretener Stationen s_i und s_j vor, so kann sie durch eine dritte Station s_k erkannt werden, wenn s_k sowohl in der Nachbarschaft von s_i als auch von s_j ist. Gibt es keine solche Station s_k, muß ein zusätzlicher Mechanismus zur Kollisionserkennung eingesetzt werden (Kapitel 5.3.2).

Falls Stationen aus physikalischen Gründen nicht unterscheiden können, ob eine Kollision oder nur ein unbenutzter Kanal vorliegt (keine analogen HF Charakteristika zugänglich, nur CRC-Code Test), ist das Austauschen von expliziten Kollisionsinformationen nicht möglich. In diesem Falle kann die Kollision implizit aus der beobachteten Information erkannt werden, in der vermerkt ist, daß auf bestimmten Kanälen keine Sendung empfangen wurde, gleich aus welchen Gründen.

Eine Station kann dann aus den von ihren Nachbarn empfangenen beobachteten Informationen ersehen, von wievielen ihrer Nachbarn sie erfolgreich gehört wurde und, sich daran orientierend, den Kanalwechsel durchführen.

Um die Kollisionserkennung und damit Auflösung zu beschleunigen, kann man z. B. den Sende/Empfangsbereich einer Station vergrößern, falls die Anzahl der Nachbarstationen gering ist (Sendebereichsnachregelung). Je höher die Konnektivität ist, desto mehr Datenübertragungswege ergeben sich, aber auch die Kollisionen werden häufiger. Das Problem der optimalen Sende/Empfangsbereichsanpassung ist in Zusammenhang mit multi-hop Übertragungen besser bekannt als das der "magischen Zahlen" (s. Abs. 3.5).

5.3.2 Die verschiedenen p-Mechanismen

Eine Möglichkeit, wie Stationen eigene Datenkollisionen erkennen können, bietet der sogenannte p-Mechanismus:

> Eine Station, die einen Kanal reserviert hat, sendet mit Wahrscheinlichkeit p im reservierten Slot. Mit Wahrscheinlichkeit (1-p) hört sie den Kanal ab.

Der Parameter p ist ein weiterer Systemparameter, der entweder fest gewählt oder dynamisch der Stationsdichte angepaßt werden kann. Wenn genau eine der kollidierten Stationen s_i oder s_j in einem Slot nicht sendet, hört sie, daß der gleiche Slot von der anderen benutzt wird und kann sofort, basierend auf ihrer lokalen Information, eine Kanalzuweisung für sich durchführen, die zu keiner Folgekollision mit anderen Stationen führt. Problematisch ist der p-Mechanismus, weil er starke Auswirkungen auf das restliche Protokollverhalten hat. Der maximal mögliche Datendurchsatz wird im Mittel um den Faktor p erniedrigt, und die von einer Station beobachtete Information ist u. U. nicht mehr korrekt.

Letzteres kann durch einen modifizierten p-Mechanismus vermieden werden:

> Eine Station sendet in ihrem reservierten Slot mit Wahrscheinlichkeit p, wenn sie im vorhergehenden Frame gesendet hat, andernfalls sendet sie mit Wahrscheinlichkeit 1.

Die beobachtete Information wird dabei korrekt, wenn sie als Slotbelegung der letzten *beiden* Frames bestimmt wird.

Eine weitere Möglichkeit ist der p-Kanalwechselmechanismus:

> Eine Station führt mit Wahrscheinlichkeit p einen Kanalwechsel durch.

Durch dieses Verfahren wird der Durchsatz nicht direkt erniedrigt, allerdings können sich, wenn viele Stationen den Sendekanal wechseln, Kollisionen häufen und es kann dadurch das Gesamtverhalten von CSAP nachteilig beeinflußt werden. Bei sehr niedrigen Stationsdichten kommt es allerdings selten zu Kollisionen infolge eines Kanalwechsels. Somit kann man den p-Kanalwechselmechanismus vorteilhaft bei niedriger Stationsdichte einsetzen.

5.4 Kanalneuwahl

Wurde einer Station s_i mitgeteilt, daß sie in eine Kollision verwickelt ist, oder hat sie dies durch einen p-Mechanismus selbst festgestellt, muß sie, basierend auf ihrer lokalen Information, einen neuen Kanal wählen. Dabei kann die Wiederwahl des alten Kanals zugelassen werden oder nicht. Welcher Kanal gewählt wird, ist beliebig. Die Auswahl sollte aber so sein, daß zwei Stationen mit möglichst geringer Wahrscheinlichkeit wieder denselben Kanal wählen. Am einfachsten ist, die Kanalauswahl unter den freien, möglichen zufällig zu treffen.

Des weiteren kann man bei einer CSAP Realisierung im TDMA Verfahren unterscheiden, ob man die Benutzung des neuen Slots noch in demselben Frame gestattet oder erst im darauffolgenden. D. h. sendet eine Station s_i in Slot 1, bekommt in Slot 2 die Kollision gemeldet und ein Slot k mit k > 2 ist unbenutzt, so kann s_i entweder in Slot k desselben Frames versuchen zu senden, oder es kann im Protokoll gefordert werden, daß s_i bis zum nächsten Frame wartet.

5.5 Ergebnisse

In diesem Kapitel wurde das für Fahrzeug-Fahrzeug-Kommunikation neu entwickelte Kanalzugriffsprotokoll CSAP vorgestellt und Realisierungsaspekte diskutiert.

Die Dauer der Kanalneuzuweisung kann mittels einer zeitdiskreten, reduziblen Markoff-Kette analysiert werden [MANN-88]. Die Analyse wurde schrittweise verfeinert, indem der modifizierte p-Mechanismus [MANN-88b] und die Stationsmobilität [MANN-88a] zusätzlich berücksichtigt wurden.

Die Ergebnisse zeigen, daß CSAP für Stationssendewahrscheinlichkeiten von 0,8 - 0,9 Kollisionsauflösungen im Mittel in weniger als 2 Frames durchführen kann. Die 99,9% Perzentile sind dabei kleiner als 20 Frames für alle realistischen Stationsmobilitäten.

Der maximale 1-hop Datendurchsatz liegt über 70%, solange die Anzahl der Nachbarstationen gering genug ist, um überhaupt Kanalneuzuweisungen durchführen zu können. Untere Schranken für die maximale Anzahl Nachbarstationen sind zum einen $\sqrt{N}$, die sich aus der Graphentheorie herleiten läßt und der realistischere Wert von $N/4$, der sich aus geometrischen Überlegungen und Fahrzeugverteilungen ableitet. Genauere untere Schranken für die maximale Anzahl Stationen in einem beschränkten Gebiet lassen sich nur schwer herleiten [PROH-88].

Die Untersuchung der Kanalfehlereinflüsse zeigt, daß Kanalfehler nur geringen Einfluß auf das Leistungsvermögen von CSAP haben. Fehlerwahrscheinlichkeiten der Datenpakete von ca. 10^{-4} bedingen etwa nur jeden 200. Frame einen unnötigen Kanalwechsel einer Station. Die durch Datenverluste bedingten Fehler in der lokalen Information verursachen in weniger als jeder 100. Kanalneuwahl zusätzliche Folgekollisionen.

6. Ausblick

PRNs weisen Vorteile auf, die einen schnellen Einsatz wünschenswert machen. Dem stehen zahlreiche Probleme gegenüber, die heute intensiv untersucht werden. Waren beispielsweise noch vor fünf Jahren Kanäle von 400 kBit/sec die oberste Grenze, so werden heute schon Kanäle mit 1,3 MBit/sec realisiert und getestet. Entsprechendes gilt für die Stationsanzahl. Vor wenigen Jahren waren PRNs mit maximal 50 Stationen in Betrieb, heute operieren schon Netze mit wenigen hundert Stationen.

Die meisten Erfahrungen wurden bei militärischen PRNs gesammelt, da sich die Vorteile von PRNs mit den Bedürfnissen von Militärs decken. So war eines der ersten PRNs das DARPA PRNet [JUBI-87], das als Testnetz dient und an das ARPA Netz angeschlossen ist.

Sein Nachfolger SURAN [SHAC-87] ist heute in Betrieb und wird ebenso genutzt wie das HF-ITF der U. S. Navy [EPHR-87].
In nächster Zukunft ist vermehrt mit zivilen Anwendungen zu rechnen. So werden heute Vorschläge für PRNs im Büro analysiert, um die aufwendige Verkabelung zu sparen. Im Gegensatz zu Zellsystemen ist auch keine Infrastruktur in Form von Basisstationen erforderlich, was in gesteigerter Zuverlässigkeit und geringeren Kosten resultiert. Eine andere mögliche Anwendung ist der Informationsaustausch zwischen Fahrzeugen im Straßenverkehr um die Sicherheit zu steigern [IAA-87].

Literatur

ANDE-88   J. B. Anderson, P. Effers, B. L. Andersen: Propagation Aspects of Datacommunication Over The Radio Channel - A Tutorial. Proc. on Area Communication, 8th European Conf. on Electrotechnics, Stockholm, 1988

AUDE-88   J. A. Audestad: Network Aspects of the GSM System. Proc. on Area Communication, 8th European Conf. on Electrotechnics, Stockholm, 1988

CELL-85   Cellular Communications´85. Proc. of the Conf., Online, New York, 1985

CHLA-87   I. Chlamtac, S. S. Pinter: Distributed nodes organization algorithm for channel access in a multihop dynamic radio network. IEEE Trans. on Comp., Vol. C-36, No. 6, 1987

EFFE-86   W. Effelsberg, A. Fleischmann: Das ISO-Referenzmodell für offene Systeme und seine sieben Schichten. Informatik-Spektrum, Band 9, Nr. 5, 1986

EPHR-87   A. Ephremides, J. Wieselthier, D. Baker: A Design Concept for Reliable Mobile Radio Networks with Frequency Hopping Signaling. Proc. of the IEEE, Vol. 75 No. 1, 1987

GAMS-82   A. Gamst: Homogenous Distribution of Frequencies in a Regular Hexagonal Cell System. IEEE Trans. on Veh. Techn., Vol. VT-31, No. 3, 1982

GAMS-86   A. Gamst: Some Lower Bounds for a Class of Frequency Assignment Problems. IEEE Trans. on Veh. Techn., Vol. VT-35, No. 1, 1986

HAUG-88   T. Huag: Overview of the GSM Project. Proc. on Area Communication, 8th European Conf. on Electrotechnics, Stockholm, 1988

IAA-87   IAA-Forum: Das Auto - mobile Vielfalt, Verband der Automobil-Industrie 52, IAA Frankfurt, 1987

IEEE-87   Special Issue on Packet Radio Networks. Proc. of the IEEE, January 1987

IEEE-87a   IEEE Journal on Selected Areas in Comm., Vol. SAC-5, No. 5, 1987

JUBI-87   J. Jubin, J. D. Tornow: The DARPA Packet Radio Network Protocols. Proc. of the IEEE, Vol. 75, No. 1, 1987

KAHN-78   R. E. Kahn, S. A. Gronemeyer, J. Burchfiel, et al.: Advances in packet radio technology. Proc. of the IEEE, Vol. 66, No. 11, 1978

KOPE-87   H. Kopetz, W. Ochsenreiter: Clock synchronization in distributed real-time systems. IEEE Trans. on Comp., Vol. C-36, No. 8, 1987

LOGD-87   J. H. Lodge, M. L. Moher, S. N. Crozier: A Comparison fo Data Modulation Techniques for Land Mobile Satellite Channels. IEEE Trans. on Veh. Tech., Vol. VT-36, No. 1, 1987

MANN-88   A. Mann, J. Rückert: Concurrent Slot Assignment Protocol for Packet Radio Networks., INDC-88 Conf. Proc. Information Network and Data Comm., Kopenhagen, März 1988

MANN-88a   A. Mann, J. Rückert: A New Concurrent Slot Assignment Protocol for Traffic Information Exchange. 38th IEEE Conf. on Veh. Techn., Philadelphia PA, Juni 1988

MANN-88b   A. Mann, J. Rückert: CSAP for Packet Radio Networks, a New Concurrent Slot Assignment Protocol. Proc. 8th European Conf. on Electrotechnics, Stockholm, Juni 1988

MANN-88c   A. Mann, J. Rückert: A New Distributed Slot Assignment Protocol for Packet Radio Networks. Proc. 9th ICCC, Tel Aviv, November 1988

MOBI-89   Arbeitsgemeinschaft Mobilfunknetze: Entwurf einer Netzwerktopologie für ein Mobilfunknetz zur Unterstützung des öffentlichen Straßenverkehrs. Tagungsband Kommunikation in verteilten Systemen, Stuttgart, 1989

NELS-85   Nelson, Randolph, Kleinrock, Leonard: Spatial TDMA: A Collision-Free Multihop Channel Access Protocol. IEEE Trans. on Comm., Vol. COM-33, No. 9, 1985

POST-82   Bundesministerium für das Post- und Fernmeldewesen: Frequenz-bereichs-Zuweisungsplan für die Bundesrepublik Deutschland mit Berlin (West). KNr 651077100-8, Ausgabe 1982

PROH-88   C. G. Prohazka: Bounding the Maximum Size of a Packet Radio Network. IEEE Trans. on Comp. Vol. 37, No. 10, 1988

PURS-87   M. B. Pursley: The Role of Spread Spectrum in Packet Radio Networks. Proc. of the IEEE, Vol. 75, No. 1, 1987

SHAC-87   N. Shacham, : Future Directions in Packet Radio Architectures and Protocols. Proc. of the IEEE, Vol. 75, No. 1, 1987

SPIN-86   Spindler: The German Cellular Radiotelephone System C. IEEE Comm. Magazine, Vol. 24, No. 2, 1986

TAKA-84   H. Takagi, L. Kleinrock: Optimal Transmission Ranges for Randomly Distributed Packet Radio Terminals. IEEE Trans. on Comm., Vol. COM-32, No. 3, 1984

TOBA-75   F. A. Tobagi, L. Kleinrock: Packet Switching in Radio Channels: Part II - The Hidden Terminal Problem in Carrier Sense Multiple-Access and the Busy-Tone Solution. IEEE Trans. on Comm., Vol. COM-23, No. 12, 1975

VOY-87   C. Voy, F. Panik, D. Reister, L. Ham: PROMETHEUS, ein europäisches Forschungsprojekt zur Gestaltung des Straßenverkehrs der Zukunft. Automobil-Industrie, Heft 2, 1987

YAMA-87   H. Yamamoto, et al.: Future Trends in Microwave Digital Radio, IEEE Comm. Magazine, Vol. 25, No. 2, 1987

ZAND-88   J. Zander, P. de Laval: Carrier Detection Range Control in Multihop Packet Radio Networks. Proc. on Area Communication, 8th European Conf. on Electrotechnics, Stockholm, 1988

An Integrated Services Management Protocol
for a Short-Range Mobile Radio Network Using Multiple Access

Th. Hellmich, B. Walke
Data Processing Techniques
Dept. of Electr. and Electron. Engineering
Fern University of Hagen

ABSTRACT: Future pan-european road-traffic communication networks will use high capacity short-range radio networks with a large number of mobiles. There, many different communication demands arise, especially if we assume a many-services network, where continuous, bursty and/or priorized communication has to be supported. We define an Integrated Services MAnagement Protocol (ISMA-protocol) using multiple access, designed for an efficient use of the limited channel capacity available. The protocol comprises capacity management of direction of movement oriented decoupling of channels via the Decentral Channel Assignment Protocol (DCAP), a packet radio facility using S-ALOHA, handling of priorized emergency warning and in addition provides high capacity channel of 100 kbit/s.

Key Words: inter-vehicle communications, broadcast communication, channel-switching, packet-radio, communication capacity management, multiple access.

1. Introduction
Our design of the management protocol ISMA for communication capacity assignment in the future pan-european short-range road traffic communication network observes three basic requirements, namely
A) assessment of the communication characteristics of all services requiring short-range communication (comms.),
B) consideration of what performance is available from today's transmission equipment,
C) minimization of the transmitter/receiver equipment cost by integrating any short-range service into one common network using either 40 to 60 GHz radio or IR for transmission.

Task A leads to voluminous research work which is not the subject of our paper. However, we had to agree upon some working assumptions about the services expected, which form the basis for a classification of comms. types and their characteristics.

This work was granted by the German BMFT and the German automotive industry under subcontract No TV8815-7.

2. Reference scenarios for a short-range road traffic communication network

A number of research groups within the European research programme PROMETHEUS have developed reference scenarios, from which appropriate comms. requirements were derived, e.g. /Tho87/. Thereby, a number of potential services and requirements, yielding candidates for an integrated short-range radio network, were defined. Although all the scenarios identified fulfill the above mentioned requirement A for short-range comms, they differ extremely in their comms. characteristics and so they can be classified into at least four types. It is worth noting that, although the classification into the four types only depends on comms. characteristics, "integration" in this paper addresses services integration into one common medium and integration of vehicle-vehicle and vehicle-roadside comms. into one network.

The first service type is characterized by its priority requirements. Here services related to an emergency warning system (EWS) can be accomodated. EWS messages arise, for example, as consequences of accidents. What can be done in a mobile broadcasting environment to secure some kind of priority is to reserve a fixed portion of the available capacity exclusively for this purpose. We call this type "EMERGENCY COMMUNICATION".

The second service type is characterized by its demand for connection oriented, long-term comms, which we call "CONTINUOUS COMMUNICATION". One important representant of this is the so-called "PROXIMITY COMMUNICATION" for cars driving in a file, which is a first candidate for experimental verification by the automotive industry. The main task is to manage the basic organizational control of such files. Assuming existance of a car internal relative location and distance control facility, the resulting comms. requirements are:

- transmission range up to 50 m,
- up to 10 vehicles should form a file,
- the pure information generated per car is 20 byte every 0.5 sec,
- acknowledged message transfer is required,
- channels have to be highly reliable.

Without a relative location and distance control facility, the update rate has to be increased up to every 0.1 sec.

Other services of this type are: controlled merging on highways and controlled overtaking. It is worth noting, that such services require very reliable comms. channels. Concerning vehicle-roadside comms. the exchange of comparable rates and volumes of information has to be performed between the vehicle and roadside facility, e.g. with a traffic light at a crossing, in order to exercise cooperative strategies. This type of comms. is called "SELECTIVE COMMUNICATION" and the additional requirements are:

- maximal 50 vehicles are communicating simultaneously,
- the channel capacity should be at least 500 bit/s.

The third type is called short-range packet radio comms. and is mainly characterized by its demand for single-packet, non-periodic transmissions. We call this type "BURSTY COMMUNICATION". Applications are for example inter-vehicle signalling, the announcement of an intended extra ordinary vehicle- or driver-action, broadcast of warning messages, road conditions, etc. Management functions, such as location update, to obtain an instantaneous view of the local network connectivity are also of this type. We propose to perform such updating not periodically, but speed dependant according to a predefined distance travelled (e.g. 10 m), resulting in individual update rates between 0.2 sec (180 km/h) and 1.2 sec (30 km/h).

Concerning vehicle-roadside comms, services like distribution of the status of a traffic light, or beacon-to-vehicle location update can be identified, which happen periodically with repitition rates of a few seconds. To ensure, that there is enough time left for reliable reception of the complete message, the transmission range must be adaptively controlled according to the speed of the vehicles. Other applications may require connectionless information exchange between mobiles and beacons. The requirements of the third type can be summarized as follows:

- BURSTY COMMUNICATION
- no acknowledgement needed
- adaptive transmission range from 10m - 200m
- up to 20 vehicles transmitting simultaneously
- individual update rates
- short delays
- 25 byte information part

The fourth type is characterized by its occasional demand for a high speed channel of approximately 100 kbit/s to be used from the beacon to the vehicle, for example to transmit a local road map.

The cumulative requirements for an integrated short-range radio network are as follows:

- both, continuous and bursty communication traffic, partly acknowledged, must be handled, efficiently.
- priorized communication must be possible
- the transmission range must be adaptive,
- max. 60 vehicles must be able to perform selective comms. simultaneously,
- the information part comprises at most 25 byte = 200 bit per single message,
- the highest update rate needed is 0.1 sec.
- channel capacity must be 2 kbit/s at maximum,
- a one way high speed channel of about 100 kbit/s capacity is required.

3. Media Access Control Protocols

Due to the limitations of transmission radii of stations, not all of them are in their respective receive radii. There exist a number of well-known media access control protocols, according to different applications, medias, technologies, etc. Taking the mobility of vehicles in our application and their large expected number into account, all protocols using fixed or predetermined access are not applicable. Contention protocols like ALOHA and S-ALOHA are best suited for packet radio networks with a high mobility. They are applicable, however, only for services, requiring small capacities (e.g. one packet) in nonperiodical intervals.

Carrier sensing access protocols like CSMA suffer like ALOHA protocols from the hidden terminal problem, which poses some unreliability on packet transmissions. Moreover, continuous comms, requiring little but constant transmission capacity over a long time period, is not feasable using CSMA. So what remain then are protocols applying implicit or explicit slot reservation using TDMA methods. They appear to be well suited for applications with a limited mobility of stations as in the case here.

3.1 CSAP revisited

From /MaRu88/ a protocol is known which is aimed to organize a decentral channel access using implicit reservation according to the R-ALOHA protocol /La80/. Assume a TDMA system using a frame and N slots per frame. According to the concurrent slot assignment protocol (CSAP) each station listens continuously to any slot in a frame and creates a so-called observed-information. The observed information is a bit-map of width N, containing all slots marked with '1' where a message from any one-hop distant station was detected within the last frame. All other slots are marked with '0'.

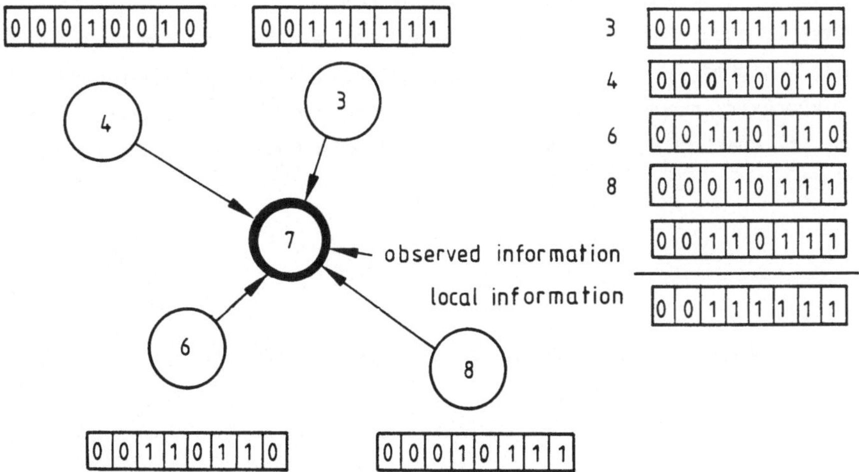

Fig. 1: Local information calculation of station using slot 7, cf. /MaRu88/

This information is distributed by each station being active in communication, once per frame. By bitwise OR-ing the received with the observed information each station is able to calculate the so called local information, telling the station, whether a slot (channel) is occupied or free in the two hop environment.

Taking physical and applicational preconditions into account we believe, that a modification of CSAP is necessary. Due to the propagation attenuation of radio waves, in this application it cannot be assumed that all pairs of vehicles are always within their respective transmit/receive (tx/rx) ranges. Instead of this a partly meshed network results, which roughly spoken has essentially an one-dimensional topology, reflecting the connectivity of all cars moving into the same direction (e.g. direction A), cf. figure 2. There, the tx/rx radius R of the stations defines, which stations are neighboured (one hop distance) and which not.

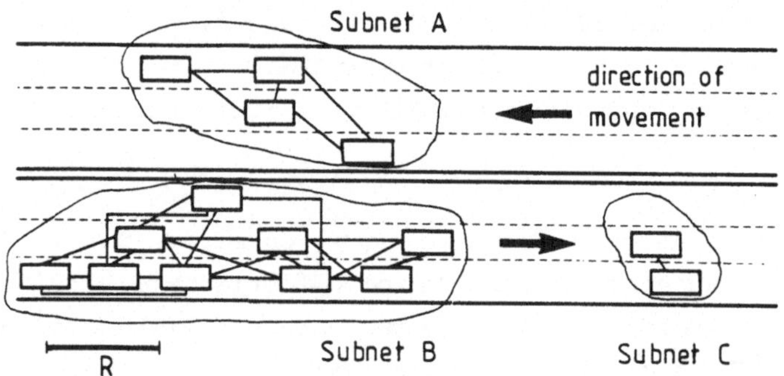

Fig. 2: Example of a three-lane highway. R is the maximum distance allowed for direct comms. between neighboured stations. Due to the ISMA protocol (cf. chapter 6, 8), no radio interference exists between subnets A and B or A and C.

Unfortunately, a distance greater R between two stations does not guarantee, that they are free to occupy a channel, being locally detected to be free. In figure 3, a situation is depicted, where a transmitter S communicates with a receiver E, where R is the maximum tx/rx range to sustain a given bit error rate. This comms. possibly is disturbed, if station E receives not only signals from station S but also from station I.

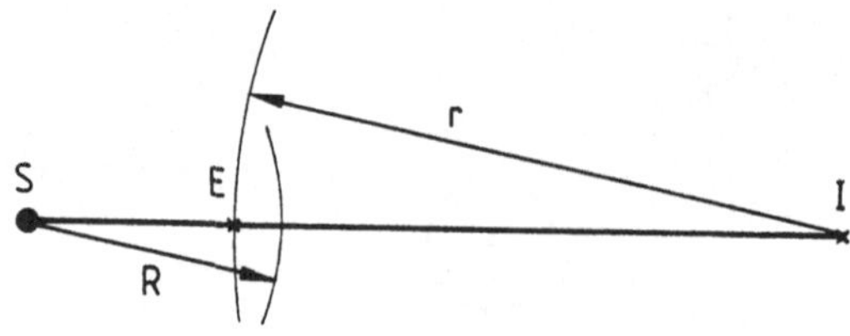

Fig. 3: Interference of the signals of stations I and S at the receiver E. The maximum tx/rx range of S is given by radius R.

Generally, the signal-to-noise threshold P_s/P_o of a receiver is affected adversely, if interference is present. The signal strength of a radio signal is proportional to $1/(r*r)$, where r is the distance between transmitter and receiver /Lee86/. Simultaneously transmitted signals from different transmitters add up at the receiver and reduce the signal-to-noise ratio. It is known that a transmission is successful only, if the distance of any interfering transmitter I from a receiver E is at least

$$r = n*R.$$

From radio applications it is known, that n should be at least 3. For some special frequencies, the propagation attenuation of radio signals is substantially increased, resulting in a reduced value for n, e.g. at 60GHz n = 2 is believed to be sufficient /Lu88/. In the present application, stations must decentrally be able to decide, whether a channel is free for transmission or not. This requires knowledge about the status (free/occupied) of all channels within a radius of (r + R) around any station and this is not supported by CSAP. There, instead of a radius 3*R, a range of two hops (which is less than 2*R) around each station is covered. One other shortcoming of CSAP should be recalled also: assuming k channels to be secured, the capacity needed by CSAP is k*k bit/frame. Assuming a frame duration of 100 ms and 500 channels/frame, CSAP requires a protocol capacity of 2.5 Mbit/s which is unacceptably high. To provide local information for a range of three or more hops by means of an extended CSAP mechanism to support the applicability of CSAP would at least double the traffic capacity required. In chapter 7 we propose a further development of CSAP which we call Decentral Channel Assignment Protocol DCAP. In conjunction with the ISMA-protocol (defined in chapter 6, 8) DCAP appears to be very promising to meet all the requirements mentioned.

4. Performance of currently available millimeter wave transmission equipment

The following performance characteristics of today available transmission equipment are, .to our knowledge very close to the requirements of the application considered, and serve as an example.

The parameters are derived from an experimental implementation currently under development /AEG88/. They are:

- max. distance between transmitter and receiver is about 150 m with pan cake diagram (using fan beam antennas, with horizontal and vertical beamwidths of about 30 degrees, the transmission range can be extended up to 1000m),
- bit error rate below 1.0 E-4,
- channel availability due to precipitation is about 99.9%,
- total transmission capacity of about 2.5 Mbit/s .

5. The proposed TDMA-frame

Considering the above mentioned requirements and technical facilities the following seems to be a suitable TDMA-structure.

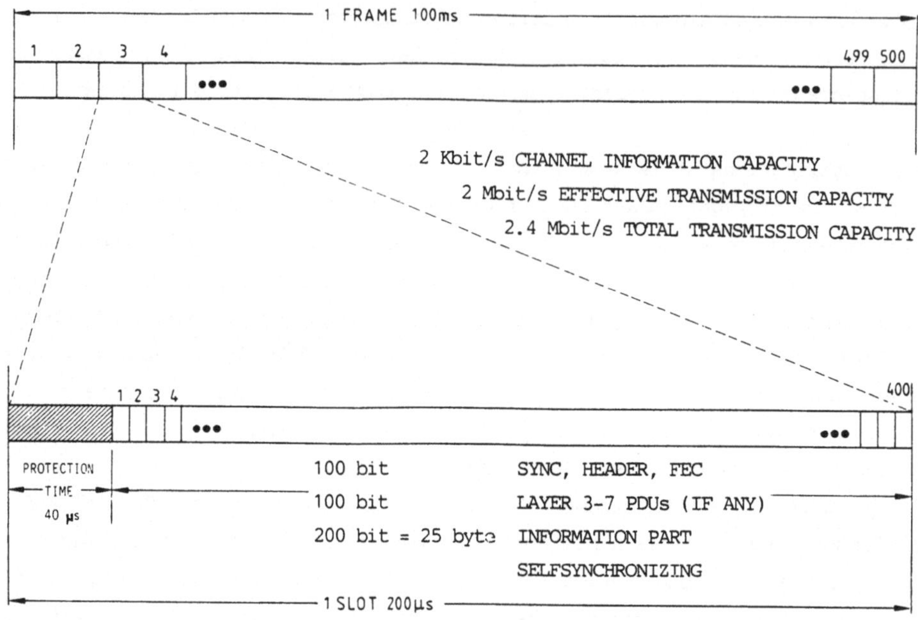

Fig. 4: The proposed TDMA structure

Time is divided into frames and frames into slots. Although we assume global frame synchronization we believe that only neighboured vehicles must be synchronized, whereby it would be tolerable that the beginning of a frame might be the more different the greater the distance is between any locations. The frame length is 100ms containing 500 slots each with a duration of 200µs. A slot contains a 40µs header to protect against propagation delay and overlapping with neighboured slots. Subsequently, 400 bit follow, about 100 of them are needed for synchronization, packet-header, and error detection/ correction.   In case of channel switched continuous comms, 100 bit of the remaining 300 bit are assumed to be protocol data units of the higher layers (ISO layers 3 to 7). The other 200 bit carry the pure information, which is sufficient to serve the application's needs. If we use a fixed slot in consecutive frames we get a channel information capacity of 2 kbit/s, corresponding to the application's requirement. The overall information transmission capacity is appoximately 1.5 Mbit/s, the effective capacity, including the bits required for protocol data units of all layers, is 2 Mbit/s and the total capacity is about 2.4 Mbit/s.

6. Slot assignment to concurrent services by the ISMA protocol

The proposed slot assignment to comms. types by the ISMA-protocol results from identifying service demands having similar communication needs and from allocating to each of them seperate sections of the frame. These sections are called subframes.

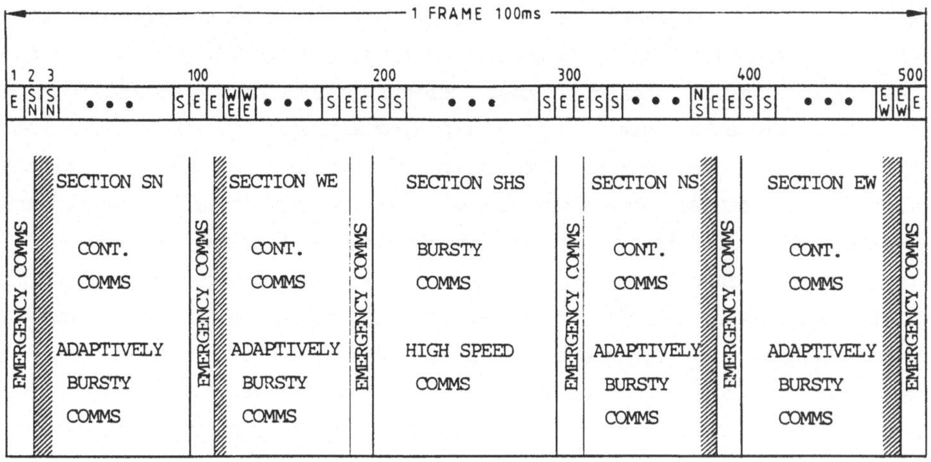

Fig. 5: Static slot assignment by the ISMA-protocol

Emergency related communication takes place in one (distributed) subframe containing slots depicted with E. These slots are controlled by a MAC protocol called DCAP (cf. chapter 7) and are well distributed over the entire frame to guarantee nearly collision free access after a very short maximum delay of 20 ms.

Vehicles asking for continuous comms. are assigned to one out of four subframes, each comprising approximately 100 channels. Thereby, four trunks result, being reserved for vehicles moving in one of the four (logical) directions: south-to-north (SN), west-to-east (WE), north-to-south (NS) and east-to-west (EW). Using this frame capacity allocation it is guaranteed, that radio interference of vehicles moving into different directions is completely impossible. Moreover, relative mobility of vehicles to each other , which possibly causes interference, is substantially reduced, according to the relative small differences in speed of vehicles moving in the same direction, compared to vehicles moving in opposite directions.

A subframe from slot 200 to 300 is designed to serve bursty comms. demands of all vehicles (independantly of direction) by offering random access slots. These slots are mainly used to broadcast local status information of vehicles in quasi periodic intervals. The subframe also provides a 100 kbit/s one-way high-speed channel by defining some 33 consecutive slots within this subframe as one TDM-channel. The system can provides a maximum number of three such channels in parallel, or, if required, one 300 kbit/s channel. Most of the slots of the four channel switched subframes, in addition, are available for bursty comms, which is possible under the control of the ISMA-protocol (cf. chapter 8). The packet radio network capacity of the frame is dynamically changing, dependant on the actual channel switched load to the network.

7. Decentral Channel Assignment Protocol DCAP for capacity management

The goal of capacity management is to assign overall channel capacity to the different services in a totally decentralized manner, according to the different requirements, in order to obtain a cost effective integrated short-range radio network. To achieve this goal, it is a promising approach to gather all locally available information on current occupation of channels to manage a decentrally controlled channel access. Access has always to be deterministical and should bridge the gap between the differing requirements such as reliability and short delay.

We state, that it is impossible for only one media access control (MAC) protocol to handle all requirements satisfactorily, because they differ too much. Consequently, our approach defines four parameters to support management of the MAC layer, namely received-signal strength, channel occupation, direction of moving and type of service. MAC management comprises the tasks of allocating a deterministic slot/channel of the total available frame capacity for each service demand and assigning the appropriate MAC protocol. This allocation and assignment depends on the following information being available locally at each station:

A) Received-signal strength: The receiver is assumed to be able to detect the signal-to-noise ratio in each slot. We distinguish three possible states: The received signal strength is

(i)   above some given margin, e.g. 15 dB above the channel noise, which means the signal strength suffices well for a reception with a predetermined low bit error rate (BER).

(ii)   between x dB and 15 dB, which means, that one or more simultaneous messages are transmitted, but decoding is impossible or would result in an unacceptably high BER. On the other hand the signal level is too high to assume the channel locally being not occupied. Any further transmission trial using such a channel would interfere with the already existent signal making any reception impossible.

(iii) below x dB, which means, that the slot is free at this time.

It is left to researchers working on the physical layer to determine the optimum value of x in dependance on the frequency used.

B) Channel occupancy: Each station transmitting in a channel switched subframe XX (XX=SN,WE,NS,EW) of the ISMA frame continously observes local channel occupancy of its trunk XX as follows: A bit-map, containing one bit per channel of the trunk, is filled with a logical '1' in case of A(i) or A(ii). Otherwise (case A(iii)) a logical '0' is inserted. The channel occupancy reflects the local view of the station. The bit-map for subframe SHS only contains three bit, (cf. figure 6) indicating which of the three high speed channels have been detected in use by filling in a logical '1' (if any). A high speed channel is used, if in 100 consecutive slots of subframe SHS cases A(i) or A(ii) were detected.

C) Direction: Each station is assumed to know its logical direction of movement.

D) Service-Type: Each station defines itself, which service it is going to access and which of the corresponding slots is choosen for access.

A) and B) both define substantial enhancements to CSAP /MaRu88/; A), B) and C) together define the proposed protocol DCAP. In applying A) to C), the 'local information' of CSAP, which provides a 2-hop local view around each station, is substituted by the channel occupancy information, which guarantees local access to interference free channels. The CSAP requires application of the so called 'p-mechanism' to determine possible interference, which results in a channel being only partly available for the communicating stations. The DCAP does not require a p-mechanism; instead of this the signal strength at each receiver is continuously controlled and a switch-over to another channel is initiated, whenever the current channel appears to be of unsufficient quality. The BER is used as indicator of a bad channel quality in addition. Further, the collision detection mechanism required by the CSAP to be applied by assisting stations, together with the transmission of collision indicating slots is not used with the DCAP. This is possible because of the substantial reduction of relative speed of all vehicles being potential candidates for collision by devoting channels to the direction of movement. Collisions within the DCAP are possible only during channel establishing phases, when two or more stations have decided to establish a connection, or to change a bad channel, at the same time, which apparently is a low probability event. Finally, it should be mentioned, that the DCAP can be optimized considering only the receivers local information. This variant is currently under investigation.

Summarizing, the advantages of the protocol DCAP are:

- independence of attenuation of the frequency used
- high reactivity to geographical influences supporting fading and interference conditions and from wheather conditions,
- high reliability of the channel in use, thanks to the ability to be equipped and able to instantaneously switch-over to another channel, whenever the current channel suffers from bad quality
- complete and save decentral control
- all benefits of CSAP (cf. /MaRu88/)
- capability to cope with adaptive tx/rx transmission power

The remaining drawback of CSAP, namely the extensive consumption of channel capacity to distribute management information, is solved within the ISMA protocol by assigning to each of the four directions of movement a well sized DCAP-controlled TDM-trunk (100 channels each). The combination of A) to D) leads to management strategies, which benefit into high overall system performance. The overhead for transmitting the channel occupancy bit-maps, is reduced to a quarter of the amount necessary with the CSAP. By ordering the used channels to be in always known parts of their subframes, the packet radio subframe SHS used for bursty comms. could be allowed to access the actually free capacities of the channel switched subframes. So, the capacity of the packet radio part pulsates accordingly, resulting in an optimal performance for the respective services.

8. Assignment of capacity and MAC protocols to concurrent services by the ISMA protocol

The task of this chapter is to define, which MAC protocol is responsible for the access control in each subframe (EWS, SN, WE, NS, EW, SHS) defined in the ISMA protocol. At the moment only two MAC protocols are used. These are the protocols S-ALOHA /KlLa73/ and DCAP. Thanks to the management information available, each station knows, which slots of the current frame are assigned to the various subframes. The ISMA protocol assigns services to subframes and a MAC protocol per subframe:

- access of subframes SN, WE, NS, EW, SHS is controlled by the DCAP,
- the EWS slots/channels again are DCAP controlled,
- the SHS slots are S-ALOHA controlled.

In providing exclusively reserved channels for EWS messages via the ISMA protocol and controlling access through the DSAP, the high priority demand of such services is supported at best.

The SHS subframe constitutes the kernel of the packet radio part, where S-ALOHA is used from all subscribers, independantly of their direction of movement. Two features in addition are provided there: First, the SHS subframe is able to accomodate up to three high speed channels. They are recognized by listening to all packets of the SHS subframe of a frame and indicated by setting of appropriate "channel occupancy bits" according to 7.B) (cf. figure 6). This mechanism can be interpreted as the application of the DCAP even for potential high speed channel(s) of subframe SHS.

N (7 bit)	channel occupancy information (e.g. 100 bit/frame)	message (200 bit)	(A)

message (300 bit)	(B)

Fig. 6: Structure of messages transmitted in the channel (A) and packet (B) switched subframes

A second feature is that the capacity of the SHS subframe is increased to the same extent as the cumulative capacity of subframes XX=SN,WE,NS,EW decreases and vice

versa.   In what follows we propose to use the ISMA protocol to dynamically assign
comms. capacity to subframes, resulting in variable trunk sizes.

8.1 Dynamic channel assignment in ISMA

To realize assignment of channels to subframes XX, according to the actual needs, the
currently used channels of any subframe are grouped at one of its two margins.   This
is indicated by figure 5 by hatched plains.   The remaining capacity of the subframes
is released for packet radio comms. To provide sufficiant capacity to establish new
comms. relationships, a predefined number of free slots, denoted FREESLOT-FAC, is
always reserved.   After transmission of subframe XX the new number NEW of channel
switched slots of this subframe is calculated in each station. This process is
controlled by distributing the actual trunk size N seen by each station, using 7 bit,
c.f fig. 6(A). Any station receiving this trunk size related information Nj from a
neighboured station j applies the following algorithm: The received Nj of all
neighboured stations is combined with the locally computed N to define the value
NEW := max(N, max(Nj)). Now, the local channel occupancy information is derived from
the Nj informations and the own recognized occupancy information with the before
determined maximal width. Any station having N $\leq$ max(Nj), must reassign its channels
into free channels, if possible, to reduce the actual trunk size, observing the
requirement, that FREESLOT-FAC slots must remain free. Please note, that only slots
used by the subscriber himself are permitted to be reassigned.
This algorithm is presented here in pseudo-code.


```
/* After transmission of a subframe XX the new number of slots of this
   subframe is calculated locally by each station:
   Inputparameter:    N : old number of used channels in XX
                      Nj: old number of used channels (from stations j) in XX
                      occupancy informations (own and of all stations j in XX)
          FREESLOT_FAC := number of free slots guaranteed for subframe XX
   Outputparameter:  NEW:  new number of used channels in XX
                                                                       */
BEGIN /* sketch */
N' := max (Nj)          for all j out of XX subframe
N" := max ( N, N' )


( calculate local information of width N" )


ZEROSLOTS := number  of  zerobits  in  the local  information  after  the  OR-
             operation of width N"
```

```
/* calculate the new N' */
IF N' ≤ N"
   THEN
   IF ( N" - ZEROSLOTS + FREESLOT_FAC) < N'
     THEN
        perform a slot reassignment of all
        slots > N' to free slots ≤ (N" - ZEROSLOTS + FREESLOT_FAC)
        N' := lowest (highest) number, such that
              (N" - ZEROSLOTS + FREESLOT_FAC) ≤ n ≤ N'
              and that each local information bit between n and N' is zero
              /* for XX=NS,EW : highest number  */
     ELSE
        perform a slot reassignment of all
        slots > (N" - ZEROSLOTS + FREESLOT_FAC) to freeslots ≤ (N" - Z + F)
        N' := N" - ZEROSLOTS + FREESLOT_FAC
     END
   END
NEW := N';
END /*sketch */.
```

9. Conclusion

We conclude with a discussion of the promises of the proposed TDMA structure and its access protocols. The main advantage of the integration of different services into one common bandwidth is, that low cost and multi-functional terminal and radio equipment is possible to achieve. It is worth noting, that millimeter waves considered here at 40-60GHz can be substituted by IR without any changes to the ISMA and DCAP protocols. Another promising feature is, that DCAP is independant of the tx/tr · range, which supports the use of adaptive control of the tx range to benefit from space multiplexing. It should be mentioned, that a controlled extension of the subframe XX into another subframe XX' is possible in case of overload of XX. Further the static subframe layout can be adapted to the application's requirements. Its features favour the ISMA protocol to be applied to a prototype implementation "in the small", which is possible in a modular way by omitting in a first phase the more sophisticated functions like the pulsation of the packet radio part and high speed channels. The ISMA protocol would remain unchanged, if the proposed MAC protocol S-ALOHA would be substituted by any other protocol. Our proposal guarantees a high system reliability, due to the totally decentralized organization, and a maximum system capacity per service, due to the adaptive assignment of slots according to the current needs.

Modelling, analysis and simulation of the proposed protocols to determine measures like throughput, delay and channel utilization will be main parts of our future work.

Literature

/AEG88/ Hochfrequenztechnik Ulm, private communication, 1988.

/KlLa73/ L. Kleinrock, S. Lam:

Packet switching in a slotted satellite channel National Computer Conference, NY, June 4-8, AFIPS Conference Proceedings, Vol. 42, pp. 703-710,
1973.

/La80/ S. Lam:

Packet Broadcast Networks - A Performance Analysis of the R-ALOHA Protocol,
IEEE Trans. on Comp, VolC-29, No. 7, 1980.

/Lee86/ W. C. J. Lee:

Mobile Communication Design Fundamentals, Howard & Sams, Indianapolis 1986.

/Lu88/ E. Lutz, A. Boettcher, D. Cygan, M. Dippold:

Kanalverhalten und Fehlersicherungsverahren, Aktuelle Forschung, PRO-COM
Germany, 1988. (in german)

/MaRu88/ A. Mann, J. Rueckert:

CSAP for packet radio networks. A new concurrent slot assignment protocol,
EUROCON, Stockholm 1988.

/MaRu88a/A. Mann, J. Rueckert:

A new concurrent slot assignment protocol for traffic information exchange
IEEE, Vehicular Technologie Conference, Philadelphia 1988.

/Sa88/ H. Sandstroem:

Ideas about PRO-COM: Definiton of services and parameter required. Swedish
Telecom Radio, Doc. No. 88, 1988.

/SiKl83/ J.A. Silvester, L. Kleinrock:

On the capacity of multihop slotted ALOHA networks with regular structure,
IEEE Trans. on Comm, Vol COM-31, 1983.

/Tho87/ J.Thomas, G. Bommas, M. Kaiser:

Communication, System Engineering, Emergency Warning System, 2nd PROMETHEUS
Symposium, Brussels 1987.

Aktualisierung stationslokaler Routing-Information in einem mobilen, dezentral organisierten multi-hop Paketfunk-Netz

V. Brass, B. Walke
Fachbereich Elektrotechnik/Datenverarbeitungstechnik
Fern-Universität Hagen

Es wird ein Verfahren für die Aktualisierung von Stationen durch Broadcast-Pakete in einem mobilen multi-hop Paketfunknetz mit Punkt-zu-Punkt Verkehr vorgestellt, das implizite Quittungen (ACK/NAK) vorsieht. Simulationsergebnisse zeigen, mit welcher mittleren Laufzeit der Pakete gerechnet werden muß, bis Stationen in 1-, 2- und 3-hop Entfernung sicher erreicht werden. Die Resultate erlauben Rückschlüsse auf das zulässige Verhältnis von Erzeugungswahrscheinlichkeit q (pro Slot) zu Übertragungswahrscheinlichkeit p aller (eigener und von Relais-) Pakete. Um Auswirkungen der Stationsmobilität auf das verkehrstheoretische Verhalten zu ermitteln, wird simulativ untersucht, wie oft topologische Änderungen auftreten und wie weit entsprechende Aktualisierungsinformation zur Aufrechterhaltung der Kommunikationsfähigkeit verbreitet werden muß. Aus den Simulationsergebnissen für das betrachtete Netz sind Erkenntnisse über geeignete Management-Protokolle möglich, die uneingeschränkt auf ähnliche Netze übertragbar sind.

1. EINLEITUNG

Es wird ein dezentral organisiertes Paketfunk-System betrachtet, wobei Aufgaben wie Netzinitialisierung, An-/Abmeldung von Stationen usw. paketiert über einen Vielfachzugriffskanal mit dem S-ALOHA Protokoll abgewickelt werden /WALKE.87/. Alle Stationen verkehren paketorientiert Punkt-zu-Punkt miteinander und erzeugen somit eine Grundlast im System, deren charakteristische Leistungskenngrößen wie mittlerer Durchsatz und Verzögerung pro Teilstrecke (Hop) sowohl analytisch, als auch simulativ bereits in /BRAGO.87/ ermittelt wurden. Die Abwicklung von Organisationsaufgaben wie An- und Abmeldung und Aktualisierung lokaler Datenbestände von Stationen erfordert die Übertragung von Broadcast-Paketen (eine Station sendet ihr Paket multi-hop an alle Stationen). Nachfolgend wird dafür ein Routingverfahren vorgestellt, das anstrebt, das resultierende Verkehrsvolumen und die Ende-zu-Ende Paketlaufzeiten möglichst klein zu halten. Dabei wird vorausgesetzt, daß alle Stationen die aktuelle Netztopologie, also die funktechnische Vernetzung der Stationen untereinander kennen. Deshalb ist es realisierbar, daß Broadcast (BC-) Pakete von der Quellstation so geroutet werden, daß sie von jeder Station nur einmal empfangen bzw. jeweils nur an eine Teilmenge ausgewählter Nachbarstationen weitergegeben werden. Um den Quittierungsverkehr für BC-Pakete zu minimieren, ist ein Verfahren entwickelt worden, bei dem Stationen die Übertragungen ihrer Nachbarstationen auswerten und dabei implizit Quittungen gewinnen. Da Stationen in mobiler Umgebung tatsächlich die Topologie nicht ohne ständige Aktualisierung ihrer lokalen Sicht des Netzes kennen, wird untersucht, welche Topologieänderungen bei Mobilität zu erwarten sind und wie weit Stationen, die ihre Routingtabelle aktualisieren müssen, entfernt liegen.

Zunächst wird im zweiten Kapitel ein Modell des Paketfunk-Netzes beschrieben und die eingeführte Notation erläutert. Das dritte Kapitel behandelt Routingfragen und in Kapitel vier wird ein Quittierungsverfahren für BC-Nachrichten eingeführt. Im fünften Kapitel werden die Verfahren bewertet und dabei die Auswirkungen der Mobilität auf das dezentrale Routen diskutiert. Mit den dort gemachten Annahmen für die stationsindividuelle Beweglichkeit werden Ereignisse wie Verlust bzw. Gewinn von Nachbarn beobachtet und Vorschläge zu einem effizienten Aktualisierungs-Verfahren gemacht. Eine Zusammenfassung mit einer Wertung der Ergebnisse folgt am Schluß.

2. MODELLANNAHMEN

Das hier untersuchte System ist mit den folgenden Parametern modelliert worden:

(a) Anzahl der <u>Stationen im Gesamtsystem</u>: n = 50,

(b) Jede Station hat eine ausreichende Sendeleistung, so daß ein maximaler <u>Sende-/Empfangsradius</u> sr = 2.0 km entsteht,

(c) Die <u>Ausdehnung des Funknetzes</u>, bzw. der maximale Abstand zwischen zwei Stationen im gesamten Funknetz beträgt 2r = 10.0 km (r = Radius des Funknetzes),

(d) Alle Stationen sind <u>homogen</u> auf einer Kreisfläche mit Radius r verteilt angeordnet.

(e) Die Zeit ist in <u>Zeitschlitze (Slots)</u> unterteilt; ein Slot faßt ein Paket

Die verkehrstheoretische Untersuchung erfolgt mit folgenden üblichen Annahmen:

(f) <u>gleiches Verkehrsaufkommen</u> aller Stationen mit:
- <u>Erzeugungswahrscheinlichkeit</u> q Pakete/Slot,
- <u>Übertragungswahrscheinlichkeit</u> p Pakete/Slot

(g) <u>homogenen Verkehrsbeziehungen</u> der Stationen untereinander, d.h. jede Station wählt jede andere Station als Empfänger mit der Wahrscheinlichkeit 1/(n-1) aus.

Bild 2.1 zeigt ein Beispiel für die Topologie des untersuchten Netzes.

3. ROUTINGVERFAHREN

In diesem Kapitel werden praktisch realisierbare quittierende Rundspruch-Verfahren in Verbindung mit gezieltem Routen vorgestellt und in Kapitel 5 die ermittelten Simulationsergebnisse diskutiert. Da nicht alle Stationen benachbart sind, entstehen multi-hop Routen, bei denen ein oder mehrere Relais zwischen Quell- und Zielstation erforderlich sind (store and forward). Für die hier verwendeten Routingverfahren werden stationslokale Kenntnisse über die funktechnische Vernetzung des gesamten Netzes (vgl. Bild 2.1) vorausgesetzt. Jede Zwischenstation (Relais) auf einer multi-hop Route bestimmt dabei völlig dezentral den weiteren Fortgang der Route. Als Kriterium für die Auswahl einer Nachbarstation als Relais auf einer Route ist die minimale Anzahl benötigter hops bis zur Zielstation festgelegt.

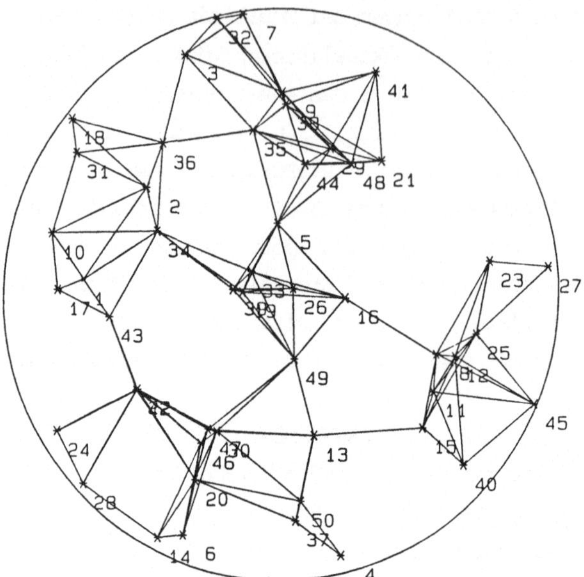

Bild 2.1: Beispiel für ein Funknetz; die Verbindungslinien zwischen den einzelnen Stationen entsprechen der funktechnischen Vernetzung.

Das folgende Beispiel zeigt den Aufbau einer Routingtabelle für Punkt-zu-Punkt Verbindungen, in der noch ein oder mehrere Alternativ-Relais eingetragen sind.

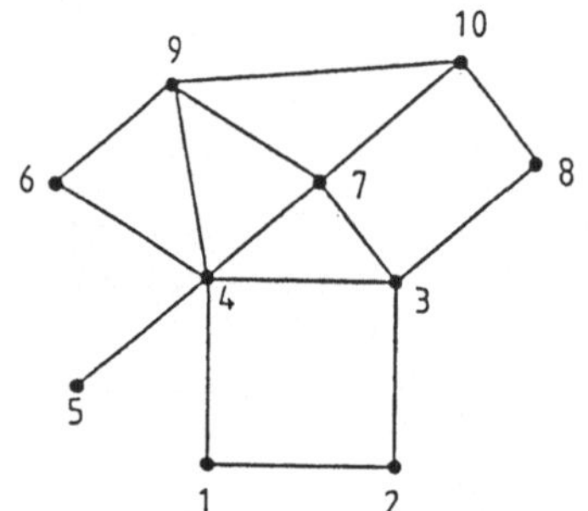

```
Routingtabelle für S4

Ziel   Relais (Ersatz)
----------------------
 1       1   (3)
 2       1   (3)
 3       3   (7,1)
 5       5   (-)
 6       6   (9)
 7       7   (3,9)
 8       3   (7,9)
 9       9   (6,7)
10       7   (9,3)
```

Bild 3.1: Routingtabelle der Station S4 für Punkt-zu-Punkt Verbindungen.

Bei BC-Verkehr wird ein Paket (z.B. An-/Abmeldepaket) von einer Station ausgehend an alle anderen Stationen des Netzes übermittelt. Um hierbei das Verkehrsvolumen möglichst klein zu halten, ist ein Routingverfahren mit folgenden zwei Eigenschaften erforderlich:

(a) Vollständigkeit, d.h. alle Stationen im Netz werden mindestens einmal erreicht,

(b) möglichst wenige Übertragungen, d.h. jede Station sollte ein BC-Paket nur einmal erhalten.

Will eine Station an alle anderen ein BC-Paket senden, dann überträgt sie es zunächst an alle ihre Nachbarstationen. Diese überprüfen anhand ihrer Routing-Tabelle, an welche ihrer Nachbarstationen das Paket weitertransportiert wird usw. Dabei wird sichergestellt, daß jede Station das Paket nur genau einmal empfängt. Das ist dadurch möglich, daß jede Station bei Erzeugung des BC-Paketes einen minimalen Erreichbarkeitsbaum generiert, der in Form eines sog. <u>Kontrollstreifens</u> im Paket verbleibt. Der Baum enthält jede Empfängerstation genau einmal. Bild 3.2 zeigt ein Beispiel für einen von Station S1 bzgl. des Netzes in Bild 3.1 erzeugten Kontrollstreifen.

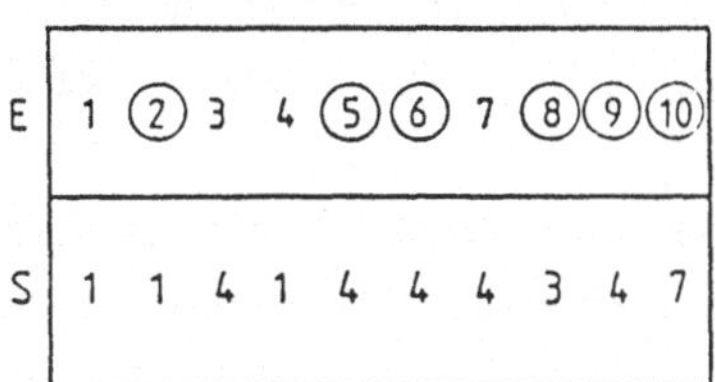

Bild 3.2: Kontrollstreifen für ein BC-Paket von S1 aus.

Der Kontrollstreifen definiert für jeden hop alle Nachbarstationen als Empfänger (E) und legt diejenigen als Sender (S) fest, die zur Erreichbarkeit aller Stationen des Netzes beitragen müssen. So werden im ersten hop S2 und S4 von S1 erreicht, aber nur S4 als Sender definiert. S4 überträgt im zweiten hop den empfangenen Kontrollstreifen weiter, wobei die Empfangsstationen S3, S5, S6, S7 und S9 erreicht werden, jedoch nur S3 und S7 als Sender nach S8 bzw. S10 festgelegt sind. Die mit einem Kreis markierten Stationen übertragen das empfangene Paket also nicht weiter. Wie aus Bild 3.2 abzulesen ist, treten nur die Stationen S1, S3, S4 und S7 als Sender auf. Das Verfahren ist deshalb so effizient, weil in jeder Station vollständige Kenntnisse über die Netzstruktur vorausgesetzt werden und erfordert den kleinstmöglichen Verkehrsaufwand. Würde man bei gleicher Netztopologie das BC-Paket nach der Flooding-Methode übertragen, wobei jede Station an alle Nachbarstationen überträgt, so wären neun (alle, außer S5) Stationen an der Übermittlung des Paketes beteiligt. Die quantitative Verbesserung der Streifenmethode gegenüber der Flooding-Methode wird in Kapitel 5 untersucht.

4. QUITTIERUNGSVERFAHREN

Um sicherzustellen, daß ein BC-Paket alle Stationen im Netz erreicht, ist ein quittierendes Übertragungs-Protokoll erforderlich. Für die sendende Station muß eindeutig erkennbar sein, ob ihr übertragenes Paket den gewünschten benachbarten Empfänger erreicht hat oder nicht. Quittungen werden implizit durch Beobachtung der Übertragungen der jeweiligen Empfängerstation gewonnen.

In /ELSAN.82/ und /ELSAN.83/ wird eine verwandte Methode zur impliziten Quittierung für Punkt-zu-Punkt Verbindungen beschrieben. Es hat den Nachteil, daß Störungen des Empfängers zu Zeitpunkten, zu denen Quittungen implizit gewonnen werden könnten, zum vollständigen Verlust der Quittung führen. Eine Kollision der Quittung wird angenommen, wenn entweder die interessierte Station gerade selbst überträgt oder in ihrem Empfangsbereich sr zwei oder mehr Sender gleichzeitig übertragen.

Ein BC-Paket wird in der Regel von mehreren (allen) benachbarten Stationen gleichzeitig erfolgreich empfangen. Da u.U. mehrere der Empfänger als Relais arbeiten müssen und dabei ein korrelierter Verkehr benachbarter Stationen entsteht, sind implizite Quittungen nur mit einem verbesserten Quittierungsmechanismus realisierbar. Explizite Quittungen sind nötig, wenn eine implizite Quittung ausbleibt. Die zusätzliche Netzbelastung durch explizite Quittungen als Pakete im gleichen Kanal ist bereits untersucht worden. In /TOBAG.78/ wird gezeigt, daß dabei unerwünschte Korrelationseffekte entstehen, die zu einer enormen Verschlechterung des Netzdurchsatzes führen.

Die Verbesserung des hier vorgeschlagenen Quittierungsverfahrens besteht darin, daß jede Station Si über einen begrenzten Zeitraum für ihren lokalen Gebrauch einen Sendebericht (n Bit) anfertigt, in dem sie festhält, in welchen der n vergangenen Slots sie übertragen hat. Parallel dazu vermerkt Si in ihrem Empfangsbericht (n Bit), in welchen zurückliegenden Slots sie Pakete empfangen hat. Den Empfangsbericht trägt sie in jedes von ihr gesendete Paket ein. Alle Nachbarn Sj, die ein Paket von Si empfangen, vergleichen den Empfangsbericht von Si mit dem eigenen Sendebericht und können an den markierten Slots erkennen, ob ihr früher an Si gesendetes Paket empfangen wurde oder nicht. Die n Bit des Empfangsberichtes entsprechen einem zurückliegenden Zeitfenster und jedes Bit einem Slot. Da in der one-hop Umgebung einer Station immer nur maximal eine Übertragung erfolgreich sein kann, ist das Verfahren eindeutig, solange man den Capture Effekt (erfolgreicher Empfang eines mehrerer gleichzeitig gesendeter Pakete) vernachlässigt. Bei Auftreten von Capture kann Eindeutigkeit durch Verwendung von Paketlaufnummern - wie beim HDLC-Protokoll - erzielt werden. Hat ein Sender nach Ablauf von n Bit noch kein Paket des Empfängers beobachtet, so kann er nicht mehr mit einer impliziten Quittung rechnen: die Länge des Empfangsberichtes entspricht dem time-out des Senders.

Folgendes Beispiel verdeutlicht den Ablauf des impliziten Quittierungsmechanismus:
S1 (vgl. Bild 3.1) überträgt in den Slots t2 und t7 die Pakete P1 bzw. P2 an S4 und trägt dies in ihren Sendebericht ein, vgl. Bild 4.1. Unter der Annahme, daß S4 das Paket P1 in Slot t2 kollisionsbedingt nicht, aber das Paket P2 in Slot t7 empfängt, können folgende implizite Quittungen gewonnen werden: S4 hatte in den Slots t2 bzw. t5 keine oder mehrere gleichzeitige Übertragungen in ihrem Empfangsbereich und markiert deshalb in ihrem Empfangsbericht die Slots t2 bzw. t5 mit F(alse).

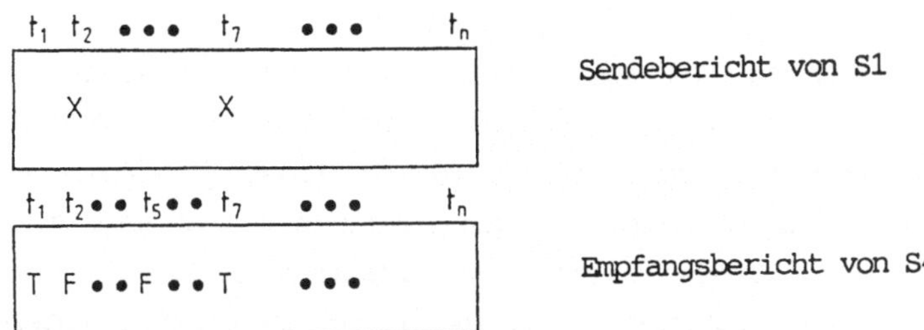

Bild 4.1: Implizites Quittieren von S4 an S1 (vgl. Bild 3.1)

Die Slots t1 und t7 werden aufgrund erfolgreichen Empfangs im Empfangsbericht von S4 mit T(rue) markiert. S1 vergleicht, bei Mithören des Empfangsberichtes von S4 zu einem späteren Zeitpunkt (ti>t7) die "relativen" Zeitpunkte t2 und t7 mit dem eigenen Sendebericht und sieht, daß Paket P1 kollidiert, aber Paket P2 erfolgreich übertragen wurde. Die Eintragungen für die Slots t1 und t5 haben für S1 keine Relevanz. Wenn eine Station nach Empfang eines Paketes während der kommenden n Slots kein Paket übertragen würde, überträgt sie ein explizites ACK-Paket. Das Verfahren hat folgende Vor- und Nachteile.

VORTEILE:

- der Relais-Verkehr bei Punkt-zu-Punkt und BC-Betrieb wird genutzt, um sowohl positive (ACK) als auch negative (NAK) Quittungen zu gewinnen.

- bildet sich in einer Relaisstation Sj eine Warteschlange von Paketen, wird ein von Si empfangenes Paket u.U. nicht sofort weiter übertragen. Da aber jedes Paket von Sj den Empfangsbericht enthält, kann Si schon bei der nächsten Übertragung von Sj die Quittung (ACK/NAK) gewinnen. Bei einer Kollision muß somit nicht der gesamte time-out vor der erneuten Übertragung abgewartet werden.

- jede Relais-/Zielstation überträgt bei ausreichender Länge des Empfangsberichtes und ausreichend großem Eigen-/Relaisverkehr Quittungen wiederholt, so daß der Verlust einer Quittung unwahrscheinlich ist.

- jede Übertragung enthält u.U. Quittungen verschiedener Pakete.

- implizite Quittungen sind besonders bei BC-Betrieb vorteilhaft, da sonst lokal ein büschelartig hohes Verkehrsaufkommen durch Quittungen entstehen würde.

NACHTEILE:

- die Zeitspanne (time-out) bis zur wiederholten Übertragung desselben Paketes eines Senders muß genügend groß sein, damit der Empfänger mit hoher Wahrscheinlichkeit aus eigenem Antrieb sendet. Andernfalls wiederholt der Sender unnötigerweise ein erfolgreiches Paket.

- Verlust an Kanalkapazität wegen Übertragung des Empfangsberichtes in den Paketen. Dies entspricht einem schmalen Quittungskanal von ca. 50bit/Slot,

- bei zu geringem Verkehrsaufkommen empfangender Stationen steigt die Häufigkeit expliziter Quittungen wegen Ablauf des time-outs.

5. ERGEBNISSE

5.1 ENDE-ZU-ENDE PAKET-LAUFZEITEN IN MULTI-HOP NETZEN

Die Verbesserung des Routens von BC-Paketen durch die Quellstation mittels der Kontrollstreifenmethode soll durch Vergleich mit der Flooding-Methode gezeigt werden. Dazu wurde in statistischen Zeitabständen von einer zufällig im Netz nach Bild 2.1 gewählten Station ein BC-Paket erzeugt und seine mittlere Ende-zu-Ende Laufzeit zu allen anderen Stationen gemessen. Eine zeitliche Überlappung unterschiedlicher BC-Quell-Pakete wurde nicht zugelassen. Die in Bild 5.1 gezeigten mittleren Laufzeiten sind ohne Berücksichtigung von Quittungsdauern ermittelt und mit 95%-Konfidenzintervallen angegeben worden.

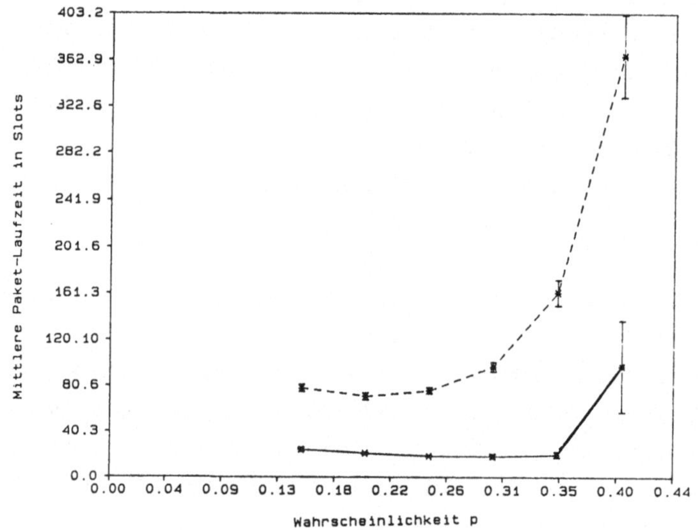

Bild 5.1: Mittlere Ende-zu-Ende Laufzeit für BC-Pakete bei Flooding (--) und gezieltem Routen (—).
Parameter: Erzeugungswahrscheinlichkeit (q) = 0.0067,
Übertragungswahrscheinlichkeit (p) = 0.15 - 0.4

Man sieht, daß besonders bei hohen Übertragungswahrscheinlichkeiten p die Flooding-Methode deutlich ungünstigere Ende-zu-Ende Laufzeiten liefert als die Kontrollstreifen-Methode. Dies liegt daran, daß beim Flooding deutlich mehr Pakete als beim gezielten Routen entstehen, so daß eine entsprechend größere Zahl von Kollisionen resultiert, und die Pakete deutlich häufiger wiederholt werden müssen.

Zur Bewertung des vorgeschlagenen Quittierungsverfahrens wurde eine Station aus der Netzmitte als Quelle ausgewählt und die Laufzeit ihrer BC-Pakete ermittelt. Dabei wurde zwischen Zeiten unterschieden, die ein BC-Paket zu Stationen benötigt, die genau einen, zwei bzw. drei hops entfernt liegen. Daneben wurde Punkt-zu-Punkt Verkehr gemäß den Parametern q und p abgewickelt.

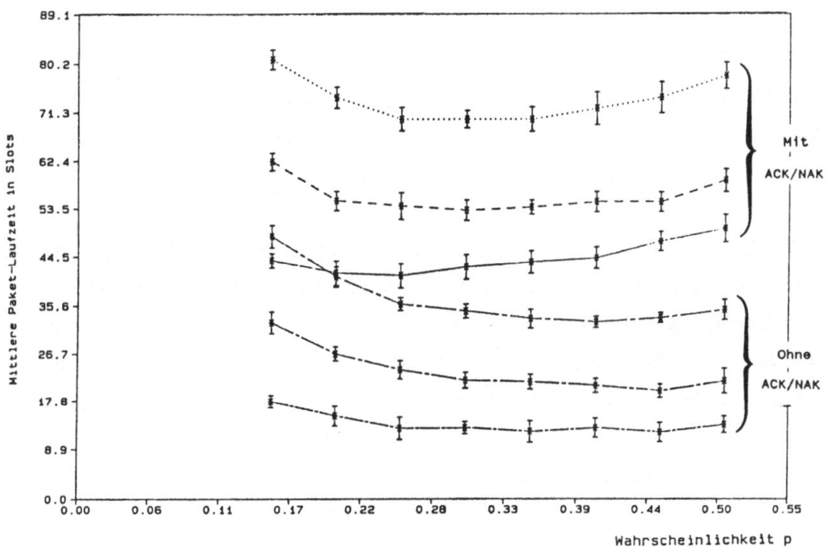

Bild 5.2: Mittlere Laufzeiten von BC-Paketen für 1-hop (—), 2-hop (--) und 3-hop (...) Parameter: q = 0.005, p = 0.15 - 0.5

Bild 5.2 zeigt die ermittelten Werte über der Übertragungswahrscheinlichkeit p. Für p<0.15 ergibt sich, daß trotz des geringen Verkehrsaufkommens (q = 0.005 entspricht einer Erzeugungswahrscheinlichkeit von 1 Paket/ 200 Slot) einzelne Stationen im Netz aufgrund der kleinen Übertragungswahrscheinlichkeit p verstopft werden und den Relaisverkehr nicht mehr bewältigen können. Das System wird dabei instabil. Für p>0.5 werden die Warteschlangenlängen einzelner Relais aufgrund vieler Kollisionen ebenfalls unbegrenzt groß und das System wird instabil. Kollisionen werden um so wahrscheinlicher, je größer p ist. Im gezeigten Bereich für p von 0.15-0.4 nehmen die Paketlaufzeiten mit zunehmendem p ab. Der Grund dafür ist, daß mit wachsendem p jedes Paket weniger lange auf Übertragung warten muß. Für p>0.4 nehmen die Paketlaufzeiten etwas zu, was an der zunehmenden Zahl von Kollisionen liegt, wobei Stationen ihr Paket erneut übertragen müssen. Es gibt deshalb, abhängig vom lokalen Verkehrsaufkommen und der Vermaschung einer Station im Netz, für jede eine lokale optimale Übertragungswahrscheinlichkeit. Wir haben hier nur den Fall betrachtet, daß p für alle Stationen gleich groß ist.

Zum besseren Verständnis sei noch angemerkt, daß ein großer Wert für p (z.B. p = 0.4) nur wirksam wird, wenn die entsprechende Station ein Paket vorliegen hat. Neben der mittleren Laufzeit von BC-Paketen über 1-, 2- und 3-hop bis zum Vorliegen aller Quittungen sind die Paketlaufzeiten ohne Berücksichtigung der Quittungen (-.-) dargestellt.

5.2 ZUM EINFLUSS DER MOBILITÄT AUF DAS ROUTEN VON PAKETEN

Jetzt wird dargestellt, welchen Einfluß die Mobilität von Stationen auf Schwankungen ihrer funktechnischen Vernetzung hat. Ortsveränderungen von Stationen führen dazu, daß sie ihren bisherigen Funkkontakt zu ihren Nachbarn teilweise oder völlig verlieren, oder evtl. auf neuen Wegen Kontakt bekommen. Es wird angestrebt sicherzustellen, daß trotz Mobilität ein möglichst umwegfreier und zuverlässiger Funkverkehr über multi-hop Routen möglich ist. Voraussetzung dafür sind aktuelle Kenntnisse über Veränderungen der Netztopologie und daraus resultierende alternativen Routen.

Die bisherigen Ergebnisse gelten für Netze ohne Mobilität der Stationen. Das Modell nach Abschnitt 2 wird jetzt erweitert, um mittels Simulation zu untersuchen, wie sich Mobilität auf Topologieänderungen auswirkt. Jede Station erhält nun einen Bewegungsvektor, der sich aus einer Geschwindigkeit und einer Richtung zusammensetzt. Die Geschwindigkeit wurde konstant mit 30 km/h vorgegeben und ein Richtungswinkel pro Station zwischen -179 und 180 Grad ausgewürfelt. Damit sich die Zahl der Stationen im Netz nicht ändert, wird erzwungen, daß sich alle Stationen nur innerhalb einer gegebenen Kreisfläche mit Radius r bewegen. Immer wenn sie von innen an den Rand des Kreises stoßen, werden sie an der Kreistangente des Berührungspunktes reflektiert und verbleiben so innerhalb des Kreises (Billard-Effekt). Ziel dieser Untersuchung ist, Erkenntnisse über die Häufigkeit von Topologieänderungen und den Aufwand für die Aktualisierung stationslokaler Routingtabellen zu gewinnen.

Die Geschwindigkeit der Stationen wird im folgenden nicht in km/h, sondern in m/Slot angegeben, um einen Zusammenhang zwischen Mobilität und Slotdauer herzustellen und dabei allgemeingültigere Aussagen zu erzielen. Sie ergibt sich nach Division der Fahrzeuggeschwindigkeit (m/s) durch die Anzahl der Zeitschlitze pro Sekunde (Slot/s). 50km/h entsprechen bei 1 kbit/Paket und 16 kbit/s Übertragungsrate 0.87 m/Slot.

Jede Topologieänderung, also der Verbindungsgewinn oder -verlust zwischen zwei Nachbarstationen ist ein Ereignis, das Wirkungen auf existierende Routen im Netz hat. Die beiden davon betroffenen Stationen heißen <u>unmittelbar</u> betroffene Stationen. Als <u>mittelbar</u> betroffen werden solche Stationen bezeichnet, bei denen das Ereignis zwar außerhalb ihres S-/E-Radius auftritt, die aber trotzdem ihre Routingtabelle ändern müssen. Mittelbar betroffene Stationen sollten schneller benachrichtigt werden, als <u>indirekt</u> betroffenen Stationen, die zwar entweder über die verlorene Verbindung geroutet haben oder über die neue Verbindung routen werden, aber deren eigene Routingtabelle gleich geblieben ist. Indirekt betroffene Stationen routen also über unmittelbar oder mittelbar betroffene Stationen. Daneben gibt es auch Stationen, die aufgrund ihrer Lage im Netz überhaupt nicht betroffen sind. Jedes Ereignis wird einer Klasse zugeteilt. Klasse i (i=0,1,..,10) bedeutet, daß i Stationen mittelbar betroffen sind. In Klasse 0 fallen alle Ereignisse, bei denen nur unmittelbar betroffene Stationen auftreten. In Klasse 11 werden alle Ereignisse gezählt, bei denen 11 oder mehr Stationen mittelbar betroffen sind. Klasse 12 zählt die Ereignisse, bei denen Teilnetze entstehen bzw. integriert werden.

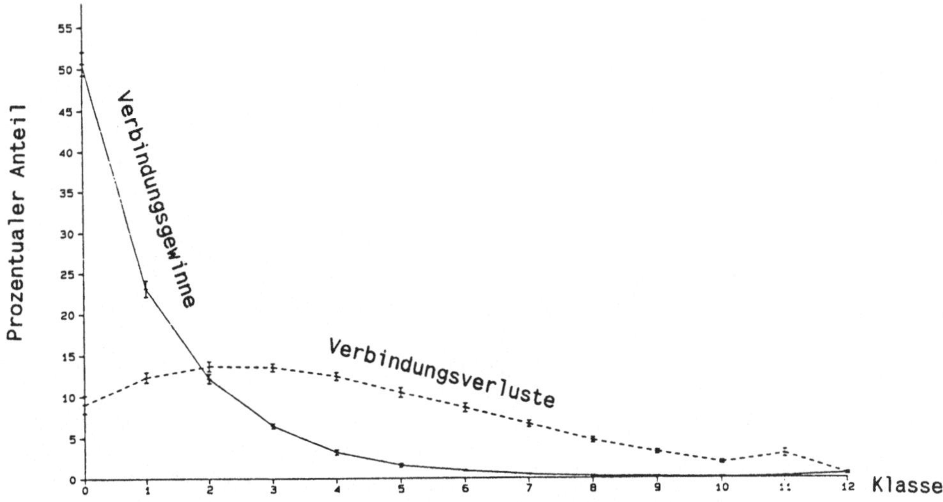

Bild 5.3: Prozentuale Verteilung der Ereignisse auf die Klassen.

Bild 5.3 zeigt die Häufigkeitsverteilung von Verbindungsgewinnen bzw. -verlusten auf die Klassen, wobei zusammengehörige Punkte verbunden sind. Die Folge von Klassenwerten bei Verbindungsgewinn ist monoton fallend. Beachtenswert ist, daß rund 50% aller Verbindungsgewinne keine mittelbar betroffene Stationen betreffen. Man sieht, daß in nur 8% der betrachteten Fälle mehr als drei mittelbar betroffene Stationen existieren, bzw. daß in rund 92% aller Fälle höchstens drei Stationen mittelbar betroffen sind. Die Kurve für Verbindungsverluste beginnt bei 9% (für Klasse 0), findet ihr Maximum in den Klassen 2 und 3 bei 14%, um dann langsam zu fallen. So sind lediglich in ca. 50% aller Fälle höchstens drei Stationen mittelbar betroffen, was signifikant weniger als bei den Verbindungsgewinnen ist. Man erkennt also, daß das ein Verbindungsverlust in der Regel mehr Stationen mittelbar betrifft, als ein Verbindungsgewinn. Das liegt daran, daß bei Verlust einer Verbindung mehr Stationen ihre Routingtabelle aktualisieren müssen. Bei Verbindungsgewinnen, bei denen sich die Zahl der hops für die indirekt betroffenen Stationen nicht ändert, ist eine Aktualisierung der Routingtabelle nicht erforderlich.

Neben der prozentualen Verteilung der Ereignisse auf die entsprechenden Klassen ist noch die Entfernung (in hops) der mittelbar betroffenen von den unmittelbar betroffenen Stationen ermittelt worden.

Bild 5.4 gilt für Verbindungsverluste und zeigt, daß die mittelbar betroffenen Stationen zu 80% -95% (ausgezogene Kurve) nur einen hop (1. Schale) entfernt liegen. Die Kurve für die zwei-hop entfernten Stationen (2. Schale) zeigt, daß mit steigender Zahl mittelbar betroffener Stationen der Prozentsatz betroffener Stationen zunimmt. Allerdings ist die absolute Häufigkeit für viele mittelbar betroffene Stationen sehr gering, vgl. Bild 5.3. Die Kurve für die 3. Schale zeigt, daß hier kaum noch mittelbar betroffene Stationen auftreten. Beim Verbindungsgewinn herrschen ähnliche Verhältnisse.

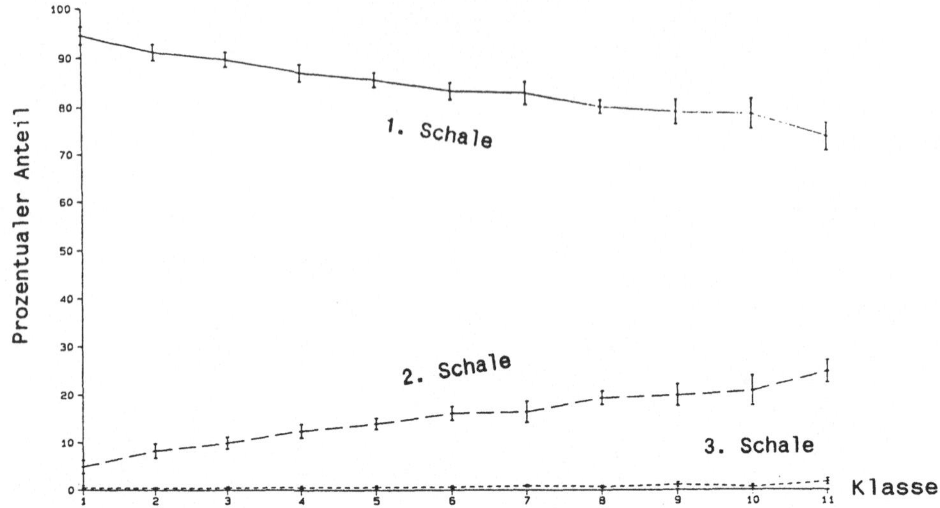

Bild 5.4: Verteilung der Entfernung in hops der mittelbar betroffen von den unmittelbar betroffenen Stationen.

Zusammenfassend kann man sagen, daß bei den weitaus meisten Topologieänderungen nur wenige Stationen mittelbar betroffen sind und zugleich in der 1. oder 2. Schale um die unmittelbar betroffenen Stationen liegen.

Im folgenden wird ein asynchrones Aktualisierungsverfahren stationslokaler Routingtabellen beschrieben, das völlig dezentral arbeitet, ohne zusätzlichen Verkehr auskommt und einen erstaunlich hohen Anteil korrekt gerouteter Paketen garantiert. Dabei trägt jede Quellstation in jedes Paket eine "Nachbarschaftskarte" ein, die ihre aktuellen Nachbarstationen angibt. Alle Stationen, die dieses Paket auf seiner Route als Relais weitergeben oder von der Quellstation bzw. einem Relais empfangen, kennen somit die aktuelle Nachbarschaft der Quellstation. Dadurch ergibt sich, daß Stationen, die bedingt durch ihre Lage im Netz relativ viel Relaisverkehr abwickeln über besonders aktuelle Routinginformation verfügen.

Topologieänderungen werden von den unmittelbar betroffenen Stationen durch folgende Mechanismen festgestellt: Verbindungsgewinne erkennen sie durch Empfang neuer Nachbarstationen. Verbindungsverlust werden angenommen, wenn eine Nachbarstation während einer festgelegten Zeitdauer nicht gehört oder wiederholt keine Quittung erhalten hat. Auf explizite "Hallo"-Pakete zur Überprüfung einer schweigenden Nachbarstation wird verzichtet.

Um zunächst eine Vorstellung von der geeigneten Zeitdauer zu bekommen, nach deren Ablauf ein Verbindungsverlust angenommen wird, wurde die Häufigkeit der Zeitabstände ermittelt, nach denen eine Station eine andere hört. Dazu wurden 5 Zeitfenster in Slots (1-30, 31-60, 61-90, 91-120, >120) gebildet und die gemessenen Zeitspannen für q=0.005 und q=0.01 eingetragen, vgl. Bild 5.5.

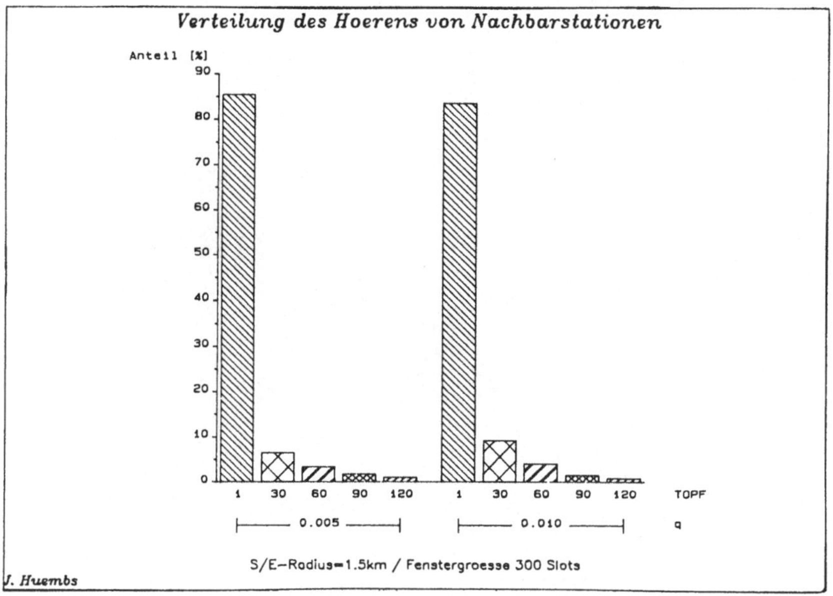

Bild 5.5: Häufigkeit der Dauer zwischen Kontakten benachbarter Stationen

Für beide Erzeugungswahrscheinlichkeiten (q) haben Stationen mit 85% Wahrscheinlichkeit Kontakt nach spätestens 30 Slots. Größere Zeitspannen zwischen Funkkontakten sind relativ unwahrscheinlich, so daß in das 5. Zeitfenster (>120 Slots) kaum noch Werte fallen. Weiter wurde ermittelt, wie oft in Abhängigkeit von der Größe des Zeitfenster fälschlich zu einer nicht mehr vorhandenen Nachbarstation übertragen wird, vgl. Bild 5.6. Als Parameter wurden neben der Größe des Zeitfenster auch die Stationsgeschwindigkeit berücksichtigt.

Bei kleiner Fenstergröße werden entsprechend bald Verbindungsverluste angenommen und Pakete selten zu nicht erreichbaren ehemaligen Nachbarstationen übertragen. Bei höheren Geschwindigkeiten treten mehr topologische Änderungen pro Zeiteinheit auf: daher steigt die Zahl falsch gerouteter Pakete. Die Werte steigen mit größerer Fenstergröße, da dort Verbindungsverluste entsprechend später erkannt werden. So steigen bei 90km/h die erzielten Werte von unter 1.5% (Fenstergröße 100 Slots) auf knapp 10% (Fenstergröße 600 Slots). Bewegen sich die Stationen mit lediglich 30km/h, erhöhen sich die Werte natürlich nicht so schnell, so daß bei einer kleinen Fenstergröße fast alle Verbindungsverluste rechtzeitig erkannt werden.

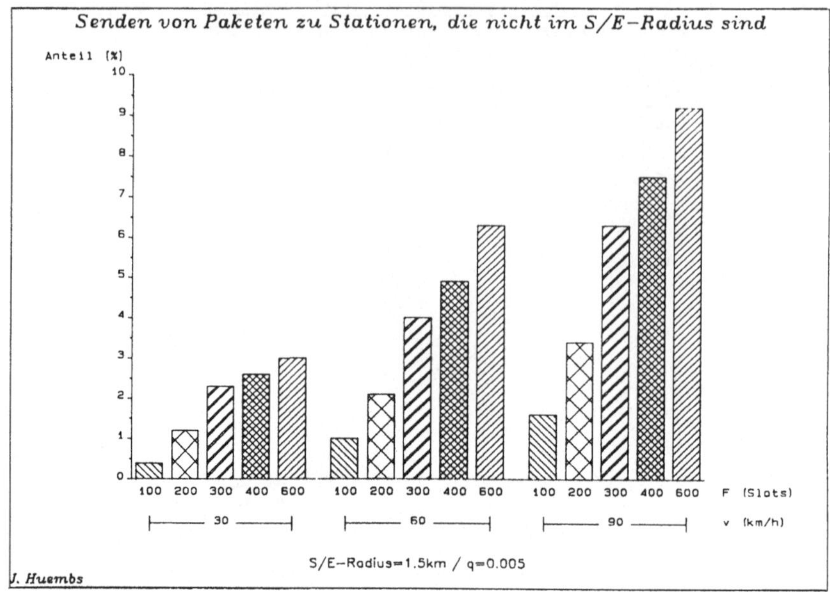

Bild 5.6: Häufigkeit fälschlicher Übertragungen zu ehemaligen Nachbarstationen

Als weiteres Maß für die Qualität des asynchronen Aktualisierungsverfahren wird nun die mittlere Anzahl optimal gerouteter Pakete als Funktion der besprochenen Fenstergröße betrachtet, vgl. Bild 5.7. Je nach Geschwindigkeit und Zeitfenster ergeben sich 80-97% optimal gerouteter Pakete. Es wurde zusätzlich ermittelt, daß falsch geroutete Pakete lediglich einen Umweg von 1.4 hops machen.

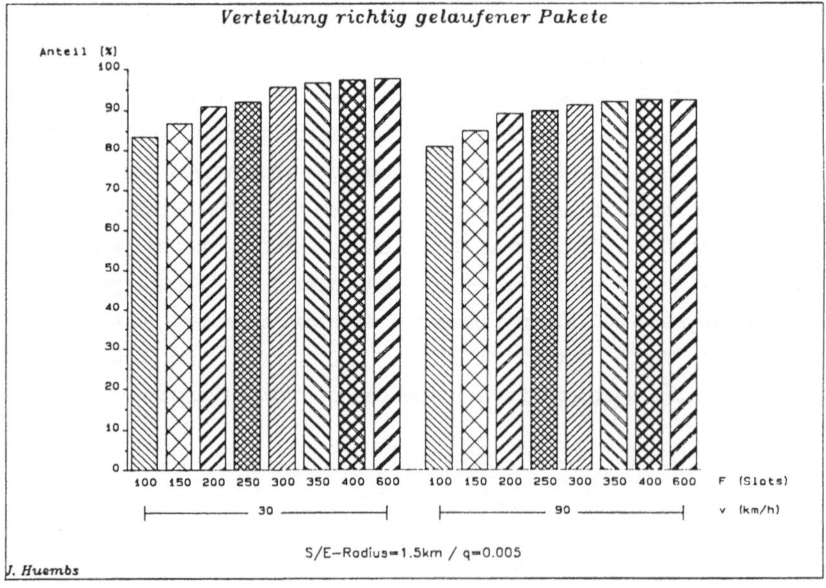

Bild 5.7: Prozentsatz aller Pakete, welche die optimale Route durchlaufen.

Bei Vergrößerung des Zeitfensters fällt auf, daß der prozentuale Anteil richtig gewählter Routen stets zunimmt. Bei kleinen Fenstergrößen werden zu früh falsche Verbindungsverluste angenommen und verbreitet, so daß die (Relais-) Stationen in über 15% aller Fälle die optimalen Wege nicht mehr erkennen können.

Die bisherigen Ergebnisse erlauben den Schluß, daß die vorgestellte Methode zur asynchronen Aktualisierung stationslokaler Routingdaten geeignet ist, ein mobiles Netz überlebensfähig zu halten und zugleich sehr befriedigende Leistungskenngrößen liefert. Es hat sich gezeigt, daß die Größe des Zeitfensters ein entscheidender Parameter ist: Sie sollte nicht kleiner als 200 Slots gewählt werden, da sonst zu häufig unnötig lange Routen gewählt werden. Sie sollte nicht größer als 300 Slots sein, da sonst der Anteil Übertragungen zu nicht mehr vorhandenen Nachbarn zu groß wird (vgl. Bild 5.6) und auch keine wesentliche Steigerung im Anteil optimal gewählter Routen erzielt würde.

6. ZUSAMMENFASSUNG UND AUSBLICK

Es wird ein Verfahren für die sichere Verteilung (Broadcast) von Paketen in einem multi-hop Paketfunknetz mit homogenem Punkt-zu-Punkt Verkehr vorgestellt, das implizite Quittungen (ACK/NAK) als Teil jedes Paket vorsieht. Jede Station quittiert dabei eine feste Zahl vergangener Slots und gestattet so anderen Stationen durch Mithören schnell und zuverlässig, trotz häufig gestörter Empfangsumgebung, den (Miß-)Erfolg einer eigenen Übertragung zu erkennen. Zugehörige Simulationsergebnisse zeigen, mit welcher mittleren Laufzeit der Pakete gerechnet werden muß, bis Stationen in 1-, 2- und 3-hop Entfernung sicher erreicht werden. Untersuchungen mobiler Stationen durch Simulation ergeben Einsichten, wieviele Stationen von jeder Topologieänderung betroffen sind, und wie weit diese Stationen von der Stelle der Änderung entfernt liegen. Weiter wurde ein neues asynchrones Aktualisierungsverfahren eingeführt und bewertet. Es zeichnet sich durch sehr geringen Aufwand aus, bei dem keine zusätzlichen Pakete entstehen. Seine Leistungsfähigkeit wurde anhand des hohen prozentualen Anteil optimal gerouteter Pakete bestätigt.

Das System ist aufgrund der vielen wesentlichen Parameter sehr komplex und nur schwer durchschaubar. Als wesentliche Resultate sollten nicht die tatsächlich ermittelten Zahlenwerte interessierender Verkehrsgrößen, sondern die vorgestellten Management-Mechanismen angesehen werden, für die sie ermittelt wurden. Diese Mechanismen können vermutlich mit ähnlichem Erfolg auch auf verwandte Systeme übertragen werden.

Wir planen Untersuchungen zur Optimierung der Parameter für die implizite und explizite Quittierung, zur dynamischer Steuerung der stationslokalen Übertragungswahrscheinlichkeit p und zur Verbesserung der asynchronen Aktualisierung. Dabei wird angestrebt, das Zeitverhalten zu verbessern und die Leistungsgrenzen der Protokolle festzustellen.

Für ihre Mitarbeit im Rahmen von Diplomarbeiten danken wir herzlich den Herren J. Hümbs und N. Papadopulos.

LITERATUR

/BRAGO.87/ V. Brass, C. Gotthardt:

On Throughput and Delay-time in S-ALOHA Multi-hop Systems; Informatik Fachberichte 154, (Ed. U. Herzog) Springer-Verlag Berlin/Heidelberg, pp 236-249, Sep. 1987.

/ELSAN.82/ M.Y. Elsanadidi, W.M. Chu:

Study of Acknowledgment Schemes in a Star Multiaccess Network; IEEE Trans. on Com., Vol. COM-30, pp 1657-1664, July 1982

/ELSAN.83/ M.Y. Elsanadidi, W.M. Chu:

Simulation studies of the behaviour of multi-hop broadcast networks; Computer Science Department, UCLA 90024 (erschienen in: ACM, Communications Architectures and Protocols, SIGCOM 1983 Symposium, pp 170-177.

/TOBAG.78/ F.A. Tobagi, L. Kleinrock:

The effect of acknowledgement traffic on the capacity of packet switched radio channels; IEEE Trans. on Com., Vol. COM-26, pp 815-826, June 1978

/WALKE.87/ B. Walke:

Über Organisation und Leistungskenngrößen eines dezentral organisierten Funksystems. Kommunikation in verteilten Systemen 1987 Informatik Fachberichte 130, Springer Verlag, S. 578-591.

DURCHSATZ IN CSMA-MULTIHOP-NETZEN

Claus Gotthardt

Fachbereich Elektrotechnik - Datenverarbeitungstechnik

FernUniversität-GH Hagen, D-5860 Iserlohn

KURZFASSUNG

In diesem Beitrag wird die Anwendung des Nonpersistent CSMA-Protokolls bei
einem Multi-hop-System untersucht. Die Durchsatzgleichung wird für eine feste
Konfiguration (Schleifennetzwerk) und für ein Netz mit zufällig verteilten
Stationen hergeleitet und numerisch ausgewertet.

1. EINLEITUNG

Als besonders effektive und wirtschaftliche Methode zur digitalen Kommunikation zwischen intelligenten evtl. mobilen Stationen haben sich paketvermittelte Funk-Systeme herausgestellt. Sie arbeiten besonders effizient mit sog. Zu-
fallszugriffsprotokollen, deren einfachster Vertreter das ALOHA-Protokoll ist.
Die Systeme sind somit nicht an bestimmte Geometrien (ortsfeste Stationen)
gebunden und flexibel in bezug auf die Anzahl beteiligter Stationen.
Durch die Verwendung von Frequenzen im Giga-Hertz-Bereich entstehen zukünftig
weitere Systeme, die dadurch gekennzeichnet sind, daß die am Netz beteiligten
Stationen, bedingt durch die begrenzte Sende-/Empfangsreichweite, nicht mehr
alle direkt miteinander verbunden sind. Diese teilvermaschten Systeme nennt
man Multi-hop-Systeme.
In diesen Multi-hop-Systemen müssen die Pakete u.U. über mehrere Übertragungsabschnitte und dazwischen liegende Stationen durch das Netz weitervermittelt
werden, bevor sie ihr Ziel erreichen. Da ein übertragenes Paket in einem solchen Netz andererseits auch nur von einem Teil der Stationen des Netzes empfangen werden kann, besteht die Möglichkeit, daß eine andere Station in einem
anderen entfernt liegenden Teil des Netzes zur gleichen Zeit ebenfalls den
Kanal für eine erfolgreiche Übertragung nutzt, da sich die Übertragungen gegenseitig nicht stören. Dieser Effekt wird als räumliche Kanalwiederverwendung
bezeichnet. Als Kanalzugriffsprotokolle für Multi-hop-Systeme kommen alle Zu-
fallszugriffsprotokolle wie ALOHA, S-ALOHA, CSMA, und weitere speziell für
solche Systeme entwickelte Protokolle wie z. B. CSAP (TH Aachen) in Frage.
Analysen solcher Multi-hop-Systeme bei S-ALOHA haben gezeigt /SILV78,TAKA84/,
daß der Durchsatz, die mittlere Anzahl erfolgreich empfangener Pakete pro slot
(slot=Paketlänge), gegenüber vollvermaschten Systemen nicht schlechter, sondern zum Teil sogar besser wird. Der Durchsatz ist dabei sehr stark abhängig
vom Vermaschungsgrad, d.h. der im Mittel auftretenden Zahl benachbarter Stationen. Es wurde auch gezeigt (TAKA 84), daß bei einer zufälligen Verteilung
der Stationen in der Ebene der Durchsatz optimal ist, wenn jede Station im

Mittel 8 andere Stationen in Reichweite hat.

Ein weiteres, verbessertes Zufallszugriffsprotokoll ist das CSMA-(Carrier Sense Multiple Access) Protokoll. Der maximale Durchsatz bei einem vollvermaschten System bei der Variante Nonpersistent CSMA ist mit 0.857 mehr als doppelt so hoch als bei S-ALOHA. Dieser Vorteil von CSMA gegenüber S-ALOHA läßt sich aber bei teilvermaschten Systemen nicht aufrechterhalten da man durch das Abhören des Kanals bei CSMA nur Information über die lokale Umgebung des Senders erhält. Damit die Übertragung aber nicht gestört wird muß der Kanal im Empfangsbereich des jeweiligen Empfängers frei sein. Es entstehen sog. verborgene (hidden) Stationen, die sich bzgl. des Empfängers undiszipliniert wie bei ALOHA verhalten. Der wesentliche Vorteil des CSMA-Protokolls ist hier, daß kein zentraler slot-Takt benötigt wird wie bei S-ALOHA.

2. DURCHSATZ IN CSMA-MULTIHOP-NETZEN

In diesem Aufsatz soll die Anwendung des nonpersistent CSMA-Protokolls bei Multi-hop-Systemen untersucht werden. Als Leistungsmaß dient dabei der One-hop-Durchsatz, die mittlere Anzahl erfolgreicher übertragener Pakete einer Station pro slot (slot=Paketlänge). Dazu werden die folgende Modellannahmen gemacht:

Zugriffsprotokoll: Nonpersistent CSMA

Ein mini-slot entspricht der maximal auftretenden Signallaufzeit a. Ein Datenpaket (slot) ist mehrere mini-slots lang, es wird hier angenommen, daß ein slot genau aus 1/a mini-slots besteht.

Wenn man annimmt daß eine Station jederzeit ein Paket zu übertragen hat (heavy traffic), dann kann man die Abläufe in einer Station beim nonpersistent CSMA-Protokoll folgendermaßen beschreiben: Eine Station hört den Kanal in einem mini-slot mit der Wahrscheinlichkeit p ab. Wenn der Kanal als frei erkannt wird, beginnt die Station die Übertragung ihres Paketes. Wird der Kanal jedoch als belegt erkannt, dann pausiert die Station für eine zufällige Zeit, hört anschließend den Kanal wieder ab und wiederholt den beschriebenen Algorithmus. Im Modell wird angenommen, daß alle im Übertragungsbereich eines Senders befindlichen Stationen dessen Übertragung nach einem mini-slot (Laufzeit a) erkennen und die Übertragung noch einen weiteren mini-slot nach Beendigung der Übertragung hören. Quittungsverkehr wird nicht betrachtet. Es wird angenommen, daß der erfolgreiche Empfang eines Paketes dem Sender sofort über einen Quittungskanal bekannt ist.

Übertragungswahrscheinlichkeit p

Eine Station hört in einem mini-slot mit der Wahrscheinlichkeit p den Kanal ab. Das Kanalabhörverhalten einer Station entspricht einer Bernoulli-Verteilung mit p als Abhörrate per mini-slot, aber nur solange keine Übertragung stattfindet. Die Zeitpunkte, zu denen eine Übertragung gestartet wird genügen aber nicht der Bernoulli-Verteilung. Dies wird hier jedoch vereinfachend als zutreffend angenommen. Eine Station startet in einem mini-slot eine Übertragung mit der Wahrscheinlichkeit p`. p` ist die reduzierte Übertragungswahrscheinlichkeit einer Station, sie ergibt sich aus der Abhörrate p und der Wahrscheinlichkeit PI beim Abhören einen freien Kanal anzutreffen, denn nur dann startet die betrachtete Station eine Übertragung.

Sende-/Empfangsradius R

Alle Stationen haben den gleichen Sende-/Empfangsradius R. Stationen, die sich innerhalb eines Kreises mit dem Radius R um eine Station befinden, können diese Station direkt hören und auch Pakete von ihr direkt empfangen. Stationen außerhalb dieses Kreises können das nicht, sie haben keine direkte Verbindung. Abhängig von der Entfernung zwischen Sender und Empfänger überschneiden sich deren Sende-/Empfangsbereiche mehr oder weniger. Ein von einem Sender P zu einem Empfänger Q übertragenes Paket ist ungestört und damit erfolgreich, wenn keine andere Station mit Verbindung zum Empfänger während einer Dauer von (1+1/a) mini-slots (Paketlänge 1/a + 1 mini-slot Laufzeit) überträgt.

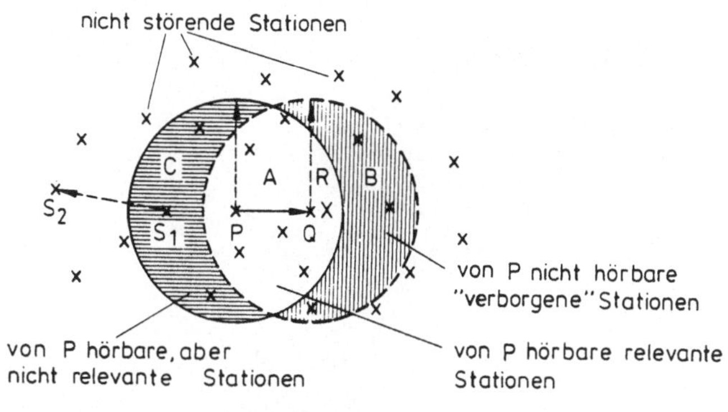

Bild 1

Die Stationen im Empfangsbereich von Station Q, also aus den Flächen A und B, können mit der Übertragung von P nach Q kollidieren. Da Stationen in Fläche A die Übertragung spätestens nach einem mini-slot (max. Laufzeit) erkennen, ist die Übertragung erfolgreich, wenn keine davon eine Übertragung im gleichen mini-slot beginnt. Stationen in Fläche B können die Übertragung von P nach Q nicht hören und verhalten sich daher bezüglich dieser Übertragung völlig unkoordiniert. Diese verborgenen (hidden) Stationen aus Fläche B dürfen daher (1+2/a) mini-slots (Paketlänge + Sicherheitsabstand) lang nicht übertragen, um eine erfolgreiche Übertragung zu garantieren.

Weiterhin gibt es, wie aus Bild 1 zu ersehen ist, in einem Multihop-System Stationen im Sende-/Empfangsbereich von P, die zwar die Übertragung von P nach Q hören, und sich dementsprechend diszipliniert verhalten, jedoch möglicherweise diese Übertragung überhaupt nicht stören würden. Zum Beispiel könnte eine Übertragung von Station S1 nach Station S2 gleichzeitig zur

Übertragung von P nach Q stattfinden, die beiden Pakete würden nicht kollidieren. S1 wird aber keine Übertragung starten, da S1 die Sendung von P hört. Die Stationen aus Fläche C verringern also die tatsächliche Übertragungswahrscheinlichkeit p und damit auch den Durchsatz, da sie möglicherweise erfolgreiche Übertragungen verhindern.

Verkehrsmatrix

Das Netz enthält n Stationen. Die Verkehrsmatrizen aller n Stationen sind gleich, d.h. jede Station sendet zu allen anderen n-1 Stationen mit gleicher Wahrscheinlichkeit.

2.1 REGELMÄßIGE STRUKTUREN

In diesem Abschnitt soll ein Multi-hop-Netzwerk mit regelmäßiger Struktur untersucht werden. Ein Schleifennetzwerk ist ein eindimensionales Netzwerk, bei dem n Stationen auf dem Umfang eines Kreises gleichmäßig verteilt sind. Der Vermaschungsgrad N gibt an wieviele Stationen (die Station selbst mitgezählt) im S/E-Bereich einer Station liegen.

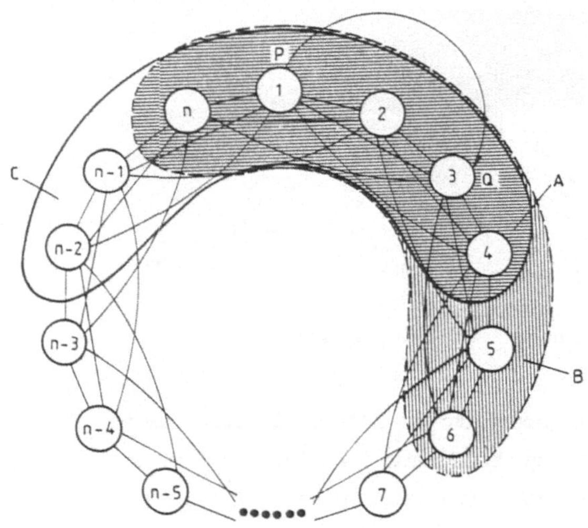

Bild 2

Da nach Voraussetzung alle Stationen gleiche Verkehrsmatrizen haben und die Topologie gleichmäßig ist, folgt, daß die Verkehrsbelastung (gemessen in übertragenen Paketen) auf allen Verbindungen gleich ist.

Zur Veranschaulichung der Durchsatzberechnung sind die Verhältnisse in Bild 2 dargestellt. Es zeigt einen Ausschnitt aus einem Schleifennetzwerk mit n Stationen. Darin wird die Übertragung einer Station P (1) zu einer Station Q (3) betrachtet.

Laut Bild 1 sind die beteiligten Stationen in die 3 Bereiche A,B und C zu unterteilen, wobei die einzelnen Bereiche bei fester Topologie (Bild 2) eine bekannte Zahl von Stationen enthalten. Die Bereiche B und C enthalten jeweils d Stationen und der Bereich A enthält (N-d) Stationen, wobei (d-1) die Anzahl Stationen auf dem Ring zwischen dem Sender P und dem Empfänger Q angibt. Befinden sich zwischen der Station 1 und einem Empfänger Q (d-1) andere Stationen, dann gilt für den Durchsatz der Station 1 zu diesem Empfänger Q

$$E[S|d] = \frac{p'}{a} \cdot P\{A|d\} \cdot P\{B|d\} \qquad (1.1)$$

wobei

p'= reduzierte Übertragungswahrscheinlichkeit von Station 1

P(A) = P(keine Störung des betrachteten Paketes aus Bereich A)

P(B) = P(keine Störung des betrachteten Paketes aus Bereich B)

Die Stationen aus dem Bereich A verhalten sich bzgl. der Übertragung von P nach Q wie Stationen in einem vollvermaschten CSMA-System, da sie die Übertragung spätestens nach einem mini-slot hören. Die Wahrscheinlichkeit, daß keine Störung der Übertragung von P nach Q aus dem Bereich A erfolgt, ist demnach gleich der Erfolgswahrscheinlichkeit in einem vollvermaschten nonpersistent CSMA-System mit (N-d) Stationen.

Die Erfolgswahrscheinlichkeit in einem vollvermaschten nonpersistent CSMA-System mit k Stationen ist gleich der Wahrscheinlichkeit, daß der ausgewählte Empfänger und die andern k Stationen im betrachteten mini-slot keine Übertragung starten.

Für die Erfolgswahrscheinlichkeit Ps im vollvermaschten System folgt somit

$$P_S = (1-p')(1-p')^{k-1} \qquad (1.2)$$

und damit gilt für P(A|d)

$$\{A|d\} = (1-p')^{N-d-1} \qquad (1.3)$$

Die Stationen im Bereich B sind für den Sender P hidden oder verborgen. Sie können die Übertragung von P nach Q nicht hören und verhalten sich deshalb bezgl. dieser Übertragung völlig unkoordiniert. Die Erfolgswahrscheinlichkeit P(B|d) ist die Wahrscheinlichkeit dafür, daß sich keine Übertragung von Stationen aus dem Bereich B mit der Übertragung von P nach Q überschneidet. Betrachtet man die zeitliche Aufeinanderfolge von Busy- und Idle-Perioden in

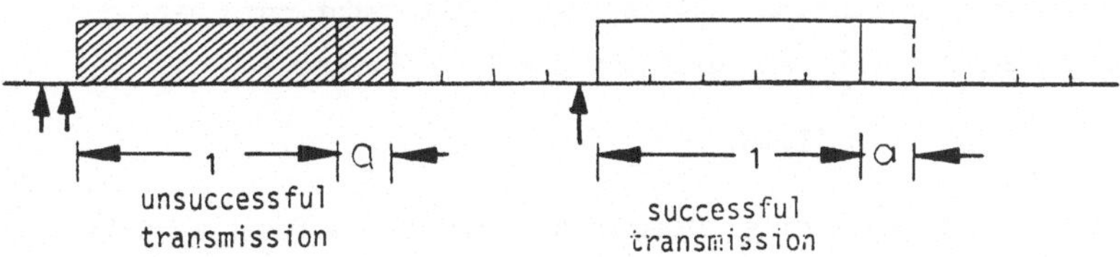

Bild 3

einer Station (Bild 3) aus dem Bereich B, so erkennt man zwei mögliche Startzeitpunkte für eine erfolgreiche Übertragung von P nach Q:

X1 Die Übertragung von P nach Q startet im letzten mini-slot einer Busy-Periode der Stationen aus Bereich B (dann tritt keine Kollision mit Bereich B auf)

X2 Die Übertragung von P nach Q startet während einer Idle-Periode der Stationen aus Bereich B (keine Kollision mit Stationen aus Bereich B)

Damit folgt für P(B|d)

P(B|d) = P(keine Übertragung von Stationen aus Bereich B während

(1/a-1) slots X1,d) $\cdot$ P(X1|d)

+ P(keine Übertragung von Stationen aus Bereich B

während 1/a slots X2,d) $\cdot$ P(X2|d)

$$P\{B|d\} = (1-p')^{(1/a-1)d} \cdot P\{X_1|d\} + (1-p')^{1/a} \cdot P\{X_2|d\} \qquad (1.4)$$

Die Auftrittswahrscheinlichkeiten für die Ereignisse X1 bzw. X2 sind

$$P\{X_1|d\} = \frac{a}{\bar{I}_B + \bar{B}_B} \qquad (1.5) \qquad\qquad P\{X_2|d\} = \frac{\bar{I}_B}{\bar{I}_B + \bar{B}_B} \qquad (1.6)$$

Die Länge einer Busy-Periode ist bei nonpersistent CSMA leicht bestimmbar, da sie jeweils nur aus einer Übertragungsperiode besteht. Für die mittlere Busy-Periode gilt somit $\bar{B} = 1+a$ (1.7)

und die mittlere Idle-Periode ist bei d Stationen im Bereich B

$$\bar{I}_B = \frac{a}{1-(1-p')^d} \qquad (1.8)$$

Für P(B d) folgt somit

$$P\{B|d\} = \frac{a(1-p')^{(1/a-1)d}}{(1+a)[1-(1-p')^d]+a} \qquad (1.9\ )$$

Zur Berechnung der reduzierten Übertragungswahrscheinlichkeit p' wird angenommen, daß der Ankunftsprozeß einer Station einer Bernoulli-Verteilung mit Parameter p' genügt. Hat eine Station bei nonpersistent CSMA ein Paket zur Übertragung, so hört sie den Kanal ab (Wahrscheinlichkeit p). Eine Ankunft entspricht einem Abhörpunkt. Ein Abhörpunkt wird aber tatsächlich nur zu einer Übertragung führen, wenn der Kanal als frei erkannt wird. Die reduzierte Übertragungswahrscheinlichkeit p' ergibt sich aus der Ankunftsrate p und der Wahrscheinlichkeit, daß ein zufälliger Blick auf den Kanal entweder in eine Idle-Periode oder in den ersten slot (Laufzeit a) einer Busy-Periode fällt. Da bei der festen Konfiguration jede Station jeweils (N-1) Nachbarstationen hat, d.h. sie kann (N-1) andere Stationen hören, gilt für die Idle Periode

$$\bar{I} = \frac{a}{1-(1-p')^{N-1}} \qquad (1.10)$$

Die Busy-Periode entspricht genau einer Paketlänge plus der Laufzeit a, B=1+a. Die Länge eines Zyklus ist $\bar{I}+\bar{B}$.

Es ergibt sich somit für PI

$$P_I = \frac{\bar{I}+a}{\bar{I}+\bar{b}} = \frac{a[2-(1-p')^{N-1}]}{a+(1+a)[1-(1-p')^{N-1}]} \qquad (1.11)$$

und damit für die reduzierte Übertragungswahrscheinlichkeit p`

$$p'' = p\,\frac{a[2-(1-p')^{N-1}]}{a+(1+a)[1-(1-p')^{N-1}]} \qquad (1.12)$$

Für den Durchsatz einer Station unter der Bedingung des Abstandes d folgt mit Gl. (1.2), (1.3) und (1.9)

$$E[S_1|d] = \frac{p'(1-p')^{N-1+(1/a-2)d}}{(1+a)(1-(1-p')^{d})+a} \qquad (1.13)$$

Der Fortschritt eines Paketes in Richtung Ziel pro slot ist gleich der Funktion d·E[S1|d], die in Bild 4 dargestellt ist für N=17 und a=0.01. Der optimale Abstand d zwischen Sender und Empfänger liegt im Maximum dieser Funktion. Aus Bild 4 liest man ab dopt=dMax=(n-1)/2=8 für p`=0.001 und p`=0.00 Für p`=0.003 gilt aber dopt=4. Mit steigendem Verkehrsaufkommen verschiebt sich das Optimum zu kleineren Abständen d hin.

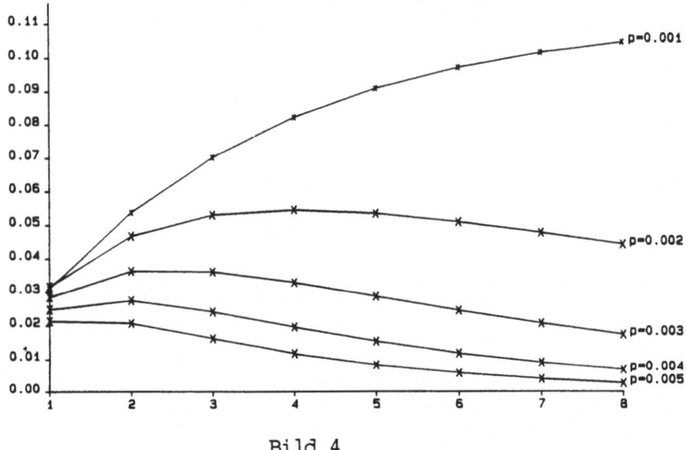

Bild 4

Um nun den One-hop-Durchsatz E[S1] einer Station auszurechnen, muß die Bedingung aufgehoben werden. Es gilt

$$E[S_1,d] = E[S_1|d] \cdot P\{D=d\} \qquad (1.14)$$

Hierzu muß die Verteilung der Abstände zwischen Sender P und Empfänger Q bekannt sein. Die Abstände d liegen im Bereich 1 bis (N-1)/2, für E[S1] gilt somit

$$E[S_1] = \sum_{d=1}^{\frac{N-1}{2}} E[S_1,d] = \sum_{d=1}^{\frac{N-1}{2}} E[S_1|d] \cdot P\{D=d\} \qquad (1.15)$$

Ist die adressierte Station Relais- oder Zwischenstation in Richtung Ziel, so wird in diesem Modell angenommen, daß in jedem hop so weit wie möglich in

Richtung Ziel gesendet wird, also d=dopt=(N-1)/2, andernfalls sind nach Voraussetzung alle Stationen zwischen d=1 und d=(N-1)/2 mit gleicher Wahrscheinlichkeit Empfänger. Man kann zwei Ereignisse definieren und damit die bedingte Abstandsverteilung angeben:

Y1 Der Empfänger Q ist Zwischenstation, oder Zielstation genau

im Abstand d=(N-1)/2 vom Sender P

Y2 Der Empfänger Q ist Zielstation im Abstand d<(N-1)/2 vom Sender P

Mit Y1 und Y2 folgt für P(D=d)

$$P\{D=d|Y1\} = \begin{cases} 0 & \text{für } d = 1,2,\ldots,\frac{N-1}{2}-1 \\ 1 & \text{für } d = \frac{N-1}{2} \end{cases} \qquad P\{D=d|Y2\} = \begin{cases} \frac{2}{N-3} & \text{für } d=1,2,\ldots,\frac{N-1}{2}-1 \\ 0 & \text{für } d=\frac{N-1}{2} \end{cases}$$

Die Auftrittswahrscheinlichkeiten der beiden Ereignisse lassen sich mit Hilfe der mittleren Entfernung bestimmen.

$$L = 2 \sum_{i=1}^{\frac{n-1}{2}} i = \frac{n^2-1}{4} \tag{1.18}$$

Die mittlere Anzahl K größtmöglicher hops mit d=(N-1)/2 pro Quelle-Ziel-Übertragung erhält man als Ganzzahlteil der Division der mittleren Entfernung L durch (N-1)/2

$$X = \frac{2L}{N-1} = K+r \qquad\qquad K = \left\lfloor \frac{2L}{N-1} \right\rfloor \tag{1.19}$$

Damit sind die Wahrscheinlichkeiten für Y1 und Y2 bekannt:

$$P\{Y1\} = \frac{K}{X} = \left\lfloor \frac{2L}{N-1} \right\rfloor \cdot \frac{N-1}{2L} \tag{1.20} \qquad\qquad P\{Y2\} = \frac{r}{X} = r\,\frac{N-1}{2L} \tag{1.21}$$

Mit den Gl. (1.16), (1.17), (1.20) und (1.21) folgt für die Abstandsverteilung

$$P\{D=d\} = P\{D=d|Y1\}\cdot P\{Y1\}+P\{D=d|Y2\}\cdot P\{Y2\} \tag{1.22}$$

$$P\{D=d\} = \begin{cases} \dfrac{2}{N-3}\,\dfrac{r}{X} = \dfrac{N-1}{N-3}\,\dfrac{r}{L} & d = 1,2,\ldots,\dfrac{N-1}{2}-1 \\[2ex] \dfrac{K}{X} = \left\lfloor \dfrac{2L}{N-1} \right\rfloor \dfrac{N-1}{2L} & d = \dfrac{N-1}{2} \end{cases} \tag{1.23}$$

Und mit P(D=d) folgt der One-hop-Durchsatz E[S1]

$$E[S_1] = \frac{N-1}{L}\,p'(1-p')^{N-1}\left\{ \frac{r}{N-3} \sum_{d=1}^{\frac{N-1}{2}-1} \frac{(1-p')^{(1/a-2)d}}{(1+a)(1-(1-p')^d)+a} \right.$$
$$\left. + \frac{K}{2}\,\frac{(1-p')^{(1/a-2)((N-1)/2)}}{(1+a)(1-(1-p')^{(N-1)/2}) + a} \right\} \tag{1.24}$$

E [S1] ist die mittlere Anzahl erfolgreich empfangener Pakete pro slot einer Station. E[S1] ist aber nicht der Qelle-Ziel-Durchsatz einer Station, da eine multihop-Verbindung aus mehreren Übertragungsabschnitten besteht. Den Quelle-Ziel-Durchsatz einer Station erhält man indem man den One-hop-Durchsatz durch die mittlere Quelle-Ziel-Pfadlänge dividiert.

Zur Berechnung der mittleren Pfadlänge wird das betrachtete Schleifennetzwerk in Gruppen von Stationen mit äquidistanten Abständen von einer gegebenen Station aufgeteilt /SILV 84/. In jeder Gruppe außer der Letzten befindet sich die gleiche Anzahl (N-1) Stationen. In der letzten Gruppe befinden sich die restlichen Stationen, falls (n-1)/(N-1) keine ganze Zahl ist. Bezeichnet man mit b die Anzahl vollständiger Gruppen, so gilt

$$b = \left\lfloor \frac{n-1}{N-1} \right\rfloor \qquad (1.25)$$

Die letzte Gruppe enthält b(n-1)/(N-1) Stationen mit der Pfadlänge (b+1). Für die mittlere Pfadlänge gilt somit

$$\bar{l} = \sum_{i=1}^{b+1} i \cdot p\{l=i\} = \sum_{i=1}^{b} i \cdot \frac{N-1}{n-1} + (b+1) \frac{(n-1)-b(N-1)}{n-1} = (b+1) - \frac{N-1}{n-1} \frac{b(b+1)}{2} \qquad (1.26)$$

Der wirkliche Durchsatz ist somit

$$E[Z_1] = \frac{E[S_1]}{\bar{l}} \qquad (1.27)$$

2.2 ZUFÄLLIG VERTEILTE STATIONEN

In diesem Abschnitt soll ein Multihop-Netzwerk mit zufällig verteilten mobilen Stationen untersucht werden. Es wird angenommen, daß die Stationen in der Ebene gleichmäßig mit der Dichte λ verteilt sind. Die Anzahl Stationen i in einer bestimmten Fläche ist damit Poisson verteilt mit Parameter λ /SYLV 78/.

$$P\{X_i\} = \frac{(\lambda F_x)^i}{i!} e^{-\lambda F_x} \qquad (2.1)$$

$W = \lambda \pi R^2$ ist die mittlere Anzahl Stationen im Kreis mit Radius R, und damit ein Maß für die Netzwerkkonnektivität. Aufgrund der Mobilität kann sich die Anzahl Nachbarstationen einer Station in jedem mini-slot verändern. Die Sende-/Empfangsreichweite aller Stationen ist gleich R. Mehr als eine gleichzeitige Übertragung in einem Abstand R einer Empfangsstation in gleichen slots hat eine Kollision zur Folge, falls eins der Pakete an sie adressiert war.

Als Routing-Verfahren wird MFR (Most Forward Within R) angenommen, vgl. /SYLV 78/. Pakete die für ein vorgegebenes Ziel F im Netz bestimmt sind, werden vorwärts geroutet, indem die Pakete an denjenigen Nachbarn gesendet werden, der am weitesten in Richtung Ziel liegt. Dabei wird unterstellt, daß jede Station die Positionen ihrer Nachbarstationen im Abstand R kennt. Befindet sich keine Station in der Vorwärtsrichtung, dann wird entgegengesetzt gesendet, falls möglich. Befindet sich keine weitere Station im Abstand R, dann wird in diesem mini-slot nicht übertragen.

Die Berechnung der Erfolgswahrscheinlichkeiten und des Durchsatzes erfolgt analog zu Abschnitt 2.1. Die einzelnen Bereiche A, B und C enthalten jedoch jetzt eine zufällige Anzahl von Stationen, wobei die Verteilung der Anzahl Stationen noch vom zufälligen Abstand r zwischen Sender und Empfänger abhängt (siehe Bild 1).

Für die Dauer der Busy-Periode gilt weiterhin $\bar{B}=1+a$.

Für die Dauer der Idle-Periode in einer Fläche F mit zufälliger Anzahl Stationen gilt:

$$P\left\{I = ka \mid i_1,i_2,\ldots,i_k\right\} = (1-p')^{i_1}(1-p')^{i_2}\ldots(1-p')^{i_{k-1}}[1-(1-p')^{i_k}]$$

$$P\left\{I=ka\right\} = \sum_{i_1=0}^{\infty}\sum_{i_2=0}^{\infty}\cdots\sum_{i_k=0}^{\infty}(1-p')^{i_1}(1-p')^{i_2}\ldots(1-p')^{i_{k-1}}[1-(1-p')^{i_k}]$$

$$= e^{-p'(k-1)\lambda F}[1-e^{-p\lambda F}] \cdot \frac{(\lambda F)^{i_1}}{i_1!}\cdot\frac{(\lambda F)^{i_2}}{i_2!}\ldots\frac{(\lambda F)^{i_k}}{i_k!}e^{-k\lambda F}$$

$$E[I] = \bar{I} = \sum_{k=1}^{\infty}ka\cdot P\{I=ka\} = \frac{a}{1-e^{-p'\lambda F}}\qquad\qquad(2.3)$$

Die Wahrscheinlichkeit $P\{A|\tilde{r}=r,A_i\}$, daß keine Störung aus dem Berich A auftritt unter der Bedingung daß der Abstand zwischen Sender und Empfänger r ist und sich i weitere Stationen in A befinden, ist

$$P\{A|\tilde{r}=r,A_i\} = (1-p')^{i+1}\qquad\qquad(2.4)$$

wobei F_A die Fläche von Bereich A ist.

$$F_A = 2R^2\left[\text{arc cos}\frac{r}{2R} - \frac{r}{2R}\sqrt{1 - \left(\frac{r}{2R}\right)^2}\right]\qquad\qquad(2.5)$$

Mit der folgenden Beziehung über bedingte Wahrscheinlichkeiten aus der Wahrscheinlichkeitsrechnung

$$P\left\{A|\tilde{r}=r\right\} = \sum_{i=0}^{\infty}P\{A|\tilde{r}=r,A_i\}\cdot P\{A_i|\tilde{r}=r\}\qquad\qquad(2.6)$$

folgt weiter

$$P\{A|\tilde{r}=r\} = \sum_{i=0}^{\infty}(1-p')^{i+1}\frac{(\lambda F_A)^i}{i!}e^{-\lambda F_A}\qquad\qquad(2.7)$$

Die Stationen aus dem Bereich B sind für den Sender P verdeckt. Sie dürfen während der gesamten Übertragungsdauer des betrachteten Paketes keine Übertragung starten. Für die Wahrscheinlichkeit $P\{B|r=r,B_i\}$, daß keine Störung aus dem Berich B auftritt unter der Bedingung daß der Abstand zwischen Sender und Empfänger r ist und sich i weitere Stationen in B befinden, gilt somit

P(B|r=r,Bi) = P(keine Übertragung von Stationen aus Bereich B

während (1/a-1) slots | X1,r=r,Bi) P(X1|$\tilde{r}$=r,Bi)

+ P(keine Übertragung von Stationen aus Bereich B

während 1/a slots | X2,r=r,Bi) P(X2|$\tilde{r}$=r,Bi)

wobei X1 und X2 die Startzeitpunkte für eine erfolgreiche Übertagung festlegen (vgl. Bild 3)

P(X1|$\tilde{r}$=r,Bi) = P(Die Übertragung von P nach Q startet im letzten mini-slot

einer Busy-Periode der Stationen aus Bereich B|$\tilde{r}$=r,Bi)

$$P\left\{X1|\tilde{r}=r, B_i\right\} = \frac{a}{\bar{I}_B+\bar{B}_B} = \frac{a}{\dfrac{a}{1-e^{-p'\lambda F_B}}+1+a} \qquad (2.8)$$

wobei F_B die Fläche von Bereich B ist

$$F_B = \pi R^2 - F_A \qquad (2.9)$$

P(X2|$\tilde{r}$=r,Bi) = P(Die Übertragung von P nach Q startet während einer

Idle-Periode der Stationen aus Bereich B|$\tilde{r}$=r,Bi)

$$P\left\{X2|\tilde{r}=r, B_i\right\} = \frac{\bar{I}_B}{\bar{I}_B+\bar{B}_B} = \frac{a}{1-e^{-p'\lambda F_B}}\frac{1}{\dfrac{a}{1-e^{-p'\lambda F_B}}+1+a} \qquad (2.10)$$

Mit den Gleichungen (2.8) und (2.9) folgt dann für P(B|$\tilde{r}$=r,Bi)

$$P\left\{B|\tilde{r}=r, B_i\right\} = (1-p')^{(1/a-1)i}\frac{a(1-e^{-p'\lambda F_B})}{a+(1+a)(1-e^{-p'\lambda F_B})} + (1-p')^{1/ai}\frac{a}{a+(1+a)(1-e^{-p'\lambda F_B})}$$

und mit der Beziehung aus der Wahrscheinlichkeitsrechnung folgt dann für die Wahrscheinlichkeit, daß keine Störung aus dem Bereich B auftritt

$$P\{B|\tilde{r}=r\} = \frac{a\,e^{-\lambda F_B}}{(1+a)(1-e^{-p'\lambda F_B})+a}\left\{(1-e^{-p'\lambda F_B})\,e^{(1-p')^{(1/a-1)}\lambda F_B}+e^{(1-p')^{1/a}\lambda F_B}\right\} \qquad (2.12)$$

Es fehlt noch die Berechnung der reduzierten Übertragungswahrscheinlichkeit p`
für den Fall zufällig verteilter Stationen. Mit Gleichung (1.12), $\bar{B}$=1+a
und Gleichung (2.3) für die mittlere Idle-Periode folgt für p`

$$p'=p\cdot P_I = p\cdot\frac{\bar{I}+a}{\bar{I}+B} = p\cdot\frac{a(1-e^{-p'W})}{(1-a)(1-e^{-p'W})+a} \qquad W = \lambda\pi R^2 \qquad (2.13)$$

Mit den Gleichungen (2.7), (2.11) und (2.12) gilt nach Gleichung (1.1) für den One-hop-Durchsatz unter der Bedingung des Abstandes r zwischen Sender P und Empfänger Q

$$E[S_1|\tilde{r}=r] = \frac{p'(1-p')e^{-p'\lambda F_A}\,e^{-\lambda F_B}\left\{(1-e^{-p'\lambda F_B})e^{(1-p')^{(1/a-1)}\lambda F_B}+e^{(1-p')^{1/a}\lambda F_B}\right\}}{(1+a)(1-e^{-p'\lambda F_B})+a}$$

$$\qquad (2.14)$$

Um die Bedingung aufzulösen wird nun die Verteilung der Positionen des Empfängers Q in Bezug auf den Sender P benötigt. Der Abstand r zwischen Sender und Empfänger bzw. der Winkel ergeben sich aus dem Auswahlverfahren des nächsten Empfängers, d.h. aus dem gewählten Routingverfahren. Zur Modellierung wird hier ein sog. MFR-Routing angenommen. Dabei wird immer derjenige Empfänger ausgewählt der sich am weitesten in Richtung Ziel befindet. Praktisch wird dies jedoch anders gelöst, es wird die Anzahl hops minimiert, indem man den Weg durch das Netz vorherbestimmt. Dieses ist jedoch kaum zu modellieren. Simulationsergebnisse haben jedoch gezeigt, daß das Modell zu dem in der Praxis verwendeten Verfahren fast identische Aussagen liefert.

In Bild 5 sind (r,ϑ) die Polarkoordinaten der Position des Empfängers Q, der Sender P befindet sich im Ursprung des Koordinatensystems.

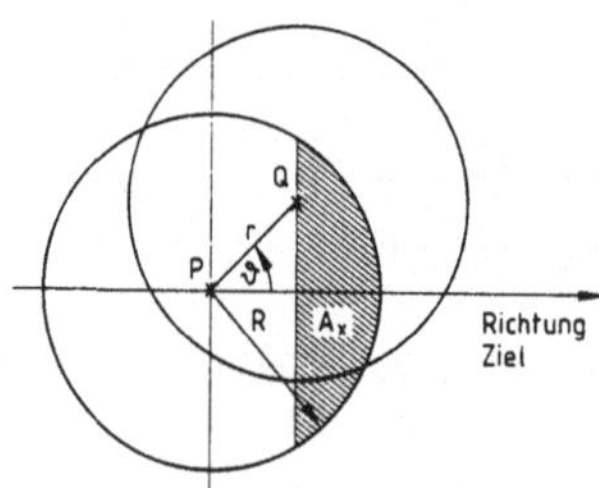

Bild 5

Gemäß MFR befindet sich der Empfänger Q im Punkt (r,ϑ) wenn sich keine andere Station innerhalb der Fläche Ax befindet, und eine Station befindet sich im Punkt (r,ϑ) /TAKA 84/. Die Station im Punkt (r,ϑ) ist nach Vorraussetzung also diejenige die sich am weitesten in Richtung Ziel befindet. Es gilt somit:

$$P\{r<\tilde{r}\leq r+dr, \vartheta<\tilde{\vartheta}\leq\vartheta+d\vartheta\} = P\{\text{der Empfänger befindet sich im Punkt } (r,\vartheta)\}$$
$$= P\{\text{keine Station in } A_x\} \cdot P\{\text{mindestens eine Station in } (r,\vartheta)\}$$
$$= e^{-\lambda A_x} \cdot \lambda r\,dr\,d\vartheta \qquad (2.15)$$

mit

$$A_x = R^2\left[\arccos\left(\frac{r}{R}\cos\vartheta\right) - \frac{r}{R}\cos\vartheta\sqrt{1-\left(\frac{r}{R}\cos\vartheta\right)^2}\right] \qquad (2.16)$$

Es gilt somit für den One-hop-Durchsatz E[S1]

$$E[S_1] = \int_0^R\int_0^{2\pi} E[S_1|\tilde{r}=r]\cdot P\{r<\tilde{r}\leq r+dr, \vartheta<\tilde{\vartheta}\leq\vartheta+d\vartheta\} = \int_0^R\int_0^{\pi} E[S_1|\tilde{r}=r]\,e^{-\lambda A_x}\,2\lambda\,d\vartheta\,r\,dr \qquad (2.17)$$

Mit x=r*cos gilt für den mittleren Fortschritt eines Paketes pro slot in Richtung Ziel:

$$E[Z_1] = \int_0^R\int_0^{\pi} E[S_1|\tilde{r}=r]\,e^{-\lambda A_x}\,2\lambda r^2\cos\vartheta\,d\vartheta\,dr \qquad (2.18)$$

3. NUMERISCHE ERGEBNISSE

Im folgenden sind einige Kurven zu den oben hergeleiteten Gleichungen dargestellt. Alle numerischen Egebnisse werden für a=0.01, d.h. die Paketlänge ist
100 mini-slots, betrachtet. Zuerst wird der Quelle-Ziel-Durchsatz für das
Schleifennetzwerk als Funktion des Verkehrsaufkommens (p) betrachtet. Der
Parameter an den einzelnen Kurven ist N, der Vermaschungsgrad.

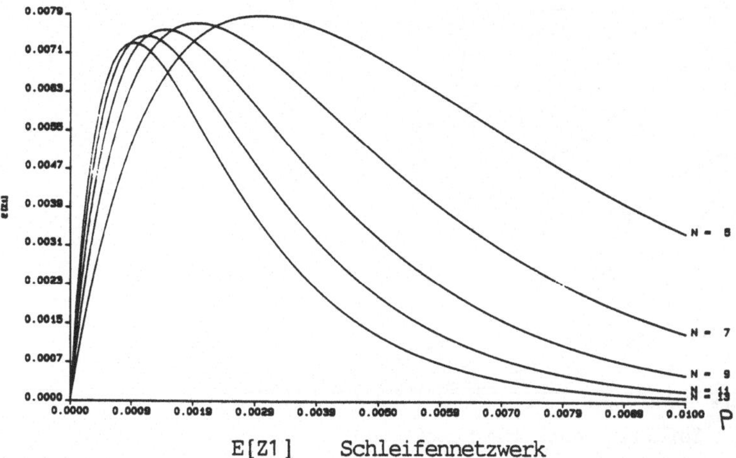

E[Z1]   Schleifennetzwerk

Der maximale Durchsatz ist für die dargestellten Vermaschungsgrade etwa gleich
mit 0.80 aber nicht sehr hoch. Dies liegt an der ungünstigen Konfiguration.
Man erkennt, daß das Maximum um so spitzer ist, je höher der Vermaschungsgrad
N ist. Ein spitzes Maximum ist schlecht in Bezug auf die Stabilität.
Wesentlich interessanter sind die Ergebnisse für das Netz mit mobilen Statio-
nen. Der Parameter an den Kurven ist hier die mittlere Anzahl Nachbarstationen
W. Zuerst wird der One-hop-Durchsatz E[S1], die Zahl erfolgreicher Pakete be-
zogen auf die Paketlänge betrachtet.

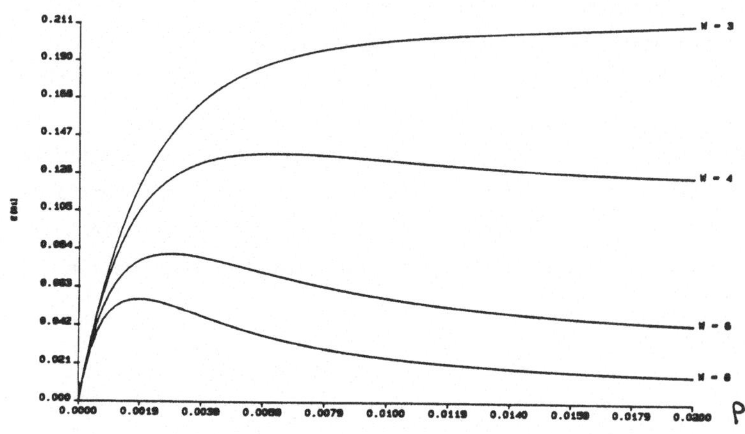

E[S1]   Zufällig verteilte Stationen

Aus dem obigen Bild sieht man, daß der One-hop-Durchsatz umso größer wird, je kleiner die mittlere Anzahl Nachbarn W ist. Dies war auch so zu erwarten, denn je kleiner W, desto geringer ist die Kollisionswahrscheinlichkeit, der zurückgelegte Weg bei der Übertragung bleibt außer acht.

Im nächsten Bild ist der mittlere Fortschritt eines Paketes pro slot (Paketlänge) bezogen auf den S/E-Radius R dargestellt.

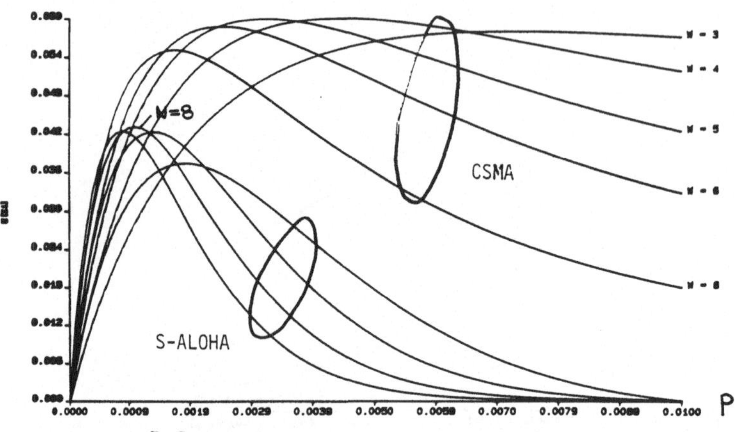

E[Z1]   Zufällig verteilte Stationen

Im Vergleich zum S-ALOHA Protokoll ist der mittlere Fortschritt pro slot bei CSMA 1,4-mal größer. In /TAKA 84/ wurde ebenfalls das CSMA-Protokoll untersucht. Die Ergebnisse sind jedoch sog. Momentanwerte, die nur in bestimmten Betriebsperioden Gültigkeit haben und deshalb mit den hier vorgestellten Resultaten nur indirekt vergleichbar sind.

Man sieht, daß jede der Kurven mit Parameter W ein sehr flaches Maximum aufweist, wobei die Kurven mit W=4 bzw. W=5 die höchsten Maxima aufweisen. Dies bedeutet, daß ein solches System durchsatzoptimal ist, wenn jede Station im Mittel 4 bis 5 Nachbarstationen hat. Der Vorteil, der sich aus dem flachen Maximum ergibt ist die verbesserte Stabilität des Systems.

4. ZUSAMMENFASSUNG

Es wurde die Analyse des Durchsatzes eines CSMA-Multihop-Systems beschrieben und die optimale mittlere Zahl von Nachbarstationen bestimmt. Ein wesentlicher Vorteil des CSMA-Protokolls gegenüber S-ALOHA besteht darin, daß CSMA keinen zentralen Takt und damit keine Synchronisation der Stationen des Systems benötigt.

/SILV78/   J. Sivester , L. Kleinrock: Optimal Transmission range for Packet
           Radio Networks or Why six is a magic number; in Conf. Rec.,
           Nat. Telecomm. Conf., pp. 4.3.1-4.3.5, Dec. 1978.

/SILV83/   J.Silvester, L. Kleinrock: On the Capacity of Multihop Slotted
           ALOHA Networks with Regular Structure; IEEE Transactions on
           Communications, Vol.COM31, Nr.8, pp.974-982, August 1983.

/TAKA84/   H.Takagi, L. Kleinrock: Optimal Transmission Ranges for Randomly
           Distributed Packet Radio Terminals; IEEE Transactions on Communi-
           cations, Vol. COM-32, No.3, pp.246-257, March 1984.

/TOBA75a/ F.A. Tobagi, L.Kleinrock: Packet Switching in Radio Channels: Part
           I - Carrier Sense Multiple-Access Modes and Their Throughput-Delay
           Characteristics; IEEE Transactions on Communications, Vol. COM-23,
           No.12, pp.1400-1416, Dec. 1975.

/TOBA75b/ F.A.Tobagi, L.Kleinrock: Packet Switching in Radio Channels: Part
           II - The Hidden Terminal Problem in Carrier Sense Multiple-Access
           and the Busy-Tone Solution; IEEE Transactions on Communications,
           Vol. COM-23, No. 12, pp.1417-1433, Dec. 1975.

Adaptive allocation of computational requirements to heterogeneous networks

Cora Förster

Institut für Telematik

Universität Karlsruhe

D-7500 Karlsruhe

Abstract

Computational requirements consist of active parts that can be fulfilled by processors only, and of passive parts consuming a certain amount of storage. By allocating these requirements to networks of arbitrary type a compatibility problem has to be solved at first. If it does not lead to a unique solution, further criteria can be applied to optimize performance measures and the availability of the whole system. This optimization problem has been widely studied and classified before, but these approaches suffer from several shortcomings. We propose a new classification model that is based on the scheme of adaptive control. By using the underlying framework and combining it with functions for resource management in heterogeneous networks, we derive a new allocation mechanism. The combination with resource management decreases the overhead of the allocation mechanism and enables it to cope with heterogeneity. Bounded load indizes are used to reflect finite capacities. Their further advantage is that decisions can be based on absolute criteria instead of the relative ones that are applied in related work. The algorithms contain parameters to enable dynamic tuning.

1. Introduction

Heterogeneous networks are built first of all to allow resource sharing across machine boundaries. This can be achieved by means of network operating systems and entities to manage the resources (cf. e.g. /TAN85b/). In addition to the increase in functionality, networks in general offer the possibility to optimize performance and availability. To this end allocation mechanisms are studied and applied during the design phase and at runtime (sometimes the term assignment is used too). The latter ones are especially suited to moderate short term variations and bursts of computational requirements.
In contrast to scheduling in the classical sense (cf. e.g. /CON67/) that is restricted to temporal assignment of requirements to resources, allocation in networks is concerned with spatial assignment. I.e. allocation mechanisms in the most simple case care for deciding about the placement of a certain file or determine, where to execute a certain program. More complicated mechanisms envolve the migration and replication of processes and files. The goal behind all allocation decisions is the optimization of either some performance or availability measure or a combination of single criteria goals.
To come to decisions concerning these goals, appropriate types of information have to be chosen. Alike for scheduling, a tradeoff exists between accuracy and overhead of decisions. Further complications arise because of the distribution of decision entities. On one hand communication delays inhibit a consistent

view of the state of the whole network. Thus each decision maker has to cope with knowledge being out of date and incomplete (cf. e.g. /STA82b/). On the other hand the cooperation of all decision makers can produce contradictory and bad results. E.g. an idle host can be flooded with requirements from overloaded hosts and soon will become heavily loaded itself, thus decreasing the overall performance. A further problem consists in estimating the outcome of a certain decision because of the influence of unknown perturbations as well as the cooperation. I.e. some good decisions may outweigh a few bad decisions or vice versa (assignment-of-credit problem, cf. /STA85a/).

Allocation mechanisms and the above mentioned problems have been widely studied before. To be able to order research in this area, several classification criteria have been proposed too. The most extensive classification can be found in /CAS86/. Its main shortcome consists in mixing different aspects that should be treated separately. The classification model proposed in section 2 overcomes this problem. Its further advantage is the possibility to derive new allocation mechanisms at a finer granularity and more comprehensive as in /CAS86/. Section 3 introduces such an allocation mechanism that is combined with resource management functions as described in /FÖR87/. In contrast to related work, decisions are based on bounded load indizes. Because of its parametrization the allocation mechanism can be tuned dynamically by using voting schemes to solve the assignment-of-credit problem. The state of the project is described in section 4.

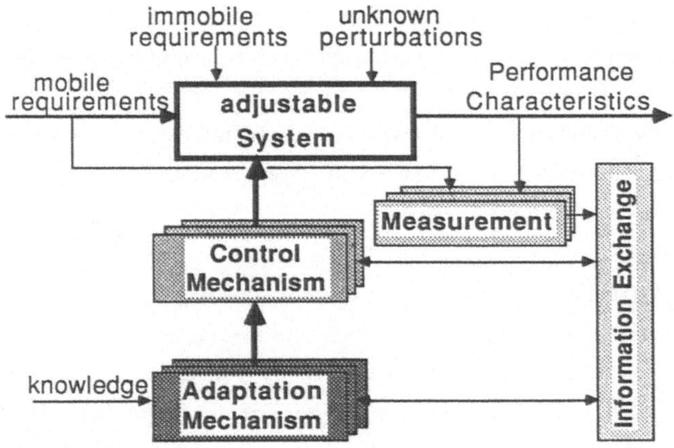

Figure 1: Components of adaptive control

2. Classification Model

Optimization problems in reality concern a certain system and a goal. Alike in scheduling problems, the system is characterized by its resources and the jobs requiring a certain amount of service from resources. Further classification criteria can be derived from /STA80/ and from adaptive and meta-level control that were mentioned already in /STA82a/, /RAM87/ and in related context in /HEI87/ (cf. figure 1): handling of information, especially measurement and exchange of performance indices, decision making to control the system and tuning to adapt the decision mechanism to current system behavior. By explaining these classification criteria in more detail and applying them to existing allocation algorithms, a special emphasize will be laid on the possibility of parametrizing to be able to consider tuning.

2.1 Prerequisites

Systems consist of a certain number of resources. Each resource is defined by

- type, e.g. processor, memory or connecting link
- speed or capacity, e.g. in units of MIPS, MByte or Mbit/s
- access, i.e. exclusive, sequentially or simultaneously shared access
- current state, e.g. length of the ready queue, utilization, amount of free storage
- availability expressed in terms of a probability measure
- one or more host systems it is belonging to (connecting links belong to at least two host systems).

According to the properties of hosts, three main heterogeneity levels can occur: identical, homogeneous and heterogeneous hosts. Up to now a big variety of systems has been studied that consist of identical or homogeneous hosts in almost all cases. The heterogeneity problem is addressed in /ARO80/, /BOK87/, /EFE82/, /HWA82/, /LIN87/, /LU86/, /MA86/, /MOR77/ and /STO78/.

Requirements are classified according to

- spatial behavior of arrivals: central at the whole system or decentralized at each host
- temporal behavior of arrivals: arrival process with deterministic or stochastic rates (Poisson arrivals have been studied most often)
- granularity and the kind of relationship between single requirements
- type of the resource required (getting a further dimension in case of heterogeneity)
- amount of service or storage required
- mobility: permanently bound to a certain resource, only bound during runtime or not bound
- current state, e.g. consumed processing time and storage, amount of access to files
- probability for failure or availability
- miscellaneous properties, e.g. priority.

With the exception of /WAN85/ it is always assumed that requirements can be fulfilled in the host they are arriving at. But especially in heterogeneous systems this assumption is too restrictive.

Requirements can occur with different granularities reaching from a basic level to the level of complex ensembles being composed of multiple requirements of basic level. On the basic level two main classes of requirements can be distinguished, depending on the type of resource required. In our context we call them active in the case of demands on some kind of processor and passive, if some kind of primary or secondary storage is consumed. The relationship between several active and passive requirements of such ensembles can be expressed by means of a data and control graph (cf. figure 2). The following kinds of requirements, either as a whole or in the form of graphs have been studied already:

- active requirements or graphs consisting of active requirements whose relationships are not specified: /BAR85/, /BRY81/, /CAS86/, /EAG8a+b/, /GHA86/, /HSU86/, /LEE86/, /LEL86/, /LIN87/, /RAM87/, /STA84a/, /STA85a+b/, /TAN84/, /TAN85a/ and /ZHO87/
- graphs consisting of active requirements with relationships that concern interprocess communication but no precedence order: /BOK87/, /ARO80/, /CHU80/, /EFE82/, /EZZ86/, /GHA86/, /HSU86/, /LO84/, /LU86/, /MA86/, /PRI84/, /SHE85/, /STA84b/ and /STO78/
- graphs consisting of active requirements with a certain precedence order: /BOK87/, /CHO82/

- graphs consisting of active and passive requirements with relationships between different types but not among active requirements (only file accesses, but neither interprocess communication nor precedence order): /GAB84/, /HAC86/, /HAC87/ and /MOR77/
- passive requirements and anonymous accesses to them (accesses are not identified as belonging to a certain program unit): /CHU69/, /DOW82/, /KUR86/, /LAN83/, /WAH84/ and /YU85/.

As far as we know, graphs of the most general form, i.e. consisting of active and passive requirements with arbitrary relationships including file accesses, interprocess communication and precedence order have not yet been considered.

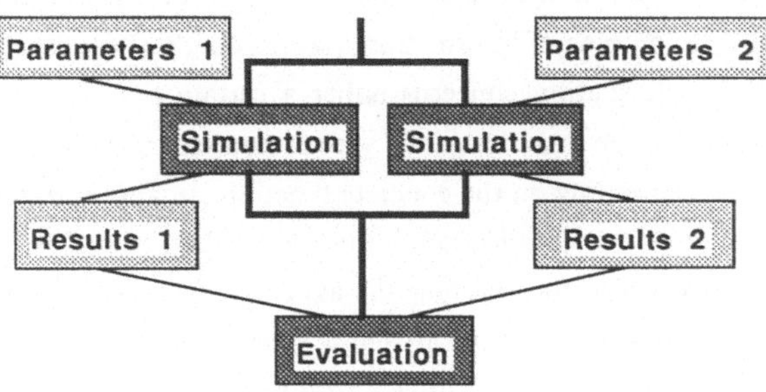

Figure 2: Data and control graph

Goals can concern the system:
- minimization, e.g. of mean difference in load, idle times, saturation effects, transfer of requirements
- maximization, e.g. of stability, reaction on load changes, utilization or throughput

or requirements:
- minimization, e.g. of expected response or remaining processing times or of cost; response time in this context is composed of processing times, times for interprocess communication and file accesses and perhaps of an interference factor to take into account the penalty caused by the assignment of concurrent programs to the same host
- maximization, e.g. of the probability for successful completion, of the availability or parallelism.

Most favoured are the minimization of the expected response time (/ARO80/, /BAR85/, /BRY81/, /CHO82/, /CHU80/, /DOW82/, /EFE82/; /EZZ86/, /GHA86/, /HAC87/, /LEE86/, /LEL86/, /LO84/, /PRI84/, /SHE85/, /TAN84/, /TAN85a/, /ZHO87/) and of the mean difference in load (/BAN83/, /CHU80/, /HSU86/, /LIN87/, /LU86/). The goals are announced either explicitely by means of some mathematical expression or implicitely in an informal way.

2.2 Information Handling

Early work on allocation was based on static information. The state of networks concerning their load however, was shown to be subject to such rapid changes, that dynamic information has to be taken into account. Some kind of information handling is introduced in /AND87/, /BAR85/, /BRY81/, /CAS86/, /EAG86a+b/, /EZZ86/, /GHA86/, /HAC86/, /HAC87/, /HSU86/, /LEL86/, /LIN87/, /RAM87/, /STA84a+b/, /STA85a+b/, /TRI88/ and /ZHO87/.

The entities being directly involved in information handling are responsible for measurement and for diverse kinds of collection and preparation of information. An information exchange may take place among these entities, between them and decision entities, among decision entities and between decision entities and the execution entities that have to act according to decisions (cf. figure 1). In existing allocation mechanisms very often some or all types of entities are integrated into one.

Measurement: To be able to adapt allocation decisions as well as the allocation algorithm to the current state of the system, this state has to be observed by means of measurement entities (cf. figure 1). They have to reside in each host. Dynamical information to be measured concerns the system or requirements (cf. section 2.1). The measurement can be driven by time or by events, e.g. the arrival or departure of requirements. In the case of time driven measurement a fixed or variable period can be applied. A further parametrization could concern the type of information that is going to be measured.

Collection: The collection of information concerns either a certain period of time or a set of hosts. Whereas the temporal aspect is sometimes combined with measurement entities, the spatial one is often related with decision entities. Depending on the concrete function, an appropriate preparation algorithm (see below) can be applied. In general, collection entities are either central to the whole system (this special case is considered in /STA85a/ to overcome the assignment-of-credit problem mentioned above) or decentralized in each host. They can act time driven or event driven. Besides the period of frequency several kinds of preparation parameters can be subject to tuning.

Exchange: Depending on the types of entities involved, the information exchanged can concern

- dynamical characterizations of hosts or requirements
- a request for or an announcement of load that should be transferred; these cases are sometimes called receiver- or sender-initiated (/EAG86b/); a further term applied to the announcement of load is bidding (/RAM87/, /STA84a/)
- acceptance or refusal of requests and announcements
- decision aid (/STA85a/).

If a central entity is collecting information, or if exchange is done via broadcast mechanisms, no selection of the destination is needed. But central entities should be avoided in networks because of the possibility of being a bottleneck or failing. The same holds for broadcast if not efficiently integrated by means of hardware or lower layers of communication services. The following selection mechanisms have been proposed:

- random or special forms, called pairing and polling (/BRY81/)
- a distance, based on physically connected hosts; it can reach from zero to the maximal diameter of the network
- the allocation decision (cf. section 2.3) in the case of exchange originating from a decision entity.

The exchange can be driven by time or events. Besides the period in case of time driven the above mentioned distance (/STA84b/) and the number of phases of information exchange being required for each decision (/CAS86/) can be parametrized.

Preparation: Its purposes in connection with allocation mechanisms are the same as those applied to adaptive control (/SCH81/):

- compression, e.g. by means of the McCulloch Pitts neuron (/STA84b/)
- treatment of errors and perturbations, e.g. by averaging over a certain period of time (e.g. the moving window described in /EZZ86/) or by applying Bayes (/STA85a/)

- prediction of temporal behavior by means of methods from probability theory (e.g. /BRY81/)
- calculation of information that can not be measured directly, e.g. several goal functions; methods applied are e.g. queueing theoretic ones.

Preparation parameters consist in types and numbers of values as well as weights applied. A more complex scheme for parametrization would concern the preparation algorithm as a whole. E.g. linear regression, exponential smoothing or distinct kinds of trends can be applied to predict the temporal behaviour.

2.3 Decision

There may exist one central decision entity for the whole system, but in general these entities are decentralized. An alternate possibility being especially applied in the object oriented approach, consists in letting objects themselves decide about their current location (cf. /ALM85/, /BAR85/). We do not treat this approach in more detail but concentrate on the decentralized one.

Like components of information handling, decisions can be driven by time or events. Furthermore decisions can differ in complexity, i.e. they may consist of one or more stages. In each stage of the decision distinct preparations can be carried out, before applying the algorithm itself. Algorithms to derive allocation decisions are divided into the classes (cf. e.g. /CAS86/)

- graph theory (/BOK87/, /STO78/), mathematical programming (/CHU69/), decision theory (/CHO82/), game or team theory (/STA82a/) and suboptimal approaches (/ARO80/, /BRY81/, /DOW82/, /LAN83/, /LO84/, /MA86/, /MOR77/, /PRI84/, /WAH84/)
- stochastic learning automata (/STA85b/), decomposition (/CHU80/, /EFE82/, /KUR86/, /LU86/, /TAN84/, /TAN85a/) and heuristics based on rules; in these cases very often thresholds and biases are involved (/BAR85/, /EAG86a + b/, /EZZ86/, /HSU86/, /LEE86/, /LEL86/, /LIN87/, /STA84a + b/, /STA85a/).

Algorithms can take into account decisions previously made, e.g. by counting the number of migrations of individuals and defining the maximal number of migrations allowed (/STA84b/). Alternate approaches consist in some kind of relaxation, i.e. a certain period of time has to be elapsed before the same host may be considered for information exchange or migrations (/BRY81/, /STA84a/).

As a consequence of each decision stage either a certain action is performed or it is done nothing at all. Actions can be single ones or can comprise a certain number of single actions. Possibilities for single actions are

- transfer of information to a selected host (cf. section 2.2)
- initial assignment of active or passive requirements
- migration of active or passive requirements (/BAR85/, /BRY81/, /HAC86/, /LEL86/)
- replication of active or passive requirements (/BAN83/, /HAC86/).

Most of the research already done concerns the initial assignment. Parameters for decisions are their frequency, preparation parameters (see above), thresholds and biases and the influence of former decisions (e.g. relaxation time). Like in the preparation case even the decision algorithm itself could be parametrized (/RAM87/).

2.4 Tuning

In the sections above we mentioned a number of possibilities to parametrize the components for information handling and decision. The parameters involved fall into one of the following classes (cf. /CAS86/)

- length of intervals to determine the frequency of time driven information handling or decisions
- parameters for preparation mechanisms, e.g. weights
- parameters for decisions, e.g. thresholds.

A further parametrization concerns the model the whole allocation mechanism is based on. A model is used to determine the type and unit of information to be measured and all kinds of preparation and decision algorithms.

Up to now especially single parameters have been optimized. In almost all cases the tuning was performed a priori by means of analytical or simulation studies. Dynamic optimization of parameters is described for

- the distance to select a destination in the context of information exchange (/STA84b/)
- switching on or off the decision algorithm for idle or heavily loaded systems (e.g. /STA85a/).
- selection or combination of two algorithms (/RAM87/).

2.5 Evaluation

Most research has been done by means of analytical treatment or simulations. /HAC87/ and /ZHO87/ are examples of allocation studies in real systems. In both cases a UNIX environment was used. An integration of allocation mechanisms into the architecture of a special distributed operating system was done in /AND87/, but as far as we know, no measurement results are available yet from this approach.

2.6 Conclusions

The tradeoff between overhead of the allocation mechanism and the accuracy of decisions have been studied extensively. Especially the comparison in /STA84a/ makes evident the advantage of simple and quick decisions with less accurate information. Some research has been done concerning communication delay and the frequency of decisions (/STA84a/, /STA85a + b/). They show the tremendous impact of these parameters on the performance of allocation mechanisms.

The choice of a suitable load index is still an open question (/FER86/). Indices like the length of the ready queue are not very well suited, because they do not take into account the finite capacity of processors. Sometimes this problem is overcome by defining thresholds to indicate heavy loads and thus introducing some kind of upper bound. To our opinion this is a rather unsatisfactory solution (see below).

Another open problem is the allocation of communicating active requirements. Existing algorithms are either restricted to special cases of systems or structures of active requirements (/BOK87/) or do not take into account all factors simultaneously (e.g. /EFE82/, /LU86/). The approaches in /ARO80/ and /LO84/ overcome these problems, but use constant execution costs that do not depend on the current load.

Only a few studies concern the dynamic allocation of active and passive requirements by taking into account their relationship. The same holds for dynamic allocation of passive requirements, i.e. of files (cf. /DOW82/, /YU85/). Furthermore dynamic tuning has been studied only in a few cases.

Further aspects that have not been treated extensively concern stability (/BRY81/, /STA85b/), the increase of reliability (/BAN83/, /TRI88/) and the application of statistical methods and other kinds of preparation algorithms. In general, allocations algorithms are studied separately instead of integrating them into the architecture of distributed or network operating systems.

3. An Adaptive Allocation Mechanism

3.1 Overview

According to the criteria specified in section 2, the mechanism described in this section exhibits the following properties:

Prerequisites: The mechanism is designed for arbitrary systems, i.e. for heterogeneous systems with different instruction sets. It is independent of the underlying topology. Active and passive requirements as well as arbitrary types of relationships (i.e. file access, interprocess communication and precedence order) are supported. It is planned to study different performance and reliability goals concerning the system as well as requirements.

Information Handling: Dynamic information concerning the system and requirements is taken into account. This information is measured periodically in each host (adjustable period). A first type of collection that is combined with this measurement builds the load index and cares for filtering of information. In contrast to related work, information can be exchanged either in a direct or indirect way (see below). Because of the filtering the indirect exchange only takes place in case of significant changes of the load index. Direct exchange is driven by requests from a collection entity being combined with the decision entity.

The collection of second type is combined with the decision entity. It is driven by the need for a decision. It cares for the prediction of future load and consumption of resources of certain requirements.

Decision: Decisions are made in a decentralized manner. They can be driven by events (arrival of requirements) or by time to be able to re-allocate if a critical situation was detected. Several algorithms are going to be studied. They are based on decomposition, further restrictions of the search space by heuristics and enumeration. Actions that can be applied are initial assignment, migration and replication of active and passive requirements.

Tuning: To start with, the parameters included in information handling and decisions will be tuned at runtime. Further steps will consist in dynamically varying the prediction model and whole decision algorithms.

Evaluation: The allocation mechanisms are integrated into the architecture of a network operating system, thus enabling implementation and evaluation by means of measurement in a real system environment.

3.2 Functions for Resource Management

In /FÖR87/ concepts for the management of user tasks in a heterogeneous environment have been developed. They are based on higher level communication services being structured according to the client-/server-model (/KRÜ88/): resources like processing power and files are made available for networkwide access by means of execution and file servers; a directory service offers a mechanism to localize resources and servers.

Two main component types are involved in task management: interface to users and task managers. The user specifies his tasks in the form of requirements and invocation parameters. He may select an arbitrary task manager to be responsible for a certain task. The architecture of the task manager is shown in figure 3. Parts being involved in the allocation mechanism are marked by shaded areas.

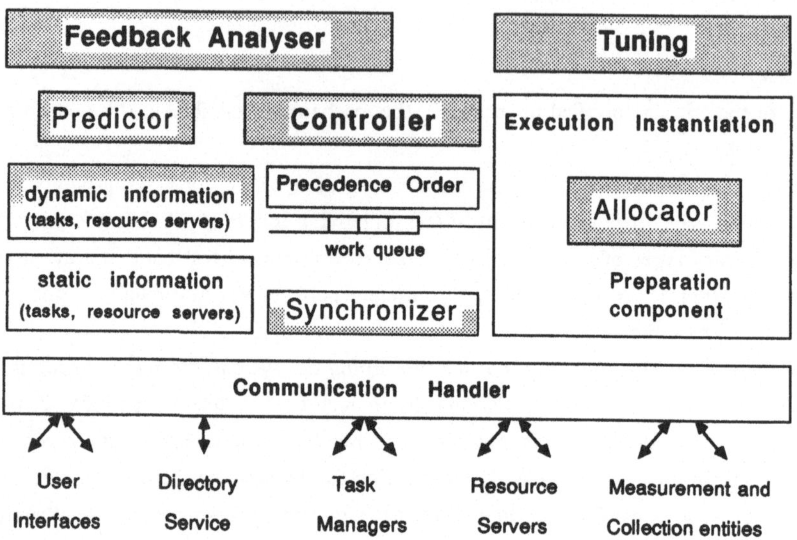

Figure 3: Task manager

The task manager has to map the user's requirements, probably specified at a high level, to requirements at the basic level. By means of the directory service, a search is performed to get static and dynamic information about the requirements and all resource servers being suited for the processing of these requirements. Heterogeneity is taken into account by introducing compatibility types into descriptions of requirements and resource servers. In case of complex tasks, a distinct component cares for an execution according to the precedence order by entering active requirements into the work queue as soon as all former active requirements are completed. They are then proceeded by the component for execution instantiation that invokes the allocator (cf. section 3.3) to select resource servers for the execution of the requirement in question. To cope with the problem of deadlocks, resources are locked by entering labels into their descriptions in the directory. The synchronizer communicates with its partner entities to serialize this update of descriptions. By adding time stamps to the data exchanged, a global time is achieved. The last steps towards the execution involve preparations to set up the execution environment and the initiation of the execution itself.

3.3 Allocation Part

A combination of allocation mechanisms and functions for resource management can be achieved by the following:

- precedence order is taken into account by a function of resource management instead of the allocation mechanism (cf. section 3.2)
- descriptions concerning static and dynamic characteristics of resources and resource servers are linked together
- synchronization for deadlock prevention concerning resources is combined with a mechanism to achieve global time for estimating the recency of information
- reservation of execution servers is used for the prevention of deadlocks as well as for the prevention of instability because of endless re-allocations.

In the following the components being involved in the allocation are described in more detail.

Measurement and Collection: A time driven component cares for measuring quantities concerning the host it is residing on. It uses functions of the local operating system to get the percentage of the overall load, the lenght of the ready queue, percentage of I/O requirements and portions of processes that are involved in communication services. A second kind of measurement is performed by the execution server to get information about processing time, amount of storage, of access to files and of interprocess communication that has already been consumed by those processes it is responsible for. This measurement takes place periodically with variable period. After completion of a certain process, the total of each value is transferred to the corresponding task manager.

The collection component is responsible for building and updating the current value of the load indizes. For algorithm 1 (see below) this index coincides with the utilization. For the second algorithm an approximation of the overhead function is used. To this end the percentage of busy processing capacity has to be compared permanently with the length of the ready queue. The dependency between overhead caused by the operating system and the length of the ready queue is determined by averaging over an appropriate interval. This overhead function only takes on values between zero and the maximal processing capacity. An update of values of the load indizes in the directory is performed only, if a significant change is detected. In this case the local and global time stamp are added and all values are entered into the directory in cyclic order.

The parameters defining the significant change as well as lengths of intervals and the number of values involved in averaging and the directory entry can be used for tuning.

Spatial Collection (Predictor): The spatial collection is invoked by the allocator and the controller to predict values for expected load and remaining processing times. To this end the current global time is compared with the most recent time stamps of dynamic information. If 'old' values are detected, a request is sent to the responsible collection entity to get new data. An extrapolation is performed to predict values for future load and remaining processing time.

Besides the limit for recent data, parameters of the algorithm for extrapolation and the progress into future can be subject to tuning. By taking into account trends, further improvements can be achieved.

Allocator: Up to now, only two algorithms to allocate single active requirements and communicating active requirements have been designed.

Algorithm 1: Its goal is the minimization of mean response times. By applying the formula (/KEH87/, /KER88/)

$$\text{expected response time} = \frac{\text{estimated requirements for preparation} + \text{processing (CPU)}}{(1 - \text{utilization of CPU}) * \text{CPU Speed}}$$

$$+ \frac{\text{estimated requirements for preparation} + \text{processing (I/O)}}{(1 - \text{utilization of I/O}) * \text{I/O Speed}}$$

$$+ \sum (\text{delay 1} * \text{access demand} + \text{delay 2} * \text{access result}) * \text{amount remote resources}$$

to predicted load values and default values for unknown processing and I/O requirements, the hosts offering the least estimated response times are searched. A reservation is then sent to execution servers in these hosts. Answers to such reservations can be positive or negative and contain current load values. Thus a check can be made in the case of acceptance. Further predictions can be based on these values. This algorithm was extended to communicating active requirements (/KER88/). To this end the clustering algorithm of /ARO80/ was modified to reflect the load dependency of execution costs.

Algorithm 2: The second algorithm aims at minimizing unbalanced load and consists in an expert system approach (/BEC89/). It uses a shell that offers frames and rules (/NEU87/). The slots of frames contain static and dynamic characteristics of resources and requirements. To come to decisions, rules have to operate on frames. To start with, rules for initial allocation were based on the algorithm described in /LU86/. Because this algorithm uses an unbounded load index (queue length), it had to be modified (see above).

Controller: The controller is activated periodically. It calls the predictor to achieve newly predicted values concerning the expected load and remaining processing times for mobile active requirements. These values are checked for critical situations by comparing them with thresholds. If a situation is expected to become critical, a control block is built and entered into the work queue. To avoid unnecessary overhead, no control block is built, if the load of all servers is above a certain upper threshold or below a certain lower threshold (cf. /STA85a/). Parameters to be tuned are the interval length between two activations and the definition of critical situations.

3.4 Tuning

Analysis of Feedback has been designed for the minimization of response times. Each time a decision is made, the analysing component is informed about the requirements being involved in the decision and about the response time being predicted for the active requirement in question. After this time has been elapsed, the active requirement is checked for completion. If it is still running, either the predicted load of the hosts involved was too low or the response time of the active requirement was underestimated. The opposite holds in the case that the execution was completed already. Because a posteriori the predicted load values can be compared to the real ones, the analysing component can determine optimal parameters for the past. It would properly not make any sense to adjust parameters according to a determination being based on analysing one single decision. But by averaging over a certain number of such determinations, we hope to get a more realistic picture. Proposals for parameter values are broadcast to the tuning components of all task managers.

Tuning can be performed by averaging the proposals from all task managers or by taking votes of the majority. Parameters are adjusted according to those values.

4. Project State

The functions for resource management have been implemented in connection with the project Distributed Academic Computing being one part of the cooperation project HECTOR between IBM and the University of Karlsruhe (cf. /KRÜ88/). A prototype is operational on machines of type IBM S/370 and DEC VAX 8600/8300 (precedence orders of active requirements were restricted to series-parallel graphs). The same holds for the allocation mechanisms (cf. section 3.3) except tuning.

Most of the problems in evaluating allocation mechanisms in the environment described above, arise because of lower layers. On one hand, addresses for interprocess communication as well as global file names depend on their location (static nature of the client-/server-approach). As a consequence, additional mechanisms have to be introduced to be able to migrate. On the other hand, the prototypical version of the lower layers is not very stable. Thus a lot of measurement runs had to be performed to get a few representative results. They exhibit the same trend that was found in /ZHO87/, i.e. a significant decrease of mean and standard deviation of response times under load balancing.

Further research will concentrate on the study of allocation and migration mechanisms, on the tuning of allocation mechanisms and their stability.

References

/ALM85/ G. Almes, A. Black, E. Lazowska, J. Noe, The Eden System: A Technical Review, IEEE Transactions on Software Engineering, Jan. 1985, pp. 43-59

/AND87/ G.R.Andrews, R.D. Schlichting, R. Hayes, T.D.M. Purdin, The Design of the Saguaro Distributed Operating System, IEEE Transactions on Software Engineering, Vol. SE-13, No. 1, Jan. 1987, pp. 104-118

/ARO80/ R.K. Arora, S.P. Rana, Heuristic Algorithms for Process Assignment in Distributed Computing Systems, Information Processing Letters, Vol. 11, No. 4, 5, Dec. 1980, pp. 199-203

/BAN83/ J.A. Bannister, K.S. Trivedi, Task Allocation in Fault-Tolerant Distributed Systems, Acta Informatica, Vol. 20, 1983, pp. 261-281

/BAR85/ A. Barak, A. Shiloh, A Distributed Load-balancing Policy for a Multicomputer, Software-Practice and Experience, Vol. 15(9), Sept. 1985, pp. 901-913

/BEC89/ J. Becher, Einsatz der hybriden Expertensystemshell NEXPERT bei der dynamischen Zuordnung von Benutzeraufträgen in heterogenen Rechnernetzen, diploma thesis, Institut für Telematik der Universität Karlsruhe, in progress

/BOK87/ S.H. Bokhari, Assignment Problems in Parallel and Distributed Computing, Kluwer Academic Publishers, 1987

/BRY81/ R.M. Bryant, R.A. Finkel, A Stable Distributed Scheduling Algorithm, Proc. 2nd International Conference on Distributed Computing Systems, Computer Society Press 1981

/CAS86/ T.L. Casavant, Scheduling in Distributed Computing Systems, Ph.D. Thesis, Departement of Electrical and Computer Engineering, University of Iowa, Iowa City, Iowa, May 1986

/CHO82/ T.C.K. Chou, J.A. Abraham, Load Balancing in Distributed Systems, IEEE Transaction on Software Engineering, Vol. SE-8, No. 4, July 1982, pp. 401-412

/CHU69/ W.W. Chu, Optimal File Allocation in a Multiple Computer System, IEEE Transactions on Computers, Vol. C-18, No. 10, Oct. 1969, pp. 885-889

/CHU80/ W.W. Chu, L.J. Holloway, M.-T. Lan, K. Efe, Task Allocation in Distributed Data Processing, Computer, Nov. 1980, No. 13, pp. 57-69

/CHU84/ W.W. Chu, M.-T. Lan, J. Hellerstein, Estimation of Intermodule Communication (IMC) and Its Application in Distributed Processing Systems, IEEE Transactions on Computers, Vol. C-33, No. 8, Aug. 1984, pp. 691-699

/CON67/ R.W. Conway, W.L. Maxwell, L.W. Miller, Theory of Scheduling, Addison-Wesley, 1967

/DOW82/ L.W. Dowdy, D.V. Foster, Comparative Models of the File Assignment Problem, ACM Computing Surveys, Vol. 14, No. 2, June 1982, pp. 287-314

/EAG86a/ D.L. Eager, D.D. Lazowska, J. Zahorjan, Adaptive Load Sharing in Homogeneous Distributed Systems, IEEE Transactions on Software Engineering, Vol. SE-12, No. 5, May 1986, pp. 662-675

/EAG86b/ D.L. Eager, D.D. Lazowska, J. Zahorjan, A Comparison of Receiver-Initiated and Sender-Initiated Adaptive Load Sharing, Performance Evaluation 6 (1986), North Holland 1986, pp. 53-68

/EFE82/ K. Efe, Heuristic Models of Task Assignement Scheduling in Distributed Systems, Computer, Vol. 15, Jun. 1982, pp. 50-56

/EZZ86/ A.K. Ezzat, R.D. Bergeron, J.L. Pokoski, Task Allocation Heuristics for Distributed Computing Systems, Proc. 6th International Conference on Distributed Computing Systems, Cambridge, Massachusetts, May 19-23, 1986, pp. 337-346

/FER86/ D. Ferrari, S. Zhou, A Load Index for Dynamic Load Balancing, Proc. Fall Joint Conf., Dallas, Nov. 1986, pp. 684-690

/FÖR87/ C. Förster, Task Setup Service for Distributed Systems, GI/NTG-Tagung Kommunikation in verteilten Systemen, N. Gerner, O. Spaniol (eds.), Springer-Verlag 1987, pp. 154-166

/GAB84/ A. Gabrielian, D.B. Tyler, Optimal Object Allocation in Distributed Computer Systems, Proc. 4th International Conference on Distributed Computing Systems, Denver, Computer Society Press 1984, pp. 88-95

/GHA86/ A. Ghafoor, R. Inamdar, A Dynamic Task Scheduling Algorithm for Symmetric and Homogeneous Distributed Systems, IEEE Computer Society's Tenth Annual International Computer Software & Application Conference (COMPSAC86), Oct. 1986, pp. 50-56

/HAC86/ A. Hac, A Distributed Algorithm for Performance Improvement Through Replication and Migration, Proc. Computer Networking Symposium, Washington, Nov. 1986, IEEE 1986, pp. 163-168

/HAC87/ A. Hac, X. Jin, Dynamic Load Balancing in a Distributed System Using a Decentralized Algorithm, Proc. 7th International Conference on Distributed Computing , Computer Society Press 1987, pp. 170-177

/HEI87/ H.-U. Heiß, Überlast in Rechensystemen - Modellierung und Verhinderung, Informatik-Fachberichte 165, Springer 1987

/HSU86/ C.-Y.H. Hsu, J. W.-S. Liu, Dynamic Load Balancing Algorithms in Homogeneous Distributed Systems, Proc. 6th International Conference on Distributed Computing Systems, Cambridge, Massachusetts, May 19-23, 1986, pp. 216-223

/HWA82/ K.Hwang et al., A Unix-Based Local Computer Network with Load Balancing, IEEE Computer, April 1982, pp. 55-66

/KAU89/ Günter Kaufmann, Untersuchung von Mechanismen zur Programmigration in heterogenen verteilten Systemen, diploma thesis, Institut für Telematik der Universität Karlsruhe, in progress

/KEH87/ F. Kehne, Untersuchung und Entwurf von Allokationsmechanismen zur Leistungsoptimierung in einem verteilten System, diploma thesis, Institut für Telematik der Universität Karlsruhe, September 1987

/KER88/ M. Kerner, Implementierung und Bewertung von Allokationsmechanismen zur Leistungsoptimierung in einem verteilten System, diploma thesis, Institut für Telematik der Universität Karlsruhe, July 1988

/KRÜ88/ G. Krüger, G. Müller (eds.), HECTOR - Heterogeneous Computers Together. A Joint Project of IBM and the University of Karlsruhe, Volume II: Basic Projects, Springer-Verlag 1988

/KUR86/ J.F. Kurose, R. Simha, A Microeconomic Approach to Optimal File Allocation, Proc. 6th International Conference on Distributed Computing Systems, Cambridge, Massachusetts, May 19-23, 1986, pp. 28-35

/LAN83/ L.J. Laning, M.S. Leonard, File Allocation in a Distributed Computer Communication Network, IEEE Transaction on Computers, Vol. C-32, No. 3, March 1983, pp. 232-244

/LEE86/ K.J. Lee, D. Towsley, A Comparison of Priority-Based Decentralized Load Balancing Policies, Proc. PERFORMANCE'86 and SIGMETRICS 1986, May 1986, pp. 70-77

/LEL86/ W.E. Leland, T.J. Ott, Load-balancing Heuristics and Process Behavior, Proc. Performance '86 and ACM SIGMETRICS 1986, pp. 54-69

/LIN87/ F.C.H. Lin, R.M. Keller, The Gradient Model Load Balancing Method, IEEE Transactions on Software Engineering, Vol. SE-13, No. 1, Jan. 1987

/LO84/ V.M. Lo, Heuristic Algorithms for Task Assignment in Distributed Systems, Proc. 4th International Conference on Distributed Computing Systems, Denver, Computer Society Press 1984, pp. 30-39

/LU86/ H. Lu, M.J. Carey, Load-Balanced Task Allocation in Locally Distributed Computer Systems, International Conference on Parallel Processing 1986, pp. 1037-1039

/MA86/ P.-Y.R. Ma, E.Y.S. Lee, M. Tsuchiya, A Task Allocation Model for Distributed Computing Systems, in D.P. Agrawal (ed.), Advanced Computer Architecture, IEEE Computer Society Press/North Holland, 1986

/MOR77/ H.L. Morgan, K.D. Levin, Optimal Program and Data Locations in Computer Networks, CACM Vol. 20, No. 5, May 1977, pp. 315-322

/NEU87/ Neuron Data Inc., NEXPERT Object - Fundamentals, Palo Alto 1987

/PRI84/ C.C. Price, S. Krishnaprasad, Software Allocation Models for Distributed Computing Systems, Proc. 4th International Conference on Distributed Computing Systems, Denver, Computer Society Press 1984, pp. 40-48

/RAM87/ K. Ramamritham, J.A. Stankovic, W. Zhao, Meta-Level Control in Distributed Real-Time Systems, Proc. 7th International Conference on Distributed Computing Systems, Berlin, Computer Society Press 1987, pp. 10-17

/SCH81/ A. Schöne, Prozeßrechensysteme: Aufbau u. Programmierung von Prozeßrechnern; Grundlagen u. Verfahren ihrer Anwendung, Carl Hanser Verlag 1981

/SHE85/ C.-C. Shen, W.-H. Tsai, A Graph Matching Approach to Optimal Task Assignment in Distributed Computing Systems Using a Minimax Criterion, IEEE Transaction on Computers, Vol. C-34, No. 3, March 1985, pp. 197-203

/STA80/ J.A. Stankovic, A Comprehensive Framework for Evaluating Decentralized Control, International Conference on Parallel Processing, Aug. 1980, pp. 181-187

/STA82a/ J.A. Stankovic et al., An Evaluation of the Applicability of Different Mathematical Approaches to the Analysis of Decentralized Control Algorithms, IEEE Computer Society's Sixth Annual International Computer Software & Application Conference (COMPSAC82), 1982, pp. 62-69

/STA82b/ J.A. Stankovic, Achievable Decentralized Control for Functions of a Distributed Processing Operating System, IEEE Computer Society's Sixth Annual International Computer Software & Application Conference (COMPSAC82), 1982, pp. 226-230

/STA84a/ J.A. Stankovic, Simulations of Three Adaptive, Decentralized Controlled, Job Sheduling Algorithms, Computer Networks 8 (1984), pp. 199-217

/STA84b/ J.A. Stankovic, I. S. Sidhu, An Adaptive Bidding Algorithm for Processes, Clusters and Distributed Groups, Proc. 4th International Conference on Distributed Computing Systems, Denver, Computer Society Press 1984, pp. 49-59

/STA85a/ J.A. Stankovic, An Application of Bayesian Decision Theory to Decentralized Control of Job Scheduling, IEEE Transactions on Computers, Vol. C-34, No. 2, Feb. 1985, pp. 117-130

/STA85b/ J.A. Stankovic, Stability and Distributed Scheduling Algorithms, IEEE Transactions on Software Engineering, Vol. Se-11, No. 10, Oct. 1985, pp. 1141-1152

/STO78/ H.S. Stone, S.H. Bokhari, Control of Distributed Processes, Computer, Vol. 11, July 1978, pp. 97-106

/TAN84/ A.N. Tantawi, D. Towsley, A General Model for Optimal Static Load Balancing in Star Network Configurations, PERFORMANCE'84, E. Gelenbe (ed.), North Holland 1984, pp. 277-291

/TAN85a/ A.N. Tantawi, D. Towsley, Optimal Static Load Balancing in Distributed Computer Systems, JACM Vol. 32, No. 2, Apr. 1985, pp. 445-465

/TAN85b/ A.S. Tanenbaum, R.v. Renesse, Distributed Operating Systems, ACM Computing Surveys, Vol. 17, No. 4, Dec. 1985, pp. 419-470

/TRI88/ S.K. Tripathi, D. Finkel, E. Gelenbe, Load Sharing in Distributed Systems with Failures, Acta Informatica, Vol. 25, Fasc. 6, Aug. 1988, pp. 677-689

/WAH84/ B.W.Wah, File Placement on Distributed Computer Systems, Computer, Jan. 1984, pp. 23-32

/WAN85/ Y.-T. Wang, R.J.T. Morris, Load Sharing in Distributed Systems, IEEE Transactions on Computers, C-34, No. 3, March 1985, pp. 204-217

YU85 C.T. YU, M.K. Siu, K. Lam, C.H. Chen, Adaptive File Allocation in Star Computer Network, IEEE Transactions on Software Engineering, Vol. SE-11, No. 9, September 1985, pp. 959-965

/ZHO87/ S. Zhou, D. Ferrari, A Measurement Study of Load Balancing Performance, Proc. 7th International Conference on Distributed Computing Systems, Computer Society Press 1987, pp. 490-497

Verteilte Anwendungen zwischen Workstation und Supercomputer

Dipl. Math. Rolf Rabenseifner

Rechenzentrum der Universität Stuttgart
Allmandring 30
D - 7000 Stuttgart 80

Zusammenfassung

Am Rechenzentrum der Universität Stuttgart (**RUS**) gibt es mehrere Lösungsansätze um verteilte Anwendungen zu unterstützen:

1. Wissenschaftlich-technische Simulation zwischen einer Workstation IRIS-3D und dem Vektorrechner CRAY-2 über eine 140 MBit Glasfaserverbindung der Deutschen Bundespost im Rahmen des DFN-CXLX-Projekts. Hierbei wurde ein Remote Procedure Call (**RPC**) direkt mittels TCP/IP realisiert. Diese IRIS-CRAY-2-Kopplung ist natürlich auch im LAN über Ethernet und Hyperchannel verfügbar.

2. Das "Graphics Oriented Communication System (**GOCS**)", ein graphisch orientiertes Remote Procedure Call (**RPC**) Projekt, gefördert vom Deutschen Forschungsnetz Verein (**DFN**)

3. Das Network Computing System (**NCS**), ein RPC-Dienst von Apollo

4. Das Open Network Computing (**ONC**), ein RPC-Dienst von Sun

Zuerst werden die beiden mit Beteiligung des RUS durchgeführten DFN-Projekte genauer vorgestellt, um sie danach mit den Diensten von Sun und Apollo zu vergleichen.

Ein weiteres Kapitel befaßt sich mit den Möglichkeiten, ein wissenschaftlich-technisches Problem zwischen Workstation und Supercomputer aufzuteilen, wobei Aspekte aufgezeigt werden, die bei derartigen Entscheidungen relevant sind. Danach sollen einige Problemkreise bei der Benützung eines Remote Procedure Calls erörtert werden, um anschließend aus der Sicht eines technisch-wissenschaftlichen Anwenders einige Anforderungen an zukünftige RPC-Dienste zu umreißen und die heutigen Dienste zu bewerten.

Wissenschaftlich-technische Simulation zwischen Workstation und CRAY-2

Die Anwendungen im Verteilten Numerik-Labor

Glasfasernetz für die Supercomputer in Stuttgart und Karlsruhe - unter diesem Motto stellte die Deutsche Bundespost, die Landesregierung Baden-Württemberg und die Universitäten Stuttgart und Karlsruhe am 23. Februar 1988 die Nutzung des Vorläufer-Breitbandnetzes **VBN** für die Schnelle Datenkommunikation vor.

Im Rahmen dieser Veranstaltung demonstrierte das Rechenzentrum der Universität Stuttgart in Kooperation mit dem Institut A für Mechanik der Universität und der Daimler Benz AG den Einsatz Öffentlicher Breitbandnetze zur Visualisierung der Ergebnisse von Simulationen technischer Prozesse im Rahmen eines **Verteilten Numerik-Labors**.

Die Verteilung von Simulation, d.h. Rechnung, und Visualisierung geschieht dabei zwischen der Stuttgarter CRAY-2 und einer graphischen Workstation (s. Abb. 1). Das Bindeglied zwischen CRAY-2 im Rechenzentrum in Vaihingen und Workstation am Demonstrationsort Stadtmitte bildet das VBN. Die Deutsche Bundespost plant, das VBN in der ganzen Bundesrepublik anzubieten.

Dadurch wäre es im Prinzip jedem Wissenschaftler möglich, von seinem Arbeitsplatz aus - ob in einem Forschungslabor, einem mittelständischen Betrieb oder in einer Universität - mit bisher nur in lokalen Netzen gewohnten hohen Übertragungsgeschwindigkeiten bei Bedarf quer durch die Bundesrepublik auf modernste Supercomputer zuzugreifen.

Als erste wurde die Simulation eines Laminar-Turbulenz-Übergangs bei der Modellierung eines Autoschiebedachs demonstriert (s. Abb. 1). Derzeit wird die Umströmung eines flatternden Flugzeugflügelprofils realisiert.

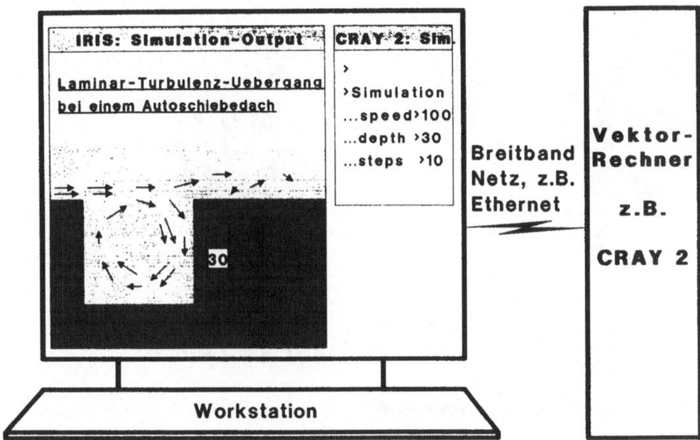

Abbildung 1. Simulations-Anwendung im Verteilten Numerik-Labor

(Siehe auch /RÜH88/, /AIC88/)

Das Netzwerk des Verteilten Numerik-Labors

Die Abbildung 2 zeigt die Netzwerk-Konfiguration dieses Pilotprojekts: Die lokalen Netze der Universitäten Stuttgart und Karlsruhe werden über Strecken des VBN miteinander verbunden.

Dadurch ist ein in der Welt bislang einmaliges **Wide Area LAN** entstanden. Die zur Verbindung der Netze nötigen Anpassungsgeräte, Multiplexer und Brücken wurden an der Universität Stuttgart in Kooperation mit der Firma Hirschmann entwickelt.

Aus der Sicht des Landes stellt das Projekt einen Teil des im Aufbau begriffenen schnellen Netzes für die Forschung in Baden-Württemberg dar. Sein Konstruktionsprinzip der Vernetzung von lokalen Netzen motiviert seinen Namen: **BELWÜ** - Baden-Württembergs Extended LAN (siehe auch /BEL88a-d/).

Das VBN verbindet die Großstädte der Bundesrepublik durch eine "Glasfaser-Autobahn" mittels 140 Megabit/sec-Leitungen. Auf einigen Abschnitten wie zwischen Stuttgart und Karlsruhe können die Signale sogar mit einer Geschwindigkeit von 565 Megabit/sec übertragen werden.

Die Realisierung des Gesamtprojektes erfolgt entsprechend der Verfügbarkeit internationaler LAN-Standards in zwei Stufen. Die demonstrierte erste Stufe verbindet vorhandene lokale Netze des 10 Megabit/sec-Ethernet-Standards. Für eine zweite Stufe ist der Ausbau auf den 100 Megabit/sec-FDDI- Standard vorgesehen.

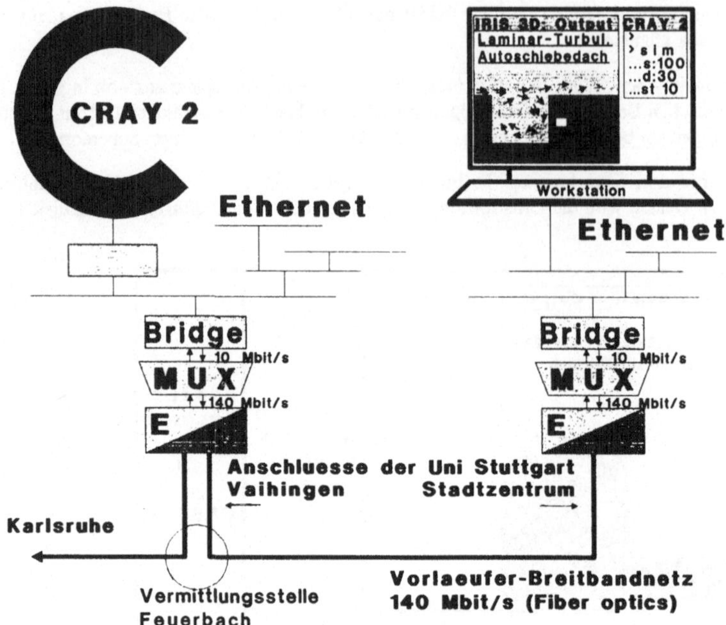

Abbildung 2. Netzwerk-Konfiguration des Verteilten Numerik-Labors

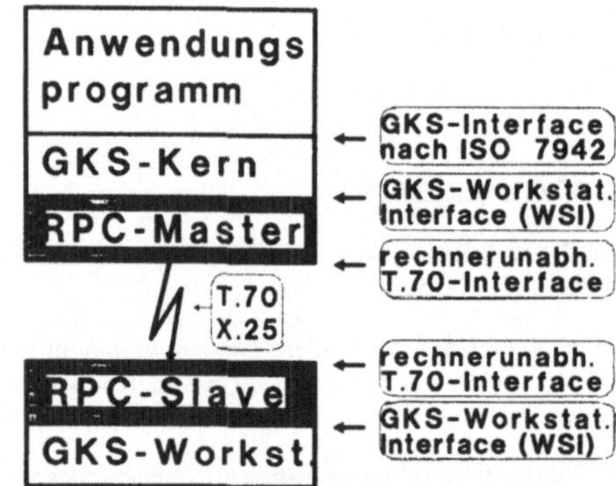

Abbildung 3. Eine mittels GOCS verteilte GKS-basierte Anwendung

GOCS, eine RPC-Entwicklung des DFN

Das "Graphics Oriented Communication System (**GOCS**)" wurde vom "Deutschen Forschungsnetz (**DFN**)" entwickelt. In den folgenden Abschnitten wird GOCS genauer beschrieben, /EGE87/, /RAB88b/.

Ursprüngliche Zielsetzung von GOCS

Ursprünglich sollten GKS-basierte graphische Anwendungsprogramme mit GOCS verteilt werden, indem der Anwender an einer lokalen GKS-Workstation arbeitet und hierbei über GOCS Zugang zu seinem entfernten Anwendungsprogramm hat. GOCS stellt hierzu ein mittels eines Remote-Procedure-Call (**RPC**) verteiltes GKS (Graphical Kernel System, ISO 7942) zur Verfügung. Das GKS wurde hierzu an einer internen Schnittstelle, dem sog. GKS-Workstation-Interface (GKS-WSI) verteilt, wie Abbildung 3 zeigt.

GOCS, Major Topics

Im folgenden soll der Aspekt des verteilten GKS in den Hintergund treten und nur der RPC-Mechanismus des GOCS genauer betrachtet werden.

Bei der Entwicklung von GOCS wurden folgende Aspekte berücksichtigt:

- Keine Änderungen an den Betriebssystemen

- Entwicklung eines einheitlichen, rechner- und betriebssystem-unabhängigen Interfaces

- Für Benutzer-Anwendungen unter Benutzer-Account

- Basierend auf Standards (soweit schon vorhanden)

- Geeignet für WANs

Die Komponenten des GOCS

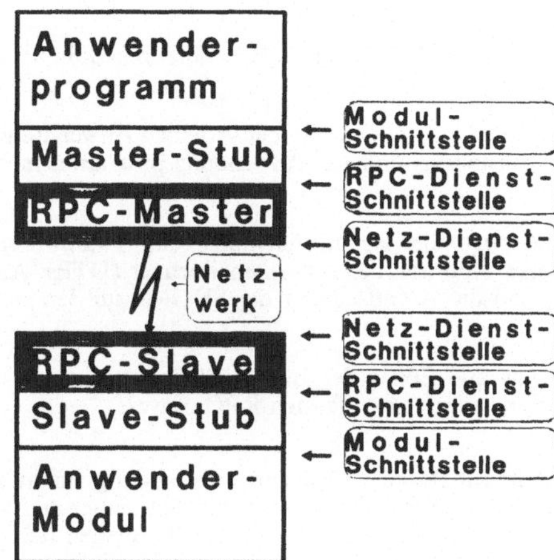

Abbildung 4. RPC und Stubs

GOCS besteht im wesentlichen aus

RPC   Remote Procedure Controler

     Der Remote Procedure Controler zerfällt in 2 Teile: RPC-Master und RPC-Slave.

     Der RPC-Master wird vom Client gerufen und gibt den Aufruf an den RPC-Slave über eine T.70-Verbindung weiter. Der RPC-Slave ruft dann den Server.

Stubs Im allgemeinen wird der RPC-Master nicht direkt von einem Anwendungs-Modul gerufen und der RPC-Slave ruft auch nicht direkt ein Server-Modul, sondern es werden sog. **Stubs** dazwischen geschaltet, wie in Abbildung 4 dargestellt. Die Funktionalität der Stubs ist, die anwenderspezifische Schnittstelle auf die anwenderneutrale Schnittstelle des RPC-Dienstes abzubilden und nötige Adressierungs-Informationen hinzuzufügen. Hierbei wird im wesentlichen jeder Anwenderroutine eine Identifikationsnummer zugeordnet und dem RPC-Dienst bei jedem Call der aktuelle Aufbau der Parameterliste in geeigneter Weise mitgeteilt. Die Master-Stubs bilden beliebige Modul-Schnittstellen auf die vom RPC-Master exportierte Schnittstelle ab. Die Slave-Stubs bilden dann umgekehrt die RPC-Slave-Schnittstelle wieder auf die Modulschnittstellen ab. Aus der Sicht des Anwendungsprogramms sollte die Kombination aus Master-Stub, RPC-Master, Netzwerk-Layer, RPC-Slave und Slave-Stub eine **identische Abbildung** sein.

     Bei GOCS müssen die Stubs derzeit noch von Hand in Fortran programmiert werden. In Zukunft ist der Einsatz von Stub-Generatoren geplant.

ASM Application Support and Management, /RAB88a/, /CHR86/

     Mit dem ASM können entfernte Prozesse unter Benutzeraccount gestartet, kontrolliert und gestoppt werden.

Außerdem können mittels ASM die Port-Adressen zwischen Client- und Server-Prozessen ausgetauscht werden. Dadurch wird ein entferntes Objekt in Form eines Server-Processes aus der Sicht des Anwenders nur adressiert durch Angaben über
   a) Netzwerk,
   b) Adresse des Rechners,
   c) Useridentifikation, Passwort und Account, sowie
   d) der Service, repräsentiert durch eine JCL[1] Sequenz.

Hierdurch entfällt die Notwendigkeit von netzweit einheitlichen Objekt-Nummern.

SDGM Static Distributed Graphics Manager

Der SDGM ist das Benutzerinterface zu ASM und RPC. Mittels eines Datenfiles werden sämtliche Adressierungs-Informationen eingegeben.

Zusammenspiel der GOCS-Komponenten

Das Zusammenspiel der GOCS-Komponenten wird anhand der Abbildung 5 für den Fall eines entfernten Anwendungsprogramms mit lokalem Workstation-Modul erläutert.

1. Der Anwender startet den **SDGM**, der die Benutzerwünsche über eine Datei oder interaktiv über ein Terminal entgegennimmt.

   - Sie bestehen aus der gesamten Information über die Konfiguration der verteilten Anwendung sowie Prolog, Start und Epilog-JCL-Sequenzen für die Workstations und das Anwendungsprogramm in der Syntax der entsprechenden Zielrechner.

     Im einzelnen werden also Informationen benötigt über Benutzeridentifizierung, Passwort sowie Berechtigung und Account für die entfernten Prozesse, Adressen der entfernten Rechner (DTE), Angaben zu den Workstations (Typ, Connection-Identifier) und die Aufrufsequenz der SDGMs auf den entfernten Rechnern.

   - Der SDGM erstellt JCL-Sequenzen für Prolog und Epilog der lokalen Workstation- bzw. Server-Module und für den Start der Anwendung (Application) oder von entfernten RPC Slaves.

2. Der SDGM initiiert über den lokalen **ASM** und die entfernten ASMs, einen Verbindungsaufbau zur Durchführung des **Predialogs**. Der Predialog ist das Protokoll zwischen dem lokalen und dem entfernten SDGM. Damit der Partner-SDGM gestartet werden kann, wird zwischen den beteiligten ASM-Bausteinen die Verbindung (a) aufgebaut, auf der die Aufrufsequenz zum Start des Partner-SDGMs übertragen wird.

3. Der entfernte ASM startet in der vorher definierten Benutzerumgebung auf dem entfernten Rechner den entfernten SDGM.

4. Zwischen den beteiligten SDGM-Bausteinen wird die Verbindung (b) aufgebaut, über die die notwendigen Informationen übertragen werden. Dann wird der Prolog an allen Workstations und bei der Anwendung durchgeführt. Hierbei wird beispielsweise der GKS-Connection-Identifier zu einem Graphischen Terminal oder Plotter zugewiesen und die definierten Geräte den jeweiligen Prozessen zugeordnet.

5. Der SDGM startet auf den jeweiligen Rechnern mittels einer JCL-Sequenz das Anwendungsprogramm einschließlich **RPC-Master** und die **RPC Slaves**.

6. Bei jedem Aufruf von *OPEN WORKSTATION* durch die Anwendung erfolgt durch den **RPC Master** ein Verbindungsaufbau (c) zu dem **RPC Slave** auf dem Rechner an dem die Workstation angeschlossen ist, falls noch keine Verbindung besteht.

   Wenn durch den Aufruf *CLOSE WORKSTATION* die Workstation geschlossen werden soll, wird die Verbindung (c) abgebaut, falls es sich um das letzte geöffnete Workstation-Modul an dem entsprechenden Rechner handelt.

7. Nachdem die Anwendung terminiert hat, wird auf Veranlassung des **SDGM** auf der Anwendungsseite an allen Workstations und bei der Anwendung der Epilog durchgeführt. Er beinhaltet beispielsweise die Übertragung eines GKS-Metafiles oder aufgetretener Fehlerbedingungen.

---

[1] Job Control Language

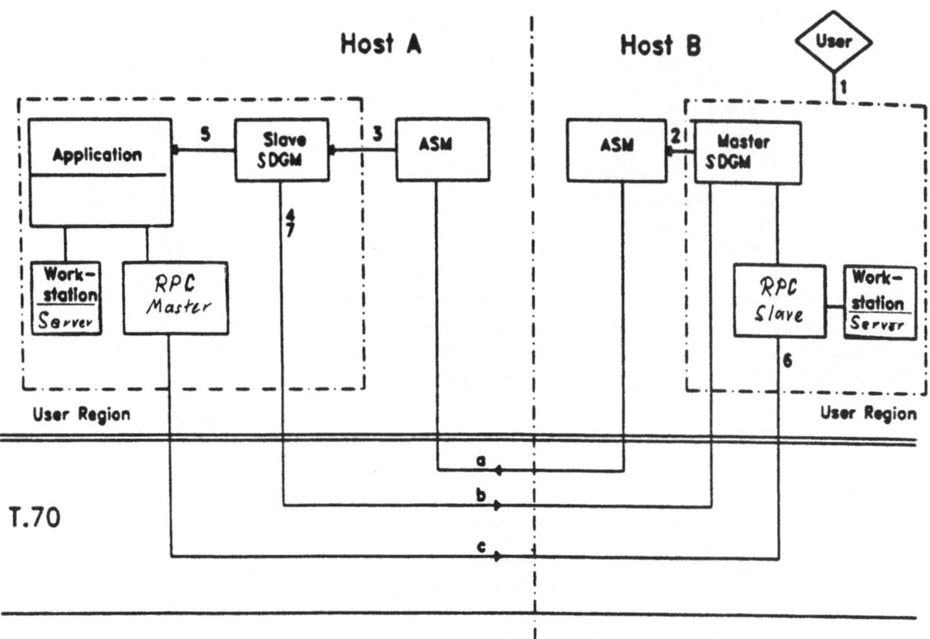

Abbildung 5. **Zusammenspiel von ASM,SDGM,RPC-SLAVE,RPC-MASTER.** Die Ziffern und Buchstaben beziehen sich auf den Text.

Ein Vergleich mit dem ONC von SUN und dem NCS von APOLLO

	Remote Procedure Call			
Topics	GOCS/DFN	ONC von SUN	NCS von Apollo	IRIS - CRAY 2 (DFN-CXLX-Projekt)
Sprachschalen	FORTRAN	C	C, PASCAL	FORTRAN
Parameterübergabe	Single Entry mit einer festen Parameterliste, welche für jeden Basis-Datentyp ein Feld enthält, sodaß jede Anwender-Parameterliste mittels einfacher Stubs auf die Parameterliste des RPC-Entries abgebildet werden kann.	Es gibt genau einen Input- und einen Output-Parameter. Der Typ kann beliebig komplex sein, sodaß jede beliebige Parameterliste durch die Stubs abgebildet werden können.	Es existieren für C und PASCAL Stub-Generatoren, die aus einer C- oder PASCAL-ähnlichen Parameterbeschreibung zu jeder Routine, die durch den RPC aufgerufen werden soll, einen entsprechenden Stub generiert.	Es werden direkt TCP/IP-Sockets benützt. Es existiert ein STUB für IRIS-Graphik-Routinen.
Stubgenerator	geplant	nicht vorhanden	vorhanden	nicht vorhanden

Fork, d.h. Starten einer Server-Operation ohne daß der Client anhält	(geplant, sodaß mit einem Switch bei Routinen ohne Output-Parameter nicht auf ihre Beendigung gewartet wird, sondern der Client parallel weiterrechnet, bis er eine Routine mit Output-Parametern via RPC aufruft)	vorhanden, aber nur mit den sog. Lowest-Level-RPC-Dienst-Routinen realisierbar	möglich	nicht möglich
Streaming (mehrere in einem Puffer gesammelte RPC-Calls werden in einer Transport-Protokollunit übertragen)	vorhanden, mittels eines Switch wie bei Fork	vorhanden, ebenfalls nur mit Lowest-Level-RPC-Dienst-Routinen möglich	nicht möglich	vorhanden
Broadcast (RPC-Call gleichzeitiger an mehrere Server)	vorhanden, aber nur für Routinen ohne Output-Parameter	vorhanden, ebenfalls nur mit Lowest-Level-RPC-Dienst-Routinen möglich	nicht möglich	nicht möglich
Callback (mit RPC gerufener Server kann wiederum RPC zum Client zurück machen)	nicht möglich, d.h. die Client- und Server-Rolle muß fest den beteiligten Prozessen zugewiesen sein.	möglich, d.h. eine im Server-Prozess mittels RPC gerufene Routine kann wiederum mittels RPC eine Routine im Client rufen.	nicht möglich	nicht möglich
Transport-Dienst	T.70 (über X.25)	TCP/IP oder UDP/IP	IP oder DDS	TCP/IP
Netzwerk-Adressierung	dte-Adresse	IP-Host-Identifier	IP-Host-Identifier	IP-Host-Identifier
adressierbare Objektstukturen	Prozess, Modul (logische Zusammenfassung mehrerer Operationen), Operation (d.h. Proceduren)	Programm, Procedure (da weder (Daten)-Objekte noch Prozesse adressiert werden können, muß man einem Programm, das von mehreren Benutzern unter ihrem Account benutzt werden soll, jeweils eine Programmnummer zuteilen)	(Data-) Objects, (Data-) Types, (Procedure-) Interfaces	Graphische Elemente der IRIS-Graphik-Bibliothek

Adressierungsme-thode	Prozeß: RPC-Server oder -Client-Prozeß mittels ASM gestartet, mit ASM wird die Transport-Adresse (TSAP) ausgetauscht; Modul: Innerhalb des Benutzer-Prozesses einmalige Modulnummer; Operation: Innerhalb eines Prozesses einmaliger Operation-Code;	Programm: Innerhalb der Servermaschine einmalige Programmnummer. Programmnummer: zur Vermeidung von Konflikten können weltweit einmalige Nummer bei der Firma Sun beantragt werden. Procedure: Innerhalb eines Programms einmalige Procedure-Nummer.	Jéder Benutzer kann für *Objects*, *Types* und *Interfaces* einmalige UUID (Universal Unique Identifier) erzeugen. (Dies funktioniert solange nicht zwei Benutzer innerhalb von 4 ms auf dem gleichen Rechner UUIDs erzeugen)	Prozeß: Mittels eines Demon auf der CRAY-2 wird ein Anwender-Prozeß gestartet. Die hierzu benützte TCP/IP-Verbindung wird zu diesem umgelenkt. Graphik-Calls: Auf der CRAY-2 können die gleichen Calls gemacht werden wie auf der IRIS-Workstation.
Start der Serverprozesse	Mit dem ASM oder interaktiv	interaktiv oder als Batchjob (ggf. beim Deadstart)	interaktiv oder als Batchjob (ggf. beim Deadstart)	Mit dem Demon auf der CRAY-2 oder interaktiv
Verfügbar für (Liste unvollständig)	VAX (VMS), IBM (VM/CMS)	SUN (UNIX), CRAY-2 (UNICOS), sowie alle Systeme, für die es auch das Network File System (NFS) gibt	Die meisten UNIX-Workstations, CRAY-2 (UNICOS), VAX (VMS oder Ultrix), IBM-PC	IRIS (UNIX), CRAY-2 (UNICOS)
oder geplant für (Liste unvollständig)	UNIX-Systeme (auch CRAY-2)		IBM /370; es ist ein ähnlicher Verbreitungsgrad wie beim Network File System (NFS von Sun) geplant	SUN (UNIX)

(Siehe auch /APO87a/, /SUN86/)

Klassifizierung von Anwendungen unter dem Aspekt der Verteilung

Um in Zukunft den Anwendern und Anwendungsprogrammierern das Verteilen von Programmen zwischen Workstation und Vektorrechner zu erleichtern, sind adäquate Stub-Generatoren nötig. Vor dem Entwurf derartiger Stub-Generatoren sollte man die Anwendungen klassifizieren. Die gleichen Aspekte sind für den Awendungsprogrammierer relevant, wenn er zu entscheiden hat, wie er seine Anwendung zwischen Workstation und Supercomputer aufteilen soll.

Hierzu einige wesentliche Aspekt:

1. Trennlinie zwischen remote und lokal:

   Es sind meist mehrere Aufteilungen zwischen remote und lokal möglich. Hierzu sei das Anwendungsprogramm in Steuerungsprogramm, Userinterface und Services strukturiert. Einige Beispiele sind in Abb. 6 dargestellt.

2. Anwenderkreis

   Das gesamte Programm, aber auch jedes einzelne Modul, kann nach Verbreitung, bzw. Anwenderkreis klassifiziert werden:

   - Internationaler Standard (z.B. PHIGS, GKS)

- International oder national verbreitet (z.B. EISPACK, IMSL)

- Innerhalb einer Institution verbreitet (z.B. Graphikpaket einer Universität/Firma)

- Beschränkte Nutzergruppe (z.B. Mitarbeiter eines Lehrstuhl/Abteilung)

- ca. ein Benutzer (meist gleichzeitig auch Programmierer)

Ein Stub-Generator sollte zumindest die Anforderungen der weitverbreiteten oder standardisierten Module erfüllen. Bei Modulen mit nur kleinen Nutzergruppen kann für die Verteilung eher eine Modifikation der Modulschnittstelle in Spezialfällen in Kauf genommen werden.

Wenn man einen verbreiteten Service via RPC verfügbar macht, kann man damit u. U. mehreren verschiedenen Einzelanwendungen die Verteilung ermöglichen, wie dies zum Beispiel im DFN-CXLX-Projekt mit der IRIS-Graphik-Schnittstelle realisiert wurde.

3. Die Graphik-Schnittstelle, an der das Programm aufgeteilt wird:

Wenn eine Workstation der graphischen Darstellung von wissenschaftlich-technischen Ergebnissen dient, welche auf einem Supercomputer im Hintergrund berechnet wurden, dann gibt es drei Möglichkeiten, diese Ergebnisse an die Workstation zu übermitteln (s. Abb. 7):

a. Übertragung von Pixel-Images,

b. Übertragung von graphischen Basiselementen, wie Punkte, Vektoren, etc.,

c. Übertragung von Benutzerdaten, wie z.B. 2 oder 3-dimensionale Strömungsfelder.

Abbildung 6.   Trennlinie zwischen remote und lokal

Probleme bei der Verteilung von Anwendungen mittels eines RPC

1. Der RPC hat wesentlich längere Startup-Zeiten als ein lokaler Procedure Call.

Die gesamte Dauer eines RPC setzt sich zusammen aus

Startup-Zeit: Aufbau einer *leeren* RPC-Protokoll-Unit,
                Laufzeit der RPC-Protokoll-Units im Netz (z.B. via Satellit 2*160ms),
                Prozessumschaltungen.

Transferzeit: Kodierung der Input-Parameter,
                Übertragung der Input-Parameter,
                Dekodierung der Input-Parameter,
                Kodierung, Übertragung und Dekodierung der Output-Parameter.

Ausführungszeit   der Server-Routine.

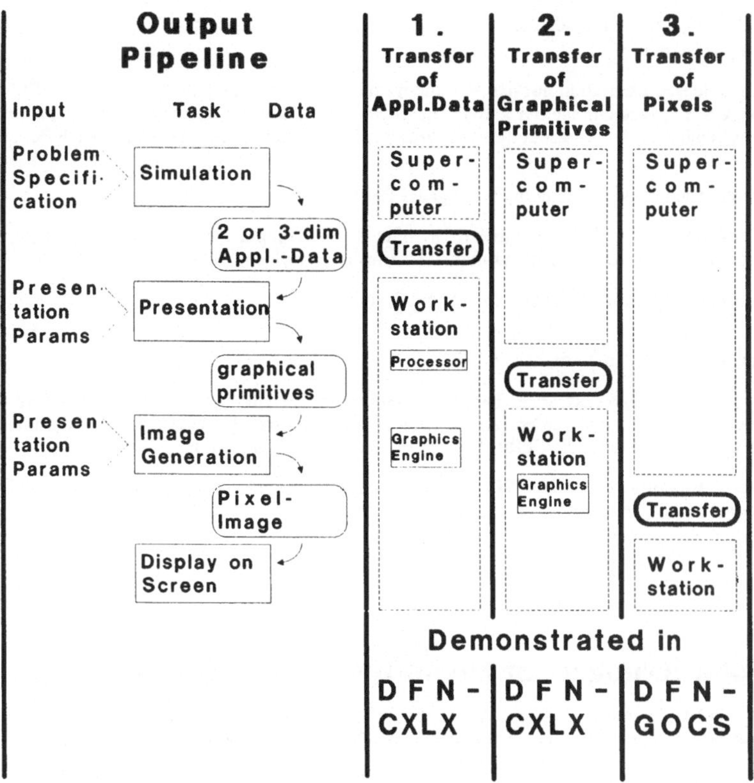

Abbildung 7. Mögliche Aufteilungen unter dem Aspekt der Graphik

Die großen Startup-Zeiten führen dann zu Problemen, wenn zwischen zwei Interaktionen durch den Anwender eine größere Anzahl von Remote Procedure Calls durchgeführt werden sollen. Hierzu typische Anwendungsszenarien:

- Lösung von Eigenwertproblemen mittels EISPACK-Routinen:

  Ein Anwenungsprogramm auf der Workstation ruft EISPACK-Routinen auf dem Vektorrechner. Das EISPACK-Interface erfordert in den meisten Fällen, daß zur Lösung eines Problems mehrere Routinen (zum Teil in Schleifen) aufgerufen werden müssen. Damit der Anwendungsprogrammierer nur auf seiner Workstation programmieren muß, sollte auf dem Vektorrechner für alle EISPACK-Anwender nur das EISPACK-Paket via RPC zur Verfügung stehen und keine anwenderspezifischen Kombinationen.

- Ein Projekt befaßt sich mit dem Zugriff auf entfernte Modellierer via RPC.

  Manche komplexen Modellier-Funktionen werden durch mehrere hintereinandergeschaltete Basisfunktionen des entfernten Modellierers realisiert. Die langen Startup-Zeiten erfordern unter Umständen Änderung der Interface-Definition, sodaß die komplexen Funktionen ebenfalls beim entfernten Modellierer realisiert werden.

- Kopieren eines nur im Workstation-Independent-Segment-Storage (WISS) befindlichen GKS-Segments auf eine entfernte GKS-Workstation via RPC:

  Das Kopieren eines GKS-Segments kann durch den Aufruf von GKS-Basis-Funktionen entsprechend des Segmentinhalts realisiert werden. Dieses Problem kann durch Streaming-Fähigkeit des RPC-Dienstes gelöst werden.

2. Geringe reale Transferrate / große Transferzeiten:

- Aufgrund der relativ großen Komplexität der RPC-Software wird u.U. die theoretisch maximale Geschwindigkeit des Netzwerkes stark unterschritten.

  Beispiel: Userdaten werden in eine rechnerunabhängige Transfer-Kodierung umgewandelt (Layer 6), diese in eine Session-Protokoll-Unit verpackt, diese in eine Transport-Protokoll-Unit (T.70), welche in mehrere

X.25-Pakete aufgeteilt wird, die dann z.B. mit der PSI-Access-softare via DECNET über ein Ethernet übertragen werden.

- Da die Datenrepräsentation auf den Rechnern unterschiedlich sein kann (z.B. ASCII-EBCDIC, 64 Bit Real auf der CRAY, Reihenfolge der 4 Bytes in einem Wort), wird in den meisten RPC-Protokollen eine rechnerunabhängige Datenrepräsentation übertragen. Dies ist aber ineffizient, wenn der RPC erfolgt zwischen

  - zwei gleichartigen Rechnern (homogener Fall)

  - Workstation und Vektorrechner (hier sollte die Datenrepräsentation der Workstation übertragen werden und die Umkodierung auf dem Vektorrechner erfolgen)

3. Kein gemeinsames Memory zwischen Client und Server:

- Es sind keine globalen Variablen möglich.

- Es gibt kein Call-by-Reference. Die Modul-Schnittstellen sollten so definiert sein, daß keine unnötigen Feldelemente übertragen werden (z.B. Diagonale einer Matrix). Entweder sind die Parameterlisten entsprechend zu definieren oder die Stubs, bzw. Stub-Generatoren müssen dies realisieren.

- Bei vielen Bibliotheken (z.B. EISPACK, s.o.) werden temporäre und Scratch-Variablen (Workspace-Parameter) benötigt. Dies erfordert entsprechende Stubs.

4. Bei manchen RPC-Diensten müssen die Client- und Server-Rollen fest verteilt sein, d.h. eine im Server-Prozess mittels RPC gerufene Routine kann nicht wieder mittels RPC eine Routine im Client-Prozess rufen.

(Siehe auch /TAN88/)

Einige Anforderungen an zukünftige RPC-Dienste

Diese Liste soll nicht vollständig sein, sondern eher Schlußfolgerungen unserer Erfahrungen beinhalten, vor allem im Bereich der wissenschaftlich-technischen Anwendung zwischen Workstation und Vektorrechner.

Hierzu seien drei Fälle unterschieden:

1. Die Workstation dient nur als graphische Ein- und Ausgabestation.

    Dem Anwender sollten auf dem Vektorrechner die gleichen Graphik-Routinen zur Verfügung stehen wie auf der Workstation. Eine Standardisierung (z.B. PHIGS) der Workstation-Graphik wäre wünschenswert, doch sollten diese Standards dann von der Graphics-Engine der Workstation unterstützt werden. Der für die Graphik zuständige Prozeß auf der Workstation sollte weitgehend für den Anwender verdeckt sein, so daß er nur seinen Anwendungs-Prozeß auf dem Vektorrechner sieht.

    Es sollte sowohl Vektorgraphik wie auch Rastergraphik unterstützt werden. Die Mausfunktionen der Workstation müssen vollständig für das Anwendungsprogramm auf dem Vektorrechner verfügbar sein.

    Die Adressierungproblematik zwischen den beiden Prozessen sollte für den Anwender unsichtbar sein.

2. Auf dem Vektorrechner werden (Standard)-Pakete als Service via RPC zur Verfügung gestellt (z.B. EISPACK, IMSL).

    Die (Fortran)-Schnittstelle auf der Workstation muß identisch sein mit der auf dem Vektorrechner, damit schon existierende Programme auf die Workstation gebracht werden können. Die hierfür nötigen Stubs müssen fertig bereitgestellt werden. Diese Stubs müssen zumindest das Problem der Workspace-Parameter lösen.

    Die Server-Routinen auf dem Vektorrechner müssen unter Benutzer-Account rechnen. Die Security-Mechanismen dürfen hierdurch nicht geschwächt werden.

    Aus der Sicht des Anwenders sollte nur der Anwendungprozeß auf der Workstation sichtbar sein, der Prozeß auf dem Vektorrechner sollte verdeckt laufen.

    Der Prozeß auf dem Vektorrechner sollte sowohl in der Interaktiv- als auch in der Batch-Queue gestartet werden können, so daß entsprechende verteilte Programme auch z.B. nachts gerechnet werden können.

3. Ein Teil des Anwendungsprogramms läuft lokal auf der Workstation, z.B. das Userinterface, welches Benutzerdaten adäquat darstellt, während ein Teil der Services auf dem Vektorrechner erbracht werden.

    Eine weitere, im folgenden aber unerhebliche Fallunterscheidung ist

a.   ob das Steuerungsprogramm (Hauptprogramm) lokal

b.   oder remote läuft.

Hier werden leicht bedienbare Fortran-fähige Stub-Generatoren benötigt. Die Handhabung des RPC muß so einfach sein, daß der Anwendungsprogrammierer im wesentlichen um seine Anwendung und nicht um die Bedienung des RPC kümmern kann.

Es existieren ggf. drei Prozeß-Start-Möglichkeiten existieren:

a.   Vom Prozeß auf dem Vektorrechner wird der entsprechende Ausgabe-Prozeß mit dem dazugehörigen Window auf der Workstation gestartet (s. auch oben, 1. Fall).

b.   Vom Workstation-Prozeß aus wird der Hintergrund-Prozeß auf dem Vektorrechner gestartet (s. auch oben, 2. Fall).

c.   Die beteiligten Prozesse werden interaktiv gestartet. Hier ist vor allem das Adressierungsproblem zu lösen. Die bisher angewandten Verfahren über eindeutige Programmnummern (Sun, Apollo) sind nicht befriedigend, da zwei Benutzer des gleichen Programms hierfür zwei verschiedene Programmnummern besitzen müssen.

Bewertung der vorhandenen Ansätze und Standards

Im folgenden sei nur für den Einsatz der RPC-Dienste zwischen Workstation und Compute-Server bei verteilten Anwendungen im Bereich der wissenschaftlich-technischen Simulation bewertet. Der Einsatz in anderen Bereichen (z.B. ONC ist die Basis des Network File System, NFS) führt meist zu anderen Bewertungen (s. a. /APO88/).

In unserem Fall sind die Geschwindigkeit des RPC, seine Sicherheit, Handhabung und Verfügbarkeit meist ausschlaggebend für die Wahl des geeigneten RPC-Dienstes.

Zur Geschwindkeit:

- Bei gleicher Netzwerktechnik (OSI-Layer 1 + 2) hängt die Geschwindigkeit stark von den Protokollen der Layer 3 und 4 ab.

  GOCS Dieser RPC-Dienst des basiert auf T.70 und X.25. Voraussichtlich wird X.25 auch bei schneller Netzwerktechnik zu langsam sein. Die Datenübertragung mit T.70 ist sicher, d.h. jeder RP-Call wird garantiert genau einmal durchgeführt und die Parameterliste wird sicher übertragen.

  ONC Der RPC von SUN kann wahlweise auf dem Datagramm-Dienst UDP oder auf dem verbindungsorientierten TCP aufsetzen. TCP geht, im Gegensatz zu UDP, von einer unsicheren Verbindung aus, enthält daher nochmals ein Datensicherungsprotokoll und ist daher langsamer, aber sicher. UDP ist schneller, dafür kann die Übermittlung der Calls nicht garantiert werden, d.h. es kann theoretisch ein Call verloren gehen oder (z.B. beim Verlust der Antwort) auch öfters durchgeführt werden. Außerdem können in einem Call mit UDP maximal 8000 Bytes als Parameter übertragen werden.

  NCS Der RPC-Dienst von Apollo setzt normalerweise auf dem Datagramm-Dienst DDS auf. NCS gleicht die fehlende Sicherheit von DDS durch geeignete Maßnahmen aus, sodaß ein schneller und gleichzeitig sicherer RPC-Dienst gewährleitet ist.

- Bei wissenschaftlich-technischen Anwendungen müssen meist Real-Zahlen übertragen werden. Da die Zahlendarstellungen der Compute-Server und Workstations meist unterschiedlich sind, kommt der Konvertierung eine wesentliche Bedeutung zu (Layer 6 - Presentation Layer).

  GOCS Es wird rechnerunabhängige Netzwerkcodierung benützt, die im wesentlichen der Charactercodierung des Computer Graphics Metafile entspricht. Hierzu sind erhebliche Bit-Manipulationen bei der Workstation und beim Compute-Server nötig.

  ONC Die Netzwerkcodierung ist der Real-Darstellung auf den Workstations (68000) angepasst. So muss nur beim Compute-Server codiert und decodiert werden. Die RPC-Inplementierung kann aber die Vektorisierungsmöglichkeiten des Compute-Severs nicht ausnützen.

  NCS Die Netzwerkcodierung entspricht meist der Darstellung des sendenden Rechners (IEEE, VAX, CRAY, IBM). Daher muß bei der Realzahlen-Übertragung vom Compute-Server zur Workstation die Umwandlung vom Workstation-Prozessor durchgeführt werden.

Bei allen drei Diensten ist mittels externer Kodier-Routinen eine vektorisierte Gleitkomma-Umwandlung auf dem Compute-Server möglich.

Zur Handhabung der RPC-Schnittstelle durch einen Anwendungsprogrammierer:

Nur **NCS** bietet einen Stub-Generator. Dieser kann direkt für Fortran-Programme verwendet werden, wobei der Anwendungsprogrammierer aber wissen muß, wie diese Schnittstelle in C aussieht. Denn diese Information dient als Input für den Stub-Generator.

Die anderen RPC-Dienste sind schlecht handhabbar.

Verfügbarkeit auf Workstations und Compute-Servern:

GOCS   GOCS ist vom DFN-Verein erhältlich für VAXen und MicroVAXen unter VMS, Siemens-Rechner unter BS2000, IBM /370 unter VM/CMS und zum Teil für UNIX-Systeme. GOCS ist derzeit in der Pilot-Erprobung.

ONC   Der RPC ist der Basis-Dienst für NFS (Network File System) und daher für alle Anlagen lieferbar, für die auch NFS existiert.

Wie unsere Experimente zeigten, kann die Realzahl-Konvertierung aber (auf Compute-Servern) Probleme bereiten, da diese bei NFS nicht benützt wird und daher von Sun z.B. auf der CRAY-2 u.U. nicht vollständig ausgetestet ist.

NCS   NCS ist zum Teil von Apollo und zum Teil von den Workstation-Hersteller für fast alle Workstations unter UNIX erhältlich. Apollo liefert auch NCS für MicroVAXen unter VMS und Ultrix und für IBM-PCs.

Als Compute-Server werden CRAY unter UNICOS, CONVEX, VAX (DEC) und andere unterstützt.

Bemerkungen zu Standards

X-Window Da der Transfer bei X-Windows ohne PHIGS Pixel-orientiert ist, ist es für schnelle Vektor-Graphik (z.B. Bewegtbild) nicht einsetzbar.

Bei X-Windows mit PHIGS wird es für derartige Anwendungen u.U. entscheidend sein, daß Vektoren statt Pixels übertragen werden, d.h. daß die Umsetzung der Vektoren in Pixels erst auf der Workstation statt schon auf dem Compute-Server stattfindet.

ROSE   Remote Operation Service Elements /DIS9072/:

Für wissenschaftlich-technische Anwendungen ist es wichtig, daß ein RPC heute verfügbar, schnell und handhabbar ist. Erst zukünftige Experimente werden zeigen, inwieweit ein ROSE-basiertes RPC-Produkt diesen Anforderungen genügt. Da Sun und Apollo unter Umständen mit ihren RPC-Diensten Quasi-Standards etablieren, kann ein ROSE-basiertes Produkt sich wahrscheinlich nur durchsetzen, wenn es für den Anwendungsprogrammierer eine schon heute vorhandene Schnittstelle anbietet.

Zusammenfassung

Voraussichtlich ist NCS von Apollo dem ONC von SUN beim Einsatz für wissenschaftlich-technische Simulationen überlegen. GOCS/DFN ist nur bedingt geeignet da es ein zu langsames Basis-Protokoll und eine ineffiziente Real-Konvertierung benützt. Eine genauere Bewertung kann erst nach eingehenden Versuchen erfolgen. Diese werden wir demnächst durchführen.

Ausblick

Wir entwickeln daher einen Stub-Generator, der eine Fortran ähnliche Schnittstellen-Spezifikation versteht und sowohl die Stubs für GOCS/DFN und für ONC, als auch den C-ähnlichen Input für NCS erzeugen kann.

Außerdem soll eine vektorisierte Real-Zahlen-Konvertierung auf der CRAY-2 in ONC und in NCS integriert werden.

Parallel dazu werden wir komplette RPC-basierte Dienste anbieten:

- PHIGS auf der Workstation, vom Compute-Server (CRAY-2, CONVEX) via NCS oder ONC aufrufbar.

  Dies wird unter Umständen durch PHIGS in X-Windows abgelöst.

- Die IRIS-Graphik-Bibliothek ist schon heute vom Compute-Server aus über einen eigenen RPC rufbar. In Zukunft sollen auch hier ONC oder NCS eingesetzt werden.

- Numerische Pakete (z.B. EISPACK) auf dem Compute-Server, von der Workstation aus via NCS oder ONC aufrufbar.

Nachwort

Für die tatkräftige Unterstützung und die anregenden Diskussionen möchte ich mich herzlich bedanken bei Prof. R. Rühle, Hartmut Aichele, Paul Christ, Dr. Lothar Ehnis, Dr. Lisa Golka, Dr. Jörg Heitzer, Dr. Christoph Leser, Heinz Pöhlmann, Martin Winter.

Literaturverzeichnis

/AIC88/ Hartmut Aichele: "Verteilte Graphik zwischen einer Workstation und Vektorrechnern", Diplomarbeit, *Rechenzentrum der Universität Stuttgart*, Juni/Juli 1988

/APO87a/ Apollo Domain: "Network Computing System (NCS) Reference", *Order No. 010200, Rev. 00,* 1987

/APO87b/ Apollo White Paper: "Network Computing System: A Technical Overview", *Apollo Computer Inc., 002402-322,* 2-87

/APO88/ "Apollo NCA and Sun ONC: A Comparison", *Apollo Computer Inc.,* January 1988 (zusammengebunden mit /APO87b/)

/BEL88a/ "BELWÜ, Baden-Württembergs Extended LAN, Das Forschungsnetz des Landes im DFN", Übersicht, *Rechenzentrum der Universität Stuttgart,* März 1988

/BEL88b/ "BELWÜ, Baden-Württembergs Extended LAN, Das Forschungsnetz des Landes im DFN", Rechner und Dienste, *Rechenzentrum der Universität Stuttgart,* März 1988

/BEL88c/ "BELWÜ, Baden-Württembergs Extended LAN, Das Forschungsnetz des Landes im DFN", Das Handbuch für den Benutzer, *Rechenzentrum der Universität Stuttgart,* März 1988

/BEL88d/ "BELWÜ, Baden-Württembergs Extended LAN, Das Forschungsnetz des Landes im DFN", Das Handbuch für den Netzwerk-Administrator, *Rechenzentrum der Universität Stuttgart,* März 1988

/CHR86/ Paul Christ, Lothar Ehnis, Christoph Leser, Roland Rühle: "Distributed Scientific Applications; Aspects of Support, Development and Management in an OSI Environment", *Proceedings of the Eighth International Conference on Computer Communication, P.J. Kuehn (Editor) Elsevier science Publisher B.V. (North-Holland), pp. 692-697,* 1986

/DIS9072/ DIS 9072-1 and DIS 9072-2, Information Processing Systems - Text Communication - Remote Operations - Part 1: Model, Notation and Service Definition - Part 2: Protocol Specification *ISO/TC97/SC18* 1987-10-7

/EGE87/ Christian Egelhaaf, Rolf Rabenseifner, G. Schürmann: "Graphics Oriented Communication System GOCS, Benutzer-Handbuch V.0.1, 1st Draft", *GMD FOKUS, Hardenbergplatz2, D-1000 Berlin 12,* November 1987

/RAB88a/ Rolf Rabenseifner, Christoph Leser: "Spezifikation der Anwenderschnittstelle zu den Kommunikationsdiensten", *Rechenzentrum der Universität Stuttgart,* Rev. 3.2, 9. März 1988

/RAB88b/ Rolf Rabenseifner: "Graphics Oriented Communication System GOCS, Auszug: GOCS unter VMS", *Rechenzentrum der Universität Stuttgart,* Version 1.0, 11. März 1988

/RÜH88/ Roland Rühle (Hrsg.): "Numerik-Labor Bundesrepublik (VBN, BELWÜ, DFN)", *Rechenzentrum der Universität Stuttgart,* 23. Februar 1988

/SUN86/ SUN microsystems: "Networking on the Sun Workstation", Chapter "Remote Procedure Call Programming Guide" *Part No: 800-1324-03* Rev. B of 17 Feb.1986

/TAN88/ Andrew S. Tanenbaum, Robbert van Renesse: "A Critique of the Remote procedure Call Paradigm", *Research into Networks and Distributed Applications, EUTECO 88, R.Speth (Editor), Elsevier science Publisher B.V. (North-Holland), pp. 775-783,* 1988

/WIS87/ Wissenschaftsrat: "Empfehlung zur Ausstattung der Hochschulen mit Rechenkapazität", *Drs. 7716/87,* Berlin, 22.5.1987.

Lastverteilung in heterogenen Netzen
am Beispiel einer rechnerintegrierten Fertigung

Walter Gora

Philips Kommunikations Industrie AG
Business Systems International
Thurn-und-Taxis-Str. 10
8500 Nürnberg

Inge Weigel

Universität Erlangen-Nürnberg
Informatik 7
Martensstr. 3
8520 Erlangen

Zusammenfassung:

Ziel des Einsatzes von Lastverteilungsverfahren in Netzen ist es Aufträge an ungenutzte Ressourcen zu übertragen und dadurch einerseits die Gesamtleistung des Systems zu erhöhen sowie bei Teilausfällen durch die Verteilung von Aufträgen auf intakte Rechner eine Fortsetzung der Bearbeitung unter geringem Leistungsabfall ("graceful degradation") zu erreichen. Im Rahmen dieses Beitrags wird zunächst ein Überblick über verschiedene Methoden zur Lastverteilung in Rechnernetzen gegeben sowie diese in ein neu entwickeltes Klassifizierungsschema eingeordnet. Weiterhin wird eine generelle Strukturierung der Lastverteilungs-Verfahren erläutert. Basierend auf Untersuchungen und Aussagen aus der Literatur wird ein neues Lastverteilungs-Verfahren zur Erhöhung der Zuverlässigkeit und Leistung in heterogenen Rechnerumgebungen vorgestellt und am Beispiel eines Netzes in der rechnerintegrierten Fertigung validiert.

1. Einleitung und Motivation

Aus dem zunehmenden Einsatz von Rechnernetzen und der Verknüpfung bestehender Systeme zu einem Netz ergeben sich vielfältige Möglichkeiten zum Austausch von Daten und der gemeinsamen Nutzung von Ressourcen. Ziel des Einsatzes von Lastverteilungsverfahren ist es, Aufträge an ungenutzte Ressourcen zu übertragen und dadurch die Gesamtleistung des Systems zu erhöhen. Darüber hinaus kann bei einem Knotenausfall durch Aufteilung des gesamten Auftragsvolumens auf die intakten Rechner die Zuverlässigkeit und Verfügbarkeit des gesamten Systems verbessert werden. Aus diesen Gründen ist die Bereitstellung von Verfahren zur Lastverteilung ein wesentlicher Faktor beim Entwurf und Betrieb verteilter Rechnersysteme.

Ziel der hier beschriebenen Untersuchungen ist es, im Rahmen des Netzmanagements die bisherigen in der Literatur dokumentierten Erfahrungen und Erkenntnisse im Bereich der Lastverteilung für einen Einsatz im PAP-Netz (*Projekt für flexibel automatisierte Produktionssysteme*) [PAP87] nutzbar zu machen. In diesem seit 1985 laufenden Projekt werden hochflexible Fertigungs- und Montagelinien in der Zusammenarbeit von mehreren Lehrstühlen der Fertigungstechnik und der Informatik an der Universität Erlangen-Nürnberg sowie unterstützt von Staat und Industrie, aufgebaut und untersucht.

Dieser Beitrag klassifiziert und untersucht zunächst die in der Literatur aufgeführten Verfahren zur Lastverteilung, wobei die Eignung für eine heterogene Netzumgebung geprüft wird. Dies bedeutete insbesondere, die zumeist auf homogene Systeme beschränkten Ansätze in der Literatur auf die Übertragbarkeit auf das gegebene heterogene Netz hin zu untersuchen. Im Rahmen der Administration der durch das PAP-Netz verbundenen Rechner und Automatisierungskomponenten wird angestrebt, Anwendungsprogramme, Netzmanagement- und Betriebssystemfunktionen in den Lastaustausch mit einzubeziehen. Die Zielsetzung von Lastverteilung im Rahmen des PAP-Projektes besteht darin, die Gesamtverfügbarkeit und Leistungsfähigkeit der gesamten rechnerintegrierten Fertigung zu erhöhen.

2. Lastverteilung in verteilten Systemen

2.1 Ziele von Lastverteilung

Neben den Begriffen "load sharing" oder "load distribution" werden in der Literatur oftmals die Bezeichnungen "load balancing" oder "load leveling" verwendet. Letztere implizieren, daß die verwendeten Verfahren das Ziel verfolgen, möglichst gleichhohe Last an allen beteiligten Netzknoten zu erreichen. Eine gleichmäßige Verteilung der Last ist zwar eine häufige Konsequenz der Anwendung von Lastverteilungsverfahren, jedoch im Sinne des allgemeineren Begriffs "load sharing" nicht notwendige Voraussetzung zur Erfüllung ihrer Aufgaben. Oft wird auch auf vollkommene Gleichverteilung der Last zugunsten einer Entlastung der Verkehrswege im Netz verzichtet [Ni85].

Als allgemeine Ziele von Lastverteilungsverfahren können nach [Ni85] [Stan84] [Wang85] aufgeführt werden:

- **Leistungssteigerung**, d.h. Erhöhung des Gesamtdurchsatzes im System und Verkürzen der Antwortzeiten von Aufträgen.

- **Erhöhung der Zuverlässigkeit** im gesamten System, d.h. Erfüllung der Anforderungen, die während einer bestimmten Zeitdauer an das System gerichtet werden.

- **Erhöhung der Gesamtverfügbarkeit** des Systems, d.h. Erhöhung der Wahrscheinlichkeit, daß das System zu einem vorgegebenen Zeitpunkt in einem funktionsfähigen Zustand angetroffen wird.

- **Fehlertoleranz:** Fähigkeit des Systems auch mit einer begrenzten Zahl von fehlerhaften Subsystemen seine spezifizierte Funktion zu erfüllen [Maeh85].

- **Fairneß:** Innerhalb einer Gruppe von Rechnern, unter denen Lastverteilung möglich ist, ist zu garantieren, daß eine bestimmte Anforderung - egal an welchem Rechner sie eintrifft - möglichst gleiche Antwortzeit hat.

- **Transparenz:** Der Ort der Auftragsabarbeitung sollte verborgen werden, d.h. der Benutzer sollte den Eindruck haben mit einem einzigen virtuellen Rechner zu arbeiten.

2.2 Übersicht über Lastverteilungsverfahren

Der folgende Abschnitt gibt eine Zusammenfassung der wesentlichen Aspekte bisheriger Ansätze in der verfügbaren Literatur wieder. Zur Vervollständigung des Überblicks sei auf weitere Übersichten in [Krat80], [Wang85] verwiesen. Auf die Aufführung der dort zusammengefaßten Verfahren wird hier verzichtet.

In [Livn82] werden in einem homogenen System mit CSMA/CD-Protokoll drei Algorithmen getestet. Voraussetzung für die Anwendbarkeit sind die Broadcast-Eigenschaft und die gleichen Entfernungen für beliebige Knotenpaare im Netz. Ebenfalls drei Verfahren sind in [Eage85] aufgeführt, wobei hierbei das Gesamtsystem aus identischen Knoten mit je einem Prozessor, verbunden durch ein Ethernet, besteht. Weitere Voraussetzung ist die Existenz von nur einer Klasse von Anforderungen. Zweck der drei Algorithmen in [Eage85] ist nicht, eine optimale Leistungsverbesserung zu erzielen, sondern wesentliche Prinzipien bei der Vorgehensweise zu veranschaulichen.

Ein verteiltes System, in dem jeder Knoten die Fähigkeit besitzt die Bearbeitung aller lokal generierten Aufträge selbst durchzuführen, ist Grundlage der Untersuchungen in [Trip85]. Lastverteilung wird nur im Falle eines Rechnerausfalles vorgesehen. Die benötigten Informationen über den Zustand des Netzes werden periodisch von jedem Rechner eingeholt. Dabei ist nur von Interesse, ob ein Knoten im Augenblick verfügbar bzw. nicht verfügbar ist. Zusätzlich sichert, jeder Knoten periodisch seinen eigenen Zustand, um bei auftretenden Fehlern eine Fortsetzung der Bearbeitung des gerade laufenden Prozesses möglich zu machen.

[Ni85] untersucht ein vollkommen homogenes System mit identischen Knoten. Ziel des Lastverteilungsalgorithmus ist es, die Auslastung der Ressourcen zu maximieren. Hierzu stellt jeder Prozessor seine eigene Last fest, wobei nur eine grobe Zuordnung zu einer von drei Belastungsstufen entscheidend ist - hohe, mittlere oder niedrige Last. Wird die Last eines Knotens als niedrig eingestuft, so bedeutet dies, daß er Aufträge von anderen Prozessoren übernehmen kann. Ein Knoten mit hoher Last hingegen, möchte Anforderungen abgeben. Mittlere Last an einem Knoten zeigt an, daß eine Beteiligung am Lastaustausch dieses Knotens nicht notwendig ist. Welche Faktoren zur Schätzung der Last herangezogen werden und zu welchem Zeitpunkt die Schätzung stattfinden soll, kann je nach Anwendung variiert werden.

Das dem in [Bara84] angewendeten Algorithmus zugrunde gelegte System besteht aus unabhängigen homogenen Knoten mit mehreren Prozessoren, die so verbunden sind, daß jedes Knotenpaar direkt kommunizieren kann (vollständig vermaschtes Netz). Eine weitere Voraussetzung ist, daß jeder Auftrag, unabhängig davon an welchem Knoten er ankommt, an jedem beliebigen Knoten gleichgut ausführbar ist. Mit der Untersuchung einiger Algorithmentypen in [Wang85] wurde ähnlich wie in [Eage85] das Ziel verfolgt, einen Vergleich verschiedener Strategien und Informationsniveaus durchzuführen und nicht einen Vorschlag für einen implementierbaren Algorithmus zu geben. Vorausgesetzt wird die logische Unabhängigkeit der Aufträge voneinander, und daß erzeugte Aufträge von jedem Knoten gleichermaßen bedient werden können. Als vereinfachende Annahme wird von gleicher Bedienrate aller Prozessoren ausgegangen. Weitere Verfahren sind in [Souz84] [Stan84] und [Ferr88] aufgeführt.

2.3 Allgemeine Klassifizierung von Lastverteilungsverfahren

Die Lastverteilungsverfahren selbst zählen nach [Wang85] zusammen mit anderen Problemen (z.B. Datensynchronisation) zum *globalen* Scheduling-Problem, d.h. Scheduling innerhalb des Netzes. Globales und *lokales* Scheduling, d.h. Scheduling innerhalb eines Knotens, werden zum *verteilten* Scheduling-Problem ("distributed scheduling") zusammengefaßt.

Eine weitere wichtige Unterscheidung ist die zwischen "*job scheduling*" und "*task scheduling*" (wird häufig auch als *task-allocation* bezeichnet). Ein Job setzt sich nach [Tant85] aus mehreren Tasks zusammen, d.h. das "task scheduling"-Problem befaßt sich mit der Verteilung der einzelnen Teilaufgaben einer Anforderung auf mehrere Prozessoren. Diese Art der Lastverteilung wird vor allen

Dingen in Mehrprozessorsystemen eingesetzt. Eine Übersicht über angewendete Methoden beim "task scheduling" befindet sich in [Gonz77].

Der vorliegende Beitrag behandelt das nach [Tant85] als "job scheduling" zu bezeichnende Problem, d.h. im Rahmen der Lastverteilung werden nur logisch voneinander unabhängige Anforderungen betrachtet. Topologisch unterscheidet sich das "job scheduling" vom "task scheduling"-Problem dadurch, daß nicht notwendigerweise die zu verteilenden Anforderungen aus einer gemeinsamen Ankunftsquelle stammen, sondern an verschiedenen Knotenpunkten in das Netzwerk eingebracht werden können. Es kann folglich beim "job scheduling"-Problem nicht von der Existenz einer Stelle ausgegangen werden, an der die gesamten im System befindlichen Aufträge bekannt sind.

Die in der Literatur aufgeführten Klassifizierungskriterien wurden im Rahmen von [Weig87] zusammengefaßt und zu einem übergeordneten Klassifizierungsschema vereint, das in Abbildung 1 dargestellt ist. Die einzelnen Kriterien sind hierbei [Bara84] [Eage85] [Ni85] [Stan84] [Trip85] [Wang85]:

(1) *Herkunft der zur Entscheidungsfindung herangezogenen Informationen:* Es kann zwischen Transfer-Entscheidungen basierend auf lokal oder global verfügbaren Informationen unterschieden werden. Eine von anderen Netzknoten unabhängige Vorgehensweise wird als *statisch* bezeichnet, während *dynamische* bzw. *adaptive* Verfahren den momentanen Systemzustand mit berücksichtigen.

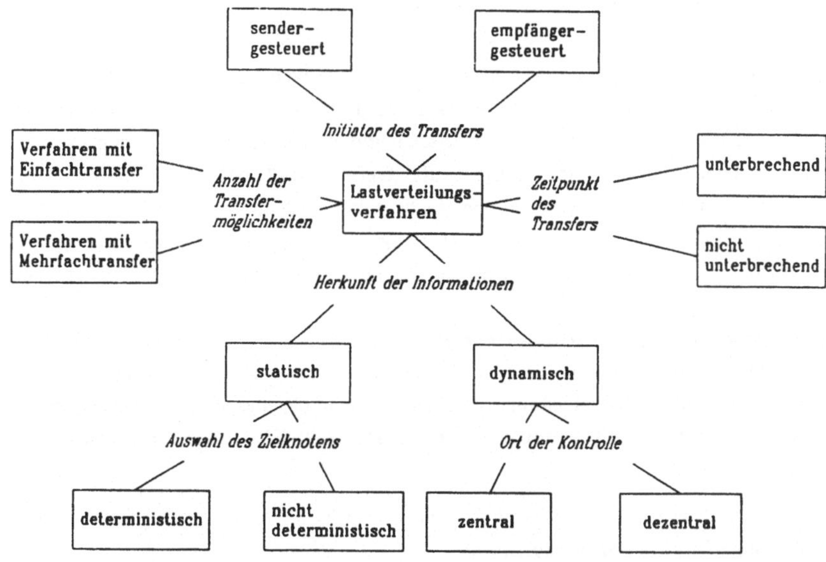

Abbildung 1. Allgemeine Klassifizierung von Lastverteilungs-Verfahren

(2) *Art der Auswahl des Zielknotens:* Dieses Kriterium bezieht sich nur auf die statischen Verfahren, d.h. diejenigen die auf Zustandsänderungen innerhalb des Netzes nicht reagieren können. Hier kann die Auswahl des Zielknotens entweder fest vorgeschrieben (*deterministisch*) sein oder die Verteilung der Aufträge an die jeweiligen Zielknoten wird mit vorgegebener Wahrscheinlichkeit vorgenommen (*nicht deterministisch*).

(3) *Ort der Kontrolle über die Lastverteilung:* Für die Kontrolle über das Sammeln und Verteilen der Informationen, sowie den Transfer der Anforderungen im gesamten Netz kann *zentral* ein ausgezeichneter Knoten zuständig sein. Bei *dezentraler* Durchführung der Lastverteilung führt jeder Knoten eigenständig den entsprechenden Algorithmus aus, eventuell jeder Knoten mit unterschiedlichen lokalen Parametern. Mögliche Parameter sind z.B. Schwellwerte oder Zeitperiodenlängen.

(4) *Initiator des Transfers:* Sucht der überlastete Knoten selbst nach Knoten mit leichter Last, um eigene Anforderungen loszuwerden, so wird dieser Algorithmus als *sendergesteuert* ("sender initiated" [Eage85] bzw. "source initiative" [Wang85]) bezeichnet. Bei den *empfängergesteuerten* Verfahren ("receiver initiated" bzw. "server initiative") ist es die Aufgabe der nur leicht belasteten Knoten, von überlasteten Knoten Anforderungen abzuziehen. Mischformen dieser Einteilung sind ebenfalls möglich.

(5) *Anzahl der Transfermöglichkeiten:* Anhand dieses Kriteriums kann unterschieden werden zwischen Verfahren, bei denen einmal transferierte Anforderungen am Zielknoten vollständig bearbeitet werden müssen ("single migration") und solchen die ein mehrfaches Weiterleiten zulassen ("repetitive migration").

(6) *Zeitpunkt des Transfers:* Verfahren, die bei auftretendem Ungleichgewicht in der Belastung der Knoten einen Transfer von teilweise bearbeiteten Anforderungen erlauben, werden als *unterbrechend* ("preemptive") bezeichnet und Verfahren, bei denen nur neu ankommende Jobs transferiert werden, als *nicht unterbrechend*.

In [Wang85] werden Lastverteilungsverfahren nach dem verwendeten Informationsumfang in sieben Ebenen unterteilt. Im Rahmen dieses Beitrags wird allerdings die Nomenklatur von [Eage85] verwendet und die gröbere Aufteilung in statische und dynamische Algorithmen bevorzugt. Grund für dieses Vorgehen ist vor allen Dingen die Gefahr, daß bei der feineren Einteilung mit unterschiedlichen Informationsniveaus einige Algorithmen sich nur mit Vorbehalten oder gar nicht einer bestimmten Ebene zuordnen lassen. Man denke dabei an Algorithmen, die zur Entscheidung über die Zuordnung zu Netzknoten Informationen über deren Zuverlässigkeit verwenden (siehe auch [Trip85]).

Im Gegensatz zu [Eage85] wird allerdings neben der Klassifizierung nach Informationsumfang die Unterscheidung, von welchem Knoten die Initiative ausgeht, auf alle Algorithmen ausgedehnt, also eine Einteilung aller Lastverteilungsverfahren in sender- und empfängergesteuerte zugelassen. Das im Rahmen dieser Arbeit entwickelte allgemeine Klassifizierungsschema ist in Abbildung 1 dargestellt.

2.4 Prinzipielle Struktur der Algorithmen

In diesem Beitrag wird bei der Beschreibung der Algorithmen Bezug genommen auf die zeitliche Einteilung der Lastverteilungsalgorithmen nach [Eage86] in zwei Schritte:

1. Transferentscheidungsverfahren: Verfahren zur Entscheidung, ob ein Jobtransfer vorgenommen wird und welche Aufträge transferiert werden (= "transfer policy");

2. Lokalisierungsverfahren: Verfahren zur Entscheidung, an welchen Zielknoten bzw. von welchem Quellknoten Jobs transferiert werden (= "location policy");

Das Problem, das es bei der Gestaltung dieser Verfahren zu lösen gilt, ist, die konträren Größen Leistung und Overhead zu optimieren. Der Overhead-Anteil steigt mit der Komplexität des Algorithmus, mit zunehmender Menge an Informationen, die zur Entscheidungsfindung herangezogen werden, und mit wachsender Anzahl von Jobtransfers. Ein erhöhter Overhead-Anteil schmälert die von den drei letztgenannten Faktoren eventuell erreichte Leistungssteigerung. Mögliche Entscheidungskriterien - sowohl lokal als auch netzweit - im Rahmen des Transferentscheidungs- und Lokalisierungsverfahrens sind:

- Lastschätzungen, z.B. aufgrund der Warteschlangenlänge, der CPU-Auslastung (vgl. [Mutk88]), des freien Speicherplatzes oder basierend auf Zeitmessungen durch Lastschätzprogramme

- Lastdifferenzen, z.B. Vergleiche zwischen lokaler und geringster an einem Knoten vorkommender Last

- Ausfall eines Knotens

- bei mehreren Anwendungsklassen: Zugehörigkeit einer Anforderung zu einer bestimmten Klasse, in der z.B. Transfer möglich oder günstig ist

Ein zentrales Problem bei der Lastverteilung ist die Abschätzung der Last. Oftmals wird hierzu die Summe der Antwort- bzw. Restantwortzeiten aller Prozesse eines Systems verwendet. Da die Antwortzeit eines Auftrags vor dessen Bearbeitung im allgemeinen nicht bekannt ist, müssen die Antwortzeit beeinflussende Faktoren zu ihrer Schätzung verwendet werden. Nach [Ni85] können hierzu zeit- und rechnerabhängige Parameter, wie beispielsweise Betriebsmittelforderungen, die Anzahl momentaner Aufträge, die Rechnerarchitektur oder die Taktfrequenz des Prozessors herangezogen werden.

Ein mögliches Verfahren zur Lokalisierung eines Zielknotens ist die Auswahl des Knotens, dessen Last am geringsten geschätzt wurde (STB-Algorithmus in [Livn82]). Bei Anwendung dieser Strategie besteht allerdings die Gefahr, daß der am leichtesten belastete Knoten von mehreren Quellen als Transferziel ausgewählt wird, was zu einer Überlastung des ursprünglich aufnahmefähigen Rechners führen kann (processor thrashing). Dieser muß dann wiederum versuchen Abnehmer für seine Jobs zu finden, wobei Instabilitäten auftreten können. Andere Strategien (siehe Algorithmus 2 in [Stan84]) verteilen die abzugebenden Anforderungen auf mehrere leichter belastete Knoten im Netz und verringern dadurch die Gefahr der Instabilität.

Eine weitere Möglichkeit zur Lokalisierung eines Zielknotens ist das Anwenden des Bidding-Verfahrens. Bei diesem Verfahren werden Angebote eingeholt und beim sendergesteuerten Algorithmus an den bestbietenden Rechner Aufträge übergeben bzw. beim empfängergesteuerten Verfahren von ihm übernommen (siehe drafting-Algorithmus in [Ni85]). Es sind auch Kombinationen von sender- und empfängergesteuerter Strategie möglich (s.a. [Krat80]).

2.5 Grundlegende Ergebnisse aus der Literatur

In [Livn82] [Stan84] [Saha87] wird gezeigt, daß Lastverteilung bei hoher Systembelastung unrentabel ist, während bei gleicher durchschnittlicher Last an allen Knoten Lastverteilung eine wesentliche Leistungserhöhung bewirkt, wenn die Last im mittleren Bereich liegt.

Das Problem der Festlegung und Aktualisierung der zur Lastschätzung verwendeten Parameter wird in nahezu allen Veröffentlichungen diskutiert. In [Stan84] wird hierzu bemerkt, daß bereits die Verwendung von einfachsten Statusinformationen (z.B Anzahl der Aufträge in der Warteschlange) die

Leistung in bedeutendem Maße erhöht [Stan84]. Die Antwortzeiten verhalten sich robust gegenüber groben Lastschätzungen, so daß ein hoher Aufwand für eine detaillierte Lastschätzung nicht den erhofften Nutzen bringt [Ni85]. Allerdings vermindern veraltete Statusinformationen die Leistung des Systems erheblich, wie in [Stan84] [Diks87] gezeigt wird.

Die Stabilität eines Lastverteilungsverfahrens kann durch genaues Optimieren der Parameter (z.B. Transferschwellwerte) eines Lastverteilungsalgorithmus erhöht werden [Stan84], [Diks87]. In diesen Literaturstellen befinden sich auch Aussagen zum Overhead durch Lastverteilung. Demnach empfiehlt es sich, den Transfer größerer Programmpakete wegen der entstehenden höheren Kosten auszuschließen. Darüber hinaus wurde festgestellt, daß das Ausmaß des durch den Lastverteilungsalgorithmus verursachten System-Overheads entscheidenden Einfluß auf die Antwortzeit hat. Weiterhin erhöht ein zu häufiges Anstoßen des Algorithmus die Zahl unbedeutender Job-Transfers.

Unterschiedliche Ergebnisse wurden bei Berücksichtigung der Übertragungszeit erzielt. In [Stan84] kommen die Autoren zu dem Schluß, daß die Übertragungszeit erst bei Überschreiten einer gewissen Schwelle erhöhte Antwortzeiten zur Folge hat. Dagegen ergeben die Untersuchungen in [Diks87] eine kontinuierliche Zunahme der Antwortzeiten bei Erhöhung der Übertragungszeit.

Die durch die Lastverteilung erzielbare Leistung hängt im erheblichem Maße von der gewählten Strategie ab. Der dadurch erreichbare Nutzen wird in [Diks87] als extrem hoch eingestuft. Zur korrekten Beurteilung der Leistung ist die Kenntnis der verursachten Kosten jedoch Grundvoraussetzung. Eine wichtige Folgerung bezüglich welcher Systemumgebung der Einsatz eines Lastverteilungsalgorithmus am gewinnbringendsten ist, läßt das Ergebnis der Untersuchung in [Diks87] zu. Hier wird bei stark schwankenden Bedienzeiten der höchste Leistungszuwachs beobachtet.

Generell läßt sich folgern, daß das Optimierungsproblem zwischen den Maßen Overhead und Leistung aufgrund des Effekts des abnehmenden Gewinns ("diminishing returns") bei Erhöhung der Komplexität des Algorithmus dadurch gelöst werden muß, auf eine Verfeinerung der Methoden mit dem Ziel einer optimalen Zuordnung der Last auf die Knoten zu verzichten zugunsten einer Kompromißlösung, die bereits mit geringerem Aufwand erreichbar ist.

3. Lastverteilung in einer Fabrikumgebung

Im folgenden wird beschrieben, inwieweit die im letzten Kapitel vorgestellten allgemeinen Untersuchungen zu Lastverteilungsalgorithmen für eine Anwendung im Rahmen des Projektes für flexibel automatisierte Produktionssysteme (PAP) genutzt werden können. Die Entwicklung eines eigenen Algorithmus wurde notwendig, da bei den meisten der veröffentlichten Algorithmen zur Lastverteilung eine homogene Umgebung zugrundegelegt oder zumindest davon ausgegangen wurde, daß trotz Unterschieden in Prozessorgeschwindigkeiten, in der Konfiguration und/oder der Anzahl der Betriebsmittel jeder an einem Knoten eintreffende Auftrag an jedem der angeschlossenen Rechner vollständig bearbeitet werden kann. Unter diesem Gesichtspunkt müssen auch die in der Literatur aufgeführten Ergebnisse relativiert werden, so daß eine Übertragbarkeit auf reale Netze nicht notwendigerweise gegeben sein muß.

Neben der Heterogenität im PAP-Netz sind auch spezielle Nebenbedingungen und Anforderungen zu berücksichtigen, die in der Folge detaillierter behandelt werden. Die allgemeine Zielsetzung besteht im Rahmen des PAP-Projektes aus folgenden Aspekten:

- Vermeidung von langen Antwortzeiten aufgrund von Überlastsituationen an einzelnen Knoten, d.h. *Erhöhung der Leistung*

- Überbrücken von Ausfallzeiten aufgrund von Teildefekten an einzelnen Rechnern oder Maschinen, d.h. *Erhöhung von Zuverlässigkeit und Verfügbarkeit* des gesamten Netzes.

3.1 Rahmenbedingungen im PAP-Projekt

Im PAP-Netz sind heterogene Komponenten verbunden (s.a. Abschnitt 4.1), die sich sowohl in ihrer Hardware als auch in ihrer Betriebssoftware unterscheiden [Gora87]. Die gesamte Netzstruktur ist hierarchisch aufgebaut; es existiert eine zentrale Entscheidungsinstanz an einem Rechner (Fertigungsleitrechner) für eine Knotenmenge (Zellenrechner), deren einzelne Knoten wiederum Entscheidungsinstanzen für untergeordnete Knotenmengen (Maschinensteuerungen) darstellen. Im Normalbetrieb hat ein Knoten immer genau eine übergeordnete Entscheidungsinstanz, d.h. es handelt sich um eine streng baumartige Hierarchie. Durch diese Hierarchie ist auch die Transparenz des Rechnernetzes eingeschränkt, bestimmte Anwendungen können nicht beliebig im gesamten System verteilt werden.

Übergeordnete Planungsaufgaben sind im Fertigungsleitrechner angesiedelt, der die Steuerung der Zellenrechner übernimmt. Die dazu benötigten Aufträge und Dateien entnimmt er dem zentralen Datenbankrechner. Zellenrechner sind zuständig für lokale, die Zelle betreffende, zeitkritische Planungs- und Steuerungsaufgaben. Im Netzmanagementleitrechner befinden sich die zur Administration des Netzes notwendigen Funktionen.

Die Software-Umgebung zeichnet sich durch eine über längere Zeiträume gleichbleibende Menge von Anwendungsprogrammen aus. Dazu werden alle zur Fertigungsplanung und -steuerung und zur Verwaltung des Netzes notwendigen Funktionen, wie Fertigungsauftragseinplanung, Werkstück- und Werkzeugflußsteuerung, Statistik und Fehlerdiagnose, nicht aber NC- und RC-Programme gerechnet. Die Anwendungsprogramme werden immer wieder von außen durch neue am Datenbankrechner eintreffende Fertigungsaufträge angestoßen oder auch interaktiv vom Benutzer beeinflußt.

Aufgrund der Heterogenität im PAP-Netz ist es erforderlich, eine Einteilung der Aufträge in Anwendungsklassen vorzunehmen und für diese eine Teilmenge der Knoten zu bestimmen, die über die für ihre Bearbeitung notwendigen Betriebsmittel verfügen und deren Hardware und Betriebssoftware kompatibel ist. Zu beachten sind auch Nebenbedingungen, wie Prioritäten der zu transferierenden Aufträge, z.B. abhängig davon wie zeitkritisch ein Programm ist oder welcher System- und Kommunikations-Overhead durch den Jobtransfer verursacht wird.

Um einen Transfer vornehmen zu können, ist es notwendig, den Programmlauf zu unterbrechen und den augenblicklichen Bearbeitungsstatus an den Zielrechner zu übermitteln, um dort eine Fortsetzung der Bedienung zu ermöglichen. Hierzu muß jedes Programm periodisch die zur Kennzeichnung des Zustands notwendigen Parameter in eine Statusdatei eintragen. Eine spezielle Rahmenbedingung im PAP-Netz ist, daß jeder Transfer nach einer Behebung der aufgetretenen Fehler oder einer Beseitigung der Überlastung wieder rückgängig gemacht wird, um den Normalbetrieb wieder herzustellen.

3.2 Diskussion der Strategien zur Lastverteilung

Bei der Wahl der Strategien für die PAP-Umgebung als Prototyp für eine automatisierte Fertigung wurde in Absprache davon ausgegangen, daß im Normalbetrieb (keine Überlastung, keine Ausfälle) keine Lastverteilung stattfinden soll sowie daß Überlastungen und Teilausfälle an Knoten nur vereinzelt auftreten. Die Wahl der einzelnen Kriterien, die in Abschnitt 2.3 vorgestellt wurden, wird im folgenden erläutert.

3.2.1 Herkunft der zur Entscheidungsfindung herangezogenen Informationen

Abhängig von der Fertigungsauftragslage können sehr unterschiedliche Lastsituationen auftreten. Da ein *statischer* Algorithmus immer nur gleichförmig und allein abhängig vom eigenen Zustand reagieren kann, würde eine derartige Strategie zum Auftreten von Instabilitäten und Leistungsverminderungen führen. Aus diesem Grund ist es notwendig, ein *dynamisches* Verfahren einzusetzen, bei dem die Lastsituation an den möglichen Zielknoten berücksichtigt wird, auch wenn dieses aufwendiger ist und mehr Kommunikations- und System-Overhead durch den Algorithmus selbst erzeugt wird.

3.2.2 Ort der Kontrolle über die Lastverteilung

Als Informationsquelle für Ausfälle im System können im PAP-Netz die am Netzmanagementleitrechner (NMR) eintreffenden Meldungen verwendet werden. In diesem Fall bietet sich eine zentrale Entscheidung über die Verteilung von Aufträgen durch den NMR an. Unter der Zielsetzung die Leistungsfähigkeit des Systems zu erhöhen, ist diese zentrale Strategie jedoch nur beschränkt einsetzbar. Bei einer Überlastung eines Knotens ist es sinnvoller, daß die Entscheidung dezentral getroffen wird. Hieraus ergibt sich, daß bei der Lastverteilung im PAP-Netz beim Kontrollort über die Lastverteilung nach der Zielsetzung (Leistung oder Zuverlässigkeit) unterschieden werden muß, d.h. ingesamt sind **zwei Algorithmen** notwendig.

3.2.3 Initiator und Zeitpunkt des Transfers

Aufgrund der Voraussetzung, daß Überlastungen und Teilausfälle Ausnahmesituationen darstellen, wurde für das PAP-Netz ein *sendergesteuertes* Verfahren ausgewählt, da dieses hier höhere Leistung verspricht als ein *empfängergesteuertes*. Weil die Programme zur Fertigung meist ununterbrochen laufen, muß deren Unterbrechung bei erforderlicher Lastverteilung vorgesehen werden. Dazu ist es notwendig, den Programmstatus regelmäßig festzuhalten.

3.2.4 Anzahl der Transfermöglichkeiten

Aufgrund der durch die PAP-Umgebung vorgegebenen Nebenbedingung, daß jeder transferierte Auftrag auch wieder an den Quellknoten zurückgesendet werden muß, wird in der Folge unter Einfachtransfer verstanden, daß jeweils nur ein entfernter Knoten beteiligt sein darf. Zur Erhöhung der Stabilität dürfen im Fall einer Überlastsituation nur lokale Aufträge transferiert werden. Befinden sich Programme eines anderen Knoten am lokalen Rechner, so wird ein Rücktransfer an den Ursprungsknoten vorgezogen, der bei Überlastung oder Teilausfall seine Aufträge selbst nochmals verteilen muß. Nur bei einem Gesamtausfall des Quellknotens darf versucht werden, den oder die entsprechenden Aufträge an einen Dritten weiterzugeben.

3.2.5 Lastschätzung

Wegen der Heterogenität der Knoten ist es notwendig, daß nicht nur zeit- sondern auch rechnerabhängige Faktoren in die Lastschätzung eingehen. Ein Verfahren, das ohne komplexe Berechnungen und die (schwierige) Gewichtung einzelner Faktoren alle diese Einflüsse berücksichtigt, ist die Anwendung eines Lastschätzprogramms, das fortwährend seine Wartezeit bis zur Zuteilung von CPU-Zeit mißt und dadurch Rückschlüsse auf die augenblickliche Last ermöglicht. Während die Berechnung der Last aus einzelnen Einflußfaktoren (z.B. bei [Bara84]) konstante Kosten erzeugt, verändern sich diese bei der Anwendung eines Lastschätzprogrammes mit der Last am Knoten. Sie steigen bei geringer Last und nehmen bei hoher Last ab. Dadurch verhält sich dieses Verfahren günstiger als periodische Schätzungen in konstanten Zeitabständen.

Für das entwickelte Verfahren wurden die nachfolgend aufgeführten drei Lastschwellwerte definiert, wobei $K = 1, ..., N$ mit N als Anzahl der Knoten:

S_K^T = Schwellwert für Überlastung, bei Überschreitung wird das Transferverfahren eingeleitet;

S_K^M = Schwellwert für mittlere Last, dient als untere Schranke bei einem Transfer, um ähnlich wie bei Hystereseregelungen ein häufiges Auslösen des Regelvorganges zu vermeiden.

S_K^R = Schwellwert für Rücktransfer, bei Erreichen dieser Lastschwelle wird gegebenenfalls ein Rücktransfer veranlaßt; Liegt die Last unter dieser Schwelle werden Angebote an überlastete Knoten gesendet;

Die Schwelle für Überlastung S_K^T muß zu Beginn so bestimmt werden, daß die Antwortzeiten bei dieser Belastung gerade noch tolerierbar sind, und bleibt daraufhin fest. Eine Verschiebung von S_K^T nach unten wird nicht vorgesehen, da das Ziel dieses Lastverteilungsalgorithmus nicht ein Lastgleichgewicht im System ist. Alle anderen Schranken werden während des Programmlaufs dynamisch eingestellt (s.a. [Weig87]).

3.3 Algorithmus zur Leistungserhöhung

3.3.1 Informationsaustausch

Jeder Rechner teilt beim Eintreten einer Überlastung dies den übrigen Rechnern in Form einer Broadcast-Meldung mit. Daraufhin entscheiden diese, ob die eigene Last eine Übernahme von Aufträgen erlaubt und ob der überlastete Rechner als Quellknoten in Frage kommt. Die Knoten, die vom Sender der Broadcast-Meldung Aufträge übernehmen können, senden diesem ein Angebot, das Art und Anzahl der lokal ausführbaren Programme enthält. Der überlastete Knoten wartet eine Zeitspanne t_A ab und wertet anschließend die erhaltenen Angebote aus. Wenn keine Angebote ankommen, darf erst wieder nach der Zeit t_B ein Broadcast gesendet werden. Dadurch wird eine unnötige Belastung der Verkehrswege bei mittlerer bis hoher Systemlast vermieden. Diese relativ einfache Vorgehensweise vermeidet die in der Literatur aufgeführten teilweise komplexen Strategien zum Austausch von Lastinformationen.

3.3.2 Transfer- und Rücktransferentscheidungsverfahren

Bei Überschreiten der Schwelle S_K^T wird das Transferverfahren eingeleitet. Die Auswahl der Programme für den Transfer erfolgt nach vergebenen Prioritäten P_U, die an jedem Knoten unterschiedlich bestimmt sein können und nur am lokalen Knoten bekannt sind. Beim Algorithmus zur Leistungserhöhung erhalten die Programme höchste Priorität, deren Transfer die geringsten Kosten verursacht. Bei der Beurteilung der Kosten werden der Umfang des Programmcodes, der Kommunikationsaufwand mit lokalen Programmen und die Verwendung nur lokal vorhandener Betriebsmittel in der Entscheidung mit berücksichtigt.

Der Transfer wird in der Reihenfolge von höchster zu niedrigster Priorität durchgeführt, wobei solange Aufträge übertragen werden, bis entweder die Schwelle S_K^M erreicht ist oder keiner der möglichen Zielknoten mehr aufnahmefähig ist. Der Rücktransfer und damit die Wiederherstellung des Normalbetriebs, wird bei einer Schwelle S_K^R angestrebt. Diese Schwelle muß so niedrig gewählt sein, daß die Gefahr einer Überschreitung der Schwelle S_K^T durch den Rücktransfer nicht besteht. Hierzu wird dem Zielknoten des vorangegangen Transfers direkt eine Nachricht übermittelt, daß die Überlastsituation beseitigt ist.

3.3.3 Lokalisierungsverfahren

Ein Knoten der eine Broadcast-Meldung von einem überlasteten Knoten erhält, prüft zunächst, ob seine Last unter der Schranke S_K^R liegt, damit ein Angebot zur Übernahme entfernter Aufträge erst erfolgt, wenn sich keine lokalen Aufträge mehr an fremden Rechnern befinden. Ist die Last kleiner S_K^R, so durchsucht er die Tabelle T_K^Q der möglichen Quellknoten (s.a. Abbildung 2) nach dem Sender der Broadcast-Nachricht. Befindet sich dieser in der Tabelle, dann übermittelt er dem überlasteten Knoten ein Angebot, Aufträge zu übernehmen. Der Rechner, der ein Angebot gesendet hat, wartet eine festgelegte Zeitspanne t_U auf die Übertragung eines Auftrags. Erst nach Ablauf dieses Zeitintervalls darf er weitere Angebote übermitteln.

Knoten	übernehmbare Aufträge	lokal vorhanden
1	$A_1^1,\ldots\ldots,A_1^{M_1}$	ja
.	.	.
.	.	.
m-1	$A_{m-1}^1,\ldots\ldots,A_{m-1}^{M_{m-1}}$	ja
m+1	$A_{m+1}^1,\ldots\ldots,A_{m+1}^{M_{m+1}}$	nein
.	.	.
.	.	.
N	$A_N^1,\ldots\ldots,A_N^{M_N}$	ja

Abbildung 2. Tabelle T_m^Q der möglichen Quellknoten

3.3.4 Aufbau der Angebote

Die Angebote an den Quellknoten enthalten die Adresse des Absenders, die übernehmbaren Aufträge eine Abschätzung der Last, die gesendet werden darf, sowie die Information, ob die Aufträge am Knoten ablauffähig vorliegen (s.a. Spalte "lokal vorhanden" in Abbildung 2). Die aufnehmbare Last wird geschätzt aus der augenblicklichen Last und der Differenz zur Schwelle S_K^M, die durch eine Programmübernahme nicht überschritten werden sollte, um zu gewährleisten, daß durch die Übernahme keine Überlastung am Zielknoten entsteht. Im PAP-Netz wird davon ausgegangen, daß Erfahrungswerte über die durchschnittliche oder maximale Last der Aufträge existieren und dadurch die Angabe einer maximal übernehmbaren Auftragszahl möglich ist.

3.3.5 Auswertung der Angebote

Jeder Knoten besitzt eine Tabelle $T_K^{P_U}$, in der den Prioritätsklassen die entsprechenden Aufträge zugeordnet sind. In [Weig87] wurden verschiedene Strategien zur Auswahl der Angebote untersucht. Die geeigneste Strategie ergab sich, wenn so vorgegangen wird, daß in einer Art Round-Robin-Strategie zunächst immer nur ein Auftrag an jeden aufnahmewilligen Zielknoten vergeben wird und erst, wenn die Schranke S_K^M noch nicht erreicht wurde, wieder beim ersten Angebot begonnen wird. Für eine detaillierte Erläuterung sei auf [Weig87] verwiesen.

3.4 Algorithmus zur Verbesserung von Zuverlässigkeit

Das Verfahren, das bei Teilausfällen den Lastaustausch regelt, ist so ausgelegt, daß der vom Ausfall betroffene Knoten weitgehend vom System-Overhead, der zur Verteilung der Last notwendig ist, durch eine Zentrale befreit wird. Im folgenden werden vor allem die Verfahrensweisen beschrieben, die von den zur Vermeidung von Überlastsituationen angewendeten Strategien abweichen.

3.4.1 Informationsaustausch

Die Aufforderung zur Übermittlung von Angeboten geht bei einem Knotenausfall vom NMR aus, der hierzu einen Broadcast mit Angabe der Adresse des ausgefallenen Knotens generiert. Die Angebote werden an die Zentrale gerichtet, die nach ihrer Auswertung dem defekten Rechner die Auftragsnamen mit den zugehörigen Adressen der Zielknoten mitteilt. Nach Instandsetzung des entsprechenden Knotens fordert der NMR die Rechner, die von diesem Aufträge übernommen haben, zum Rücktransfer auf.

3.4.2 Transferentscheidungsverfahren

Da auch bei Teilausfällen zur Instandsetzung im allgemeinen ein Abschalten des Rechners mit nachfolgendem Wiederanlauf notwendig ist, wird generell ein Transfer aller Aufträge des betroffenen Knotens angestrebt. Bei einem Ausfall entscheidet der NMR darüber, ob ein Transfer von Aufträgen zur Aufrechterhaltung der Produktion notwendig und, falls dies zutrifft, überhaupt möglich ist. Die Aufträge werden unter Berücksichtigung der Priorität P_A transferiert, wobei diejenigen bevorzugt werden, die zur Fortsetzung der momentan in Ausführung befindlichen Fertigungsanfragen unbedingt erforderlich sind. Ist ein Transfer eines Auftrags dieser höchsten Prioritätsklasse nicht möglich, so wird das Transferverfahren abgebrochen. Liegt z.B. für die Werkstückflußsteuerung kein Angebot vor, so ist der Transfer der übrigen Steuerprogramme überflüssig. Die Einordnung von Aufträgen in die Prioritätsklassen erfolgt derart, daß die Fortsetzbarkeit der Aufträge mit Priorität *n* Voraussetzung dafür ist, daß der Transfer der Programme mit Priorität *n+1* sinnvoll ist. Nicht sinnvoll wäre es beispielsweise das zellinterne Anlagenabbild von einem anderen Rechner erstellen zu lassen, wenn die Werkstück- oder Werkzeugflußsteuerung nicht transferiert werden kann.

3.4.3 Lokalisierungsverfahren

Beim einem Knotenausfall senden die in Frage kommenden Zielknoten auch dann ein Angebot, wenn sich die augenblickliche Last nicht unter der Schwelle S_K^R befindet. In diesem Fall wird zunächst überprüft, ob lokale Aufträge an entfernten Knoten bedient werden. Wenn kein Rücktransfer aussteht, wird die Anzahl der übernehmbaren Aufträge aus der momentanen Last so bestimmt, daß der Transfer möglichst keine Überlastung hervorrufen kann, d.h. keine Überschreitung der Schwelle S_K^T eintritt. Beim Algorithmus zur Leistungserhöhung bildet S_K^M die obere Schranke. Eine hohe Belastung der übrigen Knoten wird bei Ausfällen deshalb in Kauf genommen, da gewährleistet werden soll, daß die Aufträge mit höchster Priorität vergeben werden können und somit die Gefahr der Unterbrechung eines Fertigungsablaufs nicht besteht. Die Auswertung der Angebote wird vom NMR in der folgenden Weise durchgeführt:

(1) Liegt zu einem Auftrag aus der höchsten Prioritätsklasse P_1 kein Angebot vor, wird das Transferverfahren abgebrochen.

(2) Auswahl eines der Programme zum Transfer, für die die wenigsten Angebote eingetroffen sind;

(3) Dekrementieren der Anzahl der übernehmbaren Aufträge des ausgewählten Zielknotens und Aktualisieren der Tabelle T_K^{P1};

(4) Wiederholen ab (1) bis die Aufträge der Prioritätsklasse 1 vergeben sind bzw. keine Angebote für diese Klasse mehr vorliegen;

Die Übertragung der Aufträge aus Prioritätsklasse 1 erfolgt erst, wenn jedem Programm ein Zielknoten zugeordnet werden konnte. Sind alle Aufträge der höchsten Prioritätsklasse transferiert, so wird das Verfahren mit den übrigen Prioritätsklassen sukzessive erneut durchgeführt, wobei ab Schritt (2) wiederholt wird und die (n+1)-te Prioritätsstufe immer nur dann ausgewertet wird, wenn aus der n-ten Stufe alle Aufgträge vergeben werden konnten.

4. Erläuterung des entwickelten Algorithmus am Beispiel des PAP-Netzes

4.1 Beispielkonfiguration

4.1.1 Hardware

Im Beispiel wird aufgrund der Komplexität des PAP-Netzes nur eine Teilmenge des gesamten Systems betrachtet, die aus sechs Knoten besteht, deren Aufträge in drei Anwendungsklassen (AK) eingeteilt sind. Jede Anwendungsklasse ist unter einer Teilmenge der Rechner austauschbar. Die Teilmengen sind in Abbildung 4 dargestellt. Die Zellenrechner 1 und 3 sind hierbei Siemens PC 16/11 unter dem Betriebssystem CCP/M (WS 10), die übrigen Rechner XENIX-Workstations verschiedener Hersteller (WS 20).

4.1.2 Software

Die Lastverteilung im PAP-Netz soll hier nur anhand einiger ausgewählter Funktionen veranschaulicht werden, die im folgenden kurz aufgeführt werden (s.a. [Fisc86]). Weitere mögliche Funktionen wären die Uhrzeitsynchronisation, Werkzeugflußsteuerung, Spann- und Rüstdialog.

- Anlagenabbild (A) zur kontinuierlichen Überwachung der Abläufe im Fertigungssystem. Am Fertigungsleitrechner befindet sich das globale Anlagenabbild und an den Zellenrechnern stehen lokale Anlagenabbilder zur Verfügung.

- Werkstückflußsteuerung (WSFS) zur Regelung des Werkstücktransports zwischen den Zellen und globalen Stationen oder zwischen den Maschinen einer Zelle.

- Fertigungsauftragseinplanung (**FAEP**) zur Festlegung der Fertigungsaufgaben für eine Fertigungsperiode.

- Betriebsdatenverarbeitung (**BDV**) zur Datenkomprimierung der durch die Betriebsdatenerfassung zur Verfügung stehenden Informationen.

- Directory Service (**DS**) zur einheitlichen Verwaltung von Namen und Adressen der Netzobjekte. Die Dienste werden von dem **DSA** (Directory Service Agent) erbracht. Die Kommunikation zwischen Benutzer und DSA wird durch den **DUA** (Directory User Agent) abgewickelt.

Die mit "g" (global) gekennzeichneten Funktionen sind für das gesamte Fertigungssystem zuständig, die mit "l" (lokal) nur für die innerhalb einer Zelle ablaufenden Aufträge. FLR steht für Fertigungsleitrechner, DB für Datenbankrechner, NMR für Netzmanagementleitrechner sowie ZR für Zellenrechner. Die Aufträge seien folgendermaßen auf die einzelnen in Abbildung 4 und 5 dargestellten Anwendungsklassen (AK) aufgeteilt:

$$AK_1 = \{gWSFS_{FLR}, \ gFAEP_{FLR}, \ gBDV_{FLR}, \ DSA_{FLR}, \ lFAEP_{ZR2}, \ lBDV_{ZR2}, \ DSA_{ZR2}, \ DSA_{NMR}, \ DSA_{DB}\}$$

$$AK_2 = \{lWSFS_{ZR1/2/3}, \ lA_{ZR1/2/3}, \ DSA_{ZR1/2/3}\}$$

$$AK_3 = \{gA_{FLR}, \ lFAEP_{ZR1/3}, \ lBDV_{ZR1/3}\}$$

Die Tabellen T_{FLR} und T_{ZR2} mit den Informationen über die möglichen Quellknoten, übernehmbaren Aufträge und der Angabe, ob diese lokal vorhanden sind, sind in Abbildung 3 dargestellt.

T^Q_{FLR}:

Knoten	Auträge	l.v.
DB	DSA	nein
NMR	DSA	nein
ZR1	IFAEP, IBDV	ja
ZR2	IFAEP, IBDV, DSA	nein
ZR3	IFAEP, IBDV	ja

T^Q_{ZR2}:

Knoten	Aufträge	l.v.
FLR	gWSFS, gFAEP, gBDV, DSA	nein
DB	DSA	nein
NMR	DSA	nein
ZR1	IWSFS, IA, DSA	ja
ZR3	IWSFS, IA, DSA	ja

Abbildung 3. Aufbau der Tabellen T^Q_K des FLR und ZR2

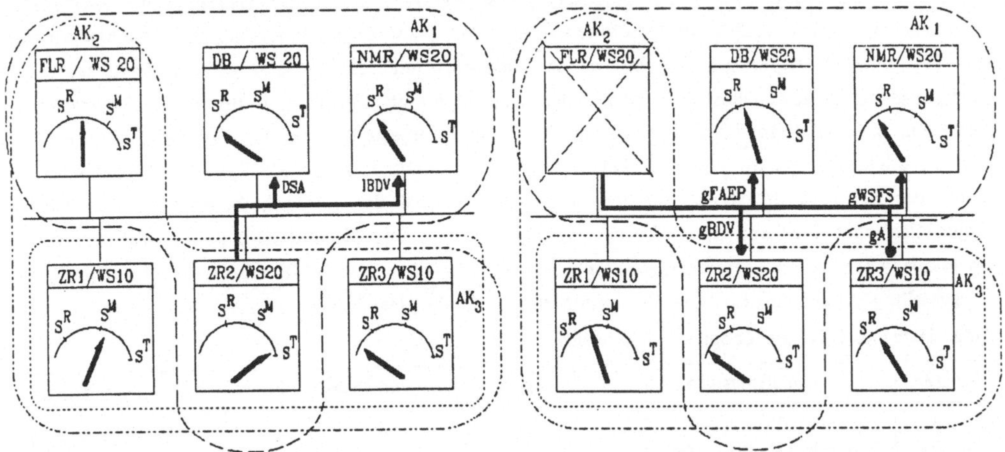

Abbildung 4. Lastsituation bei Überlastung am ZR2 **Abbildung 5.** Lastsituation bei Teilausfall am FLR

4.2 Algorithmus zur Leistungserhöhung

In Abbildung 4 ist eine mögliche Lastsituation im Netz dargestellt. Die augenblickliche Last jedes Knotens in Relation zu den Schwellwerten wird durch einen Pfeil angezeigt. In dem hier aufgeführten Szenario wird eine Maschinenstörung in Folge eines Werkzeugbruches in Zelle 2 (Spanen, s.a. [Gora87]) angenommen. Die zur Behebung des Fehlers eingeschalteten Fehlerbehandlungsmodule (s.a. [Meie87]) sowie die erforderliche Umdisponierung durch die Fertigungsauftragseinplanung ergeben eine Überlastung, d.h. ein Überschreiten der Schwelle S^T_K, am ZR2 hervor. Dieser strebt daraufhin die Verlagerung einiger Funktionen an und sendet eine entsprechenden Broadcast. Daraufhin erhält er Angebote des DB, NMR und ZR3 zur Übernahme von Aufträgen, da deren Last unter der Schwelle S^R_K liegt. Es wird angenommen, daß DB, und NMR je zwei Aufträge und ZR3 einen Auftrag übernehmen können, ohne daß deren Schwellen S^M_K überschritten werden. Von Knoten ZR2 werden deshalb die in Abbildung 6 aufgeführten Angebote innerhalb der Zeit t_A in angegebenen Reihenfolge empfangen. Die Verteilung der Programme von ZR2 auf die Prioritätsklassen bei einer Überlastung zeigt Abbildung 7.

Zum Transfer ausgewählt werden Funktionen, deren Übertragung die geringsten Kommunikationskosten verursacht. Bei Anwendung der Round-Robin-Methode (s.a. [Weig87]) werden zunächst der Directory Service Agent an den DB und die Betriebsdatenverarbeitung an den NMR transferiert. Es wird angenommen, daß dadurch die Schwelle S^M_{ZR2} wieder erreicht, also mittlere Last hergestellt werden kann. Sinkt die Last an ZR2 bis zur Schwelle S^R, so fordert er die Rechner NMR und DB zum Rücktransfer auf.

Knoten	Auftragstypen	Anzahl	lokal vorhanden
DB	IFAEP, IBDV, DSA	2	nein
NMR	IFAEP, IBDV, DSA	2	nein
ZR3	IWSFS, IA, DSA	1	ja

Abbildung 6. In t_A eingetroffene Angebote

Priorität P_U	Aufträge
1	DSA
2	IBDV
3	IFAEP, IWSFS
4	IA

Abbildung 7. Auftragsprioritäten an ZR2 bei Überlastung

4.3 Algorithmus zur Erhöhung von Zuverlässigkeit und Verfügbarkeit

Die zentrale Steuerung übernimmt in dem Beispielnetz der NMR, als Ersatzzentrale ist der DB vorgesehen. Im Rahmen der Lastverteilung werden nur Ausfälle an den Rechnern des PAP-Netzes berücksichtigt. Auf Ausfälle an Maschinen oder deren Steuerungen innerhalb der Zellen kann über die Fertigungsauftragseinplanung mit einer Umdisposition reagiert und so die Fortsetzung des Fertigungsablaufs gewährleistet werden. Dies wird nach [Scha87] in der Industrie bereits praktiziert. Bei einem Teilausfall am FLR liege die in Abbildung 5 dargestellte Situation vor. Die Zentrale sendet eine Broadcast-Nachricht über den Teilausfall am FLR. Die Last am NMR und ZR2 befindet sich unter der Schwelle S_K^R. Diese Knoten schätzen die Zahl der übernehmbaren Aufträge aus der augenblicklichen Last und der Differenz zur Schwelle S_K^T. Der DB und ZR1 und 3 prüfen zunächst, ob lokale Aufträge an entfernten Knoten ausgeführt werden. Am NMR treffen die in Abbildung 8 dargestellten Angebote ein. Die Einteilung der Aufträge des FLR in Prioritätsklassen für den Fall eines Defektes zeigt die Tabelle T^{P_A} (Abbildung 9).

Knoten	Auftragstypen	Anzahl	lokal vorhanden
DB	gWSFS, gFAEP, gBDV, DSA	2	nein
NMR	gWSFS, gFAEP, gBDV, DSA	1	nein
ZR2	gWSFS, gFAEP, gBDV, DSA, gA	1	nein
ZR3	gA	1	ja

Abbildung 8. In t_A eingetroffene Angebote

Priorität P_A	Aufträge
1	gWSFS, gFAEP
2	gBDV, gA

Abbildung 9. Auftragsprioritäten am FLR bei Ausfall

Der NMR ordnet unter Berücksichtigung der Tabelle $T_{FLR}^{P_A}$ nach dem in Kapitel 3.4.3 beschriebenen Verfahren die Aufträge den Zielknoten zu. Daraufhin wird zunächst die in Prioritätsklasse 1 befindliche gFAEP an DB und die gWSFS an den NMR sowie nachfolgend die gBDV an ZR2 und das Anlagenabbild an ZR3 transferiert. Funktionen, die bei Teilausfall des lokalen Knotens nicht mehr benötigt werden, wie der Directory Service werden nicht transferiert. Sobald die Behebung des aufgetretenen Fehlers am NMR bekannt wird, fordert dieser die Zielknoten zum Rücktransfer auf.

5. Bewertung des entwickelten Algorithmus

5.1 Overhead durch Lastverteilung

Der System-Overhead durch die Verteilung von Aufträgen, der sich aus der Lastschwellwertbestimmung, der Lastschätzung durch das Lastschätzprogramm, dem Transfer-Lokalisierungs- und dem Rücktransferverfahren zusammensetzt, kann als relativ konstant und vernachlässigbar gering betrachtet werden. Der durch den Transfer eines Auftrags vom lokalen an einen entfernten Knoten zusätzlich aufzuwendende Kommunikations-Overhead kann sich bei dem hier entwickelten Algorithmus aus folgenden Bestandteilen zusammensetzen:

■ Overhead durch Transfer:
  — Broadcast zur Mitteilung der Überlastung an die übrigen Knoten
  — Angebote von Rechnern der gleichen Anwendungsklasse
  — Transfer des Programmcodes und des Programmstatus bzw. nur der Statusdatei (vgl. Abschnitt 4.3), falls der Programmcode am Zielknoten schon vorliegt;

■ Overhead während der Ausführung am entfernten Knoten:
  — Kommunikation des übertragenen Programmes mit Funktionen am Quellknoten
  — Zugriff auf Dateien des Quellknotens

■ Overhead durch Rücktransfer:
  — Aufforderung an die Zielknoten zum Rücktransfer
  — Transfer des Programmstatus

Abhängig von der übertragenen Funktion und den am Transfer beteiligten Quell- und Zielknoten setzt sich der Kommunikations-Overhead aus einer Kombination der genannten Faktoren zusammen. Der im zuvor erläuterten Szenarium verursachte Kommunikations-Overhead kann demnach folgendermaßen bestimmt werden:

Broadcast-Meldung der Überlastung	ca. 100 Bytes
zwei Angebote (verbindungsorientiert)	je ca. 250 Bytes

Transfer des Programmcodes, -status und der Daten des Quellknotens:

für die Betriebsdatenerfassung	ca. 150 KBytes
für den Directory Service Agent	ca. 20 KBytes

Aufforderung zum Rücktransfer an:

ZR2 und NMR	je ca. 250 Bytes
Rücktransfer von Programmstatus und Dateien	ca. 10 KByte

In diesem Fall ergäbe sich insgesamt ein Kommunikations-Overhead von ca. 190 KBytes, um die Überlastung an ZR2 zu beheben. Zusätzlich sind pro DS-Anfrage ca. 150 Bytes zu veranschlagen. Da die Prioritäten gerade so vergeben sind, daß nur Aufträge, deren Transfer geringe Kosten verursacht, übertragen werden, kann davon ausgegangen werden, daß sich der Overhead pro Transfer um diesen errechneten Wert bewegt, also nur geringen Aufwand bedeutet. Über die Häufigkeit von Überlastungen in Netzen der Fertigungsautomatisierung sind keine Zahlenwerte veröffentlicht, so daß eine allgemeine Aussage über den voraussichtlich in einem bestimmten Zeitraum entstehenden Overhead durch Lastverteilung nicht möglich ist.

5.2 Erhöhung der Gesamtverfügbarkeit

Da über Ausfälle in Fertigungsanlagen zum Zeitpunkt dieser Untersuchung kein detailliertes Zahlenmaterial vorlag, wurden in Absprache mit den am PAP-Projekt Beteiligten Annahmen zu Ausfallhäufigkeit und -dauer gemacht. Danach kann davon ausgegangen werden, daß sich bei einer realen Anlage von der Größe der PAP-Pilotfabrik, pro Tag 5 bis 10 Ausfälle ereignen, von denen die meisten durch einen Rechnerwiederanlauf (Dauer ca. 5 min) behoben werden können und nur bei wenigen eine Reparatur (Dauer ca. 24 h) erfolgen muß. Es wird angenommen, daß bei 20 Ausfällen einer eine Reparatur erforderlich macht, so daß von einer mittleren Reparaturzeit (MTTR = Mean Time To Repair) von 1 h 20 min ausgegangen werden kann. Die mittlere Zeit zwischen zwei Ausfällen (MTBF = Mean Time Between Failure) beträgt ca. 2,5 - 5 Stunden. Die Zeit für einen

Transfer einschließlich Laden und Starten der Programme beträgt im PAP-Netz maximal 30 Sekunden. Der Bruchteil V der Zeit, den das gesamte System für nützliche Arbeit zur Verfügung steht, ergibt sich aus:

$$V = \frac{MTBF}{MTBF + MTTR}$$

Der Wert von V in dieser Anlage beträgt demnach ohne Lastverteilung 0,65 für eine mittlere Zeit zwischen zwei Ausfällen von 2,5 Stunden und 0,78 für eine mittlere Zeit zwischen zwei Ausfällen von 5 Stunden. Die Erhöhung der Verfügbarkeit in Abhängigkeit der Zahl von Ausfällen A pro erfolgreichem Transfer, ist in Abbildung 10 dargestellt. Im Funktionsverlauf wird deutlich, daß die Verfügbarkeit mit jedem erfolglosen Transferversuch bei einem Ausfall stark abfällt. Dies wird durch die lange Reparaturzeit hervorgerufen. Die Erhöhung der Wahrscheinlichkeit für einen erfolgreichen Transfer bei notwendiger Reparatur würde hier wesentliche Verbesserungen bringen. Abbildung 10 verdeutlicht auch, daß selbst bei einer hohen Zahl von Ausfällen pro erfolgreichem Transfer die Verfügbarkeit deutlich über der ohne Lastverteilung bleibt.

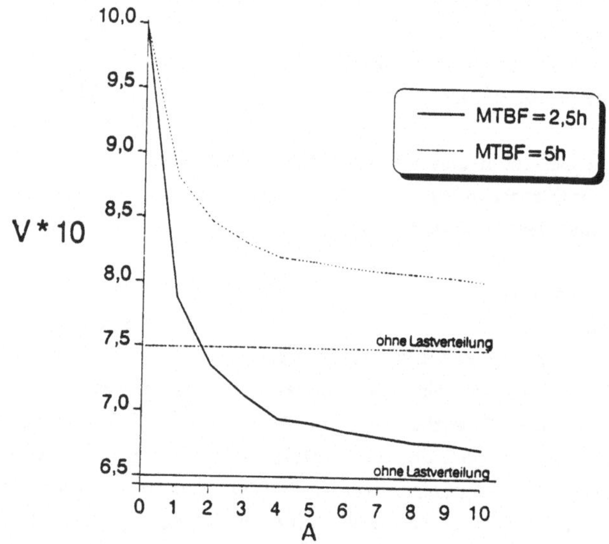

Abbildung 10. Verfügbarkeit in Abhängigkeit der Zahl von Ausfällen pro erfolgreichem Transfer

6. Ausblick

Das Ziel laufender Arbeit ist es genauere Aussagen über leistungsrelevante Parameter, wie erzeugter Overhead, Scheduling-Rate und Zuverlässigkeitserhöhung machen zu können. Für die Zukunft erscheint es wünschenswert, mehr Wissen über die konkrete Systemumgebung in den Algorithmus zu verlegen. Es werden deshalb folgende Erweiterungen angestrebt:

- Automatisches Erstellen der Tabellen über mögliche Quell- oder Zielknoten aus der Kenntnis des Betriebsmittelbedarfs der einzelnen Aufträge und des Betriebsmittelangebots an jedem Rechner.

■ Selbständige Vergabe der Transferprioritäten an die Anwendungsprogramme
  — für den Fall einer Überlastung unter Verwendung von Informationen über Kommunikationspartner und Kommunikationsaufwand der Programme,
  — für den Fall eines Teilausfalls durch Auswertung von Aufrufreihenfolge, -häufigkeit und "Fertigungsnähe" (z.B. direkter Dialog mit Maschinensteuerungen) der Programme.

Literatur:

[Bara84] Barak, A.; Shiloh, A.: "A Distributed Load Balancing Policy for a Multicomputer", technical report, Hebrew Univ. of Jerusalem, Israel, 1984

[Diks87] Dikshit, P.; Tripathi, S.K.: "A Testbed for Load Sharing Under Failure", University of Maryland, July 1987

[Eage85] Eager, D.L.; Lazowska, E.D.; Zahorjan, J.: "A Comparison of Receiver-Initiated and Sender-Initiated Dynamic Load Sharing", Technical Report 85-04-01, Univ. of Saskatchewan / Univ. of Washington, 1985

[Eage86] Eager, D.L.; Lazowska, E.D.; Zahorjan, J.: "Adaptive Load Sharing in Homogenous Distributed Systems", IEEE Trans. on Softw. Eng., vol. SE-12, no. 5, May 1986, pp. 662-675

[Ferr88] Ferrari, D; Zhou, S.: "An Empirical Investigation of Load Indices for Load Balancing Applications", Performance '87, 1988, pp. 515-528

[Fisc86] Fischer, H.: "Entwurf eines hierarchischen Steuerungskonzeptes für Flexible Fertigungssysteme auf der Basis von Flexiblen Fertigungszellen", interner Bericht, Universität Erlangen-Nürnberg, Januar 1986

[Gonz77] Gonzalez, M.J.: "Deterministic Processor Scheduling", ACM Comp. Surv., vol. 9, no. 3, September 1977, pp. 173-204

[Gora87] Gora, W.; Schramm, K.: "Konfiguration und Anforderungen an das PAP-Kommunikationssystem", PAP-Bericht, Universität Erlangen, IMMD VII, April 1987

[Krat80] Kratzer, A.; Hammerstrom, D.: "A study of load levelling", Proc. IEEE Fall Compcon, 1980, pp. 647-654

[Livn82] Livny, M.; Melman, M.: "Load Balancing in Homogeneous Broadcast Distributed Systems", Proc. ACM Comput. Network Performance Symp., 1982, pp. 47-55

[Maeh85] Maehle, E.: "Fehlertolerante Rechnerstrukturen", Vorlesung an der Universität Erlangen im SS 85

[Meie87] Meier, M.: "Anforderungen an ein hierarchisches Kommunikationssystem für Flexible Fertigungssysteme bei ungeplanten Ereignissen", Diplomarbeit, Universität Erlangen, IMMD VII/FAPS, Mai 1987

[Mutk88] Mutka, M.W.; Livny, M.: "Profiling Workstations' Available Capacity For Remote Execution" Performance '87, 1988, pp.529-544

[Ni85] Ni, L.M.; Xu, C.; Gendreau, T.B.: "A Distributed Drafting Algorithm for Load Balancing", IEEE Trans. on Softw. Eng., October 1985, pp. 1153-1161

[PAP87] "PAP - Das Kooperationsprojekt für flexibel automatisierte Produktionssysteme", Universität Erlangen-Nürnberg, Erlangen, 1987

[Scha87] Schaub, G.: "Steuerung von Fertigungszellen und -systemen" Vortrag im Rahmen der PAP-Fachtagung, Universität Erlangen-Nürnberg, 27./28. Oktober 1987

[Souz84] de Souza e Silva, E.; Gerla, M.: "Load Balancing in Distributed Systems with Multiple Classes and Site Constraints", Performance 84, E. Gelenbe (Ed.), North-Holland, Amsterdam, 1984, pp. 17-33

[Stan84] Stankovic, J.A.: "Simulations of Three Adaptive Decentralized Controlled Job Scheduling Algorithms", Computer Networks, no. 8, 1984, pp. 199-217

[Tant85] Tantawi, A.N.; Towsley, D.: "Optimal Static Load Balancing in Distributed Computer Systems", Journal of the ACM, Vol.32, No.2, April 1985, pp. 445-465

[Trip85] Tripathi, K.; Finkel, D.; Gelenbe, E.: "Load Sharing in Distributed Systems with Failures", Rapport de Recherche, no.30, March 1985

[Wang85] Wang, Y.; Morris, R.J.T.: "Load Sharing in Distributed Systems", IEEE Trans. on Comp., March 1985, pp. 204-217

UEBERLASTSTRATEGIEN IN DER PAKETVERMITTLUNG AM BEISPIEL DES
SYSTEMS EWSP

B. Dasch
Siemens AG
Muenchen, F.R.G.

1. Ueberlastabwehrstrategie

1.1 Allgemeine Mechanismen

Generell ist in jeder Vermittlungsanlage fuer eine moegliche
Ueberlast Vorsorge zu treffen, um speziell fuer diesen Fall ein
stabiles Systemverhalten zu gewaehrleisten.

Zur Ueberlastabwehr (Congestion Control) sind zwei Grundprinzipien
anwendbar, die Flusskontrolle (Flow Control) und die Lastkontrolle
(Load Control). Beide Steuerungsmechanismen sind einzeln oder auch
kombiniert moeglich. Die Abwehrmassnahmen sollten auf jede einzelne
Vermittlungsebene (gemaess ISO-Modell) separat angewendet werden.

1.1.1 Flusssteuerung

Das Grundprinzip der Flusssteuerung zur Ueberlastabwehr beruht auf
dem Warteschlangenprinzip. D.h., wenn einem Vermittlungsrechner mehr
Rufe oder Daten pro Zeiteinheit angeboten werden, als dieser
bewaeltigen kann, so erfolgt das Aufsammeln der Ueberlast im
Vermittlungsrechner in Warteschlangen. Der Vermittlungsrechner muss
demzufolge so dimensioniert sein, dass ausreichend Betriebsmittel zur
Verfuegung stehen. Entsprechend den Warteschlangen steigen im System
auch die Paketverweilzeiten an. Bei realen Systemen mit endlichen
Betriebsmitteln ist mit Verlust zu rechnen. Um den Verlust im
Vermittlungssystem zu vermeiden, gilt es im Ueberlastfall die
Warteschlangen beim Generator der Last, dem Teilnehmer, aufzubauen.
Dadurch koennen die Betriebsmittel in der Vermittlungsanlage begrenzt
werden. Zur Steuerung dieser begrenzten Betriebsmittel dient die
Vergabe von Krediten.

1.1.2 Laststeuerung

Jede Laststeuerung ist ein Verlustsystem, d.h. sobald dem
Vermittlungsrechner im Ueberlastfall Betriebsmittel ausgehen, werden
Daten und Rufe verworfen. Als Recovery-Massnahme ist ein End-to-End
Protokoll notwendig, das den Verlust von Daten und/oder Rufen erkennt
und diese wiederholt, wodurch einerseits die Vermittlungszeiten
rapide ansteigen, andererseits das System durch die Wiederholungen
zusaetzlich belastet wird.

Als typische Beispiele eines Verlustsystems seien bei der Telefonvermittlung die Freiwahl oder in der Paketvermittlung die Begrenzung der logischen Kanaele auf einer Leitung genannt.

1.1.3 Prinzipien der Ueberlastabwehr im System EWSP

Die Ueberlastabwehr im System EWSP beruht rein auf der Flusskontrolle. Lediglich beim Verbindungsaufbau kommen Laststeuerungsmechanismen mit zum Tragen.

Die Ueberlastabwehrmassnahmen sind sowohl knotenuebergreifend im gesamten Netz, aber auch knotenintern im modular aufgebauten System /1/ implementiert. Ein Mehrrechnersystem wie EWSP bietet fuer die Laststeuerung gewisse Vorteile, die Datenpfade so zu schalten, dass sich die Last gleichmaessiger auf die Vermittlungsrechner eines Knotens verteilt. Hierfuer sind neben statischen Kreditberechnungen vor allem knoteninterne dynamische Auslastungen zu bestimmen und zu optimieren. Auf der anderen Seite steigt die Komplexibilitaet der Flusssteuerungsmassnahmen in einem Mehrrechnerkonzept mit jedem Kontroller, der im Datenpfad liegt. Als Loesungsansatz wird ein Verfahren vorgestellt, das das Aufsammeln der Ueberlast an der Peripherie des Vermittlungsrechners erlaubt. Dabei sollen bei einer lokalen Ueberlast eines Prozessors die Flusssteuerungsmassnahmen nur lokal wirken, so dass alle anderen (Sub-) Einheiten ungehindert ihre Datenvermittlung durchfuehren koennen. Die Flusssteuerung ist ferner ebenenmaessig getrennt, d.h. eine Ueberlastsituation auf der Ebene n (gemaess ISO-Modell) wird auch auf der Ebene n behoben. Als zusaetzliche Sicherheit dient immer die naechst niedrigere Schicht n-1, falls die Flusssteuerungsmechanismen der Ebene n nicht ausreichen sollten.

Generell sind alle Lastabwehrmassnahmen so implementiert, dass zur Lastabwehr weniger Betriebsmittel (z.B weniger CPU-Kapazitaet) benoetigt werden, als beim Normalbetrieb.

2. Ueberlastabwehr der verschiedenen Ebenen

Die Ueberlastabwehr ist ebenenmaessig getrennt. Im System EWSP gibt es in der

    Ebene 5 fuer die Anwenderschicht (Gebuehren, Statistik, Alarme)
    Ebene 4 fuer die Transportschicht
    Ebene 3 fuer Rufe, Daten und Routing
    Ebene 2 fuer HDLC bzw. PAD

jeweils getrennt Ueberlastabwehrmassnahmen. Exemplarisch sollen hier die Ueberlastabwehrmechanismen der Ebene 3 fuer Rufe und fuer Daten kurz umrissen werden.

2.1 Ueberlastabwehr Ebene 3 - Rufe

Bei Ueberlast werden neue Verbindungen mit Verzoegerung abgelehnt. Bevor jedoch das nur diesbezueglich als Verlustsystem einzuordnende

Verfahren einsetzt, muss mindestens eines der nachfolgend beschriebenen Kriterien erfuellt sein. Prinzipiell gilt jedoch, dass eine lokal erkannte Ueberlast noch nicht zum Ablehnen eines Vermittlungswunsches fuehren muss.

(A1) Dynamische SPU Auslastung
(A2) Verplante SPU Kapazitaet
(A3) Verplanter Speicherplatz
(A4) Anzahl Verbindungen pro SU
(A5) Verplante Leitungskapazitaet
(A6) Anzahl Verbindungen pro Leitung
(A7) Ueberlast Gebuehrendaten

Zum einen sind im System EWSP zwei Rufprioritaeten realisiert, fuer die unterschiedliche Resource-Threshold-Werte gelten, so dass hochpriore Rufe noch nicht zurueckgewiesen werden, wenn dies bereits fuer die niederprioren schon gilt. Zum anderen sind in der Regel beim Verbindungsaufbau zwei Vermittlungseinheiten (SU) beteiligt (diejenigen SU's, die jeweils die ankommende bzw. abgehende Leitung verwalten; Sonderfall: beide Leitungen sind derselben SU zugeordnet; siehe auch Abschnitt 3.1.2). Sollten der ersten SU die Resourcen ausgehen (die Grenzwerte von A1, A2 oder A3 sind rufpriorabhaengig erreicht bzw. ueberschritten), so kann die zweite SU den Ruf uebernehmen (siehe auch Bild 1). Der Rufabweisungsgrund A4 - A7 kann SU bzw. leitungsabhaengig direkt zur Rufabweisung fuehren. Die leitungsspezifischen Grenzwerte (A5, A6) werden fuer die ankommende und die abgehende Leitung in der jeweiligen verwaltenden SU geprueft. Zur Rufabwehr kommt es, wenn der Grenzwert einer der aufgezeigten Kriterien ueberschritten ist.

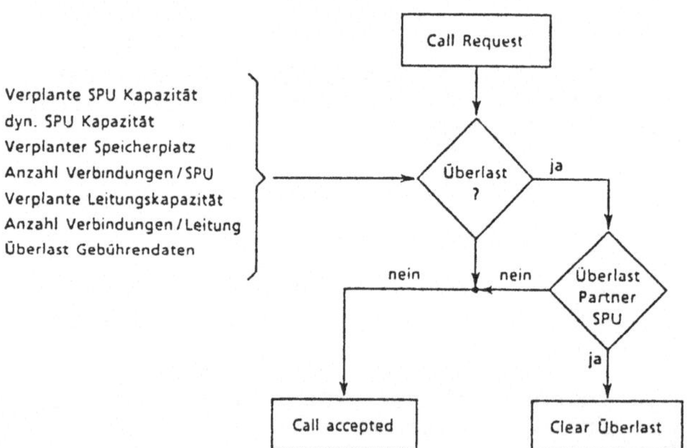

Bild 1   Ueberlastabwehr Ebene 3 - Rufe ueber 2 SU

Letztlich ist im System EWSP auch die Funktion Rerouting realisiert, die zumindest bei Trunk- bzw. Gateway-Rufen, nicht nur bei leitungsspezifischen Resource-Overflow, Abhilfe schaffen kann. In naher Zukunft ist auch bei Transitrufen damit zu rechnen, dass bei Ueberlastsituationen im Transitknoten mittels der Retry-Funktion ein Rerouting vom Ursprungsknoten aus ueber andere Transitknoten moeglich ist.

Prinzipiell gilt jedoch, dass das Abwehren von Verbindungswuenschen in der SU weniger Resourcen verbraucht, als ein akzeptierter Ruf. Aus Bild 2 ist ersichtlich, welche Prioritaet man den Rufen beimisst. Mit hoechster Prioritaet werden die internen Quittungen bearbeitet, die in der Regel das Ende des Transfers anzeigen und zur Freigabe der Resourcen dienen. Erst danach ist die Daten- und Rufprioritaet angesiedelt. Im Ueberlastfall erhaelt die Rufausloesung (wegen Resource Overflow) niedrigere Prioritaet durch ein zeitverzoegertes Ausloesen (Verzoegerungszeit 1 sec.) der zusaetzlichen Rufe. Dadurch lassen sich "follow on calls" bremsen.

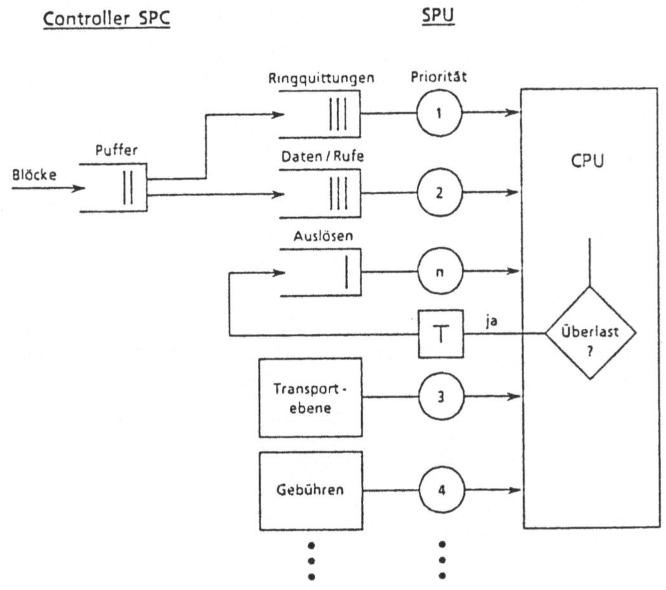

Bild 2   Ueberlastabwehr Ebene 3 - Rufe

Im uebrigen wirkt die Verzoegerungszeit aufgrund des Warteschlangen- und Prioritaetssystems zusaetzlich selbstregulierend. Zum einen gelangen die Rufe bei der Abarbeitung laenger werdender Warteschlangen verzoegert zur SPU. Zum anderen vergroessert sich die Verzoegerungszeit aufgrund der internen Prioritaetssteuerung. Gegenueber der Vermittlungsprioritaet sind die Transportebene, die Gebuehrenebene, die Zeitueberwachung etc., noch niedriger eingestuft.

Bild 3a zeigt die Steigerung der Systemqualitaet durch das verzoegerte Aussenden der Rufabweisung mit dem Ziel bei Ueberlast, den bestehenden Verbindungen Prioritaet gegenueber neuen zusaetzlichen einzuraeumen. Die Messwerte mit eingeschalteter dynamischer SPU Auslastung (A1) und mit zusaetzlich aktivierter verzoegerter Rufzurueckweisung zeigen bei reiner Ruflast gegenueber den Ergebnissen ohne diese Rufabweisungsgruende:

        fuer die Anzahl erfolgreicher Rufe: steigende Tendenz
        fuer die Anzahl nicht erfolgreicher Rufe: eine Verringerung.

Die Erhoehung der erfolgreichen Rufrate ergibt sich aus der hoeheren Wahrscheinlichkeit freier Resourcen bei verzoegertem Angebot. Bei

Mischlast (Bild 3b), d. h. bei gleichzeitigem Auftreten von reiner Daten- und reiner Ruflast reduziert sich in gewuenschter Weise die Anzahl der (zusaetzlich) erfolgreichen Rufe, wenn die Rufabweisung verzoegert erfolgt. Vor allem verringert sich die Anzahl nichterfolgreicher Rufe (Blindlast). Die somit freiwerdende SPU Kapazitaet kommt vor allem der Reduktion der Verweilzeit der Datenpakete im System zu Gute.

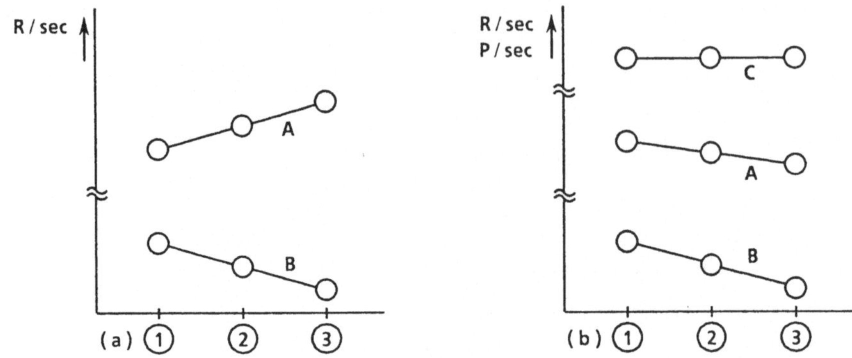

Legende: (1) ohne dyn. SPU Auslastung, ohne verzögerte Rufabweisung.

(2) mit dyn. SPU Auslastung, ohne verzögerte Rufabweisung.

(3) mit dyn. SPU Auslastung, mit verzögerte Rufabweisung.

A Anzahl erfolgreicher Rufe

B Anzahl nicht erfolgreicher Rufe

C Datendurchsatz

Bild 3.   Verzoegerte Rufabweisung

2.2 Ueberlastabwehr Ebene 3 - Datenverkehr

In einem Vermittlungssystem, das nach dem Prinzip der Flusssteuerung arbeitet, werden Warteschlangen zur Abwehr von Ueberlast aufgebaut, wobei die Laenge der Warteschlangen von der Auslastung abhaengig ist. Unter der Annahme konstanter Prozessorzeit erhoeht sich die Schleifenlaufzeit mit der notwendigen Abarbeitung laenger werdender interner Warteschlangen.

Bild 4 zeigt die Input- und Output-Warteschlange eines Transitknotens im Netz. Nachdem im System EWSP die Ebene 3 RR-Quittungen (Receive Ready) eine quasi End-to-End Quittierung (Quittierung vom Ursprungsknoten zum Zielknoten) darstellt, reduziert sich der Durchsatz bei Ueberlast, da auch die RR-Pakete dem Warteschlangensystem (in anderer Richtung) unterliegen. (Sowohl im Ursprungsknoten als auch im Zielknoten erfolgt eine separate Quittierung zum jeweiligen Teilnehmer). Diese Flusskontrolle wirkt als adaptive Laststeuerung; immer vorausgesetzt, dass ausreichende Betriebsmittel der Ebene 3 (Pool) zur Verfuegung stehen. Da die Schleifenlaufzeit durch die quasi End-to-End Quittierung im

Ueberlastfall zu einer Durchsatzreduktion beitraegt, geht auch die
Fenstergroesse in die Flusssteuerung ein.

Diesbezuegliche fruehere Studien ergaben, dass fuer Fenstergroessen
1-3 der Durchsatz linear mit der Erhoehung des Fensters steigt. Ab
Fenstergroesse 4 tritt eine Saettigung ein, d.h. durch Erhoehung des
Fensters laesst sich keine wesentliche Durchsatzsteigerung mehr
erreichen.

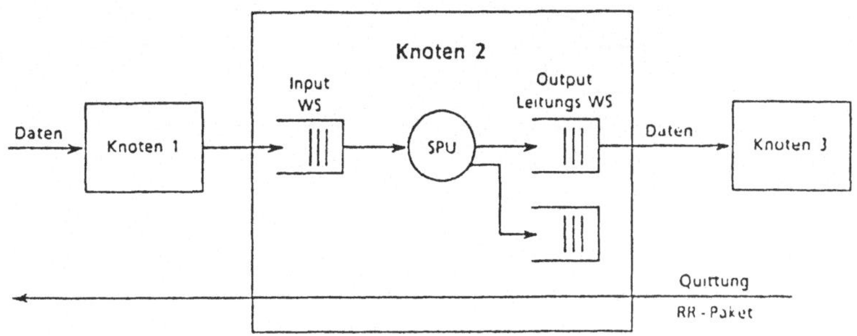

Bild 4   Ueberlastabwehr Ebene 3 - Daten

3. Interne Flusssteuerungsmassnahmen

Interne Flusssteuerungsmassnahmen treten in Kraft, wenn die
Ueberlastmechanismen noch nicht oder nicht mehr greifen. Generell
dient die interne Flusssteuerung zur Abwehr von Ueberlastsituationen
sowohl ganz allgemein fuer Daten- Ein- und Austransfer, als auch
speziell innerhalb des Knotens an den Schnittstellen zwischen den
einzelnen Kontrollern des EWSP Mehrrechnerkonzepts.

3.1 Struktur

3.1.1 EWSP Systemeinheiten

Das System EWSP ist als sehr modulares System konzipiert und basiert
auf einem Mehrrechnerkonzept /2/. Bild 5 zeigt die "Bausteine" des
Systems, die ueber die Ring Unit RU miteinander verbunden sind.

In der Terminator Unit TU und speziell hier in den LTU, erfolgt
dezentral die Bearbeitung der Ebene 2 bei X25/X75-Leitungen bzw. die
PAD-Funktion beim Anschluss von asynchronen Terminals.

In den Switching Units SU sind die Prozeduren fuer Rufbehandlung, den
Datentransfer, das Routing, etc. realisiert. Jeder SU sind Leitungen
zugeordnet, fuer die sie die Vermittlungsaufgaben uebernehmen muss.

Die Management Unit MU hat die Aufgabe der Netzkontrolle, wie z.B.
die Bedienung der einzelnen Netzknoten oder die
Verbindungsaufzeichnung.

An der Ring Unit RU werden die Systemeinheiten TU, SU und MU angeschlossen. Sie organisiert den Datentransfer zwischen diesen Systemeinheiten und sorgt fuer die kollisionsfreie, gesicherte Uebertragung.

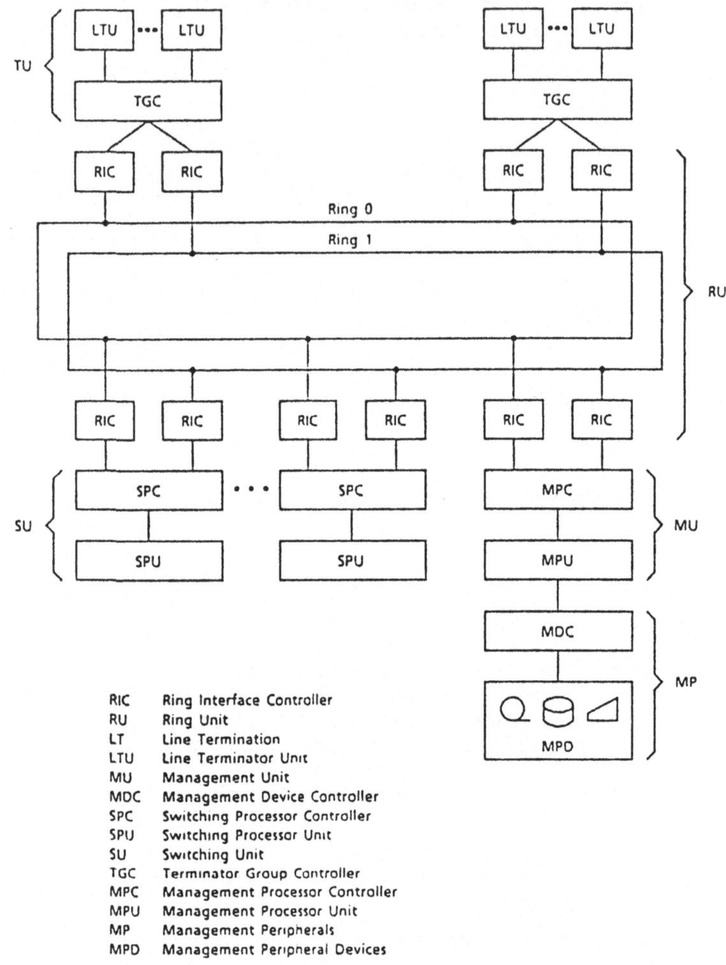

Bild 5   Systemeinheiten von EWSP

3.1.2 EWSP Vermittlungs Prozeduren

Die Rufaufbau- und Rufabbau-Pakete werden jeweils von der LTU des rufenden Teilnehmers ueber den TGC zu der SU gefuehrt, die die Leitung des rufenden Teilehmers verwaltet. Von dort aus gelangt das Paket zur SU, die die abgehende Leitung verwaltet und weiter via TGC und LTU zum gerufenen Teilnehmer. Wie aus Bild 6 ersichtlich, ist waehrend der Datentransferphase nur eine der beiden SU's involviert; diejenige, die letztlich den Ruf uebernommen hat (Entscheidungskriterien siehe Abschnitt 2.1). Die zweite SU dient als

Backup SU fuer die Verbindungen und uebernimmt den Ruf, falls die erste SU ausfallen sollte.

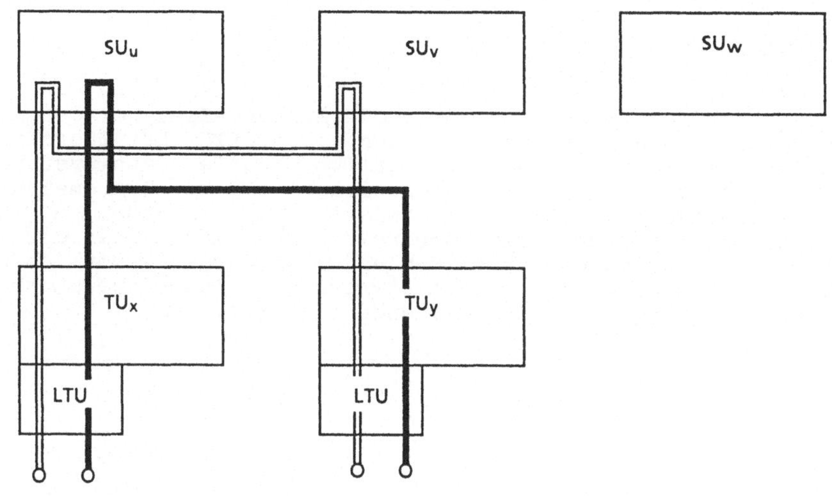

Legende : <====> Rufauf - und Abbauphase
<====> Datendurchschaltephase

Bild 6   EWSP Vermittlungsprozeduren

3.2 Transportprotokoll

3.2.1 Ring-Protokoll

Jede Einheit, die einen Block ueber die RU sendet, erhaelt fuer diesen eine Ringquittung (RACK). Sie dient zur Steuerung des einheitenspezifischen Ring-Sendefensters. Das RACK enthaelt Informationen sowohl ueber etwaige Uebertragungsfehler, als auch zur Flusskontrolle. Aus diesem Grunde wird das RACK nicht nur zum TGC, SPC, MPC geleitet, sondern auch zu den dahinterliegenden Subeinheiten (LTU, SPU, MPU) weitergereicht.

Die sendende Einheit empfaengt eine positive Quittung (EOT), wenn der Ringtransfer erfolgreich mit dem Empfang in dem Empfangspuffer des Empfaengers abgeschlossen ist.

Der Empfang einer negativen Ringquittung fuehrt im Falle eines Uebertragungsfehlers (z.B. Parity Error wenn Transfer verfaelscht) zur sofortigen Wiederholung des Ringtransfers (Repetition). Im Falle von Flusskontrolle (Selective Overload SOV beim Erreichen der Resourcegrenzen; siehe Abschnitt 3.2.4) erfolgt die Rueckstellung der Sendeauftraege mit Wiederholung nach einer gewissen Zeit (Retransmission). Die Aufgabe der Repetition wird vom TGC, SPC, MPC durchgefuehrt, die der Retransmission liegt in der TU bei der LTU und in der SU/MU beim SPC/MPC. Der Retransmission Timer ist in der LTU auf 0-50 ms, im SPC auf 200 ms und im MPC auf 50 ms aufgesetzt. Die Anzahl der Retransmissionversuche ist der LTU unbegrenzt und im SPC auf 3, bzw. im MPC auf 15 eingestellt.

3.2.2 Eintransfer

Beim Eintransfer werden Datenbloecke aus dem Speicher der LTU in das Main Memory MM der SPU uebertragen. Eine LTU hat Zugriff zu allen SU's im System. Da es sich hierbei um Transfers von Systemeinheiten mit relativ geringer Speicherkapazitaet LTU zu Systemeinheiten mit grosser Speicherkapazitaet SU handelt, wird angenommem, dass die empfangenen Einheiten aufnahmebereit sind, und es in der Regel zu keinen Zurueckweisungen wegen fehlender Resourcen kommt. Anderenfalls treten die im Abschnitt 3.2.4 erwaehnten Flusssteuerungsmassnahmen aufgrund der Ring-Protokoll Meldungen in Kraft.

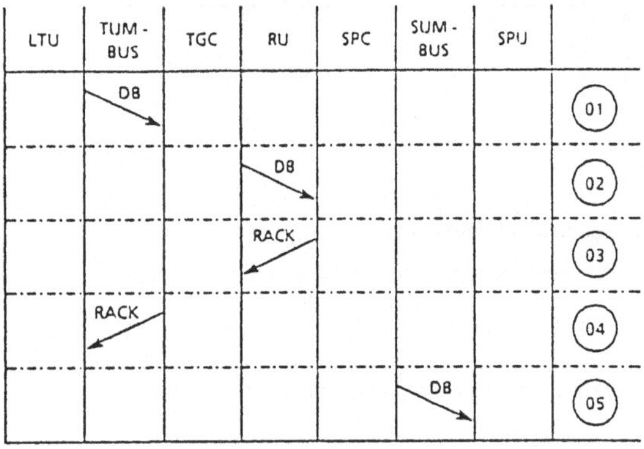

Bild 7   Eintransfer

Die einzelnen beim Eintransfer auftretenden Kommunikationen sind in Bild 7 dargestellt. Mit dem Empfang eines positiven RACK werden im TGC und in der LTU die belegten Resourcen wieder frei.

3.2.3 Austransfer

Beim Austransfer werden Datenbloecke aus dem MM der SPU in die Speicher der LTU transportiert. Der SPC kopiert dazu aufgrund eines Output Request OR den Datenblock DB aus dem MM der SPU und sendet diesen ueber den Ring (Bild 8). Sofern die LTU den DB empfangen hat und diesen aufnehmen kann, generiert die LTU einen Block End of Transfer EOT und sendet diesen zur SPU. Die SPU gibt daraufhin die belegten Resourcen frei. Sofern die LTU nicht aufnahmebereit ist, wird anstelle eines EOT ein Reject Block generiert, woraufhin die SPU die Austransferflusskontrolle einschaltet und, leitungsbezogen zur entsprechenden LTU hin, nur noch mit einem Sendefenster von w=1

arbeitet. Mit Sendefenster w=1 sendet die SPU erst dann wieder ein
Datenpaket zur LTU, wenn diese das vorherige Paket (leitungsbezogen)
mittels einer internen EOT Meldung quittiert hat.

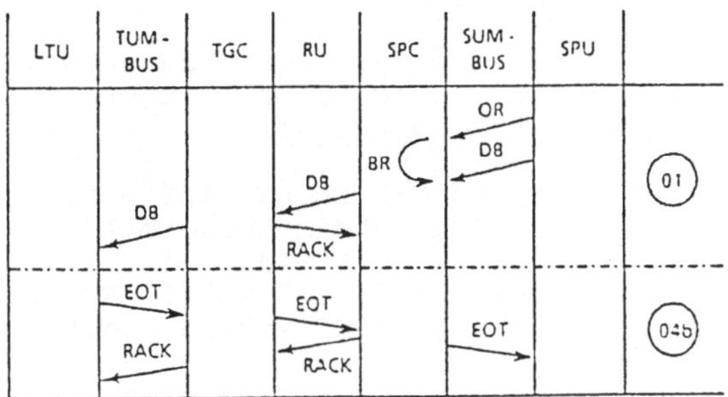

Bild 8   Austransfer

Waehrend beim Eintransfer generell die Ringquittung als interne
Flusssteuerung dient, erfolgt die interne Austransferquittierung
generell mittels einer EOT Blockmeldung von der LTU zur SU.

3.2.4 Wirkung der Flusssteuerungsmechanismen

Beim Eintransfer dient als Flusssteuerungsmechanismus FSM das SOV der
Ringquittung. Die Aktivierung von SOV erfolgt, wenn im SPC oder in
der SPU die Queues zur Neige gehen. Im SPC koennen die freien Pool
Bloecke zur Neige gehen, wenn vom Ring her im Burst Mode zu schnell
zu viele Bloecke in den Empfangspuffer eingetragen werden. Der SPC
kopiert interruptgesteuert den Inhalt des Empfangspuffers in Bloecke
seines Pools. Im Burst Mode bleibt dem SPC zu wenig Zeit, um die
belegten Bloecke zu bewerten und ggf. den Inhalt in das MM der SPU
via DMA zu hinterlegen. Bei Erreichen des Grenzwertes der freien Pool
Bloecke (200/250 von 300) laesst der SPC Selective Overload am Ring
von der RIC anzeigen. Dadurch gelangen keine Datenbloecke mehr in den
SPC. Woraufhin dem SPC genuegend Zeit zur Bearbeitung der belegten
Bloecke bleibt. In der Regel koennen die belegten Bloecke nach der
Bearbeitung wieder frei gegeben werden. Speziell trifft dies fuer
Datenpakete zu, die der SPC zur SPU weiterreicht. Sind wieder
genuegend freie Poolelemente vorhanden (Hysterese!), so laesst der
SPC das SOV am Ring wieder zuruecknehmen. Im Abschnitt 3.3.2 ist u.a.
beschrieben, in welchen Situationen der SPU die freien Bloecke zur
Neige gehen, was ebenso zum Setzen von SOV am Ring fuehrt.

Mit dem Empfang einer negativen Ringquittung (wegen SOV) legt die LTU
eine SU-spezifische Retransmission Queue an (siehe auch Abschnitt
3.3.1). Das Anlegen einer Retransmission Queue bewirkt das Aufsammeln
der Datenbloecke an der Peripherie einschliesslich der zeitlich
verzoegerten SU-spezifischen Eintransferwiederholung. Der Eintransfer

zu anderen nicht in Flusssteuerung befindlichen SU's ist hiervon nicht betroffen. In letzter Konsequenz wirkt die "Bremse" bis auf die Leitung, wenn der LTU die leitungsbezogenen Poolelemente der betroffenen Leitung zur Neige gehen.

Vorteile der FSM im Eintransfer:

> Der Eintransfer wird an der Peripherie aufgesammelt.
> Der Austransfer erhaelt in der SU Prioritaet.
> In der SU werden wieder Resourcen frei.

Beim Austransfer dient als FSM der REJECT auf einen DB, wenn die LTU fuer Datenbloecke momentan nicht aufnahmebereit ist. Die "Bremse" wirkt SU- und leitungsindividuell und in letzter Konsequenz kanalspezifisch bis zur Gegenstelle (Ebene 3 RR verzoegert). Beim Austransfer ist FSM wegen SOV am TGC von untergeordneter Bedeutung, da SOV nur auf DB wirkt und die LTU Reject Flusskontrolle vorher ansprechen sollte. Sofern es trotzdem zu einem SOV am TGC kommen sollte, weil dieser aehnlich wie der SPC in zu kurzer Zeit zu viele Bloecke aus seinem Ringempfangspuffer holt, ohne genuegend Zeit zu besitzen, diese an die jeweilige LTU weiterzureichen, und der Grenzwert freier TGC Poolelemente erreicht wuerde, empfaengt die jeweils sendende SU eine negative Ringquittung wegen SOV. Der SPC aktiviert dann TU spezifisch die Retransmission Queue. Alle weiteren Datenpakete, die von der SPU zu der betroffenen TU auszusenden sind, traegt der SPC in die Retransmission Queue ein. Der SPC versucht zeitverzoegert, die Datenpakete der Retransmission Queue erneut auszusenden.

3.3 Queue Management

Exemplarisch soll das Queue Management, das in jedem Kontroller eingebaut ist, fuer den Eintransfer am Beispiel der LTU und fuer den Austransfer am Beispiel der SPU erlaeutert werden.

3.3.1 Eintransferflusskontrolle in der LTU

Die Receive Queue der LTU ist aufnahmebereit fuer alle Frames, die von der Leitung empfangen werden. Fuer jede Leitung ist ein Kontingent an Bloecken in dieser Queue vorgesehen. Sollte das Kontingent einer Leitung erschoepft sein, so wird in den leitungsspezifischen Sendepuffer RNR (Receive Not Ready) eingetragen. Die LTU ist so dimensioniert, dass in der Regel die Receive Queue immer aufnahmebereit ist.

Die empfangenen Frames werden in Datenbloecke kopiert, mit dem internen Systemprotokoll versehen und in die TGC Queue gehaengt (siehe Bild 9). Die TGC Queue in der LTU kann demzufolge von allen Leitungen mehrere Datenbloecke enthalten. Der TGC scant sequentiell alle TGC Queues aller aktiven LTU's und haengt seinerseits die Datenbloecke in die Transmission Queue ein. Sobald der TGC einen Datenblock ueber den Ring gesendet hat, wird die Ring Quittung der zugehoerigen LTU uebergeben und dort in die Acknowledge Queue eingetragen. Die LTU kettet die Ringquittung aus und bewertet diese. Eine positive Ringquittung (EOT) fuehrt zur Freigabe des Datenblocks in der LTU. Eine negative Ring Quittung besagt, dass der Datenblock

von der SU nicht empfangen werden konnte (z.B. wegen SU Ausfall) bzw.
die SU im Moment fuer Datenbloecke nicht aufnahmebereit ist. In
beiden Faellen erfolgt eine Aktivierung der Retransmission Queue in
der LTU.

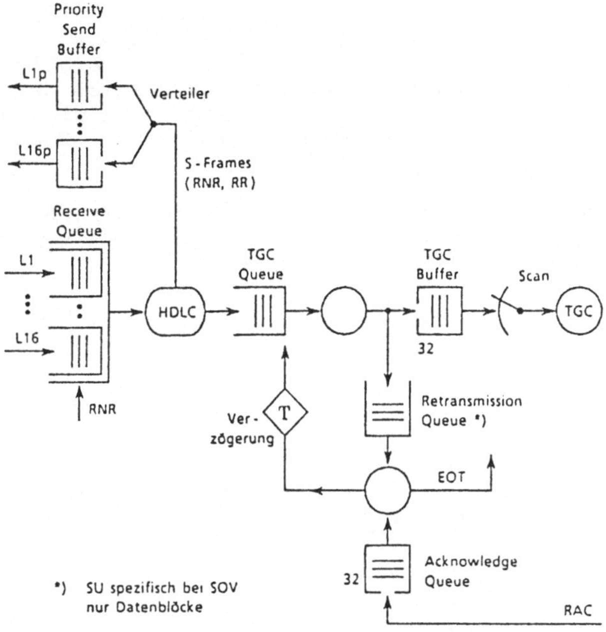

Bild 9   Eintransfer Queue Management in der LTU

Zunaechst wird der Eintransferprozess abgebrochen und neu aufgesetzt,
ab dem Datenblock, der negativ quittiert wurde. Vor jedem Eintrag in
die TGC Queue der LTU erfolgt eine Pruefung, ob der Datenblock an die
negativ quittierende Einheit adressiert ist. In diesem Fall wird der
Datenblock in die Retransmission Queue gehaengt. Durch diese
einheitenspezifische Rueckstellung ist der Eintransfer zu allen
anderen Einheiten nur waehrend des Abbruchs und des Neuaufsetzens der
TGC Queue kurzzeitig unterbrochen. Alle weiteren in Folge empfangenen
Datenbloecke zu der betroffenen Einheit werden automatisch in die
Retransmission Queue gekettet. Nach einer Verzoegerungszeit erfolgt
ein erneuter Versuch, an die betroffene Einheit zu senden, indem man
die gesamte Retransmission Queue an die Spitze der TGC Queue umkettet
(um Datenblockueberholungen zu vermeiden). Zu Verdopplungen von
Datenbloecken kann es nicht kommen, da der TGC mit dem Empfang einer
negativen Ringquittung automatisch LTU spezifisch alle Datenbloecke
in seiner Queue verwirft.

3.3.2 Queue Management in der SPU

In der SPU erfolgt die Vermittlung der Datenpakete, d.h. die
Umwandlung vom Eintransfer zum Austransfer. Dabei werden die
Datenbloecke einzeln der SPC Queue entnommen und von der

Vermittlungsebene (L3) zum Austransfer vorbereitet. Sofern das Ebene 3 Sendefenster offen ist, uebergibt die Ebene 3 die Datenbloecke an die interne Ebene 2. Die Ebene 2 haengt die Bloecke zunaechst leitungsspezifisch in die Send Queue. Sofern das Ebene 3 Sendefenster nicht offen ist, erfolgt auf der Ebene 3 ein kanalspezifisches Zwischenspeichern der Datenbloecke bis zum Empfang eines L3-RR (Receive Ready) von der Gegenstelle. Die Ebene 2 bereitet den Austransfer fuer einen Datenblock der Send Queue vor, indem ein Output Request in die OR Queue gehaengt wird. Parallel dazu erfolgt ein Umketten (pointer update) des Datenblocks von der Send Queue in die ACK Queue (siehe auch Bild 10). Die Resourcen werden freigegeben, wenn der Austransfer vollstaendig mit dem Empfang von EOT abgeschlossen ist.

Bezueglich Flusssteuerung kann die SPU einerseits den Eintransfer mit SOV bremsen, andererseits wird die SPU auch aktiv, wenn eine LTU Reject meldet.

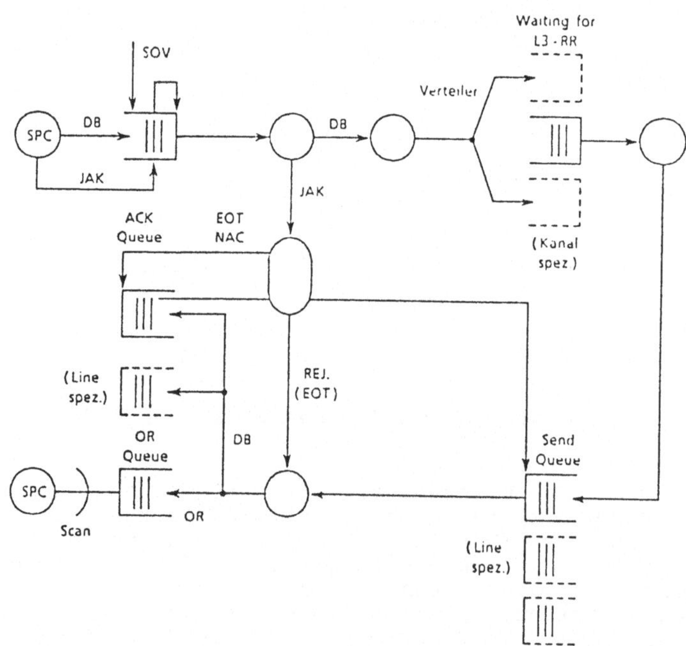

Bild 10   Queue Management in der SPU

Die SPU signalisiert von sich aus SOV am Ring, wenn die Anzahl der freien Bloecke der SPC Queue einen Grenzwert (64/80) ueberschreitet. Da diese Bloecke auch in allen anderen genannten Queues (L3 Queue kanalspezifisch warten auf L3-RR und L2 leitungsspezifisch Send Queue bzw. ACK Queue) Verwendung finden, gilt es zu versuchen, die Anzahl der Bloecke in den Queues moeglichst klein zu halten. Aus diesem Grunde werden die JAK-Bloecke, in denen die EOT hinterlegt sind, bevorzugt behandelt, da diese die gesendeten Bloecke aus der ACK Queue ausketten und wieder freigeben. Auf die anderen Queues hat die SPU nur mittelbar ueber die Ebene 3 Flusssteuerungsmassnahmen und Ueberlastmechanismen Einfluss.

Eine (temporaere) Ueberlast erkennt die SPU, wenn die Anzahl der noch nicht bearbeiteten Bloecke der SPC Queue einen Schwellwert (128/120) ueberschreitet (Der SU werden via SPC pro Zeiteinheit mehr Datenbloecke angeboten, als die SPU bearbeiten kann). Auch in diesem Fall signalisiert die SU Selective Overload am Ring, um die Warteschlange an der Peripherie (LTU bzw. Leitung) aufzubauen. Mit dieser dynamischen Eintransferflusssteuerung stellen sich bei absoluter Ueberlast SOV Werte von etwa 60 - 70 % ein, wobei im Mittel SOV etwa 200 ms (max. 300 ms) am Ring ansteht. Dabei entsprechen die Warteschlangengrenzwerte (einschliesslich Hysterese) sowie die Retransmission Wiederholzeiten und die Anzahl der Retransmission Wiederholungen der einzelnen Kontroller den genannten Werten. Bei absoluter Ueberlast wird dem System ein Vielfaches der Nennlast angeboten. Dies ist nur moeglich, wenn die unter 2.1 beschriebenen Ueberlastabwehrmechanismen zu Testzwecken abgeschaltet sind. Trotz der relativ hoch erscheinenden SOV Werte stellt sich keine Systemblockierung ein, d.h. der Intertransfer zwischen der in Ueberlast befindlichen SU und einer anderen SU bzw. MU ist nicht behindert.

Die Austransferflusssteuerung wird in der SPU mit dem Empfang eines Reject angestossen. Da dieser und alle weiteren Bloecke der betroffenen Leitung zur LTU nochmals gesendet werden muessen, erfolgt ein Umketten der Bloecke der ACK Queue an die Spitze der Send Queue. Alle zuvor gesendeten Bloecke bleiben weiterhin in der ACK Queue und warten auf Quittierung. Gleichzeitig mit dem Umketten generiert die interne Ebene 2 nur noch dann einen OR, wenn wieder eine EOT Meldung fuer diese Leitung eingetroffen ist. Dieses Sendefenster 1 hebt der Sendeprozess erst dann wieder auf, wenn die Send Queue leer ist. Zu Verdopplungen von Datenpaketen kann es durch die Sendewiederholung nicht kommen, da die LTU bis zum Eintreffen des ersten wiederholten Datenblocks (mit spezieller Kennung) alle anderen Datenbloecke von dieser SU fuer die spezielle Leitung verwirft.

4. Zusammenfassung

Im Datenpaketvermittlungs System EWSP finden zur Steuerung der Ueberlastabwehr lediglich fuer Rufe Lastkontrollmechanismen bei der Vergabe von Krediten Anwendung. Die Ueberlastabwehr in der Datentransferphase beruht verlustfrei auf einem reinen Flusssteuerungs Prinzip.

Exemplarisch wurde auf die Erhoehung der Systemqualitaet verwiesen, die sich im Ueberlastfall durch eine verzoegerte Rufabweisung ergibt. Durch die einhergehende Verminderung der Anzahl nicht erfolgreicher Rufe (im Falle 'follow on calls') laesst sich bei gleichzeitig geringer Datenlast eine Erhoehung erfolgreicher Rufe erzielen, bzw. bei relativ hoher Datenlast erhaelt dadurch der bestehende Vermittlungsverkehr noch mehr Prioritaet gegenueber einem (zusaetzlichen) Rufaufbau.

Zur Abwehr von Datenueberlast wurde ein reines Flusssteuerungs Verfahren aufgezeigt, das erlaubt, die notwendigerweise laengerwerdenden Warteschlangen an der Peripherie des Systems aufzubauen. Gleichzeitig erreicht man dadurch eine Erhoehung der Austransferprioritaet gegenueber dem Eintransfer. Dabei erlaubt das Verfahren auch bei lokaler Ueberlast einzelner Systemkomponenten des Mehrrechnersystems einen ungehinderten Vermittlungsverkehr zu (Sub-) Einheiten, die sich nicht in der Flusssteuerung befinden.

5. Schrifttum

/1/ Huber,J.F.; Mair,E.: Universelle Paketvermittlung durch
    flexible EWSP-Architektur. Hochmodulare Systemtechnik erfuellt
    Anforderungen sowohl von kleinen als auch von grossen
    Paketvermittlungsnetzen. telcom report 10(1987) S.12 bis 18
/2/ Mair,E.; Hausmann,H; Naessl,R: EWSP - A High Performance
    Packet Switching System. Proc. of the 8th ICCC, S.359 bis 364
    Verzoegerte Rufabweisung

VIRTUAL CIRCUIT SWITCHING

Claus Freytag, Martin Suhrmann und Wolfgang Zimmer

GMD - FIRST
Hardenbergplatz 2
D-1000 Berlin 12

Zusammenfassung

In diesem Beitrag werden verschiedene Möglichkeiten aufgezeigt, innerhalb des künftigen Breitband-ISDNs neben der üblichen Leitungsvermittlung (Circuit Switching, CS) eine hochratige Paketvermittlung (Packet Switching, PS) zur Verfügung zu stellen. Ein Schritt in diese Richtung ist das hier vorgestellte Virtual Circuit Switching (VCS), das ausgehend von der X.25-Empfehlung als Erweiterung des ursprünglichen CS-Netzdienstes konzipiert ist. Es soll sich an der Teilnehmerschnittstelle wie eine Leitungsvermittlung darstellen, dem Benutzer aber erlauben, eine Vielzahl von *virtuellen Verbindungen* gleichzeitig zu verschiedenen Partnern über die B-, H1- oder H4-Kanäle zu betreiben. Das Konzept VCS stellt damit einen hybriden Lösungsansatz für zukünftige Vermittlungseinrichtungen dar und soll die Vorteile von CS und PS verbinden. Im einleitenden Teil wird ein Überblick zu der Problematik Breitband-ISDN und Virtual Circuit Switching gegeben. In den folgenden Kapiteln werden Anforderungen an einen zukünftigen Breitbanddienst abgeleitet. Auf Basis dieser Anforderungen werden dann unterschiedliche Konzepte für den Systementwurf diskutiert und Realisierungsvorschläge für ein VCS-System präsentiert.

1 Einleitung

Das Projekt BERKOM (BERliner KOMmunikationssystem) [1], gefördert von der Deutschen Bundespost und dem Land Berlin, soll die Entwicklung von Breitband-Fernmeldediensten, Endgeräten und Anwendungen zeitlich parallel zum Ausbau des künftigen ISDN bzw. IBFN Glasfasernetzes vorantreiben und deren technische Erprobung ermöglichen. Die generelle Aufgabenstellung umfaßt einen sehr weitgespannten Rahmen, der von Multi-Media-Anwendungen über hochspezialisierte Computersysteme bis hin zu innovativen Telekommunikationsdiensten reicht. Die Vorhaben sind Teil eines Gesamtaufgabenplanes, der gemeinsam von den an BERKOM Beteiligten erarbeitet und von der BERKOM-Projektleitung (DETECON) koordiniert wird. Die in diesem Rahmen bearbeiteten Teilprojekte werden von der Industrie und von wissenschaftlichen Institutionen übernommen. Der Gesamtaufgabenplan umfaßt zwei Schwerpunktbereiche, zum einen die Definition von Kommunikationsformen mit dem Ziel der Klassifizierung und Standardisierung und zum anderen die technische Realisierung von Breitbandeinrichtungen in unterschiedlicher Funktionalität und Komplexität.

Die Definition von Kommunikationsformen mit dem Ziel der Standardisierung ist heute problematisch, da die integrierte Breitbandkommunikation noch am Anfang ihrer Entwicklung steht und typische Anwendungen und Einsatzbereiche sich noch nicht deutlich abzeichnen. Allerdings ist zu erwarten, daß Anwendungen eine Auswahl aus den angebotenen Fernmeldediensten treffen und sie ihren Bedürfnissen entsprechend konfigurieren. Aus diesen Gründen konzentriert sich die Arbeit zunächst auf die Definition von modular kombinierbaren Basiskommunikationsformen der Daten-, Text-, Graphik-, Fest- und Bewegtbildkommunikation. Auf dieser Grundlage sollen dann exemplarisch einzelne Anwendungen aus dem Fabrikations-, Büro- und Heimbereich realisiert und demonstriert werden.

Die technische Realisierung von Endeinrichtungen, die diese Anwendungen unterstützen, stellt hohe Anforderungen an die zu verwendende Rechnerarchitektur und Technologie. Hier ergeben sich eine Reihe von weitgehend neuen Fragestellungen zur konzeptionellen Gestaltung von Höchstleistungssystemen, ihrer technologischen Umsetzung sowie der modularen und kostengünstigen Fertigung. Neben der Entwicklung von Endeinrichtungen zählt hierzu auch die Realisierung breitbandiger Vermittlungseinrichtungen und Gateways. Das Projekt *Virtual Circuit Switching* (VCS) stellt eines der BERKOM-Vorhaben dar, die zu diesem Bereich gehören.

2 BERKOM und das Teilprojekt VCS

Im Rahmen von BERKOM wurde grundsätzlich von einem sternförmigen Glasfasernetz mit Leitungsvermittlung ausgegangen. Teilnehmerseitig ist die derzeitige Schnittstelle im BERKOM-Testnetz dadurch charakterisiert, daß neben den schmalbandigen ISDN Verbindungen (2 B+D) auch breitbandige Verbindungen von ca. 2 Mbit/s (H1) und ca. 140 Mbit/s (H4) angeboten werden (Abb. 1).

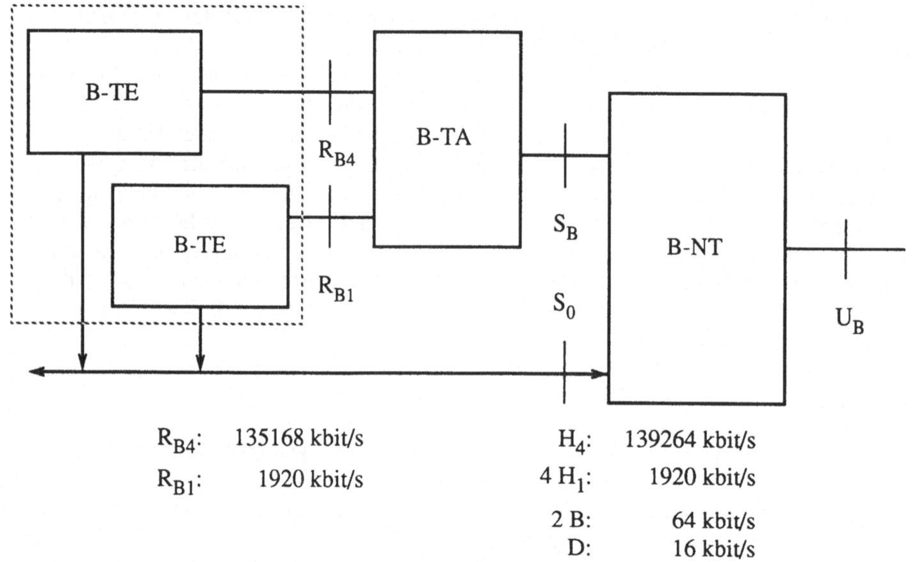

Abbildung 1: BERKOM - Teilnehmerschnittstellen

Von einem Teilnehmeranschluß können somit zu einem Zeitpunkt nur vier verschiedene Verbindungen genutzt werden. Das Vermittlungsprinzip beruht auf bilateralen Kommunikationsbeziehungen über einzeln vermittelte Kanäle in einer der fest angebotenen und reservierten Übertragungsraten. Die Vorteile der Leitungsvermittlung zeigen sich besonders bei der Übertragung von zeitlich äquidistanten Informationseinheiten, bei denen die konstante Einhaltung der zeitlichen Distanz einen großen Einfluß auf die resultierende Qualität wie z.B. bei Sprache, Audio und Bewegtbild hat. Es existieren Vorschläge, die vorhandenen Kanäle zum Informationsaustausch flexibler und auch wesentlich ökonomischer einzusetzen. Einerseits spielt die Kombination von Verbindungen in bedarfsgerechter Übertragungsrate zu unterschiedlichen Orten eine wichtige Rolle, um z.B. mehrere Kommunikationsformen, wie Sprache + Text + Graphik + Bewegtbild synergetisch zu nutzen. Besonders aus den verschiedenen Einsatzbereichen von Datenverarbeitung, Datenkommunikation und Verteilten Systemen ergeben sich heute schon Forderungen an den gleichzeitigen Austausch von Informationen mit einer Vielzahl von ständig wechselnden Teilnehmern (Prozessen). Andererseits ist zu erwarten, daß mit dem ansteigenden Grad der Verflechtung der Bedarf entsteht, auch multilaterale Kommunikationsbeziehungen zu unterstützen. Zukünftig sollte je nach Anwendungsprofil eine bedarfs- als auch qualitätsgerechte Übertragung von Informationen zu jedem Zeitpunkt möglich sein. Dabei darf die maximale Anzahl der gleichzeitigen Verbindungen nur eine untergeordnete Rolle spielen.

So ist es wahrscheinlich, daß neben der reinen Leitungsvermittlung auch die hochratige Paketvermittlung und neuerdings auch der *Asynchrone Transfer Mode* (ATM) zur Erweiterterung und Flexibilität der Netzdienste beitragen wird. Deshalb ist es unerläßlich, sich mit Fragen der synergetischen Kombination von Circuit Switching (CS) und Packet Switching (PS) auseinanderzusetzen. Diese Richtung wird in dem Projekt Virtual Circuit Switching verfolgt. VCS soll sich an der Teilnehmerschnittstelle wie eine Leitungsvermittlung darstellen, dem Benutzer aber auch erlauben, gleichzeitig eine Vielzahl von virtuellen Verbindungen zu verschiedenen Partnern über die B-, H1- oder H4-Kanäle zu betreiben. Angestrebt ist eine Entkopplung zwischen dem statischen und dynamischen Übertragungsratenbedarf künftiger Anwendungen und den physikalischen Bitraten im BERKOM-Testnetz. Der Gesamtdurchsatz ist allerdings in natürlicher Weise durch die Summendatenrate am angebotenen Teilnehmerinterface beschränkt. Weitere Vorteile von VCS sind die Anpassungsfähigkeit an hohe und stark schwankende Teilnehmerzahlen sowie Verbindungen zwischen Teilnehmern aus unterschiedlichen Benutzerklassen.

3 Anforderungen

Generell ist aus den durchgeführten Untersuchungen [2] folgendes abzuleiten: Neue Anwendungen werden von Kommunikationsnetzen neue Dienstmerkmale erfordern. Die größere Vielfalt der Anwendungen und die höhere Dynamik, die von ihnen ausgehen wird, erschwert die Festlegung von konkreten Anforderungen und führt somit auch zu Normungsschwierigkeiten. So ist z.B. bei Anwendungen mit Burstcharakter die erforderliche Übertragungsrate nur schwierig und ungenau angebbar. Aus den vorliegenden Ergebnissen lassen sich trotzdem mehrere charakteristische Merkmale erkennen und einige typische Anforderungen ableiten, die über die heute standardisierten und angebotenen Netzdienste hinausgehen. Diese Anforderungen sind bei der Bereitstellung eines zukünftigen Netzdienstes zu berücksichtigen.

3.1 Verbindungsauf- und -abbauphase

Im allgemeinen ist die Verbindungsaufbauzeit bei Anwendungen, bei denen die Verbindungsdauer wesentlich länger als die Verbindungaufbauzeit ist, von untergeordneter Bedeutung. Lediglich bei sehr kurzen bzw. einmaligen Datentransfers gewinnt sie an Bedeutung. Ein Wert von 500 ms bis 1 s ist durchaus eine typische Anforderung bei flächendeckenden Netzen. Der Verbindungsaufbau sollte eine Verhandlungsphase enthalten, die es ermöglicht, die Datentransferphase positiv zu beeinflussen. So können schon beim Verbindungsaufbau die entsprechend den Anforderungen aufgebauten Protokollstacks vereinbart und notwendige Ressourcen bereitgestellt werden. Beim Verbindungsabbau sind, gerade weil bedarfsspezifische Anforderungen beim Verbindungsaufbau angegeben werden, ökonomischen Gesichtspunkte stärker zu berücksichtigen. Kosten, Zeitdauer, Volumen, reservierter und genutzter Durchsatz sind beispielhafte Informationen, die vom Netzbetreiber an den Dienstnutzer gegeben werden sollten.

3.2 Datentransferphase

Für die Datentransferphase lassen sich nur sehr schwer konkrete Werte für Datenvolumina, Durchsatz und die erforderlichen Bandbreiten nennen. Sie werden zudem noch von Qualitätsanforderungen, den jeweils eingesetzten Kompressionstechniken, Flußkontroll- und Fehlerbehebungsverfahren beeinflußt und sind auch stark von den verursachten Kosten abhängig. Allerdings ist anzunehmen, daß aufgrund der Bedeutung des Fernsprechdienstes, der 64 kbit/s Kanal auch weiterhin seinen festen Stellenwert haben wird.

3.2.1 Bandbreiten und Durchsatz

Bei STM könnte als Ausgangspunkt für die bereitgestellten maximalen Kanalbandbreiten an der Teilnehmerschnittstelle weiterhin die durch CEPT vorgegebene PCM-Hierarchie dienen. Auf dem Datenkommunikationssektor ist eher ein Bedarf an vielen Verbindungen mit dem Schwerpunkt aus den

Hierarchiestufen 1-3 zu erkennen, als die Notwendigkeit für 140 Mbit/s. Der verbindungsspezifische Durchsatz sollte aber feiner verhandelbar sein, z.B. als Vielfache von 64 kbit/s.

PCM-Hierarchie-Stufen (CEPT):

1:	2048 kbit/s	PCM	30
2:	8448 kbit/s	PCM	120
3:	34368 kbit/s	PCM	480
4:	139264 kbit/s	PCM	1920

Ein Festhalten an diesen Werten ist bei ATM nicht mehr notwendig. Die maximal benötigte Datenrate kann beim Verbindungsaufbau angefordert werden. Auch zeigt sich bei vielen Kommunikationsbeziehungen eine stark asymmetrische Auslastung von Duplexverbindungen mit gleicher Datenrate in Hin- und Rückrichtung. Gerade bei Multicast-Verbindungen, bei denen oft ein (ungesicherter) Verteildienst im Vordergrund steht, tritt dieses besonders deutlich hervor. Die Möglichkeit, auch asymmetrische Durchsatzklassen zu unterstützen, kann zur Verbesserung der Kanalauslastung beitragen. Die explizite Reservierung von Ressourcen soll auch zur Verbesserung der Übertragungsqualität genutzt werden. Belegungsstrategien, die zu einer möglichst effizienten Nutzung führen, ist einer der Punkte, die neu in die Untersuchungen aufgenommen werden.

3.2.2 Logische Informationseinheiten

Bei Festlegung der maximalen Paketgrößen ist ein pragmatisches Vorgehen bei der hohen Schwankungsbreite der je nach Anwendung verwendeten Größen höchstwahrscheinlich der beste Weg. So stehen zur Zeit die folgenden Werte als maximale Paketlänge zur Diskussion:

32 / 64 / 128 / 256 / 512 / 1024 / 2048 / 4096 / 8192 Oktett

In diesem Spektrum sind viele der heute gebräuchlichen Größen vertreten. Als typische Beispiele sind 32 Byte für Sprache und 1kByte bzw. 4kByte für Computersysteme zu nennen. Aus dem Bereich der Informationstechnologie stammen relativ hohe Anforderungen an eine weitgehend fehlerfreie Übertragung von Informationen. Auch ist der Erhalt der Reihenfolge der zu übertragenden Pakete sicherzustellen und es sind Verfahren einzusetzen, die eine explizite Flußkontrolle zwischen den Endsystemen sowie den Netzknoten ermöglichen.

3.2.3 Verzögerung und Jitter

Die zeitlich äquidistante Übertragung von Informationseinheiten bei geringer Varianz der Intervalldauer ist für die Anwendungen aus dem Sprach-, Audio- und Videosektor von hoher Bedeutung. Bei ihnen ist dafür eine höhere Bitfehlerrate tolerierbar, woraus folgt, daß oft keine Verfahren zur Fehlerkennung und -behebung eingesetzt werden. Auch sind bei parallelen Verbindungen gleiche Verzögerungszeiten wünschenswert, um die Synchronität zwischen den Verbindungen einfacher herstellen zu können. Eine anwendungsspezifische Wegewahl bietet schon beim Verbindungsaufbau die Möglichkeit, Unterschiede in der Laufzeit dadurch zu minimieren, indem zwischen denselben Orten auch dieselben Vermittlungspfade gewählt werden.

4 Konzeptioneller Systementwurf

Es wird nun diskutiert, wie der Aufbau eines VCS-Netzes aussehen kann, um den Anforderungen gerecht zu werden. Dabei spielt bei der Wahl eines geeigneten Konzepts die Art der Vermittlungstechnik innerhalb des zu betrachtenen Netzwerkes die zentrale Rolle, da durch die unterschiedlichen Techniken bereits unterschiedliche Funktionalitäten existieren. Innerhalb der jeweiligen VCS-Konzepte müssen demnach auch verschiedene zusätzliche Funktionen hinzugefügt werden. Im allgemeinen unterscheidet man bei den Vermittlungsarten zwischen Leitungsvermittlung und Paketvermittlung.

Die *Leitungsvermittlung* wird dadurch charakterisiert, daß zunächst eine Verbindung zwischen zwei Endteilnehmern aufgebaut wird. Dabei müssen die Endteilnehmer mit der gleichen Übertragungsrate arbeiten. Die Verbindung steht dann transparent bis zum Abbau zur Übertragung zur Verfügung. Das heißt, daß normalerweise keine Fehler- und Flußkontrolle in den Netzwerkknoten durchgeführt werden. Hierzu müssen zusätzliche Protokolle zwischen den beiden Endteilnehmern ausgehandelt und eingesetzt werden.

Die *Paketvermittlung* läßt sich in zwei Untergruppen aufspalten. Die eine ist die der *verbindungsorientierten*, die andere die *der verbindungslosen* Paketvermittlungen. Bei den verbindungsorientierten Paketvermittlungen wird wie bei der Leitungsvermittlung zunächst ein sogenannter virtueller Kanal zum Partnerendsystem aufgebaut. Die Datenübertragung erfolgt dann mittels Paketen, die jeweils die logische Nummer dieses virtuellen Kanals enthalten. Die Pakete gehen dabei durch das Netz alle den gleichen Weg zum Partnerendsystem.

Innerhalb der verbindungslosen Paketvermittlung erfolgt kein Auf- und Abbau einer Verbindung zum Partnerendsystem. Die Datenübertragung erfolgt in den sogenannten Datagrammen, die sämtlich die vollständige Adresse des Empfängers beinhalten. Für jedes Datagramm muß eine eigene Wegewahl im Netz durchgeführt werden. Somit können die Datagramme innerhalb des Netzes verschiedene Wege zum Partnerendsystem gehen.

4.1 Multiplexverfahren auf der physikalischen Schicht

Auf dem Gebiet der breitbandigen Vermittlungstechniken haben sich in letzter Zeit zwei Techniken herauskristallisiert, die bei Pilotsystemen hauptsächlich zum Einsatz gekommen sind. Dabei handelt es sich um zwei *Zeitschlitzverfahren*, bei denen jeder logische Kanal für einen sehr kleinen Zeitraum die physikalische Verbindung zur Verfügung gestellt bekommt, innerhalb dessen dann Daten dieses logischen Kanals gesendet werden können. Die einzelnen Zeitschlitzverfahren werden durch die Vergabestrategie der Zeitschlitze an die logischen Kanäle charakterisiert. Dabei lassen sich zwei grundlegende Strategien unterscheiden:

4.1.1 Der synchrone Transfermode STM (synchronous time multiplexing)

Der synchrone Transfermode besitzt ähnliche Charakteristika wie die Leitungsvermittlung. Innerhalb von STM wird die physikalische Verbindung in sich wiederholende Zeitrahmen von fester Dauer aufgeteilt. Ein solcher Zeitrahmen umfaßt eine festgelegte Menge von Zeitschlitzen. Jeder einzelne Zeitschlitz ist dabei einem bestimmten logischen Kanal zugeordnet. Innerhalb eines Zeitrahmens können mehrere logische Kanäle auch unterschiedlich viele Zeitschlitze besitzen, so daß es Kanäle verschiedener Übertragungskapazitäten gibt. Die logischen Kanäle werden transparent zum Benutzer durchgeschaltet

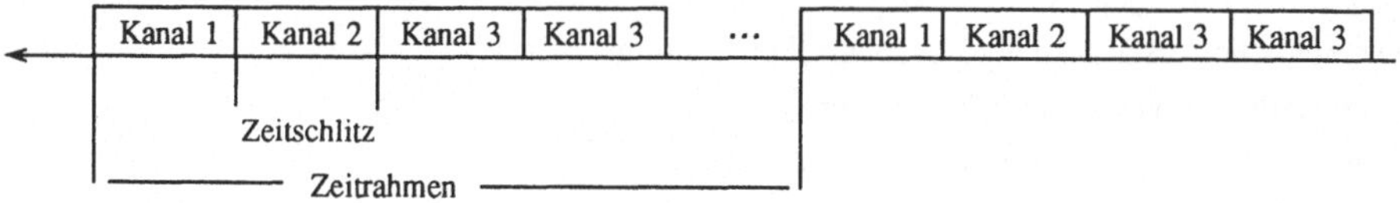

Abbildung 2: STM

4.1.2 Der asynchrone Transfermode ATM (asynchronous time multiplexing)

Der asynchrone Transfermode ist vergleichbar den paketvermittelnden Verfahren. Innerhalb des asynchronen Transfermodes ist eine Belegung sowie die Dauer der Zeitschlitze von vornherein nicht festgelegt, d.h., ein Zeitschlitz wird jeweils durch den Sender belegt, der Bedarf zum Senden hat. Die Zeitschlitze werden bei ATM als Zellen (cells) bezeichnet. Sie bestehen aus einem Zellkopf (header), der zur Adressierung dient und dem eigentlichen Informationsfeld (information field), in dem die Daten übertragen werden.

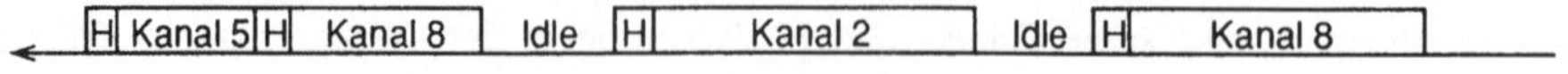

Abbildung 3: ATM mit variabler Zellengröße

Eine Variante des asynchronen Transfermodes sieht vor, Zellgrößen von fester Größe zu verwenden. Hier wird jede Zelle von einem logischen Kanal belegt, der Bedarf zum Senden hat.

Abbildung 4: ATM mit fester Zellengröße

Innerhalb der CCITT werden auf diesem Gebiet in der nächsten Studienperiode (1989-1992) Untersuchungen vorgenommen, so ist unter anderem die Normung der Zellgrößen noch offen [3].

4.1.3 Vergleich von STM und ATM

Im folgenden schließt sich ein kurzer Vergleich der Vor- und Nachteile der beiden Vermittlungsverfahren an. Dieser Vergleich erfolgt zwischen ATM und STM und nicht etwa zwischen Paketvermittlung und Leitungsvermittlung, da der Begriff Paketvermittlung mehrere Verfahren einschließt und sich so Vor- und Nachteile schwerer festmachen lassen.

- Vorteile von STM:
    - effiziente Übertragung von kontinuierlichen Daten
    - geringer Overhead bei der Übertragung
    - transparente Übertragung
    - konstante Datenrate im Netz reserviert
    - geringe und konstante Laufzeiten/Verzögerungen
    - einfacher Vermittlungskern
- Nachteile von STM:
    - geringe Anzahl von verschiedenen Übertragungskapazitäten
    - dienstspezifische Standardisierung der Rahmenstruktur notwendig
    - schlechte Ausnutzung der Übertragungskapazität bei burstorientierter Datenübertragung
    - Fehlererkennung und Flußkontrolle in den Endsystemen
- Vorteile von ATM:
    - effiziente Übertragung von burstorientierten Daten
    - bestmögliche Auslastung der physikalischen Leitung
    - Bereitstellung von variablen Datenraten
    - Fehlererkennung und -behebung im Netz möglich
    - geringerer Standardisierungsaufwand
- Nachteile von ATM:
    - unterschiedliche Laufzeiten der Zellen (cell delay jitter)
    - relativ großer Aufwand während der Verbindung
    - zusätzlicher Overhead durch die Header bei der Datenübertragung
    - Möglichkeit des Zellverlustes (durch Stauungen innerhalb der Vermittlungen)
    - Sensibilität der Zellkopfinformationen
    - keine Flußkontrolle

Der Vergleich zeigt, daß sich die Vorteile bzw. Nachteile von STM und ATM jeweils in Abhängigkeit von den Anwendungen zeigen. Während STM mehr zur Übertragung zeitkritischer Anwendungen mit kontinuierlichen Datenraten geeignet ist, ist eine Verwendung von ATM vorteilhafter bei Anwendungen mit burstorientiertem Verkehrsverhalten.

Um diese Vorteile miteinander zu verbinden, bietet es sich an, ein hybrides System zu konzipieren, welches entsprechend der benötigten Dienstqualität diese zur Verfügung stellt. Dabei kann ein solches System sowohl auf einer STM- wie auch einer ATM-Vermittlung basieren. Es müssen dann jeweils unterschiedliche Funktionalitäten hinzugefügt werden. Grundlegend wird aber bei allen Ansätzen die Bereitstellung einer Multiplexfunktionalität auf der Teilnehmeranschlußleitung sein. Genaueres hierüber ist in [2] nachzulesen.

5 VCS-Testsystem

Eine Lösungsmöglichkeit basierend auf STM soll im folgenden eingehender diskutiert werden. Ein Dienst, der die flexible Wahl einer oder mehrer Datenraten anbietet, läßt sich auf verschiedene Art und Weise erlangen. Grundlegend bei allen Möglichkeiten ist aber das zusätzliche zur Verfügung stellen einer Paketvermitttlungsfunktion. Dieses hat entweder eine Modifikation der netzeigenen STM-Vermittlung oder aber die Integration einer zusätzlichen Paketvermittlungskomponente zur Folge. Teilnehmerseitig werden dem Anwender durch zusätzliche Protokolle die Paketvermittlungsfunktionalitäten sowie weitere Dienstmerkmale (s.u.) zur Verfügung gestellt. Offen ist die Frage nach dem Typ der Paketvermittlung (verbindungslos oder -orientiert). Da aber eine verbindungslose Paketvermittlung in Verbindung mit zusätzlichen Qualitätsmerkmalen wie Fehler- und Flußkontrolle nur mit sehr hohem Aufwand (zur Erinnerung, Fehler- und Flußkontrolle müßten endteilnehmerseitig durchgeführt werden) zu realisieren wäre, fällt zwangsläufig die Wahl auf die verbindungsorientierte Paketvermittlung.

Ausgegangen wird bei dem verwendeten Protokoll von der X.25-Empfehlung der CCITT des Jahres 1984. Dieser Ansatz hat mehrere Vorteile. Erstens bietet die X.25-Empfehlung eine entsprechend den Anforderungen ausreichende Semantik, zweitens stellt die Verwendung von X.25 dem Anwender einen weichen Einstieg in die zukünftigen Breitbandnetze zur Verfügung, da bei X.25 bereits ein allgemeines Wissen und eine allgemeine Akzeptanz vorhanden ist. Drittens existieren aufgrund dieser Tatsache bereits eine Reihe von Hardware-Bausteinen, die innerhalb des VCS-Testsystems eingesetzt werden können.

5.1 Allgemeiner Aufbau eines VCS-Netzes

Im BERKOM-Testnetz ist der Aufbau des VCS-"Netzes" von der Tatsache geprägt, daß die Vermittlungsfunktionen innerhalb des B-ISDN von einer bereits existierenden Leitungsvermittlung durchgeführt werden. Die VCS-Vermittlung versteht sich nur als zusätzliche Paketvermittlung, die den VCS-Dienst als *value added service* anbietet. Das hat zur Konsequenz, daß sämtliche VCS-Verbindungen über die Leitungsvermittlung durchgeschaltet werden.

Im logischen Sinne spielt diese Leitungsvermittlung dagegen keine Rolle, da die virtuellen Verbindungen, die an der VCS-Dienstschnittstelle angeboten werden, von dem VCS-Vermittler durchgeschaltet werden. Auch die Verwaltung der B-ISDN-Kanäle wird von dem VCS-Vermittler und dem VCS-Dienst übernommen. Diese überprüfen bei einem Aufbauwunsch, ob auf der Strecke zwischen den beiden Partnerendsystemen bereits ein B-ISDN-Kanal aufgebaut wurde, der den gewünschten Durchsatz zur Verfügung stellen kann. Ist dies nicht der Fall, wird eine entsprechende B-ISDN-Verbindung zwischen den beiden Partnerendsystemen aufgebaut. Die VCS-Vermittlung bzw. der VCS-Dienst sorgen auch dafür, daß B-ISDN-Kanäle, die vom VCS-Dienst nicht mehr benötigt werden, abgebaut werden und somit wieder allgemein zur Verfügung stehen. Dieses Verfahren entspricht dem *maximum integration scenario* [4]. Da aber im BERKOM-Testnetz zwischen den Endteilnehmern und der VCS-Vermittlung eine Leitungsvermittlung zwischengeschaltet ist, muß man hier von einer Mischform zwischen *minimum integration scenario* und *maximum integration scenario* sprechen [5]. Nach dem Aufbau der B-ISDN-Kanäle werden dann die virtuellen Kanäle auf dem jeweiligen B-ISDN-Kanal aufgebaut.

5.2 Protokollarchitektur

Untersuchungen haben gezeigt, daß X.25 in uneingeschränkter Form bis zu einer Übertragungsgeschwindigkeit von 10-50 Mbit/s verwendet werden kann [6]. Das Testsystem soll insbesondere auch dazu dienen, verschiedene Protokolle oder Protokollprofile zum Einsatz auf dem H4-Kanal auszutesten. Dabei werden neben reduzierten Formen der X.25-Empfehlungen auch andere internationale Standards wie die Empfehlung I.440/441 (LAPD) oder die in I.122 [7] vorgeschlagenen Protokolle untersucht werden.

Weiterhin ist zu beachten, daß von dem VCS-System eine Vielzahl an Managementfunktionen geleistet werden muß. Deshalb wird auf die X.25-Ebene 3-Schnittstelle eine VCS-Adaptation-Layer aufgesetzt, die diese Aufgaben (Koordination der B-ISDN-Kanäle, Verwaltung der Ressourcen, Steuerung des D-Kanals, usw.) erfüllt. Die VCS-Protokollarchitektur hat demnach folgendes Aussehen:

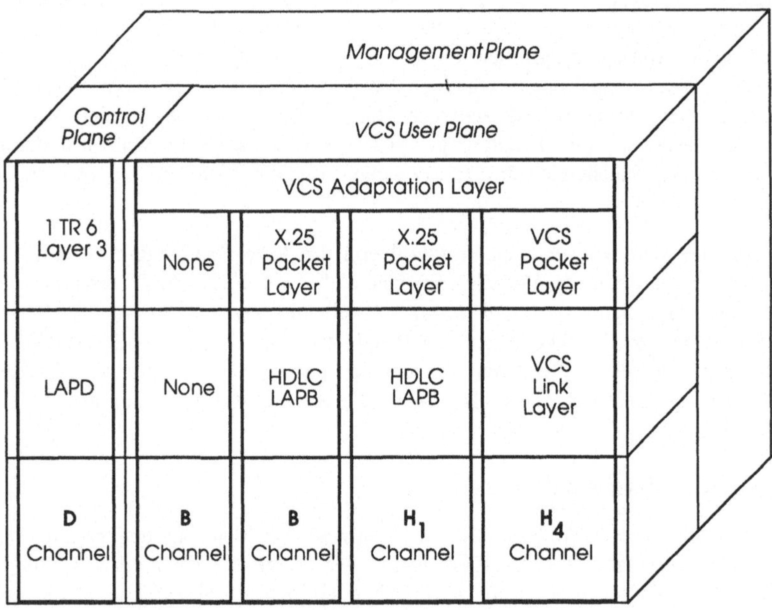

Abbildung 5: VCS-Protokollarchitektur

5.3 Beschreibung der VCS-Dienstschnittstelle

Um eine Vorstellung von der VCS-Dienstschnittstelle zu bekommen, wird im folgenden eine Vorabversion dieser Schnittstelle beschrieben, die von der dargestellten Protokollarchitektur ausgeht.

Es sei darauf hingewiesen, daß sich die Spezifikation nur beschränkt nach den Möglichkeiten der X.25-Empfehlung richtet. Primär wurde sich bei der Spezifikation an den durch die verkehrstheoretischen Untersuchungen herausgefilterten Dienstanforderungen orientiert. Es ist damit zu rechnen, daß bei einer Realisierung ein Teil der angebotenen Parameter wegfallen muß, wenn das verwendete Protokoll den geforderten Dienst nicht erbringen kann. Ebenso ist es möglich, daß sich die Syntax der folgenden Funktionen noch verändern wird.

Der Zustand einer Instanz, die die VCS-Dienstschnittstelle nutzt, gliedert sich entsprechend der X.25-Empfehlung in die vier Phasen: Verbindungslos, Verbindungsaufbau, Datentransfer und Verbindungsabbau. Es wird im folgenden darauf verzichtet, das allgemein bekannte Zustandsdiagramm für diese Phasen vorzustellen. Das Hauptaugenmerk wird dagegen auf die angebotenen Parameter gelegt werden, die eine Zusammenstellung eines anwendungsbezogenen Protokollstacks erlauben.

- Verbindungsaufbau

  v_connect_request (func_id, to_adr, from_adr, user_data, facilities, protocol_id, s_qos, r_qos)

  Beim Verbindungsaufbau wird bereits der gesamte Protokollstack zusammengestellt. Der Aufbauwunsch kann unabhängig von dem Zustand der B-ISDN-Kanäle ausgeführt werden. Im einzelnen können die Parameter folgende Werte und Bedeutungen haben.

  func_id: bilateral, multilateral

  Der Parameter *func_id* gibt die Art der gewünschten Verbindung an (bi- oder multilateral).

  to_adr:

  Der Parameter *to_adr* enthält die Adresse des Partnerendsystems bei *func_id = bilateral* und die Adressen der Partnerendsysteme bei *func_id = multilateral*.

  from_adr:

  Der Parameter *from_adr* enthält die Adresse des Senders.

  user_data:

  Mittels *user_data* können bereits beim Verbindungsaufbau Informationen (z.B. betreffs des Aufbaus von Verbindungen höherer Schichten) zum Partnerendsystem übersandt werden.

  facilities:

  Die *facilities*, die innerhalb dieses Parameters angegeben werden, können aus einer Teilmenge der innerhalb der X.25-Empfehlung definierten *facilities* ausgewählt werden.

  protocol_id: transparent, X.25, Reduced, Multicast

  Mit dem Parameter *protocol_id* kann bereits eine Vorauswahl betreffs des benötigten Protokollstacks gemacht werden. Dabei gliedert sich die Auswahl in vier Gruppen.

- Transparente Übertragung (ohne Protokoll)

- Übertragung gemäß X.25

- Reduziertes Hochgeschwindigkeitsprotokoll (H4-Kanal)

- Multicastverbindungen

  s_qos, r_qos: throughput_class, packet_size, routing, transit_delay, jitter_class, error_class, window_size

  Mit den Parametern *s_qos* und *r_qos* wird der Protokollstack genau definiert. Dabei kann jeweils ein spezieller Stack für beide Übertragungsrichtungen beantragt werden. Die Parameter *s_qos* und *r_qos* haben also völlig eigenständige Bedeutung.

  throughput_class: continuous, bursty
  throughput_class_values: n·kbit/s

  packet_size: min_packet_size, max_packet_size
  packet_size_values (octets): 0, 32, 64, 128, 256, 512, 1024, 2048, 4096

Der Parameter *packet_size* kann optional verwendet werden. Im allgemeinen werden bereits durch den Wunsch nach der *throughput_class* in Verbindung mit einem speziellen *transit_delay* sowie einer *jitter_class* implizit die in Frage kommenden Paketgrößen reduziert. Um zu einer noch besseren Auslastung des Netzes zu gelangen, wird es aber dem Anwender ermöglicht, explizit den Bereich der zu verwendenden Paketgröße anzugeben.

> *routing:*
>
> > *routing_values: same_as (vcs_id)*

Dieser Parameter dient als Hilfsmittel, um Unterschiede in der Übertragungsdauer zwischen mehreren virtuellen Verbindungen zu reduzieren. Bei einer Verwendung dieses Parameters wird versucht, die Verbindung auf dem gleichen Weg durch das Netz wie die referenzierte Verbindung zu leiten.

> *transit_delay:*
>
> > *transit_delay_values (ms): 100, 300, 1000, >1000*
>
> *jitter_class:*
>
> > *jitter_class_values: best, undefined*

Mittels der beiden oberen Parameter wird es dem Anwender ermöglicht, zeitkritische Anwendungen durchzuführen. Der Parameter *transit_delay* bestimmt den Bereich, innerhalb dessen sich die absolute Übertragungsdauer eines Paketes befindet. Der Parameter *jitter_class* bestimmt die Schwankungen innnerhalb dieses Bereiches.

> *error_class:*
>
> > *error_classes: no_error_handling, error_indication, error_recovery*

Ein weiterer wichtiger Aspekt bei der Übertragung ist der Grad der Fehlersicherheit. Der Anwender kann mittels des Parameters *error_class* zwischen Übertragung ohne Fehlerbehandlung, Übertragung nur mit Fehlererkennung aber ohne -behebung sowie Übertragung mit Fehlererkennung und -behebung wählen.

> *window_size:*
>
> > *window_size_values: 1-7, 31, 63, 127*

Dieser optionale Parameter dient wie der Parameter *packet_size* dazu, explizit auf den Durchsatz sowie auf die Inanspruchnahme von Ressourcen einzuwirken. Je größer die Fenstergröße ist, umso geringer ist die Wahrscheinlichkeit, daß es zu Stauungen kommt, aber umso mehr Speicherplatz wird benötigt.

> *v_connect_indication (...)*

Als Returnwerte liefern *v_connect_request* und *v_connect_indication* eine Kennung *vcs_id* des aufgebauten (virtuellen) Kanals.

- Verbindungsabbau

  > *v_disconnect_request (vcs_id, info)*
  >
  > > *info:*

Mittels des Parameters *info* kann der Grund des Verbindungsabbaus übermittelt werden.

> *v_disconnect_confirmation (vcs_id, info)*

- Datentransferphase

  > *v_send_data (vcs_id, mode, data_descriptor)*
  >
  > *v_receive_data (vcs_id, mode, data_descriptor)*

mode: Data, Confirmed_Data, Interrupt, Reset, Clear

Mit dem Parameter *mode* wird die Art der Datenübertragung (siehe D-Bit innerhalb der X.25-Empfehlung) sowie der Typ des zu sendenen Pakets bestimmt.

data_descriptor (name, size)

Der Parameter *data_descriptor* gibt einen Speicherbereich an, aus dem (in den) die zu sendenden (empfangenen) Daten gelesen (geschrieben) werden sollen.

6 Hardwaretechnische Realisierung

Der für die Erstellung eines VCS-Pilotsystems notwendige schaltungstechnische Aufbau dient als Grundlage für die zu implementierende Protokollsoftware. Aufgrund der detaillierten Konzeptentwicklung und des theoretischen und simulativen Nachweises der grundsätzlichen Realisierbarkeit bietet der Einsatz eines Testbed-Systems die Möglichkeit die gefundenen Lösungen zu validieren und zu optimieren. Mit der dabei gewonnenen Erfahrung läßt sich die Implementierung auswerten. Damit lassen sich einzelne Protokollelemente auf ihre Realisierungsmöglichkeit in Hardware prüfen, um eine Leistungssteigerung zu erreichen.

6.1 Systembeschreibung

Ausgehend von den Randbedingungen im BERKOM-Testnetz besteht die Realisierung des VCS-Systems aus einer leistungsfähigen Paketvermittlungseinrichtung. Die grundsätzliche Struktur einer Paketvermittlungseinrichtung besteht aus zwei Komponenten: den Modulen für den Zugang zum Netz und einem Kommunikationsmedium, welches die Netzzugänge verbindet. In Anlehnung an das OSI-Referenzmodell realisiert ein Netzwerkdienst die Protokolle der unteren drei Schichten und stellt somit die Verbindung zwischen dem beteiligten Endsystem und dem VCS-Vermittler über das Breitbandnetz her.

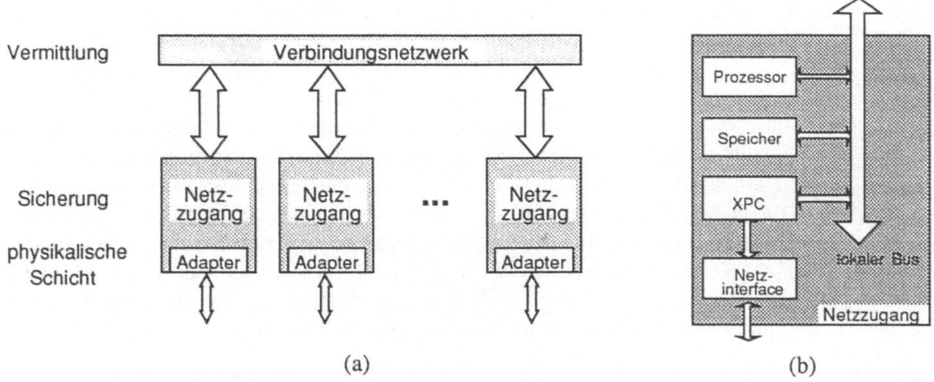

Abbildung 6: Vermittlungseinrichtung
(a) Grundsätzliche Architektur
(b) Struktur eines konventionellen Netzzugangs

Ein sinnvoller Ansatz, die Paketvermittlungseinrichtung zu realisieren, ist durch die Struktur eines Mehrrechnersystems gegeben. In Abb. 6 ist die grundsätzliche Struktur eines Paketvermittlers dargestellt. Abb. 6b zeigt die Komponenten eines Netzzugangs. Der Anschluß an das Breitbandnetz ist bidirektional, d.h., es werden sowohl ankommende als auch abgehende Pakete bearbeitet. Im Netzinterface werden die Signale des Netzes an die digitale Form des Vermittlungsrechners angepaßt. Dabei findet auch eine Trennung der einzelnen Kanäle statt. Der Protokollcontroller besitzt eine DMA-Einheit, welche die Schicht-3 Daten über den lokalen Bus im Speicher ablegen kann. Der Prozessor übernimmt dann die weitere Verarbeitung der Schicht-3 Funktionen wie z.B. Flußsteuerung, Routing und Vermittlung zu einem anderen Netzzugang. Die Vermittlung wird über einen globalen Bus durchgeführt. Aufgrund der Erfahrungen und Testmöglichkeiten in unserem Hause kommt die Mikroprozessorfamilie M68000 von Motorola mit einem leistungsfähigen Mikroprozessor MC68030 zum Einsatz. Der Protokollcontroller mit der Bezeichnung MC68605 übernimmt die vollständige Implementierung der Schicht 2 der X.25 Empfehlung des CCITT 1984. Er arbeitet bis zu einer Datenübertragungsrate von 10 Mbit/s und ist daher geeignet, den Anschluß der B- und H1-Kanäle zu realisieren. Für jeden Kanalanschluß wird ein eigener Protokollcontroller eingesetzt. Für die Übertragungsrate des H4-Kanals von 140 Mbit/s ist sowohl aus technischen wie auch aus konzeptionellen Gründen kein fertiger Baustein am Markt erhältlich. In diesem Bereich kann daher nur ein reduziertes X.25-Protokoll auf der Basis von VLSI-Bausteinen realisiert werden.

6.2 Leistungsbetrachtungen

Die bisherigen Erfahrungen bei der Entwicklung von Paketvermittlungseinrichtungen mit hohen Datenraten beschränken sich auf theoretische Untersuchungen und wenige Labormodelle. Ein wichtiger Gesichtspunkt bei der Entwicklung ist ein modularer Aufbau, um damit eine Erweiterbarkeit auf größere Systeme zuzulassen. Weitere wichtige Forderungen sind ein günstiges Preis/Leistungsverhältnis und eine hohe Ausfallsicherheit bzw. Fehlertoleranz. Unter der Berücksichtigung von Erfahrungen und ähnlichen Entwicklungen läßt sich für das VCS-Pilotsystem eine Grundkonfiguration mit 16 Netzzugängen festlegen.

6.2.1 Anforderungen an das Verbindungsnetzwerk

Blockierbarkeit. Eine der wichtigsten Anforderungen an eine Paketvermittlungseinrichtung ist die Stauvermeidung bzw. Nichtblockierbarkeit des Verbindungsnetzwerks. Dies wird erreicht, wenn die Gesamtübertragungskapazität des Verbindungsnetzwerks größer als die Summe der angeschlossenen Verbindungen ist. Unter der Voraussetzung der Nichtbetrachtung von Multicast-Diensten ergibt sich bei Anschluß von 16 * 140 Mbit/s-Netzzugängen eine Gesamtübertragungskapazität von über 2,2 Gbit/s (280 MByte/s). Bei einer Übertragungsrate der Netzzugänge von 10 Mbit/s ergibt sich ein Wert von 160 Mbit/s (20 MByte/s). Ein in unserem Institut entwickelter und nach dem heutigen Stand der Technik optimal ausgelegter Hochleistungsbus ist theoretisch in der Lage, 128 MByte/s zu transferieren. Dies gilt jedoch nur für einen kontinuierlichen Betrieb. Ein Absinken der Übertragungskapazität kann durch die Übertragung von Verwaltungs- und Interprozessorinformationen, aber auch durch häufige Arbitrierungswechsel aufgrund der Übertragung nur eines Speicherwortes pro Buszuteilung entstehen. Im ungünstigsten Betriebsfall kann eine Übertragungskapazität von 32 MByte/s angenommen werden. Typische Merkmale eines solchen Busses sind: Burstbetrieb, kombinierter 32/64 Bit-Modus, Static Column Speicher u.a. Damit läßt sich feststellen, daß der Einsatz eines Bussystems bei Übertragungsraten von 10 Mbit/s je Netzzugang möglich ist; für den 140 Mbit/s-Bereich müssen jedoch leistungsfähigere Verbindungsnetzwerke eingesetzt werden.

Durchlaufzeit und Durchlaufzeitschwankungen. Ein weiteres Kriterium beim Entwurf einer Vermittlungseinrichtung ist eine geringe und gleichmäßige Verzögerung zwischen Empfang und Weitersenden eines Paketes. Wesentlich beeinflußt wird die Verzögerung durch die Anzahl von Zwischenspeicher- und Pufferstufen und deren Zugriffszeiten. Dies können z.B. ein globaler Speicher oder ein Shared Memory sein und sollte aus diesen Gründen vermieden werden. Ein günstigerer Übertragungsmechanismus ist im folgenden beschrieben. Bei der Übertragung einer Dateneinheit von einem Netzzugang A zu einem Netzzugang B fordert Netzzugang A den globalen Bus an, adressiert nach der Gewährung Netzzugang B und überträgt anschließend die Daten. Netzzugang B puffert die Daten in seiner Buskoppeleinheit und legt sie danach zur weiteren Verarbeitung in seinem Speicher ab. Um die Wartezeit anderer Netzzugänge während der Übertragung großer Datenpakete nicht zu lang werden zu lassen, wird die Übertragung einer Dateneinheit auf einen Burst von acht Buszyklen beschränkt.

6.2.2 Anforderungen an den Netzzugang

Die Aufgaben des Netzzugangs umfassen die Protokollbearbeitung der vom Netz aufgenommenen und an das Netz abgegebenen Datenpakete. Als wichtige Leistungsfaktoren sind die Operationsrate des Prozessors, die Speicherbandbreite und die Verarbeitungsleistung der Protokollcontroller zu nennen. Der Prozessor, Speicher und der Protokollcontroller sind über den lokalen Bus miteinander verbunden. Wegen dieser zentralen Position kann der Bus leicht zu einem Engpaß werden und ist daher so ausgelegt, daß keine Einschränkung der Funktionen zu erwarten ist.

Protokollcontroller. Der Protokollcontroller empfängt an seiner seriellen Schnittstelle (von der Schicht 1) sowohl Steuer- als auch Datenpakete. Die Steuerpakete dienen zur Verwaltung des Auf- und Abbaus der Schicht-2 und Schicht-3 Verbindungen. Die Pakete werden nach Entfernung der Schicht-2 Informationen in einem 22 Byte großen FIFO-Puffer zwischengespeichert. Enthält der Puffer mindestens sechs Bytes, wird der lokale Bus über die DMA-Einheit des Controllers angefordert. Im günstigsten Fall ist zu diesem Zeitpunkt keine andere lokale Komponente Busmaster; der Protokollcontroller kann innerhalb von etwa fünf Taktzyklen Busmaster werden. Sind andere Komponenten gerade Busmaster, muß der Protokollcontroller warten, bis diese den Bus freigeben oder diese anderen Komponenten veranlassen, den Bus freizugeben. Ist der Protokollcontroller Busmaster, kann er die Informationsdaten aus dem FIFO-Puffer über den 16 Bit breiten Datenbus in den Speicher transferieren.

Speicher. Zur Vermeidung von Wartezyklen werden schnelle statische Speicherbausteine eingesetzt, so daß ein Schreibzyklus nur vier Taktzyklen dauert. Die Zugriffszeiten von zur Zeit erhältlichen statischen Speicherbausteinen liegen bei etwa 12ns bis 45ns. Das entspricht einer Datenrate von etwa 20 MWorten/s bis 80 MWorten/s. Berechnungen [9] haben ergeben, daß ein Anschluß mit einer Übertragungsrate von 10 Mbit/s bei einem Systemtakt von 12,5 MHz im Duplexbetrieb einen Bedarf von etwa 50% der Speicherbandbreite benötigt. Das bedeutet, daß die andere Hälfte der Speicherbandbreite ausreichen muß, um die restlichen Funktionen des Netzzugangs zu realisieren. Diese werden hauptsächlich durch den Prozessor durchgeführt und sind im einzelnen neben den Initialisierungsprozeduren, die Aufgaben der Schicht 3, eine Koordination der Vermittlung und Ausnahmebehandlungen im Test- oder Fehlerfall.

Prozessor. Der Prozessor MC68030 ist ein komplett für 32 Bit-Verarbeitung ausgelegter Mikroprozessor von Motorola. Auf einem einzigen VLSI-Chip sind der Kern einer zentralen Verarbeitungseinheit (CPU core), ein Daten-Cache, ein Befehls-Cache, eine verbesserte Bussteuerung und eine Speicherverwaltungseinheit integriert. Der Verarbeitungstakt kann über 20 Mhz betragen. Der Prozessor ist mit 32 Bit Registern und Datenpfaden, 32 Bit Adressen, einem großen Befehlssatz und vielseitigen Adressierungsmodi ausgestattet. Er zählt zu den hochleistungsfähigen Prozessoren der heutigen Zeit und ist für den Einsatz im VCS-Vermittler sehr gut geeignet, weil er aufgrund seiner hohen Verarbeitungsrate von 4,5 MIPS in der Lage ist, Realzeitanforderungen zu erfüllen. Der Prozessor besitzt ein minimales Betriebssystem, um die Verwaltung und Steuerung aller Betriebsmittel eines Netzzugangs durchzuführen. Die Befehle und Daten sind in einem vom Paketdatenspeicher getrennten, privaten Programmspeicher abgelegt, um einen schnellen unabhängigen Zugriff zu gewährleisten. Zusätzlich unterstützt das Cache-Konzept des Prozessors eine schnelle Befehlsbearbeitung, da durch die Präsenz eines Teils der Befehle und Daten im Prozessor häufige Lade- und Speicheroperationen entfallen.

Liegt keine Anforderung auf Verarbeitung von Paketdaten an, befindet sich der Prozessor im allgemeinen in einem Wartezustand. Dieser wird verlassen, wenn der Empfang eines Paketes vom Netz oder die Vermittlung von einem anderen Netzzugang signalisiert wird. Bei Auftreten eines solchen Ereignisses wird ein Interrupt generiert, welcher den Prozessor zu einer entsprechenden Behandlung veranlaßt. Ein vom Netz empfangenes (ankommendes) Paket wird im Paketdatenspeicher abgelegt. Die ersten Oktetts dieses Pakets enthalten Steuerinformationen für die Vermittlung auf der entsprechenden virtuellen Verbindung. Aufgrund weiterer Informationen, die vom Prozessor über Tabellen-einträge erreicht werden können, wird die Vermittlung eingeleitet. Dazu veranlaßt der Prozessor die Buskoppeleinheit, den globalen Bus anzufordern und nach der Bewilligung die Daten zu übertragen. Die Buskoppeleinheit des Netzzugangs B, an den das Paket übertragen werden soll, generiert einen Interrupt an seinen Prozessor, um ihn zur Bearbeitung des zu sendenden (abgehenden) Pakets zu veranlassen. Der Prozessor des Netzzugangs B bereitet die Steuerinformationen des Pakets aufgrund von Tabelleneinträgen auf und reicht das Paket über den lokalen Bus an den Schicht-2 Protokollcontroller weiter.

Vergleiche mit Entwicklungen in ähnlicher Funktionalität haben ergeben, daß Routinen zur Datenpaketbearbeitung minimal 150 Maschinenbefehle umfassen. Damit ist der Prozessor theoretisch in der Lage die Bearbeitung eines Paketes in ca. 33 μs durchzuführen. Anders gesagt, reicht die Prozessorleistung aus, um höchstens 30.000 Pakete pro Sekunde zu bearbeiten. Abbildung 7 zeigt eine Darstellung der Paketrate in Abhängigkeit von der Paketgröße für verschiedene Übertragungsraten. Es ist ersichtlich, daß bei höheren Übertragungsraten und kleiner Paketgröße die Prozessorleistung von 30.000 Paketen pro Sekunde überschritten wird. Für den praktischen Betrieb wird jedoch erwartet, daß dieses Extrem nur zu seltenen Spitzenlastzeiten auftreten könnte..

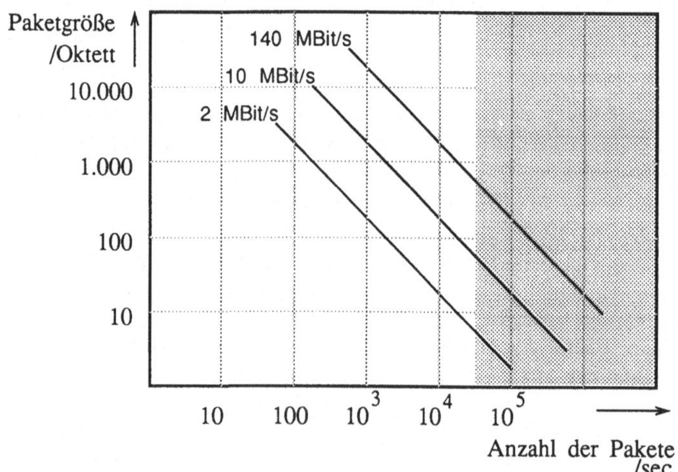

Abbildung 7: Prozessorleistung bei der Paketverarbeitung

7 Resümee

Bei den Endsystemen und Anwendungen, die vom zukünftigen B-ISDN Gebrauch machen werden, läßt sich im Augenblick die Entwicklung nur schwer abschätzen. Eine Stabilisierung der Anforderungen ist nur langfristig zu sehen, wenn sich in den verschiedenen Bereichen von Wirtschaft und Verwaltung die neuen Techniken etabliert haben und sich die Einsatzbereiche klar abzeichnen. Heute ist fraglich, ob sich aus all diesen Anforderungen fest vorgegebene Kanalstrukturen und Übertragungsgeschwindigkeiten wie bei STM üblich definieren lassen. In Anbetracht der unpräzisen Vorstellungen über die Anforderungsprofile von künftigen Anwendungen erscheint es zweckmäßig, einen möglichst flexiblen Breitbandnetzdienst bereitzustellen, der absehbare Entwicklungen im Telekommunikations- und Datenkommunikationssektor innovativ unterstützen kann.

Konsequenterweise sollte man beim zukünftigen B-ISDN einen Netzdienst anbieten, der sich flexibel nach verschiedenen Bedürfnissen richten kann und Erweiterungen auf der Endteilnehmerseite einfach ermöglicht. Insbesondere der Vorteil des Multiplexens auf der Teilnehmeranschlußleitung gestattet es dem Benutzer, neben der flexiblen Wahl einer Durchsatzklasse sowie anderer Parameter auch eine wesentlich größere Zahl von Systemen und Anwendungen als ursprünglich vorgesehen, gleichzeitig zu erreichen.

Das hier vorgestellte VCS-System ist als Schritt in diese Richtung zu sehen. Die innerhalb des Testsystems verwendete X.25-Empfehlung ermöglicht dem Teilnehmer zusätzlich, einen weichen Einstieg in zukünftigen Breitbandnetzwerke zu erlangen. Die Leistungsanforderungen an ein VCS-System werden stark von dem jeweiligen Einsatzbereich beeinflußt und schwanken somit in einem breiten Rahmen. Folglich muß das VCS-System einen extrem modularen Aufbau haben und vielfältig kombinierbar sein.

8 Literatur

[1] J. Kanzow: "BERKOM Breitbandkommunikation im ISDN-B", Tutorium und Workshop: "Offene Multifunktionale Arbeitsplätze - von Btx bis B-ISDN -", Berlin, Juni 1988

[2] Erster Meilenstein, Projekt BERKOM-VCS: "VCS-Konzept mit Realisierungsabschätzung und Testumgebung", GMD-FIRST Berlin, September 1988

[3] CCITT/I.121/88: Recommendation I.121, "Broadband Aspects of ISDN", Study Group XVIII - Report R 55(C), Broadband Task Group, "Part C of the report of the Seoul Meeting", Seoul, Februar 1988

[4] CCITT/X.31/84: "Support of packet mode terminal equipment by an ISDN", Red book, Vol. VIII - Fascicle VIII.3, pp. 326 - 351, Genf, 1985

[5] H. Kulzer, M. Wizgall: "Konzepte für die Paketvermittlung in ISDN-Vermittlungsstellen", Mitteilung der Standard Elektrik Lorenz AG, Stuttgart, 1988

[6] Ichikawa, Aoki, Uchiyama: "High-Speed Packet Switching Systems for Multimedia Communications", IEEE Journal on Selected Areas of Communications, Vol. SAC-5, Oktober 1987

[7] CCITT/I.122/88: Recommendation I.122, "Framework for providing additional packet mode bearer services", Study Group XVIII - Report R 48(C), Working Party XVIII/1 (Service Aspects), "Part C of the report of the Seoul Meeting", Seoul, Februar 1988

[8] Motorola MC68030 User's Manual, 1987

[9] Motorola MC68605, X.25 Protocol Controller (XPC), Data Sheet, 1986

Performance Study of an Integrated
Packet Switch with Two Priority Classes

J. S.-C. Chen and R. Guérin

IBM T.J. Watson Research Center
Yorktown Heigths, N.Y. 10598

ABSTRACT: This paper presents an analysis of an $N \times N$, internally non-blocking packet switch with two different priority classes. The analysis extends methods developed in recent publications for systems with a single priority class. A possible application of this work is in the analysis of integrated packet switches that support both voice and data traffic with different priorities. The switch is operated in a slotted fashion, and the probabilities of packet arrival in a time slot are distinct for the two priority classes. Low priority packets can be queued. High priority packets are cleared from the system in case of unsuccessful transmission through the switch. The results developed in the paper provide performance measures such as blocking probabilities and average delays. Expressions for system stability and total throughput are also studied in terms of both high and low priority traffic loads. Numerical examples illustrate the results.

I. Introduction

High speed interconnection networks have received considerable interest in recent years (see [1] for a good overview) because of their potentially broad range of applications. Such networks were initially proposed for computer systems, e.g., shared memory multi-processor systems [3], [14], [17], [20]. However, starting with the classical paper of Turner [21], this scope has been expanded to general communications systems. This expansion took place because of the implementation feasibility of fast packet switches based on dedicated hardware.

Fast packet switches are attractive because they have the potential to integrate a wide variety of traffic over a single switch fabric [9], [12] [13], [16], [18], [19], [22]. Typically, this implies that fast packet switches must support both circuit switched and regular packet switched traffic [2], [10], [15]. However, synchronous circuit switched traffic (e.g., voice) has more severe delay requirements than regular data traffic. This often forces packet switches to give additional protection to circuit switched traffic. Priority schemes offer one possible alternative. This paper deals with the performance analysis of a fast packet switch with two priority classes, and extends results that were previously available only for single priority systems [11], [13], [15], [20].

We consider an $N \times N$, internally non-blocking packet switch operating with two priority classes. The switch fabric can be a conventional crossbar or a Batcher-Banyan Sorting network [12], [13]. The switch is operated in a slotted fashion. All inputs are assumed identical, and output destinations are all equi-probable. The probability of a packet arrival in a time slot is equal to λ_H and λ_L for high and low priorities respectively. Both types of packets have fixed length and can be delivered to a destination output within one time slot.

Buffers are available to low priority packets waiting for transmission through the switch, while high priority packets are not allowed to queue. The latter ones move directly to the Head-Of-the-Line (HOL) upon arrival, and receive service at the next time slot. Service consists of routing packets to their output destination. A head of the line packet is therefore served only when it is successfully transmitted to its output. Successful transmission is ensured if there is no output contention. In case several input packets contend for the same output, an arbitration phase selects the input packet to be transmitted. High priority packets always prevail over low priority packets during the arbitration phase. When several high priority packets contend for the same output, one is randomly selected and the remaining ones are cleared from the system. A random selection process is also used with low priority packets contending for the same output. However, low priority packets which lose the output contention are not cleared from the system. They return to the head of the queue to re-attempt transmission at the next time slot. A model representing this system is given in Figure 1.

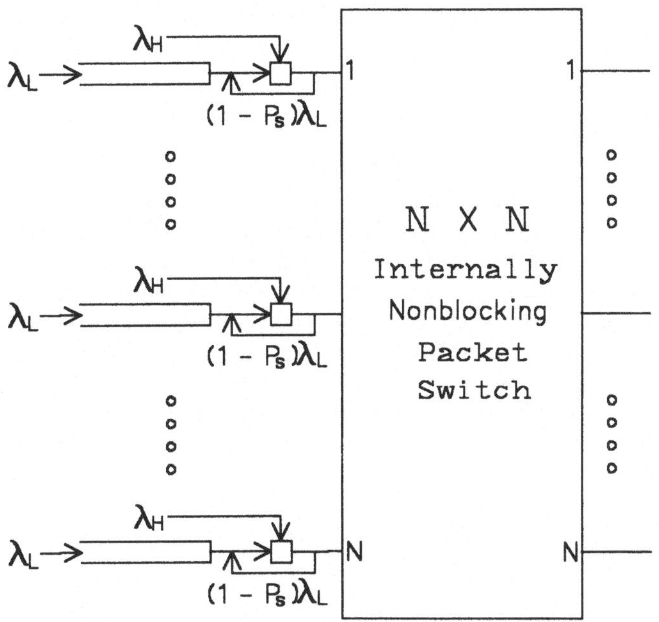

Figure 1. Performance model

Infinite waiting space is assumed at each input port and low priority packets are served on a FCFS basis. The presence of high priority traffic decreases the number of input and output ports actually available to low priority packets. For example, suppose that there are P input ports with high priority packets at the head of the line, and L associated destination outputs. This implies that only $N - P = M \leq N$ input ports and $N - L = K \leq N$ output ports are available to low priority packets during this time slot. Since high priority packets which are not served are cleared from the system, the number of inputs and outputs available to low priority packets are independent from time slot to time slot. The case where high priority packets are also allowed to queue is more complex, but can also be analyzed using methods similar to the ones used in this paper. Results for this system can be found in [4] or [6].

In this paper we study system's performances (e.g., blocking probability and delay), for both high and low priority packets. The results for high priority packets are included for completeness and are similar to a study found in [20], where the probability of acceptance (successful transmission to the output) of a packet is computed for an $M \times N$ crossbar. The more interesting and novel aspect of the paper is the derivation of performance measures for low priority packets, which extends results from [11], [13], [16], and [20] to a two priority switch. This study takes into account the fact that the actual service rate seen by low priority packets is decreased by both the presence of high priority packets at the inputs, and by the output contention. The influence on the total throughput of high probability packets, their blocking and the way low priority packets are served, are also estimated.

The paper is organized as follows: Section II studies performance measures for high priority traffic and obtains an expression for the blocking probability of high priority packets. Section III concentrates on low priority packets. It first presents an approximation, and a related correction factor, to estimate the actual service rate seen by low priority packets. It then introduces a discussion on the influence of several system parameters on the total throughput. Section IV uses the results of section III to obtain the average queue length of low priority packets and compares them to simulation values. Finally, Section V summarizes the findings of the paper and proposes possible extensions.

II. High Priority Traffic

In this section we briefly study the $N \times N$ switch mentioned in the introduction from the point of view of high priority traffic. This can be done independently of low priority traffic since high priority packets preempt low priority packets at both the inputs and outputs, and is similar to a study found in [20] for a single priority crossbar. The quantity of interest for high priority packets is the blocking probability, and since high priority packets are not allowed to queue it can be computed simply by studying the switch at a random time slot.

Let λ_H be the probability of a high priority packet arrival in a time slot. The probability $P_H^{(i)}(m)$ that, at a random time slot, m out of N input ports have a high priority packet at HOL is then given by a binomial distribution.

$$P_H^{(i)}(m) = \binom{N}{m}\lambda_H^m(1 - \lambda_H)^{N-m} \tag{2.1}$$

Let $d_{l|m}$ be the probability that, at a random time slot, l high priority packets are delivered to their destinations given that m high priority packets were present at HOL positions. Recall that when several input packets request the same output only one of them is selected (randomly), and the others are cleared from the system. Assuming that the outputs destinations requested by incoming packets are all equally likely, the quantity $d_{l|m}$ satisfies the following equation for $1 < m \leq N$:

$$\begin{cases} d_{1|m} = \dfrac{1}{N} d_{1|m-1} \ , \ l = 1 \\[2mm] d_{l|m} = \dfrac{l}{N} d_{l|m-1} + (1 - \dfrac{l-1}{N})d_{l-1|m-1} \ , \ 1 < l \leq m \ , \end{cases} \tag{2.2}$$

and the boundary case $m = 1$ can easily be seen to require $d_{l|1} = \delta_{1,l}$.

Equation (2.2) simply states that the number of high priority packets that go through the switch can be computed by a simple recursion on the number of high priority packets present at the HOL. This result can be expressed in a more generic form. Let, $\underline{d}_m = (d_{1|m}, d_{2|m}, ..., d_{m|m}, ..., d_{N|m})_N$, where $d_{l|m} = 0$, $l > m$. Equation (2.2) can then be expressed as:

$$\underline{d}_m = \underline{d}_1 \underline{A}^{m-1} \ , \tag{2.3}$$

with

$$\underline{d}_1 = (1,0,0,.....,0)_N \ , \ \text{and} \ \underline{A} = \begin{bmatrix} 1/N & 1-1/N & 0 & & & 0 \\ 0 & 2/N & 1-2/N & \vdots & \vdots & 0 \\ 0 & 0 & 3/N & & & \vdots \\ \vdots & \vdots & 0 & \vdots & \vdots & 1-(N-1)/N \\ 0 & 0 & 0 & & & N/N \end{bmatrix}_{N \times N}$$

Equations (2.3) provides a simple recursion to compute the probabilities that l $(1 \le l \le m)$ high priority packets go through the switch given that m $(1 \le m \le N)$ were present at the inputs. In the case where l among m packets are delivered, the blocking probability of a high priority packet is simply given by $(m-l)/m$, the probability that it is among the l blocked ones. The blocking probability P_{HB} of high priority packets can then be obtained by summing the probability that an incoming packet is not delivered to its destination over all values of m and l. We therefore have:

$$P_{HB} = \sum_{m=1}^{N} \sum_{l=0}^{m} (\frac{m-l}{m}) P_H^{(l)}(m) d_{l|m} , \tag{2.4}$$

where $P_H^{(l)}(m)$ is given in equation (2.1).

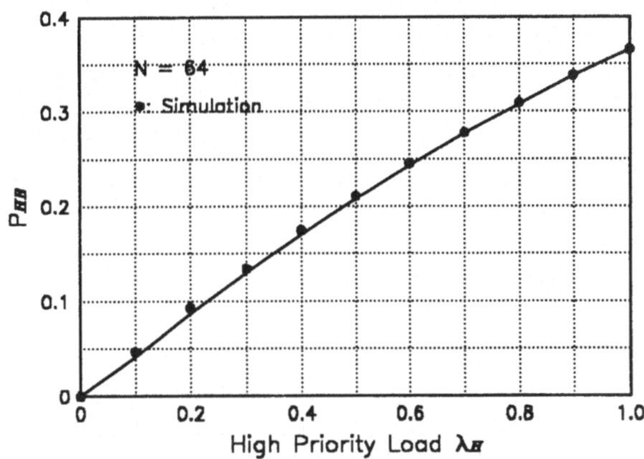

Figure 2. Blocking Probability for High Priority Traffic

The blocking probability of high priority packets, P_{HB} , is plotted in Figure 2 and compared to simulation results which are found to be in good agreement. The simulation assumed a 64×64 switch with identical inputs and uniform output distribution. Simulation runs were performed for several traffic loads between 0 and 1 on each input port. Note that, as mentioned earlier, the blocking probability P_{HB} can also be obtained differently using the method presented in [20].

The high level of blocking illustrated by Figure 2 is due to the absence of buffers for high priority traffic. Allowing high priority packets to queue would certainly greatly reduce this blocking, but would introduce variable delays for high priority packets as well as impact the performance seen by low priority packets. As mentioned earlier, this discussion is beyond the scope of this paper and can be found in the previously mentioned references ([4] and [6]) by the same authors.

III. Low Priority Traffic

In this section we concentrate on a measure of the system performance for low priority packets. We define and compute an equivalent service rate for low priority packets arriving at a given input. This equivalent service rate takes into account the fact that, although packets only require one slot to go through the switch, more than one might be needed before a low priority packet requesting transmission successfully goes through the switch. Three causes contribute to this reduction in service rate:

1. High priority packets at the input decrease the number of time slots where the server is available to low priority packets (preemptive priority).

2. High priority packets from other inputs with the same output destination, force low priority packets to re-attempt transmission at the next time slot.

3. Low priority packets form other inputs with the same output destination require an arbitration phase to select the input packet to be transmitted. Packets that lose the arbitration (random selection) re-attempt transmission at subsequent time slots.

The first two factors are particular to a two-priority switch, while the third one is also present with single-priority switches. Because of the the influence of these three factors, the actual probability of service is smaller than 1. It is inversely proportional to the expected number of time slots it takes a low priority packet to go through the switch once it reaches the HOL position, and is representative of the system performance for low priority packets. Based on the probability of service a switch input can then be approximately studied by means of an equivalent single server queueing system [13]. This study is carried out in section IV.

One of the main aspect that needs to be captured to compute the probability of service, is the memory in the destination distribution of low priority packets at the HOL position. Typically, the distribution of packet destinations is not independent from time slot to time slot. Packets "left-over" from previous arbitration phases must be taken into account.

III.1 Service probability

We now proceed with the derivation of p_s, the service probability of a low priority packet. As mentioned earlier, identical input ports and uniform distribution of output destinations are assumed. From flow conservation, assuming the system operates within stability limits, the low priority traffic throughput for each output port equals the arrival rate λ_L. We tag a particular output port j and observe all the HOL packets at a given time slot just before the arbitration phase. Among all HOL packets at a given time slot, let H_j be the random variable giving the number of HOL high priority packets requesting output j, and L_j the corresponding number of low priority packets. Clearly, $\sum_{j=1}^{N}(H_j + L_j) \leq N$. In addition, the low priority traffic throughput per output port T_L is given by:

$$T_L = \frac{1}{N} \sum_{j=1}^{N} E[\varepsilon(L_j)\bar{\varepsilon}(H_j)] = \lambda_L \, , \tag{3.1}$$

where $\varepsilon(x)$ denotes the indicator function with $\varepsilon(x) = 1$ if $x > 0$ and $\varepsilon(x) = 0$ otherwise.

High priority packets not delivered during the current time slot are dropped, while non-delivered low priority packets remain at the HOL positions. If not preempted by a high priority arrival at their input port, they try again at the next time slot. Let L_r be a random variable giving the total number of HOL low priority packets that remain at the end of a time slot. We have:

$$E[L_r] = \sum_{j=1}^{N} E[L_j] - NT_L \; , \tag{3.2}$$

and from equations (3.1) and (3.2) we have

$$\lambda_L = T_L = E[L_j] - \frac{1}{N} E[L_r] \tag{3.3}$$

At each time slot each of the N input ports receive a new low priority packet with probability λ_L. However, only M, $M \leq N$, HOL positions are available to take in a new[1] low priority packet since some HOL positions are occupied by high priority packets and left over low priority packets from previous slots. Clearly M is a random variable. We define ρ as the probability that a HOL position, at one of the M "available" port, takes in a new low priority packet. From flow conservation the following relationship must then be satisfied:

$$E[M]\rho = N\lambda_L \tag{3.4}$$

We now examine the parameters that determine the value of M. A port is disqualified from being part of M when the first low priority packet of its queue has been involved in previous arbitration phases. Furthermore, a port in M should have no high priority arrival. Let $M(i+1)$ be the random variable giving the value of M at the $(i+1)$th slot, we then have:

$$M(i+1) = \left[N - \sum_{k=0}^{i-1} L_r(i-k)\lambda_H^k \right] (1 - \lambda_H) \tag{3.5}$$

This is obtained by first excluding ports for which the first low priority packet in the queue was left over from previous time slots, and then conditioning on no arrival of high priority packet. At steady state, taking expectation of equation (3.5) gives:

$$E[M] = N(1 - \lambda_H) - E[L_r] \tag{3.6}$$

From equations (3.4) and (3.6), we have:

$$\frac{E[L_r]}{N} = 1 - \lambda_H - \frac{\lambda_L}{\rho} \tag{3.7}$$

Our objective is now to express ρ in terms of λ_H and λ_L, and then obtain an expression for p_s as a function of ρ. From equations (3.3) and (3.7) we see that we first need to express $E[L_j]$ in terms of λ_L and λ_H. We now proceed with this derivation. Let $L_j(i)$ denote the random variable for L_j at time slot i.

$$L_j(i+1) = (1 - \lambda_H)\left\{ \sum_{k=0}^{i-1} \lambda_H^k [L_j(i-k) - \varepsilon(L_j(i-k))\bar{\varepsilon}(H_j(i-k))] \right\} + A_j(i+1) \; , \tag{3.8}$$

where $A_j(i+1)$ is a random variable giving the number of new low priority arrivals for the HOL list with output destination j at slot $i+1$. At steady state the probability distribution of A_j can be expressed as:

---

[1]   By "new" we mean that this packet accesses the HOL position for the first time.

$$Pr(A_j = k) = \binom{E[M]}{k}\left(\frac{\rho}{N}\right)^k\left(1 - \frac{\rho}{N}\right)^{E[M]-k}$$
$$= \binom{E[M]}{k}\left(\frac{\lambda_L}{E[M]}\right)^k\left(1 - \frac{\lambda_L}{E[M]}\right)^{E[M]-k} \tag{3.9}$$

The last equality results from equation (3.4). It can be shown that as $N \to \infty$ we also have $E[M] \to \infty$. Thus, for N large A_j can be approximated by a Poisson arrival with rate λ_L ([16], [11]). Taking expectation of equation (3.8) at steady state yields:

$$E[\varepsilon(L_j)\bar{\varepsilon}(H_j)] = E[A_j] \tag{3.10}$$

The left term of (3.10) is equal to the throughput per port λ_L as shown in (3.1). This implies $E[A_j] = \lambda_L$, and agrees with the above approximation of A_j by a Poisson process with rate λ_L.

For simplicity of notation, let $L_{rj}(i)$ represent $L_j(i) - \varepsilon(L_j(i))\bar{\varepsilon}(H_j(i))$. Squaring both sides of equation (3.8) yields the following:

$$L_j(i + 1)^2 = (1 - \lambda_H)^2\left(\sum_{k=0}^{i-1} \lambda_H^{2k}L_{rj}^2(i - k) + 2\sum_{k=0}^{i-1}\sum_{l=k+1}^{i-1} \lambda_H^k\lambda_H^l L_{rj}(i - k)L_{rj}(i - l)\right)$$
$$+ 2(1 - \lambda_H)A_j(i + 1)\sum_{k=0}^{i-1} \lambda_H^k L_{rj}(i - k) + A_j^2(i + 1) \tag{3.11}$$

Taking expectation of equation (3.11) at steady state results in equation (3.12), for which intermediate steps can be found in an appendix to [5].

$$E[L_j^2] = E[(L_j - \varepsilon(L_j)\bar{\varepsilon}(H_j))^2] + 2E[A_jL_j - A_j\varepsilon(L_j)\bar{\varepsilon}(H_j)] + E[A_j^2] \tag{3.12}$$

L_j and A_j in equation (3.12) are not independent but for large N this dependency is very weak. They are therefore assumed independent for the rest of this derivation. We also assume A_j and $\varepsilon(L_j)\bar{\varepsilon}(H_j)$ are independent. Based on these independence assumptions, and using the fact that $(\varepsilon(L_j)\bar{\varepsilon}(H_j))^2 = \varepsilon(L_j)\bar{\varepsilon}(H_j)$ since the random variables take only values 0 and 1, we obtain an expression for $E[L_j]$.

$$E[L_j] = \frac{E[A_j] + E[A_j^2] - 2E^2[A_j]}{2(E[\bar{\varepsilon}(H_j)] - E[A_j])} \tag{3.13}$$

where

$$E[\bar{\varepsilon}(H_j)] = \sum_{m=0}^{N} \binom{N}{m}\lambda_H^m(1 - \lambda_H)^{N-m}\left(1 - \frac{1}{N}\right)^m = \left(1 - \frac{1}{N}\lambda_H\right)^N , \tag{3.14}$$

with $E[A_j] = \lambda_L$ and $E[A_j^2] = \lambda_L + \lambda_L^2$ from the Poisson approximation. This now gives the following expression for $E[L_j]$ in terms of N, λ_H, and λ_L:

$$E[L_j] = \frac{2\lambda_L - \lambda_L^2}{2\left[(1 - \frac{1}{N}\lambda_H)^N - \lambda_L\right]} \tag{3.15}$$

We can now substitute (3.7) and (3.15) into (3.3) and obtain the following equation:

$$\lambda_L = \frac{2\lambda_L - \lambda_L^2}{2\left[(1 - \frac{1}{N}\lambda_H)^N - \lambda_L\right]} - \left(1 - \lambda_H - \frac{\lambda_L}{\rho}\right) , \qquad (3.16)$$

where we recall that ρ is the probability that an available[2] input port sees a new low priority packet. We now tag two consecutive low priority packets in a queue and index them with i and $i+1$ respectively. From the moment packet i leaves the HOL and is successfully delivered, it takes on the average $1/[\rho(1 - \lambda_H)] - 1$ slots before packet $i+1$ enters the HOL position. We now consider the probability that a low priority packet is served once it reaches HOL position, and denote it by p_s as defined in the beginning of this section. This means, that after entering HOL, packet $i+1$ has to wait on the average $1/p_s$ slots before it leaves the HOL to be successfully delivered. However, from flow conservation the average number of slots between two successfully delivered packets must be equal to the reciprocal of the throughput $1/\lambda_L$. This gives the following relationship:

$$\frac{1}{\lambda_L} = \frac{1}{p_s} + \frac{1}{\rho(1 - \lambda_H)} - 1 \qquad (3.17)$$

Using equations (3.16) and (3.17) we are now in the position to obtain an expression for p_s in terms of λ_H, λ_L, and N.

$$p_s = \frac{2(1 - \lambda_H)\left[\left(1 - \frac{1}{N}\lambda_H\right)^N - \lambda_L\right]}{2 - 2\lambda_H\left[\left(1 - \frac{1}{N}\lambda_H\right)^N - \lambda_L\right] - \lambda_L} \qquad (3.18)$$

For very large systems ($N \to \infty$), using the fact that $\left(1 - \frac{1}{N}\lambda_H\right)^N \to e^{-\lambda_H}$, equation (3.18) can be replaced by:

$$p_s = \frac{2(1 - \lambda_H)[e^{-\lambda_H} - \lambda_L]}{2 - 2\lambda_H[e^{-\lambda_H} - \lambda_L] - \lambda_L} \qquad (3.19)$$

Equations (3.18) or (3.19) will, however, turn out to provide an optimistic estimate for p_s. The main elements contributing to this over-estimation of p_s are most certainly the different independence assumptions adopted in the derivation. A correction factor can, however, be obtained for p_s, and the next sub-section is devoted to its derivation.

III.2 Stability criterion

Recall (see equation (3.4)) that the parameter ρ represents the probability that an available input port sees a new low priority packet at the HOL position. It can then be used as an indicator of the low priority traffic utilization. Letting $\rho = 1$ in equation (3.17), gives therefore the maximum possible low priority throughput achievable with a given high priority load λ_H. This maximum throughput corresponds to a maximum low priority load $\lambda_{max}(\lambda_H)$ to ensure a stable system. This maximum low priority load can be found equal to:

$$\lambda_{max}(\lambda_H) = \frac{(4 - 2\lambda_H) - \sqrt{16 - 16\lambda_H + 4\lambda_H^2 - 8e^{-\lambda_H} + 8e^{-\lambda_H}\lambda_H}}{2} \qquad (3.20)$$

Figure 3 gives λ_{max} as a function of the high priority load λ_H, and therefore also defines the stability region of the switch.

---

[2] No high priority packet, and no left-over packets from previous slots

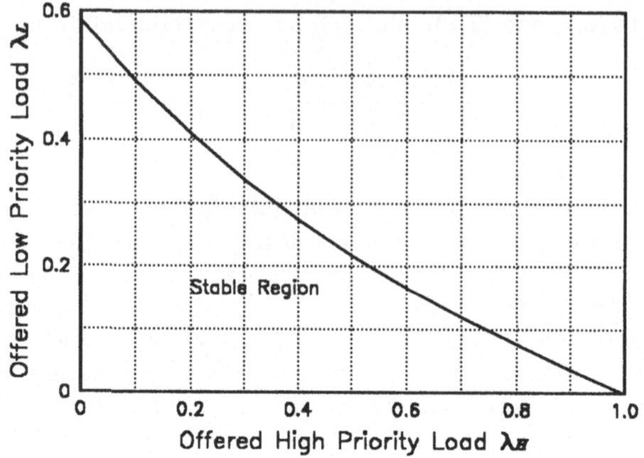

Figure 3. Stable Region of Operation

Stability can, however, also be obtained by requiring that $\lambda_L < p_s$, where p_s is defined in equation (3.19). The corresponding maximum low priority traffic load λ'_{max} can then be computed from equation (3.19), and we have for $\lambda_H \neq 0.5$:

$$\lambda'_{max}(\lambda_H) = \frac{(2 - \lambda_H - \lambda_H e^{-\lambda_H}) - \sqrt{(e^{-2\lambda_H} - 2e^{-\lambda_H} + 1)\lambda_H^2 - (4 - 2e^{-\lambda_H})(\lambda_H - 1)}}{1 - 2\lambda_H} , \qquad (3.21)$$

while for $\lambda_H = 0.5$ we have $\lambda'_{max}(0.5) = 0.253$.

Comparing equations (3.20) and (3.21), it can be found that $\lambda'_{max} \geq \lambda_{max}$ for all $\lambda_H \in [0, 1]$. This implies that equation (3.19) gives an optimistic estimate for p_s and therefore for the maximum system throughput. A correction factor for p_s can therefore be obtained from equations (3.20) and (3.21) so that the corrected service probability $\hat{p}_s$ gives the correct system throughput. This "corrected" service probability is given by:

$$\hat{p}_s = p_s \frac{\lambda_{max}}{\lambda'_{max}} \qquad (3.22)$$

III.3 Throughput

The throughput of a switching system such as the one described in this paper corresponds to the utilization on the output links. As was shown in [13] for a single priority switch, it cannot, for large switches, exceed about 58.6% since this corresponds to the maximum possible load under which the system remains stable. Increasing the offered load beyond this point does not result in any increase of the outgoing traffic. As discussed in [16] this limitation is due both to the head-of-the-line blocking where packets destined to idle outputs are blocked behind delayed packets, and to the memory in the distribution of packet destinations in successive cycles where congested outputs influence the throughput of the entire switch for multiple cycles.

The impact of the second limitation can, however, be minimized, and it was shown in [16] that dropping packets that cannot go through ultimately improves the total throughput. For high enough loads, the decrease in throughput due to blocked packets is compensated by the decrease of memory in packet destinations in successive cycles. Under such operating conditions, the system throughput is capable of reaching a maximum value of about 62% ([16] and [20]).

This effect can be observed in the switching system studied in this paper since, as λ_H increases, more and more packets are in fact dropped if they cannot go through at their first service attempt. The corresponding increase in throughput is illustrated in Figure 4. More specifically, the figure displays the maximum throughput of the system T_{max} as a function of λ_H for a 64 × 64 switch. The maximum throughput can be expressed in terms of known quantities, and is given by:

$$T_{max} = \lambda_{max} + \lambda_H(1 - P_{HB}) \ , \quad 0 \le \lambda_H \le 1 \tag{3.23}$$

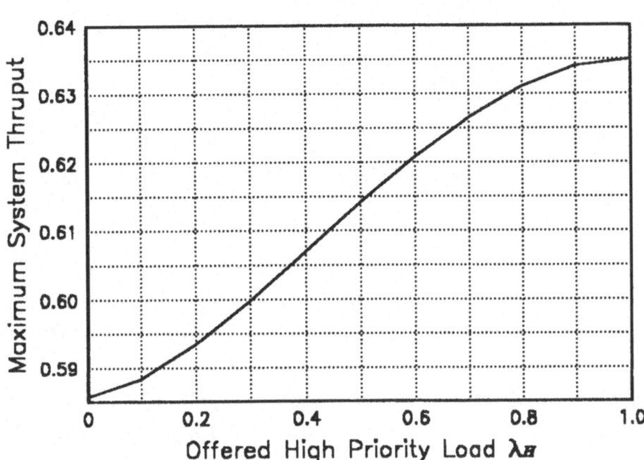

Figure 4. Maximum Achievable System Throughput

The throughput is 58.6% when only low priority packets are present, and goes up to about 63%[3] as λ_H increases from 0 to 1. The values for the throughput in limit cases ($\lambda_H = 0$ and $\lambda_H = 1$) are in agreement with previously know results for single priority switches with and without input queueing respectively ([11], [13] and [16]). The system throughput goes up with λ_H since, as the number of high priority packets present at the inputs increases, the correlation in the distribution of packet destinations in successive cycles decreases.

This last remark indicates that other possibilities exist to increase system throughput. We saw that dropping packets rather than queueing them can result in a higher maximum system through-put because it eliminates memory in the distribution of packet destinations at the end of each cycle. However, the same effect can be approximately achieved by randomizing the order in which packets attempt service rather than dropping them. In other words, the order of service in each input queue is now taken to be First-In-Random-Out (FIRO) rather than First-In-First-Out (FIFO). At the end of each service cycle, provided there is no high priority packet, the low priority packet that moves to the HOL to attempt service is selected randomly from the queue. Therefore, previous HOL packets which were not delivered do not necessarily re-attempt in the next cycle. As the queue grows larger, the correlation in the distribution of packet destinations in successive cycles decreases. In the limit, as the system approaches stability and the queue size tends to infinity, consecutive packet destinations become independent.

An equivalent probability of service can then be calculated under the assumption of such a ser-vice policy. The details of the computations can be found in [5] and the expression for this new $\tilde{p}_s$ is given in equation (3.24).

$$\tilde{p}_s = \frac{1}{\rho_L} \times \left[\left(1 - \frac{\lambda_H}{N}\right)^N - \left(1 - \frac{\lambda_H + \rho_L}{N} + \frac{\lambda_H \rho_L}{N}\right)^N \right] \, , \quad \rho_L = \frac{\lambda_L}{\tilde{p}_s} \tag{3.24}$$

Equation (3.24) defines an implicit relation for $\hat{p}_s$ which can easily be solved numerically. In the case of a single priority switch ($\lambda_H = 0$), equation (3.24) is similar to equation (3) of [20] which gives the expected bandwidth of a slotted crossbar switch with no input buffer. However, through ρ_L, it reflects on the expected switch bandwidth $\tilde{p}_s$ the increase in input occupancy introduced by the queueing of packets. In the limit, as $N \to \infty$, equation (3.24) gives:

$$\tilde{p}_s^{(\infty)} = \frac{e^{-\lambda_H} - e^{-[\lambda_H(1 - \rho_L) + \rho_L]}}{\rho_L} \, , \tag{3.25}$$

which gives the following stability criterion for the system:

$$\lambda_L < e^{-\lambda_H} - e^{-1} \tag{3.26}$$

Equation (3.26) shows the increase in maximum throughput provided by randomizing the order of service, and is in agreement with the expression previously available for one-priority switches ($\lambda_H = 0$). It should, however, be noted that, although randomizing the order of service allows a greater maximum throughput, it results in transmission of packets out of sequence. From a practical point of view, the advantage offered by the higher throughput is probably not sufficient to justify the additional complexity of a packet resequencing stage.

IV. Equivalent Queueing System

In this section we analyze each input port as a single server queueing system defined by the following basic relation [13]:

$$K(i + 1) = K(i) - \gamma \varepsilon(K(i)) + \alpha \, , \tag{4.1}$$

where $K(i)$ denotes the number of packets in an input queue before the i-th arbitration phase, $\varepsilon(.)$ is again an indicator function, and γ and α are both random variables with values $\{0, 1\}$ such that $E[\gamma] = \hat{p}_s$ and $E[\alpha] = \lambda_L$.

Based on this equivalent queueing system, performance measure can be obtained for low priority packets. Let K be the random variable giving the steady state queue length and $G(z)$ the corresponding generating function. From equation (4.1) $G(z)$ satisfies the following relation:

$$G(z) = E[z^K] = E[z^\alpha] \, E[z^{K - \gamma \varepsilon(K)}] \tag{4.2}$$

It should be noted that the equivalent queueing system used to study low priority packets does not directly take into account the memory present in successive time slots. This memory is only represented in the way $\hat{p}_s$ was computed, and not in how the server operates. We therefore expect this model to provide better accuracy for averages, such as expected queue length and expected delay, than for actual distribution probabilities.

An exact expression can be obtained for $G(z)$ and is given in equation (4.3). The required computational steps can be found in [5].

$$G(z) = \frac{(\hat{p}_s - \lambda_L)(1 - \lambda_L + \lambda_L z)}{\hat{p}_s(1 - \lambda_L) - \lambda_L(1 - \hat{p}_s)z} \tag{4.3}$$

From equation (4.3) the average queue length $E[K]$ can be computed and is found equal to:

$$E[K] = G'(z)\big|_{z=1} = \frac{\lambda_L(1 - \lambda_L)}{\hat{p}^N - \lambda_L} \quad , \tag{4.4}$$

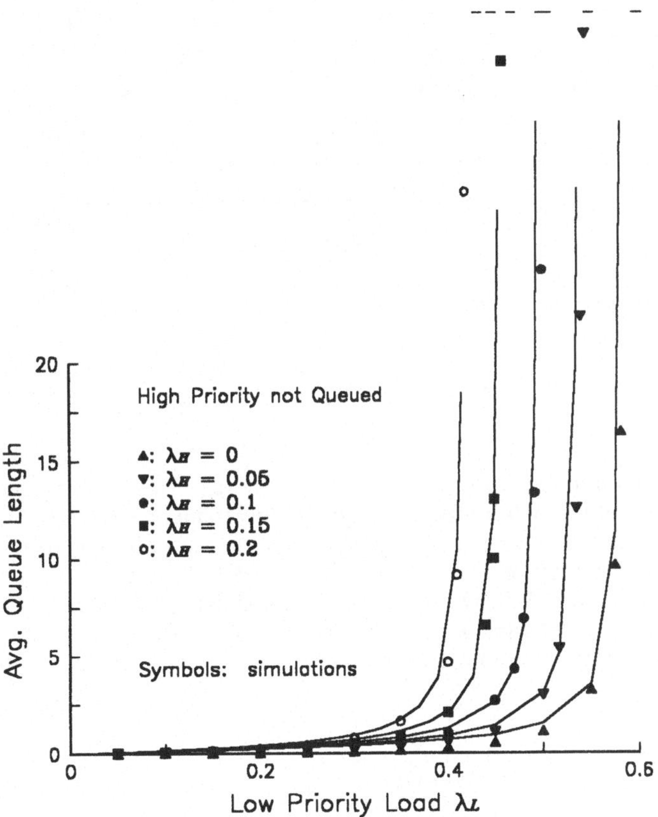

Figure 5. Average Queue Length for Low Priority Traffic

Figure 5 gives the average queue length ($N = 64$) as a function of λ_L for various high priority traffic loads. The results were compared to simulation values and found to be in good agreement. In the simulation, we use N parallel queues to represent the input ports of an $N \times N$ switch and N parallel servers to perform the delivery of packets to the output ports. At each clock cycle, the HOL packets which consist of the first packet of each queue enter arbitration to compete for the servers. Those who fail to be delivered are discarded from the system if they are of high priority class and remain in the queue if they are of low priority class. The average queue lengths are obtained after simulating the system for over 100,000 cycles.

The system analyzed assumed infinite buffers which is often not accurate for real systems. If finite buffers are assumed, a quantity of interest is the probability that buffers overflow, or in other words that a packet is blocked. For a system with finite buffer of size B, the blocking probability P_{LB} for low priority traffic is upper bounded by $Pr(K > B)$, where K is the random variable giving the queue length in the infinite buffer case. This results in the following upper bound for the blocking probability P_{LB} :

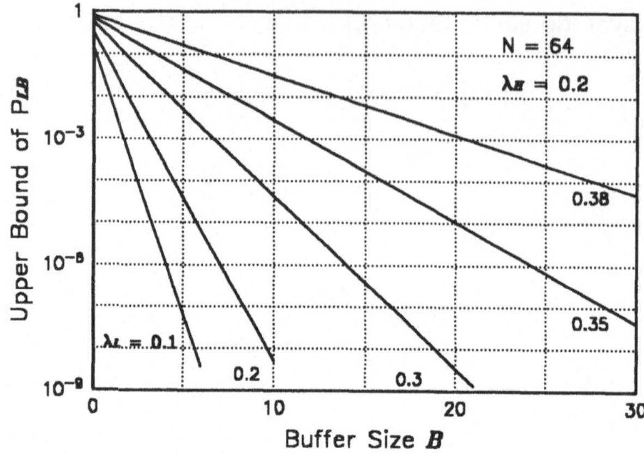

Figure 6. Upper Bound for P_{LB} with $\lambda_H = 0.2$

$$P_{LB} = a^B(a + \lambda_L - a\lambda_L) \ , \quad a = \frac{[\lambda_L(1 - \hat{p}_s)]}{[\hat{p}_s(1 - \lambda_L)]} \tag{4.5}$$

Details of the computations can again be found in [5]. This upper bound is illustrated in Figure 6 as a function of the buffer size B for various low traffic loads and a high traffic load of 0.2. Similarly, Figure 7 provides a contour plot for various blocking probabilities. In other words, any pair (λ_L, λ_H) that falls to the left of a contour line, say $P_{LB} \leq 10^{-10}$, ensures a blocking probability less than 10^{-10} for a buffer size of 15. However, recall that estimates for the blocking probability rely on values of the probability distribution which might not be as accurate as expected values. The results on blocking probabilities should therefore be taken as indicators of the actual blocking, rather than exact values.

V. Conclusion

To summarize, this paper has presented a performance study of an integrated packet switch with two priority classes. High priority packets preempt low priority packets at both the inputs and outputs, but are cleared from the system if they cannot go through at their first attempt. Low priority packets have access to the switch only when no high priority packets compete with them, but are allowed to queue until they manage to go through the switch. Such a priority scheme is useful to support mixed traffics with different performance requirements. High priority is assigned to real-time traffic with strict delay requirement, while data traffic which has less stringent delay requirements is transmitted with lower priority.

The paper has concentrated on performance measure for low priority traffic, and derived a stability criterion for the switch operation. Estimates for several quantities of interest, such as average queue length and packet loss probability of low priority packets were also obtained. The analytical tools presented are useful when designing a system where traffics with very different performance requirements must be accommodated by a single packet switch fabric.

In addition to estimates for the average queue length and blocking probabilities, the paper studied the impact of the service policy on the maximum switch throughput. It was shown that randomizing the order of service in the input queues can result in a higher maximum throughput.

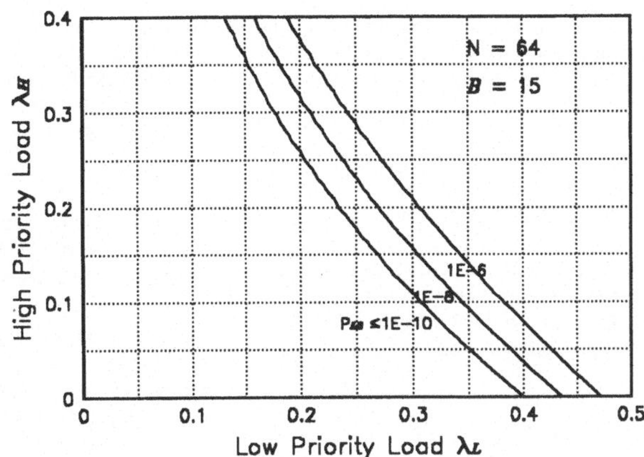

Figure 7.   Contour Plot of Upper Bound for P_{LB}

This, however, requires resequencing if packets are to be transmitted in sequence. The same effect could also be attained by dropping delayed packets rather than queueing them. As mentioned in [16] this only improves the system throughput at very high loads, where blocking probabilities are unacceptably high.

The high blocking probability experienced by high priority packets is, as mentioned earlier, due to the fact that they are not queued because of their stringent delay constraint. Queueing high priority packets can, under certain assumptions, greatly reduce blocking without significantly increasing delay. The corresponding switching system is, however, quite different from the one analyzed in this paper. Results for such a system can be found in [4] and [6]. Other interesting extensions of this work include a more general study of the impact of service policy on the system throughput; a generalization of the equivalent single server system, using for example a vacation type server, to take into account the memory in the service; a more complex arrival process to represent the periodic nature of real-time (e.g., voice) traffic (e.g., [15]) could also be of interest; and finally, it might also be useful to study a system using a blocking, such as Banyan or Buffered Banyan, rather than a non-blocking switch. Some of these topics are currently being investigated by the authors.

Acknowledgment

The authors would like to thank Prof. T. E. Stern for many stimulating discussions.

Bibliography

1. C.-L. Wu and T.-Y. Feng, editor. *Tutorial: Interconnection Networks for Parallel and Distributed Processing* IEEE Computer Society Press, 1984. (IEEE Cat. # EHO217-0).

2. H. Ahmadi, W. Denzel, C. A. Murphy, and E. Port, "A High Performance Switch Fabric for Integrated Circuit and Packet Switching," *Proc. of the 1988 Infocom Conference (INFOCOM'88 Conf. Rec.)*, pp. 9-18, 1988.

3. D. P. Bhandarkar, "Analysis of Memory Interference in Multiprocessors," *IEEE Trans. Comp.*, vol. C-24, no. 9, pp. 897-908, September 1975.

4. J. S.-C. Chen and R. Guérin, Input Queueing of an Internally Non-Blocking Packet Switch with Two Priority Classes, IBM Research Division, RC Report 13911 (#62487), October 1988.

5. J. S.-C. Chen and R. Guérin, Performance Study of an Integrated Packet Switch with with Two Priority Classes, IBM Research Division, RC Report 13774 (#61720), May 1988.

6. J. S.-C. Chen and R. Guérin, "Input Queueing of an Internally Non-Blocking Packet Switch with Two Priority Classes," *To be presented at INFOCOM'89*, 1989.

7. D. M. Dias and J. R. Jump, "Analysis and Simulation of Buffered Delta Networks," *IEEE Trans. Comp.*, vol. C-30, no. 4, pp. 273-282, April 1981.

8. A. E. Eckberg and T.-C. Hou, "Effects of Output Buffer Sharing on Buffer Requirements in an ATDM Packet Switch," *Proc. of the 1988 Infocom Conference (INFOCOM'88 Conf. Rec.)*, pp. 459-465, 1988.

9. K. Y. Eng, M. G. Hluchyj, and Y.-S. Yeh, "A Knockout Switch for Variable-Length Packets," *IEEE Jour. Selec. Areas Commun.*, vol. SAC-5, no. 9, pp. 1426-1435, December 1987.

10. G. Hebuterne, "STD Switching in an ATD Environment," *Proc. of the 1988 Infocom Conference (INFOCOM'88 Conf. Rec.)*, pp. 449-458, 1988.

11. M. C. Hluchyj and M. J. Karol, "Queueing in Space-Division Packet Switching," *Proc. of the 1988 Infocom Conference (INFOCOM'88 Conf. Rec.)*, pp. 334-343, 1988.

12. A. Huang and S. Knauer, "STARLITE: A Wideband Digital Switch," *Proc. of the 1984 Globecom Conference (GLOBECOM'84 Conf. Rec.)*, vol. 1, pp. 5.3.1-5.3.5, Atlanta, Georgia, November 1984.

13. J. Y Hui and E. Arthurs, "A Broadband Packet Switch for Integrated Transport," *IEEE J. Selec. Areas Commun.*, vol. SAC-5, no. 8, pp. 1264-1273, October 1987.

14. Y.-C. Jenq, "Performance Analysis of a Packet Switch Based on Single-Buffered Banyan Network," *IEEE J. Select. Areas Commun.*, vol. SAC-1, no. 6, pp. 1014-1021, December 1983.

15. M. J. Karol and M. C. Hluchyj, "Using a Packet Switch for Circuit-Switched Traffic: A Queueing System with Periodic Input Traffic," *Proc. of the 1987 Infocom Conference (INFOCOM'87 Conf. Rec.)*, pp. 1677-1682, 1987.

16. M. J. Karol, M. C. Hluchyj, and S. P. Morgan, "Input Vs. Output Queueing on a Space-Division Packet Switch," *IEEE Trans. Commun.*, vol. COM-35, no. 12, pp. 1347-1356, December 1987.

17. C. P. Kruskal and M. Snir, "The Performance of Multistage Interconnection Networks for Multiprocessors," *IEEE Trans. Comput.*, vol. C-32, no. 12, pp. 1091-1098, December 1983.

18. B. N. W. Ma and J. W. Mark, "Performance Analysis of Burst Switching for Integrated Voice/Data Networks," *IEEE Trans. Commun.*, vol. COM-36, no. 3, pp. 282-297, March 1988.

19. S. Nojima, E. Tsutsui, H. Fukuda, and M. Hashimoto, "Integrated Services Packet Network Using Bus Matrix Switch," *IEEE J. Select. Areas Commun.*, vol. SAC-5, no. 8, pp. 1284-1292, October 1987.

20. J. K Patel, "Performance of Processor-Memory Interconnections for Multiprocessors," *IEEE Trans. Computers*, vol. C-30, no. 10, pp. 771-780, October 1981.

21. J. S. Turner and L. F. Wyatt, "A Packet Network Architecture for Integrated Services," *Proc. of the 1983 Globecom Conference (GLOBECOM'83 Conf. Rec.)*, pp. 45-50, November 1983.

22. Y.-S. Yeh, M. G. Hluchyj, and A. S. Acampora, "The Knockout Switch: A Simple, Modular Architecture for High-Performance Packet Switching," *IEEE J. Select. Areas Commun.*, vol. SAC-5, no. 8, pp. 1274-1283, October 1987.

Transparent Database Access in a Network of Heterogeneous Systems

Bernd Schöner, Brigitte Kieser

IBM European Networking Center (ENC)
Tiergartenstrasse 15
D-6900 Heidelberg
W-Germany

Abstract

In a distributed heterogeneous environment, there exists the problem of transparent access to remote resources. A user in the network wants to access a central database system in the same way as if the database would reside on the local system. The Network Operating System provides the basic services and interfaces for the cooperation between clients and servers and for distributed application development. We have designed and implemented Transparent Database Access (TDA) in a network of heterogeneous systems as a distributed application based on the Network Operating System. A user in the network can send requests to the database host and gets back the results into the local environment. TDA is based on the client/server model of cooperation and consists of a server on the database host and a client with end user and application program support, which can run on any system supported by DACNOS.

1 Introduction

One important property of information processing in large organizations is the trend of having computing power distributed among multiple sites directly next to the desk of the experts. Moving from centralized to distributed environments with departmental systems, workstations and personal computers requires the connection of all these machines via networking services. One major issue, in this case, is to overcome the heterogeneity in terms of machine architectures, operating systems and communication support. The other problem is to supply an environment for users in order to enable access to resources and services, located somewhere in the network in a transparent way. For example, a workstation or PC user needs access to the corporate database which is located on a dedicated mainframe computer in the computing center. The database access should be provided transparently, in the same way as if the database were located on the local system.

To meet this demand, **Transparent Database Access (TDA)** has been developed [KIE88]. TDA is a distributed application based upon the services and interfaces provided by DACNOS. It is based on SQL/DS [SQL1], a relational database system and on DACNOS [WET88], a Network Operating System (NOS) developed within the *Distributed Academic Computing (DAC)* project by the University of Karlsruhe/West-Germany and the IBM ENC. Besides this approach there are other research projects dealing with database access in a heterogeneous environment. One of them is the Remote Database Access (RDA) project which is based on the OSI reference model. More information about RDA can be found in [PAP87].

Within a network of heterogeneous systems a user can access a SQL database residing on a VM/SP system in a transparent way, i.e. he or she gets the impression of being directly connected to the database system. Working within the local environment, the user can issue any valid SQL command and gets the results back into the application program or displayed on the terminal. The application consists of a server and a client part based on the application program interface of DACNOS. The server software runs on the database site interfacing with the database system and the network environment. The client part can run on any type of system supported by DACNOS with interfaces to the network environment and end user or application program.

In this paper, we describe the major parts of this distributed application. After a brief overview of the system environment, the DACNOS and SQL/DS, we will discuss the basic requirements and some consequences thereof. Subsequently, the architecture of the server and client parts with special emphasis on the client/server cooperation on top of the DACNOS interfaces is presented. Finally, we will describe our experiences and conclusions about this project.

2 The System Environment

Transparent Database Access from any node in a network of heterogeneous systems is a *distributed application*, based on the DAC Network Operating System (DACNOS) and a database product. The database system we chose is SQL/DS running in the VM/SP environment [SQL2]. In the following, we will describe the major components of DACNOS and will give some background information about SQL/DS and its usage in this application.

The Architecture

In the DAC project, we took a systematic approach to provide resource sharing in a heterogeneous environment. The consequence is a Network Operating System that supports the cooperation of autonomous heterogeneous operating systems. In order to keep the Local Operating System (LOS) interfaces unchanged and let existing applications run without any modification the Network Operating System adds a new layer upon the local system. DACNOS provides a system layer to support the development of distributed applications. It assists in turning the collection of the distributed hardware and software resources into a coherent set of objects and solves the naming, sharing, protection, synchronization, interprocess communication and recovery problems in a consistent way. The user, i.e. the application programmer, gets an uniform and network transparent view of local and remote objects.

The Network Operating System appears as an add-on to the local system and provides *coexistence* with local, existing operating systems and applications. The cooperating partners in the network must keep their functional and administrative *autonomy*. This implies, for example, that *access protection* of objects against unauthorized usage is an integral part. Since the system should run on several different machines, the design for the *portability* of the NOS software is important.

DACNOS is structured in the two functional layers, the **NOS Kernel** and the **System Services**. Figure 1 shows the components of the NOS. The Kernel is responsible for cooperating with the local system, for providing communication and synchronization and for the resource management in the network.

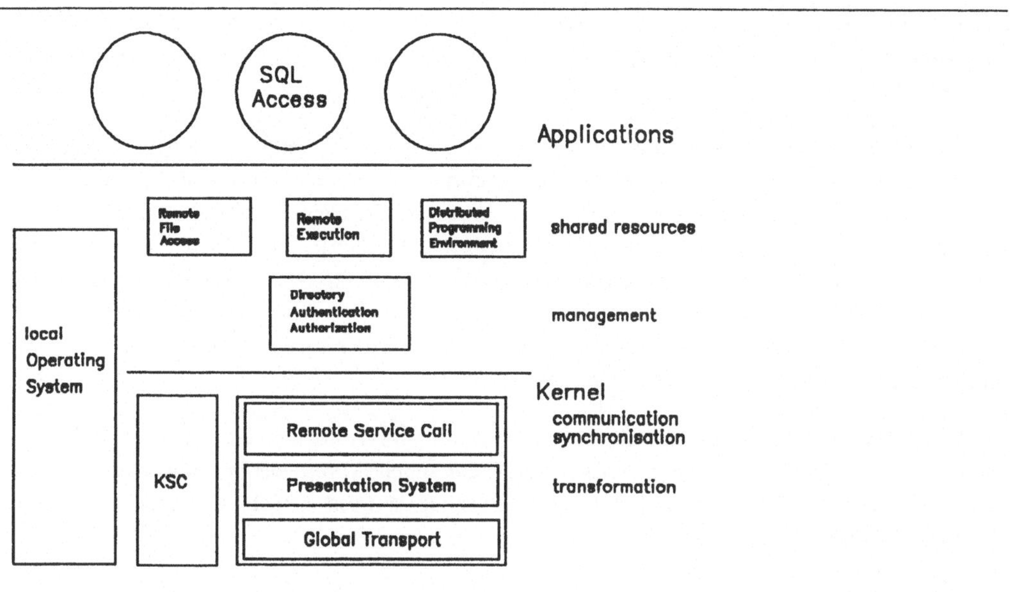

Figure 1. The components of the DACNOS

The *Kernel Service Call* is the shell over the Local Operating System and standardizes the interfaces to the LOS for the other Kernel components. By offering system independent services of Local Operating System functions like memory management to the other Kernel components it is the prerequisite for the portability of the NOS software. The Kernel Service Call must provide the set of services which are required by communication software, namely light weight processes, low cost interprocess communication, queuing mechanisms, timer support and storage management. The services are described in [EBE85a].

The *Global Transport* system offers a reliable communication service between partners in the network. In order to deal with the heterogeneity of networks (LAN, WAN) and to ensure the portability of the DAC system components, an uniform global transport service interface is used which supplies a architecture-, network- and protocol-independent communication service. By using the Global Transport interface all DAC system components above the Kernel Service Call and Global Transport are decoupled from the heterogeneous networking infrastructure. More information can be found in [SAL86] and [STA88].

The *Presentation System* is used by the Remote Service Call component to transform the various heterogeneous data representations into the respective local representation. An *Intermediate Syntax Notation* was developed for the description of data structures that are to be exchanged during a Service Call. It is network-wide interpretable and used by data transformation routines when the data actually are transferred through the network. The Presentation System achieves presentation transparency [WIL87].

The *Remote Service Call (RSC)* component provides an object oriented interface to the developer of distributed applications [EBE88]. It is based on the *Client/Server* model of cooperation and offers the functions necessary for transparent resource sharing through the extension of the heterogeneous local services. RSC supplies the functionality of a LOS in a distributed environment and has access and location transparent object management. In accordance to local system services, RSC has an asynchronous communication behavior and supports "shared memory", i.e. a distributed equivalent of shared memory with access protection.

The *System Services* are a collection of services extending local system services to a network-wide fashion. The *Directory Service* maintains and protects information about network resources and services [MAT88a]. The *Authentication/Authorization Service* manages the identification of interacting partners and assists the controlled access to objects in the network [MAT88b]. The *Remote File Access* service is a distributed file system for a heterogeneous environment. Access to remote files is equivalent to local file access [HOL87b]. The *Remote Execution* service allows program execution at remote sites [OEC88]. The *Distributed Programming Environment* can be seen as a support environment for distributed applications written in high level languages [FOE88].

The DACNOS prototype runs on a collection of different hardware architectures and operating systems and supports multiple networking facilities using vendor supplied protocols in subnets and the standardized OSI and TCP/IP protocols for the communication between subnets. Currently the following systems are supported:

- IBM /370 running VM/CMS
- DEC VAX running VMS
- IBM PC AT running PC DOS

The DACNOS software can also easily be ported to other hardware and operating systems without major effort. Currently, the DAC group at the IBM ENC is working to support DACNOS under the AIX and OS/2 operating systems.

The RSC Interface

Since TDA uses the RSC interface of DACNOS for the cooperation between clients and the server we will briefly describe the RSC interface and some of its basic principles. RSC offers services as the basis for the development of distributed applications. It supplies the invocation mechanism for concealing the distribution in the network, for monitoring network activities, for handling accounting and for controlling sharing and protection uniformly. The RSC interface is defined as a consistent set of primitive objects and operations. More details can be found in [EBE85b]. High level objects like files, procedures or network processes can be built on top in a network transparent way [GEI87].

The set of RSC objects and their major characteristics are described in Figure 2 on page 5. The column "event" indicates if and how the corresponding object reacts on events. The column "sharing" expresses the relation of the object and the number of possible sharers.

Object	Function	Sharing	Event
Process	issues operations on objects	–	–
Port	is a queue for service requests, multiple clients may concurrently request the same service, multiple servers may provide the service	1:n	Call arrived
Carrier	passes a service request with temporary access rights to a server	1:1	end of Call
Notice	is a one–way message	–	–
Window	is used to grant access to virtual memory	1:n	–
Account	keeps information about resource usage and dispatching parameters, it identifies clients to servers in processes and carriers	1:n	–
Lock	provides synchronization of processes	1:n	complete
Event–list	supports wait on a collection of events	–	1 event complete

Figure 2. The RSC Objects

RSC operations are supported as library routines which are applicable to specific RSC object types. The operations are invoked via subroutine calls and return a RSC return code reporting about the success or any error. This gives the programmer sufficient information to take the appropriate actions.

The conceptual framework in RSC for accessing services and data in the distributed environment is **Distributed Object Sharing** [GEI86]. All RSC entities in the network cooperate and provide the view of a single global object space of the set of accessible objects in a network transparent way. When access rights to an object are passed to a partner, that object is then shared between the sender and the receiver of the object rights, just like shared resources in a local system. For example, a server may offer a Port for sharing with clients, whereby the clients are allowed to request its service. Object Sharing makes distributed programming look like local programming.

The Database System

The Structured Query Language / Data System (SQL/DS) is a relational database system running in the VM/SP environment on IBM /370 machines. SQL/DS offers a variety of commands for maintaining the database and for accessing data from the database. In the traditional local environment, the system offers three interfaces for users and programmers:

ISQL   Interactive Structured Query Language is used for interactive access to the database [SQL3]. All SQL commands are supported and additional ISQL commands for dialog oriented work and terminal control are available. ISQL is typically used by end users for "ad hoc" database access and when the effort for developing an application program is too high.

DBSU   Database Service Utilities are a set of programs mainly used for administration and mainte-nance purposes, like backup and reorganization [SQL4]. DBSU are batch oriented, commands and input data are kept in files, the output is also written onto files. DBSU support all SQL commands and several DBSU commands.

Application Program Interface Application programs can issue SQL commands to access the database [SQL5] and can be written in several programming languages with tokenized SQL statements. A preprocessor will replace the SQL statements and will generate a so called Access Module which is used at runtime to access the database. Application programs where the the SQL commands are dynamic, e.g. input from the terminal, use the dynamic interface of SQL. In this case, the preprocessor generates an Access Module for each command at runtime.

It was our objective that users in a network of heterogeneous systems should be able to get access to SQL/DS data in a transparent way. From any node in the network the user should be able to work with SQL/DS in the same manner as he or she is used to work in the local environment. Another objective was to provide all interfaces of SQL/DS to the users in the network with special emphasis on interactive database access. To keep this application flexible and to be open for future versions of the database system, we decided to use the official product version of SQL/DS without any modification.

3 Requirements and Implications

The architecture of the distributed application TDA in a network of heterogeneous computers has some inherent properties. Usually, there are some dedicated nodes in the network running a database system and many others, e.g. workstations and PCs having no access the database host but in need of some way of getting to the database. Thus, the user wants to use the database system transparently, i.e. by just entering commands or starting programs and not via (multiple) remote login and file transfer. The remote resource should be used in the same way as if it were locally available. The client/server model of cooperation which is the basis of RSC in DACNOS is well-suited for this problem. Figure 3 on page 7 shows the overall structure of TDA.

A *server* program together with the DACNOS software is installed at the database site which serves the incoming database requests from the clients in the network. The server should support the complete command set of the database system. The server will interface with the database system to pass the requests and get back the results. On the other side, the server will use RSC objects and operations to communicate with the clients by giving them a *service access point* for database access. An important aspect in a distributed environment where clients in the network can access a central resource, like a database system is the authorization and authentication of clients when they start a cooperation and when they send requests. For the cooperation between clients and server, the partners have to agree to the usage and exchange of RSC objects. Some auxiliary services for administration and accounting should also be available at the server's site. Because the server has an interface to SQL/DS, it is bound at this end to the SQL environment and must be modified to support other database systems.

The *client* program supplies an interface for the end user or application programmer to issue database requests and cooperates with the server using RSC primitives to get the requests processed and the results back. As far as the client software is concerned, it is one of the objectives to have highly portable programs which can run on the various heterogeneous systems. Some functions of the client software which provide a nice end user interface may be non-portable due to the various different terminal types and attributes in the network.

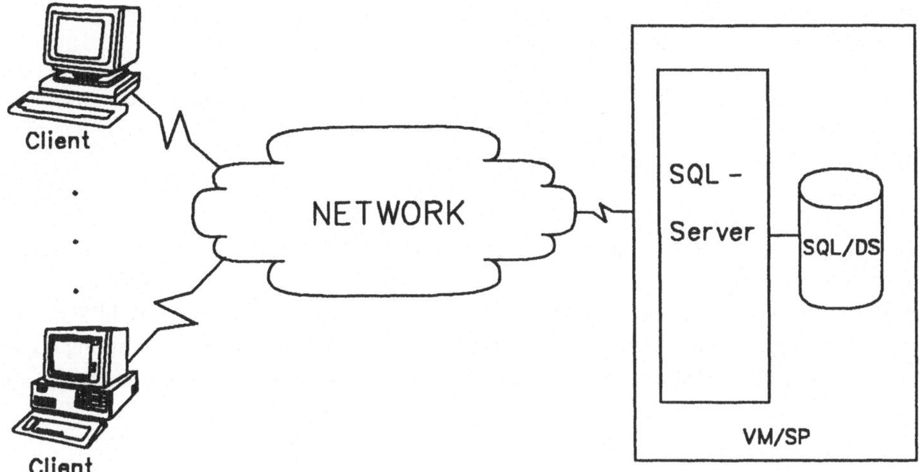

Figure 3. Client/server model for SQL/DS access

A user of TDA usually has two basic requirements. First, he or she wants to issue so-called "ad-hoc" database requests where the results from the database appear on the screen and/or can be directed to a local file. This access mechanism corresponds to the local ISQL interface and should be supported by TDA. Second, it must be possible to write a local client application program containing database requests to remote databases where the results can be processed locally in a similar way as possible via the application program interface of SQL/DS. It should be mentioned here that a client application cannot be processed by the SQL precompiler. Since the existing precompiler is bound to the VM/SP environment, it or parts thereof cannot be ported to other environments without major effort.

The DBSU interface needs no special attendance in the DACNOS environment. A SQL application using DBSU contains all relevant SQL commands in special input files. We can use the DACNOS System Services Remote Execution and Remote File Access to achieve access to SQL via DBSU.

An additional feature which may be useful sometimes is the possibility to write an application which can send database requests to multiple databases residing on different nodes at the same time. The client software must be able to cooperate with multiple servers. The basic mechanisms for this kind of cooperation are already provided by RSC.

4 The Database Server

In the local VM/SP environment the database system runs in its own address space. A database user or application program, also running in its own address space can issue SQL commands which are transferred via local interprocess communication (IPC) to the database system. The request is then processed and the results are transferred back to the requestor.

In the DACNOS environment we install a SQL server running in its own address space under VM/SP on the same host as the database system. From the user's point of view the server will be the database front end to all clients in the distributed environment. It coordinates all requests sent by the clients and passes them for execution to the database system via the local IPC mechanisms. The results are returned to the server and from there back to the clients.

From the database point of view, the SQL server is an application program issuing SQL commands and receiving the results from the database. The database system has no knowledge of DACNOS and of the fact that the "real" users are distributed somewhere in the network.

The SQL server process appears as a logical node in the network. It runs the DACNOS software, a server program for the cooperation with the clients and a SQL application program which is called to process the database commands. The results from the database are kept in the server process and transferred to the clients upon request. The SQL application program can handle any valid SQL command. Since arbitrarily incoming database requests must be processed, the dynamic application program interface of SQL/DS must be used, i.e. all SQL commands are prepared and executed at runtime.

Authorization/Authentication

The access to a database system from users in a network of autonomous computers can only be provided if reliable mechanisms are available to prevent unauthorized users from accessing the database. In this application, two mechanisms exist to support the authorization, the system service Authorization and Authentication Service of DACNOS and the authorization component of the SQL/DS. We decided to use the advantages of both services in the following way.

Every user in the network or user groups receive their own SQL userID with the corresponding access rights to the database. The database access will then rely on the protection mechanisms of SQL/DS. This can be achieved since the SQL server performs any database access on behalf of the client SQL userID which must be supplied by the client when issuing database requests. In this case, the database system cannot distinguish between local users and remote users using the SQL server.

The Authorization and Authentication Service of DACNOS is used to control access to the NOS. The user has to provide his networkID and his password to get access to the protected shared resources in the network. To authenticate the incoming requests from the clients, the SQL server cooperates with the Authorization and Authentication Service to prohibit possible intruders. Since the database system does not know about users in the network, the authentication must be done by the server to validate a requestor.

Directory Support

In a large network there may be multiple databases with the corresponding servers on different nodes which must be accessed by the user. Also, a database may move from one node to another for various reasons. The user should not depend on the network addresses of the database servers nor should he have to navigate in the network to get to the required service. He wants to get to the service by just knowing a symbolic service name. The Directory System of DACNOS is a universal catalog system responsible for the naming and binding in the network and is used by TDA to store information about the server and to retrieve data by the clients.

When the SQL server is started, it will first cooperate with the Directory Service communicating the service name and its status. At the client's site, when a client is interested in a SQL service he will also cooperate with the Directory Service asking for the location and the status of the server. The results returned from the Directory Service will then be used to establish the cooperation between client and server.

Server-Client Cooperation

The server-client cooperation is based on the RSC application program interface of DACNOS. The interaction between clients and server is defined by cooperation rules, i.e. the partners have to agree to the usage and exchange of RSC objects.

The server is structured in several RSC processes all running in the server's address space. After initialization and registration at the Directory Service a *main process* is active and offers a *main port* to the clients. The main port is the service access point for all clients; they establish their cooperation with the server via this port. In addition, the main port is used by the clients to request status information about the server in error situations. The concept of structuring the server in multiple processes has several advantages [TAN85] for this application. It helps us to have a clean structure in the server by separating the client activities, eliminates the possibility that the server becomes the bottleneck in terms of performance and supports error handling. The other advantage of this concept is the support of transaction processing in SQL/DS. Since each subprocess maintains all activities of a single client, COMMIT and ROLLBACK commands can easily be associated to the previous client activities.

After the binding of a client via the SHARE operation at the main port, a *subprocess* for this client is created together with a *subport*. This forms a 1:1 relationship between a client and a subprocess. The actual database requests are managed at the subport. The communication between client and server uses the RSC *carrier* object. The carrier contains access rights for objects to be shared and a carrier message with the actual database request.

When the database request is processed, SQL provides a return code telling about the success or a problem. If result data are available, for example after a query command, SQL delivers a data structure containing all relevant data about the result, like number of columns and rows and data type information. Because the data format of the database results is dynamic, no a priori data description is available. Therefore A control string for the Presentation System must be generated by the server by using the information returned from SQL [EBE87]. The server subprocess creates a RSC *window* object, retrieves the results from SQL and stores them in the window. Then the carrier which came from the client is returned containing status information about the request and access rights to the result window. The client may then use the READ_WINDOW operation to get the results from the database. During the window operation the Presentation System will do all data transformation transparent for the client by applying the control string generated by the server. Due to storage limitations of small workstations, we decided to use the result window as temporary storage and let the client control the data transfer depending on the amount of storage locally available. The result window is deleted upon the receipt of the next client request.

The *event-list* object is used to manage events and associate them to the corresponding function. There is an event-list for the main process and an event-list for each subprocess. The main process event-list handles the initial client requests, status requests, error situations, subprocess events and controls requests to the administrator port. The subprocess event-list maintains the client requests and synchronization with the main process. In addition, the main process maintains an *administrator port* as the access point for the database administrator. Commands for the database administration can be handled at this

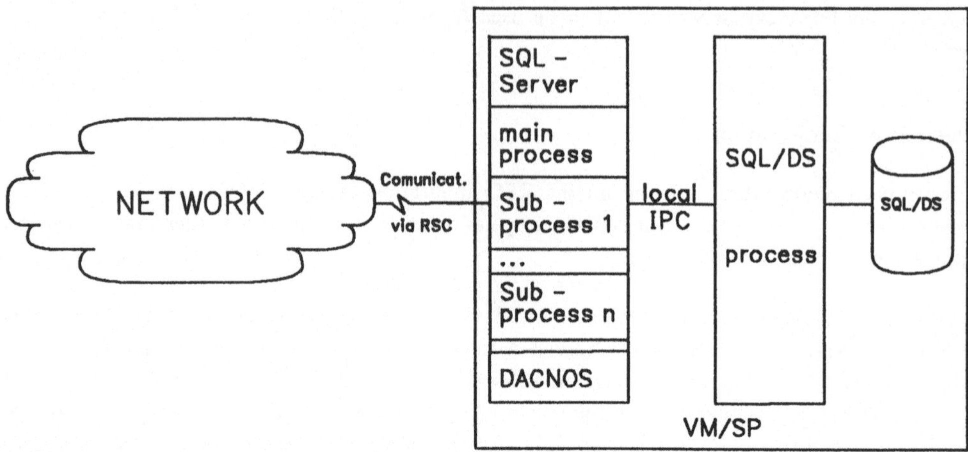

Figure 4. Structure of the SQL server

port. With this service the database administrator is not bound to the local VM/SP system but can also be a user somewhere in the network.

Error Handling

In the distributed environment there are multiple sources for errors which must be recovered in a consistent way. As far as the database is concerned, we rely on the recovery mechanism of SQL/DS. After a database crash, SQL does its own recovery and resets all active transactions.

When the server crashes it will loose all knowledge about the connected clients and rejects requests to any subport with a return code. The client may take the appropriate actions and restart the cooperation with the server. As far as the database is concerned the TDA server appears as an application program to SQL/DS, i.e. the SQL recovery mechanism will ensure a consistent database state.

Error situations at the client site or communication problems are more difficult because the server plays a passive role. It just provides its service upon request and has no actual status information about the clients. If the server cannot deliver results to the client, e.g. the network is down it waits a certain period of time via a timeout mechanism and tries again. If there are still problems, it gives up and terminates the cooperation by resetting the transaction and releasing the subprocess and the corresponding resources. Another problem occurs when there is an open cooperation with a client but no more requests are coming. It is quite simple for the server to determine if the client is down and to terminate the cooperation. But if the client is up and running the server cannot find out about the client's state. As a consequence, we gave the administrator the ability to terminate cooperations between clients and servers explicitly.

The server keeps status information about existing cooperations to the clients. In a situation where a client crashes, comes up again and restarts the application it will first try to establish the cooperation with the server. The server recognizes that there is still an open cooperation, assumes a client crash and recovers by resetting the transaction with the SQL ROLLBACK command.

Accounting

In a heterogeneous environment there may be the requirement to charge a user for resource consumption in the network. In TDA two mechanisms are available for accounting purposes. First, SQL/DS does its own accounting and writes account records onto the VM account file. Second, in DACNOS the *account* object is used for accounting in conjunction with an Account Server [IIAR88]. During a service request the account object of the client is shared transparently with the server. The server can provide its service on the account of the client and at the end of a service it will send an account record to the Account Server.

To get the SQL account data, an extract program reads the VM account file, selects the SQL specific records and sends them to the Account Server. The Account Server can now charge the "actual" user for the resource consumption in the network.

5 *The Database Client*

In the network of heterogeneous computers any type of node can use TDA to access a SQL/DS database residing on a dedicated machine. The *client* software running in the DACNOS environment delivers this capability. It consists of two major parts: the client stub and the end user interface.

The *client stub* is responsible for the cooperation with the SQL server according to the cooperation rules as described above and is based on the RSC interface of DACNOS. The client stub provides an application program interface for writing local applications with access to remote databases. The *end user interface* on top of the application program interface achieves simple interactive access to SQL databases in an ISQL like fashion. In addition, by using terminal device drivers for the various different terminal types a much more powerful end user interface can be built on top.

From the end user's or application program's point of view, there is no difference whether the database is local or remote. It is also of no interest on which physical node the database resides since the Directory Service of DACNOS is used to locate the appropriate server and to get all needed status information thereof.

Besides the standard SQL command set some additional commands are supported. There are commands for starting and terminating the cooperation with the server and for canceling an active request. Similar to ISQL, we support the AUTOCOMMIT ON/OFF facility. If ON each database request is automatically committed, i.e. one SQL request corresponds to one transaction. If OFF the user keeps control and uses the COMMIT command explicitly. For the end user, a special additional feature is available. Results from the database can be redirected to a file.

Client-Server Cooperation

After the initialization phase the client stub retrieves the required information about the database server via the Directory Service and tries to establish a cooperation with the server to SHARE the server's main port. After a successful SHARE operation a *carrier* is created with the request to connect to the database via the SQL CONNECT command and send to the main port. The server creates a subprocess who attempts to connect to the data base. If the connection to SQL is successful the subserver creates a subport and returns the carrier with access rights to the subport via the main port back to the client and waits at its private event-list for database requests.

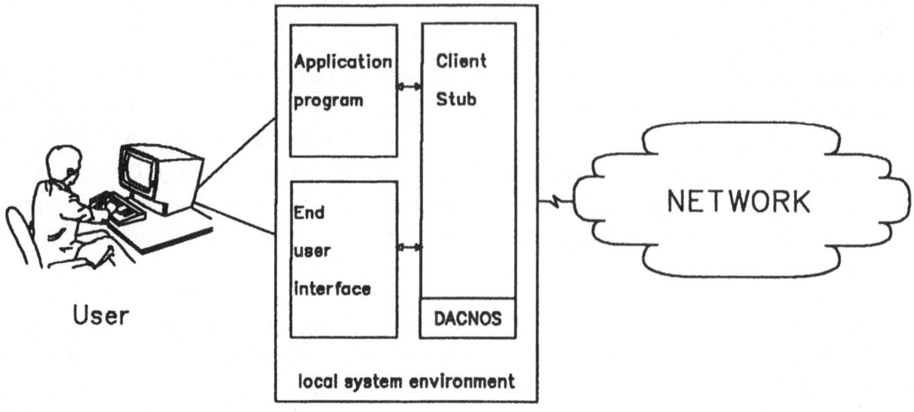

Figure 5. Structure of the SQL client

The client sends subsequent SQL commands via the carrier to "his" private port at the server site, the server processes the request and returns the carrier with a return code and data returned from SQL. If result data are available the carrier returned from the server contains access rights to the result window. The client can then use the RSC READ_WINDOW operation to transfer the data into the local environment.

A special command is available to terminate the cooperation between the client and the server. The client sends a carrier with the termination request to the server's main port. Upon receipt, the server terminates the corresponding subprocess, releases all resources belonging to the specific cooperation and returns the carrier. Then the client will also release the local resources.

An interesting feature which is nicely supported by RSC is the ability for the client to use multiple database servers at the same time. Due to the asynchronous behavior of RSC, a client application can send multiple database requests to multiple servers. The servers may process the requests in parallel and the client can synchronize with the arrival of results using the RSC WAIT operation.

Error Handling

Several error situations or potential problems can occur at the client's site and must be handled either by the client stub, the end user or the application program. After sending a database request to the server, the client stub waits a certain period of time for the response. If the timeout expires, the client stub does not know whether the request is still processed by the database system or if something went wrong at the server site or in the network. The client stub will send a status request carrier to the main port of the server and if a positive response comes back it will set a new timeout. If no response is received the end user or application program is notified and can take appropriate actions.

If a client request is rejected by the server because of a server crash the client stub also notifies the end user or application program.

6 Summary

We have developed a distributed application of transparent database access in a network of heterogeneous computers. A prototype is running in the DACNOS environment and allows clients on PC DOS, DEC VMS and VM/CMS systems to access SQL/DS database(s) on one or more VM hosts. The application is built upon the services and interfaces of the DAC Network Operating System, the database system used in this application is SQL/DS. Following the client/server model of cooperation, we have a server on the database site interfacing with SQL/DS and the network and clients on the various systems interfacing with the user and the network.

Since DACNOS hides the problems of distribution and heterogencity and provides an object oriented system independent programming interface, the client software is highly portable among the different systems. We have first implemented and tested TDA in a homogeneous VM/CMS environment. The portability effort for the other systems in the prototype environment PC DOS and DEC VMS was just a recompile and relink. The server software is not portable to this extent since there is a dependency on SQL/DS and the VM/CMS environment. However the concept has the flexibility to support other database systems as well.

In this project, we gained several experiences with DACNOS, especially with RSC as the application program interface, see also [HOL87a]. The RSC interface provides a powerful set of objects and operations for the development of TDA. This helped us to concentrate on the application specific problems and not on distribution and communication related ones. TDA uses the full set of RSC objects and almost all RSC operations. It turned out that the functionality of RSC was sufficient. Although the Presentation System handles the different data representations in the heterogeneous environment in a very convenient way one function required by TDA was not available. Since the data description of the database results are available only after the request processing as part of the result data, a function which generates the control string for the Presentation System at runtime was required and developed within the TDA project.

The support from the DACNOS System Services and the RSC interface turned out to be very efficient for the development of TDA. Since we could focus on the TDA related problems and were able to port the client software very easily, the effort to develop TDA was a few person months.

Acknowledgements

Many people have contributed to the DACNOS system at the University of Karlsruhe and the IBM ENC. We would like to convey our thanks to H. Eberle, K. Geihs, U. Hollberg, H. Schmutz, R. Staroste and M. Wasmund for their helpful suggestions and discussions.

References

EBE85a   H. Eberle and R. Staroste, "Kernel Service Call", *DAC Technical Memorandum, No.14, 1985 (available from the authors)* .

EBE85b   H. Eberle, K. Geihs, and M. Seifert, "Remote Service Call: Object and Operation Reference", *DAC Technical Memorandum, No.16, 1985 (available from the authors)*.

EBE87   H. Eberle, K. Geihs and B. Schöner, "Data Presentation Service Workbook", *DAC Technical Memorandum, No.27, 1987 (available from the authors)*.

EBE88   H. Eberle, K. Geihs, A. Schill, H. Schmutz and B. Schöner, "Generic Support for Distributed Processing in Heterogeneous Networks", *HECTOR: Heterogeneous Computers Together, Volume 2. Edited by G. Krüger and G. Müller, Springer Verlag 1988, pp.80-109.*

FOE88   C. Förster, "Controlling Distributed User Tasks in Heterogeneous Networks", *HECTOR: Heterogeneous Computers Together, Volume 2. Edited by G. Krüger and G. Müller, Springer Verlag 1988, pp.183-197.*

GEI86   K. Geihs, H. Eberle, B. Schöner and M. Seifert, "Distributed Object Sharing in Heterogeneous Environments", *Technical Report No.43.8610, IBM European Networking Center, 1986 (available from the authors)* .

GEI87   K. Geihs, B. Schöner, U. Hollberg, H. Schmutz, and H. Eberle, "An Architecture for the Cooperation of Heterogeneous Operating Systems", *Proceedings of the IEEE Computer Network Symposium, Washington April 1988.*

HAR88   G. Harter, K. Geihs, "An Accounting Service for Heterogeneous Distributed Environments", *Proceedings of the 8th International Conference on Distributed Computer Systems, 1988* .

HOL87a   U. Hollberg, B. Mattes, A. Schill, H. Schmutz, B. Schöner, R. Staroste, and W. Stoll, "Experience with the Development of a Portable Network Operating System", *International Workshop "Experience with Distributed Systems", Kaiserslautern Sept. 1987. J. Nehmer (Ed.), Springer Verlag 1988, pp.52-88.*

HOL87b   U. Hollberg, H. Schmutz and P. Silberbusch, "Remote File Access - A Distributed File System for Heterogeneous Networks", *Proceedings of the GI/NTG Conference "Communication in Distributed Systems", Aachen/W-Germany, 1987* .

KIE88   B. Kieser, "Entwurf und Implementierung des Zugriffs auf das Datenbanksystem SQL/DS in einem heterogenen verteilten Netz", *Diplomarbeit an der Fachhochschule für Technik Mannheim, 1988 (in German)* .

MAT88a   B. Mattes and H.v. Drachenfels, "Directories and Orientation in Heterogeneous Networks", *HECTOR: Heterogeneous Computers Together, Volume 2. Edited by G. Krüger and G. Müller, Springer Verlag 1988, pp.110-125.*

MAT88b   B. Mattes, "Authentication and Authorization in Resource Sharing Networks", *HECTOR: Heterogeneous Computers Together, Volume 2. Edited by G. Krüger and G. Müller, Springer Verlag 1988, pp.126-139.*

OEC88   R. Oechsle, "A Remote Execution Service in a Heterogeneous Network", *HECTOR: Heterogeneous Computers Together, Volume 2. Edited by G. Krüger and G. Müller, Springer Verlag 1988, pp.169-182.*

PAP87   S. Pappe, W. Lamersdorf, W. Effelsberg, "Specification and Implementation of a Standard for Remote Database Access", *International Workshop "Experience with Distributed Systems", Kaiserslautern Sept. 1987. J. Nehmer (Ed.), Springer Verlag 1988, pp.253-270.*

SAL86   M. Salmony, "Experiences in the Design of a Transport System for Heterogeneous Environments", *Technical Report No.8601, IBM European Networking Center, 1986 (available from the authors)* .

SQL1   SQL/Data System, "General Information for VM/SP", *IBM GH24-5064, IBM Corp..*

SQL2   SQL/Data System, "Concepts and Facilities for VM/SP", *IBM GH24-5065, IBM Corp..*

SQL3   SQL/Data System, "Terminal User's Reference for VM/SP", *IBM SH24-5067, IBM Corp..*

SQL4   SQL/Data System, "Data Base Services Utility for VM/SP", *IBM SH24-5069, IBM Corp..*

SQL5   SQL/Data System, "Application Programming for VM/SP", *IBM SH24-5068, IBM Corp..*

STA88   R. Staroste, W. Stoll, M. Wasmund, H. Schmutz, "A Portability Environment for Communication Software", *HECTOR: Heterogeneous Computers Together, Volume 2. Edited by G. Krüger and G. Müller, Springer Verlag 1988, pp.51-79.*

TAN85   A.S. Tanenbaum and R. van Renesse, "Distributed Operating Systems", *ACM Computing Surveys Vol.17, No.4, pp.419-469, 1985.*

WET88   H. Wettstein, H. Schmutz, O. Drobnik, "Cooperative Processing in Heterogeneous Computer Networks", *HECTOR: Heterogeneous Computers Together, Volume 2. Edited by G. Krüger and G. Müller, Springer Verlag 1988, pp.32-50.*

WIL87   G. Wild and M. Zöller, "Darstellungsproblematik für heterogene verteilte Systeme", *Proceedings of the GI/NTG Conference "Communication in Distributed Systems", Aachen/W-Germany, 1987 (in German).*

Data Translation in Heterogeneous Computer Networks

Martin Bever
IBM European Networking Center
Heidelberg, West-Germany

Martin Zimmermann
University Frankfurt
Frankfurt/Main, West-Germany

Abstract

Distributed applications in heterogeneous computer networks normally exchange data of any kind and complexity. Since each system provides its own *data presentation scheme*, data exchange always includes data translation from one representation into another. According to the ISO OSI presentation service a global network wide data presentation scheme is defined on the basis of the data description language ASN.1 (Abstract Syntax Notation One) and the Basic Encoding Rules. However any data translation from local into global data and vice versa is a local matter and therefore out of the scope of the ISO OSI presentation service.

In this paper we consider data translation an integral part of the data presentation process and therefore we introduce a presentation model relating all aspects. In particular we design a set of tools supporting both translation of data descriptions and data translation as well. On the basis of ASN.1 and the programming language C we present a specific design of a data translator useful for a wide range of applications. Last but not least, we discuss alternatives for using a data translator within the application layer.

Motivation

In heterogeneous computer networks distributed applications are supported by services such as remote operations, remote data base access, transaction processing and application association management to name of a few. Each service implies data exchange between distributed systems providing its own *data presentation scheme*. A data presentation scheme comprises a **data description language** (ddl) and a set of **data coding rules** (dcr).

E.g. the user view on a personnel record (name, age, location, etc.) is described by means of a data description (dd). Such a description can be defined using a data description language. In conventional programming languages such as Pascal or C, all language elements related to the definition of data can be used for this purpose. Throughout this paper we will use Pascal and C as examples; other languages could be supported in the same manner.

Given a concrete or abstract machine, the coding of data is determined by means of a set of data coding rules. E.g. an integer value can be represented by either the 1s-complement or the 2s-complement depending on a processor's architecture. In the following figure we illustrate the relationship between a data description language, data descriptions, data and data coding rules:

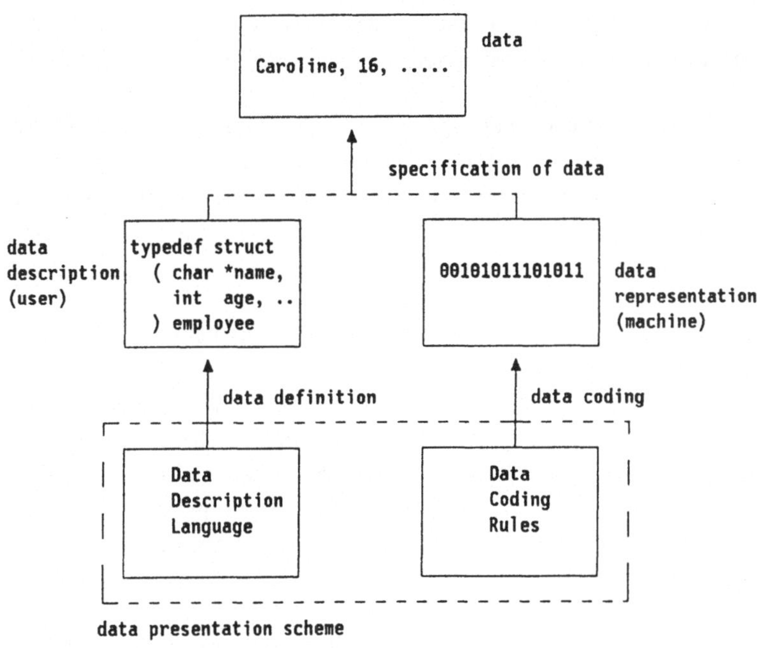

Figure 1. Example of a data presentation scheme

In heterogeneous computer networks several systems are interconnected in order to achieve a common task. Normally each system provides its own data presentation scheme, i.e. all application data are described by means of an application specific data description language e.g. using Pascal or C. The coding of data is determined by the compiler implementing the data description language on top of a concrete machine.

Due to the fact that each system provides its own data presentation scheme, sending data to a remote system implies that data have to be translated according to the remote system's data presentation scheme. E.g. an application sending a Pascal record to an application dealing with C records (structs) the receiving or the sending system has to translate the Pascal record into an equivalent C record. Such a translation could be achieved by either the sending or the receiving system presuming that the system knows both data presentation schemes. Consequently, given M systems, which potentially can communicate with each other M*(M-1) data translators have to be provided.

The amount of data translators can be reduced introducing a network wide **global** data presentation scheme. In this case sending data implies, that an application has to translate local data according to the global data presentation scheme while receiving data requires a translation of global data according a **local** data presentation scheme provided by a specific system. Consequently each system becomes independent of the data presentation scheme of any potential communication partner and the amount of data translators is reduced to 2*(M).

There are several proposals of a global data presentation scheme [Wild87a] [Wild87b] [Cour81]. Within ISO OSI the data description language *ASN.1* (Abstract Syntax Notation One) [ISO8824] [Gora87] together with its related data coding rules (*Basic Encoding Rules*) [ISO8825] define a global data presentation scheme for open systems interconnection.

According to the ISO OSI reference model [ISO7498] [Effe86] any translation of local into global data and vice versa is considered a local matter and therefore out of the scope of standardization [Tayl87]. Consequently the current presentation service does not provide any means supporting data translations. Hence it is left to the user to design and implement a data translator according to a given local and global data presentation scheme.

Due to the variety of distributed applications in heterogeneous networks, data can range from atomic data to data of arbitrary complexity and therefore the design of a data translator is not a trivial task. There may be several alternatives of local and global data representation schemes, which also have an impact on the design of a data translator. Furthermore there are applications interpreting their data rather then compiling it. E.g. conformance test tools need to modify dynamically data values and data descriptions. In this case an appropriate data translator interface has to be designed, where data and their related data descriptions can be passed through by means of a value-structure-tree ([Pope84] [Mack88]).

In this paper we describe a set of translation tools, which comprises both tools translating data descriptions and tools translating data according to different data presentation schemes. Moreover our design includes a data translator user interface which meets all application language specific requirements such as strong typing, etc..

A Presentation Model

In order to show the relationships between local and global presentation schemes, we introduce a data translation example from the remote operations domain. Remote operations provide semantics across a computer network that are clearly identical to those of procedure call in a standard programming language [BiN84]. Figure 2 illustrates how remote operations are usually invoked. The client is written as if it called the server directly using conventional procedure call mechanisms. In order to realize this relationship across the network boundary two *stubs* are involved.

Remote operations invoked in heterogeneous computer networks are based on different programming languages and/or different hardware. Due to syntactic differences among programming languages and the coding schemes on a concrete machine, a network wide standard presentation scheme for the arguments of an operation is needed. Consequently the argument's structure (data description) has to be defined using a global data description language. The global data coding is based on a set of global data coding rules. The global argument descriptions could be placed on the server's site. Given a set of global argument descriptions for a remote operation and local presentation schemes on the client and server site (concrete programming languages and hardware) two data translators must be realized.

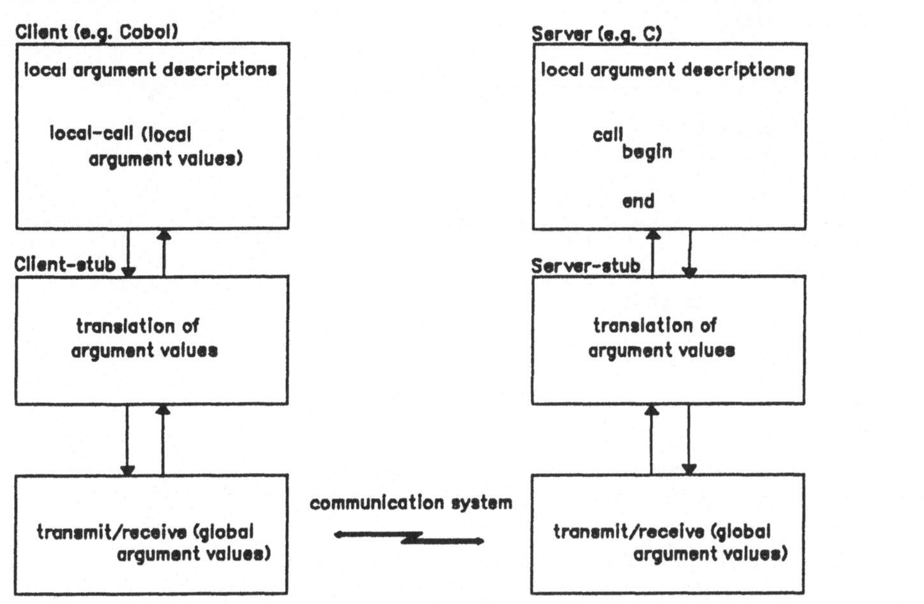

Figure 2. Data translation within remote operations

In a heterogeneous environment the client stub is responsible for translating local argument values into a global network wide representation and for passing the translated data to a communication mechanism. The server stub, conversely, is responsible for receiving the argument values from the communication system and translating the values into the server's representation. Therefore stubs are a kind of support for distributed application, because they are responsible for packing of data, translating data and interacting with the communication system.

The following figure introduces a presentation model (independent from remote operations): the communication system related part comprises a presentation service as it is defined within the ISO OSI presentation standard. A set of data translation and data description tools define the **presentation support** which can be used by both the user and the communication system as well:

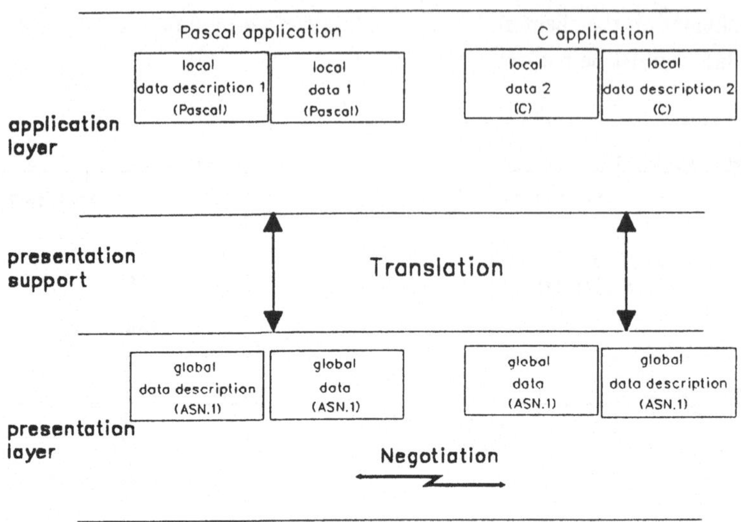

Figure 3. Model of presentation service

The current ISO OSI presentation layer standard is defined by

- the presentation service definition
- the presentation protocol specification and
- the global data presentation scheme

The presentation service [ISO8822] [ISO8823] provides service primitives for establishing presentation connections, data exchange, and negotiation of global data descriptions. The last class of service primitives presumes each site managing a set of global data descriptions. All other presentation services are not relevant for data presentation and therefore not considered here.

In the remainder of the paper we are not going into details of negotiation and managing of global data descriptions (see [Wild85] [Zimm87]); rather, we are focusing on data translation and all necessary mappings.

In ISO OSI the data description language ASN.1 [ISO8824] is used for the specification of global data descriptions. This data description language does not only support the specification of atomic data; it also supports the specification of structured data like records (SEQUENCE), sets (SET) or arrays (SEQUENCE OF) as they are known from any conventional programming language.

Since the user's view on data is determined by a local data description scheme, an equivalent local data description is required for each existing global (ASN.1) data description and vice versa. E.g. presuming a set of ASN.1 protocol data unit descriptions, each data unit description has to be represented within the protocol implementation language C or Pascal. Thus for each global data description (in our example: ASN.1 data description) a data description translator **DDT** generates an equivalent local data description for a given application specific programming language.

The model shown in figure 3 introduces a translation of a global data description into a local data description and vice versa (DDT). Based on an existing local data description, an application may create (local) data objects of a specific type of data description. Exchanging data between communication partners presumes the translation of local data into global data according to a specific set of previously negotiated data coding rules. In ISO OSI currently there exists only one set of global data coding rules namely **Basic Encoding rules**[ISO8825]. Due to the nature of these rules each data in transit is represented according to a "Type-Length-Value" scheme, i.e. an identifier for a specific ASN.1 data description, the number of bytes sent, and the value itself are specified. The use of the Basic Encoding rules are not efficient for some applications, such as fieldbus applications [Pime88].

In our model data translation is achieved by a data translator **DT** (in ISO OSI: encoder/decoder). Since within the application layer all application service elements are potential users of the presentation service, not only application specific user data are passed through rather than protocol data units too. Depending on the kind of "user", global data may either be exchanged by means of a P-DATA-req service primitive or via the user data parameter of any other presentation service primitive.

Data Description Translation

In our presentation model we have introduced a general data description translator DDT. In order to distinguish both directions (global to local and vice versa), we define two independent data description translators. The direction of translation is indicated by means of an appropriate index. Presuming ASN.1 and C as the global and local data description languages, a data description translator $DDT_{ASN.1\text{-}to\text{-}C}$ and a data description translator $DDT_{C\text{-}to\text{-}ASN.1}$ can be distinguished. The following figure shows the translator $DDT_{ASN.1\text{-}to\text{-}C}$. Such a data description translator is effected by both, the local (C) and the global (ASN.1) data description languages. Consequently a set of data description translation rules - one for each direction of translation - can be derived from the local and global data description languages involved. Each set of data description translation rules drives the related data description translator.

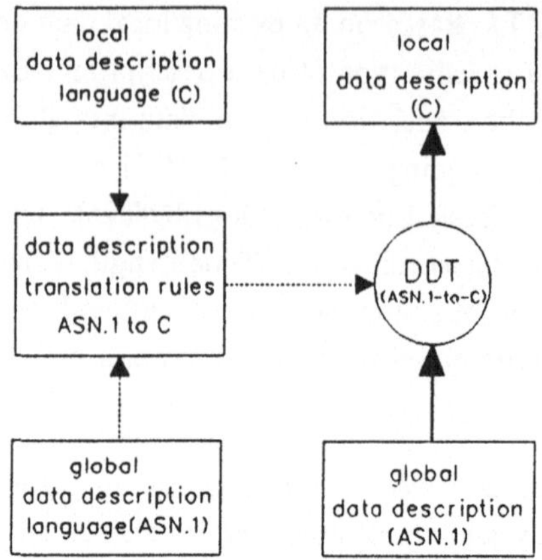

Figure 4. Data description translator and related translation rules

As an example we generate an equivalent C data description for a given ASN.1 data description using the data description translator $DDT_{ASN.1\text{-to-}C}$. $DDT_{ASN.1\text{-to-}C}$. The following example shows an ASN.1 data description of a protocol data unit from the ACSE protocol standard [ISO8649/2] [ISO8650/2] and its equivalent data description in C.

```
ASN.1 protocol data unit desscription:

AAREapdu ::= (APPLICATION 1) IMPLICIT SEQUENCE
  {
    protocolVersion        [0] IMPLICIT BITSTRING,
    result                 [1] IMPLICIT AssociateResult,
    respondingAETitle      [2] ApplicationTitle OPTIONAL,
    applicationContextName [3] ApplicationContextName,
    userInformation        [4] AssociationData OPTIONAL
  }
```

Equivalent C description:

```
typedef struct  {
  char                    *protocolVersion ;
  AssociateResult         result;
  int                     used_resondingAETitle; /* not used -> used = 0 */
  ApplicationTitle        respondingAETitle;
  ApplicationContextName  applicationContextName;
  int                     used_userInformation; /* not used -> used = 0 */
  AssociationData         userInformation;
  } AAREapdu;
```

The first line of the ASN.1 description defines a record like structure indicated by the key word SEQUENCE. Within the set of all protocol data units each protocol data description is uniquely identified by a **tag**, which consists of a **tag class** and a **tag number** (*APPLICATION 1*). On the user level a corresponding long form identifier is also introduced (*AAREapdu*). Those identifiers are only visible on the user level while the tags are used during the data translation (encoding/decoding). Each component of the PDU may consist of a name, a tag and an ASN.1 data description. The equivalent C structure definition starts with *typdef struct* and is followed by all attributes enclosed in braces. According to the C programming language conventions a type identifier is specified at the end.

In ASN.1 there are several ways to optimize the amount of meta data to be exchanged during run time. E.g. the attribute *IMPLICIT* indicates, that explicit identification of the data description is not needed during transfer. This is only meaningful for the translation of data (encoding/decoding). Therefore no equivalent C data description has to be generated.

The attribute *OPTIONAL* allows the user to drop a component of a given structured data object by simply omitting its value. Referring to our example the parameters *respondingAETitle* and *userInformation* may be omitted in a specific application environment. However this fact cannot be expressed directly within a programming language such as C or Pascal. Therefore we introduced an additional component *used_respondingAETitle* and *used_userInformation* which indicates whether the component is used or not. There is of course more then one possibility to map ASN.1 onto C and vice versa.

We are not going to discuss all the details of mapping ASN.1 data descriptions onto equivalent C data descriptions. In the following table we show all translation rules used for the generation of equivalent C data descriptions for a given ASN.1 data description.

ASN.1	C
identifier ::= INTEGER	typedef int *identifier*
identifier ::= BOOLEAN	typedef char BOOLEAN typedef BOOLEAN *identifier*
identifier ::= Bitstring	typedef char **identifier*
identifier ::= Bitstring [n]	typedef char *identifier* [n]
identifier ::= Octetstring	typedef char **identifier*
identifier ::= Octetstring [n]	typedef char *identifier* [n]

identifier ::= SEQUENCE {
   ...
   $comp_i$ <type>
   ... }
	typedef struct {
	   ...
	   DDT (<type>) $comp_i$
	   ...
	} *identifier*

...
   $comp_i$ <type> OPTIONAL
   ...
	...
	   int $comp_i\_used$
	   DDT (<type>) $comp_i$
	   ...

identifier ::= SEQUENCE OF <type>	typedef struct {
	   int *length*;
	   DDT (<type>) **p_identifier*
	} *identifier*

identifier ::= SEQUENCE OF [n] <type>	typedef **DDT** (<type>) *identifier* [n]

identifier ::= CHOICE {
   ...
   $alternative_i$ <type>
   ...
}
	typedef struct {
	   int *choice_nr*
	   union {
	      ...
	      DDT (<type>) $alternative_i$
	      ...
	   } *identifier_choice*
	} *identifier*

Table 1.   Data description translation rules ASN.1 → C

Two categories of mappings can be distinguished: the first part shows the mappings between atomic data descriptions and the second part represents the translation rules for structured data descriptions.

Based on these rules a data description translator $DDT_{ASN.1\text{-to-}C}$ can be constructed, generating equivalent C data descriptions for a set of given ASN.1 data descriptions. According to the technique of compiler construction a translation comprises two steps: syntactical and semantical analysis and the code generation. Besides scanning, the front end of such a translator checks an ASN.1 data description for syntactical and semantical correctness. Syntactical correctness is defined by the ASN.1 grammar while the semantical analysis comprises among others a check for uniqueness of type identifiers used within the scope of a set of related ASN.1 data descriptions (in OSI: abstract syntax). The result of the first phase is a syntax tree where all leave nodes represent atomic data descriptions while all other nodes represent the structure of a concrete data description. Based on this tree and the translation rules mentioned above, the generation of equivalent C data descriptions is performed by the back end of the translator.

Given a set of ASN.1 data descriptions all C data descriptions resulting from running the $DDT_{ASN.1\text{-to-}C}$ translator must be distinguished from all C data descriptions not relevant for communication. In a module oriented programming language such as C or MODULA the communication related data descriptions are defined by a specific module. Referring to our example a module for the ACSE set of ASN.1 data descriptions is generated. In a programming language like Pascal one would define a specific file which can be included by a application.

Data Translation

Whenever a user wants to exchange data with a communication partner, data have to be represented according to a global data presentation scheme. For this purpose the sending and the receiving site have to translate local data objects into global data objects and vice versa. Independent of the direction of mapping (local to global or global to local), a data translator always depends on the following parameters:

- local data description language (programming language),
- local data description,
- local data coding rules (hardware, compiler),
- global data description language (ASN.1),
- global data description and
- global data coding rules (Basic Encoding rules).

E.g. translating a C data object into an ASN.1 data objects, the related data translator $DT_{C\text{-to-}ASN.1}$ needs to know about both the local and global data descriptions. The local data description is used in order to determine the structure of a given local data object. According to the global data description the data translator generates an equivalent ASN.1 data object. Furthermore during data translation the local and global coding rules must be taken into account: e.g. a local 1s-complement representation for a given local integer value has to be transferred into a representation defined by the Basic Encoding Rules.

The following figure shows the data translator $DT_{C\text{-to-}ASN.1}$ together with all the parameters affecting a data translation (dashed arrows):

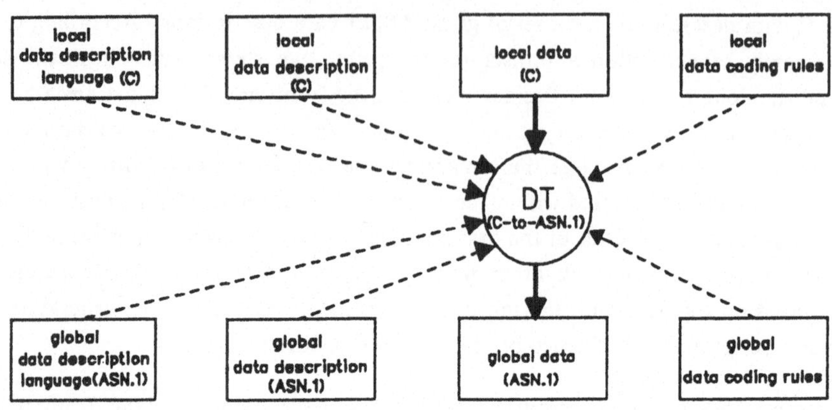

Figure 5. parameters of a data translator

In principle one can design a data translator, where none of the parameters mentioned above are adjustable, i.e. the data translator can only translate data according to a specific data description and a specific set of predefined coding rules. Consequently for any new data description and/or any new set of coding rules, a further data translator has to be developed.

Obviously such a data translator design avoids a time consuming interpretation of data descriptions, because the structure of any local data object is defined as an integral part of the algorithm. However, since we have to provide as many data translators as there are data descriptions, code expansion is unavoidable due to the duplication of encoding and decoding procedures. This solution seems to be reasonable only for those applications with strong time efficiency requirements.

In order to distinguish several alternatives of data translators, for each data translator we indicate the direction of data translation (i.e. local to global or vice versa) by means of an appropriate index. The adjustable parameters are specified within brackets. According to this scheme, the data translator mentioned above is identified as followed: $DT_{C\text{-to-ASN.1}}()$.

Different versions of a compiler possibly define different sets of local coding rules. Therefore a new data translator has to be designed for each set of local coding rules. In order to reduce the implementation effort, and development costs one can design a data translator, where the local data coding rule parameter (ldcr) is adjustable either during invocation or initialization $DT_{C\text{-to-ASN.1}}(ldcr)$.

Since there are other parameters (global coding rules, local and global data description) one can design several data translators, which differ in the amount of adjustable parameters.

For simplicity we already have restricted our considerations to concrete data description languages namely ASN.1 and C. Therefore given any data translator the language parameters are not adjustable, i.e. neither the global data description language ASN.1 nor the local data description language C can be substituted by any other language. Even under such a restriction, there are eight design alternatives of a data translator $DT_{C\text{-}to\text{-}ASN.1}$. Due to space problems we do not present the design alternatives of a data translator $DT_{ASN.1\text{-}to\text{-}C}$. In the following table all possible design alternatives of a data translator are represented. An entry "a" in the table indicates that the related parameter is **adjustable** by the user and can be modified either during invocation or initialization of the data translator. All other parameters **not adjustable** are labeled **na**.

Alternatives	DT ()	DT (ldcr)	DT (gdcr)	DT (ldcr, gdcr)	DT (ldd, gdd)	DT (ldcr, ldd, gdd)	DT (gdcr, ldd, gdd)	DT (ldcr, ldd, gdd, gdcr)
local data coding rules (ldcr)	na	a	na	a	na	a	na	a
global data coding rules (gdcr)	na	na	a	a	na	na	a	a
local data description (ldd)	na	na	na	na	a	a	a	a
global data description (gdd)	na	na	na	na	a	a	a	a

Table 2.   **Classification of alternatives for a data translator**

The first and second columns represent the two cases already discussed. The third column represents a data translator where the global data coding rule parameter is adjustable. This implies, that such a translator is not restricted to the ISO OSI Basic Encoding Rules. Currently there are alternatives of additional sets of rules under discussion [ISOTC97].

According to our data description translation concept, there always exists a one to one relationship between a local and a global data description. Consequently only those data translators are design alternatives, where either none or both of the two data description parameters are defined as adjustable parameters. In this latter case a data translator **DT(ldd,gdd)** translates data objects of any local data description (data type) into global data objects.

The remaining alternatives of a data translator (column six to eight) specify valid combinations of the alternatives already discussed.

Design of a data translator DT

In the following we are going into more details of the design for a specific data translator, where all parameters are adjustable. According to our classification scheme the data translator $DT_{C\text{-}to\text{-}ASN.1}$(ldcr,ldd,gdd,gdcr) has four parameters.

The data translator $DT_{C\text{-to-}ASN.1}$ needs to know about the corresponding local and global data descriptions. Due to the fact that the local data description has been generated automatically by means of a data description translator $DDT_{ASN.1\text{-to-}C}$, one of the two descriptions is obsolete. Moreover the data translator can be driven by the syntax tree generated during syntactical analysis of an ASN.1 data description. Therefore the two parameters *local data description* and *global data description* can be replaced by a parameter which uniquely identifies the related structure tree.

Normally a local data description language supports several alternatives for the mapping of an ASN.1 data descriptions onto an equivalent C data descriptions. E.g. the ASN.1 attribute OPTIONAL used within an ASN.1 sequence specification (refer to our protocol example) can be modelled within the C programming language either by a variant record, where the variant determines whether the component exist or not. An alternative mapping could be achieved by mapping the attribute onto a pointer variable, where a value not equal to nil indicates the existence of the sequence component.

Consequently a data translator also needs to know about the specific mapping alternative. This is achieved by means of a set of data description translation rules *ASN.1-to-C* (see table 1). These rules together with the structure tree replace the two parameters *local data description* and *global data description*.

We already pointed out, that each data translation also has need for the local and global coding rules. In general a coding rule defines for each data object its representation on the underlying abstract or concrete machine. In particular such a representation is defined by a set of attributes. For example the representation of a C integer value is determined the *length* of an integer value (16 or 32 bits), the *type of coding* (1s-, 2s-complement), the *ordering of bytes* (representation is dependent on the hardware processor(s)) and the *storage alignment* (the starting address of an integer must satisfy the alignment constraints, e.g. an integer object must begin at an even address).

Unlike the integer representation, a character value is completely defined by the character set (EBCDIC, ASCII, etc.). Normally a coding rule depends on the programming language description, the compiler, the related run time system and/or a concrete hardware [Goos85]. Hence it is often hard to determine all coding rules for a given language. Presuming the Microsoft C compiler version 5[1] and the INTEL 8086[2] processor [Micr87]. The following table each row represents a coding rule and relates it to a specific type of C data objects:

---

[1] Microsoft C compiler version 5 is a trademark of Microsoft corporation

[2] INTEL 8086 is a trademark of INTEL Corporation

type of C data object	coding attributes	value	dependent on
int	length type of coding byte ordering alignment	16 bit 2s-complement b0 b1 even	processor/compiler processor processor processor/compiler
char	type of coding	ASCII	runtime system
struct	order of components alignment	according to data description even	compiler compiler
etc.			

Table 3.   Example of local data coding rules

The table shows that ordering is not only a matter of atomic data representation. E.g. the order of components defined by a record like data description is determined either by the compiler or can be explicitly specified by the user (see Ada programming language [Ledg80]).

Since a data translator not only depends on the local data coding rules, a table defining the coding attributes for the global data coding rules namely Basic Encoding Rules is needed. Due to the fact, that the Basic Encoding Rules are defined independent of a specific hardware or run time system, such a table does not contain any coding attribute expressing alignment aspects. Moreover according to the *Type-Length-Value Scheme*, the *length* and the *type identifier* has to be appended to data exchanged.

Given a concrete set of local and global coding rules, there always must exist a relationship between a specific local and a specific global coding rule. E.g. given the coding rules 1s-complement for the local and 2s-complement for the global representation of integer values, the mapping is realized by means of a specific encoding function *ENCODE-INTEGER (in:local data value, out:global data value)*, where the input parameter carries the local data value, while the output parameter specifies the resulting global value. Consequently for each pair of local and global coding rule, an appropriate data encoding function has to be designed. The resulting set of data encoding functions can be accessed during data translation by a specific data translator. The following shows the overall program structure design of our example data translator:

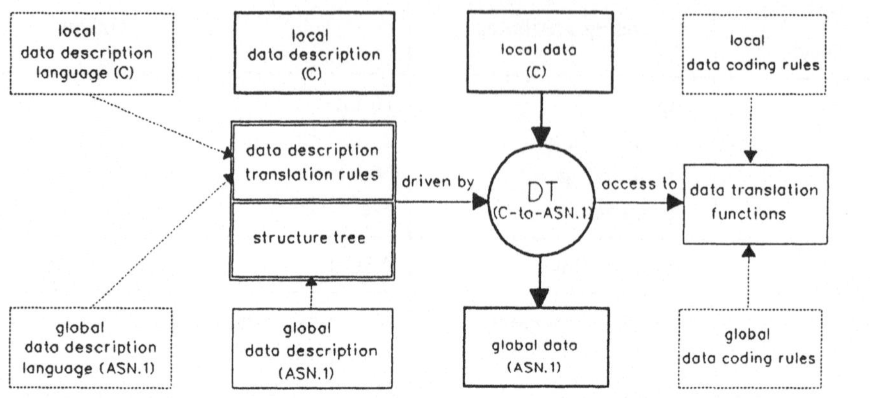

Figure 6. **A data translator DT** $_{\text{C-to-ASN.1}}$(ldcr,ldd,gdd,gdcr)

Concerning the user's view on the data translator $DT_{\text{C-to-ASN.1}}$(ldcr,ldd,gdd,gdcr) interface, the local data coding rule parameter is represented by means of a set of data encoding functions. Those functions can either be adjusted during the invocation or the initialization of the data translator.

Data Translation in an OSI environment

Within the application layer the protocol data units of all application service elements are specified using ASN.1. Moreover all application specific user data which have to be exchanged between distributed applications also presume an ASN.1 data description.

There are different ways to initiate the encoding of application protocol data units and application specific data: one way is to generate a nested application protocol data unit, where application specific data can be carried in the user data parameter of each application protocol data unit involved. Such a nested protocol data unit is passed to a presentation entity, which invokes a data translator DT for encoding.

This strategy implies that the presentation layer has to be aware of the actual application context [Beve87], i.e. the structure of a nested application protocol data unit depends on the application service elements involved. For each application service element the set of related ASN.1 protocol data unit data descriptions is uniquely identified by a *tag*. However since there is normally more then one application service element involved the uniqueness of protocol data unit identifiers cannot be guaranteed. Although this problem could be solved by system wide unique identifiers, there is still a problem: the local representation of a nested application protocol data unit does not contain the tags for all its embedded protocol data units.

Therefore we encode each part of a nested protocol data unit at the time it is generated. Consequently the user as well as the application entity (all application service elements involved) and the presentation entity need to invoke the data translator. The following figure shows the invocation of a data translator by different users within the application and presentation layers:

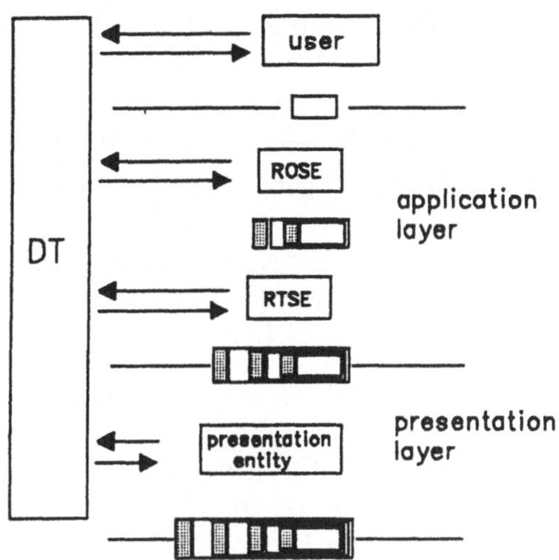

Figure 7. Invocation of data translation by different users

This solution avoids the drawbacks of the first approach. Moreover one might design a layer independent data translator which can be invoked from all layers and the user as well.

Conclusion

We have introduced a presentation model, which shows the relationship between local and global presentation schemes within a heterogeneous computer network. Furthermore we have introduced a terminology distinguishing between the notion of data description, data description language, data and its machine dependent representation (data coding rules). The terminology is defined independent of the level of abstraction, i.e. it is used on the machine level as well as on the ASN.1 level. We related our notation to the terminology used in OSI presentation layer standards.

In our paper we concentrated on the design of a set of tools supporting translation of data descriptions and data. In particular we discussed the translation of global into local data descriptions and vice versa. Due to the variety of parameters influencing the design of a data translator, we additionally introduced a classification scheme representing all design alternatives. As an example we have shown a design of a specific data translator, which can be parameterized by any *data description* and any set of *local data coding rules*. Finally we discussed the use of a data translator within the application layer of an ISO OSI environment.

We did not address the problem of generating data translators and data description translators using translator generating tools such as YACC [Schr85]. Those tools might be useful in all cases where depending on the actual choice of parameterization a huge amount of translators have to be generated. E.g. referring to our alternative design approaches there have to be generated as many data translators as data descriptions exist $(DT_{ASN.1\text{-}to\text{-}C}())$.

According to the presentation model introduced above, the management and negotiation of global data descriptions and their relationship to the proposed translation tools, have not been discussed. In particular concerning the upper layers of the ISO OSI reference model each layer needs a specific data translator. E.g. the session and the presentation layer protocol data units are specified using different data descriptions and different sets of coding rules. Therefore we suggest to discuss a set of application layer independent tools supporting data translation.

References

[Beve87]   Bever, M., Fleischmann, A.: A Configuration Concept for Structuring the ISO OSI Application Layer, Proc. of the 17. GI Jahrestagung in Munich October 1987, Informatik Fachberichte, Springer Verlag 1987.

[BiNe84]   Birrell A. D., Nelson B. J.: Implementing Remote Procedure Calls, ACM Transactions on Computer Systems, Vol 2., No. 1, February 1984.

[Cour81]   Xerox Corporation, Courier: The Remote Procedure Call Protocol, XSIS 038112, Xerox OPD, 3333 Coyote Hill Rd., Palo Alto, Ca 94304, 1981.

[Effe86]   Effelsberg, W., Fleischmann, A.: The ISO OSI Reference Model for Open Systems Interconnection, Informatik Spektrum, Band 9, Heft 5, 1986

[Goos86]   Goos, G.: Programming in Ada, Springer Verlag 1986

[Goos85]   Goos, G., Waite, W.: Compiler Construction, Springer Verlag 1985

[Gora87]   Gora, W., Speyerer, R.: Abstract Syntax Notation One, Datacom 4 (1987), S.78-85

[ISO7498]   ISO: International Standard 7498. Information Processing Systems - Open Systems Interconnection - Basic Reference Model, 1984.

[ISO8649/2] ISO: Draft International Standard 8649/2. Information Processing Systems - Open Systems Interconnection - Service Definition for Common Application Service Elements - Part 2: Association Control, 1986.

[ISO8650/2] ISO: Draft International Standard 8650/2. Information Processing Systems - Open Systems Interconnection - Protocol Specification for Common Application Service Elements - Part 2: Association Control, 1986.

[ISO8822]   ISO: International Standard 8822. Information Processing Systems - Open Systems Interconnection - Connection oriented presentation service definition, 1988.

[**ISO8823**] ISO: International Standard 8823. Information Processing Systems - Open Systems Interconnection - Connection oriented presentation protocol specification, 1988.

[**ISO8824**] ISO: International Standard 8824. Information Processing Systems - Open Systems Interconnection - Specification for Abstract Syntax Notation One (ASN.1), 1987.

[**ISO8825**] ISO: International Standard 8825. Information Processing Systems - Open Systems Interconnection - Basic Encoding Rules for Abstract Syntax Notation One (ASN.1), 1987

[**Kern83**] Kernighan, B.W., Ritchie, D.M.: Programming in C, Carl Hanser Verlag, 1983

[**Mack88**] Mackert, L. et al: A Generalized Conformance Test Tool for Communication Protocols, Proc. Int. Conf. on Distributed Computing Systems San Jose, CA, 1988

[**Micr87**] Microsoft C 5.0: Optimization Compiler, User's Guide and Mixed-Language Programming Guide, Microsoft Corporation 1987

[**Papp87**] Pappe S., Effelsberg W., Lamersdorf W.: Database Access in Open Systems. Proc. Networking in Open Systems, Lecture Notes No. 248, Springer Verlag, 1987.

[**Pime88**] Pimentel J. R. : Efficient Encoding of Application Layer PDU's for Fieldbus Networks, Comp. Comm. Rev. Vol. 18, No. 3, 1988.

[**Pope84**] Pope, A.R.: Encoding CCITT X.409 Presentation Transfer Syntax, SIGCOMM Oct. 1984, Vol.14, No.4, pp. 4-10

[**Schr85**] Schreiner, A.T., Friedman, H.G.: Compiler Construction with UNIX Carl Hanser Verlag, Munich 1985

[**Tayl87**] Taylor, G.: Presentation of user data in the presentation layer Proc. of the int. conference London, 1987

[**Wild87a**] Wild, G., Zoeller, M.: A Solution for the Presentation Problem in Heterogeneous Computer Networks GI/NTG-Fachtagung, Aachen 1987 (in German)

[**Wild87b**] Wild, G., Zoeller, M.: Notation for an Abstract Transfersyntax, Coding Rules and Transformation Functions, DAC Technical Memorandum No.21, August 1985

[**Wild85**] Wild, G., Foerster, C.: Concepts for a general Presentation Layer and Context Management, Interner Bericht Nr. 4/85, University of Karlsruhe, Fakultaet fuer Informatik, Mai 1985

[**Zimm87**] Zimmermann, M.: A general presentation service, Diplomarbeit, University of Karlsruhe, Institut fuer Informatik III, 1987 (in German)

Objekt-Orientierte Konstruktion eines Portablen Kommunikations-Tranport-Systems für Unix Netzwerk Applikationen

Klaus-Jürgen Schulz

Institut für Informatik
Universität Zürich
Winterthurer Str. 190
CH-8057 Zürich, Schweiz
schulz@ifi.unizh.ch; schulz@unizh.uucp

Das Portable Kommunikations-Tranport-System (PKTS) stellt eine einheitliche Schnittstelle für Netzwerk Applikationen dar. Es unterstützt herstellerspezifische und offene Kommunikations-Architekturen in einer heterogenen Umgebung verschiedenartiger Betriebssysteme. Es wird gezeigt, wie die objekt-orientierten Konzepte der Vererbung (Inheritance) und abstrakte Methoden (Deferred Operations, Virtual Functions) zur Konstruktion eines portablen, erweiterbaren Kommunikations-Tranport-Systems eingesetzt werden können. Aufbauend auf PKTS ist ein Send-Receive Transport-Interface (SRTI) realisiert, das einen zuverlässigen Datagramm-Dienst und einen einheitlichen Adressierungs-Mechanismus über verschiedenartige Netzwerke hinweg anbietet. Eine erste Implementation existiert für die Unix Versionen: BSD 4.3, System V.3 und AIX 2.2 für die offenen Transport-Dienste DoD TCP/IP, UDP/IP und die verbindungsorientierten und verbindungslosen OSI Transport-Dienste. Die Implementierungs-Sprache ist C++.

Stichworte: Architektur verteilter Systeme, Verbindung heterogener Systeme, Gateways, Portables Kommunikations-Tranport-System, Offene Kommunikations-Architektur, Objekt-Orientierte Konzepte

1. Das Portable Kommunikations-Tranport-System (PKTS)

Das hier vorzustellende PKTS ist eine Erweiterung und grundlegende Überarbeitung eines Shortnote-Beitrags, der in Microprocessing and Microprogramming [Schulz88] erscheinen wird.

In einer Welt mit herstellerspezifischen Kommunikations-Architekturen ermöglichen offene Kommunikations-Architekturen, wie z. B. die Departement of Defense Protocol Suite (DoDPS) oder die International Standards Organizations' (ISO) Open Systems Interconnection (OSI) Protokolle, die Möglichkeit der Interoperierbarkeit zwischen heterogenen Systemen, d. h. Systemen unterschiedlicher Architekturen und Betriebssysteme. Diese offenen Systeme definieren in einer abstrakten Weise die Funktionalität der Protokolle und die Interaktionen an Dienst-Schnittstellen, sie definieren allerdings nicht die Art der Implementation oder spezielle Interaktionsformen an Dienst-Schnittstellen, z. B. prozedural oder meldungsorientiert.

Dies bedeutet für den Applikationsentwickler verteilter heterogener Anwendungen, daß er offene Kommunikationssysteme benutzen muß, um die Interoperierbarkeit zwischen heterogenen Systemen zu ermöglichen, aber, die Portablität des Nicht-Netzwerkteils der Applikation annehmend, eine Implementation des Netzwerkteils für jedes Betriebssystem, das er zu unterstützen wünscht, individuell vornehmen muß.

Die Konstruktion des Portablen Kommunikations-Tranport-Systems ist so gestaltet, daß die Erweiterbarkeit auf verschiedenartige Betriebssysteme und unterschiedliche Kommunikations-Architekturen vereinfacht wird. Eine erste Implementierung beschränkt sich auf die Portabilitätsklasse der Unix Versionen: BSD 4.3, System V.3 und AIX 2.2, für welche eine einheitliche Schnittstelle für Netzwerk-Applikationen bereitgestellt wird. Die einfache Erweiterbarkeit wird wesentlich durch die objekt-orientierten Konzepte der Vererbung (Inheritance) und der abstrakten Methoden (Deferred Operations) [Meyer88] unterstützt.

Das Gesamtsystem besteht aus den folgenden Komponenten (siehe Abb. 1):

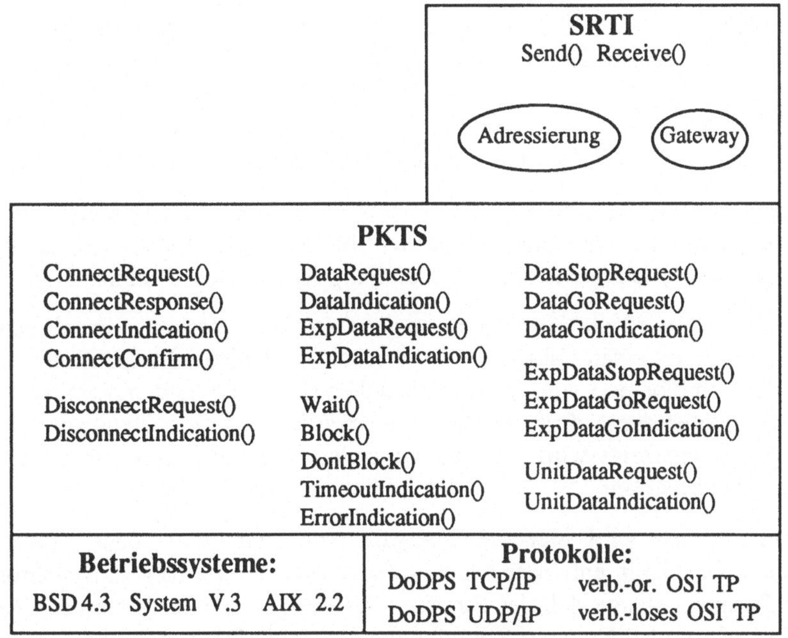

Abb. 1. PKTS-Gesamtsystem

1. Portables Kommunikations-Tranport-System (PKTS), welches die Grundlage für Kommunikations-Dienste darstellt, die unabhängig vom verwendeteten Betriebssystem und Tranport-System sind.

2. Send-Receive Tranport-Interface (SRTI), das eine einfache enge `Send-Receive`-Schnittstelle zur Anwendung bereitstellt und einen einheitlichen Adressierungs-Mechanismus anbietet, um eine mögliche Basis für ein Netzwerk-Betriebssystem zu sein. Darin eingebettet ist ein Internetworking über Gateways, die auf den verbindungsorientierten Diensten des PKTS aufbauen.

Die Funktionalität des portablen Kommunikations-Transport-Systems entspricht dem OSI Transport-Dienst. Die Transport-Schicht im OSI Referenzmodell wurde ausgewählt, da sie zuverlässige End-zu-End Verbindungen bietet, und eine ähnliche Schicht in jeder Kommunikations-Architektur existiert [Brown88], z. B. Path Control in SNA oder SPP in XNS von XEROX. Es ist die Intention von PKTS diese unterschiedlichen, aber in ihrer Funktionalität ähnlichen Transport-Schichten, unter einer einheitlichen Transport-Schnittstelle zu subsummieren. Die dazu angewandte Methode ist die Schnittstellen-Konversion, d. h. die den Benutzern in den jeweiligen Betriebssystemen zur Verfügung gestellten Transport-Dienst-Schnittstellen werden herangezogen, eventuell mit zusätzlichen Protokollelementen erweitert, um die PKTS-Schnittstelle anbieten zu können. Die Unterstützung unterschiedlicher Betriebssysteme erfordert eine flexible, erweiterbare Architektur des Transport-Systems, die für bestehende und zukünftige Kommunikations-Architekturen eingesetzt werden kann.

Im folgenden werden zunächst die Schnittstelle mit ihrer Funktionalität, sowie die Architektur von PKTS beschrieben. Desweiteren wird die Schnittstelle von SRTI vorgestellt.

1.1 Schnittstelle von PKTS

Die Schnittstellen-Definition des portablen Transport-Systems besteht aus den folgenden Teilen:

1. Einer generischen Schnittstelle zur Behandlung von Interaktionen an der Dienst-Schnittstelle, welche blockierende und nicht blockierende Operationen für Aktionen, und synchrone und asynchrone Ereignis-Behandlung für Ereignisse anbietet.

   Unter Aktionen wird die Übergabe von *Request*- oder *Response*-Primitiven verstanden. Dies kann zum einen blockierend geschehen, wobei der Aufruf im Falle von Flußproblemen blockiert wird bis diese behoben sind, oder zum anderen nicht blockierend geschehen, wobei der Aufruf bei Flußproblemen sofort an den Benutzer zurückkehrt und entsprechend angezeigt wird. Ein blockierender Mechanismus kann mit einer Timeout-Steuerung versehen sein.

   Unter Ereignissen wird hier die Übergabe von *Indication*- oder *Confirm*-Primitiven verstanden. Dies kann entweder synchron oder asynchron erfolgen. Synchron bedeutet in diesem Zusammenhang, daß der Empfang der Ereignisse vom Benutzer ausgeht, d. h. er einen Aufruf zum Erhalten der Primitive machen muß. Der synchrone Mechanismus kann entweder blockierend oder nicht blockierend ausgeführt werden. Im blockierenden Fall wartet der Benutzer bis zum Erhalten der Primitive oder bis die Timeout-Zeit abgelaufen ist. Im nicht blockierenden Fall fragt der Benutzer ab, ob das Ereignis eingetreten ist, der Aufruf kehrt aber in jedem Fall sofort zurück, der Benutzer führt also ein Polling aus. Im Gegensatz dazu meint asynchron hier, daß der Empfang des Ereignisses nicht vom Benutzer, sondern vom Kommunikations-System, ausgeht, d. h. der Benutzer wird in seinem Programmfluß asynchron unterbrochen und über das Eintreten eines Ereignisses informiert.

2. Einer generischen Schnittstelle, welche eine minimale Funktionalität definiert. Diese umfaßt die explizit durch OSI definierten verbindungslosen und verbindungsorientierten Dienste, aber auch Mechanismen, die in OSI als implementationsspezifisch angesehen werden, z. B. die Flußkontrolle.

1.2 Adressierung

PKTS-Benutzer, einer OSI-Dienst-Instanz entsprechend, werden über einen Namen identifiziert, der auf eine Transport-Adresse abgebildet wird, welche aus einer Netzwerk-Adresse und einem Transport-Selektor besteht. Es ist deshalb eine Abbildung Name zu Adresse und umgekehrt notwendig. Eine einfache, BSD 4.3 nachempfundene Schnittstelle, haben M. T. Rose und D. E. Cass in [Rose87] beschrieben.

Sie besteht aus einer Datenbank mit Paaren von textuellen Beschreibungen der Instanzen in der Form Instanz-Name residierend auf Dienst-Erbringer, z. B. "echo/tsap", und dem Selektor. Eine OSI-Dienst-Instanz entspricht einem Eintrag in einer solchen Datenbank. Mit Hilfe der Funktionen

```
struct OSIServEnt* GetOSIServEntByNname (char* Instanz, char* Provider)

struct OSIServEnt* GetOSIServEntBySelector (char* Provider, char* Selector,
                                                           int SelectLen)
```

Abb. 2. Primitiven für die Adressierung, GetOSIServEntByName(), GetOSIServEntBySelector()

können die Abbildungen vorgenommen werden, welche jeweils die folgende Struktur zurückgeben:

```
struct OSIServEnt {
    char*    osEntity;              // OSI Service Entity, Instanz
    char*    osProvider;           // OSI Service Provider, Erbringer

#define ISSIZE   64
    int      osSelectLen;          // Actual Length of OSI Service Selector
    char     osSelector[ISSIZE]; // OSI Service Selector
};
```

Abb. 3. OSI Dienst-Instanz, struct OSIServEnt

`GetOSIServEntByName()` bildet textuelle Beschreibungen der Instanz und des Dienst-Erbringers auf den internen Selektor ab. `GetOSIServEntBySelector()` bildet invers dazu Selektoren und Dienst-Erbringer auf Namen von Dienst-Instanzen ab.

Innerhalb der Schnittstelle wird die eigene Adresse mit einem Transport-Endpunkt (TEP) assoziiert. Es ist deshalb der folgende Assoziations-Primitiv notwendig:

```
int AssociateTransportEndpoint(struct OSIServEnt* Address, int TEPId)
```

Abb. 4. Primitiven für die Adressierung, AssociateTransportEndpoint()

1.3 Aktionen- und Ereignis-Behandlung

Aktionen können entweder blockierend oder nicht blockierend ausgeführt werden. Deshalb kann bei jeder Aktions-Primitive der Modus (Mode) `T_BLOCKING` oder `T_NONBLOCKING` angegeben werden.

Die Ereignis-Behandlung kann entweder synchron oder asynchron erfolgen. Bei der synchronen Ereignis-Behandlung registriert der Benutzer zunächst sämtliche Ereignisse, auf die er zu warten beabsichtigt. Er erhält für jedes registrierte Ereignis eine Identifikation (`EventId`) zurück, mit der er später das eingetroffene Ereignis identifizieren kann. Bei der asynchronen Ereignis-Behandlung registriert der Benutzer zusätzlich eine Ereignis-Behandlungs-Routine mit dem letzten Parameter, er erhält ebenso eine Ereignis-Identifikation zurück.

Hat der Benutzer im Falle der synchronen Ereignis-Behandlung sämtliche Ereignisse, auf die er zu warten beabsichtigt, registriert, so führt er mit `Wait()` eine Warteoperation aus, mit der er auf das Eintreten eines der zuvor registrierten Ereignisse wartet. Die Primitive dazu hat die folgende Gestalt:

```
EventId Wait();      // wait for one of the preregistered events
```

Abb. 5. Primitive für die Ereignis-Behandlung, Wait()

Bei Eintreten eines Ereignisses wird die Ereignis-Identifikation, `EventId`, zurückgegeben. Sämtliche Ausgabe-Parameter, z. B. Daten, sind zu diesem Zeitpunkt bereits übergeben.

Im Falle der asynchronen Ereignis-Behandlung kann der Benutzer mit `Block()` oder `DontBlock()` sich entweder blockieren, d. h. den Programmfluß stoppen, oder im Programmfluß weiterfahren. In beiden Fällen wird er asynchron durch eintretende Ereignisse unterbrochen. Die Primitiven dazu haben die folgende Gestalt:

```
int Block();         // blocks user in program flow, user can be
                     // asynchronously called by provider

int DontBlock();     // does not block user in program flow, user can be
                     // asynchronously called by provider
```

Abb. 6. Primitiven für die Ereignis-Behandlung, Block() und DontBlock()

Zuvor registrierte synchrone und asynchrone, nicht mehr benötigte Ereignisse können mit Hilfe von `DeRegister()` aus der Liste der registrierten Ereignisse entfernt werden. Die Primitive hat folgende Gestalt:

```
int DeRegister(int EventId)     // deregister event
```

Abb. 7. Primitive für die Ereignis-Behandlung, DeRegister()

Neben den Ereignissen, die die Kommunikations-Primitiven betreffen, sind die folgenden Ereignisse zur Timeout- und Fehler-Behandlung definiert. Das Timeout-Ereignis *TimeoutIndication* hat die folgende Gestalt:

```
// synchrone Ereignisse
EventId TimeoutIndication(int n)
        // n in seconds after performing Wait()

// asynchrone Ereignisse
EventId TimeoutIndication(int n, EVENTHANDLER EventHandler)
        // n in seconds after performing Wait()
```

Abb. 8. Primitiven für die Ereignis-Behandlung, TimeoutIndication()

Das Error-Ereignis *ErrorIndication* besitzt folgendes Aussehen:

```
// synchrone Ereignisse
EventId ErrorIndication(int* Error)
        // Error           contains error identification
// asynchrone Ereignisse
EventId ErrorIndication(int* Error, EVENTHANDLER EventHandler)
        // Error           contains error identification
```

Abb. 9. Primitiven für die Ereignis-Behandlung, ErrorIndication()

1.4 Verbindungslose Dienste

Der verbindungslose Transport-Dienst in PKTS benutzt die in [ISO8072Add184] definierten Primitiven und Parameter:

```
// blockierende und nicht blockierende Aktion
int UnitDataRequest(Transport* TEPId, Address* Called, Address* Calling,
                    int QOS, char* UserData, int UserDataLen, int Mode)
// synchrone Ereignisse
EventId UnitDataIndication(Transport* TEPId, Address** Called, Address** Calling,
                    int QoS, char* UserData, int* UserDataLen)
// asynchrone Ereignisse
EventId UnitDataIndication(Transport* TEPId, Address** Called, Address** Calling,
        int QOS, char* UserData, int* UserDataLen, EVENTHANDLER EventHandler)
```

Abb. 10. Primitiven für den verbindungslosen Transport-Dienst

Dabei sind `TEPId` die Transport-Endpunkt-Identifikation, `Called` und `Calling` die gerufene und rufende Adresse, `QoS` die Dienstgüte, `UserData` die Benutzer-Daten mit einer maximalen Länge von 63.488 Oktetten, `UserDataLen` die aktuelle Länge der Benutzer-Daten, `Mode` die Angabe, ob die Aktion blockierend oder nicht blockierend ausgeführt werden soll, und `EventHandler` die Ereignis-Behandlungs-Routine, die bei asynchroner Bearbeitung vom Kommunikations-System für den Benutzer aufgerufen werden soll.

1.5 Verbindungs-Aufbau bei verbindungsorientierten Diensten

Die Verbindungs-Aufbau-Phase von PKTS enthält die bekannten OSI-Primitiven und die definierten Optionen. Zusätzlich gibt es die Option `Timeout`, welche es ermöglicht beim Verbindungs-Aufbau, (`ConnectRequest` und `ConnectResponse`), dem Dienst-Erbringer mitzuteilen, daß die Verbindung überwacht werden soll. Ein Wert n>0 spezifiziert einen Verbindungs-Abbau durch den Dienst-Erbringer nach n Sekunden Inaktiv-Zeit, ein Wert T_TIMEOUTNO spezifiziert keine Überwachung. Bei `ConnectIndication` und `ConnectConfirm` hat die Timeout-Option keine Bedeutung.

Die folgende Struktur führt die Optionen für den Verbindungs-Aufbau ein.

```
struct ConnOpt {
    int ExpOpt;             // Expedited Data Option
    int QOS;                // Quality of Service
    char UserData[32];      // User Data, maximum is 32 octetts
    int UserDataLen;        // actual length of User Data
    int Timeout;            // Timeout in seconds for inactive connection,
                            // or T_TIMEOUTNO, applicable to ConnectRequest and
                            // ConnectResponse only
};
```

Abb. 11. Primitive für den Verbindungs-Aufbau, Optionen

Die Namen der Primitiven für den Verbindungs-Aufbau in PKTS entsprechen den abstrakten OSI-Primitiven. Der erste Parameter entspricht der Transport-Endpunkt-Identifikation, danach folgen Adressen und Optionen.

```
// blockierende und nicht blockierende Aktionen
int ConnectRequest(Transport* TEPId, Address* Called, Address* Calling,
                                            ConnOpt* Opt, int Mode)
int ConnectResponse(Transport* TEPId, Address* Responding, ConnOpt* Opt,
                                            int Mode)
// synchrone Ereignisse
EventId ConnectIndication(Transport* TEPId, Address** Called, Address** Calling,
                                            ConnOpt** Opt)
EventId ConnectConfirm(Transport* TEPId, Address** Responding, ConnOpt** Opt)
// asynchrone Ereignisse
EventId AsyncConnectIndication(Transport* TEPId, Address** Called,
                Address** Calling, ConnOpt** Opt, EVENTHANDLER EventHandler)
EventId AsyncConnectConfirm(Transport* TEPId, Address** Responding,
                            ConnOpt** Opt,  EVENTHANDLER EventHandler)
```

Abb. 12. Primitiven für den Verbindungs-Aufbau

1.6 Daten-Übermittlung bei verbindungsorientierten Diensten

Die Daten-Übermittlungs-Phase von PKTS enthält die bekannten OSI-Primitiven und zusätzliche Primitiven zur expliziten Datenfluß-Regulierung zwischen den Dienst-Benutzern, welche dem Sinix [Siemens88] Stop-Go-Mechanismus nachempfunden sind.

Normal-Daten werden, die Nachrichten-Grenze erhaltend, in TSDUs (Transport-Service-Data-Unit) übertragen, die prinzipiell beliebig lang sein können. Da aber reale Schnittstellen nicht beliebig lange TSDUs übernehmen können, ist für eine lokale Implementierung die Festlegung einer maximalen Länge für eine TIDU (Transport-Interface-Data-Unit) notwendig. Dies bedingt einen eigenen Mechanismus zur Handhabung der TIDUs. Vorrang-Daten haben eine maximale Länge von 16 Oktetten und passen immer in eine TIDU.

Der explizite Datenfluß-Regulierungs-Mechanismus regelt den Fluß von TIDUs, aber nicht von TSDUs. Die maximale Länge einer TIDU ist eine lokale Eigenschaft, insbesondere können die maximalen Größen der TIDU der Kommunikations-Partner differieren, eine Anwendung soll deshalb keine Annahmen über diese Größe machen. Die lokale maximale Größe einer TIDU kann mit `GetTIDUSize()` ermittelt werden.

Die implizite Fluß-Regulierung an der lokalen Schnittstelle ist die gleiche wie in den anderen Kommunikations-Phasen, und kann über den `Mode`-Eingabe-Parameter durch den Benutzer gesteuert werden.

Eine TSDU muß vom sendenden Benutzer A in mehrere TIDUs zerlegt werden, wenn die Länge der TSDU die Länge der maximalen TIDU überschreitet. Die Interaktion an der Schnittstelle entspricht dem Übergeben von TIDUs mittels dem `DataRequest`. Der abstrakten *DataRequest*-Primitive, die sich auf TSDUs bezieht, entspricht aber erst die Übergabe der letzten TIDU, die zur TSDU gehört. Dem wird Rechnung getragen durch den `TSDUend`-Eingabe-Parameter mittels `T_SDUMORE` oder `T_SDUEND`.

Eine TSDU wird dem empfangenden Benutzer B, in einer oder mehreren TIDUs zerlegt, übergeben. Dies wird durch den `TSDUend`-Parameter angezeigt. Das zugehörige Schnittstellen `DataIndication`-Ereignis entspricht dem Eintreffen einer TIDU. Das abstrakte *DataIndication*-Ereignis hingegen tritt erst ein, wenn das Ende der TSDU, `T_SDUEND` mitgeteilt wurde. Da der Benutzer bei der Registrierung seines Ereignisses einen Datenpuffer-Bereich angeben kann, der kleiner ist als die maximale TIDU Länge, die Interaktion an der Ereignis-Schnittstelle aber über eine `DataIndication` mit einer TIDU verknüpft ist, muß der Benutzer B solange `DataIndications` absetzen, welche sofort bedient werden, bis eine vollständige TIDU übergeben ist. Dies erfolgt über den `TIDUend`-Ausgabe-Parameter mittels `T_IDUMORE` oder `T_IDUEND`. Der `DataLen`-Parameter gibt in diesem Fall von `T_IDUMORE` die Länge der noch zu empfangenden Daten an.

Für die explizite Flußkontrolle zwischen Dienst-Benutzern stehen folgende Primitiven für Normal-Daten zur Verfügung: `DataStopRequest`, `DataGoRequest`, `DataGoIndication` und der `T_DATASTOP`-Rückgabewert der `DataRequest`-Primitive, sowie folgende Primitiven für Vorrang-Daten zur Verfügung: `ExpDataStopRequest`, `ExpDataGoRequest`, `ExpDataGoIndication` und der `T_EXPDATASTOP`-Rückgabewert der `ExpDataRequest`-Primitive. Werden Vorrang-Daten gesperrt, werden auch gleichzeitig Normal-Daten gesperrt. Die Flußfreigabe für Vorrang-Daten mittels `DataGoRequest` impliziert gleichzeitig eine Freigabe für Normal-Daten, wohingegen eine Flußfreigabe mittels `ExpDataGoRequest` nur eine Freigabe für Vorrang-Daten bedeutet.

```
// blockierende und nicht blockierende Aktionen
int DataRequest(Transport* TEPId, char* UserData, int UserDataLen,
                                        int TSDUend, int Mode)
int ExpDataRequest(Transport* TEPId, char ExpUserData[16], int ExpUserDataLen,
                                        int Mode)
// synchrone Ereignisse
EventId DataIndication(Transport* TEPId, char* UserData, int* UserDataLen,
                                int* TSDUend, int* TIDUend)
EventId ExpDataIndication(Transport* TEPId, char ExpUserData[16],
                                int* ExpUserDataLen)
// asynchrone Ereignisse
EventId AsyncDataIndication(Transport* TEPId, char* UserData, int UserDataLen,
                        int* TSDUend, int* TIDUend, EVENTHANDLER EventHandler)
EventId AsynExpDataIndication(Transport* TEPId, char ExpUserData[16],
                        int* ExpUserDataLen, EVENTHANDLER EventHandler)
```

Abb. 13. Primitiven für die Daten-Übermittlung

```
// Explicit Flow Control
int DataStopRequest(Transport* TEPId)
int DataGoRequest(Transport* TEPId)
EventId DataGoIndication(Transport* TEPId)

int ExpDataStopRequest(Transport* TEPId)
int ExpDataGoRequest(Transport* TEPId)
EventId ExpDataGoIndication(Transport* TEPId)
```

Abb. 14. Primitiven für die explizite Fluß-Kontrolle

1.7 Verbindungs-Abbau bei verbindungsorientierten Diensten

Die Verbindungs-Abbau-Phase von PKTS enthält die bekannten OSI-Primitive. Die Benutzerdaten werden in einer Optionen-Struktur verpackt. Der Rückgabe-Parameter `Reason` gibt den Grund für den Verbindungs-Abbau an.

```
struct DisConnOpt {
    char UserData[64];   // User Data, maximum is 64 octetts
    int UserDataLen;     // actual length of User Data
};
```

Abb. 15. Primitiven für den Verbindungs-Abbau, Optionen

```
// blockierende und nicht blockierende Aktionen
int DisConnectRequest(Transport* TEPId, struct DisConnOpt* Opt, int Mode)
// synchrone Ereignisse
EventId DisConnectIndication(Transport* TEPId, int* Reason,
                                        struct DisConnOpt* Opt)
// asynchrone Ereignisse
EventId AsyncDisConnectIndication(Transport* TEPId, int* Reason,
                    struct DisConnOpt* Opt, EVENTHANDLER EventHandler)
```

Abb. 16. Primitiven für den Verbindungs-Abbau

2. Architektur von PKTS

Die Architektur von PKTS verfolgt das Ziel der Konversion der vorhandenen Transport-Dienst-Schnittstellen für unterschiedliche Kommunikations-Systeme, z. B. OSI und DoDPS, in den verschiedenen Betriebssystemen zur PKTS-Schnittstelle, die an OSI angelehnt ist. Dies bedeutet eine Zweiteilung des Problems. Zum einen eine Veränderung oder Erweiterung der bestehenden abstrakten Transport-Dienste, z. B. TCP/IP, um die OSI Funktionalität zu erreichen. Die dazu verwendete Methode ist die Schnittstellen-Konversion, d. h. das Hinzufügen möglichst weniger neuer Protokoll-Elemente, wobei allerdings nicht soweit gegangen werden soll, wie von Rose und Cass [Rose87] vorgeschlagen, die das TCP/IP nur noch als verbindungsorientiertes Netzwerk-Protokoll betrachten. Es soll aber auch keine Protokoll-Konversion, wie von Groenbaek [Groenbaek86] beschrieben, unternommen werden, da dies die Zugänglichkeit der zugrundeliegenden Transport-Protokolle voraussetzen würde, die in der Regel im Betriebssystem-Kern lokalisiert sind. Zum anderen die Realisierung dieser Schnittstellen-Konversionen, denn gleiche abstrakte Transport-Dienst-Schnittstellen, z. B. TCP/IP, sind in den verschiedenen Betriebssystemen unterschiedlich realisiert. Zudem sind die Mechanismen zur Ereignisbehandlung sehr unterschiedlich.

Aus all dem folgt, daß die Architektur von PKTS sehr flexibel im Hinblick auf Anpassung an die vorhandenen Kommunikations- und Betriebssysteme sein muß. PKTS selber muß weitestgehend portabel sein, d. h. es sollen nur die wirklich unterschiedlichen Teile in den jeweiligen Betriebssystemen reimplementiert werden müssen.

Die Schnittstellen-Konversion, z. B. von TCP/IP zum OSI Transport-Dienst, soll hier nicht betrachtet werden, aber die objekt-orientierte Konstruktion und Realisation.

2.1 Objekt-Orientierte Konstruktion

Die PKTS-Schnittstellen-Definition wird konzeptionell auf die Basisklassen einer Transport-Klassen-Hierarchie abgebildet, vgl. Abb. 17. Funktionalität, die unabhängig vom Betriebs- und Transport-System ist, wird in diesen Basisklassen implementiert. Funktionalität, die nicht in den Basisklassen implementiert werden kann, wird durch virtuelle Funktionen in den Basisklassen definiert. Das bedeutet, daß der Benutzer des portablen Transport-Systems, der die Methoden der Basisklassen benutzt, über dieses einheitliche Interface mit den zugrundeliegenden unterschiedlichen Transport-Mechanismen auf verschiedenartigen Betriebssystemen kommuniziert.

Die Klassen-Hierarchie des Portablen Transport Systems basiert auf den nicht windowsystem-orientierten Teilen der Klassen-Hierarchie von ET++ [Weinand88]. Die Basisklasse `Address` definiert den Mechanismus zum Auffinden von Adressen, welche auf netzwerkspezifische Adressierung in den abgeleiteten Klassen, z. B. `BSD43_IP_Address` abgebildet wird. Die Basisklasse `TransportObject` wird benutzt, um Zustandsinformation von Transport-Endpunkten, z. B. den Interaktionsmodus, zu halten. Die Basisklasse für Aktionen und Ereignisse ist `UserActionEvent`, die Methoden für verbindungslose und verbindungsorientierte Transport-Dienste sind entsprechend der PKTS-Schnittstelle definiert. Von `UserActionEvent` werden die verschiedenen Klassen zur Interaktionsbehandlung abgeleitet. Diese sind `ASynchronousUE` für asynchrone Ereignis-Behandlung, `SynchronousUE` für synchrone blockierende und nicht blockierende Ereignis-Behandlung, `UserAction` zur Behandlung von blockierenden und nicht blockierenden Aktionen. Diese Klassen werden jeweils aufgespalten für die verbindungslosen und verbindungsorientierten Transport-Dienste, in die `CLTS_ASUE-`, `COTS_ASUE-`, `CLTS_SUE-`, `COTS_SUE-`, `CLTS_UA-` und `COTS_UA`-Klassen. Von den so definierten abstrakten Basisklassen werden die Klassen für die einzelnen Betriebssysteme und Transport-Dienste abgeleitet, z. B. `BSD43_TCP_COTS_UA` für die zugrundeliegende TCP-Schnittstelle auf BSD 4.3. Die weiteren Basisklassen `MultiWait` und `WaitObj` sind nicht zum Gebrauch durch den Benutzer bestimmt, sie dienen intern zur Realisierung der Ereignis-Behandlung.

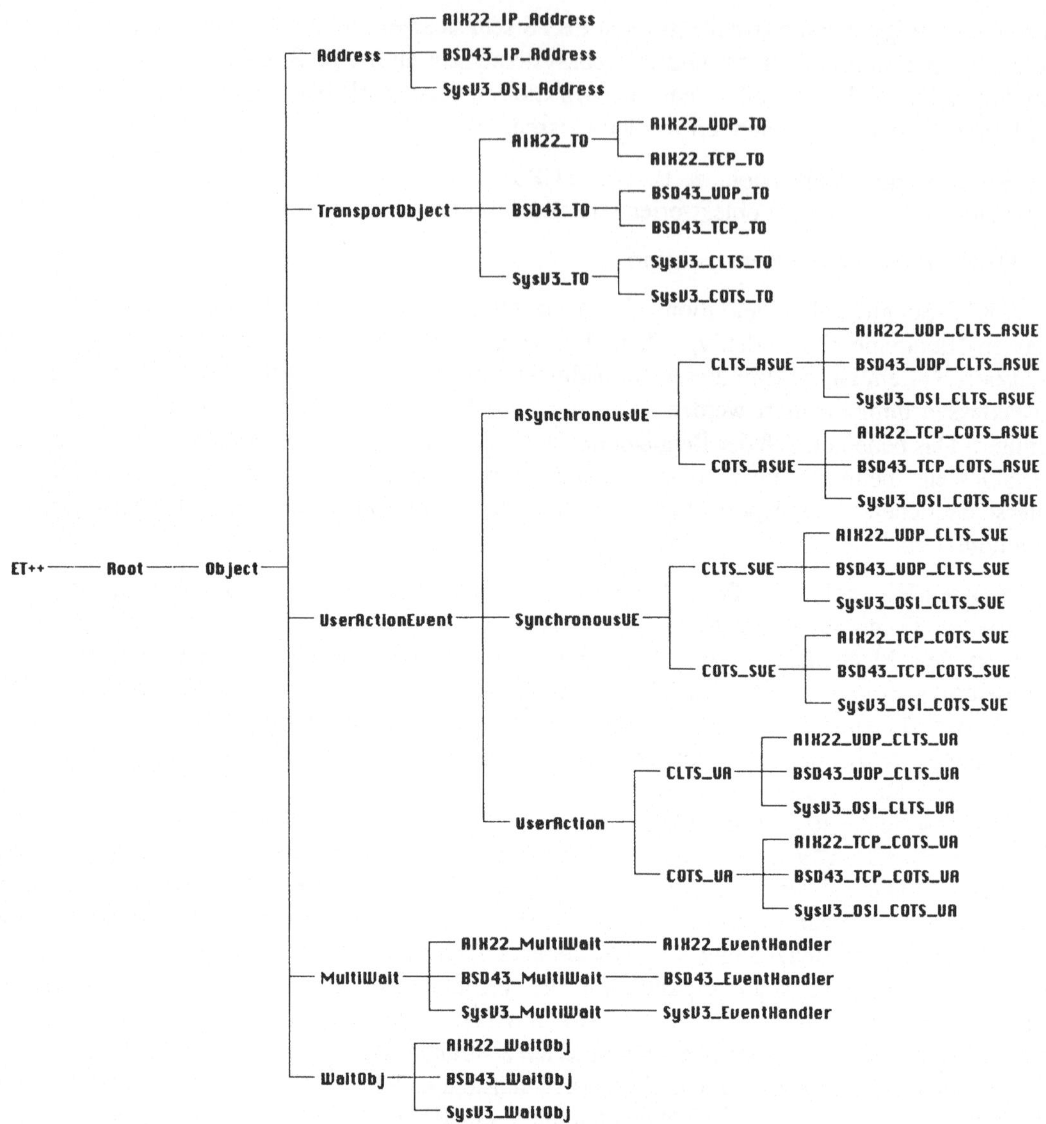

Abb. 17. Klassen-Hierarchie von PKTS

2.2 Implementations-Gesichtspunkte

Wie eingangs erwähnt soll das portable Transport-System einfach erweiterbar und portable sein. Als portable Implementierungssprache bietet sich C an, leider enthält C keine geeigneten Konstrukte zur Strukturierung von Software für einfache Erweiterbarkeit. Eine kleine Beispiel-Implementation in C zeigte bereits, daß sie zu sehr schlecht erweiterbarem Code führte. Aus diesem Grund wurde die objektorientierte Sprache C++ [Stroustrup86] gewählt, die eine ähnlich hohe Portabilität wie C aufweist, da sie auf C basiert, und die gewünschten Eigenschaften bezüglich Erweiterbarkeit hat. Dies wird durch das Klassen-Konzept mit Vererbung und durch virtuelle Funktionen [Stroustrup87] untertützt.

2.3 Direkte Benutzung von PKTS

Eine typische direkte Benutzung dieses Transport-Systems ist im folgenden Beispiel gezeigt:

```
// Address of sender on Internet
BSD43_IP_Address* Calling= new BSD43_IP_Address();
Calling->GetOSIServEntByName("TestSender", "TSAP");

// Address of receiver on Internet
BSD43_IP_Address* Called= new BSD43_IP_Address();
Called->GetOSIServEntByName("TestReceiver", "TSAP");

// Transport Object for UDP/IP on BSD 4.3
BSD43_UDP_TO* TEPId= new BSD43_UDP_TO(Calling);

// User Action Object for UDP/IP on BSD 4.3
BSD43_UDP_CLTS_UA* DGUserActionObj= new BSD43_UDP_CLTS_UA(TEPId);

// Synchronous Event Object for UDP/IP on BSD 4.3
BSD43_UDP_CLTS_SE* DGSyncEvtObj= new BSD43_UDP_CLTS_SE(TEPId);

// send data
char Buf[] = "Data to be send";
DGUserActionObj->UnitDataRequest(TEPId, Called, Calling, QOS,
                                 Buf, strlen(Buf)+1, T_BLOCKING);

// receive data
char RcvBuf[1024];
int RcvBufLen= 1024;
UDIEvent= DGSyncEvtObj->UnitDataIndication(TEPId, Called, Calling,
                                  QOS, RcvBuf, &RcvBufLen);
int Error;
ErrIEvent= DGSyncEvtObj->ErrorIndication(&Error);

EventId= Wait();
switch (EventId) {
    case UDIEvent:
        fwrite(RcvBuf, 1, RcvBufLen, stdout);
        ...
    case ErrIEvent:
        printf("Error!");
        ...
}
```

Abb. 18

Zunächst werden die Adreß-Objekte Calling und Called erzeugt und die Adressen der Kommunikationspartner aufgefunden. Danach wird ein Transport-Endpunkt erzeugt und mit der lokalen Adresse gebunden. Die benötigten Objekte zur Aktions-Behandlung DGUserActionObj und zur Ereignis-Behandlung DGSyncEvtObj werden erzeugt. Vom Aktions-Objekt wird die Methode zum Senden von Daten UnitDataRequest blockierend aufgerufen, danach werden die Ereignisse UnitDataIndication und ErrorIndication mit den dazugehörigen Parametern registriert. Mit Wait wird, da keine Timeout-Ereignis registriert wurde, blockierend auf das Eintreten eines der Ereignisse gewartet.

3. Send-Receive Transport Interface (SRTI)

SRTI baut auf PKTS auf und abstrahiert die dort angebotenen Dienste für unterschiedliche Transport Systeme auf verschiedenartigen Betriebssystemen. SRTI bietet einen zuverlässigen Datagramm-Dienst über zugrundeliegende verbindungsorientierte Dienste und einen einheitlichen Adressierungs-Mechanismus über heterogene Netze hinweg.

Die Ziele von SRTI sind:

1. Wenige Dienst-Primitive, nach Möglichkeit nur die `Send`- und `Receive`-Primitiven.

2. Abstraktion der drei Kommunikations-Phasen: Verbindungs-Aufbau, Datentransfer, Verbindungs-Abbau zu einer Datentransfer-Phase, d. h. transparenter Verbindungs-Aufbau und -Abbau.

3. Netzwerkunabhängige Adressierung. Daraus folgt, daß SRTI die Basis für ein Netzwerk-Betriebssystem, wie z.B. in [Geihs87, Staroste88] beschrieben, bilden kann.

4. Zusätzlich zu den einfachen Primitiven Erhaltung der vollen Funktionalität von PKTS, d. h. insbesondere, daß die Aktions- und Ereignis-Behandlung von PKTS beibehalten werden soll.

Der zuverlässige Datagramm-Dienst wird erreicht durch die Benutzung zuverlässiger verbindungsorientierter Dienste, d. h. der Verbindungs-Aufbau geschieht mit dem ersten Datentransfer. Soll der Verbindungs-Aufbau Heterogenitätsgrenzen überschreiten können, so ist es notwendig Transport-Schicht Gateways innerhalb SRTI unter Zuhilfenahme von PKTS bereitzustellen. Verbunden mit dem Verbindungs-Aufbau über Heterogenitätsgrenzen hinweg, ist das Routing, d. h. die Wegfindung zwischen zwei Hosts.

Die Adreßbehandlung des SRTI dient der Abstraktion verschiedenartiger Netzwerke und Adressierungsschemata zu einem gemeinsamen globalen Gesamt-Netzwerk. Deshalb fällt die Netzwerk Namenskomponente bei der Benennung weg, d. h. Transport-Dienste werden durch die zwei Komponenten Host- und Dienst-Name identifiziert. Das SRTI bildet den globalen Hostnamen auf einen Netzwerk- und Host-Namen ab.

Der Verbindungs-Aufbau existiert für den SRTI Benutzer nicht explizit, d. h. es existieren keine Primitiven zum Verbindungs-Aufbau. Vielmehr wird mit dem ersten Senden einer Nachricht eine Verbindung zur Partnerinstanz implizit aufgebaut. Falls die Verbindung über Netzwerkgrenzen hinweg aufgebaut werden muß, so geschieht dies über die auf PKTS basierende Gateway-Funktion. Zur Wegfindung wird ein einfaches Quell-Host-Routing [Sloman87, Tanenbaum81, Shoch78] angewendet.

Der einfache Datentransfer geschieht über die folgenden `Send`- und `Receive`-Primitiven:

```
// blockierende Aktionen
int Send(Address** Called, Address** Calling, char* buf, int buflen)
// synchrone Ereignisse
int Receive(Address** Called, Address** Calling, char* buf, int buflen)
// asynchrone Ereignisse
int Receive(Address** Called, Address** Calling, char* buf, int buflen,
                                      EVENTHANDLER EventHandler)
```

Abb. 19

Die Funktionen zur Ereignisbehandlung, wie `Wait()`, `Block()`, `DontBlock()` oder `DeRegister()` sind die gleichen wie in PKTS.

Der Verbindungs-Abbau ist wie der Verbindungs-Aufbau für den Benutzer nicht sichtbar, d. h. wird von SRTI übernommen. Es wird eine Least-Recently-Used-Strategie zum Verbindungs-Abbau verwendet.

4. Zusammenfassung

Zur Erstellung verteilter Applikationen soll eine einheitliche Schnittstelle für den Zugang zu offenen Kommunikations-Diensten ermöglicht werden. Für die Portabilitätsklasse der Unix Versionen: BSD 4.3, System V.3 und AIX 2.2 wurde aufgezeigt, daß ein Portables Kommunikations-Tranport-System (PKTS), welches OSI-Transport-Dienste über verschiedenartige Kommunikations-Architekturen hinweg ermöglicht, konstruiert werden kann. Erweiterbarkeit auf andere nicht-Unix Betriebssysteme ist einfach zu realisieren, da die PKTS-Architektur dies bereits vorsieht. Die Unterteilung der Schnittstellen-Definition in einen Interaktions-Teil und einen Kommunikations-Funktionalitäts-Teil erweist sich als sehr nützlich, insbesondere wenn dies kombiniert wird mit den objekt-orientierten Konzepten der Vererbung (Inheritance) und der abstrakten Methoden (Deferred Operations, Virtual Functions). Das Send-Receive Transport-Interface (SRTI) abstrahiert die Dienste des PKTS auf einen zuverlässigen Datagramm-Dienst mit einheitlichem Adressierungs-Mechanismus zur leichteren Handhabung für den Anwender. Die Art der Implementierung mit Hilfe einer Klassen-Hierarchie ermöglicht eine einfache Erweiterbarkeit auf andere Kommunikations-Architekturen und andere Betriebssysteme, welche die Sprache C++ unterstützen.

5. Literaturverzeichnis

[Brown88]   Laurence M. Brown, "Networking Architecture and Protocol," in *Unix System Software Readings*, Prentice-Hall, Englewood Cliffs, New Jersey (1988).

[Geihs87]   K. Geihs, R. Staroste, and H. Eberle, "Operating System Support for Heterogeneous Distributed Systems," pp. 178-189 in *Proceedings, GI-NTG Fachtagung: Kommunikation in Verteilten Systemen, Aachen, Germany, Februar 1987*, ed. O. Spaniol, Springer-Verlag, Berlin, Heidelberg, New York (1987).

[Groenbaek86]   Inge Groenbaek, "Conversion Between the TCP and ISO Transport Protocol as a Method of Achieving Interoperability Between Data Communication Systems," *IEEE Journal on Selected Areas in Communications* **SAC-4**(2) pp. 288-296 (March 1986).

[ISO8072Add184]   ISO/TC 97/SC 16 N 2008 ISO8072Add1, "Addendum to the Transport Service Definition Covering Connectionless Mode Transmission," *Computer Communication Review* **14**(4) pp. 21-33 (October 1984).

[Meyer88]   Bertrand Meyer, *Object-oriented Software Construction*, Prentice-Hall, Englewood Cliffs, New Jersey (1988).

[Rose87]   Marshall T. Rose and Dwight E. Cass, "The ISO Development Environment at NRTC: User's Manual," Nothrop Research and Technology Center One Research Park, Palos Verdes Peninsula, CA 90274, USA (October 12, 1987).

[Schulz88]   Klaus-Jürgen Schulz, "Design and Implementation of a Portable Communication Transport System for Unix Network Applications in C++," in *EUROMICRO 88, Zürich, Switzerland, August 29 - September 1, 1988, Microprocessing and Microprogramming, Special Volume - Short Notes (to be published)*, ed. Harald Schumny, (1988).

[Shoch78]   John F. Shoch, "Inter-Network Naming, Addressing, and Routing," pp. 72-79 in *Proceedings computer communications networks, compcon, September 5-8, 1978*, IEEE (1978).

[Siemens88]   Siemens, "CMX (Communication Method SINIX)," in *Betriebssystem SINIX, CMX, Kommunikationsmethode in SINIX, Benutzerhandbuch (CMX V2.1)*, (Februar 1988).

[Sloman87]   Morris Sloman and Jeff Kramer, *Distributed Systems and Computer Networks*, Prentice Hall, Englewood Cliffs, New Jersey (1987).

[Staroste88]   R. Staroste, H. Schmutz, M. Wasmund, A. Schill, and W. Stoll, "A Portability Environment for Communication Software," pp. 51-79 in *HECTOR, Heterogeneous Computers Together*, ed. G. Müller, Springer-Verlag, Berlin, Heidelberg, New York (1988).

[Stroustrup86] Bjarne Stroustrup, *The C++ Programming Language*, Addison-Wesley, Reading, Massachusetts (1986).

[Stroustrup87] Bjarne Stroustrup, "An Overview of C++," pp. 2-15 in *Proc. EUUG, Helsinki, Finland, May 1987*, (1987).

[Tanenbaum81] Andrew S. Tanenbaum, *Computer Networks*, Prentice Hall, Englewood Cliffs, New Jersey (1981).

[Weinand88]   André Weinand and Erich Gamma, "ET++ – An Object Oriented Application Framework in C++," in *Proceedings OOPSLA '88*, (1988).

Datenanwendungen in öffentlichen Breitbandnetzen -
Möglichkeiten und Grenzen von ATM

Karl J. Pütz

Siemens AG, München

Kurzfassung: Einführend werden die Merkmale des asynchronen Transfermodus (ATM) sowie der Stand der ATM-Standardisierung erörtert. In einem nachfolgenden Abschnitt wird die Referenzkonfiguration an der Benutzer-Netz-Schnittstelle (User Network Interface: UNI) eines zukünftigen öffentlichen Breitbandnetzes (B-ISDN) dargestellt. Ausgehend von den derzeitigen Überlegungen zum Protokollreferenzmodell für das B-ISDN werden Fragen im Zusammenhang mit der ATM-Schicht, der Adaptionsschicht und der Signalisierungsbehandlung angeschnitten. Der letzte Abschnitt befaßt sich mit Datenanwendungen in öffentlichen Breitbandnetzen. Es werden die Eigenschaften eines solchen Netzes auf ATM-Basis und mögliche Anwendungen mit Schwerpunkt auf Übermittlungsdienste (Bearer Services) dargestellt. Abschließend werden Anschlußkonfigurationen für verbindungsorientierte (connection oriented: CO) und verbindungslose (connection less: CL) Übermittlungsdienste in Festnetzen und Wählnetzen vorgestellt.

1. Einleitung

Technologische Fortschritte bei integrierten Schaltkreisen, Glasfasern und optischen Bauelementen erlauben einerseits hohe Übertragungsbandbreiten bei kleinen Bitfehlerraten und andererseits die notwendige schnelle Protokollverarbeitung beim Übermitteln der Nutzinformation (User Plane) in Hardware bei hohen Integrationsgraden. Dies sind wesentliche Voraussetzungen für die Entwicklung einheitlicher Multiplex- und Vermittlungsverfahren für öffentliche Breitbandnetze auf Basis der schnellen Paketvermittlungstechnik.

Der asynchrone Transfermodus (ATM) mit fester Zellenlänge als eine Variante der schnellen Paketvermittlungstechnik wurde in der CCITT Draft Rec. I.121 (vgl. /1/, /2/) als das Übermittlungsverfahren für das zukünftige Breitband-ISDN festgelegt. Der Hauptvorteil des ATM-Verfahrens liegt besonders für Datenanwendungen in der Möglichkeit der flexiblen Bitratenzuteilung ("bitrate on demand"). Hiermit ist nicht in erster Linie die Ausnutzung der "Burstiness" gemeint, sondern das Vermitteln von Verbindungen mit Übertragungskapazität entsprechend dem jeweiligen Bedarf des Benutzers unabhängig von STM-Kanalraten (STM: Synchroner Transfermodus).

Die Einführung eines B-ISDN wird als evolutionäre Weiterentwicklung des Schmalband-ISDN (S-ISDN: 64 kBit/s) gesehen. Das Zielnetz sollte in der Lage sein, alle Dienste - auch Datendienste - integrieren und kostengünstig abwickeln zu können. Schon beim Übergang auf das S-ISDN ergeben sich für Datenanwender erhebliche Kostenvorteile gegenüber dem heutigen integrierten Datennetz IDN.

Der Entwicklungsprozeß zu einem einheitlichen Zielnetz erfordert einen langen Zeitraum, in dem Netzübergänge zum Fernsprechnetz und zum S-ISDN geboten werden müssen. Diese gewährleisten auch für Datenteilnehmer an öffentlichen Netzen stets Transparenz zwischen allen gebotenen Diensten in verschiedenen Netzen.

2. Asynchroner Transfermodus (ATM)

2.1 Merkmale von ATM

Nach CCITT Draft Rec. I.121 (/1/) soll in einem zukünftigen Breitband-Zielnetz ein "unrestricted bearer service" ausschließlich in ATM geboten werden.

Das ATM-Grundprinzip geht von folgenden Annahmen aus:

1.   Nachrichten werden abweichend von X.25 in Informationsblöcke **fester** Länge, ATM-Zellen genannt, unterteilt.

2. Jede ATM-Zelle enthält ein Informationsfeld und einen Zellenheader für Funktionen, wie virtuelle Kanalkennung VCI (Virtual Channel Identification), Fehlererkennung und ggf. Fehlerkorrektur des Headers, sowie Raum für zusätzliche explizite Headerfunktionen, über die noch keine Einigung besteht.

3. ATM arbeitet wie das X.25-Protokoll **verbindungsorientiert**, d.h. vor der Datentransferphase ist der Aufbau einer virtuellen Verbindung notwendig. Alle ATM-Zellen einer Nachrichtenquelle durchlaufen im Netz den gleichen Weg ohne Veränderung der Reihenfolge (vgl. Bild 1).

4. An der Benutzer-Netz-Schnittstelle (UNI) lassen sich viele virtuelle Verbindungen mit Hilfe der VCI im Zellenheader multiplexen. Das Multiplexen geschieht in Schicht 1 (ATM-Schicht).

5. Mit ATM kann ein weitgehend diensteunabhängiger "unrestricted bearer service" mit hoher Transportkapazität und in Hardware realisierbarem Übermittlungsprotokoll (ATM-Schicht) geboten werden (vgl. Bild 2). Dienstespezifische Anpassungen sind in der Adaptionsschicht vorzunehmen.

6. Aufgrund kleiner Bitfehlerraten und hoher Transportgeschwindigkeiten in Breitbandnetzen ist abweichend von X.25 eine Sicherung und Flußkontrolle bei Bedarf nur auf End zu End-Basis vorgesehen.

Bild 1 zeigt eine virtuelle Simplex-Verbindung zwischen zwei Endsystemen an einem ATM-Kommunikationsnetz. Die Verbindung setzt sich aus einer Verkettung von mehreren logischen Kanälen zwischen den Netzknoten zusammen. Auf jedem Abschnitt wird die Verbindung durch eine eindeutige VCI gekennzeichnet. Die auf den Abschnitten gültigen VCIj werden beim Verbindungsaufbau in die Umwertetabellen eingetragen.

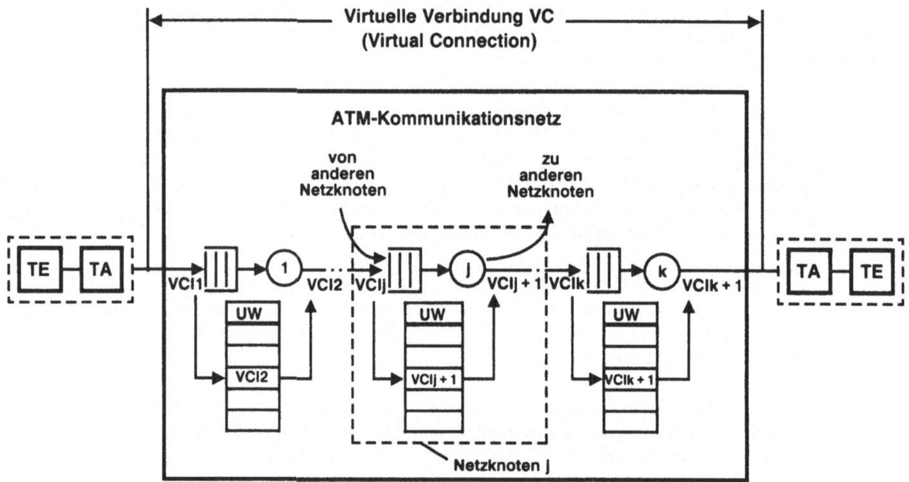

TE   :   Terminal Equipment   TA   :   Terminal Adaptor
UW   :   Umwerter
VCIj :   Virtual Channel Identification auf dem Verbindungsabschnitt j
VC   :   Virtual Connection (VC = VCI1 + VCI2 + ...)

Bild 1.   Virtuelle Simplex-Verbindung in einem ATM-Kommunikationsnetz.

Bild 2 stellt das Protokollmodell des ATM Bearer Service in der User Plane (U-Plane) dar. Die Zuordnung von ATM- und Adaptionsschicht zu den OSI-Schichten ist noch nicht definiert. Insbesondere für neue schnelle Anwendungen sind die Funktionen der Adaptionsschicht und der Protokollschichten L2 - L4 aus Performance-Gründen geeignet anzupassen. Zu diesen Funktionen gehören beispielsweise die Sicherung und ggf. eine Flußkontrolle "End zu End".

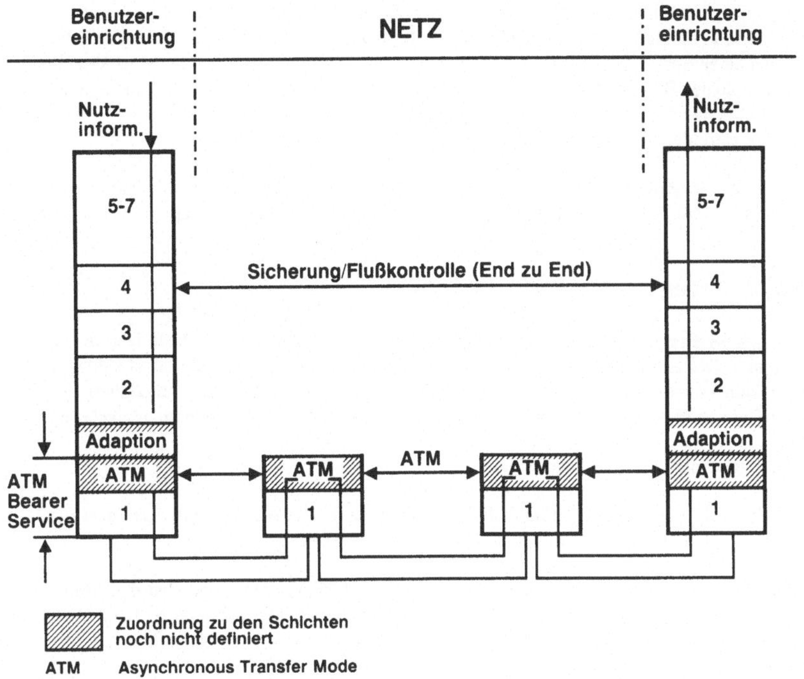

Bild 2.   User Plane des ATM Bearer Service gemäß I.121.

Aus Benutzersicht ergeben sich gemäß Tabelle 1 als Hauptvorteile von ATM die flexible Bitratenzuteilung "on demand" und die flexible Nutzung des Transportkanals an UNI durch eine Vielzahl gemultiplexter virtueller Verbindungen. Aus Betreibersicht wäre die Möglichkeit der Nutzung der gleichen Übertragungs- und Vermittlungseinrichtungen für Verbindungen mit unterschiedlichen Bitraten hervorzuheben.

VORTEILE	NACHTEILE
• Flexible Bitratenzuteilung "on demand" • Flexilbe Nutzung des Transport-kanals an UNI durch gemultiplexte virtuelle Verbindungen • Einfache Einführung neuer Dienstebitraten • Einheitliches Multiplex-/ Vermittlungsprinzip für fast alle Anwendungen	• Delay, Delayjitter und endliche Verlustrate für ATM-Zellen • Geringere Bandbreitenausnutzung durch Zellenoverhead und zuläs-sigen Durchsatz kleiner 100% bei statistischem Verkehr (Zellenebene!) • Verbindungen mit hohen Bitraten in Wählnetzen eingeschränkt • Komplexe Netzevolution (u.a. Berücksichtigung von Realzeit-diensten in vorhandenen STM-Netzen)

Tabelle 1.   Vorteile und Nachteile von ATM gegenüber STM.

Während die Verzugszeit (Delay) und die Schwankung der Verzugszeit (Delayjitter) von ATM-Zellen für Datennutzer keinen besonderen Nachteil darstellt, müssen für schnelle Datenanwendungen genügend kleine Zellenverlustraten gefordert werden, damit bei einer End zu End-Sicherung ein genügend großer effektiver Durchsatz erhalten bleibt. Durch Einsatz der Glasfasertechnologie (Bitfehlerrate z.B. $< 10^{-8}$ End zu End) und bei richtigem Verhältnis von zulässiger Zellenträgerauslastung zu Pufferspeicherdimensionierung können Zellenverlustraten von $< 10^{-6}$ bis 10^{-7} erreicht werden, die praktisch nur durch die Bitfehlerrate bestimmt sind.

Aus Netzbetreibersicht ist das Problem einer komplexen Netzevolution zu einem möglichst einheitlichen Zielnetz (Target Network) zu lösen. Zur Erreichung dieses Ziels wird das ATM-Prinzip als geeigneter Ansatz gesehen.

2.2 ATM-Standardisierung

Die bisher erarbeiteten Ergebnisse zu Breitbandaspekten des ISDN sind in der Draft Rec. I.121 (TD 168, Stand 6.1988) zusammengefaßt. Der Empfehlungsentwurf behandelt das allgemeine Konzept für ein B-ISDN, die Klassifizierung von B-Dienste mit ersten Werten für die Attribute von 26 B-Diensten, Architekturmodelle (Funktionen, Protokolle und Referenzkonfigurationen), ATM-Eigenschaften, die Benutzer-Netz-Schnittstelle und allgemeine Netzaspekte.

Die I.121 enthält die folgenden wichtigen Ergebnisse:

(I) ATM ist als Ziellösung für das B-ISDN allgemein akzeptiert. Die Aussage gilt zumindest für ATM als Multiplexprinzip an der Benutzer-Netz-Schnittstelle.

(II) Als **explizite Headerfunktionen**, d.h. mit eigenem Feld im ATM-Zellenheader, wurden bisher Virtual Channel Identification VCI und Fehlererkennung des Headers akzeptiert. Die notwendige Leerzellenkennung soll bevorzugt **implizit** mit einer dafür festgelegten VCI realisiert werden. Die Notwendigkeit weiterer Funktionen wird derzeit untersucht.

(III) Aufgrund von Auffassungsunterschieden zwischen den CEPT-Ländern einerseits und USA, Kanada, Japan und Australien andererseits konnte zur **Header- und Informationsfeldlänge** noch keine Einigung erzielt werden. In der I.121 sind für die Headerlänge 3 bis 8 Oktetts und für die Informationsfeldlänge 32 bis 120 Oktetts als Wertebereiche angegeben. Angestrebt wird jeweils **ein** Wert für die Headerlänge und die Informationsfeldlänge, der an **allen** Referenzpunkten gültig ist. Erwartbare Werte liegen bei 4 bis 6 Oktetts für den Header und 32 bis 64 Oktetts für das Informationsfeld.

(IV) Beim Übermittlungsdienst in ATM wird zwischen "ATM deterministic" und "ATM statistical" unterschieden. Genaue Festlegungen erfordern weitere Untersuchungen.

(V) B-Dienste werden klassifiziert in **interaktive Dienste** mit der weiteren Untergliederung in "conversational", "messaging" und "retrieval", sowie in **Verteildienste mit** und **ohne** benutzerindividueller Darstellungssteuerung".

(VI) Es wird ein Typ von Benutzer-Netz-Schnittstelle (UNI) mit ca. 150 Mbit/s (ggf. ein weiterer mit ca. 600 Mbit/s) vorgeschlagen, der Zugang zu B-Diensten und S-ISDN-Diensten ermöglicht. Der UNI-Typ mit 150 Mbit/s geht von einer Unterteilung der Nutzkapazität ausschließlich in ATM aus. Der UNI-Typ mit 600 Mbit/s geht bevorzugt von einer Unterteilung in 1x150 Mbit/s symmetrisch in ATM und 3x150 Mbit/s zusätzlich (downstream) für TV-Verteilung aus. Die Nutzlast in 3x150 Mbit/s kann mit STM oder ATM unterteilt werden.

Die Festlegung der ATM-Basisparameter ist im Rahmen einer "Accelerated Procedure" in der nächsten CCITT-Studienperiode bis etwa 1990 zu erwarten.

3. Referenzkonfiguration und Protokollarchitektur am UNI

3.1 Referenzkonfiguration

Die in CCITT-Empfehlung I.411 (/3/) definierte Referenzkonfiguration für das S-ISDN hat einen allgemeinen Charakter und kann für das B-ISDN übernommen werden (vgl. Bild 3). Die funktionale Gruppierung ist prinzipiell identisch mit der für das S-ISDN, d.h. das B-NT1 umfaßt Funktionen der Schicht 1 und das B-NT2 der Schichten 1, 2 und 3. Für einfache Konfigurationen ($S_B = T_B$) kann das B-NT2 auch zu einem "Null-NT2" schrumpfen. Als Zugang zum B-ISDN (UNI) kommen die Referenzpunkte S_B und T_B in Betracht. Der Buchstabe **B** stellt den Bezug zum **Breitband**-ISDN her. Der Referenzpunkt U_B repräsentiert die Übertragungsschnittstelle zwischen NT und Vermittlung und liegt auf der Glasfaser innerhalb des öffentlichen Netzes. Die Wahl von U_B betrifft deshalb nicht direkt den Anwender.

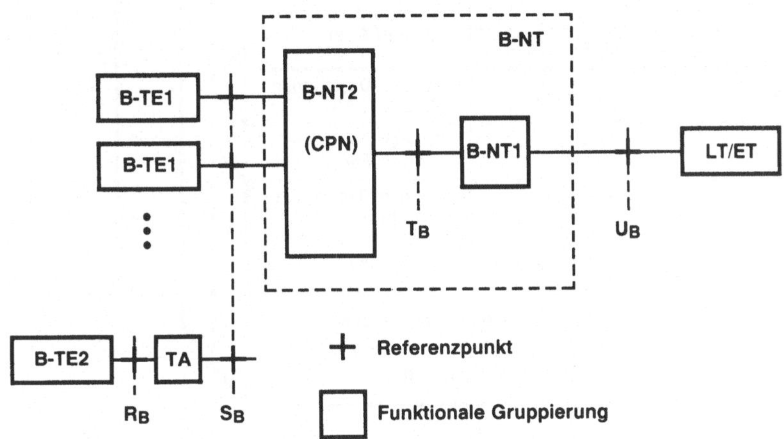

Bild 3.   Referenzkonfiguration für das B-ISDN.

3.2 Benutzer-Netz-Schnittstelle

Ausgehend von der I.121 werden für die Struktur der Benutzer-Netz-Schnittstelle folgende Alternativen diskutiert:

1.   Reine ATM-Zellenstruktur mit den Varianten:

   (a)   ohne Rahmenstruktur,
   (b)   mit Rahmenstruktur (periodisch angeordnete ATM-Synchronisierzellen).

2.   Synchroner Multiplexrahmen mit ATM-Zellen im Nutzteil (Payload) des Multiplexrahmens.

Ein synchroner Multiplexrahmen an der Benutzer-Netz-Schnittstelle entsprechend Variante 2 hat folgende Vorteile:

-   Am Referenzpunkt U_B kann der Overhead für Synchron- und O&M-Informationen (O&M: Operation und Maintenance) direkt aus dem Multiplexrahmen-Overhead ohne ATM-Zellenverarbeitung extrahiert werden.

-   Eine Rahmenstruktur bietet die Möglichkeit, Verteildienste auf STM-Basis zu realisieren.

Als synchroner Multiplexrahmen für die Benutzer-Netz-Schnittstelle wird der für die netzinterne Schnittstelle (Network Node Interface: NNI) bereits festgelegte SONET-Rahmen gemäß CCITT-Empfehlungen G.706 - G.708 (vgl. /4/) als möglicher Kandidat diskutiert.

Um eine komplexe NT1 zu vermeiden, ist es sehr vorteilhaft, an T_B und U_B die gleiche physikalische Schnittstelle zu wählen. Der Anschluß von einzelnen Endsystemen kann kostengünstig direkt an T_B erfolgen, wenn für S_B und T_B die gleiche physikalische Schnittstelle angedacht wird (Null-NT2!). Aufwendigere Punkt zu Multipunkt-Konfigurationen erfordern in diesem Fall immer eine Installation mit NT2. Die endgültige Festlegung von T_B und insbesondere S_B muß unter Berücksichtigung von CPN- und TE-Einflüssen erfolgen.

3.3 Protokollmodell

In I.121 wurde ein B-ISDN-Protokollmodell für ATM gemäß Bild 4 vorgeschlagen. Die Grundstruktur geht von dem ISDN-Protokollreferenzmodell in CCITT Rec. I.320 (/3/) mit einer Aufteilung in Control (C-), User (U-) und Management (M-) Plane aus. Die Management Plane beschreibt **lokale** Management-Funktionen und ist deshalb nicht in Schichten (Layers) unterteilt.

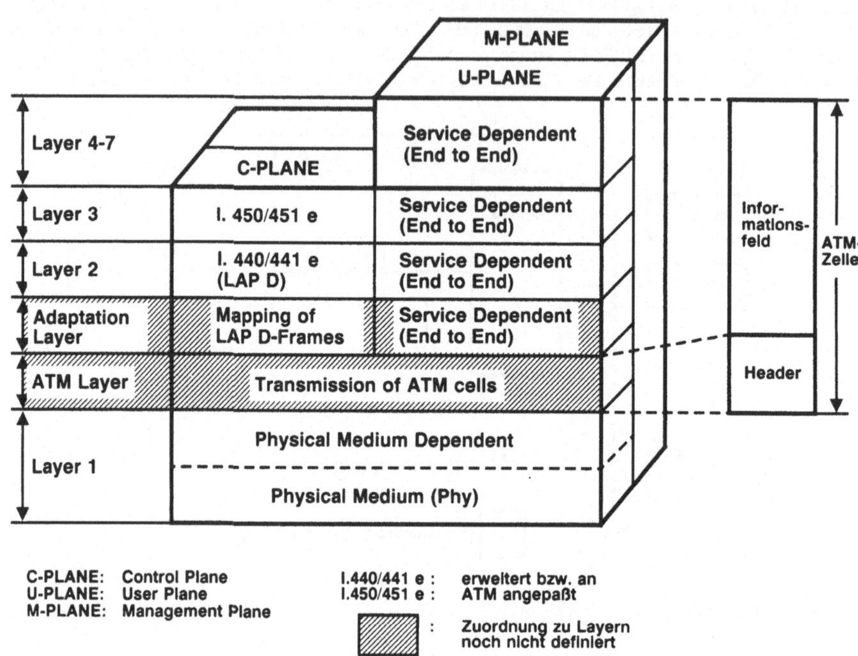

Bild 4.   B-ISDN Protokollmodell für ATM.

Für C- und U-Plane gemeinsam enthält das Modell zwei ATM-spezifische Schichten:

- eine ATM-Schicht mit gemeinsamen Funktionen für sämtliche Dienste,
- eine diensteabhängige Adaptions-Schicht.

Die Zuordnung der ATM-spezifischen Schichten zu den vorhandenen Schichten im ISDN-Protokollmodell wurde noch nicht definiert. Die Zuordnung ist nicht eindeutig, weil insbesondere für neue Dienste die Funktionen in Schicht 2 bis 4 an die hohen Transportgeschwindigkeiten angepaßt werden müssen und teilweise in der Adaptions-Schicht realisiert werden könnten (z.B. /5/). Für bestehende Dienste bzw. Endsysteme mit festgelegten Protokollen ab Schicht 2 aufwärts wird die Adaptions-Schicht dagegen nur Funktionen aus Schicht 1 und teilweise aus Schicht 2 bereitstellen. In diesem Fall lassen sich ATM- und Adaptions-Schicht als Unterschichten (Sub Layers) innerhalb der Schicht 1 auffassen.

3.3.1 ATM-Schicht

Die ATM-Schicht enthält nur universelle, d.h. für sämtliche Dienste gemeinsame Funktionen im Zusammenhang mit dem abschnittsweisen Transport von ATM-Zellen für unterschiedliche virtuelle Verbindungen. Wie Bild 4 zeigt, entsprechen die Funktionen in der ATM-Schicht den Headerfunktionen einer ATM-Zelle. Mechanismen zur Verkehrsüberwachung (Usage Monitoring) mit entsprechenden Schutzmaßnahmen (Policing Functions) sind gegenwärtig Gegenstand weiterer Untersuchungen.

3.3.2 Adaptions-Schicht

Die Adaptions-Schicht ermöglicht dienstespezifische Ergänzungen des ATM-Basistransports. Die Funktionen der Adaptions-Schicht sind Bestandteil des Informationsfeldes einer ATM-Zelle (vgl. Bild 4) und werden in reinen ATM-Vermittlungen nicht ausgeführt. Die Adaptions-Schicht unterstützt höhere Funktionen in Protokollschichten der U- und C-Plane und leistet die Anpassung zwischen ATM- und Nicht-ATM-Schnittstellen (z.B. STM). Mögliche Endpunkte, der Adaptions-Schicht liegen an Endeinrichtungen (TE, TA, NT) bzw. an Übergängen auf STM (Exchange Termination ET, Network Adaptor NA).

Jeder Dienst erfordert i.a. einen bestimmten Satz von Adaptions-Funktionen. Eine grobe Unterscheidung nach Diensten geht von folgender Unterteilung aus (vgl. /6/):

(a)   Dienste mit kontinuierlichen Bitströmen,
(b)   Existierende Datendienste mit Bursteigenschaften,
(c)   Neue Datendienste und ggf. Video- und Sprachdienste mit variabler Bitrate.

Adaptionsfunktionen **zu (a)** umfassen nach I.121 z.B.:

- Paketierung und Depaketierung inkl. Abbildung mehrerer Bitströme auf die gleiche Zelle (composite cells!),
- Ausgleich der variablen Verzögerungen aus ATM-Netzen,
- Ableitung von Synchronisierinformation,
- Fehlerbehandlung (u.a. Zellenverluste).

Adaptionsfunktionen **zu (b)** beziehen sich auf die Anpassung von Informationsblöcken variabler Länge aus höheren Protokollschichten an die ATM-Schicht. Hierzu gehören:

- Erkennung der Informationsblöcke,
- Abbildung auf ATM-Zellen,
- Behandlung teilgefüllter Zellen,
- Zusammensetzung von Informationsblöcken aus empfangenen ATM-Zellen,
- Senden der Informationsblöcke an höhere Protokollschichten.

Die meisten Protokoll-Einheiten in höheren Schichten (z.B. LAP D, LLC, X.25, TP Class 4) führen zu den genannten Funktionen weitere Funktionen wie Fehlererkennung, Flußkontrolle, Multiplexen von Benutzerdaten und End zu End-Steuerungsinformationen aus. Für neue Dienste **unter (c)** mit hohen Bitraten sind letztere Funktionen den höheren Protokollschichten (> L4) u.U. von der Adaptions-Schicht zur Verfügung zu stellen. In (/6/) wird z.B. für neue Anwendungen eine Adaptions-Schicht gemäß Bild 5 vorgeschlagen, die alle Funktionen bis einschließlich der Transportschicht 4 in angepaßter Form enthält.

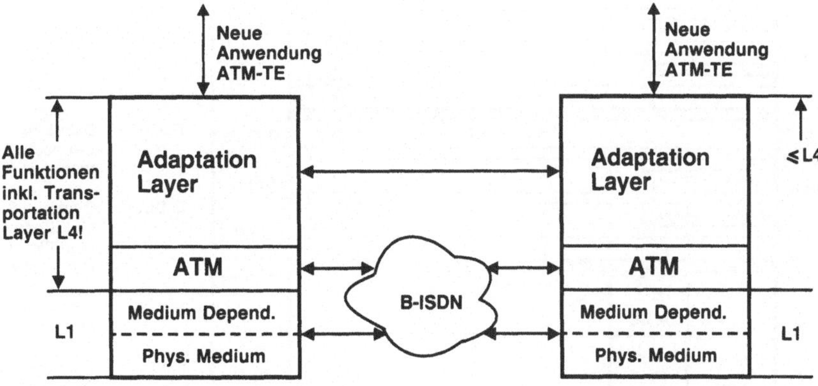

Bild 5.   Vorschlag zum Adaptation Layer für neue Anwendungen mit hoher Transportgeschwindigkeit.

Eine wichtige zukünftige Aufgabe besteht darin, einen möglichst universellen Satz von Adaptionsfunktionen zu definieren, der alle neuen Dienste und alle geforderten Geschwindigkeitsklassen unterstützen kann. Der Satz von Adaptionsfunktionen kann dazu in Kernfunktionen und optionale Funktionen unterteilt werden. Letztere sollten für verschiedene Anwendungen unabhängig voneinander wählbar sein.

3.3.3 Signalisierung

Das B-ISDN-Protokollmodell (vgl. Bild 4) geht nach derzeitigen Überlegungen von den bekannten Signalisierungsprotokollen I.440/ 441 und I.450/451 (/3/) aus. Der Zusatz "e" (extended) bedeutet, daß für Breitbanddienste Erweiterungen notwendig sind. Einige Aspekte werden im folgenden kurz angeschnitten.

Das B-ISDN geht wie das S-ISDN von einer Outband-Signalisierung aus. Für den Transport von Signalisier- und Nutzinformation sind getrennte virtuelle Kanäle in der ATM-Schicht vorgesehen. Die Realisierung der Signalisierverbindungen über virtuelle Kanäle hat keinen Einfluß auf die **Funktionalität** der Protokollschichten 2 und 3 des D-Kanals. Allerdings erfordert die Übertragung in der ATM-Schicht auf jeden Fall angepaßte Sicherungsprotokolle.

Im Zusammenhang mit einem neuen ATM-Übermittlungsdienst (Bearer Service) sind u.a. folgende Anpassungen denkbar:

- Signalisiernachrichten für den Verbindungsaufbau sind um Attribute zu erweitern, die die Verkehrscharakteristika (z.B. Burstverkehr mit bestimmten Eigenschaften) beschreiben können.

- Wegen der höheren Freiheitsgrade bei der Anforderung einer Verbindung durch den Benutzer sind im Falle einer Verbindungsblockierung Rückmeldungen an das Endsystem über den Blockierungsgrund sinnvoll, die das weitere Vorgehen erleichtern (z.B. neue Verbindungsanforderung mit geringerer Bandbreite oder Güte).

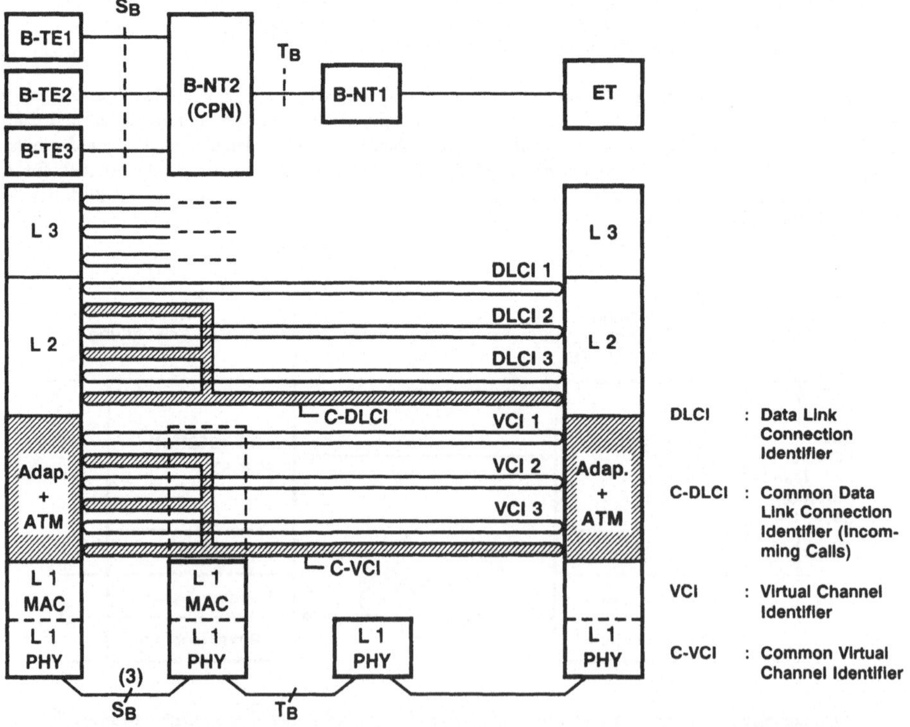

Bild 6. Signalisierung im B-ISDN - Möglichkeit zur Umsetzung von logischen Verbindungen des LAP D auf virtuelle Kanäle der ATM-Schicht.

Die Blöcke (Frames) des LAP D (L2) werden gemäß Bild 4 in der Adaptions-Schicht auf ATM-Zellen umgesetzt und in der ATM-Schicht übertragen. Zur Abbildung der Schicht 2-Verbindungen des LAP D auf Kanäle der ATM-Schicht bieten sich folgende Möglichkeiten an:

(a)   In der ATM-Schicht existiert nur **ein** virtueller Signalisierkanal mit fester VCI für alle Endsysteme, auf den alle aktiven LAP D gemultiplext werden.

(b)   In der ATM-Schicht existiert je Endsystem ein virtueller Signalisierkanal mit fester VCI.

(c)   Im **Ruhezustand** ist in der ATM-Schicht ein virtueller Signalisierkanal C-VCI gemeinsam für alle Endsysteme vorgesehen (vgl. Bild 6). Über diesen werden individuelle Signalisierverbindungen aufgebaut. Eine **aktive** LAP D-Verbindung DLCIi wird direkt auf eine virtuelle Verbindung VCIi der ATM-Schicht abgebildet.

Lösung (a) kommt mit einem kleinen Bedarf an VCI für virtuelle Signalisierkanäle aus, erfordert aber einen hohen Multiplexaufwand im NT2. Lösung (b) erfordert einen sehr hohen Bedarf an festgelegten VCI für virtuelle Signalisierkanäle. Analog zur Broadcast-Verbindung C-DLCI im LAP D zu allen Endsystemen ist in Lösung (c) in der ATM-Schicht ein gemeinsamer C-VCI im Ruhezustand vorbestimmt, der allen Endsystemen bekannt ist (vgl. Bild 6). Die Einrichtung von VCI's in der ATM-Schicht ausschließlich für **aktive** LAP D erspart den Multiplexaufwand im NT2 und erfordert eine akzeptable VCI-Poolgröße für Signalisierverbindungen in der ATM-Schicht.

4. Datenanwendungen in öffentlichen Breitbandnetzen

4.1 Datenanwendungen

Flexible Bearbeitungsstrukturen in der Datenverarbeitung sind durch die zentrale oder dezentrale Bereitstellung von Daten, Programmen und Rechenleistung gekennzeichnet. Sie werden entscheidend durch technologische Möglichkeiten und Kostengesichtspunkte geprägt. Beispielsweise ist die zentrale Haltung von Programmen günstig im Hinblick auf Wartungskosten und Lizenzgebühren. Die Verteilung von Rechenleistung und Daten wurde durch technologische Fortschritte bei Prozessoren und Speichern möglich.

Öffentliche Netze werden zukünftig aufgrund steigender Übertragungsbitraten und sinkender Datenübertragungskosten einen deutlichen Einfluß auf die Umgestaltung heutiger Bearbeitungsstrukturen haben. Wichtige Anwendungsfälle betreffen zunächst den Anschluß von Terminals (z.B. Workstations) an Server (Host Rechner, Fileserver) und die Kopplung von LAN's (vgl. z.B. /8/).

Tabelle 2 gibt einen Überblick über mögliche Formen der Datenkommunikation in zukünftigen Breitbandnetzen. Die geforderten Spitzenbitraten liegen meist unter 10 Mbit/s und können über Wählverbindungen gut geboten werden. Größere Spitzenbitraten treten bei der Übermittlung von Druckvorlagen (Remote Printing bei Tageszeitungen), dem Dokumententransfer mit Bewegtbildern hoher Qualität und der Kopplung großer LAN auf.

Die höchste anzumeldende Bitrate bei Wählverbindungen unterliegt gewissen Einschränkungen, weil mit zunehmender Bandbreite die wirksame Bündelgröße abnimmt und die Blockierungswahrscheinlichkeit für Verbindungen zunimmt. Beispielsweise ergeben sich bei einem ATM-Zellenträger von 140 Mbit/s unter Einhaltung der Blokkierungswahrscheinlichkeit für Breitbandverbindungen von etwa 1 % sinnvolle Dienstebitraten bis etwa 10 Mbit/s (vgl. Bild 7). Diese Tatsache ist nicht ATM-spezifisch, sondern gilt auch in STM-Netzen mit Mehrkanalverbindungen (vgl. z.B. /9/). Reservierte Verbindungen oder Festverbindungen eigenen sich besser, weil hier Blockierungswahrscheinlichkeiten nicht im Vordergrund stehen.

Die akzeptierten Zeitdauern für den Verbindungsaufbau hängen davon ab, welche mittleren Belegungsdauern sich für Verbindungen unter Berücksichtigung von Gebühreneinflüssen einstellen werden.

Die gebotene End zu End-Verzögerung in einem ATM-Netz wird für Datenanwendungen als unkritisch angesehen. Wichtiger ist eine genügend kleine End zu End-Bitfehlerrate, da diese die Zellenverlustrate bestimmt und die notwendigen Sicherungsprotokolle entscheidend beeinflußt.

Ein zusammenhängender Überblick über wesentliche Merkmale eines B-ISDN auf ATM-Basis wird in Tabelle 3 gegeben.

Dienste		Spitzen-bitrate (Mbit/s)	Verbindungs-aufbau	Verzögerung		Bitfehlerrate End zu End
				Verbindungs-aufbau	End zu End	
Übermittlungsdienste	Rechnerkom-munikation	$\leqslant 10$	Wahl/Reserv./Fest	Wahl: $\leqslant 1\text{-}2\text{s}$	$\leqslant$ ca. 150ms für praktisch alle Anwen-dungen aus-reichend	$\leqslant$ ca. 10^{-8} für ausschließ-liche Sicherung End zu End ausreichend (Problem bei Einzeldiensten mit sehr hohen Bitraten z.B. >100Mbit/s)
	Workstation-ankopplung	$\leqslant 10$	Wahl			
	CAD/CAM	$\leqslant 10$	Wahl	Reservierung: größere Werte auch zulässig		
	Druckvorlagen	10-30	Wahl/Reserv.			
	Datendialog	$\leqslant 2$	Wahl	Anwendungen mit sehr kurzen Belegungs-dauern (z.B. durch Gebühren-struktur bedingt) können kleinere Werte fordern		
	LAN-Kopplung	$\leqslant 10$ 10-100	Wahl/Reserv./Fest Reserv./Fest			
	Farbfax	2	Wahl			
	Dokumenten-transfer	2 32 (mit bewegt-bild)	Wahl Wahl/Reserv.			
	Filetransfer	10	Wahl/Reserv.			

Tabelle 2.   Datenkommunikation im B-ISDN - Anforderungen.

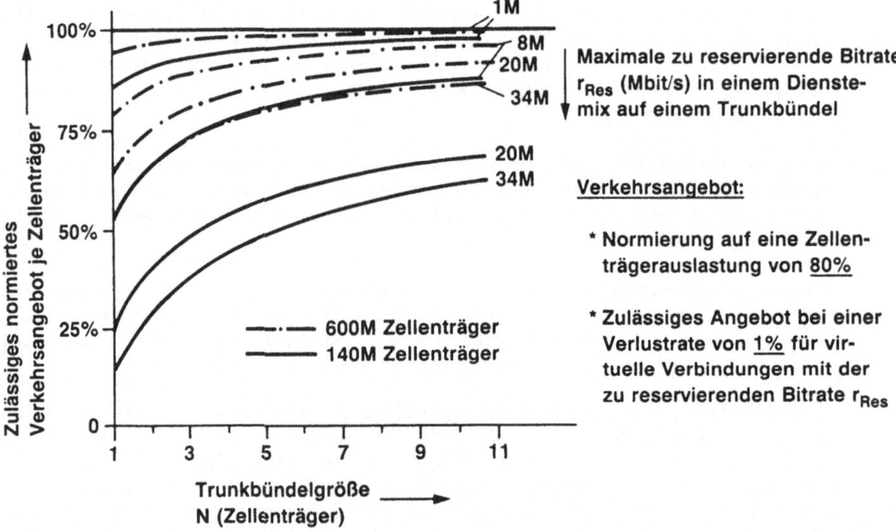

Bild 7.   Zulässiges normiertes Verkehrsangebot an ein Trunkbündel unter Einhaltung der Blockie-rungswahrscheinlichkeit für Breitbandverbindungen.

Für Datenanwendungen können an der Benutzer-Netz-Schnittstelle genügend viele virtuelle Verbindungen in der ATM-Schicht bereitgestellt werden. Die Anzahl der Verbindungen bestimmt den Speicheraufwand in den Umwertern (vgl. Bild 1) und ist bei 2 Oktetts für die VCI auf etwa 65000 begrenzt.

Als wesentliches Merkmal von ATM ist die flexible Bereitstellung einer großen Anzahl von Verbindungen in der ATM-Schicht mit in Grenzen frei wählbaren Bitraten zu unterschiedlichen Zielen hervorzuheben. Daneben läßt sich ein verbindungsloser (CL) Übermittlungsdienstdienst "on top of ATM" mit Hilfe von CL-Servern realisieren.

<table>
<tr><td align="center">UNI-Merkmale</td></tr>
<tr><td>

- 2 und 150 Mbit/s-Zellenträger
- ca. 2000 virtuelle Verbindungen (VCI < 2 Oktetts)
- Outband-Signalisierung (virtueller D-Kanal)

</td></tr>
<tr><td align="center">Merkmale von Übermittlungsdiensten</td></tr>
<tr><td>

- Bitfehlerrate End zu End kleiner ca.10^{-8}
- Zellenverlustrate von $< 10^{-6}$ bis 10^{-7}, bestimmt durch
  Bitfehlerrate ist möglich
- ATM-spezifische Verzögerungen für Datenanwendungen
  unkritisch (Gesamtverzug End zu End < ca.150 ms
  ist möglich)
- Zulässige Auslastung des Zellenträgers $\leqslant$ ca.85%
- Overhead durch Zellenträger ca.10%
- End zu End-Sicherung bei Bedarf
- End zu End-Flußsteuerung bei Bedarf
- Verbindungsaufbauzeiten < 1s sind möglich
- Verbindungsloser (CL) Übermittlungsdienst
  "on top of ATM" mit Hilfe von CL-Servern ist möglich

</td></tr>
</table>

Tabelle 3.   Merkmale eines B-ISDN auf ATM-Basis.

4.2 Endsysteme an öffentlichen Breitbandnetzen

In Bild 8 sind einige Anschlußkonfigurationen für Endsysteme an der Benutzer-Netz-Schnittstelle dargestellt. Bezüglich der Kommunikation zwischen den Endsystemen an einem ATM-Breitbandnetz lassen sich die in Bild 9 gezeigten Grundfälle unterscheiden.

Im Fall (a) kann mit ATM zwischen beliebigen Datenterminals (DTE) eine Verbindung mit flexibler Bitrate bereitgestellt werden. Der Bedarf an unabhängigen virtuellen Verbindungen (VCI) ist in diesem Fall eher gering. Die Variante (b) zeigt den Zugriff vieler unabhängiger Datenterminals über das öffentliche Netz auf einen Server, der wie ein Teilnehmer angeschlossen ist. Als Server ist z.B. ein Host Rechner denkbar. Neben den flexiblen Bitraten läßt sich hier mit ATM auch die erforderliche große Anzahl von virtuellen Verbindungen am Server-Anschluß realisieren. Fall (c) zeigt die Kommunikation zwischen zwei Endsystemen, die jeweils mehrere Datenterminals in einer Multiplexeinrichtung auf einen Netzanschluß konzentrieren. Private Teilnehmernetze (CPN: Customer Premises Network) stellen ein Beispiel für solche Endsysteme dar. Fall (d) kann als Sonderfall von (c) aufgefaßt werden, bei dem viele Privatnetze (z.B. LAN's) über das öffentliche Netz vernetzt werden.

In Tabelle 4 sind für den Anschluß von Endsystemen (DTE, LAN) an drei verschiedenen Typen von öffentlichen Weitverkehrsnetzen PWAN I-III (Public Wide Area Network) die Einflüsse auf Anpassungseinrichtungen (Gateway, TA) aufgezeigt. ATM eignet sich besonders zur Unterstützung verbindungsorientierter (CO) Endsysteme, da es selbst verbindungsorientiert arbeitet. Eine kostengünstige Anschlußmöglichkeit für verbindungslos (CL) arbeitende Endsysteme ergibt sich, wenn das öffentliche Netz selbst CL-Dienste bieten kann. Eine Lösung hierfür bietet ein ATM-Festnetz mit CL-Übermittlung "on top of ATM" mittels vermaschter CL-Server (Typ PWAN III) gemäß Bild 11.

Die Anpassung eines CPN (z.B. ein LAN) geschieht in einem Gateway (GY). Die Entwicklung von GY's setzt die Analyse der vorhandenen Protokolle auf beiden Netzseiten voraus.

Auf der LAN-Seite ist die Sicherungschicht 2 in zwei bzw. die Netzverbindungsschicht 3 in drei Subschichten unterteilt, um den LAN-Besonderheiten Rechnung zu tragen (vgl. z.B. /7/). Innerhalb eines LAN kann die Schicht 3 leer sein. Bei der Kopplung von Teilnetzen regelt Schicht 3 den Zugriff, die Parameteranpassung und den Netzübergang. Ab Schicht 4 sind die Funktionen identisch mit denen anderer Netze.

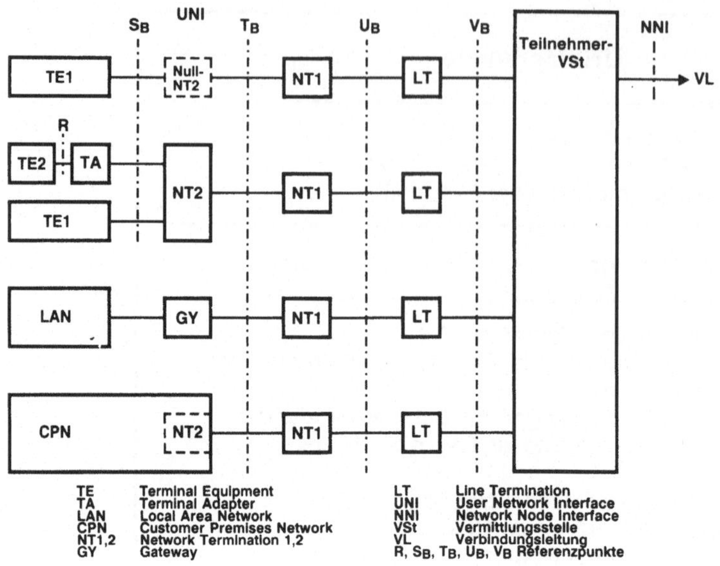

Bild 8. Anschlußkonfigurationen an öffentlichen Breitbandnetzen.

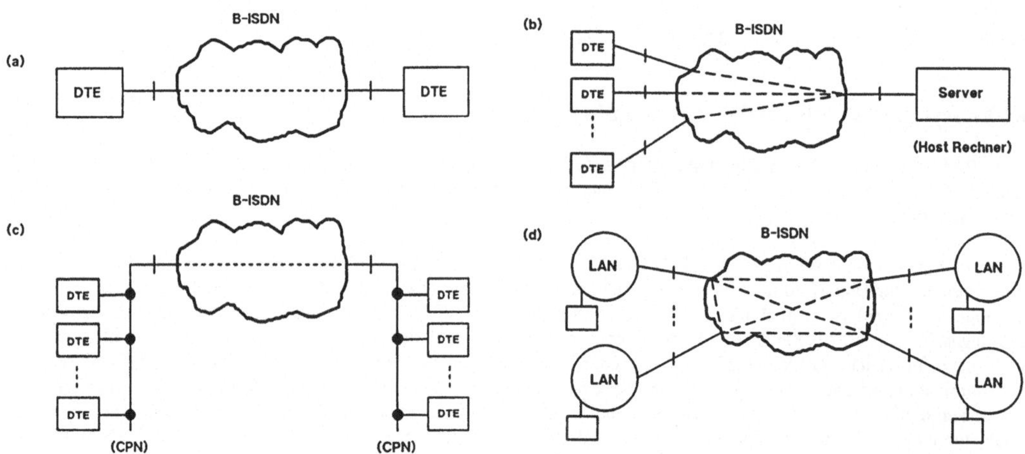

Bild 9. Grundfälle für die Kommunikation zwischen Endeinrichtungen an einem öffentlichen Breitbandnetz.

Auf der öffentlichen Netzseite können als Varianten auftreten:

-   Wählnetze mit Outband-Signalisierung für Verbindungssteuerung (C- und U- Plane getrennt) nach I-Empfeh-lungen (/3/),

-   Reservierte Verbindungen über Wählnetze oder Festverbindungen über Festnetze, die per Administration ein-gerichtet werden,

-   CL-Übermittlungsdienste bevorzugt in Festnetzen per CL-Server.

Anschluß-typ	Public WAN-Typ	Gateway- bzw. TA-Funktion
LAN über Gateway bzw. DTE über TA; LAN bzw. DTE arbeiten Connection Oriented (CO)	PWAN I	Abbildung der LAN-Verbindungen (CO) auf VCI/VPI zu entsprechendem Ziel Framing/Deframing auf ATM-Layer Unterstützung der LAN-Adressierung (Gateway)
	PWAN II	Verbindungsaufbau im PWAN II Sonst wie PWAN I
LAN über Gateway bzw. DTE über TA; LAN bzw. DTE arbeiten Connection Less (CL)	PWAN I	Ziele der Datagramme durch Abbildung auf bestimmte VCI vorgeben (wenig flexibel/aufwendig) Unterstützung der LAN-Adressierung (Gateway)
	PWAN II	Hoher Steuerungsaufwand für Verbindungsaufbau/-abbau bei wenigen Datagrammen je Verbindung (TA bzw. Gateway sehr aufwendig) Sonst wie PWAN I
	PWAN III	Abbildung von CL-Frames auf VCI (Festverbindung) zu CL-Server De-/Framing, Error Detection, Adressierg. der Datagramme im CL-Server Einfaches TA bzw. Gateway möglich

PWAN I : ATM-Festnetz mit Punkt-zu-Punkt Festverbindungen (VCI/VPI) zwischen TA's bzw. Gateways

PWAN II : ATM-Wählnetz mit Punkt-zu-Punkt ATM-Wählverbindungen (VCI/VPI)

PWAN III: ATM-Festnetz mit TA/Gateway-Zugang zu CL-Servern über ATM-Festverbindungen (VCI); CL-Server untereinander vermascht

Tabelle 4.   Verbindungsorientiert (CO) und verbindungslos (CL) arbeitende Endsysteme an öffentlichen Weitverkehrsnetzen (PWAN: Public Wide Area Network; VCI: Virtual Channel Identification; VPI: Virtual Path Identification).

Ein wichtiges Problem betrifft die Wahl der Schicht im GY, in der die Kopplung zwischen den verschiedenen Teilnetzen erfolgen soll. Prinzipiell kann die Kopplung je nach Anwendung in Schicht 3, 4 oder 7 durchgeführt werden (/7/). Sollen z.B. bestehende LAN's ohne Eingriffe in die intern vorhandenen Schichten 1 und 2 angeschlossen werden, dann wird auch für Breitbandnetze in ATM die Kopplung oberhalb von Schicht 2 stattfinden müssen.

Für den Anschluß eines CPN an öffentliche Netze mit Wählverbindungen ist die Kopplung nicht nur zur U-Plane sondern auch zur C- Plane zu leisten. Nach erfolgtem Verbindungsaufbau liegen Verhältnisse vor, die mit denen an einem Festnetz vergleichbar sind. Die Gateways (Ziel/Ursprung) müssen ebenfalls die Adressierung zwischen den angeschlossenen CPN unterstützen. Die Schicht 3 stellt nur einen gesicherten Netzzugang zur Verfügung. Von der Funktionalität der End zu End-Adressierung her müßte ein "Connect Request" zwischen den Gateways (Ziel/Ursprung) über Schicht 4 aktiviert werden (vgl. Bild 10). Dies ist gleichermaßen für CPN's an Fest- und Wählnetzen erforderlich.

Bild 11 zeigt die Kopplung von zwei privaten Teilnetzen über eine Festverbindung in einem WAN-Festnetz in ATM. Die Festverbindung wird per Administration (Network Management) zwischen den Anpassungseinheiten (A) zur Verfügung gestellt. Über ein flexibles Network Management kann dem Kunden später eine Festverbindung auf Wunsch auch stundenweise angeboten werden, was Gebührenvorteile mit sich bringt. Ferner bietet ATM die Möglichkeit, dem Kunden ein Bündel von virtuellen Verbindungen (VCI's) mit einer VPI-Kennung (VPI: Virtual Path Identification) einzurichten. Die gezeigte Kopplung über Schicht 3 muß die End zu End-Adressierung unterstützen (vgl. Bild 10).

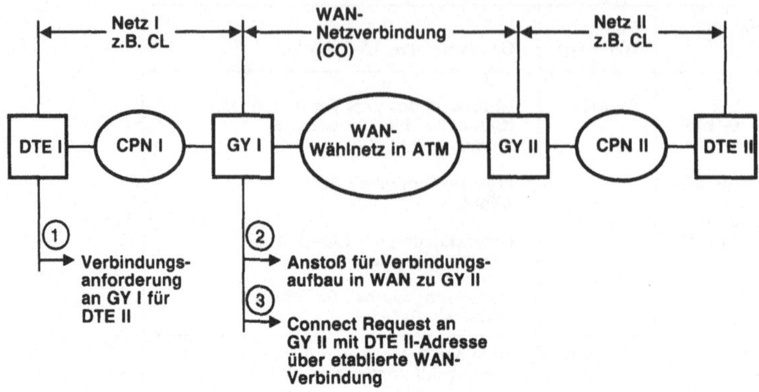

Bild 10.   Verbindung privater CL-Netze über WAN-Wählnetz in ATM.

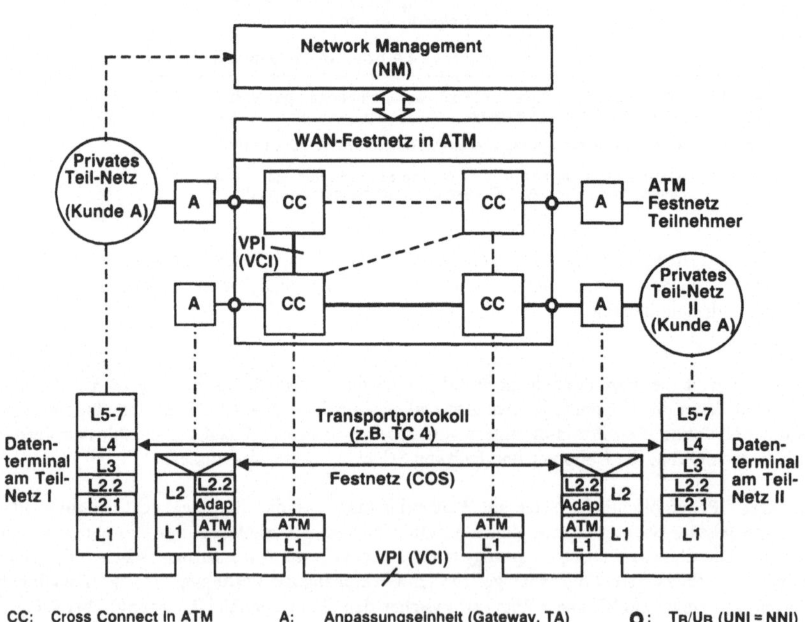

Bild 11.   Verbindung von Privatnetzen über WAN-Festnetz in ATM - Protokollaspekte in Anpassungseinrichtungen.

Ein Bedarf für verbindungslose Übermittlungsdienste wird z. B. in (/8/) diskutiert und eine Lösung auf Basis einer MAN-Technik vorgeschlagen. Bild 12 zeigt einen Ansatz für einen verbindungslosen Übermittlungsdienst (CL-S) "on top of ATM" (vgl. Tabelle 4: Typ PWAN III). Ohne CL-Server bietet das WAN einen ATM-Bearer Service über Fest- oder Wählverbindungen. Ein CL-Tln wird über festgeschaltete virtuelle Verbindungen in der ATM-Schicht an die CL-Server herangeführt. Die Server sind über virtuelle Verbindungen untereinander vermascht und können somit Datagramme routen.

Für die CL-Server bieten sich u.a. folgende Realisierungsalternativen an:

- CL-Server werden als eigenständige Einheiten z.B. in MAN-Technik ausgeführt, die das ATM-Festnetz nur zur Kommunikation benutzen.

- CL-Server werden unmittelbar am ATM-Koppelnetz angeschlossen und bilden somit einen festen Bestandteil des Festnetzknotens.

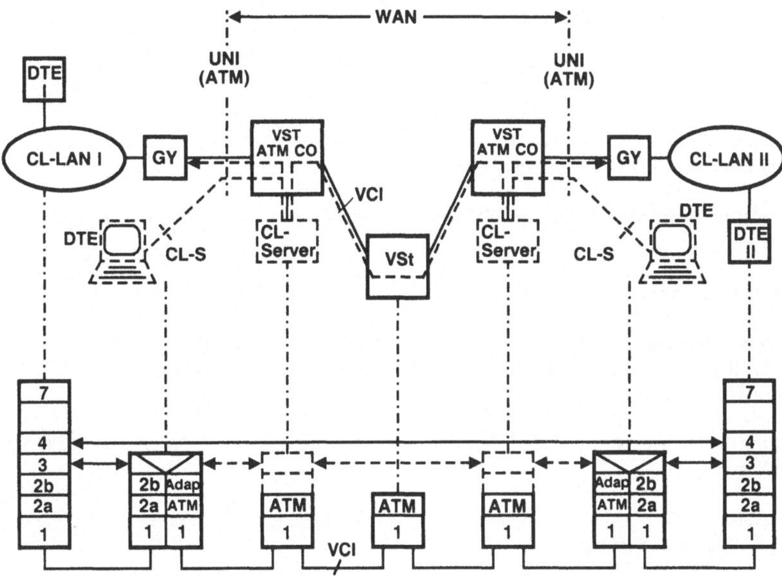

Bild 12.   Verbindungsloser Übermittlungsdienst (CL-S) "on top of ATM" über CL-Server in einem ATM-WAN - Unterstützung existierender CL-Endsysteme.

Es ist zu beachten, daß die ATM-Verbindungen zwischen den Servern und zu den Teilnehmern eine bestimmte reservierte Bitrate besitzen, die nicht überschritten werden darf, um den übrigen ATM-Verkehr nicht zu beeinflussen. Netzweit zwischen den Servern an verschiedenen Netzknoten ist insbesondere für CL-Dienste mit einer hohen Geschwindigkeitsklasse nur eine Flußkontrolle mit Pufferung der Datagramme in den Servern möglich.

Details einer Lösung erfordern noch genauere Untersuchungen. Hierzu gehören u.a.:

- Lösungsansatz unter Beachtung des Trade-Offs zwischen Pufferkapazität in den Servern, Verlustwahrscheinlichkeit für Datagramme und erforderlicher Übertragungskapazität zwischen den Servern,

- Erweiterungskonzept für CL-Server bei wachsenden Verkehrsanforderungen für die obigen Alternativen "Server in MAN-Technik" und "mehrere Server an einem ATM-Kopplenetz".

5. Zusammenfassung

Im vorliegenden Beitrag wurde ein Überblick über die Merkmale von zukünftigen öffentlichen Breitbandnetzen in ATM-Technik gegeben. Es wurden die Eigenschaften von ATM erläutert und der Stand bei den laufenden Standardisierungsarbeiten dargelegt. Ausgehend vom Protokollmodell in I.320 für das 64 kbit/s-ISDN (/3/) wurden einige Aspekte zur Anpassung der Signalisierprotokolle I.440/441 und I.450/451 (/3/) an das B-ISDN diskutiert. Die Anpassungen erfordern keine grundlegenden Änderungen der bestehenden Protokolle. U.a. sind Erweiterungen für neue Breitbanddienste sowie die Entwicklung angepaßter Sicherungsprotokolle notwendig. Wesentliche Arbeiten sind bei der Anpassung der Protokollschichten (bis L4) in der U-Plane für neue Dienste zu leisten. Für Datenanwender wurde einerseits als bedeutender Vorzug von ATM die Bereitstellung eines flexiblen verbindungsorientierten Übermittlungsdienstes herausgestellt. Andererseits wurde die Attraktivität zukünftiger öffentlicher Breitbandnetze aufgrund steigender Übertragungsbandbreiten bei sinkenden Gebühren genannt. Hierdurch werden z.B. LAN-Vernetzungen über öffentliche Netze als Alternative zu MAN-Ansätzen auf der Privatnetzseite interessant. Für verbindungslos (CL) arbeitende Endsysteme kann prinzipiell ein CL-Übermittlungsdienst "on top of ATM" geboten. Zusammenfassend läßt sich sagen, daß breitbandige Datenübermittlungsdienste in der Einführungsphase von öffentlichen Breitbandnetzen eine wichtige Rolle spielen werden. Es ist deshalb ein besonderes Anliegen, diesen Sachverhalt bei der Standardisierung und Konzeptfindung für öffentliche Breitbandnetze entsprechend zu berücksichtigen.

Literatur

/1/ Draft Blaubuch-Recommendation I.121: Broadband Aspects of ISDN, CCITT Study Group XVIII, BBTG, Temporary Document TD 140, Genf, Juni 1988.

/2/ Status Report on Broadband Aspects of ISDN, CCITT Study Group XVIII, BBTG, Temporary Document TD 168, June 1988.

/3/ CCITT Recommendations der I-Serie (ISDN-Empfehlungen), Rotbuch, Genf, 1984.

/4/ Draft Blaubuch-Recommendations G.706 / 707 / 708: "Synchronous Digital Hierarchy Bit Rates / Network Node Interface for the Synchronous Digital Hierarchy / Synchronous Multiplexing Structure", CCITT SWP XVIII/7, Genf, Juni 1988.

/5/ B. Mobasser: "ATM Adaptation Layer Functions", Workshop on ATM, Geneva, June 1988, S. 3.1.1 - 3.1.4 (gekürzte Fassung).

/6/ B.Krishnamurthy, H.Q. Nguyen, A.C. Papanicolaou: "ATM Adaptation", Workshop on ATM, Geneva, June 1988, S. 3.2.1 - 3.2.7 (gekürzte Fassung).

/7/ O. Gihr, E.-H. Göldner, P.J. Kühn, K. Sauer: "Lokale Netze und ISDN-Nebenstellenanlagen - Stand und Entwicklungstendenzen", Praxis der Informationsverarbeitung und Kommunikation (PIK), PIK 9 (1986) 3, S. 26 - 34.

/8/ C. Hemrick, R. Klessing, J. McRoberts: "Switched Multimegabit Data Service and early availability via MAN technology", IEEE Communication Magazine, April 1988, Vol. 26, No. 6, pp. 9 - 14.

/9/ G. Niestegge, E. Wallmeier: "Traffic analysis of multirate switching networks for broadband ISDN", 12th International Teletraffic Congress (ITC), Torino, June 1-8, 1988, Proc. 5.1A.3.1 - 7.

EINIGE ANMERKUNGEN ZU BEGRIFFEN UND KONZEPTEN DER ATM-TECHNIK

U. Killat

Philips GmbH Forschungslaboratorium Hamburg,

Vogt-Kölln-Str. 30, D-2000 Hamburg 54, BRD

1. Einleitung

In der 'Draft Recommendation' I. 121 der Studienkommission XVIII der CCITT heißt es:
"Asynchronous transfer mode (ATM) is the target solution for implementing a B-ISDN"
[1]. Diese Aussage verpflichtet dazu, die ATM-Technik in allen Verästelungen einer
Netztechnik zu analysieren. Es geht also nicht mehr darum, in einer Art "bottom-up"-
-Sicht Netzknotenmodelle in einem Laboraufbau zu studieren und zu bewerten; vielmehr
müssen jetzt in einem "top-down"-Ansatz die Zielvorstellungen eines ATM-Netzes spezifiziert werden.

Eine Spezifikation ist ein Satz von Modellen mit zunehmendem Detaillierungsgrad. Im
Kommunikationsbereich wird auf der abstraktesten Stufe seit einigen Jahren mit sogenannten Referenzmodellen gearbeitet [2], die am Begriff eines zu erbringenden Dienstes orientiert sind. Ein solches Modell gilt es für ein ATM-Netz zu entwickeln. Aus
seiner Detaillierung ergibt sich eine Diskussion der Dienstgüte ("quality of service"), die ihrerseits mit dem Begriff der Netzgüte ("network performance") verknüpft sind. Die Netzgüte ist ein geeigneter Einstieg für die Diskussion von ATM-
Varianten, für die das Stichwort "Hybrid-Verfahren" einen ersten Hinweis geben
soll. Die Netzgüte einer konkreten Ausformung einer ATM-Variante wird durch eine
Modellierung von Netz und Quellen ermittelt, die im ATM-Fall nicht ohne Probleme
ist.

Die hier angesprochenen Themenkreise sind alle noch in einer frühen Phase der Diskussion. Dieser Beitrag versucht, Wechselbeziehungen aufzuzeigen und einige Kern-
punkte herauszuschälen, die noch weiterreichender Untersuchungen bedürfen.

2. ATM-Referenzmodell

Diskussionen um ein Referenzmodell werden erschwert durch die bekannte Diskrepanz
der Referenzmodelle der ISO [2] und der CCITT [3]. Ein Stein des Anstoßes ist das
CCITT-Konzept der Signalisierung, das im OSI-Modell unbekannt ist und eine gewisse

Entsprechung in den Protokoll-Steuerungsfunktionen bzw. dem System- und Schichten-
management findet [2]. Die ECMA hat kürzlich versucht [4], die verschiedenen Architekturmodelle zu vereinen. Dabei wird die Signalisierung als Teil eines Zugangsprotokolls zu einem "subnetwork service" betrachtet. Die Endsysteme haben dieses Zugangsprotokoll zu befolgen. Die Nutzer dieses "subnetwork service" sind Anwendungen,
die nun ihrerseits eine Protokollstruktur benutzen, die Schichten 2 oder 3 beinhalten mag: Bild 1. Die entsprechende Gliederung mit den Bezeichnungen Schicht 2
oder 3 in verschiedenen Niveaus des Modells ist kein Widerspruch mit dem OSI-Modell,
da die Partnerinstanzen für die Protokolle in verschiedenen abgesetzten Systemen
liegen. Eine Verfeinerung des vorgeschlagenen Ansatzes wird in den Bildern 2 und 3
für den ATM-Dienst beschrieben. Bild 2 detailliert für ein Endsystem bzw. die Vermittlung eines ATM-Netzes die Funktionen, die zur Erbringung des ATM-Dienstes ("cell
transfer capabilities" [1]) erforderlich sind. Der Dienst wird an einem SAP ("service access point") erbracht, der mehrere CEIs ("connection endpoint identifiers")
enthält. Die LLME ("Lower Layer Management Entity") weist jeder Verbindung einen
freien CEI zu.

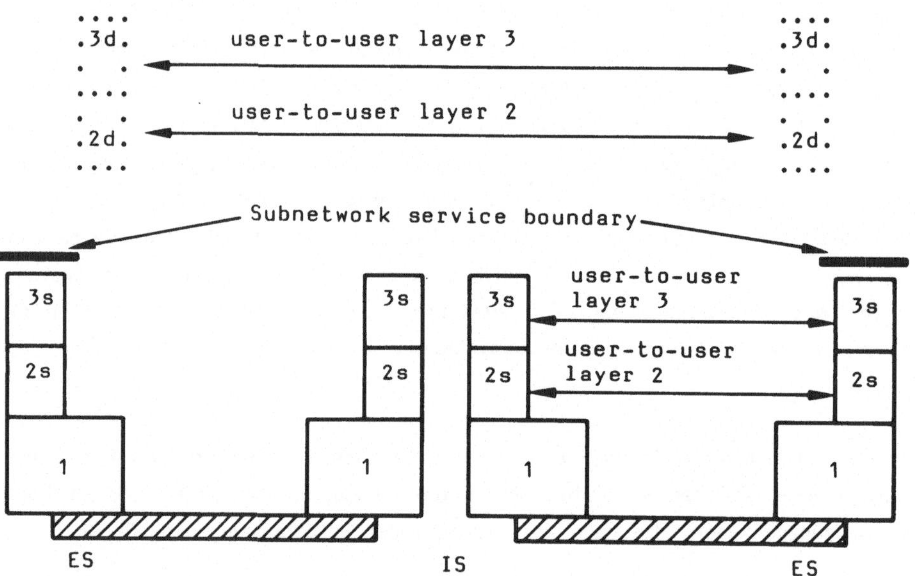

Bild 1: (aus [4]) "Flat" subnetwork service boundary
      IS: Intermediate system, representing a subnetwork
      ES: End system   3d: Layer 3 user data entity
      2d: Layer 2 user data entity 3s: Layer 3 signalling entity
      2s: Layer 2 signalling entity

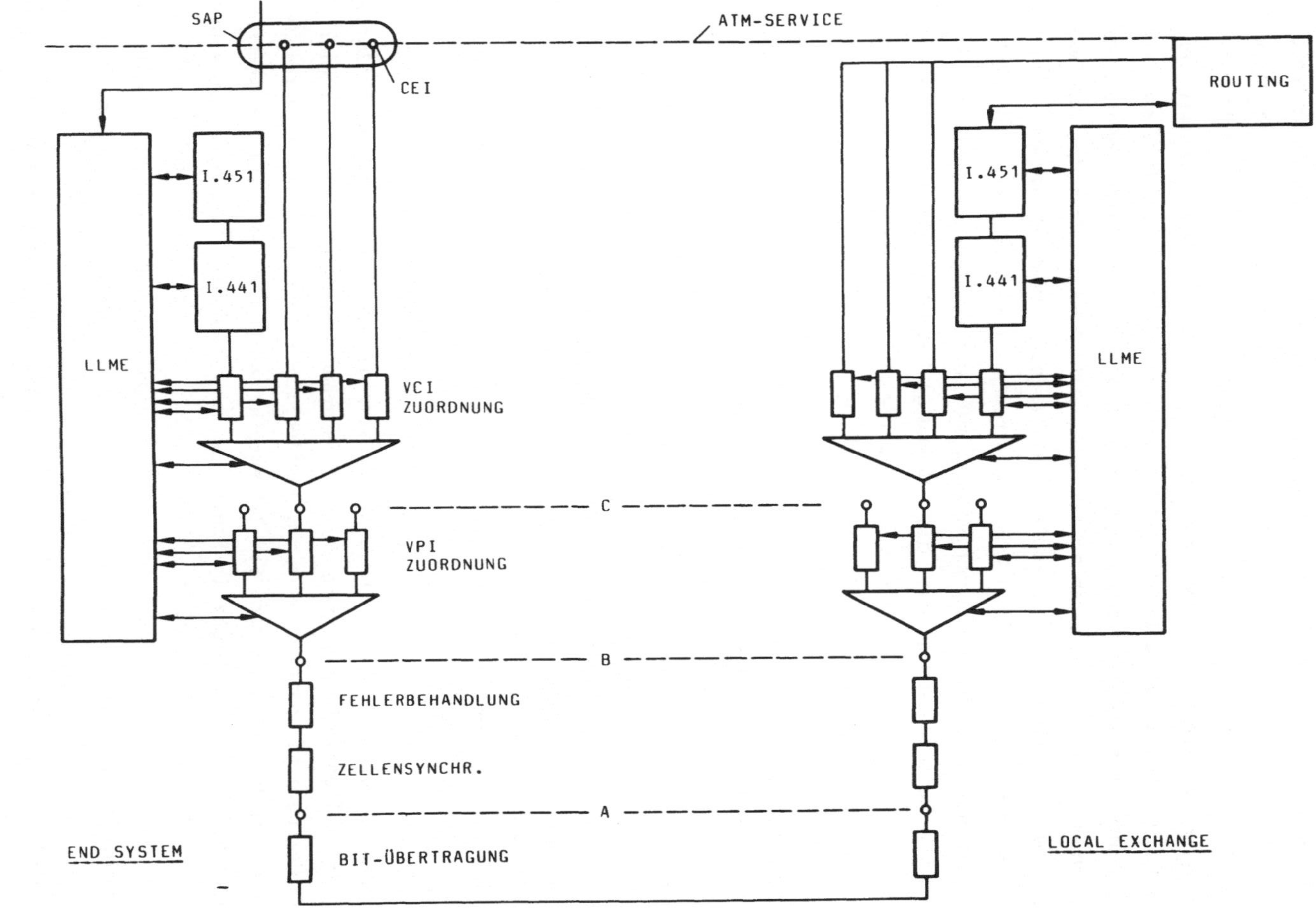

Bild 2: Modellierung des ATM-Dienstes: LLME: "Lower Layer Management Entity", VPI: "virtual path identifier", VCI: "virtual circuit identifier", SAP: "service access point", CEI: "connection endpoint identifier"

Mit jedem CEI ist eine Funktion verknüpft, die jeder Zelle einer virtuellen Verbindung einen VCI ("virtual circuit identifier") beigibt, um das Multiplexen der Verbindungen zu ermöglichen. In der Vermittlung (und nicht notwendigerweise auch im Endsystem) werden mehrere Verbindungen auf einen Strom von Verbindungen gemultiplext, der von einer Cross-Connect-Einrichtung als Ganzes behandelt wird und durch einen VPI ("virtual path identifier") gekennzeichnet ist. Die LLME macht von den (für ATM leicht zu modifizierenden) Protokollen I. 441 und I. 451 Gebrauch, um mit ihrer Partnerinstanz zu kommunizieren. Unterhalb der Multiplex/Demultiplexeinheiten sind Funktionen angeordnet, die auf Zellenbasis arbeiten und nicht mehr einzelne Verbindungen unterscheiden: Die Fehlerbehandlung enthält Algorithmen für die Fehlerdetektion bzw. Fehlerkorrektur im Kopffeld einer Zelle. Die Zellensynchronisierung gestattet es, eine Zelle innerhalb eines Bitstromes zu identifizieren. Beide Funktionen setzen auf einem Bitübertragungsdienst auf, der von unterschiedlicher Qualität sein kann. Dementsprechend kann die notwendige Redundanz für die Fehlerbehandlung ebenfalls unterschiedlich ausfallen, so daß es zumindestens eine Diskussion wert ist, ob die Funktionen zur Fehlerbehandlung und Zellensynchronisation nicht Medium-abhängig sein können.

Die in Bild 2 gezeigte horizontale Schichtung ist so gewählt, daß hierdurch eine Protokollhierarchie definiert wird, in der reale "intermediate systems" eines ATM-Netzes als Partnerinstanzen auftreten. Bild 3 zeigt als solche "intermediate systems" den Regenerativverstärker, das Zellenrelay und die Cross-Connect-Einrichtung. Die Niveaus, bis zu denen die "intermediate systems" als Partnerinstanz auftreten, definieren gleichzeitig ein generisches Kopffeldformat mit Feldern, die manipuliert bzw. als transparente Daten betrachtet werden. Das generische Kopffeldformat, das sich aus den Bildern 2 und 3 ableitet, ist in Bild 4 dargestellt.

Ein Zellenrelay ist nach Bild 3 und 4 ein System, das die Funktionen der Fehlerbehandlung und Zellensynchronisierung nicht tansparent behandelt. Der Grund hierfür könnte in der bereits angesprochenen unterschiedlichen Dienstgüte der zu verbindenden Übertragungsabschnitte liegen. Ein Zellenrelay würde eine einheitliche konkrete Kopffeldsyntax in einem ATM-Netz in Frage stellen, wenn die Ausprägung der ersten beiden Felder Medium-abhängig würde. Die Cross-Connect-Einrichtung manipuliert alle Felder bis einschließlich zum VPI-Feld; sie manipuliert auf diese Art Ströme von Verbindungen, die den durch das VCI-Feld aufgespannten Namensraum ausnutzen können.

Die Ausgestaltung der ATM-Anpassungsschicht - und damit des entsprechenden Feldes im Kopffeld - differiert für unterschiedliche Anwendungen. Diese anwendungsabhängigen Funktionen sind in Bild 2 nicht erfaßt.

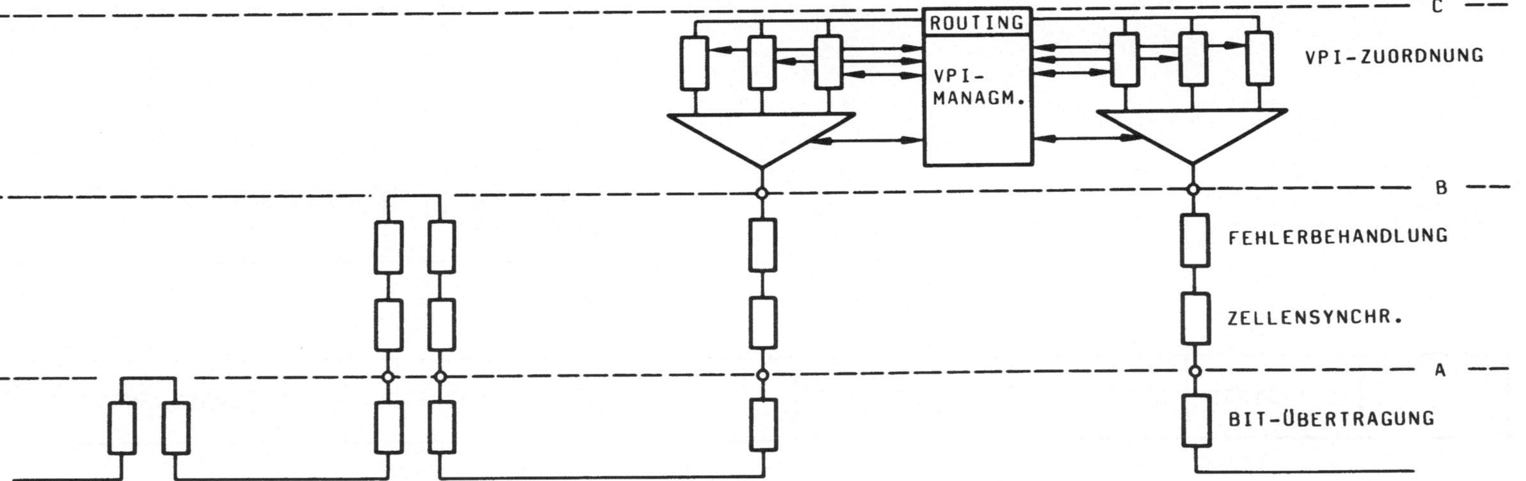

Bild 3: "Intermediate Systems" eines ATM-Netzes, VPI: "Virtual path identifier"

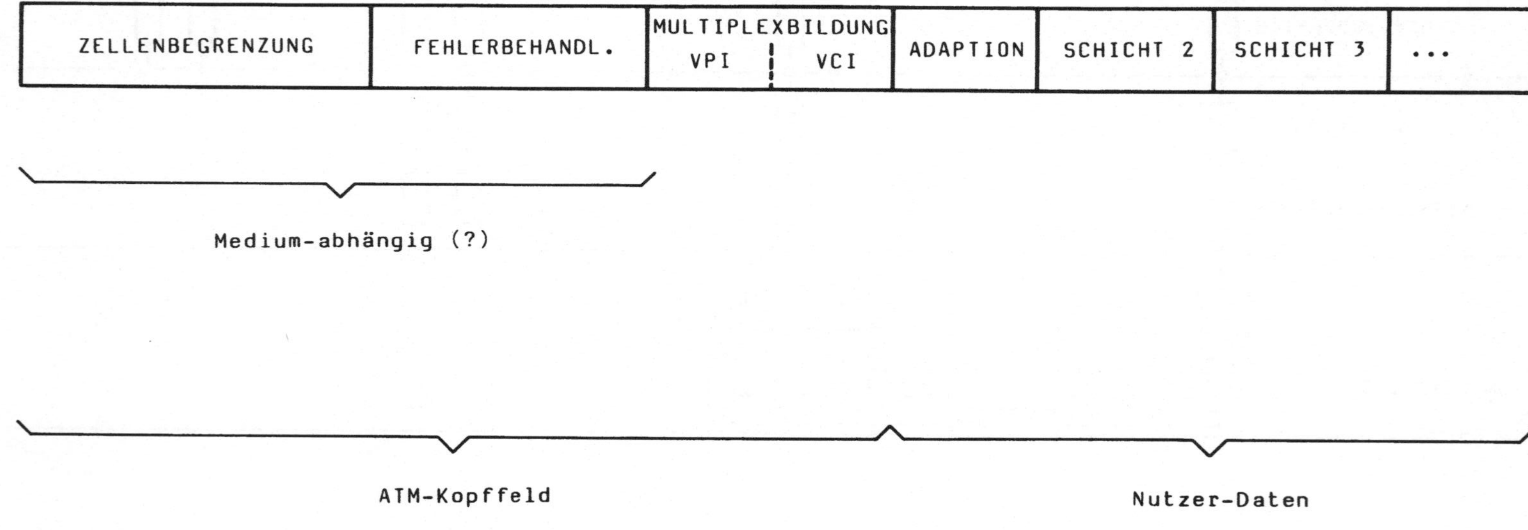

Bild 4: Generisches Kopffeldformat, VPI: "virtual path identifier", VCI: "virtual circuit identifier"

3. Dienst- und Netzgüte

Die Dienstgüteparameter beschreiben quantifizierbare Größen, die der Benutzer an den Dienstzugangspunkten beobachten kann. Sie betreffen:

- Den Zugang zu dem Dienst,
- seine Nutzung durch Informationsübertragung,
- das Verlassen des Dienstes.

Für alle drei Punkte sind Geschwindigkeit, Zuverlässigkeit und Verfügbarkeit Kategorien einer weiteren Charakterisierung.

Diese Dienstgüteparameter hängen natürlich von der Netzgüte ab, mithin also von den Eigenschaften der Netzressourcen, also der Übertragungs- und Vermittlungseinrichtungen.

Sieht man einmal von den durch Verschleiß, Materialfehler oder fehlerhafte Bedienung entstehenden Minderungen der Dienstgüte ab, so läßt sich eine Minderung der Dienstgüte immer auf eine Unterdimensionierung von Ressourcen zurückführen:

- Lange Reaktionszeiten bei der Signalisierung für den Verbindungsaufbau/-abbau weisen auf eine Unterdimensionierung von Signalisierungskanälen und /oder den mit der Signalisierung befaßten Prozessoren hin.
- Das Abweisen eines Verbindungswunsches hat seine Ursache in fehlenden Übertraguns- und/oder Vermittlungskapazitäten.

Diese Zusammenhänge gelten für den ATM- wie für den STM-Bereich. Durch die ATM-Technik kommt insofern eine neue Qualität in die Diskussion, als für bestehende Verbindungen die Informationsübertragung mit variablen Verzögerungen und Verlusten von Zellen behaftet sein kann. (Derartige Phänomene sind zwar aus Paketnetzen prinzipiell bekannt, jedoch wird ihre Wirkung dort durch Verfahren der Retransmission und Flußkontrolle maskiert.)

Als Dienstgüteparameter gilt es also zu spezifizieren:

- Wahrscheinlichkeit für falsches Zellenrouting oder Zellenverlust,
- Verteilung der Verzögerungszeiten - mindestens aber deren Mittelwert und Maximalwert.

Der geordnete Gang der Diskussion sollte nun der folgende sein: Aus den Anforderungen der Anwendungen werden die Dienstgüteparameter abgeleitet. Die Dienstgüteparameter bestimmen eine gewisse Netzgüte, die ihrerseits die Dimensionierung der Ressourcen bestimmt. Der hierbei ermittelte Aufwand ist ein Maß für die Eignung eines vorgeschlagenen Netzkonzeptes.

Diese an sich schlüssige Vorgehensweise stößt im Falle der ATM-Technik auf zwei Gegenargumente, die wir im folgenden ausräumen wollen.

Der ermittelte Aufwand an Ressourcen wird eine Funktion der angenommenen Anwendungstypen und ihrer jeweiligen Häufigkeit sein. Dies widerspricht scheinbar der Grundidee der ATM-Technik, eine anwendungsunabhängige Infrastruktur zu bieten. Hierzu ist zu sagen, daß ein Zusammenhang zwischen Nutzungsszenario und Ressourcenaufwand unausweichlich ist - unabhängig von der gewählten Netzform. Der Vorteil der ATM-Technik besteht vielmehr darin, keine Annahmen über Dienstgüteanforderungen zu treffen, die Ressourcen statisch binden.

Ein weiterer (vermeintlicher) Schwachpunkt der ATM-Technik läßt sich ausmachen, wenn man Dienstgüteparameter nicht aus den Anwendungen, sondern aus dem "bearer service" ableitet, den diese Anwendungen heute nutzen. Heutige STM-Netze sind durch Zeittransparenz, d.h. eine verschwindende Varianz der Verzögerung gekennzeichnet. Überträgt man diese Dienstgüteeigenschaft auf eine ATM-Umgebung, so kann man unschwer ableiten, daß die geforderte Netzgüte nur bei leeren Warteschlangen, d.h. bei einer gewaltigen Überdimensionierung aller Ressourcen erreicht werden kann.

An dieser Stelle setzt nun die Diskussion um Hybridsysteme ein, die sowohl einen zeittransparenten STM-Dienst wie auch einen ATM-Dienst anbieten [5]. Der STM-Dienst stützt sich dabei auf Zeitschlitze eines Zeitmultiplexrahmens, die nach dem Prinzip der Zeitschlitzvertauschung vermittelt werden. Der ATM-Kanal besteht aus den verbleibenden Zeitschlitzen, die Zellen aufnehmen, die in der Vermittlung gemäß einer Warteschlangendisziplin abgearbeitet werden. Man kann nun argumentieren, daß für eine gegebene Kanalkapazität (= 1) und ein gegebenes Angebot y < 1 das Hybridsystem nicht nur die Nutzer des STM-Dienstes mit einem verlustfreien und zeittransparenten Dienst versorgt, sondern überdies den Nutzern des ATM-Dienstes eine bessere Dienstgüte garantiert als ein reines ATM-System. Zum Beweis sei angenommen, daß das Angebot für den STM-Dienst im Hybridsystem x(< y) betrage. Für Anwendungen im ATM-Modus resultiert ein Angebot y-x, das auf eine verfügbare Kanalkapazität 1-x trifft. Der Auslastungsgrad $\rho = \frac{y-x}{1-x}$ ist aber kleiner und daher günstiger als im reinen ATM-System ($\rho = \frac{y}{1}$). Damit scheint eine detaillierte Aufwandserhebung für vorgegebene Dienstgüteparameter und Nutzungsszenarien überflüssig zu sein, weil die grundsätzliche Überlegenheit des Hybridsystems offenkundig erscheint.

Der Kurzschluß in der vorgestellten Argumentation ist die Annahme, daß die durch den Wert x quantifizierte STM-Nutzung der verfügbaren Kapazität einem kontinuierlichen Datenfluß ohne irgendwelche Pausen entspricht. Diese durch die Anwendung Fernsprechen gestützte Sicht ist mit Blick auf zukünftige Breitbanddienste nicht zwingend: Weder kann man davon ausgehen, daß die durch die Zeitschlitze des Hybridsystems vorgegebene Quantelung der Kapazität den Bedarf trifft, noch daß die Quellen mit einer konstanten Rate während der Dauer der Verbindung senden!

Wir sind also noch einmal zurückverwiesen zur Festlegung der Dienst- und Netzgüteparameter, um dann für verschiedene Systemvorschläge (reines ATM, Hybrid-System, ...) den Aufwand an Ressourcen anhand von Verkehrs- und Knotenmodellen zu ermitteln.

Dazu wird das jeweilige Knotenmodell mit Verkehr beaufschlagt und die Verteilung der Wartezeiten oder die Pufferüberlaufwahrscheinlichkeit als Funktion der Last gemessen. Eine kritische Lastsituation, bei der bestimmte Netzgüteparameter überschritten werden, läßt sich aus den Simulationsexperimenten a posteriori ablesen und damit auch der mögliche Nutzungsgrad von Ressourcen ("Highways", Speicher) ermitteln.

Diese aus statischen Lastsituationen erhobenen Daten sind aber nur in dem Maße aussagekräftig, wie der Nachweis gelingt, daß die noch zulässige Lastsituation zuverlässig geschätzt werden kann. Die Forderung, etwa eine Überlaufwahrscheinlichkeit für einen Puffer von 10^{-11} nicht zu überschreiten, stellt sich für eine reale Vermittlung auch im laufenden Betrieb: Mit jeder Verbindungsanforderung muß dynamisch ermittelt werden, was der Ressourcenbedarf des akkumulierten Verkehrs ist und ob die vorhandenen Ressourcen bzw. die geforderten Netzgüteparameter überschritten werden. Eine effektive mit den Verbindungsanforderungen schritthaltende Ressourcenverwaltung ist sicherlich eines der kritischsten Probleme der ATM-Technik. Innerhalb von etwa 100 ms muß ein Ruf aufgrund der beim Rufanbau spezifizierten Verkehrsparameter angenommen oder zurückgewiesen werden. In dieser Zeit müssen für alle beteiligten Netzknoten Schätzungen des akkumulierten Verkehrs auf dem betrachteten Verbindungen vorgenommen werden, um mittleren Füllstand und Überlaufwahrscheinlichkeit von Pufferspeichern zu ermitteln. Eine konservative Schätzung führt zu brachliegenden Ressourcen; eine Schätzung, die nahe an die im statischen Lastsituationen ermittelten Werte herankommt, wird in Falle von Verkehrsmustern, die nur unzureichend durch die verwendeten Modelle beschrieben werden, zu Beeinträchtigungen der Netzgüte führen, vgl. auch Kapital 4.3.

4. Modellierung der Netzgüte

Modellierungen der Leistungsfähigkeit von ATM- oder Hybrid-Systemen erfordern, wie in Kapitel 3 ausgeführt
- eine Festlegung der Netzgüteparameter

- ein Knotenmodell
- ein Verkehrsmodell.

4.1 Netzgüteparameter

Unter diesem Begriff soll die Verfälschung von Zellen durch Verlust oder Fehlervermittlung sowie die Verzögerung von Zellen im Netz quantifiziert werden.

Zellenverluste entstehen in der Vermittlung durch den Überlauf von Pufferspeichern. Bitfehler des Übertragungssystems führen - soweit sie im Kopffeld auftreten - in der Vermittlung zu einem falschen Zellenrouting.

Zur Abschätzung der zulässigen Zellenverfälschungen gehen wir von einer Stunde Fernsehübertragung bei einer Datenrate von 71 Mbit/s aus. Dies entspricht einer Gesamtanzahl von 10^9 Zellen mit je 32 Nutzbytes. Die Dienstgüteanforderung, während dieser Übertragung durch höchstens eine Zellenverfälschung gestört zu werden, führt zu einer Verfälschungsrate von $< 10^{-9}$. Hieraus läßt sich pro Übertragungsabschnitt ein Wert von 10^{-10} folgern. Für die Zellenverlustwahrscheinlichkeit in der Vermittlung durch Pufferüberlauf ist demnach kein schärferes Kriterium als ein Wert von 10^{-11} zu fordern.

Das in ATM-Systemen hervorstechende Merkmal einer variablen Zellenverzögerung hat zwei Aspekte: zum einen erschwert sie die Rückgewinnung von Taktinformation [6], zum anderen wird sie beim Empfänger in eine konstante Verzögerung umgewandelt und trägt somit zu deren Maximalwert bei. Bezüglich der konstanten Zellenverzögerung ist an die Vermittlung mit ihren Wartepuffern nur die Forderung zu stellen, daß die hier anfallenden Zeiten klein seien im Vergleich zu den ohnehin anfallenden Übertragungszeiten von 5 ms/1000 km und der Paketisierungsverzögerung von 4 ms (bei 32 Bytes Nutzdaten pro Zelle). Eine maximale Verzögerung von 50 µs pro Knoten erscheint daher ein vernünftiger Wert zu sein.

Die bisher erkennbaren Wartepufferlängen in der Größenordnung von maximal 50 Zellen führen bei Verarbeitungsraten von 512 Mbit/s zu maximalen Wartezeiten von 25 µs und sind daher unkritisch.

4.2 Das Knotenmodell

Knotenmodelle können als Nachbildungen existierender oder geplanter Realisierungen entstehen. Wichtiger erscheint es zunächst, sich über generische Knotenmodelle Gedanken zu machen. Dies soll für einen ATM-Knoten näher ausgeführt werden.

Wir betrachten hierzu die Wartezeit $W(i,j)$ einer Zelle, die den Knoten über die Eingangsleitung i betritt und die für die Ausgangsleitung j bestimmt ist.

Es lassen sich eine Reihe wünschenswerter Eigenschaften angeben, die im folgenden kurz erläutert werden:
- $W(i,j)$ hat eine obere Schranke. Diese Forderung ergibt sich zwangslos aus dem in Kapitel 4.1 eingeführten Begriff einer maximalen Verzögerung.

- $W(i,j)$ soll nicht von Zellen abhängen, die andere Ausgänge als j erreichen wollen. Dies bedeutet: Das Wartezeitproblem soll nach Zielrichtungen separierbar sein. Eine Analyse oder Schätzung von Verzögerungen soll nur die Verkehrsflüsse längs des gewählten Weges und nicht alle Verkehre im Netz berücksichtigen müssen.

- Die Zellen für einen Ausgang j sollen den Ausgang j in der zeitlichen Reihenfolge verlassen, in der sie den Knoten betreten haben. Dieses strenge Fairness-Prinzip beschreibt eine FIFO-Strategie für alle Zellen, die einem Ausgang zugeordnet sind. Die FIFO Strategie neigt dazu, zeitliche Ordnungen zwischen Zellen zu konservieren, was gleichbedeutend damit ist, die Varianzen der Verzögerungen klein zu halten.

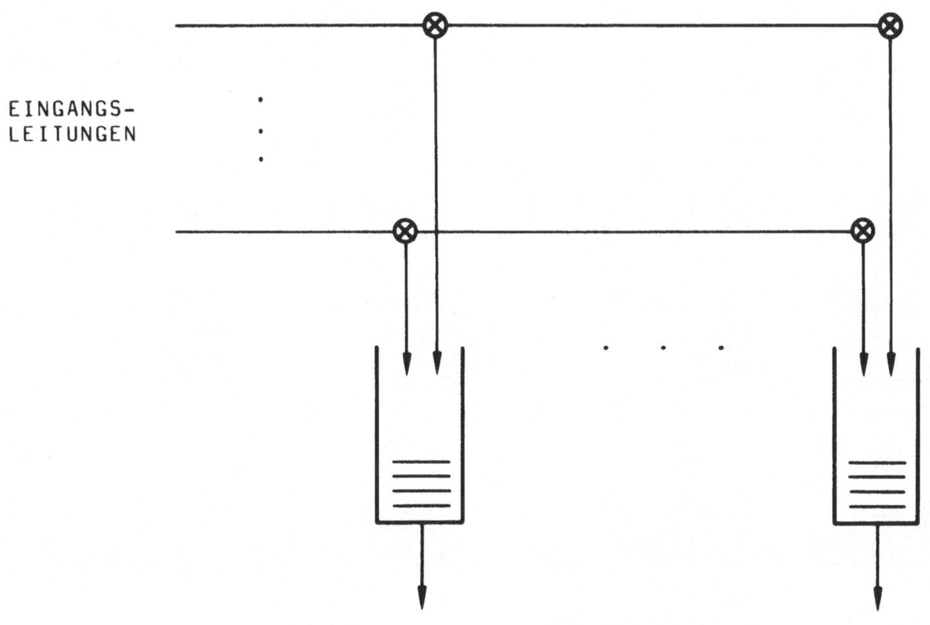

Bild 5: ATM-Knoten mit Ausgangspuffern

- W(i,j)=0, wenn außer der betrachteten Zelle keine weiteren Zellen für den Ausgang
  vorliegen. Dies bedeutet: Wenn keine Zugriffskonflikte für eine Ausgangsleitung
  vorliegen, kann ihre Kapazität voll genutzt werden. Im Knoten treten keine Verklemmungen auf, die zu einer Blindleistung (leere Zellen) auf der Ausgangsleitung
  führen.

Die genannten Forderungen werden alle durch das Modell einer Matrix mit Ausgangspuffern (Bild 5) befriedigt. Überdies lassen sich mehrere konkrete ATM-Vermittlungs-
architekturen [7,8] zwanglos auf dieses Modell abbilden.

4.3 Verkehrsmodelle und das Problem der Korrelation von Quellen

Als Verkehrsmodell für den an einem Eingang eines Knotens einfallenden Zellenstrom
ist eine geometrische Verteilung der Zellankünfte der häufigste Ansatz. Vor dem
Hintergrund der Wichtigkeit des im Kapitel geschilderten Problems der Ressourcenzu-
teilung wird der Ruf nach genaueren Modellen laut, die sich von den vereinfachenden
Vorstellungen gedächtnisloser Ankunftsprozesse befreien. In der Tat haben die Mikro-
statistik der einzelnen Quellen und insbesondere Korrelationen zwischen Quellen
einen dramatischen Einfluß auf die Netzgüte. Das soll anhand eines Beispiels näher
erläutert werden.

In Bild 6 sind M(=3) Zellenströme dargestellt, die periodische Anhäufungen von m(=4)
Zellen enthalten. Alle Zellen sind für eine Ausgangsleitung bestimmt. Der zugehörige
Puffer füllt sich maximal bis zu dem Wert Q=(M-1)m.

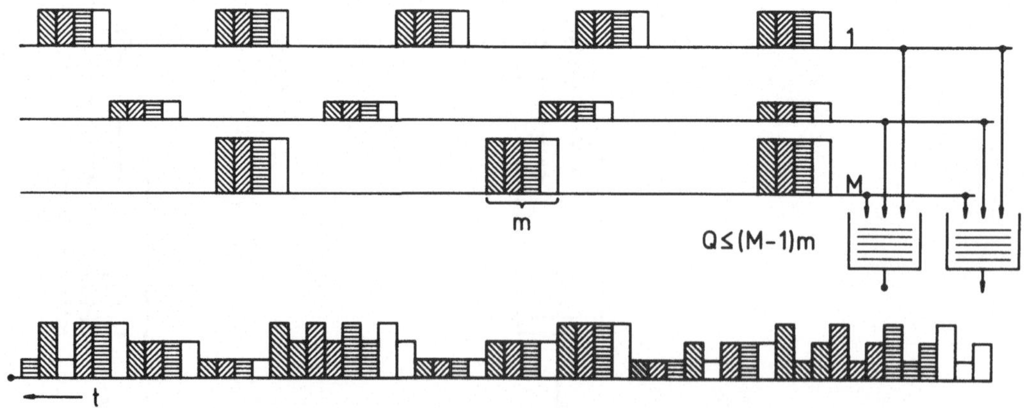

Bild 6: Multiplexen in einem Koppelfeld, periodische Zellenhäufungen als Eingangs-
        signale

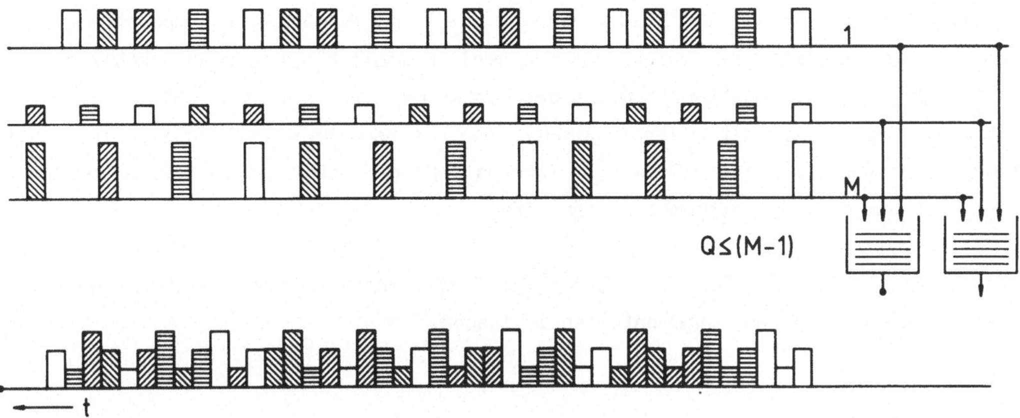

Bild 7: Multiplexen in einem Koppelfeld, periodische Zellenhäufungen als Eingangs-
         signale

Im Gegensatz hierzu zeigt Bild 7 Zellen, die in jedem virtuellen Kanal dieselbe
Periodizität wie in Bild 6 aufweisen. Es wurde lediglich die Anhäufung der Zellen
verschiedener virtueller Kanäle zugunsten einer nahezu äquidistanten Zellverteilung
vermieden. Dabei zeigt sich, daß die resultierende Varianz der Zellverzögerung in
Bild 7 geringer ist als in Bild 6. Der maximal benötigte Pufferbereich verringert
sich um den Faktor m und beträgt: $Q = M-1$.
Und dies ist in der Tat ein Wert, der prinzipiell nicht unterschritten werden kann,
wenn zwischen M Kunden einer Bedienstation im Zugriffskonflikt auftritt.

Man mag nun argumentieren, daß die Wahrscheinlichkeit für das Auftreten der in
Bild 6 dargestellten Situation sehr gering sei. Aber ohne genaue Kenntnis der Art
und Häufigkeit der zu erwartenden Verkehrsquellen läßt sich auch diese Behauptung
nicht erhärten. Es muß vielmehr bezweifelt werden, ob für Zwecke der Leistungsbewertung oder der dynamischen Laststeuerung je hinreichend genaue Modelle der Verkehrsquellen vorliegen werden. Man kann daher versucht sein, das unbekannte Quellenver-
halten durch ein bekanntes zu ersetzen, indem man die Zellenströme durch ein geeig-
netes Filter laufen läßt. In diesem Sinne suggeriert das Beispiel der Bilder 6-7 als
Systemmerkmal zu fordern, daß jeder ATM-Knoten annähernd äquidistante Zellenströme
produziert oder - anders ausgedrückt - die Zellen mit einer Rate aus dem Ausgangspuffer entläßt, die der mittleren Ankunftsrate entspricht.

Aufgrund dieses Effektes würde eine Charakterisierung des Verkehrs auch ohne genaue Kenntnis des statistischen Verhaltens der Quellen möglich - was eine erheblich Vereinfachung der Leistungsbewertung und der Laststeuerung mit sich brächte. Die vorgeschlagene Maßnahme greift allerdings nur, wenn sie nahe beim Teilnehmer, also schon beim Netzzugang zum Einsatz kommt: Im inneren Netz mit seinen hohen Auslastungen hat eine Glättung des Zellenstromes keinen Effekt mehr.

Es erscheint daher sinnfällig zu sein, die Glättungsfunktion in Teilnehmernähe mit der "Policing"-Funktion zusammenfallen zu lassen.

5. Policing-Funktion

Das Wesen der Policing-Funktion [1,9] ergibt sich aus der folgenden Überlegung: Wenn der Benutzer des ATM-Dienstes seine Ansprüche hinsichtlich des Bandbreitebedarfs beim Rufaufbau spezifiziert, so ist damit nicht garantiert, daß er sich an die von ihm angegebenen Werte hält. Aus diesem Grunde ist es notwendig, eine Komponente einzuführen ("Policing"-Funktion), die die Einhaltung der Verkehrsparameterwerte überwacht und garantiert. Im Falle eines Mißbrauchs erfolgt eine Sanktion, die im Abwerfen der Verbindung oder Beschränkung des Zellenflusses auf die spezifizierten Werte bestehen kann. Wegen des Aufwands der Implementierung können nur sehr einfache Parameter wie etwa die Ankunftsrate für das Policing herangezogen werden.

Die Überprüfung der mittleren Zellenankunftsrate kann nun im Sinne der im Kapitel 4.3 geschilderten Filterfunktion so gesehen, daß der vom Teilnehmer kommende Zellenstrom in einen elastischen Puffer geschrieben wird, und daß dieser Puffer mit der spezifizierten mittleren Ankunftsrate wieder geleert wird. Die Länge des Puffers beschränkt dann die zulässige Varianz des Quellensignals. Diese Beschränkung der Varianz des Quellensignals ergibt sich nicht aus der vorgeschlagenen Verknüpfung von Glättungs- und Policing-Funktion. Sie ist vielmehr jeder Policing-Funktion aufgrund der Dimensionierung von Zählern oder Speichern eigen.

Der Einfluß der Glättungs- und Policing-Funktionen auf Ressourcenausnutzung und Laststeuerung ist zur Zeit Gegenstand von Simulationsexperimenten.

6. Zusammenfassung

Obwohl schon einige Hardware-Prototypen existieren, wirft die ATM-Technik noch eine Reihe elementarer Verständnisprobleme auf. Dazu zählen konzeptionelle Fragen bei der Einordnung in ein Referenzmodell sowie die Behandlung des Zielkonfliktes zwischen effektiver Ressourcennutzung und hoher Netzgüte. Das letztere Problem tritt bei der Leistungsbewertung von (alternativen) Realisierungen und bei der Lastkontrolle im laufenden Betrieb auf. Seine Bearbeitung wird erschwert, wenn nicht unmöglich gemacht, durch den Mangel an zuverlässigen Quellenmodellen für alle zu berücksichtigenden Anwendungen. Als möglicher Ausweg wird in diesem Beitrag eine Glättung des Zellenstromes in jedem Ausgangspuffer eines Netzknotens (und insbesondere der Policing-Funktion) vorgeschlagen.

Die in diesem Bericht zugrunde liegenden Arbeiten wurden mit Mitteln der EG im Rahmen des Projektes RACE 1022 gefördert. Die Verantwortung für den Inhalt liegt jedoch allein beim Autor.

Literatur

[1] Draft Recommendation I. 121 on Broadband Aspects of ISDN CCITT Study Group XVIII Report R 55(C) (1988)

[2] IS 7498-1984: Information Processing Systems - Open Systems Interconnection - Basic Reference Model, VDC 681.3.1

[3] CCITT Rec. I. 320: ISDN Protocol Reference Model

[4] ECMA TR/44: An Architectural Framework for Private Networks (1987)

[5] W. Schmidt: "Die Vermittlungstechnik im integrierten Paket-Übermittlungssystemen - Einführung und Systemübersicht", Der Fernmelde-Ingenieur 41, Heft 10, 1-23 (1987)

[6] Für dieses Problem vergl.: F. van den Dool: "Synchronization Aspects of ATD-IBC Networks", Proc. ISS '87, 969-973

[7] J. Bauwens, M. De Prycker: "Broadband Experiment Using Asynchronous Time Division Techniques", Electrical Communications 61, No. 1, 123-130 (1987)

[8] U. Killat, J. Krüger: Patentanmeldung P 38 33 490.9

[9] J.S. Turner: "New Directions in Communications (or Which Way to the Information Age?)", IEEE Communications Magazine 24, No. 10, 8-15 (1986)

<u>**PERFORMANCE ENHANCEMENT OF CELL BASED COMMUNICATION SYSTEMS**</u>
<u>**BY CODING VIRTUAL CHANNEL IDENTIFIERS**</u>

Dr. Bernd X. Weis
Standard Elektrik Lorenz AG
Research Centre
Lorenzstr. 10
7000 Stuttgart, FRG

ABSTRACT

Loss and/or misrouting of cells in cell based systems result in unreliable data transmission and thus, in a degradation of system quality. Two main causes for loss and/or misrouting are the occurence of

- statistically distributed errors in transmission media and
- overflow of intermediate memories in switching networks.

Since the entire routing information is contained within the cell header, it is obvious that transmission errors which frequently occur may change this routing information, hence, leading to either loss or misrouting of the cell. In this paper the statistics of cell loss and misrouting due to transmission errors are developed. It is shown that loss and misrouting can be influenced by appropriate coding of the cell header. The results are discussed and examples are given proving that coding considerably enhances transmission reliability and data security.

1 INTRODUCTION

In the field of broadband communications, cell switching systems have received a great deal of interest [5,7-9]. The evolution of cell orientated transmission systems into an economical and technically feasible basic technique is due to the rapid development of integrated electronic circuitry which has resulted in a dramatic increase of processing speed and performance accompanied by a decrease in cost.

The information to be transported is decomposed into a sequence of **cells** each of which contains some number of bits [5,7-9]. The cells are augmented by a **cell header** which includes the routing information necessary. The main advantage of cell switching is the increase of node efficiency. This is due to the nature of cell switching and that of typical input signals which are generally bursty. As a result the continuous servicing of connections is alleviated [5,7-9].

To ensure cell sequence integrity, the concept of **virtual channels (VC)** was developed, and is now the basic principle of many cell switching systems [5,7-9]. In this approach a sequence of **virtual channel identifiers (VCI)** is assigned to each connection while it is established, one for each route section between nodes and/or terminals (see figure 2.1). This sequence of VCIs contains all the information necessary to route a cell to its proper destination; thus, switching circuits have to evaluate only a simple number rather than a mixture of addresses and other overhead information. This decreases the amount of electronic circuitry required per switch and supports the reduction of cell length.

However, since in every node the switch has to evaluate the VCI of the cell received there must be some protection of the VCI against transmission errors, to ensure or at least to enhance system reliability [5]. If a node receives a cell with a distorted VCI there are two possible reactions:

1. cell **loss**, if the distorted VCI of the received cell, which is in general a binary word, cannot be assigned to any VC established in the corresponding switches of the node. In this case the cell will be deleted.

2. cell **misrouting**, if the distorted VCI of the received cell is a VCI of another VC. Thus, the entire cell is routed to a not intended terminal.

Note, that a misrouted cell affects two terminals; the intended terminal and that actually receiving the cell. Thus, misrouting always jeopardizes the privacy of a connection.

At the terminal a missing cell causes a **negative cell slip (NCS)** which is due to either loss or misrouting of the cell. If a cell occurs which does not belong to the corresponding VC we observe a **positive cell slip (PCS)**. This effect is caused by a misrouted cell.

This paper deals with the impact of imperfect transmission on the reliability and quality of cell switching systems. In chapter 2 the models of connections, nodes and transmission are presented. Further, three assumptions on the statistics of VCI assignment and error occurences as well as the codes to be used are stated. The NCS on a route section between two nodes is calculated in chapter 3 by introducing five different states for a cell. The state change of a cell on a route section is described by a transition probability matrix. For PCS, observation time plays an essential role because the longer we observe the greater is the probability that we receive a cell which does not belong to this specific connection. The user-to-user connection is described in chapter 4 summarizing the results of the preceding chapters. Results and examples for different codes are given in chapter 5 and chapter 6 presents a conclusion.

2 MODELS

In the following we distinguish the sets of all **binary words (BW)**, of all **code words (CW)**, and of all **VCIs** where all elements of the sets have length L bits. A **code C** is the set of all CW and is a subset of the set of all BWs. A CW becomes a **VCI** iff it is assigned to a virtual channel. The **weight of a BW** is the number of its '1'-bits. For simplicity of notation let the entire cell (VCI and information bits) be referred to by its VCI.

2.1 Connections

Let a connection be established between terminal V_0 and terminal V_M and let it be described by a sequence of VCs having M VCIs B_i, $1 \leq i \leq M$. Further, let VCI B_i be assigned to the VC of route section K_i between terminal/ node V_{i-1} and node/terminal V_i (see figure 2.1). Thus, route section K_i is defined and referred to by the set of all v_i VCIs which are assigned to VCs transmitting cells from V_{i-1} to V_i. In general, for a connection, the VCIs of the VCs of different route sections are different.

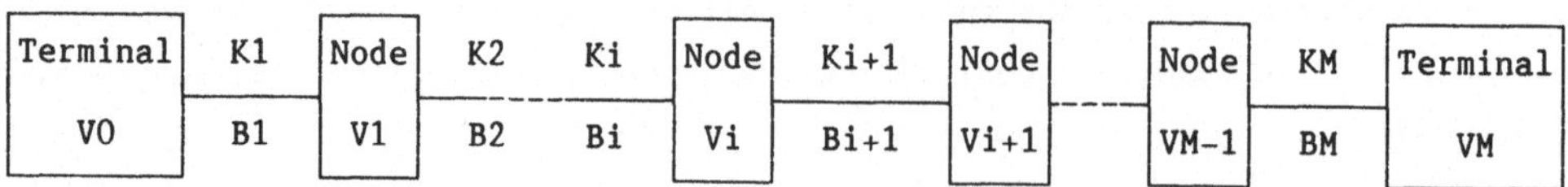

Figure 2.1: User-to-user connection

K_i : route section from terminal/node V_{i-1} to node/terminal V_i.

B_i : VCI of the connection on K_i.

Within node V_i VCI B_i is uniquely mapped into VCI B_{i+1}. If the sent VCI B_i is distorted during transmission and V_i receives a CW X_i which is not a VCI of any VC known, then the cell will get lost. Now, the mapping Q_i is defined as follows:

$$Q_i(X_i) = \begin{cases} B_{i+1}, & \text{iff } X_i \text{ is a VCI,} \\ ?, & \text{otherwise.} \end{cases}$$

where "?" denotes "delete cell". The exact definition of Q_i in node V_i depends on the actual system implementation. It is reasonable to assume that the number of VCs served by different nodes differ according to statistical terminal behavior. Then, the weights of the VCIs of different route sections vary considerably. Thus:

Assumption 1: In each node the assignment of VCIs to the VCs of a connection to be established is random and independent of the assignments in other nodes. Every CW which is not yet a VCI has the same probability of being picked.

2.2 Errors and codes

VCI B_i is transmitted over K_i and distorted, i.e. some bits of the VCI have changed such that the binary word X_i is received. The error is described by a binary word Z' of length L which occurs randomly, i.e. $X_i = B_i + Z'$.

Assumption 2: Errors are binary words of length L and distributed according to their weight, where different errors of the same weight occur with equal probability. Any two errors occuring in the VCIs of two different cells are statistically independent.

To reduce the number of cells received with incorrect VCIs due to noise in transmission media, an error detecting/error correcting code for the VCIs is used.

Assumption 3: The VCIs are codewords of length L of a linear code C which is capable of correcting all errors of weight $\leq$ e and detecting all errors of weight $\leq$ f. The set of all correctable errors is a subset of all those detectable, and the minimum Hamming distance is $d_{min} > e + f$.

A decoder detects/corrects errors in the VCIs. If the decoder receives a distorted VCI, which is in general an arbitrary BW X, the decoder output is either the correct VCI, or a codeword which is not the correct one, or a message that an uncorrectable error is detected.

2.3 Transmission

Consider a cell with VCI B_i sent from terminal/node V_{i-1} to node/terminal V_i. At the receiving node V_i the distorted VCI X_i is received and decoded by decoder **DC**. The possible outcomes and their effect on loss or misrouting of cells are shown in the following diagram.

$$
DC(X_i) = \begin{cases} B_i \xrightarrow{\ Q_i\ } \{\ B_{i+1} & \to \text{cell correctly routed (Case 1)} \\[2ex] B'_i \xrightarrow{\ Q_i\ } \begin{cases} B'_{i+1} \begin{cases} \varepsilon\ K_{i+1} & \to \text{cell misrouted} \quad (\text{Case 2}) \\ \notin K_{i+1} & \to \text{cell misrouted} \quad (\text{Case 3}) \end{cases} \\ ? & \to \text{cell lost} \quad (\text{Case 4}) \end{cases} \\[2ex] ? & \to \text{cell lost} \quad (\text{Case 5}) \end{cases}
$$

Cases 2 and 3 are distinguished having in mind the chaining of several route sections which belong to a connection. The loss described by case 5 is due to errors which the decoder detected but could not correct. In this case the code parameters satisfy $e < f$. In case 4 the decoder delivers a distorted version of the VCI, but loss occurs because the decoded CW is not a VCI, i.e. not known to the corresponding input section of the node, and thus, it cannot be assigned to a VC. Hence, there is another error detection mechanism within a node implied by the concept of VC. But note, that the events "error detection/error correction in decoder" (case 5) and "error detection in node" (case 4) are statistically independent since by assumption 1 the VCIs are assigned randomly.

3 CELL SLIP ON A ROUTE SECTION BETWEEN TWO NODES

As shown in section 2.3 there are several cases to consider. A priori any of these cases occurs with a certain probability; thus, we associate to each of the five cases a state which can be assumed by a transmitted cell. Hence, if we calculate the probability of a cell sent to be in any of these states, we can easily deduce the probabilities of cell loss and misrouting.

For our purpose the performance of code C given the statistics of the transmission medium is sufficiently described by three probabilities (derived in appendix A):

- $F(C)$ is the probability that X_i is decoded into B'_i, i.e. $DC(X_i) = B'_i \neq B_i$,

- $F'(C)$ the probability that X_i is decoded into B_i, i.e. $DC(X_i) = B_i$,

- $F''(C)$ the probability that X_i is detected to be incorrect, but the error cannot be corrected, i.e. $DC(X_i) = ?$.

When we send a cell over a noisy transmission channel there are certain probabilities that it will get lost or misrouted; hence assumes one of the states described in section 3.1. The probabilities $\phi_{i,j,k}$, that a cell changes its state from k to j when transmitted over K_i, are called transition probabilities. For K_i, denote the probability that the cell is in state j by $\psi_{i,j}$, $1 \leq j \leq 5$, and form the 5-dimensional vector $\underline{\psi}_i$. Accordingly, the transition probabilities $\phi_{i,j,k}$ (derived in appendix B) are arranged in the (5,5)-matrix $\underline{\Phi}_i$.

Now, for a given transmission medium we are able to calculate NCS. Suppose we are given the state probability vector $\underline{\psi}_{i-1}$ which includes the state probabilities before the cell is transmitted over K_i. Then $\underline{\psi}_i$ before the cell is sent over K_{i+1} is given by

$$\underline{\psi}_i = \underline{\Phi}_i \, \underline{\psi}_{i-1}.$$

Hence, the probabilities that the cell gets either lost or misrouted and the probability of NCS are

$$P_{i,\text{lost}} = \psi_{i,4} + \psi_{i,5},$$

$$P_{i,\text{misrouted}} = \psi_{i,2} + \psi_{i,3},$$

$$P_{i,\text{NCS}} = P_{i,\text{lost}} + P_{i,\text{misrouted}}.$$

Now, to calculate the probabilitiy of PCS we have to include time in our consideration. Therefore, assume that the number of cells which are transmitted over K_i during some period of time T is almost constant varying only within a small negligiable interval. This assumption is feasible since we deal with systems where a large number of VCs exists. Further, let the number of cells which belong to other connections than the one under consideration be $\kappa_i(T)$. Due to this assumption κ_i depends only on the time interval T.

K_i carries ν_i VCs; call the VCI of the VC under consideration B_i and the VCI of the l-th of the $\nu_i - 1$ remaining B^1_i, $1 \leq 1 \leq \nu_i - 1$. Then the probability that an error Z in the VCI of a cell of the l-th connection occurs such that $B^1_i + Z = B_i$ is given by the probability

$$F(C)/(N-1)$$

which equals the transition probability ϕ_{12} and is independent of the route section considered (see appendix B). Hence, the probability that none of the $\kappa_i(T)$ cells causes a PCS is

$$\lambda_i(T) = (1 - \phi_{12})^{\kappa_i(T)},$$

and the probability that at least one causes a PCS is given by $1 - \lambda_i(T)$. Thus, if we observe our system long enough, i.e. $T \to \infty$, which implies $\kappa_i(T) \to \infty$, the occurence of a PCS becomes certain.

4 USER-TO-USER CONNECTION

To calculate the probabilities for cell loss and cell misrouting for the entire user-to-user connection we just have to chain the transition matrices $\underline{\Phi}_i$ describing the route sections of this connection. Note, that for $\underline{\Phi}_M$ of K_M (node to terminal) we have $\nu_{M+1} = \mu_M = 1$ (for notation recall figure 2.1).

The input from terminal V_0 is a cell with state probability vector

$$\underline{\psi}_0 = [1, 0, 0, 0, 0]^T, \text{ where } ^T \text{ denotes transposition.}$$

Hence, the state probability vector $\underline{\psi}_M$ at the receiving terminal V_M is given by

$$\underline{\psi}_M = \left[\prod_{i=1}^{M} \underline{\Phi}_i \right] \underline{\psi}_0,$$

from which the probability for NCS is easily computed (see section 3).

Accordingly, given $\lambda_i(T)$ as derived in section 3 the probability $\Lambda(T)$ that the receiving terminal V_M perceives at least one cell in the time interval T, which does not belong to this connection, is the product of all probabilities that there is no PCS on neither route section, i.e.

$$\Lambda(T) = 1 - \prod_{i=1}^{M-1} \lambda_i(T).$$

5 RESULTS AND EXAMPLES

In this chapter results and examples are presented. The model of the transmission medium used throughout chapter 5 is the binary symmetric channel [1,4] with a raw bit error probability BER $= 10^{-6}$ for each route section. The number of information bits of a VCI is 11 bits, its length is restricted to be smaller than or equal to two bytes. Hence, 2048 VCs per line (i.e. per input section of a node) can be distinguished.

Figures 5.1 and 5.2 depict the change of NCS due to different numbers of VCIs for a single route section between two nodes. In these examples the maximum number of VCs carried over a route section is 2048. The calculations were done with variations of a (X,Y) Hamming code where X denotes the length and Y the number of information bits of a codeword. The (15,11) Hamming code is capable of correcting $e=1$ ($f=1$) error or detecting $f=2$ ($e=0$) errors, while the extended (16,11) Hamming code corrects $e=1$ error and detects $f=2$ errors or detects $f=3$ and corrects none. In figure 5.3 the time dependency of PCS is given. Figure 5.4 shows the variation of NCS and PCS with the number of route sections from terminal V_0 to terminal V_M a cell has to pass. For comparison we give the results for a 11 bit uncoded VCI.

As these graphs suggest there is a trade-off between transmission reliability where we want as many cells as possible to be received correctly (e as big as possible) and data security where we want to minimize the cells misrouted (f as big as possible). However, given any code of minimum Hamming distance d_{min}, e and f always have to satisfy $d_{min} > e + f$.

The number of cells lost per second and the mean time between failures (MTBF) for a broadband transmission system with a bit rate of 600 Mb/s are given in table 6.1.

	cells lost per second	MTBF in seconds
Example 1 (Fig. 5.1)	$2.2 \cdot 10^{+1}$	$4.5 \cdot 10^{-2}$
Example 2 (Fig. 5.1)	$3.0 \cdot 10^{+1}$	$3.3 \cdot 10^{-2}$
Example 3 (Fig. 5.2)	$2.1 \cdot 10^{-4}$	$4.8 \cdot 10^{+3}$
Example 4 (Fig. 5.2)	$2.4 \cdot 10^{-4}$	$4.2 \cdot 10^{+3}$

<u>Table 5.1</u>: Cell loss and MTBF for a bit rate of 600 Mbit/s

Note, that the probability of PCS at the receiving terminal is reduced by 6 orders of magnitude from example 3 to example 4 (see figure 5.3).

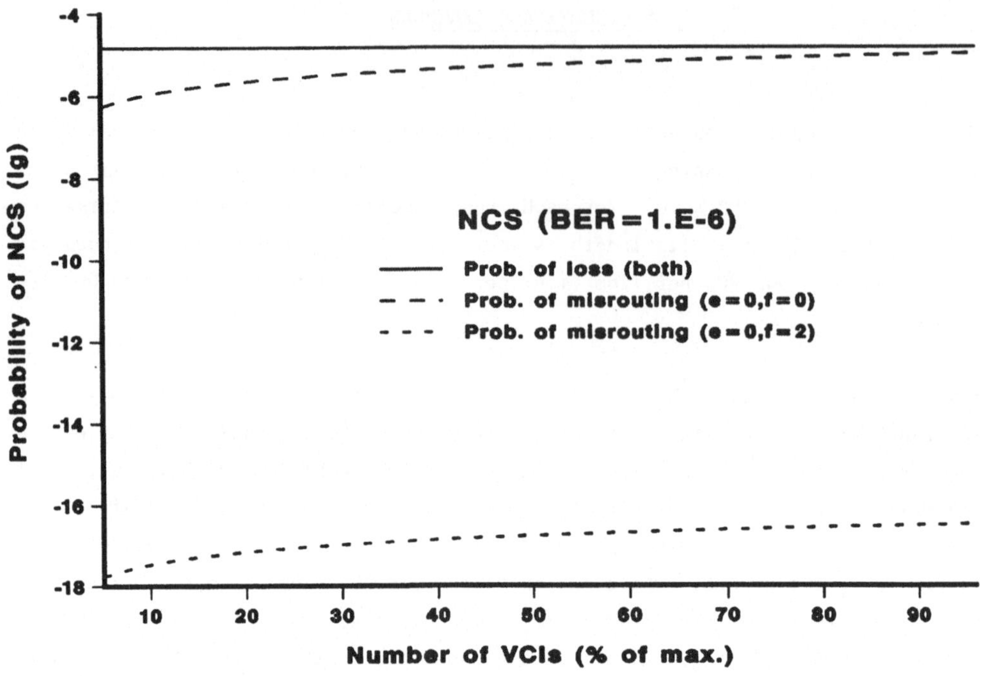

Figure 5.1: Dependency of NCS on the number of VCIs (no coding and a (15,11) Hamming code e=0, f=2)

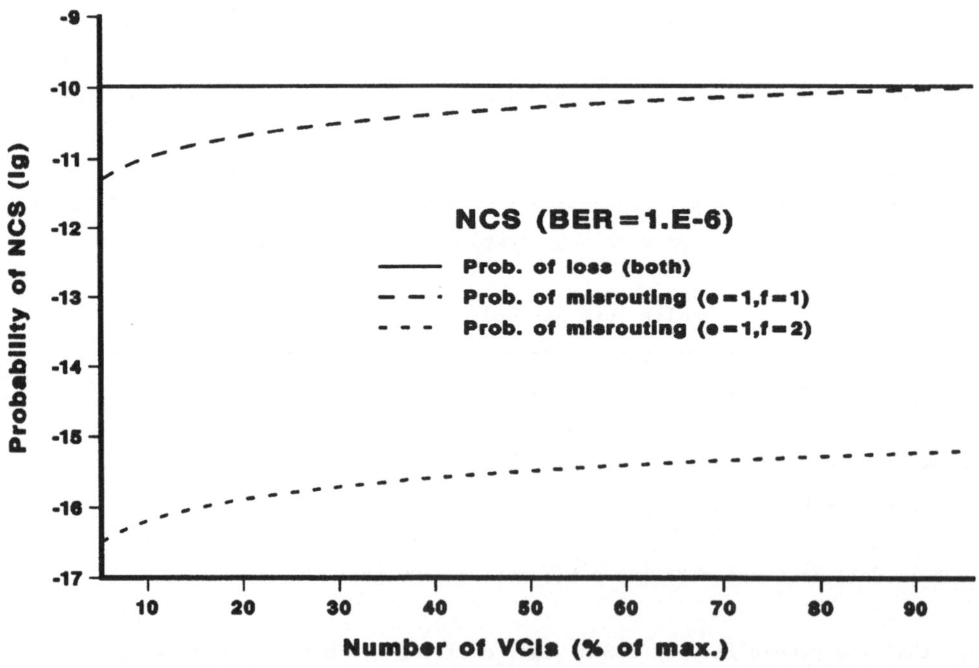

Figure 5.2: Dependency of NCS on the number of VCIs ((15,11) Hamming code with e=1, f=1 and (16,11) extended Hamming code with e=1, f=2)

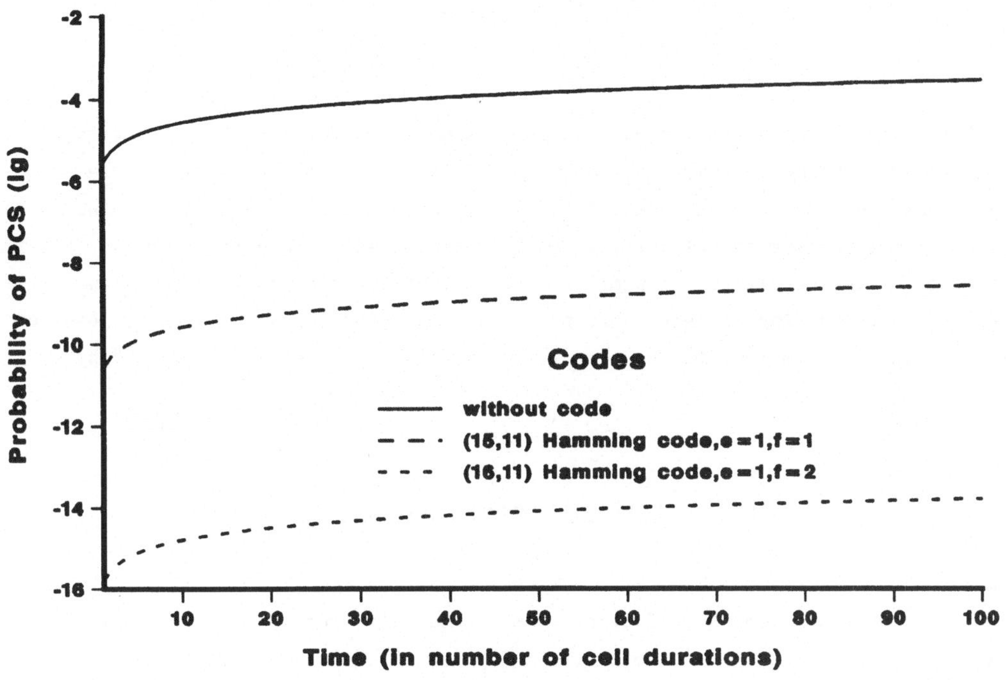

<u>Figure 5.3:</u> Dependency of PCS on time for several codes

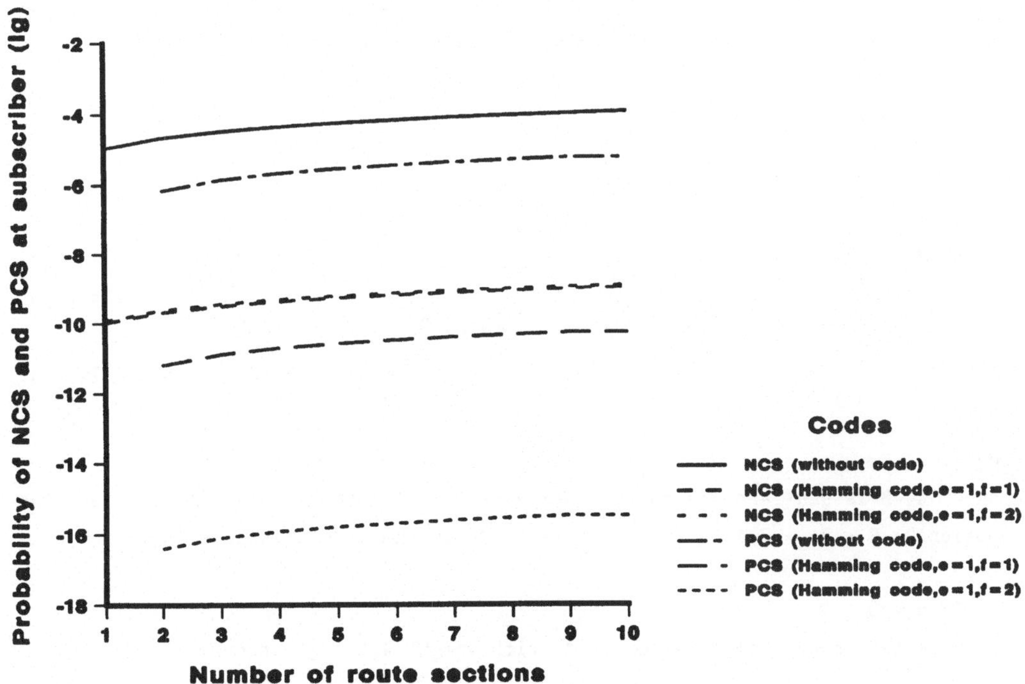

<u>Figure 5.4:</u> Dependency of NCS and PCS on the number of route sections

6 CONCLUSION

In this paper we presented the statistics of a cell switching system with respect to loss and misrouting of cells. The main result is that it is essential to use a coding scheme for the VCI of a cell to satisfy the expectation of the terminal with respect to transmission reliability (NCS is minimized) and data security (PCS is minimized). The results of chapter 5 suggest that a code should be used which is capable of correcting at least one error. On the other hand the size of overhead data should be minimized, for we restricted ourselves to a VCI of at most 2 bytes.

APPENDIX A: Code performance

Consider route section K and denote the probability that an error occurs having weight w by $p(w)$ (recall assumption 2). Suppose the VCIs are CWs of length L of a linear code C (according to assumption 3) which corrects e and detects f errors and has a minimum Hamming distance $d_{min} > e + f$. Further, assume a cell with VCI B is sent and the corresponding BW X′ which is the distorted version of B due to transmission errors is received and decoded into CW B′. Then, the probability $f(w,e)$ that the Hamming distance of the CWs B and B′ is $W(B+B') = w$, is given by

$$f(w,e) = \begin{cases} \displaystyle\sum_{j=0}^{e} \binom{L}{j} p(j) & \text{for } w = 0 \\[2em] 0 & \text{for } 1 \leq w < d_{min} \\[2em] \displaystyle\sum_{j=0}^{e} \sum_{k=-j}^{j} p(w+k) \begin{cases} \binom{w}{(j-k)/2}\binom{L-w}{(j+k)/2} & \text{for } j+k \text{ even, } j+k \leq 2(L-w), \\ & d_{min} \leq w \leq L \\ 0 & \text{for } j+k \text{ odd, } j+k \leq 2(L-w), \\ & d_{min} \leq w \leq L \end{cases} \end{cases} \tag{A1}$$

<u>Proof:</u>
Assume CW B is sent and the decoder delivers CW $B' = DC(X')$. Since C is linear (assumption 3) $B + B' = Z$ is a CW and corresponds to the undetectable error.

<u>Part 1:</u> $w = 0$
$f(0,e)$ is the probability that error Z′ with weight $W(Z') \leq e$ occurs.

<u>Part 2:</u> $1 \leq w < d_{min}$

By assumption 3 the distance d between any pair of CWs satisfies $d \geq d_{min}$; hence, $f(w,e) = 0$ for $1 \leq w < d_{min}$.

Part 3: $d_{min} \leq w \leq L$

Let CW Z have weight $W(Z) = w \geq d_{min}$ and define BWs Z" und Z' such that

$$Z' = Z + Z'', \quad W(Z'') = j \leq e. \tag{A2}$$

To find the number of BWs Z' satisfying

$$W(Z') = w + k, \quad -j \leq k \leq j, \tag{A3}$$

assume all w '1's of CW Z to be in the locations S_σ, $1 \leq \sigma \leq w$, $S_\sigma \in \{1,2, \cdots ,L\}$. The '1's of Z" are located such that exactly j_1 match with locations S_σ and j_2 with the L-w '0'-locations where $j_1 + j_2 = j$. Note, that $j_1 \leq w$, but this is redundant since $w \geq d_{min} \geq e + f$ and $j \leq e$. However, the inequality $0 \leq j_2 \leq L-w$ must be kept in mind for large values of w. CW Z' has $(w-j_1)$ '1's in the w locations S_σ and j2 '1's in the (L-w) '0'-locations which leads with eq. A3 to $w - j_1 + j_2 = w + k$. We get $2j_1 = j - k$, $2j_2 = j + k$ and $k \leq 2(L-w)-j$. Hence, the number N_z of BW Z' satisfying $W(Z') = w + k$ is

$$N_z = \begin{cases} \binom{w}{(j-k)/2}\binom{L-w}{(j+k)/2} & \text{for } j + k \text{ even and } j + k \leq 2(L-w), \\ \\ 0 & \text{for } j + k \text{ odd and } j + k \leq 2(L-w). \end{cases} \tag{A4}$$

The probability s1(w,j,k) that an error Z' occurs having weight $W(Z') = w + k$ and $DC(B+Z') = B' = B + Z$, $W(Z'+Z) = j$, is given by (recall assumption 2).

$$s1(w,j,k) = p(w,k) \begin{cases} \binom{w}{(j-k)/2}\binom{L-w}{(j+k)/2} & \text{for } j + k \text{ even,} \\ & j + k \leq 2(L-w), \\ \\ 0 & \text{for } j + k \text{ odd,} \\ & j + k \leq 2(L-w), \end{cases} \tag{A5}$$

Now, the probability $s_2(w,j)$ that $DC(X') = B'$ where $Z' = X' - B'$ and $w-j \leq W(Z') \leq w+j$, is the sum of the probabilities $s_1(w,j,k)$ over all k, $-j \leq k \leq j$, i.e.

$$s_2(w,j) = \sum_{k=-j}^{j} s_1(w,j,k). \tag{A6}$$

Since the decoder has the ability to correct e errors the possible values of j are restricted within the interval $0 \leq j \leq e$. Thus, summing the probabilities $s_2(w,j)$ for $0 \leq j \leq e$ we get the values f(w,e) for $w \geq d_{min}$. Q.E.D.

Every code C defines a unique integer function $A(w)$ where $A(w)$ equals the number of different CWs B', $W(B') = w$. In the case of a linear code C $A(w)$ represents the number of CWs B' having Hamming distance w to a given CW B, i.e. $W(B'+B) = w$ [1-4]:

$$A(0) = 1 \quad \text{and} \quad \sum_{w=0}^{L} A(w) = N \tag{A7}$$

with N the number of CWs of code C and L their length. Hence, for the probabilities $F(C)$, $F'(C)$ and, $F''(C)$ as described in section 3 we get

$$\text{for decoder error} \quad F(C) = \sum_{w=d_{min}}^{L} A(w)f(w,e), \tag{A8}$$

$$\text{for correct decoding} \quad F'(C) = f(0,e), \tag{A9}$$

$$\text{for error detection} \quad F''(C) = 1 - F(C) - F'(C). \tag{A10}$$

APPENDIX B: Transition matrix $\underline{\Phi}_i$

Consider K_i. By assumption 1 any CW can be chosen as VCI; the corresponding distribution is uniform. Obviously, the transition probabilities $\phi_{11} = F'(C)$ and $\phi_{15} = F''(C)$; both, ϕ_{11} and ϕ_{15}, are independent of K_i considered. Since the transition probabilities $\phi_{i,21}$, $\phi_{i,31}$, $\phi_{i,41}$ from state 1 to states 2, 3, and, 4, respectively, represent statistically independent events the sum of those is the probability of a decoder error $F(C)$, i.e.

$$\phi_{i,21} + \phi_{i,31} + \phi_{i,41} = F(C). \tag{B1}$$

Further, the events

- error $Z' = Z + Z''$ occurs and (see section 2.5)
- CW $B'_i = DC(B_i+Z')$ $\begin{cases} \text{is a VCI according to case 2} \\ \text{is a VCI according to case 3} \\ \text{is not a VCI according to case 4} \end{cases}$

are statistically independent. Thus, $\phi_{i,21}$, $(\phi_{i,31}, \phi_{i,41})$ is the product of the probability of a decoder error $F(C)$ and the probability that the received cell is in the corresponding state 2 (3, 4). From the N-1 remaining CW the VCIs are picked randomly (assumption 1), each with probability $p_{pick} = 1/(N-1)$. Hence, the probabilities that a cell, whose VCI was incorrectly decoded, is in state i are given by

$$- (v_{i+1} - 1) / (N-1) \quad \text{for state 2,} \tag{B2}$$

$$- (\mu_i - v_{i+1}) / (N-1) \quad \text{for state 3,} \tag{B3}$$

$$- (N - \mu_i) / (N-1) \quad \text{for state 4.} \tag{B4}$$

Thus, the entries of the first column of transition matrix $\underline{\Phi}i$ are

$$\phi_{11} = F'(C), \tag{B5}$$

$$\phi_{i,21} = F(C)[(v_{i+1}-1)/(N-1)], \tag{B6}$$

$$\phi_{i,31} = F(C)[(\mu_i-v_{i+1})/(N-1)], \tag{B7}$$

$$\phi_{i,41} = F(C)[(N-\mu_i)/(N-1)], \tag{B8}$$

$$\phi_{51} = F''(C). \tag{B9}$$

Next, assume a cell is sent from terminal V_0 to terminal V_M where the VCI on K_i is supposed to be B_i. However, due to transmission errors on route sections before K_i the cell is in state 2 having VCI $B'_i \in K_i - \{B_i\}$ where each possible B'_i is equally probable. The probability $q(Z')$ that any error $Z' = Z + Z''$ occurs which satisfies

$$Z = B_i + B'_i, \quad W(Z) = w \geq d_{min}, \quad W(Z'') \leq e \tag{B10}$$

such that $DC(B'_i + Z') = B_i$ is

$$q(Z') = f(w,e)A(w)/(N-1). \tag{B11}$$

Summing $q(Z')$ for all weights $1 \leq w \leq L$ since all CW Z except the '0'-word satisfy the inequalities B11 we get (recall eq. A8)

$$\phi_{12} = F(C)/(N-1). \tag{B12}$$

Further, the probability that errors $Z' = Z + Z''$, $Z = B_i + B'_i$, $W(Z) = w \geq d_{min}$, $W(Z'') \leq e$ do not occur and that $DC(B'_i+Z^*) = B''_i$ where $B''_i \neq B'_i$, is given by

$$q^* = A(w)/(N-1) \left[\sum_{w'=d_{min}}^{L} A(w')f(w',e) - f(w,e) \right] = A(w)/(N-1) \, [F(C) - f(w,e)]. \tag{B13}$$

Thus, the probability that $DC(B'_i+Z^*) = B''_i$ where $B''_i \neq B_i$ and $B''_i \neq B'_i$ is

$$\sum_{w=d_{min}}^{L} A(w)/(N-1)[F(e)-f(w,e)] = F(C)(N-2)/(N-1).\tag{B14}$$

With $F'(C)$ the probability of a correct decoder output we get (recall eqs. B2 - B4)

$$\phi_{i,22} = [F'(C) + F(C)(N-2)/(N-1)] \ (\nu_{i+1}-1)/(N-1),\tag{B15}$$

$$\phi_{i,32} = [F'(C) + F(C)(N-2)/(N-1)] \ (\mu_i-\nu_{i+1})/(N-1),\tag{B16}$$

$$\phi_{i,42} = [F'(C) + F(C)(N-2)/(N-1)] \ (N-\mu_i)/(N-1).\tag{B17}$$

$$\phi_{52} = F''(e).\tag{B18}$$

The values of the remaining 15 transition probabilities are obvious. We have

$$\phi_{lm} = 0 \text{ for } l = 1...5, \ m = 3...5, \ l \neq m,\tag{B19}$$

$$\phi_{mm} = 1 \text{ for } m = 3...5.\tag{B20}$$

REFERENCES

[1] R.J. McEliece: "The Theory of Information and Coding", Reading, Mass.: Addison-Wesley, 1977.

[2] E. Berlekamp: "Algebraic Coding Theory", New York, N.Y.: McGraw-Hill, 1968.

[3] J. MacWilliams, N. Sloane: "The Theory of Error-Correcting Codes", Amsterdam, The Netherlands: North Holland, 1977.

[4] J.G. Proakis: "Digital Communication", New York, N.Y.: McGraw-Hill, 1983.

[5] D.P. Bertserkas, R.G. Galleger: "Data Networks", Englewood Cliffs, N.J.: Prentice Hall, 1987

[6] W.B. Davenport: "Probability and Random Processes", New York, N.Y.: McGraw-Hill, 1970.

[7] S.D. Personik, W.O. Fleckenstein: "Communication Switching - From Operators to Photonics", Proceedings of the IEEE, Vol. 75, pp. 1380-1403, Oct. 1987

[8] J.S. Turner: "Design of an Integrated Packet Network", IEEE Journal on Sel. Areas in Comm., Vol. SAC-4, pp. 1373-1379, 1986.

[9] W. Schmidt: "ATD Switching Networks", Proceedings of GSLB-Seminar on Broadband Switching, Doc.T/CCH(87)1, pp. 225-234, 1987.

Neue Dienste in einem Intelligenten Netz

R. Drignath
Standard Elektrik Lorenz AG, Stuttgart

Ein Intelligentes Netz wird durch die Erweiterung des bestehenden Fernsprechnetzes bzw. des bestehenden ISDN gebildet. Neue, sog. "intelligente" Netzknoten
und spezielle Netzkomponenten sowie zusätzliche Funktionen zur Erweiterung
bestehender Vermittlungsstellen werden in das Netz eingebracht. Der Nutzen
eines derartigen Intelligenten Netzes ergibt sich durch eine erhöhte Flexibilität bei der Einführung neuer Dienste und ggf. durch die Bildung standardisierter Schnittstellen für verschiedene Dienstanbieter im selben Netz. Es
werden eine beschleunigte Einführung neuer Dienste und eine vereinfachte
Änderungsprozedur für bestehende Dienstmerkmale ermöglicht. Darüberhinaus ist
mit einer besseren Auslastung der Netz-Ressourcen zu rechnen.

Neue Dienste, die hier als Intelligente Netzdienste (IN-Dienste) bezeichnet
werden sollen, nutzen die Basisdienste und bieten gegenüber diesen zusätzliche
Möglichkeiten. In diesem Zusammenhang werden übermittlungs- und Teledienste,
die für die Übermittlung von Sprach-, Text- und Datensignalen auf der Grundlage
von standardisierten Protokollen zur Verfügung stehen, als Basisdienste angesehen. Auf diesen aufbauend bieten IN-Dienste Echtzeit-Merkmale auf Verbin-
dungsbasis an, wobei eine zentralisierte Datenbankverwaltung für Benutzeriden-
tifizierung bzw. Berechtigungsprüfung, Rufnummernumwertung, Gebührenerfassung,
Aufstellen von Statistiken usw. verwendet wird. Die wichtigsten IN-Dienste sind
Service 130, Virtuelle Private Netze (VPN) und Kreditkartendienst. Abgeleitet
von diesen können andere Dienste mit ähnlichen Merkmalen implementiert werden.
Hier sind als Beispiele Teledemoskopie, Bundeseinheitliche Rufnummer, Geschlossene Benutzergruppe, Teilnehmereigener netzweiter Rufnummernplan und Personen-
bezogene Leistungsmerkmale zu nennen.

Die Architektur des Intelligenten Netzes ergibt sich im wesentlichen aus der
Funktion des Service Switching Point (SSP), die als Erweiterung von bestehenden
digitalen Orts- oder Fernvermittlungsstellen eingeführt wird, und den Service
Control Points (SCP), die als "intelligente" Netzknoten für den Verbindungsaufbau im Rahmen von IN-Diensten genutzt werden. Für alle IN-Dienste wird eine
gemeinsame Netz-Datenbank aufgebaut, die ggf. über mehrere SCPs verteilt ist.
Ferner kommt ein Service Management System (SMS) hinzu, das mit den SCPs verbunden ist. Die wesentlichen SMS-Funktionen sind Erzeugung und Laden von IN-
Dienstprogrammen, SCP-Verwaltung und -Wartung sowie Erfassen und Verwalten
dienstbezogener Daten. Hier handelt es sich nicht um einen Echtzeitbetrieb wie
beim SCP.

Alle Komponenten der IN-Architektur sowie funktionale Erweiterungen bestehender
digitaler Vermittlungstellen werden von der Firma SEL im ALCATEL-Firmenverbund
entwickelt. Die Architektur und die Funktionalität des Intelligenten Netzes
werden im Beitrag vorgestellt.

Einen Schwerpunkt bildet die Schnittstelle zwischen SCP und SSP. Das IN-Proto-
koll dieser Schnittstelle ist als Application Specific Entity (ASE) anzusehen,
die den Transaction Capability Application Part (TCAP) nutzt. Dieser wiederum
ist dem Signalling Connection Control Part (SCCP) und dem Message Transfer Part
(MTP) des Zentralkanalzeichengabeverfahrens Nr.7 überlagert. Die Anwendung
dieses Protokolls wird mit Hilfe von beispielhaften Szenarien beschrieben.

REALIZATION OF A DISTRIBUTED DATA BASE IN THE
EUROPEAN MOBILE RADIO TELEPHONE SYSTEM

R. Bauer and M. Pfundstein

Standard Elektrik Lorenz AG
Alcatel Gruppe
D 7000 Stuttgart 40, FRG

ABSTRACT. The GSM Recommendations give the standards for
a Pan-European mobile radio telecommunication system. The
Location Registers form a Distributed Data Base whose
interworking with other entities of the GSM System provides
an integrated directory function. The properties and functionality of the GSM Location Registers and the implementation of the Distributed Data Base in the system "ECR 900"
are described.

1. Introduction

Telecommunication services   for   mobile   radio stations   are   offered
today in 15 European countries. But these services are implemented in
eight different and mutually incompatible systems; usage of the
expensive equipment of the mobile station often ceases at country
borders.

To improve this situation, CEPT formed in 1982 the subcommittee
Groupe Special Mobile (GSM) to develop the GSM Recommendations as
technical specifications and protocol standards for the Pan-European
Mobile Radio System or GSM System. This will be comprised of GSM
Public Land Mobile Networks (PLMNs) which provide telecommunication
services to land-based mobile stations such as cars and hand-held
stations and to ships up to 70 km off shore. The system uses digital
transmission on the radio interface in the 900 MHz wave-band, and
digital switching equipment, thereby facilitating interworking with
ISDN terminals and services. It offers telephony, data transmission
with rates up to 9600 bit/s (eg for teletex or for facsimile group
3), and a large subset of the ISDN supplementary services.

The GSM Recommendations have two main objectives for the PLMNs.
Firstly, the borders of a hierarchy of areas neccessary on technical
and administrative reasons, including country borders, can be made
transparent for the mobile subscriber roaming in the European system
area. This transparency is achieved by the system's roaming facility
to track the roaming subscriber, and by the handover function.
Secondly, application of the OSI architectural model to the GSM
protocols allows implementation of the functional entities in
heterogeneous hardware and operating systems of various
manufacturers.

Both the roaming facility (causing heavy data traffic even in the absence of calling) and extensive security measures to protect the freely accessible air interface of the radio link are functions not usual in fixed network services. They require special equipment such as the European-wide Distributed Data Base (DDB) with high access rates and a fast data communication network.

Section 2 below describes the architecture of the GSM System and its functional entities, emphasizing the properties and tasks of the DDB of its location registers. Section 3 identifies the "GSM Directory function" and describes it in the terminology of the Directory conforming to the CCITT X.500 Series of Recommendations.

Six European Telecommunication Administrations issued calls for bid for systems conforming to the GSM Recommendations in Febr. 1988; they were terminated in May 1988. Among other companies, in fall 1988 the ECR 900 Consortium (AEG, Alcatel N.V., and Nokia OY) got the order to develop PLMNs for France (prime supplier ALCATEL CIT) and for W. Germany (prime supplier SEL). The name ECR 900 stands for European Cellular Radio in the 900 MHz band.

Section 4 depicts the technical realization of the DDB in the GSM PLMN under development by the ECR 900 Consortium for Detecon (Deutsche Telecom Consulting). The Detecon is one of the two administrating and operating companies in the FRG (= W. Germany), where the Pan-European system will be called D-Net following the naming usage of national networks (A-, B-, C- Net). A general survey on ECR 900 is given in Ref. 1. Actual information on GSM standards and on the GSM System may be found in Ref. 2.

It is obvious that the GSM System and its start of service, planned for 1991, is important as a first project for European-wide standardization and compatibility in the telematic area. It is also significant under marketing aspects; 10 million mobile subscribers are estimated throughout Europe until the end of the century, 2 million thereof in the FRG.

2. The GSM System

The GSM System Area is subdivided by a hierarchy of areas with several stages mostly associated with the entities of the system. Entities are the PLMNs, see Fig. 1, and their components whose arrangement is shown in Fig. 2. Besides the Network Service Centre (NSC) and the Authentication Centre (AC), a PLMN comprises mainly four functional entities, the Mobile Services Switching Centres (MSCs), two types of Location Registers (LR), namely the Home Location Register (HLR) and Vistor Location Register (VLR), and the Base Station Subsystem (BSS) with the Base Stations (BSs).

We choose to handle a model using the most simple example configuration with three subdivisions only out of nine possible ones: PLMN, MSC area, and radio cell. Typical network dimensions are given and the special restricions are indicated in brackets.

    i) The System Area consists of PLMN areas,
       (country = PLMN area = HLR area)
   ii) The PLMN contains 10 MSC areas,
       (VLR area = MSC area = location area)

iii) The MSC area comprises 25 BS areas or radio cells,
one cell serving 1,000 mobile subscribers.
(Base Station Controller area = radio cell).

Fig.1 shows one PLMN per country. In Fig. 2, the radio cells are summarized in the BSS symbol; two MSC areas and one HLR per PLMN are indicated. Note that each MSC area contains a MSC with coordinated VLR. The Gateway MSC depicts the interrogation function, see below, which may be implemented in one or more MSC areas.

2.1 Entities and numbering

The PLMNs are telecommunication networks with only 5% of intra-net traffic between mobiles; hence they act mainly as gateway between the mobile subscribers and the public fixed networks, see Fig. 1. They are connected to the PSTN/ISDN by digital trunks (bold lines in Figs. 1 and 2) and signalling channels for curcuit related signalling shown by double thin lines. The PLMNs themselves are mutually interconnected by dedicated data lines, shown as single thin lines in Figs. 1 and 2. With respect to this connection, the PLMNs act as modules of a DDB (Distributed Data Base) for mobile subscriber attributes on an international scale.

The BS provides the air interface to the Mobile Station (by means of the fixed antenna covering the radio cell.

The MSC is a digital exchange equiped with mobile radio functions. It does not contain the subscriber data which are rather stored in the LRs. It interfaces the BSs in its MSC area and provides their interworking with the fixed network and with the LRs. Fig. 2 shows the network variant in which connections between MSCs are routed via the fixed network.

The HLR is a data base for subscriber management holding the subscriber data of an MS such as call handling data and supplementary service data. They comprise permanent and temporary data, the latter can partly be modified by the user. The HLR and its entries are identified by two types of names. From the fixed network side, the MS is accessed by its ISDN number or Directory Number, the MSISDN. From the air interface, the Home PLMN and the HLR of an MS are accessed by the International Mobile Subscriber Identity (IMSI). These names are numbers of international numbering plans and are hence also addresses. The main mobility-related function of the HLR is to provide the address of the current MSC area where any MS managed by the HLR is roaming.

The VLR is a transient data base keeping the call handling data for all MSs roaming currently in its area. From the fixed network side, the MS is addressed by the MSISDN, which is mapped in the HLR to the Mobile Station Roaming Number (MSRN). The MSRN comprises the ISDN number of the current MSC and indexes the MS in the VLR. From the air interface, the MS's entry in the VLR is accessed by the IMSI or TMSI.

2.2 Functions

The ROAMING FACILITY tracking the mobile subscriber and rendering the

Fig. 1.

PLMN of GSM System
as gateway between
mobile station (MS)
and public networks.

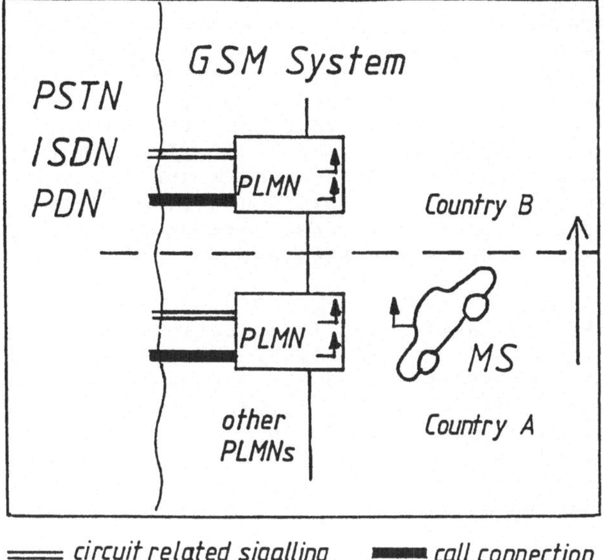

Fig. 2.

Network structure of
GSM System. PLMN with
two MSC areas. Direc-
tory equivalents:
DMD, DUA, DSA, M-DSA,
see Sect. 3 of text.

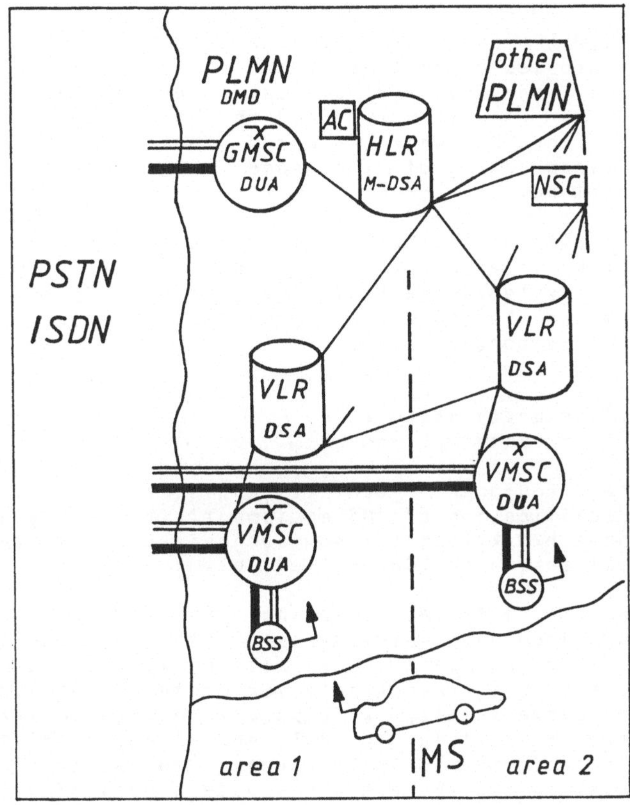

borders of all areas transparent is achieved by LOCATION UPDATING, INTERROGATION, CALL FORWARDING and PAGING. When an MS roams into a new MSC area (Fig. 2) or is switched on, it accesses this currently visited MSC (VMSC) by its IMSI and requests LOCATION UPDATING. The VLR of the VMSC area allocates the MSRN containing the routing information to this VMSC and VLR and sends it to the MS's Home PLMN and HLR addressed by the IMSI. The HLR returns the subscriber data to the VLR and CANCELS the MSRN and the entry of subscriber data in the old VLR. Due to location updating, VMSC and VLR together provide a "wandering digital local exchange" which follows up the roaming MS through the System Area and supports ready call handling to and from the MS.

A Mobile Terminating (MT) Call from the fixed network is routed by the MSISDN to the Gateway MSC (GMSC) of the PLMN, see Fig. 2. The GMSC INTERROGATES the HLR for the MSRN and FORWARDS the call via the fixed network to the current VMSC which retrieves the call handling data from its VLR. Within the VMSC area the called MS is then located by PAGING on the radio interface. If IMSI ATTACH/DETACH is implemented, the MS is marked as detached in the VLR if the MS is switched off; MT calls are then barred at the VMSC.

The Mobile Originated (MO) Call initiated by the MS is routed to the fixed network by the VMSC and/or GMSC according to the ISDN-Nr. of the fixed subscriber. The Mobile to Mobile (MM) Call is just the combination of MO and MT Call; it makes less than 5 % of all calls.

HANDOVER is necessary to maintain a communication in progress if the MS crosses a cell area border. For handover to a cell of a new MSC area, the new VLR allocates the Handover Number (HON), which is similar in structure to the MSRN, and transmitts it to the call handling VMSC which forwards the call to the new VMSC. In handover between cells of the same MSC area, however, the LRs are not involved.

The ROAMING FACILITY allows any switched-on MS to be called by its MSISDN irrespective of its current location. It is realized by the GSM System throughout the European System Area while HANDOVER is limited to the PLMN area; thus handover is never offered across country borders.

2.3 Security measures

The Equipment Identity Register is a further data base for identification of MS equipment. It keeps a white list for authorized and a black list for non-authorized, eg stolen, equipment. For the realization in ECR 900 see Ref. 1.

The air interface allowing free movement of the MS might attract undesired peers. Though as digital encoding and frequency hopping on the radio path make accidental eavesdropping impossible, the interface is accessible for professional forgery and eavesdropping. To prevent this, a Temporary Mobile Subscriber Identity (TMSI) is used in addition to IMSI, and strong AUTHENTICATION and ENCIPHERMENT are performed for every access on the air interface. Authentication uses the challenge and response algorithm with the random number RAND as challenge and the signed response SRES, related by the individual secret key Ki. Encipherment is performed by the enciphering key Kc.

These elements are interconnected by two algorithms A3 and A8:

A3 (RAND,Ki) --> SRES ;   A8 (RAND,Ki) --> Kc .

Ki, A3 and A8 are kept in the MS and in the Authentication Centre (AC). A supply of 5 triplets (RAND,SRES,Kc) with 180 Bytes is precalculated in the AC and transferred via the HLR to the VLR to be used up for authentications. Then the next supply is transferred from HLR to VLR. For authentication the VLR transmitts RAND via the air interface to the MS, which calculates SRES and Kc. SRES is retransmitted and checked, and all signalling and communication on the air interface are enciphered by Kc. Note that new and random keys Kc are used for every access.

These procedures guarantee for user identity confidentiality and data confidentiality. The algorithm is one-sided for the user identity only. The confidentiality for the identity of the VLR or the PLMN is secured by management and observance of the allocated frequency bands on the radio link which hence becomes an important task for the Operator.

2.4 Typical traffic data

Every MS is expected to cause 1.5 BHCA (Busy Hour Call Attempts) total including MO and MT attempts, equivalent to a mean call duration of 72 s and 0.03 Erl/subscr. The rate of location updates in city centres is trypically 0.8/h per subscriber. This means that only two calls are handled on the average for one subscriber by the same VMSC before a change and updating of location occurs, cf 1.5 calls/h and 0.8 location updates/h per subscriber. The VLR is a highly transient data base with high traffic between HLR and VLRs. The largest traffic is on the link between VMSC and associated VLR where authentication, call handling, and location updating add up. Here the ratio between "queries" and "updates" (of location) of the VLR is about three to one. To accomodate this traffic, a fast dedicated data communication network is neccessary.

2.5 The dedicated data communication network

The procedures and messages of all entities needed for the system functions are standardized as Mobile Application Part (MAP) in GSM Rec. 09.02, which is an Application Service Entity using the Transaction Capabilities (TC, CCITT Rec. Q.771-Q.774, end of 1988 ?), conveyed by the underlying services of the Signalling Connection Control Part (SCCP) and Message Transfer Part (MTP) of Signalling System (SS) No 7. TC as a non-circuit related protocol of SS No 7, comprising OSI layers 4-7 and based on 64 kbit/s links, provides fast and flexible data communication. The relatively short and time-sensitive MAP messages are packaged and conveyed in the connection-less mode by the Transaction Capabilities Application Part (TCAP) of TC which skips OSI layers 4-6 and uses immediately SCCP. For details on TC, TCAP, and SS No 7, see Ref. 3.

This network of non-circuit related signalling paths, connecting HLR, VLR, MSCs, and PLMNs by MAP, is shown as single thin lines in Figs. 1 and 2, whereas circuit related signalling paths are indicated by double thin lines.

3. The GSM Directory

The PLMNs with their Location Registers (LRs), Mobile Services Switching Centres (MSCs) and the dedicated data network form a Directory with distributed Directory Information Base (DIB) assisting inter-process communication. This "GSM Directory" must be distinguished from a Directory for user support such as user-friendly naming, foreseen by GSM Rec. 02.14, which is not addressed in the present paper.

It is interesting to contrast the entities and terms of this GSM Directory with those of the Directory according to the CCITT X.500 Series of Recommendations, where we refer in Ref. 5 to the wider context of the status of 1986, and in Ref. 4 to the more refined actual version expected in 1988.

Some equivalents are indicated in Fig. 2. The PLMN corresponds to a Directory Management Domain (DMD) where the fixed network and the MSs are the users of the Directory. The MSCs are the Directory User Agents (DUAs) and the LRs the Directory System Agents (DSAs) holding the subscriber data of the MSs as distributed Directory Information. The HLR represents a Master DSA (M-DSA) and the VLR holds copies, while location updating includes shadowing, cf Ref. 5.

The HLR holds the MSRN as Knowledge Information on the distribution of the DIB fragments among the transient DSAs or VLRs. Knowledge Administration for the VLRs is automated by location updating. Interrogation corresponding to the Referral gives a mapping of the "name" MSISDN to the "address" MSRN and allows dynamic binding between the "object", MS with subscriber data, and its location; so movement of the object becomes transparent for the user. The MSISDN is a Distinguished Name with the IMSI as related Alias Name. Since it is also the address of the entry in the HLR, Knowledge Administration is not neccessary for the M-DSAs or HLRs. As names are numbers, they are not user-friendly in the GSM System.

The Directory Access Protocol and Directory System Protocol have both their equivalent in MAP, cf Section 2.5. Both systems have in common their design in line with the OSI 7-layer model to accomodate heterogeneous equipment by different manufacturers.

A distinct difference between the two types of Directory exists in their dynamic properties. The X.500 Directory implies rare modifications of information and its distribution among DSAs, and a large number of queries is expected before a modification occurs. In the GSM Directory, the VLRs are highly transient data bases with only two to three queries between updates, cf Section 2.4, which requires a strict transaction concept and the fast data transmission of TCAP and SS No 7, cf Section 2.5, whereas the X.500 Directory proposes to use the connection oriented Remote Operation Service Entitiy (ROSE, X.219 and X.229).

Administration of information distribution is automated in the GSM System by location updating and by the restoration procedures, while it is not yet stanadardized in X.500 (Ref. 4) which assigns it to bilateral agreement between DSA Operators. There are several such items where the GSM Directory is more advanced and more automated than it is achieved in Ref. 4 of 1988. Progress for the Directory standards is expected in the next study period.

4. Realization of the Location Registers in ECR 900 for Detecon

The OSI architecture of the GSM System allows the dedicated implementation of entities in heterogeneous hardware and operating systems. In ECR 900, the tightly related AC- and HLR-functionalities are implemented on the Alcatel 8300 multipocessor system. Eight HLR units for up to 300,000 subscribers each are planned for the FRG. The VLR, closely related to the call handling MSC, is integrated in the MSC based on the SYSTEM12 ISDN exchange (S12). This switch is particularly appropriate for an integrated solution since its software offers a Relational Data Base Management System (RDBMS) for locally distributed processing allowing easy implementation of the VLR. MSC/VLR units for typically 30,000 subscribers each are foreseen for the FRG.

The following sections give a short description of the HLR and a more detailed account of the MSC/VLR; these entities cover all components which constitute the Directory Management Domain (DMD) of the PLMN.

4.1 Realization of the HLR on ALCATEL 8300

The Alcatel 8300 machine is a data processing system based on a multi-processor architecture with multiple main buses, specially designed for telecommunication applications.

The processors are Motorola 68020 processors; the typical internal data rate between two main buses is 21 Mbit/s. All hardware components are duplicated in the standby part of the system. Data storage for the HLR is done on disks and on RAM. About 300 Bytes per subscriber of storage are needed for the subscriber data and additional 700 Bytes per day and subscriber for charging data. Some details on the subscriber data are given in Sec. 4.2.3 below.

The HLR unit designed for up to 300,000 mobile subscribers is able to handle 400 MAP messages/s in the busy hour on SS No 7, MTP + SCCP + TCAP. This means that every two to four ms a transaction is completed.

The elapsed time for the handling of a message is determined by queueing times and by the physical transmission time on the 64 kbit/s SS No 7 link rather than by the processing time itself. Note that a TCAP message of maximum length of 272 B takes 30 to 60 ms, depending on retries, for data transmission only. The physical delay for 4,000 km is about 20 ms. Every intermediate Signalling Transfer Point may take 20 ms in addition.

4.2 Realization of the VLR integrated in an S12 MSC

As we have seen in Section 2.4, the interface between VMSC and associated VLR has the highest load among the interfaces. Integration of the MSC and VLR functionality in the same system unit has obvious benefits. Both entities can share equipment like all operational units, SS No 7 handling, racks, and power supply. The SS No 7 interface for MAP/TCAP defined in GSM Recommendations between these entities becomes an internal interface, saving line costs and transmission time.

The internal data transmission rate of S12 is equal to the rate of SS No 7 (64 kbit/s). The modularity of S12 due to distributed control and distributed processing enables the addition of functionality and performance. A general description of the S12 MSC/VLR is given in Ref. 1; here we concentrate on the data base aspects of this entity.

4.2.1 Overview on S12

An S12 exchange is a multi-processor system in which each processor can communicate with any other via a digital switching network (DSN) by sending messages (see Ref. 6). The DSN has universal PCM 30 interfaces and is also used to switch voice or data calls. The individual channels have a total rate of 128 kbit/s where 64 kbit/s are used each for data and contol information. In S12 the processors which are connected to the DSN are called control elements (CE).

The different processors may have different functions. Defining a set of functions per processor constitutes a "control element type" (CE-TYPE). The main groups are the Terminal CE types (TCE) for trunk device handlers and the System Auxiliary CE types (SACE). There also may be more than one control element (CE) of one type to share the traffic load of the system. In this case the CE controls only a part of the system's resources. The amount of resources which can be controlled by one CE of a given CE TYPE defines the granularity, by which the system can be extended, if the system grows in terms of physical interfaces, traffic load, and subscribers.

This makes evident that the functions of a VLR, which is based on S12 technology, can be implemented in one ore more CE TYPES, of which one or more CEs are required depending on the size of the system.

4.2.2 The S12 Data Base Management System

As the VLR basically is a data base for mobile subscriber attributes, the VLR implementation can take advantage of the S12 Data Base Management System (DBMS), which is part of the S12 KERNEL SW.

The S12 DBMS controls a relational DB, which is distributed locally over all S12 CEs. It supports various standard access algorithms, such as sequential, indexed, binary access and also special access algorithms on specific data structures. A S12 DB relation can be stored in one CE, or several copies of it can be replicated in two or more CEs, which are updated automatically. This replication in hot-standby mode yields high reliability and availability of DB applications. A S12 DB relation can also be distributed over many CEs. Memory relations may be disk backed on twin disks. Relations may also be stored on disk only. Each relation can be accessed from any CE, no matter where it is located.

In this DB all data to drive an S12 exchange are stored such as configuration data, digit trees, subscriber data etc. Also the mobile subscriber data of an S12 MSC/VLR will be stored and managed by the S12 DBMS.

4.2.3 The S12 MSC/VLR

An appropriate way to show the S12 implementation of the MSC is the so called "S12 spider diagram" (see Fig. 3), which shows all CE-TYPES (and their replication) grouped around the DSN. This spider diagram is described by a list of functions which are assigned to each CE-TYPE, see Fig. 4; the type of replication is also indicated in column 2 of Fig. 4. More details are given in Ref. 1 and Ref. 6.

For the VLR we have to focus on the following functions, cf Sec. 2.2:

- Organization of (mobile) subscriber data

- Authentication for each network access of MSs via the radio link
- Reallocation of authentication parameters

- Location Update for new and leaving mobile stations (MS), and
  interfacing with the HLR and the previous VLR of an MS
- Allocation of Roaming numbers (MSRN) and temporary identities
  (TMSI) for each visiting MS
- Allocation of handover numbers (HON)

- Provide all necessary subscriber data for call handling
- Support of various supplementary services
- IMSI attach/detach operation

- Recovery support for HLRs.
- VLR Administration functions

Special attention has to be payed to

- the number of MSs to be stored in the VLR at a time
- the different keys used to access the data of an MS
- the functions, which are freqently used due to

    o telephonic and data traffic
    o the roaming behaviour of subscribers

The number of MSs per MSC/VLR may vary from less than 10,000 MS for a small MSC/VLR up to 60,000 MS for a large MSC/VLR. The subscriber data are up to 300 Bytes per MS, including 180 Bytes supply of authentication parameters.

The search keys to find the right MS out of some 10,000 entries are

  - the International Mobile Subscriber Identity (IMSI)
  - the Temporary Mobile Subscriber Identity (TMSI)
  - the Mobile Subscriber's Roaming Number (MSRN)

TMSI and MSRN are assigned by the VLR and are different for each VLR. Only the IMSI is predefined for an MS and is not changed by roaming procedures. This and traffic considerations on roaming and call attempts lead to the following conclusion:

In the Location Register SACE (LRSACE) the MS data are physically stored for up to 10,000 MS per CE. Call Handling requests from Base Station TCE (BSTCE) and Digital Trunk TCE (DTTCE) for MS data are directly answered by the LRSACE. As long as an MS is active in a call, the VLR provides a pointer in which BSTCE a call (signalling link) is active for an MS. This allowes to have the MS status supervision of an MS distributed but accessible from everywhere. This also allows to handle call collisions. To assure the availability of the MS data, the LRSACE is configuered as CE-pair. This means, if one CE fails, the partner CE will guarantee the function, having an identical copy of the MS data in its own memory. This is automatically provided by the S12 DBMS.

The Mobile Radio SACE (MRSACE) was defined for roaming functions like location update, MAP communication to the previous VLR, HLR, or the AC. The MRSACE is configuered as loadshare group to assure sufficient processing power for this function also in the case of failure. As no data have to be stored in the MRSACE, an n+1 redundance is sufficient.

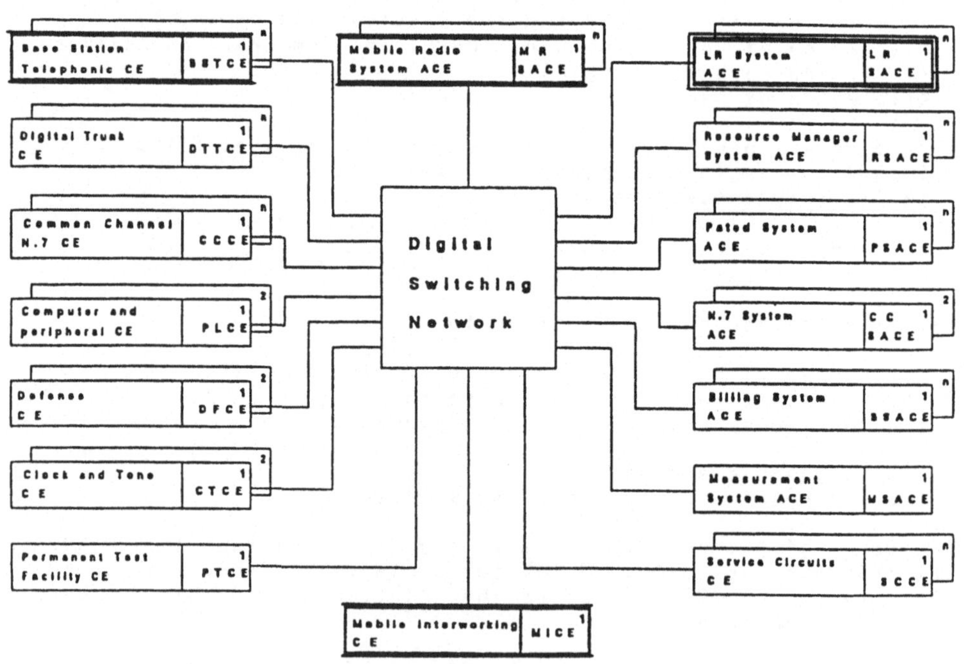

Fig. 3.   ECR 900: Integrated MSC/VLR based on SYSTEM12 ISDN exchange. Mapping of functional building blocks to physical building blocks. Bold: mobility functions. Double contour: Location Register function. For more details see Fig. 4 and the text.

CONTROL ELEMENT	MEM/TYP	SOFTWARE FUNCTIONS
B S T C E	simplex	Base Station Trunk Device Handler for Telephonic and Maintenance functions DTAP and RSSMAP, including Paging SCCP Mobile Radio Call Control for Basic and Supplementary Services Detailed Billing Generation
D T T C E	simplex	Digital Trunk Device Handler for Telephonic and Maintenance functions ISDN User Part Signalling Paging SCCP Call Control for Basic and Supplementary Services
C C C E	simplex	N7 Message Transfer Part
M R S A C E	load sharing	Handover Control Roaming Control Exchange Subuser: Register Update Subuser:Retrieve/Send Roaming Number Transport Layer or TCAP
L R S A C E	active standby	VLR implemented in a tree structure in the S12 Database
R S A C E	active standby	Trunk Resource Manager and Command Handler Auxiliary Resource Manager, including Conference Circuit and Mobile Interworking Resource Manager Channel Manager for Base Station Trunks
P S A C E	load sharing	Prefix Analysis and Call Handling Task Definition Charge Analysis Accounting Analysis Command Handler for Charging Routing and Charging Configuration Data
C C S A C E	active standby	Link and Route Management OMAP — MMC subuser — alarm subuser — file transfer — detailed billing data transfer — charging data transfer — accounting data transfer — measurement data transfer
M S A C E	simplex	Standard
B S A C E	active standby	Detailed Billing Collection Division of Revenue General Input/Output Remote Detailed Billing Subuser Charging Subuser Accounting Subuser Transport Layer or TCAP Charge Scale Changeover Command Handler for Charging Charging Task Definition Data
M I C E	simplex	Interworking with the Data Network
S C C E	load sharing	Multi-Frequency Signalling Systems Support Conference Circuit functions

Fig. 4. ECR 900: Integrated MSC/VLR based on SYSTEM12 ISDN exchange. Mapping of applications software functions.

The Base Station TCE (BSTCE) also carries some call related functions of the VLR like the authentication logic. MS data are required in the BSTCE anyway. So the authentication triplet (RAND, SRES, Kc) is passed to the BSTCE. This allows to perform the authentication check and enciphering control distributed on a per call basis in the affected BSTCE.

4.2.4 The S12 VLR access method

As the MSRN and TMSI can be assigned by the VLR, their values will be assigned such that an VLR index can be calculated from them. This index identifies the LRSACE and the memory location in the LRSACE, where the data for an MS are stored. Using the indexed access, the access time is very fast and independent of the number of MSs which are already stored in the VLR. If the IMSI is used, an algorithm can be designed allowing to define the LRSACE in which the associated MS data are stored. Also from the IMSI an entry index can be calculated, to find its MS in the near neighbourhood. This will achieve an equal load ballance for all LRSACEs. The selection of the digits of the IMSI and of the algorithms applied is data driven and known to all CEs. This allowes to adapt to the conventions of each PLMN operator to stucture and allocate IMSIs to MSs.

4.2.5 Hardware implementation and access rate of the VLR

The functions of the VLR are mainly implemented in the LRSACE, MRSACE, and BSTCE, those of the MSC in the BSTCE and DTTCE, cf Fig.3. The hardware used for the

  - LRSACE is a Intel 80386 processor with at least 4 MB of memory
          running at 16 Mhz;
  - MRSACE is a Intel 8086 processor with 1 MB of memory
          running at 8 Mhz (the LRSACE HW could be used as well);
  - BSTCE and DTTCE are Intel 8086 processors with 1 MB of memory
          running at 8 Mhz.

The VLR DB is stored on RAM of duplicated LRSACE boards in the active standby ("hot-standby") mode. Disk accesses are not used. The medium sized unit designed for about 30,000 MSs handles 50 accesses per second in the busy hour and holds 10 MByte of MS data. The signalling traffic to the HLR occupies two SS No 7 links. Nine such units of MSC/VLR form one HLR domain for Detecon.

5. Summary

The GSM System is able to track the mobile subscriber throughout Europe by its roaming facility. It is seen to achieve this function by Directory capabilities like Information Distribution, Knowledge Administration and name-to-address mapping. The dedicated data network and traffic requirements for these functions are discussed. The traffic profile recommends the integration of VLR and MSC.

The realization of a European-wide Distributed Data Base in the ECR 900 mobile communication system is depicted. Two types of multi-processor systems are presented which are both designed for telecommunication applications. An important feature of both implementations becomes particularly evident in the SYSTEM12 realization of the Visitor Location Register: the Register itself needs only one available type of processor board, whereas several other types of boards are used for subsidiary functions. These are eg related with measurements or with the data transfer to other entities, handling the OSI 7-layer protocol column and Signalling System No 7 with routing and resource management. Implementation of data bases in telecommunication systems appears thus to be a favourable choice for distributed applications.

6. Acknowledgement

The authors appreciate valuable comments by D. Becker, R. Betts, H.-J. Bergs, M. Scham and R. Stiefel.

7. List of abbreviations

AC	Authentication Centre	LRSACE	Location Register SACE
ACE	Auxiliary Control Element	M-DSA	Master-DSA = HLR
BC	Bearer Capability	MAP	Mobile Application Part
BS	Base Station	MM	Mobile to Mobile (Call)
BSS	Base Station Subsystem	MO	Mobile Originated (Call)
BSTCE	Base Station Terminal CE	MRSACE	Mobile Radio SACE
CE	Control Element	ms	millisecond
CCCE	Common Channel CE	MS	Mobile Station
DB	Data Base	MSC	Mob. Serv. Switch. Centre
DBMS	DB Management System	MSISDN	MS ISDN Number
DDB	Distributed Data Base	MSRN	Mobile Station Roaming Nr
DIB	Directory Inf. Base	MT	Mobile Terminating (Call)
DMD	Directory Mangm. Domain	MTP	Message Transfer Part
DSA	Directory System Agent	NSC	Network Service Centre
DSN	Digital Switching Network	OSI	Open Systems Interconn.
DTTCE	Digital Trunk TCE	O&M	Operation and Maintenance
DUA	Directory User Agent	PDN	Public Data Network
ECR	European Cellular Radio	PLMN	Public Land Mobile Netw.
Erl	Erlang	RAND	Random Number
GMSC	Gateway MSC	S12	SYSTEM12 ISDN exchange
GSM	Groupe Special Mobile	SCCP	Signal. Conn. Contr. Part
h	hour	SRES	Signed Response
HLR	Home Location Register	SS	Signalling System
HON	Handover Number	TC	Transaction Capabilities
IMSI	Int. Mob.Subscr.Ident.	TCAP	TC Application Part
ISUP	ISDN User Part	TCE	Terminal Control Element
Kc	Enciphering Key	TMSI	Temporary Mob.Subs.Ident.
Ki	Individual Secret Key	VLR	Visitor Location Register
LR	Location Register	VMSC	Visitor MSC

8. References

1   M. Wizgall, ECR 900: The Pan-European Digital Communication
    System. International Telecom Symposium (ITS) 1988,
    Taipei, Taiwan (R.o.C.), Sept. 21-23.

2   Digital Cellular Radio Conference, October 12-14, 1988.
    Hagen, Westphalia, FRG. Deutsche Bundespost / France Telecom /
    FernUniversitaet Hagen.

3   T.W. Johnson, B. Law, and P. Anius,
    CCITT Signalling System No 7: Transaction Capabilities,
    British Telecomunications Engineering, 7, (1988), p. 58-65.

4   CCITT X.500 Series of Recommendations. The Directory,
    Question 35/VII, March 1988. Final Version.

5   ISO/CCITT Directory Convergence Document #1,
    Draft Recommendation X.ds Series, Egham, Sept. 1986

6   System 12 Software,
    Electrical Communications, Vol. 59, Nr. 1/2 (1985), p. 60

Simulation von Directory Services in verteilten Vermittlungssystemen

Bernhard Schmidt

Siemens AG
Zentralbereich Forschung und Entwicklung
Otto-Hahn-Ring 6
8000 München 83

Kurzfassung (Überblick)

Werden Teilsysteme zu einem Gesamtnetz zusammengefügt, so muß das Netz, um eine Kommunikation dieser Teilsysteme miteinander zu ermöglichen, eine Instanz enthalten, die Informationen über die im Netz befindlichen Objekte (z.B. Endgeräte, Anwendungen) und deren Eigenschaften (z.B. Gerätetyp, Softwaretyp) verwaltet und den laufenden Anwendungen zur Verfügung stellt. Dies ist eine der Aufgaben des Directory Services. Unter dem Aspekt der Performance beim Verbindungsaufbau werden am Beispiel eines verteilten Vermittlungssystems 3 Varianten eines netzumfassenden Directory Services mittels einer Simulation miteinander verglichen. Die dafür relevante Funktionalität des Directory Services ist das Bereitstellen von Adressinformation für den Verbindungsaufbau. Es wird ein durch eine zentrale Datenbankanwendung realisierter Directory Service verteilten Lösungen gegenübergestellt. Die Verfahren zum gegenseitigen Informationsaustausch sowie zur Erhaltung der Datenkonsistenz beim verteilten Directoy Service basieren auf Empfehlungen von CCITT. Es zeigt sich, daß in Netzen mit geringer Komplexität ein zentraler Directory Service das schnellste Zugriffsverfahren bietet, während in komplexeren Systemen ein verteilter Service überlegen ist.

1. Einleitung

Ein häufiger Wunsch ist es, vorhandene Teilnetze wie z.B. LANs (Local Area Network) oder PABX (Nebenstellenanlagen) durch Schaffung von Netzübergängen zu einem Gesamtnetz zu verknüpfen. Nimmt man an, daß in den Teilnetzen ein teilnetzlokaler Directory Service existiert, so unterstützt dieser die Kommunikation zwischen Endgeräten bzw. Anwendungen innerhalb eines Teilnetzes. Bei einer gewünschten Kommunikation zwischen Endgeräten verschiedener Teilnetze ist es jedoch unklar, wer die für einen Verbindungsaufbau notwendige Routing-Information liefert. Für diese Aufgabe wird ein netzweiter Directory Service benötigt.

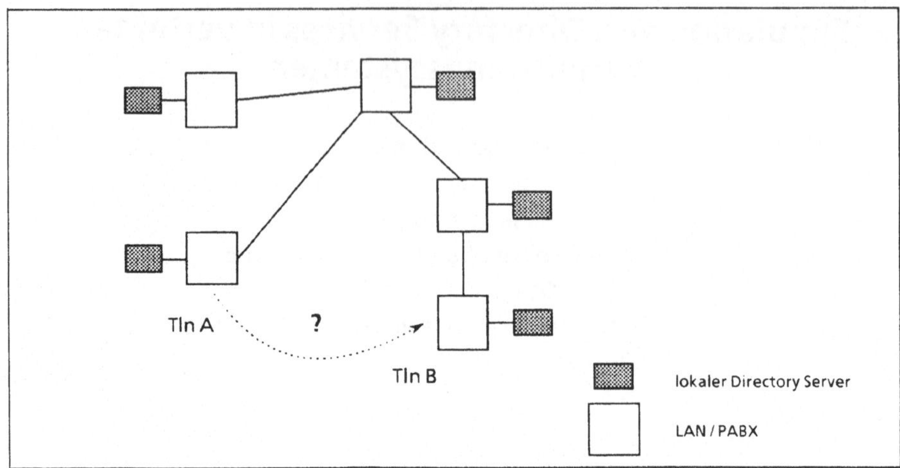

Bild 1: Adressierungsproblem in einem heterogenen Netz

2. Directory Service (DS):

Relevant für die kommenden Untersuchungen ist die Eigenschaft des Directory Services den Netzteilnehmern Adressinformationen über angeforderte Partner zur Verfügung zu stellen und dadurch den Aufbau einer Verbindung zu ermöglichen. Damit verbunden sind Probleme der Konsistenzerhaltung der Informationen bei Konfigurationsänderungen.
Die Directory Informationen sind in der sog. Directory Information Base (DIB) abgelegt. Diese ist gemeint, wenn im folgenden von Directory gesprochen wird.
Weitere Eigenschaften und Funktionen des Directory Services, sowie Probleme die sich aus der Realisierung des DS als (verteilte) Datenbank ergeben [2, 3], sind in diesem Zusammenhang ohne Interesse.

2.1 Varianten des Directory Services
Als denkbare Möglichkeiten für einen netzweiten Directory Service werden hier 3 Varianten diskutiert:

Zentraler Directory Service (ZDS, Variante 1)
In der ersten Variante existiert an ausgezeichneter Stelle des Netzes ein Directory Server, der die vollständige Kataloginformation des Gesamtnetzes enthält. Teilnetzübergreifende Anwendungen besorgen sich dort die notwendigen Adressinformationen.
Der offensichtliche Nachteil dieser Lösung ist, daß ein zentraler Directory Server in hinreichend komplexen Netzlandschaften mit möglicherweise unterschiedlichen Netzbetreibern sowohl aus Netzmanagement- (Klärung von Zuständigkeiten) als auch aus Datenbankkapazitätsgründen kaum vorstellbar ist. Ein zentraler Directory Server wird also nur in speziellen Fällen realisierbar sein.

Verteilter Directory Service

Die Varianten 2 und 3 haben gemeinsam, ohne eine zentrale Datenbank auszukommen und beruhen auf der Zusammenarbeit der teilnetzlokalen Directory Server. Die Summe aller Einträge der netzlokalen Directories ergibt die vollständige Information über alle Netzobjekte. Um dies auszunutzen muß jeder (lokale) Directory Server die Möglichkeit haben, andere DS anzusprechen und zu benutzen (Dies entspricht den Empfehlungen von CCITT zur DSA [Directory Server Agent] - DSA Kommunikation [1]).

Verteilter Directory Service mit Broadcast Zugriff (Variante 2)

Um einen bestimmten, nicht lokalen Objekteintrag zu finden, werden (nach erfolgloser Suche im teilnetzlokalen DS) per Broadcast alle im Gesamtnetz vorhandenen lokalen DS nach der gewünschten Information gefragt. Nur der DS, der den Objekteintrag in seinem Directory findet, antwortet und sendet den Eintrag an den fragenden DS zurück.

Verteilter Directory Service mit Chaining Zugriff (Variante 3)

Jeder lokale DS hat einen vordefinierten Partner, an den die Fragen nach Objekteinträgen weitergeleitet werden, falls die Suche im eigenen Directory erfolglos war. Ist der Objekteintrag gefunden, so wird er dem fragenden DS zugesendet.

Die Performance Untersuchungen dieser drei Varianten werden an einem Spezialfall der im vorigen Abschnitt beschriebenen Netzlandschaft durchgeführt.
Das Gesamtnetz besteht aus über einen CP-Ring als Backbone (Hybrid-Ring nach FDDI 2) verbundenen ISDN-Nebenstellenanlagen als Teilnetzen.
Es wird der in einer Nebenstellenanlage abgewickelte leitungsvermittelte Verkehr betrachtet. Diese Einschränkung auf leitungsvermittelten Verkehr ergab sich aus der fehlenden Verfügbarkeit von Systemreaktionszeiten bei paketvermitteltem Verkehr. Ein prinzipiell unterschiedlicher Einfluß der beiden Verkehrstypen auf das untersuchte Systemverhalten ist aber nicht zu erkennen. Bei PABX ermöglichen integrierte Directory Server das Umsetzen der gewählten Nummer in die Routing Information. Dieser integrierte DS entspricht somit den lokalen DS eines Teilnetzes im allgemeinen Fall. Das Directory liegt im Arbeitsspeicher des PABX-Steuerungsprozessors.

2.2 Beschreibung der DS - Funktionalität

Betrachtet werden die 3 vorgestellten Varianten.
Die Directories der lokalen DS an den Teil-PABX enthalten Einträge der lokalen Objekte der Teil-PABX (z.B. angeschlossene Teilnehmer) und einige relevante netzglobale Objekteinträge (z.B. Adressen des ZDS (Variante 1) bzw. anderer lokaler DS, sowie in den Varianten 2 und 3 die sogenannten Shadow-Einträge, s.u.).
Werden wichtige Eigenschaften von Objekten des Netzes geändert (z.B. Neuinstallation, Ortswechsel, Löschen, Rufumleiten), so werden auch die zugehörigen Katalogeinträge und eventuell davon vorhandene Kopien geändert. Dieser Vorgang wird Update genannt. Die

Basis für den betrachteten Informationsaustausch des Benutzers mit dem System bilden die Signalisierungsprotokolle des ISDN (D-Kanal Protokoll). Die Kommunikation zwischen den DS ist in ähnlicher Weise modelliert.

Zentraler Directory Service:

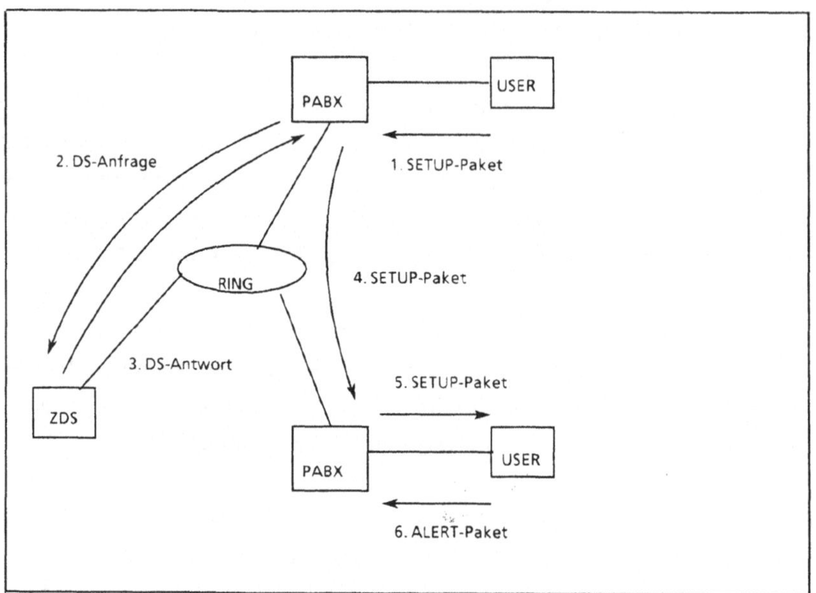

Bild 2: ZDS - Zugriff beim Verbindungsaufbau

Im PABX-Verbundnetz existiert nur ein ZDS, der direkt an das Backbone angeschlossen ist. Er verwaltet die gesamte Netzinformation. Bei Katalog-Updates schickt der betroffene lokale DS einer Teil-PABX eine Update-Information (im Modell realisiert durch sog. DSUPDATE-Pakete) an den ZDS, der daraufhin den entsprechenden Katalogeintrag ändert und eine Bestätigung (UPDATE ACKNOWLEDGE - Paket) an die initiierende PABX zurückschickt. Bei einem Verbindungsaufbauwunsch sucht die PABX zunächst in ihrem lokalen Directory nach dem benötigten Objekteintrag. Wird dieser nicht gefunden, so schickt sie eine Anfrage an den ZDS. Dieser kopiert den angeforderten Objekteintrag aus seinem Directory und schickt ihn an die PABX zurück. Die PABX leitet nun den Verbindungsaufbauwunsch an die korrekte Adresse weiter (siehe Bild 2).

Verteilter Directory Service:
Die gesamte Netzinformation ist auf die lokalen Directories verteilt. Um aus Sicherheitsgründen Redundanz zu gewährleisten wird angenommen, daß pro Objekt zwei oder mehr Objektbeschreibungen in jeweils verschiedenen lokalen Directories abgelegt sind. Dies verbessert zugleich die Directory Zugriffszeiten der 3. DS Variante. Eine der Objekt-

beschreibungen ist als sogenannter Mastereintrag ausgezeichnet. Bei Inkonsistenzen wird dieser als der einzig gültige betrachtet. Die anderen Einträge werden Shadow-Einträge genannt. Im Simulationsmodell gibt es zu jedem Master-Eintrag genau einen Shadow-Eintrag. Sowohl der Master- als auch der Shadow-Eintrag entsprechen Empfehlungen von CCITT. Spezielle Fehlersituationen wie keine, mehrere oder falsche Master-Einträge für ein Objekt sowie Inkonsistenzen zwischen Shadow- und zugehörigem Master-Eintrag wurden wegen der zu erwartenden geringen Häufigkeit nicht im Simulationsmodell realisiert.

Bei Updates wird zunächst der Master-Eintrag geändert. Der zugehörige DS sorgt dafür (durch Absenden von Update Paketen), daß auch die Shadow-Einträge geändert werden.

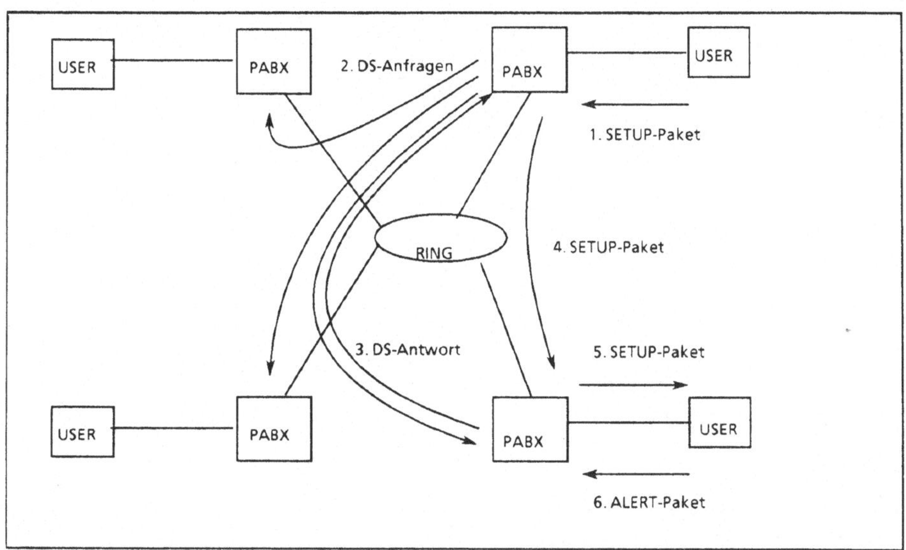

Bild 3: DS - Zugriff mittels Broadcast beim Verbindungsaufbau

Verteilter Directory Service mit Broadcast Zugriff:
Bei einem Verbindungsaufbauwunsch sucht die PABX zunächst in ihrem lokalen Directory nach dem benötigten Objekteintrag. Wird dieser nicht gefunden, so schickt sie per Broadcast Anfragen an alle anderen im Netz befindlichen PABX. Auf die Broadcastanfrage antwortet derjenige lokale DS (Bestandteil der PABX), der den zugehörigen Mastereintrag verwaltet. Hat die initiierende PABX die Antwort erhalten, so wird der Verbindungsaufbau fortgesetzt (siehe Bild 3).

Verteilter Directory Service mit Chaining Zugriff:
Bei der Anfrage nach einem Objekteintrag wendet die PABX sich an eine ihr zugeordnete Nachfolge-PABX. Diese verfährt gegebenenfalls genauso. Die erste PABX in der Zugriffskette, deren DS einen Eintrag (Master oder Shadow) enthält, liefert die gewünschte Information. Danach wird der Verbindungsaufbau fortgesetzt (siehe Bild 4).

Diese Variante bietet in der Praxis einige Optimierungsmöglichkeiten. Durch Verteilung von Master- und Shadow-Einträgen auf innerhalb der Zuordnungskette maximal 'entfernte' PABX kann sichergestellt werden, daß die mittels Chaining durchgeführten DS-Anfragen höchstens die Hälfte der angeschlossenen PABX durchlaufen müssen. Unter Berücksichtigung der speziellen Verkehrsverteilung innerhalb des Netzes lassen sich möglicherweise durch eine geeignete Festlegung der DS-Nachfolgerelationen die zu erwartenden Chaining-Zugriffswege verkürzen. Bei der im Modell angenommenen homogenen Verkehrsverteilung funktioniert diese Methode jedoch nicht.

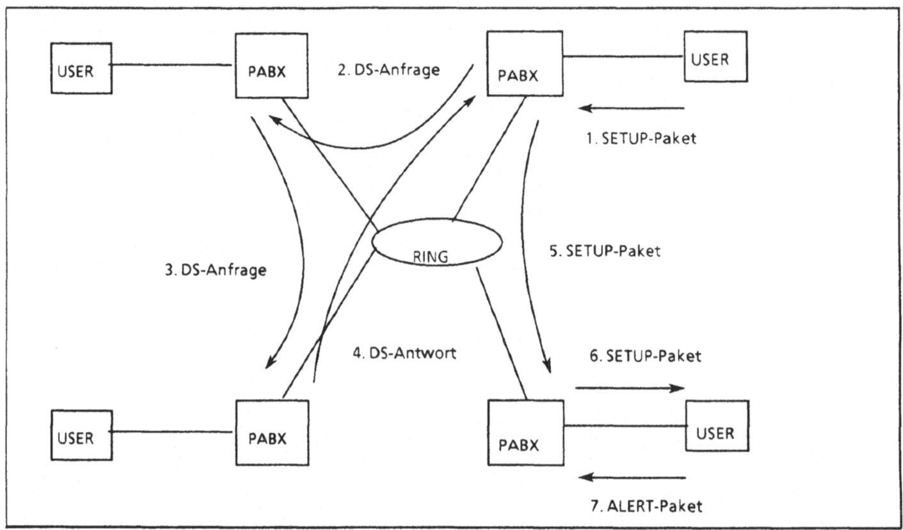

Bild 4: DS-Zugriff mittels Chaining beim Verbindungsaufbau

3. Simulationsmodell

Das Simulationsmodell wurde im Simulationssystem BORIS (BlockORientiertes Interaktives Simulationssystem [5]) unter BS2000 erstellt. Simuliert wird der Signalisierungsverkehr zwischen den Teil-PABX beim Verbindungsauf- und -abbau.

Das Modell ist modular aus einzelnen Komponenten (realisiert durch PASCAL-Prozeduren) aufgebaut, die gegenseitig Informationen austauschen können. Verarbeitungen in Komponenten des zugrunde liegenden realen Systems (z.B. Protokollabwicklung in der CPU der PABX, Datenbankzugriff im DS) werden durch Verzögerungen im Informationsfluß (Delays) in den Modellkomponenten realisiert. Die für das Modell notwendigen Verzögerungszeiten wurden aus Laufzeitmessungen real existierender Datenbanksysteme bzw. Nebenstellenanlagen abgeleitet.

3.1 Modellkomponenten

Die erstellten Modellkomponenten und ihre Funktionen sind:

USER: – Generiert Verbindungsaufbauwünsche (Call Attempts) durch Abschicken von
sog. SETUP - Paketen gemäß dem D-Kanal Protokoll des ISDN.
Dem generierten Verkehr wurde ein Verkehrsmodell, das auf der Messung in
PABX genutzter Leistungsmerkmale beruht, zugrunde gelegt.

– Wickelt das D-Kanal Protokoll auf Endgeräteseite ab (z.B. Beantworten eines
ankommenden SETUP-Pakets durch ein ALERT-Paket bei Bereitschaft des
Endgeräts).

– Generiert Update - Pakete zur Aktualisierung von Directories.
Pakete werden an die Komponente PABX geschickt oder von dort
empfangen.

PABX: – Nachbildung einer "realen" PABX, bestehend aus den Unterkomponenten:
Peripherieteil
Warteschlangen vor der CPU
CPU mit integriertem DS

Der Peripherieteil bildet die Teilnehmeranschlußseite einer PABX nach.
Die ankommenden und abgehenden Pakete erhalten dort eine Verzögerung,
die als unabhängig vom Verkehrsvolumen angenommen wird. Der zentrale
Bereich einer Nebenstellenanlage, der u.a. das Koppelnetz steuert, wird durch
die Warteschlangen und die Komponente CPU modelliert. Die Verzögerungszeiten in diesem Bereich sind verkehrsabhängig und ein wesentlicher Teil der
Untersuchung.

– Wickelt das D-Kanal Protokoll ab.

– Kommuniziert mit den Komponenten USER und RING durch Versenden von
Paketen.

ZDS: – Bildet einen durch eine Datenbankanwendung realisierten Directory Server
nach.
Der ZDS besteht aus einer Warteschlange und einer Unterkomponente CPU, in
der die beim Datenbankzugriff entstehenden Verzögerungszeiten nachgebildet werden.
– Tauscht Pakete mit der Komponente RING aus.

RING: – Verknüpft die im Modell vorhandenen PABX und den ZDS und ermöglicht so
den Paketaustausch zwischen diesen Komponenten. Die Komponente RING
durchlaufende Pakete erhalten eine der Übertragungszeit auf dem CP-Ring
entsprechende Verzögerungszeit. Stausituationen treten hier nicht auf, da

die Auslastung des CP-Rings durch Signalisierungspakete im Promillebereich liegt.

3.2 Modellannahmen

Bei Call Attempts, die über eine Teil-PABX hinausgehen (globale Call Attempts), findet beim Verbindungsaufbau ein Zugriff auf den netzweiten DS statt. Dieser ist je nach Variante in der beschriebenen Art und Weise realisiert.

Der Verkehr wird als homogen auf die angeschlossenen PABX verteilt angenommen. Damit ist pro Call Attempt die Wahrscheinlichkeit, daß ein Teil-PABX übergreifender Call durchgeführt wird (n-1)/n, wobei n die Anzahl der angeschlossenen PABX ist. Die Entscheidung, ob ein generierter Call Attempt global ist, wird in der Komponente USER bei der Erzeugung eines SETUP-Pakets per Zufallsgenerator unter Berücksichtigung der angegebenen Wahrscheinlichkeit gefällt.

Zusätzlich wird auch das Aktualisieren der Directories nachgebildet.

Dieser Vorgang wird durch das Erzeugen eines DSUPDATE-Pakets in der Komponente USER initiiert.

Die Ereignisse der SETUP- und DSUPDATE-Paketgenerierungen sind jeweils exponentialverteilt.

Bezüglich der Bearbeitung in der CPU einer PABX sind die Pakete in 3 Prioritätsklassen unterteilt. Mittels dieses Konzepts werden zeitkritische Aktionen, wie der Verbindungsaufbau mit damit verbundenen DS-Zugriffen auf Kosten der DS-Aktualisierungen beschleunigt.

Höchste Verarbeitungspriorität besitzen die DS-Anfragen und -Antworten. Signalisierungspakete gemäß dem D-Kanal Protokoll haben eine mittlere Priorität, während DS-Aktualisierungen niederprior sind.

Besonders performancerelevant ist diese Prioritätenvergabe in der Variante 3 des DS (Chaining), wo pro DS-Zugriff eine ganze Kette von PABX durchlaufen wird.

3.3 Modellparameter

Die Inputparameter des Modells sind

- die Variante des Directory Services,
- die Anzahl der an das Backbone angeschlossenen PABX,
- die Verkehrslast in BHCA pro PABX (Busy Hour Call Attempts, Verbindungsaufbauwünsche pro Stunde zur Hochverkehrszeit)
- und der DS-Aktualisierungsverkehr (BHCA pro PABX).

Der Einfachheit halber beschränken sich die in diesem Bericht gezeigten Untersuchungen auf Variationen der PABX-Anzahl und des Verkehrsaufkommens. Der Update-Verkehr wird konstant gehalten (3% der Verbindungsaufbauversuche).

Ausgewertet werden

- die Verbindungsaufbauzeiten der Call Attempts (Zeit vom Absenden eines SETUP-Pakets in der Komponente USER bis zur Ankunft eines ALERT-Pakets in derselben Komponente. Diese Zeit entspricht dem im Red Book des CCITT angegebenen Ruftonverzug für Einzelanlagen [4]),

- die Auslastung der Prozessoren in PABX und ZDS sowie

- das Verhalten der Warteschlangen in PABX und ZDS.

Bereits ohne Simulation lassen sich sowohl einige grundsätzliche Gemeinsamkeiten als auch spezifische Abhängigkeiten der DS-Varianten im dynamischen Verhalten bezüglich Parameterveränderungen feststellen. Das Verhalten der Modelle beim Verbindungsaufbau wird im wesentlichen durch die Auslastung der belastungskritischen Komponenten CPU von PABX und ZDS bestimmt. Daher sei zunächst der Einfluß der Parameter auf diese Auslastungen betrachtet.

(i) PABX-Anzahl

Die Anzahl der angeschlossenen PABX beeinflußt das Verhältnis zwischen lokalen Call Attempts (Verbindungsaufbau innerhalb einer Teil-PABX) und globalen Call Attempts (Verbindungsaufbau zwischen zwei verschiedenen Teil-PABX unter Benutzung des Backbones). Globale Call Attempts haben im Vergleich zu lokalen Call Attempts eine etwa doppelt so lange Belegungszeit des PABX-Prozessors.
Damit beeinflußt die Stationsanzahl die Auslastung des PABX-Prozessors.

Die Verkehrsverteilung zwischen den Teil-PABX wird als homogen angenommen, d.h. die Zieladressen der in einer Teil-PABX generierten Call Attempts sind gleichmäßig auf die vorhandenen Teil-PABX verteilt. An die Teil-PABX i werden (1 / PABX-Anzahl) der Call Attempts gesendet (i = 1 . . . PABX-Anzahl). Als Folgerung ergibt sich, daß
(((Stationsanzahl - 1) / Stationsanzahl) × 100) %
aller Call Attempts an eine fremde Teil-PABX geschickt werden (globale Call Attempts) und somit tatsächlich das Backbone benutzen. Da dieser Anteil mit größerer Stationsanzahl wächst, bewirkt eine Erhöhung der Anzahl der angeschlossenen Teil-PABX eine Erhöhung der Prozessor-Belastung. Ebenso erhöht sich der Anteil der Call Attempts mit DS-Zugriff am Gesamtverkehr bei Erhöhung der Anzahl der PABX in analoger Weise wie der Anteil der globalen Call Attempts. Damit steigt je nach Modellvariante die Prozessor-Belastung der PABX bzw. des ZDS.

Zentraler Directory Server

Eine Erhöhung der PABX-Anzahl hat keine wesentliche Auswirkung auf die Belastung des PABX-Prozessors. Die sich proportional zur PABX-Anzahl erhöhende Zahl der im System zu verarbeitenden Pakete wird durch die sich ebenfalls dazu proportional erhöhende Anzahl der im System vorhandenen Prozessoren ausgeglichen. Eine geringfügige Erhöhung der Belastung ergibt sich aus der Erhöhung der globalen Call Attempts auf Kosten der lokalen Call Attempts (Verbindungsaufbau innerhalb einer Teil-PABX).

Die Belastung des ZDS wächst ungefähr proportional zur Anzahl der am Backbone angeschlossenen PABX. Der ZDS wird damit zum dynamischen Flaschenhals dieses Systems.

Verteilter Directory Server mit Broadcast Zugriff

Da der Directory Zugriff mittels Broadcast an alle Teil-PABX geschickt wird, ist der durch DS-Anfragen verursachte Paketverkehr des Gesamtnetzes proportional zum Quadrat der Anzahl der im Netz vorhandenen Teil-PABX. Die Prozessorkapazität steigt jedoch nur linear mit der PABX-Anzahl. Damit ist die durch DS-Zugriffe verursachte Prozessorbelastung proportional zur PABX-Anzahl. Die Simulation wird zeigen, daß in den Prozessorbelastungen das wesentliche Problem dieser Variante liegt.

Verteilter Directory Server mit Chaining Zugriff

Wie in der 2. Variante ist die durch die Directory-Zugriffe verursachte Belastung der PABX-Prozessoren proportional zur PABX-Anzahl. Bei einer Verteilung der Directory Informationen mittels eines Master- und eines Shadow-Eintrags beträgt der Verkehr im Mittel nur 1/3 des durch Broadcast verursachten Paketverkehrs, da eine DS-Anfrage im Mittel 1/3 aller PABX durchläuft bis der relevante Master- bzw. Shadow-Eintrag gefunden ist. Im Fall der Broadcast-Verteilung belastet dagegen eine DS-Anfrage alle Stationen.

(ii) Verkehrsaufkommen

Eine Erhöhung des Verkehrsaufkommens bewirkt unabhängig von der betrachteten DS-Variante eine proportionale Erhöhung der Belastung der verschiedenen Systemkomponenten, insbesondere also der Prozessoren der Teil-PABX und des ZDS (sofern vorhanden).

(iii) Cache (Temporäre Kopien von Katalogeinträgen)

Eine weitere Funktionalität des Directory Services, die bei den Untersuchungen eine Rolle spielt, wurde bisher nicht erwähnt. Die vom lokalen Directory Server angeforderten Katalogeinträge werden im lokalen Directory als temporäre Kopie (sog. Cache) abgelegt. Geht man von einer Tendenz zur Bildung geschlossener Benutzergruppen (ein hoher Prozentsatz der Nachrichten wird innerhalb derselben Teilnehmergruppe ausgetauscht) aus, so bewirkt der Cache eine deutliche Verminderung der Zugriffe auf den netzweiten Directory Service, was wiederum zur Netzentlastung führt. Da der Cache von netzweiten Katalog-Updates ausgenommen ist, werden bei der Untersuchung auch Fehlersituationen wie Inkonsistenzen zwischen Master- und Cache-Eintrag berücksichtigt.

535

Die prozentuale Häufigkeit der Cache Nutzung beim Verbindungsaufbau ist ein weiterer
Parameter des Simulationsmodells. Die Verwendung des Cache führt bei allen 3 Varianten
zur Entlastung des PABX-Prozessors bzw. ZDS und damit zur Performanceverbesserung. Da
sie gleichzeitig die Unterschiede zwischen den DS-Varianten nivelliert (ein Verbindungsaufbau mit Cache-Benutzung läuft in allen 3 Varianten gleich ab), beziehen sich die
hier vorgestellten Ergebnisse auf Systeme ohne Cache.

4. Ergebnisse

Die Bilder 4 und 5 zeigen das Zeitverhalten der DS-Varianten beim Verbindungsaufbau mit
10 und 20 im Netz vorhandenen Teil-PABX. Es sind sowohl die Durchschnittswerte als auch
die 95%-Quantile (Grenze unterhalb derer 95% aller Werte liegen) der Aufbauzeiten
abzulesen. Die CCITT Empfehlungen für Einzelanlagen liegen zum Vergleich bei 585 ms

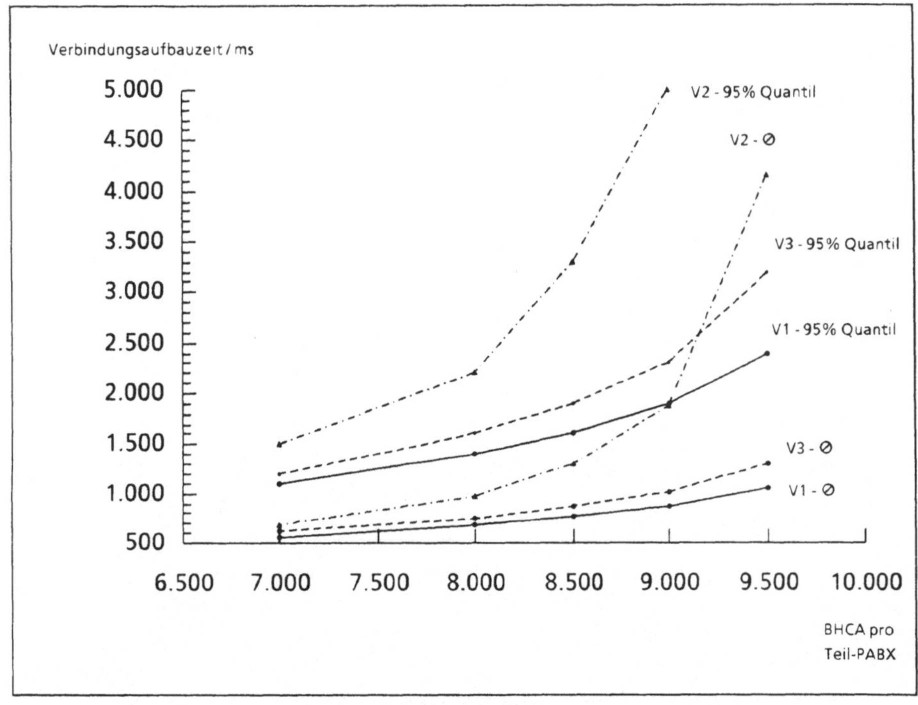

Bild 5: Mittlere Verbindungsaufbauzeiten und 95%-Quantile bei 10
angeschlossenen Teil-PABX

Durchschnittswert und 810 ms 95%- Quantil bei sogenannter Normallast (Last A nach
CCITT) und bei 900 ms Durchschnittswert und 1460 ms 95%-Quantil bei Hochlast (Last B
nach CCITT, +35% BHCA gegenüber Last A). Für verteilte Systeme, wie sie hier betrachtet
werden, liegen noch keine Empfehlungen vor.

Auffällig ist das schlechte Abschneiden von Variante 2 gegenüber Variante 3. Die Performance von Variante 2 (Broadcast-Zugriff) ist in den in Bild 4 und 5 betrachteten Fällen stets schlechter als die von Variante 3 (Chaining-Zugriff). Dies resultiert aus dem beim DS-Zugriff mittels Broadcast entstehenden hohen Paketverkehr und der damit verbundenen starken Belastung der CPU der Teil-PABX. Diese CPU-Auslastung liegt bei allen Simulationsläufen um ca. 10% höher als in Variante 3 und wirkt sich entsprechend auf die Wartezeiten der Signalisierungspakete in den PABX aus. Das Systemverhalten von Variante 1 (zentraler DS) steht und fällt mit der Leistungsfähigkeit des ZDS. Liegt dessen Auslastung unter 90%, so schneidet diese Variante beim Vergleich besser als alle anderen

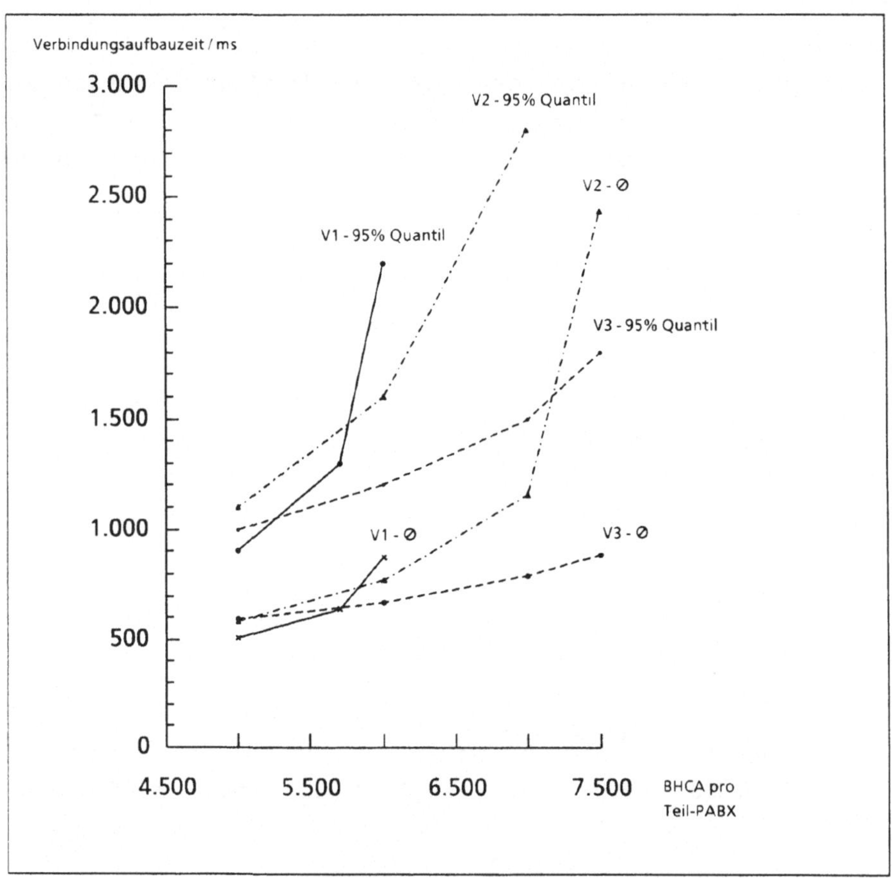

Bild 6: Mittlere Verbindungsaufbauzeiten und 95%-Quantile bei 20 angeschlossenen Teil-PABX

ab. Damit wird die Beurteilung dieser Variante zu einer Frage nach 'schnellen' Datenbankanwendungen. Da natürlich auch die Kapazität einer PABX beschränkt ist, ist die Frage nach einem Systemflaschenhals abhängig vom Verhältnis der Verarbeitungszeiten von Nebenstellenanlagen zu Datenbankzugriffszeiten. Bei 20 vernetzten Teil-PABX und einem Verkehr von 6000 BHCA pro Teil-PABX ist die Kapazitätsgrenze des ZDS erreicht (97% CPU Auslastung). Die Belastungen der Prozessoren der PABX liegen jedoch niedriger als in den verteilten DS Varianten.

Die geringste Anfälligkeit gegenüber Systemüberlastungen zeigt die Variante 3 des Directory Services. Hier ist die Belastung der CPU niedriger als beim Broadcast Zugriff und es fehlt eine überlastungsanfällige zentrale Komponente wie in Variante 1.

5. Bewertung

Bei Entscheidungen, die unter den ausschließlichen Aspekten von Performance und Systembelastungen getroffen werden, muß bei den verteilten Directory Servern der Directory Zugriffsmethode mittels Chaining der Vorzug gegeben werden. In Netzen mit geringer Komplexität, wo keine Kapazitätsprobleme des ZDS zu erwarten sind, bietet ein zentraler Directory Service das schnellste Zugriffsverfahren, während in komplexeren Systemen ein verteilter Service mit Chaining Zugriffsverfahren überlegen ist. Die Wahl des Directory Services wird also von Kriterien wie der Netztopologie und dem Verkehrsprofil beeinflußt. Des weiteren hängt natürlich die Beurteilung der vorgestellten Directory Services von der Wertigkeit von Kriterien ab, deren Abwägung nicht Gegenstand der Simulation waren, wie z.B. der flexibleren Erweiterbarkeit verteilter Directory Services oder der einfacheren Installierung und Administrierbarkeit eines zentralen Directory Services.

Literatur:

[1]   ISO/CCITT Directory Convergence Document #1 - #7 (Nov. 1987)
        The Directory - Overview of Concepts, Models and Sevices
        (CCITT Draft Recommendation X.500 (Version 7); ISO DIS 9594/1)
        The Directory - Models
        (CCITT Draft Recommendation X.501 (Version 8); ISO DIS 9594/2)
        The Directory - Abstract Service Definition
        (CCITT Draft Recommendation X.511 (Version 5); ISO DIS 9594/3)
        The Directory - Procedures for Distributed Operation
        (CCITT Draft Recommendation X.518 (Version 5); ISO DIS 9594/4)
        The Directory - Protocol Specifications
        (CCITT Draft Recommendation X.519 (Version 8); ISO DIS 9594/5)
        The Directory - Selected Attribute Types

(CCITT Draft Recommendation X.520 (Version 8); ISO DIS 9594/6)
The Directory - Selected Object Classes
(CCITT Draft Recommendation X.521 (Version 8); ISO DIS 9594/7)

[2]   Zur Realisierung von Directory Systemen
        K. Bonacker, A. Jerusalem, W. Prinz, H. Santo, H. Schueth; GMD
        GI - 17. Jahrestagung München, Oktober 1987; Springer-Verlag Berlin Heidelberg
        New York London Paris Tokyo

[3]   Towards a Universal Directory Service
        Lantz, Edighoffer, Hitson; Computer Systems Laboratory; Stanford University;
        Stanford, CA 94305

[4]   CCITT Red Book Volume VI - Fascicle VI.5
        "Digital transit exchanges in integrated digital networks and mixed analogue-
        digital networks, Digital local and combined exchanges"
        Recommendations Q.501 - Q.517, Oct. 1984

[5]   Principles of Modelling with BORIS - BlockORiented Interactive Simulation System -
        J. Mayerhofer, H. Schmidt
        Proceedings of International Conference on Modelling Techniques and for
        Performance Analysis, Paris 1984

<h1 style="text-align:center">Modellierung und Leistungsbewertung
eines Local Area Networks (LAN)</h1>

Matthias Graf-Siebald
Nixdorf Computer AG
Abt. Netzwerkmanagement
Pontanusstrasse 55
4790 Paderborn

Reinhard Bordewisch
Nixdorf Computer AG
Abt. Leistungsanalyse
Pontanusstrasse 55
4790 Paderborn

0. Abstract

Der Einsatz von Techniken der Leistungsanalyse und -bewertung gewinnt auf dem Gebiet der Datenkommunikation zunehmend an Bedeutung. Sogar die Analyse und Bewertung sehr komplexer Systeme, wie z.B. lokaler Netze, kann durch geeignete Werkzeuge bewältigt werden.
Dieser Beitrag beschreibt die simulative Modellierung und Leistungsbewertung eines Local Area Networks mit dem Modellierungswerkzeug HIT, wobei insbesondere der LAN-Controller detailliert nachgebildet wird. Es wird ein vollständiges Simulationsprojekt von der Systemanalyse über die Modellerstellung und -validierung bis zur Experimentdurchführung und -auswertung durchgeführt. Die Modellierung beruht auf einem Konzept, das den Datenfluß eines Kommunikationsnetzes durch eine spezielle hierarchische Organisation von Dienstaufrufen realisiert. Anhand konkreter Meßergebnisse wird das Modell kalibriert und validiert. Eine Vielzahl von Experimenten bildet die Grundlage für eine Leistungsbewertung des LAN, wobei hier exemplarisch nur zwei aufgeführt werden.

1. Einleitung

Mit dem Wunsch, Aufgaben der Datenverarbeitung nicht mehr nur zentral von einem Großrechner bearbeiten zu lassen, sondern sie funktionell verteilt zu lösen, entstand das Bedürfnis nach Kommunikationsnetzen, die sich insbesondere durch hohe Übertragungsgeschwindigkeit und niedrige Fehlerrate auszeichnen. Neben dem Datenaustausch zwischen unabhängigen Systemen sollen sie vor allem das "Sharen" teurer Ressourcen ermöglichen. So erfreut sich der Einsatz von **lokalen Rechnernetzen (LAN)** zunehmender Beliebtheit, und die LAN-Technologie hat in den vergangenen Jahren eine rasche Entwicklung erfahren.

Bekanntestes Beispiel eines lokalen Netzes ist wohl **Ethernet**, das mit dem Zugriffsverfahren **CSMA/CD** arbeitet und heute in vielen Bus-Netzen verwendet wird. Auch die Nixdorf Computer AG setzt Ethernet zur Vernetzung ihrer Rechnersysteme und Arbeitsplätze bzw. PC's ein. Um den verschiedenen Host-Systemen den Zugang zum lokalen Netz zu ermöglichen, ist bei Nixdorf der LAN-Controller **LNC (Local Network Controller)** entwickelt worden. Seiner Architektur liegt das OSI-Referenzmodell für die Kommunikation offener Systeme zugrunde.

Zur Leistungsanalyse und -bewertung des LAN ist ein Simulationsmodell erstellt worden, das die Komponenten des Netzes nachbildet und dabei insbesondere die Hardware- und Software-Struktur des LNC sehr detailliert modelliert /Graf87/. Aufgrund seines modularen Aufbaus kann das Modell sowohl für Untersuchungen mit unterschiedlichen Übertragungsmedien als auch mit verschiedenen Auftragslasten eingesetzt werden. Es dient zudem als Werkzeug zur Leistungsabschätzung unterschiedlicher Netzkonfigurationen. Die Darstellung der Modellierung des LAN und LNC sowie die Vorstellung erster Ergebnisse sind Gegenstand dieses Beitrages.

2. Motivation und Zielsetzung

Mit der zunehmenden Verbreitung lokaler Netze geht eine Steigerung der Ansprüche bezüglich ihrer **Leistungsfähigkeit** einher. Daraus resultiert die Notwendigkeit, bei Entwicklung und Betrieb von lokalen Netzen deren Leistung zu ermitteln.

Zur Ermittlung und Bewertung des Leistungsverhaltens werden zwei grundsätzliche methodische Ansätze, **Messung** und **Modellierung**, unterschieden. Messungen werden direkt am realen System durchgeführt, so daß das System sowohl existent als auch zugreifbar sein muß. Messungen sind jedoch nicht immer anwendbar, da beispielsweise das Ablaufgeschehen im System zu komplex sein kann, Meßeingriffe negative Folgen auf das System haben können oder das System aufgrund einer frühen Entwicklungsphase noch gar nicht existiert. In diesen Fällen wird die Modellierung angewendet. Es werden **Leistungsmodelle** des zu untersuchenden Systems erstellt, die den Zusammenhang zwischen dem System und seiner Last auf der einen Seite und der Leistung auf der anderen Seite darstellen /Beil81/. Es werden drei verschiedene Ansätze benutzt:
  - **mathematische (analytische)** Modellierung,
  - **simulative** Modellierung,
  - **hybride** Modellierung.
Bei der **analytischen Modellierung** werden mit mathematischen Methoden Gleichungen gelöst, die das Modell beschreiben. Allerdings können mit den verfügbaren Methoden nur relativ kleine Systeme gelöst werden. **Simulative Modelle** werden durch Computer-Programme gebildet und vollziehen das Verhalten des realen Systems nach. Größere Simulationsmodelle können sich aber als sehr laufzeitintensiv erweisen. In der **hybriden (heterogenen) Modellierung** werden beide o.g. Ansätze kombiniert, um die Vorteile beider Verfahren ausnutzen zu können.

Gerade zur Modellierung komplexer Rechensysteme erweisen sich **Modellierungs-Tools** als sehr geeignete Hilfsmittel. Am Lehrstuhl Informatik IV der Universität Dortmund wird in Zusammenarbeit mit der Nixdorf Computer AG seit einigen Jahren das Modellierungs-Tool **HIT** entwickelt, das die Möglichkeit einer strukturierten Modellierung bietet.

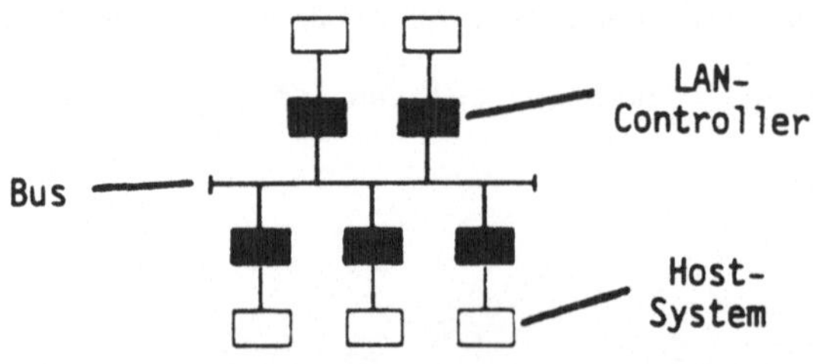

Abb. 2-1 Topologie des Modellierungsgegenstandes

Abbildung 2-1 beschreibt die Topologie des Modellierungsgegenstandes, bestehend aus mehreren Host-Systemen, die über LAN-Contoller (LNC) an das Bus-Netz angebunden sind. Beim Betrieb des Netzes hat sich der LNC als ein möglicher Engpaß

erwiesen. Aus diesem Grunde ist bei der Modellierung der Schwerpunkt auf die Nachbildung der Protokolltätigkeiten des LNC gelegt worden.
Mit dem erstellten Modell werden Untersuchungen über maximal erzielbare Durchsätze und Verweilzeiten durchgeführt. Desweiteren wird der Einfluß von Parameteränderungen (z.B. Veränderung von Flußkontroll- und Systemparametern) auf das Leistungsverhalten untersucht.

3. Lokale Netze (LAN) und Netzwerk Contoller (LNC)

Im vorliegenden Untersuchungsfall basiert das **lokale Netz** auf einem Ethernet, an das die Endstationen passiv gekoppelt sind und nur im Sendefall aktiviert werden. Es arbeitet mit einem Koaxialkabel und einer Übertragungsrate von 10 MBit/s. Die Zugangskontrolle regelt **CSMA/CD** (Carrier Sense Multiple Access with Collision Detection), ein Konkurrenzverfahren, bei dem die Stationen durch ein Random-Access-Verfahren jederzeit Zugang zum Übertragungsmedium haben /IEEE802.3/. Auftretende Kollisionen werden aufgelöst, indem die an der Kollision beteiligten Stationen ihre Übertragung abbrechen, da sie auch während ihres eigenen Sendevorgangs weiterhin das Medium abhören. Um zu erreichen, daß nach einem mißlungenen Übertragungsversuch dieselben Stationen nicht sofort wieder in Kollision geraten, wählen diese unterschiedliche Wartezeiten (backoff) bis zum nächsten Übertragungsversuch.

Die Kommunikation der Systeme im Netz basiert auf den Regeln des Basis-Referenzmodells für die Kommunikation offener Systeme, kurz **OSI-Referenzmodell**, das dazu beiträgt, den Informationsaustausch zwischen Systemen zu reglementieren und damit technologische Unterschiede verschiedener Systeme zu überwinden /ISO7498/. Dabei müssen sich die Systeme an vorher festgelegte Absprachen, sog. **Protokolle**, halten. Die Grundidee des Referenzmodells ist eine funktionale Zerlegung des Kommunikationsvorganges in eine Hierarchie von aufeinander aufbauenden Funktionsschichten, wobei die Funktionen einer Schicht die Dienste der jeweils untergelagerten Schicht voraussetzen.
Der Informationsaustausch über "virtuelle" Verbindungen wird unter Inanspruchnahme der Dienstleistungen der untergelagerten Schicht praktiziert. Nur zwischen Instanzen der untersten Schicht findet ein physikalischer Datenaustausch statt. Neben dem Schichtenprotokoll, das die Kommunikation zwischen Partner-Instanzen regelt, beschreiben Dienstprotokolle die Interaktion zwischen vertikal benachbarten Schichten.

Das OSI-Referenzmodell ist aus sieben Schichten aufgebaut, wobei die Schichten 1 bis 4 einen gesicherten Datentransport zwischen Endsystemen bereitstellen ("Transportsystem"), während die Schichten 5 bis 7 anwendungsorientierte Funktionen beinhalten ("Anwendungssystem").
In einem weiteren Standardisierungsprojekt für lokale Netze wurden die beiden unteren Schichten des OSI-Referenzmodells (Physical und Data Link Layer) genauer spezifiziert /IEEE802.2, IEEE802.3/. Die Besonderheiten lokaler Netze finden in der feineren Unterteilung von Schicht 2 in die Subschichten **Logical Link Control (LLC)** und **Media Access Control (MAC)** ihre Berücksichtigung.

Den Zugang der Nixdorf Host-Systeme zum LAN ermöglicht der **LNC**, der den größten Teil der Tele-Processing-Software beinhaltet. Der Architektur dieses TP-Systems liegen das OSI-Referenzmodell und die Standards IEEE 802.2 und 802.3 für lokale Netze zugrunde. Der LNC stellt zur Kommunikation verschiedener Host-Systeme einen vollständigen Transport-Service, d.h. die Schichten 1 - 4 des OSI-Referenzmodelles, zur Verfügung. Die Struktur des LNC setzt sich aus den in den Standards beschriebenen funktionalen Schichten
- **Transport Layer (TL, ISO4-Layer)**   (Schicht 4)
- **Logical Link Control (LLC)**   (Schicht 2b)
- **Media Access Control (MAC)**   (Schicht 2a)
zusammen. Zur Kommunikation des Host-Systems mit dem Controller ist zwischen

Schicht 4 und 5 mit dem **Host Interface (HIF)** eine Zwischenschicht implementiert, die die Daten transparent zwischen Host und Controller überträgt.

Die LNC-Hardware besteht aus einer CPU Intel 80186 und einem bis 1 MByte großen internen Speicher. Durch den im LNC integrierten LAN-Co-Prozessor Intel 82586 wird das Protokoll IEEE 802.3 vollständig abgewickelt. Er arbeitet nach dem Bus-Zugriffsprinzip CSMA/CD und kann eine Ethernet-Schnittstelle nach IEEE 802.3-Spezifikation ohne CPU-Eingriffe bedienen. Die Kommunikation zwischen der CPU 80186 und dem Co-Prozessor 82586 erfolgt über einen gemeinsamen Speicher. Für die Übertragung der Daten zwischen Host und Controller bzw. Controller und Co-Prozessor steht jeweils ein DMA-Baustein (Direct Memory Access) zur Verfügung.

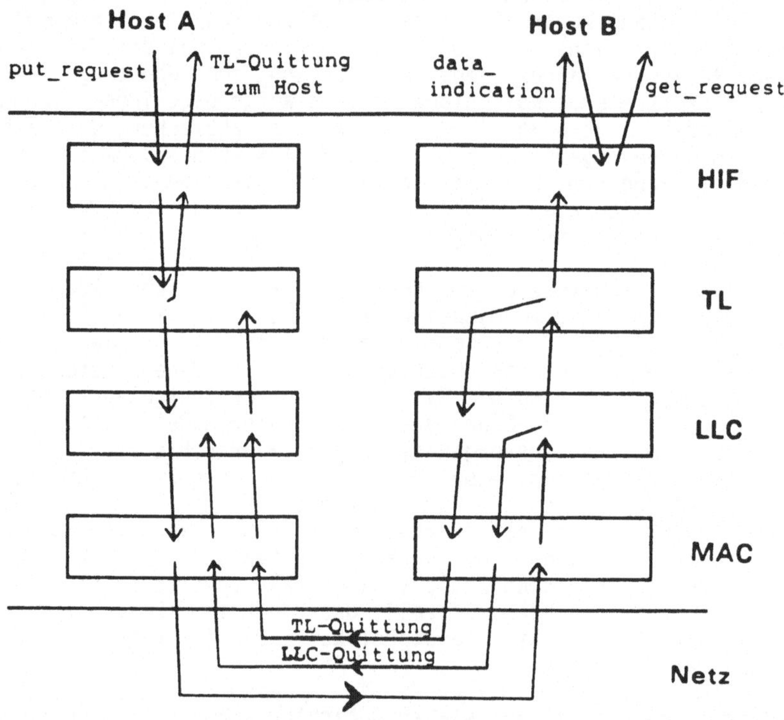

Abb. 3-1 Datenfluß während der Datenphase

In der Datenphase übergibt der Sender-Host Sendeaufträge an den Controller. Das HIF leitet den Auftrag an die Transportschicht, in der ein Protokollfenster implementiert ist. Sobald die Transportschicht den Auftrag weiter nach unten absetzen kann, quittiert sie ihn zum Host (asynchrones Quittieren). Im LLC kann der Auftrag ebenfalls nur dann weiter abgesetzt werden, wenn es das LLC-Protokollfenster zuläßt. Nachdem die Daten über das Netz den Partner-Controller erreicht haben, durchlaufen sie dort die Funktionsschichten zum Empfänger-Host. Im LLC und in der Transportschicht werden die Aufträge nach einem vorgegebenen Algorithmus quittiert. Der Empfänger-Host fordert die Daten, nachdem sie ihm gemeldet worden sind, durch einen weiteren Auftrag an.

4. Das Modellierungswerkzeug HIT

Dem Ruf nach geeigneten Hilfsmitteln zur Bewältigung der Leistungsanalyse, die durchgängig während des gesamten Lebenszyklus einsetzbar sind und vom Anwender möglichst wenig mathematische Spezialkenntnisse verlangen, wird mit der Entwicklung von **Modellierungswerkzeugen** Rechnung getragen.

Ein solches Modellierungswerkzeug ist **HIT** (Hierarchical Evaluation Tool), das mit folgenden Zielsetzungen konzipiert wurde /BeSc85, Mue187/:
* strukturierte Spezifikation von Modellen
  (vertikale Struktur durch hierarchisch aufeinander aufbauende Modellschichten, horizontale Struktur durch wechselseitig abgeschottete Moduln)
* funktionsorientierte Spezifikation
  (Übertragung der funktionalen Aufrufhierarchie in quantitative Modelle)
* effiziente Analyse auch komplexer Modelle
  (Einsatz simulativer und verschiedener mathematischer Lösungsmethoden in homogener oder heterogener Form)
* arbeitsteilige Spezifikation der Modellbestandteile.

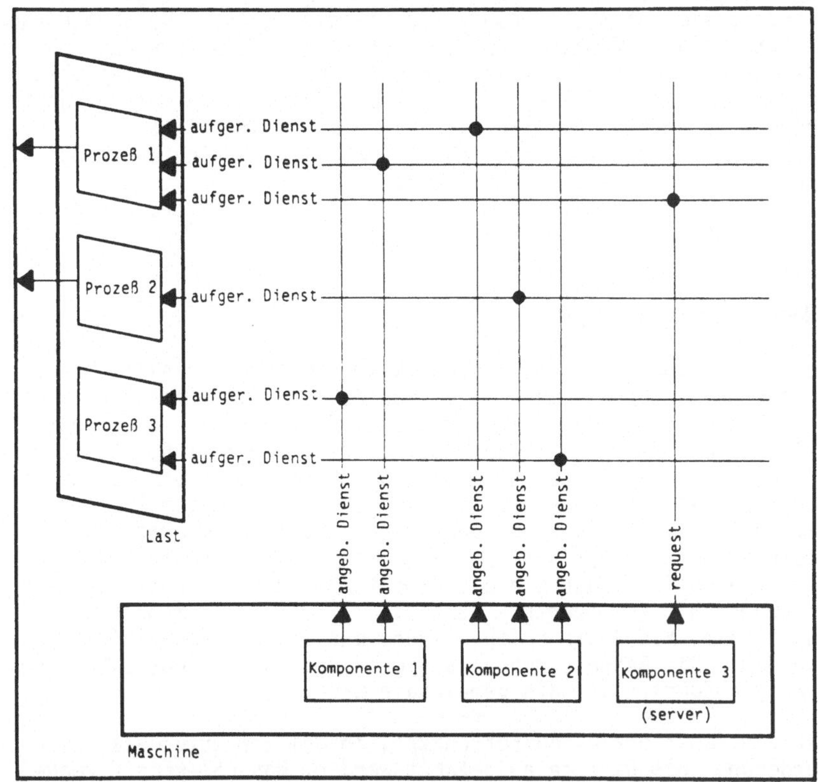

Abb. 4-1 HIT-Modellwelt

Die **Maschine** in einer Modellschicht besteht aus **Komponenten**, die benutzbare Dienste anbieten, die **Last** setzt sich aus **Prozessen** zusammen, die die von den Komponenten angebotenen Dienste benutzen. Durch Bindung der Last an die Maschine entsteht eine Modellschicht. Ein Gebilde, das aus einer an eine Maschine gebundenen Last besteht, ist ein **Modell**. Ein Modell wird zu einer Komponente, indem in ihm enthaltene Prozeßtypen zu extern benutzbaren Diensten erklärt werden. Der Modellierer wird in die Lage versetzt, beliebig vielschichtige Modelle zu erstellen.

Grundelemente der **Modellauswertung** sind Zeitreihen, Ströme, die Paare aus Beobachtungswert und Beobachtungszeitraum enthalten. Diese Ströme werden zur Modellaufzeit fortwährend gespeist, so daß durch ihre Analyse die Auswertungsgrößen ermittelt werden können.
Zur Spezifikation der Auswertungsgrößen gehört auch die Angabe von **Schätzern** (z.B. Mittelwert, Standardabweichung, Konfidenzintervall), der Art der

Ergebnisaufbereitung und -repräsentation sowie die Angabe von Start- und Stop-
bedingungen für die Messung. Die Auswertungsgrößen können sehr differenziert
spezifiziert werden, d.h. es können Auswertungen entlang bestimmter
Komponenten- und **Aufrufhierarchien** vorgenommen werden.

5. Modellierung des LAN und LNC mit HIT

"Die Kunst des Modellierens besteht in der Kunst des Weglassens." D.h. die einzelnen LAN-Komponenten sollen modelliert und nicht nachimplementiert werden. Es
sind geeignete Abstraktionen vorzunehmen, so daß die performance-relevanten Systemeigenschaften so detailliert wie nötig nachgebildet werden, für die weniger
relevanten Eigenschaften jedoch geeignete Vereinfachungen angenommen werden.
Da insbesondere die LAN-Ansteuerung, die Abwicklung der Datenübertragungsauf-
träge im LNC, als performance-relevant erkannt worden waren, beschränkten wir
uns auf die detaillierte Nachbildung des LNC und des LAN-Protokolls, während
andere LAN-Komponenten, wie Host-Systeme und Übertragungsmedium, gröber modelliert wurden. Es entstanden arbeitsteilig zwei Teilmodelle:
* die Nachbildung des LNC mit dem Controller-Schichten Host Interface,
  Transport Layer und Logical Link Control
* die Modellierung der LNC-Systemschicht Media Access Control, des Ethernet und
  des Zugangsprotokolls.

5.1 Das Modellierungskonzept

Um die Wechselwirkungen während der Netzkommunikation modelltechnisch hinreichend erfassen zu können, muß ein variables Netz mit mindestens zwei kommunizierenden Partnern (und dementsprechend zwei Controllern) modelliert werden.
Das Modell muß den Datenfluß im Netz nachbilden: Die Informationen gelangen
"abwärts" durch die Schichten des sendenden Controllers und anschließend "aufwärts" durch die Schichten des empfangenden Controllers zum Partnersystem (vgl.
Abb. 3-1). Dafür ist das Konzept der **Synchronisation des Datenflusses über die
Aufrufhierarchie** erarbeitet worden. Hiernach werden die **Aufträge** durch **HIT-
Prozesse** repräsentiert, während die **Protokoll-Tasks** durch hierarchisch aufeinander aufbauende **HIT-Komponenten** dargestellt werden. Ein (Auftrags-)Prozeß
"durchläuft" die Modellschichten, indem entlang der Modellhierarchie Dienste
benutzt werden. Die Gesamtsynchronisation aller Tasks eines LNC erfolgt über
den notwendigen Zugriff auf die gemeinsame CPU.

HIT bietet ein funktionales Aufrufkonzept, in dem von untergelagerten Schichten
auf Anforderung hin Dienste ausgeführt werden. Das OSI-Referenzmodell basiert
auf einem ähnlichen Konzept. Das Modellierungs-Konzept bietet eine elegante
Umsetzung dieses Aufrufkonzeptes in ein HIT-Modell: Jede Protokollschicht
benutzt Dienste der jeweils untergelagerten Protokollschicht. Der gewünschte
Datenfluß wird über eine festgelegte Reihenfolge der Dienstaufrufe gewährleistet. Informationen über die Aufträge (Auftragsart, Pufferlänge etc.) werden
auf einfache Weise durch Parameter bei den Dienstaufrufen übergeben.

Die hierarchisch aufgebauten Controller-Schichten werden jeweils auf eine HIT-
Modellschicht abgebildet. In jeder Modellschicht stehen zwei Dienstaufrufe zur
Verfügung: Der erste löst in der untergelagerten Modellschicht eine Auftragsankunft in Senderichtung aus und erwartet die dortige Bearbeitung des Auftrages;
der zweite bewirkt analog eine Auftragsankunft und dessen Bearbeitung in Empfangsrichtung.
Abb. 5-1 verdeutlicht schematisch, wie ein Auftrag über sich fortpflanzende
Dienstaufrufe durch die Modellschichten wandert. Eine Auftragsankunft in Senderichtung in Schicht i bewirkt zwei nacheinander getätigte Dienstaufrufe in die
untergelagerte Schicht i-1. In der untersten Modellschicht (MAC) wird der
Netzzugriff realisiert.

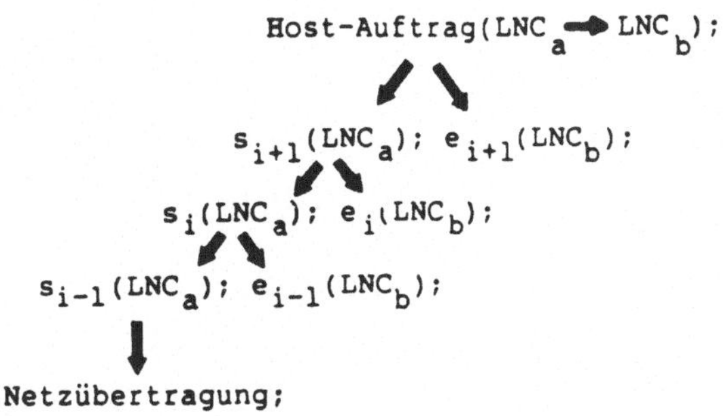

$$\text{Host-Auftrag(LNC}_a \longrightarrow \text{LNC}_b\text{);}$$

$$s_{i+1}(\text{LNC}_a); \quad e_{i+1}(\text{LNC}_b);$$

$$s_i(\text{LNC}_a); \quad e_i(\text{LNC}_b);$$

$$s_{i-1}(\text{LNC}_a); \quad e_{i-1}(\text{LNC}_b);$$

$$\text{Netzübertragung;}$$

$s_i(\text{LNC}_a) :=$ Auftrag erhalten, verarbeiten und weitersenden
(in Senderichtung) auf Ebene i im LNC a
$e_i(\text{LNC}_b) :=$ Auftrag erhalten, verarbeiten und weitersenden
(in Empfangsrichtung) auf Ebene i im LNC b

Abb. 5-1 Aufrufhierarchie im Modell

Diese geschachtelte Aufrufhierarchie gewährleistet, daß die Aufträge im Modell genau wie im LNC zunächst in den Schichten des Sende-Controllers "von oben nach unten" bearbeitet werden und anschließend im Empfangs-Controller "von unten nach oben".

Zusätzlich zu den Modellschichten, die die Controller-Schichten repräsentieren, ist im Modell ein Komponenten-Array deklariert, dessen Elemente die CPU jedes LNC sowie den Scheduler, der den Zugang zur CPU organisiert, modellieren.
In der obersten Modellschicht residieren Prozesse, die das Lastprofil beschreiben. Hier wird die Auftragslast erzeugt und durch entsprechende Dienstaufrufe an die Controller weitergegeben.

Das vorgestellte Modell ist für eine **simulative Lösung** konzipiert, da aufgrund der Modellstruktur und der in ihr enthaltenen Elemente (Blockierungen, CONCURRENT-Strukturen, virtuell deklarierte Komponenten, benutzerdefinierte Komponentensteuerungsprozeduren etc.) algebraische und numerische Lösungsverfahren ausscheiden. Zudem spricht auch die Größe des Modells gegen letztgenannte Verfahren.

5.2 Experimentparameter und Modellauswertung

Für das Modell werden drei Arten von Experimentparametern unterschieden:
- Auswertungsparameter
- Konfigurationsparameter
- Lastparameter
Mit den **Auswertungsparametern** spezifiziert der Benutzer die Rahmenbedingungen des Simulationslaufs. Er legt Abbruchkriterien fest und bestimmt, für welche logische Verbindung eine gesonderte Auswertung vorgenommen wird.
Die **Konfigurationsparameter** legen die Konfiguration des gesamten Netzes und innerhalb der einzelnen Controller fest, z.B. die Zahl der im Netz befindlichen Controller oder die Protokollfenster- oder Segmentierungsgrößen.
Über die **Lastparameter** wird die Arbeitslast für das Experiment festgelegt, d.h. wann auf welchen Verbindungen welche Aufträge abgesetzt werden.

Die Eingabe der Experimentparameter erfolgt über eine Eingabedatei, die eine benutzerfreundliche **Parametereingabeschnittstelle** darstellt. Änderungen sind schnell durchführbar, und nach den Änderungen kann ohne erneute Compilierung der Modellspezifikation sofort ein neuer Modellauf gestartet werden.

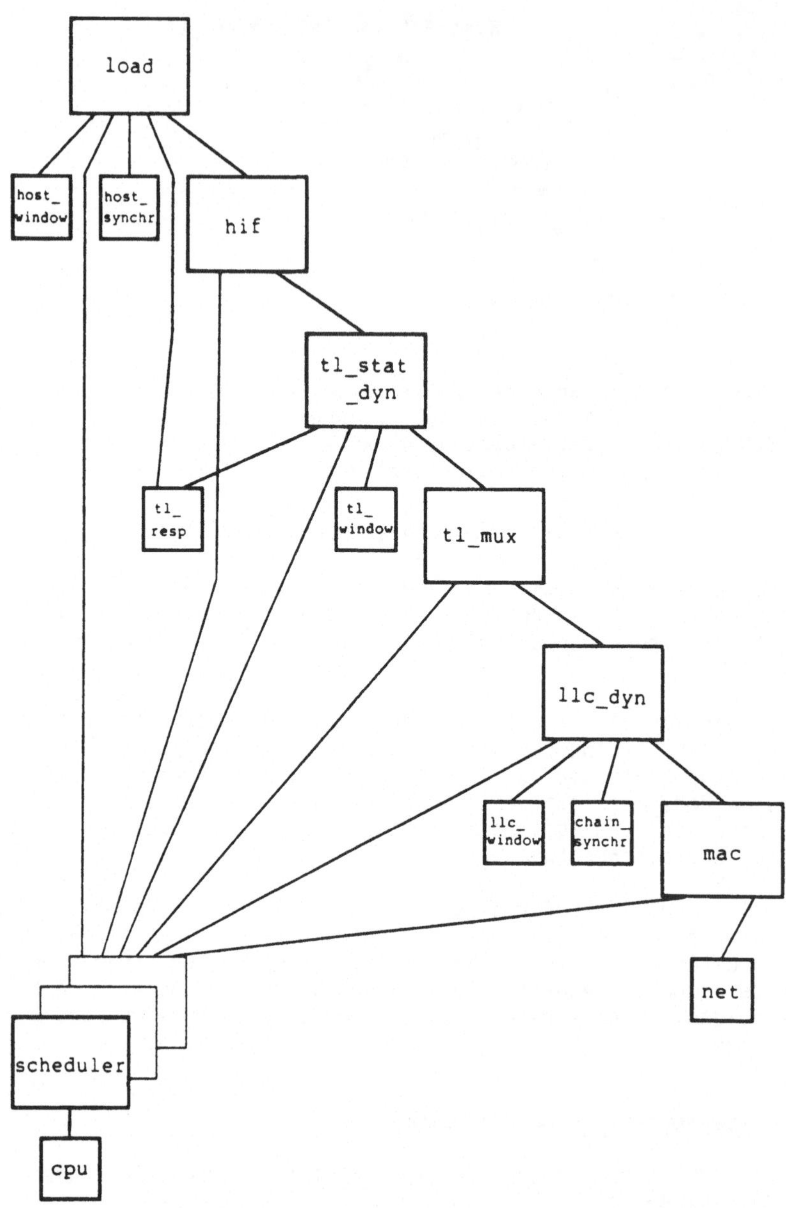

Abb. 5-2 Überblick über die Modellstruktur

Das Modell ermöglicht die Auswertung der folgenden Ströme:
* Auftragsdurchsatz (Summe für alle logischen Verbindungen)
* Auftragsdurchsatz für eine bestimmte logische Verbindung
* Übertragungszeit für einen Auftrag (Summe für alle logischen Verbindungen)
* Übertragungszeit für einen Auftrag für eine bestimmte logische Verbindung
* Übertragungszeit für die Übertragung einer festgelegten Auftragsanzahl incl. Verbindungsauf- und -abbau (Summe für alle logischen Verbindungen)
* Übertragungszeit für die Übertragung einer festgelegten Auftragsanzahl incl. Verbindungsauf- und -abbau für eine bestimmte logische Verbindung
* Fensterbelegung des ISO4- und des LLC-Protokollfensters für eine bestimmte logische Verbindung
* Auslastung des Übertragungsmediums

Für alle Leistungsgrößen werden Mittelwert, Standardabweichung und die Konfidenzintervallbreite bei einer Konfidenzwahrscheinlichkeit von 95% berechnet.

6. Test, Kalibrierung und Validierung des Simulationsmodelles

Zur vollständigen Durchführung eines Simulationsprojekts zählt neben der Formulierung und Implementation des Modells auch der Test (die Überprüfung der funktionalen Korrektheit des Modells) sowie die Kalibrierung und Validierung des Simulationsmodells, ehe sich die Experimentdurchführungen und Ergebnisauswertungen daran anschließen.

Parallel zur Implementierung der Modellschichten erfolgten fortlaufend **Tests** einzelner Komponenten und des Gesamtmodells. Kontrollausgaben wurden mit der aktuellen Modellzeit versehen, so daß eine Verfolgung des Simulationsablaufs möglich wurde.

Als Grundlage für die Erstellung des Modells und dessen anschließende Kalibrierung und Validierung wurden im LAN unterschiedliche **Messungen** vorgenommen, wobei zwei verschiedene Arten von Meßdaten zu unterscheiden sind:
Die erste Art von Meßdaten liefert Zeitverbräuche (Pfadlängen) für die Abarbeitung von Programmteilen, die der Bearbeitung bestimmter Aufträge in bestimmten Systemschichten entsprechen. Diese Meßdaten fließen als Datenbasis in die Modellierung ein.
Um das Modell kalibrieren und validieren zu können, wurden Leistungsdaten darüber benötigt, wie sich das System bei unterschiedlicher Konfiguration und Auftragslast verhält. Dazu wurden mittels Messungen Vergleichsdaten ermittelt, welche Durchsätze und Übertragungszeiten unter verschiedenen Applikationen im System erreicht werden. Das Modell enthält entsprechende Lastprozesse, die eine adäquate Last erzeugen.
Die Pfadlängen wurden durch Hardware-Monitoring gewonnen, die Daten zur Kalibrierung und Validierung wurden mit einem Software-Monitor im Host-Rechner und im Applikationsprogramm ermittelt.

Ein Modell kann aufgrund seiner Abweichungen und Abstraktionen vom modellierten System niemals für alle Anwendungsfälle exakt dessen Verhalten nachbilden. Dementsprechend können die Leistungsgrößen des Modells und des realen Systems auch nicht genau übereinstimmen. Jedoch ist für den Modellierer von Interesse, wie gut das Modell das System repräsentiert, d.h. er ist an einer möglichst hohen **Genauigkeit** und einem großen **Gültigkeitsbereich** des Modells interessiert /FeSZ83, Koba78/.

Bei der Modellierung können durch Vergleich der Leistungsgrößen, die im realen System unter einer bestimmten Last ermittelt werden, mit den Leistungsgrößen, die im Modell unter einer entsprechend modellierten Last berechnet werden, Aussagen über die Genauigkeit des Modells getroffen werden. Bei unzureichender Genauigkeit ist es Aufgabe der **Modellkalibrierung**, das Modell anhand einiger Anwendungsfälle zu verändern, bis eine geforderte Genauigkeit erreicht ist.

	1 Verb.	2 Verb.	3 Verb.	4 Verb.	5 Verb.	6 Verb.
Meßergebnisse	51.5	74.1	78.0	80.0	81.9	82.7
Modellergebnisse						
Mittelwert	50.285	72.436	79.960	82.033	83.270	83.563
Abweich. v. Meßwert	-2.359%	-2.246%	+2.513%	+2.541%	+1.673%	+1.044%
Konf.-Int. z.N. 0.95	(1.97%)	(1.56%)	(2.33%)	(0.99%)	(1.91%)	(0.34%)

Tab. 6-1 Meß- und Modellergebnisse

Tabelle 6-1 gibt die Modellergebnisse der kalibrierten Modellversion im Vergleich zu den Meßergebnissen wieder. Die zugrundeliegenden Meßläufe liefern für eine bestimmte Netz- und Lastkonfiguration den Auftragsdurchsatz pro Sekunde während der Datenphase über unterschiedlich viele parallele logische Verbindungen.

Nach der Kalibrierungsphase erfolgt die **Modellvalidierung**, in der die **Robustheit** des Modells festgestellt wird. Zur Validierung werden Leistungsdaten zum Vergleich herangezogen, die nicht schon zur Kalibrierung benutzt wurden. An der durch die Kalibrierung ermittelten "optimalen" Modellversion werden bei der Validierung keine Änderungen mehr vorgenommen, so daß überprüft werden kann, ob das Modell in der kalibrierten Version auch bei anderen Anwendungsfällen zufriedenstellende Ergebnisse liefert.

Die Robustheit des LNC-Modells läßt sich wie folgt beschreiben:
  * **Auftragsdurchsätze:**
    - geringe Abweichungen bei unidirektionalem Datenverkehr (0.97% - 5.97%)
    - höhere Abweichungen bei bidirektionalem Datenverkehr (10.33% - 15.10%)
  * **Übertragungszeiten:**
    - geringe Abweichungen (0.11% - 7.70%)
Ausreißer bei den Validierungsläufen belaufen sich auf maximal 17.36% Abweichung.

7. Experimente und Ergebnisse

Im beschriebenen Modellierungsfall werden gezielte Untersuchungen über das Leistungsverhalten des LAN und LNC in Form von maximal erzielbaren Durchsätzen und von Verweilzeiten durchgeführt. Weiterhin wird der Einfluß von Systemparametern, wie z.B. Veränderung der Flußkontrollparameter, auf das Leistungsverhalten untersucht.

Für das Modell werden drei Klassen von Parameteränderungen unterschieden:
  (1) **Veränderung der internen Systemkonfiguration,**
  (2) **Veränderung des Lastprofils,**
  (3) **Veränderung der Netzkonfiguration.**

Die Klassen sind in Experimentgruppen aufgeteilt, die sich durch unterschiedliche Parameterveränderungen auszeichnen:
(1-1) **Änderung der Protokollfenstergrößen (ISO4 und LLC):**
    => Einflüsse der Fenstermechanismen auf Durchsätze und Fensterbelegungen.
(1-2) **Änderung der Aufteilung der ISO4-Verbindungen auf LLC Verbindungen:**
    => Einflüsse des Multiplexer-Verhaltens auf Durchsätze und Übertragungszeiten.
(2-1) **Änderung der Anzahl gleichzeitiger Übertragungen:**
    => Einflüsse dieser Lastveränderung auf Durchsätze und Übertragungszeiten.
(2-2) **Änderung der Auftragslängen:**
    => Einflüsse dieser Lastveränderung und der durch sie verursachten Segmentierung auf Durchsätze und Übertragungszeiten.
(3-1) **Änderung der Netzkonfiguration, Erhöhung der Anzahl über das Netz kommunizierender Host-Systeme:**
    => Einflüsse der Netzkonfiguration und damit auch der Last auf die Durchsätze und Übertragungszeiten einzelner Verbindungen, sowie auf die Netzauslastung.

In diesem Beitrag werden exemplarisch zwei der o.g. Experimentgruppen (1-1 und 3-1) aufgegriffen und Ergebnisse von Experimentserien, die innerhalb dieser Gruppen durchgeführt werden, dargestellt.

7.1 Veränderung der Protokollfenstergrößen

Ein Untersuchungsziel ist die Bestimmung des Einflusses von Änderungen der Flußkontrollparameter (Fenstergrößen) auf die Controller-Leistung. Um diesen Einfluß zu erkennen, wird für die Experimentserie 1-1 eine feste Netzkonfiguration und Auftragslast gewählt. Zwei Host-Systeme kommunizieren über fünf logische ISO4-Verbindungen. Über jede dieser Verbindungen setzt ein Host-System im Dauerbetrieb möglichst schnell Aufträge mit einer Länge von 1024 Bytes an den Kommunikationspartner ab. Die Konfigurationsparameter für Host und LNC werden anhand typischer Anwendungsfälle nachgebildet, wobei die ISO4- und LLC-Protokollfenster innerhalb der betrachteten Experimentserie variiert werden. Zunächst wird die Größe des LLC-Fensters konstant auf 16 gehalten und die ISO4-Fenstergröße in 20 Einzelexperimenten zwischen eins und 20 variiert. Danach wird das LLC-Fenster ebenso variiert, während das ISO4-Fenster fest auf die Größe 15 eingestellt wird. Die Abbildungen 7-1 und 7-2 geben einen Überblick über die erhaltenen Mittelwertschätzer des Auftragsdurchsatzes pro Sekunde für eine logische Verbindung.

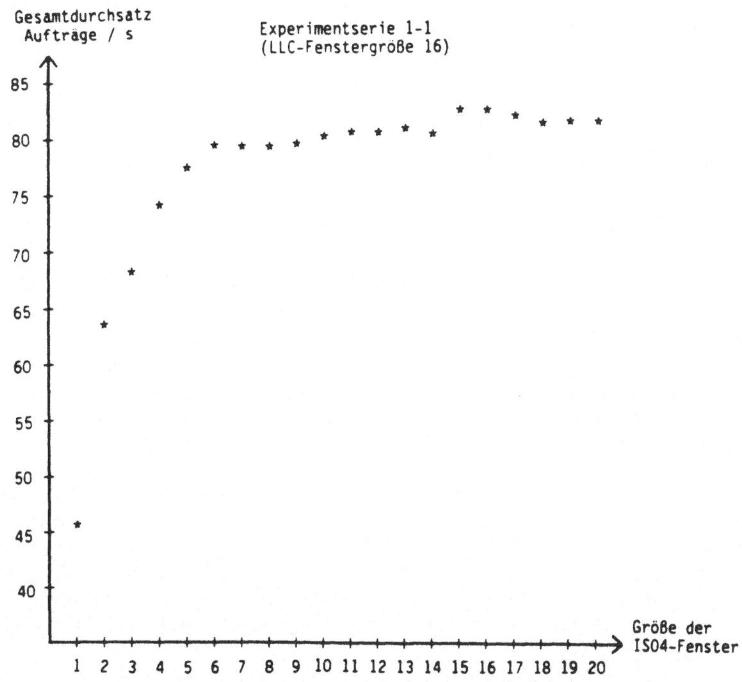

Abb. 7-1   Variation der ISO4-Fenstergröße

Aus den Meßwerten ist zu ersehen, daß sich bei schrittweiser Erhöhung der Größen der ISO4- und LLC-Fenster ab der Fenstergröße sechs (ISO4) bzw. fünf (LLC) der Auftragsdurchsatz bei ca. 80 Aufträgen pro Sekunde stabilisiert. Eine weitere Vergrößerung der Fenster bewirkt nur noch eine geringe Durchsatzerhöhung. Diese Fenstergröße sollte als Mindestgröße für einen entsprechend hohen Durchsatz gewählt werden. Die Wahl einer deutlich höheren Fenstergröße steigert den Verwaltungsaufwand im Protokollablauf und ist nicht sinnvoll.

7.2 Veränderung der Netzkonfiguration

Für den Benutzer eines Kommunikationsnetzes ist es wichtig zu wissen, bei wievielen Verbindungen die kritische Auslastung seines Kommunikationsmediums

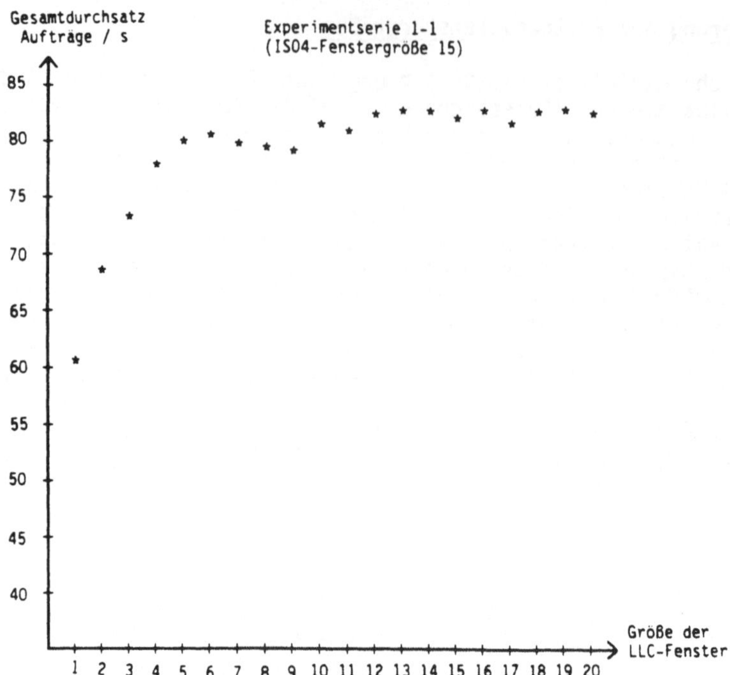

Abb. 7-2   Variation der LLC-Fenstergröße

erreicht wird. Die Ergebnisse der Experimente aus der zweiten Klasse der Parameteränderungen (Veränderung des Lastprofils), auf die in diesem Beitrag nicht näher eingegangen wird, haben gezeigt, daß mit einem Host-Paar, das über je einen Controller Zugang zum Netz hat und möglicherweise über mehrere logische Verbindungen kommuniziert, das Netz niemals voll ausgelastet werden kann. Aufgrund der Zeiten, die bei den Protokolltätigkeiten verstreichen, hat der Controller bei einer bestimmten Anzahl an Verbindungen schon seinen maximalen Datendurchsatz erreicht.

Aus diesem Grund wird in der Experimentserie 3-1 die Netzkonfiguration verändert. Begonnen wird mit einem Host-Paar, das über eine Verbindung unidirektional Aufträge mit einer Länge von 1024 Bytes sendet. Bei den folgenden Experimenten wird jeweils ein weiteres Host-Paar mit dem gleichen Lastprofil zum Netz hinzugefügt, so daß die Netzauslastung langsam ansteigt. Um eine volle Netzauslastung zu erreichen, wird die Experimentserie mit bis 30 kommunizierenden Host-Paaren durchgeführt.

Bei der betrachteten Experimentserie werden die Durchsätze, die über eine Verbindung in der bestehenden Netzkonfiguration erzielt werden, die Übertragungszeiten für einen Auftrag über eine Verbindung und die Netzauslastung ermittelt. Die Abbildungen 7-3 und 7-4 stellen die Ergebnisse der ersten beiden Leistungsgrößen graphisch dar.

Das Hinzufügen von Host-Paaren zur Netzkonfiguration belastet das Medium anfangs so wenig, daß die Durchsätze auf den bestehenden logischen Verbindungen im Mittel nur gering zurückgehen. Bei ca. 50 Hosts (= 25 logische Verbindungen) ist eine Netzauslastung erreicht, die ein Hinzufügen weiterer Host-Systeme mit entsprechenden Kommunikationsverbindungen ohne Leistungsverlust auf den bestehenden Verbindungen nicht mehr zuläßt. Dieses Ergebnis läßt sich an den Darstellungen der Durchsätze und der Übertragungzeiten erkennen. Der bislang nur leicht abnehmende Durchsatz einer Verbindung sinkt ab 25 parallelen Verbindungen rapide ab, während die bisher nur schwach ansteigende Übertragungszeit für einen Auftrag ebenso rapide anwächst.

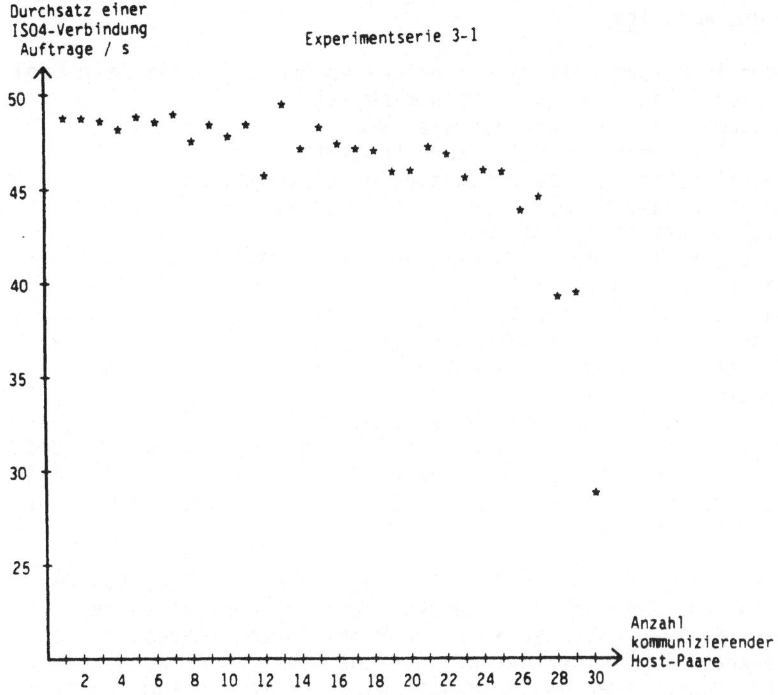

Abb. 7-3 Durchsätze

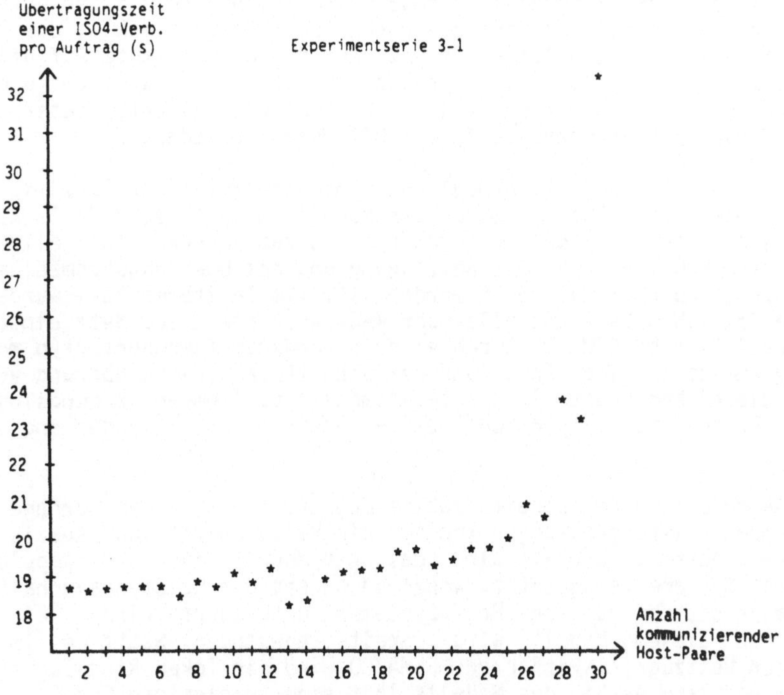

Abb. 7-4 Übertragungszeiten

8. Resümee und Ausblick

Im Rahmen der in diesem Beitrag beschriebenen Arbeit wurde ein vollständiges
Simulationsprojekt durchgeführt. Es schloß mit
- der Systemanalyse des LAN und des LNC,
- der Erstellung eines Modellierungskonzepts,
- der Spezifikation der zu ermittelnden Leistungsgrößen,
- der Umsetzung des Konzepts in ein HIT-Modell,
- der Implementation des HIT-Modells,
- dem Test einzelner Modellfunktionen und des Gesamtmodells,
- der Kalibrierung des Modells,
- der Validierung des Modells,
- der Planung der Simulationsexperimente,
- der Durchführung von Experimenten,
- der Leistungsbewertung
alle Phasen eines Simulationsprojektes ein.
Bei der Bewältigung des gesamten Arbeitsprogrammes wurde besonders darauf
geachtet, daß die Durchführung der späten Phasen (Kalibrierung, Validierung und
Experimentdurchführungen) nicht aufgrund einer zu langen Dauer der früheren
Phasen unterrepräsentiert war.

Für die Nachbildung des LAN und dabei insbesondere für die des LNC sind eine
Reihe von alternativen Modellierungskonzepten erarbeitet worden. So ist neben
dem in diesem Beitrag näher erläuterten Modellierungskonzept beispielsweise ein
Konzept denkbar, in dem der Datenfluß nicht über die Aufrufhierarchie, sondern
über Semaphor-Mechanismen gewährleistet wird. (Semaphor-Komponenten werden von
HIT standardmäßig angeboten.)
Desweiteren kann der gewünschte Datenfluß ebenfalls über eigenständige Sende-
und Empfangsprozesse realisiert werden, die im Sende- bzw. Empfänger-
Controller erzeugt werden.
Nach dem Vergleich der alternativen Modellierungskonzepte und der Abwägung der
Vor- und Nachteile dieser Konzepte wurde das Konzept gewählt, das sich durch
die Realisierung des Datenflusses im Netz durch eine bestimmte Aufrufhierarchie
auszeichnet. Da HIT ein funktionales Aufrufkonzept anbietet und das ISO-
Referenzmodell ebenfalls auf einem ähnlichen Konzept basiert, bietet sich die
Umsetzung dieses Aufrufkonzeptes in ein HIT-Modell geradezu an.

Das Modellierungswerkzeug HIT ermöglicht eine arbeitsteilige Spezifikation von
Modellbestandteilen. Deshalb wurde das Modell in zwei Teilmodelle aufgeteilt,
wobei zum einen ein Teilmodell für den LNC und zum anderen ein Teilmodell für
die unterste LNC-Schicht, den Netzzugang und das Übertragungsmedium zusammen
mit dem Zugangsprotokoll erstellt worden ist. Im letzteren Fall wurde für alle
im Netz befindlichen LAN-Controller der MAC-Layer sowie das Netz einschließlich
des Netzzugriffs nach CSMA/CD durch einen besonderen Komponententyp modelliert.
Durch die beiderseitige Einhaltung der Schnittstellenvereinbarung verlief die
Einfügung dieser Komponente in das Gesamtmodell vollkommen reibungslos, und der
Versuch einer arbeitsteiligen Modellerstellung kann als gelungen angesehen werden.

Mit dem LAN-Modell wurden bereits zahlreiche Experimentserien durchgeführt. Die
dabei gewonnen Leistungsaussagen konnten die Weiterentwicklung speziell des LNC
positiv beeinflussen. Derzeit wird das LAN-Modell für die Kopplung neuer
Nixdorf-Host-Systeme eingesetzt, wobei besonders das Leistungsverhalten an der
Schnittstelle des LNC zu den Host-Systemen untersucht wird. Eine weitere
Ergänzung zu diesem Modell wird bereits angegangen. Statt des im MAC-Layer
modellierten Netzzugriffsverfahrens CSMA/CD wird ein Token-Ring-Zugriff modelliert. Der modulare Aufbau des Modells läßt eine problemlose Ersetzung des entsprechenden Komponententyps, der den Netzzugriff modelliert, zu.

9. Literatur

/Beil81/   Beilner, H.:
            Hybride (heterogene) Modellierung;
            <u>in:</u> Informatik Spektrum, Band 4, Heft, 1981, S. 52-53

/BeSc85/   Beilner, H./Scholten, H.:
            Strukturierte Modellbeschreibung und strukturierte Modellana-
            lyse: Konzepte des Modellierungswerkzeuges HIT;
            <u>in:</u> Beilner, H. (Hrsg.): Messung, Modellierung und Bewertung
            von   Rechensystemen;   3.   GI/NTG-Fachtagung,   Informatik-
            Fachberichte 110, Springer, Berlin, Heidelberg, 1985

/FeSZ83/   Ferrari, D./ Serazzi, G./ Zeigner, A.:
            Measurement and Tuning of Computer Systems;
            Prentice-Hall, Inc., Englewood Cliffs, N.J., 1983

/Graf87/   Graf-Siebald, M.:
            Hierarchische Modellierung und Leistungsbewertung eines
            Local Area Network Controllers
            Diplomarbeit, Universität Dortmund, Dezember 1987

/IEEE802.2/ IEEE:
            IEEE Standards for Local Area Networks: Logical Link Control;
            ANSI/IEEE Std 802.2, Dezember 1984

/IEEE802.3/ IEEE:
            IEEE Standards for Local Area Networks: Carrier Sense Multi-
            ple Access with Collision Detection (CSMA/CD). Access Method
            and Physical Layer Specifications;
            ANSI/IEEE Std 802.3, Dezember 1984

/ISO7498/   International Organization for Standardization / Technical
            Comitee 97 / Subcomitee 16:
            Information Processing Systems - Open Systems Interconnection
            - Basic Reference Model;
            Draft Proposal ISO/DP 7498, 1982

/Koba78/   Kobayashi, H.:
            Modeling and Analysis: An Introduction to System Performance
            Evaluation Methodology;
            Addison-Wesley, Reading, Menlo Park, London, Amsterdam, Don
            Mills, Sydney, 1978

/Muel87/   Mueller-Clostermann, B.:
            HIT. An Introduction;
            Version 1.2.1, Universität Dortmund, Informatik IV, 1987

Hierarchische Modellierung
zur Rechnernetz-Konfigurierung und -Leistungsbewertung
am Beispiel eines SUN-Clusters

Petra Borowka
ComConsult Kommunikationstechnik
Metzgerstr. 1-3
5100 Aachen

Kurzfassung:
Die vorliegende Arbeit befaßt sich mit der Leistungsbewertung eines SUN-Clusters vor
dem praktischen Hintergrund, geeignete Konfigurationen von Workstations und Fileservern
für verschiedene Lastprofile zu bestimmen. Zu deisem Zweck werden verschiedene
Cluster-Konfigurationen ausgewertet.

1. Einleitung

Workstations als grafikfähige Arbeitsplatzrechner mit hoher Rechengeschwindigkeit
gewinnen mehr und mehr Bedeutung. Zusammen mit entsprechenden Plattenspeichern
erfüllen sie als sogenannte "Server" Funktionen der konsistenten und ökonomischen
Datenverwaltung für mehrere Arbeitsplatzrechner. Eine solche Clusterkonfiguration –
mehrere plattenlose SUN-Workstations, über Ethernet mit einem Fileserver verbunden –
wurde modelliert und auf ihr Leistungsverhalten in allgemein repräsentativen und
lehrstuhlspezifischen Lastsituationen hin untersucht.

Fragestellungen von Interesse sind z.B.

- Wie groß ist der Kommunikationsoverhead ?
- Wieviele Clients (Workstations) können bei vertretbaren Antwortzeiten mit einem
  Server vernetzt werden ?
- Wo liegt der bottleneck der Konfiguration ?
- Wie sieht ein typisches SUN-Lastprofil aus ?

Untersuchte Workstations sind vom Typ SUN 3/50, Server vom Typ SUN 3/140 bzw.
SUN 3/160.

Zu diesem Zweck wurden Kommunikationsmodelle erstellt, die das Kommunikationsverhalten des Clusters auf funktionale Einheiten in Form von Maschinen- bzw. Protokollkom-
ponenten und Aktionszyklen der Benutzer (-Prozesse) abbilden. Die Abbildung erfolgt nach
dem top-down Prinzip. Für die hierarchische Modellierung erwies sich das an der

Universität Dortmund entwickelte Modellierungstool HIT besonders geeignet (/BESC85/, /BEST87/).

2. Einführung in die SUN-Welt
2.1 Konfiguration, Hardware

Das modellierte SUN-Cluster setzt sich zusammen aus mehreren Workstations, die über ein Netz mit einem Server verbunden sind. Pro Workstation wird ein angeschlossenes Terminal angenommen. Alle Workstations sind vom Typ SUN 3/50 und plattenlos (diskless). Sämtliche Dateien werden also auf dem Server gespeichert und bei Nutzung über das Netz eingelesen bzw. zurückgeschrieben. Als Server werden alternativ eine SUN 3/140 oder SUN 3/160 mit Plattenspeicher und SMD bzw. SCSI Plattencontrollern eingesetzt. Das zugrundeliegende Netz ist ein Thin-Ethernet.

2.2 Protokolle zur Fileübertragung

NFS
Zur Fileübertragung zwischen plattenlosen Workstations und Server benutzt SUN das Network File System (NFS). Dies liefert dem Benutzer die Illusion, es stünden alle Dateien lokal im eigenen Rechner (Speicher) zur Verfügung, während realiter der <u>Server</u> dem <u>Client</u> (Benutzer-Maschine) die Daten zugänglich macht.

XDR/RPC
Unter eXternal Data Representation (XDR) verbirgt sich eine Reihe von Bibliotheks-Routinen, die Daten für die Client-Server- Kommunikation beim Senden in eine maschinenunabhängige (Standard-)Form transformieren, beim Empfangen rücktransformieren. XDR erfüllt somit Funktionen der Darstellungsschicht. In einiger Entfernung zur standardmäßigen Hierarchie werden XDR Routinen jedoch von den Remote Procedure Call (RPC) Routinen benutzt, die der Sitzungsschicht zugeordnet sind. Das RPC Programmpaket (wiederum in einer Bibliothek zusammengefaßt) realisiert einen Kommunikationsmechanismus, bei dem ein Prozeß einen anderen Prozeß veranlassen kann, eine Prozedur so auszuführen, als ob es sich um einen lokalen Prozeduraufruf handelte. Der initiierende Prozeß heißt "caller process", der ausführende "server process". Im Fall eines Dateikommandos ist der caller process ein Client- Prozeß (Workstation) und der server process ein Prozeß auf dem Fileserver, der die gewünschte Dateioperation ausführen kann.

UDP/IP
Auf Ebene 4 wird der Datagrammdienst User Datagram Protocol (UDP) der ARPA-Standards, auf Ebene 3 das Internet Protocol (IP) benutzt.

3. Client-Server Modell eines SUN-Clusters

Zur Einführung diene eine Übersichtsskizze der Virtuellen Filesystem (VFS)-Benutzer-
oberfläche, die NFS zur Verfügung stellt. Eingerahmt ist der Teil, der bei der Modellierung berücksichtigt wird.

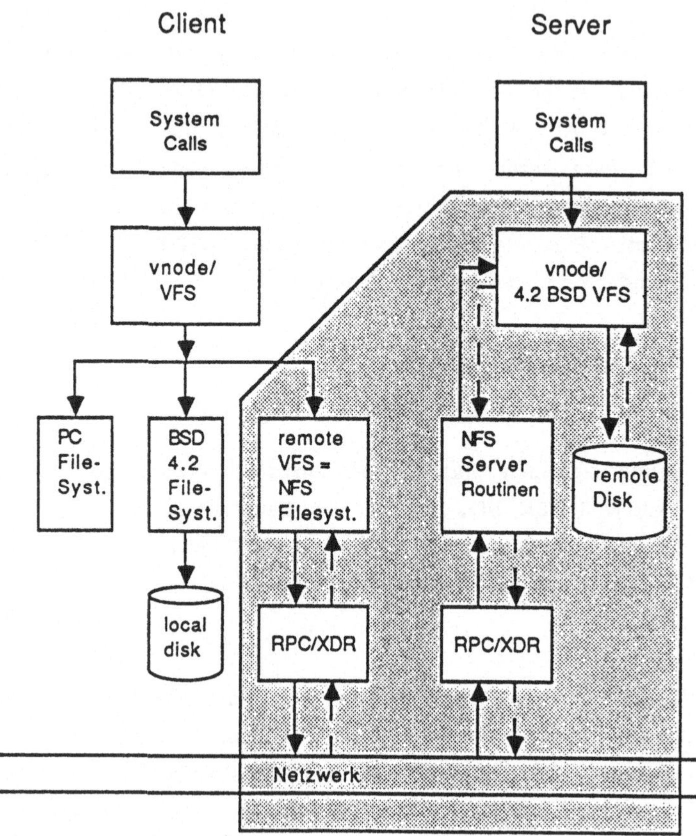

Bild 3.1 : Client-Server Verbindung

Die abstrakten Befehle der VFS Benutzeroberfläche (UNIX Dateikommandos wie cat, cp,
mkdir, rm u.a.) werden von NFS in konkrete Prozeduraufrufe umgesetzt. Die RPC/XDR
Protokolle bewerkstelligen den tatsächlichen Prozeduraufruf und setzen einen Client-An-
frage bzw. die Server-Antwort in ein Format um, das vom Netzwerk (IP/Ethernet) akzeptiert wird.

In einem nächsten Schritt sei die Client-Server Kommunikation auf der Betriebssystemebene beschrieben: Soll ein request gesendet werden, legt der Client-Prozeß mit dem
Aufruf "socket()" einen socket als Kommunikationsendpunkt an (1). Danach wird der
socket mit dem Aufruf "bind()" an einen port gebunden (2). Jetzt kann ein anstehender
request angenommen werden (3). Er wird über den angebundenen port gesendet mit dem
Aufruf "sendto()". Sollen Daten empfangen werden, so wird der socket in Empfangsbereit-

schaft versetzt durch den Aufruf "recvfrom ()". Die sendto() und recvfrom() calls werden vom UDP in "send<port>" und "receive<port>" umgesetzt und an die unteren Protokolle (IP/Ethernet) weitergeleitet.

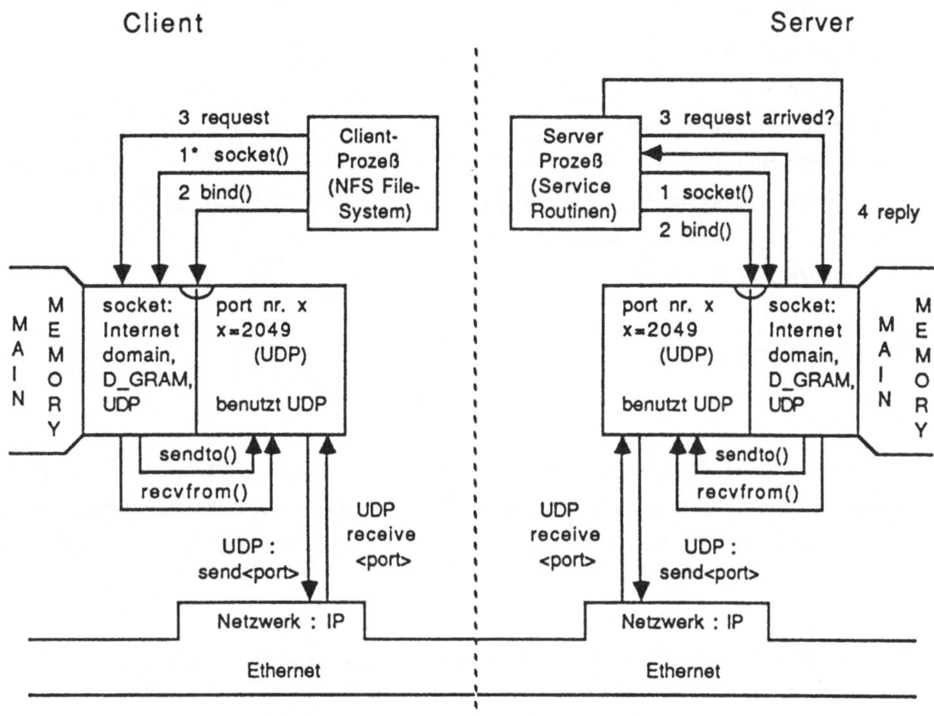

Bild 3.2 : Client-Server Kommunikation auf Systemebene

Auf der Seite eines aktiven Servers wird beim booten zunächst ebenfalls mit socket() und bind() ein Kommunikationsendpunkt geschaffen (1,2). Mit recvfrom() wird er empfangsbereit gemacht. (Dabei bleibt der Parameter "from" unspezifiziert, denn es ist noch nicht bekannt, welcher Client den nächsten request sendet.) In einer Endlosschleife fragt der Server-Prozeß ab, ob ein request eingetroffen ist (3). Falls ja, wird er gelesen, bearbeitet und mit sendto() eine Antwort an den Client-Prozeß geschickt (4). Auch auf Serverseite werden sendto() und recvfrom() vom UDP Protokoll in "send<port>" und "receive<port>" umgewandelt und an das IP übergeben.

Zur Verdeutlichung ein einfaches Kommunikationsbeispiel: Client A will den file "eliza" von Server B lesen, bearbeiten und zurückschreiben.

```
B:      recvfrom N.N.
A:      sendto B, msg = (request : schick mir eliza)
        recvfrom B
```

```
B:      sendto A, msg = (eliza, reply : erfolgreich)
        recvfrom N.N.
A:      <eliza bearbeiten>
        sendto B, msg = (request : ich schick dir eliza)
        recvfrom B
B:      sendto A, msg = (reply : reich rüber)
        recvfrom A
A:      sendto B, msg = (eliza)
        recvfrom B
B:      sendto A, msg =      (reply : eliza angekommen und auf dem Speicher unterge-
                             ·bracht)
        recvfrom N.N.
```

4. Modellierungsphase I

4.1 Systemmodell I

Ausgehend von der Realität bot sich in der ersten Modellierungsphase eine grobe Zerlegung sozusagen kanonisch an: Eine Anzahl von plattenlosen Arbeitsplatzrechnern (Workstations, Clients) kommuniziert über ein lokales Netz mit einem Fileserver (inklusive
Disk), dargestellt in Bild 4.1.

Dabei sind folgende vereinfachende Einschränkungen zugrundegelegt:
- Die Übertragung ist fehlerfrei
- overhead für Verbindungsauf- und -abbau bleibt unberücksichtigt
- Pufferplatz für Pakete ist ausreichend vorhanden
- Bedienzeiten sind exponentiell verteilt
- Ankünfte sind voneinander unabhängig, d.h. zirkulieren in einer Markoff-Kette (Pois-
son'sche Ankunfts- und Abgangsprozesse);
- Die Bedienzentren (Server) befinden sich im lokalen Gleichgewicht.

Diese Einschränkungen ermöglichen es, eine Modellierung auf Basis analytischer Lösungsverfahren zu unternehmen (LZGS84/).

Unter der Voraussetzung, daß die Arbeitsstationen im single user Betrieb eingesetzt sind,
entsteht bei lokalen Operationen (Belastung der Client-CPU) keine Wettbewerbssituation,
d.h. diese können einfach als Zeitverzögerung modelliert werden. Das ermöglicht es, eine
variable Anzahl n von Clients in einem Server vom Typ "Infinite Server" zusammenzufassen. Die Zahl aktiver Clients wird dabei auf eine gleichgroße Anzahl von Prozessen
abgebildet, die den Infinite Server "Client" durchlaufen.

Mit einem Durchsatz von 10 Mbit/s (Ethernet Standard), Übertragungsgrößen von 1K
(Nutzdaten) und einem einzigen Fileserver am Netz ist nicht zu erwarten, daß dieses

zum Übertragungsengpaß wird, wie auch aus den Arbeiten von /LZCZ86/, /OCHK85/, /SHHU80/, /STUC81/ hervorgeht. Daher ist als Netzbelastung nur die Übertragungszeit (ohne Kollisionseinbußen) angesetzt und das Netz auf einen Server mit gleichbleibender d.h. lastunabhängiger Bedienkapazität abgebildet. In Anlehnung an /JALA83/ wird das Netz nicht als FCFS-Server mit verschiedenen Kundenklassen (für verschiedene Filegrößen) sondern näherungsweise als Server mit Processor Sharing Strategie modelliert, was verschiedene Bedienzeitanforderungen erlaubt.

Im Bedienzentrum "Fileserver" sind sowohl die CPU-Aktivität des (realen) Fileservers als auch die Plattenzugriffe zur Fileübertragung realisiert. Die CPU wurde mit PS-Strategie ausgerüstet, während die Platte FCFS-Strategie behielt; dies als adäquate Abbildung der strengen Sequentialität und der Gleichartigkeit einzelner Plattenzugriffe. Variable Anzahl von Plattenzugriffen bei verschiedenen Übertragungsrequests sind mittels verschiedener Auftragsketten (Lasttypen) realisiert.

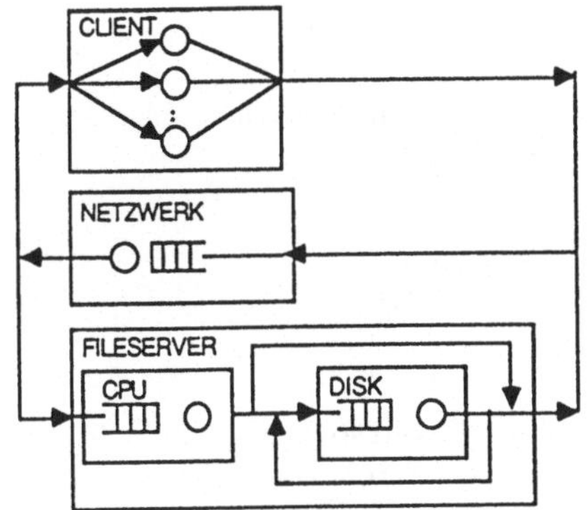

Bild 4.1 : SUN-Cluster, Kommunikationsmodell I

Zum Vergleich mit den analytischen Lösungen wurden die Modelle simulativ gelöst, wobei auch FCFS-Bedienstrategien mit verschiedenen Bedienzeiten für den Fileserver verwendet wurden.

4.2 Lastmodell I

Aufgrund der Literatur (/LZCZ86/, /SATY85/) wird in dieser Arbeit zunächst eine Unterscheidung nach Betriebssystem-Aufrufen (BS-Aufrufe, System Calls), Editieren (Dokumente, Programmtexte=Sources) und Compilieren getroffen. Debugger-Aufrufe treten in vernachlässigbar geringem Umfang auf; sie müssen sich deshalb kurzerhand ignorieren lassen. Die so gewählte Lastdifferenzierung führt zu den Subsystemen

    BS-Aufruf   := BS
    Compiler-Aufruf := CO
    Editor-Aufruf   := ED

    Pause   := P

Messungen im wissenschaftlich-technischen Programmentwicklungsbereich ergaben durchschnittlich pro Sitzung (user session)

    2.4 Editor-Aufrufe

    0.8 Compiler-Aufrufe

Damit berechnet sich die erwartete Anzahl der System Calls zu

$$E(Nbs) = E(Ned) + E(Nco) + E(Np) + 1$$

$$E(Nbs) = 5.2$$

(Voraussetzung: Denkpausen wurden zu einer Pausenphase zusammengefaßt, also $E(Np)=1$.)

Durchschnittlich gemessene Zeiten für eine Sitzungs- bzw. Subsystemphase waren

    Ts = 1411.4 sec

    Tbs = 112.6 sec

    Ted = 208.6 sec

    Tco =   5.3 sec

womit sich eine Denkpausenzeit von

    Tp = 321.0 sec

ergibt. Daraus folgen die Aufrufwahrscheinlichkeiten

    $PAbs$ = 0.55   (BS-Aufruf)

    $PAed$ = 0.26   (Editor-Aufruf)

    $PAco$ = 0.08   (Compiler-Aufruf)

    PAp = 0.11   (Pause)

Nach /SATY85/ und /OCHK85/ wurden folgende Dateigrößen festgelegt: Programmtexte
12K, Objectdateien 31K, Textdokumente 17K. Aus der Überlegung heraus, daß in Pro-
grammentwicklungsumgebungen seltener Dokumentverarbeitung stattfindet als Sourcetext-
verarbeitung, wurde bei Editor-Phasen 25% Textverarbeitung und 75% Programmentwicklung angenommen.

4.3 Auswertung von Modell I

Nachfolgend wird – als zentrale Größe für Benutzer, die an ihrem Arbeitsplatzrechner
sitzen und auf die Dateiübertragung warten – die Verweilzeit am Fileserver betrachtet.
Ergänzend wird die Gesamtbelastung des Fileservers untersucht anhand Werten für Utilization und Occupation/Population. Zeiteinheit für die Turnaroundtime ist 1 sec.

Der bottleneck der Experimentserie ist eindeutig die Disk. Für die SUN 3/140 verdoppelt
sich die Turnaroundzeit bei 60 Workstations (WSt), am Fileserver insgesamt verdoppelt
sie sich erst bei 60-70 WSt, tendenziell eher bei 70 WSt), die Auslastung ist dabei 0.50.
Für 100 WSt hat die Platte die 4.85fache Turnaroundzeit (Fileserver insgesamt: 4fache
TUR) und einen Auslastungsfaktor von 0.82. Für die SUN 3/160 ergibt sich bei 100 WSt
die 1.67fache Turnaroundtime (Fileserver insgesamt: 1.5fache TUR) mit Auslastung 0.41.

Die Auslastung der CPU ist dagegen sehr gering und steigt linear bzw. fast linear. Da die CPUs der 3/140- und 3/160-Maschinen als gleich modelliert wurden, waren intuitiv identische Ergebnisse erwartet. Folgender Effekt trat auf: Im hohen Lastbereich (90, 100 WSt) verzögerte die Disk der SUN 3/140 die Kundenabfertigung so sehr, daß die CPU mit UTI=0.22 bzw. 0.25 weniger ausgelastet war als die der SUN 3/160 mit UTI=0.23 bzw. 0.26. Dieselbe Tendenz ist bei den Turnaroundzeiten feststellbar: Bei 80, 90, 100 WSt hat die CPU folgende Turnaroundzeiten:

SUN 3/140	0.189,	0.195,	0.201
SUN 3/160	0.190,	0.197,	0.203

Tabelle   : Ergebnisse für Disk und CPU des Fileservers;
SUN 3/140, 3/160:

#WS	SUN 3/140 Disk TUR	Disk UTI	CPU TUR	CPU UTI	SUN 3/160 Disk TUR	Disk UTI	CPU TUR	CPU UTI
1	0.0486	0.008	0.151	0.002	0.0234	0.004	0.151	0.002
2	0.0490	0.017	0.151	0.005	0.0234	0.008	0.151	0.005
5	0.0503	0.04	0.152	0.013	0.0237	0.02	0.152	0.013
10	0.0526	0.08	0.154	0.026	0.0243	0.04	0.155	0.026
20	0.0578	0.17	0.159	0.052	0.0253	0.08	0.159	0.052
30	0.0643	0.25	0.163	0.07	0.0265	0.12	0.163	0.07
40	0.0732	0.34	0.168	0.10	0.0278	0.16	0.168	0.10
50	0.0824	0.42	0.173	0.12	0.0292	0.20	0.173	0.13
60	0.0957	0.50	0.178	0.15	0.0308	0.24	0.178	0.15
70	0.1136	0.59	0.184	0.18	0.0326	0.28	0.184	0.18
80	0.1390	0.67	0.189	0.20	0.0346	0.32	0.190	0.20
90	0.1767	0.75	0.195	0.22	0.0368	0.37	0.197	0.23
100	0.2361	0.82	0.201	0.25	0.0393	0.41	0.203	0.26

Fazit: Bei diesem Lastprofil kann ein Fileserver eine ganz erhebliche Anzahl von Workstations ohne nennenswerte Leistungseinbuße bedienen. Bei drastischer Lasterhöhung wird der Fileserver zum bottleneck und hier die I/O (langsamer Diskzugriff), nicht die Fileserver-CPU.

5. Modellierungsphase II
5.1 Systemmodell II

Motivation: Am Ende der ersten Modellierungsphase war klar, daß die Ergebnisse nur als sehr grobe Bewertung der gewählten SUN- Cluster Konfiguration gelten konnten. Hatte die Aufteilung des Fileservers in CPU und Disk schon genauere Einblicke in sein Leistungsverhalten gebracht, so stand die Frage im Raum, wie sich der bottleneck I/O bei Aufteilung des Kommunikationsprozesses in detailliertere Subphasen (die von Subkomponenten bedient werden) präsentiert. Der Kommunikationsoverhead war nur implizit durch globalen Zeitverbrauch in der Client- und Fileserver-CPU berücksichtigt worden. Würde sich das Verhalten des SUN-Clusters bei expliziter Modellierung des Kommunikationsoverheads in Richtung größerer CPU- relativ zur Disk-Auslastung verändern? Welcher Anteil der CPU-Auslastung ist überhaupt der Kommunikation zuzuschreiben? Derartige Fragen führten zum nachfolgend beschriebenen zweiten Systemmodell.

Für Modell II wurden ähnlich einschränkende Annahmen wie für Modell I getroffen, wiederum zum Zwecke analytischer Lösbarkeit:
- fehlerfreie Übertagung
- ausreichender Pufferplatz für Pakete
- exponentiell verteilte Bedienzeiten
- Poisson'sche Ankunfts- und Abgangsprozesse
- Bedienzentren im lokalen Gleichgewicht

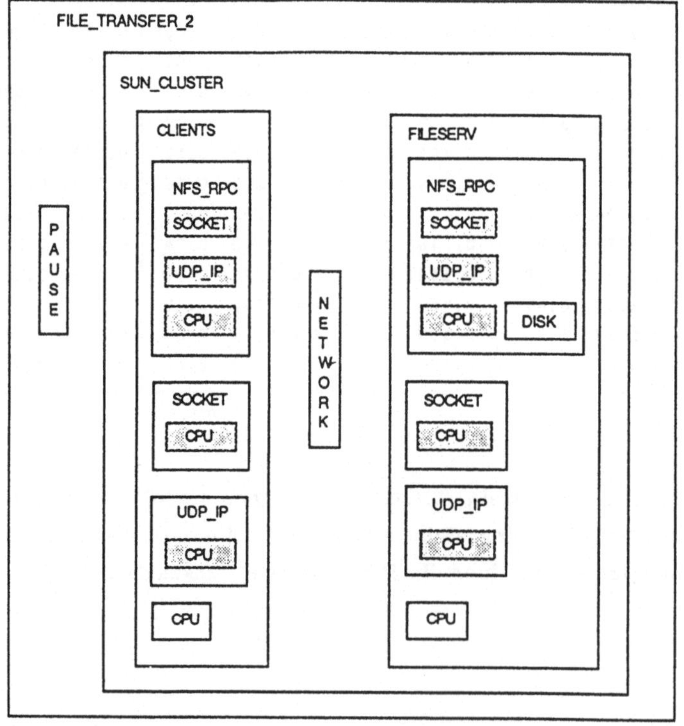

Bild 5.1 : Innere Struktur des SUN-Clusters, Modell II

Fileserver und Arbeitsplatzrechner (<fileserv>, <clients>) sind höhere Komponenten, anhand der vorliegenden Kommunikationsstruktur verfeinert. So läßt sich die CPU-Belastung durch Protokolloverhead im Vergleich zur I/O-Belastung durch den tatsächlichen Filetransfer untersuchen.

Verfeinerung in Richtung Protokollstruktur wurde dem Client-Server Modell aus Kap. 3 entsprechend vorgenommen (s. Bild 3.3, 3.4). Workstation und Fileserver haben jeweils die inneren Komponenten <nfs_rpc> (ISO Schicht 5-7), <socket> (Kommunikationsendpunkt) und <udp_ip> (ISO Schicht 3-4) Sie werden beim Empfangen "von unten nach oben" aktiv (udp_ip --> socket --> nfs_rpc), beim Senden "von oben nach unten", weshalb die Komponente <nfs_rpc> ihrerseits die inneren Komponenten socket und udp_ip als innere Komponenten enthält. SUN-Cluster Modell II hat dann eine Struktur wie in Bild 5.1.

Um unnötige Schachtelungstiefen zu vermeiden, wurden die Bedienstationen NFS, XDR/RPC sowie RPC-interne Bediener in der Komponente <nfs_rpc> aggregiert. Verschiedene Fileübertragungsgrößen sind analog zu Modell I mittels verschiedener Auftragsketten (=Lasttypen) berücksichtigt. Das busy waiting des NFS daemons im Fileserver (periodische Abfrage auf angekommene requests des permanent aktiven Moduls "svc_run") ist als periodisch auftretende CPU-Belastung <svc_per> unabhängig von NFS modelliert. So wird die CPU-Belastung des Fileservers durch "svc_run" zwar eingebracht, die erhaltenen Leistungswerte der Komponente <nfs_rpc> spiegeln jedoch die NFS-RPC Aktivitäten aufgrund des tatsächlichen Kommunikationsaufkommens wieder, was dem Untersuchungsinteresse entspricht.

5.2 Lastmodell II

Motivation : Das Lastprofil der ersten Modellierungsphase war zum großen Teil aus Literaturstudien heraus entwickelt. Große Abstände zwischen einzelnen Fileübertragungsphasen (Anteil von user mode an einer user session) und relativ kleine Filegrößen (im Mittel) hatten zum Ergebnis, daß der Fileserver eine unrealistisch hohe Anzahl von Arbeitsplatzrechnern bedienen kann. Es folgte ein Schritt weg vom allgemeinen Lastprofil hin zu spezifischen und SUN-typischen und Anwendungen wie Programmierung eines Grafik-Editors und Anwendungen mit hohem Speicherplatzbedarf wie z.b. Modellierungsexperimente. Die hier zu übertragenden Dateigrößen liegen deutlich höher als in Lastmodell I. Zwischenzeitliche Messungen hatten gezeigt, daß für die laut Literatur repräsentative Programm-Source Größe 12K (s. Kap. 5.1) auf SUN-Maschinen wesentlich größerer Object-Code erzeugt wird, als in der Literatur angegeben (120 statt 35 K). Bei HIT- und Grafik-Anwendungen sind die im Hauptspeicher einer Workstation zu haltenden Files so groß, daß paging Aktivitäten als additive Last berücksichtigt werden müssen. Weitere Informationen des SUN-Betreuungspersonals ergaben als zusätzlichen Lastaspekt: Jeder aktive Client schickt dem Fileserver alle 30 Sekunden einen Informationsblock pro gemountetem Dateisystem.

Im analytischen Modell arbeiten die Komponenten CPU und Disk des Fileservers voll parallel, da keine Synchronisationsmechanismen einsetzbar sind. Zur Korrektur wurde in Lastmodell II ein Parallelitäts-Minderungsfaktor eingesetzt. Kommunikationsoverhead ließ sich explizit modellieren: inzwischen lagen Messungen vor sowie Literatur für UDP/IP (/MARA87/), welche eine Abspaltung des entsprechenden Zeitverbrauchs erlaubten. Die genannten Aspekte führten zum nachfolgend beschriebenen Lastmodell II.

BS-Aufrufe sind nur noch Kommandos mit relativ kurzer Ausführungszeit wie cat<file> (File auf Display holen), cp<file> (File kopieren), dir (Directory auflisten) exklusive Programmaufruf mit exec. Exec dauert länger und benötigt wesentlich größere Dateien als ein BS-Aufruf, deshalb erhielt es eine eigene Subsystem-Kategorie. Editieren und Compilieren wurden, wenn auch in vereinfachter Form (s.u.), beibehalten. Erweitert ist die von Benutzern erzeugte Last um die Kategorien "HIT-Anwendung" und "Grafik-Editor". "HIT-Anwendung" modelliert eine/n Benutzer/in, der/die einen HIT-Experimentlauf startet, "Grafik-Editor" eine Nutzungsphase, während derer an der Erstellung eines Grafik-Editors gearbeitet wird. Eine solchermaßen veränderte Lastdifferenzierung führt zu den Subsystemen

<pre>
BS-Aufruf   := BS
Programmausführung   := EX
Compiler-Aufruf   := CO
Editor-Aufruf   := ED
HIT-Aufruf   := HIT
Grafik-Editor   := GRAF
Pause   := P
</pre>

Wie zu Beginn dieses Kapitels erwähnt, schickt jeder aktive Client mit <fsync> alle 30 sec einen Informationsblock (1K pro gemountetem Dateisystem) an den Fileserver. Pro Client sind durchschnittlich 5 Dateisysteme gemountet. Zur Modellierung bot sich eine offene Kette an:

<pre>
CREATE 1 PROCESS <fsync> EVERY (30/nr_of_clients) sec
</pre>

Periodische Fileserver-Abfragen auf angekommene requests sind im Modell ebenfalls eine offene, <fileserv>-intern initiierte Kette.

<pre>
CREATE 1 PROCESS <svc_per> EVERY 10 sec
</pre>

Protokolloverhead wurde in folgenden Schritten modelliert:

- Annahmen über den IP overhead mit Hilfe von Meßergebnissen in der Literatur und Protokollspezifikation
- Annahmen über den UDP overhead mit Hilfe der Protokollspezifikation analog zu IP
- Annahmen über den NFS-RPC/XDR overhead unter Berücksichtigung des UDP/IP overheads und aufgrund von erhaltenen Meßergebnissen in der Literatur sowie SUN-Networking Unterlagen.

5.3 Auswertung von Modell II

Für analytische Experimentserien wurde die exakte Analyse mit Produktformlösung verwendet. Die Anzahl der Benutzer variierte von 1 bis 20 mit Schrittweite 1. Ausgewertet wurden Populationen, Turnaroundzeiten und bei Komponenten der untersten Hierarchiestufe Utilization (Client-CPU, Fileserver-CPU, Fileserver-Disk).

FILESERVER

Während für SUN 3/140 wegen hoher Plattenbelastung sowohl Population als auch Utilization der Fileserver-CPU sublinear steigen, ist für die SUN 3/160 zumindest bei 1 bis 4 Clients in etwa eine lineare CPU-Belastungssteigerung zu beobachten. Am Fileserver insgesamt nimmt die Population im gleichen Verhältnis zu wie die an der Disk. Eine Verdoppelung der Fileserver-Turnaroundzeit stellt sich bei 3 WSt (SUN 3/140) bzw. 4-5 WSt (SUN 3/160) ein. Bei 10 WSt hat sich die Antwortzeit bereits um Faktor 6.9 (SUN 3/140) bzw. 3.4 (SUN 3/160) vergrößert. Die Diskauslastung steigt bei 8 bzw 18 Terminals auf deutlich über 90%.

Belastung des Fileservers, SUN 3/160 :

#WSt	CPU POP	CPU UTI	CPU TUR	Disk POP	Disk UTI	Disk TUR	Fileserv. POP	Fileserv. TUR
1	.042	.041	.0095	.069	.069	.039	.112	.597
2	.085	.080	.0097	.148	.138	.041	.233	.848
3	.130	.118	.0100	.237	.206	.044	.368	1.01
4	.179	.156	.0104	.339	.273	.048	.518	1.15
5	.232	.193	.0109	.454	.338	.052	.687	1.29
6	.288	.229	.0114	.587	.402	.056	.876	1.42
7	.348	.265	.0111	.740	.464	.062	1.08	1.56
8	.412	.300	.0125	.917	.525	.068	1.33	1.71
9	.481	.334	.0131	1.12	.583	.0749	1.60	1.87
10	.554	.366	.0138	1.36	.638	.083	1.91	2.05
12	.712	.427	.0152	1.95	.739	.103	2.67	2.47
14	.883	.481	.0164	2.76	.824	.130	3.64	3.00
15	.971	.504	.0178	3.25	.860	.147	4.22	3.32
16	1.06	.526	.0187	3.81	.892	.166	4.87	3.66
18	1.23	.562	.0206	5.14	.939	.213	6.38	4.45
20	1.40	.591	.0225	6.73	.970	.270	8.13	5.34

Tabelle   : Modell II, FILESERVER

KOMMUNIKATIONSOVERHEAD

Bei den Workstations ergibt sich hinsichtlich CPU-Auslastung für NFS/RPC ein Anteil von 3.9%-5.1%, für Sockets und ebenso UDP/IP 0.8%-1%. Der Anteil steigt, wenn mehr Benutzer aktiv sind. Dies liegt wiederum an den verlängerten Kommunikationszyklen, die zu vermehrtem ⟨fsync⟩ führen: Der Dienst ⟨fsync⟩ läuft nur über Protokolle und hat keinen user mode (lokale Ausführungszeit), deshalb steigt der UDP/IP-Anteil an der CPU-Auslastung bei vermehrtem ⟨fsync⟩.

Für die Fileserver-CPU gehen 77%-85% der Auslastung auf NFS/RPC- Dienste zurück, 0.4%-0.5% auf Sockets und 1.4%-1.5% auf UDP/IP overhead. Es fällt auf, daß die Belastung durch Socket- Operationen wesentlich geringer ist als beim Client. Dies erklärt sich wie folgt: Socket-Operationen belasten hauptsächlich als Interrupt beim Empfangen die CPU. Während der Client bei jeder Dateioperation (sowohl Senden als auch Empfangen) ein Confirm erhält (--> socket:interrupt), empfängt der Server nur nach dem Senden ein Confirm. Die CPU-Belastung durch Socket-Interrupts ist also geringer. Zudem ist die Fileserver-CPU schneller, d.h. sie braucht weniger Zeit für Socket-Operationen.

BELASTUNG DES FILESERVERS DURCH SERVICETYPEN

Für aufwendige Dienste wie HIT oder Grafik-Editor steigt die Turnaroundzeit bei wachsendem Kommuniktionsaufkommen stärker als für Benutzeranforderungen mit geringer Bedienzeit am Fileserver. Für die SUN 3/160 ergibt sich bei 15 Terminals ein Faktor 2 bis 3, für SUN 3/140 ein Faktor 4 bis 9, für Operationen wie BS- Aufruf oder fsync mit geringem Bearbeitungsumfang dagegen nur Faktor 1.3 bis 4.1.

Turnaround der Services am Fileserver SUN 3/160 (sec) :

#WSt	comp	edi	exec	grafik	hit	fsync	syscall
1	2.58	.575	.975	1.43	2.39	.290	.130
2	2.74	.606	1.03	1.51	2.54	.303	.135
3	2.91	.641	1.09	1.61	2.71	.318	.141
4	3.11	.679	1.16	1.71	2.89	.333	.147
5	3.34	.722	1.24	1.83	3.10	.350	.153
6	3.59	.770	1.33	1.97	3.33	.369	.160
7	3.87	.823	1.43	2.12	3.569	.389	.168
8	4.20	.883	1.54	2.30	3.90	.412	.176
9	4.57	.951	1.67	2.49	4.24	.436	.184
10	5.00	1.02	1.82	2.72	4.64	.463	.193
10/1	1.93	1.77	1.86	1.90	1.94	1.59	1.48
15	8.31	1.59	2.94	4.46	7.70	.636	.246
15/1	3.22	2.76	3.01	3.11	3.22	2.19	1.89
20	14.4	2.50	4.95	7.64	13.33	.875	.305
20/1	5.58	4.50	5.07	5.34	5.57	3.01	2.34

Tabelle   : Modell II, Belastung durch SERVICETYPEN

6. Zusammenfassung und Ausblick

Im ersten Teil der vorliegenden Arbeit wurde gezeigt, daß herkömmliche Lastsituationen - Editieren, Compilieren, Programmausführung - von SUN-Cluster-Konfigurationen mit plattenlosen Arbeitsplatzrechnern und einem Fileserver sehr gut bewältigt weren können.

Im zweiten Teil wurde das Verhalten von SUN-Clustern bei einem Lastprofil mit großen Übertragungsmengen in kurzen Intervallen untersucht, wie es im Zuge des vermehrten Einsatzes von Workstations entstand (Grafik, mehrere parallele Prozesse). Hier zeigte sich, daß die Anzahl von Workstations, wilche von einem Fileserver des untersuchten Typs ohne große Leistungseinbußen bedient werden können, einer engen Begrenzung unterliegt.

Für weitere Untersuchungen stellt sich die Frage nach einer geeigneten Leistungsverbesserung des SUN-Clusters. Als Alternativen sind dabei zu betrachten

- mehrere Fileserver in einem Cluster
- Aufrüstung einiger Workstations mit lokalem Plattenspeicher.

Diese Arbeit entstand an der Universität Dortmund, Lehrstuhl Informatik IV, Prof. Dr.-Ing. H. Beilner.

Literatur

BESC85 Beilner,H., Scholten,H.: Strukturierte Modellbeschreibung und strukturierte Modellanalyse: Konzepte des Modellierungswerkzeugs HIT; in: Messung, Modellierung und Bewertung von Rechensystemen, 3.GI/NTG Fachtagung, Dortmund, Oktober 1985, pp. 65-81

BEST87 Beilner,H., Stewing,F.J.: Concepts and Techniques of the Performance Modelling Tool, HIT; European Simulation Multiconference ESM '87, Wien 1987

BINE84 Birrell,A., Nelson,B.: Implementing Remote Procedure Calls; ACM Transactions on Computer Systems Vol.2,1/1984, pp. 39-51

BOAK82 Bolch,G., Akyildiz,I.F.: Analyse von Rechensystemen; Stuttgart 1982

BORO88 Hierarchische Modellierung eines SUN-Clusters mit dem Modellierungs- und Analysetool HIT; DA Universität Dortmund, Lehrstuhl Informatik IV, 1988

CHZW83 Cheriton,D.R., Zwaenepoel,W.: The Distributed V Kernel and its Performance for Diskless Workstations; Proc. of the 9th ACM Symposium on Operating Systems Principles, Oct. 1983, pp. 129-140; Operating Sytems Review Vol.17/1983

CHZW85 Cheriton,D.R., Zwaenepoel,W.: Distributed Process Groups in the V Kernel; ACM Transactions on Computer Systems Vol.3,2/1985, pp. 77-107

FERR78 Ferrari,D.: Computer Systems Performance Evaluation; Engelwood Cliffs 1978

GIKU86 Gihr,O., Kuehn,P.J.: Comparison of Communication Services with Connection-Oriented and Connectionless Data Transmission; Computer Networking and Performance Evaluation, Elsevier, North Holland, 1986

HAC85 Hac,A.: Distributed File Systems - A Survey; Operating Systems Review Vol.19,1/1985, pp. 15-18

JALA83 Jacobson,P.A., Lazowska,E.D.: A Reduction Technique for Evaluating Queueing Networks with Serialization Delays; Performance '83, North Holland 1983

LANT85 Lantz,K.A., Nowicki,W.J., Theimer,M.M.: An Empirical Study of Distributed Application Performance; in IEEE Transact. on Software Engineering, Vol. 11/10 Oct. 1985

LCHK81 Luderer,G.W.R., Che,H., Haggerty,J.P., Kirslis,P.A., Marshall,W.T.: A distributed UNIX System based on an virtual circuit switch; Proc. of the 8th ACM Symposium on Operating System Principles, Dec. 1981, pp. 160-168

LZCZ86 Lazowska,E.D., Zahorjan,J., Cheriton,D.R., Zwaenepoel,W.: File Access Performance of Diskless Workstations; ACM Transactions on Computer Systems, Vol.4,3, Aug. 1986, pp.238-268

LZGS84 Lazowska,E.D., Zahorjan,J., Graham,G.S., Sevcik,K.C.: Quantitative System Perform-
      ance : Computer System Analysis Using Queueing Network Models; Engelwood
      Cliffs 1984

MARA87 Marinescu,D.C.: A Functional Communication Model for Distributed Systems; Pur-
      due Univers., West Lafayette, August 1987

MARB87 Marinescu,D.C.: Modelling of Programs with Remote Procedures; in: Proc. of the
      7th International Conference on Distributed Computing Systems, IEEE, Berlin,
      Sept. 1987, pp. 98-103

MEJS85 Meister,B., Janson,P., Svobodova,L.: File Transfer in Local-Area Networks: A
      Performance Study; IBM Zurich Research Laboratory, 1985 IEEE

OCHK85 Ousterhout,J.K., DaCosta,H., Harrison,D., Kunze,J.A., Kupfer,M., Thompson,J.G.: A
      Trace-Driven Analysis of the UNIX 4.2 BSD File Sstem; Proc. of the 10th ACM
      Symposium on Operating Systems Principles 1985, pp. 15-24

PABB87 Paker,Y., Banatre,J.P., Bozyigit,M.: Distributed Operating Systems Theory and
      Praxis; Berlin, Heidelberg 1987

RARI86 Raice,J., Ricotta,J.: SUN-3 Benchmarks; SUN microsystems, Oct. 1986

SACH81 Sauer,Ch.H., Chandy,K.M.: Computer Systems Performance Modelling, Engelwood
      Cliffs 1981

SATY81 Satyanarayanan,M.: A Study of File Sizes and Functional Lifetimes; Proc. of the
      8th ACM Symposium on Operating Systems Principles 1981, pp. 96-108

SHHU80 Shoch,J.F., Hupp,J.A.: Measured Performance of an Ethernet Local Network; XE-
      ROX Palo Alto Research Center 1980;

SHNS85 Satyanarayanan,M., Howart,J.H., Nichols,D.A., Sidebotham,R.N., Spector,A.Z.,
      West,M.J.: The ITC Distributed File System : Principles and Design; Proc. of the
      10th ACM Symposium on Operating Systems Principles, pp. 35-50, Operating Sy-
      stems Review 19/1985

SPEC82 Spector,A.Z.: Performing Remote Operations Efficiently on a Local Computer
      Network; in: Comm. of the ACM, Vol.25/4, Apr. 1982

STUC81 Stuck,B.W.: Calculating the Maximum Mean Data Rate in Local Area Networks;
      Computer magazine, May 1983, pp.72-76

SUPP86 Suppan-Borowka,J.: Leistungs- und Anforderungsanalyse der Kommunikationsprofile
      lokaler Netze in Büro- und Fertigungsumgebungen; Dissertation, RWTH Aachen,
      1986

SWDB79 Swinehart,D., McDaniel,G., Boggs,D.: WFS: A Simple Shared Filesystem for a
      Distributed Environment; Proc. of the 7th ACM Symposium on Operating Systems
      Principles 1979, pp. 9-17

WAMA87 Watson,R.W., Mawrak,S.A.: Gaining Efficiency in Transport Services by Appropriate
      Design and Implementation Choices; in ACM Transact. on Comp. Systems Vol.5/2,
      May 1987, pp. 97-120

WOMF83 Wong,J.W., Moura,J.A.B., Field,J.A.: Hierarchical Modelling of File Transfers on
      Local Area Networks; Comput. & Electrical Enging. Vol.10,3/1983, pp. 191-206

ONE FLOOD ROUTING PROTOCOL FOR LANs WITH ARBITRARY TOPOLOGY

Radoslav Pořízek
Institute of Applied Cybernetics
Hanulova 5A, 844 16 Bratislava

Miloš Uličný
Telecommunications Department of the Electrotechnical
Faculty of the Slovak Technical University
Mlynská dolina, 812 19 Bratislava

ABSTRACT

A new flood routing protocol for LANs with arbitrary topology is described, and studied by means of simulation modelling. The protocol, marked as T-MAFR, has better performance than the known protocol MAFR, but its implementation is simpler. The results of simulation experiments give the comparison of three LAN protocols: CSMA/CD, MAFRT, and T-MAFR.

1. Introduction

Typical LAN topologies are ring, bus, and star or tree. But recently, in connection with fibre optic LANs, an arbitrary (mesh) topology has attracted the attention [4], [6]. The arbitrary topology inherently provides for much higher reliability, but at the very cost of much higher complexity of nodes of the network. This is not acceptable for LANs, the simplicity of nodes being the primary requirement in LANs. But with flood routing the complexity of nodes may be very low, or at acceptable level, according to the flood routing protocol used.

The basic idea of flood routing lies in broadcasting the packet received in any node in all outward links, i.e. in using all possible routes. In this way, the packet (the data unit) being transferred floods the network, using all available paths to the destination node, including very long ones. The probability that the packet reaches the distination node is really very high, even in the case of occurence of various faults in the network. Moreover, the shortest possible path is used in any case, yielding in the lowest possible packet delay.

Of course, the network being flooded cannot accept packets from other stations. So we could expect very low network throughput, and very high waiting times at stations. In order to prevent this to happen, the flood in a network must be quickly, and effectively removed, or, in other words, a network must be cleared. It is this clearing process, which determines the resulting network throughput, and which makes the flood routing either advantageous, or unacceptable. Because packets tend to loop in various parts of a network, the clearing process must contain antilooping techniques too.

Various clearing techniques are the basis for distinguishing various methods of flood routing or, in other words, various flood routing protocols. For LANs there are several of them, being known under their acronyms: AFR, MAFR, CFR, MCFR etc. [1], [4], [6]. All these flood routing protocols yield LANs with lower packet delay, and with (suprisingly!) higher network throughput than CSMA/CD or token ring protocols. The above flood routing protocols are presented in the order of increasing performance, and also in the order of increasing complexity of nodes. Especially for CFR, and MCFR protocols, the complexity increases rapidly.

In this paper a new method of flood routing for LANs with arbitrary topology is described, and studied by means of simulation modelling. The method, marked as T-MAFR, has better performance than MAFR, and its implementation is even simpler than that one of MAFR.

Before describing the T-MAFR protocol, basic mechanisms of flood routing in LANs, and the MAFR protocol will be characterised briefly. The network configuration of Fig.1 will be used for this purpose (the same configuration was used in models). The active nodes are interconnected by duplex links consisting of two unidirectional point-to-point physical transmission links (e.g. fibre optic links). Stations (or TIMs, Terminal Interface Modules) in general are connected to particular nodes by similar duplex links. There may be several stations connected to one node, but, for the sake of simplicity, only one station per node is considered here.

The most significant feature of LANs that influences the flood routing protocols is the fact, that there is no store and forward mechanism in LANs. It has several important consequencies.

Firstly, the transferred packet passes only through intermediate nodes, being repeated and broadcasted immediately, or as soon as possible (e.g. after evaluating an address field, or after evaluating various contents of a control field - time, number of hops, type of packet, etc.).

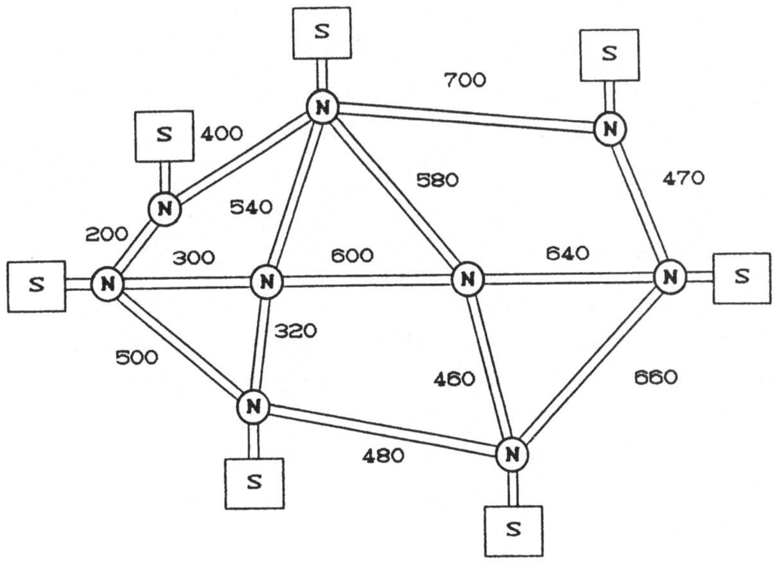

Fig.1. Configuration of the studied LAN.
(**N** = node, **S** = station)

Secondly, in most cases signal propagation time, transmission rate
and packet length are such that not only the head of the packet reaches
the destination node before the tail of the packet is sent into the network by the sending (source) station, but there would be time enough
for the head of the packet to pass the whole route backward and find
the source station still sending a body of the packet. This is what
really happens, but in a little modified way. The destination station,
after recognizing the address and after starting the reception (buffe-
ring) of the packet, sends a special acknowledgement packet which ack-
nowledges the reception of the head of the transfered packet. Here we
shall refer to this type of packets as the FACK (Flooding ACK, to distinguish it from the common ACK which is related to the correct reception of the whole packet). The content of the FACK packet is, of course, different from the content of the transferred packet (e.g. there
are all zero's), but it starts being transmitted roughly in the same
time as the transferred packet would have started its backward progress.
The acknowledgement of the head of the packet is an important feature
of LAN flood routing protocols (of all of them).

Thirdly, it is possible to stop the flooding of the network, or to
start the clearing of the network very soon. The backward progress of
the FACK packet, along the selected path, is used for this purpose. The
FACK packet, after reaching any node on the used path, stops the broad-

casting, and, if applicable, starts the additional clearing process. In this way, the time interval during which the network is flooded, may be very short (substantially shorter than in packet networks, for which the flood routing was originally developed).

In LANs with flood routing, the access to the network is random, but without full deteriorating effect of collisions. The control of access is equally distributed among all nodes.

A node considers all attached links as with equal access rights and it performs a cyclic arbitration to give the access rights to only one of them. In the case of two or more packets trying to get the access to the node (no matter if entering the network or passing through the intermediate node) simultaneously only one of them gains the access and is repeated and broadcasted by the node. The others are blocked, i.e. they are ignored by the node (not allowed to enter the node). So there may occur collisions, but they are solved without loosing any transmission capacity (what is not the case with CSMA/CD).

A node may be in any of the three states: idle, routing, and transmission state. When no packet passes through a node, the node is in the idle state. After selecting (by the arbitration) one packet for transmission, the node enters into the routing state (though more telling name would be a flooding state). This state ends either with receiving the particular FACK packet (announcing to the node that the destination was succesfully reached) or with the stoping of succesfull or unsuccesful packet transmission which is started by a source station. This is called clear forward. During the routing state the incoming packet is repeated and broadcasted into all (possibly into all free) other links and no incoming packet is accepted by the node (with the exception of the FACK packet).

Then the node changes its state to the transmission one, during which it continues repeating both the incoming transfered packet and the corresponding FACK packet in the opposite direction, but only along the selected path. The next state may be either idle or routing one.

In the original AFR (or AP) protocol [1], [3] only one transferred packet was allowed to pass a node. The crossing of paths, i.e. the utilisation of a node in more than one path, was not allowed, yielding low network throughput. It is the main feature of MAFR flood routing protocols [4] that facilities for enabling paths to cross are incorporated into nodes. These facilities are based on distinguishing and maintaining the record of busy, or occupied links or ports in each node. During the routing state the action of a node is the same as has been described. But during the transmission state newly arrived packet can be accepted for transmission, if there are any free ports or outward links. It means that there may be several packets being transferred through the network simultaneously, along the paths that cross in some nodes (but do not have shared hops). This increases the performance quite remarkably, though additional funcionality must be added to nodes.

The MAFR protocols also contain antilooping mechanisms. For example, the number of hops is traced (some more control bits must be added into packet headers, and evaluated in nodes before broadcasting the packet) and compared with a network dependent limit - the MAFRH protocol, or the time interval for a packet network life (again evaluation of them in nodes are needed) is introduced and evaluated -
- the MAFRT protocol. The last one was modelled for the purpose of this paper. The node tests the packet destination address and is not broadcasted if the packet is destined for local station.

A different mechanism [2], not used in various MAFR protocols, based on special node-operated timeout, is used in the T-MAFR protocol which is described in the part 2 of this paper.

There is also a station-operated timeout in LANs with flood routing, T_o(FACK), used to react on abnormal delay of the FACK packet (more exactly: of the head of a FACK packet), which normally occurs when the transfered packet is blocked (i.e. not accepted by the network or being ignored by critical nodes). Any station can start transmission of a data packet at any moment, starting simultaneously the T_o(FACK) timeout. If no FACK comes in the meantime, the expiring of T_o(FACK) timeout si considered as an unsuccessful attempt to reach the destination and the station may try again. This retrying may be p-persistent or nonpersistent, i.e. after some backoff time interval. Several backoff algorithms are used to calculate the limit value of the time interval. For example, the following formula is used

$$L(FACK) = (1 + K.R).T$$

where K, and T are appropriatelly chosen constant values and R is the sequence number of a retry. The value of T_o(FACK) is then selected randomly from the range from zero to L(FACK).

2. The T-MAFR protocol

In this flood routing protocol the combination of the path crossing mechanism of MAFR protocols, and modified timeout routing state mechanism of [2] is utilized.

The actions of the station (or TIM) are as above, as well as the actions of a node in the idle state and during the arbitration. But the incoming (and selected) packet is boadcasted immediately, without any address bits or control bits being evaluated. It means, that there is no node delay, which is not so with MAFR protocols. Immediately with the start of broadcasting of the packet the node-operated timeout TND is started. The value of this timeout is to be a little higher than twice the propagation delay for the most distant nodes. Because during the TND timeout the node is in the routing state, all incoming packets are ignored. The first incoming packet after the TND expiration is considered to be the FACK packet (under the normal operation), because no other packet can arrive at inputs of the node. In this way, no identification of the FACK, and data packets is needed, which means no additional node delay. This also means that a significantly shorter $T_o(FACK)$ can be used in stations which gives better performance. Such improvement is documented by results of simulation modelling, in the part 5.

The FACK packet stops the broadcasting of the corresponding packets. Of course, the repeating of the packet along the selected path, determined by the direction from where the FACK packet has arrived, continues. Similarly, the FACK packet is immediately sent further, backward along the selected path. The node transits into the transmission state. The free links or ports may by used for other broadcasting during this transmission state, i.e. for realisation of the crossing of paths.

One more timeout must be used, namely the station-operated TST timeout, which delays the generation of the FACK packet by the station, and which guaranties that no packet looping may occur. The destination station continues with transmission of the FACK packet until the end of the transferred data packet occurs. Then the destination station evaluates the FCS (Frame Check Sequence) of the received packet and includes the result of this evaluation (i.e. the common ACK or NACK) at the end of the FACK packet. The end of the FACK packet, when passing through nodes, may change their state from the transmission to the idle one (when all ports are freed), or it changes the parameters of the transmission states (by freeing some additional ports).

Any end of a packet (either normal or generated by truncation
caused by an FACK packet), when being recognised by a node, starts
the clearing process by stoping broadcasted packets (if still any)
and by freeing the corresponding links (with the excepction of links
used by FACK packets

3. Functional characteristics of the models

Simulation models of CSMA/CD, MAFR (MAFRT), and T-MAFR protocols
were developed, written in SIMULA 67 for verification of performance
characteristics and for mutual comparison of the protocols above. The
simulation was chosen as the most adequate, though also the most expensive tool for our experiments. The models are created as many interacting processes. There is an independent process for each station
generating a traffic for this station, as a Poisson distributed packets of constant length. A destination station address is randomly
selected from a uniform distribution of addresses of all stations. Any
packet has only one destination (multicasting is not considered here).
A traffic generation is separated from a network access in such way
that generated packets are first stored in a buffer assigned to a station, and only from this buffer they are transmitted into the LAN. The
buffer capacity can be set to the chosen value in the models. All the
station access control activities are the task of the other process
which is a part of the station. One-persistent access has been chosen.
The timeout activity is modelled as an independent process. This process comprises all the node activities, as flooding, timeout actions,
starting of forward clearing, FACK packet serving, occupying, and
freeing the links, etc. Of course, there are slightly different processes for the three protocols. Then there are two processes for each
link. They perform actions related to the start, and end of packets,
and they are started, with appropriate timing, from nodes or from stations. Signal propagation delays are observed strictly, according to
the given lengths of individual links (i.e. distances between nodes,
given in meters, in Fig.1).

Processes modelling links between a node and a station are different, because they must perform different actions, as stoping of
the station-operated timeout, starting the transmission of a new packet, transmitting of the FACK packet, and actions relating to recor-
ding of statistics of the transfered packet.

The CSMA/CD simulation model is, of course, different. Only the traffic generating process is the same. Otherwise, each station is modeled by an independent process performing the access control and the transmission of a packet. A transmission medium is modeled by several individual processes which represent the propagation of signals in both directions(up and down the bus), which provide for signalling a collision in individual stations. There is an independent process for finishing a packet transmission. Two independent processes are used to determine the start and the end of jamming signal, and to perform the related actions in the case of collisions.

Tests of correct operation of the models are included into some processes. When a faulty state is detected, the error message is printed and the run is finished. The structure of the model and the relevant relations among processes, that are generated according to their prototypes, are initialized at the begining of the simulation run. The three basic performance variables used are: normalised network offered load, normalised network throughput, and normalised packet delay.

Normalised network offered load is defined as a ratio of the number of all generated bits and of the product of simulation run time and transmission rate used. Normalised network throughput is defined as a ratio of the number of all transfered bits and of the product of simulation run time and transmission rate used. Normalised packet delay is defined as a ratio of arithmetical mean of packet delays and of the product of a packet length and transmission rate used.

It should be noted that the packet length covers all header and trailer bits, and that packet delays concern only successfully transfered packets (not discarded and waiting ones). The saturation effect observable with normalised packet delay curves is caused by the above treatment of packet delays.

4. Parameters of the models

The LAN with 9 nodes (see Fig.1) was simulated. The general parameters: signal propagation delay 0.77c, transmission rate 10 Mbit/s, node processing delay zero, the station buffer size 8 packets (for transmission only, because all received packets are processed immediately), packet lengths 1024, 2048 and 4096 bits.

The arbitrary topology parameters: the constant K=1.5, the station - node propagation delay 0.1 μs, a station-operated timeout for the end of a FACK packet 2.4 μs.

The T-MAFR parameters: the constant T=30 μs, the node-operated timeout TND=10 μs, the station-operated timeout T_o(FACK)=52 μs, the station-operated timeout for starting the transmission of the FACK packet after the arrival of a data packet TST=15 μs.

The MAFRT parameters: the constant T=40 μs, the station-operated timeout T_o(FACK)=62.1 μs, the time needed for recognizing the type of a packet 0.8 μs, 8-bit destination address and 8-bit source address (24-bit delay in each node for data packet, and 8-bit delay for the FACK packet).

The CSMA/CD parameters: the bus derived from the network of Fig.1 by using the shortest possible links, the jamming signal duration 3.2 μs, the backoff time unit 51.2 μs, and the interframe spacing 9.6 μs.

5. A discussion of results

Results of simulation modelling, in a graphical form, are presented in Fig.2, 3, 4, 5. Delay and throughput of the three protocols, CSMA/CD, MAFRT, and T-MAFR, are compared in Fig.2, and Fig.3. The improvement of performance of networks with MAFRT, and with T-MAFR protocols is quite clear. This improvement is mainly due to simultaneous parallel transfers of packets that is possible with the MAFRT, and T-MAFR protocols. The model of CSMA/CD protocol was constructed in accordance with [5] in order to be able to compare our results with those of other modelling experiments.

The new flood routing protocol, T-MAFR, has shown the best results. One of reasons for this is that no address and packet type evaluation is made in nodes. It means smaller node delay and, consequently, shorter station-operated timeout (for FACK), which means also a smaller range of flooding, and smaller amount of blocking of network transmission capacity. Expected characteristics of the T-MAFR protocol were confirmed by the results of simulation experiments.

Network performance increases for longer packets, as is shown in Fig.4, and Fig.5. This is natural, because the time of path establishment by flooding does not depend on the packet length, i.e. it occupies a less part of packet network delay in longer packets. Longer packets mean also smaller deal of routing states, i.e. more opportunities to create and use crossing paths. The effect similar to increa-

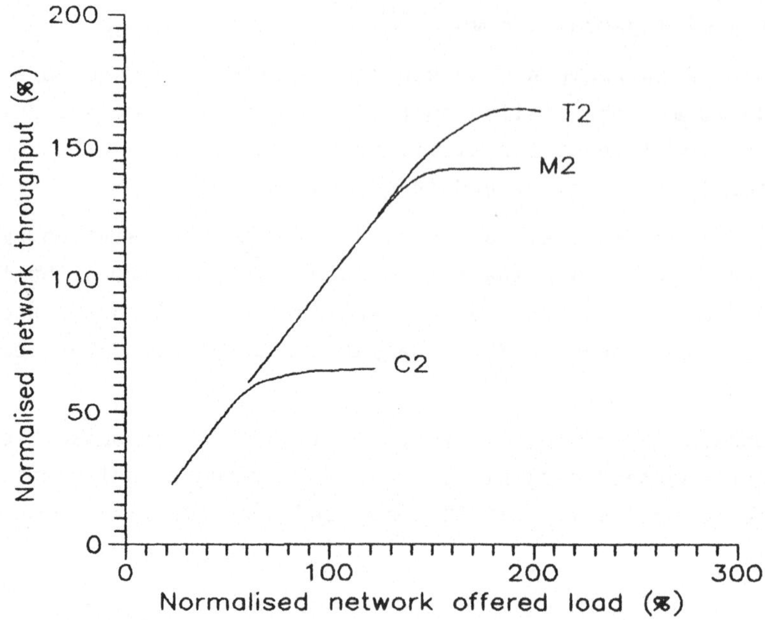

Fig.2. Simulation results of network throughput against network offered load for packet length = 2048 bits (2), CSMA/CD (C), MAFRT (M), and T−MAFR (T).

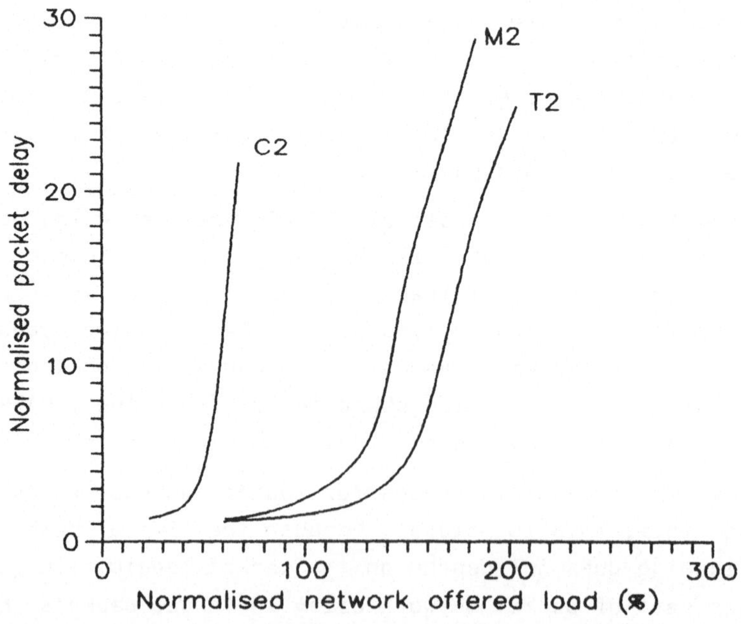

Fig.3. Simulation results of normalised packet delay against network offered load for packet length = 2048 bits (2), CSMA/CD (C), MAFRT (M), and T−MAFR (T).

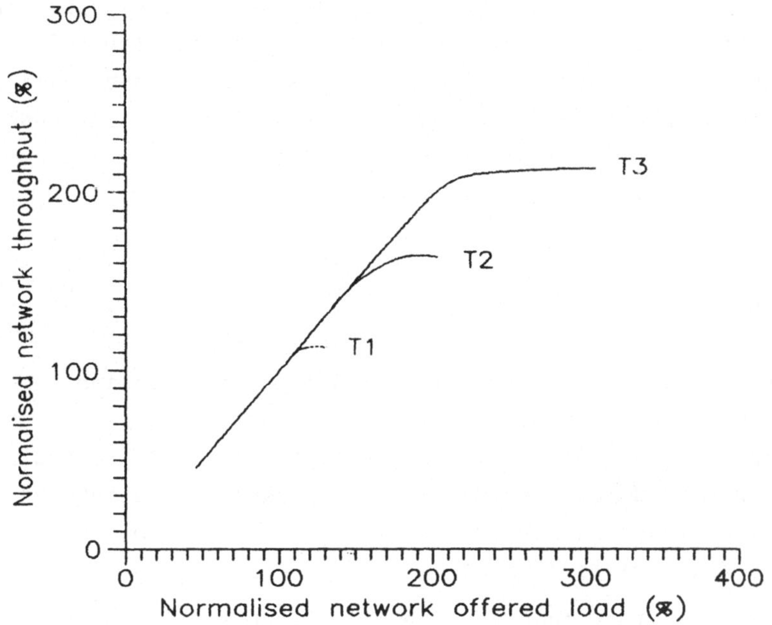

Fig.4. Simulation results of network throughput against network offered load for T—MAFR (T), and packet length 1024 (1), 2048 (2), and 4096 (3) bits.

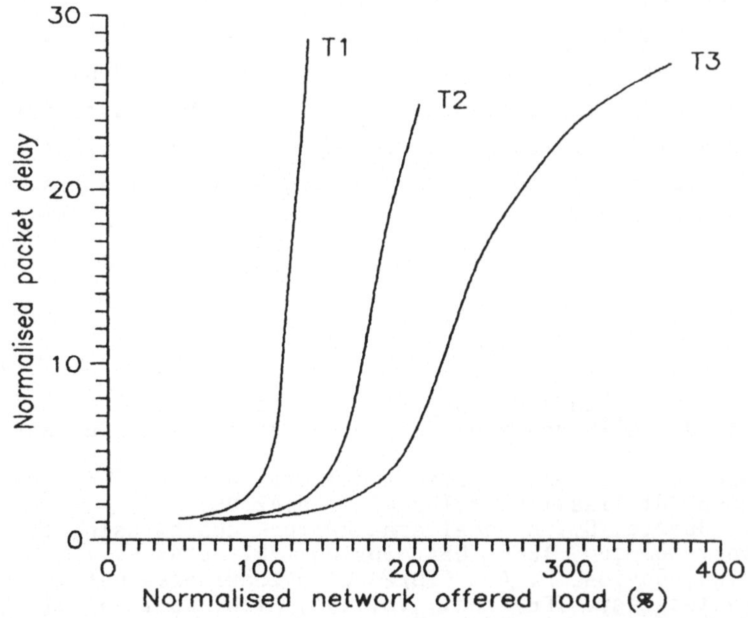

Fig.5. Simulation results of normalised packet delay against network offered load for T—MAFR (T), and packet length 1024 (1), 2048 (2), and 4096 (3) bits.

sing length of packets may be achieved by decreasing length of links, or distances between nodes. Moreover, the station-operated FACK time-out value can be decreased for this case, resulting in substantial limiting of a redundant flooding of the network. It means that LANs with flood routing protocols are very suitable for small area systems, e.g. for multiprocessor systems.

6. Conclusion

Derived results of our simulation modelling confirm the known performance characteristics of the flood routing protocols in LANs, especially the low packet delay. The new protocol, T-MAFR, enables even shorter packet delay, because type of packet evaluation and address evaluation in nodes require nearly no time. The implementation of the T-MAFR protocol is simpler.

LANs with arbitrary topology and with flood routing are, moreover, very reliable and this very high reliability is achieved quite naturaly and by simple means.

Disadvantages of the investigated LANs are following ones: low link utilization, limit of minimum length of packet (depending on the network geographical size and the type of flooding protocol), one mode or "simplex" operation of stations (either receiving, or transmitting), nonguaranteed limit for packet network delay. The T-MAFR protocol is also more sensitive to various time constants determined by the distances between nodes. The implementation of the T-MAFR protocol requires also some additional logic for disconnecting faulty parts of a LAN. But complex evaluation of the T-MAFR protocol makes it a promissing candidate for use in LANs.

References

|1| Uličný, M.: LAN with arbitrary topology (in Slovak). Proc. Počíta-
    čové siete'88, CSTS House of Technology Bratislava, October 1988,
    p.76-77.
|2| Petitpiere, C.: Contention-free local area network technique with
    high channel utilisation. Melecon'83, p.A2.08.
|3| Neff, R., Senzig, D.: A local area network design using fibre op-
    tics. Proc. Compcon, IEEE, USA, Spring 1981, p.64-69.
|4| Pung, H. K., Davies, P. A.: Fibre-optic local-area network with
    arbitrary topology. IEE Proc., Vol.131, Pt.H, No.2, April 1984.
|5| Blair, G. S., Shepherd, D.: A Performance Comparison of Ethernet
    and the Cambridge Digital Communication Ring. Computer Networks
    1982, No.6, p.105-113.

|6| Pung, H. K., Davies, P. A.: Arbitrary fibre optic LANs - perfor-
mance and design issues. Proc. IEEE INFOCOM'85, March 1985, p.273-
-280.

<u>PLANNING AND PERFORMANCE OF THE</u>

<u>DATEX-P NETWORK</u>

K.Nüßler
Deutsche Bundespost, Fernmeldetechnisches Zentralamt
Darmstadt, Federal Republic of Germany

ABSTRACT

The Deutsche Bundespost introduced its public packet switched data network in 1980. The paper reports on the planning methodology applied to the network with special emphasis of the routing mechanism in use. To illustrate the effectiveness of current planning and management procedures a brief overview of some measured performance criteria is given.

INTRODUCTION

DATEX-P, the Deutsche Bundespost's public packet switched network is based on a virtual circuit oriented packet-switching system for which several customer interfaces are available.

Beginning commercial service in 1980 with 17 installed nodes the present DATEX-P network consists of about 80 nodes in 18 locations. To adapt evolutionary requirements to system constraints it will soon be divided into a big and a residuary part supporting international gateway and national functions mainly. The system is a product of Northern Telecom Canada Ltd. in Sl-10 technology. But in order to keep pace with the evolutionary development and to cope with the demand of connections for the next years in mid of 1989 a second phase with a new technology will be introduced.
These network evolution affecting aspects and stronger market competition resulting from the deregulation plans for the next future stress the importance of effective and economical planning and controlling of the network.
This paper highlights the applied planning methodology with impacts on the management of the DATEX-P network resources.

As the routing mechanism implemented in a commercial network mostly has certain restrictive constraints on network design and resource management the first chapter will provide a basic understanding of the algorithm in his current version to pave the ground for further discussions.
The following sections describe the methodology used for the different planning periods from very short to long term horizons with all its routing mechanism and network-management related aspects.
At the end some recently measured network call connection and transfer delays are presented to characterize the network behavior with respect to the applied GOS constraints in the planning models.

1. THE ROUTING MECHANISM

Generally the impact of a routing algorithm on the network performance is crucial especially in cases of mechanisms with certain restrictive properties or when modifications of the algorithm can't be done by the network provider itself.
In the following the special features of the mechanism in use will be presented and possibilities for an optimal tuning of routing parameters within the manufacturer based constraints are shown.

The current DATEX-P subnet routing system provides for fixed path routing between any two source/destination nodes during periods for which the network is topologically stable; i.e., determination of a fixed path chosen is made with a routing decision at each node where a path is defined as collection of sequential communication links ultimately connecting source to destination.

In the DATEX-P network nodes are interconnected by trunk groups, where a trunk group comprises one or more physical trunks with a signalling rate (bandwidth) of 64 kbit/sec up to 192 kbit/sec. The maximum number of neighbours a given node may support is based on the number and type of trunk processors of the node: up to six when the basic trunk processor is installed, fifteen if cluster trunks are used. Each network node maintains a so-called delay estimate table for each of the trunk groups (TG's) that terminate on the node. Entries in the table indicate a weight representing the estimate of the delay to reach every other node in the network if the subnet packet is transmitted on that specific trunk group.

1.1 METRIC

In general case, where a TG is modelled as M/M/K queueing system, the procedure to evaluate the delay value is mathematically complex, and so the current DATEX-P routing system uses a very simplified approach derived from the general M/M/K case to estimate delay. The delay estimate used is evaluated with a metric formula for a particular trunk group as presented in fig. 1.

- DELAY FACTOR OF TRUNK PATH

SINGLE TRUNK GROUP

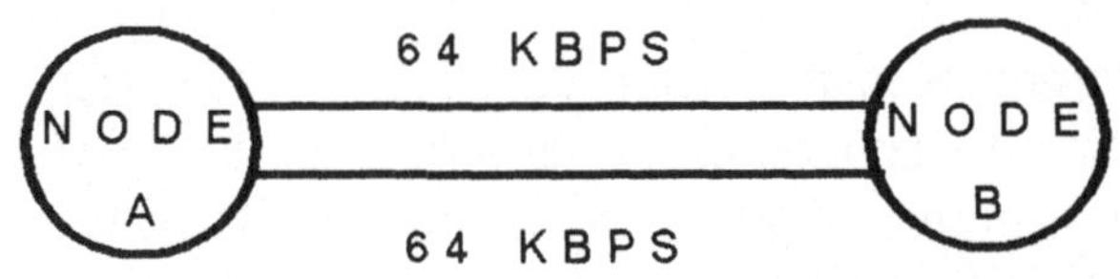

$$M = K \frac{\text{NO.TRUNKS} + (\text{TG FACTOR})}{\text{TOTAL BANDWIDHT}}$$

M — METRIC OF TRUNK GROUP

K — SCALING CONSTANT (230)

$$\text{TG FACTOR} = \frac{U}{1 - U} \qquad U - \text{TRUNK UTILIZATION}$$

THUS.   — CONSTANT (50% or 0 %) —

$$\text{TG FACTOR} = \frac{0.5}{1 - 0.5}$$

$$= 1$$

METRIC OF ABOVE TRUNK GROUP:

$$M = 230 \frac{2 + 1}{64 + 64}$$

$$= 5 \ (5.391 \text{ TRUNCATED})$$

FIGURE 1

ROUTING METRIC

Using this formula, fig. 2. may illustrate the effect of addition of trunks on the metric value for a trunk group.

ACTUAL TRUNK SPEED (KBPS)	VALUE USED IN METRIC CALKULATION (KBPS)	METRIC WHEN TRUNK GROUP VALUE=0.5)		
		1 TRUNK	2 TRUNKS	3 TRUNKS
9,6	1 0	4 6	3 4	3 0
1 9,2	1 9	2 4	1 8	1 6
3 8,4	3 8	1 2	9	8
4 8	4 8	9	7	6
5 6	5 6	8	6	5
6 4	6 4	7	5	4
1 1 2	1 1 2	4	3	2
1 2 8	1 2 8	3	2	2

FIGURE 2

METRIC VALUE FOR MULTIPLE TRUNKS: U = 0.5

The delay estimate for a particular path refered to as metric in the following represents the transmission delay along that path: that means, a low metric implies low delay. For a multi-hop path, i.e., where more than one node is traversed from origin to destination, the metric for that path equals the sum of individual metrics along the path. In case the network employs without exception only single trunk TG configuration, the transmission delay is linearly proportional to the inverse of the trunk speed and, because of the additive character of the metric function for multiple-hop paths also proportional to the number of hops of the employed path. With respect to the following, we will emphasize the fact that the queueing and propagation delays are not included in the metric calculation.

It should also be mentioned that the TG-factor is set to constant so that the metric does not reflect the real trunk utilization, i.e., the original mechanism is not sensitive to the load and routing decisions are based more or less on the used bandwidth only.

1.2 SELECTION OF PATHS

Aided by a set of tables (for datails s. (1)) maintained on each node and generated
and updated via Routing Table Updates (RTU's) the selection of shortest paths in
terms of metric units is performed.
From the administration viewpoint this determination is non-deterministic, i.e., in
case that node pair related more than one minimum path exists any one of the
equivalent minimum routes may be chosen.

1.3 FEATURES OF THE MECHANISM

1.3.1 GENERAL PROPERTIES

Since the initial implementation of the routing mechanism it has in general not
imposed any restrictions on network configuration or traffic handling capabilities.

But especially the non-deterministic character of the implemented routing mechanism
with its uncertainty about steady state flows unduly complicated network capacity
planning, and made it difficult to provide a cost effective network because trunk
capacities had to be assigned to handle all combinations of steady state flows.
Therefore the network engineer had to overdimension the network to cover this problem. Additionally, an other item affecting the network traffic characteristics had to
be taken into account. Traffic investigations based on the 300 busiest subscriber
lines in DATEX-P showed a variety of individual subcriber traffic profiles with did
not match at all with the general accumulated curve of the whole network. This meant,
that the relatively high potential for unpredictable surge traffic and the high
degree of uncertainty in traffic flows, couldn't be handled in a resource efficient
way due to the lack of a certain kind of adaptiveness.

1.3.2 ROUTING ENHANCEMENTS

To cope with the changes of subcriber traffic behavior and to improve the possibility
of providing a sufficient determinism for network capacity planning,   the Deutsche

Bundespost brought with Release G84B some routing enhancements into effect in June 1986.
We will briefly introduce the features (for details see again (1)) of the enhanced system to prepare the ground for the following. Enhancements to the manner in which SL-10 routes included:

* Preferred Path Routing - allows the network engineer to select a particular routing path among two or more of equal minimum metric,

* Overflow Routing - permits a limited amount of load sharing between node pairs in the network,

* user control of TG Factor in the metric-formula.

This means that for node pairs with an adequate potential of minimum paths a fixed preferred and a defined secondary path can be determined. Under the same prerequisites the possibility exists to define the paths carrying the overflow traffic. The TG-factor too can be manipulated to vary the node pair related amount of equivalent minimum paths for the network (s. fig. 3). This again can be used for network optimizing purposes.

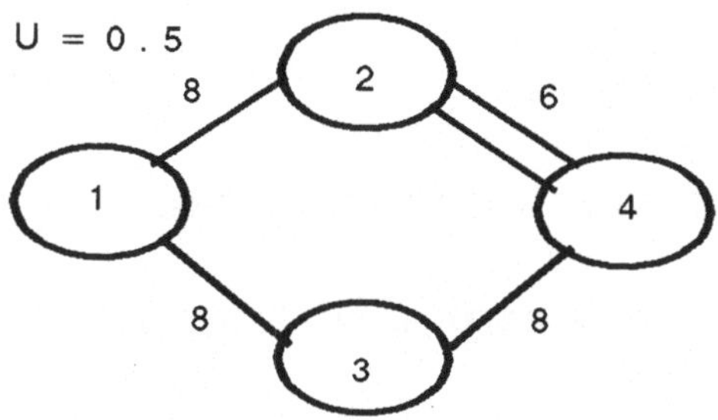

\- O N E M I N I M U M R O U T E A V A I L A B L E

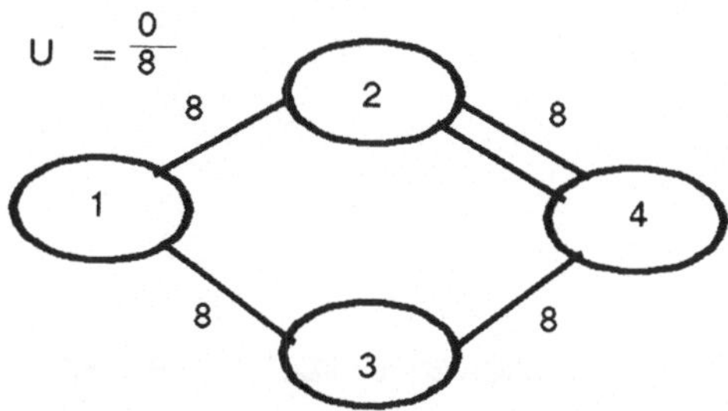

\- T W O M I N I M U M R O U T E S A V A I L A B L E

F I G U R E 3

V A R Y I N G U T I L I Z A T I O N F A C T O R

2. DYNAMIC ROUTING STRATEGIES

The following chapter deals with the subject how the properties of the described routing algorithm were used to improve the routing behavior in direction of a more dynamic one. As this modified capability still has a high importance for the efficient management of the network resources and is used in some steps of the planning process it is presented in detail.

2.1 PRINCIPLES OF OPTIMIZED ROUTING

As these routing enhancements allowed a variety of possible applicable routing strategies we used a discrete event scheduled simulation tool to find the optimal application of these features.(s. (2)).

The goal was to optimize the routing subject to:
- optimized allocation (in the sense of an even distribution) of subscriber peak traffic volumes to the network resources,

- a saving of bandwidth requirements,

- a significant reduction of heavy loaded trunk occurences,

- measurable effects of decreasing common memory buffer and holding times,

- improvement of the network capability to cope with network facility failures or unpredictable traffic surges.

2.2 OPTIMIZED ROUTING IN DATEX-P

Due to our simulation results we decided to modify the routing mechanism via an optimized selection of preferred and secondary paths.

2.2.1 PREFERRED PATH SELECTION

The simulation findings proposed to set up preferred paths in order to reach an even distribution of the traffic load per Trunk Group (TG) in the overall network average.

To fulfil this optimization criterion the selection of paths has to be done over a range of equivalent minimum paths for node pairs with more than one path with a traffic leading potential. In the current DATEX-P network about a third of the node pairs have this property and these paths can therefore be used for optimizing purposes.

If the selected route set is applied to the network via the downloading process the optimized network will loose its non-deterministic character as far as the uncertainty about fixed path selection of the routing mechanism is concerned.

Under the assumption that the used end-to-end peak traffic matrix is reflecting the subscriber peak traffic behavior network wide for a certain time period, the optimized network should have the required benificial properties in comparison with a non-deterministic one.

2.2.2 USE OF THE OVERFLOW FEATRUE VIA SECONDARY PATH SELCTIONS

To improve the capability of the network to cope with network facility failures or unpredictable traffic surges we decided to use the overflow (bifurcation) feature. This can be done without or with an additional optimized selection of secondary paths. Due to our simulation results we selected the secondary paths after the optimized preferred path selection in order to improve the use of the spare trunk capacities, i.e., the selection was done in a manner, which should decrease the probability of cumulative effects due to trunks which carry preferred and secondary paths.

2.2.3 USE OF THE TRUNK GROUP FACTOR

To increase the range of equivalent minimum paths for node pairs with more than one traffic leading path we decided to set the TG-Factor to zero network wide. This together with some metric modifications of release 6 (implemented 1987) increased the set of available minimum paths usable for optimizing purposes of about 60 %. The improvement of the quality of the optimized solution is related to extensions of the route set.

3. THE NETWORK PLANNING PROCEDURE

To plan the network means to forecast its evolution in order to respond in time to the users demand by offering a required quality of service while keeping the network as cheap as possible.

As already mentioned above, we will focus in this paper on the second part of the problem, i.e., to show how the network engineers of the DATEX-P network respond to the different occurences which require a reaction to maintain GOS-requirements.

The order in which the applied methods are presented is determined by the period of its effectiveness, i.e. will begin (s. fig. 4) with more dynamically used procedures and end with the long term network planning process.

All the actions described in the following are supported or carried out with appropriate modelled computer tools to fulfil the specific tasks.

While short term related measurements are mostly induced by highly unpredictable changes in the dynamic traffic behavior of customers (new applications, improved experience, etc.) the long term planning process is excusively based on forecasts.

3.1 REASONS TO EXTEND A NETWORK

Although the background for the required action can vary a given data network has mainly to be extended due to

- traffic growth,
- delay constraints,
- hardware constraints caused by customer increasements.

But the solution has not always to be a physical extension of the network. Depending on the required changes a variety of procedures and strategies allows the network engineer to cope with the problem.

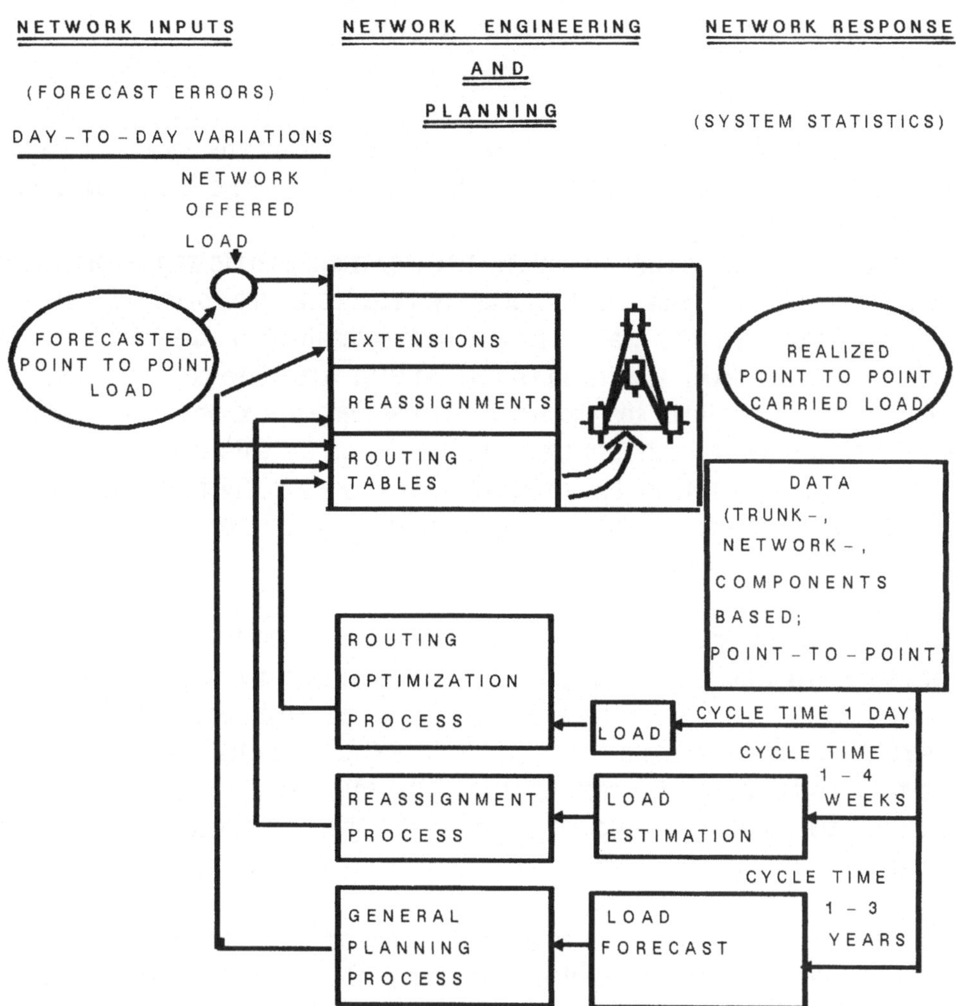

FIGURE 4

DECOMPOSITION OF NETWORK ENGINEERING AND PLANNING INTO THREE MAIN OPTIMIZATION PROCESS

In the following we will briefly introduce the main steps of the planning procedure and the restrictions of the applications of certain methods and strategies due to the problem environment.

3.2 PROCEDURES TO AVOID TOPOLOGY CHANGES - THE SHORT TERM CASE

In order to optimize the allocation of subscriber traffic to the network resources
via described dynamic routing strategy (s. Section 2 ff.) we use a Routing Optimizing
Tool (ROPT) to select the routes.
The optimizing process requires a network topology and a traffic matrix as input.
This means that the quality of every solution represented by the optimized selection
of preferred and secondary paths is very much depending on the stability and
consistence of the model inputs in comparison with the live-conditions of the
analyzed network. Especially the problem to forecast end-to-end peak traffic volumes
for a greater time period restricts the effectiveness of the solution.
Therefore the optimized network has to be surveyed very carefully to detect solution
quality degrading changes of subscriber traffic behavior or topology in time. This
check is done daily (s. fig. 4).

Let us assume that the traffic pattern due to customer applications changes very much
so that higher trunk utilizations are to detect somewhere in the network (i.e. trunk
utilization $\leq$ 70 %). Then the network engineer has to create a new traffic matrix
which should reflect the changed traffic behavior and to apply ROPT again to select a
new optimized route set for the same topology. The solution has to be applied to the
network via the downloading process to smooth out the utilization peaks on the
network trunks.

In such a way it is possible to adapt the routing behavior to altering traffic
conditions without changing the topology. Of course the procedure is limited by the
quality and quantity of the traffic growth, the structure of the topology and the
trunk capacity. Normally after several steps its potential for further repetitions is
exhausted.
Then the network engineer has to rely on other methods.

3.3 REASSIGNMENT OF NETWORK ELEMENTS - THE SHORT AND MEDIUM TERM CASE

Under the above mentioned conditions other methods have to be selected to cope with
the traffic growth. As presented possibilities to allocate traffic to the resources
are given by the routing mechanism or changes of the topology structure. As the first
is only adaptive under the mentioned limitations the structure of the topology
required remains a changeable element. To avoid real extensions in a cost effective

manner and   as   solutions are very often required through sudden changes of traffic characteristics which demand short reaction times we try first to reassign trunks which are connecting node clusters.

This mostly has the beneficial effect that new routes will be created so that the above mentioned procedure (s. 3.2) can be used to optimize the allocation of traffic to resources and to solve the initial mentioned problem.
This procedure (like the following s. 3.3) is also supported by a computerized tool which is modelled to solve the topological design and the capacity and flow assignment problem for very large networks.
In matter of quality of service, the main requirement is that the mean transit delay of any virtual connection does not exceed a value generally fixed to 200 ms (when a failure occurs in the network, it is admitted that the threshold can be 250 ms on average under any single link failure environment assumption). This is mainly achieved by limiting the load on all internodal links on reasonal operational levels in the design phase (currently$\leq$ 60 %) under peak traffic assumptions. Due to the tool design the resulting number of hops is on average normally very low (at the present 1.82 hops on average for any connection in the network). The solutions are evaluated with a performance analysis tool before released to the network.

3.4 EXTENSION OF THE NETWORK TOPOLOGY — THE LONG TERM CASE

In all other cases, i.e., the methods mentioned (in chapter 3.2 and 3.3) are unsufficient to provide an operable solution the network topology has to be extended. This will be done by means of the above mentioned tool' set under the same constraints.

Using it, various possibilities in the choice of the transmission line capacities, use of new switching nodes etc. can be examined, resulting in a determination of a target network for the year +3. Once the target network has been determined, medium term planning studies can be carried out to derive, year after year, the most suitable evolution of the network towards the target network. Thus the timing of hardware orders may then be accurately fixed.

Finally, with a view to the precise network structure for a year ahead, steady state simulation studies are carried out month by month to examine its behavior and to define the accurate timing of new switch introduction, transmission lines etc. Here the traffic matrix takes as far as possible all correcting influences in account with respect to local traffic variations to offer the required quality of service. When fixed the extended topology in turn will be subject to the above mentioned procedures as long as its results prove to be sufficient in terms of the applied principles.

The initially announced employment of a new technology will have considerable impacts on the above mentioned procedures. At the moment we are trying to adapt and extend our tools in order to provide the same quality of service for intermediate situations where two subnets are connected via x.75 links.

4. NETWORK PERFORMANCE

To assess the effectiveness of network design and resource engineering some performance parameter of the current DATEX-P network are presented in the following. The measurements were carried out in April 88 under busy quarter hour environments and normal operational and availability conditions.
The cited results are restricted to the delay parameter with respect to the GOS constraints used in the computerized tools.
Further results of measurements have been published in (3). All the investigations undertaken in the meantime also yielded results which comply with the CCITT-Recommendation X.135.

4.1 CALL CONNECTION AND TRANSFER DELAY

The total Call Connection Delay (TCCD) is defined as the time interval that starts with the placing of the all Request packet into the output queue of the calling DTE, and ends with the DTE receipt of the corresponding Call Connect packet. This delay may include any retransmission for error connection. Figure 5 shows the results obtained for network dependent Call Connection Delay (NCCD) only, which have to be justified by the network provider. N gives the number of the carried out measurements. The average represents the arithmetical mean of all measured values.
Another measurement concerned the Network Transit Delay (NTD). This NTD is defined as the time from complete reception of a data block in the originating exchange until complete storage of this block in the output buffer of the receiver's attachment line in the destination exchange.

NCCD (ms)				
hops	Avge.	min.	max.	n
1	382	314	557	500
2	420	331	686	1450
3	451	353	842	1650
4	487	399	711	350

TABLE 1: NETWORK CALL CONNECTION DELAY (NCCD) in the DATEX-P network

NTD (ms)				
hops	Avge.	min.	max.	n
1	120	94	215	500
2	148	103	838	1450
3	164	129	304	1650
4	199	162	342	350

TABLE 2: NETWORK TRANSFER DELAY (NTD) in the DATEX-P network

NCCD (ms)				
hops	Avge.	min.	max.	n
1	157	110	404	500
2	185	120	606	1350
3	203	134	497	1550
4	227	178	467	350

TABLE 3: CLEAR CALL DELAY (CCD) in the DATEX-P network

FIGURE 5

Figure 5 shows transit times measured in the DATEX-P network for data packets with 128 octets of user data as a function of the number of hops used within the network.

As it can be seen match the measured values on average with the applied model constraints of the network planning procedure.

Finally equivalent to the Call Connection Delay an overview of measured results for the network dependent Clear Call Delay (CCD) is provided (s. fig. 5).

5. CONCLUSION

As demonstrated the planning process of the DATEX-P network comprises a variety of applied methods for different time depending scenarios.
We emphasized the necessity of carrying out long term and medium term studies with the aim of ensuring a smooth and economical evolution of the network. As the presented performance parameters revealed is the DATEX-P switching capability of data traffic in accordance with in the planning process applied quality of service constraints.
Thus together with improvements of technical standards of the forthcoming network which will be introduced by first half 1989 should set the stage for a stable evolutionary development due to market challenges and user demands.

REFERENCES:

(1) Nüßler, K.E. a. Trierscheid, R.P.: "Routing techniques and their impact on the capacity   planning   procedure   in   DATEX-P", Third International Network Planning Symposium, June 86, Tarpon Springs, USA

(2) Nüßler, K.E. a. Runkel,D.: "ADVANCED ROUTING STRATEGIES IN A LARGE PACKET NETWORK", COMPUTER COMMUNICATION TECHNOLOGIES FOR THE 90's, TEL AVIV, 1988

(3) Steinruck, K.P. and Guttmerow, G.: "Delay and Throughput Analysis for the German Packet Switched Public/DATA Network DATEX-P", Globecom '84 IEEE Global Telecommunications Conference,Nov. 1984, Atlanta, USA

Das Telekommunikations-System
Infranet

Hp.Muehlemann   H.Wacker
Ascom Autophon AG   PSI GmbH
Ziegelmattstr.1   Boschweg 6
CH-4503 Solothurn   D-8750 Aschaffenburg
Schweiz   Deutschland

1. Einleitung

Im Jahre 1982 stellten wir uns die Aufgabe, ein Nachfolgeprodukt
fuer unsere mittlerweilen in die Jahre gekommenen Telemetrie- und
Alarmierungs-Systeme zu entwickeln. Die Forderungen an das neue
System waren u.a. flexible Netzstrukturen mit impliziter Redundanz,
keine neuralgischen, zentralen Funktionseinheiten, einfache und
kompakte Bauweise und leichte Ausbaufaehigkeit.
 Ein Schwerpunkt bildete dabei das anwendungsneutrale Transportsystem.
 Als erstes soll der Aufbau des neuen Telemetrie-und Alarmierungs-
system dargestellt werden.

2. Systemaufbau

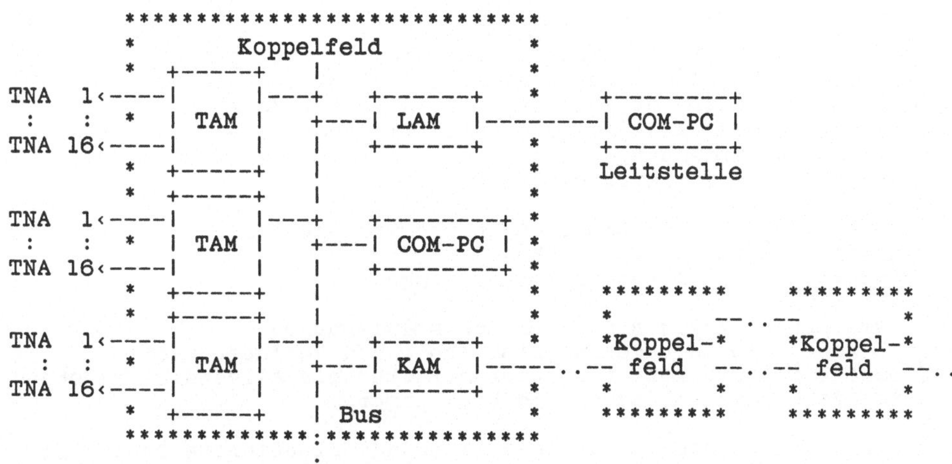

```
        ************************************
        *           Koppelfeld             *
        *   +------+        |              *
TNA   1<-----|      |---+   +-------+      *    +---------+
  :   :  *   | TAM  |   +---| LAM   |---------| COM-PC |
TNA  16<-----|      |   |   +-------+      *    +---------+
        *   +------+    |                  *    Leitstelle
        *   +------+    |                  *
TNA   1<-----|      |---+   +---------+    *
  :   :  *   | TAM  |   +---| COM-PC |    *
TNA  16<-----|      |   |   +---------+    *
        *   +------+    |                  *    *********     *********
        *   +------+    |                  *    *        --..--        *
TNA   1<-----|      |---+   +-------+      *    *Koppel-*     *Koppel-*
  :   :  *   | TAM  |   +---| KAM   |------..-- feld  --..-- feld  --..
TNA  16<-----|      |   |   +-------+      *    *    *    *    *    *
        *   +------+    | Bus              *    *********     *********
        ************************:***************
                                :
```

Der Systemaufbau wurde entsprechend dem obenstehenden Bild gestaltet.
Die selbstaendigen Funktionseinheiten sind:
    TAM :   Teilnehmeranschlussmodul
    KAM :   Koppelfeldanschlussmodul
    LAM :   Anschlussmodul fuer eine abgesetzte Leitstelle
    COM :   Anschlussmodul fuer eine direkt am Bus oder ueber Stand-
             bzw Waehlleitung angeschlossene Leitstelle oder Betriebs-
             kontrollzentrum.
    TNA :   Teilnehmer Netzanschluss fuer Endgeraete
Diese Funktionseinheiten, sog. Baugruppen, koennen autonom arbeiten,

da sie jeweils einen eigenen Prozessor mit Speicher und Programm und
alle noetigen Konfigurationsdaten in nichtfluechtigen Speichern lokal
vorliegen haben.

Zur Aufnahme der unterschiedlichen Baugruppen wurde ein einheitliches Chassis fuer saemtliche Applikationen und Ausbaustufen geschaffen. Zwischen 1 und 16 solcher Chassis (192 Baugruppen) koennen
ueber den Bus zu einem Koppelfeld direkt zusammengeschlossen werden.

Ein wichtiger Entscheid war die Wahl des Buses. Dieser muss zuver-
laessig, einfach und schnell sein, darf keinen zentralen, aktiven
Bus-Arbiter enthalten und sollte nicht mehr als zwei Draehte benoetigen. Wir haben uns fuer das 'Ethernet' als Datenbus entschieden,
da dieses die oben genannten Forderungen erfuellt und komplette
Chip-Sets auf dem Markt erhaeltlich sind.

Normalerweise wird bei Ethernet eine Distanz von ca 2,5 Metern zwischen zwei Taps verlangt. Mit dieser Distanz zwischen zwei Baugruppen
in einem Chassis ist es natuerlich unmoeglich, ein vernuenftiges System aufzubauen.

Der Bus wurde so gestaltet, dass die Leiterbahnen auf einem Back-
plane plaziert und die Leiterplatten, sogenannte Taps, im normalen
Baugruppenabstand (2,5 cm) gesteckt werden koennen.
Die Weitervermittlung der Daten in andere Koppelfelder ueber Weitverkehrsnetze wird von den Routern (KAM) uebernommen.

Die geringe Anzahl der Funktionseinheiten zeigt sich darin, dass
die kleinste Ausbaustufe aus zwei peripheren Endgeraeten, den Teilnehmer Netzanschluessen (TNA), einem Chassis und einem TAM besteht.

3. Anforderungen an das Transportsystem

Beim Betrachten des Systemaufbaus, bemerkt man eine Anzahl autonomer
Funktionseinheiten, die alle entweder mittelbar oder unmittelbar zueinander in Verbindung stehen, die aber alle die Moeglichkeit des Da-
tenaustauschs (jeder mit jedem) erhalten muessen. Das Transportsystem
wird zu einem wichtigen Bestandteil dieses Telemetriesystems. Die
Forderungen an das Transportsystem sind:

  - Uebertragung kleiner Datenmengen pro Transaktion (1 Bit bis
    maximal 80 Byte pro Nachricht)
  - stochastische Uebertragungbeduerfnisse
  - Lastbursts
  - grosse Anzahl logischer Verbindungsbeziehungen
  - sehr hohe Anforderungen an Sicherheit und Verfuegbarkeit
  - flexible Netzstruktur (von Sternstruktur bis allgemeine Maschen)
  - heterogene Physical Layer und Link Layer

Wir stellten fest, dass sich ein verbindungsorientiertes Transportprotokoll nicht fuer Telemetrieanwendungen eignet. Der Aufbau und
Abbau einer logischen Verbindung zur Uebertragung z.B. einer digital
einpoligen Information besitzt einen zu grossen Overhead um den Zeit-
anforderungen gerecht zu werden.

Aus dem Grunde entschieden wir uns fuer ein verbindungsloses Transportprotokoll auf der Basis eines Packet-Exchange-Protokolls.

4. Adressstruktur

Um die Implementierung des Transportprotokolls zu ermoeglichen, wurde
als erstes die Adressstruktur wie folgt festgelegt :

```
Anlagenadresse            A -- Anlagen-Nr
                          |
Koppelfeldadresse         +-- K -- Koppelfeld-Nr
                                   |
Tapadresse                         +-- T -- Tap-Nr
                                            |
Portadresse                                 +-- P -- Port-Nr
```

- A : bezeichnet eine regionale Anlage bestehend aus K Koppelfeldern
- K : bezeichnet ein Koppelfeld innerhalb der Anlage A mit T ange-
      schlossenen Taps
- T : bezeichnet ein Tap im Koppelfeld K mit P gemultiplexten Ports
- P : bezeichnet ein Port zum Tap T

5. Aufbau des Transportsystems INS

Die Kommunikations-Architektur des Infranet Transportsystem (INS)
lehnt sich an das ISO/OSI-Architekturmodell an. Wir entschieden uns
fuer diese funktionale Architektur, da sie uns fuer unser Applikationsspektrum am geeignetsten erschien und eine Normung fuer Teleme-
trie-Applikationen noch nicht vorhanden war.
   Die nachfolgende Abbildung soll diese Kommunikations-Architektur
verdeutlichen.

```
    ISO/OSI-Layer                        INS - Funktionen
+----------------+----+----------------------------------------------+
| Applikation    | 7  |                                              |
|                |    |          Applikationsspezifische             |
| Presentation   | 6  |             User Funktionen                  |
|                |    |                                              |
| Session        | 5  |                                              |
+----------------+----+----------------------------------------------+
|                |    | - End-to-End Uebertragung                    |
| Transport      | 4  | - End-to-End Flusskontrolle                  |
|                |    | - End-to-End Datensicherung                  |
+----------------+----+----------------------------------------------+
| Subnetwork     |    | - Vermittlung im lokalen Koppelfeld          |
| Independent    | 3c | - Vermittlung zwischen Koppelfelder und      |
| Convergence-   |    |   Anlagen                                    |
| Function       |    | - alternatives Routing                       |
+----------------+    |                                              |
| Subnetwork     |    | - Betriebskontrolle und Ueberwachung         |
| Dependent      | 3b | - Hop-to-Hop Flusskontrolle                  |
| Convergence-F. |    |                                              |
+----------------+    |                                              |
| Subnetwork     |    | - Network Access und  Zugangskontrolle       |
| Access         | 3a +----------------+------------------------+----+
| Functions      |    | - Acquittance  |                        |    |
+----------------+    +----------------+------------------+-----+    |
|                |    | Koppelfeldin-  |                  |     |    |
| Data Link      | 2  | terne Ueber-   | HDLC (LAPB)      |     |    |
|                |    | tragung gemaess|                  |THDP |X.25|
+----------------+    |                +------------------+     |    |
|                |    | Ethernet-      | Uebertragung mit |     |    |
| Physical       | 1  | Spezifikationen| - HfD            |     |    |
|                |    |                | - Datex-L        |     |    |
|                |    |                | - Fernsprechnetz |     |    |
+----------------+----+----------------+------------------+-----+----+
```

6. Erlaeuterung des INS Architekturmodells

6.1 Link Layer

Die eingesetzten Link Layer Ethernet und HDLC sind internationale
Standard-Protokolle, ebenso die Schnittstellen zu V24, X21 und
V.25bis. Die Dienste des X.25, das die Schichten 1-3 enthaelt,
werden in unserer Architektur ueber den Network Access Sublayer 3a
angesprochen.
Das THDP (Telemetrie Halbduplex Dialog Protokoll) ist ein Zugangs-
Protokoll fuer die effiziente, wechselseitige Datenuebertragung auf
einem halbduplexen, asynchronen Kanal. Dieses Protokoll wird zwischen
den Taps des Koppelfeldes und den Telemetrie Netzabschluessen (TNA),
an denen die Telemetrie-Endgeraete angeschlossen sind, eingesetzt.
Fuer unser Applikationsspektrum der Uebertragung von Telemetrie-
daten gibt es, unseres Wissens nach, erste Normungsbestrebungen, welche die Protokolle des Link Layers betreffen.

6.2 Acquittance Sublayer

Gemaess den Ethernet Spezifikationen gibt es kein Quittieren
empfangener Daten durch den Empfaenger. Dadurch kann ein Sender
nicht feststellen, ob seine gesendeten Daten korrekt empfangen
wurden oder, z.B. wegen Last oder Ausfall, den naechsten Vermittlungsknoten nicht erreicht haben.
Die Aufgabe dieses Sublayers besteht darin, bei direkter Adressierung eine gesicherte und bestaetigte Datenuebertragung auf dem
Ethernet-Bus zwischen benachbarten Vermittlungsknoten zu gewaehrleisten. Die empfangenen Datenpakete mit direkter Adresse werden
folglich quittiert.
Die Flusskontrolle, die Geschwindigkeit mit der der Sender Datenpakete verlustfrei an den benachbarten Empfaenger sendet, wird
ueber die Lastangabe in der Quittung geregelt.
Kann ein Paket nicht an den Zwischenvermittlungsknoten abgesetzt
werden, wegen Ueberlast oder Ausfall, so erhaelt die Quelle vom
Zwischenvermittlungsknoten ein Error-Paket mit Angabe der Fehler-
ursache zurueckgesandt.
Mit der Einfuehrung dieses Sublayers ist die funktionale Voraussetzung geschaffen, dass der End-to-End Wiederholungs-Timeout auf
dem Transport Layer gross gewaehlt werden kann, sodass bei Uebertragungsfehler, Netzlast oder Lastproblemen im Ziel, nicht unnuetz
von der Quelle wiederholt und damit Uebertragungskapazitaet ver-
geudet wird.

Zum Schutz gegen unerlaubten Zugriff beinhaltet dieser Sublayer
Funktionen der Ein- und Ausgangskontrolle fuer jedes zu vermit-
telnde Paketes, sowie Zugangsdialoge nach dem Linkaufbau zum benachbarten Vermittlungsknoten.

Beispiel eines verbindungslosen Uebertragungsablaufs auf dem Sublayer 3a:

```
      +-----+            +------+            +------+           +-----+
      | TAM |------------|Router|------------|Router|----------| TAM |
      +-----+            +------+            +------+           +-----+
         /|----------------------|-.--------------------|-----||- - - ->|
t1 <      |                      |                      |              |
         \|<- - - - - - - - - - -|- - - - - - - - - - - |- - - - - - -|
          :                      :                      :              :
         /|----------------------|----------------------|-----||---------|
        /  |                      |                     |< - - - - - - -|
t2 <       |                      |                     |--------------->|
        \  |<--------------------|----------------------|--------------|
         \:                      :                      :              :
```

t1: die Zeit bis zur Ausloesung einer Wiederholung o h n e gesi-
     cherte Uebertragung auf den Ethernet-Bus muss klein gewaehlt
     werden, damit eine Meldung im Stoerungsfall ihr Ziel so
     schnell als moeglich erreicht.

t2: die Zeit bis zur Ausloesung einer Wiederholung mit gesicherter
     Uebertragung auf den Ethernet-Bus kann gross gewaehlt werden,
     da die einzelnen Uebertragungsstrecken im Stoerungsfall fuer
     Wiederholungen besorgt sind.

6.2.1 Protokoll-Mechanismen

Da auf dem Sublayer 3a ein verbindungsloses Protokoll gefahren wird,
koennen auf dem Ethernet viele Sender auf einen Empfaenger gleichzeitig senden, zum Beispiel wenn viele Stationen Ereignisse via Router
in fremde Koppelfelder melden. Aus Gruenden der Flusskontrolle wird
bei direkter Adressierung ein Handshake-Protokoll zwischen zwei Partnern mit einer Fenstergroesse w - 1 zugelassen.
Damit kann mit der Quittung des Partners die Senderate kontinuierlich
der aktuellen Last des Empfaengers angepasst werden.

Protokoll - Elemente

Die zu diesem vereinfachten Uebertragungsprotokoll notwendigen Steu-
errahmen sind in zwei Kategorien aufgeteilt.

     - Information Transfer Frame I
     - Supervisory Frame S

Das I-Frame wird verwendet, um Nutzdaten zu uebertragen. Abhaengig von der Adressierung auf dem Link Layer bietet der Sublayer 3a
einen bestaetigten oder unbestaetigten Kommunikationsdienst.

Adressierung	Information Transfer Frame	Bestaetigungsart
direkt	I1	confirmed
Multicast	I0	unconfirmed
Broadcast	I0	unconfirmed

Durch das I0-Frame ist es moeglich, das Ethernet in seiner definierten Form, also ohne quittierte Uebertragung zu verwenden. Broad-
cast- und Multicast-Meldungen muessen mit I0-Frames uebertragen werden.

    Das I1-Frame darf fuer Broadcast- und Multicast-Meldungen nicht
verwendet werden, da der jeweilige Empfaenger bzw. Sender den not-

wendigen Verwaltungsaufwand nioht zur Verfuegung stellt.

Supervisory Format

Das S-Frame wird fuer ueberwaohende und kontrollierende Funktionen, wie die
        - Quittierung von I-Frames und zur
        - Flusskontrolle duroh die zeitweilige Suspension
der Uebertragung von I-Frames bei lokaler Ueberlast in den Routern
benutzt. Daduroh ergeben sioh je naoh Zustand des Empfaengers und
der Uebertragung versohiedene S-Frames.

Es gibt folgende Supervisory Frames:
        RP - Frame   Reoeive Positive   Quittierung
        RN - Frame   Reoeive Negative   "
        CH - Frame   Choke Frame   Flusskontrolle
        RS - Frame   Resume Frame   "
        FRMR - Frame   Frame Rejeot   Frame Fehler

6.3 Internetwork Datagram Protokoll

Wie bereits erwaehnt, basiert die Infranet-Uebertragung auf einem
einheitlioh formatierten Paket (Datagramm) der Netzwerkssohioht.
Dieses Paket ist wie folgt strukturiert:

```
+------------------------------------+
|            Cheoksumme              |
+------------------------------------+
|            Paket-Laenge            |
+------------------------------------+
|   Paket-Typ     |    Prioritaet    |
+-----------------+------------------+
|            Hop-Zaehler             |
+====================================+
|            Anlagen-Nr.             | |
+------------------------------------+ |
|            Koppelfeld-Nr.          | |
+------------------------------------+  › Zieladresse
|          Tap- (Modul-) Nr.         | |
+-----------------+------------------+ |
|   Kanal-Nr.     |     Funktion      | |
+====================================+
|            Anlagen-Nr.             | |
+------------------------------------+ |
|            Koppelfeld-Nr.          | |
+------------------------------------+  › Quelladresse
|          Tap- (Modul-) Nr.         | |
+-----------------+------------------+ |
|   Kanal-Nr.     |     Funktion      | |
+====================================+
|   Operation     |   Wiederholung    | |
+-----------------+------------------+ |
| Transaktions Identifikations-Nr.   |  › Transport Header
+------------------------------------+ |
|          Zutritts-Klasse           | |
+====================================+
:                                    : :
|          User-Information          |  › User-Daten
:                                    : :
+------------------------------------+
```

Erlaeuterungen zu den einzelnen Variablen

Cheoksumme
: Unabhaengig von der Datensicherung auf dem Link-
Layer wird diese Cheoksumme ueber das ganze Inter-
network-Datagramm (inklusiv User-Daten) gefuehrt
und geprueft.

Paket-Laenge
: Laenge des Paketes in Byte inklusiv Userdaten.

Paket-Typ
: Paket-Typ des Transport-Protokolls. (Datagram,
Packet-Exchange, Routing, ...)

Prioritaet
: Prioritaet bei der Behandlung in Warteschlangen.

Hop-Zaehler
: Jedesmal, wenn das Paket einen Vermittlungsknoten
passiert, wird dieser Zaehler inkrementiert. Falls
ein vorgegebener Maximalwert ueberschritten wird,
wird ein Fehlerpaket (Error) zur Quelle zurueckgesandt. Dies ist ein Schutz gegen "umherirrende"
Pakete im Fehlerfall.

Operation
: Bedeutung des Pakets innerhalb des Paket-Typs.
Bei Packet-Exchange: Command, Acknowledge bzw.
Request, Response.

Wiederholung
: Durch den Transport bewirkte Wiederholungen werden
markiert und numeriert. Dadurch wird die Protokoll-
analyse vereinfacht.

Transaktions-
Identifikations-Nr. (TIN)
: Paketidentifikation im Packet Exchange Protokoll

Zutrittsklasse
: Die Zutrittsklasse ermoeglicht eine Differenzier-
ung der Zutrittsberechtigung.

6.3.1 Das Routing

Da an das Netz von der Anwendung her grosse Anforderungen bzgl
Verfuegbarkeit, Sicherheit und burstartiger Last gestellt werden,
wurde ein
  - dezentraler,
  - adaptiv begrenzter
  - hierarchischer,
Routing-Algorithmus gewaehlt.
  Die Gruende, die zu diesen Leistungsmerkmalen fuehrten, sollen
nachfolgend dargestellt werden:

dezentraler Algorithmus

Aenderungen im Netzwerk, zum Beispiel die Integration eines neuen
Koppelfeldes, muessen im Rahmen eines dynamischen Konfigurations-
Management in eine Applikation eingebracht werden. Nach der lokalen
Konfiguration der bidirektionalen Verbindung zu einem neuen Koppelfeld muss die Kenntnis der Erreichbarkeit des neuen Koppelfeldes in
der gesamten Applikation automatisch verbreitet werden. Jede Funktionseinheit, die an das Ethernet angeschlossen ist, fuehrt seine
eigene Routinginformation und erstellt seine lokale Sicht der Netztopologie aus den Routing Informationen,die es von seinen direkten
Nachbar-Routern erhaelt.

adaptiv begrenzter Algorithmus

Adaptive Routing-Algorithmen beziehen die Beobachtung von Ereignissen und die Durchfuehrung von Messungen im aktuellen Netzwerk
mit ein. Im Hinblick auf die Dynamik besitzen diese Algorithmen
die Faehigkeit, sich aendernden Verkehrsbedingungen anzupassen.
Der Messung wird eine in jeder Funktionseinheit vorhandenen Metrik
zugrundegelegt, die ein Mass fuer die voraussichtliche Uebertragungs-
zeit einer Nachricht von einem Quell- zu einem Zielknoten in dem
Netzwerk ermittelt.

Die Anforderungen, die sich an den adaptiven Routing Algorithmus
stellen, koennen folgendermassen formuliert werden:
- Messen der fuer die Routing-Strategie relevanten Netzwerk-Parameter
- verteilte Berechnung der Wege auf allen Funktionseinheiten und
  Ablage der Information in der Routing Tabelle
- Ableiten der Wegewahl aus der Routing-Information
Verteilte adaptive Routing-Algorithmen beruhen auf dem periodischen
Austausch der Routinginformationen zwischen benachbarten Knoten.
Aufgrund der gesammelten Information der Nachbarknoten und eigener
Beobachtungen und Messungen kann jede Funktioneinheit den momentan
optimalen Weg zu jedem Zielknoten berechnen.
Diese Routinginformation wird von den Routern periodisch an alle
benachbarten Funktionseinheiten mitgeteilt. Treten spontane Ereignisse
im Netzwerk auf, zum Beispiel der Ausfall der einzigen Verbindung zu
einem Netzwerk oder gravierende Lastaenderungen hervorgerufen durch
Lastbursts, so werden spontane Routing Updates im Netzwerk verbreitet.

Da dieser Routing Algorithmus die Schwaeche besitzt, dass sich
Schleifen bilden koennen und damit unechte alternative Routen
bilden, ist ein Mechanismus zur automatischen Schleifen-erkennung
und -trennung enthalten.

Netz-Hierarchie im INS-Routing

Der Aufbau des Adressierungsschemas wurde in der Art gewaehlt, dass
sich daraus in einfacher Weise das Routenziel bestimmen laesst.

```
INFRANET-Adress-Struktur            |     Routing-Hierarchie
------------------------------------+---------------------------------
Infranet                            |
 |                                  |     Anlagen-Ebene
 +- Anlagen-Nr.                     |
    |-------------------------------+---------------------------------
    +- Koppelfeld--Nr.              |     Koppelfeld-Ebene
       |----------------------------+---------------------------------
       +- Tap-Nr.                   |
          |                         |     Ethernet-Ebene
          +- Port-Nr.               |
          --------------------------+---------------------------------
```

Die Hauptidee des hierarchischen Routens besteht darin, die Rechner-
knoten in einzelne Regionen zusammenzufassen.
Regionen in einer Hierarchiestufe koennen ihrerseits zu einer Region
einer uebergeordneten Hierarchiestufe zusammengefasst werden.
Die Routenwahltabelle enthaelt einen Eintrag fuer saemtliche Knoten
innerhalb der eigenen Region und zusaetzlich einen Eintrag zum Zugriff auf jede andere Region in der selben Ueberregion.

Im INS entfaellt durch die Eigenschaft des Ethernet-Bus die unterste
Hierarchiestufe, da die Pakete direkt an die Module verbreitet werden
koennen.
Bleiben die Informationen innerhalb einer Anlage, so reduziert sich

das Routing auf eine Hierarchiestufe.
Im kompliziertesten Fall, bei Informationsaustausch ueber Anlagen-
grenzen, ergeben sich zwei Hierarchiestufen.

Das Ziel des Zusammenwirkens von Routing und Flusskontrolle im INS-
Transportsystem besteht in der Verteilung der Netzlast auf alternative Routen zu einem Zielnetzwerk. Der Routing-Algorithmus bewertet
die Hop-to-Hop-Last der Flusskontrolle und fuegt diese in die Last-
bewertung fuer die Route ein. Es war jedoch zu vermeiden, dass kurzzeitige Lastschwankungen zu haeufigen Routing-Updates fuehren, die
ihrerseits die Uebertragungseffizienz des INS-Transportsystems min-
dern. Deshalb darf ein spontaner Routing-Update erst beim Ueber- bzw.
Unterschreiten der Lastschwellen der Verbindungen zu dem naechsten
Koppelfeld erfolgen.
   Durch alternatives Routing ist es moeglich, eine Ueberlast zu ver-
zoegern und die Netzwerkslast von ueberlasteten Verbindungen auf weniger belastete zu verteilen. Einer Netzwerkueberlast kann letztendlich jedoch nur durch ein Bremsen des Zuflusses in den Quellen wirksam begegnet werden.

6.3.2 Flusskontrolle

Im Infranet besteht wegen des burstartigen Auftretens von Ereignissen
das Problem der Netzueberlast. Im lokalen Bereich eines Koppelfeldes
werden den Routern mehr Datenpakete zur Uebermittlung angeboten, als
diese aufgrund ihrer begrenzten Kapazitaet verkraften koennen. Ueberlast stellt sich immer so dar, dass der Speicherplatz zur Pufferung
von Paketen erschoepft ist, es koennen keine Daten mehr empfangen
werden. Damit koennen aber auch keine Bestaetigungen ueber den korrekten Empfang von abgesandten Datenpaketen empfangen werden.
Wuerde die Uebermittlungskapazitaet zusammenbrechen, koennte dies
zu fatalen Folgen in den genannten Einsatzfeldern fuehren.

Die Aufgabe der Flusskontrolle besteht in der
            - Vermeidung von Ausfaellen des INS durch Ueberlast
            - Vermeidung von Deadlocks und Blockierungen
            - faire Verteilung der Resourcen unter den Teilnehmern

Das Ziel der Flusskontrolle ist
            - bei niedriger Belastung kurze Uebertragungszeiten
              und
            - bei hoher Last einen effizienten Durchsatz
zu garantieren.

Die Flusskontrolle drosselt deshalb den externen Zufluss von Paketen
von den Quellen ueber Backpressure-Verfahren.

6.4 INS-Architektur der Flusskontrolle

Die verschiedenen Flusskontroll-Mechanismen lassen sich den verschiedenen Schichten des Tranportsystems INS zuordnen, wobei zwischen diesen Schichten sehr enge Wechselbeziehungen bestehen.

Die Struktur der Flusskontrolle soll anhand des nachfolgenden topologischen Netzbeispiels erlaeutert werden.

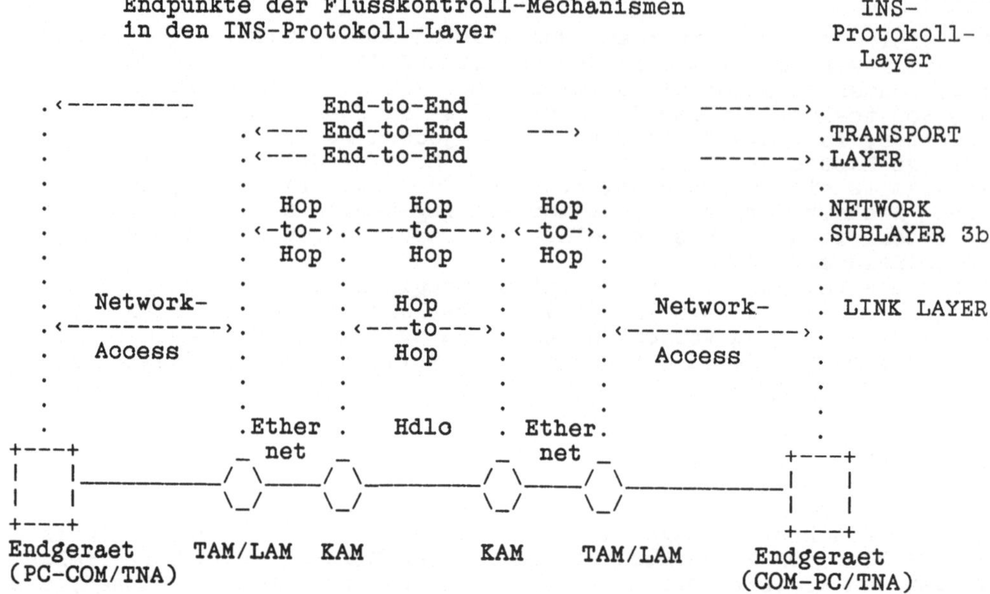

Die End-to-End Flusskontrolle im Transport-Layer kann nur in den End-
punkten durchgefuehrt werden, in denen der Transport Layer selbst
zum Tragen kommt (LAM, TAM, KAM und COM).

Zwischen benachbarten Vermittlungsknoten besteht auf dem Network
Sublayer 3b eine Hop-to-Hop Flusskontrolle, die
  - eine konfigurierbare Vorrangsteuerung fuer bestimmte Datenfluesse
    beinhaltet, z.B. besitzt der Transitfluss defaultmaessig eine
    hoehere Sendeberechtigung als neue, in das Netz zufliessende Da-
    ten, sowie
  - eine adaptive, der Last des naechsten Zwischenziels angepasste
    Sendeberechtigung.

Die Aufgabe und Struktur der INS-Flusskontrolle soll mit nachfolgen-
der Baumstruktur in Kurzbeschreibung erlaeutert werden.

Aufgabe und Struktur der INS-Flusskontrolle
```
------------------------------------------------------
|  DATA LINK LAYER
|----------------
|  |  Hop-to-Hop Flusskontrolle
|  |---------------------------
|  |  |  Aufgabe:    Vermeidung von Blockierungen im Datenaustausch
|  |  |----------  zwischen Router-Router und Router-Station
|  |  |
|  |  |  Strecke:   X.21, V24, V25bis
|  |  |----------
|  |  |  Verfahren: Fenstermechanismus des HDLC-Uebertragungs-
|  |  +-----------  verfahrens
|  |
|  |  Network Access Flusskontrolle
|  +-----------------------------------
|     |  Aufgabe:    Drosselung des externen Zuflusses von neuen
|     |----------  Paketen im Sender, wenn der nachfolgende
|     |            Empfaenger im Netz ueberlastet ist.
|     |
|     |  Strecke:   Verbindung  PC-COM  <--> LAM
|     |-----------             TNA  <--> TAM
|     |
|     |  Verfahren: Fenstermechanismus des HDLC-Uebertragungs-
|     +-----------  verfahrens oder des THDP
|
|  NETWORK SUBLAYER 3b
|--------------------
|  |  Aufgabe:    Einfuehren einer Hop-to-Hop Flusskontrolle
|  |----------  mit quasikontinuierlicher Flusssteuerung,
|  |            sowie prophylaktische Bremsmechanismen im
|  |            Koppelfeld
|  |
|  |  Strecke:   Ethernet, X.21, V24, V25bis
|  |----------
|  |
|  |  Flusskontroll-Verfahren
|  +---------------------------
|     |  Channel-Queue-Limit  Bewertung der Pufferbelegung und der
|     +--------------------  Leitungsauslastung zum Erkennen einer
|                            lokalen Ueberlast im Router.
|                            Drosselung des Inputflusses vor dem
|                            Transitfluss.
|  TRANSPORT LAYER
+------------------
|  |  End-to-End Flusskontrolle
|  +---------------------------
|     |
|     |  Aufgabe:   Vermeidung von Ueberlast in den Endknoten
|     |----------
|     |  Verfahren: entfernungs- und lastabhaengiger Fenstermecha-
|     +-----------  nismus zwischen Source- und Destination
```


6.5 Transport-Layer

Der Transport Layer beinhaltet Funktionen zur
  - End-to-End Flusskontrolle
    - zur gegenseitigen Synchronisation fuer den ETE-Fenstermechanis-
      mus gibt der Empfaenger in der Quittung (Ack/Response) eine
      Flussregelungsbestaetigung an den Sender zurueck, welche die

    aktuelle Pufferlastsituation im Empfaenger beschreibt. Aufgrund
dieser ETE-Lastzahl wird im Sender die ETE-Fenstergroesse getak-
tet.
- Als Anfangswert fuer die Fenstergroesse einer neu aufgebauten
  ETE-Beziehung ist die Fenstergroesse zu 1 gesetzt. Erst mit der
  internen Ausgabebestaetigung der ersten Nachricht wird die Fen-
  stergroesse, abhaengig von der Entfernung (Hops) und dem Network
  Delay zum Zielnetzwerk, angepasst.
- End-to-End Datensicherung
  - Fehlererkennung und -behebung durch eine Pruefsumme bei Ver-
    faelschung. Der Empfaenger einer Nachricht kann diese Pruef-
    summe nachbilden. Im negativen Falle wird die Nachricht verwor-
    fen.
  - Wiederholtes Senden einer Nachricht nach Ablauf einer Zeitgren-
    ze, die abhaengig ist von der Entfernung (Hop), dem Network
    Delay zum Empfaenger und der maximalen Antwortzeit des appli-
    kationsspezifischen Users.
  - verdoppelte Datenpakete koennen im Empfaenger ueber die Trans-
    aktions-Identifikations-Nummer (TIN) erkannt werden. Liegt be-
    reits eine User-Antwort vor, so werden auch Duplikate oder Wie-
    derholungen quittiert, da die Bestaetigung des ersten angekom-
    menen Exemplares unterwegs verloren gegangen sein kann.
  - empfangene Wiederholungen werden unterdrueckt, wenn die User-
    Antwort des vorangegangenen Exemplares noch aussteht.
  - zur Vermeidung einer irrtuemlichen Duplikatunterdrueckung wird
    der Wertebereich des TIN nach einem Ausfall im Sender auf einen
    neuen Wertebereich umgeschaltet.
  - Koennen Datenpakete nicht an das Ziel uebermittelt werden, zum
    Beispiel wegen Ausfall der Verbindung zum Zielnetzwerk, so wird
    vom Zwischenvermittlungsknoten ein Error-Paket an die Quelle
    zurueckgesandt. In Abhaengigkeit des gemeldeten Uebertragungs-
    fehlers und der bereits getaetigten Wiederholungen entscheidet
    der Sender, ob eine Wiederholung erfolgt oder der beauftragende
    User (Initiator) eine negative Confirmation erhaelt.
- Schutzmechanismen gegen unberechtigte Zugriffe zu applikations-
  spezifischen Userfunktionen, sowie
- Funktionen zur Diagnoseunterstuetzung (Echo und Echo Path
  Stamp, sowie Abfragen der Routing Informationen in den Taps)

6.6 User Funktionen

Die Instanzen der Schichten 5 -7 sind in unserem funktionalen Architekturmodell in den applikationsabhaengigen User Funktionen zusammengefasst.

7. Die Protokollstruktur

Die Protokollstruktur unseres Architekturmodells ist in der nachste-
henden Abbildung dargestellt.

```
        +----------------------------------------------------------+
        |         Ebene 5 - 7 :    Applikationsspezifische         |
        |                          User Funktionen                 |
        +----------------------------------------------------------+
                         :      |         |          |
 - - - - - - - - - - - - -:- - -|- - - - -|- - - - -|- - -
                         :      |         |          |
             +-------+ +-----+ +----+ +----+ +--------+ ..........
Transport    |Routing| |Error| |Echo| |Data| | Packet | .Sequenced.
Protocol     | Info  | |     | |    | |gram| |Exchange| . Packet  .
             +-------+ +-----+ +----+ +----+ +--------+ ..........
                 |        |       |      |        |          |
 - - - - - - - -|- - - -|- - - -|- - -|- - - - -|- - - - -|- - -
                 |        |       |      |        |          |
Inter-         +--------------------------------------------------+
network        |         Routing (connectionless)            3c|
Datagram       |         Flusskontrolle                      3b|
Protocol       +--------------------------------------------------+
                    |                  |                 |
 - - - - - - - - -|- - - - - - - - -|- - - - - - - - -|- - -
                    |                  |                 |
        +--------------+              |                 |
        | Acquittance  | 3a           |                 |
        +--------------+              |                 |
Transmission    |                     |                 |
Media         +--------------+    +--------------+   +........+
Protocols     |  Ethernet    |    |    HDLC      |   : X.25   :
              +--------------+    +--------------+   +........+
```

7.1 Transportdienste fuer Userdaten

Die Transportdienste zur Uebertragung von Userdaten, basierend auf
einem Packet Exchange Mechanismus, bieten den Informationsaustausch
zwischen zwei beliebigen, adressierbaren Komponenten des Systems an.

Neben einem Datagramm Dienst, der keine Quittierung im Sinne des
Transport beinhaltet, bietet das System zwei Packet Exchange Dienste,
die anwendungsabhaengig verwendet werden koennen :

- Uebertragung eines Auftrages mit (einfachem) Acknowledgement
  (Command/Acknowledge)

- Uebertragung eines Auftrages mit Response
  (Request/Response)

Mit Hilfe dieser beiden Transport Protokolle werden sowohl systeminterne Daten, als auch alle Userdaten uebertragen.

7.1.1 Uebertragung eines Auftrages mit Acknowledgement

Dieser Dienst transportiert einen Auftrag von X (Absender) nach Y
(Empfaenger) und quittiert dem Absender die erfolgreiche Uebergabe
an den Empfaenger. Damit ist die End-to-End Kontrolle zwischen den

Uebergabeschnittstellen des Transportdienstes gewaehrleistet. Die
Zieladresse (Empfaenger) wird dem Transportdienst mit dem Auftrag
uebergeben.

Eine ebenfalls mituebertragene Identifikationsnummer erlaubt die eindeutige Zuordnung zwischen Auftrag und Acknowledgement.

Kann bei den Packet Exchange Diensten der Auftrag (aus irgendeinem
Grunde) dem Empfaenger nicht uebergeben werden, wird anstelle der
Quittung ein Error Paket an den Absender zurueckgesandt.

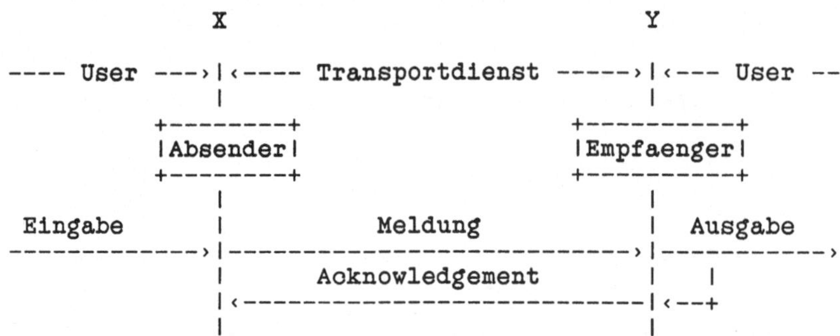

7.2 Uebertragung eines Auftrags mit Response

Im Gegensatz zum "Auftrag mit Acknowledgement" basiert "Auftrag mit
Response" auf dem Austausch von Informationen zwischen Absender und
Empfaenger auf der User-Ebene. Dieser Mechanismus wird dann verwendet, wenn der Absender vom Empfaenger eine unmittelbare Rueckantwort
erwartet, z.B. bei Zustandsabfragen.
Analog zur "Meldung mit Acknowledgement" wird mit dem Auftrag auch
die Zieladresse uebergeben. Die Zuordnung zwischen Auftrag und Response erfolgt ebenfalls ueber den TIN.

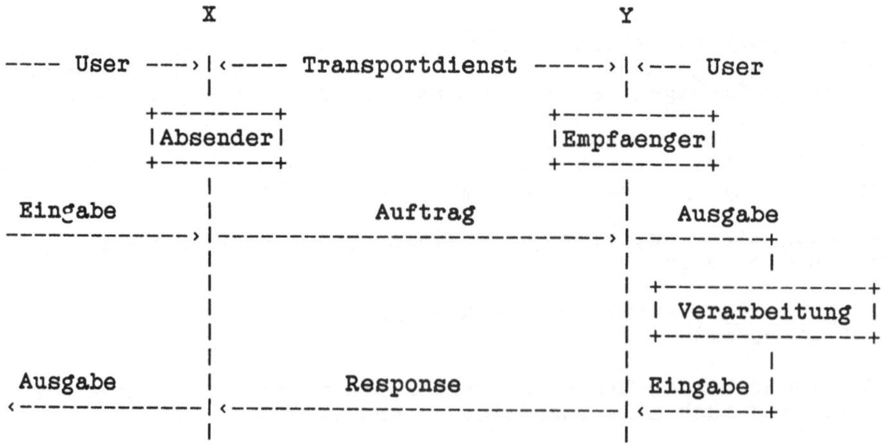

8. Schlussbemerkung

Anfang 1987 ging das erste Infranet-System in den Betriebsversuch.
Seither zeigt es sich, dass der gewaehlte Systemaufbau richtig ist.
Bedingt durch den dezentralen Systemaufbau und der Flexiblitaet des
Transportsystems liessen sich auch im scharfen Betrieb schrittweise
Anlagenerweiterungen problemlos realisieren.
   Unsere Messungen haben ergeben, dass die Last bei alternativen Pfa-
den entsprechend der Leitungskapazitaeten aufgeteilt wurde und sich
die Senderate der Quellen an die Uebertragungskapazitaet des Netzes
anpasste.
   Mittlerweile bildet das Transportsystem die Basis zum Zusammen-
schluss bisher nicht koppelbarer alter Alarmsysteme.

Analysis of Flow Control Techniques on Hop and Network Access Level in Computer Communication Networks

J. Höfig and T. Uhl

Institute for Electronic Systems and Switching
University of Dortmund
P.O.Box 50 05 00
D-4600 Dortmund 50, Federal Republic of Germany

Abstract

In this paper an analysis and comparison of different simultaneously active flow control rules on hop and network access level is presented. The investigations base on a queueing network model representation of a store-and-forward node with finite buffer capacity as well as on a homogeneous network model. Beside the presentation of different system performance values using known flow control rules, two new dynamic rules are developed and analysed in detail.

1. Introduction

In data communication systems overload situations or even deadlocks can occur due to limited resources. Moreover, time dependent variations of the traffic intensity and channel or node failures can cause system degradations. For these reasons a protocol for flow control and congestion control is indispensable. Such a protocol tries to increase the effective throughput, to reduce the delays between active nodes and to balance the utilization of all network recourses.

As displayed in fig. 1 flow control schemes can be implemented on four levels; as a consequence four categories of flow control mechanisms are distinguished [1].

Hop level flow control regulates the traffic between neighbouring nodes. The Channel Queue Limit (CQL) scheme, the Structured Buffer Pool scheme and the Virtual Circuit Hop Level scheme belong to this category. These flow control mechanisms have been presented in detail in [1,2,3]. On the entry-to-exit level, flow control is archived by a protocol which prevents an overloading of the destination node by regulating the message arrival rate at the source node. This rule is often realized by a window mechanism [1,4,5,6].

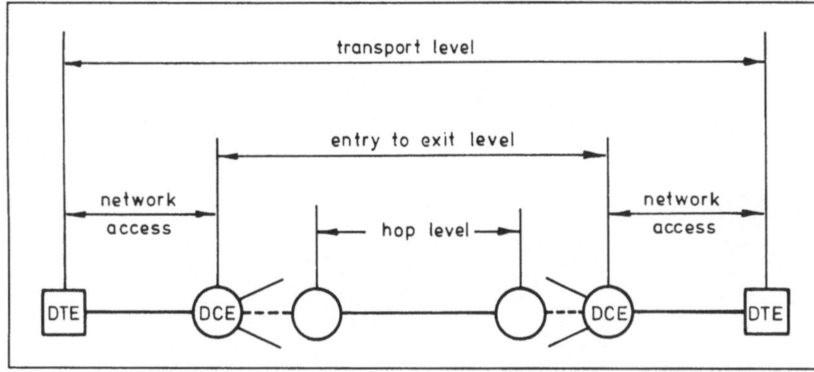

Fig. 1.

Flow control levels: DTE Data Terminating Equipment, DTE Data Communication Equipment

The objective of network access flow control is to throttle down external inputs based on measurements of internal network congestion. Congestion measures may be local, global or selective. The congestion condition is determined of external traffic coming into the network at the network access node. In this category the following flow control mechanisms can be distinguished: the Isarhythmic scheme [1,7,8,9], the Input Buffer Limit (**IBL**) scheme [1,10] and the Choke Packet scheme [1,11]. At the transport level, it is sufficient to limit the traffic between user processes. Generally, this level of flow control is based on a "credit" or window mechanism [1,12,13].

As mentioned above the different flow control mechanisms have been presented and analysed in many studies [1-13]. At this time an analysis of simultaneously active flow control rules on different levels, however, is missing. Such a study is of great practical importance, therefore it seems to be useful to analyse these problems.

The topic of this paper is the detailed analysis of two simultaneously active flow control mechanisms on hop and network access level and the development of new rules. In the following section the model under study will be described in detail. Then in section three the simulative results will be presented and interpreted. Out of obtained performance results two new dynamic flow control rules will be proposed. The paper will end with a conclusion and a prospect to future studies.

2. Model under study

2.1. Queueing network representation of a node

We assume that communication between nodes in the network is done according to the HDLC protocol [14]. A model of the communication node which includes all relevant node resources is shown in fig. 2. The usability of such a model for the investigated problem is confirmed by several works [10,15,16].

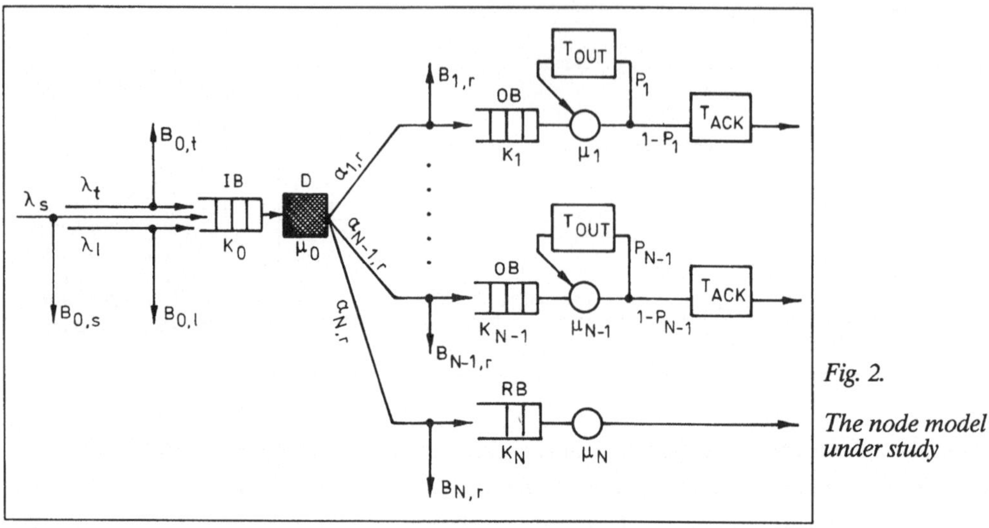

Fig. 2.

The node model under study

We distinguish three packet classes, namely local packets (from local terminals), transit packets (arriving from neighbouring nodes) and service packets (from node routing station). Packets coming in from neighbouring nodes via links as well as those ones coming from local terminals or from a node routing station enter an input buffer (**IB**). The dispatcher (**D**) removes packets from its IB and puts them, according to the node routing table, either into an output buffer (**OB**) for an outgoing link to a neighbouring node or, if the packets have reached their destination node, into the reassemble buffer (**RB**). The elements of the routing table are shown in fig. 2 and are denoted by $\alpha_{i,r}$ with i = 1,2,..N and r = 1,2,3. N denotes the number of outgoing lines, r denotes the packet classes: r = 1 for transit packets, r = 2 for local packets and r = 3 for service packets. Service packets, however, are put into each output buffer. Packets with routing information have priority over all other packets. When packets reach a sender (channel server) they will be transmitted. We assume that transmission will be successfully completed with a probability of $1-P_i$, i = 1,2,...,N-1. In this case packets are sent forward to the Acknowledge Station, where they will be acknowledged after the time T_{ACK} has been elapsed, i.e. packets will be removed from the node. In case of an unsuccessful transmission, which occurs with a probability of P_i packets enter the Timeout Station. The packet delay in this station represents the time for error detection. The maximum time a sender needs to recognize an unsuccessful transmission is T_{OUT}. Consequential, packets coming from the Timeout Station will be transmitted again by a sender. These packets have non-pre-emptive priority over those packets waiting in the output buffer. Service packets, however, are not served in Acknowledge or Timeout Station, but leave the node directly. In the Reassemble Station, the reassembler reconstructs the correct sequence of packets and releases them to the local terminals.

In the model under study we assume a Poisson arrival process with the parameters λ_t [packets/sec] for transit traffic, λ_l [packets/sec] for local traffic. The character of service traffic is deterministic. The rate of service traffic is given by $\lambda_s = 1/T_C$, where T_C denotes the update period (assuming a periodic rule). The packet length for transit and local traffic are neg.-exp. distributed with an average value of $1/m_r$ [bits/packet], $r = 1,2$. The length of service packets is constant and amount to $1/m_3$ [bits/packet]. Each buffer is assumed to have a finite capacity of size K_i, $i = 0,1,...,N$. Each outgoing line has a channel speed of C_i [bits/sec], $i = 1,2,...,N$. The dispatcher has a speed of C_0 [bits/sec]. The service rates $\mu_{i,r}$, $i = 0,1,...,N$ and $r = 1,2,3$ of all $N+1$ servers are defined via $\mu_{i,r} = m_r C_i$ [packets/sec]. Due to the buffer limitation K_i, $i = 0,1,...,N$, losses do occur in case that all buffers are occupied. The loss probability is denoted by $B_{i,r}$, $i = 0,1,...,N$ and $r = 1,2,3$ and in this model departs on the assumed flow control rules which are described in the section 2.3.

2.2. Symmetric queueing network

In this section we make the assumption that the network is homogeneous [10]. In other words, P_i is equal to B_t of the node under consideration for each $i = 1, 2, ..., N-1$. This simplification enables investigations of networks without taken their topology into account.

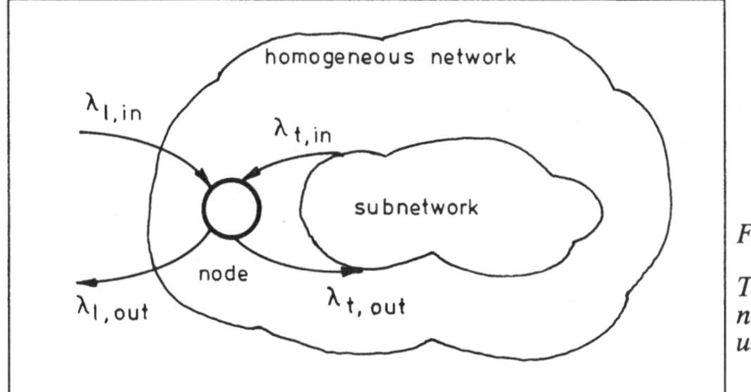

Fig. 3.

The queueing network model under study

On the one hand this approach may give rise to somewhat pessimistic results since it assumes that when a node is congested, its neighbouring nodes are equally congested. On the other hand such a simple model enables investigations of the influence of the implemented flow control rules on the performance values in a queueing network.

2.3. Flow control in the model under study

The investigated flow control techniques on hop and network access level in this study are described below in detail. In case of hop level, the Channel Queue Limit (CQL) scheme and in case of network access level the Input Buffer Limit (IBL) scheme is presented.

In the CQL scheme, the traffic classes correspond to the channel output queues, and there are restrictions on the number of buffers each class can size. We may define the following versions of the CQL scheme [1].

1) Unrestricted Sharing (**US**). Let N be the number of output queues, k_i the number of packets in the ith queue and K_Σ the buffer size in the node, we have the following constraint

$$0 \leq k_i \leq K_\Sigma, \quad i = 0,1,...,N \quad \text{and} \quad \sum_{i=0}^{N} k_i \leq K_\Sigma \ . \tag{1}$$

2) Complete Partitioning (**CP**)

$$\underset{i}{\forall} \ \ 0 \leq k_i \leq K_\Sigma/N, \quad i = 1,2,...,N \quad \text{and} \quad \sum_{i=1}^{N} k_i \leq K_\Sigma \tag{2}$$

3) Square Root Rule (**SR**)

$$0 \leq k_i \leq K_\Sigma/\sqrt{N}, \quad i = 1,2,...,N \quad \text{and} \quad \sum_{i=1}^{N} k_i \leq K_\Sigma \tag{3}$$

4) Sharing with Minimum Allocation (**MA**). Let K_{min} be the minimum buffer allocation which is guarantied to each queue (typically $K_{min} \leq K_\Sigma / N$). The constraint then becomes

$$\sum_{i=1}^{N} \max(0, k_i - K_{min,i}) \leq K_R \quad \text{with} \quad K_R = K_\Sigma - \sum_{i=1}^{N} K_{min,i} \tag{4}$$

The IBL scheme differentiates between input traffic and transit traffic and throttles the input traffic based on the buffer occupancy at the entry node. Let K_t be the total number of buffers for transit packets ($K_t = K_\Sigma$) and K_l the limit for local packets (where $K_l \leq K_t$). Inter alia, the performance values for this flow control rule will be shown as a function of the ratio $\beta = K_l / K_t$.

A theoretical analysis of the CQL scheme is presented in [2]. The IBL scheme in case of US rule on hop level has been analysed in detail in paper [10]. At this time a study about IBL techniques together with all flow control rules on hop level, mentioned in this chapter, is missing. The next chapters are about a simulative study of this problem.

3. Simulation studies

3.1. General remarks

Up to a certain point of system complexity networks can be calculated exactly. In case of more complex network models exact calculations are often no longer possible or take great effort for solution. This applies to the model in this study as well. In such cases simulative techniques are often applied for investigations.

For the comparison study in this paper the event-by-event simulation method is used [17]. Inter alia this method allows statements about time depending values, which is of great importance in the study presented here.

3.2. Random numbers

The reliability of simulation results conclusively depends on the quality of random numbers which are used. Typically so called "pseudo random numbers" are applied in this case. Normally such random numbers (**RN**) are obtained from a random number generator (**RNG**) which is often implied in the simulation program itself and uses a single recursive algorithm as

$$Y_{k+1} = (a \cdot Y_k + b) \bmod 2^e \qquad \text{with e.g.} \quad a = 362436067, \ b = 1, \ e = 36 \tag{5}$$

The simulative study presented in this paper is carried out with a RNG which uses such a single recursive algorithm, too. The quality of the RNs used for each simulation event which determines the confidence of simulation results beside other things, depends on the use of the RNG and therefore on the program order itself. Mostly, this use (call-distance for each event e.g.) can only be determined after a simulation run .

In the simulation program used for this study a RN supervise module, as proposed in [18], is implemented which records the RNG access. Mainly call-distances of 1 up to 5 are obtained for the considered model. By the aid of reference tables for RNG whose quality is investigated by watching their lattice structure, the values given in (5) are chosen for the free parameters a, b and e. The results presented in this study are supposed to have great numerical confidence because of the control of the used RNG.

3.3. Simulation parameters

The investigations base on the node model described in section 2. The system parameters used for simulative studies are shown in table 1.

K_Σ	= 24, 42, 60	$\alpha_{1,t}$ = 0.12, 0.30		$\alpha_{1,l}$ = 0.16, 0.35	
N	= 6	$\alpha_{2,t}$ = 0.12, 0.30		$\alpha_{2,l}$ = 0.16, 0.35	
P_i	= 0.05 , (B_t) i=1,...,N-1	$\alpha_{3,t}$ = 0.12, 0.05		$\alpha_{3,l}$ = 0.16, 0.05	
T_{OUT}	= 0.60 sec	$\alpha_{4,t}$ = 0.12, 0.05		$\alpha_{4,l}$ = 0.16, 0.05	
T_{ACK}	= 0.12 sec	$\alpha_{5,t}$ = 0.12, 0.05		$\alpha_{5,l}$ = 0.16, 0.05	
T_C	= ∞, 1.0 sec, 0.5 sec	$\alpha_{6,t}$ = 0.40, 0.25		$\alpha_{6,l}$ = 0.20, 0.15	
C_0	= 500 kbits/sec	γ = 3/1		β = 7/42, 13/42, 42/42	
C_i	= 9.6 kbits/sec, i=1,...,N-1	$\mu_{i,r}$ = $m_r\, C_i$ with i=1,...,N and r=1,2,3			
C_N	= 100 kbits/sec	λ = 40, 50, 60, 65, 70, 80, 100, (110)			
$1/m_1$	= 1000 bits/packet	$1/m_2$ = 1000 bits/packet			
$1/m_3$	= 200 bits/packet	Number of packets : 10 x 10.000			

Table 1. Simulation parameters: Values in ( ) only for the homogeneous network

The incoming traffic at the node entry consists of 75% transit and 25% local packets which can be expressed by the ratio $\gamma = \lambda_t / \lambda_l = 3 / 1$. First of all service packets are not taken into account. Under consideration of the behaviour of serial systems the load factor ρ_g of the proposed system can be calculated as follows

$$\lambda_{i,r} = \lambda_r (1 - B_{0,r})\, \alpha_{i,r}\, [1 + P_i (1 - B_{i,r})], \quad i=1,...,N; \ r=1,2,3 \ . \tag{6}$$

With $\rho_{i,r} = \lambda_{i,r} / \mu_{i,r}$ and $P_N = 0$ follows

$$\rho_g = \sum_{r=1}^{3} \sum_{i=1}^{N} \alpha_{i,r} \frac{\lambda_{i,r}}{\mu_{i,r}} \tag{7}$$

and finally becomes

$$\rho_g = \sum_{r=1}^{3} \lambda_r (1 - B_{0,r}) \, [\ \sum_{i=1}^{N} \alpha_{i,r}^2 \ \frac{1 + P_i (1 - B_{i,r})}{\mu_{i,r}} \ ] \ . \tag{8}$$

The value of ρ_g is influenced by different parameters which depend mainly on the system configuration and the implemented flow control rules. Table 2 shows the value of ρ_g of the considered node model in case of symmetric routing tables for US and CP as a function of the total traffic λ at the node entry.

λ	ρ_g (US)	ρ_g (CP)
40	0.43	0.43
50	0.53	0.53
60	0.63	0.64
65	0.66	0.69
70	0.68	0.74
80	0.70	0.85
100	0.75	1.06

Table 2. Values of the load factor ρ_g

3.4. Results obtained with the basic system

First investigations are made on the basic system (**model 1**) without an IBL and with four different flow control rules, mentioned in section 2. The maximum queue length of SR is chosen to 17, the number of exclusive buffers for MA to 2 for the outgoing channels and 6 for the reassemble buffer. Confidence intervals (95%) are calculated but not marked in the diagrams because they are very small. The deviations for B reach from about $+/- 10^{-4}$ at low load to $+/- 5\cdot10^{-3}$ at high load. The interval for the delay is about $+/- 5\cdot10^{-3}$ sec for all values of λ.

Fig. 4 shows the total loss probability B_{tot} depending on the total system load λ for the different rules. At low load those rules which allow long waiting queues give the best results. There is nearly no difference between US and MA, because the exclusive buffers -once occupied- don't bring much advantage if the routing table is nearly symmetric. A system with a greater number of exclusive buffers, however, is not flexible enough at low system load. SR shows little better results than US because of the limitation of the queue length. CP allows only short waiting queues. This is nearly optimal at high system load and similar routing variables $\alpha_{i,r}$. At low load, however, statistic variations of the input ratio can not be caught optimal. The behaviour of the obtained curves agrees with the theoretical results in [2].

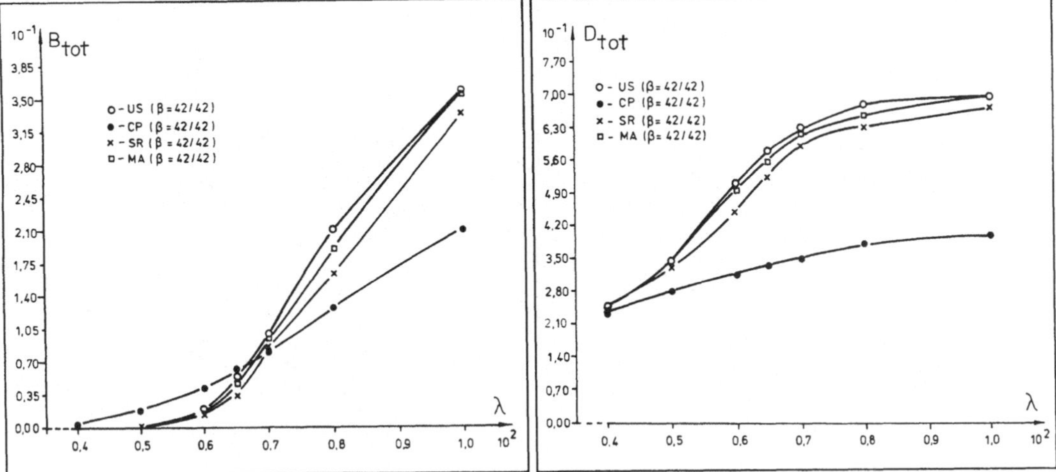

Fig. 4. *The total loss probability for different flow control rules*

Fig. 5. *The total delay for different flow control rules*

The total delay of packets D_{tot} depend mainly on the waiting queue length. CP with its short queues brings best results which is illustrated by fig. 5. With regard to US the delay with SR is insignificant lower, because the queue limitation is not strong enough. Summarizing SR brings best results at low load and CP at high system load if only the loss probability is considered. The best of the considered rules to realize minimal delays is CP.

Now US and CP combined with an IBL for local packets are analysed. Fig. 6 and 7 show the results of the investigations for three different values of β (42/42, 13/42, 7/42). Here the total loss probability B_{tot} is split into parts for local and parts for transit packets. The results obtained by simulation for US together with an IBL are confirmed by a theoretical study [10].

If US is taken into account the loss probability for local packets B_l grows rapidly with decreasing IBL K_l whereas the loss probability for transit packets B_t decreases. Especially at low load the insignificant better protection of the transit traffic has to be paid by a great loss of local packets (see fig. 6). Using US the loss of packets appears mainly at the IB (this is not illustrated by diagrams here). In this case all buffers are occupied by outgoing queues because of unrestricted queue length. Therefore an IBL together with US may be effective. The parameter β has to be chosen very carefully. If K_l is chosen greater than the mean number of buffers occupied by local packets, a significant effect cannot be expected.

In the model considered here $K_\Sigma / (1+\gamma) \approx 10$ buffers are occupied in mean by local packets. Therefore an IBL of $K_l = 13$ can only be relevant for statistic fluctuations of the input ratio. This effect is demonstrated clearly by fig. 7 where CP is combined with an IBL. Because in this case the statistic fluctuations of the buffers occupied by local packets are less than in the case of US, an IBL of $K_l = 13$ shows nearly no effect. If the IBL is chosen less than $K_\Sigma / (1+\gamma)$ ($K_l = 7$ in this model) a significant limitation of the local traffic is obtained (see fig. 6 and 7).

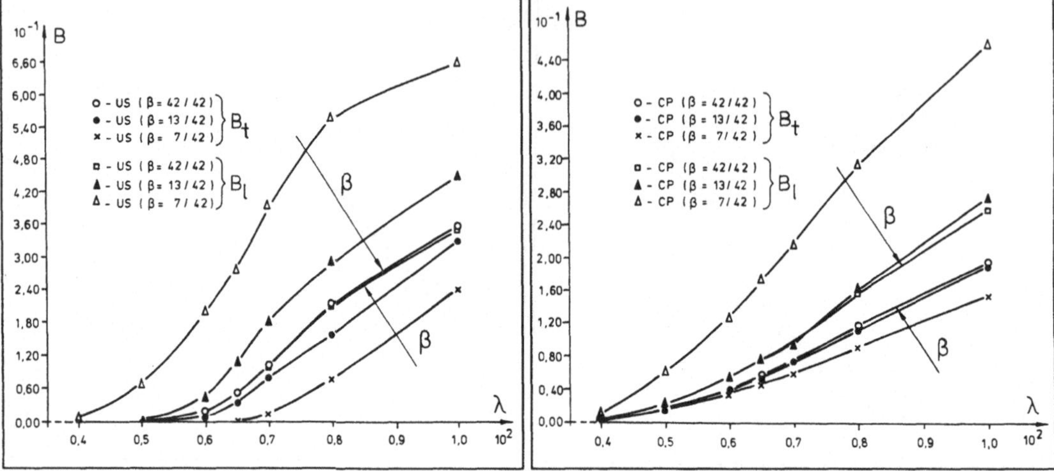

Fig. 6. The influence of an IBL together with unrestricted sharing on the total loss probability

Fig. 7. The influence of an IBL together with complete partitioning on the total loss probability

In case of US the delay for both packet classes can be reduced by an IBL only at medium load because of shorter queues resulting of less traffic amount (This is not illustrated here because of limited space). At low load a limitation isn't necessary and therefore a significant improvement cannot be expected. At high load queue length are at the maximum again, so that a reduction of the delay isn't possible. In case of CP, however, the mean queue length cannot be decreased essential by an IBL. Therefore a reduction of the packet delay which is already small might not be expected in this case.

3.5. Investigations on different systems

Investigations with other system parameters are done (values see table 1) to confirm the obtained results. The results of these investigations are not illustrated by diagrams here.

First the influence of the total number of buffers K_Σ on the loss probability and the delay for all considered flow control rules is determined (**model 2**). The loss probability decreases with growing number of buffer as expected. The delay, however, increases because of enlarged waiting queues. The differences between the considered flow control rules US, MA and SR are as more significant as smaller the buffer pool is. On the other hand the advantage of CP becomes more important in case of a great buffer pool. Summarizing the number K_Σ of buffers in the node has nearly linear numerical influence on the characteristic traffic values but does not influence the principle behaviour of the considered flow control rules significant.

Especially this point changes in case of an asymmetric routing table (values see table 1). This investigation bases on a system (**model 3**) with two overloaded outgoing channels. In this case the total loss is much greater than in case of symmetric routing tables. At $\lambda = 100$ B_{tot} reaches about 70% for US and about 42% for CP and SR, but even at medium load ($\lambda = 60$) B_{tot} is about 50% for US and 30% for CP and SR. The results show that CP brings best results even with overloaded channels if the loss probability is considered. If US is used all buffers are occupied by the overloaded channels, so that there are no free buffers at the node entry and at outgoing lines which are not overloaded. This is the same effect as in case of symmetric routing tables (model 1) and demonstrates the necessity of a CQL. In opposite to the result obtained with model 1, SR now brings the same results as CP with model 3. Here blocking occur mainly at the overloaded lines. Under consideration of the system parameters the not overloaded lines can use a free buffer pool (in this model $K_{\Sigma} - K_{1,max} - K_{2,max} > 0$) even if SR is used so that the loss probability of those lines can be reduced to zero nearly. The advantage of SR depends on a special situation and cannot be generalized (in case of no free buffers the blocking increases rapidly). The load factor ρ of the system as defined in section 3.3 remains nearly at the same level for US but reaches the double value for CP if model 3 is taken into account.

A combination of the considered rules with an IBL brings nearly the same relative values as in model 1, but even if CP is used B_t cannot be reduced under 35% for $\lambda = 100$ because the load factor of the overloaded lines is greater than 1.

In case of asymmetric routing table and symmetric line capacities the best performance can be obtained using CP. In this case an IBL is only of small influence on the performance values.

3.6. New rules

Sometimes attempts are made to optimize the performance values of a system of the considered kind. But it is seldom possible to optimize more than one value without changing another one into the wrong direction. For example the packets delay is optimal for all input ratio λ if CP is used in a node basing on the model described in section 2 (see fig. 5). If CP is used up to a value of $\lambda = 67$ the course of the loss probability is disadvantageous than if other flow control rules are applied (see fig. 4). Up from this value of λ, CP is the best rule even under the condition that the loss probability is to be optimized. At low load, however, a higher CQL brings better results than a strict limitation used by CP as it is described in section 3.4.

This reflection leads to the assumption that a dynamic controlled CQL could improve the system performance if only the loss probability is watched. In this section a dynamic rule (**DR**) is presented which controls the CQL depending on the number of occupied buffers k_x in the hole node. The control function is shown in fig. 11. If the node is empty the DR acts in the same way as US, there is no queue limitation. With increasing buffer occupation the CQL is reduced down to a value of K_Σ / N as it is used with CP. In this case all buffers have to be occupied.

Fig. 8 shows the course of the total loss probability of packets if DR is used as well as those for US, CP and SR. It can easily be seen that the new dynamic rule combines the advantages of SR at low load and those of CP at high system load if only the loss probability is considered. The delay of packets is the same for SR and DR at low load which can be expected if the loss probability is watched (see fig. 8). At medium load ($\lambda \approx 65$) the course of the delay is between those of SR and CP but did not reach the low value of CP. Each improvement of blocking has to be paid by a worsening of the delay because of longer queues.

The influence of an IBL together with DR is investigated in the same way as with the known flow control rules. In this case the protection of transit packets against overload from local packets is more effective as it was if CP is used (compare fig. 7 and 9). But even with DR the loss probability of local packets increases more rapidly at low load than it was necessary if the system is designed for a good protection at high load.

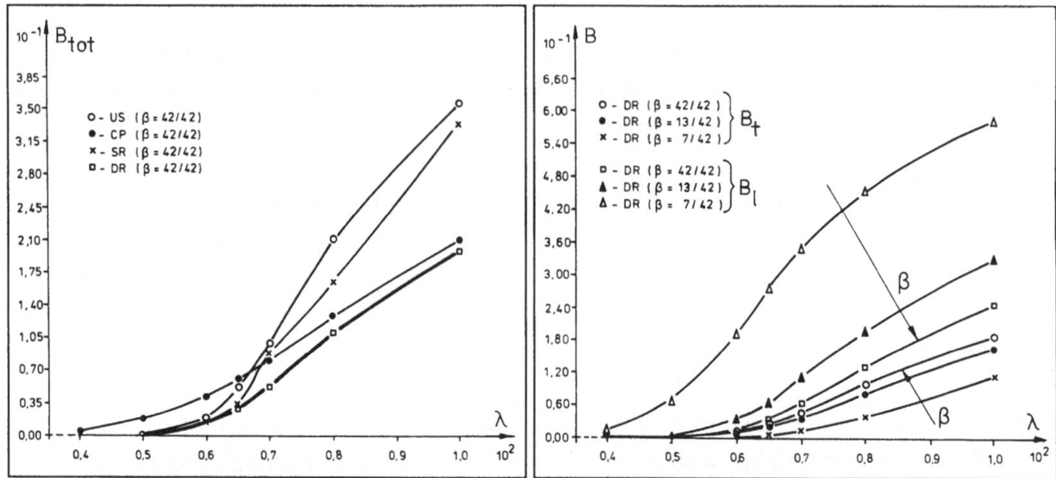

Fig. 8. *The total loss probability for different flow control rules and a new rule with a dynamic CQL*

Fig. 9. *The influence of an IBL together with a new dynamic rule on the total loss probability*

If such a protection is demanded the next step is to control the IBL e.g. also by the number of occupied buffers, too. Such a double dynamic flow control rule (**DD**) which combines a simultaneous control of the CQL and an IBL is presented now. The control functions are shown in fig. 11. If no buffer is occupied an IBL isn't necessary ($K_1 = K_\Sigma$). With increasing buffer occupation the IBL is reduced more and more down to zero in the case of total buffer occupation.

Fig. 10 shows the comparison of the results for DR combined with an IBL (values see table 1) and those for DD. Applying DD an improvement of B_l can be obtained at low load without worsen B_t significant.

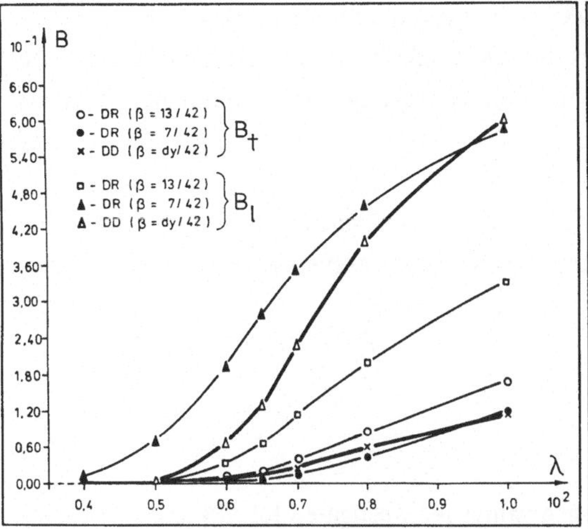

Fig. 10. The influence of an IBL together with a new dyn. rule on the total loss prob. in comparison with a new double dyn. rule

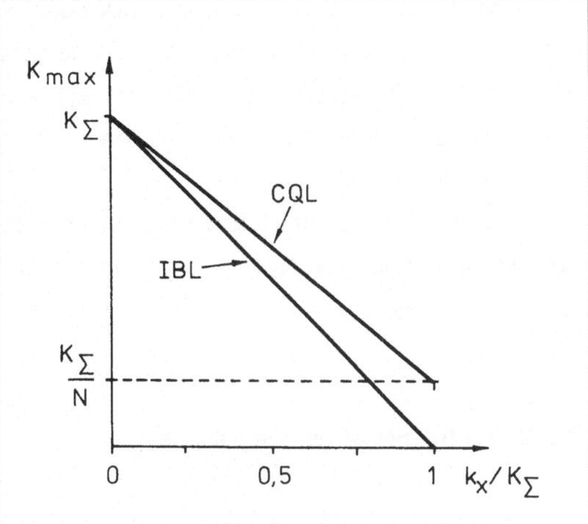

Fig. 11. The control functions for a dynamic CQL and a dynamic IBL depending on the number k_x of occupied buffers

Nevertheless the performance values of a system of the considered kind may not be optimal if the new flow control rules are used, a significant improvement can be obtained. The control functions are of a simple kind and control by the number k_x of occupied buffers of the hole pool can be realized easier than e.g. a control by the traffic amount. Summarizing the presented dynamic rules demonstrate the possibility to improve the system performance especially at medium load without a great implementation needed.

3.7. Investigations on a symmetric queueing network

The results of the investigations on a homogeneous network are shown in fig. 12.

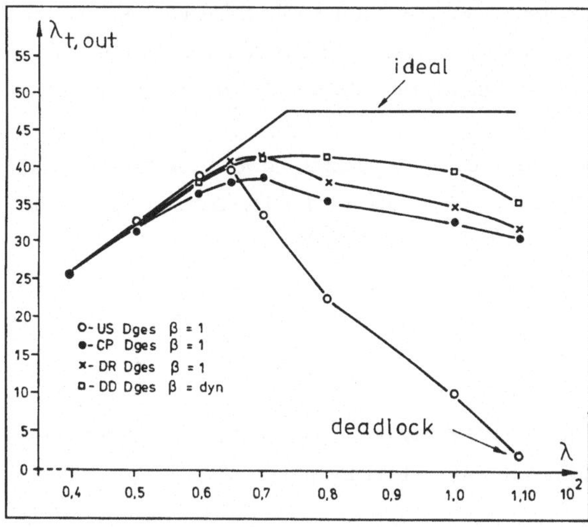

Fig. 12.

The total loss probability of transit packets in homogeneous networks for different flow control rules

From fig. 12 it can be seen that network deadlocks can be prevented if CP-, DR- or DD-rules are applied. As a remarkable effect the DD-rule shows the best approximation to the ideal curve of the network throughput. The application of dynamic flow control schemes in computer networks has proved to be reliable in this investigation likewise.

It has to be pointed out clearly that not all cases of a real network are taken into account in the presented model. Therefore it is necessary to investigate these problems using more complex network models.

3.8. The influence of service packets

The influence of service packets on the performance values is investigated for US and DR basing on the node model. Service packets have the highest priority and are, in opposite to other packets, sent again (retry) to the OBs after the time $T_R = 1 / \mu_{i,s}$ if they are gone lost. A loss therefore can only occur if a service packet could not be accepted by an OB if the time T_C has elapsed and a new actual service packet arrives or if an arriving service packet finds no free buffer at the node entry. Together this causes a very small loss probability of service packets B_s if there are a free buffer pool.

In this study two different values of the update period T_C are considered (1 sec and 0.5 sec). If DR is used, the obtained values for B_s of about 10^{-4} are within the interval of the calculation inexactness. The loss probabilities for transit and local packets, however, increase measurable but insignificant if service packets are taken into account. For $\lambda = 100$ the increase of the loss probabilities is about 1% in case of $T_C = 1$ sec and about 2% in case of $T_C = 0.5$ sec. The modest increase is caused by the short packet length of service packets.

Using US, a total buffer occupation can occur as described in section 3.4. In this case there are no free buffers at the node entry and as a consequence a blocking even of service packets takes place. The loss probability B_s of 34% for $\lambda = 100$ therefore is nearly the same as for other traffic classes.

The influence of service packets on the delay of transit and local packets, however, is moderate for both rules because of the short length of service packets. The additional delay in case of US is less than about 5%. For DR a significant influence on the delay couldn't be determined.

3.9. Distribution functions of the delay

Fig. 13 shows the distribution functions of the total node delay of all packet classes exemplary for the double controlled routing rule. The distributions for other rules are similar.

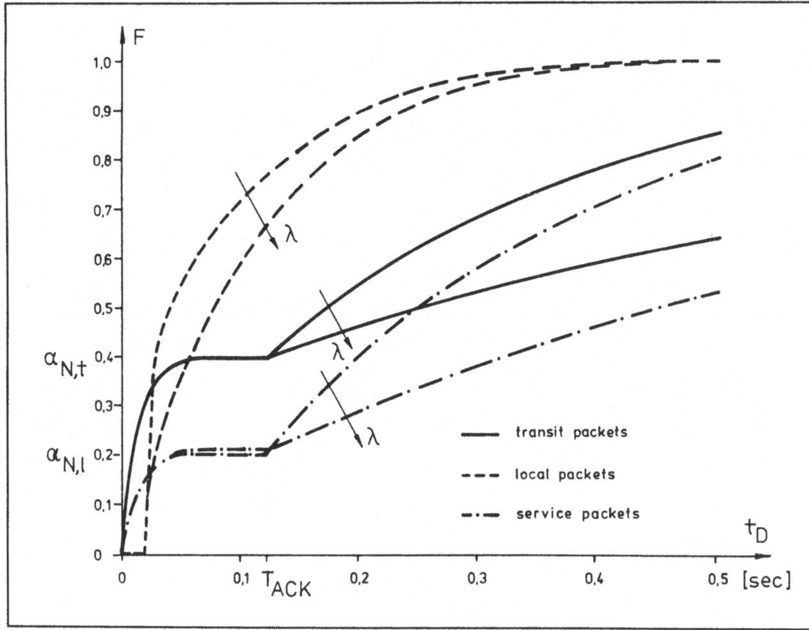

Fig. 13.

The distribution functions of the total packet delay for all traffic classes

Service packets are considered to have constant length. Therefore a minimum delay which consists of the service time of the distributor and a channel server can be found. Furthermore, service packets have the highest priority, therefore they don't have to wait longer in an OB than the service period of the current packet in the server. In the case of an idle server at the arriving time there is even no waiting time. Beside the waiting time spent in OBs, an additional delay occurs because of the retries of sending service packets to outgoing queues by the D. Such retries occur only at high system load if an OB reaches its maximum length. Together this is the reason for the strong increase of the distribution function at the beginning at low load ($\lambda = 40$). With growing traffic intensity the probability that an arriving service packet finds an idle server goes down and as a consequence the delay increases.

Transit and local packets, however, are considered to have neg.-ex. distributed length which is in mean five times longer than service packets. Therefore no minimum delay exists. Those parts ($\alpha_{N,t}$, $\alpha_{N,l}$) of the packets which leave the node to local terminals aren't to be acknowledged. Because of the high speed of the local server, packets to local terminals have relatively short delay ($t_D < T_{ACK}$ in this case). Packets sent to neighbouring nodes, however, have to be acknowledged. The minimum delay for these packets therefore is T_{ACK}. The distribution function increases starting from T_{ACK} more slowly than the part for packets to local terminals. This is caused by the less speed of the outgoing channels and the timeout probability (some packets have double, threefold,... service time). High system load has only small influence on the delay for packets to local terminals because of the high channel speed and the short waiting queue reasoned by this. The delay of packets to outgoing channels, however, increase with growing λ. The relatively slow channels cause a fast enlargement of the waiting queues in this case.

4. Conclusion

In this paper a comparison study of know flow control rules on hop and network access level basing on a complex node model and on a homogeneous network model is presented. The investigation of simultaneously active flow control rules on two above-mentioned levels is a additional contribution to existing results in this field.

As a result this study shows that a dynamic flow control rule on hop level together with the IBL method on network access level can be advantageous in communication networks.

The knowledge obtained in this work will be examined in further studies on more complex network models. It would be desirable to pay attention especially on the detection and resolving of store-and-forward deadlocks if the presented flow control mechanism are applied.

References

[1]   Gerla M., Kleinrock L.: Flow Control: A Comparative Survey, IEEE Trans. on Commun, vol Com-28, no. 4, April 1980, pp. 553-574

[2]   Irland M.: Buffer Management in a Packet Switch, IEEE Trans. on Commun., vol. Com28, April 1978, pp. 328-337

[3]   Kamoun F., Kleinrock L.: Analysis of Shared Fintie Storage in a Computer Network Node Environment Under General Traffic Conditions, IEEE Trans. on Commun., vol. COM-28, no. 7, July 1980, pp. 992-1003

[4]   Yu L., Majithia J.: An Analysis of One Direction of Window Mechanism, IEEE Trans. on Commun., vol. COM27, no.5, May 1979, pp. 778-788

[5]   Reiser M.: A Queueing Network Analysis of Computer Communication Networks with Window Flow Control, IEEE Trans. on Commun., vol. COM-27, no. 8, Aug 1979, pp. 1199-1209.

[6]   Pujolle G.: Comparison of Some End-to-End Flow Control Policies in a Packet Switching Network, INRIA Raport de Recherche, no1, Jan. 1980

[7]   Wong Y.: Flow Control in Message-Switched Communication Networks, Computer Communications, vol. 1, no. 2, April 1978, pp. 67-74

[8]   Schwartz M., Saad S.: Analysis of Congestion Control Techniques in Computer Communications Networks, Proc. Int. Symp. Comp. Networks, Versailes, France, Feb. 79, pp. 113-130

[9]   Georganas N.: Modelling and Analysis of Message-Switched Computer Communication Networks with Multilevel Flow Control, Computer Networks, vol. 4, no. 6, Dec. 1980, pp. 285-294

[10] Lam S., Reiser M.: Congestion Control of Store-and-Forward Networks by Input Buffer Limits, IEEE Trans. on Communication, vol COM-27, no. 1, Jan 1979, pp. 127-133

[11] Majithia J. et al.: Experiments in Congestion Control Techniques, Proc. Int. Symp. Flow Control Comput. Networks, Versailles, France, Feb. 1979

[12] Sunshine A.: Transport Protocols for Computer Network, in Protocols and Techniques for Data Communications Networks, F. Kuo, Ed. Englewood Cliffs, NJ: Prentice-Hall, 1980

[13] Harbitter A., Tripathi S.: A Model of Transport Level Flow Control, ACM, vol. 11, no. 4, 1982, pp. 222-232

[14] Carlson, D. E.: Bit-Oriented Data Link Control Procedures, IEEE Trans. on Commun., April 1980, pp. 455-467

[15] Lam, S.: Store-and-Forward Buffer Requirements in a Packet Switching Network, IEEE Trans. on Commun., vol. COM-24, no. 4, April 1976, pp.394-403

[16] Rudin, H., Mueller, H.: Dynamic Routing and Flow Control, IEEE Trans. on Commun., vol. COM-28, no. 7, July 1980, pp. 1030-1039

[17] Shannon, R. E.: Systems Simulation: The Art and Science, Prentice-Hall, 1975

[18] Mertsch, M. K.: On Performance Analysis and Selection Criteria of Random Number Generators for Simulations, Proc. Int. Teletraffic Congress, Turino, Italy, June 1988

WARTEZEIT BEIM ZUGRIFF AUF DEN D-KANAL EINES ISDN-
BASISANSCHLUSSES MIT SIGNALISIER- UND PAKETVERKEHR

Xuan Huy Pham

Standard Elektrik Lorenz AG
Alcatel Gruppe
D 7000 Stuttgart 40, F.R.G.

Die Durchlaufzeit von Signalisiernachrichten auf dem D-Kanal ist eine wichtige Leistungskenngrösse. Bei einem ISDN-Basisanschluß (BA) mit einer Mehrgerätekonfiguration hängt die Durchlaufzeit von den folgenden Aspekten ab: dem Zugriffsverfahren am D-Kanal, der Datenflußsteuerung des D-Kanal-Protokolls, dem Implementierungskonzept (Rechner und Programme) und der Mischung aus Signalisiers- und Paketdaten. In diesem Beitrag werden die Einflüsse des D-Kanal-Zugriffsverfahrens auf die gesamte Durchlaufzeit unter Berücksichtigung des Paketverkehrs untersucht.

1. EINLEITUNG

Für den Zugang zu dem zukünftigen Telekommunikationsnetz sowie zu dessen zugehörigen Diensten ist aus der Sicht des Benutzers die S_o-Schnittstelle des ISDN Basisanschlusses die wichtigste Schnittstelle. An diesen Basisanschluß können bis zu 8 Endgeräte mit unterschiedlichen Dienstmerkmalen und Betriebsarten angeschlossen werden. Über zwei B-Kanäle mit einer Bitrate von je 64 Kb/s können zwei Endgeräte mit jeweils einer unabhängigen leitungsvermittelten Verbindung betrieben werden. Über den D-Kanal mit einer Bitrate von 16 Kb/s werden hauptsächlich Signalisiernachrichten zur Steuerung von Verbindungsvorgängen und zur Aktivierung von Dienstmerkmalen für die aktiven Endgeräte übertragen. Da der Signalisierverkehr für die heute verfügbaren Dienste den D-Kanal nur sehr gering belastet (Verkehrsangebot für Signalisierung liegt nach der CCITT Empfehlung Q.543 unter 0.01 Erlang), ist es sinnvoll, die verbleibende Übertragungskapazität für paketvermittelten Datenverkehr zu nutzen. Der Paketverkehr darf allerdings die Dienstgüte des Signalisierverkehrs nicht wesentlich beeinträchtigen.

In /7/, /8/ und /11/ wurden Einflüsse paketierter Nutzdaten unterschiedlicher Anwendungen auf die Verzögerungszeit von Signalisiernachrichten beim Verbindungsauf- und abbau untersucht. In diesem Beitrag wird die Wartezeit beim Zugriff auf den D-Kanal unter Berücksichtigung von Paketverkehr analysiert. Die mittlere Wartezeit für jedes aktive Endgerät - signalisierendes oder paketübertragendes Endgerät- wird einzeln ermittelt.

Das Berechnungsverfahren beruht darauf, daß für das Zugriffsverfahren ein nicht unterbrechendes Prioritätswartesystem mit nichterschöpfender, zyklischer Abfertigung innerhalb jeder Prioritätsklasse angenommen wird. Die anschliessende Ableitung der mittleren Wartezeit basiert auf einem approximativen Ansatz von Boxma und Meister nach /1/.

Anhand einiger numerischer Beispiele werden dann die unterschiedlichen Einflüsse auf die Wartezeit von Signalisiernachrichten

aufgezeigt. Einfluß haben zum einem die anderen konkurrierenden End-
geräte mit Signalisierverkehr und zum anderen die paketübertragenden
Endgeräte. Man kann in einigen Fällen erkennen, daß durch ungünstige
Auslegung der Verkehrsparameter am der S_o Schnittstelle recht hohe
Wartezeiten für die Signalisiernachrichten enstehen können, die un-
ter Umständen den Hauptanteil an der Verzögerung eines kompletten
Verbindungsaufbaus ausmachen können.

2. DAS ZUGRIFFSVERFAHREN AUF DEN D-KANAL

Bei einem ISDN-Basisanschluß können bis zu 8 Endgeräte (TEs, Terminal Equipment) gegenseitig um den Zugriff auf den D-Kanal
konkurrieren. Die TEs können technisch in ein multifunktionales Endgerät integriert werden, Sie müssen sich jedoch beim Zugriff auf den
D-Kanal jede einzeln um die Zuteilung des Kanals mit der in der DBP-
Spezifikation 1TR 230 /9/ beschriebenen Prozedur bewerben. Es handelt sich hier also um einen flexiblen verteilten
Zugriffsmechanismus, dessen Intelligenz ganz in den TEs und nicht in
einer zentralen Steuereinrichtung steckt. Die TEs werden eindeutig
durch eine TEI Adresse identifiziert (siehe /9/). International ist
diese Zugriffsstrategie in den CCITT-Empfehlungen I.430-I.431 /4/
und Q.920-Q.931 /5/ festgelegt. Demnach soll die Zugriffsprozedur
die folgenden Eigenschaften haben:

o TEs mit Signalisierverkehr sollen gegenüber denjenigen mit
   Paketverkehr bevorzugt werden.

o Bei konkurrierenden TEs mit gleichartigem Verkehr muß die
   Erfolgswahrscheinlichkeit beim Zugriff für alle sendewilligen
   TEs gleich sein (Faire Behandlung).

Das folgende Beispiel in Bild 2.1 soll zeigen, wie die TEs beim Zugriff auf den D-Kanal agieren. Es wird angenommen, daß die Schicht
L1 (physikalische Verbindung) bereits aktiviert ist und daß alle TEs
zum Betrachtungszeitraum sendewillig sind. Die Zugriffsprozedur besteht aus 2 aufeinanderfolgenden Phasen:

a) Abfrage der Sendeberechtigung:

Ein sendewilliges TE kann seine Nachricht auf den D-Kanal versuchs-
weise aussenden (ohne Sicherstellung eines Erfolgs), wenn der D-
Kanal frei ist und momentan kein anderes TE mit höherer Priorität
sendewillig ist. Der Freizustand des D-Kanals wird vom TE durch Abhören des E-Kanals (Echo-Kanal) erkannt, der die auf dem D-Kanal gesendeten Informationsbits wiedergibt. Der Freizustand des D-Kanals
ist durch eine Folge von 8 Einsen ("1"-Bitfolge) charakterisiert.
Beim erstmaligem Zugriffsversuch ist ein TE mit Signalisierverkehr
sendeberechtigt, wenn es eine Bitfolge von mindesten 8 Einsen
erkennt. Bei einem TE mit Paketverkehr muß diese Folge aus 9 Einsen
bestehen (niedrigere Priorität). Nach einem erfolgreichen Sendevor-
gang für eine Nachricht (das heißt eines L2-Frame des D-
Kanalprotokolls) wird die Zahl der geforderten Folge von Einsen um 1
erhöht, also 9 für Signalisierung und 10 für Paket. Diese Maßnahme
soll sicherstellen, daß den noch wartenden TEs mit der gleichen Ver-
kehrsart der D-Kanal zugeteilt wird, bevor das bereits bediente TE
erneut an die Reihe kommt (siehe Bild 2.1).

b) Zugriffsregelung bei konkurrierenden TEs

Sind mehrere TEs mit gleichen Verkehrsarten sendeberechtigt, so
setzt sich dasjenige TE durch, das die längste Folge von Nullen
("O"-Bitfolge) gesendet hat. Bis spätestens zur Übertragung der
"SAPI" (Service Access Point Identifier) bzw. "TEI" Informationen
ist eine Entscheidung über eine erfolgreiche Zuteilung fällig. Die
verbleibenden TEs, die durch Abhören des E-Kanals festgestellt
haben, daß sie eine Zuteilung des D-Kanals nicht erhalten, müssen
ihren Sendeversuch sofort einstellen. Sie horchen jedoch den E-Kanal
weiter ab, bis sie den Freizustand des D-Kanals erkennen. Der Zugriffsversuch wird dann erneut gestartet. Die ganze Prozedur wiederholt sich, bis alle sendewilligen TEs nach einer bestimmten Reihenfolge nacheinander abgearbeitet worden sind.

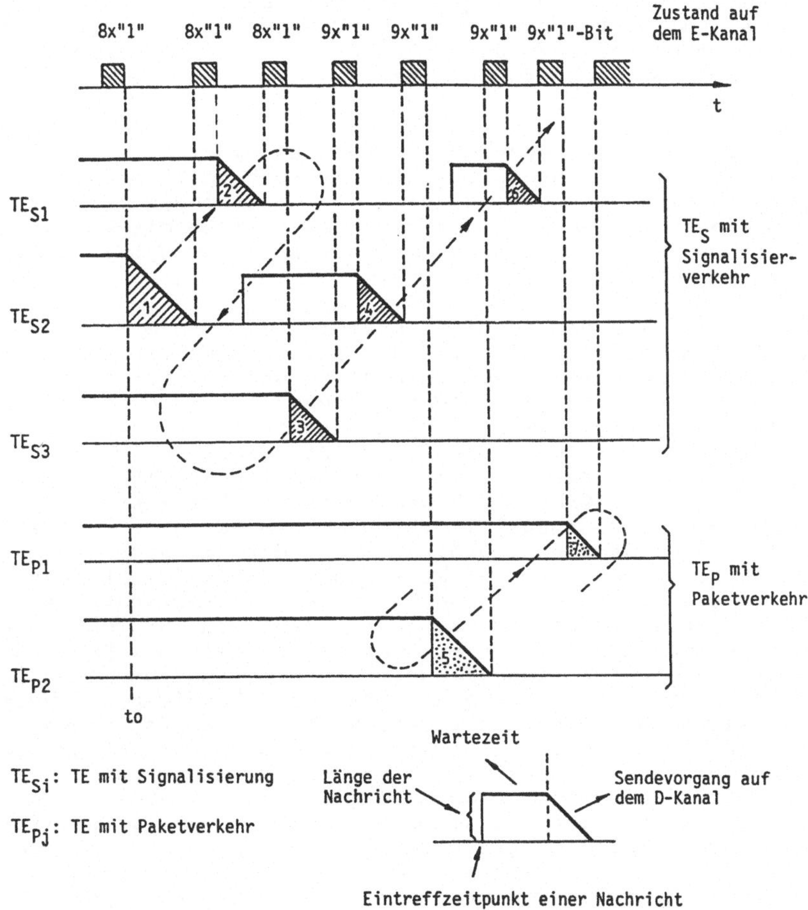

Bild 2.1   Ablauf einer Zugriffsprozedur auf den D-Kanal anhand
eines Beispiels mit 3 signalisierenden und 2 paketübertragenden TEs

2.3 MODELL FÜR DAS ZUGRIFFSVERFAHREN

Durch genaue Analyse des Zugriffs auf den D-Kanal in Bild 2.1 können folgende Eigenschaften erkannt werden :

o   Die Reihenfolge der Abarbeitung konkurrierender TEs mit
    gleichartigem Verkehr geschieht immer zyklisch d.h., daß die
    Zuteilung des D-Kanals nach jeder Übertragung eines Frames von
    einem zum nächsten TE wandert. Dabei kann die zyklische
    Reihenfolge bezüglich des TE-Index beliebig sein. Es wird
    jeweils nur ein Sendewunsch befriedigt.

o   Zwischen signalisierenden und paketübertragenden TEs wird ein
    striktes, nichtunterbrechendes Prioritätsverfahren angewendet.
    Paketnachrichten werden nur dann übertragen, wenn momentan
    keine Signalisiernachricht zu übertragen ist. Konkurrieren
    mehrere paketübertragende TEs untereinander, so werden
    diese auch zyklisch abgearbeitet.

o   Nach jeder erfolgreichen Übertragung eines Frames dauert es
    einen kleinen Zeitabschnitt, bis das nächste TE seinen Frame
    aussenden kann. Dieses ist durch das Abhören des Freizustandes
    des D-Kanals bedingt. In der Regel entspricht dieser Zeitab-
    schnitt der Übertragungszeit eines Frames von 8 bis 10 Bits.

Generell läßt sich das Zugriffsverfahren auf den D-Kanal durch das
Warteschlangenmodell in Bild 2.2 darstellen. Eintreffende Sendeaufträge von den TEs werden, wenn sie nicht unmittelbar bearbeitet werden können, in den entsprechenden Warteschlangen gepuffert. Die Warteschlangen werden in zwei Gruppen unterteilt, denen 2 Prioritätsklassen zugeordnet werden. Die Gruppe mit signalisierendem Verkehr,
bestehend aus n TEs (ab jetzt mit der Bezeichnung TE_{si}), hat die höhere Priorität. Die Gruppe mit Paketverkehr, bestehend aus m TEs (ab
jetzt mit der Bezeichnung TE_{pj}), hat die niedrigere Priorität. Die
Zahlen n und m müssen so gewählt werden, daß die Summe (n+m) maximal
gleich 8 ist. Das Prioritätsverfahren ist nichtunterbrechend
(NONPRE). Die Abfertigung innerhalb jeder Prioritätsklasse kann
durch eine zyklische Polling-Strategie (ähnlich CSMA/CD) , die nicht
erschöpfend (NONEXHAUSTIVE) ist, dargestellt werden. Es wird aus jeder nicht leeren Warteschlange bei jeder Kanalzuteilung nur eine
Nachricht bearbeitet. Für die analytische Behandlung des Modells in
Bild 2.2 wird angenommen, daß der gesamte Ankunftsprozess in jeder
Warteschlange poissonverteilt ist. Der gesamte Ankunftsprozess besteht sowohl aus Signalisierdaten von dem TE selbst als auch aus
Sendeaufträge, die bedingt durch das D-Kanal Protokoll generiert
werden z.B. Quittungen, zu wiederholende Pakete ... Es wird weiterhin angenommen, daß die effektive Nachricht sich aus der ursprünglichen Nachricht und den Abhorchbits (8-10 Bits) zusammensetzt. Für
den Pollingmechanismus innerhalb jeder Prioritätsklasse ist keine
Umschaltzeit anzusetzen. Der Ausgabeprozess der Übertragungszeit der
Nachrichten ist allgemein mit dem Mittelwert T_{si} bzw. T_{pi} und mit
dem Variationskoeffizient C_{si} bzw. Cpi verteilt. Für die Übertragung
auf dem D-Kanal sind sämtliche Verwaltungszeiten vernachlässigbar.

631

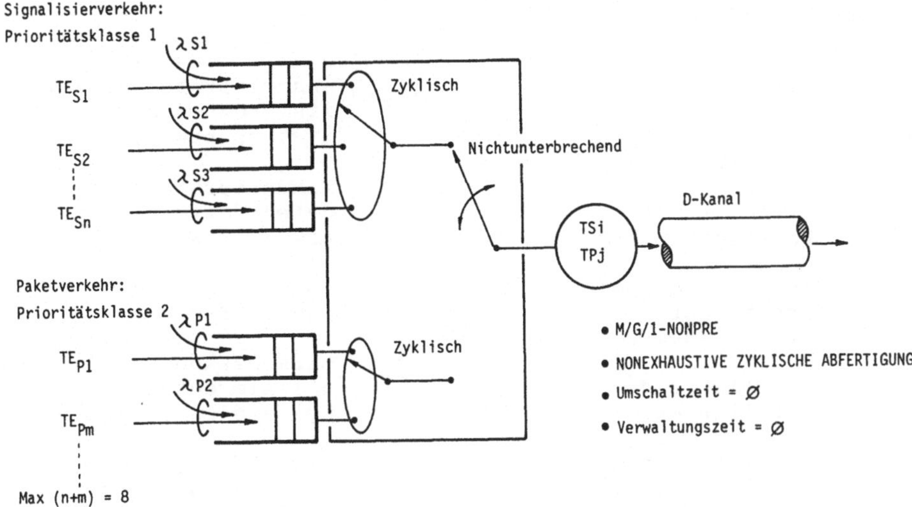

Bild 2.2   Warteschlangenmodell für das Zugriffsverfahren auf den D-Kanal

3. BERECHNUNG DER WARTEZEIT

Gemäß dem Modell in Bild 2.2 werden nun die mittleren Wartezeiten einzeln für alle aktiven Signalisier- und Paket-Terminals am S-Bus ermittelt. Das Berechnungsverfahren beruht auf einem approximativen Berechnungsansatz von Boxma und Meister /1/, der für die Berechnung der mittleren Wartezeit einer strikt zyklischen nicht erschöpfenden Abfertigungsstrategie mit vernachlässigter Umschaltzeit angewendet wurde. Die Formel für die mittlere Wartezeit (Gl.20 in /1/) muß hier für ein Prioritätssystem mit zwei Prioritätsklassen erweitert werden. Weitere Arbeiten zu diesem Thema sind in /3/ und /11/ beschrieben. Die Näherungsformeln müssen die folgenden Vorraussetzungen erfüllen :

Bedingung 1. Für n=1 und m=0 oder n=0 und m=1 gilt die exakte Formel eines M/G/1-Systems.

Bedingung 2. Die Formeln sind exakt für ein vollsymmetrisches System, bei dem alle TEs die gleiche Ankunftsrate und gleiche Nachrichtenlänge sowohl für Signalisier- als auch für Paketverkehr haben.

Bedingung 3. Die jeweiligen Summen der gewichteten mittleren Wartezeiten für den Signalisier- und Paketverkehr sind nach dem Ansatz in /1/ exakt gleich denen eines Prioritätssystems vom Typ M/G/1 mit zwei Prioritäts- klassen (siehe Gl.16).

Bedingung 4. Die Summation aller gewichteten mittleren Wartezeiten des gesamten Zugriffssystems entspricht der exakten Formel für ein klassisches M/G/1 Modell (Gl.17).

Abkürzungs- und Symbolliste:

TE	Terminal Equipment	λ_s, λ_{si}	Ankunftsrate der Signalisierdaten des ganzen Systems bzw. der WS Q_{si}
TE_{si}	i-tes TE mit Signalisierverkehr		
TE_{pj}	j-tes TE mit Paketverkehr	λ_p, λ_{pi}	Ankunftsrate der Paketdaten des ganzen Systems bzw. der WS Q_{pj}
TEI	Terminal Endpoint Identifier (L2 D-Kanal Protokoll)	λ	Ankunftsrate des ganzen Systems
$\overline{T}$	Mittelwert der Zufallgrösse T	ρ_s, ρ_{si}	Verkehrsangebot der Signalisierdaten des ganzen Systems bzw. der WS Q_{si}
$M_2\{T\}$	2-tes Nullmoment der Zufallgrösse T	ρ_p, ρ_{pj}	Verkehrsangebot der Paketdaten des ganzen Systems bzw. der WS Q_{pj}
WS	Warteschlange	ρ	Verkehrsangebot des ganzen Systems
Q_{si}	i-te Warteschlange für die Signalisierdaten		
Q_{pj}	j-te Warteschlange für die Paketdaten	TW_{si}	Wartezeit einer Signal. Nachricht in der WS Q_{si}
T_{si}	Übertragungszeit einer Signalisiernachricht der Warteschlange Q_{si}.	TW_{pj}	Wartezeit einer Paket-Nachricht in der WS Q_{pj}
T_{pi}	Übertragungszeit einer Paketnachricht der Warteschlange Q_{pj}.	C_{si}	Variationskoeffizient der Länge von den Signal. Nachrichten in der WS Q_{si}
		C_{pj}	Variationskoeffizient der Länge von den Paket-Nachrichten in der WS Q_{pj}

3.1 MITTLERE WARTEZEIT für SIGNALISIERNACHRICHTEN

Die mittlere Wartezeit $\overline{TW}_{si}$ für eine Signalisiernachricht in der Warteschlange Q_{si} läßt sich durch die folgende Summe ermitteln:

$$\overline{TW}_{si} = \overline{TR}_s + \overline{W}_{si} \cdot \overline{TC}_{si} \qquad (1).$$

$\overline{TR}_s$ in Gl.(1) ist die angetroffene mittlere Restzykluszeit. $\overline{TR}_s$ besteht generell aus zwei Zeitanteilen. Der erste Anteil ist die angetroffene mittlere Restverarbeitungszeit, die für die abschliessende Übertragung der sich in Verarbeitung befindenden Nachrichten benötigt wird. Der zweite Anteil betrifft die Zeitspanne unmittelbar nach der eben genannten Restverarbeitungszeit, bis die betrachtete Warteschlange noch in demselben Zyklus bedient wird. Das Produkt $\overline{W}_{si} \cdot \overline{TC}_{si}$ beschreibt die Anzahl kompletter Zyklen mit einer mittlerer Zykluszeit $\overline{TC}_{si}$, die vor der Verarbeitung der Testnachricht noch ausgeführt werden. $\overline{W}_{si}$ ist die mittlere angetroffene Länge der Warteschlange Q_{si} und $\overline{TC}_{si}$ ist die mittlere Zeitdauer, die mit der bedienung von Q_{si} beginnt und mit dem Zurückkehren zu Q_{si} endet. Für die mittlere Warteschlangenlänge $\overline{W}_{si}$ gilt der Ausdruck

$$\overline{W}_{si} = \lambda_{si} \cdot \overline{TW}_{si} \tag{2}.$$

Durch Einsetzen von Gl.(2) in (1) ergibt sich für $\overline{TW}_{si}$ die Formel

$$\overline{TW}_{si} = \frac{\overline{TR}_s}{(1 - \lambda_{si} \cdot \overline{TC}_{si})} \tag{3}$$

Für die Berechnung von $\overline{TR}_s$ und $\overline{TC}_{si}$ werden nun gemäß dem Ansatz in /1/ die folgenden Approximationen eingeführt:

1. Approximation : Es gilt die Annahme ,daß $\overline{TR}_s$ unabhängig von dem Index i und damit gleichgroß für alle Warteschlangen mit Signalisierverkehr ist

2. Approximation : Die mittlere Bedienzykluszeit $\overline{TC}_{si}$ besteht aus den Verarbeitungszeiten der Testnachricht selbst und den möglichen Nachrichten der anderen Warteschlangen, die in dem Bedienzyklus vorkommen:

$$\overline{TC}_{si} = \overline{T}_{si} + \sum_{\substack{i \neq j}}^{n} \alpha ij \cdot \overline{T}_{sj} \tag{4}$$

Für den Term αij, der die Wahrscheinlichkeit für das Auftreten einer Nachricht des Typs j in dem Bedienzyklus bedeutet, gilt wie auch in /1/ und /3/ die Approximation

$$\alpha ij \approx \lambda_{sj} \cdot \overline{TC}_{si} \tag{5}$$

Durch Einsetzen der GL.(5) in GL.(4) ergibt sich für $\overline{TC}_{si}$

$$\overline{TC}_{si} \approx \frac{\overline{T}_{si}}{(1 - \sum_{\substack{j \neq i}}^{n} \lambda_{sj} \cdot \overline{T}_{sj})} \tag{6}.$$

Durch Einsetzen der GL.(6) in Gl.(3) und entsprechende Umformung ergibt sich für die mittlere Wartezeit einer Signalisiernachricht der Ausdruck :

$$\overline{TW}_{si} = \overline{TR}_s \cdot \frac{(1 - \rho_s + \rho_{si})}{(1 - \rho_s)} \tag{7}$$

mit ρ_s als Gesamtangebot für den Signalisierverkehr

$$\rho_s = \sum_{j=1}^{n} \rho_{sj} = \sum_{j=1}^{n} \lambda_{sj} \cdot \overline{T}_{sj} \tag{8}$$

Der Term $\overline{TR}_s$ in Gl.(7) ist eine weitere Variable, die in Verbindung mit dem ganzen System mit zwei Prioritätsklassen durch Erfüllung der oben angegebenen Voraussetzungen bestimmt werden kann. TR_s wird in Abschnitt 3.3 hergeleitet.

3.2 MITTLERE WARTEZEIT für PAKETNACHRICHTEN

Die mittlere Wartezeit einer Paketnachricht, die mit den Signalisier- oder anderen Paketnachrichten beim Zugreifen auf den gemeinsamen D-Kanal konkurriert, kann entsprechend zur GL.(1) durch die folgende Summe ermittelt werden :

$$\overline{TW}_{pu} = \overline{TR}_p{}^* + \overline{W}_{pu} \cdot \overline{TC}_{pu}{}^* \tag{9}$$

$\overline{TR}_p{}^*$ entspricht dem Term $\overline{TR}_s$ in GL.(1) und bedeutet die Restzeit von der Ankunft der Testpaketnachricht bis zur Bedienung der zugehörigen Warteschlange Qpu. Der Term $\overline{TR}_p{}^*$ läßt sich gemäß dem Überlagerungsprinzip von Signalisier- und Paketvorgänge wie folgt zerlegen:

$$\overline{TR}_p{}^* = \overline{TR}_p + \overline{TS}(<\overline{TR}_p{}^*) + \overline{TS}(>\overline{TR}_p{}^*) \tag{10}$$

Darin bedeutet $\overline{TR}_p$ die mittlere Restzykluszeit für den reinen Paketverkehr (ohne Signalisierung).

$\overline{TS}(<\overline{TR}_p{}^*)$ ist die Summe der Verarbeitungszeiten aller bereits eingetroffenen höherpriorisierten Signalisiernachrichten, die vor der Testpaketnachricht verarbeitet werden.

$$\overline{TS}(<\overline{TR}_p{}^*) = \sum_{j=1}^{n} \overline{W}_{sj} \cdot \overline{T}_{sj} = \sum_{j=1}^{n} \rho_{sj} \cdot \overline{TW}_{sj} \tag{11}$$

$\overline{TS}(\rangle\overline{TR}_p{}^*)$ ist die Summe der Verarbeitungszeiten aller während des Wartezeitsanteils $\overline{TR}_p{}^*$ der Testpaketnachricht eintreffenden höherpriorisierten Signalisiernachrichten, die wegen der höheren Priorität vor der Testpaketnachricht verarbeitet werden müssen.

$$\overline{TS}(\rangle\overline{TR}_p{}^*) \;=\; \sum_{j=1}^{n} \lambda_{sj}\cdot\overline{TR}_p{}^*\cdot\overline{T}_{sj}$$

$$=\; \overline{TR}_p{}^* \;\cdot\; \sum_{j=1}^{n} \rho_{sj}$$

$$=\; \overline{TR}_p{}^* \;\cdot\; \rho_s \tag{12}$$

Das Produkt $\overline{W}_{pu}\cdot\overline{TC}_{pu}{}^*$ entspricht dem Produkt $\overline{W}_{si}\cdot\overline{TC}_{si}$ in Gl.(1) und bedeutet die Summe der Verarbeitungszeiten aller in der Warteschlange Qpu bereits wartenden Paketnachrichten. Nach der gleichen Überlegung wie bei der Ableitung der Gl.(11) ergibt sich für $\overline{TC}_{pu}{}^*$ die folgende Summe:

$$\overline{TC}_{pu}{}^* \;=\; \overline{TC}_{pu} \;+\; \overline{TS}(\rangle\overline{TC}_{pu}{}^*) \tag{13}$$

$\overline{TC}_{pu}$ ist die mittlere Bedienzykluszeit des reinen Paketverkehrs (ohne Signalisierung).

$\overline{TS}(\rangle\overline{TC}_{pu}{}^*)$ ist die Summe der Verarbeitungszeiten aller während des Wartezeitanteils $\overline{TC}_{pu}{}^*$ der Testpaketnachricht eintreffenden höherpriorisierten Signalisiernachrichten, die wegen der höheren Priorität vor der Testpaketnachricht verarbeiten werden müssen.

$$\overline{TS}(\rangle\overline{TC}_{pu}{}^*) \;=\; \rho_s \;\cdot\; \overline{TC}_{pu}{}^* \qquad \text{nach Gl.(12)} \tag{14}.$$

Auch hier ergibt sich für die reine Paketbedienzykluszeit $\overline{TC}_{pu}$ durch Benutzung der 2. Approximation im Abschnitt 3.1 der folgende Ausdruck:

$$\overline{TC}_{pu} \;=\; \frac{\overline{T}_{pu}}{(1 - \rho_p + \rho_{pu})} \tag{15}$$

Durch Einsetzen der Gl.(14), (15) in Gl.(13) und Gl.(11), (12) in in Gl.(10) und mit der entsprechenden Umformung der Gl.(9) ergibt sich für die mittlere Wartezeit einer Paketnachricht die Gleichung

$$\overline{TW}_{pu} \;=\; \frac{\left[\, \overline{TR}_p(1-\rho_s) + \overline{TR}_s\left(\, 1-\rho_s{}^2 + \sum_{j=1}^{n} \rho_{sj}{}^2 \,\right)\right]\,(\, 1-\rho_p+\rho_{pu}\,)}{(1 - \rho_s)\,(1 - \rho_p - \rho_s + \rho_s\cdot\rho_p - \rho_s\cdot\rho_{pu})} \tag{16}$$

wobei $\rho_p = \sum\limits_{u=1}^{m} \rho_{pu}$ das gesamte Paketverkehrsangebot und   (17)

$\rho = \rho_s + \rho_p$, das Verkehrsangebot des ganzen Systems bedeuten (18).

Wie bei $\overline{TR}_s$, kann $\overline{TR}_p$ nur in Verbindung mit dem kompletten System durch Erfüllung der gestellten Kriterien bestimmt werden (siehe Gl.(23)). Es gilt auch die Approximation, daß TR_p von den Indices i (für Signalisierung) und u (für Paket) unabhängig ist.

3.3 ERFÜLLUNG der KRITERIEN für die APPROXIMATION

In diesem Abschnitt sollen die unbekannten Grössen $\overline{TR}_s$ in Gl.(1) und TR_p in GL.(9) anhand der gestellten Kriterien ermittelt werden. Dazu müssen die erwähnten Bedingungen 3 und 4 (siehe Abschnitt 3) erfüllt werden, die lauten:

a) Die totale mittlere Wartezeit für den Signalisierverkehr, als die gemittelte Summe über alle Signalisierwarteschlangen und die totale mittlere Wartezeit für den Paketverkehr als die gemittelte Summe über alle Paketwarteschlangen sollen der Grundformel eines Prioritätssystems mit 2 Prioritätsklassen nach /5/ entsprechen. Danach gilt

$$\sum_{u=1}^{m} \frac{\rho_{pu}}{\rho_p} \cdot \overline{TW}_{pu} = \frac{1}{(1-\rho)} \cdot \sum_{i=1}^{n} \frac{\rho_{si}}{\rho_s} \cdot \overline{TW}_{si} \qquad (19).$$

b) Die Summe aller über das gesamte Wartesystem gewichteten mittleren Wartezeiten soll gemäß dem Erhaltungsgesetz /10/ exakt die Formel eines M/G/1 Wartesystems ergeben. Danach gilt

$$\sum_{i=1}^{n} \frac{\rho_{si}}{\rho} \cdot \overline{TW}_{si} + \sum_{u=1}^{m} \frac{\rho_{pu}}{\rho} \cdot \overline{TW}_{pu} =$$

$$\frac{1}{2(1-\rho)} \cdot \left\{ \sum_{i=1}^{n} \lambda_{si} \cdot M_2\{T_{si}\} + \sum_{u=1}^{m} \lambda_{pu} \cdot M_2\{T_{pu}\} \right\} \qquad (20)$$

Durch Lösung der Gl.(20) und (21) ergeben sich für $\overline{TR}_s$ und $\overline{TR}_p$ die folgenden Ausdrücke :

$$\overline{TR}_s = C \cdot \rho_s / 2A \qquad (21)$$

$$\overline{TR}_p = C.(\rho - \rho_s - \rho_s.B + \rho.\rho_s.B) / (B.(1-\rho_s)) \qquad (22)$$

mit den folgenden Substitutionen:

$$A = 2 (\rho_s - \rho_s^2 + \sum_{j=1}^{n} \rho_{sj}^2)$$

$$B = \sum_{v=1}^{m} \frac{(\rho_{pv} - \rho_p.\rho_{pv} + \rho_{pv}^2)}{(1 - \rho + \rho_s.\rho_p - \rho_s.\rho_{pv})}$$

$$C = \{ \sum_{i=1}^{n} \lambda_{si}.M_2\{T_{si}\} + \sum_{u=1}^{m} \lambda_{pu}.M_2\{T_{pu}\} \}$$

Durch Einsetzen der Gl.(22) in Gl.(7) und Gl.(22) und (23) in Gl.(17) werden die mittlere Wartezeiten individuell für jedes Signalisier- und Paketterminal ermittelt. Eine Überprüfung durch das Setzen der folgenden Konstellationen (siehe Bedingung 1)

*) n = 1 und m = 0 (nur ein Signalisierterminal) oder
n = 0 und m = 1 (nur ein Paketterminal)

**) Das System ist vollsymmetrisch (alle Warteschlangen gleichen Verkehrstyps haben gleiche Ankunftrate und gleiche mittlere Nachrichtenlänge)

zeigt unschwer, daß die ermittelte approximative Formel die exakte Formel eines M/G/1 Wartesystems aufweist.

4. NUMERISCHE ERGEBNISSE

In diesem Abschnitt sollen anhand mehrerer typischer Beispiele das qualitative und quantitative Verhalten der mittleren Wartezeit beim Zugriff auf den D-Kanal untersucht werden. Es ist außerdem wichtig, die Parameter zu identifizieren, die Einfluß auf die mittlere Wartezeit von Signalisiernachrichten haben. Für die folgenden Beispiele werden die mittleren Wartezeiten individuell für jede aktive TE errechnet und dargestellt. Einstellbar sind individuell für jede TE, die mittlere Ankunftrate λ_{si} bzw. λ_{pi} und die Länge der Nachrichten. Das Verkehrsangebot ρ_{si} bzw. ρ_{pi} für jedes TE muß so gewählt werden, daß der Erhaltungssatz nach Kleinrock /10/ für den Prioritätswarteraum des Typs M/G/1 erfüllt wird. Danach muß die folgende Bedingung gelten

$$\sum_{i=1}^{n} \lambda_{si}.\overline{T}_{si} + \sum_{j=1}^{m} \lambda_{pj}.\overline{T}_{pj} < 1 \qquad (4.1).$$

Bild 4.1 zeigt die mittlere Wartezeiten für eine ISDN-BA Konfiguration mit n = 2 signalisierenden und m = 2 paketübertragenden TEs. Die Nachrichtenlänge sind negativ exponentiell (neg.-exp) verteilt und haben die gleichen mittleren Nachrichtenlängen von 32 Bytes, die eine Übertragungszeit von 16 ms auf dem D-Kanal benötigen. Das Verhältnis von Signalisier- zu Paketverkehr beträgt 10% zu 90%. Die signalisierenden TEs haben einen Auslastungsanteil von jeweils 2% und 8%, die paketübertragenden TEs entsprechend jeweils 30% und 60%. In Bild 4.2 sind die mittleren Wartezeit bei einem Verkehrsverhältnis von 40% zu 60% für den Signalisierverkehr (jeweils 8% und 32% für die signalisierenden TEs und 20% und 40% für paketbetreibenden TEs) dargestellt. Ein Vergleich der Bilder zeigt deutlich, daß

- die mittlere Wartezeit für signalisierende TEs stark mit wachsendem Anteil an Signalisierverkehr u.a. auch durch andere konkurierrende Signalisierprozesse, steigt .

Für das TEs1 steigt die mittlere Wartezeit bei einer gesamten Verkehrsauslastung des D-Kanals von $\rho = 0.6$ von ca.9.8 ms (bei 10% Signalisieranteil) auf ca.12.4 ms (bei 40% Signalisierungs-anteil). Für das TEs2 ist eine deutliche Erhöhung von ca.10.6 ms auf ca.14 ms wahrzunehmen. Diese Effekt läßt sich durch die gerechte zyklische Abfertigungsstrategie einfach erklären. Die Belastung durch Paketververkehr (Angebot ρ_p) hat wegen dessen niedriger Priorität nur geringen Einfluß auf die mittlere Wartezeit für die Signalisiernachrichten.

In Bild 4.3 sind die mittleren Wartezeiten für die Signalisiernachrichten in Abhängigkeit von der mittleren Paketlängen dargestellt. Bei der behandelten Konfiguration haben die signalisierenden TEs wie in Bild 4.2 einen konstanten Verkehrsanteil von jeweils 8% und 32% des ebenfalls konstanten Gesamtangebots. Die Ankunftrate für Pakete wurde so variiert, daß insgesamt die Verkehrsangebote für Paketdaten gleichbleiben. Der Einfluß auf die mittleren Wartezeiten ist gravierend, insbesondere wenn die mittlere Paketlänge länger als die mittl. Signalisiernachrichten bei stärkerem Paketverkehrsangebot ist. Also steigen die mittleren Wartezeiten schneller mit wachsender Nachrichtenlänge und besonders mit wachsender Paketlänge. Dieses kann durch den nichtunterbrechenden Modus des Zugriffsverfahrens erklärt werden, der eine Nachricht, die einmal dem D-Kanal zugeteilt wurde, unabhängig von deren Priorisierung und deren Länge bis zu Ende überträgt. Diese Erkenntnis führte zu der Einsicht, lange Pakete in mehrere kleine Pakete zu zerkleinern, um eine günstigere mittlere Wartezeit zu erzielen. Das bedeutet ,daß die Ankunftsraten höher werden und mehr Rechnerkapazität in Peripherie und Vermittlungssystem zur Bearbeitung in Anspruch genommen wird. Dieses kann wiederum größere Verzögerungen durch Systemengpässe verursachen. In /7/ und /8/ sind Erkenntnisse entnehmbar, wonach höhere Ankunftsraten die dynamischen Betriebmittel in Hochlastsituationen eher belasten als sich günstig auf die gesamte Verzögerungszeit auswirken.

Ein weiterer wichtiger Einflußparameter auf die mittlere Wartezeit beim Zugriff auf den D-Kanal ist der Variationskoeffizient der Nachrichtenlänge. Je stärker die Streuung der Nachrichtenlänge wird, umso stärker steigen die mittleren Wartezeiten. Im Hochlastbereich ist dieser Effekt sehr deutlich erkennbar. Das Bild 4.4 soll dies verdeutlichen.

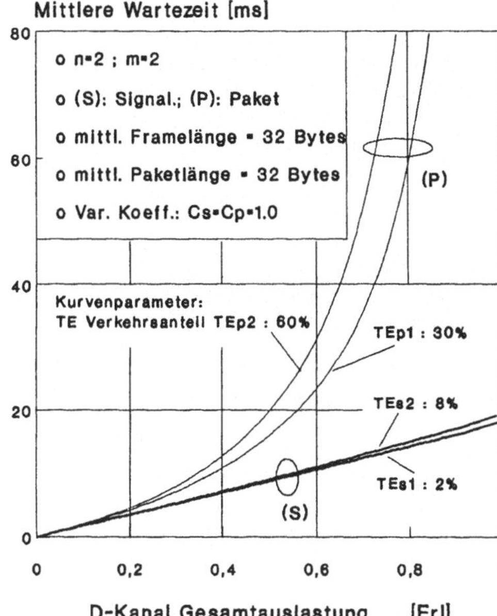

Bild 4.1 Mittlere Wartezeiten nach Gl.(7) und (17) bei 10% Signalisierverkehr und gleich. mittl. Nachrichtenlängen von 32 Bytes.

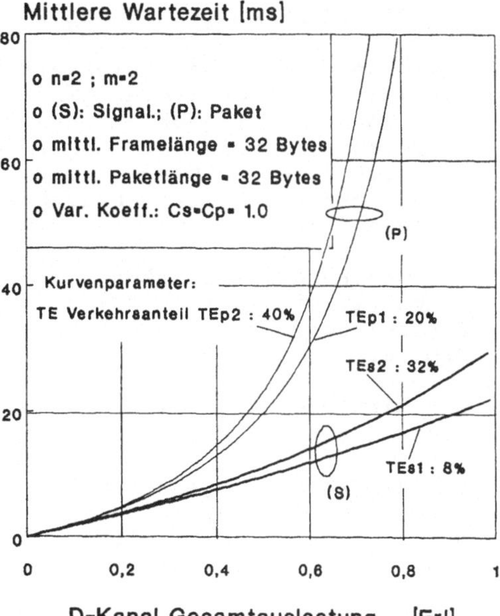

Bild 4.2 Mittlere Wartezeiten nach Gl.(7) und Gl.(17) bei einer gleichen Konfiguration wie Bild 4.1 mit jedoch 40% Signalisierverkehr.

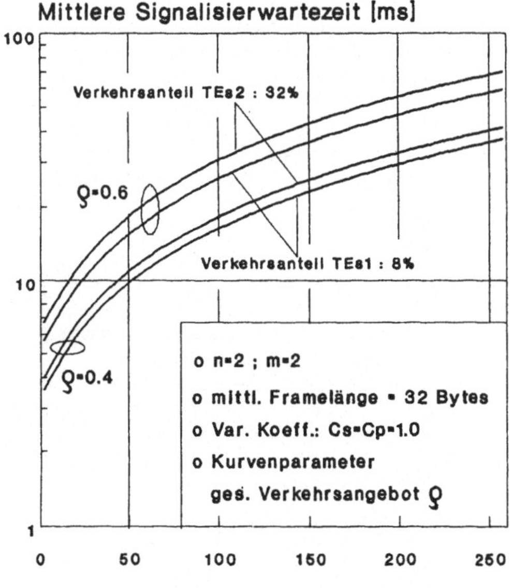

Bild 4.3 Mittlere Wartezeiten für die Signalisiernachrichten in Abhängigkeit von den mittleren Paketlängen .

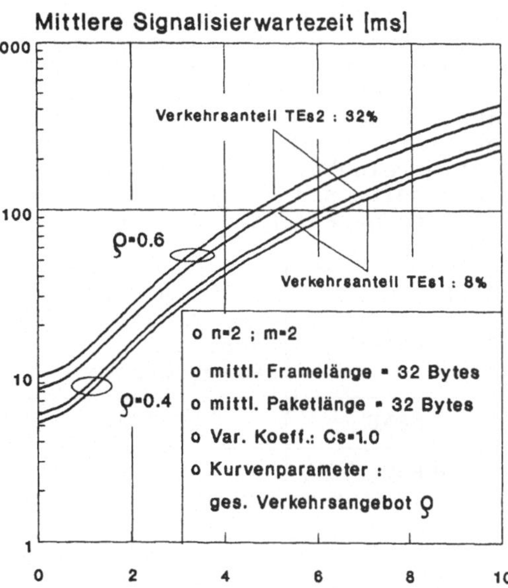

Bild 4.4 Mittlere Wartezeiten für die Signalisiernachrichten in Abhängigkeit von den Variat. Koeff. der Paketlänge.

WARTEZEIT IM REALEN VERKEHRSMODELL

Erfahrungen über Signalisierverkehrswerte in einem ISDN-BA mit Mehrgerätekonfiguration liegen bisher noch nicht vor. Abschätzungen für
diese können nur grob aus den bisher veröffentlichten Arbeiten zu
ISDN-Verkehrsmodellen z.B in /2/ und /6/ abgeleitet werden. Danach
läßt sich die mittlere D-Kanal-Zugriffszeit als Zeitanteil einer
Verbindungsauf- bzw. abbauphase unter der folgenden Annahmen
ermitteln:

- Für den Fernsprechverkehr in den beiden B-Kanälen gilt die
  Signalisierintensität (Ankunftrate) gemäß Annahme der CCITT
  Empfehlung Q.543 von 0.05 Nachrichten/sek und ca. 0.01 Erl
  pro TE.

- Die mittlere Länge einer Signalisiernachricht beträgt 32 Bytes.
  Dies entspricht einer Übertragungszeit von 16 ms.

- Für die Verbindungsaufbauphase werden pro TE eine mittlere
  Anzahl von ca. 10, für die Verbindungsabbauphase ca. 5
  Nachrichten in der Richtung TE zu Vermittlungssystem benötigt.
  (siehe CCITT Empfehlung E.713)

- Für den integrierten Paketverkehr wird von einem Verkehrsangebot von 0.2 E mit einer mittleren Paketlänge von 256 Bytes
  (T_{pu} = 128 ms) und 32 Bytes (T_{pu} = 16 ms) ausgegangen (nach dem
  Verkehrs-modell für Fax, Bildschirmtext und Daten in /2/).

Hier kann man deutlich sehen, daß Paketverkehr mit relativ langen
Paketen gravierende Einflüsse auf den Signalisierverkehr ausübt, obwohl der priorisierte Signalisierverkehr nahezu eine vernachlässig-
bare Verkehrsbelastung aufweist. Es ist daher empfehlenswert, kleinere Pakete zu bevorzugen, um die Durchlaufzeit von Signalisiernachrichten günstiger zu halten. Ein andere wirkungsvollere Maßnahme wäre die Prioritätshandlung für den Signalisierverkehr ausgeprägter
durch einen Unterbrechungsmodus zu gestalten. Hiermit wird mit Sicherheit eine günstigere Durchlaufzeit für die Signalisiernachrichten erreichbar. Der Aufwand in Rechner durch zusätzliche Verwal-
tungszeit und notwendige Änderungen des D-Kanal Protokolls (L1 und
L2 Prozeduren) wird jedoch steigen.

VERBINDUNGS-	MITTLERE ZUGRIFFSZEIT		
PHASE	ohne Paketverkehr	Paketverkehr mit einer mittl. Länge 32 Bytes	256 Bytes
AUFBAU	~ 0,1 ms	~ 36 ms	~ 270 ms
ABBAU	~ 0,05s	~ 18 ms	~ 135 ms

Tab .1 Mittl. D-Kanal-Zugriffzeiten beim Verbindungsauf- bzw. abbau

5. ZUSAMMENFASSUNG UND AUSBLICK

In diesem Beitrag wurde das Zugriffverfahren an der S_0-Schnittstelle
eines ISDN Basisanschlußes mit Mehrgerätekonfiguration untersucht.
Es wurde gezeigt, daß das Konkurrenzverhalten beim Zugang zum D-
Kanal, an dem mehrere signalisierende und paketübetragende Endgeräte
beteiligt sind, durch ein nichtunterbrechendes Prioritätswartesy-

stems mit zyklischer Abfertigungsstrategie innerhalb jeder Prioritätsklasse modelliert wird. Daraus wird anhand eines approximativen
Ansatzes, der durch die Arbeiten in /1/ und /3/ bekannt ist, die
mittlere Durchlaufzeit individuell für jedes beteiligte Endgerät
ermittelt. Die Abhängigkeiten der Durchlaufzeiten vor allem für Signalisiernachrichten wurden anhand einiger Beispiele aufgezeigt. Einfluß auf die mittlere Wartezeit für Signalisiernachrichten haben vor
allem die Paketlänge und deren Schwankungen. Insgesamt kann man
sagen, daß die Wartezeit beim Zugriff zum D-Kanal beim derzeit abzu-
sehenden Signalisierverkehr ohne Paketverkehr vernachlässigbar klein
ist. Die Wartezeit für Signalisierprozesse kann durch Integration
von Paketverkehr mit langen Paketen bei der Betrachtung eines vollständigen Verbindungsaufbaus durch das gesamte Netz dominierend
werden. Abhilfe kann man dadurch schaffen, daß nur kleinere Pakete
übertragen werden oder eine unterbrechende Prioritätsstrategie zugunsten der Signalisiernachrichten eingeführt wird.

LITERATUR

/1/   O.J Boxma, B. Meister: Waiting Time Approximation in Multi Queue Systems
        with Cyclic Service, Performance Evaluation, Vol. 7(1987), pp. 59-70.

/2/   A. Buchheister, K.-H. Grabowski, R. Lehnert, W. Urmoneit: Beitrag zu einem
        Verkehrsmodell für ISDN Teilnehmer, ITG-Fachbericht 100, Berlin 1988.

/3/   W. Bux, H.L. Truong: Mean Delay Approximation for Cyclic-Service Queueing
        Systems, Performance Evaluation 3,8-1983, pp. 187-196.

/4/   CCITT: Digital Access Signalling System, Red Book, Volume VI, Fascicle
        VL.7 and VL.8, Recommendations Q.920-Q.9 International Telecommunication
        Union, Geneva (1985).

/5/   A. Cobham, Priority Assignement in Waiting lines Problems, Journal of
        the Operation Research Society of Amerika 2,1, Februar 1954, pp. 70-76.

/6/   G. Fiche, D. Le Corguille, C. Le PALUD, Traffic Models for an ISDN
        switching System, Proceeding 4 of the ITC 12, Turin 1988.

/7/   W. Fischer, E.-H. Göldner: Performance of the ISDN Use Network Interface
        for Signalling and Packetized Used-Data Transfer, Proceedings of the
        ISS, Phoenix (1987).

/8/   W. Fischer: Analytic Modelling of Single Link, Multi-LAP Connections
        with Application to the ISDN User-Network Access, Procceding 5 of the
        ITC 12, Turin 1988.

/9/   FTZ Technische Richtlinie 1TR 230, ISDN Spezifikation der Schnittstelle
        So Schicht 1, Februar 1987.

/10/   L. Kleinrock, Queueing Systems, Volume 1: Theory, Volume 2 : Computer
        Applications, Wiley, London 1976.

/11/   P.J. Kühn, Multi-Queue systems with nonexhaustive cyclic service,
        Bell Syst. Tech. Journal 58 1979, pp. 671-698.

/12/   Jila Seraj: The impact of service Mixtures on the ISDN D-Channel Load,
        Proceeding of the 5th ITC-Seminar on Traffic Engineering for ISDN Design
        and Planning, Como, Italy, 1987.

Modellierung und Leistungsuntersuchung
von LDDI und FDDI

Gabriele Rupprecht
ComConsult Kommunikationstechnik
D-5100 Aachen

Zusammenfassung

In dieser Arbeit werden Leistungsgrenzen für die beiden HSLAN's LDDI und FDDI
untersucht. Die Entwicklung von Modellen für die Leistungsermittlung dieser HSLAN's
werden beschrieben und anschließend die Ergebnisse, die per Simulation ermittelt wurden,
gegenüber gestellt. Der Schwerpunkt der Arbeit liegt dabei auf LDDI, da dieser Normungsvorschlag im Gegensatz zu FDDI in der Literatur wenig beachtet wurde.

1.Einleitung

Das Unterkommitee des American National Standard Institute ANSC X3T9.5 gibt zwei
verschiedene Standards für High Speed Local Networks heraus, das Fiber Distributed
Data Interface (FDDI) und das Local Distributed Data Interface (LDDI). FDDI definiert
einen Lichtleiter-Ring für 100 Mbit/s, der für den Medienzugang ein Token-Passing-
Verfahren verwendet. LDDI hat ein Koaxialkabel als Übertragungsmedium, auf dem mit
einer Datenrate von 70 Mbit/s übertragen wird. Es verwendet eine Stern-Konfiguration
mit einem maximalen Knotenabstand von 90 Metern und maximal 16 anschließbaren
Netzknoten. LDDI ist für die hohe, regelmäßig verteilte Arbeitslast von Backend-Netzen
konzipiert, während in /DANT87/ der Einsatz von FDDI in Backbone-Netzen vorgeschlagen wird.

Im Folgenden wird die Leistungsfähigkeit dieser beiden Netze untersucht. Dazu wird ein
LDDI-Netz und ein FDDI-Netz modelliert. Anschließend werden die Modelle simulativ
auf ihre Leistungsgrenzen hin untersucht und die Ergebnisse gegenüber gestellt.

2.   LDDI

Die Entwicklung von LDDI wurde durch die Diskrepanz zwischen der Lese- und Schreib-
geschwindigkeit von Magnetplattenspeichern (>20 Mbit/s und Kopf) und I/O-Interfaces
motiviert (/BURR83/). Bei der zunehmenden Dezentralisierung auch in Computerräumen
mußte ein Interface geschaffen werden, das den Verarbeitungsgeschwindigkeiten von
Massenspeichern gerecht wurde. Mit Parallel-Bus-Interfaces lassen sich hohe Transferraten
erzielen, sie scheiden aber wegen der geringen Distanz, die sich mit ihnen überbrücken
läßt, aus. Die Entwicklung ging zu einem Broadcast-Netz, auf dem ein dezentraler
Medienzugriff erfolgt.

Die meisten der heute für diese Anwendung verfügbaren Interfaces sind herstellerspezifische Lösungen. Am bekanntesten ist wohl das Produkt der Firma Network Systems Corp., der HYPERchannel. Die Normungsvorschläge für LDDI wurden lange Zeit durch dieses Produkt beeinflußt (/BURR83/, /BURR84/). Inzwischen haben sich die Standardisierungaktivitäten für LDDI (/LDDI86/) in eine andere Richtung entwickelt. Aus diesem Grund werden zuerst einige Besonderheiten von LDDI vorgestellt.

2.1 Besonderheiten der LDDI Protokolle

Im Normungsvorschlag von LDDI /LDDI86/ werden die netzabhängigen Ebenen des ISO-Referenzmodells festgelegt. Die Spezifikation von /LDDI86/ umfaßt Teile des Network Layer, ein Data Link Layer und ein Physical Layer Protokolls.

2.1.1   Network Specific Sublayer

Für LDDI ist ein paralleles Übertragungsmedium spezifiziert, damit die Übertragung auch bei Ausfall eines Kabels noch erfolgen kann. Die Auswahl des Mediums (Path A oder Path B), auf dem die Übertragung stattfinden soll, erfolgt auf dieser Ebene. Sie kann automatisch erfolgen, wobei ein statistischer Lastausgleich für die beiden Pfade vorgenommen wird, oder der Pfad kann explizit von den Protokollen der höheren Ebenen festgelegt werden.

Eine Besonderheit des Protokolls dieser Ebene ist das sogenannte Path Multiplexing. Mit dieser Option können beide Pfade gleichzeitig benutzt werden, z.B. senden auf Pfad A und Empfangen auf Pfad B. Voraussetzung dafür ist allerdings, daß die Komponenten für Data Link Layer und Physical Layer doppelt vorhanden sind, da der Verwaltung des Empfangspuffers inclusive der Fehlerbehandlung dieser Ebene zugeordnet wird. Damit ist die "Intelligenz"" eines programmierbaren Controllers erst ab dieser Ebene nötig. Alle Funktionen der darunterliegenden Ebenen können durch Hardware realisiert werden.

2.1.2   Data Link Layer

Jedes Paket muß sofort nach dem Empfang quittiert werden ("Immediate Response"). Es wird keine logische Verbindung zwischen Sender und Empfänger eines Paketes aufgebaut. Damit ähnelt der Sende- und Quittungsmechanismus von LDDI dem LLC Type 3 von IEEE.

Dem MAC-Sublayer von LDDI sind hier nur Adreßfilterung und die Bereitstellung des Übertragungsrahmens zugeordnet, jedoch nicht das eigentliche Medienzugriffsverfahren. Dieses, ein Carrier Sense Multiple Access with Collision Avoidance (CSMA/CA)-Verfahren, wird im Physical Protocol Sublayer durchgeführt. In /LDDI86/ wird ausdrücklich betont, daß dies eine Aufgabe der physikalischen Ebene ist, da der Medienzugriff ausschließlich von dem Vorhandensein, bzw. der Abwesenheit eines Signals auf dem Medium abhängt. Im Gegensatz dazu wird ein Medienzugriffsverfahren, das mit dem Inhalt einer Signalfolge (z.B. einem Token) arbeitet, der Ebene 2 zugeordnet. In diesem Punkt ist die IEEE anderer Ansicht. Sie ordnet das Medienzugriffsverfahren auch bei ihrem Standard 802.3 (CSMA/CD) dem MAC-Sublayer, also der Ebene 2 zu.

2.1.3   Physical Protocol Sublayer

Im Physical Protocol Sublayer wird das Medienzugriffsverfahren, "Carrier Sense Multiple Access with Collision Avoidance" (CSMA/CA) durchgeführt. Grundlage des hier verwendeten CSMA/CA-Verfahrens ist ein Timeslot. Die Länge diese Slots ist so gewählt, daß ein Netzknoten in dieser Zeit feststellen kann, ob ein anderer Netzknoten mit einer Übertragung begonnen hat. Alle Netzknoten, die übertragen möchten, beginnen Timeslots zu zählen, die nach dem frei werden des Mediums verstreichen. Dieser Zählvorgang wird abgebrochen, wenn das Medium belegt wird und nach dem Freiwerden erneut gestartet.

Der erste Timeslot wird als "Priority Access Oportunity" (PAO) bezeichnet. Er ist in erster Linie für die Übertragung der Quittung für ein empfangenes Paket bestimmt. Die folgenden Timeslots werden zu 16er-Gruppen zusammengefaßt, wobei jedem Timeslot eine Ziffer zwischen 0 und 15, die "Arbitration Slot Number" zugeordnet ist. Die erste Gruppe wird als "Primary Slots" bezeichnet, alle nachfolgenden Gruppen mit "Secondary Slots".

Bei maximal 16 anschließbaren Netzknoten ist die "Arbitration Slot Number" äquivalent zur physikalischen Adresse des Netzknotens. Ein Netzknoten darf im Allgemeinen erst in der Secondary Slot Phase mit der Übertragung beginnen, und zwar:
- nach dem Slot, der seine "Arbitration Slot Number" hat und
- wenn das Medium während des Slot-Zählens frei geblieben ist

War dieser Sendeversuch nicht erfolgreich, wird erneut versucht in der Secondary Slot Phase auf das Medium zuzugreifen. Das folgende Struktogramm gibt einen Überblick über das Zugriffsverfahren bei LDDI (Bild 2.1.3.1). In /LDDI86/ wurde eine Zeitschranke für die Medienzugriffszeit festgelegt. Wenn "Arbitration Timeout" erfolgt, erfolgt eine Meldung an den Data Link Layer, der sie zur Weiterbearbeitung an den Network Specific Sublayer übergibt.

Der Algorithmus ist aufgebaut, der Medienzugriff im Niedriglastfall, d.h. nur ein Netzknoten will senden, in der ersten Secondary Slot-Phase nach dem Sendewunsch. Im Hochlastfall, d.h alle Netzknoten wollen senden, wird dagegen ein logischer Ring aufgebaut, wobei der Nachfolger von Netzknoten 15 der Netzknoten 0 ist.

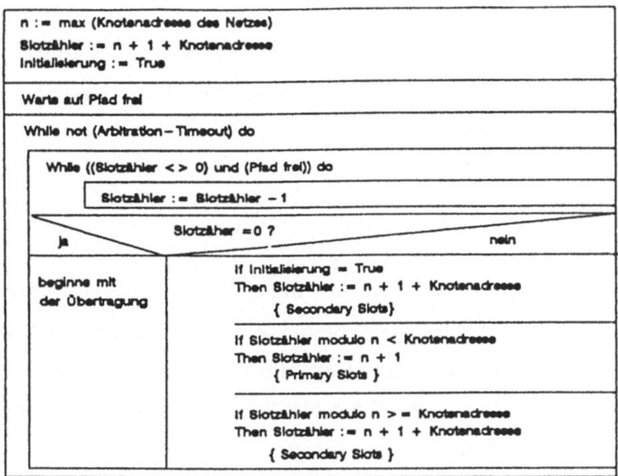

Bild 2.1.3.1 Medienzugriffsverfahren bei LDDI

Zur Übertragung werden dem Data Link Layer zwei verschiedene Dienste angeboten, der "Arbitrated Transmitting Service", bei dem vor jedem Senden das oben beschriebene Medienzugriffsverfahren durchgeführt wird, und der "Priority Transmitting Service", bei dem der Medienzugriff innerhalb der PAO erfolgt. Dieser Dienst ist in erster Linie für die Übertragung von Quittungen gedacht. Er kann aber auch zum Senden einer Folge von Paketen benutzt werden.

Weiterhin wird in diesem Sublayer der Datenrahmen des Data Link Layer mit einer Prä- und einer Postambel versehen. Es wurde explizit festgelegt, daß dieser Datenrahmen byteweise an diesen Sublayer übergeben wird und als seriellen Bitstrom an den Physical Interface Sublayer weitergeleitet wird.

Falls Pfad-Multiplexing im Network Specific Sublayer realisiert wurde, können beide Receiver simultan benutzt werden. Für den Fall, daß beide Kommunikationspartner diese Option anbieten, können zwischen ihnen Übertragungsgeschwindigkeiten von 140 Mbit/s erreicht werden, wenn der Sender beide Pfade zur Übertragung nutzt. Ohne Pfad-Multiplexing auf Ebene 3 muß auf dieser Ebene "Receiver Arbitration" durchgeführt werden. Dies ist ein Verfahren, das entscheidet, welcher Receiver der beiden Pfade A oder B aktiviert bzw. deaktiviert werden soll.

2.1.4 Physical Interface Sublayer

Im Physical Interface Sublayer wird das Übertragungsmedium selbst und das Interface dazu festgelegt. Das Übertragungsmedium ist doppelt verlegt (Path A und Path B). Jeder Pfad besteht aus 2 Koaxialkabeln (einer für das Senden und einer für das Empfangen), jeweils mit einer Übertragungsrate von 70 Mbit/s. Alle Kabel sind auf der einen Seite mit dem Interface der Netzknotens, auf der anderen Seite mit einem passiven Sternkoppler (Hub) verbunden. Das Interface verwendet Manchester Basisband Kodierung zur Signaldarstellung. Außerdem werden hier Connector, Driver, Receiver und eine Uhr spezifiziert.

2.2 Modellierung von LDDI

Aufbauend auf die bisher erfolgte Kurzbeschreibung der LDDI-Protokolle wird die folgende Modellierung eines LDDI-Netzes vorgenommen /RUPP87/. Jeder Netzknoten wird durch zwei Blöcke dargestellt. Der erste Block (Interface) enthält die in /LDDI86/ spezifizierten Ebenen des ISO-Referenzmodells. Er bildet die Schnittstelle des Netzknotens zum Übertragungsmedium (Channel). Alle Teile des Netzknotens, die oberhalb der netzabhängigen Ebenen liegen (Rechner, Peripherieeinheiten oder Terminal, sowie die Protokolle für die höheren Ebenen, soweit vorhanden) werden zur Station zusammengefaßt. Eine verfeinerte Beschreibung der einzelnen Komponenten Channel, Interface und Station erfolgt anhand der folgenden Zustandsdiagramme.

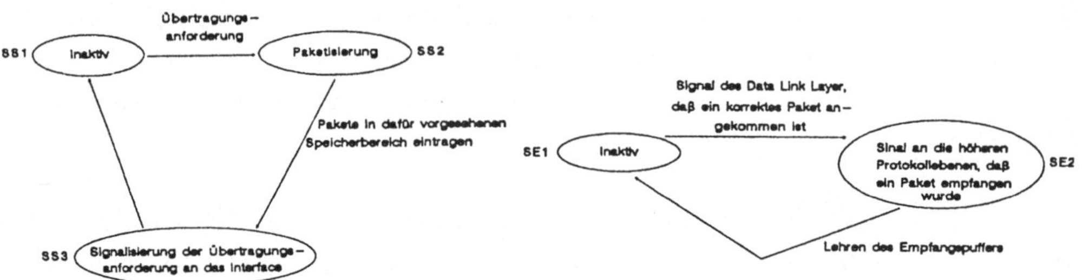

Bild 2.2.1 Zustandsdiagramm der Station für das Senden und Empfangen

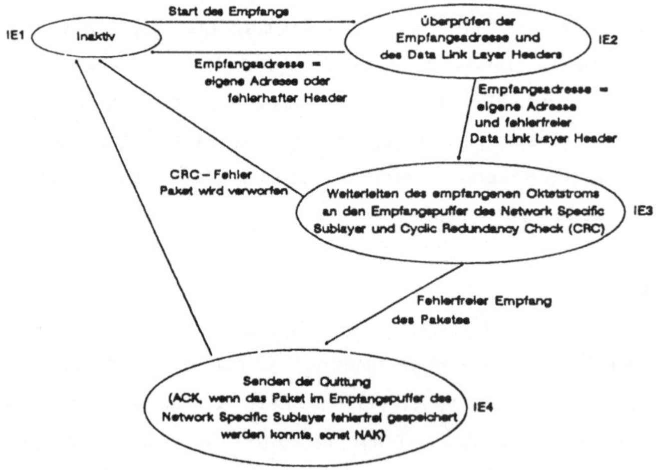

Bild 2.2.2 Zustandsdiagramm des Interfaces für das Empfangen

Bild 2.2.3 Zustandsdiagramm des Interfaces für das Senden

Beim Channel wird zwischen den Zuständen "belegt" und "frei" unterschieden. Für jeden Pfad wird ein eigener Channel angenommen. Die oben beschriebenen Zustandsdiagramme wurden in ein QNAP-Programm (Queueing Network Analysis Package) übertragen und anschließend simulativ untersucht /RUPP87/.

3. Modellierung von FDDI

FDDI wurde vor allen Dingen für zwei Anwendungszwecke entwickelt, erstens als Hochgeschwindigkeitsverbindung zwischen Großrechnern und den dazugehörigen Massenspeichern und zweitens als Backbone-Netz für Netze mit niedrigerer Übertragungsrate wie z.B. IEEE 802.3, 802.4 und 802.5 [ROSS86]. Im Folgenden wird nur die Spezifikation von FDDI-I modelliert. FDDI-II, mit dem größere Mengen synchronen Verkehrs, wie z.B Video und Sprache, übertragen zu können, ist bei einem Leistungsvergleich mit LDDI nicht von Bedeutung. Eine Beschreibung der FDDI-I-Protokolle findet sich in den entsprechenden Standardisierungsvorschlägen (/FDDI-PHY86/, /FDDI-PMD86/, /FDDI-MAC86/, /FDDI-SMT86/, /FDDI-TIM86/) oder in den Arbeiten von /BURR86/, /JOHN86/ und /ROSS86/.

Analog zu den in 2.2 beschriebenen Komponenten Channel, Interface und Station eines LDDI-Netzes, wird das FDDI-Netz wie folgt modelliert /RUDL88/. Die Station arbeitet als Nachrichtenquelle, d.h. sie erzeugt stellvertretend für einen Rechner oder einen Terminalkonzentrator Nachrichten. Zwischen der Erzeugung zweier Nachrichten wird um eine inter-packet-time (9,6 μs) verzögert.

Jedes Interface hat pro Nachrichtenpriorität für den asynchronen Verkehr und für den synchronen Verkehr eine Warteschlange, die von der Station gefüllt wird. Die einzelnen Warteschlangen sind durch eine Flagge verschlossen, die bei Erhalt des Tokens nach den Prioritätsregeln von FDDI geöffnet werden.

Anders als bei LDDI, bei dem der Medienzugriff in den einzelnen Interfaces durchgeführt wurde, wird hier der Medienzugriff vom Channel kontrolliert. Der Channel simuliert das Kreisen des Tokens auf dem Ring und führt über den aktuellen Tokenhalter Buch. Sind für ein Interface die Bedingungen für die Nutzung des Tokens erfüllt, öffnet die Zentralstation das Flagge der entsprechenden Warteschlange. Die Flagge wird von der Zentralstation sofort wieder verschlossen, um zu verhindern, daß weitere Nachrichten gesendet werden. Die Zentralstation kennt den Zeitpunkt des letzten Tokenerhalts der betreffenden Station und kontrolliert so die erlaubte Übertragungsdauer für asynchrone Pakete. Falls keine weiteren Pakete versendet werden dürfen, wird das Token weitergegeben. Das Modell der zentralisierten Verwaltung des Medienzugriffs zeigt Bild 3.1.

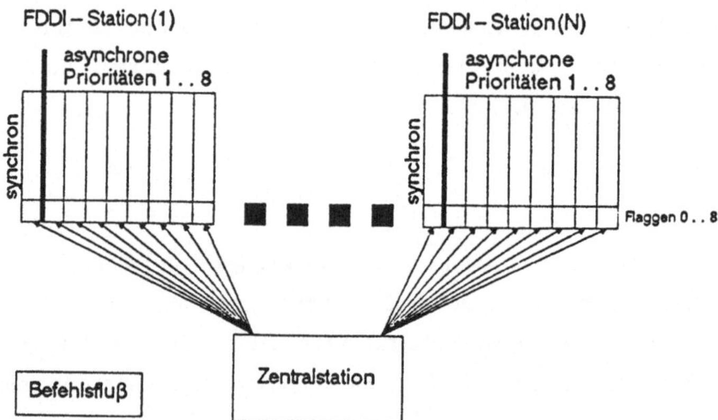

Bild 3.1 Verwaltung des Medienzugriffs

Wenn die Flagge geöffnet wird, wird die Nachricht um die Dauer seiner Übertragung verzögert. Da sich mehrere Nachrichten gleichzeitig auf dem Medium befinden können, erfolgt die Verzögerung in einer Multi-Server-Queue. Die Anzahl der benötigten Server ergibt sich aus der Anzahl der Bits, die sich maximal gleichzeitig auf dem Ring befinden können, auch "Bits in fly" (BIF) genannt, und der minimalen Nachrichtenlänge und errechnet sich aus der folgenden Formel.

$$\frac{\text{Anzahl\_Stationen} * \text{Station\_Delay} + \text{Ausdehnung} * \text{Kabelverzögerung} * \text{Datenrate}}{\text{minimale Nachrichtenlänge} + \text{FDDI\_Overhead}}$$

Nach der Verzögerung durch das Medium wäre in der Realität das letzte Bit der Nachricht in der Zielstation eingetroffen. Die Empfangsseite kann also in diesem Grundmodell unmodelliert bleiben. Die Nachricht wird in der OUT-Queue vernichtet. Der Paketfluß im FDDI-Netz ist in Bild 3.2 dargestellt.

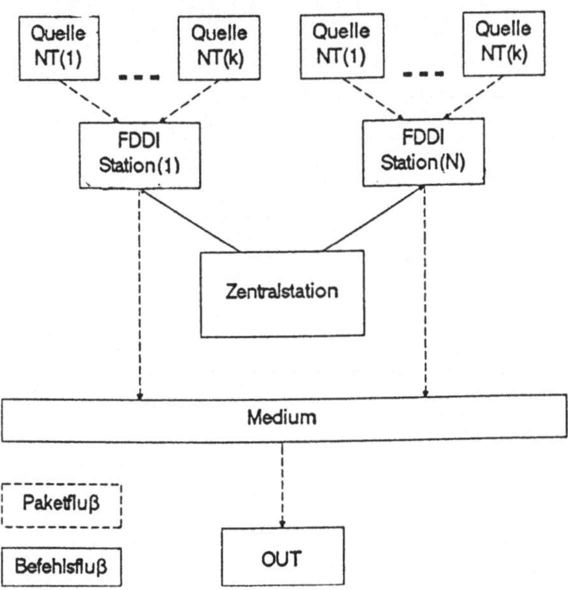

Bild 3.2 Paketfluß im FDDI-Netz

Aufbauend auf das soeben beschriebene Modell wird FDDI als Backbone modelliert (siehe Bild 3.3). Die Interfaces mit ihren verschiedenen Warteschlangen bleiben bestehen. Eine Modellierung der Empfangsseite um Empfangswarteschlangen und eine Erweiterung der Sendeseite wird nötig. Die Nachrichtenquelle, die bisher für einen beliebigen Teilnehmer am FDDI-Ring stand, steht jetzt stellvertretend für das Source-LAN. Dieser Unterschied wirkt sich auf die Zwischenankunftszeiten der Nachrichten aus und kann bei der Modellierung der Nachrichtentypen berücksichtigt werden. Beispielsweise wird den Transfer von Files ein Abstand zwischen den Paketen von 9.6µs festgelegt.

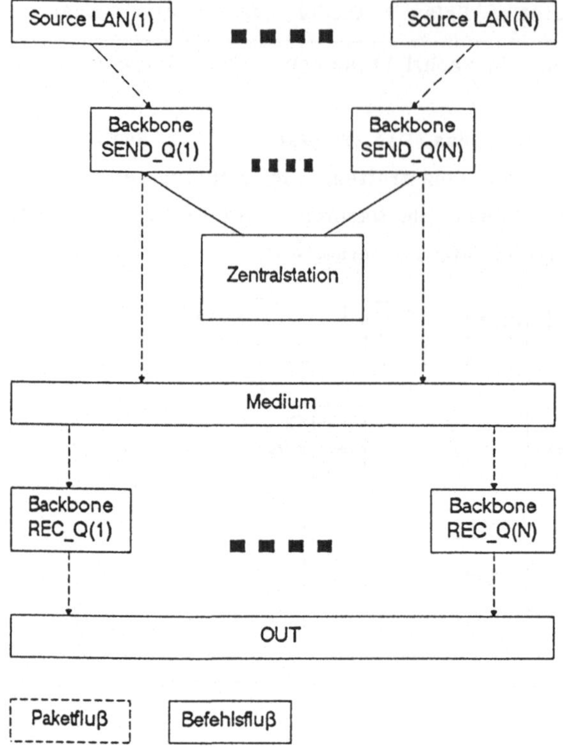

Bild 3.3 FDDI als Backbone

4. Leistungsuntersuchung von LDDI und FDDI

Im folgenden werden die Ergebnisse der Leistungsuntersuchung der hier vorgestellten HSLN's vorgestellt /RUDL88/, /RUPP87/. Für einen direkten Vergleich hätten weitere Simulationsläufe mit einem aufeinander abgestimmten Lastmodell durchgeführt werden müssen. Diese waren aus zeitlichen und organisatorischen Gründen nicht mehr möglich.

4.1 Leistungsuntersuchung für LDDI

Die Simulationsläufe wurden mit dem Ziel durchgeführt Leistungsparameter für das gesamte LDDI-Netz bei verschiedenen Lastparametern zu ermitteln. Es wurden folgende Konfigurationsparameter für das Netz angenommen:

Anzahl der Netzknoten (max): 16
Abstand zwischen Netzknoten und Hub (max): 45 m
Interne Kabellänge: 1,6 m

Weitere Interface-Parameter, wie Länge des Overheads, Timergrößen und Retransmissionsversuche entsprechen den in /LDDI86/ festgelegten Größen.

Bei den im folgenden beschriebenen Versuchen werden Durchsatz und effektive Datenrate, die auf dem Übetragungsmedium gesendet wird, der angebotenen Last gegenüber gestellt. Durchsatz, effektive Datenrate und die angebotene Last werden als prozentualer Anteil der spezifizierten Datenrate (70 Mbit/s) angegeben, wodurch eine Vergleichbarkeit der ermittelten Ergebnisse mit anderen Leistungsuntersuchungen erreicht wird.

Die Versuche wurden jeweils für einen und für zwei Pfade durchgeführt. Die Versuche für LDDI mit einem Pfad sollen die Leistung des Medienzugriffsverfahrens dokumentieren. Sie erlauben weiterhin Rückschlüsse auf die Leistung eines LDDI-Netzes, bei dem Pfad-Multiplexing im Network Specific Sublayer implementiert wurde. Es ist zu erwarten, daß sich die ermittelten Durchsatzraten und effektiven Datenrate verdoppeln.Für zwei Pfade wurde der Receiver Arbitration Algorithmus implementiert. Ein Quittungstimeout ist bei Verwendung von einem Kabel und unter der Annahme, daß das Interface fehlerfrei arbeitet, nicht zu erwarten. Anders ist dies bei der Verwendung von zwei Kabeln und nur der Receiver eines Pfades aktiviert werden kann. In diesem Fall wird beim Senden der Empfänger für die Quittungen dem Pfad zugeordnet, auf dem das Paket übertragen wurde und der Empfänger für Informationspakete blockiert. Pakete die in dieser Zeit ankommen, werden von dem sendenden Netzknoten nicht bemerkt.

4.1.1 Einfluß der Paketlänge auf die Leistung eines LDDI-Netzes

Es werden symmetrische Netzknoten angenommen, d.h. von alle Netzknoten wird die gleiche Last zur Übertragung angeboten. Es werden 3 verschiedene Informationsfeldgrößen untersucht: 128, 512 und 1024 Byte. Die drei verschiedenen Versuche werden mit exponentialverteilten Feldlängen durchgeführt. Weiterhin wird eine expontialverteilte Zwischenankunftsrate der Pakete angenommen.

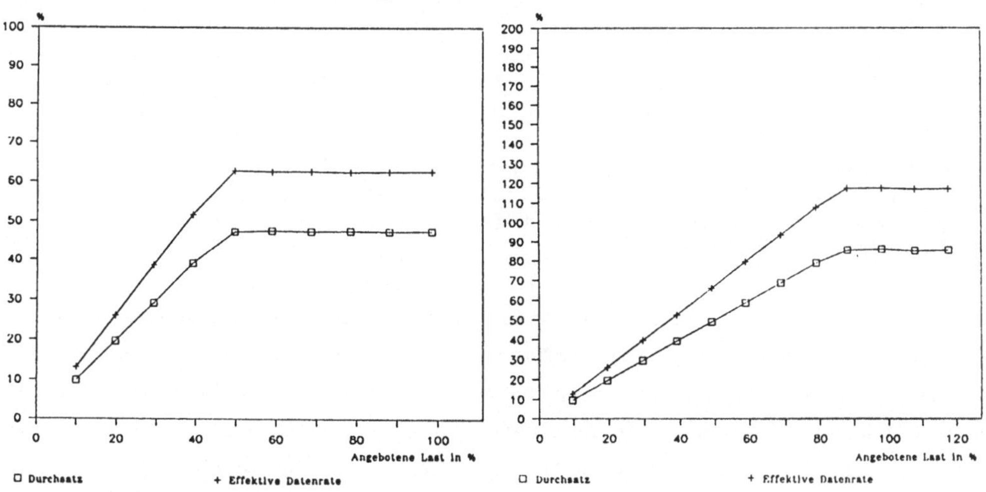

BILD 4.1.1.1 Versuch 1   Bild 4.1.1.4 Versuch 3
    1 Pfad   2 Pfade,
    Durchsatz vs. angeb. Last und Eff. Datenrate vs. angeb. Last
    Feldlänge = 128 Byte

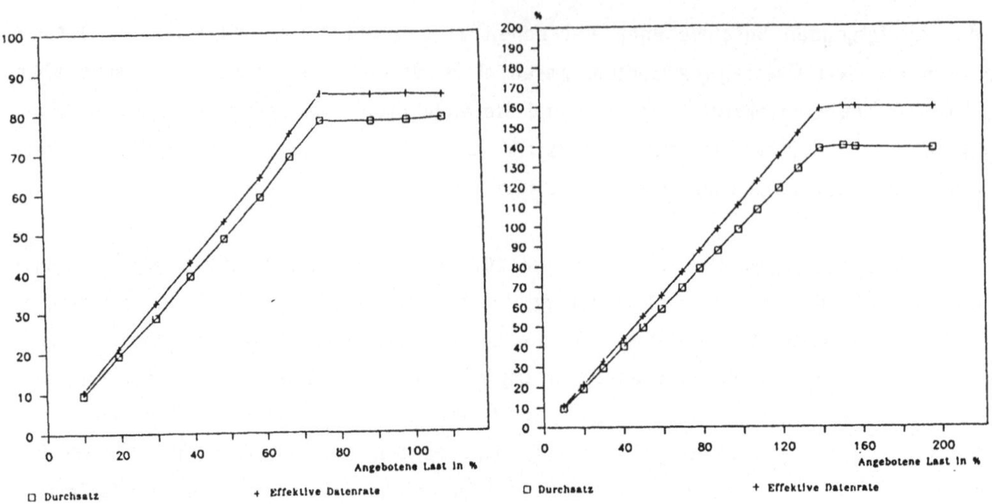

Bild 4.1.1.2 Versuch 2   Bild 4.1.1.5 Versuch 4
   1 Pfad   2 Pfade,
   Durchsatz vs. angeb. Last und Eff. Datenrate vs. angeb. Last
   Feldlänge = 512 Byte

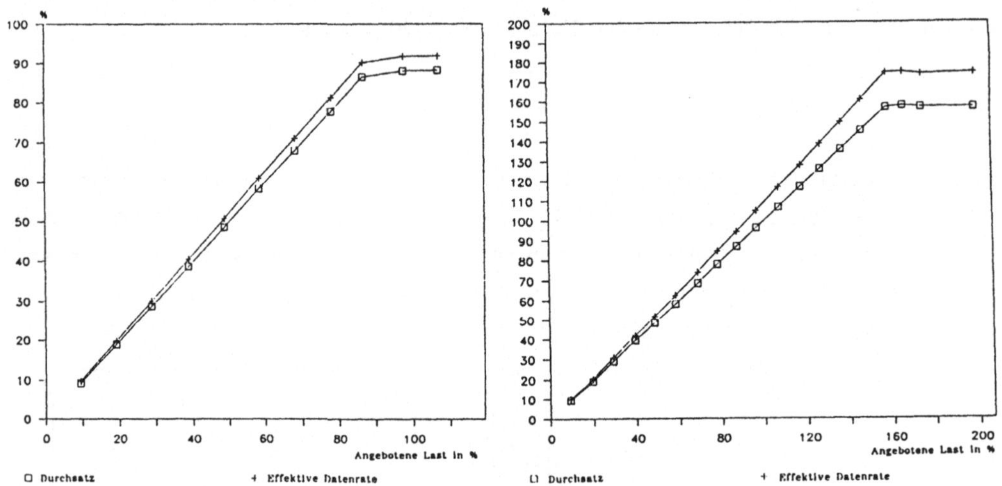

Bild 4.1.1.3 Versuch 3   Bild 4.1.1.6 Versuch 6
   1 Pfad   2 Pfade,
   Durchsatz vs. angeb. Last und Eff. Datenrate vs. angeb. Last
   Feldlänge = 1024 Byte

Bild 4.1.1.1 bis 4.1.1.3 zeigen den ermittelten Durchsatz und die effektive Datenrate bei der Verwendung eines Pfades. Die Konfidenzintervalle der Ergebnisse liegen zwischen 0,5 und 2 Prozent. Die gleichen Versuche wurden für die Verwendung eines zweiten Pfades durchgeführt. Dabei wurde Receiver Arbitration im Physical Protocol Sublayer untersucht. Die Ergebnisse für Durchsatz und effektive Datenrate sind in Bild 4.1.1.4 bis 4.1.1.6 dargestellt. Bei diesen Ergebnissen ergaben sich Abweichungen zwischen 0,5 und 3,5 Prozent vom Erwartungswert.

4.1.2 Untersuchung der einzelnen Interfaces

In diesem Abschnitt werden für einen der oben beschrieben 6 Versuche die Leistungsparameter für jedes einzelnen Interface bei verschiedene Lasten untersucht. Ziel der Untersuchung ist es, das Medienzugangsverfahren für jeden Netzknoten genauer zu betrachten. Ermittelt wurden die Anzahl Zugriffsversuche in den verschiedenen Slotphasen und der Auslastungsgrad der Interfaces. Die Untersuchung wurde für den Versuch 4 durchgeführt, bei dem LDDI mit 2 Pfaden und einer Informationsfeldgröße von 128 Byte betrachtet wird. Die Einzelauswertung die wird für 50% und 70% angebotene Last durchgeführt. Die ermittelten Ergebnisse sind Erwartungswerte und in den folgenden Bildern dargestellt.

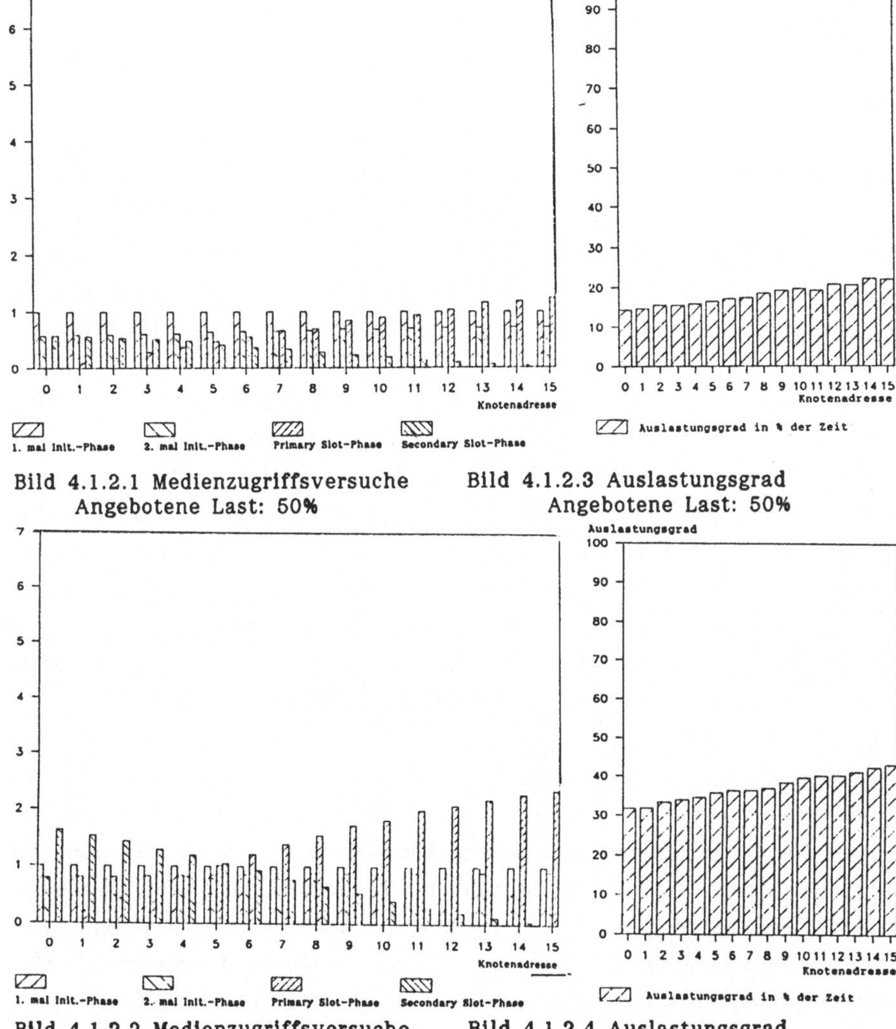

Bild 4.1.2.1 Medienzugriffsversuche
Angebotene Last: 50%

Bild 4.1.2.3 Auslastungsgrad
Angebotene Last: 50%

Bild 4.1.2.2 Medienzugriffsversuche
Angebotene Last: 70%

Bild 4.1.2.4 Auslastungsgrad
Angebotene Last: 70%

Ein Vergleich der Bilder 4.1.2.1 und 4.1.2.2 zeigt recht deutlich die Arbeitsweise des Medienzugangsverfahrens. In diesen Bildern wird für jeden Netzknoten die Anzahl der Medienzugriffsversuche pro Paket gezählt. Diese Zähler werden in den Bildern folgendermaßen dargestellt:

1. Der erste Balken jedes Netzknotens symbolisiert den ersten Medienzugriffsversuch innerhalb der Initialisierungsphase (siehe auch Abschnitt 2.3.1. Bei diesem Versuch muß der Netzknoten den Beginn der Übertragung um (Anzahl Netzknoten + Knotenadresse) Slotzeiten verzögern.

2. Der zweite Balken jedes Netzknotens zeigt den Anteil der im 1. Balken dargestellten Medienzugriffsversuche, die erfolglos waren. Das Medienzugangsprotokoll befindet sich hier noch immer in der Intitialisierungsphase, d.h. der Netzknoten muß den Beginn seiner Übertragung wie bei 1. verzögern.

3. Der dritte Balken zählt die Anzahl der Zugriffsversuche innerhalb der Primary Slotphase, d.h. nach (Knotenadresse) Slotzeiten.

4. Der vierte Balken zählt die Anzahl der Medienzugriffsversuche innerhalb der Secondary Slotphase, die nicht zur Initialisierungsphase gehören.

Bei 10 % angebotene Last erfolgt der Medienzugang für die Netzknoten mit kleinen Adressen meistens innerhalb der Initialisierungsphase des Primary Slot Flags, und zwar beim ersten Zugangsversuch. Nur bei den Netzknoten mit hohen Adresse (> 8) sind mehrere Zugangsversuche erforderlich, ihr Anteil gegenüber den Zugangsversuchen, die innerhalb der Initialisierungsphase erfolgreich waren, ist aber gering. Mit der Erhöhung der angebotenen Last (Bild 4.1.2.1 und 4.1.2.2) steigt die Anzahl der Medienzugriffsversuche pro Paket. Ab 50 % Last läßt sich erkennen, daß langsam ein logischer Ring aus den Netzknoten aufgebaut wird. Die Anzahl der Medienzugriffsversuche in der Primary Slotphase (3. Balken eines Netzknotens) steigt linear mit der Knotenadresse, während umgekehrt Medienzugriffsversuche in der Secondary Slotphase (4. Balken eines Netzknotens) fällt. Ab 70 % Last kann der Netzknoten nur noch selten innerhalb der Initialisierungsphase auf das Netz zugreifen. Diese Tendenz und die Tatsache, daß es von der Knotenadresse abhängig ist, innerhalb welcher Slotphase der Medienzugriff versucht wird, wird mit zunehmender Last immer deutlicher und bestätigt die in Abschnitt 2.1.3 getroffenen Überlegungen bezüglich des Medienzugangsverfahrens.

Vergleicht man die Anzahl der Medienzugriffsversuche mit dem Auslastungsgrad des Interfaces (Bild 4.1.2.5 bis 4.1.2.8), so zeigt sich deutlich, daß die Anzahl Pakete, die vom Interface verarbeitet (d.h. übertragen werden können) von der Anzahl der Medienzugriffsversuche pro Paket abhängt. Solange für einen Großteil der Pakete der erste Medienzugriffsversuch erfolgreich ist (bis einschließlich 50 % Last), liegt der Auslastungsgrad des Interfaces unter 20 % der Zeit. Bei der Erhöhung der Medienzugriffsversuche steigt der Auslastungsgrad überproportional an und erreicht bei durchschnittlich acht Versuchen pro Paket sein Maximum.

4.2 Leistungsuntersuchung für FDDI

In diesen Versuchen wird eine Last mit bimodaler Verteilung der Nachrichtenlängen simuliert. Sie setzt sich zu 80% aus "kurzen" Nachrichten der Länge 256 bit und zu 20% aus "langen" Nachrichten der Länge 4336 bit zusammen. Die Zwischenankunftszeiten sind exponential verteilt. Diese einfach strukturierte Last soll dazu dienen, den maximalen Durchsatz, die mittlere Paketverzögerung, die mittlere Tokenrotationszeit und den Einfluß der Netzausdehnung festzustellen und die Protokolleigenschaften zu verdeutlichen. Die Ausdehnung des Netzes wird mit 1 km, 10 km, 50 km, 100 km und 200 km angenommen, obwohl sich daraus Stationsabstände größer als 2 km ergeben, die in den FDDI-Normen nicht vorgesehen ist. Bei der Simulation werden folgende Parameter angenommen:

Übertragungsrate von FDDI:	100 Mbit/s
Übertragungsrate im LAN:	10 Mbit/s
Länge des FDDI-Paketrahmens + Präambel:	224 bit
Internet Overhead:	350 bit
Stationslatenz:	0,6 µs
Übertragungsdauer für das Token:	0,88 µs
Signallaufzeit pro Kilometer:	5,085 µs/km

Die Bilder 4.2.1 bis 4.2.3 zeigen die Ergebnisse des ersten Versuchs. Die Konfidenzintervalle aller Werte dieses Versuches liegen zwischen 0,2 % und 5 % bezogen auf den Wert selber.

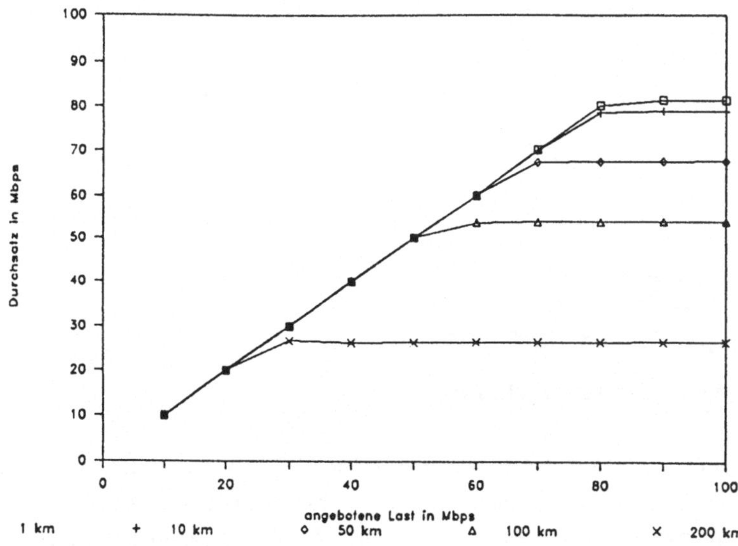

Bild 4.2.1 Durchsatz vs. angeb. Last

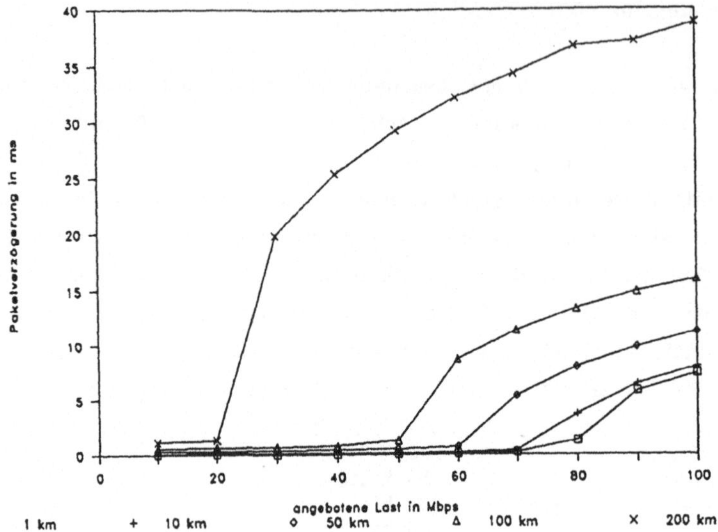

Bild 4.2.2 Paketverzögerung vs. angeb. Last

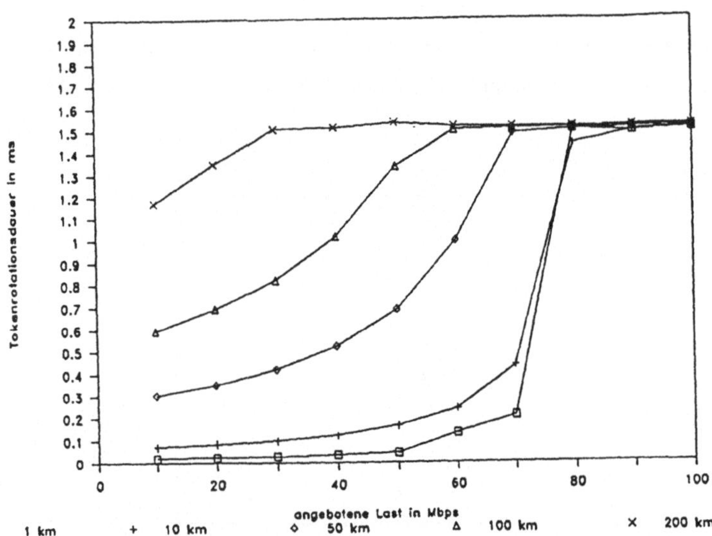

Bild 4.2.3 Tokenrotationsdauer vs. angeb. Last

Bei einer Ringausdehnung von 200 km,50 km und 1 km wird ein Durchsatz von ca. 27, 68 und 81 % der angebotenen Last erreicht. Die Werte für die mittlere Tokenrotationsdauer und die mittlere Paketverzögerung steigen kontinuierlich an. Deutlich steiler wird die Kurve der Paketverzögerung, wenn die Last sich dem Bereich nähert, in dem der jeweiligen Konfiguration mehr Pakete angeboten werden, als sie maximal transportieren kann. Ist die Lastgrenze überschritten, flacht die Kurve wieder ab, denn dann greift die Begrenzung der Warteschlangenlänge, die aus technischen Gründen eingeführt werden mußte. Die Tatsache, daß jedes Paket maximal 99 Vorgänger in der Warteschlange vorfinden kann, beschränkt die Wartedauer auf Medienzugriff je nach Ausdehnung des Netzes auf max. 38,6 ms. Die Tokenrotationsdauer erreicht in Grenzbereich ihren Sollwert TTRT.

5. Resümee

Im Rahmen dieser Arbeit wurden die Standardisierungsvorschläge für LDDI und FDDI vorgestellt und modelliert. Das Leistungsverhalten von LDDI und FDDI wurde durch Simulation untersucht. Die Ergebnisse zeigen, daß LDDI sich sehr gut für die Übertragung einer gleichmäßig auf alle Netzknoten verteilten Last eignet. Bei der Verwendung eines Pfades können je nach Paketlänge Durchsatzraten zwischen 47 bis 88 % der Übertragungsrate (70 Mbit/s) erreicht werden. Diese Ergebnisse lassen sich durch die Verwendung eines zweiten Pfades und Receiver Arbitration um ca 50 % steigern. Für die Verwendung von Path Multiplexing im Network Specific Sublayer kann sogar eine 100 % Steigerungsrate erwartet werden. Das Protokoll erfüllt weiterhin die Erwartung, daß das verwendete CSMA/CA-Verfahren deterministisch ist.

Bei FDDI lassen sich hingegen je nach Ausdehnung des Netzes Durchsatzraten von 27 bis 81% der Übertragungsleistung (100 Mbit/s) erzielen. Aufgrund der größeren Konfigurationsmöglichkeiten, z.B. größere Ausdehnung und mehr anschließbare Stationen als bei LDDI, eignet sich dieses Netz insbesondere als Backbone.

Falls bei LDDI Path Multiplexing auf Ebene 3 realisiert wird, lassen sich mit diesem Verfahren höhere Durchsatzraten als mit FDDI erzielen. Die gewonnenen Ergebnisse zeigen, daß LDDI besonders für die schnelle Übertragung einer gleichmäßig verteilten Arbeitslast über eine geringe Distanz geeignet ist. Dieses Lastprofil ist charakteristisch für Back-End-Netzen.

Literaturverzeichnis

/BURR83/ W.E. Burr
        An Overview of the Proposed American Standard for Local Distributed Data
        Interfaces
        Communications of the ACM, August 1983, Vol. 26, pp.554-561
/BURR86/ W. E. Burr
        The FDDI Optical Data Link
        IEEE Communications Magazine Mai 1986 – Vol.24, No.5
/BURR84/ W.E. Burr, R. Carpenter
        Wideband local nets enter the computer arena
        Electronics, Mai 3, 1984, pp.145-150
/DANT87/ A. Danthine, O. Spaniol
        High Speed Local Area Networks
        IFIP WG 6.4 Workshop, Aachen, Februar 1987
/FDDI-PMD86/, /FDDI-PHY86/, /FDDI-MAC86/, /FDDI-SMT86/, /FDDI-TIM86/
        FDDI Token Ring
        Draft Proposed American National Standard, X3T9.584-48, 583-15, 583-16, 584-
        49, Februar-September 1986
/JOHN86/ Marjory J. Johnson

Reliability Mechanisms of the FDDI High Bandwidth Token Ring Protocol
Computer Networks and ISDN Systems 1186, North Holland 1986

/LDDI86/ Draft Proposed American National Standard for Local Distributed
Data Interfaces
American National Standards Institute, X3T984-nn, X3T9.584-16, Rev. 11.0,
Oktober 6, 1986

/ROSS86/ Floyd E. Ross
FDDI - a Tutorial
IEEE Communications Magazine Mai 1986 - Vol.24, No.5

/RUDL88/ S. Rudloff
Simulative Leistungsbewertung des FDDI-Token Rings mit realistischen Last-
modellen
Diplomarbeit an der RWTH Aachen, July 1988

/RUPP87/ G. Rupprecht
Untersuchung des Leistungsverhaltens des Local Distributed Data Interface
(LDDI)
Diplomarbeit an der RWTH Aachen, April 1987

Architektur und Bandbreitenmanagement des HSLAN's FDDI – II

K. Sauer, M. Tangemann

Universität Stuttgart
Institut für Nachrichtenvermittlung und Datenverarbeitung
Seidenstr. 36, 7000 Stuttgart 1

Kurzfassung

Lokale Netze sind heutzutage integraler Bestandteil der Bürokommunikation und der Prozeßautomatisierung. Da die Anforderungen an Lokale Netze nach größeren Bandbreiten und kleineren Antwortzeiten deutlich zunehmen, werden augenblicklich neue Lokale Netze entwickelt. Diese zweite Generation von Lokalen Netzen wird Übertragungsraten von 100 Mbps und mehr unterstützen und Glasfaserübertragungsstrecken zwischen den einzelnen Stationen besitzten.

Neben verschiedenen Firmenprojekten entstehen bei den Standardisierungsgremien zwei unterschiedliche Standards: ein Doppelbus (DQDB) als IEEE 802.6 und ein Token Ring als FDDI (Fiber Distributed Data Interface) bei ANSI.

Dieser Beitrag beschäftigt sich mit einer Weiterentwicklung des FDDI Standards, die sowohl Paketvermittlung (PS) als auch Durchschaltevermittlung (CS) mittels einer hybriden Struktur erlaubt. Neben dem funktionalen Aufbau der Stationen und des Rahmens werden die Protokolle für den durchschalte- und paketvermittelten Verkehr vorgestellt. Im zweiten Teil werden Möglichkeiten des CS-Bandbreitenmanagements speziell bei Mehrkanalrufen und das PS-Protokoll diskutiert und simulativ auf ihre Leistungsfähigkeit hin untersucht.

1 Einführung

Neben den heute schon auf dem Markt erhältlichen LAN's (Local Area Networks) für Anwendungen im Bereich der Bürokommunikation und Fabrikautomatisierung mit Übertragungsraten bis zu 20 Mbps entstehen zur Zeit Normungsvorschläge für sogenannte *High Speed LAN's* (HSLAN's), die auf optischen Übertragungsstrecken basieren und Übertragungsraten von 100 Mbps und mehr erreichen [4–8,18].

Im Bürobereich erfordert die steigende Leistungsfähigkeit von Arbeitsplatzrechnern immer größere Übertragungskapazitäten zu zentralen Großrechnern und Massenspeichern. Hier sind besonders Anwendungen zu erwähnen, die einen großen Anteil an Computergraphik mit sich bringen, wie z.B. CAD/CAM oder die Bildverarbeitung im Bereich der Medizintechnik. Die Verbindung mehrerer heterogener LAN's über größere Entfernungen hinweg sowie die Kommunikation zwischen LAN's, Nebenstellenanlagen und den öffentlichen Vermittlungsnetzen ist ein weiterer Anwendungsbereich, in dem HSLAN's als sog. *Backbone* eingesetzt werden.

Einige Vertreter dieser HSLAN's werden auch als *Metropolitan Area Network* (MAN) bezeichnet [15,16]. Die Begriffe sind nicht ganz eindeutig: So definiert man aus der Sicht der Netzbetreiber

MAN's als Netze, die bei hoher Übertragungsgeschwindigkeit die Übertragung von Nachrichten in einem Gebiet mit einem Durchmesser von mindestens 50 km und einem heterogenen Verkehrsaufkommen erlauben. Sie finden Anwendung in Fabrikkomplexen oder Teilen einer Stadt. Charakteristisch für MAN's ist die Integration verschiedenster Verkehrsarten (Bild 1).

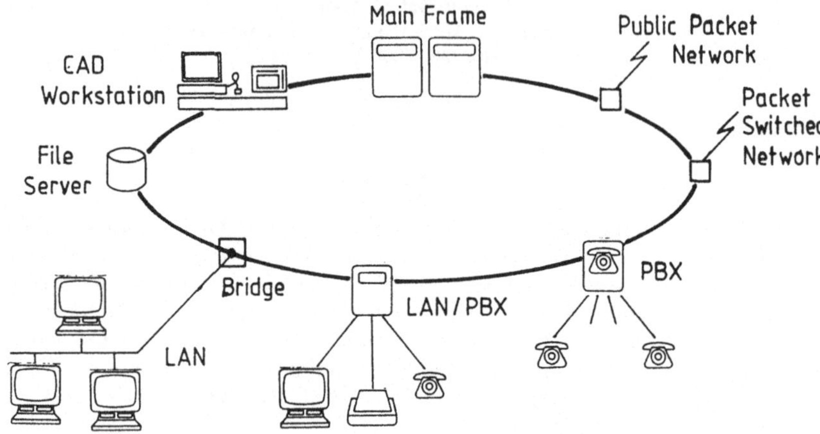

Bild 1: Einsatzmöglichkeiten von Hochgeschwindigkeitsnetzen

Die Übertragung von Sprache und CS–Diensten mit hohen Anforderungen an Bandbreite und Echtzeitverhalten wie z.B. Video erfordern zusätzlich die Integration der durchschaltevermittelten und packetvermittelten Dienste bei MAN's. Deshalb muß ein MAN die folgenden zentralen Forderungen erfüllen :

- große Bandbreite ($\geq$ 100 Mbps)
- grosse Entfernungen ($\geq$ 50 km)
- Echtzeitfähigkeit
- Anschlußmöglichkeiten an öffentliche Netze
- Anschlußmöglichkeiten für LAN's
- hohe Zuverlässigkeit und Ausfallsicherheit
- Schutz vor unberechtigtem Zugriff
- leichte Wartung
- schnelle und robuste Signalisierung
- Integration von CS– und PS–Diensten

Aufgrund ihrer Eigenschaften können FDDI–I als HSLAN und FDDI–II als MAN bezeichnet werden.

Die Integration von CS– und PS–Diensten kann mittels verschiedener hybrider Vermittlungsprinzipien geschehen. Die PS–Slots werden dabei zu einem PS–Kanal zusammengefaßt (*Idle Slot Concatenation Principle*), der den einzelnen Stationen mittels eines timergesteuerten Token-Protokolls zugeteilt wird (vgl. Kap. 4).

2 FDDI – II

2.1 Funktionaler Aufbau

Im Rahmen von ANSI (*American National Standardization Institute*) hat die Arbeitsgruppe X3T9.5 das Hochgeschwindigkeits-LAN FDDI (*Fiber Distributed Data Interface*) als vorläufigen Standard erarbeitet [4–8]. FDDI besteht aus gedoppelten Glasfasersegmenten zwischen den Stationen, die bei einer Wellenlänge von 1300 nm als zwei entgegengesetzt gerichtete Ringe betrieben werden. Die maximale Ausdehnung des Rings beträgt 100 km, und es sind bis zu 500 Stationen anschließbar. Im Ende 1988 verabschiedeten Standard FDDI-I sind Multimode–Fasern vorgesehen. Damit ist die maximale Entfernung zwischen zwei Stationen auf 2 km beschränkt. Eine Erweiterung des Standards ist jedoch in Arbeit, die die Verwendung von Monomode–Fasern erlaubt, mit denen wesentlich größere Stationsabstände realisierbar sind.

Die Übertragungsrate auf der MAC–Schicht beträgt 100 Mbps. In der Schicht 1 findet eine Umcodierung mit einem 4 aus 5 – Code statt. Damit ergibt sich eine physikalische Datenrate auf dem Ring von 125 Mbps.

Während die ursprüngliche Version von FDDI nur die Übertragung von paketvermittelten Daten vorsah, ist bei dem erweiterten Standardisierungsvorschlag FDDI–II zusätzlich die Integration von CS–Diensten möglich [8,18,11]. Bei FDDI–II sind zwei Arbeitsmodi zu unterschieden. Der *Basic Mode* bei FDDI–II entspricht völlig FDDI–I. Falls alle Stationen am Ring für den FDDI–II Betrieb vorgesehen sind, kann in den sog. *Hybrid Mode* umgeschaltet werden, der die Übertragung von PS– und CS–Verkehr erlaubt. Da FDDI–I eine Untermenge von FDDI–II darstellt, wird im weiteren nur noch auf den FDDI–II Standardisierungsvorschlag eingegangen.

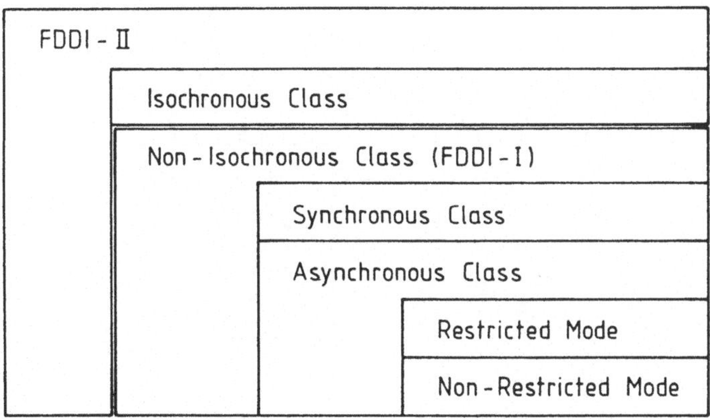

Bild 2: Verkehrsklassen von FDDI

FDDI–II unterscheidet vier verschiedene Verkehrsklassen (Bild 2). In der *Isochronous Traffic Class* werden alle durchschalte-orientierten Dienste vermittelt. Die *Non-isochronous Traffic Class* ist für die paket-orientierten Dienste vorgesehen und die drei Subklassen *synchronous*, *asynchronous restricted* und *asynchronous nonrestricted* unterteilt (die Non-isochronous Traffic Class entspricht FDDI-I).

Datenübertragungen in der synchronen Verkehrsklasse werden über eine vorab beantragte Sendebandbreite garantiert. In dieser Klasse sind quasi–synchrone Datenübertragungen möglich. Datenübertragungen in den asynchronen Verkehrsklassen werden über ein Timer–gesteuertes Tokenprotokoll durchgeführt, wobei ein spezieller *Restricted Token Mode* es einzelnen Stationen erlaubt, eine Art Dialogverbindung im asynchronen Betrieb zu unterhalten. Dabei ist die Sendeberechtigung nur noch auf die an der Verbindung beteiligten Stationen aufgeteilt.

2.2 Stationsaufbau und Netztopologie

Die einzelnen Funktionsblöcke einer FDDI–II Station sind in Bild 3 dargestellt. Die Bitübertragungsschicht besteht bei FDDI aus zwei Bereichen, dem *Physical Protocol Part* (PHY) und dem eigentlichen Hardwareanschluß an den Ring, dem *Physical Medium Dependent Part* (PMD).

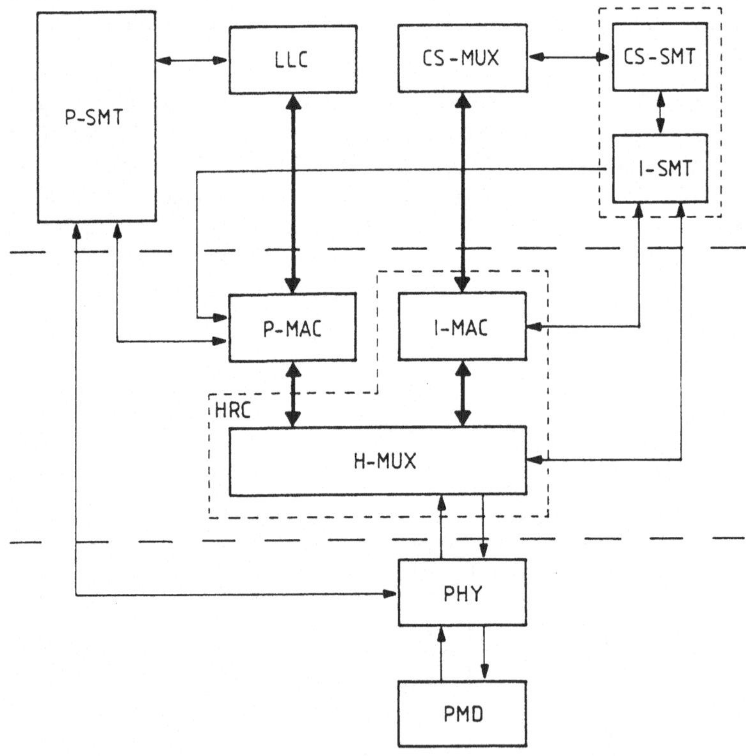

Bild 3: Funktionaler Aufbau einer FDDI–II Station

In der MAC–Schicht befindet sich als zentrales Element ein *Hybrid Multiplexer*, der die aus der Schicht 1 kommenden Daten in CS–Daten und PS–Daten aufteilt. Für diese beiden Klassen stehen eigene MAC–Funktionseinheiten zur Verfügung. Der P–MAC entspricht dabei vollständig dem FDDI–I Standard. Da die CS– und PS–Daten gänzlich unterschiedliche Protokolle benötigen, sind neben getrennten Zugriffseinheiten auch unterschiedliche *Station Management* Funktionen (P–SMT bzw. I–SMT) erforderlich.

Drei verschiedene Stationstypen wurden für den Betrieb von FDDI spezifiziert: Die Stations-klassen A und B und außerdem ein Konzentrator. Eine Station der Klasse A hat zwei PHY-Einheiten und wahlweise eine oder zwei MAC-Einheiten. Eine Station der Klasse B hat dagegen nur eine PHY- und eine MAC-Einheit und kann daher nicht direkt an den Ring angeschlossen werden. Ein Konzentrator ist über zwei PHY-Einheiten mit dem Ring verbunden und erlaubt die indirekte Ankopplung von Stationen der Klassen A und B.

Mit diesen Stationstypen lassen sich eine Vielzahl unterschiedlicher Netzstrukturen realisieren. In Bild 4 ist ein Beispiel dargestellt, bei dem drei Stationen der Klasse A direkt an den Ring angeschlossen sind. Die Stationen 1 und 2 besitzen zwei MAC-Einheiten und haben dadurch Zugriffsmöglichkeiten auf die beiden entgegengesetzt gerichteten Ringe. Dagegen hat Station 3 nur eine MAC-Einheit und kann daher nur auf den äußeren (im Uhrzeigersinn orientierten) Ring zugreifen. In diesen äußeren Ring sind außerdem über den Konzentrator (Station 4) die Stationen 5 bis 7 indirekt eingefügt. Die Stationen 5 und 6 sind B-Stationen. Station 7 dagegen ist eine Station der Klasse A und kann mit ihrer zweiten MAC-Einheit an einen anderen Ring gekoppelt werden und als Bridge fungieren.

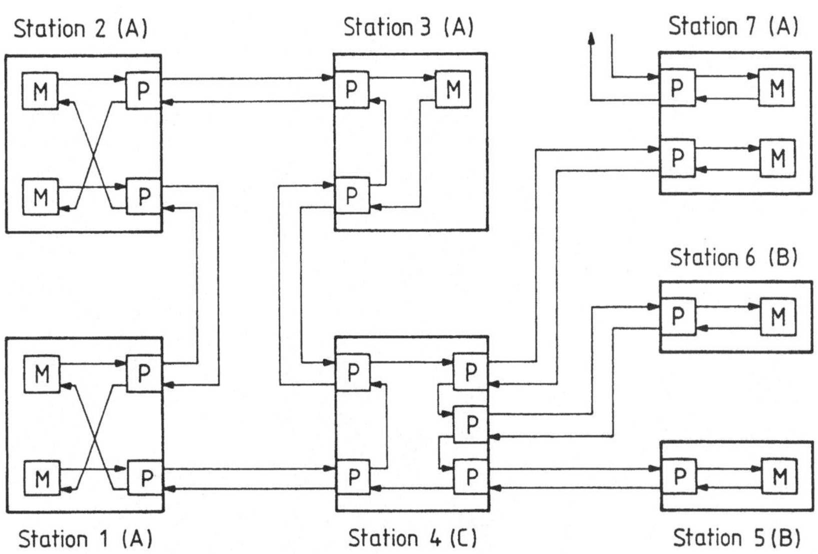

Bild 4: Netztopologie mit unterschiedlichen FDDI Stationstypen

Die auf diese Art realisierbaren Topologien haben eine Reihe von Vorteilen, was die Ausfall-sicherheit und damit die Zuverlässigkeit des Netzes betrifft. In jeder Station ist ein sogenannter *Bypass Switch* vorhanden, der die Station überbrücken und dadurch die Ringe wieder schließen kann, falls diese Station ausfällt. Einen weiteren Vorteil bieten die entgegengesetzt gerichteten Ringe, indem der zweite Ring entweder als Reserve (*Standby*) oder als zusätzliches Übertragungsmedium genutzt werden kann. Falls die Verbindung zwischen zwei Stationen unterbrochen wird, werden die beiden entgegengesetzt gerichteten Ringe in den Stationen links und rechts von der Fehlerstelle miteinander verbunden, sodaß ein einzelner Ring entsteht, auf dem der Betrieb fortgesetzt werden kann.

2.3 Rahmenstruktur

Das FDDI–II Konzept beruht auf einem Rahmen, der periodisch alle 125 μsec von einer *Cycle Master* Station erzeugt wird. Jeder Rahmen (*Cycle*) enthält einen *Cycle Header*, eine *Packet Data Group* (PDG) und 96 *Cycle Groups* (Bild 5).

Die *Packet Data Group* stellt eine Bandbreite von 768 kbps bereit, die nur von PS–Diensten genutzt werden darf. Die Bandbreite, die durch die 96 *Cycle Groups* (CG) für die Datenübertragung zur Verfügung steht, ist in 16 sogenannte *Wide Band Channels* (WBC) aufgeteilt. Jeder dieser WBCs repräsentiert eine Bandbreite von 6.144 Mbps, die entweder für CS– oder PS–Dienste benutzt werden kann. Die Zuteilung der WBCs für durchschaltevermittelten oder paketvermittelten Verkehr erfolgt über das *Programming Template* im *Cycle Header*. Außerdem enthält der *Cycle Header* noch einen *Start Delimiter* zur Synchronisation und mehrere Kontrollbytes. Die WBCs sind *byte–interleaved* über die 96 CGs verteilt, d.h. der WBC 1 ergibt sich jeweils aus dem zweiten Byte aller 96 CGs.

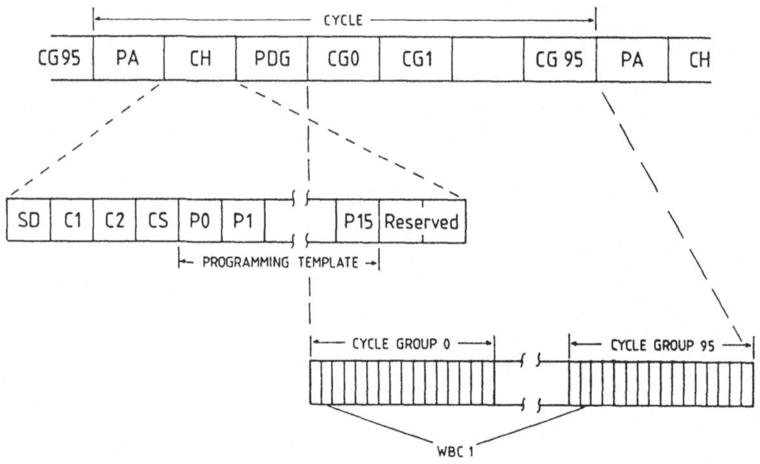

Bild 5: Rahmenstruktur bei FDDI–II

Der *Cycle Master* generiert die Rahmen und stellt das *Programming Template* ein. Innerhalb der Stationen werden CS– und PS–Verkehr durch den *Hybrid Multiplexer* getrennt. Im CS– und PS–Bereich laufen ganz verschiedene Protokolle ab, die in den Kapiteln 3 und 4 näher beschrieben werden.

2.4 Initialisierung

Die Initialisierung bei FDDI–II kann sowohl in *Basic Mode* als auch im *Hybrid Mode* erfolgen. Als erster Schritt muß jede Station Kontakt zu ihren Nachbarstationen aufnehmen. Dazu wird auf jedem gedoppelten Glasfasersegment ein Miniring aufgebaut. Sobald eine Station feststellt, daß die an sie angeschlossenen Glasfasersegmente fehlerfrei arbeiten, kann sie die beiden Miniringe zu einem grösseren Ring zusammenschließen, und es entstehen schließlich die beiden entgegengesetzt gerichteten Ringe.

Für den *Basic Mode* muß nun bestimmt werden, welche Station den ersten Token generiert. Gleichzeitig wird aus den Anforderungen aller Stationen die *Target Token Rotation Time* (TTRT) ermittelt, die die maximale Tokenrotationszeit festlegt. Dies geschieht im *Claim Token* Prozeß. Jede Station schickt spezielle Pakete, die sog. *Claim Frames*, auf den Ring, die als Sende- und Empfangsadresse die eigene Adresse enthalten. Im Informationsfeld steht die von dieser Station geforderte TTRT. Empfängt eine Station einen *Claim Frame*, dann vergleicht sie den empfangenen TTRT-Wunsch mit ihrem eigenen und nimmt nur dann am *Claim Token Prozeß* weiter teil, wenn ihre eigene TTRT kleiner als die im *Claim Frame* empfangene TTRT ist. Auf diese Art zirkuliert schließlich nur noch der *Claim Frame* mit der kleinsten TTRT auf dem Ring. Die Station, die diese TTRT angefordert hat, erhält als einzige ihren *Claim Frame* zurück und hat dadurch das Recht, den ersten Token zu generieren. Alle anderen Stationen übernehmen diese angeforderte TTRT.

Ein ähnliches Verfahren wird dazu verwandt, um den *Cycle Master* zu bestimmen. Dieser kann vom *Basic Mode* in den *Hybrid Mode* umschalten, wenn CS-Bandbreite angefordert wird und ist für die Erzeugung und Synchronisation der Rahmen (Cycles) verantwortlich. Zur Umschaltung muß der *Cycle Master* im Besitz des Tokens sein, und alle Stationen müssen in den FDDI-II Mode umschalten können.

Schließlich ist es noch erforderlich, sogenannte *Bandwidth Allocators* zu bestimmen, die die angeforderte Bandbreite in der *Synchronous* und der *Isochronous Traffic Class* den einzelnen Stationen zuteilen.

3 Der CS–Teil

3.1 Aufgaben des Bandbreitenmanagements

Bei FDDI-II stehen die im *Programming Template* gekennzeichneten WBC's dem CS-Verkehr zur Verfügung. Der Standard spezifiziert die Signalisierung zum Verbindungsauf- und -abbau. Außerdem werden im Standard verschiedene Bandbreitenklassen für CS-Rufe vorgeschlagen. Strategien zur optimalen Ausnutzung der Gesamtbandbreite sind jedoch im Standard nicht enthalten.

Dabei spielen sowohl die Aufteilung der Bandbreite auf CS- und PS-Bereich als auch die Aufteilung der CS-Bandbreite auf die verschiedenen CS-Bandbreitenklassen eine Rolle. Zu diesen beiden Problemstellungen werden in den folgenden Abschnitten Strategien vorgestellt und deren Leistungsfähigkeit untersucht.

3.2 Aufteilung der Gesamtbandbreite auf CS– und PS–Teil

Bei FDDI–II wird die Bandbreite dem PS- bzw. CS-Teil in WBC's mit je 6.144 Mbps bzw. 96 Basiskanälen mit 64 kbps zugeteilt. In der Regel werden die CS-WBC's jedoch nicht voll ausgenutzt, d.h. es gibt ungenutzte Bereiche, die zu einer Verschwendung von Bandbreite führen. So kann ein einziger Basiskanal einen ganzen WBC belegen und damit zu einer Verschwendung der übrigen 95 Basiskanäle beitragen, deren Bandbreite vom PS-Teil nicht genutzt werden kann.

Die Größe dieser ungenutzten Bandbreite hängt von verschiedenen Faktoren ab. Zum einen spielt die Zusammensetzung des Verkehrsangebots eine Rolle, d.h. welche Bandbreite und welches Verkehrsangebot die einzelnen Verkehrsströme zum Gesamtverkehr beitragen. Andererseits macht sich der Ankunftsprozeß der einzelnen Rufe sehr stark bemerkbar. Je größer die Schwankungen im Verkehrsangebot sind, desto mehr Bandbreite wird verschwendet. Kurzzeitige Lastspitzen können die gesamte CS-Bandbreite belegen, und die danach endenden Rufe hinterlassen Lücken in den

WBC's, ohne daß diese ganz frei und dadurch für den PS-Verkehr wieder zugänglich werden. Es lassen sich im wesentlichen drei Ansätze finden, wie sich die Verschwendung von Bandbreite aufgrund nur teilweise genutzter WBC's reduzieren läßt.

Die erste Strategie (*Circuit Blocking* [19]) sieht vor, daß bei steigender CS-Last das Anfordern eines neuen WBC's für CS-Verkehr erschwert wird. Dies kann beispielsweise probabilistisch erfolgen, wobei der Ruf, der einen weiteren WBC erforderlich machen würde, mit einer bestimmten Wahrscheinlichkeit abgelehnt wird. Eine andere Möglichkeit besteht darin, eine vorgegebene Anzahl von Rufen abzulehnen, bevor ein neuer WBC angefordert wird. Der Nachteil dieser Methode besteht in der erhöhten Blockierwahrscheinlichkeit für den CS-Verkehr, was zu einer geringeren Dienstgüte führt.

Eine weitere Strategie [19,20] stützt sich auf das Umsortieren (*Rearrangement*) der gerade durchgeschalteten Rufe. Dabei werden Rufe, die einen WBC blockieren, in andere WBC's verlegt, in denen die entsprechende Anzahl von Basiskanälen noch frei ist. Diese Methode tastet die dem CS-Verkehr zur Verfügung gestellte Bandbreite nicht an, hat aber den Nachteil, daß das Umsortieren zu einem wesentlich erhöhten Realisierungsaufwand führt. Außerdem kann es während der Umschaltphasen zu Beeinträchtigungen der Dienstgüte durch Störungen kommen, ganz abgesehen von der neu entstehenden Verschwendung von Bandbreite durch Doppelbelegungen beim Umschaltvorgang.

Schließlich wird die verschwendete Bandbreite kleiner, wenn das Bandbreitenmanagement Mehrkanalrufe in einem WBC durchschaltet und nicht über mehrere WBC's verteilt. Dies wirkt sich jedoch negativ auf die Blockierwahrscheinlichkeiten der Mehrkanalrufe und damit die Performance im CS-Teil aus, d.h. dies muß abhängig von der Art der Anwendung entschieden werden. Bild 6 zeigt Simulationsergebnisse für einen möglichen Anwendungsfall.

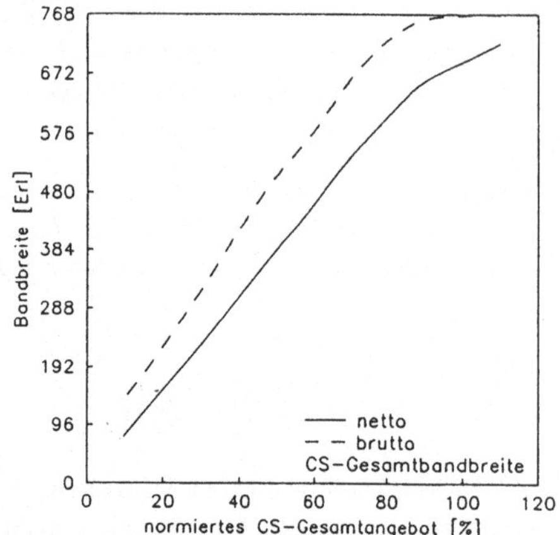

Bild 6: Für den CS-Verkehr benötigte Gesamtbandbreite

Für den CS-Verkehr stehen in Bild 6 maximal CS-WBC's mit insgesamt 768 Basiskanälen zur Verfügung, mit denen ein Verkehrsgemisch aus vier Bandbreitenklassen bedient wurde, wobei die Rufe 1, 2, 6 bzw. 30 Basiskanäle benötigen und ein Mehrkanalruf nicht mehrere WBC's belegen darf. *Circuit Blocking* und *Rearrangement* wurden nicht vorgesehen. Die Zwischenankunfts- und Bedienzeiten sind negativ exponentiell verteilt. Für die einzelnen Klassen wurden mittlere Bedienzeiten von 90, 150, 400 bzw. 2000 sec angenommen und die Ankunftsraten so eingestellt, daß jede Klasse das gleiche Verkehrsangebot erzeugt.

In Bild 6 sind über dem auf die maximale CS–Bandbreite normierten CS–Gesamtangebot einerseits die für den CS–Verkehr benötigte Gesamtbandbreite (netto–Bandbreite) und andererseits die Bandbreite aufgetragen, die durch den CS–Verkehr blockiert wird und daher dem PS–Verkehr nicht zur Verfügung steht (brutto–Bandbreite). Die Differenz zwischen diesen Bandbreiten kann nicht genutzt werden. In diesem speziellen Fall ist dies immerhin ungefähr ein WBC, d.h. ein Achtel der CS–Bandbreite, woraus die Notwendigkeit zur Einschränkung der verschwendeten Bandbreite deutlich wird.

3.3   Bandbreitenmanagement für verschiedene CS–Verkehrsklassen

Der CS–Verkehr läßt sich in Bandbreitenklassen einteilen, wobei Rufe einer bestimmten Bandbreite der entsprechenden Bandbreitenklasse zugeordnet werden. Prinzipiell ist es möglich, jedem WBC eine Bandbreitenklasse zuzuordnen; die Ausnutzung der vorgegebenen CS–Kapazität wird jedoch besser, wenn jeder WBC von Rufen verschiedener Bandbreitenklassen genutzt werden kann. Die für das Bandbreitenmanagement in Frage kommenden Strategien zur Integration der verschiedenen Bandbreitenklassen auf einem gemeinsamen Medium lassen sich in die folgenden Gruppen einteilen:

- Anordnungsstrategien
- Absuchstrategien
- Zuteilungsstrategien

Die zu diesen Gruppen gehörenden Strategien werden in den folgenden Unterabschnitten beschrieben.

3.3.1   Anordnungsstrategien

Die Anordnungsstrategien [10] betreffen die Anordnung der Kanäle einer Mehrkanalverbindung. Ist die Anordnung dieser Kanäle beliebig, spricht man von der Anordnungsstrategie *Arbitrary* [9]. Bei dieser Strategie ist es möglich, einen ankommenden Ruf in einem WBC unterzubringen, wenn dieser die geforderte Anzahl freier Basiskanäle besitzt. Lücken in diesem WBC lassen sich auffüllen, wodurch die vorhandene Bandbreite sehr effizient genutzt werden kann. Der Implementierungsaufwand im System ist jedoch beträchtlich, da die Lage aller zur Verbindung gehörender Zeitschlitze im Bandbreitenmanager, in der Sende– und in der Zielstation bekannt sein muß.

Die Anordnungsstrategie *Adjacent* [9] hat den Zweck, diesen Aufwand zu verringern. Hier müssen die zu einer Mehrkanalverbindung gehörenden Zeitschlitze nebeneinander liegen. Dadurch läßt sich erreichen, daß zur Charakterisierung einer Verbindung nur die Lage des ersten Zeitschlitzes und die Bandbreite, d.h. die Anzahl der zu diesem Ruf gehörenden Zeitschlitze bekannt sein muß. Dabei wirkt es sich jedoch nachteilig aus, daß Lücken in einem WBC nur dann gefüllt werden können, wenn sie den ankommenden Ruf ganz aufnehmen können.

Ist die Lage des ersten Zeitschlitzes beliebig, so handelt es sich um die Strategie *Adjacent Random*. Bei der Strategie *Adjacent Regular* [13,17] wird dagegen gefordert, daß der erste Zeitschlitz nur an bestimmten Stellen im WBC liegen darf, sodaß eine regelmässige Anordnung erreicht wird. Diese zusätzliche Forderung erschwert auf den ersten Blick das Auffüllen der Lücken in den WBC's, bringt aber den Vorteil, daß dank der regelmäßigen Anordnung die Lücken an definierten Stellen entstehen und dadurch die Ausnutzung der vorhandenen Kapazität verbessert wird. Allerdings handelt man sich durch die Forderung einer regelmäßigen Kanalanordnung den Nachteil ein, daß für einen sinnvollen Betrieb nur solche Bandbreitenklassen zugelassen werden können, deren Bandbreiten Vielfache voneinander sind.

Bei der Strategie *Equally Spaced* [13,3] wird verlangt, daß die Zeitschlitze eines Mehrkanalrufes in regelmäßigen Abständen über den WBC verteilt liegen. Durch Umnumerieren der Zeitschlitze läßt sich zeigen, daß diese Strategie dem *Adjacent Regular* entspricht und daher auch dasselbe Verhalten zeigen muß [13].

Einen Spezialfall stellt schließlich die Strategie *Two Sided* dar. Sie kann nur angewandt werden, wenn zwei Bandbreitenklassen vorhanden sind. Dadurch, daß der WBC hier mit den Rufen der einen Bandbreitenklasse von vorne und mit denen der anderen Bandbreitenklasse von hinten her aufgefüllt wird, läßt sich die Lage der zu den Bandbreitenklassen gehörenden Zeitschlitze entflechten, was sich auf das Lastverhalten positiv auswirkt.

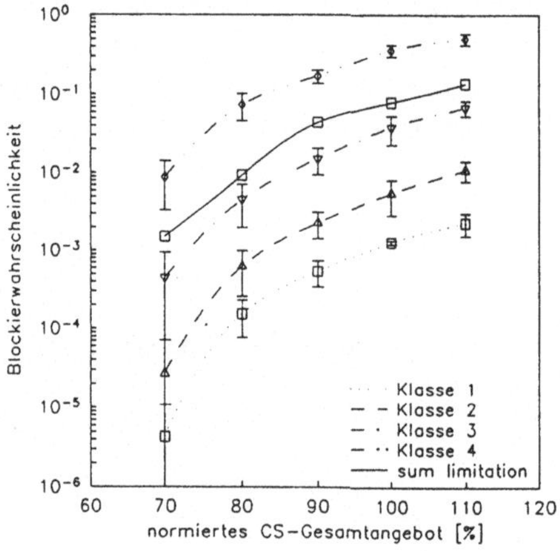

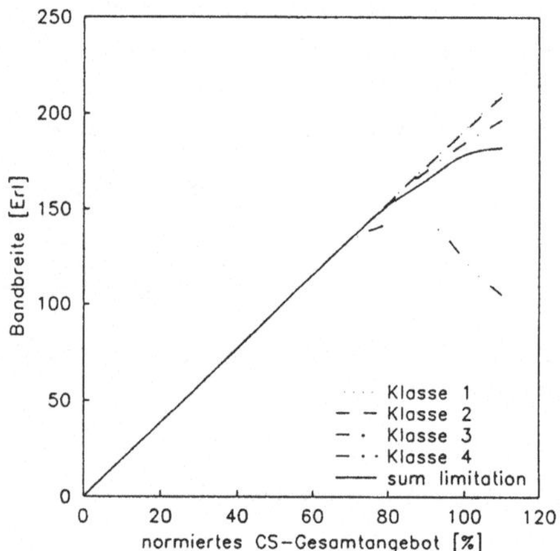

Bild 7: Blockierwahrscheinlichkeiten und Durchsatz des CS-Verkehrs
(gleiche Systemparameter wie in Bild 6)

Bild 7 zeigt das Verhalten der Strategie *Arbitrary*, die auf das im vorigen Abschnitt beschriebene Simulationsbeispiel angewandt wurde. Über der prozentualen Gesamtlast sind im linken Diagramm die Blockierwahrscheinlichkeiten der einzelnen Klassen mit ihren 95% Vertrauensintervallen und rechts die zugehörigen Durchsatzkurven aufgetragen. Die Systemparameter wurden gleich wie in Bild 6 gewählt. Es zeigt sich, daß die Kurven für die Blockierwahrscheinlichkeiten parallel verlaufen, daß aber mit steigender Bandbreite eines Rufes seine Blockierwahrscheinlichkeit drastisch ansteigt. Zwischen den Blockierwahrscheinlichkeiten der Klassen 1 und 4 liegen mehr als zwei Zehnerpotenzen. Dieser allgemeine Effekt macht es schwer, ein System sinnvoll zu dimensionieren. Um die Dienstgüte (d.h. hier eine obere Grenze der Blockierwahrscheinlichkeit) für Klasse 4 garantieren zu können, darf das System nur bis zu einer Gesamtauslastung betrieben werden, bei der die Anforderungen an die Blockierwahrscheinlichkeit von Klasse 1 übererfüllt werden. Unter diesen Umständen kann die vorhandene Bandbreite nicht optimal genutzt werden. Dieser Effekt verstärkt sich noch bei Verwendung der übrigen Anordnungsstrategien, da sie Mehrkanalrufe benachteiligen.

Die in den folgenden Unterabschnitten beschriebenen Strategien wurden entworfen, um diesem Effekt entgegenzuwirken.

3.3.2 Absuchstrategien

Bei den Absuchstrategien wird die Position innerhalb des Rahmen ermittelt, die der eintreffende Ruf belegen darf. Wird der WBC von vorne her abgesucht und die erste freie Position mit dem eintreffenden Ruf belegt, so spricht man vom *Sequential Hunting* [13,1]. Diese Absuchstrategie wurde im obigen Beispiel angewandt.

Die Absuchstrategie *Gap Hunting* [13,17,1] plaziert einen eintreffenden Ruf in stark belegte Bereiche des WBC's, wodurch Lücken gestopft werden und Bandbreite für Mehrkanalrufe erhalten bleibt. Je nach den Kriterien für diese Plazierung lassen sich noch verschiedene Typen von *Gap Hunting* unterscheiden, deren Verhalten z.T. stark von den gewählten Verkehrsgrößen abhängt. Der Einsatz dieses Verfahrens ist bei den Anordnungsstrategien *Adjacent* und *Equally Spaced* sinnvoll, während sich bei *Arbitrary* natürlich keine Verbesserung ergeben kann [13].

Unsere simulativen Untersuchungen haben jedoch gezeigt, daß *Gap Hunting* bei beträchtlichem Implementierungsaufwand nur bescheidene Erfolge bei der Optimierung der Systemauslastung bringt und daher nur bedingt zu empfehlen ist.

3.3.3 Zuteilungsstrategien

Zuteilungsstrategien [10,14] werden deshalb eingeführt, weil die "natürliche" Aufteilung der Bandbreite auf die Bandbreitenklassen ungerecht ist und man daher in den Mechanismus der Bandbreitenzuteilung eingreifen muß. Dies geschieht dadurch, daß Rufe aus Klassen mit kleinen Bandbreiten unter bestimmten Bedingungen abgelehnt werden, damit mehr Bandbreite für Mehrkanalrufe erhalten bleibt.

Die allgemeinste Zuteilungsstrategie ist das seither verwendete *Complete sharing*, bei dem alle Bandbreitenklassen Zugriff auf die gesamte CS–Bandbreite haben.

Bei der *Sum Limitation Method* [13] wird die Bedienung eines Rufes von der augenblicklichen CS–Gesamtlast abhängig gemacht. Überschreitet diese eine bestimmte Grenze, dann wird der ankommende Ruf abgelehnt. Diese Grenze kann für die Rufe verschiendener Bandbreitenklassen unterschiedlich gewählt werden. Durch die Wahl gleicher Grenzen für alle Bandbreitenklassen lassen sich die Blockierwahrscheinlichkeiten gleich groß machen [13]. Die relativ starken Einschränkungen für Rufe mit geringer Bandbreite, die dadurch entstehen, lassen sich durch die Verwendung der *Modified Sum Limitation Method* abschwächen. Hier werden Rufe nur dann abgelehnt, wenn die aktuelle Gesamtlast gleich groß ist wie die vorgegebene Grenze.

Eine weitere Möglichkeit zur Steuerung der Bandbreitenzuteilung bietet die *Class Limitation Method* [13,12]. Hier werden Rufe dann abgelehnt, wenn die momentane Last dieser Klasse die vorgegebene Grenze überschreitet. Durch diese Maßnahme wird es möglich, den einzelnen Klassen maximale Bandbreiten zur Verfügung zu stellen. Dieses Verfahren bietet die direkteste Steuerungsmöglichkeit. Darüberhinaus besticht es durch seine Universalität: Je nach Wahl der Grenzen lassen sich völlig unterschiedliche Arten des Systemverhaltens einstellen. So erhält man das *Complete Sharing*, wenn die individuellen Klassengrenzen gleich groß wie die CS–Gesamtbandbreite gewählt werden. Ist dagegen die Summe der Klassengrenzen gleich groß wie die Gesamtbandbreite, hat man jeder Bandbreitenklasse einen Teil der Gesamtbandbreite zugeordnet, auf den sie allein zugreifen kann. Dies entspricht der vollständigen Bündeltrennung.

In Bild 7 sind zusätzlich zu den Kurven für die Zuteilungsstrategie *Complete Sharing* auch die für die *Sum Limitation* Methode angegeben. Zwar sind durch die Wahl der Grenzen die Blockierwahrscheinlichkeiten gleich groß geworden, dafür liegen sie aber bei den Klassen 1 bis 3 auf einem höheren Niveau. Dadurch, daß sich die Blockierwahrscheinlichkeiten für Klasse 4 jedoch verkleinert haben, läßt sich eine vorgegebene maximale Blockierwahrscheinlichkeit bei größeren Angebotswerten einhalten als beim *Complete Sharing*.

Durch die beschriebenen Zuteilungsstrategien läßt sich das Systemverhalten optimieren, wobei zwei Ziele vorstellbar sind. Entweder kann der Gesamtdurchsatz optimiert werden, oder es können zur Optimierung der Dienstgüte für alle Klassen Blockierwahrscheinlichkeiten angestrebt werden, die vorgegebene Maxima in einem möglichst großen Bereich nicht überschreiten.

4 PS–Teil

Die paketvermittelte Datenübertragung wird in der sogenannten *Non–Isochronous Traffic Class* entsprechend dem FDDI-I Standard vermittelt. Es werden dabei die drei Verkehrsklassen *Synchronous Traffic Class*, *Asynchronous Traffic Class (Restricted Token Mode)* und *Asynchronous Traffic Class (Non-Restricted Token Mode)* unterschieden. In Bild 8 ist das generische Modell für den PS–Teil einer FDDI–Station dargestellt. Die einzelnen Verkehrsklassen werden, entsprechend ihrer Priorität, von links nach rechts bedient.

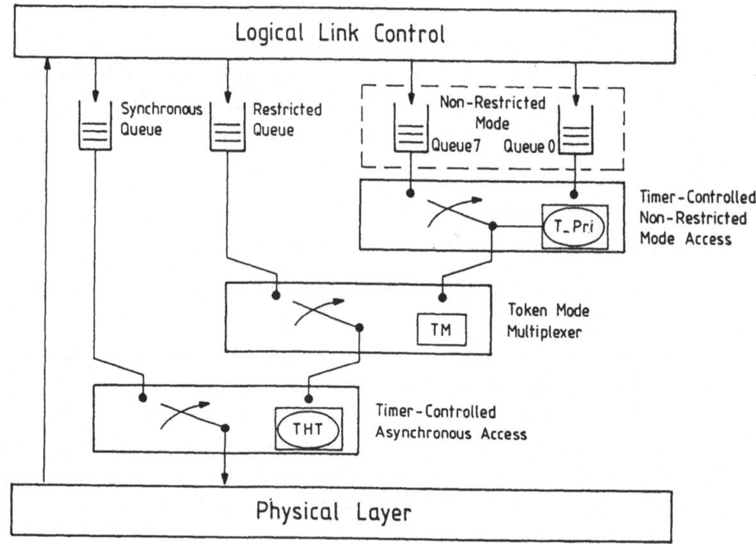

Bild 8: Simulationsmodell des P–MACs bei FDDI

4.1 Synchronous Traffic Class

Die *Synchronous Traffic Class* ist vor allem für Echtzeit–Anwendungen und Anwendungen mit garantierter Bandbreite vorgesehen. Jede Station kann über ihr *Station Management* (SMT) die benötigte Bandbreite als Prozentsatz der *Target Token Rotation Time* (TTRT) anmelden. Erhält die Station das Token, darf sie in jedem Fall diesen Anteil der TTRT senden. Erst dann kann ggf. in einer *Asynchronous Traffic Class* gesendet werden, wobei die Summe aller Sendezeiten ebenfalls die TTRT nicht überschreiten darf. Somit gilt all obere Schranke der Wartezeit für Daten in der *Synchronous Traffic Class* die doppelte TTRT.

4.2 Asynchronous Traffic Class (Restricted Token Mode)

Der *Restricted Token Mode* kann von einzelnen Stationen angefordert werden, um kurzzeitig große Bandbreite exklusiv zu nutzen (z.B. Zugriff auf Fileserver oder Download–Funktionen). Dazu wird eine virtuelle Verbindung zwischen zwei oder mehr Partnern aufgebaut, die sich die gesamte asynchrone Bandbreite teilen. Aufgrund eines speziellen Tokenformats sind die restlichen Stationen nicht sendeberechtigt. Am Ende der Datenübertragung wird die virtuelle Verbindung abgebaut und es wird ein *Non-Restricted Token* generiert, um in den normalen Betrieb (*Asynchronous Traffic Class (Non-Restricted Token Mode)*) wieder zurückzukehren.

4.3 Asynchronous Traffic Class (Non-Restricted Token Mode)

Die Datenübertragung im *Non-Restricted Token Mode* wird nach einem Timer–gesteuerten Tokenprotokoll abgewickelt. Dazu besitzt jede Station einen *Token Rotation Timer* (TRT). Dieser TRT mißt die Tokenumlaufzeit, die zwischen der letzten Tokenankunft und der momentanen Tokenankunft verstrichen ist. Bei der Initialisierung des FDDI Rings wird eine sogenannte *Target Token Rotation Time* (TTRT) festgelegt. Ist die gemessene Tokenumlaufzeit kleiner als die festgelegte TTRT, besitzt die Stationen ein freies Token und kann Datenframes übertragen. Ist die gemessene Tokenumlaufzeit größer als die TTRT, muß die Station das Token sofort weitergeben und ist nicht sendeberechtigt (Bild 9).

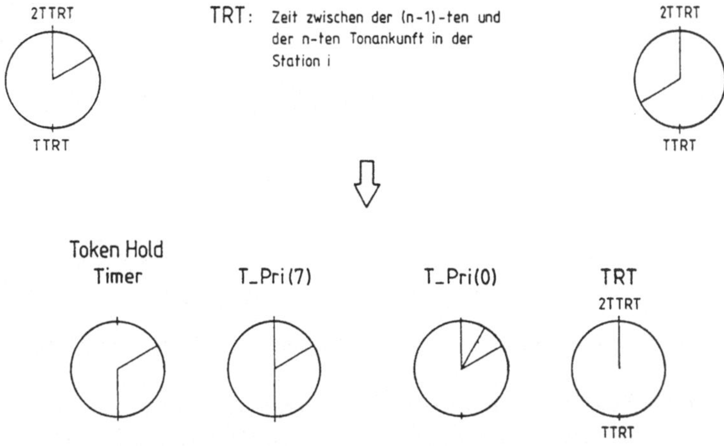

Bild 9: Interne Timer für die P–MAC Schicht bei FDDI

Neben dem Token Rotation Timer besitzt jede Station noch einen *Token Hold Timer* (THT). Dieser THT wird mit der verbleibenden Zeit zwischen gemessener Tokenumlaufzeit und TTRT geladen. Diese Restzeit steht der Station als Datenübertragungszeit maximal zur Verfügung. Läuft diese Restzeit ab, muß das Token, nach Beendigung der momentanen Datenübertragung, zur nächsten Station weitergegeben werden.

Das FDDI–Zugriffsprotokoll unterstützt bis zu 8 Prioritätsklassen. Dies wird dadurch realisiert, daß jede Prioritätsklasse einen Schwellwert für die maximale Sendezeit in dieser Prioritätsklasse erhält (Bild 9 Mitte). Der Schwellwert für Priorität 7 ist in Bild 9 kleiner als die TTRT, deshalb können Datenpakete der Priorität 7 übertragen werden. Sind alle Datenübertragungen der Prioritätsklasse 7 abgeschlossen, bevor die Sendezeit im *Token Hold Timer* abgelaufen ist, können Datenpakete niederer Prioritätsklassen übertragen werden, falls deren Schwellwerte größer als die verbleibende Sendezeit im THT sind. In Bild 9 darf aus der Prioritätsklasse 0 kein Datenframe übertragen werden, da der Schwellwert hier kleiner als die momentane Tokenumlaufzeit ist.

Die Leistungsfähigkeit des timergesteuerten Tokenprotokolls wird durch mehrere Faktoren beeinflußt. Zum einen sollte die TTRT nicht zu klein sein, da sonst der Durchsatz sinkt. Damit steigt aber auch die Antwortzeit bei der *Synchronous Traffic Class*. Zum anderen sollte die Paketlänge nicht zu klein sein, da sonst ebenfalls der Durchsatz aufgrund des MAC–Overheads sinkt [2,11].

Bild 10 zeigt diesen Effekt deutlich. Es wurde ein FDDI-II System mit 25 Stationen und 100 km Ringlänge simuliert. Die Packetlänge wurde zu 64 byte und 1024 byte, jeweils konstant, angenommen. Der MAC–Overhead beträgt 104 bit und die TTRT 10 ms. Die Stationverzögerung ist zu 80 bit angenommen. Die mittlere Transferzeit (Wartezeit + Übertragungszeit) ist über dem normierten PS–Angebot aufgetragen, wobei sich das normierte PS–Angebot aus der für PS–Verkehr verbleibenden Bandbreite ergibt (die 95% Vertrauensintervalle sind vernachlässigbar klein).

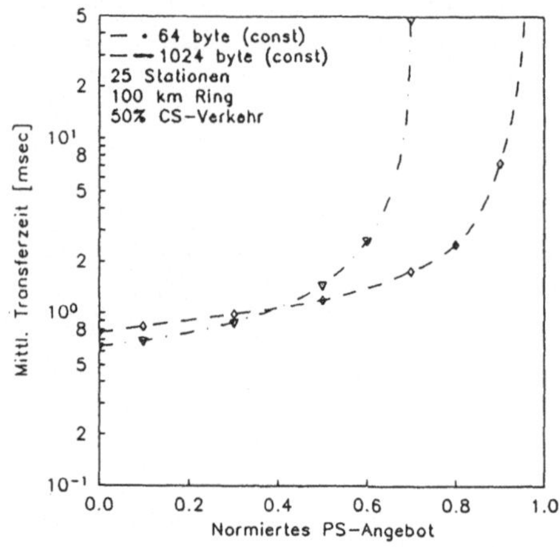

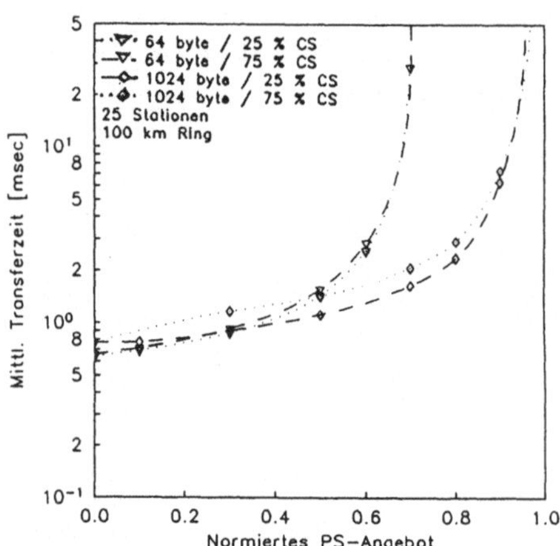

Bild 10: Mittl. Transferzeit bei unterschiedlichen Datenpaketlängen

Man erkennt deutlich den früheren Anstieg der mittleren Transferzeit bei kleinen Datenpaketen, was zu einem geringeren Durchsatz führt. Bei kurzen Datenpaketen ist der Anteil des MAC-Overheads größer als bei langen Datenpaketen, deshalb steigt die Transferzeit bei langen Paketen erst später an.

Bei gleichem normiertem PS–Angebot macht sich der Einfluß unterschiedlicher CS-Last auf die mittlere Transferzeit kaum bemerkbar, da die WBC's über die 96 *Cycle Groups* verteilt sind und deshalb die Wartezeit für zwei aufeinanderfolgende Datenbytes durch die Dauer einer *Cycle Group* nach oben begrenzt ist [11].

5 Zusammenfassung

Im Rahmen dieses Beitrags wurde eine Weiterentwicklung des FDDI Standards vorgestellt. Neben den Neuerungen in der Architektur wurden die Aufgaben und Probleme des Bandbreitenmanagements im Bereich des durchschaltevermittelten Verkehrs aufgezeigt. Die diskutierten Strategien zur Integration unterschiedlicher Verkehrsarten erlauben eine individuelle Anpassung an die momentanen Lastverhältnisse des Systems und gestatten so eine optimale Auslastung.

Die hier gezeigten Probleme lassen sich verallgemeinern und sind für alle hybriden HSLAN's relevant. Die möglichen Optimierungswege sind durch die Anordnungs-, Absuch- und Zuteilungsstrategien, die das jeweilige Bandbreitenmanagement bereitstellt, festgelegt. Als mögliche Optimierungen können dabei bestimmte Blockierungsverluste je Verkehrsklasse oder maximale Auslastung etc. vom Betreiber vorgegeben werden.

Aufgrund der dem durchschaltevermittelten Verkehr zugeteilten Bandbreite ergibt sich für den PS-Verkehr eine bestimmte Restbandbreite. In diesem Beitrag sind einige simulative Ergebnisse für stationäre CS-Lasten angegeben. Weitere Untersuchungen, speziell über den Einfluß dynamischer CS- Verkehrsprofile auf die Leistungsfähigkeit des PS-Teils, werden noch durchgeführt.

Literatur

[1] CONRADT, J., BUCHHEISTER, A., *Considerations on Loss Probability of Multi-Slot Connections*, ITC 11, Kyoto, 1985

[2] DYKEMAN, D., BUX, W., *An Investigation of the FDDI Media-Access Control Protocol*, Proceedings EFOC/LAN, Amsterdam, 1987, pp. 229 - 236

[3] ENOMOTO, O., MIYAMOTO, H., *An Analysis of Mixtures of Multiple Band-Width Traffic on Time Division Switching Networks*, ITC 7, Stockholm, 1973

[4] FDDI, Physical Layer Protocol, Draft Proposal ANSI X3T9.5, 1987, Rev. 15

[5] FDDI Token Ring, Physical Layer Medium Dependent, Draft Proposal ANSI X3T9.5, 1986, Rev. 5

[6] FDDI Token Ring, Media Access Control, Draft Proposal ANSI X3T9.5, 1986, Rev. 10

[7] FDDI – Station Management, Draft Proposal ANSI X3T9.5, 1987, Rev. 3.0

[8] FDDI – II Working Paper, Draft Proposal ANSI X3T9.5, April 1988, Rev. 3

[9] GIMPELSON, L. A., *Analysis of Mixtures of Wide- and Narrow-Band Traffic*, IEEE Transactions on Communication Technology, 1965, Vol. 13, No. 3, pp. 258 - 266

[10] HUBER, M. N., FISCHER, W., *Heterogene Verkehrsströme im ISDN — Bandbreitenzuteilungsstrategien und Leistungsuntersuchungen*, Das ISDN in der Einführung, Berlin, 1988

[11] HUBER, M. N., SAUER, K., SCHÖDL, W., QPSX and FDDI-II, Performance Study of High Speed LAN's Proceedings EFOC/LAN, Amsterdam, 1988, pp. 316 - 321

[12] IVERSEN, V. B., *The Exact Evaluation of Multi-Service Loss Systems with Access Control*, Teleteknik, English Edition, 1987, pp. 56 - 61

[13] KATZSCHNER, L., SCHELLER, R., *Probability of Loss of Data Traffics with Different Bit Rates Hunting One Common PCM Channel*, ITC 8, Melbourne, 1976

[14] KLEINEWILLINGHÖFER-KOPP, R., WOLLNER, E., *Comparison of Access Control Strategies for ISDN-Traffic on Common Trunk Groups*, ITC 12, Torino, 1988

[15] KLESSIG, R. W., *Overview of Metropolitan Area Networks*, IEEE Communications Magazine, January 1986, Vol.24, No.1, pp. 9 – 15

[16] MOLLENAUER, J. F., *Standards for Metropolitan Area Networks*, IEEE Communications Magazine, April 1988, Vol.26, No.4, pp. 15 – 19

[17] RAMASWAMI, V., ASWATH RAO, K., *Flexible Time Slot Assignment, A Performance Study for the Integrated Services Digital Network*, ITC 11, Kyoto, 1985

[18] ROSS, F. E., *FDDI – A Tutorial* IEEE Communications Magazine, May 1986, Vol.24, No.5, pp. 10 – 17

[19] ZUKERMAN, M., *Circuit Allocation and Overload Control in a Hybrid Switching System*, unveröffentlicht

[20] ZUKERMAN, M., *Bandwidth Allocation for Bursty Isochronous Traffic in a Hybrid Switching System*, eingereicht zur Veröffentlichung in IEEE Transactions on Communications

HIERARCHISCHES LASTMODELLKONZEPT ZUR SIMULATION UND BEWERTUNG VON HSLAN - CONTROLLERN

Werner Kremer, Michael Rupprecht
RWTH Aachen, Lehrstuhl für Informatik IV
Ahornstr. 55, D-5100 Aachen

ZUSAMMENFASSUNG

Verteilte Kommunikationssysteme erfordern leistungsfähige Verbindungen der Kommunikationspartner über Netzwerkstrukturen, insbesondere über Lokale Netze und Hochgeschwindigkeitsnetze. Wichtiger Teil des Kommunikationssystems ist der Netzwerk-Controller. Für Entwurf und Design neuer Netzwerk-Controller werden Lastmodelle zur Simulation und Bewertung der Entwürfe benötigt.

Das hier vorgestellte hierarchische Lastmodell ist ein anwenderübergreifendes Konzept zur Darstellung realer Lasten. Die statistische Beschreibung der typischen Netzverkehrsklassen Terminalverkehr und Filetransfer wird durch ein Train Model berücksichtigt. Eine detaillierte Festlegung der Last eines einzelnen Netzwerk-Controllers erfolgt durch die Einführung von Protocol Operation Modules (POM's). Das Lastmodell ist allgemein genug gehalten, um auf die Vielzahl der inzwischen existierenden und standardisierten Protokolle anwendbar zu sein.

Anhand von Messungen an einem 10 Mbit/s Ethernet wird eine erste Verifikation des Lastmodells vorgenommen. Die Meßergebnisse zeigen zudem, daß ein Engpaß bei der Kommunikation über ein Lokales Netz durch die Protokollbearbeitungszeit in den Controllern entsteht.

1. EINLEITUNG

Die Technologie der Lichtwellenleiter als Übertragungsmedium für Lokale Netze hat zu einem sprunghaften Anstieg der Übertragungskapazität um mehrere Größenordnungen geführt. In /ALBA88/ werden Verbindungen mit einer Übertragungsrate von 2.4 Gbit/s vorgestellt.

Die Netzwerk-Controller sind demgegenüber in ihrer Entwicklung nicht im gleichen Maße angestiegen, so daß eine erhebliche Differenz zwischen der Übertragungsrate des Mediums und der Protokollbearbeitungszeit liegt. Aus diesem Grund wird heute verstärkt über neue Konzepte für HSLAN-Controller nachgedacht, die diese Diskrepanz zu verringern suchen /JENS88/, /RUPP88/, /RUPP89/.

Für das effiziente Design solcher Konzepte werden passende Hilfsmittel und Verfahren wie die Simulation zur Bewertung des Leistungsverhaltens der Controllerarchitekturen verwendet. Dazu ist nicht nur eine möglichst exakte Modellierung des Controllers notwendig, sondern auch eine präzise Festlegung der Last, die von diesem Modell bearbeitet werden soll.

Die Zielsetzung bisheriger Simulationen für HSLANs beschränkt sich im allgemeinen auf die Beurteilung von Medienzugangsverfahren und Übertragungsprotokollen /WELZ87/, /ZIEH87/, /MART88/. Die Bearbeitungszeit für die Protokollsoftware wird dabei in der Regel nur als fester Faktor berücksichtigt. Diese Betrachtungsweise wird dem Stellenwert, den der Controller für das Leistungsvermögen insbesondere eines Hochgeschwindigkeitnetzwerks einnimmt, nicht gerecht.

Bisher existierende Lastmodelle berücksichtigen noch nicht die besonderen Anforderungen an die Netzwerk-Controller. Deshalb wird ein neues Lastmodellkonzept vorgestellt, das den Erfordernissen der Simulation und Bewertung von HSLAN-Controllern gerechter wird.

Kapitel 2 beschreibt den Aufbau und die Struktur des hierarchischen Lastmodells. In Kapitel 3 werden die durchgeführten Messungen vorgestellt und die Einordnung in das Lastmodell vorgenommen. Die Meßergebnisse werden in Kapitel 4 diskutiert und in Kapitel 5 wird ein Ausblick auf die weitere Vorgehensweise gegeben.

2. DAS HIERARCHISCHE LASTMODELL

Für die Simulation von HSLAN-Controllern benötigt man ein Lastmodellkonzept, das zwei unterschiedliche Anforderungen erfüllen muß:

1) Allgemeingültigkeit, um auf ähnliche Lastfälle übertragbar zu sein
2) möglichst genaue Wiedergabe der realen Lasten

Um diese Anforderungen zu erfüllen, wird ein hierarchisches Lastmodellkonzept vorgeschlagen, dessen ersten beiden Stufen den Punkt 1), die Allgemeingültigkeit gewährleisten, und dessen darunter liegende Stufen den Punkt 2), die realitätsgetreue Wiedergabe der realen Lasten, garantieren.

Bevor ein Lastmodell aufgestellt werden kann, muß untersucht werden welche Faktoren einen Einfluß auf die Last haben. Einflußfaktoren sind:

- Art der Anwendung
- Anwenderverhalten
- Anzahl der Verbindungen
- Protokolle
- Übertragungskapazität des Mediums
- ...

Diese Faktoren müssen sich in dem Lastmodell widerspiegeln. Deshalb wird in der obersten Hierarchiestufe, der Anwenderstufe, eine Einteilung nach typischen Anwendungen vorgenommen. Als typische Anwendungen sind zu nennen:

- Video-Konferenzen
- Sprachübertragung
- Datenbanken, Bibliotheken
- Programmentwicklung
- CAD - Graphik
- Bürokommunikation, PC - Anwendungen
- ...

Jede dieser Anwendungen erzeugt für den Netzwerk-Controller eine andersartige Last. So wird ein Benutzer, der eine Datenbankanfrage über sein Kommunikationssystem initiiert für den Netzwerk-Controller eine völlig andersartige Belastung erzeugen, als ein Benutzer, der eine Sprachverbindung unterhält. Jede einzelne dieser Anwenderstufe wird in der zweiten Hierarchiestufe in Verkehrsklassen unterteilt. Verkehrsklassen sind:

- Terminalverkehr
- Filetransfer

Diese für ein Kommunikationssystem typischen Verkehrsklassen /MART88/ unterscheiden sich im wesentlichen in ihrer Paketlängenverteilung und in den Zwischenankunftsraten der Pakete. Die statistische Beschreibung der Verkehrsklassen erfolgt in Anlehnung an das in /JAIN86/ vorgestellte 'Train Model'. Beim Filetransfer bilden die zu einem File gehörenden Pakete einen Train, der von einem Anfangspaket, der Lokomotive geführt wird, gefolgt von den Filepaketen und beendet von einem Schlußwagon, dem Endpaket.

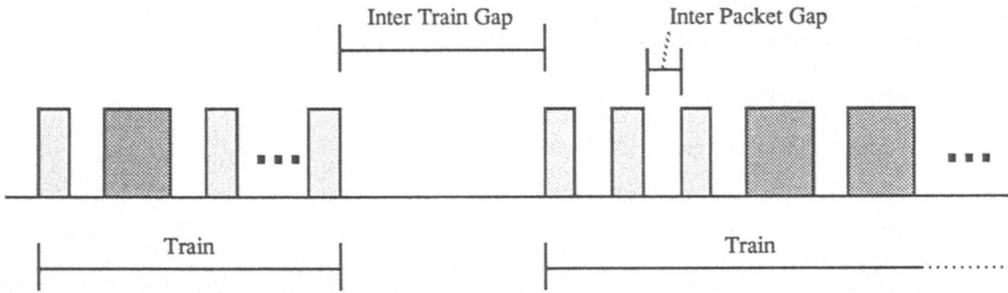

Bild 2.1: Das Train Model

Der Abstand zwischen zwei aufeinanderfolgenden Paketen eines Trains wird als "Inter Packet Gap" bezeichnet. Entsprechend ist der "Inter Train Gap" die Lücke zwischen aufeinanderfolgenden Trains. Für den "Inter Packet Gap" und den "Inter Train Gap" sind die statistischen Verteilungen der Zwischenankunftsraten zu ermitteln. Die Längenverteilung wird unterschieden nach der Paketlängenverteilung der Pakete eines Trains und der Trainlängenverteilung.

Für die Leistungsbetrachtung eines Lokalen Netzes kann man sich auf diese statistischen Beschreibungen beschränken und sie mit der Anzahl der aktiven Netzwerkstationen parametrisieren. Durch Verändern der Parameter der Verteilungsfunktionen ist eine Übertragbarkeit auf ähnliche Lastfälle möglich. Die Forderung nach Allgemeingültigkeit kann damit erfüllt werden.

Für die Leistungsbetrachtung eines einzelnen Netzwerk-Controllers einer Station liefern diese Verteilungsfunktionen keine hinreichend genauen Lastangaben. Denn es ist nicht erkennbar, welcher Arbeitsaufwand mit den ankommenden Paketen verbunden ist. Da nicht jedes für eine Station bestimmte Paket für diese den gleichen Arbeitsaufwand bedeutet, wird eine Einteilung in Pakettypen eingeführt.

Es wird z.B. unterschieden zwischen Datenpaketen, die ein Segment der Filedaten enthalten, und Quittungspaketen, die keine weiteren Nutzdaten enthalten. Unterscheidungskriterium der Pakettypen ist der mit ihnen verbundene Arbeitsaufwand für den Controller.

Ein Train besteht demnach aus einer Folge von Pakettypen. Die Pakettypenfolge wird durch die verwendeten Kommunikationsprotokolle festgelegt und ist näherungsweise deterministisch. Durch die im Hochlastfall verstärkt auftertenden Paketverluste kann eine streng deterministische Beschreibung der Pakettypenfolge nur in erster Näherung gültig sein.

Der statistische Einfluß von Paketverlusten auf die Pakettypenfolge muß anhand von Messungen bzw. durch eine geeignete Simulation von Hochlastfällen noch genauer untersucht werden, soll aber im folgenden vernachlässigt werden.

Zusammengefaßt ergibt sich für die zweite Hierarchiestufe des Lastmodells, die Verkehrsklasse, eine Beschreibung durch folgende charakteristische Größen:

Statistische Verteilungen:

- Inter Packet Gap
- Inter Train Gap
- Paketlänge
- Trainlänge

Deterministisch:

- Pakettypenfolge

In der dritten Hierarchiestufe wird für die Pakettypenfolge eine Klassifizierung nach verschiedenen Pakettypen vorgenommen. Es können beispielsweise folgende Pakettypen unterschieden werden:

-        Pakete mit Nutzdaten   1
-        Quittungspakete   2
-        Verbindungsaufbaupakete   3
-        Verbindungsabbaupakete   4

Die Nummerierung ist rein willkürlich und soll nur zur Verdeutlichung des folgenden Beispiels dienen. Eine Pakettypenfolge einer Fileübertragung kann z.B. gebildet werden aus einem Verbindungsaufbaupaket, gefolgt von einer Quittung der Partnerstation, einer alternierenden Folge von Nutzdatenpaketen und Quittungspaketen und einem Verbindungsabbaupaket (s. Beispiel 1, Bild 2.2)

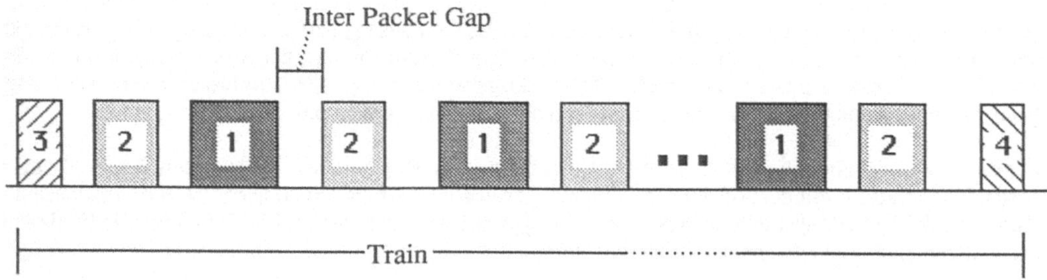

Bild 2.2: Beispiel 1: Pakettypenfolge einer Fileübertragung

Dieses Beispiel einer Fileübertragung beschreibt einen einzelnen Train, dessen Pakettypenfolge sich durch den Quittungsmechanismus der Fenstergröße 1 auszeichnet. Es wird deutlich, daß eine Pakettypenfolge sinnvollerweise immer genau einem Train zugeordnet wird. Damit sind die oberen drei Stufen des hierarchischen Lastmodell nach Bild 2.3 beschrieben. Nach der Anwenderstufe, der Verkehrsklasse und den Pakettypen werden im folgenden die unteren Hierarchiestufen erläutert.

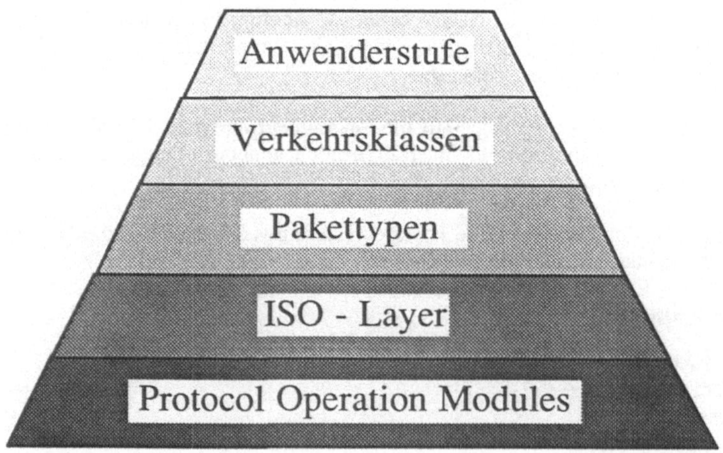

Bild 2.3: Die Stufen des hierarchischen Lastmodells

Die Unterscheidung verschiedener Pakettypen erfordert eine genaue Beschreibung der Unterscheidungsmerkmale. Betrachtet man ein einzelnes Paket, so enthält dieses protokollspezifische Header und einen Nutzdatenanteil, die 'User Data'. Die protokollspezifischen Header sind den Layern des ISO/OSI-Referenzmodells /ISO84/ zugeordnet.

Mit den Headerinformationen der einzelnen Protokollebenen sind ganz bestimmte Aktionen verbunden, die je nach Pakettyp sehr unterschiedlich sind. Es ist deshalb erforderlich die Pakettypen nach einzelnen typischen Aktionen der Protokolle aufzuschlüsseln. Typische Aktionen sind:

-    Adressbestimmung
-    Codierung / -Decodierung von Adressen
-    generieren/kontrolliern der 'Header Checksum'
-    Quittungen generieren
-    Verbindungsaufbau/-abbau
-    Tokenhandling
-    ...

Im folgenden sollen diese Elemente als Protocol Operation Modules (POMs) bezeichnet werden. Jedes dieser Module ist in einer ganz bestimmten Ebene des ISO-Referenzmodells auszuführen, so daß man die Lasten, die von einem Netzwerk-Controller zu bewältigen sind, zerlegen kann in Lasten, die auf die einzelnen Protokollebenen zukommen, und je Ebene zerlegen kann in einzelne typische Operations Module. Die POMs bilden die unterste Stufe des hierarchischen Lastmodells.

In Bild 2.4 wird exemplarisch ein Pfad des baumstrukturartig aufgebauten Modells aufgezeichnet. Jede Anwenderstufe ist durch die Verkehrsklassen Terminalverkehr und Filetransfer mit den zugehörigen statistischen Verteilungsfunktionen zu beschreiben. Jeder dieser Verkehrsklassen zeichnet sich durch spezifische Pakettypenfolgen aus.

Die Pakettypenfolge besteht aus einer beschränkten Anzahl verschiedener Pakettypen, in Bild 2.4 symbolisiert durch die Pakettypen Nummerierung 1,2,...,n .

Die einzelnen Pakete der Pakettypenfolge, in Bild 2.4 exemplarisch dargestellt durch Pakettyp Nr. 1: ´Nutzdatenpaket´ der Verkehrsklasse ´Filetransfer´ aus einer Programmentwicklungsumgebung, bestehen aus Protokollheader und User Data. Die Protokollheader können den einzelnen Ebenen des ISO-Referenzmodells zugeordnet werden.

Es muß nicht jeder Pakettyp zwingend User Data und die Protokollheader aller ISO-Layer enthalten. So werden z.B Quittungspakete, die von der Netzwerkebene initiiert werden auch nur Protokollheader der unteren drei Ebenen enthalten. Für eine konkrete Anwenderstufe müssen auch nicht alle Protokollebenen implementiert sein, so daß beispielsweise die höheren Ebenen durch ein einziges Protokoll, z.B dem ´Universal Datagram Protocol´ (UDP), repräsentiert sein können wie bei der im folgenden vorgestellten Meßumgebung.

Die Protokollheader-Informationen werden in der untersten Hierarchiestufe in einzelne Protocol Operation Modules (POM) eingeteilt und damit nach typischen Protokollaktionen aufgeschlüsselt.

Zu beachten ist, daß nicht beliebig viele Kombinationsmöglichkeiten für POMs, ISO-Ebenen und Pakettypen möglich sind. Jede ISO-Ebene enthält nur eine beschränkte Anzahl von POM's, z.B. ist Verbindungsaufbau/-abbau ein sinnvolles POM für die höheren Protokollebenen aber kein auszuführendes Modul in dem MAC-Layer.

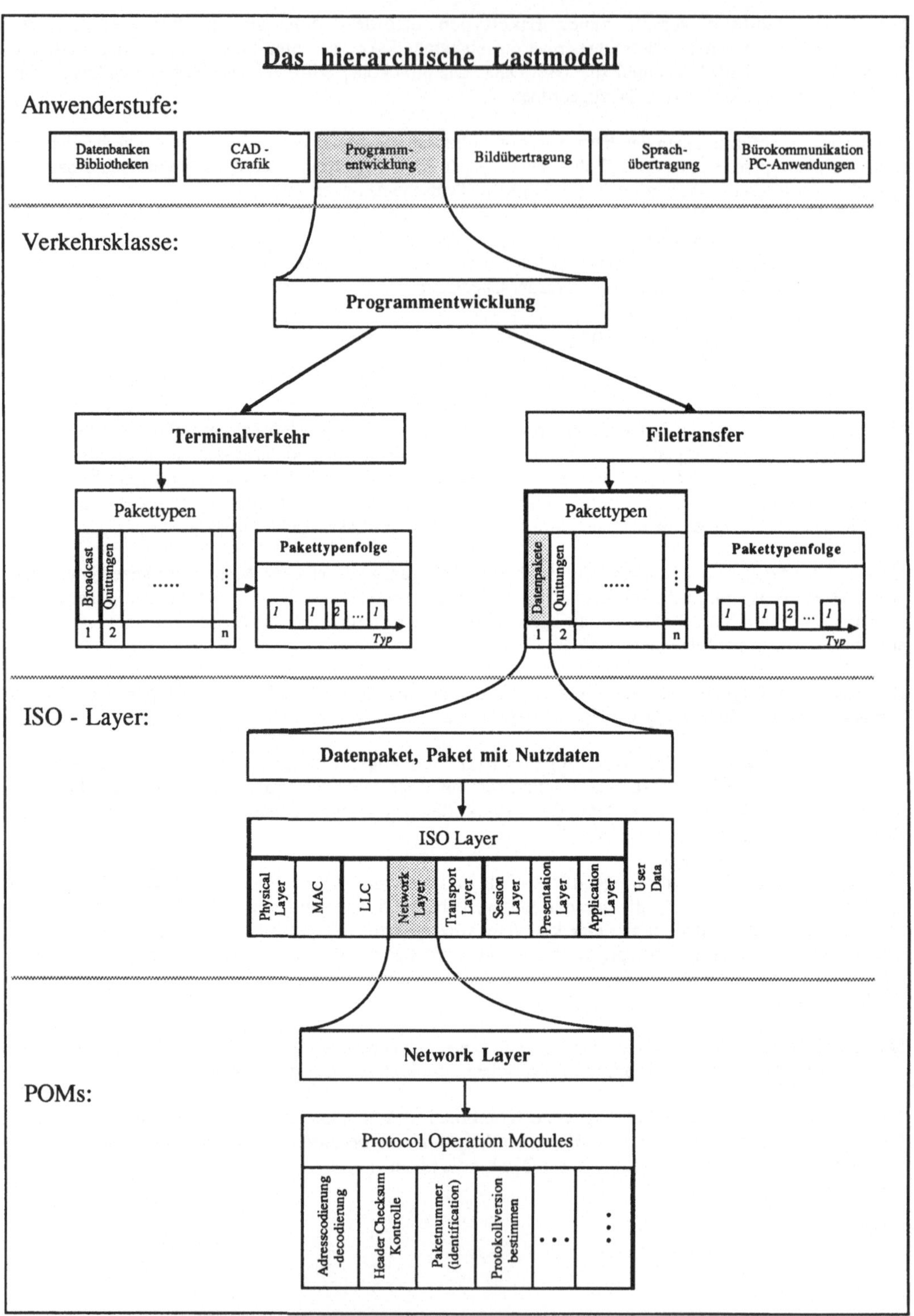

Bild 2.4: Ein Pfad im hierarchischen Lastmodell.

3. MESSUNGEN

3.1 DER NETZWERK-CONTROLLER

Bevor die Messungen vorgestellt werden ist es notwendig sich über den Begriff des Netzwerk-Controllers Klarheit zu verschaffen.

Bei bisherigen Implementierungen von Kommunikationsprotokollen werden nur für die unteren ISO-Ebenen dedizierte Hardware-Controller verwendet. Die Aufgaben der höheren Protokollebenen sind in der Regel auf dem Host, z.B. als Tasks in multitaskfähigen Systemen, implementiert und belasten dessen CPU /FEHL88/. Um die Host-CPU von der Bearbeitung der Protokolle zu entlasten wird versucht, möglichst viele Protokollaufgaben auf dedizierte Controller auszulagern.

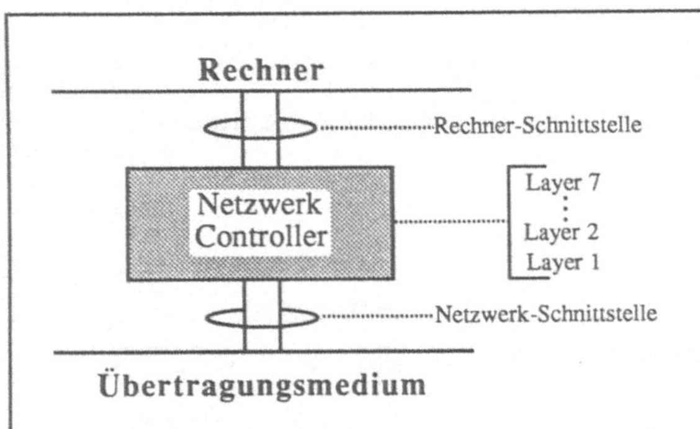

Unabhängig von der praktischen Realisierung fällt dem Controller die Aufgabe zu die Kommunikation über ein Netzwerk mit den Partnerstationen abzuwickeln. Ein Controller ist demnach nichts anderes als ein Rechnerbetriebsmittel, das den Service Kommunikation anbietet. Die Aufgabe des Controllers liegt in der Bearbeitung der gesamten Protokollsoftware. Er enthält alle sieben Schichten des ISO-Referenzmodells /ISO84/ einschließlich des Application-Layer. Bild 3.1 zeigt die prinzipielle Darstellung eines Netzwerk-Controllers.

Bild 3.1: Netzwerk-Controller

Der Controller besitzt zwei Schnittstellen, über die er in seine Umgebung eingebunden ist. Die Rechnerschnittstelle und die Netzwerkschnittstelle. Die Rechnerschnittstelle ist die Verbindung zwischen übergeordneten Rechner und seinem Betriebsmittel Controller. Die Netzwerkschnittstelle ist der Zugang des Controllers zum Übertragungsmedium.

Um das Lastaufkommen des Controllers anhand von Messungen in realen Umgebungen zu ermitteln, sind zwei Lösungsansätze sinnvoll. Man kann Messungen an der Rechnerschnittstelle vornehmen und Messungen an der Netzwerkschnittstelle durchführen. Die im folgenden vorgestellten Messungen werden an der Netzwerkschnittstelle durchgeführt. Die Möglichkeit der Messung an der Rechnerschnittstelle ist noch in der Diskussion.

3.2 MEßUMGEBUNG

Als Meßumgebung dient ein 10 Mbit/s Ethernet. Es sollen die Lasten gemessen werden, die von einem einzelnen Netzwerkknoten zu bewältigen sind. Deshalb werden gezielt die Pakete einer einzelnen Station betrachtet. Es handelt sich also nicht um eine Leistungsbetrachtung eines Ethernet Netzes oder um die statistische Auswertung einer Langzeitbetrachtung des Netzverkehrs, sondern um die Lastbetrachtung eines einzelnen Netzwerk-Controllers.

Gemessen werden die Paketlängen und Zwischenankunftszeiten von Paketen an genau einer Station. Entsprechend dem Ansatz des hierarchischen Lastmodells müssen die Inhalte der Pakete genauer betrachtet werden. Verwendet wird hierfür das Tool "Sniffer" von Network General™. Es handelt sich um einen tragbaren 'protocol analyser' für Token-Ring und Ethernet Netzwerke /SNIF86/.

Der Sniffer ist ein passiver Netzwerkmonitor, der die über das Netzwerk übertragenen Pakete in seinen Speicher kopiert. Von den Paketen können die ersten 32, 64, 128 byte,... oder das vollständige Paket gespeichert werden. Zur Betrachtung eines einzelnen Netzwerkknotens kann ein Adreßfilter vorgeschaltet werden, so daß nur Pakete von und zu einer bestimmten Station gespeichert werden. Der Sniffer hat eine Interpreter-Software zur off-Line Auswertung der mitprotokollierten Pakete installiert. Dargestellt wird unter anderem, welche Protokolle zur Kommunikation verwendet werden, und welche Protokollaktionen mit jedem Paket verbunden sind. Zusätzlich wird festgehalten, zu welchem Zeitpunkt die Übertragung stattgefunden hat.

Gemessen wird in einer Programmentwicklungsumgebung ein Filetransfer eines Files fester Größe. Der Filetransfer wird durchgeführt zwischen einem UNIX-Host (im folgenden Host genannt) und einem IBM-PC und zwar in beiden Richtungen:

| Versuch 1: | Filetransfer | PC-AT | -> | HOST |
| Versuch 2: | Filetransfer | HOST | -> | PC-AT |

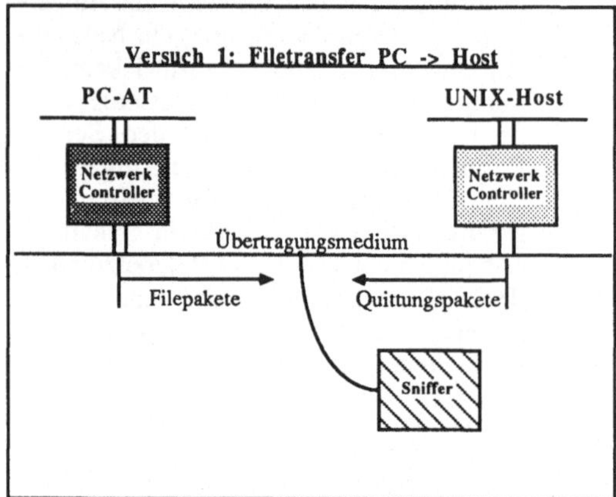

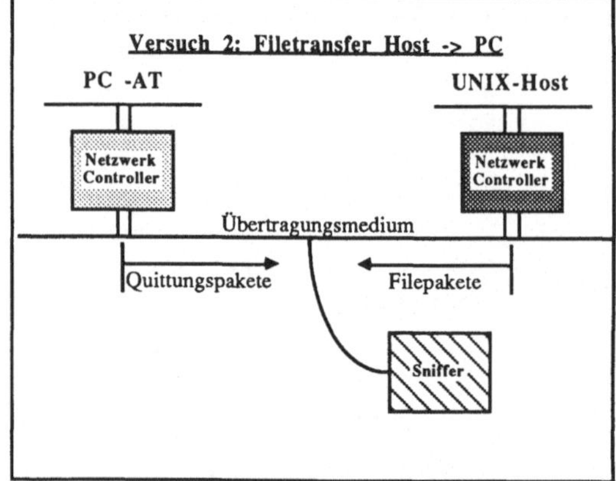

Bild 3.2: Übertragungsrichtungen des Filetransfer

Die maximale räumliche Ausdehnung des Netzes beträgt ca. 500 m. Bei einer Signallaufzeit von rund $0.7 \cdot$ Lichtgeschwindigkeit $= 2,1 \cdot 10^8$ m/s benötigt ein Signal $\approx 2,4$ µs um den maximalen Stationsabstand von 500 m zurückzulegen. Da die Paketankunftszeiten im ms Bereich liegen, kann der Einfluß der Signallaufzeit und damit der räumlichen Anordnung der Stationen auf die statistischen Größen vernachlässigt werden.

3.3 EINORDNUNG IN DAS LASTMODELL UND MEßERGEBNISSE

Die Versuchsreihe ist wie folgt in das hierarchische Lastmodell einzuordnen:

| Anwenderstufe: | Programmentwicklung |
| Verkehrsklasse: | Filetransfer |

Es werden vereinfachend zunächst nur Files fester Größe betrachtet. Damit sind keine statistische Aussagen über die Trainlängen- und Inter Train Gap Verteilung möglich.

| Statistische Verteilungen: | Paketlängen |
| | Inter Packet Gap |

Der Inter Packet Gap wird sinvollerweise nach der PC Station und der Host Station aufgeschlüsselt, da die Stationen verschiedene Controllertypen verwenden und die gemessenen Zeiten deutlich voneinander abweichen. Neben den statistischen Verteilungen ist noch die

Pakettypenfolge

zu untersuchen. Die wesentlichen Eigenschaften sind schon in Kapitel 2, Beispiel 1 (Bild 2.2) aufgezeigt. Es handelt sich demnach um eine alternierende Folge von Nutzdatenpaketen und Quittungspaketen. Der Train besteht aus einer kurzen Folge von Anfangspaketen, die den Filetransfer initiieren, gefolgt von den Nutzdatenpaketen und beendet durch eine Folge von kurzen Endpaketen, die keine Daten des Files mehr enthalten. Das übertragene File ist 128 kbyte groß und wird in beiden Versuchen jeweils in 256 Nutzdatenpakete zerlegt, die je 512 byte große Segmente des Files enthalten.

Die Nutzdatenpakete und ihre Quittungen haben feste Paketlängen und unterliegen somit keiner statistischen Verteilung. Anfangspaketfolge und Endpaketfolge mit den zugehörigen Antwortpaketen der Zielstation unterliegen geringen Schwankungen und sind deshalb statistisch zu beschreiben. Jedes von der Quellstation übertragene Paket wird von der Zielstation quittiert. Damit ergibt sich folgende Paketlängen Verteilung:

Filetransfer:	128 kbyte Filedaten		
	= 256 Pakete mit 512 byte Nutzdaten + Anfangs- und Endpaketfolge		
	Paketgrößen	Versuch 1	Versuch 2
		IBM-PC nach HOST	HOST nach IBM-PC
	Filedatenpaket	576 byte	568 byte
	Quittungspaket	60 byte	64 byte
	statistische Anfangs-, Endpaketfolge		
	Mittelwert	69.9 byte	68.5 byte
	Streuung	12.5 byte	10.2 byte

Tabelle 3.1: Paketlängenverteilung

Bei der statistischen Auswertung der Paketankunftszeiten werden die Reaktionszeiten der Netzwerkknoten betrachtet. Die Reaktionszeit ist der Zeitraum den eine Station benötigt, um nach Erhalt eines Pakets ein Antwortpaket abzusenden. Bei Versuch 1: PC nach HOST ist die Reaktionszeit des PC demnach die Zeit zwischen der Ankunft eines Quittungspakets und dem Absenden eines neuen Filedatenpakets.

Aufgrund der gemessenen Zeiten wird nach der Reaktionszeit des PC und der Reaktionszeit des Host getrennt. In Tabelle 3.2 ist die statistische Auswertung der Reaktionszeiten angegeben.

Filetransfer:	128 kbyte Filedaten		
	= 256 Pakete mit 512 byte Nutzdaten + Anfangs- und Endpaketfolge		
	Statistische	Versuch 1	Versuch 2
	Verteilung	PC-AT nach HOST	HOST nach PC-AT
	Reaktionszeit PC	Filedatenpakete	Quittungspakete
	Mittelwert	20.2 ms	23.0 ms
	Streuung	52.8 ms	85.9 ms
	Variationskoeffizient	6.853	13.903
	Reaktionszeit HOST	Quittungspakete	Filedatenpakete
	Mittelwert	54.4 ms	60.3 ms
	Streuung	43.0 ms	70.0 ms
	Variationskoeffizient	0.624	1.349

Tabelle 3.2 a): Reaktionszeiten der Netzwerkstationen. Host bei hoher Auslastung

Reaktionszeit PC	Filedatenpakete	Quittungspakete
ohne Plattenzugriff		
Mittelwert	16.4 ms	16.0 ms
Streuung	7.8 ms	6.8 ms
Variationskoeffizient	$2.3 \cdot 10^{-3}$	$1.8 \cdot 10^{-3}$

Tabelle 3.2 b): Reaktionszeit des PC-AT ohne Plattenzugriff.

Bei der Auswertung der Reaktionszeiten des PC weichen genau zwei Werte bei beiden Versuchen erheblich vom Mittelwert ab. Die Zeiten der Paketnummern 127 und 255 liegen bei 520 ms. Diese Wartezeiten werden durch einen Zugriff auf die Festplatte hervorgerufen, da immer 64 kbyte Blöcke (=127 Pakete a 512 byte) je Plattenzugriff gelesen bzw. gespeichert werden. Die restlichen Pakete des IBM-PC unterliegen nur geringen statistischen Schwankungen und sind bei der Auswertung in Tabelle 3.2 b) nicht berücksichtigt.

Es ist festzustellen, daß die mittlere Reaktionszeit der PC-Station ohne Berücksichtigung des Plattenzugriffs in beiden Versuchen um den Faktor 4 geringer ist als die der Host-Station. Die Reaktionszeiten der Hoststation unterliegen großen Schwankungen, was darauf zurückzuführen ist, daß der Host als multitaskfähiges System mehrere Prozesse gleichzeitig bearbeitet und sich der Einfluß des Betriebsystems bemerkbar macht. Demgegenüber ist der PC, abgesehen von den Plattenzugriffen, nur mit der Abwicklung der Protokollsoftware beschäftigt.

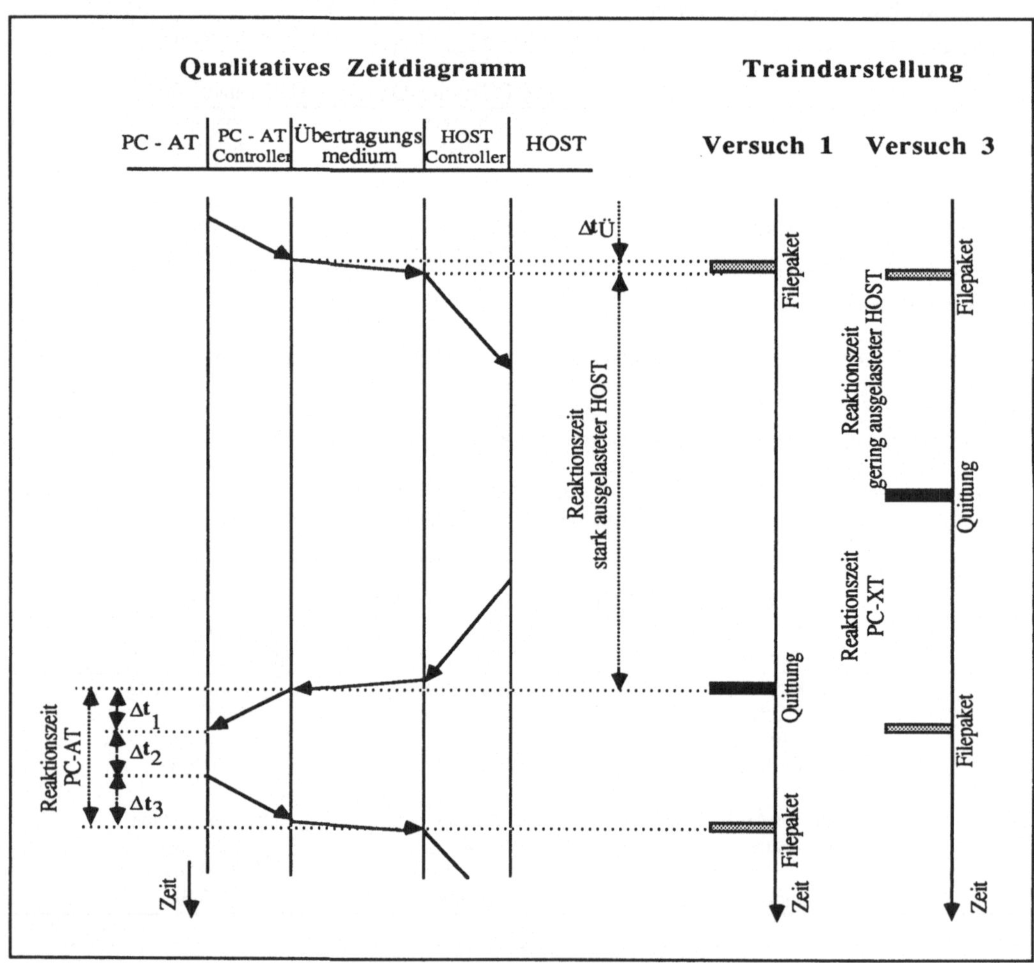

Bild 3.3:   Qualitatives Zeitdiagramm.und Traindarstellung der Versuche1 und 3

Die Reaktionszeiten der Stationen setzen sich aus drei Zeitintervallen zusammen:

Δt_1 :   Protokollbearbeitungszeit für ankommendes Paket
Δt_2 :   Bearbeitungszeit außerhalb des Controllers
Δt_3 :   Protokollbearbeitungszeit für abzusendendes Paket

Die Übertragungszeit eines 570 byte großen Paketes über ein 10 Mbit/s Medium beträgt:

$$\Delta t_{\ddot{u}} = (570 \text{ byte} \bullet 8 \text{ bit}) / 10 \text{ Mbit/s} \approx 0.5 \text{ ms}$$

Beim Mitprotokollieren des Netzverkehrs wurden keine Kollisionen festgestellt. Bei der maximal erlaubten Paketlänge von 1.5 kbyte auf dem Netz, was einer Übertragungsdauer von ca. 1.5 ms entspricht, folgt daraus, daß die Controller maximal 1.5 ms auf den Netzzugriff warten müssen. Damit ergibt sich das in Bild 3.3 dargestellte Zeitdiagramm.

Bild 3.3 zeigt deutlich, daß die Übertragungszeit und die Wartezeit auf den Netzzugriff gegenüber den mittleren Reaktionszeiten der Stationen vernachlässigbar ist. Mit den gemessenen Reaktionszeiten der Stationen entartet der Train zu einer Folge von kurzen Spitzen und großen Inter Packet Gaps.

Aufgrund dieser Trainentartung und der großen Streuung der Host Reaktionszeiten wird eine weitere, leicht modifizierte Versuchsreihe durchgeführt. Es wird nun ein IBM-PC-XT verwendet und die gleiche Host Station, auf der aber nun neben der Kommunikationstask nur sehr wenige Prozesse laufen, so daß der Host wesentlich geringer ausgelastet ist, als in den vorherigen Versuchen.

Versuch 3:	Filetransfer	PC-XT	->	HOST
Versuch 4:	Filetransfer	HOST	->	PC-XT

Bild 3.3 zeigt die Traindarstellung der Versuchsreihe 3, wobei für die Inter Packet Gaps wieder die Mittelwerte der Stationszeiten eingesetzt sind. Tabelle 3.3 zeigt die statistische Auswertung der Reaktionszeiten.

Filetransfer:	128 kbyte Filedaten	
	= 256 Pakete mit 512 byte Nutzdaten + Anfangs- und Endpaketfolge	
Statistische Verteilung	**Versuch 3** PC-XT nach HOST	**Versuch 4** HOST nach PC-XT
Reaktionszeit PC	Filedatenpakete	Quittungspakete
Mittelwert	27.6 ms	33.1 ms
Streuung	35.1 ms	91.0 ms
Variationskoeffizient	1.614	7.566 ms
Reaktionszeit HOST	Quittungspakete	Filedatenpakete
Mittelwert	31.6 ms	42.7 ms
Streuung	29.4 ms	65.9 ms
Variationskoeffizient	0.868	2.383

Tabelle 3.3 a): Reaktionszeiten der Netzwerkstationen. Host bei geringer Auslastung

Reaktionszeit PC ohne Plattenzugriff	Filedatenpakete	Quittungspakete
Mittelwert	25.5 ms	25.4 ms
Streuung	6.3 ms	6.4 ms
Variationskoeffizient	$0.6 \bullet 10^{-3}$	$0.7 \bullet 10^{-3}$

Tabelle 3.3 b): Reaktionszeit des PC-XT ohne Plattenzugriff

Bild 3.4 a) zeigt die Verteilung der Host-Reaktionszeiten für den stark ausgelasteten Host (Versuche 1 und 2) und den gering ausgelasteten Host (Versuche 3 und 4). Bild 3.4 b) zeigt über einen anderen Zeitmaßstab aufgetragen die Verteilung der PC-Reaktionszeiten (ohne Plattenzugriff).

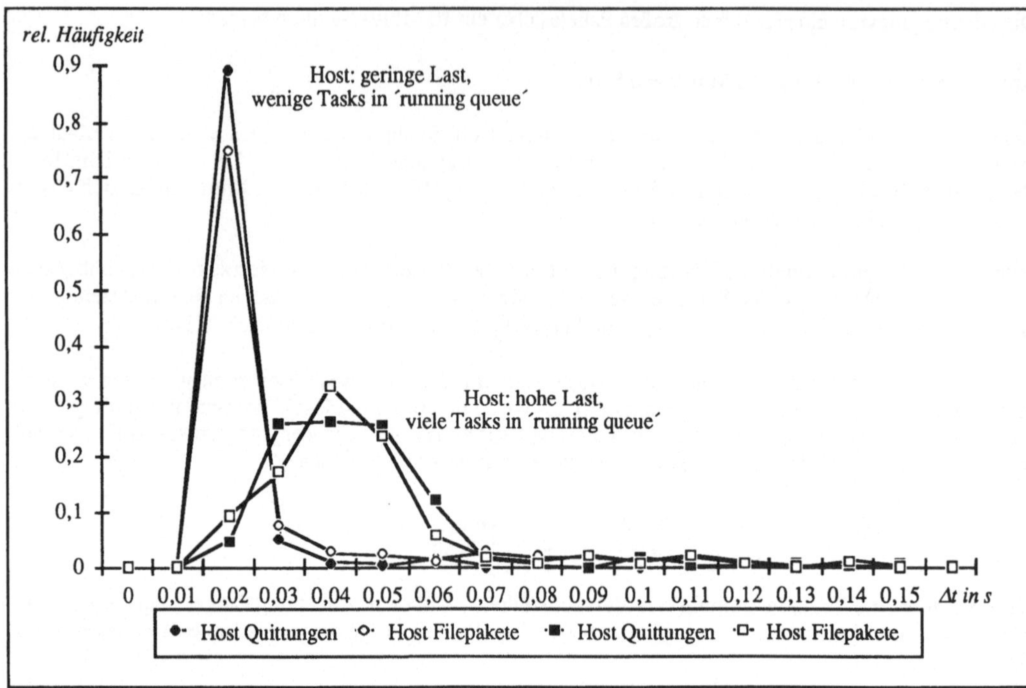

Bild 3.4 a): Reaktionszeiten des Host bei geringer Last und bei hoher Last.

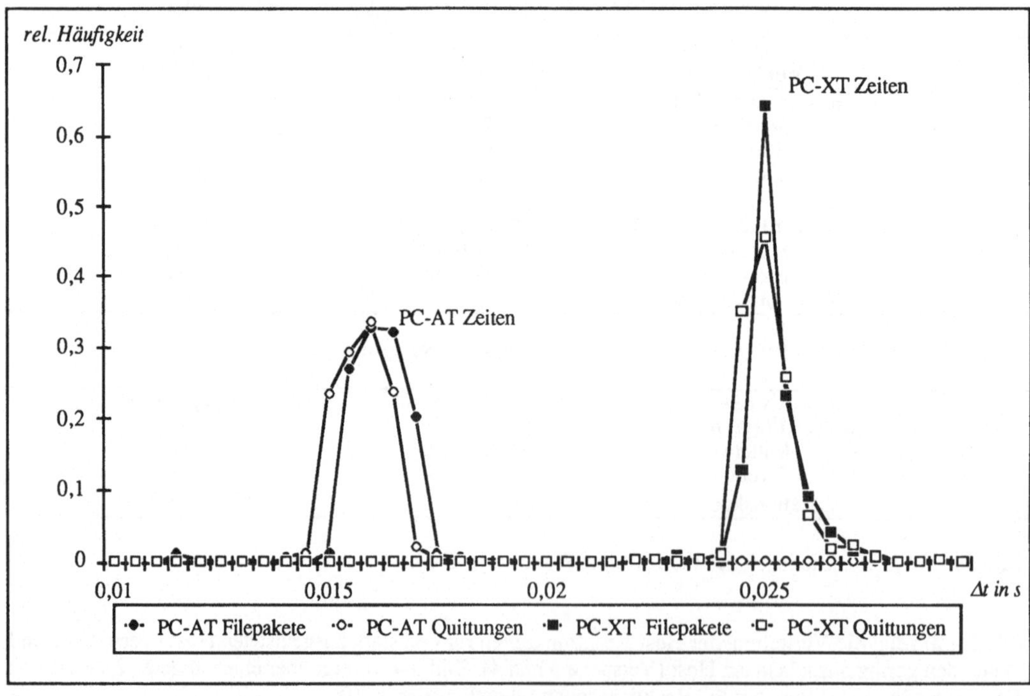

Bild 3.4 b): Reaktionszeit der IBM-PCs ohne Plattenzugriffe

3.4 AUSWERTUNG DER PAKETTYPEN UND POMs

Die Festlegung der POMs für die verwendeten Protokolle erfolgt in einem dreistufigen Modell. Die unteren Ebenen (Physical, MAC, LLC) werden zusammengefaßt und als Data Link Control (DLC) bezeichnet. Die Network Layer ist durch das 'Internet Protocol'(IP) /TANE76/ repräsentiert, und als oberste Schicht wird das 'Universal Datagram Protocol'(UDP) verwendet.

In Bild 3.5 ist ein vom Sniffer interpretiertes Datenpaket des Filetransfer vom PC zum HOST dargestellt, das 512 bytes des Files enthält. Anhand dieser vom Sniffer gelieferten protokollspeziefischen Informationen werden für die drei implementierten Protokollebenen die POMs (Protocol Operation Modules) definiert.

```
- - - - - - - - - Frame 29 - - - - - - - - - - -

DLC:  ----- DLC Header -----
DLC:
DLC:  Frame 29 arrived at 08:16:32.6702;
DLC:           frame size : 576 (0240 hex) bytes.
DLC:  Destination: Station 020701007D10, UN 12
DLC:  Source     : Station 02608C436978, EE-IO12
DLC:  Ethertype = 0800
DLC:
IP:   ----- IP Header -----
IP:
IP:   Version = 4, header length = 20 bytes
IP:   Type of service = 00
IP:        000. .... = routine
IP:        ...0 .... = normal delay
IP:        .... 0... = normal throughput
IP:        .... .0.. = normal reliability
IP:   Total length = 562 bytes
IP:   Identification = 1215
IP:   Flags = 0X
IP:   .0.. .... = may fragment
IP:   ..0. .... = last fragment
IP:   Fragment offset = 0
IP:   Time to live = 255
IP:   Protocol = 17 (UDP)
IP:   Header checksum = AFF0 (correct)
IP:   Source address = [129.103.1.54]
IP:   Destination address = [129.103.1.7]
IP:   No options
IP:
UDP:  ----- UDP Header -----
UDP:
UDP:  Source port = 63388
UDP:  Destination port = 6001
UDP:  Length = 542
UDP:  Checksum = D6F8 (correct)
UDP:
UDP:  [Normal end of "UDP Header".]
UDP:
UDP:  [534 byte(s) of data]
UDP:
```

<u>Protocol Operation Modules</u>

1. Data Link Control (Physical, MAC, LLC)

   1.1 Physikalische Zieladreßerkennung

   1.2 Physikalische Quelladreßerkennung

   1.3 Protokolltyp Erkennung (Ethertyp)

2. Internet Protocol (Network Layer)

   2.1 Protokollversion bestimmen

   2.2 Headerlänge und Gesamtlänge ermitteln

   2.3 Servicetyp: Normaler Service

   2.4 Paketnummerierung (identification)

   2.5 Flags und Fragmentierung

   2.6 timer für Paketlebensdauer setzen

   2.7 Header Checksum Kontrolle

   2.8 Source und Destination Adresse

3. Universal Datagram Protocol

   3.1 Source und Destination Adresse

   3.2 Gesamtlänge

   3.3 Checksum Kontrolle

Bild 3.5: Beispiel eines vom Sniffer interpretierten Datenpakets und der zugehörigen Protocol Operation Modules

Das Quittungspaket des Host hat einen völlig identischen Aufbau wie das Filedatenpaket des PC. Der einzige Unterschied ist die Paketlänge. Die POMs des Quittungspakets sind demnach die gleichen wie die des Nutzdatenpakets. Diese Feststellung gilt für alle Versuchsreihen, so daß festzuhalten ist: Beide Kommunikationspartner führen identische POMs aus, unabhängig von der Richtung der Fileübertragung.

4. BEWERTUNG DER ERGEBNISSE

Das hier vorgestellte hierarchische Lastmodellkonzept ist nicht auf die Verwendung bei HSLAN-Controllern beschränkt. Es wird aber betont, daß die Erstellung eines komplexen Lastmodells erst dann wirklich sinnvoll ist, wenn eine präzise Lokalisierung der Engpässe bei der Modellierung der Controller auch zu einem nennenswerten Geschwindigkeitszuwachs führt.

Die Untersuchungen bestätigen, daß Geschwindigkeitssteigerungen bei den Netzwerk-Controllern notwendig sind, denn die Übertragungsdauer und die durchschnittliche Wartezeit auf den Netzzugang sind um Größenordnungen kleiner als die mittleren Reaktionszeiten der Stationen. Die relativ großen Reaktionszeiten der Stationen werden verursacht durch die Bearbeitungszeiten im Controller und den Bearbeitungszeiten in den übergeordneten Rechnern.

Die PC-Station ist während des Filetransfers im wesentlichen nur mit der Bearbeitung der Protokolle beschäftigt. Dies spiegelt sich wider in den vom Plattenzugriff befreiten geringen statistischen Schwankungen der Reaktionszeiten. Der gesamte PC-Rechner ist für die Dauer des Datenaustausches als ein Netzwerk-Controller gemäß der Definition in Kapitel 3.1 aufzufassen. Im Zusammenhang mit den in /DANT88/ vorgestellten Untersuchungen bestätigt sich damit, daß der Engpaß bei der Übertragung eines Files nicht vom Übertragungsmedium und dem Mediumzugangsverfahren verursacht wird, sondern von der Bearbeitungsdauer der Protokollsoftware in den Netzwerk-Controllern.

Die Reaktionszeiten der Host-Station sind von der Auslastung des Multi-Tasks Systems stark abhängig (Bild 3.4 a)). Wenn viele Tasks gleichzeitig im Host in Bearbeitung sind, verschlechtern sich die Zeiten deutlich. Eine Auslagerung der Kommunikationsaufgaben auf dedizierte Controller würde eine Verbesserung der Reaktionszeiten bewirken.

Das Bild 3.3 verdeutlicht, daß bei gleicher Versuchsdurchführung schon geringfügige Veränderungen der Systemkonfiguration einen prägnanten Einfluß auf die Verteilung der Inter Packet Gaps hat. Die Inter Packet Gap Verteilung ist demnach kein Maß für die Last eines Controllers. Denn die Versuche werden mit gleicher Controllerlast, der Übertragung eines Files fester Größe durchgeführt. Vielmehr erlaubt die Inter Packet Gap Verteilung eine Aussage über das Leistungsverhalten eines Controllers. Je geringer die Inter Packet Gaps sind, umso leistungsfähiger ist der Controller. Geringere Gaps bedeuten nicht zwangsläufig eine Erhöhung der Paketzahlen, und damit eine Erhöhung der Last.

Um eine Vorstellung über die Last eines Controllers zu gewinnen, ist es notwendig, ein Modell der Last, wie z.B. das vorgestellte Train Model, zu verwenden. Das Modell muß einen Zusammenhang zwischen den Paketen auf dem Netz und der Initiierung auf der Anwenderseite herstellen. Jede Initiierung erzeugt einen Train auf dem Netz. Der Inter Train Gap, also die Initiirungshäufigkeit, ist ein Maß für die Last des Controllers. Je häufiger ein Anwender sein Betriebsmittel Controller verwendet, umso höher ist die Last und umso geringer sind die Inter Train Gaps. Zur Ermittlung der Controllerlast ist es demnach notwendig die Inter Train Gaps zu bestimmen.

5. AUSBLICK

Es wurde ein Konzept zur Darstellung von Controllerlasten erarbeitet, das insbesondere die Anforderungen an die Simulation und Bewertung der Controller durch die Einführung von Protocol Operation Modules (POMs) berücksichtigt. Im weiteren ist geplant, Meßreihen in einer Programmentwicklungsumgebung aufzustellen und auszuwerten, die Aussagen über die Inter Train Gap Verteilung erlauben. Lasten, die durch Anwendungen wie Bildübertragung entstehen müssen hypothetisch abgeschätzt werden, da beim heutigen Stand der Technik noch keine für HSLANs geeignet erscheinende Lösungen realisiert sind.

Nach der Ermittlung der statistischen Verteilungen werden die Pakettypenfolgen und die POMs genau spezifiziert und in eine Simulationssprache als Lastgenerator umgesetzt. Dieser Lastgenerator wird als Input für die Simulation und Bewertung einer neuen Controllerarchitektur /RUPP89/ verwendet.

6. LITERATUR

/ALBA88/   A.Albanese, M.W.Garrett, u.a.: 'Overview of Bellcore Metrocore Network', IFIP WG 6.4 Workshop HSLAN 88, Belgien, April 1988

/DANT88/   A.Danthine, P.Henquet, u.a.: ´Access Rate Measurment in the BWN Environment´, IFIP WG 6.4 Workshop HSLAN 88, Liège, Belgien, April 1988

/FEHL87/   F.Fehlau, M.Rupprecht: ´Alternative Rechnerarchitektur für Datenübertragungs-Controller mit hohen Datenraten´,Informatik Fachbericht 168: ´Architektur und Betrieb von Rechensystemen´, Paderborn, März 1988

/ISO84/   Information processing systems - Open Systems Interconnection - Basic Reference Model International Standart, Ref. No. ISO 7498-1984

/JAIN86/   R.Jain, S.A.Routhier: 'Packet Trains-Measurment and a New Model for Computer Network Traffic', IEEE Journal VOL.SAC-4, No.6, Sept. 1986

/JENS88/   M.N.Jensen, M.Skov: 'VLSI-Architektures Implementing Lower Layer Protocols in Very High Data Rate LANs', IFIP WG 6.4 Workshop HSLAN 88, Liège, Belgien, April 1988

/MART88/   P.Martini, T.Welzel, S.Rudloff: 'Performance Analysis of FDDI and Multiple Token Ring Backbones in a Mixed Traffic Environment',RWTH-Aachen, IFIP WG 6.4 Workshop HSLAN 88, Liège,Belgien, April 1988

/RUPP88/   M.Rupprecht, F.Fehlau, P.Martini: 'A New Parallel Controller Architecture for High Speed Local Area Networks', IFIP WG 6.4 Workshop HSLAN 88, Liège,Belgien, April 1988

/RUPP89/   M.Rupprecht: ´Petrinetze als Organisationsprinzip für einen Kommunikations-Controller´, Informatik Fachbericht: ´Kommunikation in verteilten Systemen´, Stuttgart, Februar 1989

/SIMON87/   T.Simon, D.Mues: 'Leistungsmessung in einem Ethernet-Netz',Informatik Fachbericht 130: 'Kommunikation in verteilten Systemen', Aachen, Februar 1987

/SNIF86/   Network General Corporation: ´The Sniffer, Ethernet & Token Ring Network Portable Protocol Analyser´, Operation Reference Manual, Dez. 1986

/TANE76/   A.S.Tanenbaum: 'Computer Networks', Prentice-Hall, New Jersey, 1976

/WELZ87/   T.Welzel: 'Simulation of a Multiple Token Ring Backbone',High Speed Local Area Networks, O.Spaniol & A.Danthine Ed., North Holland, Aachen, Feb. 1987

/ZIEH87/   M.Zieher, A.Schill: 'Performance Analysis of the FDDI 100 Mbit/s Optical Token Ring',High Speed Local Area Networks, O.Spaniol & A.Danthine Ed., North Holland, Aachen, Feb. 1987

PETRINETZE ALS ORGANISATIONSPRINZIP FÜR EINEN KOMMUNIKATIONS-CONTROLLER

M. Rupprecht
RWTH-Aachen, Lehrstuhl für Informatik IV
Ahornstr. 55, D-5100 Aachen

ZUSAMMENFASSUNG

Der vorliegende Artikel stellt ein Architekturkonzept für einen Hochleistungs-Netzwerk Controller vor. Die hohen Leistungsanforderungen sollen hierbei durch Ausnutzung der protokollinhärenten Parallelitäten erfüllt werden. Hierzu werden die Protokolle mittels Petrinetzen spezifiziert, welche sich durch eine übersichtliche Darstellung parallel ausführbarer Prozesse auszeichnen. Die Programmierung des Controllers erfolgt direkt durch die Petrinetze. Die Bearbeitung des Petrinetzes erfolgt besonders effizient durch ein spezialisiertes Modul, das in diesem Artikel detailliert erläutert wird. Untersucht wird, wie die Leistung eines solchen Modules definiert werden kann und wie durch möglichst effiziente Organisation dieses Modules ein Maximum an Leistung erreicht werden kann.

1. EINLEITUNG

Der Einsatz verteilter Computersysteme hat in den letzten Jahren deutlich zugenommen. Hieraus resultieren höhere Ansprüche an die Kommunikationssysteme (Datenrate, Antwortszeit). Um diese Datenraten zu gewährleisten, beschäftigten sich verschiedene Forschungsvorhaben mit "HIGH SPEED LOCAL AREA NETWORKS" (HSLAN). Solche Netzwerke ermöglichen Datenraten in einem lokalen Netzwerk von über 100 MBit/s (/Dant86/, /Luvi87/, /Shar87/). Selbst Netzwerk mit Datenraten von 2,4 GBit werden diskutiert (/Alba88/). Diese hohen Datenraten sind möglich durch den Einsatz von Glasfaserkabeln. Um dieses leistungsfähige physikalische Medium optimal zu nutzen, sind zum einen neue spezielle Medienzugangsprotokolle erforderlich, zum anderen müssen die übrigen Hardwarekomponenten des Netzwerkes (Controller, Gateway, Bridge) diesen hohen Leistungsanforderungen genügen.

Die Steigerung der Übertragungsrate um mehrere Größenordnungen beim physikalischen Medium konnte nur durch den Einsatz einer ganz neuen Technologie (Glasfaserkabel) erreicht werden. Eine derartige Leistungssteigerung ist in absehbarer Zeit bei den übrigen Hardwarekomponenten allein durch technologische Fortschritte nicht denkbar. Überlegungen sind also erforderlich, wie mit herkömmlicher Technologie ähnliche Leistungsdaten für diese Hardwarekomponenten erreicht werden können. Die Entwicklung eines Netzwerk-Controllers, der sehr hohe Datenraten bewältigen kann, ist Ziel des hier vorgestellten Forschungsprojektes. In /Fehl87/ und /Jens88/ werden typische Vertreter heute kommerziell vertriebener Netzwerk-Controllers analysiert. Der Zugriff auf das Medium wird meist durch ein unabhängiges Modul (Co-Prozessor) realisiert. Im Controller sind darüber hinaus meist noch Ebene 2 und seltener die Ebenen 3 und 4 implementiert. Die höheren Ebenen sind immer direkt im Host implementiert.

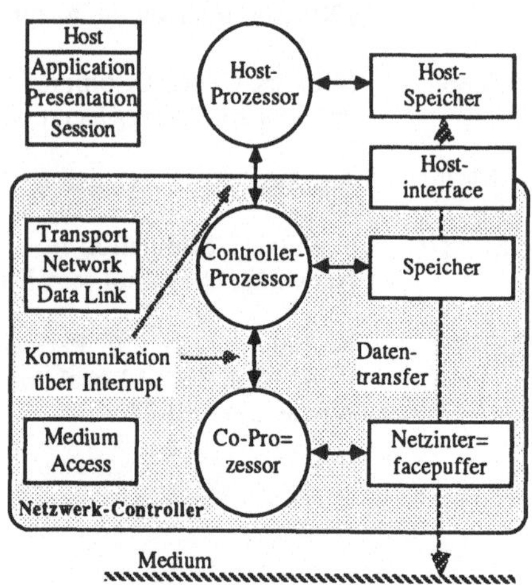

Bild 1. Heute üblicher Netzwerk-Controller

Leistungsengpässe entstehen in einem solchen Controller vor allem durch die hohen Datenraten an den Interfaces und dem hohen Verwaltungsaufwand beim Bearbeiten von Protokollsoftware.

In /Mart87/ wird nachgewiesen, daß HSLANs in besonderem Maße auch das Versenden einer sehr großen Anzahl kleiner Pakete unterstützten. Für das Netz stellen viele kleine Pakete eine geringe Belastung dar. Für die Anforderungen bezüglich der für die Protokollbearbeitung erforderlichen Prozessorleistung ist jedoch die Paketrate von erheblich größerer Bedeutung als die Paketgröße.Neben den höheren Anforderungen bezüglich Datenrate bzw. Paketrate und Antwortzeit werden in zunehmendem Maße mehr Kommunikationsfunktionen direkt im Controller implementiert werden, um so den Host von diesen Aufgaben zu entlasten. Dadurch wird noch mehr Prozessorleistung im Controller erforderlich.

2. PARALLELITÄT IN PROTOKOLLEN

Um die Leistungsanforderungen zu erfüllen, wird vorgeschlagenen, die in Protokollen in hohem Maße vorhandene Parallelität zu nutzen. Entsprechend der klaren Trennung verschiedener Aufgabenbereiche, wie sie durch die Ebenen im ISO/OSI-Referenzmodell /ISO84/ vorgesehen ist, gibt es Lösungen für HSLAN-Controller, die diese Struktur auf die Architektur abbilden, indem für die Protokollbearbeitung in jeder Ebene dedizierte Hardware vorgesehen wird (/Jens88/,/Boil88/).

Diese Controller - Architekturen können als eine Art Macro-Pipeline Architektur angesehen werden. Einzelne Datenpakete werden pipelineartig von einer Instanz zur nächsten übergeben und bearbeitet. Es gibt je eine Pipeline für die Empfangsrichtung und für die Senderichtung. Teilweise ist die Hardware dieser Module auf die Ausführung der Programme in den jeweiligen Ebenen spezialisiert. Insbesondere können auf den unteren Ebenen die erforderlichen Datenraten nur erbracht werden, wenn die Protokollmechanismen direkt durch entsprechende Hardware realisiert werden. Bei den verschiedenen Projekten zur Entwicklung eines HSLANs ist insbesondere für den Medienzugriff immer das Design einer speziellen Architektur vorgesehen (z.B.: /Alba88/, /Jens87/). Die Module für höhere Ebenen können jedoch auch aus identischen, normalen von-Neumann-Rechner bestehen. Auch eine spezielle Kombination von Transputern für ein Modul einer höheren Ebene ist denkbar /Boil88/.

Eine Pipeline-Verarbeitung erhöht den Durchsatz eines Rechners jedoch nur dann, wenn für jede Stufe der Pipeline auch gleichzeitig Aufträge vorhanden sind. Die Pipeline muß zunächst aufgefüllt werden, bevor sich der Durchsatz erhöht..

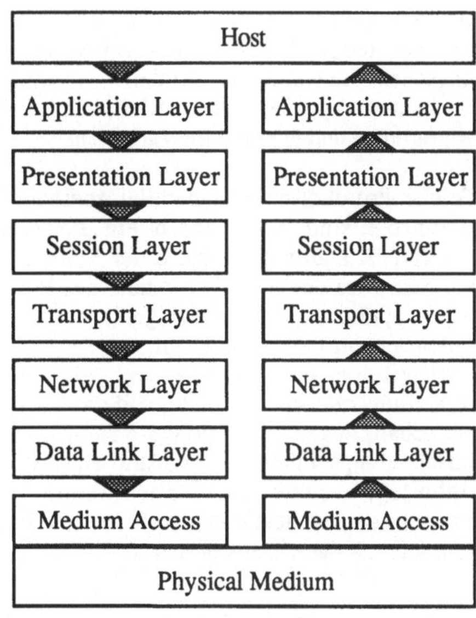

Bild 2. Prinzip eines Pipeline-Controllers

Das ist der Fall, wenn die Bearbeitungszeit eines Ereignisses im Mittel (z.B. Aufträge für den Controller in Form von Datenpaketen vom Host oder vom Netz) pro Modul ungefähr gleich der mittleren Zeit zwischen dem Auftreten der einzelnen Ereignisse ist und die Varianz beider Werte gering ist .

Treten die Ereignisse seltener auf, ist zu erwarten, daß die Leistung eines solchen Pipeline-Controllers nicht besser ist als die eines Einprozessor-Controllers. Die Reaktionszeit wird dann nicht durch den Einsatz mehrerer Module verringert, wenn man einmal von der verringerten Bearbeitungszeit in den einzelnen Modulen durch spezialisierte Hardware absieht. Treten die Ereignisse burstartig auf, wie dies bei der Protokollbearbeitung häufig der Fall ist, dann hängt der Durchsatz zunächst nur von dem Modul ab, welches die Ereignisse zuerst bearbeiten muß. Die übrigen Module sind im selben Moment nicht ausgelastet und können auch nicht zur Bearbeitung dieser Ereignisse verwendet werden. Zu den Problemen eines Pipeline-Controllers auf sich dynamisch ändernde Lasten zu reagieren kommt noch das Problem einer gleichmäßigen statischen Lastverteilung.

692

Die Protokolle für die einzelnen Ebenen stellen teilweise sehr unterschiedliche Anforderungen an die Rechenleistung der jeweiligen Module. Je nach Art und Umfang des für eine bestimmte Ebene verwendeten Protokolles, muß das jeweilige Modul entsprechend der hierfür erforderlichen Leistung dimensioniert werden. Eine Controller-Architektur wird in der kommerziellen Anwendung jedoch immer für verschiedenste Einsatzzwecke verwendet. Daher muß auch die Implementierung verschiedener Protokolle auf dem gleichen Controller möglich sein ohne wesentliche Änderung der Hardware. Die hier geschilderten Nachteile einer Pipeline-Architektur zu umgehen, ist Ziel eines Projektes, dessen Grundzüge in /Rupp88/ vorgestellt wurden. Hier soll durch eine höhere Flexibilität der verwendeten Hardware eine bessere Ausnutzung der Hardware - Resourcen ermöglichen werden.

3. ALTERNATIVE CONTROLLER ARCHITEKTUR

In /Rupp88/ wird eine Architektur vorgestellt, bei der mehrere gleichartige Module flexibel für Aufgaben in jeder Ebenen eingesetzt werden können. Die Organisation der parallel arbeitenden Module erfolgt durch ein Petrinetz, welches von sogenannten Entscheidungseinheiten bearbeitet wird. Die Ausführung der Protokolle ist also hierarchisch in zwei Stufen gegliedert. Auf der oberen Stufe bestimmt ein Petrinetz, wann welche Aktivitäten auf der unteren Stufe auszuführen sind. Die untere Stufe ist durch sogenannte Protokollmodule (POM) strukturiert.

Protokollmodule (siehe auch /Krem89/) sind für die Bearbeitung von Protokollen typische Aktivitäten, die im allgemeinen mit den empfangenen bzw. zu versendenen Datenpakete (PDU-Protocol Data Unit) durchgeführt werden. Diese Protokollmodule werden als kleinste unteilbare Einheit eines Protokolles angesehen. Sie werden sequentiell von sogenannten Aktionseinheiten ausgeführt. Eine Aktionseinheit ist ein eigenständiges Prozessormodul (z.B.: Microcomputer) mit einem privaten Speicher für die Ablage von Programmen und temporären Variablen.

Welche Protokollmodule parallel zueinander ausführbar sind, wird durch ein Petrinetz spezifiziert. Durch die Inhalte der Stellen im Petrinetz wird der aktuelle Zustand des Protokolles repräsentiert. Schaltfähige Transitionen stellen ausführbare Protokollmodule dar. Die Abarbeitung des Petrinetzes, also die Verwaltung der Stelleninhalte, und das Suchen von schaltfähigen Transitionen erfolgt in den Entscheidungseinheiten. Dies sind Hardware-Einheiten, welche die Stelleninhalte des Petrinetzes verwalteten und besonders effizient nach schaltfähigen Transitionen suchen.

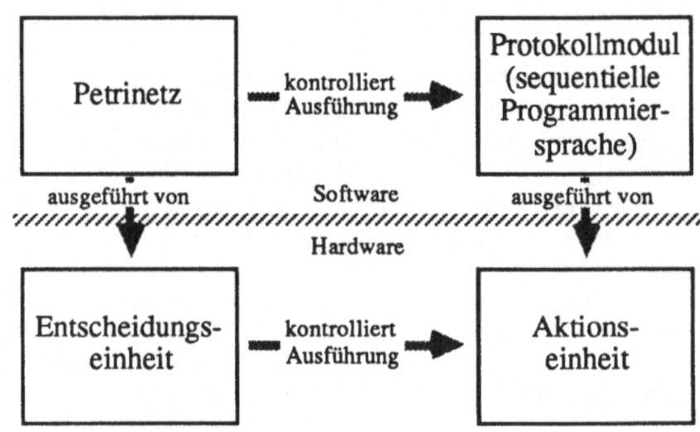

Bild 3. zweistufige Hierarchie in der
MDMA-Architektur

Aktionseinheiten und Entscheidungseinheiten kommunizieren über eine Auftragsqueue und eine Quittungsqueue. In der Auftragsqueue werden ausführbare Protokollmodule von der Entscheidungseinheit gespeichert . Eine freie Aktionseinheiten entnimmt aus dieser Queue ein Protokollmodul. Die abgeschlossene Ausführung eines Protokollmodules quittiert eine Aktionseinheit in der Quittungsqueue. Diese Architektur wird als MDMA-Architektur bezeichnet (Multiple Decision-Multiple Action).

Als drittes wichtiges Modul in der MDMA-Architektur ist der Datenspeicher anzusehen. Ein Protokollmodul, das von einer Aktionseinheit ausgeführt wird, führt im allgemeinen zu Veränderungen an den PDUs. Die PDUs müssen daher so abgelegt sein, daß mehrere Aktionseinheiten auf diese zugreifen können. Dies wird durch einen speziellen Datenspeicher erreicht, auf den mehrere Aktionseinheiten zugreifen können und der nur zur Ablage der PDUs dient. Dieser Multiport-Speicher (siehe auch /Jens88/) muß, damit er nicht zum Engpaß des Systems wird, eine sehr hohe Zugriffsfrequenz ermöglichen. Dies kann zum einen durch sehr schnelle Speicher, aber auch durch eine spezielle Speicherarchítektur (z.B.: verschränkter Speicher) erreicht werden. Hierzu werden zur Zeit Untersuchungen durchgeführt, mit dem Ziel eine für die Bearbeitung von Protokollen besonders geeignete Speicherarchitektur zu finden.

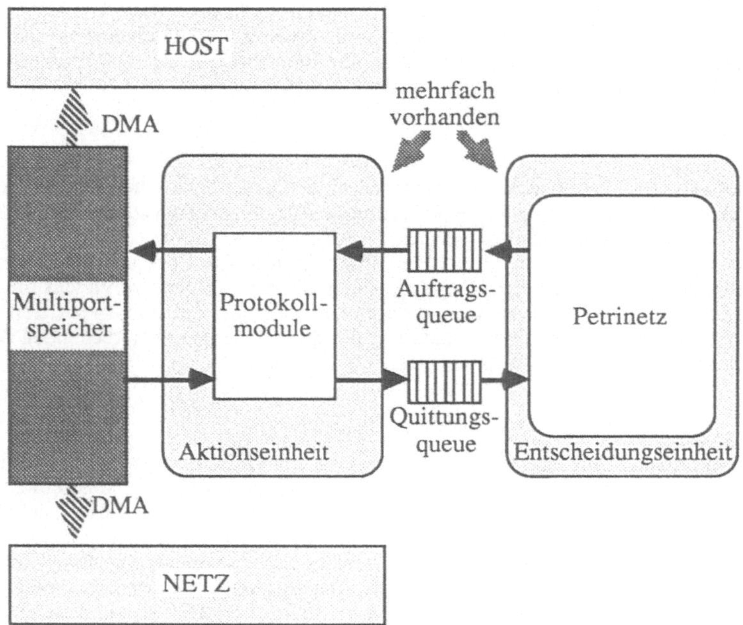

Bild 4. Grundprinzip der MDMA-Architektur

4. ORGANISATION DER ENTSCHEIDUNGSEINHEIT

Die Leistung eines MDMA-Controllers wird wesentlich von der Entscheidungsmaschine beeinflußt, da sie die zu einem Zeitpunkt ausführbaren Protokollmodule ermittelt. Die Funktion der Entscheidungseinheit in der MDMA-Architektur, die internen Abläufe innerhalb der Entscheidungseinheit und die Frage wie die Leistung einer solchen Einheit zu bewerten und zu verbessern ist, soll in den folgenden Kapiteln untersucht werden.

Das Petrinetz in der MDMA-Architektur kann auch als formalisierter Scheduler angesehen werden, bei dem die einzelnen Tasks (Protokollmodule) durch Transitionen repräsentiert werden. Die Aktivierung der einzelnen Protokollmodule wird durch das Petrinetz geregelt. Die Stellen im Vorbereich einer Transition stellen die Voraussetzungen dar, die zur Ausführen eines Protokollmodules erfüllt sein müssen. Das Schalten einer Transition bedeutet dann, daß ein Modul ausgeführt wird. Nach dem Ausführen eines Modules werden die Ausgangsstellen der Transition mit den entsprechenden Marken belegt. Die Voraussetzungen ändern sich dadurch für anderer Protokollmodule. Das heißt, andere Transitionen werden schaltfähig und damit andere Protokollmodule ausführbar. Der Inhalt der Stellen repräsentiert den Zustand des Protokolls. Anhand der Stellen kann entschieden werden, welches Protokollmodul als nächstes ausgeführt werden kann (repräsentiert durch eine schaltfähige Transition).

Das Petrinetz wird durch die Entscheidungseinheit bearbeitet. Die Probleme bei der effizienten Bearbeitung eines Petrinetzes sind weitgehend unabhängig von den jeweiligen spezifischen Abläufen, die damit beschrieben werden. Insbesondere der nicht prozedurale Charakter von Abläufen, die mit Hilfe von Petrinetzen beschrieben werden, bereitet bei einer Implementierung Probleme. Im folgenden wird ein detailliertes Konzept dargelegt, wie in der Entscheidungseinheit das Petrinetz effizient bearbeitet werden kann. Durch ein Maximum an Parallelverarbeitung in der Entscheidungseinheit soll eine hohe Leistungsfähigkeit gewährleistet werden. Die Entscheidungseinheit besteht aus vier Teilmodulen.

- **M ARKENSPEICHER**

Hier werden die Stelleninhalte gespeichert. Jede Stelle im Netz wird durch eine physikalische Adresse repräsentiert. Der Inhalt der Speicherzelle ist der Inhalt der Stelle. Darüberhinaus können im Markenspeicher Stellen als gesperrt gekennzeichnet werden.

- **S EARCHER**

Die Stelleninhalte im Markenspeicher repräsentieren den augenblicklichen Zustand des Petrinetzes. Durch die aktuelle Markenbelegung ist eine bestimmte Anzahl von Transitionen schaltfähig. Diese aus der Menge aller Transitionen herauszusuchen, ist Aufgabe des Searchers. Dazu verfügt er über eine Liste (Liste1), in der alle Transitionen mit ihren Stellen im Vor- und Nachbereich und den zugeordneten Kantenbeschriftungen beschrieben sind. Der Searcher vergleicht die tatsächlichen Inhalte der Stellen mit den Inhalten, welche durch die Kantenbeschriftung spezifiziert werden. Wird eine schaltfähige Transition gefunden, dann legt der Searcher einen entsprechenden Auftrag für die Aktionseinheiten in die Auftragswarteschlange.

- **S ORTER**

Dieser übernimmt das Einsortieren einer Quittung aus der Quittungsqueue. Die Quittung kann zum einen die Bestätigung sein, daß die Bearbeitung eines Protokollmoduls abgeschlossen ist (Ready Event). Zum anderen werden mit diesen Quittungen Ereignisse angezeigt, die sich außerhalb des Netz ereignet haben (Outside Event), aber eine Stelle innerhalb des Netzes beeinflussen. Der Searcher greift hierzu auf Listen zu, in denen abgespeichert ist, welche Stellen von einer solchen Quittung betroffen sind und entsprechend verändert werden müssen. Bei einem Outside Event ist davon nur eine Stelle betroffen, während bei einem Ready Event mehrere Stellen betroffen seien können (Stellen im Vor- und Nachbereich)

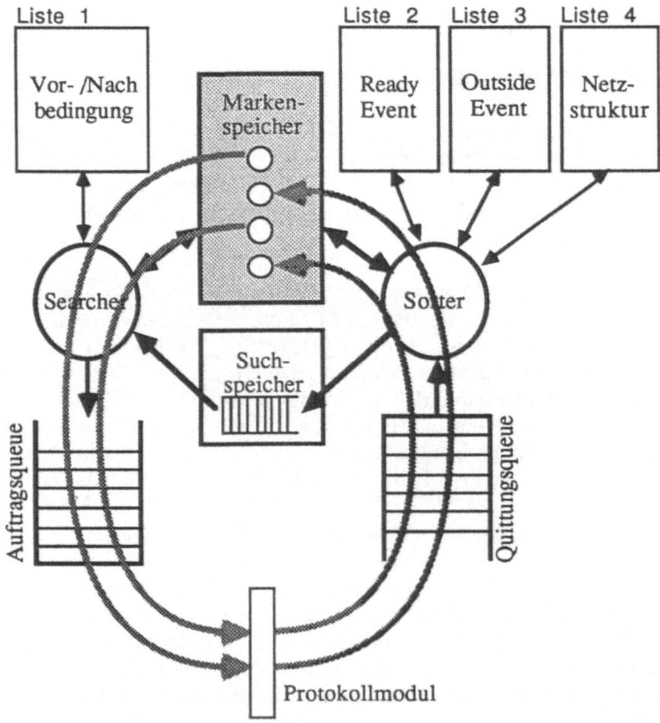

Bild 5. Die Entscheidungseinheit

- SUCHSPEICHER

Um schaltfähige Transitionen möglichst schnell zu finden, muß ein spezieller Suchalgorithmus implementiert werden. Der Suchspeicher dient dabei der Kooperation von Searcher und Sorter. Der Sorter bestimmt bei der Veränderung eines Stelleninhaltes alle Transitionen, die durch diese Veränderung möglicherweise schaltfähig geworden sind. Diese Transitionen, die also mit einer erhöhten Wahrscheinlichkeit schaltfähig sind, werden im Suchspeicher abgelegt. Der Searcher überprüft nur diese Transitionen auf Schaltfähigkeit. Dadurch werden keine Transitionen überprüft, die überhaupt nicht schaltfähig sein können. Darüberhinaus gibt es bestimmte Transitionen, die mit größerer Wahrscheinlichkeit schaltfähig sind. Zum Beispiel sind die Transitionen, die in einem Protokoll den Normalfall behandeln, häufiger schaltfähig, als zum Beispiel solche, die Fehler behandeln. Solche Transitionen können vom Searcher mit höherer Priorität behandelt werden, wenn diese zuvor vom Sorter entsprechend abgelegt worden sind. Auch aus anderen Gründen ist es eventuell sinnvoll (z.B. expited Data), bei Protokollen bestimmte Transitionen mit größerer Priorität zu behandeln.

5. DER SEARCHER

Im folgenden wird der Searcher eingehender untersucht. Ein Searcher ist das wichtigste Teilmodul einer Entscheidungseinheit. Er ist gekennzeichnet durch folgende Eigenschaften.

- Er hat Zugriff auf eine Liste, in der alle ihm zugeordneten Transitionen mit ihren Vor- und Nachbedingungen abgespeichert sind.

- Die Vor- und Nachbedingungen sind beschrieben durch die Namen der Stellen und durch die zugeordnete Kantenbeschriftung.

- Ein Searcher kann auf alle Stellen zugreifen, die seinen Transitionen zugeordnet sind.

- Der Searcher arbeitet gemäß dem folgenden Struktogramm :

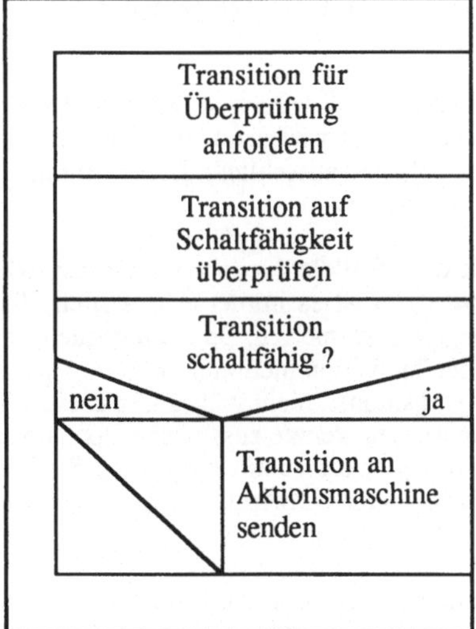

Transition für Überprüfung anfordern - Ein Algorithmus legt nach bestimmten Kriterien die Transition fest, die als nächste überprüft werden soll (Sorter). Die durch diesen Algorithmus festgelegte Transition wird dem Searcher übergeben (Suchspeicher).

Transition auf Schaltfähigkeit überprüfen - Eine Transition wird überprüft, indem der tatsächliche Inhalt aller korrespondierenden Stellen mit dem für ein Schalten vorgeschriebenen Inhalt verglichen wird.

Transition an Aktionseinheit senden - Wird eine schaltfähige Transition gefunden, so wird diese zur Ausführung, der mit ihr verknüpften Operationen, an die Aktionseinheit gesendet.

Bild 6. Struktogramm des Searchers

6. PARALLELES SUCHEN

In diesem Kapitel sollen die Möglichkeiten des parallelen Arbeitens mehrerer Searcher untersucht werden. Dabei sind verschiedene Grade von Parallelität zu unterscheiden.

I   -   paralleles Suchen, paralleles Schalten (vollständige Parallelität)

Hierbei wird in der Entscheidungseinheit parallel von mehreren unabhängigen Searchern nach schaltfähigen Transitionen gesucht. Das heißt, jeder Searcher sucht unter denselben Transitionen und unter Berücksichtigung aller Stelleninhalte nach schaltfähigen Transitionen. Jede schaltfähige Transition kann sofort zur Bearbeitung an die Aktionseinheiten weitergegeben werden

II   -   sequentielles Suchen, paralleles Schalten

Hierbei gibt es nur einen Searcher, der mit allen Stellen nach schaltfähigen Transitionen sucht. Eine schaltfähige Transition löst einen Auftrag an die Aktionseinheiten zur Ausführung eines bestimmten Protokollmodules aus. Der Searcher selbst sucht dann sofort weiter nach schaltfähigen Transitionen. Es ist möglich, daß mehrere Transitionen gefunden und weiter geleitet werden, bevor die Bearbeitung dieser ersten Transition abgeschlossen ist. Dies hat zur Folge, daß, genau wie bei der vollständigen Parallelität, mehrere Transitionen parallel schalten. (Die mit der Transition verknüpften Protokollmodule werden parallel zueinander ausgeführt).

III   -   getrenntes paralleles Suchen, paralleles Schalten

Hierbei gibt es mehrere Searcher, die in einer Teilmenge aller Transitionen nach schaltfähigen Transitionen suchen. Dazu wird die Menge aller Transitionen T in Teilmengen T_i aufgeteilt, und zwar so, daß diese Teilmengen disjunkte Mengen sind. Alle Stellen, die mit den Transitionen eines Searchers verknüpft sind, gehören zur Menge der Stellen eines Searchers S_i. Die Stellen, die nur mit Transitionen eines Searchers verknüpft sind, werden nach denselben Regeln bearbeitet wie bei II.

Beim parallelen Suchen und Schalten wird das größte Maß an Parallelität erreicht. Hierbei arbeiten mehrere gleichartige Searcher parallel mit dem gleichen Suchalgorithmus auf denselben Stellen. Bei N-facher Ausführung des Suchalgorithmus könnte man auch eine N-fach so hohe Rate an gefundenen schaltfähigen Transitionen erwarten.

Überprüfen mehrere Searcher Transitionen auf Schaltfähigkeit, muß jedoch sichergestellt werden, daß nicht ein bestimmter Stelleninhalt von verschiedenen Searchern benutzt wird, um verschieden Transitionen als schaltfähig zu erkennen, wenn sich deren gleichzeitiges Schalten ausschließt. Dies ist immer dann der Fall, wenn ein Konflikt vorliegt.

In /Brau84/ werden verschiedene Strategien dargelegt, wie das parallele Suchen von mehreren Searchern nach schaltfähigen Transitionen organisiert werden kann. Dazu ist es immer erforderlich, die Stellen während des Überprüfens einer Transition gegen andere Searcher zu sperren. Dadurch werden zusätzliche Operationen nötig. Die Stellen müssen beim Überprüfen der Transition nicht nur zusätzlich gesperrt und entsperrt werden. Es kann auch häufiger vorkommen, daß Transitionen nicht vollständig überprüft werden können, weil korrespondierende Stellen gesperrt sind. Dann werden weitere zusätzliche Operationen nötig. Zum Beispiel müssen abhängig von der verwendeten Strategie, die schon gesperrten Stellen wieder freigegeben werden. Die Transitionen müssen dann für eine spätere Überprüfung zwischengespeichert werden.

Dieser zusätzliche Aufwand für die Synchronisation des parallelen Suchens würde den Leistungszugewinn durch die parallel arbeitenden Searcher sehr stark einschränken. Auch in /Hein88/ wird auf dieses Problem hingewiesen. Es wird diese vollständige Parallelität deshalb hier nicht weiter betrachtet.

Beim sequentiellen Suchen mit parallelem Schalten (II.) ist ein Sperren der zu einer Transition gehörenden Stellen nur nötig, während sich das Protokollmodul einer schaltfähigen Transition in der Ausführung befindet. Hierbei hängt es vom benutzten Netzmodell ab, ob alle Stellen gesperrt werden müssen, oder ob es zum Beispiel genügt, nur die Stellen im Nachbereich zu sperren. Eine Untersuchung, welche Stellen bei welchem Netzmodell nicht gesperrt werden müssen, steht noch aus.

Ein so arbeitender Searcher kann nun mit anderen gleichartigen Searchern kooperieren. Das getrennte sequentielle Suchen ist eine Erweiterung des einfachen sequentiellen Suchens. Beim getrennten sequentiellen Suchen enthält jeder Searcher eine disjunkte Menge Transitionen. Die diesen Transitionen zugeordneten Stellen werden regelmäßig gleichzeitig Transitionen unterschiedlicher Searcher zugeordnet sein. Die Auswahl der disjunkten Mengen von Transitionen muß hierbei so erfolgen, daß die Anzahl der Stellen, die dieses Kriterium erfüllen, minimal wird. Jeder Searcher muß auf alle Stellen zugreifen können, die einer seiner Transitionen zugeordnet ist. Die Stellen, die mehreren Searchern zugeordnet sind, müssen nach denselben Regeln bearbeitet werden wie bei der vollständigen Parallelität.

Der Zugriff eines Searchers auf Stellen, die auch mit Transitionen anderer Searcher verknüpft sind, kann entweder auf direkte Weise erfolgen, indem diese Stellen einem Speicherbereich zugeordnet sind, auf den die entsprechenden Searcher direkten Zugriff haben oder auf indirekten Weise. Dann ist eine solche Stelle in einem bestimmten Searcher lokalisiert. Ein Zugriff auf eine Stelle von anderen Searchern aus muß dann durch expliziten Austausch von Nachrichten erfolgen. Bei mehrfachem Vorhandensein einer solchen Stelle in verschiedenen Searchern könnte nicht gewährleistet werden, daß jeder Repräsentant einer Stelle sich zu jedem Zeitpunkt identisch verhält. Beim direkten Zugriff könnte der gemeinsame Speicher ein Engpaß werden. Andererseits steigt beim indirekten Zugriff der Kommunikationsoverhead.

Durch Simulationen sollen die verschiedenen denkbaren Konzepte für eine Entscheidungseinheit miteinander verglichen werden. Darüberhinaus soll auch die zu erwartende Leistung eines ganzen Controllers nach dem MDMA-Prinzip mit Hilfe von Simulationen ermittelt werden. Dazu benötigt man Kriterien, mit denen man die Leistungsfähigkeit einer Entscheidungseinheit und auch die eines Netzwerk-Controllers bewerten kann.

7. LEISTUNGSMETRIK

Die Leistung eines Controllers wird sinnvollerweise durch die Datenrate (Anzahl und Größe der Datenpakete) angegeben, die er höchstens bewältigen kann und durch die Zeiten, die für die Reaktion auf bestimmte Protokollereignisse benötigt werden. Diese Werte können für die MDMA-Architektur jedoch erst ermittelt werden, wenn Protokolle in genügendem Umfang mit Petrinetzen spezifiziert sind. Die Leistungsfähigkeit eines Controllers, der nach dem MDMA-Prinzip aufgebaut ist, hängt signifikant von den Entscheidungseinheiten ab. Die Leistungsfähigkeit einer solchen Entscheidungseinheit kann zum einen durch die Anzahl der Transitionen, die pro Zeit als schaltfähig erkannt werden (Transitionsrate), angegeben werden. Zum anderen ist die Zeit, die nötig ist, um eine bestimmte Transition als schaltfähig zu erkennen (Erkennungsdauer), von großer Bedeutung.

7.1. TRANSITIONSRATE

Die Anzahl der Transitionen, die pro Zeiteinheit als schaltfähig erkannt werden, wird als Transitionsrate bezeichnet. Sie soll zunächst untersucht werden.

- R_{Te} -   Transitionsrate; Anzahl der pro Zeit gefundenen Transitionen

- t_{Sg} -   Suchdauer; die Zeit, die zwischen der Ausgabe zweier schaltfähiger Transitionen vergeht (reziproker Wert von R_{Te})

Schaltfähige Transitionen ergeben sich aufgrund bestimmter Kombinationen von Stelleninhalten. Es ist Aufgabe eines möglichst effizienten Suchalgorithmus, die zu einem Zeitpunkt vorhandenen schaltfähigen Transitionen zu finden. R_{Te} und t_{Sg} sind Funktionen der Anzahl der tatsächlich zu einem Zeitpunkt vorhandenen schaltfähigen Transitionen und der Anzahl, der insgesamt vorhandenen Transitionen, aus denen die Schaltfähigen herausgesucht werden müssen.

$-Z_{Te}-$ Zahl der schaltfähigen Transitionen

$-Z_{Tg}-$ Zahl aller in der Entscheidungseinheit vorhandenen Transitionen

$-r_{Te}-$ Ist die Dichte der schaltfähigen Transitionen. ($r_{Te} = Z_{Te}/Z_{Tg}$)

R_{Te} und t_{Sg} sind also Funktionen von r_{Te}. Die Werte R_{Te} und t_{Sg} hängen außerdem von dem verwendeten Suchalgorithmus zum Suchen von schaltfähigen Transitionen ab. Der einfachste denkbare Suchalgorithmus, der für jedes beliebige Netz angewendet werden kann, ist folgender:

S1   *Die Transition, die auf Schaltfähigkeit überprüft werden soll, wird zufällig aus der Menge aller Transitionen ausgewählt. Die Wahrscheinlichkeit, daß sie schaltfähig ist, ist dabei gleich r_{Te}.*

$-W_{Te}-$ Wahrscheinlichkeit, daß die überprüfte Transition schaltfähig ist.

W_{Te} ist abhängig von r_{Te} und dem Suchalgorithmus. Bei konstantem r_{Te} ist W_{Te} ein Maß für die Leistungsfähigkeit eines Suchalgorithmus. Der Algorithmus S1 ist, wie gesagt, auf jedes Netz anwendbar. W_{Te} für diesen Algorithmus stellt quasi eine Abschätzung nach unten dar. Verbessert werden kann dieser Wert durch einen Suchalgorithmus, der die Eigenschaften des betrachteten Netzmodells und die des konkreten Netzes berücksichtigt. Eine anderer, besserer Suchalgorithmus ist z.B.:

S2   *Bei Veränderung eines Stelleninhaltes werden die davon betroffenen Transitionen in einer Liste vermerkt. Betroffene Transitionen sind Transitionen, die durch die Veränderung eines Stelleninhaltes potentiell schaltfähig geworden sein können. Dies können in einem kontaktbehafteten Netz auch Transitionen sein, bei denen sich der Inhalt einer Stelle im Nachbereich geändert hat. Die in der Liste vermerkten Transitionen sind dann die einzigen Transitionen, die noch überprüft werden müssen.*

Mit Anwendung von S2 steigt die Wahrscheinlichkeit, daß eine Transition die überprüft wird, eine schaltfähige Transition ist ($W_{Te}(S2) > W_{Te}(S1)$). R_{Te} bzw. t_{Sg} sind aber nicht nur von W_{Te} abhängig, also von der Qualität des Suchalgorithmus und von der Dichte r_{Te}, sondern auch von der Ausführungszeit des Suchalgorithmus. Die Ausführungszeit hängt von der Dauer des Überprüfens einer Transition ab und von der Dauer, der für den Suchalgorithmus zusätzlich nötigen Operationen. Für S2 müssen z.B. nach dem Verändern eines Stelleninhaltes die potentiell schaltfähigen Transitionen aus einer Liste ermittelt werden und z.B. in eine Fifo-Queue eingetragen werden, durch welche die nächste zu überprüfende Transition ermittelt wird.

$-t_{TD}-$ Dauer der Überprüfung einer Transition.

$-t_{S}-$ Zeit für die Ausführung der zusätzlichen Operationen für den Suchalgorithmus

t_{TD} selbst ist abhängig von der Schnelligkeit der Hardware (Speicherzugriffe, Ausführung der verschiedenen Operationen), der Anzahl der Stellen im Vor- und Nachbereich und der für den Suchalgorithmus nötigen zusätzlichen Operationen beim Überprüfen einer einzelnen Transition. t_S ist die Zeit, die nach dem Schalten einer Transition zusätzlichen für den Suchalgorithmus nötig ist.

Wenn der Suchalgorithmus und das Überprüfen einer Transition von demselben Prozessor durchgeführt wird, gilt näherungsweise :

$$t_{Sg} = (\, t_{TD} * 1/W_{Te}) + t_S$$

Bei dem oben vorgestellten Konzept für die Entscheidungseinheit wird der eigentliche Suchalgorithmus (Zeitverbrauch t_S) im Sorter durchgeführt. Nimmt man an, daß der Searcher der leistungsbestimmende Engpaß ist, dann ergibt sich:

$$t_{Sg} = (\, t_{TD} * 1/W_{Te})$$

Die Leistungsgröße t_{Sg} kann also nur bestimmt werden, wenn der Suchalgorithmus, und damit $W_{Te}(r_{Te})$, bekannt ist. Außerdem müssen die von der Hardware abhängigen Größen t_{TD} und t_S bekannt sein, die erst nach einer genauen Beschreibung der Hardware Mechanismen in der Entscheidungseinheit bestimmt werden können. Der durch R_{Te} beschriebene Gesamtdurchsatz der Entscheidungseinheit ist jedoch nicht das einzige Leistungskriterium, das angelegt werden muß.

7.2. ERKENNUNGSDAUER

Als zweiter, wichtiger Wert für die Leistungsfähigkeit der Entscheidungseinheit ist die Reaktionszeit von Interesse. Durch das Eintreffen neuer Ereignisse oder das Schalten einer Transition werden neue Transitionen schaltfähig. Der Zeitpunkt $T_1(t)$ ist der Zeitpunkt zu dem eine bestimmte Transition durch das Verändern von Stelleninhalten schaltfähig wird. Der Zeitpunkt $T_2(t)$ ist der Zeitpunkt zu dem die Transition als schaltfähig erkannt wird.

- t_R -   Reaktionszeit; die Zeit, die zwischen dem schaltfähig werden einer Transition und dem als schaltfähig erkennen, vergeht.

$$t_R = T_2(t) - T_1(t)$$

Die Zeit t_R hängt sowohl von dem verwendeten Suchalgorithmus als auch von der Leistungsfähigkeit der Hardware ab. Zu der eigentlichen Reaktionszeit kommt noch die Zeit hinzu, die eine Quittung bzw. ein Ereignis oder ein Auftrag in der Warteschlange liegt. Außerdem müssen die Zeiten für das Einsortieren einer Quittung oder eines Ereignisses sowie die Zeit für das Formulieren eines Auftrages hinzugerechnet werden.

- t_{RDg} -   Gesamtreaktionszeit

- t_{QW} -   Wartezeit in der Quittungswarteschlange

- t_{AW} -   Wartezeit in der Auftragswarteschlange

- t_E -   Zeit zum Einsortieren eines Ereignisses

- t_O -   Zeit zum Formulieren eines Auftrags (Order)

$$t_{RDg} = t_{QW} + t_{AW} + t_E + t_O + t_R$$

7.3. GESAMTREAKTIONSZEIT UND GESAMTDURCHSATZ DES SYSTEMS

Ein Ereignis von außen, auf das die MDMA-Maschine reagieren muß, bewirkt eine Anzahl von Aktionen. Sind alle Aktionen durchgeführt, kann der Vorgang als abgeschlossen angesehen werden; die MDMA-Maschine hat auf das Ereignis reagiert. Diese Reaktion wird durch ein Petrinetz beschrieben. Die Transitionen sind einzelne Aktionen von unterschiedlicher Dauer. Bestimmte Aktionen müssen abgeschlossen sein, d.h. bestimmte Transitionen müssen geschaltet haben, bevor andere aktiviert werden können. In einem solchen Petrinetz gibt es also einen kritischen Pfad. Das sind die Transitionen, die in einer bestimmten Reihenfolge abgearbeitet werden müssen und bei denen die Summe der Ausführungszeiten für die einzelnen Aktionen den größten Wert ergibt. Dazu muß noch die Zeit t_{RDg} der Entscheidungseinheit für jeden einzelnen Auftrag addiert werden.

- t_{Rg} -   Gesamtreaktionszeit des Systems auf ein Ereignis von außen

- t_{PA} -   Ausführungszeit für einen Auftrag

$$t_{Rg} = \sum_i t_{RDg}(i) + t_{PA}(i)$$

i sind alle Aufträge, die zum kritischen Pfad bei der Bearbeitung eines Ereignisses von außen nötig sind.

Die Leistungsgrößen t_{Sg} bzw. R_{Te} sind Werte, die etwas über den Durchsatz der Entscheidungseinheit aussagen. Bei dem Konzept der MDMA-Maschine wird mit jeder ausführbaren Transition eine Prozedur ausgelöst, die wiederum aus einer Reihe von Befehlen besteht.

- Z_{BT} -   mittlere Anzahl der pro schaltender Transition auszuführenden Befehle

- R_{Bg} -   Leistung des Systems, gemessen an der Anzahl der insgesamt pro Zeit im gesamten System
     ausgeführten Befehle

Während mit R_{Te} die Leistung einer Entscheidungseinheit beschrieben wird, wird mit R_{Bg} die Leistung des gesamten Systems beschrieben. Geht man davon aus, daß hinreichend viele Aktionseinheiten existieren, so daß die Anzahl der pro Zeit geschalteten Transitionen nur von der Entscheidungseinheit abhängt, dann ist die Anzahl der Befehle, die pro Zeit ausgeführt werden können (MIPS), gleich :

$$R_{Bg} = Z_{BT} * t_{Sg}$$

Der oben angegebene Wert ergibt sich bei Verwendung von einer Entscheidungseinheit. Denkbar ist jedoch auch die Verteilung des Petrinetzes auf mehrere Entscheidungseinheiten (n) wodurch sich der Wert R_{Bg} durch

$$R_{Bg} = \sum_n Z_{Bt}(n) + t_{Sg}(n)$$

ergibt.

8. AUSBLICK

Um die Leistungsfähigkeit von Hochgeschwindigkeitsnetzen voll ausnutzen zu können, werden in Zukunft vor allem Netzwerk-Controller benötigt, welche sehr hohe Datenraten unterstützen können. Dazu gibt es mehrere Ansätze, die im direkten Zusammenhang mit der Entwicklung eines Hochgeschwindigkeitsnetzes stehen (/Alba88/,/Dant86/,/Jens87/). Die dort entwickelten Architekturen unterstützen jedoch nur den physikalischen Anschluß und den Zugriff auf das Medium. Die Entwicklung geeigneter Medienzugriffsprotokolle und deren Bewertung nahm bei diesen Projekten einen breiten Raum ein. Die Nutzung der dadurch zur Verfügung stehenden Kapazitäten ist jedoch nur möglich, wenn die darüber liegenden Einheiten zur Bearbeitung der höheren Ebenen diese hohen Datenraten unterstützten. Betrachtet man den Leistungsbedarf für die Bearbeitung höherer Ebenen und die durch heutige Controller tatsächlich erbrachte Leistung, ist klar, daß die Bearbeitung der Ebenen oberhalb des MAC-Layers ein Engpaß künftiger Kommunikationssysteme sein wird.

Das hier vorgestellte Konzept ist in der Lage, durch ein hohes Maß an Parallelverarbeitung diese Anforderungen zu erfüllen. Möglich wird diese Parallelverarbeitung durch den Einsatz der Petrinetze als sehr hardwarenahe Programmiertechnik. Voraussetzungen für die Implementierung von Protokollen mittels Petrinetz ist, daß für alle Spezifikationstechniken wie LOTOS /Brin86/ und Estelle /Linn86/ Transformationsmechanismen in Petrinetze gefunden werden. Daher wird zur Zeit eine Umsetzung eines in LOTOS spezifizierten Transportprotokolles /ANSI87/ in ein Petrinetz durchgeführt. Die Umsetzung eines mit Hilfe von Automaten spezifizierten Protokolles (/IEEE85/) in ein ausführbares Petrinetz liegt bereits vor (/Dres87/).

Durch den Einsatz der Petrinetze und deren parallele Bearbeitung wird die insgesamt verfügbare Prozessorleistung gesteigert. Ein weiteres Problem ist jedoch auch der Durchsatz der großen Datenmengen durch den Controller. Hierfür werden zur Zeit geeignete Speicherkonzepte entwickelt und verglichen.

9. LITERATUR

/Alba88/   Albanese A.; Garrett M.W.; Ippoliti A.; Karr M.A.; Maszczak M.; Shia D.; " Overview of Bellcore Metrocore Network"; in Proceedings of IFIP WG 6.4 Workshop 'High Speed Local Area Networks 88' in Liege, Belgium 88

/ANSI87/   ANSI-American National Standard Institute ;"Formal Specification in LOTOS of ISO 8073"; Working Draft, ISO/TC 97/SC 6/WG 4

/Brau84/   Brauer, W.; "How to play the Token Game"; Petri Net Newsletter; No. 16; GI; !984

/Boil88/   Boillat, J.E.; Goode, P.K.; Kropf, P.G.; Spichiger, A.; " Communication Protocols and Concurrency: An Occam Implementation of X.25 "; in Proc. of International Zurich Seminar on Digital Communication; ETH Zurich/Switzerland; March 1988; p.99-102

/Brin86/   Brinksma, E.; "A tutorial on LOTOS"; in Protocol Specification, Testing and Verification; Diaz, M.; North Holland 1986

/Dant86/   Danthine A.; " A Backbone Wideband Network for LAN Interconnection"; in Proc. EFOG/LAN '86, Amsterdam 86

/Dres87/   Dresen, M.; "Parallelität in Kommunikationsprotokollen-Ein adäquates Netzkonzept"; Diplomarbeit RWTH-Aachen; 1987; Lehrstuhl für Informatik IV

/Fehl88/   Fehlau, F.; Rupprecht, M.; "Alternative Rechnerarchitektur für Datenübertragungs-Controller mit hohen Datenraten"; in Informatik-Fachberichte 168; Proceedings of Architektur und Betrieb von Rechensystemen; 10. GI/ITG-Fachtagung, Paderborn, März 1988

/Hein88/ Heinrich, A.; Ameling, W.; "Parallelrechner mit höheren Petrinetzen programmieren"; in VMEbus; Vol 2.; No. 1; Feb. 1988

/IEEE85/ IEEE, Standards for Local Area Networks; "Locigal Link Control, ANSI/IEEE Std. 802.5-1985, ISO Draft Int. Standard 8802/2"; IEEE Standards Board, American National Standards Institute; 1985

/ISO84/ Information processing systems - Open Systems Interconnection - Basic Reference Model; International Standart Ref. No. ISO 7498-1984

/Jens87/ Jensen, M.N.; Skov, M.; Sparso, J.; "Hardware architecture of a node for the LAN-DTH high speed token ring"; in Proc. of Fifth Annual European Fibre Optic Communications and Local Area Networks Exposition; Basel; Switzerland; 3.-5. June; 1987

/Jens88/ Jensen, M.N.; Skov, M.; Sparso, J.; "VLSI-Architectures Implementing Lower Layer Protocols in Very High Data Rate LANs"; in Proc. of IFIP WG 6.4 Workshop High Speed Local Area Networks 88; Liege; Belgium; 1988

/Krem89/ Kremer, W.; Rupprecht, M.; "Hierarchisches Lastmodellkonzept zur Simulation und Bewertung von HSLAN-Controllern"; Proceeding of Kommunikation in verteilten Systemen; GI/ITG-Fachtagung, Stuttgart, Februar 1989

/Linn86/ Linn, R.J.; "The features and facilities of Estelle", in Protocol Specification, Testing and Verification; Diaz, M.; North Holland 1986

/Luvi87/ Luvison, A.; Roullet A.; Toft F.; " A High Capacity Multiservice Local Area Network - LION "; in High Speed Local Area Networks, Spaniol O.(ed.), Danthine A.(ed.), North Holland 87

/Mart87/ Martini, P.; Spaniol, O.; "Token-Passing in High Speed Backbone Networks for Campus-Wide Environments"; in Modelling Techniques and Performance Evaluation; Fdida, S.; Pujolle, G.;(ed:); North-Holland 1987

/Rupp88/ Rupprecht, M.; Fehlau, F.; Martini, P.; "A New Parallel Controller- Architecture for High Speed Local Area Networks"; in Proc. of IFIP WG 6.4 Workshop High Speed Local Area Networks 88; Liege; Belgium; 1988

/Shar87/ Sharp R.I.; " The LAN-DTH 140 MBit/s Token Ring "; in High Speed Local Area Networks, Spaniol O.(ed.), Danthine A.(ed.), North Holland 87

Network Management for
Open Systems Connected Through ISDN

Dieter Brunn
IBM European Networking Center

6900 Heidelberg
Federal Republic of Germany

Abstract

ISDN *(Integrated Services Digital Network)* is a concept to integrate various kinds of telecommunication networks and services into a single network. The set of services to be integrated into ISDN includes telephony as well as the services traditionally used by communicating data applications. Once ISDN will be available, data communication applications may use *ISDN bearer services* instead of the transmission media currently used (e.g. leased lines or virtual circuits through a packet switched network).

In this paper, it is studied how open systems (in the sense of the *Open Systems Interconnection (OSI)* Reference Model) can communicate through ISDN connections. Open systems can only communicate using ISDN connections if they conform to the ISDN architecture. ISDN uses separate channels for signalling flows and for the exchange of data units between end users. The signalling processes specific to ISDN and the processes related to the communication on the user channel must be synchronized, for example, for connection establishment or release and when an application wants to use ISDN specific services that involve signalling procedures.

If ISDN connections are part of a heterogeneous communication network, they must be integrated into the global network management concepts. It must be possible to perform network management operations for ISDN resources and to obtain network management information from ISDN resources similarly as for other types of resources in the network.

The guideline for managing open systems is the OSI management framework. In this paper, the OSI network management concepts are outlined and the application of these concepts to open systems communicating through ISDN is illustrated. OSI network management concepts are applied to ISDN by identifying the managed objects specific to ISDN, their attributes, relationships, management operations and defined events.

1 Introduction

Information services users require access to many types of data processing and other resources. These resources may be distributed across many subnetworks each of which uses different communication architectures and protocols. Users that want to use distributed information services may have to communicate across different subnetworks using gateways, bridges etc.

In a heterogenous network environment like this, it is essential to be able to manage the whole configuration as a single communication network, regardless of the differences in architecture and protocols between the subnetworks and end systems in the global network. In the future, the OSI Management Framework [12] and the associated set of OSI management standards being discussed in ISO and other standardization organizations could become a model for the management of heterogenous communication networks.

Today, a new networking architecture is evolving: *Integrated Services Digital Network (ISDN)*. It is very likely that ISDN subnetworks will be part of many heterogenous communication networks in the future. The idea of ISDN is to integrate various networks and services that today are provided in separate networks (e.g. telephony, data transmission) into a single general purpose digital network. The basic concepts of ISDN can be found in the I-Series of CCITT Recommendations [4].

Once ISDN will be available, data applications may also use ISDN *bearer services* instead of leased lines or virtual circuits through a packet-switched network. Bearer services provide information transfer capabilities between ISDN access points. There are two types of ISDN bearer services: *packet mode* and *circuit mode* bearer services.

In many cases, open systems communicating over large distances use packet switching services. Therefore, it might seem natural for OSI systems to use an ISDN packet mode bearer service. There are several ways to integrate packet switching services into ISDN. But with packet switching, the integration of the ISDN connection into the network management may be more difficult, especially if packet mode bearer services are only available indirectly through an X.25 Terminal Adapter (TA). In the first phase of the German ISDN, packet mode bearer services will only be supported by connecting the ISDN user to an access port to the X.25 packet-switching network DATEX-P through an X.25 TA *(minimum integration)*.

Open systems may also use ISDN circuit mode bearer services. In this case, the ISDN connection looks like a simple point-to-point link between adjacent systems (after a successful connection setup). The advantage of circuit switched connections is the higher (and constant) bit rate between the communication partners. Moreover, the circuit mode bearer service gives designers more freedom to select specific lower layer protocols to be used by the terminal equipment (TE). Especially with high speed channels, circuit mode bearer services might be preferred because high speed protocols could then be used across the ISDN connection.

In this paper, the following configuration is assumed:

- Two open systems communicate with each other through an ISDN connection using a circuit mode bearer service. In ISDN terminology, these open systems act as Terminal Equipment (TE). Each of these systems could be an end system or a gateway to non-ISDN subnetworks.

- The open systems are type 1 terminal equipment ('TE1', see I.210 in [4]), i.e. they are connected to the S/T interface. This assumption gives the open systems unrestricted access to ISDN signalling information.

  If the opens systems are connected to the ISDN network indirectly, i.e. through the R interface (I.210 in [4]), the results of this study only apply if the OSI TE has access to the necessary signalling and management information in the Terminal Adapter (TA).

- The ISDN attachment may be a basic rate, primary rate or a broadband attachment. For a basic rate attachment, a point-to-point or multi-point configuration (passive bus) may be assumed.

- The open systems communicate through a user channel (B-channel or H-channel). The usage of the signalling channel for packet switching or for user-to-user signalling is not discussed in this paper.

2 OSI Systems Communicating Through ISDN

2.1 OSI Reference Model versus ISDN Protocol Reference Model

The *Open Systems Interconnection (OSI)* Reference Model [10] uses a seven-layer architecture to describe how open systems communicate. In this model, the set of all communication functions is grouped into layers according to certain structuring principles. Each layer provides specific services which the next higher layer can access at architected service access points. Two entities within a specific layer *(peer entities)* communicate with each other by exchanging formatted messages called *Protocol Data Units (PDUs)* according to the rules of the communication protocol for that layer.

ISDN communication is more general. An ISDN Terminal Equipment (TE) communicates with another TE either by exchanging formatted messages (as in OSI) or by exchanging unformatted bit or octet streams. The exchange of unformatted streams is only possible because the signalling information (e.g. ISDN connection establishment requests) flows on a separate channel, the signalling or *D-channel*. To establish a connection, a certain sequence of signalling messages is exchanged over the D-channel first. After the signalling procedure has been successful, a transparent user channel is switched between the end systems. Since intermediate nodes on the user channel path are not visible above layer 1, the end systems behave as though they were directly connected, i.e. adjacent systems.

The principle of separating signalling and user information flows in different channels is called *out-of-band signalling* or *out-slot signalling*. The ISDN signalling channel supports multiple user channels simultaneously *(common channel signalling)*.

As pointed out in I.320 [4], not all aspects of ISDN can be described properly in terms of the OSI reference model. OSI is mainly concerned with data applications. It is not easy to model circuit switched communication and separate channel signalling mechanisms using the concepts of the OSI Reference model. The CCITT Recommendation I.320 [4] contains a list of ISDN needs presently not covered by the OSI Reference Model which includes, for example,

- information flows between multiple protocols,
- information flows for power activation/deactivation,
- information flows for selection of connection characteristics,
- information flows for suspension of connections,
- information flows for network management and maintenance,
- layer service definitions for non-data services.

Therefore, a more general reference model was introduced in the I-Series of CCITT Recommendations on ISDN: the *ISDN Protocol Reference Model* (see I.320 in [4]) The basic structure of this model is a *protocol block* consisting of multiple protocol stacks for modelling the communication behaviour of an ISDN *functional group* (e.g. a TE):

- A 'U stack' *(user)* describes the aspects of user communication and the associated layered protocols.
- A 'C stack' *(control)* describes the signalling aspects and the associated layered protocols.
- An 'M block' *(management)* describes the local management functions.

There are three application processes that use the services provided by the protocol stacks and the management block: A control application process uses the services of the C stack. User processes communicate through services provided by the U stack. The systems management application process can access both protocol stacks and the M block.

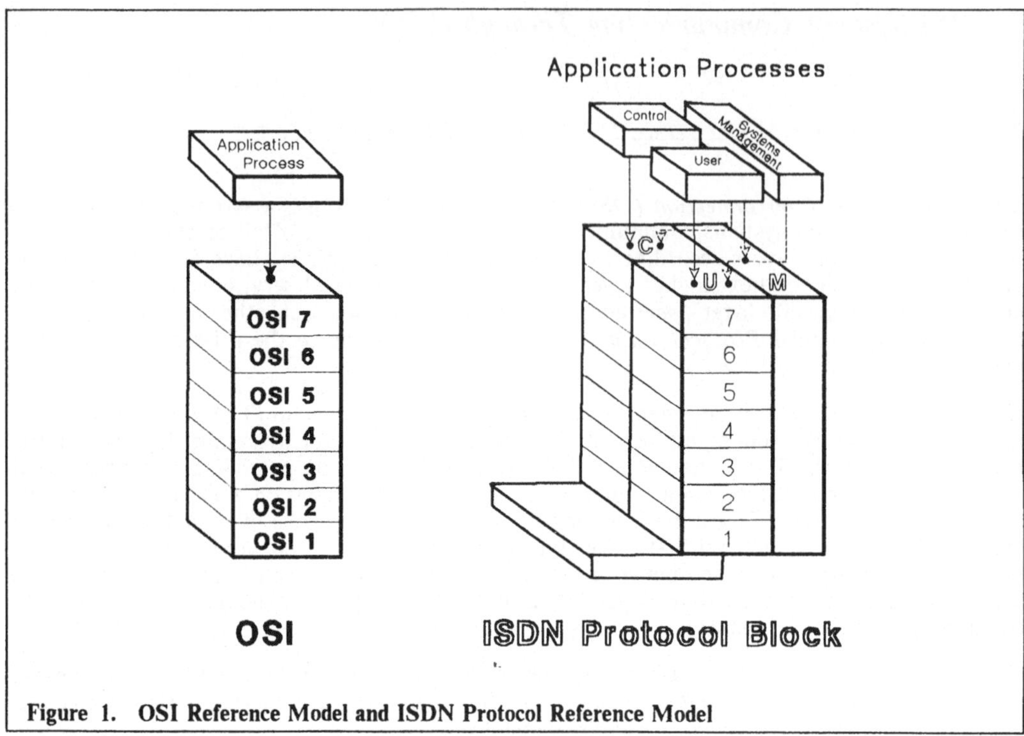

Figure 1.   OSI Reference Model and ISDN Protocol Reference Model

2.2 OSI Communication Through ISDN

When open systems communicate with each other through an ISDN connection across a user channel, the Data Link Protocol Data Units (DL-PDUs) are transmitted as an octet stream in the user channel slots of the ISDN layer 1 frame. Since all signalling and user channels use slots in the same layer 1 frame, one can speak of a common ISDN layer 1 on which both the signalling protocol layers and the user protocol layers sit. This layer basically maps the signalling and user channels to the physical medium and provides bit stream transfer services used by both types of channels.

For OSI TEs, the functions of the OSI layers 2 to 7 must be mapped to the corresponding layers of the ISDN user channel (U-) stack. The user channel may be a basic channel (B-channel) or a high speed channel (H-channel).

Assuming that the D-channel is not used by the application processes (i.e. no packet switching and no user-to-user signalling in the D-channel), only the lower three layers of the signalling protocol stack (as specified in I.430, I.441, I.451 [4]) are required. The control process shown in figure 1 is omitted because the signalling channel layers are controlled from the user channel layers as will be described below.

Figure 2 shows the structure of the ISDN protocol block for an OSI TE and the categories of interactions between the components of the protocol block. In order to distinguish between OSI and ISDN protocol layers, the layers 2 and 3 of the control stack which support the D-channel communication are called D2 and D3. The four types of interactions within an OSI TE shown in this figure are discussed below.

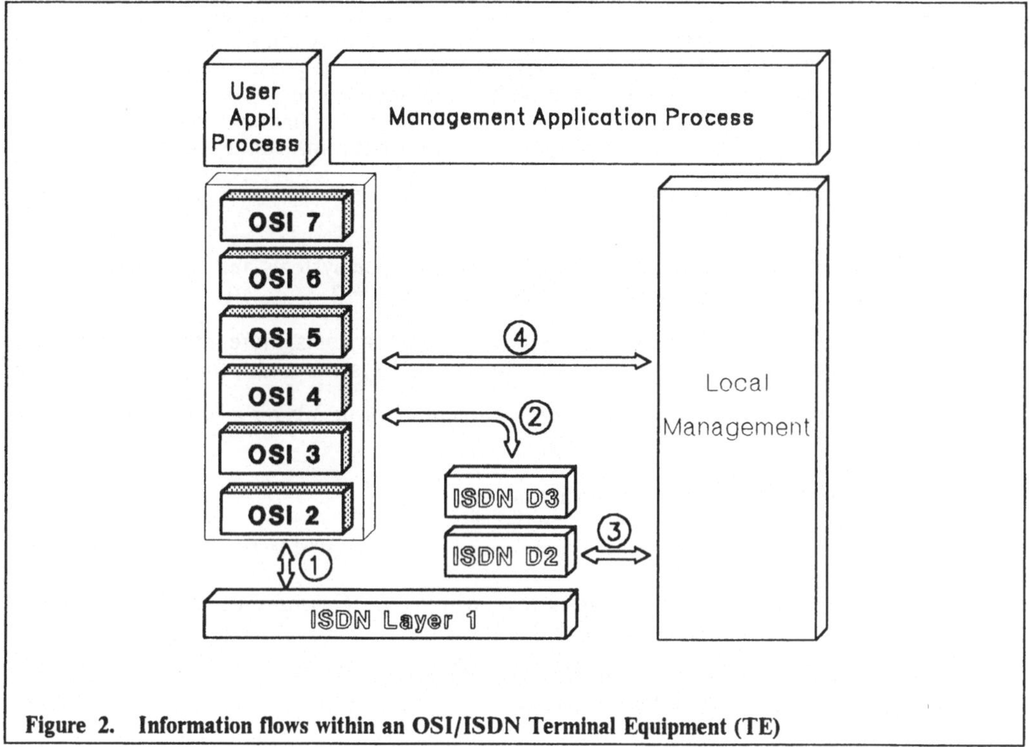

Figure 2.   Information flows within an OSI/ISDN Terminal Equipment (TE)

The following information flows are shown in the figure:

1. Once an ISDN connection has been established, the OSI layer 2 can issue physical layer service primitives to the ISDN layer 1, for example, to send data across the user channel or receive data from the user channel. This interface is similar to an OSI physical service interface. The ISDN user channel appears as a kind of ISDN physical service access point (ISDN does not use this term).

2. There are interactions between certain OSI layers and ISDN layers for ISDN connection establishment and release. Such interactions conceptually are controlled by local management functions.

   When an OSI application process requires a connection to an application process on some other open system, (N)-CONNECT-Request primitives will be passed across the (N)-layer service interfaces. At some point in time, an appropriate (N)-CONNECT-Request must be intercepted by some OSI management function (possibly by the (N)-layer management entity) in order to activate the ISDN signalling procedures before the (N)-CONNECT can be processed. Only after the signalling procedure has been successful, the user channel (i.e. an OSI layer-1-connection) becomes available.

   It is not obvious in which OSI layer this interception process should happen. Possible layers are $N = 2$ (data link layer) and $N = 3$ (network layer).

   On the one hand, the ISDN Protocol Reference Model recommends to use $N = 3$. In section 2.4 of I.320 [4] this process is called 'nested (circuit switched or packet switched) call control' and 'call of control functions from the user plane'. On the other hand, one might also use $N = 2$, since the signalling procedure must be started if and only if no OSI layer 2 connection exists. This decision should be made as close to OSI layer 2 as possible, that is, by the OSI layer 2 management entity (possibly assisted by other management functions). According to the layering principle in OSI, other management entities or functions can only make this decision if they have access to the state information for data link connections.

Similar interactions occur when an ISDN connection is released by one of the OSI communication partners or by the network.

In [3], ISDN connection establishment and release for open systems and the associated synchronization and addressing problems are discussed for $N = 2$.

Depending on which ISDN services are used by the open systems, more interactions between signalling channel and user channel may occur. An OSI system might, for example, want to

- display accounting data provided by the D-channel protocols on a user terminal or use this data for accounting management,
- activate or deactivate ISDN facilities,
- forward incoming calls to other open systems,
- use in call service modification,
- gather statistical or other network management data available from some ISDN management function,
- communicate with specialized resources within ISDN (message handling systems, protocol/speed adaption functions etc.).

3. Local management functions control resources within the ISDN layers by interacting with these resources. Since these interactions are a local matter (in the sense of both OSI and ISDN), they are outside the scope of the layering scheme. Local management functions access management information directly, i.e. without going through service access points etc. Network management functions for OSI TEs will be discussed in more detail later in this article.

4. Similarly, local management functions manage resources within the OSI layers. Again, these interactions are a local matter and not subject to OSI communication protocols.

A different architectural model that could be used to describe open systems connected through ISDN is presented in [7]. The *Extended Generic Layer Architecture* introduces a *Lower Layer Management Entity (LLME)* spanning a number of lower layers and thus combining the functions of the single layer management entities in OSI. The LLME concept could be very useful for the coordination and synchronization problems discussed in this chapter.

3 OSI Management Framework

3.1 The OSI Management Framework

If open systems are part of a heterogeneous communication network and if these open systems communicate through ISDN, the network management functions within the open systems should be in control of the ISDN connection and of all ISDN related resources similarily as for other types of networks and resources. For example, it should be possible to perform network management operations for such resources and to obtain status, error, statistical and other management information concerning ISDN resources.

In its original form, the OSI Reference Model [10] only contains global statements about network management. During the last years, the basic OSI reference model has been extended by the *OSI Management Framework* which was published recently as an ISO Draft International Standard [12].

According to the OSI management framework, network management is basically management of *resources*. In [12], OSI management is defined as the *'facilities to control, coordinate and monitor the resources which allow communications to take place in the OSI environment'*. Resources provide data storage, data processing, or data communication capabilities.

The control and supervision of these resources comprises two different tasks: controlling the resources in the local open system (which is a regarded to be a local matter and, therefore, not subject to OSI standardization) and cooperation with other open systems to perform coordinated management activities (using standardized OSI management protocols).

Network management for open systems is accomplished by the cooperation of the following five distinct network management components:

- The *Management Information Base (MIB)* is the conceptual composite of all the management information within an open system. For each resource that is subject to OSI management, the MIB contains management information describing that resource.

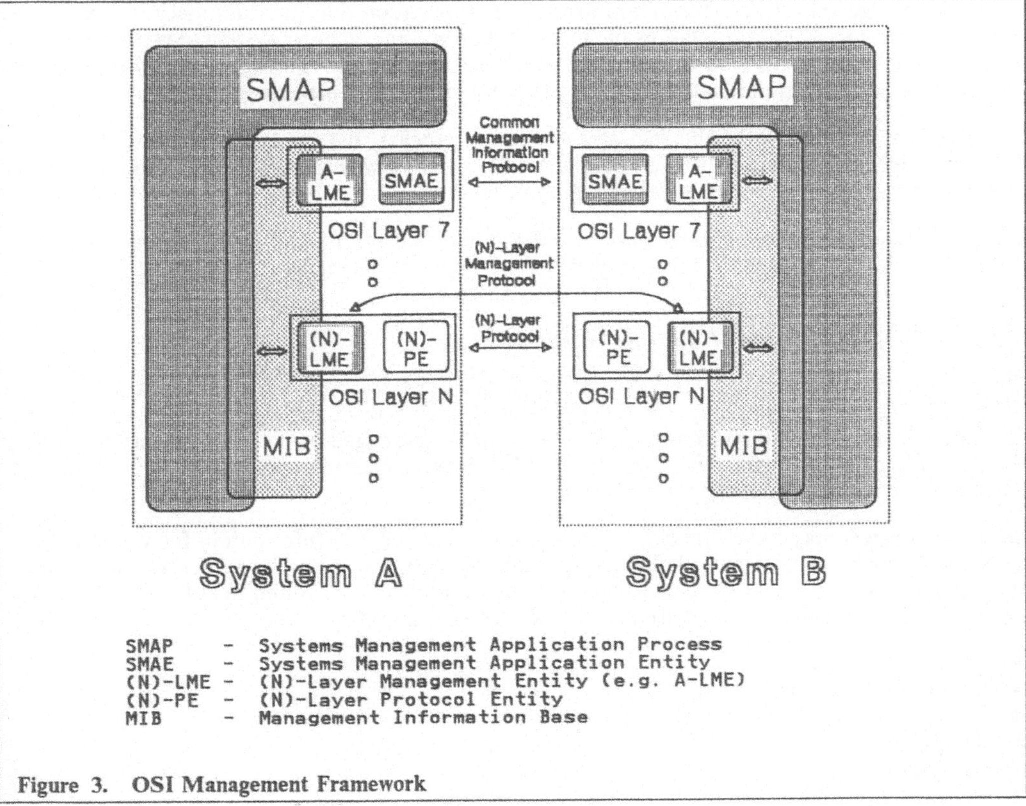

Figure 3. OSI Management Framework

- *Systems management* provides mechanisms for the monitoring, control and coordination of all managed objects within the layers of the local open system and for the exchange of management information with other open systems. It is performed by the *System Management Application Process (SMAP)*. The *Systems Management Application Entity (SMAE)* provides the communication functions necessary to exchange system management information between two SMAPs. Two SMAEs communicate with each other using the *Common Management Information Protocol (CMIP)*.

- *(N)-Layer Management* provides mechanisms to monitor, control, and supervise resources within a single OSI layer. An *(N)-Layer-Management Entity ((N)-LME)* in each layer performs the management of resources within a single layer in cooperation with the SMAP.

- *(N)-Layer Operation* may support management functions for a single instance of communication that is part of the normal communication between (N)-layer protocol entities.

- *Local Management* is the management of local resources. This part of management does not involve communication between open systems and, therefore, is not covered by the OSI network management standards. Nevertheless, designers of management systems must decide how local management information is accessed and which local management operations are supported.

3.2   OSI Systems Management

Systems management is an information processing application that provides mechanisms for the monitoring, control and supervision of all resources within an open system. Systems management is performed by distributed activities which are modelled as management processes. Management processes communicate with each other by exchanging *directives*.

Management processes play the role of a *managing process* if they are responsible for one or more management activities or they play the role of an *agent process* if they manage a set of *managed objects* at the request of a managing process.

This *systems management model* can be refined by considering the information, functional, communications, and organisational aspects of systems management.

3.2.1   Information Aspects of Systems Management

Each resource that is subject to OSI management is represented by a *managed object*. The managed object is the (possibly abstracted) view of such a resource. Properties of the resource that are not relevant to management are not part of the managed object. A managed object may be contained in another managed object. The *Management Information Base (MIB)* of an open system is the set of all managed objects in that system.

Managed objects may have *attributes*. An attribute is an item of information for which at least one management operation is defined. Some preliminary ideas on the structure and type of management information associated with managed objects can be found in [14]. This document contains a list of types of information which a managed object may contain:

- state
- non-settable counter
- settable counter
- gauge (or meter)
- tide-mark
- counter-threshold

- gauge-threshold
- defined event
- report control
- log
- log control

For each of these information types, the document specifies the individual information items, the permitted operations, inherent properties, implicit relations and the specification properties for that information type.

Managed objects are also characterized by the *management operations* that can be performed on them, by the *notifications* that the managed object can emit and by the relationships of the managed object to other managed objects.

3.2.2 Functional Aspects of Systems Management

In [12], the systems management functions are split into the following categories or *functional areas:*

- *Fault management*

  Fault management facilities enable the detection, isolation and correction of problems in the OSI environment. They provide information that is used by system administration to assist in making management decisions with regard to the abnormal operation of an open system and to direct corrective action on the faulty resources. Facilities provided by fault management may include spontaneous error reporting, cumulative error gathering, error threshold alarm, event logging, diagnostic tests or test sequences, tracing of a communication path.

- *Accounting management*

  This set of facilities provides functions which enable charges to be assigned for the use of resources and costs to be identified for the use of those resources. Accounting management includes facilities to inform users of costs incurred or resources consumed, enable accounting limits for the use of OSI resources to be set, enable costs to be combined where multiple OSI resources are invoked to achieve a given communication objective.

- *Configuration management*

  This is a set of facilities which exercise control over, identify, collect data from and provide data to OSI resources for the purpose of assisting in providing for continuous operation of interconnection services. Configuration and name management includes setting open system parameters, initialization and closedown of OSI resources, collection of data giving the open system state both on a routine base and in recognition of a significant change of state, changing the open system configuration.

- *Performance management*

  The performance management provides facilities needed to evaluate the behaviour of OSI resources and the effectiveness of communication activities. It also allows one to gather statistical data e.g. for the purpose of planning and analysis and to maintain and examine logs of system state histories.

- *Security management*

  This set of facilities supports authorization facilities, access control functions, encryption and key management, authentication and security log maintenance/examination.

3.2.3 Communication Aspects of Systems Management

Management processes communicate with each other by exchanging directives. They use the application layer services provided by the *Systems Management Application Entity (SMAE)*. The SMAE contains the *Systems Management Application Service Element (SMASE)* which defines the abstract syntax and semantics of management information transfers and the *Common Management Information Service Element (CMISE)* which allows SMAEs to communicate according to the rules of the *Common Management Information Protocol (CMIP)*. CMISE supports the following services:

- Confirmed Event Report
- Event Report
- Confirmed Get
- Confirmed Set
- Set
- Confirmed Action
- Action
- Linked Reply
- Confirmed Create
- Confirmed Delete

The SMAE may also contain other application service elements,such as the *Association Control Service Element (ACSE)*, the *File Transfer, Access and Management (FTAM)*, the *Remote Operations Service Element (ROSE)* or *Transaction Processing (TP)*.

3.2.4 Organisational Aspects of Systems Management

The organizational aspects describe how OSI management for a global network of open systems can be distributed administratively across management domains. A domain is a collection of one or more management processes and their associated managed objects.

3.3 OSI (N)-Layer Management

The purpose of (N)-layer management is to monitor, control and coordinate those managed objects that are used to accomplish communication activities within an (N)-layer. Multiple instances of communication may be subject to (N)-layer management.

Each layer may contain an *(N)-layer management entity* which is able to control and supervise managed objects within the (N)-layer. It communicates with other (N)-layer management entities using the *(N)-layer management protocol*. (N)-layer protocols are by their nature restricted to using the limited services of the (N-1)-layer. An (N)-layer management entity may communicate with a local (N-1)-LME or (N + 1)-LME only through the Management Information Base (MIB).

If an (N)-layer management entity does not exist, (N)-layer management activities may also be performed by systems management.

In [12], systems management is regarded to be the 'preferred form' for exchanging OSI management information. Systems management, however, requires the support of all the OSI layers. (N)-layer management protocols should only be used in place of systems management protocols when either systems management services are not available to exchange layer management information or when upper layer functions prevent the exchange of management information.

3.4   OSI (N)-Layer Operation

For each OSI layer, the (N)-layer protocol may contain management functions. This type of management functions is called (N)-layer operation. It is limited to control and monitor a single instance of communication.

Examples for management information carried in normal Protocol Data Units (PDUs) are

- parameters within connection establishment PDUs which apply to the establishment of the instance of communication being established,

- parameters within particular PDUs that modify the environment in which that instance of communication operates,

- error information describing fault that occurred during that specific instance of communication.

3.5   Local Management

Local management is that part of the management activities which refers to local resources and does not require communication with other open systems. Changing an attribute value for a local resource can only be regarded as a purely local management activity if this change need not be communicated to other open systems.

According to the OSI management framework, this type of activity is a purely local matter and, therefore, is not standardized. The local management processes or entities do not access management information through service access points, but through implementation dependent interfaces which are outside the scope of OSI.

An example for a local management activity is a read operation of an SMAP to obtain an attribute value for a local resource. Even though this type of activity is not standardized, designers of network management products must be aware of the requirements for local management.

4   OSI Management for Systems Connected Through ISDN

In this chapter, the OSI management concepts described in chapter 3 will be applied to open systems connected through ISDN. The discussion only deals with the management of the connection from the user side (TE side), the network management within ISDN (by the network supplier) is not subject of this paper.

4.1   OSI Management for OSI/ISDN TEs

If the basic concepts of OSI management are applied to OSI/ISDN TEs, the architecture of such a system (as described in chapter 2) has the following implications for the network management functions, their distribution, the local (internal) information flows between them and the external communication between them:

- ISDN resources are represented to network management by 'ISDN managed objects' in the same way as OSI resources. The ISDN managed objects are contained in the (extended) Management Information Base (MIB).

- Systems management for an OSI/ISDN TE is performed by the ISDN Systems Management Application Process (see chapter 2.1). OSI network management concepts can be applied to OSI/ISDN TEs, if we assume that the ISDN SMAP (together with the M block of local management functions) contains all the necessary functions of the OSI SMAP (see chapter 3.2) as a subset. We use the term 'combined SMAP' or SMAP for short to refer to the ISDN SMAP containing OSI network management functions.

- SMAPs in different systems communicate through an SMAE in the highest layer of the user protocol stack (containing the OSI application layer). Systems Management communication through the D-channel (by user-to-user signalling or packet switching) is not recommended because the partner SMAP may not be in an OSI/ISDN TE.

- There are Layer Management Entities (LMEs) within the ISDN layers. The peer entities of the ISDN LMEs are part of some ISDN exchange. The ISDN LMEs cannot communicate with the ISDN LMEs in the peer open system because we assume that there is no end-to-end communication through the signalling channel.

- The SMAP contains local management functions to control resources within the ISDN and OSI layers, i.e. to access managed objects within these layers.

- The SMAP contains a set of ISDN specific management procedures. These procedures provide ISDN specific fault, configuration, performance, accounting, and security management support.

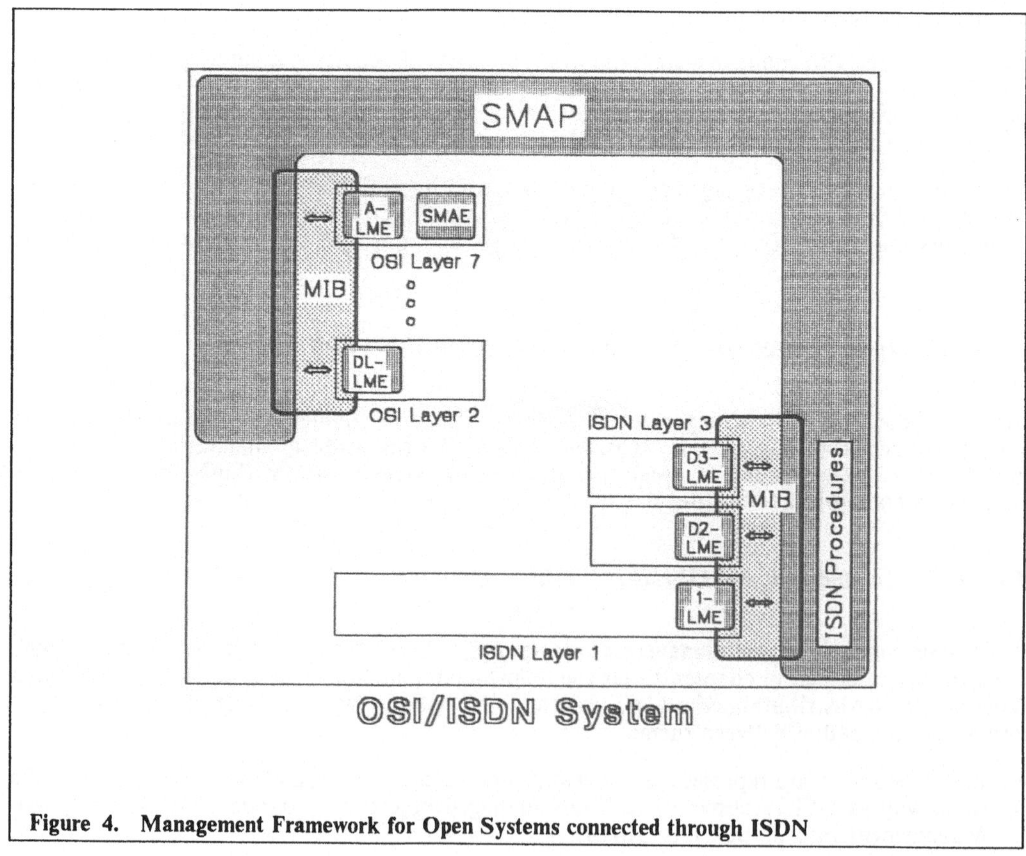

Figure 4. Management Framework for Open Systems connected through ISDN

Given this global view of OSI management and ISDN management, the following questions must be answered if the OSI management framework is applied to OSI/ISDN TEs:

- What are the ISDN managed objects ?
- What are the relationships of the ISDN managed objects to other ISDN or OSI managed objects ?
- What are the attributes of the ISDN managed objects ?
- What are the management operations for these managed objects ?
- What are the events that cause managed objects to send event reports ?
- What management procedures are required to support ISDN managed objects ?

4.2 ISDN Managed Objects

The managed object that represents the OSI/ISDN TE system may contain managed objects that represent various ISDN specific resources. Whether or not there is a managed object for an ISDN resource does not depend on the ISDN protocol specification, but on the intended network management functions. If there is a (non-local) management operation, say, for a D2-Service Access Point (SAP), then there must be a managed object for this SAP. If there is no such operation, no SAP managed object is required. The logical structure of management information for a resource depends on how much of the characteristics of this resource are visible (by CMIP communication) to other open systems.

Therefore, the following list is not a strict specification of what managed objects are required for ISDN, but rather a list of potential managed objects. Managed objects might be used to represent

- the ISDN layer 1 protocol entity,
- the ISDN layer D2 protocol entity,
- the ISDN layer D3 protocol entity,
- the ISDN D2-SAP for call control,
- the ISDN D2-SAP for packet communication,
- the ISDN D2-SAP for management,
- the ISDN D3-SAP for call control   (not specified in [4]),
- the ISDN D3-SAP for packet communication   (not specified in [4]),
- the ISDN D3-SAP for management   (not specified in [4]),
- ISDN layer D2 connections,
- ISDN layer D3 connections.

The selection of managed objects, the relationships between the the managed objects, their attributes, operations and defined events depend largely on the management requirements for the OSI/ISDN TE in a specific configuration. To illustrate the use of managed objects, a sample managed object is described in the next chapter.

4.3 ISDN Sample Managed Object: ISDN-LayerD3-Entity

This managed object represents the management view of an ISDN layer D3 protocol entity. The attributes of this managed object describe the characteristics of such an entity for the management functions. The relationships of this managed object indicate the position of the ISDN layer D3 protocol entity object within the graph of managed objects describing the OSI TE system as a whole.

Possible *relationships* of the ISDN-LayerD3-Entity object are

- Relationship to managed object describing the OSI TE
- Relationship to managed object describing the OSI resource responsible for OSI-ISDN synchronization (see 2.2)
- Relationship to managed objects describing D3-SAPs and D2-SAPs connected to the entity
- Relationship to managed objects describing ISDN layer D3 connections

Possible *attributes* of the ISDN-LayerD3-Entity object are

- TE-LayerD3-State   (Type State)
- Number of D3-messages sent   (Type Settable counter)
- Number of D3-messages received   (Type Settable counter)
- Number of outgoing D3-calls   (Type Settable counter)
- Number of incoming D3-calls   (Type Settable counter)
- Current number of concurrent D3-connections   (Type Gauge)
- Maximum number of concurrent D3-connections   (Type Tidemark)
- Cause code from the network   (Type Defined event)
- Cause code statistics table   (Type Report control)
- Incompatible incoming call   (Type Defined event)
- D3-message received in bad TE-LayerD3-State   (Type Defined event)
- D3-Connection established   (Type Defined event)
- Connection establishment statistics (duration etc.)   (Type Report control)
- Compatibility information expected for incoming calls (User defined type)
- Necessary network specific facilities for OSI   (User defined type)

Possible *management operations* for the ISDN-LayerD3-Entity object are

- Display and change of attribute values for the managed object,
- Display of related managed objects, e.g. layer D3 connections,

Possible *defined events* for the ISDN-LayerD3-Entity object are

- Cause code from the network
- Incompatible incoming call
- D3-message received in bad TE-LayerD3-State
- D3-Connection established

Possible *management procedures* for the ISDN-LayerD3-Entity object are

- Processing of single or cumulative ISDN error messages,
- Statistical evaluation of ISDN cause codes received from the network or from the peer TE,
- Analysis of protocol errors,
- Starting and stopping of D-channel trace function,
- Statistical evaluations of throughput and runtime information,
- Registration of the duration and charges for each call,
- Maintenance of logs of incoming and outgoing ISDN calls.

5 Summary

Open systems can communicate through ISDN connections if they support the ISDN signalling protocols. For this purpose, the protocol entities supporting the OSI layers and the protocol entities for D-channel signalling must be synchronized. The OSI-ISDN interactions become more complex when (from the OSI point of view) ISDN is not only used as a communication medium, but specific ISDN resources are accessed by the OSI application (message handling systems, protocol converters etc.).

The OSI Management Framework and the OSI Systems Management concepts provide a guideline on how to manage open systems. It is shown how the concepts of the OSI management framework can be applied to open systems connected through ISDN. This basically requires the identification of ISDN managed objects and their attributes, relationships, management operations and defined events. ISDN management procedures within the managing Systems Management Application Process (SMAP) are required that support ISDN specific aspects.

References

1. BERKOM-Referenzmodell - Version 01. Arbeitspapier der Deutschen Telepost Consulting GmbH, Projektleitung BERKOM, BERKOM-Dokument 0075/06/87, Berlin 1987

2. Bocker, P.: ISDN - Das diensteintegrierende digitale Nachrichtennetz Berlin, Heidelberg, New York, Tokyo: Springer 1987

3. Brunn, D.: Network Management for Open Systems Connected Through ISDN. IBM Technical Report No. 43.8805, Heidelberg 1988

4. CCITT: Integrated Services Digital Network (ISDN). Recommendations of the Series I, 1985

5. CCITT: Support of X.21 and X.21bis based Data Terminal Equipments (DTEs) by an Integrated Services Digital Network (ISDN). Recommendation X.30, 1985

6. CCITT: Support for packet mode terminal equipment by an ISDN. Recommendation X.31, 1985

7. ECMA: An Architectural Framework for Private Networks. ECMA Technical Report TR/44: Geneva 1987

8. Fernmeldetechnisches Zentralamt (FTZ): Kennzeichenaustausch zwischen DIVO(ISDN)-Vermittlungsstellen und ISDN-Teilnehmereinrichtungen - ISDN-D-Kanal Protokoll - (Schicht 2 und 3). FTZ-Richtlinie 1 R 6: Darmstadt 1984

9. Fernmeldetechnisches Zentralamt (FTZ): Kennzeichenaustausch zwischen DIVO(ISDN)-Vermittlungsstellen und ISDN-Teilnehmereinrichtungen - ISDN-D-Kanal Protokoll - (Schicht 2 und 3). FTZ-Richtlinie 1 TR 6: Darmstadt 1986

10. ISO: Information processing systems - Open Systems Interconnection - Basic Reference Model. International Standard ISO 7498, 1984

11. ISO: Information processing systems - Open Systems Interconnection - Basic Reference Model - Part 3: Naming and addressing. Draft International Standard ISO 7498-3, 1987

12. ISO: Information processing systems - Open Systems Interconnection - Basic Reference Model - Part 4: Management framework. Draft International Standard ISO 7498-4, 1988

13. ISO: Information processing systems - Open Systems Interconnection - Systems Management: Overview. Second Working Draft ISO/IEC JTC1/SC21/WG4 N571, 1988

14. ISO: Information processing systems - Open Systems Interconnection - Management Information Services - Structure of Management Information. Working Draft ISO/IEC JTC1/SC21/WG4 N2684, 1988

Netzwerkmanagement für Kommunikationsnetze in der Produktionsautomatisierung

Wikhard M. Kiesel
SIEMENS AG
Unternehmensbereich Energie- und Automatisierungstechnik
Systemtechnische Entwicklung
8520 Erlangen

Kommunikationsarchitekturen auf Basis lokaler Netze und standardisierter Protokolle werden zur Zeit in breiter Front für die Produktionsautomatisierung eingeführt . Damit gewinnen Funktionen für das Management der Kommunikationsnetze ebenfalls zunehmend an Bedeutung. Ausgehend von den Anforderungen der Anwender an ein Netzwerkmanagement für industrielle Kommunikationnetze beschreibt der Beitrag die Vorgehensweise und den Stand in der Standardisierung des Netzwerkmanagements für die Bereiche Projektierung, Überwachung und Diagnose.

Für den Einsatz der offenen Kommunikation hat sich die Notwendigkeit gezeigt, im Rahmen von Multi-Vendor-Projekten frühzeitig das Zusammenarbeiten der unterschiedlichen Implementierungen von standardisierten Protokollen zu überprüfen und die Korrektur erkannter Schwächen und Inkonsistenzen wieder in den Standardisierungsprozess einfließen zu lassen. Am Beispiel des europäischen Multi-Vendor-Projektes "Communications Networks for Manufacturing Applications" (CNMA) wird diese Vorgehensweise für den Bereich des Netzwerkmanagements dargestellt.

Da das Netzwerkmanagement sich zur Zeit erst in der Standardisierungs- und Erprobungsphase befindet, andererseits heutige Kommunikationsnetze für die Automatisierungbereits eine Komplexität erreichen, die umfangreiche Funktionen des Netzwerkmanagements erfordern, wird am Beispiel der SIEMENS Netzwerkarchitektur für Automatisierung und Engineering (SINEC) ein Netzwerkmanagement-System vorgestellt, das wichtige Anwender-Anforderungen berücksichtigt, auf heute stabilen Standards aufsetzt und für Netzwerkmanagement-Aufgaben, die über den zur Zeit von der Normung erfaßten Bereich hinausgehen, Eigenlösungen verwendet, die bei Vorliegen stabiler und erweiterter Standards leicht ausgetauscht werden können.

Einleitung

Lokale Netze werden in zunehmendem Maße auch im industriellen Bereich als eine der wesentlichen Grundlagen der Kommunikation für die Prozess- und Fertigungsumgebung (Automatisierungsver-bund) eingesetzt. Der Begriff "Lokale Netze", wie er in diesem Zusammenhang benutzt wird, umfaßt nicht nur neuartige Netzkonfigurationen auf der Basis schneller serieller Busstrukturen, sondern beschreibt auch geschichtete Protokollarchitekturen bis hin zu Anwendungen, die am ISO-Referenzmodell für die offene Kommunikation orientiert sind. Bedingt durch die zunehmende Komplexität der Netzwerke, der Heterogenität der angeschlossenen Systeme und auf Grund der Anforderungen der Anwender und Betreiber treten neben der Architektur und den Diensten der Produktivkommunikation, die Architektur und die Funktionen des Netzwerkmanagements immer stärker in den Vordergrund. Die Funktionen des Netzwerkmanagements umfassen Hilfsmittel für die Konfigurierung des Netzes und der zu betreibenden Kommunikationsbeziehungen, sowie Werkzeuge zur Überwachung des laufenden Netzbetriebs und zur Leistungskontrolle und Leistungssteigerung. Darüber hinaus werden vom Netzwerkmanagement die Erfassung, Lokalisierung und Diagnose von Fehlern in der Phase der Inbetriebnahme und im laufenden Netzbetrieb unterstützt und Hilfsmittel zur Sicherung des Netzes vor unberechtigter Nutzung bereitgestellt.

Nach anfänglicher Zurückhaltung wird das Thema Netzwerkmanagement heutzutage intensiv von allen wichtigen Normungsgremien (ISO, ECMA, IEEE) bearbeitet. Die Vorschläge zu Architektur, Diensten und Protokollen des Netzwerkmanagements stabilisieren sich zunehmend, haben jedoch noch nicht in allen Teilbereichen die Qualität endgültiger, das heißt implementierungsreifer Standards erreicht.

1. Anforderungen an das Netzwerkmanagement in der industriellen Fertigung

Netzkonfigurationen auf der Basis Lokaler Netze sind im Bereich der industriellen Fertigung durch eine große Heterogenität der angeschlossenen Endgeräte gekennzeichnet (siehe Bild 1): das Gerätespektrum reicht von dedizierten Steuerungssystemen für einzelne Automatisierungsaufgaben direkt am Prozeß und in der Fertigung über Systeme für Prozessleit- und -führungsaufgaben sowie Großrechnern für Management und Planung bis hin zu Arbeitsplatzsystemen, Personal Computern und Rechnern für den Bereich des Technischen Büros (Engineering, Konstruktion).

Die unterschiedlichen Anwendungsbereiche beeinflussen die Kommunikationsarchitektur und Kommunikationsfähigkeiten der verschiedenen Systeme. Lokale Netze zur Vernetzung dieser Systeme haben durch ihren Einsatz in industrieller Umgebung spezielle und weitreichende Anforderungen an das Netzwerkmanagement, insbesondere für die Bereiche Projektierung, Überwachung, sowie Test und Diagnose. Aus Sicht von Betreibern und Anwendern ergeben sich hier folgende Anwendungsschwerpunkte für die verschiedenen Phasen im Lebenszyklus der Kommunikationsnetze:

- Industrielle Anlagen, in deren Rahmen Lokale Netze eingesetzt werden, werden grundsätzlich detailliert geplant. Zur vollständigen Erzeugung und Erfassung der entsprechenden Daten für den Bereich der Kommunikation sind entsprechende Planungs- und Projektierungswerkzeuge bereitzustellen.
- In der industriellen Fertigung stellt wegen der hohen Ausfallkosten die Gewährleistung der Betriebssicherheit einer Anlage einen weiteren Anforderungsschwerpunkt dar. Hierfür müssen insbesondere für die Kommunikation, als dem Nervensystem einer Anlage, Überwachungsfunktionen zur Verfügung stehen, mit deren Hilfe Kommunikationsaktivitäten im laufenden Betrieb überprüft, fehlerverdächtige Abläufe rechtzeitig erkannt und durch Hinzunahme gezielter Testhilfsmittel genauer diagnostiziert werden können. Derartige Kontrollmechanismen müssen sowohl den Zugriff auf Parameter des Kommunikationssystems selbst als auch auf systemspezifische Komponenten erlauben.
- Die Verknüpfung von Rechner und Steuerungen durch eine offene Kommunikation über Lokale Netze hinweg bietet mehr Ansatzpunkte für unberechtige Zugriffe und verfälschende Eingriffe als klassische Kommunikationsstrukturen. Deshalb sind verstärkt Sicherungs- und Zugangsschutzmaßnahmen vorzusehen, die durch Werkzeuge des Netzwerkmanagements unterstützt werden müssen.

Neben der Bereitstellung der Produktivkommunikation umfaßt deshalb ein industrielles Kommunikationssystem auf Basis Lokaler Netze und mit dem Ziel der offenen Kommunikation Mittel und Werkzeuge für
- die Planung
- die Projektierung
- die Überwachung
- das Management
- den Test
und
- die Wartung und Diagnose.
Diese Mittel und Werkzeuge sind unter dem Begriff Netzwerkmanagement zusammengefaßt.

Das Netzwerkmanagement erzeugt, sammelt und verwaltet verschiedene Arten von Informationen zur Erfüllung seiner Aufgaben. Diese Informationen werden, jeweils spezifisch aufbereitet, unterschiedlichen Anwender-Zielgruppen bereitgestellt und von diesen genutzt:

Die **Wartung** stützt sich auf Daten ab, die System- und Netzkonfigurationen beschreiben, auf Fehler hinweisen oder vorbeugende Wartung ermöglichen (Statistiken, Trendmeldungen, Fehlermeldungen).

Die **Netzverwaltung** benötigt und erhält Daten zur Überwachung der Leistungsdaten im laufenden Betrieb, zum Management und zur Verwaltung sowohl der Netzkonfiguration, als auch der Zugangs- und Nutzungsberechtigungen.

Die **Planung** stützt sich auf Daten ab, die für Optimierungen und Erweiterungen des Netzwerkes benutzt werden, sowie detaillierte Analysen mittels Modellierung und Simulation geplanter Netze oder Netzerweiterungen unterstützen.

2. Standardisierung des Netzwerkmanagements

Das Themengebiet Netzwerkmanagement für offene Kommunikation wird zur Zeit von allen wichtigen Normungsgremien (ISO, ECMA, IEEE) bearbeitet. Die endgültigen Festlegungen werden durch die internationalen ISO-Gremien getroffen. Im Rahmen dieser Arbeiten wurde eine Architektur für das Netzwerkmanagement festgelegt, das Netzwerkmanagement in verschiedene Dienste gegliedert, sowie das zur Abwicklung der Management-Funktionen benötigte Protokoll erarbeitet.
IEEE hat im Rahmen der Standards für Lokale Netze /11-15/ darüber hinaus Festlegungen getroffen, die die Management-Operationen und Management-Objekte für die Vielfachzugriffsprotokolle der lokalen Netze (CSMA/CD, Token Bus, Token Ring) betreffen. Diese Arbeiten fließen in die ISO-Festlegungen mit ein.

2.1 Architektur

Die Architektur ist im Management Framework (DIS 7498-4) wie folgt festgelegt (siehe Bild 2):
Die Anwendungen des Netzwerkmanagements sind im System Management Application Process (SMAP) zusammengefaßt. Diese Anwendungen basieren auf den System Management Functional Areas (SMFA) .
Die für das Netzwerkmanagement nötige Kommunikation wird von der in Schicht 7 angesiedelten System Management Application Entity (SMAE) abgewickelt. Die Kommunikation erfolgt über ein OSI-System-Management-Protokoll, mit dem Kontrollinformation, Daten und Ereignis-Berichte ausgetauscht werden können. Im Fehlerfall können ersatzweise die Layer-Management-Protokolle der unterlagerten Protokollschichten, insbesondere der Ebene 2, benutzt werden. Diese Protokolle regeln die Kommunikation zwischen den Layer-Management-Entities (LME).
Die mit den System-/Layer-Management-Protokollen ausgetauschten Daten werden als Management Information bezeichnet, die von ihnen beschriebenen Objekte als Managed Objects. Die Menge der Management Information wird logisch unter dem Begriff Management Information Base (MIB) zusammengefaßt.
Der Zugriff auf die MIB erfolgt durch die SMAE bzw. durch die LME, der Zugriff auf die Managed Objects durch die LME der betreffenden Protokollschicht.

2.2 System Management Functional Areas (SMFA)

Das Management Framework definiert folgende System Management Functional Areas (SMFA) :

(i) Configuration Management
Das Configuration Management (WD 9595/5, /6/) bietet die zur Unterstützung des Normalbetriebs eines offenen Systems nötigen Management-Dienste. Es sammelt, speichert und stellt Informationen bereit über den aktuellen Netzwerk-Zustand und es steuert die Netzwerk-Konfiguration, sowie die Übermittlung von Nachrichten (Routing). Dazu ist es in der Lage:
- Management Objekte zu erzeugen und zu löschen
- Management Informationen (d. h. Eigenschaften, Zustände, Beziehungen zwischen Management Objekten zu setzen und zu lesen
- Ereignisberichte nach Veränderungen von Management Informationen zu erzeugen
- Software im Netz zu verteilen
ECMA hat darüber hinaus dem Configuration Management auch noch das Routing von Nachrichten im Netz zugeordnet, insbesondere das Erstellen, Verteilen und Aktualisieren der Routing-Tabellen.

(ii) Security Management
Das Security Management (WD 9595/6, /7/) unterstützt die Anwendung der OSI-Security durch:
- Verteilung von OSI-Security-Parametern
- Bericht über die Benutzung von OSI-Security-Diensten
- Ereignis-Bericht bzgl. Security-Ereignissen.
Das heißt, es überwacht den Zugriff auf die Netzkomponenten, auf die Dienste der Produktivkommunikation und auf die Dienste des Netzwerkmanagements. Es führt Aufzeichnungen über die Zugriffe und verwaltet die Zugriffs- und Nutzungsberechtigungen.

(iii) Fault Management
Fault Management (WD 9595/3, /5/) bietet die zur Übermittlung von Fehlerdaten und zum Anstoß ihrer Ermittlung nötige Funktionalität.
Es stellt Fehlerzustände fest und lokalisiert diese Fehler. Dieses erfolgt sowohl durch Analyse von gemeldeten oder abgefragten Management-Daten als auch durch geeignete Tests. Dem Fault Management sind auch Funktionen zugeordnet, die durch entsprechende Eingriffe in die Netzkonfiguration oder in die einzelnen Netzknoten eine Fehlerbehebung ermöglichen. Hier sind zu nennen das Durchführen von Back-up-Strategien oder das stufenweise Nutzen vorhandener Redundanz (zum Beispiel Abtrennen von fehlerhaften Knoten, Umschalten von Master- auf Slave-Konfigurationen, Anstoß zum Umstellen von Routing-Tabellen).

(iv und v)   Performance und Accounting Management
Das Performance Management sammelt Informationen über Leistungskennzahlen des Netzes und der Netzknoten und steuert diese Informationssammlung. Leistungskennzahlen umfassen Daten wie Auslastung des gesamten Netzes, Auslastung einzelner Knoten oder einzelner Kommunikationsbeziehungen (Anzahl gesendeter oder empfangener Pakete), zeitliches Verhalten von Knoten und Verbindungen oder das Auftreten von Fehlern, die durch die Protokollmechanismen beseitigt werden, wie Kollisionen oder Wiederholungen von Datenpaketen.
Das Accounting Management soll Daten für die Abrechnung und Zuordnung von Kosten, die durch die Benutzung von Netzkomponenten oder Diensten der Kommunikation entstanden sind, erfassen. Es unterstützt Kostenanalysen und führt entsprechende Statistiken.

Den genannten Diensten des Netzwerkmanagements sind auch Funktionen zugeordnet, die die jeweils gesammelten Daten speichern, das Aufstellen von Statistiken und Trends unterstützen und auch weitergehende Auswertungen durchführen. Diese Funktionen können sowohl über längere Zeiträume hinweg selbständig aktiv sein, als auch auf Anforderung (zum Beispiel durch einen Operator/ Netzwerk Manager) aktiviert werden.

2.3 Common Management Information Services and Protocol (CMIS/CMIP)

Die von CMIS angebotenen Service-Elemente sind:
-   GET und SET zum Lesen und Setzen von Management Informationen
-   EVENT für Ereignisberichte
-   CREATE und DELETE zum Erzeugen und Löschen von Managed Objects
-   ACTION zum Anstoß weiterer (auch privater) Management-Funktionen.
Die bisher von den SMFA vorgesehenen Dienste können über CMIS/CMIP abgewickelt werden, so daß aus heutiger Sicht keine Special Management Information Protocols nötig sein werden.

2.4 Directory Service

Ein eng mit dem Netzwerkmanagement verknüpfter Dienst ist der Directory Service. Dieser Dienst (ISO 9594/1-8, /16-23/) unterstützt die Speicherung und die Abfrage von Informationen über mit Namen versehenen Objekten. Er stellt zum einen für ein Kommunikationssystem Dienste bereit, die analog den "Weißen Seiten" eines Telefonbuches es erlauben, Informationen über ein explizit benanntes Objekt, wie zum Beispiel die Adressierung des Objektes, zu erhalten. Zum anderen unterstützt der Directory Service , analog den "Gelben Seiten" eines Telefonbuches, die Abfrage von Informationen über Objekte, die vorgegebenen Suchkriterien genügen.
Im Zusammenspiel mit dem Netzwerkmanagement stellt der Directory Service im wesentlichen die Informationsbasis für die Adressierung der Netzkomponenten und angeschlossenen Systeme dar.
Die Directory Information Base (DIB) , die diese Informationen enthält, setzt sich zusammen aus den Directory Entries, die ein Satz von Attributen eines Objektes darstellen. Die minimal vorzugebenden Attribute eines Objektes sind als Distinguished Name zusammengefaßt.
Architekturell setzt sich ein Directory aus einem oder mehreren Directory Service Agents zusammen, die auf unterschiedlichen Netzknoten installiert sein können (Distributed Directory Service). Hierin ist auch der Spezialfall enthalten, daß ein Directory nur aus einem Directory Service Agent besteht (Centralized Directory Service).

Zum Zugriff auf den Directory Service, sowie für die Kommunikation der Directory Service Agents untereinander sind in ISO 9594/1-8 spezielle Protokolle (Directory Access Protocol, Directory Service Protocol) definiert.

2.5 Komunikationsabläufe

Diese hier vorgestellte Architektur erlaubt zwei grundsätzlich verschiedene Abläufe einzelner Aktionen im Rahmen des Netzwerkmanagements:

a) Abfragegesteuerter Ablauf
Ein ausgewählter Netzknoten fragt als Netzwerkmanager gezielt Netzwerkmanagement-Information von den Netzwerkmanagement-Agenten auf den angesprochenen Netzknoten ab oder stellt einzelne Aufträge an diese Agenten. Bei diesem Ablauf kann der Aufwand im Rahmen der Netzwerkmanagement-Agenten klein gehalten wer-den, das Netzwerkmanagement-Protokoll ist einfach, die Anforderung der Management-Information erfolgt nur bei Bedarf und wird zentral verarbeitet. Nachteilig ist, daß die Management-Information nur im begrenz-ten Maße vorverarbeitet und verdichtet werden kann und Reaktionszeiten auf Informationen oder Ereignis-se abhängig sind vom Zyklus der Abfragen.

b) Ereignisgesteuerter Ablauf
Der Netzwerkmanager spezifiziert in einem Auftrag an einen Netzwerkmanagement-Agenten Art und Anzahl von Ereignissen bei deren Auftreten eine Meldung in einer durch den Manager festgelegten Form abzugeben ist. Dieser Auftrag enthält auch Angaben über zeitliche Randbedingungen der Meldungen (z.B. Startzeit, Abstand). Die Meldungen des Agenten können durch den Manager bestätigt werden. In der Regel sind bei diesem Ablauf die Reaktionszeiten kürzer, die Management-Informationen können vorverarbeitet (verdichtet) werden und die Netzbelastung durch die Kommunikation des Netzwerkmanagements wird gering gehalten.
Nachteilig ist, daß der Aufwand im Rahmen des Netzwerkmanagement-Agenten groß ist und das Netzwerkmanagement-Protokoll komplexer wird, da eine umfangreichere Parametrierung vorgenommen werden muß und die möglichen Fehlerfälle abzusichern sind.

2.6 Stand der Standardisierung/Zeitplan

Nach dem derzeit gültigen Zeitplan für die Standards im Bereich Netzwerkmanagement werden bis Ende 1988 stabile Standards für das OSI-Management Framework, sowie für den Directory Service vorliegen.
Das Common Management Information Protocol und der zugehörige Service werden in einer ersten Stufe bis 3/89 den Status von Draft International Standards erreicht haben und bis Ende 1989 als stabile Standards verabschiedet sein. Anhänge zu diesen Standards werden zur Zeit bearbeitet und werden mit etwa drei Monaten Zeitverzug später ebenfalls stabil.
Für die Management Functional Areas Configuration, Security und Fault Management ist beab-sichtigt bis Ende 1988 Draft Proposals vorzulegen, die bis Mitte 1989 Draft International Standards sein werden und Anfang 1990 endgültig verabschiedet sind.
Für Accounting und Performance Management werden 9/89 Draft Proposals erwartet, die bis Anfang 1991 stabile Standards werden sollen.

3. Multi-Vendor Projekte MAP und CNMA

Eine wesentliche Beschleunigung der Arbeiten für das ISO-OSI-Netzwerkmanagement erfolgt durch Multi-Vendor-Projekte, da gerade durch diese Projekte, bei denen Geräte von verschiedenen Herstellern zusammenarbeiten, die Notwendigkeit des Netzwerkmanagements bei der offenen Kommunikation besonders deutlich wird.
MAP orientiert sich in seinen Festlegungen zum Netzwerk-Management an den vorhandenen ISO-Papieren, konkretisiert und ergänzt diese aber in einigen Punkten. In der MAP-Kommunikationsarchitektur wickelt die in Schicht 7 angesiedelte SMAE das System Management Protocol ab, das auf die unterlagerten Dienste ROS und ACSE (Association Control Service Elements) abgebildet wird.

Bietet ein System keine vollständige Protokollarchitektur aller 7 Schichten (etwa bei Vorliegen einer fehlerhaften Protokollschicht oder bei Imple-mentierung einer "enhanced performance architecture") wird das Management-Protokoll über den verbindungslosen Dienst der Ebene 2 abgewickelt.
Damit ist soweit wie möglich gewährleistet, daß Management-Funktionen - insbesondere Fault Management Funktionen - auch bei Fehlern im Kommunikationssystem benutzt werden können.
Aus den Management Functional Areas sind bei MAP Festlegungen zu Fault, Performance und Configuration Management getroffen worden. MAP sieht (noch) keine speziellen Service-Definitionen vor, hat aber bereits Managed Objects der Ebenen 2-7 definiert. (Arbeiten zur Definition von Managed Objects sind bei ISO erst aufgenommen worden.) Die bei IEEE für die Ebene 2a und 2b vorhandenen Festlegungen hat MAP übernommen. Die Abwicklung der MAP-Management-Funktionen erfolgt über CMIS/CMIP.

Das ESPRIT-Projekt CNMA (Communications Networks for Manufacturing Applications) hat sich zum Ziel gesetzt, eine offene Kommunikation für industrielle Anwendungen zu realisieren. Als Teil dieser Arbeiten wird auch ein Netzwerkmanagement auf Basis der MAP 3.0-Spezifikation implementiert. Aus den Erfahrungen dieser Implementierungen werden Rückwirkungen auf die Festlegungen bei ISO (beispielsweise auf die Definition der Managed Objekts) erwartet.
Im Rahmen der zweiten Phase des Projektes ist eine einfache Management-Anwendung spezifiziert und realisiert worden, die Kernfunktionen des Configuration, Performance und Fault Managements enthält. Zugehörig zu dieser auf einer zentralen Netzwerk Manager Station laufenden Anwendung sind für alle anderen angeschlossenen Netzknoten die Management Agenten definiert und implementiert worden, die die notwendige Netzwerkmanagement-Information beschaffen und zur Manager Station transferieren. Im einzelnen wird dieses Netzwerkmanagement-System eingesetzt, um
- Parameter, wie Status oder aktuelle Zählerstände zu lesen und für Zwecke der Statistik und der Überwachung zu speichern
- Parameter, wie Grenzwerte oder Timer zu setzen, um die Kommunikation zu steuern
- gespeicherte Management Information aufzubereiten und dem Benutzer darzustellen
- Ereignisse, die von den Management Agents gemeldet werden, darzustellen.
Die Weiterentwicklung des Netzwerkmanagements bildet in der nächsten Projektphase einen Schwerpunkt. Es wird erwartet, daß die in CNMA getroffenen Festlegungen, die über den heutigen Norm-Umfang hinausgehen, von den Standardisierungsgremien übernommen werden.

4. Ziele und Nutzen des Netzwerkmanagements in industriellen Lokalen Netzen

Die besonderen Anforderungen an industrielle Netze bezüglich der Projektierung der Kommunikationsnetze, ihrer Betriebssicherheit und Verfügbarkeit und ihren Schutzbedürfnissen gegenüber unberechtigten Zugriffen führen dazu, daß die Dienste Configuration Management, Performance Management, Fault Management und Security Management für industrielle Lokale Netze besonders wichtig sind. Das Accounting Management gewinnt in Zukunft besondere Bedeutung dann, wenn industrielle Lokale Netze über öffentliche Netze verknüpft werden und Leistungen der öffentlichen Netze (z.B. Electronic Mail) durch Endgeräte an Lokalen Netzen genutzt werden sollen.

Die Aufgabenstellung für das **Configuration Management** ist beim Einsatz in industriellen Lokalen Netzen wesentlich zu erweitern. Lag der Schwerpunkt des Configuration Managements in der Normung bisher bei der Phase des laufenden Netzbetriebs, so ist auch für die Phasen der Netz-projektierung und der Netzinbetriebnahme eine normierte Basis zu schaffen. Es ist in Zukunft sicherzustellen, daß Daten, die die Netzkonfiguration detailliert beschreiben, konsistent und vollständig erzeugt werden (Netzprojektierung), bei der Inbetriebnahme des Netzes schrittweise Gültigkeit erlangen, sowie an die Netzknoten verteilt werden und damit beim Übergang in den Normalbetrieb wiederum konsistent, aktuell und vollständig vorhanden sind. Das Netzwerkmanagement wird durch die Bereitstellung dieses erweiterten Dienstes die Kosten für die Projektierung und Inbetriebnahme komplexer Netze senken und den Zeitraum zwischen der Projektierung eines Netzes und dem Übergang in den normalen Netzbetrieb reduzieren.

Die Erhöhung der Betriebssicherheit und Verfügbarkeit wird im wesentlichen durch vorbeugende Wartung, Tests und Diagnose erreicht. Hierzu bieten die geplanten Dienste **Fault Management** und **Performance Management** erst allgemeine Ansätze. Genormte Erweiterungen dieser Bereiche sind aber schwierig, da hierbei sehr schnell die Einflüsse von Systemspezifikas (z.B. Leistungen der Betriebssysteme), die Besonderheiten der unterschiedlichen Systemarchitekturen sowie die Realisierungsformen der Produktivkommunikation zum Tragen kommen. Für systemspezifische Test- und Diagnosemittel können die normierten Dienste des Netzwerkmanagements deshalb nur eine Basis sein. Der Einsatz dieser Test- und Diagnosemittel ist aber bei der Normung des Netzwerkmanagements, insbesondere bei den Protokollfestlegungen, zu berücksichtigen.

Die zunehmende Verwendung von Lokalen Netzen für die Prozess- und Fertigungsautomatisierung führt dazu, daß Aspekte des Datenschutzes auch bei der Kommunikation immer mehr in den Vordergrund treten, da in zunehmendem Maße Daten, wie zum Beispiel Fertigungsprogramme, Produktionsdaten oder Rezepturen, die wesentliche Werte darstellen, über Lokale Netze zugänglich sind. Der Datenschutz betrifft somit sowohl den Transfer und die Speicherung der Daten, als auch den Zugriff auf diese Daten.

Dieser Teilbereich des Netzwerkmanagements, der durch das **Security Management** abgedeckt werden soll, bedarf noch einer weiteren intensiven und detaillierten Behandlung durch die Normungsgremien. Insbesondere ist, analog zu den Standards für die Datenverschlüsselung, sicherzustellen, daß durch ein Offenlegen der Operationen und Dienste durch Standards das Ziel des Security Managements nicht verfehlt wird.

5. SINEC-Netzwerkmanagement

Siemens hat im Rahmen der Netzwerkarchitektur für Automatisierung und Engineering SINEC^R Funktionen für das Netzwerkmanagement in industriellen lokalen Netzen (SINEC-Netzwerkmanagement) festgelegt. Durch die SINEC-Netzwerkarchitektur wird der Verbund von heterogenen Systemen des Automatisierungs- und Engineeringbereichs ermöglicht. Diese Systeme umfassen:
- universelle Steuerungssysteme
- numerische Maschinensteuerungen
- Robotersteuerungen
- Personal Computer
- Workstations
- Rechner.

Die SINEC-Netzwerkarchitektur bietet schon heute die Offene Kommunikation innerhalb des Transportsystems. In weiteren Ausbaustufen ist die Ergänzung um die sich bei MAP/TOP entwickelnden Standards der Anwendungsebene geplant.

Schwerpunkte des SINEC-Netzwerkmanagements sind der Projektierungsservice, die Kommunikationsüberwachung und das Kommunikationsmanagement sowie der Diagnoseservice und als Datenbasis der Directory Service (siehe Bild 3).

Weitere Komponenten des SINEC-Netzwerkmanagementskonzeptes betreffen
- die Sicherheitsaspekte der industriellen Kommunikation, wie Zugangsschutz und Verschlüsselung (Security Management)
- die Inbetriebsetzung von Kommunikationskomponenten (Initialisation Management)
- die Beherschung von redundant ausgelegten Komponenten und Systemen

und
- den Zugriff auf alle Managementleistungen in einer Manager Station von einem Servicezentrum aus mit Hilfe des Tele Services.

Der Projektierungsservice realisiert die notwendigsten Teile des Configuration Management (siehe Bild 4). Er erzeugt und verteilt die Datenbasis, die für den Aufbau und den Betrieb heterogener industrieller lokaler Netze notwendig ist. Er unterstützt die Erstellung und die Aktualisierung der globalen Netzkonfigurationsbeschreibung, die die netzweite Beschreibung aller Netzkomponenten (Kommunikationsinterfaces, Netzknoten) und der Kommunikationsbeziehungen (Profile, Service Access Points, symbolische Namen, Adressen) umfaßt. Aus dieser Beschreibung leitet der Projektierungsservice die knotenspezifischen Einzelbeschreibungen ab und verteilt diese Datenbasen über das Netz in die einzelnen Knoten. Die Ablage dieser Datenbasen erfolgt im Directory Service, der auch entsprechende Funktionen zum Zugriff auf die Daten für die Komponenten der Produktivkommunikation bereitstellt. Der Directory Service stellt damit eine Realisierung der Management Information Base (MIB) dar.

Die Kommunikationsüberwachung und das Kommunikationsmanagement bieten im wesentlichen die Funktionen des Performance Management (siehe Bild 5). Sie erlauben das Lesen und Ändern von systemunabhängigen Protokollparametern und Zustandsinformationen im laufenden Netzbetrieb. Parameter der noch nicht genormten Protokolle, die im Rahmen der SINEC-Netzwerkarchitektur zur Zeit eingesetzt werden, werden in gleicher Weise wie die Parameter der genormten ISO-OSI Ebenen 1-4 behandelt. Durch die Kommunikationsüberwachung ist eine Analyse aller Protokollschichten durchführbar. Die Möglichkeit, Protokollparameter zu ändern, erlaubt eine Verbesserung der Leistungskennzahlen (Durchsatz, Antwortzeiten) bei laufendem Netzbetrieb. Durch die gezielte Beobachtung von Protokollparametern können Leistungsengpässe schnell und sicher erkannt werden. Die Funktionen der Kommunikationsüberwachung sind sowohl für manuellen Betrieb als auch für den automatischen Betrieb zur Dauerüberwachung (langfristige Beobachtungen) ausgelegt.

Ergänzt wird die Kommunikationsüberwachung durch die Netzdiagnose, die eine detaillierte Analyse von Dateneinheiten auf dem Übertragungsmedium ermöglicht, sowie die Erzeugung von Testlasten und Datensequenzen zu Prüfzwecken unterstützt.
Ein wesentliches Ziel des Netzwerk-Managements ist die Steigerung der Betriebssicherheit industrieller Lokaler Netze. Die systemunabhängigen Informationen, die durch die Kommunikationsüberwachung gewonnen werden können, reichen im allgemeinen nicht aus, um jeden systemspezifischen Fehlerfall eindeutig zu analysieren. Um die große Vielzahl dieser systemspezifischen Fehlerfälle ebenfalls sicher zu beherrschen, stellt die Diagnosetechnik in den einzelnen Netzknoten spezifische Test-/Diagnose und Installationsmittel und -werkzeuge bereit.

Der Einsatz dieser lokalen Hilfsmittel wird, soweit sinnvoll, ebenfalls auch über das Lokale Netz hinweg ermöglicht. Basis der hierzu notwendigen Kommunikation sind die erweiterten Netzwerkmanagement-Protokolle, die durch die Kommunikationsüberwachung bereitgestellt werden.

Die Architektur des Netzwerkmanagements ist analog zur Architektur des System-Managements von ISO aufgebaut. Die Implementierungsarchitektur ist am Beispiel der Kommunikationsüberwachung in Bild 6 dargestellt. Auf einer oder mehreren zentralen Bedienstationen formuliert der Benutzer der Netzwerkmanagement-Funktionen Aufträge, die den entsprechenden Partnern (Netzwerkmanagement Agenten) in den einzelnen Knoten mitgeteilt werden. Diese Partner führen diese Aufträge aus und melden die Ergebnisse an die Bedienstation zurück.

6. Zusammenfassung

Die Dienste des Netzwerkmanagements insbesondere für Projektierung, Inbetriebnahme, Netzüberwachung, Netzmanagement, Test und Diagnose stellen die wesentliche Voraussetzung für den Einsatz industrieller Lokaler Netze dar, denn nur durch ihre Bereitstellung für die Systeme des Automatisierungsverbundes können die Ansprüche des Anwenders an industrielle Komunikation bezüglich Projektierung, Betriebssicherheit, Verfügbarkeit und Wartbarkeit befriedigt werden. Bei steigender Komplexität industrieller Lokaler Netze und der daran angeschlossenen Systeme nimmt die Bedeutung des Netzwerkmanagements in Zukunft stark zu.
Die Netzwerkmanagement-Dienste sind bei der Ausführung vieler Funktionen sehr eng mit den Komponenten der Produktiv-Kommunikation verkoppelt und sind deshalb bezüglich der Anteile, die auf den einzelnen Netzknoten vorhanden sind, als integraler Bestandteil realisierter Kommunikationssysteme zu sehen. Ein nachträgliches Einbringen von Leistungen des Netzwerkmanagements, insbesondere bei den Diensten für Überwachung, Management, Test und Diagnose, in bestehende Kommunikationskomponenten und -systeme ist ohne schwerwiegende Eingriffe oder hohem Aufwand nur in einem eingeschränkten Maße möglich und genügt in der Regel nicht den Ansprüchen des Anwenders. Ausreichende Netzwerkmanagement-Funktionen stellen deshalb ein wesentliches Leistungsmerkmal zukünftiger Kommunikationssysteme für den industriellen Einsatz dar.

Referenzen

/1/   ISO/JTC1.21.28 -- Procedures for Management Information Service Standardization,
November 1985.

/2/   ISO/ JTC1.21.28-- OSI Management Framework,
Draft International Standard DIS 7498/4, Juni 1987.

/3/   ISO/ JTC1.21.28-- Management Information Service Definition,
Part 1: Overview, 2. Draft Proposal DP 9595/1, Juni 1987.

/4/   ISO/ JTC1.21.28-- Management Information Service Definition,
Part 2: Common Management Information Service Definition,
2. Draft Proposal DP 9595/2, November 1987.

/5/   ISO/ JTC1.21.28-- Management Information Service Definition,
Part 4: Fault Management Service Definition, Working Draft, WD 9595/3, Juni 1987.

/6/   ISO/ JTC1.21.28-- Management Information Service Definition,
Part 5: Configuration and Name Management, Working Draft WD 9595/5, Juni 1987.

/7/   ISO/JTC1.21.28 -- Management Information Service Definition,
Part 7: Security Management, Working Draft WD 9595/6, Juni 1987.

/8/   ISO/ JTC1.21.28-- Management Information Protocol Specification,
Part 1: Overview, Draft Proposal DP 9596/1, Juni 1987.

/9/   ISO/JTC1.21.28 -- Management Information Protocol Specification,
Part 2: Common Management Information Protocol,
2.Draft Proposal DP 9596/2, November 1987.

/10/   Network Management Requirements Specification,
MAP 3.0 Implementation Release, Chapter 11, Juni 1987.

/11/   IEEE Std 802.1-Part A-1985 -- Local Area Network Standard ,
Architecture and Overview/Glossary .

/12/   IEEE Std 802.2-1985 (ISO DIS 8802/2) -- Local Area Network Standard,
Logical Link Control.

/13/   IEEE Std 802.3-1985 (ISO DIS 8802/3) -- Local Area Network Standard,
Carrier Sence Multiple Access with Collision Detection.

/14/   IEEE Std 802.4-1985 (ISO DIS 8802/4) -- Local Area Network Standard ,
Token-Passing Bus Access Method.

/15/   IEEE Std 802.5-1985 (ISO DIS 8802/5) -- Local Area Network Standard ,
Token-Passing Ring Access Method.

/16/   ISO/JTC1.21.29 -- The Directory-Part 1: Overview of Concepts, Models and Service,
Draft International Standard DIS 9594/1, Dezember 1987.

/17/   ISO/JTC1.21.29 -- The Directory-Part 2: Models,
Draft International Standard DIS 9594/2, Dezember 1987.

/18/   ISO/JTC1.21.29 -- The Directory-Part 3: Abstract Service Definition,
Draft International Standard DIS 9594/3, Dezember 1987.

/19/   ISO/JTC1.21.29 -- The Directory-Part 4: Procedures for Distributed Operations,
Draft International Standard DIS 9594/4, Dezember 1987.

/20/   ISO/JTC1.21.29 -- The Directory-Part 5: Protocol Specifications,
Draft International Standard DIS 9594/5, Dezember 1987.

/21/   ISO/JTC1.21.29 -- The Directory-Part 6: Selected Attribute Types,
Draft International Standard DIS 9594/6, Dezember 1987.

/22/   ISO/JTC1.21.29 -- The Directory-Part 7: Selected Object Classes,
Draft International Standard DIS 9594/7, Dezember 1987.

/23/   ISO/JTC1.21.29 -- The Directory-Part 8: Authentication Framework,
Draft International Standard DIS 9594/8, Dezember 1987.

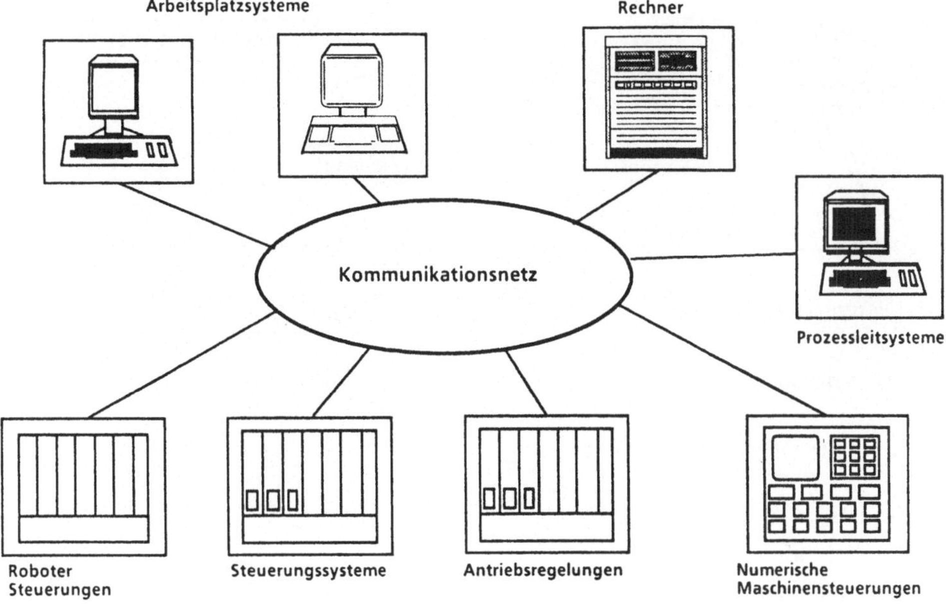

Bild 1: Vernetzte Systeme im Automatisierungsverbund

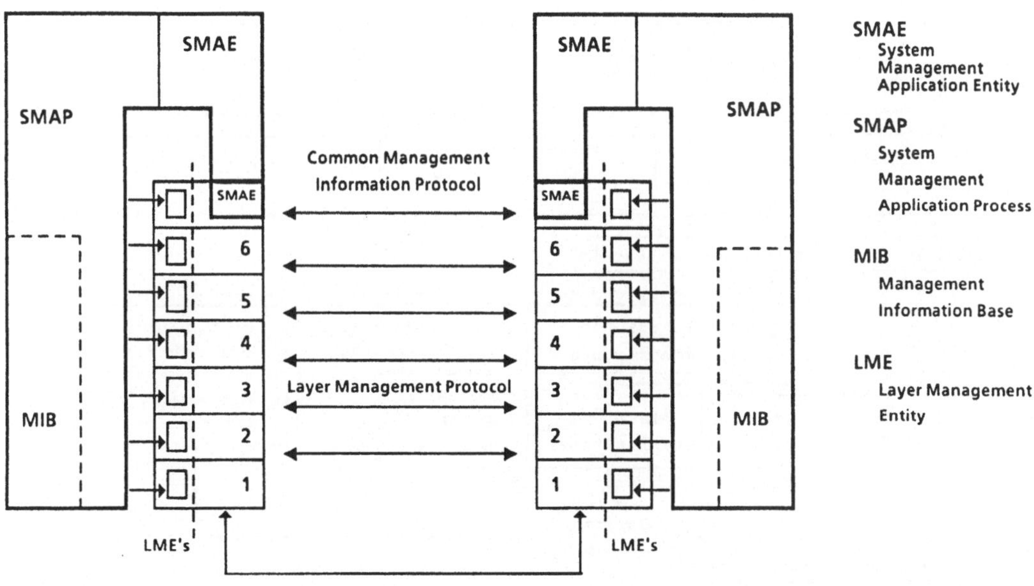

Bild 2: Architektur des Netzwerkmanagements nach ISO

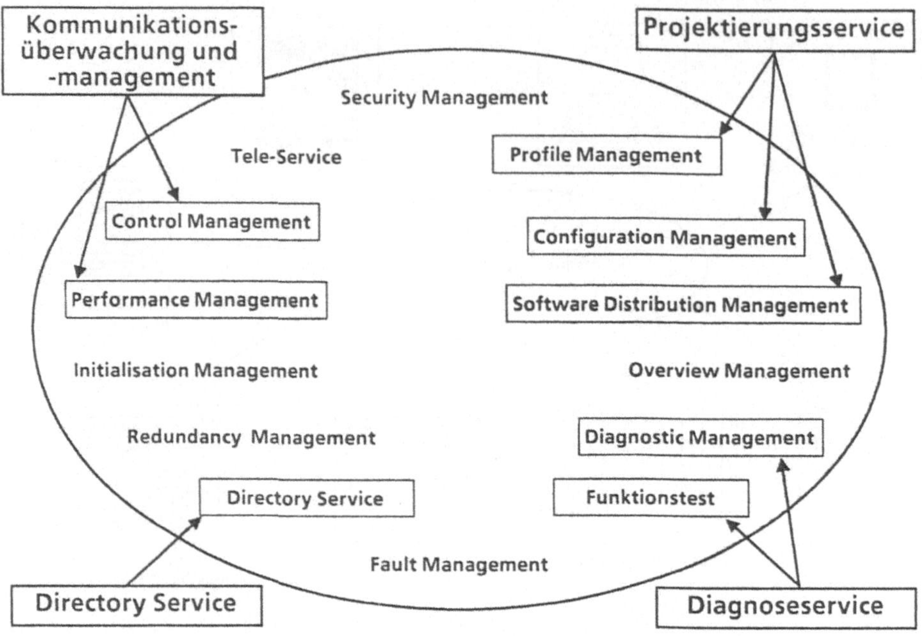

Bild 3: Kernkomponenten des SINEC-Netzwerkmanagements

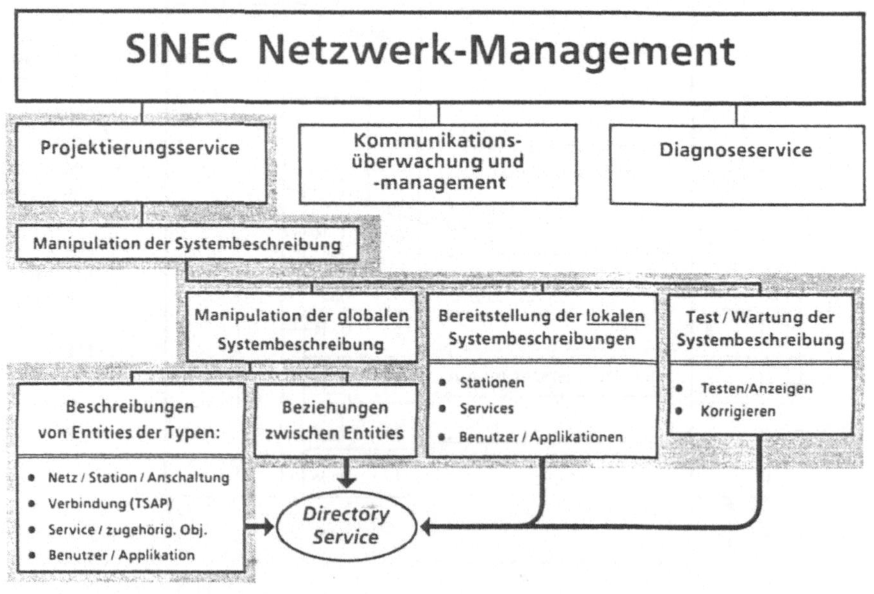

Bild 4: SINEC-Netzwerkmanagement:
Projektierungsservice

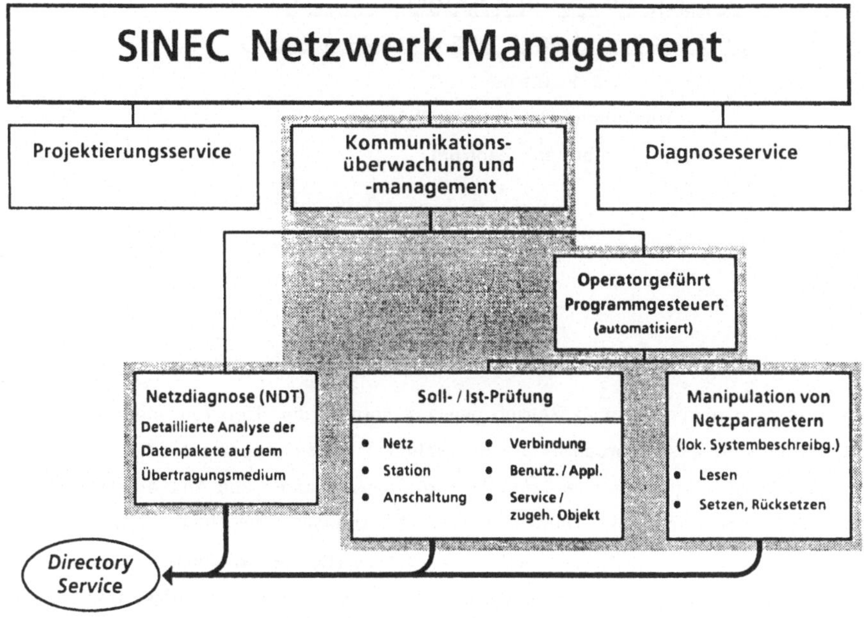

Bild 5: SINEC-Netzwerkmanagement:
Kommunikationsüberwachung und Management

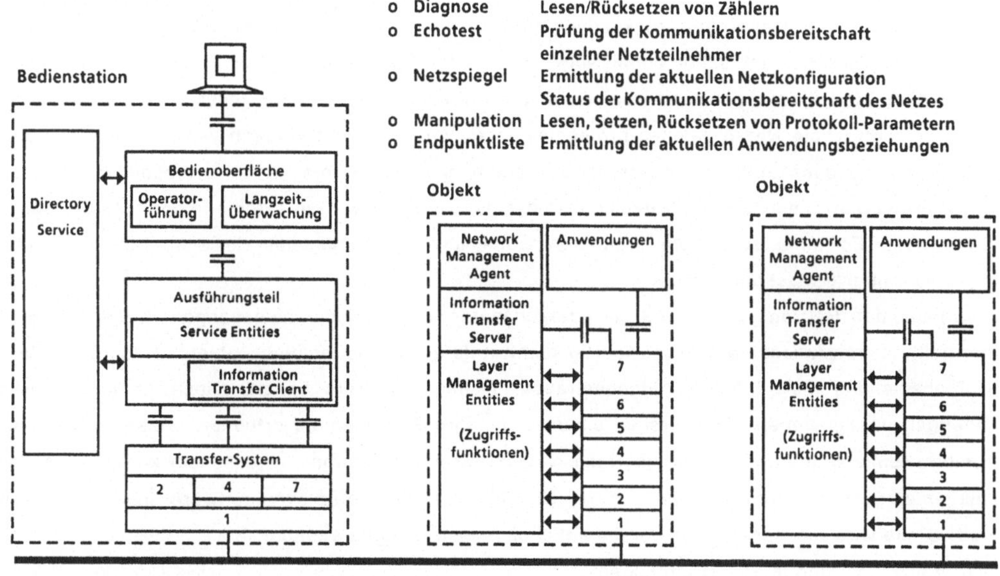

Bild 6: Implementierungsarchitektur des SINEC-Netzwerkmanagements
am Beispiel der Kommunikationsüberwachung

OSI-MANAGEMENT IN HOMOGENEN PC-LAN :
EIN UEBERBLICK UEBER EINE IMPLEMENTIERUNG
K. Garbe
Technische Universitaet Dresden
Informatik-Zentrum

1. Einleitung

Rechnernetze erfordern im praktischen Betrieb gewisse Formen der Steuerung und Ueberwachung, fuer die sich mittlerweile als Oberbegriff die Bezeichnung Netzmanagement oder Netzverwaltung eingebuergert hat. Dazu zaehlen solche Aufgaben wie Inbetriebnahme und Ausserbetriebnahme des Netzes, Hinzufuegen und Abschalten angeschlossener "Stationen" sowie die Information von Nutzern und Betreibern ueber den laufenden Status des Netzes (Konfigurationsverwaltung); die Erfassung, Verfolgung und Beseitigung von Fehlerzustaenden und anderen Ausnahmesituationen (Stoerungsverwaltung); die Erfassung und Aufzeichnung von Benutzungsvorgaengen zu Abrechnungszwecken (Abrechnungsverwaltung); die Erfassung und Aufzeichnung der Ressourcennutzung im Netz, um leistungsverbessernde Massnahmen ableiten zu koennen (Leistungsverwaltung) sowie Vorkehrungen und Aktivitaeten fuer den Schutz von Netzressourcen im Sinne der Datensicherheit (Sicherheitsverwaltung). Die genannten Beispiele fuer Managementfunktionen sind nicht vollstaendig, lassen aber den Gegenstand deutlich werden. Die Notwendigkeit, im Netzbetrieb auf Managementfunktionen zurueckgreifen zu koennen, haengt sehr stark von der Komplexitaet des Netzes ab. Historisch gesehen ist daher diese Notwendigkeit bei flaechendeckenden Rechnernetzen schon vor laengerer Zeit entstanden, und Bezeichnungen wie Netzkontrollzentren (oder aehnliche) belegen das. Aber auch lokale Netze nehmen in der juengeren Vergangenheit vielfach sehr deutlich an Komplexitaet zu, so dass sich hier ebenfalls das praktische Erfordernis nach hinreichender Managementunterstuetzung entwickelt. Netzmanagement ist seinerseits ein Problemkreis relativ hoher Komplexitaet. Es umfasst sowohl organisatorische und technologische als auch hardware- und softwareorientierte Massnahmen.

Im vorliegenden Beitrag soll nur auf die letztgenannten etwas naeher eingegangen werden. Es wird unterstellt, dass Management gegenwaertig nicht vollstaendig automatisch ablaufen kann, sondern der Einbeziehung menschlicher Aufgabentraeger (Administratoren) bedarf. Diese Administratoren benoetigen u.a. geeignete Softwareinstrumente, um ihre Aufgaben zu erfuellen. Diese Softwareinstrumente sind sehr eng mit der uebrigen Netzsoftware verflochten; so dass ein konkretes Netzmanagementsystem normalerweise nur im Umfeld einer konkreten Netzsoftware funktioniert. An dieser Stelle wird ein Ansatz fuer Vereinheitlichungsbestrebungen sichtbar.

Diese vollziehen sich in zwei Richtungen:

- Innerhalb firmenspezifischer Rechnernetzarchitekturen verschmelzen die Benutzungsformen fuer globale und lokale Netze; in diesem Zusammenhang werden auch einheitliche Managementkonzepte entwickelt. Ein Beispiel dafuer ist SNA mit NETVIEW /1/.

- Internationale Standardisierungsorganisationen arbeiten an architekturellen und Detailkonzepten fuer das Netzmanagement in heterogenen Netzen. Einige Zwischenergebnisse sollen im naechsten Abschnitt dieses Beitrags behandelt werden.Sehr hoffnungsvoll in dieser Hinsicht stimmt die Tatsache, dass einige namhafte Hersteller von Netzhard- und -software beginnen, diese Standards in ihren Produkten umzusetzen; vgl. dazu /2/.

Der vorliegende Beitrag behandelt ein Implementierungsvorhaben, das sich an der letztgenannten Entwicklungstendenz orientiert. Erwaehnt werden sollte an dieser Stelle noch, dass auch weltweit bedeutende Initiativen von grossen Netzanwendern bzw. -betreibern wie z.B. MAP und TOP sich an den besonders von der ISO auf dem Netzmanagementgebiet erarbeiteten Konzepten ausrichten.

2. OSI-Managementkonzept

Wegen seiner grossen perspektivischen Bedeutung, aber auch zur Verdeutlichung einiger Grundkonzepte der nachfolgend zu erlaeuternden Implementierung scheint es zweckmaessig zu sein, in aller gebotenen Kuerze einige wesentliche Grundlagen des OSI-Managements vorwegzuschicken. Ausfuehrliche Uebersichten zu diesem Gegenstand vgl. z.B. /3/ und /4/. Die nachfolgenden Darstellungen beziehen sich auf die Dokumente /5/. /6/, /7/, /8/. Wie man dem Bearbeitungsstatus der drei letztgenannten entnehmen kann, sind inhaltliche Aenderungen bis zur endgueltigen Fertigstellung nicht ausgeschlossen. Die in Abschnitt 6 von /5/ enthaltenen grundlegenden Aussagen zum OSI-Management werden bezueglich architektureller Aspekte in /6/ wesentlich verfeinert (und auch veraendert).

Bild 1 veranschaulicht das Architekturkonzept des OSI-Managements gemaess /6/.

In Schicht 7 agiert die Systemverwaltung SM (systems management). Diese wickelt ein eigenstaendiges Protokoll (SM-Protocol) ab, mit dessen Hilfe Management-Daten uebertragen oder Management-Aktionen ausgeloest werden koennen. Die Systemverwaltung ist die wichtigste Management-Kategorie, sie besitzt als einzigste Management-Instanz ein (lokales) Interface zu einem Administrator. Sie stellt auch Unterstuetzungen fuer andere Managementinstanzen zur Verfuegung.

Weiterhin gibt es in jeder Schicht eine Schichtverwaltung LM (layer management), zur Uebertragung von Management-Daten bedient sich diese normalerweise der Funktionen der Systemverwaltung. In Ausnahmesituationen kann die Schichtverwaltung auch ein eigenes Schichtverwaltungsprotokoll ((N)-LM Protocol) abwickeln (z.B. wenn obere Schichten generell nicht vorhanden oder zeitweise nicht funktionsfaehig sind). Gewisse Managementfunktionen werden auch von den normalen Schichtinstanzen LE (layer entities) ausgefuehrt. Eventuell dazu erforderliche Management-Daten werden im Rahmen des normalen Schichtprotokolls ((N)-Protocol) ausgetauscht; sie betreffen eine einzelne Verbindung, z.B. deren Auf- oder Abbau.

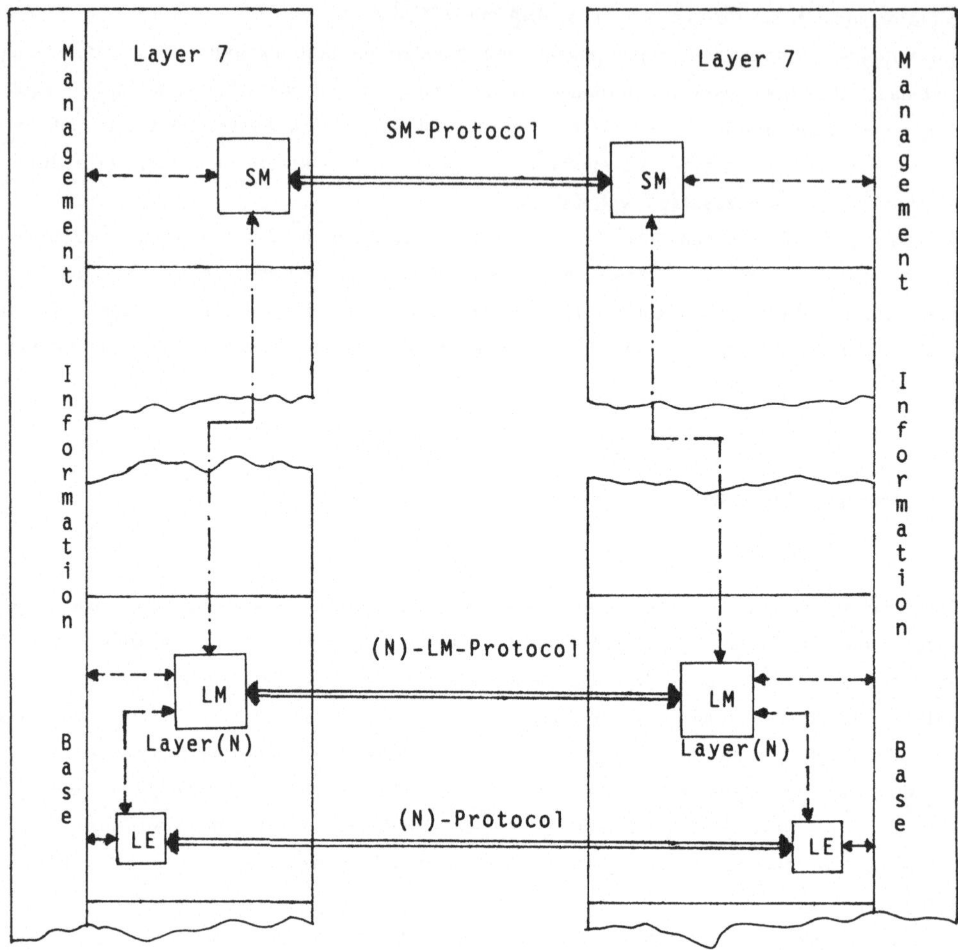

Bild 1: OSI - Management - Architektur

Ein wichtiges Element der OSI-Architektur ist die Management-Informationsbasis (Management Information Base, MIB). In ihr sind alle Management-Daten eines Systems abgelegt, woraus sich
auch die in Bild 1 gezeigten Zugriffsmoeglichkeiten ergeben. An der Ausgestaltung des MIB- Konzepts wird weiter gearbeitet /9/, wesentliche Implementierungsfragen sind jedoch lokaler Natur und
damit nicht Gegenstand der OSI-Standardisierung. Ueberlegungen zu einer Implementierung finden
sich z. B. in /10./

Ein weiterer fundamentaler Ansatz im architekturellen Entwurf des OSI- Managements ist die Klassifizierung nach inhaltlichen Funktionen. Danach werden die bereits in der Einleitung kurz erwaehnten funktionellen Gebiete (functional areas) oder Teildienste (management facilities) unterschieden:

- Stoerungsverwaltung (fault management)

- Abrechnungsverwaltung (accounting management)

- Konfigurations- und Namensverwaltung (configuration and name management)

- Leistungsverwaltung (performance management)
- Sicherheitsverwaltung (security management).

Detaillierte Arbeiten dazu sind noch sehr im Fluss, sie sollen bis 1990 abgeschlossen werden.

Weiter fortgeschritten, wenn auch nicht beendet, ist ein Standardisierungsprojekt, das eine gemeinsame Untermenge benoetigter Managementfunktionen zum Gegenstand hat : die allgemeinen Management-Informationsdienste und ein zugehoeriges Protokoll (Common Management Information Services and Protocol; CMIS/CMIP, vgl. /7/, /8/). Die bereitgestellten Dienste lassen sich in drei Gruppen einteilen:

- Dienste zur Manipulierung von MIB-Inhalten, insbesondere zum Lesen (M-GET) und Schreiben (M-SET) von Management-Daten. Nach /3/ befinden sich ferner M-CREATE zum Erzeugen neuer Daten in der MIB und M-DELETE zu deren Loeschung in Diskussion.

- Dienste zur Uebertragung von Daten, die Ereignisse melden (M-EVENT-REPORT bzw. M-CONFIRMED-EVENT-REPORT, je nachdem ob eine Empfangsbestaetigung erforderlich ist oder nicht).

- Dienste zur Ausloesung von Steueraktionen (M-ACTION bzw. M-CONFIRMED- ACTION).

Nach /3/ ist ferner vorgesehen, mittels eines M-LINKED-REPLY-Dienstes zu ermoeglichen, dass ein Aufruf mehrere Antworten ausloesen kann.

Das zur Realisierung dieser Dienste erforderliche Protokoll CMIP /8/ benutzt die Remote Operations Service Elements (ROSE)/11/. Das bedeutet, dass im wesentlichen vier Typen von Protokolldateneinheiten (PDU) ausgetauscht werden:

- RO-INVOKE zur Anforderung einer Operation,

- RO-RETURN-RESULT zur Information ueber die erfolgreiche Ausfuehrung einer Operation (bei bestaetigten Diensten),

- RO-RETURN-ERROR, wenn eine Operation nicht erfolgreich ausgefuehrt werden konnte,

- RO-REJECT, um eine Anforderung zurueckzuweisen, wenn diese aus gewissen Gruenden nicht ausfuehrbar ist.

Diese Protokolldateneinheiten sind nach den ASN.1-Standards /12/, /13/ zu kodieren und daher zum Austausch auch in einer heterogenen Umgebung geeignet. Die Bezugnahme auf vorlaeufige Standards in einer gegenwaertigen Implementierung wird von der Hoffnung begleitet, dass der bei Vorliegen der endgueltigen Fassungen erforderliche Aenderungsaufwand durch den mittlerweile erzielten Erfahrungsgewinn aufgewogen wird.

3. Ein Implementierungsvorhaben

3.1. Implementierungsumgebung

Das nachfolgend zu beschreibende LAN-Managementsystem ordnet sich ein in ein Pilotvorhaben, in dessen Rahmen Erfahrungen bei der Implementierung OSI-gerechter Lokalnetzsoftware gewonnen werden sollen. Technische Basis des Vorhabens sind Arbeitsplatzcomputer des Typs A 7100 /14/, deren Prozessoren funktionell aequivalent zu I 8086 sind und die mit dem Einnutzer-/ Einprozessbetriebssystem SCP 1700 (analog CP/M-86) arbeiten. Diese Arbeitsplatzcomputer koennen ueber Lokalnetzkomponenten des Systems ROLANET-1 /15/ miteinander verbunden werden, eine an den Standard ISO 8802/3 angelehnte Loesung mit einer Bruttouebertragungsrate von 0,5 Mbit/s.

Darauf aufbauend werden Versionen OSI-gerechter Schichtensoftware implementiert, und zwar fuer die Transportschicht nach IS 8072/8073, fuer die Kommunikationssteuerungsschicht nach IS 8326/8327 und fuer die Darstellungsschicht nach IS 8822/8823. Den "oberen Abschluss" der Gesamtloesung bilden ein auf FTAM (DIS 8571/1-4) beruhender Fileserver und ein Mailboxsystem. Dazu kommt das Managementsystem, das eigentlicher Gegenstand dieses Beitrags ist. Alle Komponenten werden in C programmiert.

Unter den Bedingungen eines Einnutzer-/Einprozessbetriebssystems stoesst die Implementierung eines komplexen Netzsoftwarepakets von vornherein auf gewisse Komplikationen. Um fuer die einzelnen Netzsoftwarekomponenten eine einheitliche und typische Erfordernisse der Interprozesskommunikation und -synchronisation erfuellende Implementierungsumgebung zu schaffen, wurde das Basisbetriebssystem mit einer Huelle von C- Funktionen umgeben, die den darauf zugreifenden Netzsoftwarekomponenten die Illusion eines Mehrprozessbetriebssystems vermittelt (Prozess-Supervisor). Ausserdem werden Hilfsmittel fuer eine effiziente Behandlung von Kommunikationsdatenstrukturen (Dienst- und Protokolldateneinheiten) bereitgestellt (Pufferverwaltung) /16/. Einige grundsaetzliche Zusammenhaenge dieses Loesungsweges werden in Bild 2 dargestellt.

In einer Prozesstabelle sind zunaechst sogenannte Urprozesse enthalten, die mit den Initialisierungsmoduln der Schichten- und Anwendungsinstanzen korrelieren. Diese Prozesstabelle wird dann durch psv-gen-Rufe aus bereits bestehenden Prozessen ergaenzt. Nach dem Generieren ist ein Prozess existent, aber nicht aktiv. Aktiviert wird ein Prozess, wenn das dafuer zustaendige (Software-)Ereignis durch einen anderen Prozess angemeldet wird (psv-ev). Jeder aktivierte Prozess uebernimmt zu Beginn dieses Ereignis mittels psv-gev, womit ihm gleichzeitig eine 2 byte lange Uebergabeinformation oder eine Adresse eines vom Vorgaengerprozess gefuellten Puffers zur Verfuegung steht. Ereignissen koennen Prioritaeten zugeordnet werden, die die Einkettung in die Liste der einen Prozess betreffenden Ereignisse regeln. Diese Prioritaeten lassen sich nachtraeglich aendern.

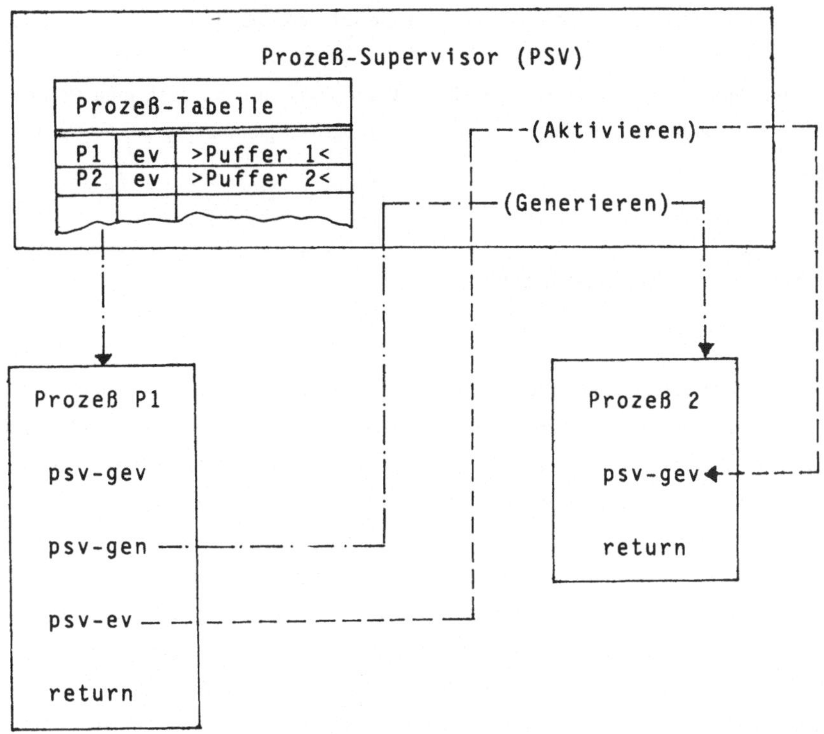

Bild 2: Prinzipablauf der Prozessverwaltung

Weitere Funktionen des Prozesssupervisors sind in /16/ beschrieben, sie sollen hier nicht im einzelnen behandelt werden.

Eine wichtige Rolle fuer einen rationellen Umgang mit Speicherplatz sowie insgesamt fuer eine korrekte Implementierung spielt die Pufferverwaltung. Sie sichert durch die Rufe bm-get, bm-give und bm-rsv die Beschaffung, Freigabe und Reservierung von Speicherbereichen, in denen Daten fuer die Interprozesskommunikation untergebracht werden koennen.

Es wird eine Adresskette zwischen den von einem Prozess angeforderten Puffern aufgebaut, die im Eintrag dieses Prozesses in der Prozesstabelle des Prozesssupervisors verankert ist. Damit ist die Zustaendigkeit fuer die Weiterleitung und Freigabe von Puffern geregelt, und beim normalen oder anormalen Beenden eines Prozesses koennen alle diesem Prozess zugeordneten Puffer freigegeben werden. Fuer Ueberwachungs- und Diagnosezwecke sind alle in einem Endsystem existenten Protokoll- und Dienstdateneinheiten auffindbar. Durch Reservierung kann akuten Speicherplatzmangelsituationen vorgebeugt werden. Tritt eine solche Situation dennoch auf, so koennen gezielte Saeuberungsaktionen veranlasst werden. Es wird generell darauf orientiert, dass bei der Anforderung eines Puffers durch eine Instanz auf den Platzbedarf fuer Interface- und Protokollsteuerinformationen der darunter liegenden Schichten Ruecksicht genommen wird. Damit kann ein mehrmaliges physisches Umspeichern vermieden werden, was sich auf die Effizienz der Prozessablaeufe positiv auswirkt.

Prozesssupervisor und Pufferverwaltung sind ebenfalls in C programmiert, so dass eine Portierung in andere Systemumgebungen leicht moeglich sein sollte. Das foerdert gleichzeitig die Portierbarkeit des gesamten Netzsoftwarepakets.

3.2. Architekturkonzept fuer ein LAN-Management

Logisch liegt dem Lokalnetz-Management das Client-Server-Modell zugrunde /17/. Damit wird die Tatsache ausgenutzt, dass dem Netzmanagement generell einige zentralisierende Aspekte eigen sind. Diese sind dadurch gegeben, dass fuer ein lokales Netz organisatorische und systematische Zustaendigkeit gegeben sind, die meist in einer Hand liegen. Ausserdem ist es vielfach angezeigt, den spezifischen Erfordernissen des Managements durch eine speziell konfigurierte (Steuerungs- und Ueberwachungs-) Station zu entsprechen. Die damit entstehende physische Zentralisierung von Managementfunktionen ist jedoch aus programmtechnischer Sicht nicht zwingend. Das bedeutet, dass in einem Netz die physische Lokalisierung der zentralisierten (Server-)Funktionen wechseln kann, bei Erfordernis koennen auch mehrere derartige Stationen betrieben werden. Letzteres koennte in ausgedehnten Netzen der Existenz mehrerer Management-Zustaendigkeitsbereiche (Domaenen) entsprechen. Im Beispielfall wird die Management-Serverkomponente als Netzmanagement-Prozessor (NMP) bezeichnet. Ihm muessen ausreichende Ressourcen fuer seine Funktionen zur Verfuegung stehen, insbesondere externe Speicher fuer Verzeichnisse, Log- und Tracedaten. Am NMP wird ferner der Zugang zum Netzmanagement durch einen Administrator unterstuetzt. Das bedeutet, dass nur hier eine Endnutzerschnittstelle fuer Managementfunktionen existiert. Auf allen uebrigen Endsystemen eines LAN, auf denen Managementfunktionen wirksam werden sollen, existieren Netzmanagement-Agenten (NMA). Ihr Funktionsumfang soll an die Moeglichkeiten und Erfordernisse des jeweiligen Endsystems angepasst werden koennen. Jeder NMA ist mit dem NMP ueber ein spezielles Protokoll verbunden und realisiert lokale Managementfunktionen. Diese koennen durch Kommandos ausgeloest werden, die auf dem NMP eingegeben werden. Es ist aber auch fuer Netzsoftwareprozesse und Anwendungsprozesse auf einem beliebigen Endsystem moeglich, ueber eine systeminterne Schnittstelle zum NMA Managementfunktionen anzufordern (M-Dienstzugangspunkt). Ein allgemeiner Administratorzugang existert hier nicht, es sei denn, bestimmte Anwendungsprogramme sehen diese Moeglichkeit unter Nutzung der eben erwaehnten internen Schnittstelle vor.

Bild 3 zeigt schematisch die Architektur des Netzmanagementsystems.

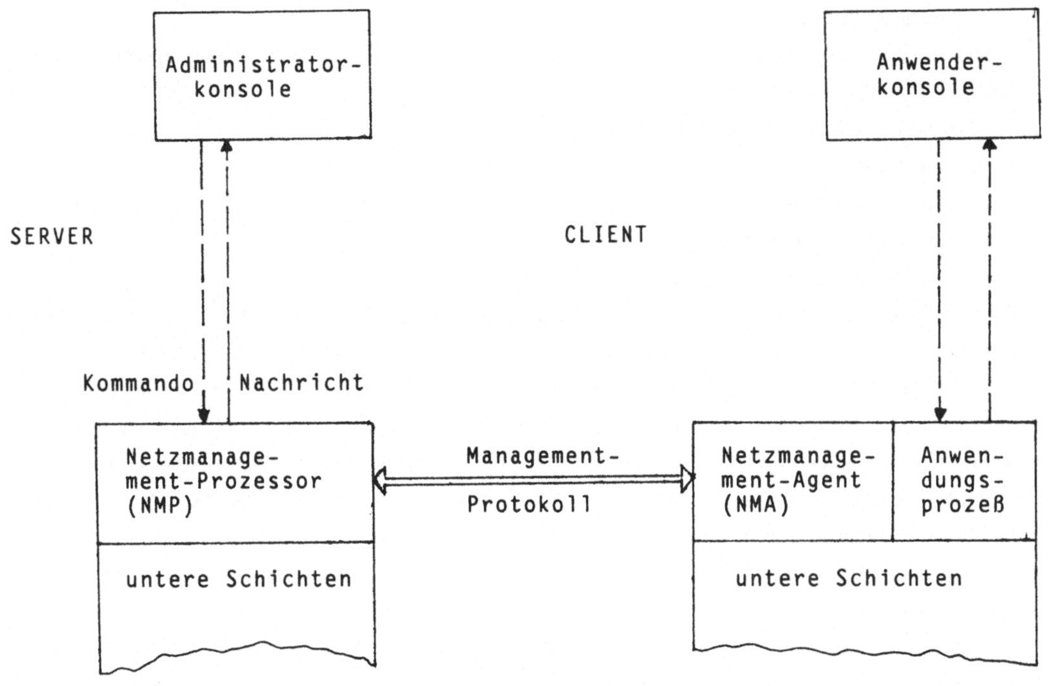

Bild 3: Architekturkonzept fuer ein LAN-Managementsystem

3.3. Managementfunktionen

In der einschlaegigen Fachliteratur werden die Managementfunktionen meist in einer Weise gruppiert, die an Aufgabenbereichen von Administratoren orientiert ist. Das gilt z.B. fuer die functional areas im OSI- Management Framework /6/ (vgl. Abschnitt 2 dieses Beitrags) oder fuer das SNA-Managementkonzepts/1/, wo Gebiete wie Problem management, Change management, Configuration management sowie Performance and accounting management unterschieden werden. Fuer den in organisatorischen Kategorien Denkenden ist das recht plausibel. Eine solche Einteilung ignoriert allerdings die Tatsache, dass in all diesen Gebieten gleichartige Basisfunktionen wirksam werden. Diese unterscheiden sich dann bei ihrer konkreten Anwendung nur durch ihre organisatorische und technologische Einbettung und bilden so Bausteine fuer die Gestaltung abgegrenzter Aufgabengebiete eines Administrators. Aus der Sicht eines Entwicklers ist es zweckmaessig, sich zunaechst auf derartige Basisfunktionen zu konzentrieren. In aehnlicher Weise laesst es sich wohl erklaeren, dass in der ISO zunaechst die CMIS/CMIP-Standards vorangetrieben wurden, bevor eine weitere

Detaillierung der funktionellen Gebiete erfolgte.

In der hier zu beschreibenden Beispiel-Implementierung werden folgende Basisfunktionen unterschieden:

B1 : Anzeige von Managementdaten auf Anforderung

B2 : Veraenderung von Managementdaten auf Anforderung

B3 : Starten und Stoppen von Prozessen

B4 : Nachrichtenuebermitlung

B5 : Automatische Aufzeichnung von Managementdaten.

In jede dieser Basisfunktionen sind in der Regel zwei Endsysteme einbezogen : der Netzmanagementprozessor NMP und ein Netzmanagement NMA. Fuer die Funktionen B1 bis B4 ist normalerweise der NMP das initiierende Endsystem, hier steht zur Ausloesung ein Satz von Administratorkommandos zur Verfuegung. Bild 5 vermittelt einen Ueberblick ueber diese Kommandos, wobei die Syntax fuer die Zwecke dieser Darstellung etwas vereinfacht und auf Parameterspezifikationen verzichtet wurde. Es ist ersichtlich, dass jedes Kommando aus einem mnemonisch guenstigen Kommandowort sowie aus Stellungs- und Schluesselparametern besteht. Die korrekte Syntax kann ueber eine HELP-Funktion angezeigt werden. Ueber den in jedem Kommando vorhandenen ES-Parameter kann das Ziel-Endsystem spezifiziert werden. In Bild 4 bezeichnen eckige Klammern wahlfreie Parameter, geschweifte Klammern zeigen die Auswahlmoeglichkeit zwischen mehreren Spezifikationsformen fuer einen Parameter an.

```
{ DISPLAY }                          { ADR  = address    [ , D] }
{   DY    }  [ES = ] es  ,           { NAME= symbol             }


{ SET }                              { ADR  = address }
{ SE  }     [ES = ]  es  ,           { NAME= symbol   }


{ START }                            
{  ST   }   [ES = ]  es  ,           PROC = proctitle


{ STOP }
{  SP  }    [ES = ]  es  ,           PROC = proctitle  [ , SDEL]


{ SEND }
{  SD  }    [ES = ]  es  ,           INFO = text
```

Bild 4: Administratorkommandos

<u>Zur Anzeige- und Veraenderungsfunktion</u> (B1, B2)

Mit Hilfe der Anzeigefunktion koennen ueber das DISPLAY-Kommando die Inhalte beliebiger Speicherplaetze in beliebigen Endsystemen beschafft und angezeigt werden. Ueber den D-Parameter ist die Ausgabeaufbereitung steuerbar. Die Veraenderungsfunktion ermoeglicht ueber das Kommando SET in analoger Weise die Veraenderung des Inhaltes beliebiger Speicherplaetze auf beliebigen Endsystemen. Die Adressierung kann erfolgen:

- durch Angabe der direkten Speicheradresse und der Laenge des anzuzeigenden/zu veraendernden Speichers;
- durch symbolische Adressierung mit impliziter Bezugnahme auf Laengen.

Unter Ausnutzung der konkreten Implementierung sowie bei Einhaltung gewisser Namenskonventionen kann auf das Fuehren gesonderter Symboltabellen verzichtet werden : Sind die anzusprechenden Objekte in den einzelnen Programmen mit externen Namen versehen, kann die Faehigkeit des Programmverbinders, diesen Namen in einem gesonderten File absolute Adresse und Laenge zuzuordnen, auf sehr effektive Weise zur Unterstuetzung der symbolischen Adressierung in Administratorkommandos ausgenutzt werden. Neben der einfachen Anzeigefunktion ist es auch moeglich, relativ komplexe Uebersichten ueber Netzzustaende anzufordern, z.B. eine Konfigurationsuebersicht.
Bevor die Veraenderungsfunktion (ueber das Kommando SET) tatsaechlich ausgefuehrt wird, wird zur Kontrolle der bisherige Inhalt der betroffenen Speicherstellen angezeigt.

<u>Zum Starten und Stoppen von Prozessen</u> (B3)

Die Basisfunktionen Starten und Stoppen von Prozessen koennen fuer vielfaeltige Managementzwecke eingesetzt werden, so z.B. fuer die Inbetriebnahme/Ausserbetriebnahme des Netzes, fuer Test- und Diagnosefunktionen oder fuer die Leistungsbewertung. Im vorliegenden Fall wird die in Ab schnitt 3.1. dieses Beitrags beschriebene Implementierungsumgebung (insbesondere der Prozesssupervisor) genutzt, um normale Netzsoftware-, Management- oder Anwendungsprozesse auf beliebigen Endsystemen zu starten oder zu stoppen. Die Bezugnahme erfolgt ueber einen Prozesstitel, der in den Rufen psv-gen und psv-del des Prozesssupervisors als Parameter auftritt. Der Parameter SDEL im STOP-Kommando bewirkt, dass der zu stoppende Prozess vor seiner Beendigung noch alle anstehenden Ereignisse verarbeitet.

<u>Zur Nachrichtenuebermittlung</u> (B4)

Mit dem SEND-Kommando kann unter dem Parameter INFO ein beliebiger Text zu einem beliebigen NMA gesendet werden. Dort wird der Text in der Regel auf das jeweilige Konsolterminal ausgegeben. Damit ist eine einfache Bedienerverstaendigung fuer verschiedene Zwecke moeglich.

<u>Zur automatischen Aufzeichnung von Managementdaten</u> (B5)

Eine wichtige Management-Basisfunktion ist es, Daten, die fuer das Netzmanagement relevante Ereignisse beschreiben, automatisch aufzuzeichnen. Die Zielrichtungen koennen dabei sehr vielfaeltig sein. Sie reichen von Abrechnungsfragen ueber Fehlerdiagnose und Leistungsbewertung bis zu Sicherheitsproblemen (Wiederanlaufvorbereitung, Zugangskontrollen).

Im Beispielfall wird zwischen TRACE- und LOG-Aufzeichnung unterschieden. Zunaechst wird von jedem NMA ein (generierungsabhaengig) statischer Speicherbereich als TRACE-Puffer angelegt. Dieser kann kontinuierlich nach dem Rotationsprinzip mit TRACE-Saetzen beschrieben werden. Da das Fassungsvermoegen hier begrenzt und die Verfuegbarkeit in anomalen Situationen nicht gesichert ist, kann der Strom der TRACE-Daten auch auf einem im NMP angelegten (groesseren) TRACE-Puffer gelenkt werden. Zusaetzlich kann instruiert werden, die zum NMP gesandten TRACE-Daten in permanente LOG-Dateien abzulegen. Neben einer allgemeinen Management-LOG-Datei koennen private LOG-Dateien angelegt werden. Eine spezielle Form einer privaten LOG-Datei ist die schritthaltende Ausgabe auf einen Drucker, um ein visuell auswertbares Protokoll zu erhalten.

3.4. <u>Interne programmtechnische Mechanismen</u>

Die interne programmtechnische Realisierung des im vorangegangenen Abschnitt funktionell umrissenen Managementsystem kann unter zwei Aspekten behandelt werden:
- unter dem Aspekt der Implementierung der lokal wirksamen Komponenten
- unter dem Aspekt des Protokolls zwischen NMP und NMA sowie der Abbildung von in Kommando-
  oder anderer Form vorliegenden Managementanforderungen auf dieses Protokoll.
Beide Gesichtspunkte sollen in gebotener Kuerze behandelt werden.

a) <u>Zur Implementierungskonzeption der lokalen Komponenten</u>

Die Implementierungskonzeption fuer die NMA- und NMP-Komponenten hat von den in Abschnitt 3.1. dargestellten Randbedingungen auszugehen. Dabei ist zur leichteren Anpassung an unterschiedliche Managementbeduerfnisse und dafuer mobilisierbare Ressourcen ein modularer Aufbau anzustreben. Bild 5 vermittelt einen Ueberblick ueber die gewaehlte Prozesshierarchie.

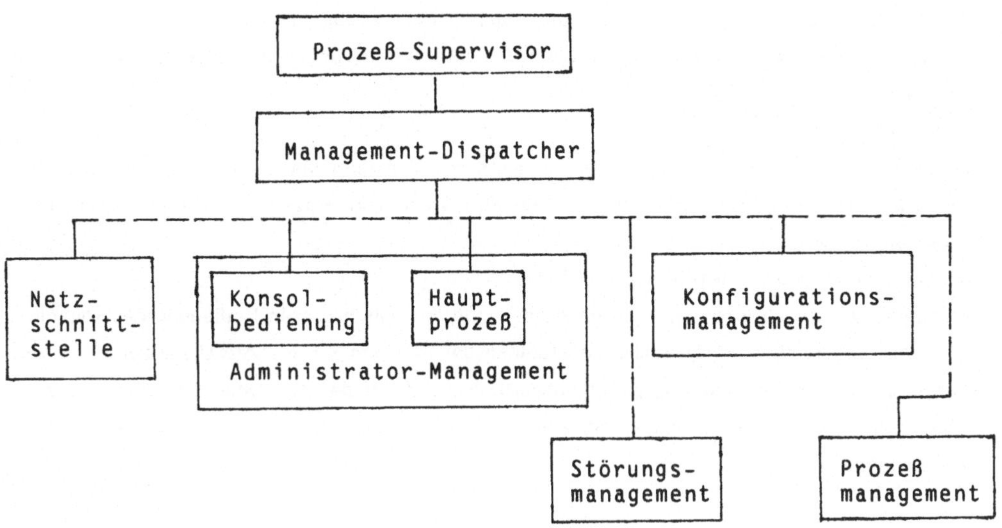

Bild 5: Prozesshierarchie des Netzmanagements

Die auftretenden Prozesse sind folgenden Modulgruppen zuordenbar:

G1 : Management-Dispatcher

Der Management-Dispatcher realisiert die zentrale Steuerung aller in einem Endsystem vorhandenen Managementkomponenten. Er generiert Management-Subprozesse und aktiviert sie bei zutreffenden Ereignissen, wobei Verweise auf Puffer mit uebergeben werden, in denen die jeweilige Anforderung repraesentierende Datenstrukturen enthalten sind. Ferner wird im Management-Dispatcher der Nachweis ueber alle in Bearbeitung befindlichen Management-Anforderungen gefuehrt.

G2 : Netzschnittstelle

Die Netzschnittstelle des Managementsystems ist fuer die sende- und empfangsseitige Abwicklung des auf ROS beruhenden CMIP (vgl. Abschnitt 2) verantwortlich. Sie arbeitet mit dem Management-Dispatcher und der naechstniederen OSI-Schicht zusammen. Im Beispielfall werden parallele Experimente mit einer auf der Schicht 4 sowie der Schicht 6 aufbauenden Netzschnittstelle durchgefuehrt.

G3 : Konfigurationsmanagement

Diese Komponente fuehrt auf dem NMP die zentrale Konfigurationsuebersicht, d.h. sie sammelt und verwaltet Daten ueber die angeschlossenen Stationen, deren Zustaende und dort verfuegbare Netzressourcen. Auf den NMA wird das Konfigurationsmanagement durch Komponenten vertreten, die bei Aktivierung oder relevanten Statusaenderungen in Zusammenarbeit mit dem jeweiligen Basisbetriebssystem die erforderlichen Daten bezueglich des betreffenden Endsystems beschafft und zum NMP uebertraegt.

Unter dieser Bezeichnung sind die lokalen Komponenten zusammengefasst, die die von den Kommandos DISPLAY und SET sowie durch TRACE- Anforderungen ausgeloesten Aktivitaeten durchfuehren.

G5 : Prozessmanagement

Das Prozessmanagement wickelt die durch entsprechende Kommandos instruierten Funktionen zum Generieren, Beenden, Suspendieren und Fortsetzen von Prozessen ab (vgl. Kommandos START und STOP).

G6 : Administratormanagement (nur auf dem NMP)

Es besteht aus zwei Prozessen, von denen der eine der unmittelbaren Bedienung der Konsolastatur, der andere fuer die syntaktische Pruefung der Kommandos und ihre Umsetzung in intern weiterverarbeitbare Datenstrukturen verantwortlich ist. Auch das Erzeugen von Ausgabenachrichten als Reaktion auf Kommandoeingaben gehoert mit zum Funktionsspektrum des Administratormanagements.

b) **Zum Management-Protokoll**

Die Kommunikation zwischen NMP und NMA wird unter Nutzung der in /7/ und /8/ dargestellten Common Management Information Services (CMIS) und des Common Management Information Protocols (CMIP) abgewickelt. Demgemaess werden die im ROS-Standard /11/ definierten Operation-Protokolldateneinheiten (OPDU) verwendet (vgl. Abschnitt 2 dieses Beitrags). Auf Einzelheiten der dafuer erforderlichen ASN.1-Spezifikation kann hier nicht eingegangen werden. Da die OPDU-Datenstrukturen auch der Kommunikation der lokalen Managementkomponenten untereinander dienen, wurde fuer deren Aufbau ein Satz leicht handhabbarer C-Funktionen geschaffen.

3.5. Kuenftige Arbeiten

Weitere Arbeiten werden vor allem betreffen:
- den Funktionsausbau des Systems im Sinne der Nutzung der Basisfunktionen fuer die Gestaltung technologischer Aufgabenkomplexe wie Konfigurations-, Leistungs-, Abrechnungs-, Stoerungs- und Sicherheitsverwaltung;
- die Entwicklung verbesserter Administratorinterfaces;
- die Ueberfuehrung in andere Betriebssystemumgebungen;
- die praktische Erprobung in unterschiedlich komplexen lokalen und Weitverkehrsnetzen.

Literatur

/ 1/   D.B.Rose and J.E.Munn: SNA network management directions; in: IBM Systems Journal 27(1988)1, S. 3-14 (vgl. auch weitere Beitraege in diesem Heft)

/ 2/   M.W.Sylor: Managing Phase V DECnet Networks: the Entity Model; in: IEEE Network 2(1988)2, S. 30-36

/ 3/   S.M.Klerer: The OSI Management Architecture: an Overview; in: IEEE Network 2(1988)2, S.20-29

/ 4/   K.Garbe: Neuere Entwicklungen in der Standardisierung von Managementfunktionen fuer Rechnernetze; in: PIK 11(1988)2, S. 111-118

/ 5/   ISO IS 7498 Information Processing Systems - Basic Reference Model for Open Systems Interconnection. ISO 1984

/ 6/   ISO DP 7498-4 Information Processing Systems - Basic Reference Model for Open Systems Interconnection. Part 4: Management Framework ISO/IEC 1988

/ 7/   ISO DP 9595/1,2 Information Processing Systems. Open Systems Interconnection. Management Information Service Definition. ISO 1987

/ 8/   ISO DP 9596/1,2 Information Processing Systems. Open Systems Interconnection. Management Information Protocol Specification. ISO 1987 Working Draft - July 1987

/10/   V.Lehmann: Untersuchungen zur rationellen Gestaltung von Steuerdatenstrukturen in lokalen Netzen. Dissertation A; Technische Universitaet Dresden, 1988

/11/   ISO TC97/SC21/WG4 N 159.Interim Working Draft of Management Information Protocol Specification. Annex A. May 1986

/12/   ISO IS 8824 Information Processing Systems - Open Systems Interconnection - Specification of Abstract Syntax Notation One (ASN.1). First Edition 15.11.87

/13/   ISO IS 8825 Information Processing Systems - Open Systems Interconnection - Specification of Basic Encoding Rules for Abstract Syntax Notation One (ASN.1) First Edition 15.11.87

/14/   Neue Technik im Buero. VEB Verlag Technik Berlin 30(1986)4, (mehrere Beitraege)

/15/   J.Richter und B.Terpe: ROLANET 1- ein lokales Netz des VEB Kombinat Robotron; in: Neue Technik im Buero 30(1986)5, S. 146-149

/16/   Prozesssupervisor und Pufferverwaltung. Anwendungsbeschreibung. Arbeitsdokumentation. Technische Universitaet Dresden, Informatik- Zentrum 1988

/17/   L.Svobodova: Client/Server Model of Distributed Processing; in: Kommunikation in Verteilten Systemen I. Springer-Verlag Berlin usw. 1985, S. 485-498

A Parallel Architecture
for Transport Systems and Gateways

Martina Zitterbart
Institute for Telematics
University of Karlsruhe
7500 Karlsruhe, FRG

Abstract

The use of HSLANs imposes new requirements on transport systems and gateways concerning their performance. Multiprocessor architectures must be considered to increase the performance of those systems.

In this paper a flexible parallel architecture suitable for the implementation of high speed transport systems and high speed gateways is presented. It is based on a pipeline of processor-units each implementing an OSI-sublayer. The internal structure of each processor-unit is individual to each sublayer and is based on pipeline and array concepts. The resulting architecture comprises temporal parallelism as well as spatial parallelism.

The derived mulitprocessor architecture is flexible, it can be adapted to various communication structures, and it can be implemented using Transputer networks.

First prototype implementations of high speed gateways, a parallel MAC-layer bridge and a parallel OSI internetworking protocol, based on this architecture using Transputer networks are described.

1. Introduction

Medium Speed LANs, e.g. Token Ring and Ethernet (IEEE 802.5, 802.3) are well known and popular; they are installed in a lot of companies and universities. Additionally the interconnection of IEEE 802.3, 802.4 and 802.5 MSLANs has been investigated and bridges as well as routers have been built. Furthermore OSI transport systems have been developed and work well on the base of MSLANs.

Todays developements tend from MSLANs (some Mbit/s) to HSLANs (more than 100 Mbit/s). Solutions are known for the lower layers of the OSI-Reference-Model. First realizations are presented (FDDI /VanM88/, BWN /Dant88/, etc.) and even prototypes with data rates of more than 1 Gbit/s /Luvi87/ exist.

Transport systems and gateways are still essential **bottlenecks** in those systems. On the physical medium there are data rates possible of 100 Mbit/s and more, but only some Mbit/s (about 2 Mbit/s) are achievable for the user of the transport-layer-service. Thus high speed transport systems and high speed gateways are necessary, offering high data rates to the transport service user.

Faster processors and storage medium and most of all new architectural concepts are necessary to make transport systems and gateways powerful in the environment of HSLANs. Therefore parallel architectures will be a good decision for the future, because they allow a real increase of the processing power.

The resulting parallel system should be flexible and not too complex; e.g. a gateway implemented with a network of thousands of processors seems not to be very realistic.

In the scope of this paper transport systems based on connectionless subnetworks interconnected with layer 3 gateways (routers) are considered. In this case the subnetwork dependent convergence protocol, layer 3b of the OSI-Reference Model, is empty. Furthermore a connectionless data link layer protocol and the transport protocol class 4 are used. Obviously the derived architecture can be applied to other protocols too.

Chapter 2 describes the basic architecture of todays transport systems and gateways. In chapter 3 a parallel architecture for high speed transport systems and high speed gateways is derived in two steps: a horizontal and a vertical subdivision, based on the architecture of the OSI-Reference Model. Furthermore parallel concepts of related work are presented. Chapters 4 and 5 deal with the real implementation of such an architecture. In chapter 4 the transputer being the basic processor is described and in chapter 5 first prototype implementations of a parallel MAC-layer bridge and a parallel OSI-internetworking protocol within a layer 3 gateway are presented.

2. Todays Architecture

An investigation of the architecture of existing communication systems based on MSLANs shows that they all follow almost the same architectural principles.

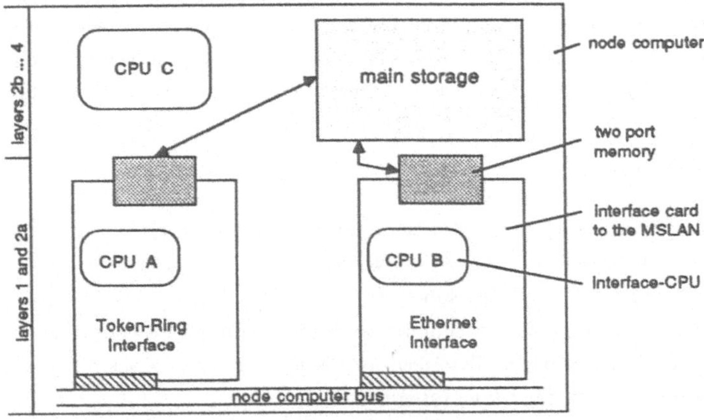

Figure 2.1 Architecture of a communication node

Common transport systems mainly consist of two or three components that are more or less independent (cf. figure 2.1):

- There exists an *interface to the MSLANs* which implements layer 1 and layer 2a (MAC-layer) of the OSI-Reference-Model. Such an interface comprises a local CPU, local logic, local storage and e.g. a multi-port memory for the communication with the upper layers.
- Furthermore there is a *node-computer* which includes the interface card and on which layer 3 and perhaps layer 4 protocols are implemented. The interface card is connected to the

node-computer via the computer bus. The node-computer comprises a local CPU and local storage capacity being very high in comparison to the storage capacity of the interface card.

- Sometimes the layer 4 protocol is implemented on a *host-computer*. In this case the host-computer and the node-computer are connected with each other to exchange data between the network layer and the transport layer.

Those configurations include two or three parallel CPUs with local storage being able to operate in parallel. But both, the processor of the interface card as well as the processor of the node-computer use the computer bus of the node-computer to exchange packets. This results in high traffic load on the computer bus and thus limits the achievable performance. Furthermore the node-computer is interrupted for each packet moving over the system bus producing frequent context switches /KaCh87/.

An essential bottleneck arises from the *computer bus* because of the serialization of the parallel requests. Therefore a better communication facility between the interface card and the node-computer is necessary, to overcome this well known bottleneck of the von Neumann architecture. Furthermore a parallel architecture with special processors supporting parallel processing is necessary to improve the performance of transport systems and gateways because the performance improvement of single processors is limited by the technique and by the cost of faster VLSI-chips, based on gallium-arsenid.

3. Parallel Architecture

In this chapter a flexible parallel architecture for high speed transport systems and high speed gateways is presented. It is derived from a vertical and a horizontal subdivision within a single network node.

An example of a multiprocessor structure being suitable for the implementation of the internetworking protocol is described. Furthermore an overview of related work on parallel architectures is given.

3.1 Vertical Subdivision

The OSI-Reference-Model subdivides communication systems vertical into layers which communicate asynchronously with each other using service primitives. Some of these layers even can be subdivided into sublayers, e.g. layer 3 into the sublayers 3a, 3b and 3c.

Within the OSI-Reference-Model complex systems consisting of a couple of endsystems and gateways are considered. The subdivision described in this paper remains always to the structure within single network node and not to the whole system.

The vertical subdivision results in a parallel architecture based on the *pipline-concept* (cf. figure 3.2), where every pipeline stage implements a sublayer within a network node using an own processor.

Λ pipeline computer in general performs overlapped computation to exploit *temporal parallelism* /HaBr83/. Every pipeline-stage implements a different part of the software (here the OSI-sublayers). Thus a single packet moves sequentially through the different processors. This enables the parallel processing of several packets which are located in different OSI-sublayers.

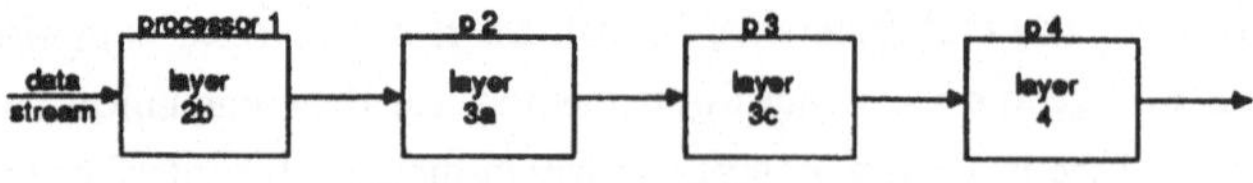

Figure 3.2 Layer-pipeline

The *layer pipeline* is triggered by the *layer cycle* which is determined by the maximum processing time of the sublayers:

$$t(\text{layer cycle}) = \max \ t(1, \text{packet}), ..., t(3, \text{packet}),$$

where t(n, packet) is the processing time for one packet within sublayer n.

If the processing times within the pipeline stages differ from each other the resulting *speed up* will not be optimal, because some of the processors will be idle for a certain time interval. Applied to the sublayers representing the pipeline stages, the processing times of each sublayer should be nearly identical. According to this some sublayers will need more processor capacity than others. This requirement can be fulfiled by the use of *processor units* consisting of several processors, each with its own local memory and additionally of a possibility to enable communication between these processors.

3.2 Horizontal Subdivision

In addition to the vertical subdivision each layer or sublayer within a network node can be divided horizontal into two parts:

- a *send part* being responsible for the data transfer from layer (N+1) down to layer (N-1)
- a *receive part* which receives data from layer (N-1) and sends data up to layer (N+1)

Thus the resulting architecture is based on two pipelines: a *send pipeline* and a *receive pipeline* which must interact in some way.

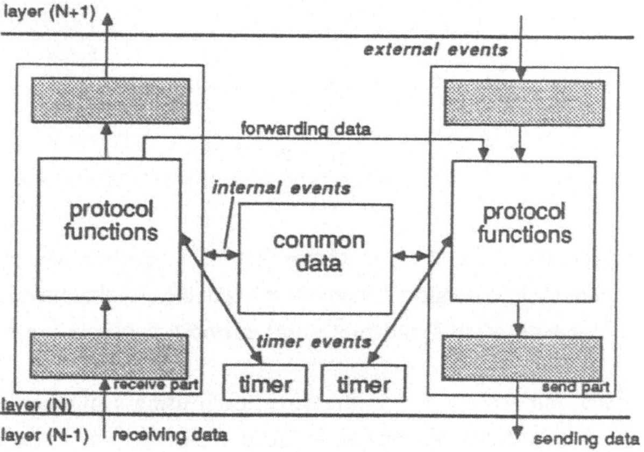

Figure 3.6 Structure of a layer

Figure 3.6 depicts an internal architecture of a layer derived from the horizontal subdivision. The send and receive parts each are composed of three components: two units handling the data traffic and the control flow at the layer interfaces and one unit processing the protocol functions. Additionally there are timers associated to every part and there exist common data. First of all it can be distinguished between three different types of events in a layer:

- *external events* representing data exchanges between the layers (service primitives). These events are exchanged between the pipeline elements.
- *Internal events* which are generated by the internal behaviour of the protocol e.g. the exchange of control data between the send and the receive part. They are used from the send and receive part to communicate with each other.
- *timer events*, caused by the timers mentioned above. They are either generated in the send or the receive part and they can cause internal events between these parts.

The send part as well as the receive part can be implemented with processor units. There especially array concepts are of interest, because those structures allow the effective processing of checksums or adressoperations. Array structures enable *spatial parallelism* in contrast to temporal parallelism of pipeline concepts.

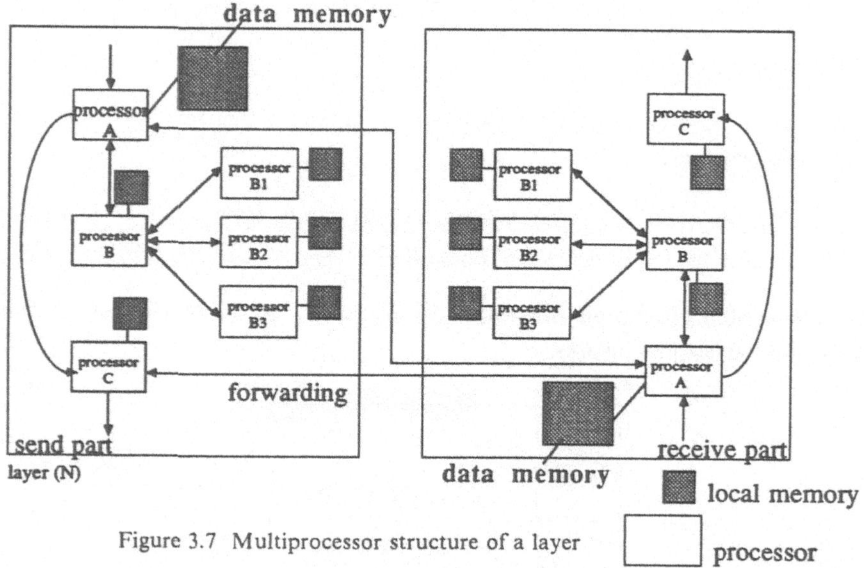

Figure 3.7 Multiprocessor structure of a layer

An example of a multiprocessor structure is shown in figure 3.7. Each processor in the send and receive part has its own local memory and no global memory is available. Global memory concepts serialize the parallel requests of different processors and multi-port memory concepts are restricted by the number of ports.

The structure of the send and receive part is the same, each using a number of processors. The local memory of each of the processors A is declared as *data memory*, where the send or the receive part store their incoming packets until they are ready to be transmitted to the associated processor C. The processor group with processor B realizes the protocol function unit (cf. figure 3.6) and processor C transmits the processed packets either to the upper layer (receive part) or to the lower layer (send part).

In the following a possible implementation of the receive part of an internetworking protocol on this multiprocessor structure is derived. Processor A accepts packets from the subnetwork and stores them into the data memory of the receive part. The protocol functions operate only on the protocol control information of the received packet and thus only the header of the packet is sent to processor B. The processor group B is composed of an array of processors (B1, B2, B3). One processor e.g. calculating the checksum, the other one performing routing decisions and the last one controlling the lifetime. The results are sent back to processor A because the data are stored in the data memory which is the local memory of processor A. It is now able to transmit the packet to processor C. Thereby it has to decide whether the packet must be sent to the user (processor C of receive part) or whether it must be forwarded into another subnetwork (processor C of send part). Furthermore there is a connection between the processors A of the send and the receive part. This is necessary to enable the exchange of control data between the two parts because there is no global memory, where common data could be stored.

The data memory of each part is logically something like a global memory; it is the central point, where the data are stored until they have to be sent to the user or forwarded to another subnetwork. The received data and the control data are located there. The processor group B operates logically on these data by calculating with pointers and control data, e.g. in the case of segmentations. The pointers are sent back to processor A and sometimes, e.g. if a segmentation has to be done, even new pointers are sent to processor A.

The presented architecture, especially the part shown in figure 3.7 is the base for the implementation of the OSI internetworking protocol described in chapter 5.2. A similar architecture is used for the implementation of the parallel MAC-layer bridge.

3.3 Related work

In /JeSk88/ another multiprocessor approach is described. It is based on the use of one processor for each OSI-layer and a global multi-port memory for all these processors. Where the processors of the layers 1 and 2a are special purpose processors as well as those implementing the upper layers. But the processors of the upper layers will all use the same processor type which is different from the processors of the lower layers. This concept requires much custom VLSI design and thus will be very cost effective and very time consuming. In contrast to this approach the architecture presented in this paper is based on individual processor units for each OSI-sublayer. This means that there are even sublayers implemented with several processors working in parallel. Furthermore each processor has its own memory.

/RuMa88/ present a parallel controller-architecture based on place transition nets which are mapped on a special hardware architecture. This concept results in a very special controller which only can be used for dedicated functions and thus is not very flexible.

Moreover /Henq88/ and /NiZa88/ describe a concept for a gateway architecture based on a MSLAN or HSLAN interconnecting the distributed parts of the gateway which work in parallel. But realizing such a gateway will be very expensive, because a dedicated MSLAN or HSLAN and interfaces from each part of the gateway to this network are required.

4. The Transputer

The Transputer is a small but complete von Neumann computer with a *processor, local memory* and *link interfaces* for linking to other Transputers and thus building a Transputer-network /Walk84/.

The Transputer is one of the fastest 32-bit-processors today /Boil88/ with 10 MIPS and serial bidirectional links supporting a data rate of 20 Mbit/s. Each link is a DMA-channel and thus data transfer from or to the memory can be done independent from the CPU. Furthermore it supports an internal data transfer rate of 80 MBytes/s on the on-chip RAM and an external data transfer rate of 24 MByte/s /IMS 87/.

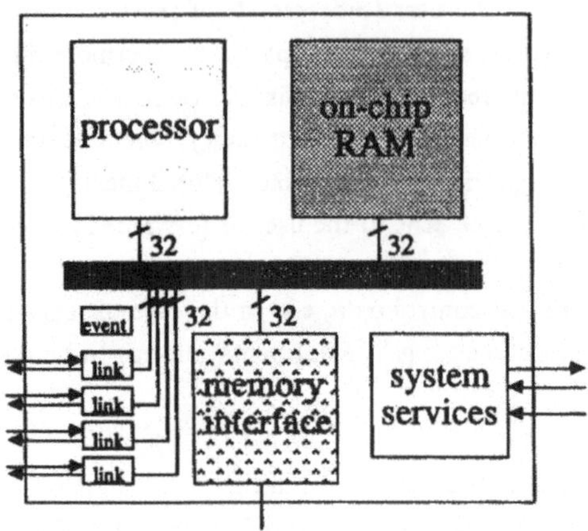

Figure 4.1 Transputer

The Transputer itself is well suited for executing multiple processes. The processes are divided into waiting processes and active processes which run on a round robin base. There is a timesharing mechanism so that a process cannot execute on average for more than 740 us. The process switching time is less than 1 us. The processes communicate with each other using soft channels (a single word in the memory), if they are located at the same Transputer or hard channels (links), if they are located on different Transputers.

As is appropriate for distributed systems there is no global concept of time /Barr86/, but there is a local concept of time. Each Transputer has two reference clocks providing different resolutions and making it suitable for real time programming.

The Transputer was developed in parallel with the programming language OCCAM which follows the ideas of CSP /Hoar84/. Thus the concepts of the OCCAM process structure and the Transputer network model are very similar. OCCAM is based on the concept of concurrent processes communicating synchronized and unbuffered using channels which are point to point connections of two processes /IMS Tr/.

But the Transputer is also suited to other programming languages like e.g. parallel-C /Defi88/ which includes a channel data type as well as the *par-construct* (components executed together) and the *alt-construct* (component first ready is executed) like OCCAM. Parallel-C has the advantage of being based on a well known and widely used programming language. Thus existing implementations based on the programming language C can be adapted to parallel-C and must not be developed anew in OCCAM.

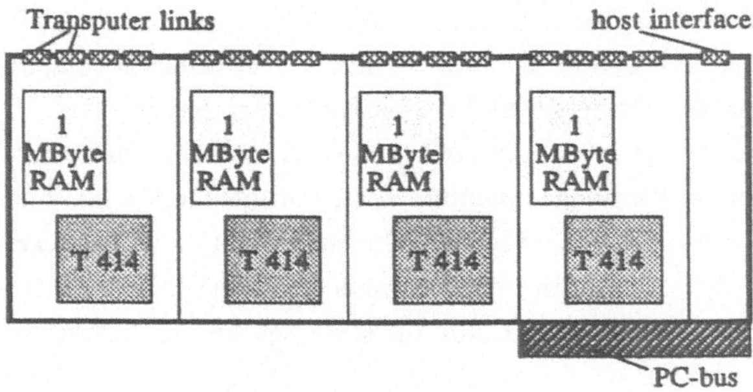

Figure 4.2 Transputer-board

The developement of Transputer-boards including four Transputers each with 1 MByte local memory (cf. figure 4.2) make them to an attractive and cost effective solution for multiprocessor systems. Those cards can be included in PC-systems which are used as development environment.

5. Implementation

Based on the concept of the parallel architecture described in chapter 3 prototypical implementations have been started. The implementation environment includes three PC-systems each with LAN inter-face-boards (Token Ring, Ethernet) and with a Transputer-board (cf. chapter 4). Due to the lack of interface-boards to HSLANs, MSLANs had to be used during the implementation. But the results are not limited by this factor because the network can be emulated using Transputers and thus the achievable performance of the implementation on the Transputer network can be measured independent from the underlying network.

Parallel C /Defi88/ is used as programming language. The program development is done on the PC-systems (editing of programs) as well as on the Transputer-board (compilation of programs).

The started implementations deal with gateways:

- a *Mac-layer bridge* connecting a Token Ring with an Ethernet
- the *OSI-internetworking protocol* providing a connectionless network service

Furthermore investigations on the implementation of the OSI-transport protocol class 4 on a parallel architecture have started.

5.1 MAC-layer bridge

A parallel heterogeneous MAC-layer bridge is going to be implemented to connect a Token Ring with an Ethernet at the MAC-layer level. The bridge should be fully transparent to communicating endsystems in contrast to a layer-3 gateway described in the following chapter. The physical topology of the extended network must be a branching tree /Hawe84/. With respect to the requirements of higher layer protocols it is very important, that the delay of packets in the bridge, caused by store and forward functions, should be under a certain limit.

A homogeneous MAC-layer bridge connecting two Token Rings has already been developed /ZiSt88/. It has been implemented in a nonparallel environment. A performance comparison of this bridge with the parallel bridge under developement will be a very interesting point.

The parallel MAC-layer bridge consists of subnetwork drivers and a buffer process located in the nonparallel environment and of the bridge functions located in the parallel environment (cf. figure 5.1) The received data from the LANs are stored in the PC memory and only the packet control information as well as further control data are sent to the Transputer board where the real bridge functions are processed. The results are sent back to the PC and the stored packets are forwarded to the destination network.

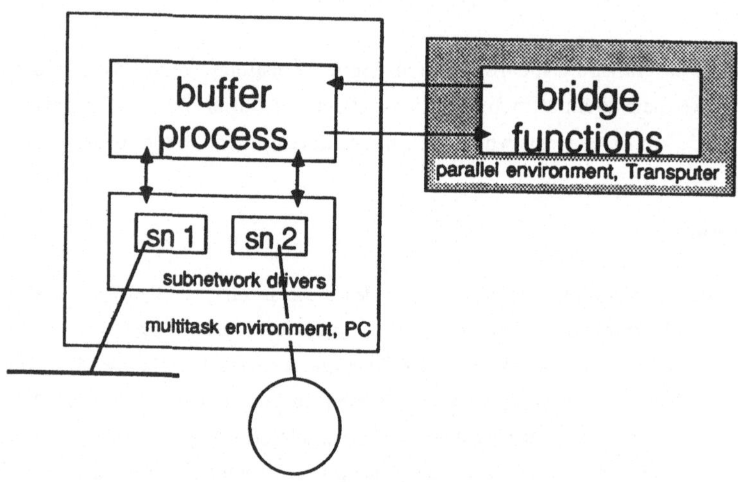

Figure 5.1 MAC layer bridge

The data transfer rate of the PC-system bus and the performance of the interface-cards are expected to be the bottlenecks of the performance of the bridge depicted in figure 5.1. Measurements have shown that the transfer rate on the link between the PC-system (PC-AT, 6 Mhz) and the Transputer network is limited to about 4 Mbit/s using packets of 2 KByte. In contrast to this the bridge implementation running on the Transputer network without connection to the PC-system can achieve up to 20 Mbit/s throughput /Jauc88/.

In the first part of the implementation the buffer process was not realized, the whole packets were sent to the Transputer network. The measured throughput of such a bridge connecting two Token Rings is depicted in curve 1 of figure 5.2. The achieved results are insignificant ahigher than those of the nonparallel homogeneous bridge described above. But the throughput should increase if not the whole packet is going to be sent to the Transputer-network, because the performance is strictly limited by the link between PC-system and Transputer network which does not allow fullduplex data transfer. Additionally sending and receiving to and from the subnets is performed by the same PC and thus does not work in parallel. To overcome this bottleneck the bridge was build as a *distributed bridge* using two PC-systems (cf. figure 5.3). In this configuration a packet received on PC 1 from subnetwork 1 is sent to the Transputer-network which forwards it to PC 2 being connected to the destination subnetwork of the packet and vice versa. The results based on this configuration are shown in curve 2 of the diagram 5.2. The measured throughput is twice as high as with a single PC.

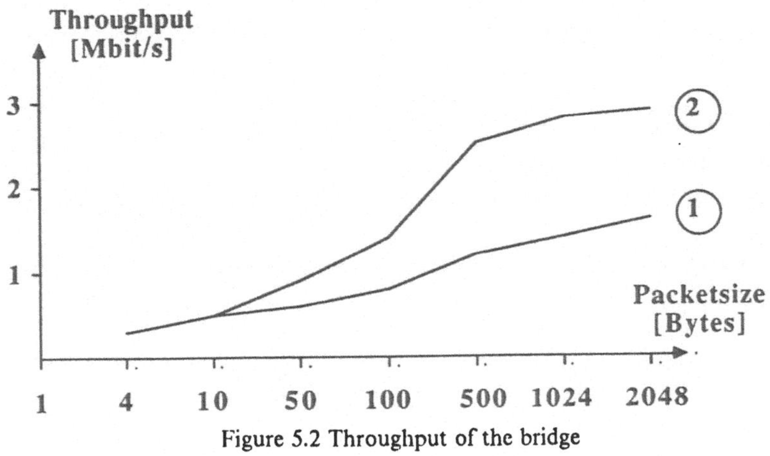

Figure 5.2 Throughput of the bridge

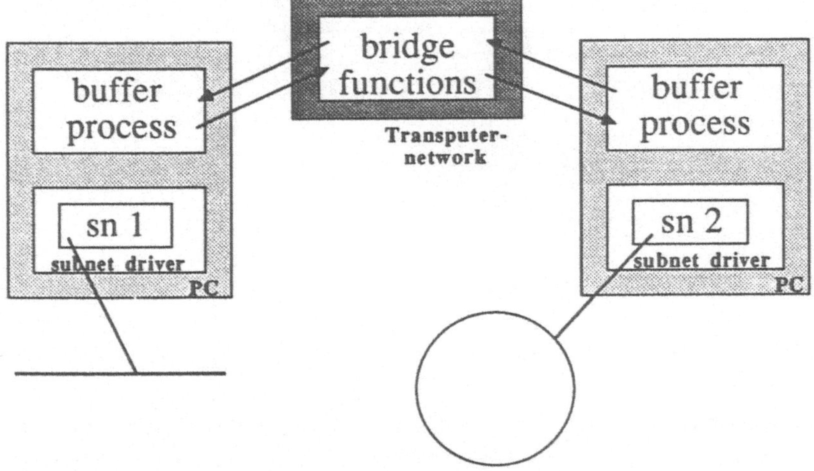

Figure 5.3 Distributed MAC layer bridge

A further performance increase would be achievable if sending and receiving to one subnet is divided and realized on two PCs, so that the bridge is based on four PC-systems interconnected via a Transputer network which processes the bridge functions. The Transputer-network is able to operate the independent directions of data-flow (e.g. PC 1 -> PC 2, PC 2 -> PC 1) in parallel and thus to increase throughput.

5.2 OSI-internetworking

An OSI-internetworking protocol (ISO/DIS 8473) /ISO In/ has already been implemented during a joint research project between the IBM Research Laboratory Zurich and the Institute for Telematics, University of Karlsruhe /Hect87/. The implementation environment has been based on a multitask operating system for PCs and thus only supports quasi-parallel processing /GaSt87/. The implementation consists of several processes:

- the *Internetworking process*, which implements the OSI-internetworking protocol providing connectionless network service
- the *user process* simulating a user of the internetworking service generating and receiving packets
- *subnetwork drivers* which realize the connection to several OSI subnetworks (e.g. Token Ring, Ethernet)

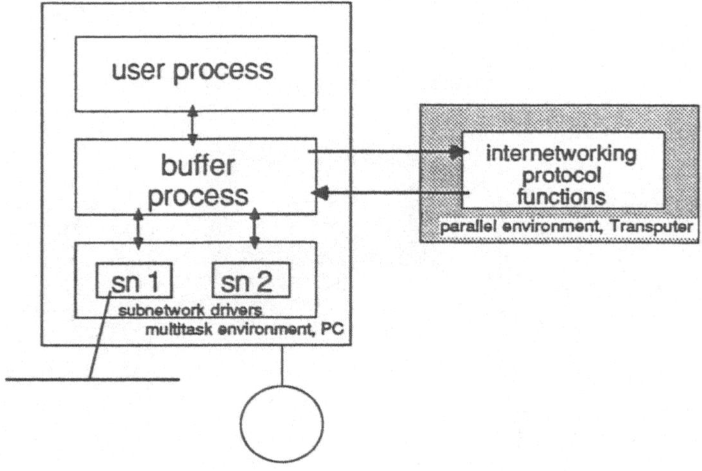

Figure 5.4 Portation of the OSI-internetworking protocol

In a first step the portation of the internetworking process to a parallel environment, the Transputer board, will be done. Thereby the exchanged data at the interfaces are stored in the memory of the PC and only the headers of the packets and pointers to the memory are sent to the Transputer, where the internetworking protocol is running (cf. figure 5.4). The results are sent back to the PC, including new pointers, checksums, segmentations of packets etc.. The internetworking functions on the Transputers operate logically on the data stored in the memory of the PC. A so called *buffer process* for memory management and for communication with the user process, the subnetwork drivers and the Transputer board must be added to the PC. Furthermore some internal service primitives are necessary to handle the control flow at the different interfaces.

The next step will be the portation of the user process to the parallel environment. Afterwards it would be significant to implement the subnetwork drivers at the Transputer board. But there is the problem, that the communication between the existing LAN interface cards can only communicate via the computer bus and thus this implementation would not result in further performance improvement. A solution would be a Transputer added to the interface card to allow an effective communication with the Transputer board.

Such a stepwise portation of the implementations allows performance comparisons between the quasi-parallel and the parallel solution, because they are based on the same implementation. Furthermore the same distributed monitoring system, NETMON /ZiZi88/, can be used to monitor the performance of both systems at the user-level and the subnetwork driver-level, because these processes are still located in the well known environment of the multitask operating system. A comparison of the results with performance measures from existing systems /ZiSt88/ gives the possibility of detailed statements on the achievable speed up.

A further step is a reimplementation of the OSI internetworking protocol based on parallel processing from the beginning on. Performance comparisons between this solution and the previous implementations would be very interesting.

Obviously it would be of interest to operate with better interface cards, especially with those that are able to connect to HSLANs.

6. Conclusions

The presented parallel architecture enables the implementation of high speed transport systems and high speed gateways. It is a flexible solution which can be adapted to various communication structures. Furthermore it can be realized with processors available on the market, Transputers, which can easily be connected to Transputer networks.

The performance results achievable with the presented implementations are of great interest. They will be compared with performance measures available from similar implementations in a nonparallel or a quasi-parallel environment. This allows detailed statements on the performance improvement, e.g. the speed up, achievable with this parallel architecture. In this context the developement of an interface between the existing distributed monitoring system NETMON to the Transputer-network has started. With this interface the behaviour within the Transputers can be examined.

Of further interest is the implementation of the OSI transport protocol class 4 in the parallel environment, so that the layers 2b up to 4 are running on the parallel architecture. This implementation has started together with a reimplementation of the internetworking protocol.

Furthermore the bottleneck of the interface cards must be solved. The solution must be adapted to the architecture of the higher layers of the transport system described within this paper. Thus it would be ideal to place Transputers on the interface board to overcome the bottleneck of the computer bus.

Acknowledgements

I would like to thank the students K. Baumheier, S. Jauch, G. Klug and B. Stiller for their contributions on the design and implementation of the MAC-layer bridge and the parallel OSI-internetworking protocol.

References

/Amel83/   Ameling, W.: 'Parallelism in Computer Architecture', in: Ruschitzka, M. et al. (ed.), Parallel and Large-Scale Computers: Performance, Architecture, Applications, IMACS, North-Holland Publishing, 1983

/Barr86/   Barron, I.M.: 'The Transputer and Occam', in: Kugler, H.-J. (ed.), Information Processing 86, Elsevier Science Publishing (North-Holland), IFIP, 1986

/Boll88/   Boillat, J.E., Goode, P.K., Kropf, P.G., B{rtschi, D., Spichiger, A. 'Communication Protocols and Concurrency: An OCCAM Implementation of X.25', in: Plattner, B., Guenzburger, P. (ed.), Proceedings of the 1988 International Zurich Seminat on Digital Communications, IEEE Catalog No. 88TH0202-2, pp. 99-102

/Dant88/   Danthine, A., Henquet, P., Hauzeur, B., Constandinidis, C., Fagnoule, D., Cornette, V.: 'Access Rate Measurement in the BWN Environment', in Danthine, A., Spaniol, O. (ed.), Proceedings of the IFIP WG 6.4 Workshop on HSLANs 88, North-Holland, 1988

/Defi88/   Definicon Systems Inc.: 'The Parallel Transputer System', Operation and Installation Manual, Release 2.0, 1988

/GaSt87/   Gantenbein, D., Stoll, W., Zieher, M.: 'OSI-Internetworking in a Heterogeneous LAN and WAN Environment', Proceedings of the EFOC/LAN 87, Basel, Switzerland, June 1987, pp. 301-306

/Gilo81/   Giloi, W.K.: 'Rechnerarchitektur', Springer Verlag, 1981

/Haen88/   Haendler, W.: 'Parallele Datenverarbeitung', Informationstechnik it, vol. 30, no. 2, 1988, pp. 67-70

/Hawe84/   Hawe, W., Kirby, A., Stewart, B.: 'Transparent Interconnection of Local Networks with Bridges', J. Telecommunication Networks, Vol. 3, No. 2, pp.116-130, 1984

/Hect87/   HECTOR: A Joint Project of IBM and the University of Karlsruhe, 'OSI Communication Services for a Heterogeneous LAN-Based Distributed Environment', Application Brief, April 1987

/Henq88/   Henquet, P.: 'Design of Gateways Interconnecting HSLANs: Performance Issues in Internal Gateway Communication', in Danthine, A., Spaniol, O. (ed.), Proceedings of the IFIP WG 6.4 Workshop on HSLANs 88, North-Holland, 1988

/Hoar85/   Hoare, C.A.R.: 'Communicating Sequential Processes', Prentice-Hall, 1985

/HwBr84/   Hwang, K., Briggs, F. A.: 'Computer Architecture and Parallel Processing', McGraw-Hill, 1984

/IMS Tr/   INMOS Limited : 'Transputer architecture', Reference manual, February 1987

/IMS 87/   INMOS Limited : 'IMS T414 Transputer', Product overview, 1987

/ISO In/   ISO/DIS 8473, 'Information processing systems - Data communications protocol for providing the conectionless-mode network service'

/Jauc88/   Jauch, S.: 'Eine heterogene Bridge zwischen IEEE-802 LANs', diploma thesis at the University of Karlsruhe, Institute for Telematics, 1988

/JeSk88/   Jensen, M.N., Skov. M.: 'VLSI-Architectures Implementing Lower Layer Protocols in very High Data Rate LANs', Participants editions of the IFIP WG 6.4 Workshop on HSLANs 88, Liege, April 1988

/KaCh87/   Kanakia, H., Cheriton, D.R.; 'The VMP Network Adapter Board (NAB): High Performance Network Communication of Multiprocessors', SIGCOMM 87, pp. 175-187

/Luvi87/   Luvison, A., et al.: 'A High-Capacity Multiservice Local Area Network-Lion', in Danthine, A., Spaniol, O. (ed.), Proceedings of the IFIP WG 6.4 Workshop on High Speed Local Area Networks, North-Holland, 1987

/NiZa88/   Niemegeers, I.G., Zafirovic-Vukotic, M.: 'HSLANs for Communication within a Gateway: A Performance Evaluation', Participants editions of the IFIP WG 6.4 Workshop on HSLANs 88, Liege, April 1988

/RuMa88/   Rupprecht, M., Martini, P., Fehlau, F.: 'Interconnection of High Speed Devices - New Parallel Controller-Architecture for High Speed Local Area Networks', Participants editions of the IFIP WG 6.4 Workshop on HSLANs 88, Liege, April 1988

/TrSo88/   Trottenberg, U., Solchenbach, K.: 'Parallele Algorithmen und ihre Abbildung auf parallele Rechnerarchitekturen', Informationstechnik it, vol. 30, no. 2, 1988, pp.71-82

/VanM88/   Van-Mierop, D.: 'Extending Ethernet/802.3 over FDDI using the FX 8000', in Danthine, A., Spaniol, O. (ed.), Proceedings of the IFIP WG 6.4 Workshop HSLAN 88, North-Holland, 1988

/Walk85/   Walker, P.: 'The Transputer', BYTE, 1985

/ZISt88/   Zieher, M., Stoll, W., Gantenbein, D. 'OSI-Internetworking: Realization and Performance Analysis', in: Kr}ger, G., M}ller, G. (eds.), HECTOR - a joint project of IBM and the Univeristy of Karslruhe, Volume II: Basic Projects, Springer Verlag, 1988

/ZIZI88/   Zieher, M., Zitterbart, M.: 'NETMON - a distributed monitoring system', to be published at the EFOC/LAN 88, 28 June - 1 July 88, Amsterdam

HIERARCHICAL VAN-GATEWAY ALGORITHMS AND PDN-CLUSTER ADDRESSING SCHEME FOR WORLDWIDE
INTEROPERATION BETWEEN LOCAL TCP/IP NETWORKS VIA X.25 NETWORKS

Carl-Herbert Rokitansky

Fern University of Hagen
Data Processing Techniques
D-5860 Iserlohn, FRG
roki@DHAFEU52.BITNET
roki@A.ISI.EDU

Within the last few years, the DARPA Internet protocol suite (TCP/IP, FTP, SMTP,
TELNET, etc.) has developed into a de facto industry standard for heterogeneous
packet-switching computer networks. However, the current Internet gateway
architecture does not provide dynamic algorithms to route Internet datagrams between
local TCP/IP networks via the system of X.25 public data networks (PDN).

In this paper, the application of the Internet cluster addressing scheme to the
system of X.25 public data networks is described and hierarchical VAN-gateway
algorithms for worldwide network reachability information exchange between local
TCP/IP networks are presented. In addition, the mapping between Internet network
numbers and X.121 Data Network Identification Codes (DNICs) is discussed and PDN
routing algorithms are described. The presented concept of the PDN-cluster addressing
scheme and the described VAN-gateway algorithms provide a basis for the routing of
Internet datagrams through X.25 public data networks, and would therefore allow
worldwide interoperation between the many local-area networks in various countries,
now using DARPA Internet TCP/IP protocols.

1. INTRODUCTION

The Internet system provides packet transport by means of a datagram service for
hosts subscribing to the DARPA Internet protocol suite. Currently, in the DARPA
Internet several thousand hosts are connected to over 550 networks, using over 300
gateways. In addition, there are several thousand registered networks [RFC1020], and
an unknown number of unregistered local area networks, using DARPA Internet TCP/IP
protocols, which are not interconnected so far.

This work was granted by the German BMFT and the German automotive industry under
subcontract No TV8815-7.

The basic datagram protocol is the Internet Protocol (IP) [RFC791]. Error reporting, flow control, first-hop gateway redirection and other control functions are provided by the Internet Control Message Protocol (ICMP) [RFC792]. Internet transport layer protocols are the Transmission Control Protocol (TCP), which provides reliable end-to-end data stream service, and is equivalent to ISO/OSI Transport Protocol class 4 (TP4), while the much simpler User Datagram Protocol (UDP) is equivalent to the ISO/OSI Transport Protocol class 0 (TP0). All Internet user level protocols use either TCP/IP (e.g. FTP, TELNET, SMTP) or UDP/IP (e.g. NAMESERVER) as the basic packet transport mechanism. Due to the widespread implementation under various operating systems (currently about 180), these protocols have developed into a de facto industry standard for heterogeneous packet-switching computer networks.

The Internet model includes constituent networks, called local networks, to distinguish them from the Internet system as a whole. These local networks are connected together by means of Internet gateways. Each gateway is connected to two or more networks by a physical interface and has an address on each of the local nets between which it provides a datagram transport service. Gateways belonging to different gateway systems ("autonomous systems") might use different intra-system routing mechanisms. In order to maintain the routing tables, an interior gateway protocol like the Gateway-Gateway Protocol (GGP) [RFC823], can be used to exchange routing information between gateways of the same autonomous system, while the Exterior Gateway Protocol (EGP) [RFC904] is used to exchange network reachability information with gateways belonging to a neighbor system.

Internet network numbers are assigned [RFC1020] to networks that are connected to the DARPA-Internet and DDN-Internet, and to independent networks that subscribe to the DARPA Internet protocol suite. Currently more than 10.000 networks numbers are officially assigned.

In the USA, the ARPANET, the NSF-Net, the WIDEBAND, etc. serve as the backbone of the DARPA Internet system, currently consisting of around 550 networks. In Europe, the situation is completely different: Hundreds of local networks are using TCP/IP protocols, but most of them are not connected to any other Internet network. The only considerable network, by which these stand-alone TCP/IP networks could be interconnected worldwide, would be the system of X.25 public data networks (PDN), but no dynamic PDN-routing and VAN-gateway algorithms have been developed so far.

In this paper the application of the Internet cluster addressing scheme to the international system of X.25 Public Data Networks (hereafter referred to as PDN), is discussed and the new concept of hierarchical VAN-gateway algorithms for worldwide network reachability information exchange is presented. This concept allows the implementation of improved algorithms to connect Internet networks to the DARPA Internet as well as to interconnect independent networks together by routing Internet datagrams via "VAN-gateways" through X.25 public data networks and to Internet hosts which are directly attached to a PDN ("Internet/PDN-host").

In Section 2 an outline of the current Internet routing model is given. In Section 3, we discuss the application of the Internet cluster addressing scheme to the international system of X.25 public data networks and the use of a cluster-mask for routing decisions within the PDN-cluster. In addition, the mapping between Internet PDN-cluster network numbers and DNICs is described. In Section 4, we present the new concept of hierarchical VAN-gateway algorithms, which are used for worldwide Internet network reachabilty information exchange between VAN-gateways. Also, the use of a route server for routing Internet datagrams through the PDN is considered. Finally, in Section 5, we summarize the advantages of the PDN-cluster addressing scheme and we specify the requirements for VAN-gateways, which are necessary to allow worldwide interoperation between local TCP/IP networks, by routing Internet datagrams through the international system of X.25 public data networks.

2. CURRENT INTERNET ROUTING MODEL

The current Internet routing model assumes that the route to a host can be computed by an algorithmic transformation on the destination address. The routing algorithms conforming to this model compute only a single (shortest) path from a given gateway to a given destination network, based on some metric such as hopcount or delay, without dependence on costs, type of service or anything else. Also, it is important to understand that the computed route does not depend on any network parameter (e.g. delay, costs, hopcount, link quality) within the destination network.

According to this "network-centric" routing model all hosts in the Internet must make the following routing decision when sending a datagram: Is the datagram addressed to a host on a directly connected network ("local" network) and can therefore be sent directly, or is it addressed to a host on a different Internet network ("foreign" network) which is reachable only via a local gateway. Note, that if subnets are in use (see [RFC940] and [RFC950]) only hosts/gateways on the same subnet appear to be local, while all other destinations are assumed to be reachable only indirectly via a (sub)gateway.

3. INTERNET PDN-CLUSTER ADDRESSING SCHEME FOR X.25 PUBLIC DATA NETWORKS

The international system of X.25 public data networks (PDN) is a typical wide-area network (WAN). In this system, the national packet-switched data networks in various countries are connected via gateways (CCITT, Rec. X.75 [CCITT]) to allow international interworking between hosts on different national public data networks over international virtual circuits.

3.1 X.121 Addressing

An X.121 address (CCITT, Rec. X.121 [CCITT]) is assigned to each PDN host. This international data number consists of the Data Network Identification Code (DNIC, fixed at 4 digits) and the Network Terminal Number (NTN, up to 10 digits).

The system of data network identification codes (DNICs) as specified in Rec. X.121 [CCITT] provides a theoretical maximum of 6000 (resp. 8000) DNICs. However, only about 200 national public data networks are in operation so far.

Currently an Internet class A network number [14.rrr.rrr.rrr] is assigned to the system of public data networks (PDN). For the time being the assignment of Internet addresses to hosts (gateways) on PDN is done successively in (chronological) order of request, regardless to which national public data network a host (gateway) belongs.

Connectivity with the Internet is provided by so called "VAN gateways", which are attached to the national public data networks.

3.2 Characteristics

The PDN can be characterized as follows:
- Wide-area network
- Complex of national public data networks
- International virtual circuits are provided
- Different charges for international and national virtual circuits
- Charges depend on length of time and data volume transferred
- No broadcasting and no multicasting

3.3 Routing Through PDN - Current Situation

Due to the characterization above, the following requirements seem to be reasonable for the routing of Internet datagrams through PDN:

- Routing decisions should be made with regard to the structure of the PDN (complex of national public data networks)
- Packets between PDN hosts should be sent directly through the PDN over virtual circuits

The current routing situation in the DARPA Internet with regard to PDN is very poor:

Due to the assignment of a class A network number to the system of X.25 public data networks (PDN), no internal structure of this PDN system is visible to the outside world.

No parameters (e.g. charges) within the destination network are taken into account in Internet routing decisions.

The nearest VAN-gateway, which declares the PDN system as reachable through it, will receive all data traffic for the PDN. If this VAN-gateway does not make (international) X.25 calls actively, all packets for hosts reachable only via the PDN will be discarded, unless an (international) virtual circuit, which was established previously by the destination host (or another VAN-gateay), is still open.

3.4 Motivation for a Clustering Scheme

Consider the system of X.25 Public Data Networks (network P), to which the Internet networks A and B are connected by means of gateways GAP and GBP as shown in Figure 3.4-1. Host HA is attached to network A and hosts HPT and HPD are connected to network P.

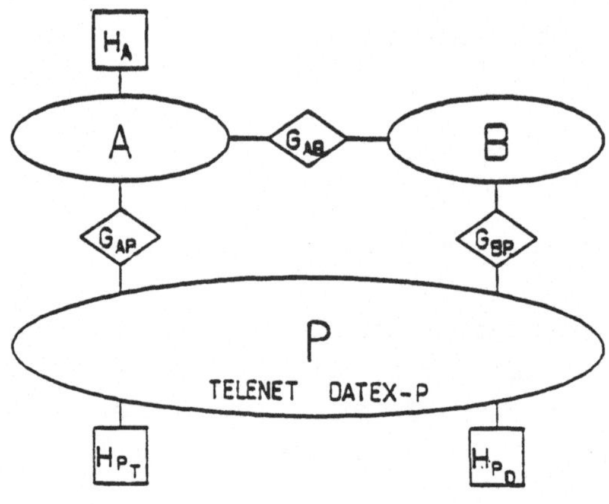

Figure 3.4-1

Direct connections (switched virtual circuits) can be established between the gateways and hosts attached to network P.

According to the Internet routing model, packets from host HA to both HPT and HPD will be routed via gateway GAP (minimum hopcount).

Assume that HPT is a host on the X.25 national public data network TELENET (USA), and HPD is a host on DATEX-P (Germany). Then the charges for a connection between GAP and HPD will be around three times higher than between GBP and HPD. In this case it might be reasonable to route packets from HA to HPD through network B via gateway GBP instead via GAP. Therefore, for routing decisions, the internal structure of the PDN system (network P) would be of interest even outside it. However the current Internet gateway architecture does not provide any algorithms for this situation (due to "network-centric" routing), except that a user on HA could specify GBP explicitly in an IP source route option.

Note, that dividing network P into several subnets according to the internal
structure of P would have no external effects, because it is invisible to the outside
world as mentioned above. Therefore packets would still be routed from HA to HPD via
GAP and not through network B.

Another idea would be to assign different Internet network numbers to subdivisions
(e.g. T and D, see Figure 3.4-2) of P, instead of assigning a single Internet network
number to network P. Thus, the PDN would become a complex of several Internet
networks, and the structure of the PDN would be visible outside of it.

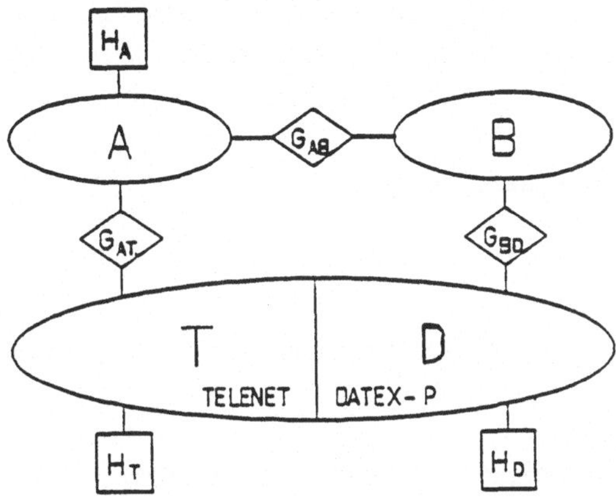

Figure 3.4-2

However this assignment would be inconsistent with the current Internet routing
model, because there are packets to "foreign" networks which need not be routed via a
local gateway but can be sent directly: Consider packets to be sent from HT (former
HPT) to HD (former HPD). Note that HT and HD are now hosts attached to different
Internet networks, but direct connections can still be established between HT and HD
without transiting an Internet gateway! According to the current routing algorithms,
HT would determine that the destination HD is on a different ("foreign") Internet
network and would therefore decide that the packets must be sent to a local gateway
on the common network T. There is only one gateway GAT connected to network T, but
transmitting packets to GAT would be unreasonable, since they can be sent directly to
HD. But HD is neither a gateway nor is it a host on the local net. Similarly, gateway
GAT would encounter the same problems in its routing decision as HT when forwarding
packets to HD. In addition, gateway GAT cannot send an ICMP Redirect message to HT
specifying HD as a better first hop on the route towards the destination, because HD
is not a host on the same network.

Therefore, the following model of a clustering scheme is proposed [ROKI88], which
adds an additional level to the interpretation of Internet addresses and is called
"Cluster Addressing Scheme":

3.5 Cluster Addressing Scheme Model

Specific Internet network numbers are assigned to a set of nets between which direct connections can be established without transiting a gateway. These networks are associated to an "Internet Cluster". For all routing decisions within the cluster, and for the specification that different Internet networks are associated to a cluster, the use of an address-mask, called "Cluster-Mask", is proposed. By means of this cluster-mask, all hosts within the same cluster, even if attached to different Internet networks appear to be local. ICMP Redirect messages can be sent directly between gateways and hosts belonging to the same cluster. The fact that several Internet networks are associated to an Internet cluster is invisible to the outside world. However the internal structure of the cluster, which is a complex of Internet networks ("cluster-nets"), is visible outside the cluster.

The 32-bit INTERNET address consists of:

```
<INTERNET address> ::= <network-number><rest-field>
```

Now the cluster addressing scheme proposes that the <network-number> field is interpreted as

```
<network-number> ::= <cluster-number><cluster-net-number>
```

Although this subdivision of the <net-work-number> field is used for routing decisions within the cluster, it is invisible to the outside world.

Thus, if this clustering scheme is in use, the INTERNET address can be interpreted as

```
<INTERNET address> ::= <cluster-#><cluster-net-#><rest-field>
```

3.6 PDN-Cluster Addressing Scheme

To allow an improved routing of Internet datagrams through PDN according to the Internet routing model, the application of the cluster addressing scheme to the system of X.25 public data networks is proposed:
- Internet class B network numbers (with identical bits in the first (high-order) 6-bit field of the Internet address) are assigned to national public data networks.
- The national public data networks are associated to an Internet cluster ("PDN-Cluster")
- For the specification of this cluster and for routing decisions within the cluster, a cluster-mask is used (value <252.0.0.0>), thus all hosts within the PDN-cluster appear to be reachable "locally".
- ICMP Redirect messages can be sent to any PDN host to manage the routing within the PDN-cluster.

NOTE: No changes to the existing Internet gateway system are necessary to support the cluster addressing scheme other than reserving a set of class B network numbers for the PDN-cluster and implementing this scheme on VAN-gateways and PDN-hosts. On hosts supporting subnets [RFC950] this can be done very easily by simply setting the address-mask to the value of the cluster-mask.

Consider the example of network P (system of X.25 public data networks) as discussed above (Fig. 3.4-1). Now, according to the cluster addressing scheme specific Internet network numbers [P1] and [P2] are assigned to national public data networks as shown in Figure 3.6-1. These Internet networks P1 and P2 are associated to an Internet cluster (PDN-cluster). If packets are to be sent from HP1 to HP2, host HP1 can determine by means of a cluster-mask that HP2 is a "local" host since it belongs to the same cluster. Therefore, the packets can be routed directly ("locally") by establishing a direct connection (switched virtual circuit, SVC) to HP2. If the packets are sent for some reason to gateway GAP1, then, according to the clustering scheme, GAP1 can send an ICMP Redirect message to HP1 specifying HP2 as a better first hop in this message.

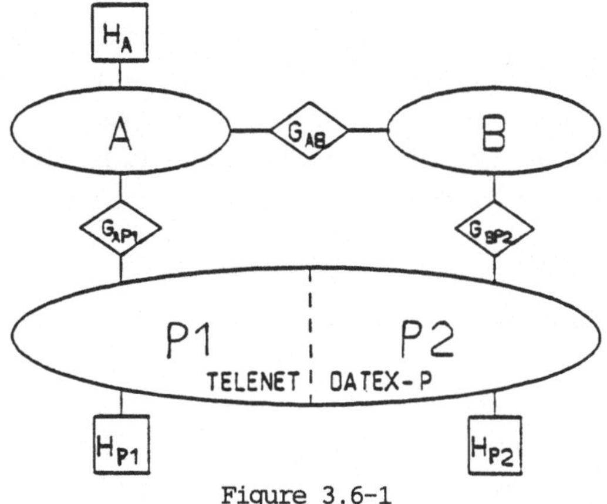

Figure 3.6-1

3.7 Mapping Between Internet Network Numbers and DNICs

Due to reasons of homogenity (cost structure, available network options, etc.) a mapping between Internet network numbers and Data Network Identification Codes (DNICs, Recomm. X.121 [CCITT]) is proposed.

Therefore Internet class B network numbers with identical bits in the first (high-order) 6-bit field of the Internet address (see below) are assigned to the different national public data networks. This allows a maximum number of 65.536 PDN-hosts/ VAN-gateways on each network.

The national public data networks are associated to an Internet cluster (PDN-cluster).

For this reason the 16-bit <network-number> field (class B network) is divided into an n-bit <cluster-number> field and a (16 minus n)-bit <cluster-net-number> field:

<network-number> ::= <cluster-number><cluster-net-number>
                        (n bits)   +   (16-n bits)

In deciding how many bits of the <network-number> field should be used for the <cluster-number> field it seems to be reasonable to distinguish between:

- Theoretical number of addressable DNICs (see Recomm. X.121 [CCITT])
- Number of reachable DNICs currently (and in the near future)

The system of Data Network Identification Codes (DNICs) as specified in Rec. X.121 [CCITT] provides a theoretical maximum of 6000 (resp. 8000) DNICs.

However, only about 200 different national public data networks are reachable currently.

According to the "International Numbering Plan for Public Data Networks", Rec. X.121 [CCITT], the world is divided into six zones. The following table shows how many Data Network Identification Codes (DNIC) are already assigned to national public data networks, how many Internet PDN-cluster networks should be reserved for each zone, how many spares are available, and which Internet network numbers should be reserved for the PDN-cluster.

Zone	Area	assigned	reserve	spare	Internet/PDN-Cluster Networks
2	Europe	49	256	207	[188.001.r.r] - [188.254.r.r]
3	North America	39	256	217	[189.001.r.r] - [189.254.r.r]
4	Asia	40	192	152	[190.001.r.r] - [190.191.r.r]
5	Pacific	20	64	44	[190.192.r.r] - [190.254.r.r]
6	Africa	8	64	56	[191.192.r.r] - [191.254.r.r]
7	South America	44	192	148	[191.001.r.r] - [191.191.r.r]
Total		200	1024	824	

Therefore, it is proposed to use a 6-bit <cluster-number>-field for the PDN-cluster and a 10-bit <cluster-net-number>-field:

<network-number> ::= <cluster-number><cluster-net-number>
                        (6 bits)   +   (10 bits)

This allows to address 1024 (1016) different national public data networks with 65.536 PDN hosts on each.

According to the cluster addressing scheme, the reservation of Internet network numbers for an Internet cluster should start with the highest, not yet assigned network numbers of each class.

Therefore, the assignment of the cluster-numbers [188.n.r.r]-[191.n.r.r] to the PDN-cluster is proposed, thus to reserve the Internet network-numbers [188.001.rrr.rrr] up to [191.254.rrr.rrr] for the different national public data networks.

3.8 PDN-Cluster-Mask

For the specification of the PDN-cluster and for internal routing decisions within the cluster, corresponding to the width of the <cluster-number> field [ROKI88], a cluster-mask, called "PDN-cluster mask" is used, in which the first (high-order) 6 bits are set to "one", while the remaining bits are set to "zero" (value <252.0.0.0>).

```
<network-number>< rest - field >
<clus><clus.net>< rest - field >


11111100000000000000000000000000   binary
   252.      0.       0.      0 decimal
               PDN-cluster mask
```

By means of this cluster mask a host can determine if it is connected to a cluster-net. Each PDN-host/VAN-gateway uses this mask for the routing decision if the destination IP-address specified in a datagram is either "local" or "foreign" depending whether the destination is in the same cluster or not. All datagrams to local destinations (even on different Internet networks (cluster-nets)) can be sent directly to the destination without transiting an Internet gateway.

Thus all PDN-hosts/VAN-gateways within the PDN-cluster appear to be reachable "locally". In fact, direct national or international virtual circuits can be established between PDN hosts.

If an IP implementation supports subnets, (normally) no changes to the code are necessary to specify the PDN-cluster, except that "my_ip_mask" must be assigned the value of the "PDN-cluster mask" <252.0.0.0>.

3.9 ICMP Redirect Messages

Due to the fact that all hosts and gateways within the same cluster appear to be reachable "locally", the cluster addressing scheme allows to send ICMP Redirect messages between gateways and hosts within the same cluster and not only within a directly connected Internet network. This is a significant extension of the usage of the ICMP Redirect message. Therefore, to manage the routing within the PDN-cluster between PDN-hosts and VAN-gateways, ICMP Redirect messages can be sent to any host/gateway in the PDN-cluster, specifying any VAN-gateway/PDN-host as a better first-hop towards the destination in this redirect message.

3.10 Advantages and Disadvantages of the PDN-Cluster Addressing Scheme

The concept of associating a set of Internet networks to an Internet/PDN-cluster and the specification of a PDN-cluster mask has the following advantages:

- The internal structure of the system of X.25 PDNs, consisting of national public data networks, becomes visible to the outside world. This is important for routing decisions outside the cluster.
- The fact that an Internet/PDN-cluster has been formed is invisible outside the cluster. Therefore, no changes to the existing Internet gateway system are necessary to support the PDN-cluster addressing scheme.
- All hosts (gateways) within the PDN-cluster appear to be reachable directly ("locally"). This is important for routing decisions within the PDN-cluster.
- No (or minor) changes to hosts supporting subnets are needed only
- ICMP Address Mask Request and Address Mask Reply messages can be exchanged to determine which cluster-mask is in use.
- ICMP Redirect messages can be used within the PDN-cluster between VAN-gateways and PDN-hosts on different Internet networks

The requirement to reserve specific Internet network numbers for the PDN-cluster might be regarded as a disadvantage.

4. HIERARCHICAL VAN-GATEWAY ALGORITHMS

In order to route Internet datagrams to the destination network, Internet gateways must exchange routing and network reachability information ([RFC823] and [RFC904]). Due to the fact, that the system of X.25 public data networks (PDN) is a wide-area network, with no broadcasting feature, and with a complex tariff structure for national and international calls, new concepts of hierarchical Internet/VAN-gateway algorithms must be developed to provide worldwide interoperability between TCP/IP networks by routing Internet datagrams through PDNs. These hierarchical VAN-gateway algorithms are presented in this section.

4.1 Modified EGP Between VAN-Gateways

To advertise the reachability of PDN-cluster-networks and of networks beyond the PDN, EGP messages [RFC904] can be exchanged between VAN-gateways and other Internet gateways.

However, if a particular network does not have any external connectivity (outside the PDN) to the rest of the Internet and is reachable only via a VAN-gateway, it will be necessary to exchange network reachability information between VAN-gateways through the PDN. For this purpose (due to charges) a modified version of EGP on an event driven basis could be used, in which neither "Hello" packets nor "Network Reachability Updates" are sent periodically. After the "Neighbor Acquisition" phase, network reachability updates are exchanged only on an event driven basis, i.e. only if changes in network reachability occur. (Specification of such a protocol is outside the scope of this paper and will be discussed elsewhere)

4.2 Worldwide Internet Network Reachability Exchange Between VAN-Gateways

For a dynamic routing of Internet datagrams through the system of X.25 public data networks, a worldwide exchange of network reachability information between VAN-gateways is required. It is expected that, according to the number of local TCP/IP networks, which will be connected through the PDN, hundreds of VAN-gateways on the national public data networks in various countries will take part in this process. Due to the expected number of participating VAN-gateways and the requirement for worldwide communication, in order to limit the number of direct neighbor gateways of each VAN-gateway, and to minimize the amount of network reachability information, which has to be exchanged between VAN-gateways, hierarchical gateway algorithms are used, to maintain and update the routing tables of VAN-gateways.

First, consider a 2-level hierarchy for VAN-gateways as shown in Figure 4.2-1. Each level-1 VAN-gateway (V1D, V1I, V1T) on a national public data network reports on an event driven basis those local networks, which are reachable through it to a level-2 VAN-gateway on the same national public data network (V2D, V2I, V2T). Level-1 gateways may or may not receive worldwide Internet network reachability information from a level-2 VAN-gateway. If not, they use the level-2 gateway as the default gateway; if it is necessary, the level-2 gateway replies with a ICMP Redirect message to specify a better first hop VAN-gateway within the PDN-cluster. Normally, level-1 gateways do not exchange network reachability information among each other and with level-2 gateways on other national public data networks.

To each national public data network (at least) one Internet level-2 VAN-gateway is attached. Each level-2 gateway receives network reachability information from level-1 gateways on the same national public data network and exchanges this information with level-2 gateways on different national public data networks. In this scheme each

VAN-gateway has only one or two "active" neighbor gateways, to which switched virtual circuits (SVC) have to be opened actively by an X.25 "Call Setup Request", but Internet network reachability information is distributed worldwide. Note, that each VAN-gateway might have several "passive" neighbors (SVC opened by the neighbor gateway). In the example in Figure 4.2-1, the level-2 VAN-gateway V2D receives network reachability information from V1D about networks M and N, and reports the network reachability for networks D,L,M and N to level-2 gateway V2I, from which it receives worldwide network reachability information about networks I,F,G,H,K and (due to information exchange between V2I and V2T) also for T,A,B,C,E.

Now assume, that packets are to be sent from a host on network N (HN) to a host on network A (HA). These packets are routed to V1D. If V1D uses V2D as the default VAN-gateway for foreign networks (networks outside the PDN-cluster, D,I,T), then, according to the PDN-cluster addressing scheme, an ICMP Redirect message will be sent by V2D to V1D, specifying V2T (being in the same cluster) as a better first hop towards the destination. After opening a SVC to V2T, the packets will be routed to HA via V2T and network B.

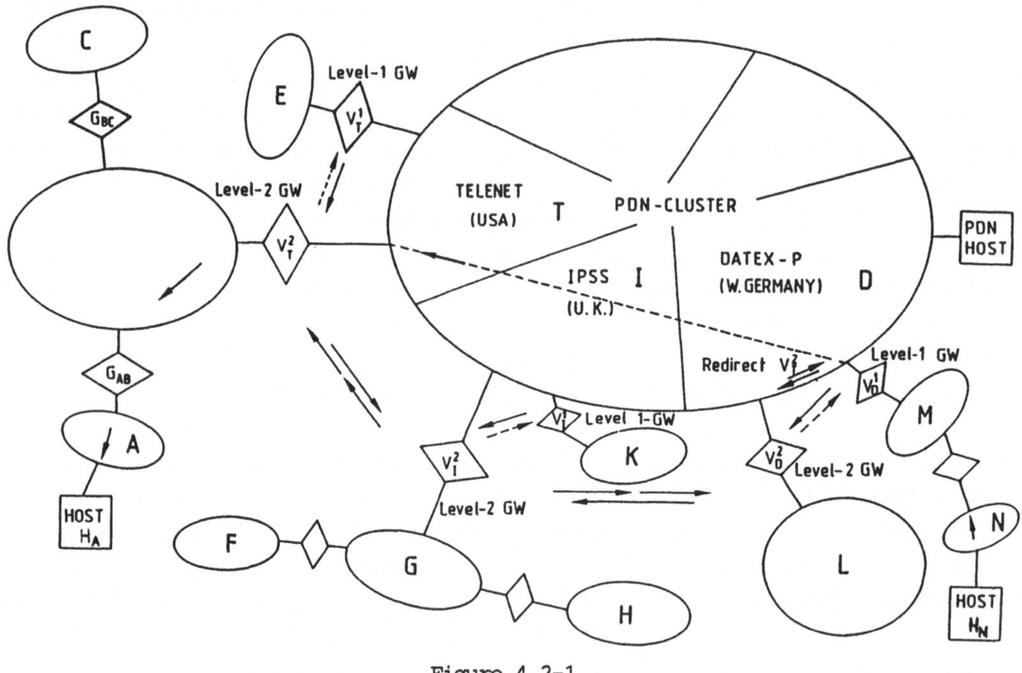

Figure 4.2-1

4.3 Route Server for Network Reachability Information

To avoid that network reachability for thousands of Internet networks must be distributed worldwide to all Internet gateways, although connections to a host on a network in another continent are established relatively seldom, the implementation of route servers for countries or zones might be reasonable.

Consider Figure 4.3-1 and assume that instead of only three networks A,B and C, there are 500 US-Internet networks behind level-2 VAN-gateway V2T. In this case the network reachability information about networks I,F,G,H,K and D,L,M,N is to be distributed to hundreds of Internet gateways in the USA, although connections from most US-networks to Europe are established relatively seldom. If a route server is implemented on a host on network C, then network reachability information about the European networks must be sent only to this route server. If the route server is implemented on level-2 VAN-gateway V2T, then even this information exchange could be avoided.

Assume that packets from a host on network A (HA) should be sent to a host on network N (HN). The packets will be routed to the default gateway GAB. Having no information about network N, this gateway would send a "Route Request" message to the route server, specifying network N as the destination network. The route server would respond with a "Route Reply" message, specifying V2T as the VAN-gateway in the USA through which the destination network N in Europe is reachable. Routed via V2T, V1D, and network M, the packets would finally reach the destination HN.

Now we assume that there are more intermediate gateways between GAB and V2T. In this case, each gateway would have to send a "Route Request" message to the route server. This could be avoided if gateway GAB uses the Internet address of V2T as a Source Route option (modified use, similar to the procedure as described in [ROKI88], 4.10). Then the packets could be routed to V2T without the requirement of requesting an additional route information from the route server by an intermediate gateway.

The described algorithms would have to be implemented in all Internet gateways. The "Route Request" and "Route Reply" messages could probably be defined as new ICMP messages.

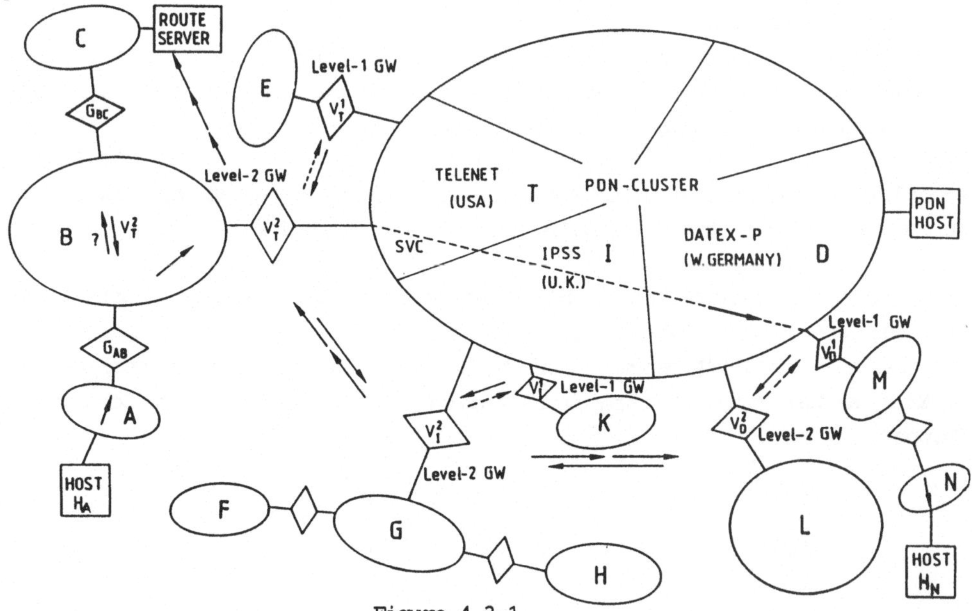

Figure 4.3-1

4.4 VAN-Gateway Level Classes

In the examples above, for reasons of simplicity, only a 2-level hierarchy of VAN-gateways has been considered. However, due to the fact, that currently about 200 national public data networks are in operation, in order to minimize the hopcount required to distribute network reachability information worldwide, additional VAN-gateway levels must be specified. The following four classes of VAN-gateways, according to a 4-level hierarchy, are defined:

- Level-1 LOCAL-VAN-Gateway:

  This gateway connects one or more local TCP/IP networks to the system of X.25 public data networks. It reports information about the local networks to a level-2 gateway, from which it may or may not receive worldwide Internet network reachability information.

- Level-2 DATA-NETWORK-Gateway:

  To each national public data network (at least) one level-2 Data-Network-Gateway is attached. Each level-2 gateway receives network reachability information from level-1 Local-VAN-gateways and reports this information to a level-3 gateway, from which it receives worldwide network reachability information.

- Level-3 COUNTRY-Gateway:

  This gateway reports the network reachability information it receives from all the level-2 Data-Network-gateways on the various national public data networks within the same country, to a level-4 gateway, from which it receives worldwide network reachability information.

- Level-4 ZONE-Gateway:

  This gateway collects the network reachability information from all the level-3 Country-gateways within the same zone, and exchanges worldwide network reachability information with adjacent level-4 Zone-gateways.

According to this hierarchical VAN-gateway scheme, Internet network reachability information is distributed worldwide as shown in Figure 4.4-1.

Note, that the described hierarchical VAN-gateway scheme is only a logical one, and that the same physical VAN-gateway, for example the GMD-VAN in Figure 4.4-1, could act as the Local-VAN-gateway for the GMD Net, as the Data-Network-gateway for DATEX-P, as the Country-gateway for Germany, and finally as the Zone-gateway for Europe.

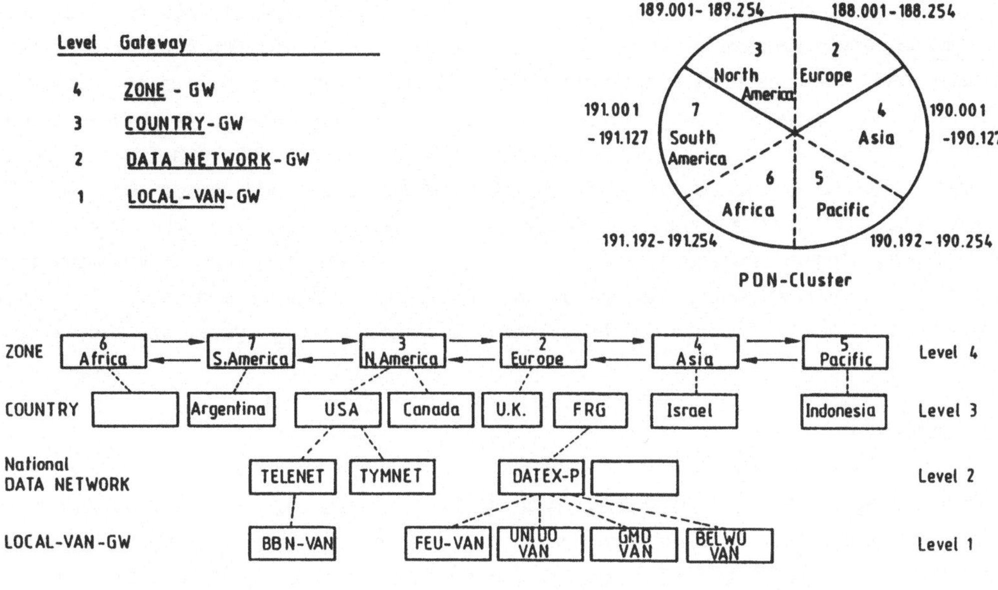

Figure 4.4-1

A modification of the proposed hierarchical VAN-gateway scheme might be reasonable
(for example an additional level-5 World-gateway, or an additional Region-gateway
between the Country-gateway and the Zone-gateway) and will be discussed in the Public
Data Network Routing working group of the Internet Engineering Task Force (IETF), and
with PDN-test partners in Europe, the United States and Australia, and possibly in
Argentinia, Canada, Indonesia and Japan.

5. SUMMARY

In this paper, the application of the cluster addressing scheme to the system of X.25
public data networks (PDN) has been discussed. Different Internet network numbers are
assigned to the national public data networks (about 200 worldwide) and associated to
the PDN-cluster. Thus, the internal structure of the PDN, which currently appears to
be unstructured, becomes visible to the outside world, which is important for
Internet routing decisions. However, the fact that a PDN-cluster has been formed is
invisible outside the cluster. Therefore, no changes to the existing Internet gateway
system are necessary.

By means of the PDN-cluster mask, which is used for routing decisions, all
hosts/gateways within the PDN-cluster (even on different Internet networks) appear to
be reachable locally, and in fact, direct virtual circuits between PDN-hosts and
VAN-gateways can be established. As a significant extension, ICMP Redirect messages
can be sent not only between hosts and gateways on the same Internet network, but
within the whole PDN-cluster. In addition, a hierarchical VAN-gateway scheme has

been presented, by which Internet network reachability information can be distributed worldwide very effectively with a few number of hops. The PDN-cluster addressing scheme and the presented hierarchical VAN-gateway algorithms involve no changes to the existing Internet gateway system, and must be implemented only on VAN-gateways and hosts, which are directly attached to the PDN. PDN-hosts whose software supports subnets can be equipped easily with the PDN-cluster addressing scheme. The implementation of the proposed PDN-cluster addressing scheme and the hierarchical VAN-gateway alogorithms would allow worldwide interoperation beween the many local networks in various countries now using DARPA-Internet TCP/IP protocols, in a very short time, since no changes to the existing Internet gateway system are necessary.

ACKNOWLEDGMENT

J. Noel Chiappa, Horst D. Clausen, Dave Mills, Jon Postel, Bernhard Walke and the members of the Public Data Network Routing working group of the Internet Engineering Task Force (IETF) have provided helpful discussions and important suggestions.

REFERENCES

[CCITT]   CCITT, Data Communication Networks. Transmission, Signalling and Switching, Network Aspects, Maintainance, Administrative Arrangements, Recommendations X.40 - X.180, Yellow Book, Vol. VIII - Fascicle VIII.3, Geneva, 1981

[RFC791]   Postel, J., ed., "Internet Protocol - DARPA Internet Program Protocol Specification", DARPA Network Working Group Request For Comments RFC-791, SC/Information Sciences Institute, Sept. 1981.

[RFC792]   Postel, J., ed., "Internet Control Message Protocol - DARPA Internet Program Protocol Specification", RFC-792, USC/Information Sciences Institute, Sept. 1981.

[RFC823]   Hinden, R., Sheltzer, A., "The DARPA Internet Gateway", RFC-823, Bolt, Beranek and Newman Inc., Sept. 1982.

[RFC904]   Mills, D.L., "Exterior Gateway Protocol Formal Specification", RFC-904, M/A-COM Linkabit, Apr. 1984.

[RFC940]   GADS, "Toward an Internet Standard Scheme for Subnetting", RFC-940, DARPA Internet Gateway Algorithms and Data Structures Task Force, Apr. 1985

[RFC950]   Mogul, J., Postel, J., "Internet Standard Subnetting Procedure", RFC-950, Stanford University and USC/Information Sciences Institute, Aug. 1985.

[RFC1020] Romano, S., Stahl, M., "Internet Numbers", RFC-1020, Stanford Research International, Nov. 1987.

[ROKI88]   Rokitansky, C.-H., "Internet Cluster Addressing Scheme and Its Application to Public Data Networks", in Proceedings of the 9th International Conference on Computer Communication (ICCC'88), pp. 482-491, Tel Aviv, Israel, Oct./Nov. 1988.

BERGATE - Ein Transitsystem zur Kopplung Lokaler Netze über Breitband-ISDN

Gabriele Goldacker, Klaus Jacobsen, Thomas Luckenbach,
Reinhard Ruppelt, Rolf Schmidt, Michael Vogelsänger

GMD FOKUS*
Hardenbergplatz 2
1000 Berlin 12

Zusammenfassung:

Die Kopplung Lokaler Netze mit ihrer Übertragungskapazität von mehreren Megabit pro Sekunde bietet sich als eine der ersten Anwendungen zur protokollgesteuerten Nutzung von Hochgeschwindigkeits-Kanälen (bis etwa 140 Mbit/s), wie sie im Breitband-ISDN zur Verfügung stehen werden, an. Die vorliegende Arbeit geht auf aktuelle Entwicklungen im LAN- und ISDN-Bereich ein und erläutert die Anforderungen an ein Transitsystem, das im Rahmen des Projekts BERKOM von der GMD FOKUS entwickelt wird. Es wird die geplante Funktionalität des Transitsystems vorgestellt und die dem Transitsystem zugrunde liegende Protokollarchitektur, die sich an den MAP-/ TOP-Protokollprofilen orientiert, beschrieben. Probleme bei der Kopplung von Broadcast-Netzen und leitungsvermittelnden Punkt-zu-Punkt-Netzen werden erläutert und Managementfunktionen des BERGATE-Transitsystems diskutiert. Den Abschluß der Arbeit bildet eine Beschreibung des geplanten Aufbaus des Transitsystems mit Schwerpunkt auf der zu entwickelnden Protokoll-Hard- und -Software für die Breitband-ISDN-Schnittstelle.

---

*) Gesellschaft für Mathematik und Datenverarbeitung mbH - Forschungszentrum für Offene Kommunikationssysteme in Zusammenarbeit mit dem Konrad-Zuse-Zentrum für Informationstechnik Berlin (ZIB).

Kapitel 1: Einleitung

1986 startete die Deutsche Bundespost in Zusammenarbeit mit dem Land Berlin das Projekt BERKOM [BER87] mit dem Ziel, neue Endsysteme und Anwendungen für ein zukünftiges Breitband-ISDN / Integriertes Breitbandfernmeldenetz (IBFN) zu entwickeln. Motivation für ein solches Projekt ist die Notwendigkeit, die Zeitspanne zwischen Investitionen seitens des Netzbetreibers und Nutzungsbeginn seitens der Anwender zu verringern und somit "Investitionsbremsen" zu vermeiden. Ein derartiges Vorgehen ist bei der Entwicklung des Breitband-ISDN in zweierlei Hinsicht unbedingt erforderlich:

- Breitband-ISDN erfordert, bedingt durch die notwendige Verlegung von Lichtwellenleitern, ein Investitionsvolumen, das um ein vielfaches höher liegt als die für den Übergang zu Schmalband-ISDN notwendigen Investitionen.

- Die im Breitband-ISDN zur Verfügung stehenden Übertragungsraten bis 140 Mbit/s sind mit derzeitigen Endsystemen / Anwendungen bei weitem nicht auszunutzen.

Während die überwiegende Anzahl der BERKOM-Projekte anwendungsorientiert ist, wird im Projekt **BERGATE*** ein **anwendungsunabhängiges und auf internationalen Standards basierendes Transitsystem** entwickelt. Aufgabe dieses Transitsystems ist der Abbau des *Insel-Effekt*s zwischen geographisch entfernten Lokalen Netzen durch die Kopplung dieser LANs über Breitband-ISDN (B-ISDN) bzw. z. Zt. über das BERKOM-Testnetz. Ein solches Transitsystem in Verbindung mit Hochgeschwindigkeits-Kanälen von ca. 140 Mbit/s soll einen <u>zeittransparenten Datenaustausch</u> - d. h. eine Übertragung ohne durch Kopplungsfunktionen verursachte Durchsatzverluste - zwischen Endsystemen verschiedener LANs ermöglichen.

Auch wenn die Übertragungsraten derzeit üblicher LANs (~ 10 Mbit/s) nicht ausreichen, um einen 140 Mbit/s-Kanal auszulasten, so ist doch nicht zu übersehen, daß die Entwicklung im LAN-Bereich einerseits in Richtung Lichtwellenleiter-Netze mit 100 Mbit/s und höheren Übertragungsraten geht (z. B. [FDDI86], [DUAL87], [DTH87]) und andererseits durch die Aktivitäten von General Motors bzw. Boeing bei der Festlegung von Protokollprofilen für den Fertigungsbereich (*Manufacturing Automation Protocol*, **MAP** [MAP85]) bzw. den Bürobereich (*Technical and Office Protocols*, **TOP** [TOP85]) ein starker Trend in Richtung international standardisierter Protokolle auch im LAN-Bereich zu beobachten ist.

Wegen der großen Bedeutung der MAP-/TOP-Protokollprofile wird im BERGATE-Projekt in der ersten Phase eine Kopplung Lokaler Netze genau dieser Ausprägungen realisiert.

---

*) Vollständiger Titel: BERGATE - Pilotentwicklung eines modularen Transitsystems zur Kopplung von LANs ISO 8802/3 und ISO 8802/4 für das BERKOM-Testnetz. Gefördert im Rahmen des Projekts BERKOM (**Ber**liner **Kom**munikationssystem) durch die Deutschen Telepost Consulting GmbH, Bonn (DETECON).

Kapitel 2: Anforderungen

Die Anforderungen an das im Rahmen des Projekts BERGATE zu entwickelnde Transitsystem (im folgenden auch BERGATE-Transitsystem oder kurz **BTS** genannt) lassen sich grob in drei Bereiche unterteilen:

- Funktionale Anforderungen (*was wird gemacht*)

- Technische Anforderungen (*womit wird's gemacht*)

- Realisierungstechnische Anforderungen (*wie wird's gemacht*)

Funktionale Anforderungen:

Das BTS muß Schnittstellen zu Token Bus-LANs (MAP), zu CSMA/CD-LANs (TOP) und zum BERKOM-Testnetz aufweisen sowie die Kommunikation zwischen den Endsystemen dieser Netze unterstützen. An der Schnittstelle zum BERKOM-Testnetz muß neben der D-Kanal-Signalisierung ([CCITT84], [FTZ86]) eine für Datenübertragung geeignete Behandlung der B- und insbesondere der H-Kanäle erfolgen. Der Schwerpunkt des Projekts liegt in der Benutzung des "schnellsten" Kanals des BERKOM-Testnetzes, des H4-Kanals mit 135,168 Mbit/s.

Technische Anforderungen:

Angesichts der Übertragungsrate von ca. 140 Mbit/s (duplex) auf dem H4-Kanal scheint eine reine Software-Realisierung der H-Kanal-Protokolle derzeit nicht durchführbar. Ziel im Projekt BERGATE ist es daher u. a., eine *Protokolladapterkarte (PA)* zu entwickeln, die das Schicht 2-Protokoll "in Hardware" abwickelt. Die Auslagerung und Hardware-Realisierung des Schicht 3-Protokolls mit der - zumindest konzeptionell - <u>zentralen</u> Routingfunktion ist zu überlegen, im Rahmen des laufenden Projekts jedoch nicht durchführbar.

Die Realisierung des BTS soll auf der Grundlage am Markt verbreiteter Hard- und Software-Komponenten erfolgen. Zur Realisierung des Hochgeschwindigkeits-Datentransfers zwischen Protokolladapter und BERKOM-Testnetz und zur Entlastung des VME-Systembusses wird der VME-Subbus (VSB) eingesetzt.

Realisierungstechnische Anforderungen:

Die Anforderungen an die Realisierung des BTS sind durch die Schlagworte Modularität, Flexibilität und Kostengünstigkeit gekennzeichnet und sollen hier kurz erläutert werden. Die Eigenschaft der <u>Modularität</u> bezieht sich auf die Notwendigkeit, das BTS so zu realisieren, daß Teile der Entwicklung auch in anderen Einsatzgebieten, z. B. beim direkten Endsystemanschluß, verwendet werden können. Die Forderung nach <u>Flexibilität</u> ergibt sich aus der Tatsache, daß sowohl im LAN-Bereich die Entwicklung noch lange nicht abgeschlossen ist, als auch die Vermittlungstechnik eines zukünftigen Breitband-ISDN aller Wahrscheinlichkeit nach nicht der Leitungsvermittlungstechnik des BERKOM-Testnetzes entsprechen, sondern ATM-Technik sein wird. Beide Entwicklungen setzen die Möglichkeit der Änderung / Erweiterung des BTS an seinen Schnittstellen voraus. Die Forderung nach einer <u>kostengünstigen</u> Realisierung soll den bedarfsorientierten Einsatz von Transitsystemen ermöglichen.

Kapitel 3: Protokollarchitektur des Gesamtnetzes

Das Gesamtnetz soll die teilnetzübergreifende Abwicklung beliebiger Anwendungen ermöglichen. Die Kopplung erfolgt daher in den transportorientierten Schichten (1 - 4) des OSI-Referenzmodells. Aus Kompatibilitäts-, Zeit- und Kostengründen sollten im Gesamtnetz - soweit möglich - die bisher lokal in den zu koppelnden Netzen verwendeten Protokolle und Dienste eingesetzt werden.

3.1: Protokollarchitektur in MAP-/TOP-Netzen

MAP-/TOP-Netze sind Broadcast-Netze mit gemeinsamer Mediennutzung und genau einem Datenpfad zwischen beliebigen angeschlossenen Stationen, daher enthalten sie keine netzlokalen Transitsysteme.

	MAP	TOP
Schicht 4, verbindungsorientiert:	<u>Dienst</u>: ISO 8072	
	<u>Protokoll</u>: ISO 8073, Klasse 4	
Schicht 3, verbindungslos:	<u>Dienst</u>: ISO 8348/AD 1	
	<u>Protokoll</u>: ISO 8473, vollständige Variante ("Internet")	
Schicht 2b, verbindungslos:	<u>Dienst</u>: ISO 8886.2	
	<u>Protokoll</u>: ISO 8802/2, Typ 1	
Schichten 2a und 1, verbindungslos:	ISO 8802/4	ISO 8802/3

Abb. 1: Protokollarchitektur in MAP-/TOP-Netzen

3.2: Protokollarchitektur im BERKOM-Testnetz

Das BERKOM-Testnetz ist ein leitungsvermittelndes Punkt-zu-Punkt-Netz. Nutz- und Signalisierungsdaten werden auf verschiedenen Zeitmultiplex-Kanälen ("Leitungen") vollduplex übertragen. Die Signalisierung umfaßt im wesentlichen den Nutzkanalauf- und -abbau und die Vereinbarung von Dienstmerkmalen.

Für alle Kanäle gilt ein gemeinsames Schicht 1-Protokoll. Für den Signalisierungskanal (D-Kanal) sind außerdem die - für die Kommunikation zwischen dem Teilnehmer und den Vermittlungsstellen erforderlichen - Schicht 2- und Schicht 3-Protokolle festgelegt. Weitere Protokolle sind vom Netzbetreiber nicht vorgeschrieben, da sie nur die Teilnehmer-Teilnehmer-Kommunikation betreffen. Zur Abwicklung von Anwendungen müssen zwischen End- und Transitsystemen am BERKOM-Testnetz geltende Protokolle und die damit realisierten Dienste festgelegt werden.

	Nutzkanal	D-Kanal
Schicht 3:		I.450 / I.451
Schicht 2:		I.440 / I.441
Schicht 1:	BERKOM-spezifisch (vgl. I.430 / I.431)	

Abb. 2: Protokollarchitektur des BERKOM-Testnetzes

3.3: Folgerungen für die Protokollarchitektur des Gesamtnetzes

Das Schicht 2-Protokoll für die Nutzkanäle des BERKOM-Testnetzes sollte den auch in MAP-/ TOP-Netzen verwendeten verbindungslosen Schicht 2-Dienst entsprechend [ISO8886.2] realisieren. Es muß Bitfehlererkennung mittels eines CRC durchführen können, die Integrität von Schicht 2-PDUs wahren und zwischen Nutz- und Fülldaten im kontinuierlichen Bitstrom des Kanals unterscheiden. Eine Fehlzustellung oder Reihenfolgeänderung von Schicht 2-PDUs kann nicht auftreten, da die Kanäle leitungsvermittelt sind.

Das Schicht 2-Protokoll für die Nutzkanäle besteht im Projekt BERGATE aus der Übertragung von UI PDUs entsprechend Typ 1 des ISO-LLC-Protokolls [ISO8802/2]. Die PDUs werden in einem Rahmen gesendet, der durch ein Rahmen-Anfangsfeld festen Inhalts und ein Längenfeld bestimmt wird und einen 32 bit-CRC (Generatorpolynom wie [8802/3], [8802/4] und [FDDI]) enthalten kann. Sind keine Rahmen zu übertragen, dann werden Flag-Oktetts festen Inhalts gesendet.

| Rahmen-Anfangsfeld | Längenfeld | Daten (UI PDU) | | CRC | |

Abb. 3: Schicht 2-Rahmenformat

Das Schicht 3-Protokoll der MAP-/TOP-Architektur unterstützt teilnetzübergreifende Adressierung, Wegewahl und Vermittlung und kann der Fehlleitung oder der Nichtzustellbarkeit von PDUs durch das Gesamtnetz begegnen. Es ist daher als globales Schicht 3-Protokoll geeignet. Der dadurch realisierte teilnetzübergreifende Schicht 3-Dienst erfüllt die Voraussetzungen für den globalen Einsatz des Schicht 4-Protokolls der MAP-/TOP-Architektur. Damit entsteht folgende

Protokollarchitektur des Gesamtnetzes:

	MAP-/TOP-Endsystem	Transitsystem	BERKOM-Endsystem
4	ISO 8073		ISO 8073
3	ISO 8473	ISO 8473	ISO 8473
2b	ISO 8802/2	ISO 8802/2	BERKOM-spezifisch
2a+1	ISO 8802/4 oder ISO 8802/3	ISO 8802/4 oder ISO 8802/3 / BERKOM-spezifisch	

Abb. 4: Protokollarchitektur des Gesamtnetzes

Durch Simulation und Messungen an der Pilotrealisierung muß ermittelt werden, ob die ISO-Protokolle für die hohe Datenrate und die zu erwartende niedrige Bitfehlerquote des BERKOM-Testnetzes angemessen sind. Z. B. verhindert das Schicht 4-Quittierungsverfahren im Zusammenhang mit den maximalen PDU- und Fenstergrößen vermutlich die Ausnutzung der Übertragungskapazität.

3.3.1 Verwaltung der Nutzkanäle

Zur sinnvollen Nutzung des BERKOM-Testnetzes gehört auch der bedarfsgerechte Kanal-Auf- und Abbau, da an einem BERKOM-Testnetzanschluß (ähnlich wie für das B-ISDN geplant) nur wenige Nutzkanäle gleichzeitig zur Verfügung stehen, ein aufgebauter Kanal genau zwei Systeme miteinander verbindet, ein Kanalaufbau bis zu 1,5 sec dauert und für das B-ISDN zeitabhängige Gebühren erwartet werden.

Da mehrere gleichzeitige Kommunikationsbeziehungen unterstützt werden sollen, die nicht notwendigerweise über dasselbe entfernte System am BERKOM-Testnetz abgewickelt werden, ist ein Verfahren erforderlich, das bei Bedarf einen bestehenden Kanal ab- und einen Kanal zu einem anderen System aufbaut. Das Verfahren muß ausreichend häufig umschalten, um die zeitlichen Anforderungen der Protokolle und Anwendungen erfüllen zu können, und möglichst selten umschalten, da das Umschalten große Verzögerungen und starke Durchsatzeinbußen bewirkt.

Zur Optimierung des Umschaltzeitpunktes können folgende Parameter herangezogen werden:

1. zeitliche Anforderungen der Protokolle und Anwendungen,
2. Länge der Warteschlangen zu übertragender PDUs (pro entferntem System am BERKOM-Testnetz eine Warteschlange),
3. Verweilzeit der PDUs in den Warteschlangen,
4. Standzeit des aktuellen Kanals und
5. Menge der innerhalb einer bestimmten Zeit gesendeten und empfangenen Daten.

Diese Parameter können ohne zusätzliches Protokoll für das lokale System ermittelt werden, lassen dann aber keine Rückschlüsse bzgl. 2. und 3. für entfernte Systeme, die PDUs an das lokale System übertragen wollen, zu. Ein optimales Verfahren benötigt auch die Informationen über die entfernten Systeme, deshalb sollte ein entsprechendes Protokoll zwischen allen Systemen, die miteinander kommunizieren wollen, eingesetzt werden. Dieses Protokoll kann über den Teilnehmer-Teilnehmer-Datenaustausch auf dem *D-Kanal* abgewickelt werden.

Die für das Verfahren benötigte Verarbeitungskapazität erhöht sich mit jedem weiteren zu behandelnden Parameter überproportional. Da die Rechner bei der hohen Kanaldatenrate derzeit den Engpaß bei der Datenübertragung bilden, ist der Nutzen jedes Parameters gegen seinen Bearbeitungsaufwand abzuwägen. Zunächst wird deshalb nur das Umschalten des Kanals in Abhängigkeit von einer bestimmten Zeit, in der weder Daten gesendet noch empfangen wurden (4.), verwirklicht. Dieses Verfahren ist bei jedem Netz notwendig, für dessen Nutzung Zeitgebühren erhoben werden.

Kapitel 4: Managementfunktionen im Transitsystem

Systems-Management im Projekt BERGATE umfaßt die im OSI Management Framework [ISO7498/4] definierten Funktionsklassen <u>Fault-Management</u>, <u>Accounting-Management</u>, <u>Configuration-Management</u> und <u>Performance-Management</u>. Security-Aspekte haben im Rahmen dieses Projektes eine untergeordnete Bedeutung und werden zunächst nicht behandelt.

Während einer Kommunikationsbeziehung werden alle Management-relevanten Informationen registriert. Sie werden auf Anfrage, in bestimmten Abständen oder nach Beendigung der Kommunikationsbeziehung angezeigt und können zum Zweck einer späteren Auswertung aufgezeichnet werden. Um eine effiziente Auswertung der erstellten Statistiken zu ermöglichen, ist eine Aufbereitung der gewonnenen Daten erforderlich. Diese Funktion beinhaltet nicht nur die Form der Darstellung an sich (Graphiken, Tabellen etc.), sondern in erster Linie eine quantitative Reduktion der (häufig umfangreichen) Meßdatenbestände und die Berechnung charakteristischer Parameter aus den Statistikrohdaten sowie die Anwendung von Regressions- und Korrelationsananlysen.

Fault-Management:

Zur Aufrechterhaltung des operationellen Betriebes des BTS ist die Überwachung des Systemzustandes notwendig. Eine Forderung ist also, fehlerhafte Systemzustände sofort zu erkennen, unmittelbar und eindeutig zu diagnostizieren sowie Werkzeuge zu ihrer Behebung zur Verfügung zu stellen. Das Monitoring des Systemzustandes durch das Managementsystem ist unter anderem ein Instrument zur Erkennung von fehlerhaften Zuständen des BTS. Neben der Erkennung von Fehler-zuständen führt das Fault-Management im fehlerfreien Betrieb Konfidenz- bzw. Konsistenztests durch und registriert / reagiert auf Normabweichungen, etwa das zu häufige Ausführen bestimmter Aktionen, das exzessive Überschreiten von Grenzwerten oder das Nichtzustandekommen von Kommunikationsbeziehungen zu einem entfernten System. Fault-Management, wie es im Rahmen des Projektes BERGATE erforderlich wird, benötigt die folgenden Facilities*:

Initiate Error Reporting:	Starten / Stoppen der Fault-Management-Facility
Immediate Error Reporting:	Spontane Ausgabe von Fehlermeldungen
Cumulative Error Recording:	Akkumulierung von Fehlermeldungen
Error Threshold Alarm:	Registrierung von Grenzwertüberschreitungen
Regular Error Reporting:	Synchrone Ausgabe von Fehlermeldungen
Testing:	z. B. Connectivity Tests, Data und Protocol Integrity Tests, Data und Connection Saturation Tests, Response Time Tests
Error Statistics:	Auswertung von Fault-Management-Daten.

Accounting-Management:

Im Gegensatz zu Lokalen Netzen, bei denen für die Nutzung interner Ressourcen normalerweise keine nutzerspezifische Kostenberechnung durchgeführt wird, müssen bei netzwerkübergreifender Kommunikation - insbesondere über öffentliche WANs - in der Regel Gebühren entrichtet werden. Aufgrund seiner ausgezeichneten Stellung innerhalb des Gesamtnetzes ist ein Transitsystem prädestiniert für die Behandlung aller das Accounting betreffenden Fragestellungen. Dazu erstellt das Accounting-Modul differenzierte Statistiken über alle Kommunikationsbeziehungen und alle mißlungenen Versuche, Kommunikationsbeziehungen zu etablieren und präsentiert sie den Netzadministratoren und den Benutzern in geeigneter Form. Für das Accounting-Management werden folgende Facilities benötigt:

Initiate Accounting:	Starten / Stoppen der Accounting-Management-Facility
Request Accounting:	Registrierung von Accounting-Management-Daten
Account Limit:	Lesen / Modifizieren von Account-Beschränkungen
Cumulative Account Recording:	Akkumulierte Aufzeichnung von Accounting-Management-Daten
Regular Account Reporting:	Ausgabe von Accounting-Management-Daten
Account Statistics:	Auswertung von Accounting-Management-Daten

---

*) *Facility*: die Menge der Direktiven zur Realisierung einer speziellen Management-Funktionalität

Configuration-Management:

Unter dem Begriff Configuration-Management werden im wesentlichen die Managementfunktionen zusammengefaßt, die dazu dienen, Management-Ressourcen zu verwalten, um die Transitfunktion des Systems bereitzustellen und aufrechtzuerhalten. Zur Verwaltung von Management-Ressourcen ist die Registrierung, Überwachung und Aufzeichnung von Systemzustandsdaten (Statusinformationen) erforderlich. Für das Projekt BERGATE stellt das Configuration-Management die folgenden Facilities zur Verfügung:

Initiate Configuration Management:	Starten / Stoppen der Configuration-Management-Facility
Software Distribution:	Verwaltung der Management-Software
Object Configuration:	Konfiguration eines Management-Objektes
Status Management:	Anzeige / Modifikation von Statusinformationen
Attribute Management:	Anzeige / Modifikation von Attributen

Performance-Management:

Das OSI Management Framework [ISO7498/4] definiert Performance-Management als Menge von Funktionen, mit deren Hilfe die Eigenschaften von Management-Ressourcen und die Effizienz der Kommunikation während des Betriebes bewertet werden können. Dazu gehört im wesentlichen die Fähigkeit, Systemstatistiken zu erstellen, aufzuzeichnen, zu präsentieren und auszuwerten. Erst mit Hilfe dieser Informationen ist die Optimierung der Kommunikation hinsichtlich Verzögerungen und Durchsatz möglich.

Initiate Performance Reporting:

    Starten / Stoppen der Performance-Management-Facility

Monitoring Performance:

    Registrierung und Ausgabe / Speicherung von Performance-Management-Daten

Performance Threshold Alarm:

    Meldung von Performance-Management-Grenzwertüberschreitungen

Reporting on Performance Monitoring:

    Auswertung, Ausgabe / Speicherung und Löschung von Performance-Management-Daten

Regular Performance Reporting:

    Synchrone Ausgabe von Performance-Management-Daten.

Kapitel 5: Hardware des Transitsystems

Die protokollgesteuerte Nutzung des ca. 140 Mbit/s schnellen Übertragungskanals stellt hohe Anforderungen an die Hardware des BTS. Zielsetzung ist es, die Übertragungsleistung des H4-Kanals uneingeschränkt verfügbar zu machen. Im folgenden wird dargestellt, welche Entwurfs-bedingungen die Hardware-Architektur des BTS bestimmen.

5.1: Architektur

Der Anschluß des BTS an das BERKOM-Testnetz erfolgt über einen Netzadapter, der die Schicht 1-Funktionen realisiert und ebenfalls im Rahmen des Projektes BERKOM entwickelt wird. Da sich der Netzadapter der beiden Bussysteme VME und VSB bedient, ist die grundsätzliche Struktur des BTS weitgehend vorgegeben:

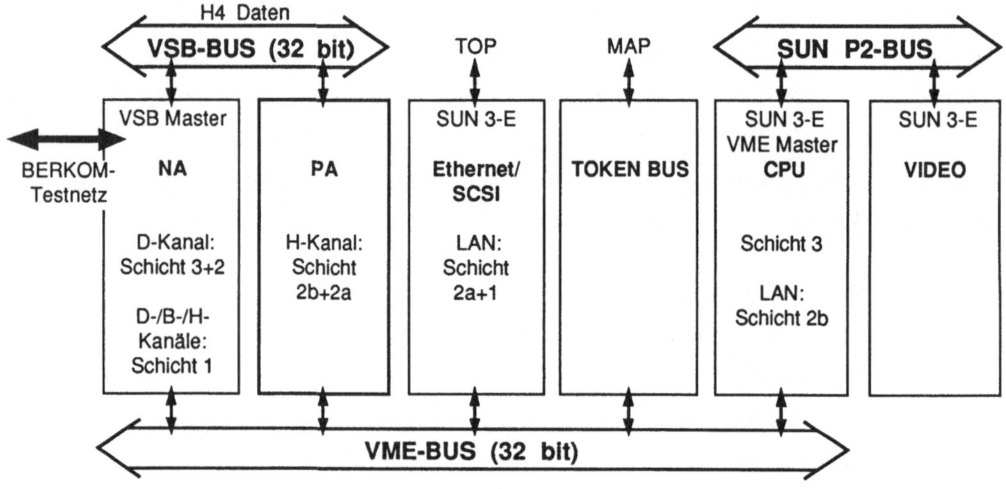

Abb. 5: Grobstruktur BTS

Durch die Verwendung des verbreiteten VME-Bus-Systems wird der Einsatz der SUN3-Eurocard-Maschine möglich. Diese unterscheidet sich von den bekannteren SUN3-Maschinen in der Verwendung von Doppeleuropakarten und der darum erforderlichen Modularisierung der Maschinen-komponenten, die sich sonst auf der CPU-Karte einer SUN3 befinden. Verbunden werden die Karten über den VME-Bus. Speichererweiterung und Video-Karte sind über den SUN P2-Bus direkt an die CPU-Karte angeschlossen. Die wichtigsten Merkmale der SUN3-E :

- 68020 CPU (20 MHz), 4 MByte RAM, RS 423- und TTL I/O-Schnittstellen
- Video: monochrom, 1152 x 900 Pixel
- SCSI-Interface, Ethernet-Interface

Wegen der Geschwindigkeitsanforderung des H4-Kanals dient der VSB-Bus ausschließlich dem Schicht 1/2-Datentransfer zwischen Netzadapter und dem unten beschriebenen Prototokolladapter. Die Schicht 2/3-Daten- und -Statuskommunikation des Software-Treibersystems mit dem Protokolladapter oder den LAN-Adaptern (Ethernet und Token Bus) erfolgt über den VME-Bus.

Netzadapter:

Der Netzadapter ermöglicht den Zugang zum BERKOM-Testnetz für Workstations auf VME-Bus-Basis. Auf dem Netzadapter erfolgt die Bearbeitung des Schicht 1-Protokolls für die Nutzkanäle und die Anpassung an die Busschnittstellen. Daneben bearbeitet der Netzadapter alle drei Protokollschichten des Signalisierungskanals (D-Kanal) und stellt dem Software-Treibersystem eine entsprechende Schnittstelle über den VME-Bus zur Verfügung.

Protokolladapter:

Hardware-Schwerpunkt des Projektes BERGATE ist die Entwicklung der Protokolladapterkarte. Die Funktionalität des Protokolladapters (Abb.5) umfaßt die Realisierung von MAC- und LLC-Funktionen (s. Kap. 3) sowie die Bedienung der beiden Busschnittstellen.

Im BTS sind die Schichten 1 (Netzadapter) und 2 (Protokolladapter) physikalisch und logisch voneinander getrennt (Modularität). Da der Netzadapter die Seriell-Parallel-Wandlung vornimmt, erfolgt der Informationsaustausch zwischen Protokolladapter und Netzadapter in 32 bit-Einheiten. Dadurch ergeben sich zusätzliche systemspezifische Anforderungen:

- Im BERKOM-Testnetz wird für die H-Kanäle nur eine Oktettintegrität gewährleistet. Das bedeutet, daß das erste empfangene Oktett jede Byteposition im 32 bit-Wort einnehmen kann. Zur Wiederherstellung der ursprünglich gesendeten 32 bit-Elemente sind während des gesamten Empfangsvorgangs Schiebeoperationen notwendig.

- Die CRC-Prüfung für die Empfangsdaten und die CRC-Erzeugung für die Sendedaten muß jeweils parallel erfolgen. Das erfordert im Vergleich zu einer seriellen Realisierung des CRC einen erheblich höheren Bauteileaufwand.

Die Geschwindigkeitsanforderung an den Protokolladapter ergibt sich aus der Netto-Kanalbitrate (ohne Rahmensynchronisierzeichen) des H4-Kanals von 135,168 Mbit/s duplex:

Entsprechend der Netzadapter-Spezifikation erfolgt der Transfer der parallelisierten H4-Daten über den VSB-Bus mit einer Lese- bzw. Schreibzykluszeit von 100 ns pro 32 bit-Wort, was einer Grundtaktrate von 10 MHz für den Protokolladapter entspricht. Mikroprozessoren scheiden zur Abarbeitung der Schicht 2 auf Grund ihrer möglichen Verarbeitungsgeschwindigkeit aus. Deshalb wird der Protokolladapter auf der Basis von Zustandsschaltungen (reine Hardwarelösung, Mealy- oder Moore Maschine) realisiert.

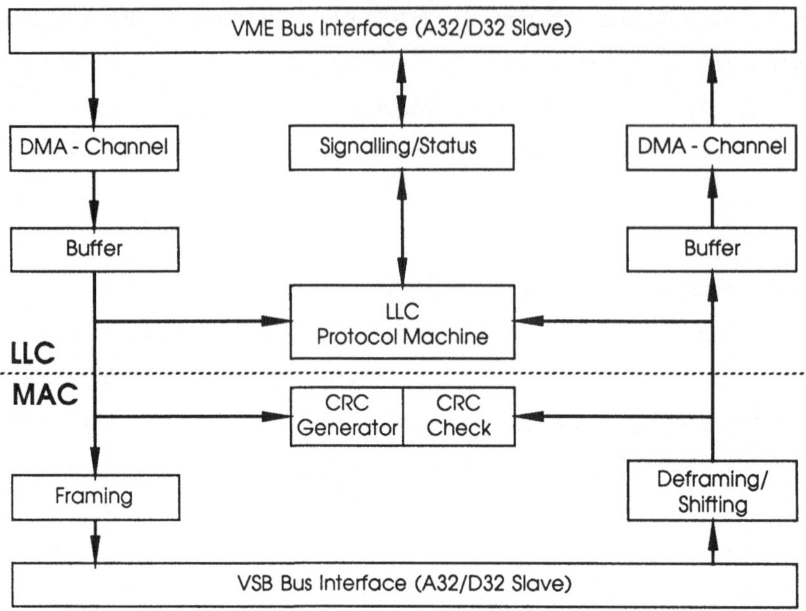

Abb. 6: Grobstruktur PA

5.2: Schaltkreistechnologie

Die hohe Geschwindigkeitsanforderung an den Protokolladapter erfordert eine sorgfältige Untersuchung der am Markt erhältlichen Schaltkreistechnologien. Einsetzbar sind bei Taktraten bis

70 MHz:	LCA
50 MHz:	CMOS-Gate Array 0,9 ns/gate (1,5 micrometer, double layer metalization),
	PAL, PLA, EPLD, IFL
40 MHz:	PROM (RAM)-Sequencer
35 MHz:	programmierbare, integrierte Logic Sequencer

Ein grundsätzliches Entscheidungskriterium für die Auswahl der Technologie ist der Platzbedarf auf einer Doppeleuropakarte bzw. die Anzahl der erforderlichen Steckplätze auf dem VSB-Bus (max. 6, incl. Netzadapterkarte). Einerseits wird durch eine 32 bit-Struktur des Protokolladapters die parallele Verarbeitung des Schicht 2-Protokolls möglich und die erforderliche Systemtaktrate gesenkt, andererseits gerät man wegen der Datenbreite schnell in Platzprobleme, wenn man die Funktionselemente wie Puffer, Shifter etc. mit Standard-MSI- und -LSI-Bausteinen aufbauen muß. Integrierte programmierbare Logic Sequencer stehen im allgemeinen mit einer begrenzten Anzahl von I/O-Pins (bis zu 16 Eingangsvariablen, bis zu 16 Ausgänge) zur Verfügung. Sie können somit entweder nur kaskadiert zum Einsatz kommen, oder die einzelnen Funktionen des Protokolladapters werden so weit unterteilt, bis sie an die Verarbeitungsmöglichkeiten der Sequencer angeglichen sind. Bei diesen Bedingungen können nur platzsparende VLSI-Bausteine mit ausreichender Anzahl von I/O-Pins zur Anwendung kommen, z. B. LCAs, EPLDs und Gate Arrays.

Besonders durch den Einsatz von Gate Arrays (ASICs) sind die hier kurz aufgezeigten Entwicklungsvorgaben beherrschbar.

Abkürzungsverzeichnis

ASIC: application specific integrated circuit

ATM: asynchronous transfer mode

BERKOM: Berliner Kommunikationsnetz

B-ISDN: broadband integrated services digital network

BTS: BERGATE-Transitsystem

CMOS: complementary metal oxide semiconductor

CRC: cyclic redundancy check

CSMA/CD: carrier sense multiple access with collision detection

EPLD: erasable programmable logic device

FDDI: fiber-distributed data interface

FPC: floating point coprocessor

IFL: integrated fuse logic

ISDN: integrated services digital network

LAN: local area network

LCA: logic cell array

LLC: logical link control

LSI: large scale integration

MAC: media access control

MAN: metropolitan area network

MAP: manufacturing automation protocol

MSI: medium scale integration

PAL: programmable array logic

PLA: programmable logic array

TOP: technical and office protocols

VLSI: very large scale integration

VME: Versa Module Europe

VSB: VME subsystem bus

WAN: wide area network

Literaturverzeichnis

[BER87]   DETECON: **BERKOM-Referenzmodell**, 1987

[CCITT84]   Comité Consultatif International Télégraphique et Téléphonique: **Integrated Services Digital Network (ISDN)**, Recommendations of the Series I, Red Book Volume III - Fascicle III.5, 1984

[DUAL87]   Endrizzi, A.: **The DUAL backbone network: distributed & parallel processing on a large scale**, *Proc. of the 8th International Conference on Distributed Computer Systems*, 1987

[DTH87]   Sharp, R.: **The LAN-DTH 140Mbit/s Token Ring**, *Proc. of the IFIP TC6 WG6.4 Workshop on High Speed Local Area Networks*, 1987

[FDDI86]   ANSI: **Fiber-Distributed Data Interface, FDDI**, 1986

[FTZ86]   Deutsche Bundespost (Fernmeldetechnisches Zentralamt): Technische Richtlinie 1TR6, Kennzeichenaustausch zwischen DIVO(ISDN)-Vermittlungsstellen und ISDN-Teilnehmereinrichtungen - **ISDN-D-Kanal-Protokoll - (Schicht 2 und 3)**, 1986

[Hall]   Hall J., van Renesse R., van Staveren H.: **Gateways and Management in an Internet Environment**, *Proc. of the IFIP TC6 WG6.4A International Workshop on LAN Management*, 1987

[ISO7498/4]   ISO/DIS 7498/4: Information Processing Systems - Open Systems Interconnection - Basic Reference Model Part 4 - **OSI Management Framework**, 1987

[ISO8802/2]   ISO/DIS 8802/2: Information Processing Systems - Local area networks - Part 2: **Logical link control**, 1985

[ISO8802/3]   ISO/DIS 8802/3: Information Processing Systems - Local area networks - Part 3: **Carrier sense multiple access with collision detection**, 1985

[ISO8802/4]   ISO/DIS 8802/4: Information Processing Systems - Local area networks - Part 4: **Token-passing bus access method and physical layer specifications**, 1985

[ISO8473]   ISO/DIS 8473: Information Processing Systems - Data communications - **Protocol for providing the connectionless-mode network service**, 1985

[MAP85]   General Motors: **Manufacturing Automation Protocol, MAP**, Specification 2.1, 1985

[SUN87]   Sun Microsystems Inc.: **Specification SUN-3/Eurocard Boards**, 1987

[TOP85]   Boeing Company: **Technical and Office Protocols, TOP**, Specification 1.0, 1985

Network and Resource Planning for Office Information Systems

Klaus-Dieter Schewe

PHILIPS GmbH
Forschungslaboratorium Hamburg
Postfach 54 08 40
2000 Hamburg 54
e-mail: schewe@phifo.uucp

ABSTRACT

This paper deals with the design problem of a suitable network structure and the corresponding location of devices for distributed office information systems (OIS). We propose a method for the derivation of a generic network structure using a top-down analysis of the structure of an organization and of the involved communication flows. A formal basis for all possible configurations is given which simplifies the modeling task of performance analysis and which enables the network planner to find a suitable network structure starting from the generic one.

1. Introduction

In office information systems a large amount of data (documents, dossiers, mail, etc.) must be handled: Documents are stored, retrieved and transfered between different locations. We propose that the optimum support for clerical work may be achieved by completely integrated workstations connected by a local area network in order to have access to shared or central resources like databases, archives, printers, scanners, etc.

Hence the problem, to develop a suitable network structure (in terms of performance and costs) together with a decision on the location of devices. We suggest to use a top-down approach starting with an analysis of the organizational structure of the company (or part of the company) which uses the OIS. We get hierarchical structures which originate from two basic structuring principles: Functional decomposition of an organizational unit along different tasks and pure organizational decomposition.

At each step in this hierarchical approach we may look at the corresponding communication flows which may be either unidirectional or bidirectional. In order to have a more formal basis to illustrate the approach, we use labelled trees to represent the organizational structure, and geodesics in these trees to represent the communication flows. Attaching a separate Ethernet LAN to each level in the tree, we can easily derive a generic network structure with associated resources. However, this turns out to be unrealistic, since such a network structure involves many LAN bridges that may not be necessary with respect to the performance, but nevertheless increase the costs. We therefore establish a relation between trees built from two primitive operations on trees: Suppression and extension. Walking along this relation we may reach a better suited configuration.

For performance analysis, we first classify our trees in order to keep the number of models small. This is done by regarding the network structure. Then we automatically derive queueing network models that are the basis for either the application of analytic methods or for simulation.

In the former case, the communication flows, i.e. the geodesics, are directly transformed into customer classes (this can be done automatically), thus the tree tells us which measurements must be performed to get the necessary input data. The rest is done by applying the well known theory of quantitative performance analysis.

As to simulation, the flows give rise to different Poisson processes and show what sources or sinks resp. must be modeled. The queueing networks derived so far may be refined to enable a closer look into certain devices. Nevertheless, the rough structure of a simulation model is given by the starting tree. We sketch an object oriented implementation model for a performance analysis by means of simulation.

Work on similar topics has been done by [AnSi87,Besl87,MOD85,Ne87].

2. A Top-Down Approach to Office Organization and Communication

In this chapter we analyse the organizational structure of companies (or parts of them) that use an OIS. We shall see that there are two basic structuring principles. We show how this can be exploited to get a method for network and resource planning.

2.1. The Organizational Structure

Each company is hierarchically structured. Typically we have on the top the company as a whole, divided into divisions, subdivisions, etc. On the other hand we normally have several branch offices with an analogous structure, say we may have the branch as a whole, departments, subdepartments, groups, etc. These parts are called *organizational units*. We do not regard wide-area communication, thus we will restrict our analysis to branches.

We find two different organizational principles for building organizational subunits of an organizational unit. Firstly, we may have a functional decomposition, i.e. the subunits are defined to perform certain specified tasks, as do the travel department, the staff department, etc. The second principle is pure organizational decomposition in order to partition the workload. In revenue offices e.g. the work of different subdepartments is normally organized along the first letter of the client's name, although the tasks as such are the same.

Each organizational unit has some associated *organizational entities* describing the tasks of this unit, e.g. a staff department normally has some clerical workers, a manager (the head of the department), a separate database and archives, etc.

We therefore propose the following top-down procedure, starting with the company (the branch) as a whole:

- Given an organizational unit, identify direct organizational subunits using one of the structuring principles.

- Identify for each subunit the associated organizational entities.

The identification of organizational entities of a subunit depends on the known organizational entities of the superunit, since these are split into entities that remain associated with the superunit and those that are transfered to some subunit.

Take e.g. the branch as the organizational unit with the following associated organizational entities: a database, archives, a mail office, managers and clerical workers. Then we may identify some departments as subunits, e.g. a staff department with an associated part of the database, an associated part of the archives, a manager and some clerical workers. The mail office, parts of databases and archives and one manager may still be associated with the superunit, but none of the clerical workers.

2.2. The Communication Flow in OIS

Suppose we are given an organizational hierarchy (which may still be refinable) together with associated organizational entities. We now analyse the tasks that are performed at each organizational unit from a point of view of the involved communication flows. We analyse the OIS-specific communication flows between two organizational entities (the sender and the receiver). If the sender has to wait for an answer (a communication flow from receiver to sender), we talk of a *bidirectional,* otherwise of a *unidirectional flow.*

Take e.g. again the staff department with the associated organizational entities clerical workers, database and archives. Then there may be communication flows from the clerical workers to the database for storage and retrieval of documents. We also may have a flow from the database to the archives to transfer and store closed dossiers.

When new subunits are introduced, their associated organizational entities may become the senders of communication flows. These new communication flows are caused by the transfer or splitting of such communication flows, where the sender was an organizational entity associated with the superunit. Moreover, new flows may arise. If an organizational entity is the receiver of a communication flow and the organizational unit is split or transfered by a refinement step, then there is a corresponding splitting or transfering of the communication flow.

Take again the staff department as an example and suppose we introduce two new subdepartments by pure organizational decomposition. The archives and the manager remain associated with the department, clerical workers are now only associated with the two subdepartments, and the database is split into a central part remaining with the department and into local parts associated with the two subunits. Each flow from the clerical workers to the database splits into three flows per subunit, one per database. New communication flows are created denoting mail flows between the clerical workers.

3. Trees and Geodesics: A Formal Basis for Resource Planning

In this chapter we use trees to represent the organizational structure of a company and geodesics in these trees to represent the communication flows. In order to grasp at the same time the distribution of devices, we attach an Ethernet LAN to each organizational unit and devices to each organizational entity. Thus we get trees with labelled vertices, and the communication flows create data flows along the shortest possible paths between two leaves of such a tree. In graph theory, these shortest paths are normally called *geodesics.* The tree, canonically derived from the organizational structure, will be called the *generic tree* and the corresponding network structure the *generic structure.*

3.1. The Generic Tree

Let $\Delta = \{ L,B,FS,D,W,Pc,P,Sc,S,OFS,OD \}$ be a set of labels, where each label denotes a device type: L = Ethernet LAN, B = LAN bridge, FS = file server cpu, D = magnetic disk, W = workstation, Pc = printer cpu, P = printer, Sc = scanner cpu, S =

scanner, OFS = optical file server cpu and OD = optical disk. If we have an organizational hierarchy, then we construct the corresponding generic tree (V,E) with vertex set V and edge set E as follows:

(i) Each organizational unit (like departments, groups, etc.) gives a vertex $v \in V$, labelled with L.

(ii) When an organizational unit represented by a vertex w is a subunit of another one represented by vertex u, then there are a vertex $v \in V$ labelled with B and edges e_1, e_2 from u to v and from v to w.

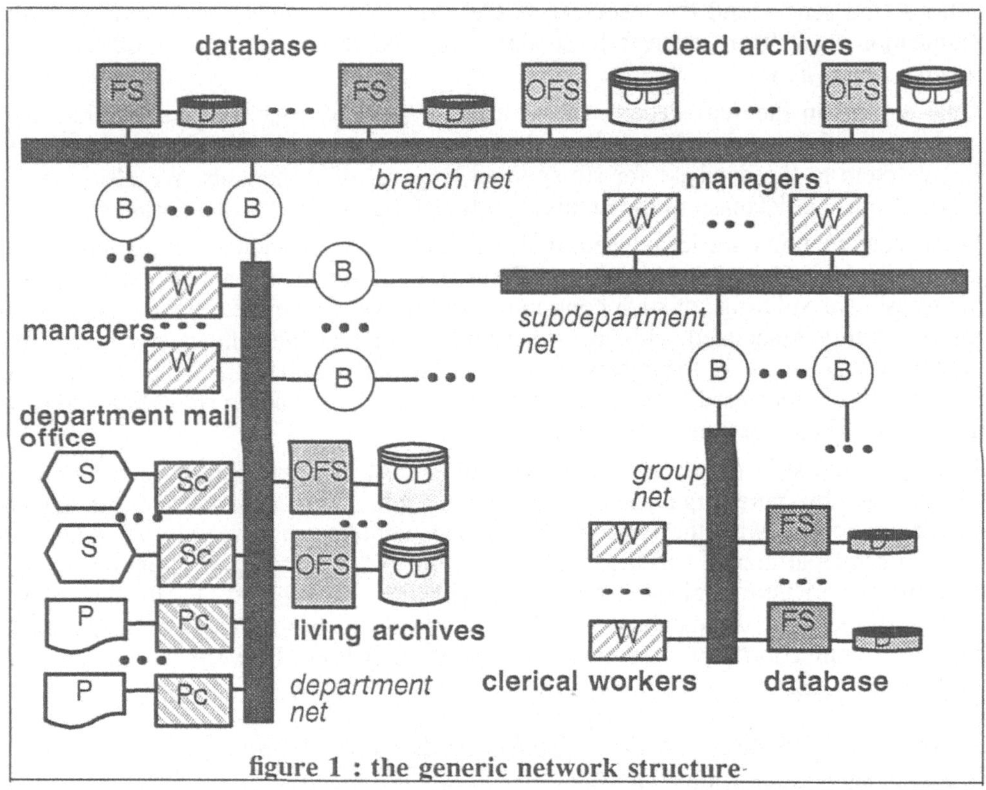

figure 1 : the generic network structure

(iii) Each organizational entity attached to an organizational unit represented by v gives rise either to a vertex w labelled with W and an edge from v to w or to a pair of vertices w_1, w_2 connected by an edge from w_1 to w_2 and labelled with elements of $\{ FS, D, Pc, P, Sc, S, OFS, OD \}$. We also have an edge from v to w_1. Note that this reflects the fact that - depending on the type of the used OIS - the organizational entities correspond directly to some devices or - in case they stand for human workers - their work is supported by some devices.

(iv) For each vertex w labelled with an element of $\{ D, P, S, OD \}$ there is one and only one edge from a vertex v to w and v is labelled with an element of $\{ FS, Pc, Sc, OFS \}$, where the elements in the two sets canonically correspond to one another.

Since there is no mistaking with edges in trees, we shall always write (v,w) for an edge $e \in E$ from a vertex $v \in V$ to a vertex $w \in V$. Moreover we shall write $d(v)$ for the label of a vertex v.

A generic network structure with associated devices is shown in figure 1 for a branch office of a typical company, consisting of departments, subdepartments and groups. Therefore we find a branch net, department nets, subdepartment nets and group nets. We have a central part of a distributed database on the branch level and local parts at each group. We have workstations for managers at the different hierarchical levels and workstations for each clerical worker in a group. We have two kinds of archives, living archives for closed dossiers that are still used in office work and dead archives for dossiers that are only preserved due to legal regulations. We have scanners and printers for each department. In figure 2 we show the corresponding generic tree.

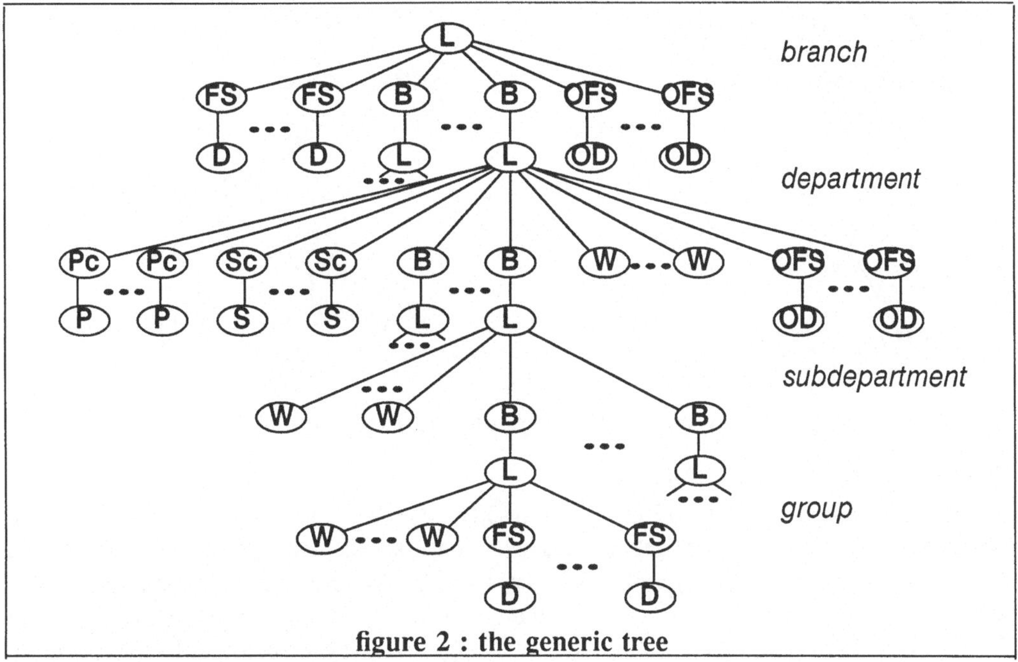

figure 2 : the generic tree

3.2. Suppression and Extension: Two Basic Tree Operations

We now define two basic operations on trees that will enable us to derive all possible network structures together with the distribution of devices from the generic tree.

3.2.1. The Suppression Operation

Consider a finite tree (V,E) with root $v_0 \in V$ and a set of leaves $\{ v \in V \mid (v,v') \notin E \text{ for all } v' \in V \}$, where all vertices are labelled by elements of Δ. Let $v \in V$ be a vertex other than the root v_0. The *suppression* $\sigma(v)$ of vertex V gives a new tree (V',E'), where $V' = V - \{v\}$ and

$$E' = (E - \{ \, k \in E \mid \text{there is a } v' \in V \text{ with } k = (v',v) \, \}$$
$$- \{ \, k \in E \mid \text{there is a } v'' \in V \text{ with } k = (v,v'') \} \,)$$
$$\cup \{ \, (v',v'') \in V \times V \mid (v',v) \in E \text{ and } (v,v'') \in E \, \}.$$

All labels associated to vertices in V remain the same.

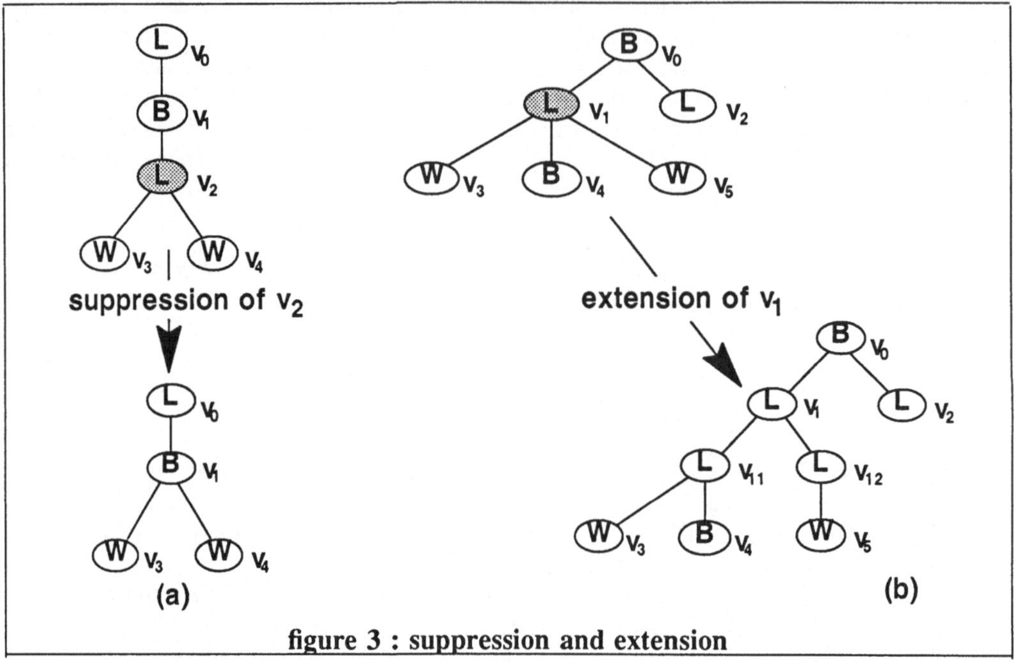

figure 3 : suppression and extension

Take the following simple example:

Let $V = \{ \, v_0, v_1, v_2, v_3, v_4 \, \}$ and $E = \{ \, (v_0, v_1), (v_1, v_2), (v_2, v_3), (v_2, v_4) \, \}$, where v_0 is the root and $\{ \, v_3, v_4 \, \}$ is the set of leaves. The labels are given by: $d(v_0) = L$, $d(v_1) = B$, $d(v_2) = L$, $d(v_3) = W$ and $d(v_4) = W$. We use $\sigma(v_2)$, the suppression of vertex v_2, and we get the result: $V' = \{ \, v_0, v_1, v_3, v_4 \, \}$ and $E' = \{ \, (v_0, v_1), (v_1, v_3), (v_1, v_4) \, \}$ and the labelling given by d restricted to V'. Figure 3(a) gives a picture of the suppression operation for this example.

3.2.2. The Extension Operation

The extension operation is in some sense opposed to the suppression operation, though it is not the exact inverse. Let again (V, E) be a labelled tree and let $v_1 \in V$ be a vertex. Let $N(v_1) = \{ \, v' \in V \mid (v_1, v') \in E \, \}$ be its successor set. Let $N(v_1)$ be partitioned into some pairwise disjoint sets N_i, $i = 1, \dots, m$, so

$$N(v_1) = \bigcup_{i=1}^{m} N_i \text{ with } N_i \cap N_j = \varnothing \text{ for } i \neq j.$$

An extension of vertex v_1 with respect to the given partition of $N(v_1)$ results in a new tree (V', E') with

$$V' = V \cup \{ \, v_i' \mid i = 1, \dots, m \, \},$$

where the v_i' are pairwise different elements not contained in V, and

$$E' = (E - \{ (v_1,v') \in E \mid v' \in V \})$$
$$\cup \{ (v_1,v_i') \mid i = 1,...,m \}$$
$$\cup \bigcup_{i=1}^{m} \{ (v_i',v') \mid v' \in N_i \}.$$

The new labelling is simply an arbitrary continuation of the labelling on V.

Note that an extension depends on a partition of the successor set. It is not necessary to exclude the root or any leaf.

Take the following example:

$$V = \{ v_0,v_1,v_2,v_3,v_4,v_5 \} \text{ and } E = \{ (v_0,v_1),(v_0,v_2),(v_1,v_3),(v_1,v_4),(v_1,v_5) \}.$$

We extend the vertex v_1 with

$$N(v_1) = \{ v_3,v_4,v_5 \} = \{ v_3,v_4 \} \cup \{ v_5 \}.$$

We get $V' = \{ v_0,v_1,v_2,v_{11},v_{12},v_3,v_4,v_5 \}$ and

$$E' = \{ (v_0,v_1),(v_0,v_2),(v_1,v_{11}),(v_1,v_{12}),(v_{11},v_3),(v_{11},v_4),(v_{12},v_5) \}.$$

We omit the labelling. Figure 3(b) gives an illustration of this example.

3.3. Admissible Tree Operations and the Neighbouring Relation

The generic tree represents in fact a possible network structure, whereas the application of arbitrary suppressions and extensions destroys this property. We must therefore reduce the number of allowed operations on a tree by introducing *admissible* suppressions and extensions.

Let (V,E) be a labelled tree. Let $v_1,v_2 \in V$ with $(v_1,v_2) \in E$, such that there is no other v_2' with $(v_1,v_2') \in E$.

(1) If v_1 is labelled with B and v_2 is labelled with L, then the suppression of v_1 and v_2 (in any order) is an *admissible suppression*.

(2) If v_1,v_2 are labelled with FS,D, with Pc,P, with OFS,OD or with Sc,S respectively, then the suppression of v_1 and v_2 (in any order) is an *admissible suppression*, provided the following holds:

If v_0 is the parent of v_1, i.e. $(v_0,v_1) \in E$, then the resulting tree (V',E') must contain an edge $(v_0,v') \in E'$ where the label of v' equals the label of v_1.

(3) If $v \in V$ is labelled with W with parent v_0, then the suppression of v is *admissible*, provided there exists an edge $(v_0,v_1) \in E'$ with v_1 labelled with W.

All admissible suppressions on a labeled finite tree (V,E) are given by (1),(2) or (3).

Let again (V,E) be a labelled tree and let $v \in V$ be labelled with L. Then an extension of v is called a *first order extension*, iff

(1) all new vertices v' with $(v,v') \in E'$ are labelled with L and

(2) for each new vertex $v' \in V$ the set of labels associated with the successors of v' equals the set of labels associated with the successors of v, i.e.

$$\{ d(v'') \mid v'' \in V, (v,v'') \in E \} = \{ d(v'') \mid v'' \in V', (v',v'') \in E' \}$$

In case there exists an edge $(v,v') \in E$ with v' also labelled with L, an extension of v is called a *second order extension*, iff

(1) the used partition of $N(v)$ does only involve sets with only one element and

(2) all new vertices v'' with $(v,v'') \in E'$ are labelled with B.

An *admissible extension* is a first order extension of a vertex v followed by a second order extension of v. All admissible extensions are given in this way.

The set $\Omega(r)$ of *admissible operations* on a labelled tree $r = (V,E)$ is defined as the set of all admissible extensions and admissible suppressions on r. If r is a labelled tree and $\sigma \in \Omega(r)$, we write $\sigma(r)$ to denote the resulting tree.

Let R_0 be a generic tree. The set R of *neighbour trees* of R_0 is defined by:

(1) $R_0 \in R$

(2) If $r \in R$ and $\sigma \in \Omega(r)$, then $\sigma(r) \in R$.

(3) All $r \in R$ are given by (1) and (2).

Each tree which is in the set of neighbour-trees of some generic tree will be called a *configuration tree*. We define the *neighbouring relation* Γ as the smallest symmetric binary relation on configuration trees with $(r,r') \in \Gamma$, if there is a $\sigma \in \Omega(r)$ with $\sigma(r) = r'$. The set of neighbour trees gives all other possible alternatives to the generic structure and the neighbouring relation indicates how to derive an alternative.

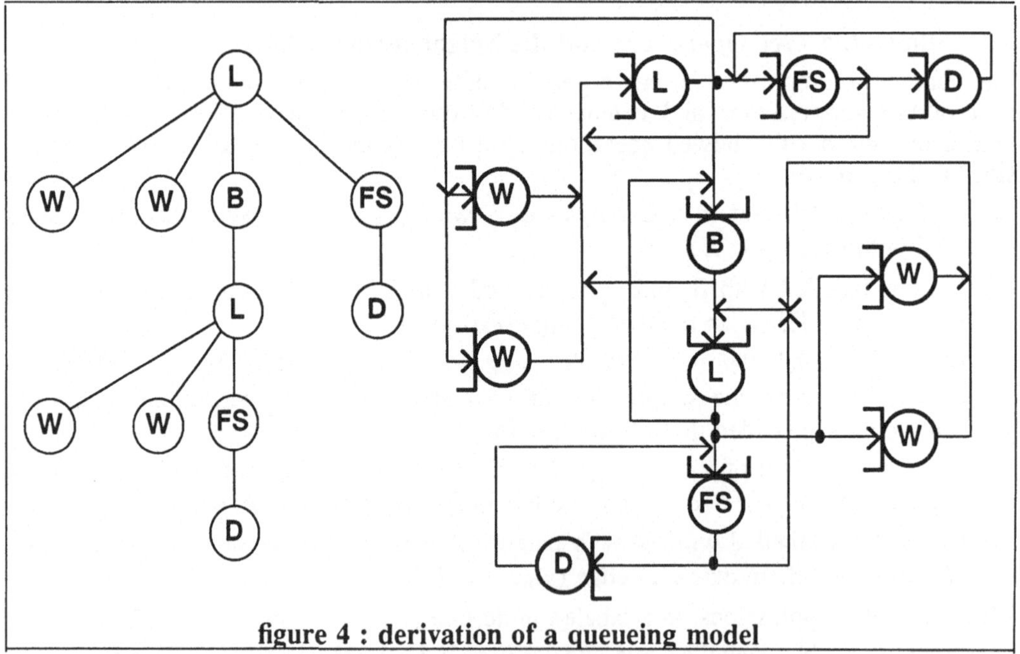

figure 4 : derivation of a queueing model

3.4. Queueing Networks

Let (V,E) be a configuration tree. We associate with this tree a queueing network. Each queueing network is given by a directed graph (V_q,E_q), where the vertices are service centers consisting of a queue and a processor. At the moment we do not introduce any distinction between *delay centers* (i.e. service centers without queue), *load-*

dependent service centers (i.e. service centers where the processing time depends on the queue length) and ordinary *service centers* [Laz84].

The set of vertices V_q equals V. Moreover, the labels associated with vertices $v \in V$ remain the same. If (v,v') is an edge in E, then there are two edges (v,v') and (v',v) in E_q. Note that in this graph there is still no mistaking this notation for edges.

Figure 4 gives an example of a derived queueing network. Queueing networks will be the basis for performance analysis (see chapter 4).

3.5. Flows in Configuration Trees and Queueing Networks

Given a configuration tree $r = (V,E)$, we define a *flow* f in r simply as a geodesic between two leaves in r. Thus f is given by a sequence $(v_0, \cdots, v_n)$ of pairwise different vertices v_i such that v_0 and v_n are leaves (i.e. there exists no vertex v' with $(v_0,v') \in E$ resp. $(v_n,v') \in E$) and for all $i = 1,...,n$ either (v_i,v_{i-1}) or (v_{i-1},v_i) is an edge in E.

Let $r_q = (V_q,E_q)$ be the associated queueing network. Then a *unidirectional flow* in r_q derived from a flow $(v_0,...,v_n)$ in r is given by the sequence of vertices $(v_0,...,v_n)$, thus it is in fact the geodesic from v_0 to v_n in r_q along the sequence of edges $(v_{i-1},v_i) \in E_q$ for $i = 1,...,n$.

A *bidirectional flow* in r_q derived from the flow $(v_0,...,v_n)$ in r is given by the sequence $(v_0,...,v_n,v_{n-1},v_{n-2},...,v_0)$, thus it is in fact a circle from v_0 to v_0 in r_q along the sequence of edges $(v_{i-1},v_i) \in E_q$ for $i = 1,...,n$ followed by (v_i,v_{i-1}) for $i = n,...,1$.

Since each organizational entity is mapped onto a leaf in the generic tree, since suppression and extension do not affect the property of a vertex being a leaf, and since there always exists a unique geodesic between two leaves in a tree, these flows in configuration trees correspond in a natural way to the communication flows derived from hierarchical decomposition.

3.6. Derived Flows in Neighbour Trees

We now discuss the effect of suppression and extension on flows. Let $r = (V,E)$ be a labelled tree, let $v' \in V$ be a vertex and let $f = (v_0,...,v_n)$ be a flow in r. Let $r' = (V',E')$ be the labelled tree resulting from the suppression of v' in r. Whenever $v' \neq v_0$ and $v' \neq v_n$, there exists a *derived flow* f' in r'. Let f'' be the sequence resulting from omitting v' in f. If $f'' = (v_0, \ldots, \hat{v}',...,v_n)$ turns out to be a flow in r', then $f' = f''$. If not, there have then been two successors of v' in f , say v_{j-1},v_{j+1}, where $v' = v_j$. In this case $f' = (v_0,...,v_{j-1},v'',v_{j+1},...,v_n)$, where v'' is the parent vertex of v'. If v' does not appear in f, then $f' = f$. This is a natural definition, since f' is a geodesic in r' between the leaves v_0 and v_n.

If v' was a leaf in r appearing in f, then suppressing v' results in an empty flow. This is also natural, because a flow from a workstation to a disk or vice versa does no longer make sense, if you take away either of the two devices.

If the tree $r' = (V',E')$ resulted by extension of vertex v' according to some partition

$$N(v') = \bigcup_{i=1}^{m} N_i$$

of the successor set of v', and if $f = (v_0,...,v_n)$ is again a flow in r, then the derived flow f' equals f, if v' does not appear in f. Whenever v' appears in f, say $v' = v_j$, then v_{j-1} or v_{j+1} lies in $N(v')$. If only one of v_{j-1},v_{j+1}, say v_k, lies in $N(v')$, hence in one N_i, then f' results from f simply by adding the new vertex v_i' between v_j and v_k in f. If v_{j-1},v_{j+1} both lie in the same N_i, then f' results from f replacing v_j by the new vertex v_i'. If v_{j-1},v_{j+1} both lie in $N(v')$ but in different N_{i_1} resp. N_{i_2}, then f' results from adding both v_{i_1}' and v_{i_2}' to f between v_{j-1} and v_j and between v_j and v_{j+1} respectively.

Note that we have assumed v' not to be a leaf vertex. Otherwise r' would equal r without any need to discuss derived flows.

It is easy to see that derived flows are also flows. Thus we now have a formal basis for the transformation of the communication flows along the neighbouring relation. Replacing the generic tree by one of its neighbour trees does not call for looking again at communication flows, since these are transformed canonically.

A flow on a queueing network corresponds to one and only one flow on the corresponding configuration tree. Derived flows resulting from suppression and extension operations are defined as a queueing network flow associated with the derived flow on the derived tree.

4. Classification and Performance Analysis

In this chapter we focus on the problem to decide which network structure and resource distribution should be chosen among all those given by the neighbour trees of a specified generic tree. Clearly, some of them may simply be excluded owing to their costs, thus the problem is reduced to a performance analysis of the remaining configurations. We proceed by introducing equivalence classes that lead to models for performance evaluation. The number of models may then be reduced by some rules of thumb, since certain models obviously lead to unacceptable performance. The remaining models may then be studied either analytically or by simulation. The idea is to attach the results to the equivalence classes so as not to be forced to repeat the performance analysis part and to enable a direct comparison of configurations simply by walking along the neighbouring relation.

4.1. The Use of Equivalence Classes

To analyse the performance of a configuration, we could start with the queueing model associated with its configuration, but we propose that it will be better to first classify these models and to treat different configurations with different parameters. We therefore introduce equivalence classes.

We say that two configuration trees $r = (V,E)$ and $r' = (V',E')$ are *adjacent,* iff there is an admissible suppression σ with $\sigma(r) = r'$ and σ does not affect the number of vertices labelled with L. We denote this by $r \propto r'$.

We say that two configuration trees r,r' are *directly equivalent* (notation: $r \infty r'$), iff

$$r = r' \text{ or } r \propto r' \text{ or } r' \propto r.$$

The transitive closure of the direct equivalence relation is denoted by $\sim$. Each equivalence class modulo $\sim$ contains a unique distinguished representative r_0 that satisfies the following property:

- If there is another representative r of the same equivalence class and an admissible suppression σ with $\sigma(r_0) = r$, then $r = r_0$.

We want to refine this equivalence relation by looking at the more complex suppression of complete subtrees. Suppose we have two vertices v,w so that the whole subtrees r_v and r_w having v and w, respectively, as a root are equivalent modulo ~. Then we may suppress one of these subtrees say r_w, i.e. to suppress all vertices occuring in r_w. We call this operation an *admissible extended suppression*.

Two configuration trees r_1, r_2 are now called *quasi-adjacent,* iff they are adjacent or there exists an admissible extended suppression σ with $\sigma(r_1) = r_2$. The reflexive, symmetric and transitive closure of this relation gives the *extended equivalence relation* $\cong$, and the equivalence classes modulo $\cong$ are called *configuration classes*. Again we find a unique distinguished representative called the class tree.

The introduction of equivalence classes reduces the number of essentially different queueing models. Equivalent models are distinguished by different parameter values, e.g. the number of workstations associated with a specific LAN.

We define the *depth* of a configuration class with class tree r to be a natural number n with the following property:

(i) If v_0 is the root of r, then there is a leaf v in r and a geodesic from v_0 to v of length $m \geq n$ in which exactly n vertices labelled with L occur.

(ii) n is a maximum number satisfying (i).

We may now reduce the number of configuration classes to be studied by performance analysis in two ways:

- Some obviously lead to "bad" performance and thus need not be modeled.

- Some are obviously much too expensive because of their great depth. It seems to be sufficient to presume $n \leq 4$.

A queueing model derived from a configuration class of depth n will be called a *class-n model.*

4.2. Analytic Methods for Performance Evaluation

A queueing network model is built up of several service centers that identify the resources of the system such as CPUs, disks, networks, etc. There are three different kinds of service centers [Laz84]:

- Queueing centers consist of n processors and an associated queue. Customers at a queueing center compete for the use of the processor. Thus the time spent at a queueing center is the sum of queueing (waiting) time and service time. System resources at which users compete for service are normally represented by a queueing center such as CPUs and I/O devices. If $n = 1$, we talk of a single server, otherwise we talk of multiple servers. There are different possible queues depending on the order of selection among all waiting customers. Mostly we will find FIFO (first in first out) queues, but we could also have SIRO (service in random order), LIFO (last in first out) or a priority-scheduling queue depending on the type of a customer (see [Lav83] for more details).

- Delay centers do not have a queue. The only time a customer spends at a delay center is service time. Representing terminals in a computer system normally uses delay centers.

- Queueing centers representing an entire subsystem, called a flow-equivalent service center (FESC), are described as load dependent service centers indicated by a variable processor. This indicates that the throughput of such a service center depends on the number of customers present at the center. The Ethernet LAN may be modeled on a very high level by a FESC [AlLA79,Laz84].

The queueing centers for configuration classes are directly given by the queueing models derived from the configuration classes. We only have to specify the type of the queue and the number of processors.

Another important constituent are the customer classes c, each of which is characterized by its workload intensity and by its service demand at each service center [Laz84]. In section 3.5. we introduced flows in queueing networks corresponding to different tasks. These were characterized by their service centers visited and by their type (uni- or bidirectional). Thus each of the flows introduced in section 3.5. gives rise to one and only one customer class. These are characterized by their workload intensity, i.e. one of:

- the arrival rate λ_c with which they arrive at the whole system (for transactional workloads)

- the population N_c (for batch workloads)

- the population M_c and the think time Z (for terminal workloads).

These parameters have to determined by measurements for each of our flows [Laz86]. Moreover, note that unidirectional flows give rise to transactional workloads, whereas bidirectional flows lead to batch or terminal workloads.

The last constituents are the service demands $D_{c,k}$ for each customer class c at each service center k, i.e. the time a customer of class c spends at center k. Our flows correspond directly to the customer classes and our vertices directly to the centers, thus we know which service demands are needed. These may also be determined by measurements [Laz86].

We use one of the well-known algorithms in quantitative performance analysis to compute throughputs, utilization and residence times - the performance indicators - from these given input data. Thus our approach helps us to reduce the work of modeling and simply leaves the measuring task. The techniques used and their theoretical basis are described in [Bas75, GoNe67, Ja63, JaLa83, Kl76, Lav83, Laz84].

4.3. Event-Driven Simulation

In this section we give a general description of how to derive simulation models for configuration classes and sketch an object oriented implementation for them. In the analytic approach to performance evaluation the data objects like dossiers, documents, etc. only occured implicitely within the service demands, whereas a simulation approach models them explicitly by quantities of data moving around through a model. These quantities are called *items*. Each configuration class canonically gives rise to a queueing model as indicated in chapter 3. Since in most cases such a model must be refined for the purpose of performance analysis using simulation techniques, we regard the service centers simply as submodels that have to be further specified.

The edges in the graph denote the connections in the model, along which items move around. Their path is fixed by the flows, we only have to extend it by specifying the path within a submodel. Moreover each flow canonically gives rise to a Poisson process. We therefore need the arrival rates and the size distribution, since the items moving around correspond to certain amounts of data. These input data must be determined by measurements. Thus the remaining task left by our approach is to model components, whereas the overall model can be derived semi-automatically. An example of such a rough simulation model is shown in figure 5.

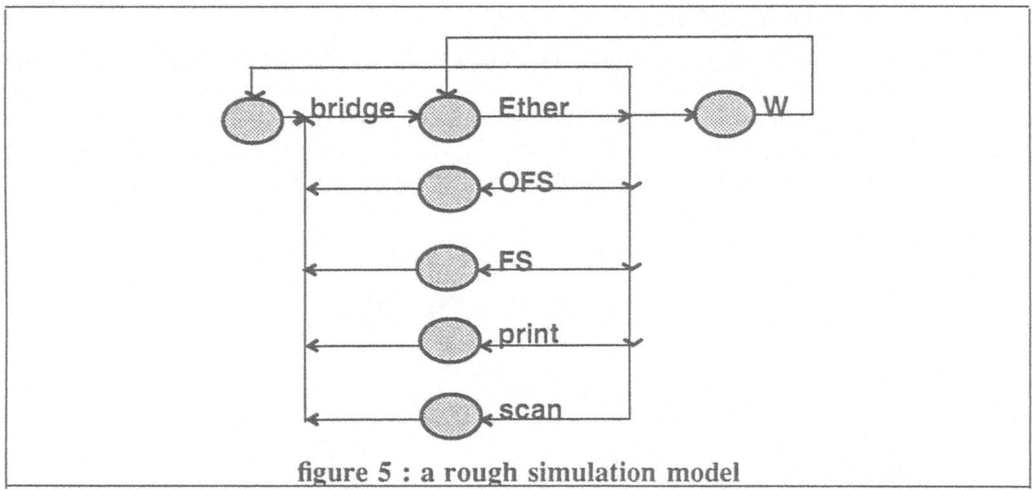

figure 5 : a rough simulation model

The main idea is that items moving around carry information about the task they have to perform.The flows in the rough queueing model correspond directly to the tasks, but we have to specify subtasks for each submodel. These subtasks can be represented as a list of basic components that must be visited. Take e.g. the task standing for a dossier retrieval. Then the path through a workstation (see figure 6 for an illustration) is given by $(p\ q\ W\ q\ C)$, where $p,\ q,\ C$ etc. stand for the different servers like packetizer, queue, controller, etc.

4.3.1. Object-Oriented Implementation

As in all event-driven simulations we need a clock and a table for scheduling events, called *calendar*. This calendar contains a list of future events together with the point of time at which they occur, and the current event. The current event induces some actions e.g. the scheduling of new future events. Afterwards the next event in the future event list becomes the new current event.

In an object-oriented system all components of the system are objects. Objects receive and send messages to other objects. An arriving message initiates a method associated with the object. Events are messages, thus the calendar - an object - sends messages to other objects performing actions associated with the corresponding methods like Create.Item, Delete.Item, Item.Arrives, Item.Departs, Start.Activity and Complete.Activity. Some of these actions simply are sending a message to the calendar in order to schedule a new future event [SIM].

Object classes are hierarchically organized. We talk of classes and superclasses and of instances forming the lowest level. A class inherits its attribute values including the methods from its superclass.

There are five subclasses of items: documents representing large amounts of data such as mail, documents and dossiers, blocks representing an amount of data used by a disk or by an optical disk for storage and retrieval, packets representing the data used by the Ethernet, acknowledgements representing the answer to a storage and requests used for retrieval.

4.3.2. The Refined Model of a Workstation.

Take e.g. the model of a workstation, illustrated in figure 6. We use FIFO queues and some single servers like a CPU *W,* a controller *C,* a packetizer *p* and a dispacketizer *dp.* A controller supervises that only one item per device connected with an Ethernet is held in the Ethernet's queue. We therefore block the controller component by visiting items until the item leaves the Ethernet. This may be realized by a message sent from the Ethernet to the controller.

A packetizer is used to transform documents into a set of packets.

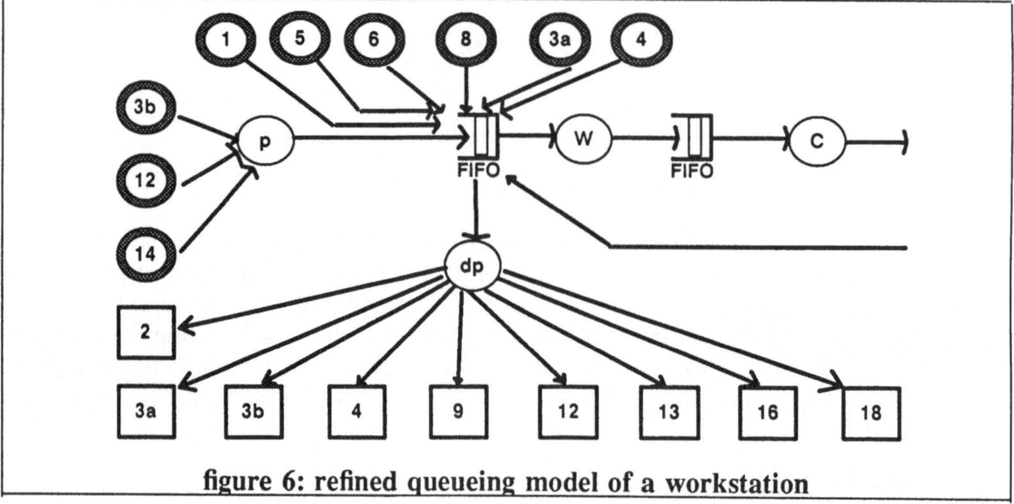

figure 6: refined queueing model of a workstation

A dispacketizer retransforms packets into their corresponding document, thereby deleting the packets. Only the last packet is transformed into the document it refers to by changing the value of the content slot. All other packets are simply deleted.

5. Conclusion

In this paper we have shown that the problem of network and resource planning for OIS, which normally constitutes a very difficult human task, can be simplified by analysis of the underlying hierarchical organizational structures and the communication flows using a top-down approach. Moreover, we gave a formal basis in terms of configuration trees and geodesics in these trees to treat the problem. Thus we are able to reduce the modeling efforts for performance analysis leaving the measuring task and - in case of a simulation approach - the task of submodel refinement. By the use of equivalence classes we are also able to reduce the number of queueing models to be examined. Using the results of the performance analysis we may reach a suitable configuration for an OIS in a semi-automatic way.

Acknowledgement

Thanks are due to E. van der Ouderaa from Philips PCG in Geldrop whose work on the topic stimulated the work on this paper. Thanks are also due to M. Elixmann for fruitfull discussions.

6. References

[AlLa79]   G.T. Almos / E.D. Lazowska: The Behavior of Ethernet-Like Computer Communication Networks, Proc. 7th Symp. on Operating System Principles, 1979, pp. 66 - 81

[AnSi87]   V. De Antonellis, C.Simone: Evaluation Criteria for the Analysis of Office Descriptions Based on Petri Nets, in: ESPRIT'87 Achievements and Impact, Part 2, pp. 1066 - 1076

[Bas75]   F.Baskett et al.: Open, Closed and Mixed Networks of Queues with Different Classes of Customers, J.ACM 22 (1975), pp. 248 - 260

[Besl87]   E.Beslmüller et al.: OSSAD Methodology: Results of the Analysis Phase, in: ESPRIT'87 Achievements and Impact, Part 2, pp. 1077 - 1090

[GoNe67]   W.J. Gordon / G.F. Newell: Closed Queueing Networks with Exponential Servers, Operations Research 15, 1967, pp. 244 - 265

[Ja63]   J.R. Jackson: Job-Like Queueing Systems, Management Science 10, 1963, pp. 131 - 142

[JaLa83]   P.A. Jacobson / E.D. Lazowska: A Deduction Technique for Evaluating Queueing Networks with Serialization Delays, Proc. 9th Int. Symp. on Computer Performance Modelling, Measurement and Evaluation (Performance 1983), North-Holland, 1983, pp. 45 - 59

[Kl76]   L. Kleinrock: Queueing Systems, vol. I, II, John Wiley & Sons, 1976

[Lav83]   S.Lavenberg: Computer Performance Modeling Handbook, Academic Press, 1983

[Laz84]   E.D. Lazowska et al.: Quantitative System Performance: Computer System Analysis Using Queueing Network Models, Prentice-Hall, Englewood Cliffs, N.J. 1984

[Laz86]   E.D. Lazowska et al.: File Access Performance of Diskless Workstations, ACM Trans. Comp. Syst., vol. 4(3), 1986, pp. 238 - 268

[MOD85]   M.Mühlhäuser, O.Drobnik: DESIGN - Eine verteilte Umgebung zur integrierten Entwicklung von Netzwerkanwendungen, in: D.Heger et al.: Kommunikation in verteilten Systemen I, GI-NTG-Fachtagung, Karlsruhe 1985, Informatik Fachberichte 95, Springer Verlag, pp. 646 - 662

[Ne87]   A.J.Ness et al.: An Architecture for System and User Management Tools in a Distributed Office System, in: ESPRIT'87 Achievements and Impact, Part 2, pp. 1501 - 1516

[SIM]   SIMKIT Reference Manual

ADAPTIVE DESIGN AND MANAGEMENT OF DISTRIBUTED INFORMATION SYSTEMS *

Andreas J. Ness, Friedemann Reim

Universität Stuttgart and
Fraunhofer-Institut für Arbeitswirtschaft und Organisation,
Holzgartenstr. 17, D-7000 Stuttgart 1

Abstract: Design and operation of a distributed information system have to consider a dynamic environment of requirements and opportunities. An adaptive approach for design and management of distributed information systems is proposed that allows that the original design of the infrastructure can be modified as experience is gained and as the operating environment changes. Specific requirements for design and management in such a distributed environment are identified. An architecture of tools and facilities in a distributed information system is described which supports the adaptive design and management approach - consequently integrating design and management activities into the running system.

Keywords: Management of information systems, information system design, adaptive systems, management tools for information systems, distributed information systems.

1 Introduction

An integrated information system infrastructure for business and industry must meet a number of requirements: It must support heterogeneous hardware and software which interworks according to common standards; it must support distributed interactions. Applications must be integrated; it must be capable of common management; tools for planning and implementing evolution of the system must be available. Facilities must be provided for monitoring the current behavior of the system so as to aid planning, performance tuning, system improvement, and provide a basis for auditing the system. Ideally, a common platform for applications which uniformly supports information management, information processing, and information system management in a distributed environment would be highly advantageous.

ESPRIT project 834 (Construction and Management of Distributed Office Systems, COMANDOS) will provide an infrastructure and tools to construct and manage distributed office systems (DOS). Strong emphasis is also put on design and management tools to build, configure, maintain, and adapt a large distributed information system.

For the design, configuration and management of distributed information systems several methods and tools exist, each covering a part of the problem. However, no tool or set of tools

---

* This work has been partly supported by ESPRIT Project 834 Construction and Management of Distributed Office Systems (COMANDOS)

covering the range from organizational design to configuration and management exists that is integrated into the distributed office system itself, thus capable of fully exploiting its power (cf. Ness, Reim, Meitner and Niemeier (1986)).

2 The Adaptive Approach - System Evolution

Most approaches to organizational design (cf. Grochla (1982)) and to information systems design (Lockemann and Mayr (1986)) are oriented towards a life-cycle model and a project organization with phases for action, putting most emphasis onto the early stages. However, these approaches tend to neglect the use and operation of an information system, or an organization after implementation. This is certainly not the appropriate way of viewing an office and its information system when one is concerned with its continuing performance over a long period of operation. Generally, a system is built within several weeks or months and used for many years.

The assumptions made about an information system and its environment during its implementation cannot be considered valid throughout its operation. For instance, the throughput can vary with the season or with market trends; new products may emerge changing the function and, possibly, the size of an office; new technology is emerging at a rapid rate causing changes to the way an office system is being built. Communication and networking are becoming important, causing office systems to grow dynamically and to become more complex.

Hence, for the design and the operation of a distributed office system a dynamic environment of requirements and opportunities must be considered. This calls for design and management approaches that explicitly give up the assumptions underlying a phase-oriented approach (Floyd (1981)):

1. Requirements, at least in principle, can be fixed at the end of the requirements analysis, so that there is an essentially static basis for production.

2. Bulky documents (e.g. requirements definition and functional specification) describing software, if written in an unambiguous manner, are adequate as the primary means of communication about a system and will suffice to eliminate misunderstandings between developer and user.

3. There is essentially one system to produce and its initial design will determine the system's basic structure throughout its lifetime.

Rapid prototyping for software and information system production helped to overcome problems arising from the first two assumptions. Evolutive systems (cf. Gilb (1986), Hawgood (1981)) aim at solving all three difficulties. The key feature of evolutive systems is the absence of an explicit maintenance phase. The difference between the initial production and subsequent maintenance reduces to one of degree rather than kind.

Taking the view of prototyping and of evolutive systems one step further leads to the integration of the ability to change and the means to conduct a change into the system itself. Design and management resulting in changes of the system are no longer viewed as imposed onto the system from the outside but rather as properties of the system itself. The possibility to change itself materializes in three functions of the system. The identification function determines the current situation of the system, usually by infering a system model from observations made during the operation of the system. The decision function determines the deviation from the design goal and decides on the changes that the system has to undergo. Finally, the modification function allows the system to implement the design decisions.

The identification and modification functions directly interact with the DOS and should be realized with tools that are part of the running system and can directly, and in real time, access the objects they manage.

3 Requirements for System Design and Management in a Distributed Environment

System design and management has to focus in particular on system performance, system reliability, system security with respect to the application. The issues that need to be addressed are detailed below based on the distributed object-oriented execution environment currently being built within the COMANDOS project. The object-oriented execution environment combines operating system and data management for a heterogeneous set of networked computers. Further details on the COMANDOS execution environment can be found in Horn, Ness and Reim (1988) and in Horn (1988).

3.1 System Configuration: Virtual Object Memory, Transaction Manager, Activity Manager and Communication Subsystem

The COMANDOS Virtual Machine consists of a number of functional components. Each of these functional components must be configured and controlled in any COMANDOS installation.

The Virtual Object Memory (VOM) provides addressing environment for all jobs. An object that is mapped in VOM may be accessed by machine (virtual) address. The VOM may be regarded as the collection of all address spaces of all jobs in the system. It is implemented as a number of virtual address spaces at the various nodes of the system (COMANDOS T2.1 (1987)). Virtual Memory related parameters such as working set sizes, memory buffers with other functional components etc. have to be controlled.

The Activity Manager supports the abstractions of job and activity which are the basic units of the COMANDOS Computational Model. The Activity Manager is responsible for creation, activation, scheduling and termination of the active objects of this model (job, activities). It also supports run-time mechanisms such as triggers, exception handling, and synchronisation primitives. Appropriate policies have to be selected when designing the system.

The Communication Subsystem is responsible for the forwarding of communications to remote sites and for routing incoming requests to the appropriate service manager. It provides services upto and including OSI layer 4. Connectionless interactions are normally used at this level, although connections may be built to support the higher-level, although connections may be built to support the higher-level channels of the Computational Model. Jointly, the Communication Subsystem and Activity Manager provide a Remote Execution Service to the other components of the architecture.

3.2 System Decomposition: Management and Security Domains

In every organization there is a need for various boundaries of management responsibility and authority. In particular where different services or functions in the DOS are the responsibility of separate organizational units such boundaries are necessary. Even within the same organizational unit it may be necessary to form boundaries to reduce the complexity of the system to be managed (Sloman (1987)).

In COMANDOS the concept of the management and security domain is introduced to structure the otherwise flat system space. It is used to assign and demarcate responsibilities. The domain is a well bounded set of objects (resources) and has carefully controlled access. A management and security domain corresponds to one or more machines under a common management and security policy.

The key design issue is what the domains are and how the various objects of the system are allocated to these domains. This may include fixing of particular objects to disable migration across domain boundaries.

3.3 User Space Management: User Identification and Grouping

Each user of the COMANDOS system has an associated user identification consisting of an individual identification together with the management and security domain identification. The user identification is unique within one COMANDOS system. The individual identification is allocated by the management and security domain manager. Associated with the user is the definition of the interactive working environment, the user desk. It reflects the tasks assigned to a user that need to be supported by the distributed office system. In a UNIX environment the user desk corresponds to the login and the .cshrc files.

A group is a set of users and has a unique group identification. A user may belong to different groups at the same time. The concept of a group is introduced simply for reasons of convenience of system design and management. Attributes of a user do not have to be assigned individually but can be assigned on a per group basis.

3.4 Distributed Object Management: Placement, Invocation Policy and Replication

Performance of a distributed system will obviously be affected by the current location of objects. At a low level in the system, two basic mechanisms are both provided: an invocation can be performed remotely (remote execution), or the remote object can be fetched and the invocation performed locally. Objects may be explicitly re-located via management primitives, in principle from any point in the system to any other. Both, placement and invocation criteria for objects are management functions, and thus the low level system must be guided by higher level policies and strategies.

In respect of persistent storage, there are a number of low level mechanisms which must be controlled by management functions. These include for example, clustering of objects into efficient units for disc i/o, and decomposition of objects for efficient query access. Replication of objects can be either used for the purpose of fault-tolerance or for increasing the performance since the load resulting from accesses to a shared object can be distributed throughout the system. The performance improvement is determined by the dynamic mix of access kinds - usually read vs. write accesses. Higher level management functions must control the maximum and minimum degrees of replication for an object and the placement of replicas.

3.5 System Security: Protection, Authorisation, and Authentication

Protection in the COMANDOS Architecture is currently based on access lists which associated with individual objects in the system. Each accredited user in the system is associated with a protected identifier from which his or her affiliation may be determined, and with which access to objects may be authenticated. Control over the access lists and allocation of the protected identifiers are management functions.

4 Cooperating Design and Management Tools

Design and management of DOS can be decomposed hierarchically into the basic tasks: design of the office, design of the DOS, configuration, security management, and application programming (cf. Ness, Reim, Meitner, Percy and Makh (1987)). Each of these basic tasks is viewed as a decision process of its own that is concerned with a specific aspect of design and management of a DOS. A decision process is composed of the functional components intelligence, generation of solutions, assessment of solutions, choice, and implementation (cf. Simon (1960)).

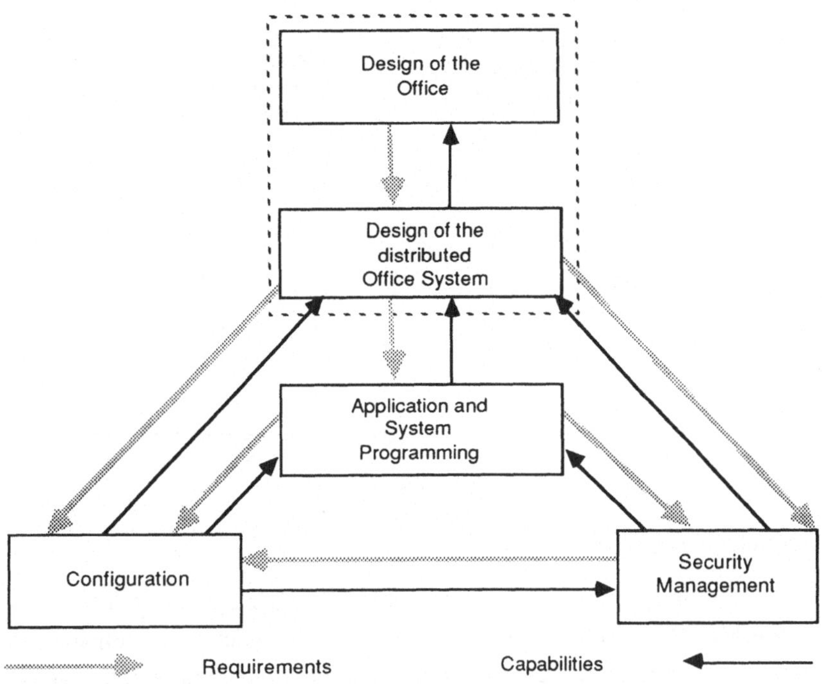

Figure 1: Basic Tasks for Design and Management of a Distributed Office System

These decision processes are not independent of each other, but loosely coupled by the information they have to exchange for coordination. Figure 1 depicts the basic tasks and their relationships. Two types of relationships exist: requirements and capabilities. The posing of the requirements sets the goals to be achieved by the other basic task and determines the major dependency direction in the hierarchy of the basic tasks. However, dependency is bidirectional because the basic task posing a requirement must be informed about the capabilities of the other basic tasks in order to pose realistic requirements and to fully use the potential.

The adaptive framework for design and management of distributed office systems introduced in section 2 can be mapped onto three generic types of activities which are present for each of the above basic tasks (Figure 2). *Observation activities* are concerned with collecting information while the system is running. The *decision activities* support the actual design, the configuration and the security management decisions. The *control activities* realize a design or configuration decision, i.e. implement a change.

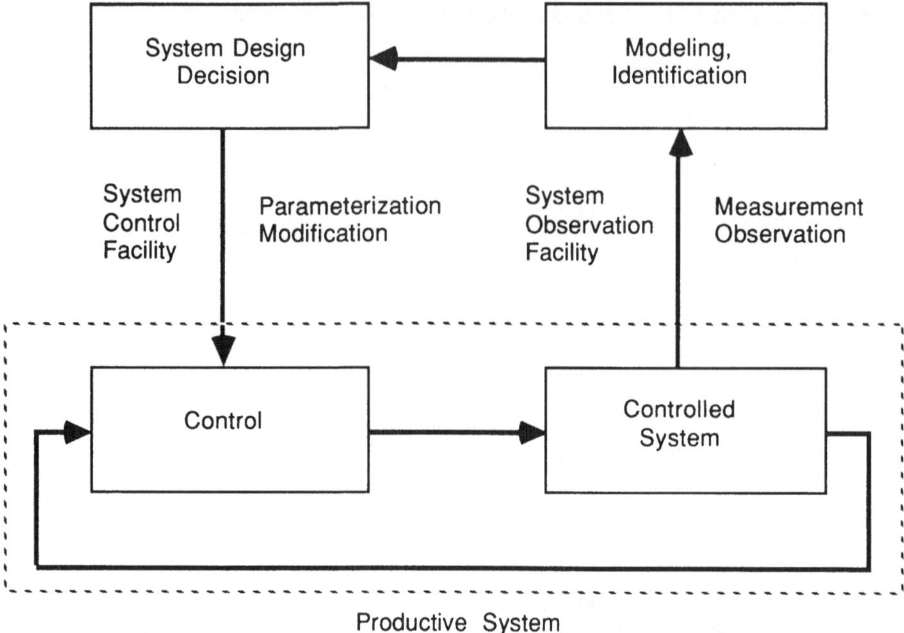

Figure 2: Operational Adaptive Framework

The observation activities in the running distributed office system are realized with a System Observation Facility (SOF). The SOF is itself a distributed service in the running system which uses the facilities provided by the object-oriented execution environment. It collects alerts and statistics from other objects in the system, in particular from the kernel and system services. In case of alerts, requiring immediate attention, the SOF delivers its information to operational control. The statistics are delivered to a design and management tool to be used for redesign and reconfiguration. In addition to collecting information from kernel and system services, the SOF also provides an interface that can be used by productive applications that require management.

Analogously, the control activities are realized with a System Control Facility (SCF). This SCF implements redesign and reconfiguration decisions stemming from the design and management tools.

The decision activities of the basic tasks are carried out by a human designer or administrator using an interactive design and management tool specific to the task. The modeling and identification depicted in Figure 2 is partly done within the System Observation Facility and partly done with the design and management tools.

4.1 The System Observation Facility (SOF)

The SOF consists of a set of system observation centers (SOCs), which are structured hierarchically and typed sensors built into the objects managed. The function of the SOCs is to aggregate incoming system information, store it and provide the aggregated information to higher-level SOFs. The information of the SOFs is accessible from the design and management tools. Additionally, alarms are generated and passed to the operational administration. Figure 3 shows the directed graph structure of the SOF. It allows the aggregation of design information at various levels reflecting the structure of a particular information system and it supports nested adaptive feedback loops (cf. Figure 2).

The structure of the system observation center is shown in Figure 4. The collector has an interface to the storage component. It consists of a collection of functions which allow the insertion and deletion of measurement data into the data base. When receiving measurement data the collector triggers the alarm component which checks the alarm rules. When an alarm is to be raised it is sent to the operational administration of the respective system component. The statistics generator is a time-controlled component which sends aggregated information obtained from the data base to higher-level SOCs. A query interface is provided for the design and management tool.

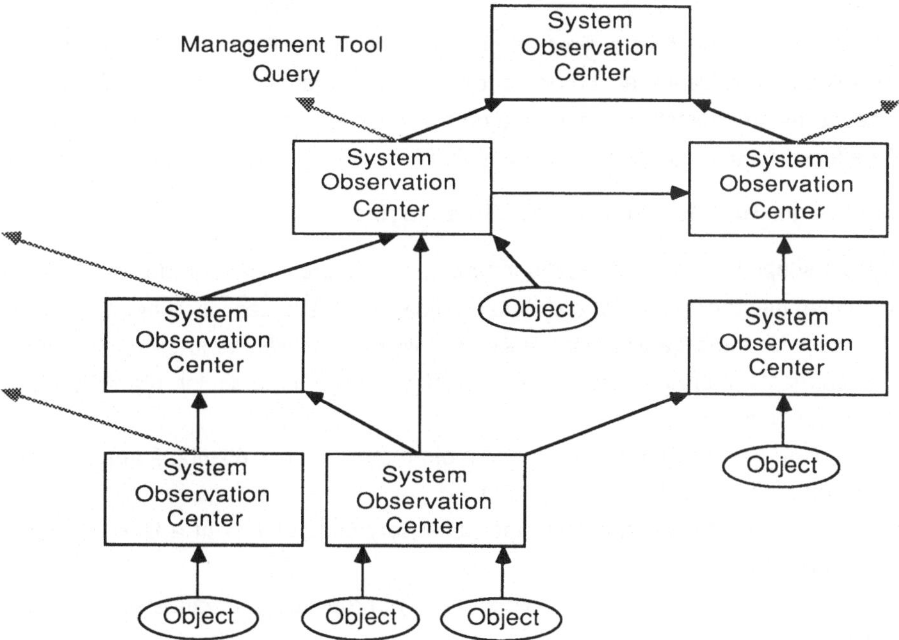

Figure 3: Hierarchical Structure of the System Observation Facility

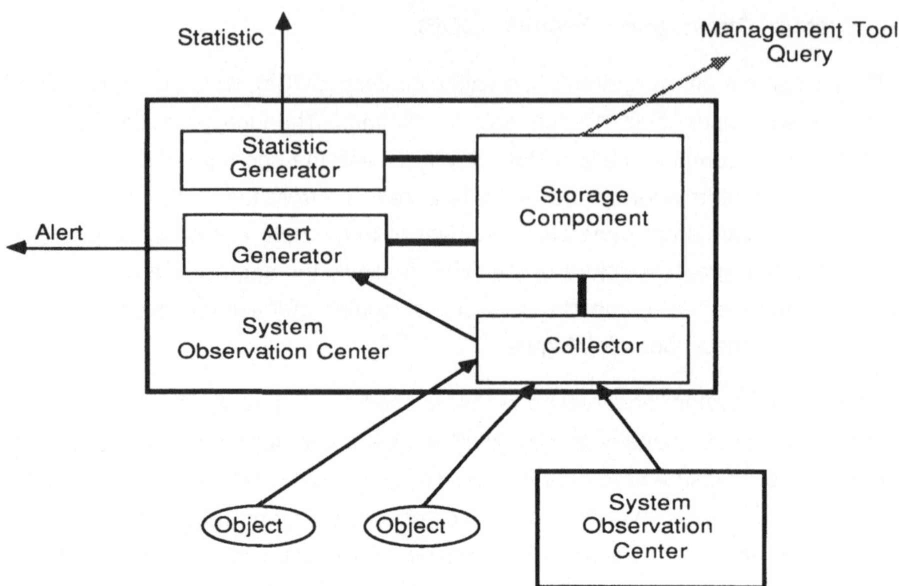

Figure 4: Structure of a System Observation Center

4.2 The System Control Facility (SCF)

The SCF is also structured as a directed graph, as shown in Figure 5. Design and management tools issue modification action demands to a system control center (SCC), which either directly accesses an effector in a managed object or issues an action demand to a lower-level SCC. An effector in an object is controlled by only one SCC.

4.3 The Design Tool for Distributed Office Systems

Several tools supporting the basic tasks introduced in Figure 1 are provided by COMANDOS. As an example, the design tool for distributed office systems is described here. It is a decision support system for the organizational designer. His responsibility is to select the information system components appropriate to support the office tasks. In particular, the DOS design tool supports the following tasks:

- representation and generation of a model of an office and its distributed office system;
- derivation of the DOS functionality required;
- determination of the structure and the necessary components of a DOS to support this functionality;
- assessment of the performance, cost and risk of proposed alternative solutions to a DOS design problem;
- information collection in the running distributed office system as a basis for design decisions; and

- implementation of design decisions either directly in the running system or through the other basic tasks shown in Figure 1.

Central to the DOS design tool is a logical office and DOS model that describes the actual running productive system and the current state of a design solution.

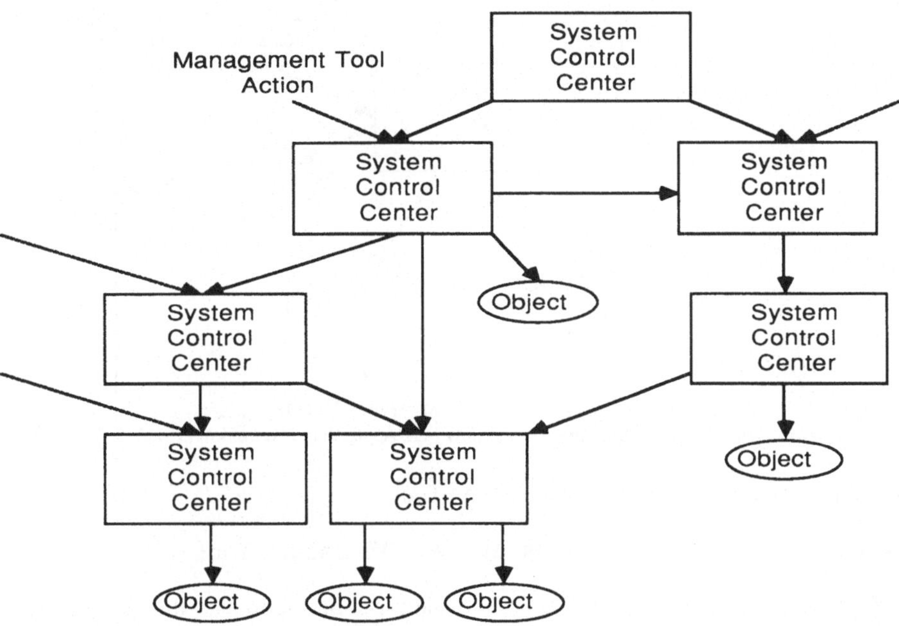

Figure 5: Hierarchical Structure of the System Control Facility

4.3.1 Structure and Interfaces of the DOS Design Tool

Figure 6 shows the interface structure of the DOS design tool. The major interaction of the tool is with the organizational designer, its user. Two usage modes, solving a design problem and modifying the tool, are foreseen. Note, that the interaction in both modes is bidirectional. The interaction with the running productive office system is via observation, where there is a unidirectional flow of information from the running system to the DOS design tool, and via control, where the information flow is in the other direction. The interaction with the decision support tools that support the other basic tasks, configuration, application programming and security management, is via requirement generation and capability interpretation, both being unidirectional.

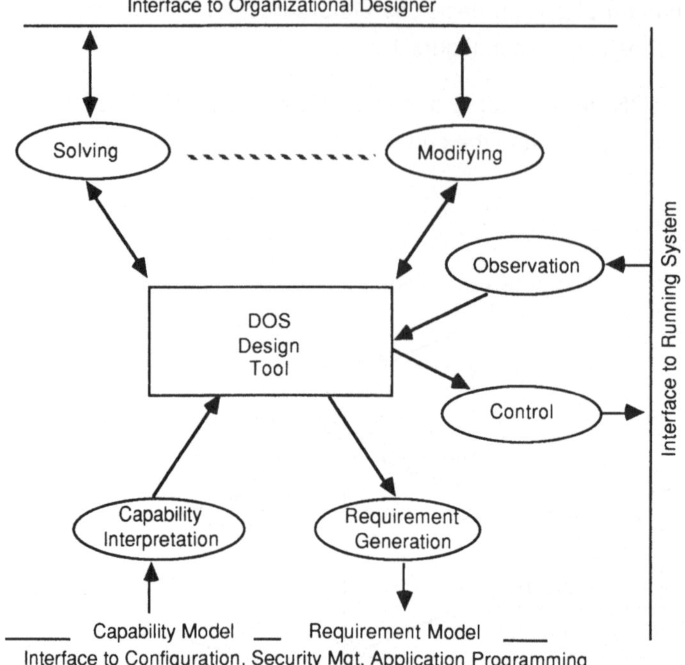

Figure 6: Interface Structure of the DOS Design Tool

4.3.2 Architecture and Components of the DOS Design Tool

Figure 7 shows the architecture of the DOS design tool and identifies the components of the tool. The grouping of the components according to the functional decision component they support is obvious. On the top level the organizational designer interacts with the functional component manager. It allows to switch between generating solutions, assessing solutions, intelligence and implementation of a design solution.

The generation components support the organizational designer in understanding the problem, modeling, inventing and developing a better office and DOS design. Representation and manipulation of an office model is supported, and active advise is given on how to carry out the design.The modeling language used is described in Ness, Reim, Hirsch, Meitner, Maier, Hilber and Kerber (1987). The tool components for generating design solutions are the generation manager (GM), a graphical model editor (GME), a correctness checker (CC), and a design advisor (DA) which possesses a design knowledge base.

The assessment components support the organizational designer in testing and evaluating the solutions generated with respect to the goals of the design. They provide information about the design of the office and DOS by analyzing the model. Several ways of analyzing the model support a variety of possible assessment goals. Depending on the kind of analysis, different features of the model or different effects of its simulation are accounted for. The organizational designer then is supported in interpreting these results. The tool components for assessing solutions are: the assessment manager (AM), the dynamic analyzer (DAn), the static analyzer (SAn) and an analysis advisor (AA) basically providing support for result interpretation.

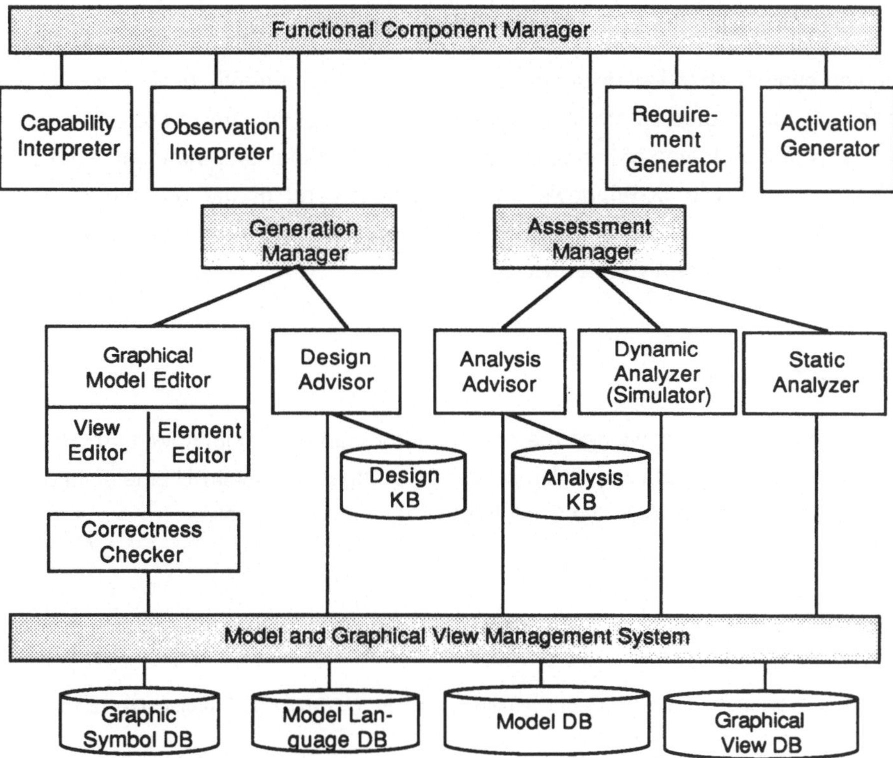

Figure 7: Architecture of the DOS Design Tool

The model and graphical view management system is the underlying storage system for the logical office and DOS models, both the model of the currently running DOS and the alternatives generated by the organizational designer. The other tool components, in particular for generating and assessing solutions use the model and graphical view management system.

5 Status and Future Work

The ESPRIT project 834 (Construction and Management of Distributed Office Systems) within which the work reported here is done started in 1986 and will end in 1989. Prototypes of a distributed object-oriented operating and data management system are being built.

The design and management tools and the system observation and control facilities are currently being prototyped on top of UNIX machines connected via Ethernet (Sun 3/50, Sun 3/60, Vaxstation II). It is planned to integrate the design and management tools and facilities with the emerging operating and data management system in a following ESPRIT II project starting in 1989. Presently, an object messaging and invocation mechanism and a name service are simulated on UNIX using the BSD sockets, TCP/IP and Yellow Pages.

A distributed system observation facility is operational. It is currently being used to study the dynamics in a distributed information system and to identify the important management parameters. A first prototype of the design an management tool is operational. It is built on top of UNIX in C, C++ with X-Windows and Oracle. Several of the prototypes have been demonstrated to the public during the ESPRIT Conference 1988 in Brussels. Evaluation of the various prototypes is currently under way.

6 Acknowledgements

The authors gratefully acknowledge the contributions made by Helmut Meitner, Petra Hirsch, and Professor Hans-Jörg Bullinger, University of Stuttgart; Joachim Niemeier and Christine Lampe, Fraunhofer-Institut IAO; and Chris Horn, Trinity College Dublin.

References

COMANDOS T2.1 chapter 2 (1987), Object Oriented Architecture, COMANDOS project D2-T2.1-870904, Sept. 1987

Floyd, C. (1981), A Process-Oriented Approach to Software Development, in: ICS 81, Systems Architecture, Proceedings of the sixth ACM European Regional Conference, Westbury House, pp. 285-294

Gilb, T. (1987), Evolutionäres Entwickeln - Eine alternative Methode des Software-Engineering, in: Computer Magazin 1/2/87, pp. 17-19

Grochla, E. (1982), Grundlagen der organisatorischen Gestaltung, C.E. Poeschel Verlag Stuttgart, 1982

Hawgood, J. (1981), Evolutionary Information Systems, in: Proc. of the IFIP TC 8 Working Conf. on Evolutionary Info. Sys., 1.-3. Sep. 1981

Horn, C.J. (1988), An Object-Oriented Model for Distributed Processing, in: Speth, R. (Ed., 1988), Research into Networks and Distributed Applications, North-Holland, Amsterdam, pp. 737-746

Horn, C.J., A.J. Ness, and F. Reim (1988), Construction and Management of Distributed Office Systems, in: Bullinger, H.J. et al. (Eds., 1988), Proceedings EURINFO '88 in Athens, May 1988, North-Holland, Amsterdam, pp. 378-385

Konsynski, B.R., L.C. Bracker and W.E. Bracker (1982), A Model for Specification of Office Communications, in: IEEE Trans. on Comm., Vol. COM-30, No. 1, pp. 27-36

Lockemann, P.C. and H.C. Mayr (1986), Information System Design: Techniques and Software Support, in: Info Processing '86, Kugler, H.J. (Ed.), pp. 617-647

Ness, A., F.Reim, P. Hirsch, H. Meitner, T. Maier, J. Hilber and G. Kerber (1987), Specification of a Decision Support System for the Design of Distributed Office Systems, COMANDOS deliverable UoS/FhG-D1-T3.3.14-871009, Stuttgart, October 1987

Ness, A., F. Reim, H. Meitner and J. Niemeier (1986), Decision Support System for Planning and Design of Distributed Office Systems, Deliverable FHG-D1-T1.1-860829 of ESPRIT Project 834 (COMANDOS), Universität Stuttgart and Fraunhofer-Institut für Arbeitswirtschaft und Organisation, Stuttgart

Ness, A., F. Reim, H. Meitner, R.A. Percy and S.S. Makh (1987), An Architecture for System and User Management Tools in a Distributed Office System, in: Commission of the European Communities (Ed., 1987), ESPRIT '87: Achievements and Impact, North-Holland, Amsterdam, pp. 1501-1516

Simon, H. (1960), The New Science of Management Decision, Harper and Row, New York

Sloman, M. (1987), Distributed Systems Management, Report of Department of Computing, Imperial College, London, April 1987

Architektur eines
wissensbasierten Netzwerkplanungssystems

L. Burger

Institut für Telematik

Universität Karlsruhe

Zusammenfassung

Der Beitrag beschreibt Methoden für den Entwurf von Rechnernetzen und Ansätze zur Integration dieser Methoden in fortgeschrittenen Netzwerkplanungssystemen. Es wird die Architektur des Netzwerkplanungssystems PLANET vorgestellt, das mit Hilfe von Techniken der Künstlichen Intelligenz unterschiedliche Methoden integriert. Das System ist in der Lage, anwendungsnah formulierte Probleme entgegenzunehmen und die zur Lösung der Probleme geeigneten Methoden automatisch auszuwählen.

1   Einleitung

Dezentrale Rechnersysteme können nur dann sinnvoll in einem Unternehmen eingesetzt werden, wenn sie in ein Gesamtsystem integriert sind. Rechnernetze spielen daher eine zunehmend entscheidende Rolle in der Infrastruktur eines Unternehmens. Bedingt durch die Verfügbarkeit leistungsfähiger und kostengünstiger Rechnersysteme und neuer Kommunikationstechniken erreichen innerbetriebliche Netze Größenordnungen, gemessen in Anzahl vernetzter Rechnersysteme, die früher hauptsächlich Weitverkehrsnetzen vorbehalten waren. Zukünftige Netze werden aller Voraussicht nach durch vielfältige Heterogenität gekennzeichnet sein bzgl. Rechnersystemen, Kommunikationsmedien, Protokollen, Diensten und Anwendungen. Die daraus resultierende Komplexität des Systems *Rechnernetz* sowie der Einfluß, den dessen Leistungsfähigkeit auf ein Gesamtunternehmen haben kann, stellen verschärfte Anforderungen an die Netzwerkplanung.

Aufgabe der Netzwerkplanung ist die an vorgegebenen Gütekriterien orientierte Auswahl und Konfigurierung der von Herstellern angebotenen Netzwerkprodukte (Rechnersysteme, Übertragungsmedien, Bridges, Protokolle, etc.) sowie die optimale Parametrisierung dieser Produkte (Puffergrößen, Timout-Längen, etc.) vor Inbetriebnahme und im laufenden Betrieb. Als Gütekriterien können Investitions- und Betriebskosten, Leistungsverhalten (Durchsatz, Antwortzeiten), Ausfallsicherheit, etc. herangezogen werden. Die Netzwerkplanung umfaßt somit Aufgaben, die bei Management, Kapazitätsplanung und Entwurf von Rechnernetzen entstehen.

Der Komplexität von Rechnernetzen und der Vielfalt der Anforderungen kann nur durch den Einsatz rechnergestützter Planungswerkzeuge, wie z.B. Verfahren zum Topologieentwurf oder Modelle zur Leistungsanalyse, begegnet werden. Solche in ausführbarer Form vorliegenden Werkzeuge sollen im folgenden als *Methoden* bezeichnet werden. Eine einzelne Methode kann der Vielfalt der

Probleme bei der Netzwerkplanung nicht gerecht werden, vielmehr ist eine Menge sich ergänzender Planungsmethoden notwendig. Wesentliche Voraussetzungen für den erfolgreichen praktischen Einsatz solcher Planungsmethoden sind:

- Benutzbarkeit der Methoden in der Sprache des hauptsächlich in Hard- und Softwareprodukten denkenden Netzwerkplaners,
- Integration der Methoden in ein Planungssystem, das die Auswahl und Verknüpfung von Methoden unterstützt.

Der vorliegende Beitrag beschreibt die Architektur des Netzwerkplanungssystems PLANET, das basierend auf Techniken der Künstlichen Intelligenz unterschiedliche Methoden integriert und in einer anwendernahen Sprache verfügbar macht. Ziel des Systems ist es, den in der Praxis tätigen Netzwerkplaner durch Bereitstellung existierender, in ausführbarer Form vorliegender Methoden zu unterstützen. Im Vordergrund der Betrachtung stehen dabei die vornehmlich an Leistungs- und Kostengesichtspunkten orientierten, nicht realzeitkritischen Aufgaben der Netzwerkplanung. Abschnitt 2 gibt einen Überblick über Planungsaufgaben und Planungsmethoden, die zur Lösung dieser Aufgaben eingesetzt werden können. In Abschnitt 3 werden existierende Ansätze zur Methodenintegration beschrieben. Im darauf folgenden Abschnitt 4 werden die grundlegenden Konzepte des PLANET-Systems beschrieben. Die in PLANET benutzte Sprache zur Beschreibung von Rechnernetzen wird in Abschnitt 5 vorgestellt.

2 Netzwerkplanung: Aufgaben und Methoden

2.1 Planungsaufgaben

Die Aktivitäten in einem Netzwerkplanungsprozeß lassen sich grob fünf logischen Schritten zuordnen (vgl. [MAG85], [CHS86], [FKP85]):

1. Problemerkennung und Problemanalyse,

2. Anforderungsanalyse,

3. Synthese alternativer Lösungen,

4. Analyse und Bewertung der Lösungen,

5. Auswahl einer oder mehrerer Lösungen.

An die Lösungsauswahl können sich die Realisierung oder detailliertere Planungsphasen anschließen.

Die Aktivitäten des ersten logischen Schrittes *Problemerkennung und Problemanalyse* haben die Aufgabe, ein Problem zu identifizieren und die Problemsituation zu analysieren. Bzgl. der Problemidentifikation kann man zwischen dem Erkennen akuter Probleme und dem vorausschauenden Erkennen von Problemen unterscheiden.

Im Schritt *Anforderungsanalyse* werden die an eine Lösung gestellten Anforderungen festgelegt. Diese können unterschieden werden in funktionale und systeminterne Anforderungen. Funktionale Anforderungen bestimmen die Art der vom Rechnernetz zu unterstützenden Anwendungen, deren quantitative Merkmale (z.B. Quellen und Ziele von Datenströmen, Datenraten) sowie die von ihnen geforderte Güte der Netzwerkdienste (z.B. maximale Antwortzeit, Mindestdurchsatz). Daneben sind auch systeminterne Anforderungen zu berücksichtigen wie z.B. geographische Gegebenheiten, obere Schranken für Investitions- und Betriebskosten, Kompatibilitätsanforderungen existierender Teilnetze.

Innerhalb des Schrittes *Synthese alternativer Lösungen* lassen sich im allgemeinen mehrere, zeitlich verzahnt auszuführende Teilschritte identifizieren: Festlegung einer Gesamtarchitektur, Auswahl der Systemkomponenten und Optimierung der Lösung. Abhängig von den gestellten Anforderungen können z.B. beim Netzwerkentwurf unterschiedliche Architekturen in Betracht gezogen werden, die sich hinsichtlich der Verteilung der Anwendungsfunktionen oder der Struktur des Kommunikationssubsystems unterscheiden. Bei der Auswahl der Systemkomponenten werden ausgehend von der zuvor festgelegten Gesamtarchitektur die auf dem Markt verfügbaren Komponenten ausgewählt, aus denen eine Lösung aufgebaut werden kann. In daran anschließenden Schritten wird versucht, den Entwurf durch geeignete Modifikationen und Bestimmung freier Parameter (Speicher- und Verarbeitungskapazitäten, Netzwerktopologie, Routingtabellen, Puffergrößen, etc.) zu vervollständigen oder zu verbessern.

Im vierten und fünften Schritt wird schließlich untersucht, inwieweit die erarbeiteten Lösungen die gestellten Anforderungen erfüllen. Eine der Lösungen wird für eine Realisierung oder mehrere gleichwertige Lösungen werden für detailliertere Planungsphasen ausgewählt.

2.2 Einzelne Planungsmethoden

2.2.1 Übersicht

Methoden, die während eines Planungsprozesses eingesetzt werden können, lassen sich aus der Sicht des Problembereichs Netzwerkplanung einteilen in:

- universelle Methoden und
- spezialisierte Methoden.

Der Einsatzbereich *universeller Methoden* beschränkt sich nicht nur auf das Gebiet der Netzwerkplanung sondern umfaßt ein breites Spektrum unterschiedlichster Anwendungsgebiete. In der Gruppe der universellen Methoden sind allgemeine mathematische Verfahren wie z.B. graphentheoretische Verfahren, Verfahren der mathematischen Programmierung oder Methoden der beschreibenden Statistik anzusiedeln. Auch allgemein einsetzbare Modellierungs- und Analysewerkzeuge können als universelle Methoden bezeichnet werden. Dazu gehören Simulationssprachen wie z.B. SIMULA, SIMSCRIPT, etc. oder die auf die Analyse von Warteschlangensystemen spezialisierten Werkzeuge wie z.B. RESQ, COPE, etc. (vgl. [POT85]).

Spezialisierte Methoden sind auf den Problembereich der Netzwerkplanung zugeschnitten. Sie basieren in der Regel auf den von den oben beschriebenen universellen Methoden bereitgestellten formalen Sprachen und Kalkülen. Sie lassen sich im wesentlichen in folgende Klassen einteilen:

1. Methoden zur Problem- und Anforderungsanalyse,

2. Synthesemethoden und

3. Leistungsanalysemethoden.

Die nachfolgenden Abschnitte geben einen Überblick über die aus der Literatur bekannten spezialisierten Methoden. Diese Methoden decken jedoch keineswegs das gesamte Aktivitätenspektrum eines Planungsprozesses ab. Vielmehr werden eine Vielzahl von Aktivitäten während des Planungsprozesses durch den Menschen direkt ausgeführt wie z.B. Erkundung des organisatorischen (betrieblichen) Umfelds, Festlegung einer Gesamtarchitektur oder Bewertung der Lösungen.

2.2.2 Methoden zur Problem- und Anforderungsanalyse

Im Bereich der Problem- und Anforderungsanalyse können hauptsächlich folgende Methoden rechnergestützt eingesetzt werden:

- Monitore,
- Verfahren zur Bildung von Arbeitslastmodellen,
- Verfahren zur Vorhersage zukünftiger Arbeitslasten,
- existierende Arbeitslastmodelle und
- Anforderungsmodelle.

Hard- und Softwaremonitore liefern Informationen über die Problemsituation wie z.B. Rechnerauslastungen, Antwortzeiten oder Fehlerraten. Aus den von Monitoren gewonnenen Daten können mithilfe der Verfahren zur Arbeitslastcharakterisierung Arbeitslastmodelle gebildet werden. Zur Vorhersage der zukünftigen Arbeitslast können Verfahren der Trend-Extrapolation verwendet werden. Da bei Entwurfsproblemen die von den Anwendungen ausgelösten Arbeitslasten oft nur vage oder überhaupt nicht angegeben werden können, ist man auf Erfahrungen in Form existierender Arbeitslastmodelle angewiesen. Zur Bestimmung der von den einzelnen Anwendungen gestellten Anforderungen an die Güte der Rechnernetz-Dienste kann man sich sogenannter Anforderungsmodelle bedienen.

2.2.3 Synthesemethoden

Die aus der Literatur bekannten Synthesemethoden beschäftigen sich hauptsächlich mit folgenden Problemen:

- Auslegung des Kommunikationssubsystems,
- Zuordnung von Programmen und Dateien zu Rechnernetzknoten, Festlegung von Speicher- und Prozessorkapazitäten.

Diese Methoden basieren entweder auf Heuristiken, Verfahren der mathematischen Programmierung oder graphentheoretischen Algorithmen.

Die Methoden zum Entwurf des Kommunikationssubsystems behandeln den Entwurf zentralisier-
ter Netze und vermaschter Paketvermittlungsnetze (vgl. [SCH77], [GEK77], [KLE76], [TAN81]).
Zum Entwurf sehr großer Netze (mehrere hundert Knoten) verwendet man darüberhinaus
Clusteranalyse-Verfahren, mit deren Hilfe Subnetze identifiziert werden, die separat entworfen
werden können (vgl. [KLK80]).

Methoden, die sich mit der Zuordnung von Programmen und Dateien zu Rechnernetzknoten und
der Festlegung von Speicher- und Prozessorkapazitäten beschäftigen, werden u.a. in [MOL77],
[STB78], [SOG84], [WAH84], [SHW87] und [JAI87] vorgestellt.

2.2.4 Leistungsanalysemethoden

Existierende Leistungsanalysemethoden können grob unterschieden werden in (vgl. [BEI86]):

- Analytische Modelle, deren Lösungen als geschlossene mathematische Formeln dargestellt werden können.
  Modelle dieses Typs besitzen den Vorteil, daß sie Zusammenhänge zwischen Entwurfsvariablen
  und Leistungskenngrößen aufzeigen. Sie können insbesondere in frühen Phasen des Entwurfs-
  prozesses und zur schnellen Bewertung eines Entwurfs vorteilhaft verwendet werden. Aufgrund
  der zugrundeliegenden vereinfachenden Annahmen sind sie für Detailuntersuchungen in der
  Regel nicht geeignet.

- Analytische Modelle, die aufgrund ihrer Komplexität nicht in geschlossener mathematischer
  Form lösbar sind.
  Zur Lösung dieser Modelle werden Analysepakete verwendet. Der Ausführungsaufwand hängt
  von der Komplexität des Modells ab, liegt jedoch in aller Regel unter dem simulativer Modelle.

- Simulationsmodelle.
  Diese Modelle bilden das zeitliche Verhalten eines Systems nach. Sie können im Prinzip beliebige
  Detaillierungsgrade erreichen. Ihr wesentlicher Nachteil besteht im hohen Ausführungsaufwand.
  Der Ausführungsaufwand kann durch den Einsatz *hybrider Modelle* verringert werden.

3 Ansätze zur Methodenintegration

3.1 Übersicht über relevante Forschungsgebiete

Arbeiten zur Integration von Methoden und Daten sind seit den späten 70er Jahren unter dem
Schlagwort *Methodenbanksysteme* ([DHL79]) bekanntgeworden. Eine Fortführung erfahren diese
Arbeiten u.a. im Bereich der *Entscheidungsunterstützungssysteme* ([JAR87], [HRU88]). Neuere
Arbeiten auf dem Gebiet der Entscheidungsunterstützungssysteme versuchen, Wissensrepräsen-

tationssprachen (Prädikatenlogik, Frames, Regeln) der Künstlichen Intelligenz zur Beschreibung der Methodeneigenschaften nutzbar zu machen.

Arbeiten auf dem Gebiet der *Modellbanksysteme* erfahren ebenfalls durch die Fortschritte auf dem Gebiet der Künstlichen Intelligenz eine Belebung (vgl. [EÖZ86]). Unter dem Stichwort Modellbanksysteme läßt sich eine Vielzahl von Systemen einordnen, die den Benutzer vor allem in den Bereichen Modellspezifikation und -implementierung, Konstruktion von Modellen aus existierenden Moduln (Teilmodellen) und Experimentdefinition unterstützen (für eine Übersicht siehe [STA86], [KET86]). In diesem Bereich ist insbesondere das von Zeigler entwickelte Modellbankkonzept ([ZEI84], [ROZ86]) zu nennen.

3.2 Ansätze aus den Bereichen Planung von Rechnernetzen und Rechnersystemen

Ansätze zur Methodenintegration im Bereich der Planung von Rechnersystemen (inkl. Rechnernetzen) befassen sich mit der Integration von Methoden zu Analyse und Synthese von Rechnersystemen. Sie lassen sich daher grob in die beiden Klassen *integrierte Analysesysteme* und *integrierte Synthese- und Analysesysteme* einteilen.

3.2.1 Integrierte Analysesysteme

Die integrierten Analysesysteme können danach unterschieden werden, ob sie die Erstellung von Modellen mithilfe einer allgemeinen Modellbeschreibungssprache oder mithilfe existierender anwendungsspezifischer Modelle bzw. Teilmodelle unterstützen. Analysesysteme des ersten Typs sollen als *Modellierungssysteme* bezeichnet werden. Systeme des zweiten Typs können als *Modellbanksysteme* bezeichnet werden. Neben reinen Vertretern dieser beiden Typen gibt es auch Mischformen, die Merkmale beider Typen beinhalten. Da wir davon ausgehen, daß ein Netzwerkplaner hauptsächlich vorgefertigte Modelle benutzt, wollen wir uns im folgenden auf den Bereich der Modellbanksysteme konzentrieren.

Die meisten der bekannten Modellbanksysteme verfügen über simulative Teilmodelle, die durch eine geeignete Schnittstellensprachen ausgewählt, konfiguriert und ggf. parametrisiert werden können. Diese Systeme erfordern vom Benutzer detaillierte Kenntnisse über die verfügbaren Teilmodelle sowie über deren Kombinierbarkeit. Sie können auch als *konfigurierbare Simulatoren* bezeichnet werden. Zur Klasse dieser konfigurierbaren Simulationssysteme sind u.a. die in [BHK84], [CHJ84], [KEL86] und [BUR87] vorgestellten Systeme zu zählen.

Das in [BHA86] vorgestellte System ist ebenfalls der Klasse der Modellbanksysteme zuzuordnen. Es enthält eine Ansammlung von Warteschlangenmodellen. Jedes Modell liegt in der Form eines selbständigen Moduls vor, das gewünschte Leistungskenndaten (Durchsatz, Prozessorauslastung, Verweilzeit, etc) liefert. Die Eigenschaften der Modelle werden mithilfe von Regeln beschrieben.

3.2.2 Integrierte Synthese- und Analysesysteme

Systeme, die unterschiedliche Synthese- und Analysemethoden integrieren, wurden bisher vor allem zur Planung von Weitverkehrsnetzen oder lokalen Netzen herkömmlicher Struktur (zentralisierte Netze oder vermaschte Paketvermittlungsnetze) entwickelt. Typische Planungssysteme werden z.B. in [JÜL86], [ROY86] beschrieben. Eine Übersicht über existierende Planungssysteme geben [CHO86] und [NOR88]. Diese Planungssysteme unterstützen in der Regel: Topologieentwurf, Bestimmung der Übertragungskapazitäten, Flußzuweisung, Auslegung der Vermittlungsknoten und Leistungsanalyse. Die Methoden sind in feste Ablaufstrukturen eingebunden oder werden vom Benutzer einzeln aufgerufen und mit Parametern versorgt.

In [SEZ88] wird ein System zu Entwurf und Modellierung lokaler Netze vorgestellt, das auf Zeiglers Modellbankkonzept basiert. Der Entwurf wird durch Regeln unterstützt. Allerdings enthält dieses System keine herkömmlichen Synthesemethoden.

Zur Klasse der integrierten Synthese- und Analysesysteme ist auch das in [SBD86] vorgestellte Blackboard-Expertensystem zu zählen. Es dient der Kapazitätsplanung für Rechner des Typs IBM System/38. Um eine zentrale Blackboard sind mehrere Methoden mit folgenden Funktionen angesiedelt: Kommunikation mit dem Benutzer, Beschreibung der Systemkonfiguration, Beschreibung der Systemlast, Herleitung von Leistungsprognosen, Herleitung von Vorschlägen zur Änderung der Konfiguration. Die Methodenauswahl erfolgt automatisch mithilfe von Trigger-Mechanismen.

3.3 Klassifikationsmerkmale zur Methodenintegration

Im vorliegenden Abschnitt sollen methodenintegrierende Systeme nach zwei wesentlichen Kriterien eingeordnet werden:

- Art der Benutzerschnittstelle,

- Repräsentation des Wissens über Methodeneigenschaften.

<u>Art der Benutzerschnittstelle</u>

Die folgenden beiden Schnittstellentypen bilden die Pole, zwischen denen die Schnittstellen existierender Systeme eingeordnet werden können:

- Methodenorientierte Schnittstelle:

    Ein vom Benutzer spezifiziertes Problem enthält die Namen einer oder mehrerer ihm bekannter Methoden sowie ggf. Angaben über benötigte Parameter und die Art und Weise der notwendigen Methodenverknüpfungen. In diesem Fall wird vom Benutzer also erwartet, daß er die verfügbaren Methoden und deren Anwendungsbereiche kennt. Methodenorientierte Schnittstellen werden von den gängigen Planungssystemen für Weitverkehrsnetze und lokale Netze angeboten.

- Anwendungsorientierte Schnittstelle:

    Die Spezifikation eines Problems erfolgt anwendungsorientiert. Welche Wissensquellen zur Problemlösung eingesetzt werden, bleibt dem Benutzer im Idealfall verborgen. Die Realisierung dieses Schnittstellentyps wird in nahezu sämtlichen der neueren Ansätze zur Methodenintegration angestrebt. Wir wollen uns daher in der weiteren Diskkussion auf Systeme dieses Typs beschränken.

Eine ähnliche Einordnung nach Schnittstellentypen enthält [BHW84].

Repräsentation des Wissens über Methodeneigenschaften

Bietet ein methodenintegrierendes System eine anwendungsorientierte Schnittstelle an, so muß das System in irgendeiner Form Wissen über die Methodeneigenschaften besitzen. Dieses Wissen kann auch als *Metawissen* (Wissen über Wissen) bezeichnet werden. Man kann folgende Ansätze zur Repräsentation dieses Metawissens unterscheiden:

- Prozedurale Repräsentation:

  In Systemen mit prozeduraler Wissensrepräsentation führen Problemspezifikationen zur Ausführung spezieller Problemlösungsprogramme. Im Verlauf der Ausführung solcher Programme werden die benötigten Methoden aufgerufen. Das Wissen über Methodeneigenschaften ist in diesem Fall implizit in den Programmpfaden enthalten, die zur Ausführung einer Methode führen.

- Deklarative Repräsentation:

  In Systemen mit deklarativer Wissensrepräsentation werden Methoden und Probleme durch Deskriptoren beschrieben. Die Methodenauswahl erfolgt durch Strukturabgleich (Matching) zwischen Problem- und Methodendeskriptor. Ein typischer Vetreter dieses Ansatzes ist Zeiglers Modellbankkonzept, in dem Modelle durch *system entity structure* genannte Deskriptoren beschrieben werden. Systeme mit deklarativer Wissensrepräsentation besitzen gegenüber Systemen mit prozeduraler Repräsentation den Vorteil der leichten Erweiterbarkeit. Methodendeskriptoren werden in der Regel von Experten erstellt.

4 Grundlegende Konzepte des PLANET-Systems

Das dem System PLANET zugrundeliegende Konzept zur Methodenintegration zeigt Abb. 1. Das System stellt eine Menge von Konzepten (z.B. Rechner, Übertragungsleitungen, Protokollinstanz) zur Verfügung, die zur Beschreibung von Planungsproblemen herangezogen werden können. Die Menge dieser Konzepte wird als *Planungsvokabular* bezeichnet. Aktuelle Planungsprobleme werden durch den Netzwerkplaner beschrieben, indem er die Konzepte in geeigneter Weise instanziiert.

Die Eigenschaften der in das System PLANET integrierten Methoden werden durch *Methodendeskriptoren* beschrieben. Sie enthalten methodenspezifische Konzepte (z.B. Bediensystem, Warteschlange). Die Beschreibung eines Problems, das von einer Methode gelöst werden kann, erhält man daher durch geeignete Instanziierung der Konzepte des zugehörigen Methodendeskriptors. Die Trennung zwischen allgemeinen Konzepten des Planungsvokabulars und methodenspezifischen

Konzepten dient dazu, die Wissensbasis des Systems modular zu halten.

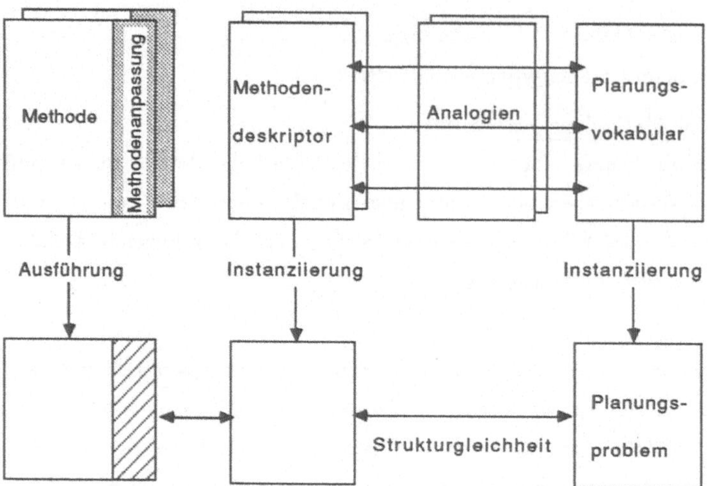

Abb. 1: Grundlegendes Konzept zur Methodenintegration

Beziehungen zwischen Konzepten dieser beiden Typen werden mithilfe von *Analogien* hergestellt. Typische Beispiele für analoge Beziehungen zwischen Konzepten sind die Beziehungen:

Datenübertragung - Kundenbedienung,

Protokollschicht - Bediensystem,

Nachricht - Kunde,

Nachrichtenankunftsrate - Kundenankunftsrate,

mittl. Nachrichtenverweilzeit - mittl. Kundenverweilzeit,

mittl. Anzahl Nachrichten in der Protokollschicht - mittl. Anzahl Kunden im Bediensystem.

Diese Analogien können z.B. zur Definition der Anwendbarkeit von Little's Formel auf Protokollschichten benutzt werden.

Ein gegebenes Planungsproblem P_g kann genau dann durch eine Methode m gelöst werden, wenn durch geeignete Instanziierung der Konzepte des Methodendeskriptors ein Planungsproblem P_m beschrieben werden kann, so daß P_g und P_m strukturgleich sind. Im allgemeinen Fall kann es erforderlich sein, daß P_g zunächst mithilfe spezieller Inferenzmechanismen transformiert bzw. vereinfacht wird. In die Auswahl einer passenden Methode können zudem pragmatische Gesichtspunkte eingehen, wie z.B. gewünschte Güte der Ergebnisse oder maximal tolerierbarer Ausführungsaufwand. Da unabhängig vom PLANET-System entwickelte Methoden in der Regel nicht direkt auf Problembeschreibungen des Planungssystems zugreifen können, wird P_m mithilfe eines *Anpassungsmoduls* in eine Eingabebeschreibung für die Methode m transformiert. Die Methode kann anschließend ausgeführt werden. Die Ergebnisse der Methodenausführung werden wiederum vom Anpassungsmodul in die PLANET-Syntax transformiert. Aufgrund der definierten Analogien können die erhaltenen Ergebnisse schließlich auf das Ursprungsproblem P_g angewendet werden. PLANET ist somit nach dem *Blackboard-Prinzip* organisiert, da die Methoden auf einer gemeinsamen Datenstruktur arbeiten, die Planungsprobleme bzw. den aktuellen Planungszustand beschreibt.

Die Definition des Planungsvokabulars sowie die Einbindung von Methoden mithilfe von Methodendeskriptoren, Analogien und Anpassungsmoduln werden von Rechnernetz- bzw. Methodenexperten durchgeführt. Das System PLANET bietet daher sowohl eine Experten-Schnittstelle zur Erweiterung des Vokabulars und zur Integration neuer Methoden, als auch eine Schnittstelle für Netzwerkplaner an, die mit dem System lediglich durch Instanziierung vordefinierter Konzepte arbeiten.

Das Planungsvokabular läßt sich in zwei wesentliche Teilmengen aufspalten:

- Vokabular zur Spezifikation von Syntheseproblemen.
  Mithilfe dieses Vokabulars können Netzwerkprodukte, die zur Lösung von Planungsproblemen eingesetzt werden können, in Form eines Und-Oder-Graphen angeordnet und durch den Netzwerkplaner manipuliert werden.

- Vokabular zur Spezifikation von Planungsmodellen.
  Dieses dient der Beschreibung der erarbeiteten Planungsmodelle und deren Eigenschaften. Der folgende Abschnitt beschreibt die Konzepte des im PLANET-System verwendeten Formalismus zur Beschreibung von Planungsmodellen.

5 Aktionsnetze: Eine Sprache zur Beschreibung von Planungsmodellen für Rechnernetze

5.1 Anforderungen an eine Systembeschreibungssprache

Da das PLANET-System die an Leistungsgesichtspunkten orientierte Netzwerkplanung unterstützen soll, muß eine geeignete Sprache zur Beschreibung von Planungsmodellen Elemente zur Beschreibung sowohl statisch-struktureller als auch dynamischer Aspekte von Rechnernetzen enthalten.

Zur Beschreibung statisch-struktureller Aspekte kann das allgemein anerkannte Konzept der hierarchischen Strukturierung von Systemen in interagierende Systemkomponenten übernommen werden. Neben statisch-strukturellen Aspekten müssen auch die das zeitliche Verhalten betreffenden, dynamischen Aspekte von Rechnernetzen beschrieben werden. Gängige Arten der Beschreibung zeitlichen Verhaltens sind:

- Aufzählungen elementarer Meßwerte (z.B. Zeitreihe der beobachteten Nachrichtenlängen). Solche Meßwerte können von Simulatoren oder Monitoren geliefert werden.

- Angabe abgeleiteter Kenngrößen (z.B. arithmetisches Mittel der beobachteten Nachrichtenlängen). Abgeleitete Kenngrößen werden oft in einfachen analytischen Modellen oder Modellen der operationellen Analyse verwendet.

- Angabe von Parametern stochastischer Prozesse (z.B. Verteilung und Mittelwert von Nachrichtenlängen). Wir wollen uns im Rahmen dieses Beitrages auf stochastische Prozesse beschränken, die durch unabhängige, identische Verteilungen charakterisiert werden können. Diese Beschreibungsform trifft man hauptsächlich in den auf der Warteschlangentheorie basierenden analytischen Modellen an. Daneben werden oft auch Teilmodelle von Simulatoren als stochastische Prozesse beschrieben (z.B. Ankunftsströme von Lastobjekten).

Beschreibungen des obengenannten Typs können sich darüberhinaus auf unterschiedlichen Aggregationsniveaus befinden (z.B. mittlere Länge aller in einem Teilnetz ausgetauschten Nachrichten, mittlere Länge aller im Gesamtnetz ausgetauschten Nachrichten). Auf der Basis einer Systembeschreibungssprache muß daher die Definition semantischer Beziehungen

- zwischen unterschiedlichen Arten der Beschreibung zeitlichen Verhaltens sowie
- zwischen den auf unterschiedlichen Aggregationsniveaus angesiedelten Verhaltensbeschreibungen

möglich sein. Zur Beschreibung des zeitlichen Verhaltens in einer von PLANET verarbeitbaren Form wurde daher das Konzept der Aktionsnetze entwickelt.

5.2   Grundlegende Begriffe

Die Beschreibung von Rechnernetzen basiert auf folgenden grundlegenden Konzepten:

Systeme:
Systeme sind die aktiven und konkreten Elemente, aus denen sich ein Rechnernetz zusammensetzt. Sie können in Komponenten zerlegt werden, die wiederum Systeme sind. Beispiele für Systeme sind: Anwendungsprozesse, Protokollinstanzen, Protokollschichten, Prozessoren oder Übertragungsleitungen.

Objekte:
Objekte sind passive Elemente, die der Interaktion zwischen Systemen dienen. Beispiele für Objekte sind: Sendeaufträge oder Betriebsmittelanforderungen und -freigaben. Sie werden durch Attribute beschrieben, wie z.B. Nachrichtenlänge oder angeforderte Prozessorzeit.

Aktionen:
Aktionen sind einmalig beobachtbare Aktivitäten eines Systems. In einer Aktion werden Objekte als Eingaben entgegengenommen und es werden Objekte als Ausgaben erzeugt. Ankünfte und Abgänge von Objekten bilden jeweils Ereignisse. Es wird davon ausgegangen, daß jedes Abgangsereignis von sämtlichen Ankunftsereignissen der Aktion kausal abhängig ist. Das bedeutet, daß sämtliche Ankunftsereignisse einer Aktion zeitlich vor deren Abgangsereignissen stattfinden müssen. Beispiele für Aktionen sind: Nachrichtenübertragung oder Kundenbedienung. Das zeitliche Verhalten eines Rechnernetzes kann man damit prinzipiell als zyklenfreien Datenflußgraphen beschreiben, dessen Knoten Aktionen und dessen Kanten Objektflüsse zwischen Aktionen repräsentieren.

<u>Aktionsschemata:</u>

Aktionsschemata sind logische Bestandteile eines Systems. Sie repräsentieren die Fähigkeit des Systems, Aktionen eines bestimmten Typs zeitlich parallel oder sequentiell auszuführen. Ein Aktionsschema wird durch folgende Komponenten beschrieben:

- Menge von Eingabeports,
- Menge von Ausgabeports,
- Mengen der an Ein- und Ausgabeports zulässigen Objekte,
- Beginn- und Endezeitpunkt der Beobachtung.

Eine zu einem Aktionsschema gehörende Aktion nimmt also auf jedem Eingabeport ein Eingabeobjekt an und produziert auf jedem Ausgabeport ein Ausgabeobjekt. Ein- und Ausgabeports von Aktionsschemata können über gerichtete Kanäle verbunden werden. Diese repräsentieren die möglichen Objektflüsse zwischen Aktionen unterschiedlicher Schemata. Die Kopplung unterschiedlicher Systeme läßt sich daher auf die Kopplung freier Ein- und Ausgabeports ihrer Aktionsschemata zurückführen. Teil a) der Abb. 2 zeigt als Beispiel die Repräsentation zweier Anwendungsprozesse, die über eine (N)-Schicht Nachrichten austauschen.

Weitere Eigenschaften der Aktionsnetze, die hier nicht detaillierter beschrieben werden, sind:

- *Null-Objekte* zur Repräsentation von Ausnahmefällen, in denen keine Ausgabe erzeugt wird, wie z.B. beim Verlust einer Nachricht in einer Protokollschicht.
- Konsistenzbedingungen zur Repräsentation einschränkender struktureller Eigenschaften der über einem Netz von Aktionsschemata beobachtbaren Datenflußgraphen.
- Mechanismen zur Beschreibung strukturveränderlicher und dynamisch generierbarer Systeme (z.B. logische Verbindungen).

5.3 Unterschiedliche funktionale Sichten eines Systems

Das Netz der zu einem System gehörigen Aktionsschemata kann als *funktionale* Systembeschreibung betrachtet werden. Unterschiedliche funktionale Beschreibungen eines Systems können durch folgende Operationen gebildet werden:

- Bildung neuer Aktionsschemata durch Vernachlässigen systeminterner Aktionen. Ein Beispiel zeigt Teil b) der Abb. 2.

- Aggregation oder Dekomposition gleichartiger Agenten.
  Ein Beispiel zeigt Teil c) der Abb. 2. Die Aggregation gleichartiger Aktionsschemata dient in der Regel zur Beschreibung der Semantik aggregierter Meßwerte, wie z.B. mittlere Verweilzeit aller über eine Protokollschicht ausgetauschten Nachrichten. Die Dekomposition eines Agenten in gleichartige Teilagenten dient der Charakterisierung unterschiedlicher Verhaltensweisen und zugehöriger Meßwerte, die vor allem das Routing von Objekten, die Behandlung von Objekten unterschiedlicher Klassen und die Zerlegung eines Beobachtungsintervalls in Teilintervalle betreffen.

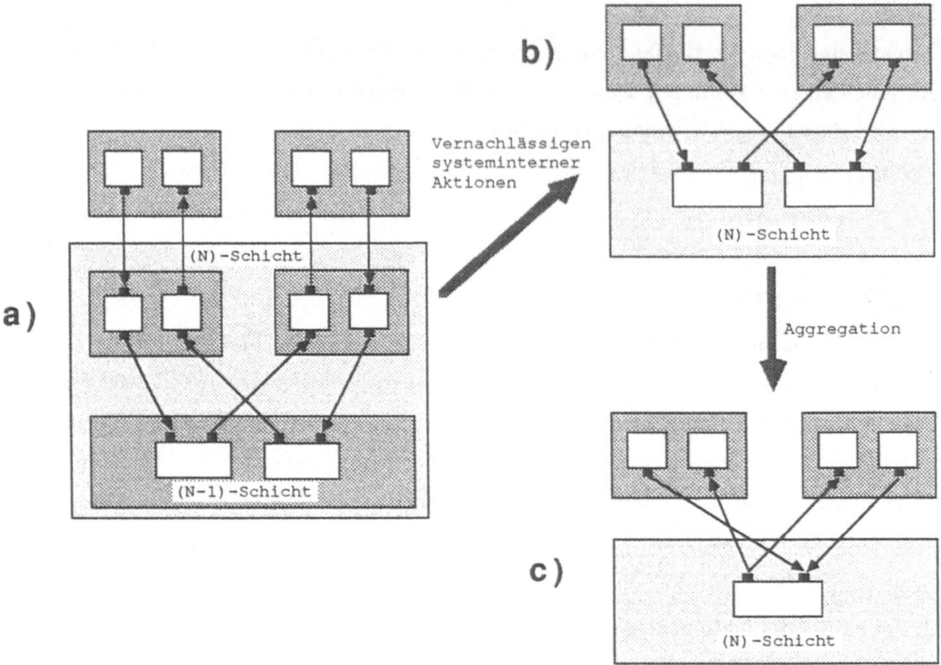

Abb. 2: Unterschiedliche funktionale Sichten eines Systems

5.4 Meßwerterfassung

Da das Verhalten eines Rechnernetzes in der Regel nicht mithilfe von Aktionsgraphen, sondern mithilfe von Meßwerten wie z.B. Anzahl ausgeführte Übertragungsaktionen beschrieben wird, sind Aktionsschemata mit Meßstellen versehen, an denen solche Meßwerte erfaßt werden können. Folgende Meßstellentypen werden u.a. definiert:

- Für jeden Port eines Aktionsschemas:

    M-11: zur Erfassung von Ereigniszeitpunkten, M-12: zur Erfassung von Zwischenankunftszeiten, M-13: zur Erfassung von Objektattributen, M-14: liefert die Gesamtzahl der Ereignisse innerhalb des dem Aktionsschema zugeordneten Beobachtungsintervalls, M-15: liefert die Rate von Ereignissen innerhalb des Beobachtungsintervalls.

- Für das Aktionsschema:

    M-21: zur Erfassung von Start- und Endezeitpunkten von Aktionen, M-22: zur Erfassung der zeitlichen Dauern von Aktionen, M-23: liefert den Verlauf von Zustandsvariablen wie z.B. Anzahl aktiver Aktionen, M-24: liefert die Anzahl gestarteter und beendeter Aktionen innerhalb des Beobachtungsintervalls, M-25: liefert die Raten gestarteter und beendeter Aktionen innerhalb des Beobachtungsintervalls.

- Bzgl. jeder Dekomposition des Aktionsschemas:

  M-31: liefert die prozentuale Verteilung der Aktionen bzw. Ereignisse auf Teilschemata innerhalb des Beobachtungsintervalls

Die an Meßstellen der Typen M-12, M-13 (falls diesen eine Intervall- oder Ratio-Skala zugrundeliegt) und M-22 gewinnbaren Meßdaten können durch Aufzählungen, arithmetische Mittel
oder stochastische Prozesse beschrieben werden. Die an Meßstellen des Typs M-23 gewinnbaren
Meßdaten können entweder durch Aufzeichnung des zeitlichen Verlaufs oder durch den Mittelwert
über dem Beobachtungsintervall beschrieben werden.

Meßwerte werden nicht nur zur Aufzeichnung unterschiedlichen Systemverhaltens in unterschiedlichen Umgebungen benutzt, sondern auch zur Spezifikation von Systemeigenschaften, die unabhängig von einer bestimmten Umgebung sind. Solche Eigenschaften eines Systems, wie z.B.
lastunabhängige Kundenbedienzeit, werden als a priori bekannte Meßwerte betrachtet.

6 Zusammenfassung und Stand der Arbeiten

Es wurden die wesentlichen Konzepte des Netzwerkplanungssystem PLANET sowie dessen Subfor-
malismus zur Beschreibung von Planungsmodellen beschrieben. Laufende Arbeiten konzentrieren
sich auf die Implementierung des Systems. Als Basissystem wird das an der TU Berlin entwickelte
hybride Wissensrepräsentationsystem BACK (vgl. [NEL87], [PLN87]) herangezogen. Dieses wird
derzeit u.a. um mehrere in Prolog implementierte Bestandteile erweitert:

- Komponente zur Haltung von Massendaten,

- Komponente zur Realisierung von Trigger-Mechanismen,

- Komponente zur Realisierung analoger Beziehungen,

- Komponente zur Repräsentation komplexer, zusammengesetzter Objekte,

- auf dem Formalismus der Aktionsnetze aufsetzende Inferenzmechanismen zur automatischen
  Abstraktion (Vereinfachung) von Planungsmodellen,

- Inferenzmechanismen zur Kontrolle der Methodenauswahl.

Zur Integration in das Planungssystem wurden bisher folgende Methoden entwickelt: Hybrider
konfigurierbarer Simulator zur Leistungsanalyse lokaler Netze, Clusteranalyseverfahren zum Topologieentwurf, Verfahren zum Topologieentwurf herkömmlicher Paketvermittlungsnetze, Statistische Verfahren für Verteilungstest und Parameteridentifikation, diverse aus der Literatur bekannte
einfache analytische Modelle.

Literaturverzeichnis

[BEI86]   H. Beilner, Measurements and Simulation, in: Teletraffic Analysis and Computer Performance Evaluation, O. J. Boxma, J. W. Cohen, H. C. Tijms (eds.), Elsevier Science Publishers
B.V.(North-Holland), 1986

[BHA86]   S. Bathia, A. Ally, Performance Advisor: An Analysis Tool for Computer Communication Systems, in: IEEE International Conference on Communications on '86, Conference Record, Vol. 1, pp. 206 - 211, IEEE, 1986

[BHK84]   K. Bharath-Kumar, P. Kermani, Performance Evaluation Tool (PET): An Analysis Tool for Computer Communication Networks, IEEE Journal on Selected Areas in Communication, Vol. SAC-2, No. 1, Januar 1984, pp. 220 - 226

[BHW84]   R.H.Bonczek, C.W.Holsapple, A.B.Whinston, Developments in Decision Support Systems, in: Advances in computers, Vol. 23, Academic Press, 1984

[BUR87]   L. Burger, Performance Evaluation of Computer Networks by Simulative Modeling, cak 4 (Computer Anwendungen Universität Karlsruhe), September 1987, pp. 55 - 62

[CHJ84]   I. Chlamtac, R. Jain, A Methodology for building a simulation model for efficient design and performance analysis of local area networks, Simulation, Februar 1984, pp. 57 - 66

[CHO86]   W. Chou, Practical Considerations in Data Network Design, in: IEEE Global Telecommunications Conference, Conference Record, Vol. 3, pp. 1563 - 1570, IEEE, 1986

[CHS86]   A. Chianese, M. De Santo, Methodology for LAN design, computer communications, Vol. 9, No. 4, August 1986

[DHL79]   K.R. Dittrich, R. Hüber, P.C.Lockemann, Methodenbanksysteme: Ein Werkzeug zum Maßschneidern von Anwendersoftware, Informatik-Spektrum 2, 1979, pp. 194 - 203

[EÖZ86]   M. S. Elzas, T. I. Ören, B. P. Zeigler (eds.), Modelling and Simulation Methodology in the Artificial Intelligence Era, Elsevier Science Publishers B.V.(North-Holland), 1986

[FKP85]   J. S. Fritz, C. F. Kaldenbach, L. M. Progar, Local Area Networks: Selection Guidelines, Prentice-Hall, 1985

[GEK77]   M. Gerla, L. Kleinrock, On the topological Design of Distibuted Computer Networks, IEEE Transactions on Communications, Vol. COM-25, No. 1, Januar 1977

[HRU88]   H. Hruschka, Neuere Ansätze der Repräsentation von Methoden- und Modellwissen in betriebswirschaftlichen Entscheidungsunterstützungssystemen, Angewandte Informatik 4, 1988, pp. 158 - 168

[JAI87]   H. K. Jain, A Comprehensive Model for the Design of Distributed Computer Systems, IEEE Transactions on Software Engineering, Vol. SE-13, No. 10, Oktober 1987

[JAR87]   M. Jarke, Kopplung qualitativer und quantitativer Theorien in der Entscheidungsunterstützung, in: Wissensbasierte Systeme, GI-Kongreß, Oktober 1987, W. Brauer, W. Wahlster (Hrsg.), Springer-Verlag, 1987, pp. 116 - 127

[JÜL86]   H. Jüchter, R. Lehnert, NETCON-An Integrated Tool for Planning and Configuration of Packet Switching Networks, in: New Communication Services: A Challenge to Computer Technology, P. Kühn (ed.), pp. 741 - 746, ICCC 1986

[KEL86]   K. H. Kellermayr, LAN Simulation for Performance Prediction and Evaluation, in: Computer Network Usage: Recent Experiences, L. Csaba, K. Tarnay, T. Santivanyi (eds.), pp. 353 - 361, Elsevier Science Publishers B.V.(North-Holland), 1986

[KET86]   D. L. Kettenis, Knowledge-based Model Storage and Retrieval: Problems and Possibilities, in: [EÖZ86], pp. 101 - 111

[KLE76]   L. Kleinrock, Queueing Systems, Vol.II: Computer Applications, John Wiley, 1976

[KLK80]   L. Kleinrock, F. Kamoun, Optimal Clustering Structures for Hierarchical Topological Design of Large Computer Networks, Networks, Vol. 10, 1980

[MAG85] C. Macchi, J. F. Guilbert, Tele-Informatics   Data and Computer Communications, Elsevier Science Publishers B.V.(North-Holland), 1985

[MOL77] H. L. Morgan, K. D. Levin, Optimal Program and Data Locations in Computer Networks, Communications of the ACM, Vol. 20, No. 5, May 1977, pp. 315 - 322

[NEL87] B. Nebel, K. v. Luck, Issues of Integration and Balancing in Hybrid Knowledge Representation Systems, in: GWAI-87, K. Morik (ed.), Springer-Verlag

[NOR88] H.J. Van Norman, A user's guide to network design tools, Data Communications, April 1988, pp. 115 - 133

[PLN87] C. Peltason, K. v. Luck, B. Nebel, A. Schmiedel, The User's Guide to the BACK System, KIT-Report 42, TU-Berlin, Januar 1987

[ROY86] M. F. Roy, Network Planning - The Unified Approach, in: Networks 86, Third International Network Planning Symposium, Conference Record, IEEE 1986, pp. 45 - 49

[ROZ86] J. W. Rozenblit, B. P. Zeigler, Entity-based structures for model and experimental frame construction, in: [EÖZ86]

[SBD86] G. J. Stroebel, R. D. Baxter, M. J. Denney, A Capacity Planning Expert System for IBM System/38, Computer, Juli 1986, pp. 42 - 50

[SCH77] M. Schwartz, Computer-Communication Network Design and Analysis, Prentice-Hall, 1977

[SEZ88] S. Sevinc, B. P. Zeigler, Entity Structure Based Design Methodology: A LAN Protocol Example, IEEE Transactions on Software Engineering, Vol. 14, No. 3, März 1988, pp. 375 - 383

[SHW87] S. M. Shatz, J. P. Wang, Introduction to Distributed Software Engineering, IEEE Computer, Oktober 1987

[SOG84] E. de Souza e Silva, M. Gerla, Load Balancing in Distributed Systems with Multiple Classes and Site Constraints, in: Performance '84, E. Gelenbe (ed.), pp. 17 - 33, Elsevier Science Publishers B.V.(North-Holland), 1984

[STA86] C. R. Standridge, An Approach to Model Composition from Existing Modules, in: [EÖZ86], pp. 113 - 120

[STB78] H. S. Stone, S. H. Bokhari, Control of Distributed Processes, IEEE Computer, Juli 1978

[TAN81] A. S. Tanenbaum, Computer Networks, Prentice-Hall, 1981

[WAH84] B. W. Wah, File Placement on Distributed Computer Systems, IEEE Computer, Januar 1984

[ZEI84] B. P. Zeigler, Multifacetted Modelling and Discrete Event Simulation, Academic Press, London, 1984

Zuverlässigkeitsaspekte des Glasfaser-Token-Rings

FDDI

Rainer Feix, Klaus Heidtmann
Universität Hamburg
FB Informatik, AB Rechnerorganisation
Bodenstedtstr. 16, 2000 Hamburg 50

Zusammenfassung

Der Glasfaser-Token-Ring unterscheidet sich von seinem standardisierten Vorgänger neben dem Übertragungsmedium und der Übertragungskapazität insbesondere im Hinblick auf die Techniken zur Sicherung von Zuverlässigkeit und Fehlertoleranz. Letztere werden in dieser Arbeit diskutiert und denjenigen des herkömmlichen Token-Rings gegenübergestellt. Bezüglich seiner Zuverlässigkeit ist der Glasfaser-Ring im wesentlichen charakterisiert durch die gegenläufige Doppelringtopologie, die verschiedenen Stationsklassen und die Möglichkeiten zur Umgehung defekter Stationen, Konzentratoren und Verbindungsleitungen. Somit bilden diese Merkmale die Grundlage für die vorgestellte Zuverlässigkeitsanalyse.

1. Einleitung

FDDI (Fiber Distributed Data Interface) bezeichnet einen Token-Ring mit einer Übertragungskapazität von 100 Mb/s. Diese hohe Bandbreite wird durch den Einsatz von Glasfaserkabel erreicht. Es können bis zu 500 Stationen an den Ring mit einer Maximallänge von 100 Kilometern angeschlossen werden. Zunächst war FDDI als Backend-Netzwerk gedacht für Hochgeschwindigkeits-Kommunikation in Paketform zwischen Prozessoren, schnellen Speichern und Peripheriegeräten. Später erwies sich die Bandbreite auch als besonders geeignet für ein Hochleistungs-Backbone-LAN, welches z.B. zur Verbindung traditioneller LANs (ISO 8802/3-5) dienen kann. Neuerdings ist eine Erweiterung von FDDI um verbindungsorientierten Datenverkehr vorgesehen, so daß auch integrierter Sprech-, Video- und Datenverkehr möglich ist.

FDDI basiert auf dem internationalen Token-Ring-Standard (ISO 8802/5 [6]), der modifiziert wurde, um höhere Übertragungsraten zu erzielen. Es genügte jedoch nicht, in einem Protokoll für geringere Übertragungsgeschwindigkeiten lediglich die Parameter (Zahlenwerte) zu ändern, um damit hohe Übertragungsraten zu bewältigen [7]. Beispielsweise wurde im FDDI-Protokoll die Rahmenstruktur und die Adressierung des bereits standardisierten Token-Rings beibehalten. Die hohe Übertragungsgeschwindigkeit von FDDI mit einer um den Faktor 25 höheren Taktfrequenz zwang jedoch zum Umdenken im Bereich der Takt- und Monitorfunktionen. Sie wurden nun im Gegensatz zum älteren Token-Ring-Protokoll dezentralisiert und auf alle Knoten verteilt. Im FDDI-II Protokoll werden die Anforderungen an das Netz für verbindungsorientierte Dienste wie die Übermittlung von Realzeit-Daten im Sprechverkehr und Videobereich berücksichtigt. Dabei können bis zu 16 isochrone Kanäle mit einer jeweiligen Bandbreite von 6,144 Mb/s als Vollduplex-Verbindungen genutzt werden. Bei der isochronen Datenübertragung steht den Kommunikationspartnern zu äquidistanten Zeitpunkten der Übertragungskanal jeweils für eine konstante Zeitdauer zur Verfügung. Jeder der 16 Kanäle kann seinerseits wieder in drei 2,048 oder vier 1,536 Mb/s Verbindungen unterteilt werden, um den Anforderungen des europäischen (ISDN S_{2M}-Schnittstelle) bzw. nordamerikanischen Telefonnetzes zu genügen. Selbst wenn alle 16 Kanäle für synchronen Datenaustausch reserviert sind, verbleibt dem asynchronen Token-Kanal noch eine Kapazität von 1 Mb/s [14-16].

Dieser Token-Ring mit Glasfaserkabeln als Übertragungsmedium ist das Resultat der Arbeit, die auf der Entwicklung von Sperry Corporation in Minnesota und Pennsylvania in den Jahren 1980-81 basiert. Sie fanden zunächst ihren Niederschlag im Standard X3T9.5. Zusammen mit den von anderen Teilnehmern vorgeschlagenen Verfeinerungen und Verbesserungen bilden sie eine breite Basis, die allgemeine Unterstützung erhält. Auf die verschiedenen Pilotimplementierungen lokaler Glasfasernetze kann hier nicht eingegangen werden (vgl. [9,11-13,20]).

Glasfaserkabel zeichnen sich neben der hohen Bandbreite und der großen Reichweite vom Standpunkt der Zuverlässigkeit aus betrachtet insbesondere durch ihre Unempfindlichkeit gegenüber elektromagnetischen Störungen durch Interferenzen aus. Hinzu kommen Erleichterungen bei der Verlegung aufgrund ihrer hohen Flexibilität und ihres geringeren Durchmessers. Ihre Verbreitung wurde durch Probleme bei den optischen Komponenten, z.B. den Verlust in Bypass-Relays, und einer anfänglichen Investitionszurückhaltung bei den Käufern verzögert. Messungen der Ausfallhäufigkeit von Glasfaserverbindungen infolge von Kabelbrüchen ergaben keine nennenswerten Unterschiede zu bisher verwendeten Kabeln [3].

Es seien nun noch die wesentlichen Unterschiede außer dem Übertragungsmedium von FDDI zum Token-Ring des ISO-Standards 8802/5 erwähnt. Im neuen Ringnetz können aufgrund der großen Anzahl angeschlossener Stationen relativ hohe Latenzzeiten entstehen. Deshalb ist es zur effizienten Ausnutzung der 100 Mb/s Bandbreite notwendig, daß eine sendende Station unmittelbar nach Übergabe der letzten zu sendenden Bits an den Ring den Token weitergibt und nicht wie im früheren Token-Ring damit wartet bis sie die eigenen Pakete wieder empfangen hat. Somit können sich im FDDI-Ring gleichzeitig Pakete von verschiedenen Absendern befinden im Gegensatz zum traditionellen Token-Ring. Ferner sieht der neue Standard auf Timer basierende Prioritäten vor im Gegensatz zu

Reservierungen, die den herkömmlichen Ring auf unterschiedlichen Prioritätsebenen arbeiten lassen. Anstelle des Manchestercodes wird aus Effizienzgründen ein 4B/5B-Blockcode verwendet.

Auch die Zuverlässigkeitsmechanismen mußten in Anbetracht der großen Zahl möglicher Netzstationen weiterentwickelt werden. Dabei fanden bereits weitverbreitete, aber noch nicht im 8802/5-Standard enthaltene Techniken Eingang in das neue Protokoll, wie beispielsweise der gegenläufige Doppelring und Konzentratoren (Ringleitungsverteiler) mit Bypass-Mechanismen [18]. Die neue Topologie ermöglicht auch den Anschluß zweier unterschiedlicher Klassen von Stationen (vgl. Abschnitt 4). Sie besitzt aufgrund ihrer Fehlertoleranz einen hohen Grad an Zuverlässigkeit wie der Vergleich mit dem einfachen unidirektionalen Ring in den nächsten beiden Abschnitten zeigen wird. Im letzten Abschnitt dieser Arbeit werden dann weitere Maßnahmen zur Sicherung zuverlässiger Datenübertragung und fehlertolerierenden Netzwerkbetriebs im Rahmen von FDDI diskutiert.

2. Zuverlässigkeitsanalyse einfacher unidirektionaler Ringnetze

Einfache unidirektionale Ringe bilden aufgrund ihrer Topologie Seriensysteme im Sinne der Zuverlässigkeitstheorie. Das heißt, daß Kommunikation nur dann stattfinden kann, wenn sämtliche Netzknoten intakt sind. Sei also r_i die Intaktwahrscheinlichkeit des Knotens i, R_{11} diejenige des Rings und n die Anzahl der Netzknoten, so gilt daher

$$R_{11} = \prod_{i=1}^{n} r_i = r^n. \qquad\qquad (2-1)$$

Der letzte Ausdruck gilt für den Fall gleicher Intaktwahrscheinlichkeit r für alle Knoten, was im folgenden stets vorausgesetzt sei.

Da sämtliche Intaktwahrscheinlichkeiten der Netzknoten kleiner als 1 sind, nimmt der Wert des Produktes und damit die Intaktwahrscheinlichkeit des Rings mit wachsender Zahl von Netzknoten sehr schnell ab (vgl. [5]). Diese strukturelle Unzuverlässigkeit der Ringtopologie kann man bei einer nicht zu großen Zahl angeschlossener Stationen dadurch verringern, daß man beispielsweise mithilfe eines Bypass-Mechanismus die Intaktwahrscheinlichkeit eines Knotens zumindest aus Netzsicht erhöht. Dies bedeutet, daß bestimmte Defekte lediglich die angeschlossene Station unerreichbar werden lassen, den übrigen Ringverkehr jedoch nicht beeinflussen, da der defekte Knoten durch den Bypass umgangen wird. Sei c die bedingte Wahrscheinlichkeit dafür, daß der Bypass-Mechanismus funktioniert, wenn die angeschlossene Station ausfällt, und sei m die geforderte Mindestanzahl erreichbarer Stationen, so gilt für die Intaktwahrscheinlichkeit R_{12} des einfachen unidirektionalen Rings mit mit Bypass

$$R_{12} = \sum_{i=m}^{n} \binom{n}{i} r^i [c(1-r)]^{n-i}. \qquad\qquad (2-2)$$

Setzt man nun wie in [19] exponentialverteilte Ausfallzeitpunkte mit der Ausfallrate λ für die einzelnen Netzknoten voraus, so ergibt die Ersetzung von r durch die Exponentialfunktion und die Integration von (2-1) und (2-2) den jeweiligen mittleren Ausfallabstand (MTTF, mean time to failure). Beispielsweise erhält man aus (2-1)

$$R_{11}(t) = e^{-n\lambda t}$$

und

$$MTTF_{11} = 1/(n\lambda).$$

Der Quotient aus den beiden Werten $MTTF_{12}$ und $MTTF_{11}$ gibt Aufschluß über die mittels Bypass erzielte Zuverlässigkeitssteigerung. Er wird als Verbesserungsfaktor ($MTIF=MTTF_{12}/MTTF_{11}$, **mean time to failure improvement factor**) bezeichnet und beträgt

$$MTIF = \sum_{i=m}^{n} nc^{n-i}/i. \qquad (2\text{-}3)$$

Beim Bypass ist jedoch noch zu berücksichtigen, daß nicht zuviele Stationen hintereinander umgangen werden dürfen. Da nämlich im Umgehungsfall keine Signalverstärkung stattfindet, wird das Signal nach mehreren unmittelbar aufeinanderfolgenden Umgehungen zu schwach. Diese Art von Systemstruktur wird in der Zuverlässigkeitstheorie als konsekutives k-von-n Systeme bezeichnet. Da die Entfernung der Stationen in diesem Fall eine bedeutende Einflußgröße darstellt, benötigt man für eine Analyse, die dieses Phänomen berücksichtigt, Informationen bezüglich der speziellen Ringinstallation, z.B. die Längen der einzelnen Verbindungsstrecken. Die Auswirkungen dürften im allgemeinen allerdings so gering sein, daß dieses Phänomen bei den folgenden Betrachtungen nicht mehr berücksichtigt wird.

Einen wesentlichen Einfluß auf die Netzzuverlässigkeit dürften hingegen die Verbindungsleitungen haben. Setzt man hier die gleiche Intaktwahrscheinlichkeit q für alle Verbindungen zweier benachbarter Knoten voraus, so geht diese aufgrund der irredundanten Topologie als Seriensystem ein. Man erhält dann insgesamt für die Intaktwahrscheinlichkeit des einfachen unidirektionalen Rings mit Bypass und Berücksichtigung von Leitungsausfällen

$$R_{13} = q^n \sum_{i=m}^{n} \binom{n}{i} r^i [c(1-r)]^{n-i}. \qquad (2\text{-}4)$$

Die folgende Tabelle 1 zeigt die aus den vorangegangenen Gleichungen resultierenden Werte bei einer Stationsausfallwahrscheinlichkeit von 10^{-3}, einer bedingten Defektwahrscheinlichkeit für den Bypass von 10^{-2} und einer Defektwahrscheinlichkeit von 10^{-4} für die Verbindungsleitungen. Ferner ist als geforderte Mindestanzahl verbundener Knoten m=2 vorausgesetzt. (In den meisten Fällen wird man allerdings eine Mindestanzahl m fordern, die nahe bei n liegt, wodurch der Vorteil des Bypass etwas verkleinert wird.). Es ist zu sehen, welchen enormen Vorteil der Bypass-Mechanismus bringt (R_{11} gegenüber R_{12} und R_{13}) und welchen gewichtigen, negativen Faktor bei dieser einfachen Topologie die Leitungen darstellen. Sie sind ja bei R_{12} im Gegensatz zu R_{13} nicht berücksichtigt.

Tabelle 1: Zuverlässigkeit irredundanter Ringe
(Definitionen von R11, R12 und R13 im Zusammenhang mit (2-1), (2-2) und (2-4))

n	50	100	300	500
R_{11}	.9512056	.9047921	.7407070	.6063789
R_{12}	.9995001	.9990004	.9970044	.9950124
R_{13}	.9945148	.9890597	.9675370	.9464827

Trotz Bypass-Mechanismus weist der einfache Token-Ring noch Schwachstellen auf. Wie nämlich die Analyse gezeigt hat, bildet beispielsweise die bzgl. der Verbindungen noch bestehende Serienstruktur eine Achillesferse, die es unbedingt zu vermeiden gilt. Eine Möglichkeit wird im folgenden Abschnitt diskutiert.

3. Zuverlässigkeit gegenläufiger Doppelringe

Um die Redundanzstruktur zu verbessern, d.h. um alle einzelnen Leitungsunterbrechungen tolerieren zu können, benötigt man einen zusätzlichen Ring. In einem Netz aus zwei gleichgerichteten Ringen kann bei einem Fehler beider Ringe an der gleichen Stelle keine Kommunikation mehr stattfinden (vgl. Fig.1a). Verwendet man hingegen zwei gegenläufige Ringe, so führen zwei Leitungsunterbrechnungen lediglich zu einer Teilung des Netzes in zwei in sich funktionsfähige Teilnetze (vgl. Fig.1b). Befinden sich beide Unterbrechungen sogar zwischen den gleichen Netzknoten, so bleiben sämtliche Netzknoten weiterhin miteinander verbunden (vgl. Fig.1c).

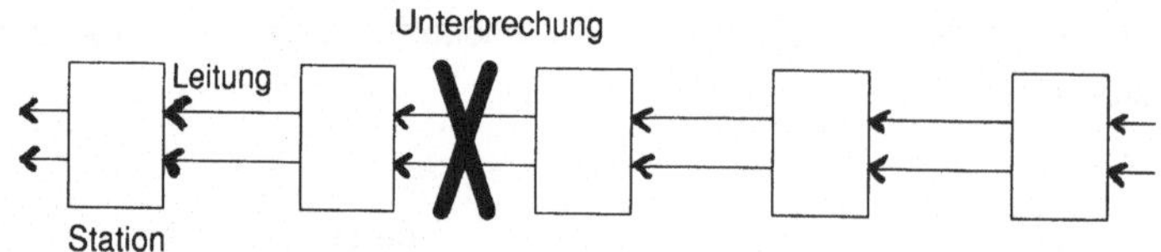

a) gleichgerichtete Ringe

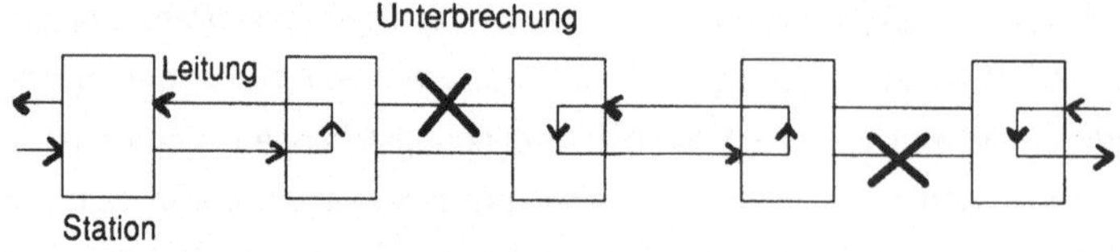

b) Netzpartition beim gegenläufigen Ring

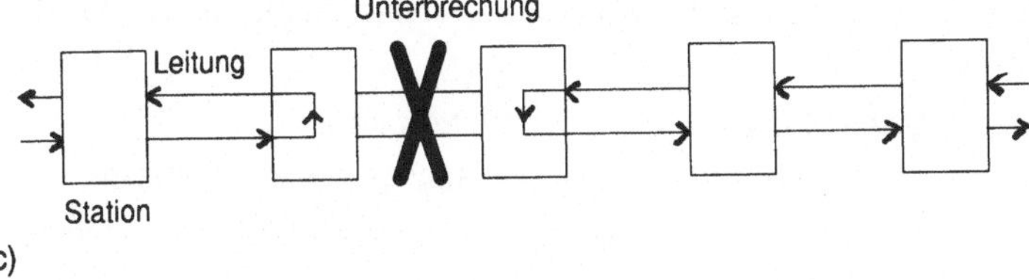

Fig. 1: Fehlertoleranz von Doppelringen

Der gegenläufige Doppelring ist bereits weit verbreitet (vgl. z.B. STR87), obwohl er noch nicht in die Norm 8802/5 Eingang gefunden hat. Entsprechende Bestrebungen sind jedoch im Gange. Für den FDDI-Token-Ring war diese Struktur sinnvollerweise von Anfang an vorgesehen. Es soll nun eine Zuverlässigkeitsanalyse dieser Topologie folgen, um später einen Vergleich mit dem einfachen Ring zu ermöglichen.

Beginnen wir wie im vorangegangenen Abschnitt mit der Betrachtung von Knotenausfällen. Wegen der redundanten Netzpfade kann eine zusammenhängende Menge defekter Knoten durch eine Umleitung analog zu derjenigen bei einer vollständig unterbrochenen Verbindung zwischen zwei benachbarten Knoten in Fig. 1 toleriert werden. Für jede Anzahl defekter Knoten gibt es genau n solcher Mengen. Somit ergibt sich für die Intaktwahrscheinlichkeit R_{21} des gegenläufigen Doppelrings ohne Bypass und ohne Berücksichtigung von Leitungsausfällen

$$R_{21} = r^n + n \sum_{i=m}^{n-1} r^i (1-r)^{n-i}. \qquad (3-1)$$

Berücksichtigt man auch hier wie im vorangegangenen Abschnitt den Bypass-Mechanismus, so erhält man mit den Hilfsgrößen n(0)=1, n(j)=n für j>0 und

$$s(j) = \sum_{i=m}^{n-j} \binom{n-j}{i} r^i [c(1-r)]^{n-j-i} \qquad (3-2)$$

für j≥0 die Intaktwahrscheinlichkeit R_{22} des gegenläufigen Doppelrings mit Bypass

$$R_{22} = \sum_{j=0}^{n-m} n(j) (1-c)^j (1-r)^j s(j). \qquad (3-3)$$

Dabei bezeichnet j die Anzahl der Knoten, die zusammen mit dem dazugehörigen Bypass-Mechanismus ausfallen und damit den ursprünglichen Ring unterbrechen, und i in (3-2) die Anzahl der defekten Stationen, die unmittelbar mit Hilfe des Bypasses in jedem Knoten umgangen werden.

Nimmt man wiederum an, daß auch die Verbindungsleitungen ausfallen können, so kann man nun drei Fälle unterscheiden:

1. Wenn kein Knotenausfall den ursprünglichen Ring unterbricht, ist das Netz intakt,

a) solange mindestens einer der beiden Ringe intakt ist (Wahrscheinlichkeit: $q_1=q^n+(1-q^n)q^n$) oder

b) solange beide Leitungsringe nur zwischen ein und demselben Paar benachbarter Knoten unterbrochen sind (Wahrscheinlichkeit: $q_2=(1-q)^2q^{2(n-1)}$, Anzahl dieser Ereignisse: n).

2. Wenn j zusammenhängende Knoten defekt sind für j>0, ergibt sich durch die netzweite Umleitung ein Ring fast doppelter Länge, dessen Leitungen alle intakt sein müssen (Wahrscheinlichkeit: $q^{2(n-j-1)}$)

Zusammen mit (3-3) erhält man aus dieser Fallunterscheidung die Intaktwahrscheinlichkeit R_{23} des gegenläufigen Doppelrings mit Bypass und der Berücksichtigung von Leitungsdefekten

$$R_{23} = (q_1+nq_2)s(0) + \sum_{j=1}^{n-m} n(1-c)^j(1-r)^j q^{2(n-j-1)}s(j) \qquad (3-4)$$

Tabelle 2: Zuverlässigkeit gegenläufiger Doppelringe (FDDI)

(Definitionen von R_{21}, R_{22} und R_{23} im Zusammenhang mit (3-1), (3-3) und (3-4))

n	50	100	300	500
R_{21}	.9988135	.9953619	.9631415	.9098718
R_{22}	.9999998	.9999995	.9999955	.9999876
R_{23}	.9999707	.9998821	.9989543	.9971535

Man sieht bei einem Vergleich von Tabelle 1 und 2, wie vorteilhaft sich die Toleranz sämtlicher Einzel- und mehrerer Doppelfehler auf die Zuverlässigkeit von FDDI gegenüber irredundanten Ringnetz-Topologien auswirkt.

4. Fehlertoleranzaspekte

In diesem Abschnitt sollen die vorangegangenen Zuverlässigkeitsbetrachtungen um eine Analyse der Fehlertoleranz ergänzt werden. Bei der bisherigen Zuverlässigkeitsanalyse konnte nicht berücksichtigt werde, daß auch bei Netzpartition in den entstehenden Kommunikationsinseln ein allerdings verminderter Leistungsumfang des Netzes erhalten bleibt. Dies soll durch die folgende Untersuchung ergänzt werden.

Bei einfachen Ring liegt wie bereits erwähnt keine Fehlertoleranz vor, d.h. jeder Einzelfehler (Leitungsunterbrechung oder Knotenausfall) legt jeglichen Netzverkehr lahm. Beim gegenläufigen Doppelring werden Einzelfehler voll toleriert, d.h. bei einem Leitungs- oder Knotenausfall bleibt der volle Leistungsumfang erhalten. Jeder Knoten ist noch mit jedem verbunden, wenn man von dem eventuell ausgefallenen absieht.

Ein weiterer Ausfall eines Leitungsstückes oder Knotens bewirkt eine Partition des Doppelrings in zwei Teile, die nicht miteinander verbunden sind. Enthält der eine Teil n_1 und der andere n_2 Knoten, so bleiben von den ursprünglich n über 2 Punkt-zu-Punkt Verbindungen noch

$$\binom{n_1}{2} + \binom{n_2}{2}$$

erhalten. Im ungünstigsten Fall erfolgt die Trennung des Netzes in genau zwei gleich große Teile mit je n/2 Knoten. Somit kommt durch einen Doppelfehler zwar nicht der gesamte Netzverkehr zum Erliegen, sondern die Anzahl der möglichen Verbindungen wird reduziert. Man kann somit von Fehlertoleranz bei verminderter Leistung sprechen.

Allgemein bleibt bei einer Kombination von m_L Ausfällen von Leitungsstücken zwischen unterschiedlichen Knoten und m_K Knotenausfällen mindestens noch die folgende Anzahl von Verbindungen erhalten, wobei $m = m_L + m_K$ gilt.

$$v_m = m\binom{(n-m_K)/m}{2} \tag{4-1}$$

Diese Anzahl dividiert durch die Anzahl der gesamten Verbindungen nennen wir Verbindungsgrad. Für $m_K = 0$ erhält man 1/m, d.h. bei einem m-fachen Leitungsfehler steht noch der m-te Teil aller Verbindungen zur Verfügung. Dies gilt als Näherung auch für m_K ungleich 0 und großem n gegenüber m. Mithilfe dieser Werte läßt sich nun eine Maßzahl berechnen, die etwas aussagekräftiger ist als der reine Fehlertoleranzgrad 1 (d.h. ein Fehler wird toleriert bei Aufrechterhaltung der vollen Leistung). Dieser Grad der Leistungsverfügbarkeit trägt der bei der Tolerierung von Fehlern eingeschränkten Leistungsfähigkeit Rechnung. Er summiert die Verbindungsgrade bei den verschiedenen tolerierten Fehlern auf. Als exakten Wert bei $m_K = 0$ bzw. Näherung bei $m_K > 0$ erhält man hier die Summe über 1/m für m von 1 bis n-1.

5. Stationsklassen des FDDI-Rings

FDDI bietet viele Möglichkeiten bei der logischen Konfiguration des Netzes, die so gewählt werden kann, daß sie der Funktionalität der angeschlossenen Geräte und den persönlichen Bedürfnissen der Netzteilnehmer entspricht. Die Flexibilität dieses Glasfasernetzes ermöglicht eine Reihe von Topologien und unterstützt eine breite Palette von Anwendungen. Beispielsweise werden in FDDI zwei Klassen von Stationen und ein Konzentrator spezifiziert.

Konzentratoren werden in den Doppelring eingefügt und bieten Anschlußmöglichkeiten für einzelne Stationen. Sie unterstützen nur die physikalische Schicht und verfügen somit über keine eigene Ringzugriffsmöglichkeit, sondern fügen lediglich die angeschlossenen Stationen in einen der beiden Ringe ein. Im Fehlerfall überbrücken sie defekte Stationen und erhalten dadurch die Funktionsfähigkeit des Ringes aufrecht. Die Konzentratoren können zusätzlich über einen optischen Bypass-Mechanismus verfügen, so daß auch eigene Defekte toleriert werden können.

Stationen der Klasse A besitzen ebenfalls zwei Ringanschlüsse und lassen sich somit unmittelbar in den gegenläufigen Doppelring einfügen. Sie können dann je nach Zugriffsmöglichkeiten auf einen oder beide Ringe zugreifen. Ein optionaler optischer Bypass überbrückt die ausgefallene oder ausgeschaltete Station. Beim Anschluß an einen Konzentrator wird lediglich einer der beiden Anschlüsse belegt.

Stationen der Klasse B hingegen verfügen nur über einen Ringanschluß und können somit ausschließlich mittels Konzentratoren in das FDDI-Ringnetz integriert werden. Konzentratoren stellen für die angeschlossenen Stationen jeweils ein lokales Zentrum (wire center) dar, so daß man auch von sternförmigen Ringen (star-wired ring, star-ring) spricht. Obwohl die Schleifen als Anschlußstücke zu den Stationen alle durch den Konzentrator laufen, bildet dieser keinen zentralen Knoten wie bei der Sterntopologie, sondern lediglich einen Teil des Ringes. Dieser wirkt, wenn keine Station angeschlossen ist, wie ein durchgehendes Leitungsstück, und fügt sonst je nach Stationszahl Schlaufen in den Ring ein. Diese bis auf die Aktivierung des Bypass-Mechanismus passive Rolle kommt auch in der alternativen Bezeichnung Ringleitungsverteiler zum Ausdruck.

6. Maßnahmen zur Erhöhung der Zuverlässigkeit

Im Idealfall soll der Defekt irgendeines an das Netz angeschlossenen Geräts nicht den Ausfall des gesamten Netzes nach sich ziehen, sondern höchstens die vom ausgefallenen Teil erbrachte Dienstleistung nicht mehr zur Verfügung stehen. Um Wartung und Reparatur eines Netzes zu erleichtern, sollte es die Fähigkeit der Selbstdiagnose besitzen, d.h. es sollte sich selbst beobachten, um Fehler zu entdecken. Im Fehlerfall sollte es in der Lage sein, den Fehler zu lokalisieren, zu spezifizieren und zu isolieren. FDDI sieht verschiedene Maßnahmen zur automatischen Fehlererkennung und zum anschließenden Neustart vor, von denen die wichtigsten im folgenden vorgestellt werden.

6.1 Zur Netzebene

Ein allgemein bekanntes Problem bei Token-Ringen stellen endlos zirkulierende Pakete dar. Im FDDI-Protokoll ist die sendende Station dafür verantwortlich, die gesendeten Pakete auch wieder vom Ring zu nehmen. Erkennt eine Station seine eigene Adresse als diejenige der Nachrichtenquelle, so absorbiert sie den Rest des Pakets und gibt dafür Idle-Symbole auf den Ring. Das Paket kann ja nicht mehr vollständig vernichtet werden, da beim Eintreffen der besagten Adresse der vordere Teil des Pakets bereits weitergegeben wurde. Alle anderen Stationen interpretieren Pakete mit Idle-Symbolen als unbrauchbare Reste. Diese werden dann von der nächsten sendenden Station vom Ring genommen. Selbst wenn der Sender eines Pakets ausfällt, bevor er es nach einer Runde wieder entfernen konnte, wird es vom Ring genommen, sobald es auf eine sendende Station trifft. Die Marke wurde ja bereits unmittelbar nach dem Senden weitergereicht (vgl. Abschnitt 1). Damit bleibt die Funktionsfähigkeit des Ringes selbst bei ungünstigen Zeitpunkten von Stationsausfällen erhalten.

Beim Neustart des FDDI-Netzes unterscheidet man zwei Stufen: Recovery und Rekonfiguration. Erstere ist auf alle mit dem Protokoll zusammenhängende Probleme (z.B. Tokenverlust) anzuwenden und bedient sich der Claim-Token-Frames, während letztere bei physikalischen Ausfällen (z.B. Leitungsunterbrechungen, Stationsausfall) in Form von Beacon-Frames in Erscheinung tritt [8].

Ring-Recovery bezeichnet die Wiederherstellung der normalen Arbeitsweise des Rings und besteht im Aushandeln eines Wertes für die Target-Token-Rotation-Time (TTRT, erwartete Zeit für eine Rotation des Token) und der Erzeugung eines neuen Token. Jede Station besitzt einen Token-Rotation-Timer. Sie alle arbeiten zusammen, um sicherzustellen, daß die Tokenumlaufzeit einen vorgegebenen Wert nicht überschreitet. Bei der Ringinitialisierung meldet jede Station einen Wert, der so klein ist, daß er ihren synchronen Verkehr berücksichtigt. Die angeforderten Zeiten werden verwendet, um die Stationen linear zu ordnen und die kürzeste, um den Token-Rotation-Timer zu laden. Vorrang erhält die Station mit der kürzesten angeforderten Zeit (bei Gleichheit entscheidet die Höhe der Adresse). Wenn nun Ring-Recovery von irgendeiner Station initiiert wird, sendet diese kontinuierlich Claim-Token-Frames, welche ihre angeforderte TTRT enthalten. Jede Station, die ein solches Paket erhält, gibt es einfach weiter, wenn es von einer vorrangigen Station kommt, und sendet im anderen Falle eigene Claim-Token-Frames. Somit wird genau eine Station, nämlich die höchstrangige, ihre eigenen Pakete empfangen, womit der Konflikt gelöst ist. Diese Station erzeugt den neuen Token und startet damit den Ring neu.

Beacon-Frames zeigen Ringunterbrechungen an, die eine physikalische Rekonfiguration des Netzes notwendig machen. Ihre Aufgabe besteht in der Fehlerlokalisation. Jede Station, die ein solches Paket erhält, gibt es weiter. Dadurch bleibt die Station unmittelbar unterhalb der Unterbrechung die einzig nur sendende und kann aufgrund der Quelladresse ihrer Beacon-Frames erkannt werden. Der Fehler ist damit lokalisiert und befindet sich im Empfangsteil dieser Station, dem Sendeteil der vorangehenden oder dem dazwischenliegenden Leitungsstück. Bei einer Ringunterbrechung geht der Token verloren, woraufhin zunächst Ring-Recovery versucht wird. Dies schlägt fehl, weil wegen der Unterbrechung keine Station ihre Claim-Token-Frames zurückerhält. Sobald die Token-Rotation-Zeit einer Station bei diesem Vorgang überschritten wird, sendet diese Station Beacon-Frames. Aufgrund der Ringunterbrechung erhält auch keine Station ihre eigenen Beacon-Frames zurück, so daß das Station-Management automatisch den Ring rekonfigurieren und den Defekt umgehen kann.

6.2 Zur Übertragung

Beim herkömmlichen Token-Ring entnimmt jede Station den ankommenden Signalen sowohl die Daten als auch die Frequenz. Letztere kann zwischen Sender und Empfänger differieren aufgrund von Rauschen und Unzulänglichkeiten in der Empfängerschaltung. Als Hauptursache gilt jedoch die Verzerrung durch die verschiedenen Geschwindigkeiten, mit denen sich Signale unterschiedlicher Frequenz fortpflanzen. Jede Station sendet zwar wieder ein verzerrungsfreies Signal, die beim Empfang bereits entstehenden Frequenzabweichungen (timing jitter) können hingegen nicht korrigiert werden. Da systemweit nur eine Uhr vorgesehen ist, muß die Station, die im Besitz dieser Uhr ist, die beim Ringumlauf akkumulierte Abweichung der Signalfrequenz durch einen elastischen Puffer ausgleichen. Diese Technik reicht dann nicht mehr aus, wenn über den gesamtem Ring akkumuliert so große Bitlängen entstehen, daß Bits nicht weitergegeben werden können und wegfallen, oder so kleine Bitlängen resultieren, daß zusätzliche Bits eingefügt werden. Somit wird die Ringgröße je nach Übertragungsmedium beschränkt.

Der beschriebene Effekt verstärkt sich mit steigender Frequenz und könnte bei 100 Mb/s nur mit sehr aufwendigen Schaltungen in jedem Repeater aufgefangen werden. Deshalb sieht der FDDI-Standard ein verteiltes Synchronisationsschema vor. Jede Station benutzt ihre eigene Uhr zur Übertragung der Daten und besitzt einen eigenen elastischen Puffer. Das Signal wird zwar mit seiner immanenten Frequenz empfangen, jedoch mit der auf dem stationseigenen Uhr basierenden Takt weitergegeben. Somit wird die Übertragung des gesamten Rings robuster und die Beschränkung der Ringgröße fällt weg.

Die im herkömmlichen Ring benutzte Manchesterkodierung führt bei optischer Übertragung nur zu einer Effizienz von 50%. Bei der hohen Übertragungsrate von FDDI ist diese geringe Ausnutzung nicht tragbar, so daß ein 4B/5B-Code verwendet wird. Dabei werden jeweils vier Datenbits in ein Symbol aus fünf Bits transformiert, und es resultiert eine 80% Ausnutzung. Hierbei sind nur 16 der 32 möglichen Datensymbole zugelassen, um durch den kurzzeitigen Wechsel der beiden Bitwerte eine adäquate Synchronisation zu gewährleisten [17].

7. Schlußbemerkung

Es wurden die in FDDI vorgesehenen Techniken zur Sicherung der Fehlertoleranz und Zuverlässigkeit diskutiert. Dabei standen solche Maßnahmen im Vordergrund, welche die redundanten Komponenten, den gegenläufigen Ring und die Bypasse, zur Geltung bringen.

Die Zuverlässigkeitsanalyse quantifizierte sowohl den durch die redundante Topologie des gegenläufigen Doppelrings als auch den durch die Bypasse erzielten Fortschritt gegenüber nicht redundanten Ringen. Wie sich deutlich zeigte, sind beide Komponenten notwendig um eine ausreichende Funktionssicherheit zu erhalten. Berücksichtigt man zusätzlich die positiven Eigenschaften der Glasfaserkabel, so kommt man zu dem Schluß, daß FDDI hinreichende Zuverlässigkeit bietet.

Weitere Steigerungen innerhalb eines Ringnetzes wären nur mit erheblichem, d.h. in vielen Fällen nicht zu rechtfertigendem Aufwand zu erzielen. Deshalb müssen bei höheren Zuverlässigkeitsanforderungen insbesondere sehr große Netze in mehrere Ringnetze unterteilt werden. Mit einer entsprechenden Verbindungsstruktur (z.B. FDDI) kann so auch in diesen Fällen die gewünschte Fehlertoleranz gewährleistet werden [5].

Literatur:

[1] ANSI Draft Proposed American National Standards X3T9.5, FDDI (PMD, PHY, MAC), 1986.

[2] Cabanel J., Pujolle G.,Danthine A.(Hrsg.), Local Communication Systems: LAN and PBX, North-Holland, 1987.

[3] Finley M., Optical Fibers in LANs, IEEE Commun. Magazine, Aug. 1984, pp. 22-35, in [10], S. 224-243.

[4] Gerner N., Spaniol O. (Hrsg.), Informatik Fachbericht Nr. 130, Springer, Berlin, 1987.

[5] Heidtmann K., Hierarchische Ringnetzarchitekturen, 3. GI-Fachtagung "Kommunikation in verteilten Systemen", 1987, in [4], S. 351-362.

[6] IEEE Standard 802.5 (ISO IS 8802/5), Token Ring Access Method and Physical Layer Specifications, 1985.

[7] Iyer V., Joshi S., Streamlinig Protocols at High Data Rates, Proceedings of Wescon, 1984.

[8] Johnson M., Reliability Mechanisms of the FDDI High Bandwidth Token Ring Protocol, Comp.Netw. & ISDN Sys., Vol.11, pp.121-131, 1986

[9] Kigono N. et al., C&C-Netloop 6770-A Reliable Communication Medium for Distributed Processing Systems, Proc. LAN82, 1982, pp.47-50.

[10] Kümmerle K., Limb J., Tobagi F., Advances in Local Area Networks, IEEE Press, New York, 1987.

[11] Kümmerle K., Reiser M., Local Area Networks - Major Technologies and Trends, 1987, in [10], pp. 2-26.

[12] Nakayashiki S., Kashio J., Functional Features of a Reliable Duplex Token Access Loop Network, IFIP, 1987, in [2], S. 85-97.

[13] Reedy J., The TDM Ring-A Fiber Optic Transport System for Campus or Metropolitan, IEEE J. SAC, Vol.4, 9, Dec. 1986, pp. 1474-1483.

[14] Ross F., FDDI - Fiber, Farther, Faster, IEEE Proc. INFOCOM, Miami, April 1986, S.323-330.

[15] Ross F., FDDI - A Tutorial, IEEE Communications Magazine, Vol. 24, No. 5, May 1986.

[16] Ross F., Rings are 'Round for Good!, IEEE Network Magaziné, Vol. 1,No. 1, Jan. 1987, S. 31-38.

[17] Stallings W., Local Networks, 2nd Edition,Macmillan, New York, 1987.

[18] Strole N., The IBM Token-Ring Network - A Functional Overview, IEEE Network Magazine, Vol. 1, No. 1, Jan. 1987, S. 23-30.

[19] Trivedi K., Yu P., Smith W., Reliability and Performance Analysis of a Ringnet, IFIP, 1987, in [2], S. 111-123.

[20] Tokura N. et al., High Reliability 100 Mb/s Optical Accessing Loop Network System: OPALnet-II, 1985, in [10], S. 277-300.

<u>**Ein Meß- und Monitorkonzept**</u>
<u>**zur Beurteilung der Realzeitfähigkeit eines MAP-Netzes**</u>

H. Rzehak, R. Jäger
Universität der Bundeswehr München
Fakultät für Informatik
D-8014 Neubiberg

<u>**Zusammenfassung:**</u>

Zur Beurteilung der Realzeitfähigkeit von MAP-Netzen wurden im Rahmen einer umfassenden Studie Messungen an einem im Labor aufgebauten MAP-Netz vorgenommen. Ziel war es, u.a. den Prioritäten-Mechanismus zu studieren und Einsichten über die Abhängigkeit der Zugriffszeiten von den Lastverhältnissen und den Parametern der MAC-Schicht zu gewinnen. Das verwendete Meß- und Monitorkonzept wird eingehend erläutert. Erste erzielte Ergebnisse werden dargestellt.

<u>**Abstract:**</u>

A local area network according to the MAP specification has been established in a laboratory to assess real time capabilities among other attributes of MAP networks. The study focusses on the priority mechanism and how the access times may be affected by the load situation and parameter values of the MAC layer. The method for monitoring and measuring is explained in detail. First results are presented.

1. Motivation

Die zu erwartende Verbreitung des Manufacturing Automation Protocol (MAP) stellt viele potentielle Anwender vor Fragen, die auf Grund vorhandener Untersuchungsergebnisse nicht beantwortet werden können. In einer laufenden größeren Untersuchung sollen daher Daten und Zusammenhänge für MAP-Netze ermittelt werden, die es erlauben,

- die Eignung von MAP-Netzen für bestimmte Anwendungsbereiche grundsätzlich zu beurteilen,

- die nötigen Planungsdaten für einen konkreten Einsatz zu ermitteln und

- Betriebsparameter der Protokolle optimal zu wählen.

Der erste Teil der Untersuchungen, über den hier berichtet wird, befaßt sich mit der Medium Access Control (MAC)- und der Logical Link Control (LLC)-Schicht und hat insbesondere zum Ziel, Einflüsse auf die Realzeitfähigkeit des Netzes zu analysieren. Hierzu gehören in erster Linie der Prioritäten-Mechanismus und seine Abhängigkeit von den Lastverhältnissen im Netz. Erwartet werden Aussagen über garantierte Zugriffszeiten auf das Medium von der LLC-Schicht aus und Einstellregeln für die Betriebsparameter der MAC-Schicht, mit denen ein gewünschtes Netzverhalten erreicht werden kann. Da die Arbeiten noch nicht abgeschlossen sind, kann nur über das grundsätzliche Vorgehen, sowie über Teilergebnisse berichtet werden.

Zum Beginn der Arbeiten war grundsätzlich zu entscheiden, ob man Simulationen oder Messungen an einem realen Netz durchführen soll. Neben der Tatsache, daß die ganze Untersuchung auch Betriebserfahrung im Rahmen einer Pilotinstallation bringen soll, sprachen einige Gründe für Messungen am realen System:

- Es standen Komponenten zur Verfügung, die über MAP 2.1 hinausgehend die nötigen Funktionen (z.B. Prioritäten gemäß ISO 8802.4) bereits enthielten, während die Erstellung und Programmierung der Simulationsmodelle beträchtlichen Zeitaufwand verursacht hätte.

- In Simulationsmodellen müssen oft vereinfachende Annahmen getroffen werden, die sich nachträglich in den Implementierungen als unrealistisch erweisen. Allerdings muß man die Messungen am realen System so anlegen, daß man zwischen den Eigenschaften der Protokolle und den speziellen Eigenschaften der Implementierung unterscheiden kann.

- Der Vergleich der Ergebnisse aus den Messungen mit an anderen
  Stellen durchgeführten Simulationen kann zusätzliche Erkenntnisse
  bringen.

Das Netz wird in der Carrier-Band-Variante mit einer Bitrate von 5 Mb
pro Sekunde betrieben. In den Knoten wird das VME-Bus-Board MVME 372
von MOTOROLA - im folgenden auch MAP-Controller genannt - verwendet,
das einen eigenen VLSI-Baustein - den Tokenbus Kontroller (TBC) - zur
Realisierung zentraler Funktionen der MAC-Schicht sowie einen eigenen
Prozessor zur Realisierung der oberen Schichten enthält. Für die
Messungen mußten gewisse Eingriffe in die Software dieses Boards
gemacht werden. Für Anwenderprogramme wird ein eigener Prozessor mit
einem UNIX-Betriebssystem verwendet, der mit dem MAP-Controller über
den VME-Bus mittels eines gemeinsamen Pufferspeichers kommuniziert
(Buffered Pipe Protocol). Unter UNIX erfolgt auch die
Programmentwicklung. Die Software für den MAP-Controller wird durch
einen UNIX-Prozeß geladen und gestartet. Für die Messungen wurde ein
Netz mit vier Knoten benutzt.

2. Meßkonzept

2.1 Einbettung der Meßumgebung in das Gesamtsystem

Die Messungen wurden unter realen Systembedingungen durchgeführt, d.h.
alle vier Knoten wurden durch einen Lastgenerator belastet.
Gleichzeitig erfolgte die Erfassung jener Meßgrößen, aus denen man bei
einer nachfolgenden off-line Auswertung den Durchsatz und die
Nachrichtenverzögerung getrennt für die einzelnen Prioritäten
ermitteln kann. Durch die aktive Messung am System ergaben sich
aufgrund der notwendigen Instrumentierung Rückwirkungen auf das
Systemverhalten. Diese sind durch gezielte Eingriffe in die internen
Abläufe auf ein Minimum reduziert worden. Der erkaufte Overhead
beträgt für die Durchsatzmessung (Erfassen der gesendeten Meldungen)
ca. 2 μs und für Messungen der Nachrichtenverzögerung ca. 50 μs pro
gesendeter Nachricht.

Bild 1 zeigt das reduzierte System, das für die Messungen der
Leistungsgrößen zur Verfügung stand.

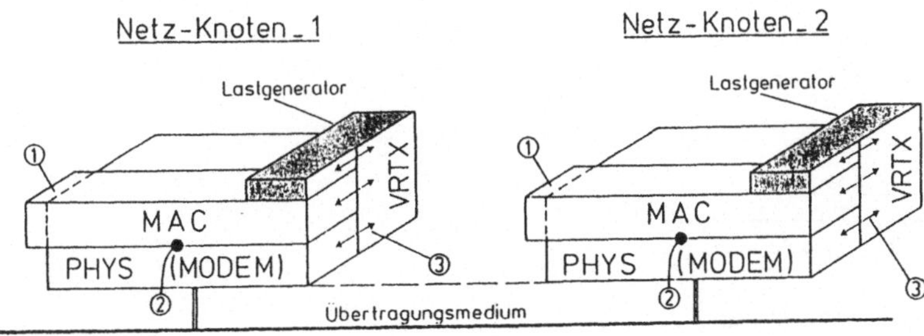

Bild 1 Zugrundeliegendes System zur Leistungsuntersuchung

2.2 Das Lastmodell

Für den ersten Teil der Untersuchung werden die einzelnen Knoten mit unabhängigen Nachrichtentypen folgender Attribute belastet:

- reines Senden einer Nachricht ohne Antwort abzuwarten
- konstante Nachrichtenlänge von 1000 Bytes für den Datenteil
- die zeitlichen Abstände zwischen den erzeugten Nachrichten an den Knoten sind negativ exponentiell verteilt, d.h. es liegt ein Poissonprozeß mit variabler Stationserzeugungsrate LAM_s [1/s] vor.

Die erzeugten Nachrichten können entweder einer Pufferklasse $P(i,j)$ mit $i \in (1,2,3,4)$ und $j \in (6,4,2,0)$ zugeordnet werden, oder sie werden auf alle 4 Pufferklassen gleich verteilt.

Um die Systembelastung für die Generierung der Last so gering wie möglich zu halten, wurden die Nachrichten mit den entsprechenden Erzeugungsabständen auf dem Host-Rechner (UNIX) generiert und in Form einer Tabelle im Netzknoten abgelegt. Die Bestimmung der Knotenlast kann durch Erhöhen der Nachrichtenerzeugungsrate LAM_s zwischen 10% und 110% der Buskapazität variiert werden. Dazu wird Gleichung (1) verwendet.

$$LAM_s = \frac{\text{Übertragungskapazität}}{\text{Anzahl Knoten} \quad * \text{ Nachrichtenlänge}} \tag{1}$$

Um z.B. eine Knotenlast von 20% der maximalen Buskapazität (5 Mbs) zu erzielen, müßten bei 4 Knoten

$$LAM_s = 0,2 \; \frac{5 \cdot 10^6}{4 \cdot 8 \cdot 1021} = 30,6 \; [1/s]$$

$$\Rightarrow E[X] = 1/LAM_s = 32,7 \; [ms]$$

vom Lastgenerator erzeugt werden.

Mit dem derzeitigen Ausbau des Lastgenerators können bis maximal 1024 Nachrichten mit vorgegebenen $E[X] = 1/LAM_s$ off-line generiert werden, welche in Form einer Tabelle dem Lastgenerator zur Verfügung stehen. Diese Tabelle kann mehrfach abgearbeitet werden.

3. Implementierung des Lastgenerators und der Meßinstrumentierung

3.1 Lastgenerator

Wie eingangs erwähnt, wird die Last von jedem der vier Knoten eingespeist und gleichzeitig die Leistungsgrößen gemessen. Der Lastgenerator ist auf dem MAP-Controller resident und dort als Anwendertask unter dem Realzeitbetriebssystem, das den Prozessor des MAP-Controllers verwaltet, organisiert. Die Kontrollteile der Nachrichten, welche die Erzeugungsabstände und die Priorität als Parameter beinhalten, wurden off-line erzeugt und liegen im lokalen RAM-Bereich des MAP-Controllers vor. Mit Hilfe eines zusätzlichen Hardware-Timers und eines zugeordneten Unterbrechungsprogrammes wird die Lastgeneratortask aktiviert und die Nachricht in den LLC-MAC Puffer übergeben. In dem Beispiel in Bild 2 werden genau 3 Nachrichten momentan im Netzknoten vom Lastgenerator bearbeitet. Die Zuordnung von Nachrichten (Last-PDU) zum Sendepuffer wird durch die MAC-Task realisiert. Die Übergabe der PDU zur Nachbarschicht wird in der vorliegenden Implementierung durch Systemdienste und Datenstrukturen des im MAP-Controller verwendeten Realzeitbetriebssystem-Kernes (VRTX) realisiert.

3.2 Meßinstrumentierung

Die Erfassung der Leistungsgrößen erfolgt durch aktive Eingriffe in den Funktionsablauf der MAC- und Benutzerschicht, siehe dazu Bild 2.

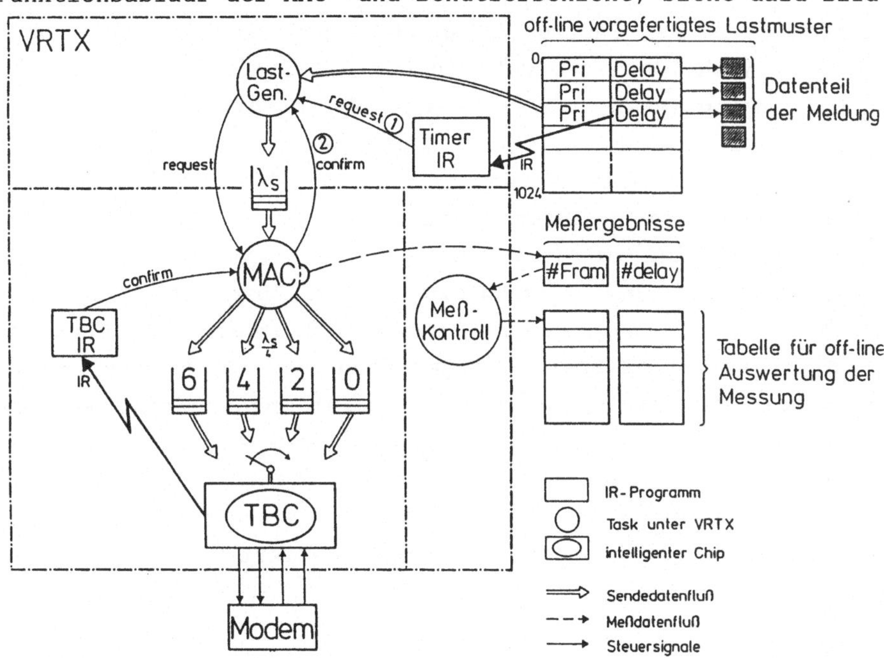

Bild 2 Feinstruktur der Lasterzeugung und Erfassung der Meßgrößen für einen Netzknoten

3.2.1 Durchsatzmessung

Für die pufferselektive Erfassung des Durchsatzes wird in die Aktionen der Schnittstelle zwischen TBC und MAC-Task eingegriffen. Da die MAC-Task jede vom TBC abgesendete Nachricht (Frame) der LLC- (bzw. Benutzer-) Schicht bestätigen muß, war es relativ einfach, hier die Zählung der Nachrichten durchzuführen. Der zusätzliche Assemblercode beträgt genau zwei 68020 Assemblerbefehle, deren Ausführungszeit ca. 2 μs beträgt.

Die aufgezeichnete Anzahl der gesendeten Nachrichten für ein vorgegebenes δt wird in einer Speicherzelle abgelegt. Der Inhalt dieser Speicherzelle wird nach jedem Intervall δt in eine Liste von Meßdaten kopiert, die später off-line ausgewertet wird. Dies wird solange durchgeführt, bis die Lasttabelle abgearbeitet ist.

3.2.2 Nachrichtenverzögerungsmessung

Die Nachrichten in der Lastmustertabelle sind durchnumeriert. Nach dem Einhängen der Nachricht (request) in den MAC-Puffer wird die Zeit von einem SW-Timer gelesen und in ein Parameterfeld der Nachricht eingetragen (vgl. (1) in Bild 2). Dieser Wert wird zusammen mit der Position in der Lastmustertabelle in die Meßergebnistabelle eingetragen. Nach Erhalt jeder Confirm-Meldung, die von der MAC-Task standardmäßig erzeugt wird, wird von der immer noch im Knoten vorhandenen Nachricht das Nummernfeld und bei Übereinstimmung auch der SW-Timer gelesen. Der Wert des SW-Timers wird danach in das zugehörige Feld in die Meßergebnistabelle eingetragen (vgl. (2) in Bild 2). Die Ausführungszeit der dafür notwendigen Operationen beträgt weniger als 50 μs. Durch Vergleich mit dem Zeitpunkt des Auftrags an die MAC-Schicht kann die Nachrichtenverzögerung später offline ermittelt werden. Damit wurde ein dem OSI-Modell gerechtes Verfahren zur Erfassung der Nachrichtenverzögerung implementiert.

4. Leistungsmetriken

Ermittelt werden soll die Beziehung zwischen der offerierten Last (in v.H. der Übertragungsleistung per Knoten) und den zwei Leistungsgrößen

- Nachrichtensendedurchsatz
- Nachrichtenverzögerung.

4.1 Durchsatz

Der absolute Sendedurchsatz $D_{S(i)}$ für eine Station mit 4 Prioritätsklassen ergibt sich nach Gleichung (2) zu

$$D_{S(i)} = \frac{1}{n} \cdot \sum_{k=1}^{n} \frac{\sum_{j=0,2,4,6} f_k(j) * \text{Nachrichtenlänge}}{\delta t} \quad [\text{bit/s}] \quad (2)$$

wobei n die Anzahl der Meßintervalle der Länge δt ist, in denen die Anzahl der gesendeten Datenrahmen $\sum f_k(j)$ mit der Priorität j und dem hier konstanten Wert der Nachrichtenlänge erfaßt wird. Aus Gleichung (2) ist zu ersehen, daß zur Bestimmung von $D_{S(i)}$ die Werte $f_k(j)$ und n bei vorgegebenem δt zu messen sind.

Der relative Netzwerkdurchsatz, welcher ebenfalls off-line bestimmt wird, ergibt sich nach Gleichung (3) zu

$$D_N = \frac{\sum_{i=1}^{N} D_{S(i)}}{5 \cdot 10^6} \quad [\%] \quad (3)$$

4.2 Nachrichtenverzögerung

Die Nachrichtenverzögerung ist ein wichtiger Parameter für eine qualifizierte Aussage über die Realzeitfähigkeit eines LANs. Die Verzögerungszeit zwischen der Nachrichtenankunft am LLC-MAC-Puffer, der Sendestation und der Ankunft an der Empfangsstation besteht im wesentlichen aus folgenden Komponenten:

- Prozeßverzögerung
- Zugriffs- und Warteschlangenverzögerung
- Übertragungs- und Modemsverzögerung

Die Übertragungs- und Modemsverzögerung kann in einem lokalen Netz zunächst gegenüber den beiden anderen Verzögerungszeiten vernachlässigt werden. Da sich die Untersuchungen auf das Sendeverhalten einer Station bzw. Pufferklasse beschränken, sind den beiden restlichen Verzögerungen folgende Zeiten zuzuordnen:

- <u>Prozeßverzögerung</u> beinhaltet Verwaltungsaufgaben, wie PDU-Generierung sowie die Zeiten für das Erzeugen des Confirm-Dienstprimitives.

- <u>Zugriffs- und Warteschlangenverzögerung</u> ist die Zeit zwischen Nachrichtenankunft an den MAC-Prio-Queues bis zum Erhalt des Tokens, also bis zum Beginn der Sendung der Nachricht. Die Zeit beinhaltet also die Verzögerungen durch das Zugriffsverfahren.

Die Summe dieser beiden Werte ist die wesentlichste Komponente für die Bestimmung der Nachrichtensendeverzögerung. Dabei wurde, wie oben bereits vermerkt, die Übertragungs- und Modemsverzögerung vernachlässigt.

Kann man die Zeiten beim Ausführen der Dienstprimitive REQUEST (vgl. (1) in Bild 2) und CONFIRM (vgl. (2) in Bild 2) erfassen, so ergibt sich die mittlere Wartezeit einer Nachricht für die Pufferklasse j innerhalb eines Knotens zu

$$W(f(j,i)) = \frac{1}{K(j)} \sum_{k(j)=1}^{K(j)} t(f(confirm,j)) - t(f(request,j)) \qquad (4)$$

mit k(j) = 1,...,K(j) als Anzahl der Rahmen in Priorität j. Die Funktion t(f(X,j)) erfaßt den Zeitpunkt, an dem das Ereignis X für die Pufferklasse j auftritt. Die mittlere Wartezeit für Zugriffsklasse j im Netzwerk ergibt sich nach Gleichung (5) zu

$$W(j) = \frac{1}{N} * \sum_{i=1}^{N} W(f(j,i))$$ (5)

4.3 Tokenumlaufzeit (TRT)

Das Studium dieses Parameters ist von signifikanter Bedeutung, wenn man das Prio-Zugriffsschema untersuchen will. Die Tokenumlaufzeit ist als die Zeit definiert, die der Token für den Umlauf im logischen Ring benötigt.

Die momentane Lastsituation (Nachrichtenanzahl in den 4 Pufferklassen) in den einzelnen Knoten sowie die Anzahl Knoten im logischen Ring bestimmt die Umlaufzeit des Tokens.

Bei Verwendung von Nachrichten mit negativ exponentiellen Erzeugungsabständen (Poisson-Prozeß) läßt sich unter Benutzung von Mittelwerten bei symmetrischen Systemparametern und ohne Timerbegrenzung der 4 Pufferklassen die TRT nach Gleichung (6) bestimmen:

$$\overline{TRT} = N \cdot T_t + N \cdot 4 \cdot LAM_p \cdot T_s \cdot \overline{TRT}$$ (6)

Die Gültigkeit von Gleichung (6) ist durch die Tatsache begründet, daß die mittlere Zeit um alle 4 Pufferklassen einer Station zu leeren, sowie für die Tokenweitergabe zur nächsten Station für alle Stationen im logischen Ring gleich ist. Es bedeuten:

$4 \cdot LAM_p$: Nachrichtenerzeugungsrate [1/s] für jede Zugriffsklasse, wobei die Stationsankunftsrate ($LAM_s = 4 \cdot LAM_p$) auf alle 4 Puffer gleich verteilt angenommen wurde.

T_s : mittlere Zeit, um eine Nachricht zu senden. Eingeschlossen sind auch Ausbreitungsverzögerungen.

5. Erste Meßergebnisse

Messungen an einem realen Netz mit vier Knoten unterliegen besonderen Problemen, die hier kurz skizziert werden.

Mit Hilfe von Gleichung (1) ergibt sich bei N = 4 die Ankunftsrate LAM_s zu

$$LAM_s = 153 \cdot \alpha \; [1/s]$$

Die Erzeugungsabstände in einem Poissonstrom sind negativ exponentiell verteilt und die Wahrscheinlichkeit, daß ein Wert im Intervall [0,X] liegt, ist bei gegebenem LAM_s durch Gleichung (7) bestimmt.

$$p(t <= X) = 1 - \exp(-X \; LAM_s) \tag{7}$$

Untersuchungen am realen System zeigten, daß mit den momentanen HW- und SW-Implementierungen eines Netzknotens Erzeugungsabstände kleiner 1 ms nicht realisiert werden konnten. Bei Unterschreitung dieser Zeit kommt es zum Zusammenbruch des Sendesystems. Die Begrenzung der Zwischenankunftszeit führt zu einer geringen Verfälschung des Poissonstromes. Tabelle 1 gibt eine Übersicht über die Wahrscheinlichkeiten, daß bei einer gegebenen Lastrate mit Poissonstrom ein berechneter Wert im real nicht erreichbaren Intervall [0,1] liegt.

α	LAM_s	$p(t <= 1 \; ms)$
0,1	15,3	1,5 %
0,5	26,5	7,3 %

Tabelle 1

5.1 Erste Untersuchungen des Prioritätenschemas

Bei der Bestimmung der TTRT-Timerwerte sind wir folgendermaßen vorgegangen:

Zunächst wurde die Tokenumlaufzeit (TRT) für $0.1 < \alpha < 1.1$ bei maximalen Timerwerten gemessen. Der bei $\alpha = 0.7$ gemessene TRT-Wert wurde den TTRT(i,0)-Werten, i=1,...,N, zugewiesen. Damit sollte erreicht werden, daß bei diesem Lastzustand die Aushungerung der Pufferklasse_0 einsetzt. Die TTRT(i,2)-Werte für die Pufferklasse_2 wurden aus dem gemessenen TRT-Wert bei $\alpha = 1.0$ bestimmt. Damit erwarteten wir eine Aushungerung dieser Pufferklasse beim Lastzeitpunkt $\alpha = 1.0$. Den restlichen Timerwerten HPTHT(i) und TTRT(i,4), i=1,...,N, wurde der maximal mögliche Wert 105 ms zugewiesen. In Bild 3 sind die Pufferdurchsatzverläufe der 4 Zugriffsklassen dargestellt. Der Durchsatz der einzelnen Pufferklassen steigt gleichmäßig bis $\alpha = 0.6$ an.

Wie oben erwähnt, werden 1000 Nachrichten je Station off-line erzeugt und alle 4 Stationen gleichzeitig belastet. Da jedoch aufgrund von Speicherbegrenzungen im verwendeten System maximal 250 Nachrichten (MAC PDUs) gleichzeitig aktiv vorhanden sein können, mußte im kritischen Bereich bei $\alpha = (0.6/0.7)$ die Nachrichtenanzahl auf 250 reduziert werden. Beobachtungen bezüglich des stationären Systemzustandes haben gezeigt, daß dieser bereits nach ca. 50 Nachrichten erreicht wird. Damit werden die Messungen auch in diesem Fall praktisch im stationären Zustand durchgeführt.

Aus Bild 3 ist ersichtlich, daß die Aushungerung der Pufferklasse_0 bereits bei $\alpha > 0.6$ einsetzt. Messungen bei $\alpha > 0.7$ konnten aufgrund der Ressourcen-Begrenzung nicht weiter durchgeführt werden. Die Abweichung des Eintritts der Aushungerung zwischen dem erwarteten und dem tatsächlichen Lastzeitpunkt erklärt sich dadurch, daß in einem realen Netz transiente Netzzustände (Aufnahme und Abgang von Stationen) auftreten. Die Aushungerung der Pufferklasse_2 bei $\alpha = 1,0$ erfolgt noch nicht, da für jede der 3 restlichen Pufferklassen nun mehr Ressourcen zur Verfügung stehen als bei 4 Pufferklassen, was durch den Verlauf der Nachrichtenverzögerungskurven bestätigt wird, siehe dazu Bild 4.

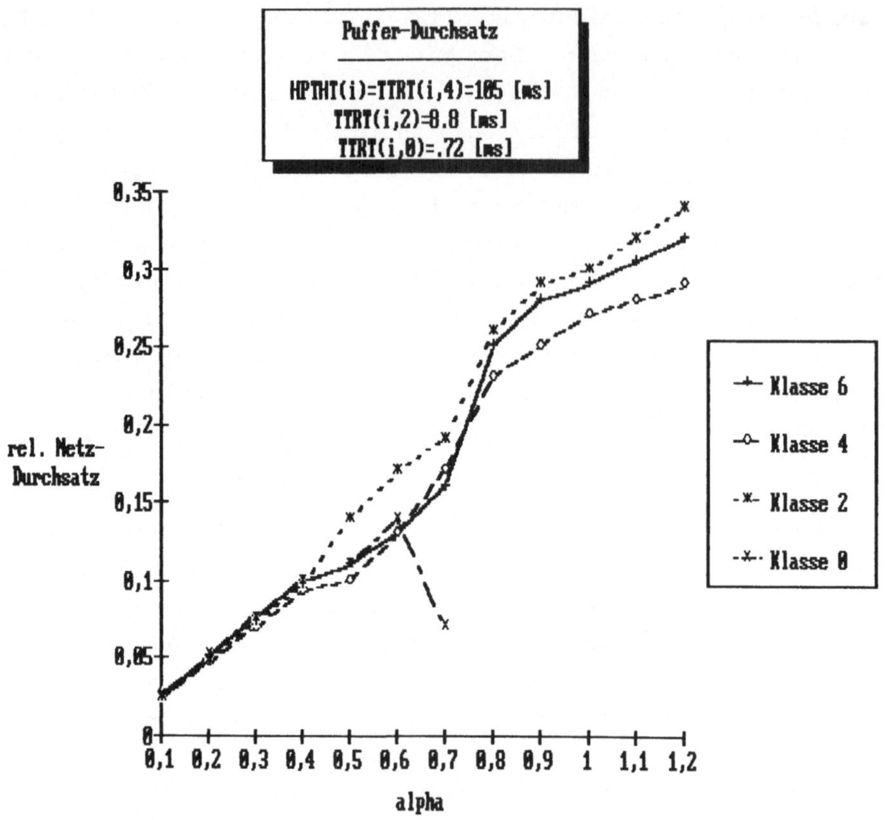

Bild 3 Pufferdurchsatz der 4 verschiedenen Prioritätsklassen

Diskussion der Nachrichtenverzögerung

In Bild 4 sind die entsprechenden Nachrichtenverzögerungszeiten der einzelnen Pufferklassen für die MAC-Schicht dargestellt. Ist die Last gering (α < 0,4), liegt der Wert der Nachrichtenverzögerung bei 3.3 ms, der für alle 4 Pufferklassen gleich ist. In diesem Bereich wird der Hauptanteil der Verzögerung durch die Zugriffsverzögerung und die Verwaltungsaufgaben des Systems (Prozessorzeit) verursacht. Die Warteschlangenverzögerung ist gleich Null. Liegt keine Timerwertbegrenzung vor - Pufferklasse_4 und Pufferklasse_6 haben Timerwerte, die man für diesen logischen Ring als praktisch unendlich ansehen kann - so wächst die Verzögerungszeit leicht exponentiell mit der Last an.

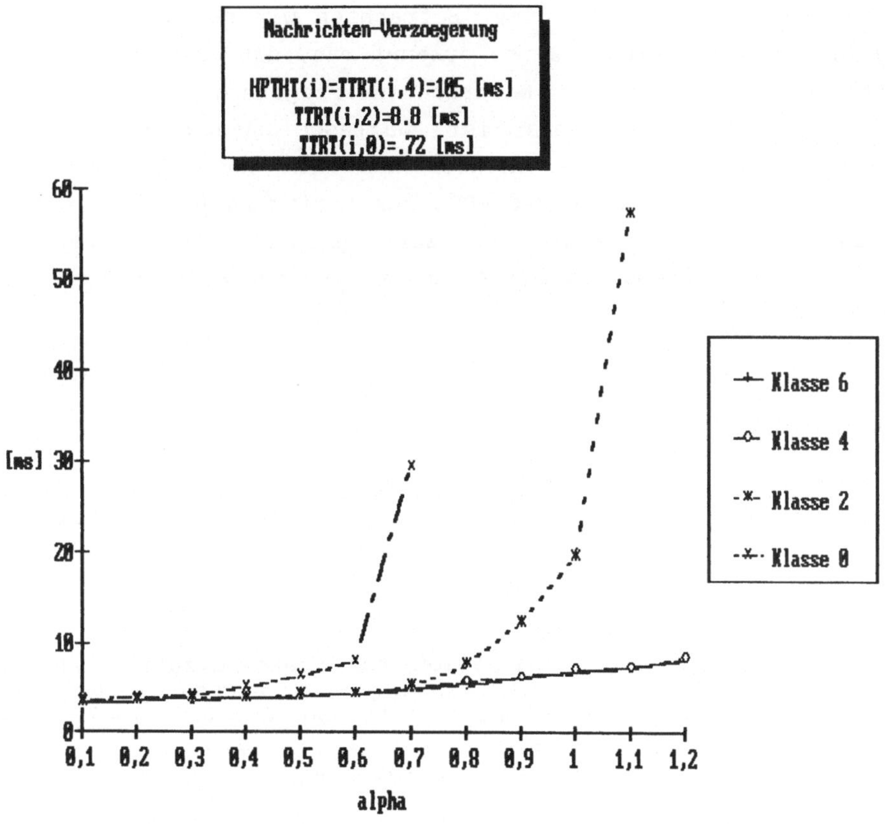

Bild 4 Nachrichtenverzögerung der 4 Prioritätsklassen

Da die Intervalle zwischen den Nachrichtenankünften bei Poisson-Prozessen negativ exponentiell verteilt sind, erklärt dies den erhaltenen Verlauf, siehe dazu Bild 4.

Wie aus Gleichung (6) ersichtlich ist, nimmt die Tokenumlaufzeit mit ansteigender Last ebenfalls zu. Mehr Nachrichten können sich in den Puffern ansammeln. Als Folge werden die Warteschlangenzeiten und Zugriffsverzögerungen größer. Bei $\alpha > 0,5$ wird die Warteschlangenverzögerung der Pufferklasse_0 signifikant größer gegenüber den restlichen Pufferklassen. Aufgrund des Lastmodells (Poissonstrom) steigt ihre Größe sehr stark exponentiell an und erreicht bei $\alpha = 0,7$ ihr Maximum. Wenn man die Verzögerungszeiten aller Nachrichten berücksichtigen würde, ginge für die Pufferklasse_0 die Nachrichtenwartezeit gegen unendlich, da für einen Teil der Nachrichten keine

Sendebestätigung mehr erzeugt wurde. Betrachten wir den Verzögerungs-kurvenverlauf der Pufferklasse_2, so erkennt man, daß erst bei $\alpha > 0,8$ ein signifikanter Anstieg der Nachrichtenverzögerung gegenüber den restlichen Pufferklassen erkennbar ist. Warteschlangenverzögerung und Zugriffsverzögerung nehmen zu. Da hier nun mehr MAC-PDU Ressourcen vorliegen, hat das System mehr MAC-PDUs zur Verfügung und kann diesen Zustand länger ertragen, bevor es zur Durchsatzverminderung der Pufferklasse_2 und letztendlich zum Zusammenbruch des Systems kommt.

Literaturverzeichnis

[Haye 84]   Hayes F.J. : "Modelling and Analysis of Computer Communication Networks"; Plenum Press, New York and London, 1984

[Summ 85]   Summers F.C.; Weaver C.A. : "The IEEE 802.4 Tokenbus - An Introduction and Performance Analysis"; CS-Report Nr. TR-85-19, University of Virginia

[ISO 8802.4] International Organization for Standardization: "Local Area Networks, Tokenpassing Bus Access Method and Physical Layer Specification"; ISO IS 8802.4-1987

[VRTX 86]   Versatile Real-Time Executive for the 68020 Microprocessor; USER's Guide, Hunter Ready Systems, 1986

[Moto 86]   Preliminary Micro-MAP Software Product Description; USER Interface Motorola, 1986

Messung der Datenverkehrsprofile in lokalen Netzen

Ottmar Gihr, Michael Weixler
Universität Stuttgart
Institut für Nachrichtenvermittlung und Datenverarbeitung
Seidenstraße 36, D–7000 Stuttgart 1

Kurzfassung

In diesem Beitrag werden die Ergebnisse vorgestellt, die sich bei Messungen des Datenverkehres in unterschiedlichen lokalen Netzen mit CSMA/CD Zugriffsverfahren (Ethernet) in der Büro–, Fabrik– und Entwicklungsumgebung ergaben. Die Messungen wurden in Zusammenarbeit mit dem Arbeitskreis LAN der VDMA (Verband Deutscher Maschinen– und Anlagenbau e.V.) an lokalen Netzen im laufenden industriellen Betrieb durchgeführt. Das Verkehrsprofil spiegelt die Anwendungen und das Benutzerverhalten in komplexer Weise wieder. Gegenüber früheren Messungen im Fernsprechnetz ergeben sich deutliche Unterschiede durch automatisch, oft periodisch, ablaufende Vorgänge. Die Messungen der Verkehrsprofile in lokalen Netzen sind notwendig um Netze richtig dimensionieren zu können. Außerdem lassen sich die Annahmen, die bei der Analyse von lokalen Netzen gemacht werden, überprüfen. Die Auslastung des Übertragungsmediums war bei allen durchgeführten Messungen deutlich unter 10% (oft unter 1%) der Kanalbandbreite. Die Verteilung der Rahmenlänge weist einen großen Anteil bei kurzen Rahmen (< 200 Byte) auf und kleinere Anteile bei längeren Rahmen (550, 1100 oder 1500 Byte). Die Poisson-Verteilung nähert die Verteilung der Abstände der übertragenen Rahmen nur ungenügend an. Es ist ein überproportionaler Anteil bei kurzen Abständen zu beobachten.

1. Einleitung

In dem letzten Jahrzehnt haben sich lokale Netze in den meisten Anwendungen mit verteilten Rechensystemen (Mainframes, Workstations und Personal Computer) durchgesetzt. Als der Beginn dieser Aera kann der gemeinsame Standard "Ethernet" der drei Firmen Digital Equipment, Intel und XEROX [4] im Jahre 1980 angesehen werden, der dann 1983 mit geringen Änderungen zu dem internationalen Standard CSMA/CD [10] genormt wurde. Die Standards Token Bus [11] und Token Ring [12] schlossen sich bald an. Im Augenblick werden Standardisierungen für einen höheren Geschwindigkeitsbereich von 100 MBit/s vorgenommen. Durch die Standardisierung wurde es möglich Geräte unterschiedlicher Hersteller am gleichen Übertragungsmedium in einem heterogenen Rechnerverbund zu betreiben. Für eine transparente Nutzung der Kommunikation ist jedoch auch eine Standardisierung der höheren Schichten (2b–7) des ISO Referenzmodelles [7], das die Grundlage für eine offene Kommunikation ist, notwendig.

Die Übertragungsraten dieser standardisierten Lokalen Netze CSMA/CD, Token Bus und Token Ring liegen zwischen 1 MBit/s und 20 MBit/s mit typisch 10 MBit/s. Die Übertragungsmedien sind Koaxial-Kabel, Glasfaser oder verdrillte Leitungen. Das dezentrale Kanalzugriffsverfahren ist bei CSMA/CD stochastisch und bei Token Ring und Token Bus durch eine zyklisch umlaufende Sendeberechtigung (Token) geregelt. Physikalisch ist das Medium bei CDMA/CD und Token Bus als ein Bussystem ausgelegt, während bei Token Ring ein gerichteter Ring verwendet wird. Zur Zeit hat das CSMA/CD Zugriffsverfahren die weiteste Verbreitung, bedingt durch seine frühe Standardisierung und Verfügbarkeit von Integrierten Schaltkreisen.

Bei den Lokalen Netzen lassen sich drei Haupteinsatzgebiete unterscheiden :

- Rechenzentrum,
- Büro (Arbeitsplatzrechner) und
- Fabrik (Prozeßautomatisierung).

Die Anwendungen, die auf Lokalen Netzen abgewickelt werden, sind je nach Einsatzgebiet unterschiedlich und lassen sich nach Bild 1 klassifizieren. Während im Rechenzentrum und Büro hauptsächlich "Resource Sharing", "File Transfer", "Mailing" und "Task to Task"-

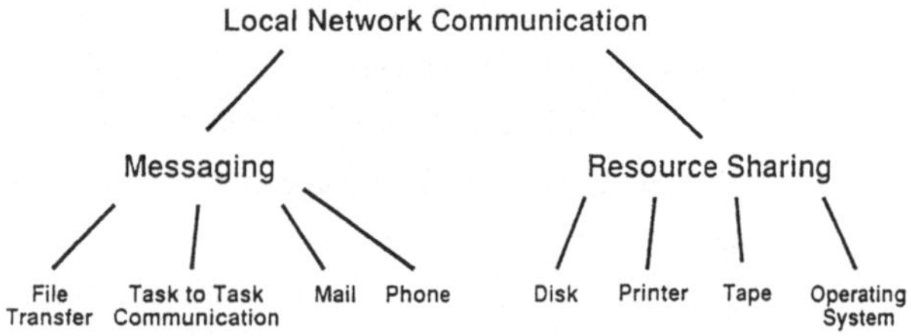

Bild 1 : **Klassifikation der Anwendungen auf Lokalen Netzen.**

Kommunikation für Transaktionssysteme im Vordergrund stehen, wird bei Fabrikanwendungen hauptsächlich "Task to Task"- Kommunikation und "File Transfer" angewendet.

Neuere Entwicklungen zielen darauf ab, Arbeitsplatzrechner ohne eigenen Sekundärspeicher (Platte) zu betreiben und über das Lokale Netz den Sekundärspeicher auf einem zentralen Rechner (Server) zu verwenden. Diese Rechner werden als "Diskless Nodes" bezeichnet. Weitergehend werden sich daraus eventuell Systeme mit verteiltem Betriebssystem entwickeln.

Der Datenverkehr, der von den einzelnen Stationen auf dem gemeinsamen Übertragungsmedium übertragen wird, ergibt in der Überlagerung ein komplexes Verkehrsprofil. Durch Messung unterschiedlicher Parameter kann ein Eindruck von diesem Verkehrsprofil gewonnen werden, der stark von den Anwendungen und der Anzahl der Stationen abhängt. Allgemeine Parameter, bezogen auf das Übertragungsmedium, sind :

- Auslastung des Übertragungsmediums,
- Rahmenrate auf dem Übertragungsmedium,
- Verkehrsmatrix (Sender – Empfänger),
- Rahmenlängenverteilung und
- zeitliche Abstandsverteilung der übertragenen Rahmen.

Neben diesen allgemeinen Parametern lassen sich für jedes Zugriffsverfahren spezifische Parameter angeben, wie z.B. für CSMA/CD :

- Kollisionen und
- Fehler (Runts, Jabbers, Misalignment und FCS Fehler)

auf dem Übertragungsmedium.

Manche der Parameter lassen sich ebenfalls auf einzelne Stationen oder Gruppen von Stationen anwenden. Betrachtet man außerdem die Protokolle in den höheren Schichten, so lassen sich unterschiedliche Pakettypen unterscheiden. Während auf dem Übertragungsmedium die Rahmen "verbindungslos" übertragen werden (jeder Rahmen trägt die vollständige Quell- und Zielinformation), tritt in den höheren Schichten das Verbindungskonzept auf. Dafür lassen sich weitere Parameter identifizieren :

- Pakettypverteilung,
- Paketlängenverteilung pro Pakettyp,
- Paketlängenverteilung bezogen auf eine Verbindung,
- Anzahl der Verbindungen und
- Durchsatz einer Verbindung.

Weshalb werden nun Leistungsmessungen bei lokalen Netzen durchgeführt? Es gibt dafür im wesentlichen drei Gründe.

1) Validierung der Annahmen, die bei der Leistungsuntersuchung (Simulation oder Analyse) gemacht werden.

2) Als Dimensionierungsgrundlage für die Entwicklung, den Neuaufbau und den Ausbau von lokalen Netzen.

3) Feststellen von Normalzuständen und Fehlverhalten von lokalen Netzen, bis zu der Diagnose des Fehlverhaltens.

Die unterschiedlichen Zielsetzungen bedingen teilweise auch unterschiedliche Parameter und Meßgenauigkeiten.

Nach dieser Einführung wird im zweiten Abschnitt eine Übersicht über die Literatur zu Messungen an lokalen Netzen gegeben. Im dritten Abschnitt wird das verwendete Meßprinzip erläutert und im vierten Abschnitt werden Ergebnisse aus 6 Messungen dargestellt.

2. Literaturübersicht

Die Literatur im Bereich der Messung von Verkehrsprofilen und Benutzerverhalten in lokalen Netzen ist relativ dürftig im Vergleich zur Literatur über Leistungsuntersuchungen. Dies ist haupsächlich auf den hohen Aufwand an Meßausrüstung und Zeit zurückzuführen, der bei Messungen notwendig ist. Bei Pawlita [15] findet man eine hervorragende Übersicht über die allgemeine Literatur zu Messungen. Hier soll vertieft auf die Messung des Verkehrsprofils in lokalen Netzen eingegangen werden.

Bei Shoch/Hupp [16] ist von den Ethernet-Entwicklern die erste Messung an einem lokalen Netz mit 120 angeschlossenen Rechnern bei der Firma XEROX durchgeführt worden. Die Kernaussagen dieser Messungen sind, daß die Netzwerkauslastung gering (<1%) war und gemessen über einen ganzen Tag ähnlich schwankte wie die Auslastung des Fernsprechnetzes mit typischen Arbeitszeiten. Die Rahmenlängenverteilung der übertragenen Rahmen setzte sich aus zwei Anteilen zusammen. Einem Anteil bei kurzen Rahmen (30 Byte) und einem Anteil bei langen Rahmen (550 Byte).

Bei Feldmeier [5] sind ähnliche Messungen an einem Token-Ring am Institute of Technology in Massachusetts durchgeführt worden. An das Netzwerk waren 33 Rechner (VAX 11/750, PDP 11 und andere) angeschlossen. Außerdem war das Netz über Gateways an ein 10 MBit/s Ethernet, ein 3 MBit/s Ethernet und an ARPANET angeschlossen. Es wurde festgestellt, daß die wesentlichen Aussagen für Netzwerkauslastung und Rahmenlängenverteilung erhalten blieben. Für die Ankunftsabstandverteilung (Inter Arrival Time) der übertragenen Rahmen ist als wesentliches Ergebnis festzuhalten, daß sie nicht einer Poisson-Verteilung entsprach, sondern kurze Zwischenankunftszeiten verstärkt auftraten. Der Autor schlägt vor, die Verteilung der Zwischenankunftszeiten durch eine Mischung aus drei Poisson Verteilungen anzunähern, ohne die Parameter anzugeben oder dies zu motivieren. Diese Problematik wurde bei Jain/Routhier [13] ausführlich diskutiert und mit Messungen validiert. Überraschend in seinem Bericht ist ebenfalls, daß 50% der übertragenen Rahmen aus Internet–Paketen bestanden.

Bei Gusella [6] wird von einer Messung an der University of California in Berkeley berichtet, bei der ein 10 MBit/s Ethernet "Diskless Workstations" mit "File–Servern" verbindet. Durch die intensive Nutzung des Netzwerkes durch die "Diskless Workstations", die mit zu geringem Hauptspeicher ausgestattet waren, ergaben sich wesentlich höhere Auslastungen des Netzwerkes (8%) mit Spitzenwerten von 25%, gemessen in 1 Minuten Intervallen. Wurde als Meßintervall 1 Sekunde verwendet, so ergaben sich Spitzenwerte von über 30% Netzwerkauslastung. Diese Spitzenwerte nähern sich der maximal vertretbaren Auslastung von Ethernet. Für die Workstations wurde beobachtet, daß eine Workstation 10–20% der Bandbreite von Ethernet über längere Zeiträume (Sekunden – Minuten) belegen kann. Die Annahme über eine Poisson–Verteilung der Zwischenankunftszeiten von Rahmen wurde ein weiteres mal überprüft und als ungenügend bestätigt. Die Rahmenlängenverteilung wurde verfeinert auf Pakettypen. Durch den Zugriff auf den Sekundärspeicher bei dem Server ergaben sich hohe Anteile bei langen Rahmen (1072 Byte).

Weitere Messungen sind bei Amer et al. [1], Brusil/Barre [2], Couch [3], Lübbe/Gihr [14] und Suppan–Borowka [17] zu finden.

3. Meßprinzip

Die Messung am lokalen Netz zur Validierung der Annahmen bei der Leistungsuntersuchung, Netzüberwachung und Fehlersuche können durch LAN–Protokollanalysatoren durchgeführt werden. Bei den ersten beiden Punkten wird er als ein passives Meßgerät an das lokale Netz angeschlossen und beobachtet den Verkehr auf dem Medium. Bei der Fehlersuche in lokalen Netzen kann der LAN-Protokollanalysator auch als Stimuliergerät für Netzverkehr verwendet werden.

Ein lokales Netz wie Ethernet ist ein breitbandiges serielles Bussystem, bei dessen Installation in jedem Fall die von Norm und Herstellern spezifizierten Vorschriften genauestens einzuhalten sind. Durch Ausmessen der Kabeldämpfung lassen sich vor der Inbetriebnahme Fehler wie zu geringer Biegeradius oder schlechte Verbindungskontakte erkennen. Solche Fehler der ISO-Schicht 1 können nicht mit einem LAN- Protokollanalysator direkt gemessen werden, sondern lassen sich nur mit großer Systemkenntnis aus durchgeführten Messungen ableiten.

Die Stärke des LAN-Protokollanalysators liegt in der Fähigkeit, die höheren Protokollschichten (Schichten 2 bis 4) zu untersuchen. Dazu wird dieser an einer beliebigen Stelle in einem Ethernet an das Koaxialkabel angeschlossen. Ist ein LAN mit der gewünschten Topologie in Betrieb, so wird der LAN-Tester zur periodischen Netzüberwachung immer am Netz bleiben.

Die dabei permanent anfallenden Daten werden mittels Statistikprogrammen vorverarbeitet und beim Netzbetreiber für Langzeitstatistiken (Verfügbarkeit, Fehlerreports usw.) verwendet. Bei diesen wiederholten Messungen ist es für die daraus ableitbaren Aussagen extrem wichtig, definierte Geräteeinstellungen zu verwenden, damit sich unterschiedliche Messungen bezüglich der Verkehrscharakteristika vergleichen lassen.

Die wichtigste Größe bei der Verkehrsmessung ist die "Sample Time". Zur Erstellung von Netzwerkstatistiken genügt meist eine Integralmessung über ein definiertes Zeitintervall (Sample Time von 10msec bis 1h). Zu beachten ist hierbei, daß Messungen mit einer kurzen Sample Time andere Spitzenbelastungen ergeben als solche mit einer längeren Sample Time, wie folgendes Beispiel verdeutlicht.

Zeit/bit = 100 nsec/bit (bei Ethernet 10BASE5)

minimale Rahmenlänge = 72 Octett = 576 bits → 57,6 μsec/frame

maximale Rahmenlänge = 1526 Octett = 12208 bits → 1220,8 μsec/frame

Inter Frame Space (IFS) = 12 Octett = 96 bit → 9,6 μsec/ifs

minimale Rahmen + IFS = 0.0670 msec → 14925,3 frames/sec

maximale Rahmen + IFS = 1.2304 msec → 812,7 frames/sec

Die maximale Rahmenübertragungsrate wird erreicht, wenn 14925 kurze Rahmen pro Sekunde übertragen werden. Üblicherweise wird die 100%ige Netzauslastung (maximale Übertragungsrate) wie folgt definiert (nur maximal lange Rahmen werden übertragen):

maximale Bits/s = 10 Mbits/s - (812 frames/s * 96 bits) = 9922048 bits/s

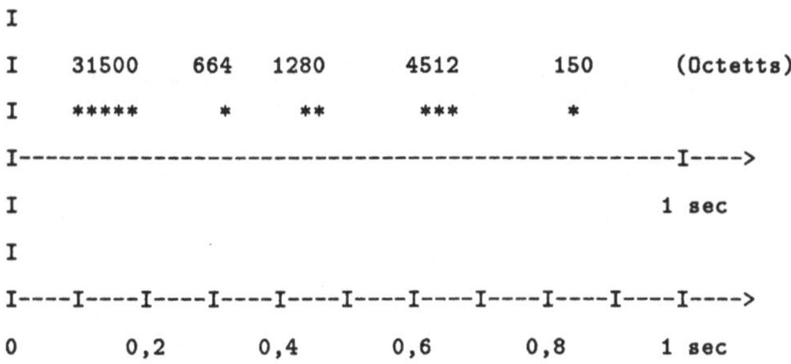

Bild 2 : "Sample Time" bei Messung der Netzwerkauslastung.

Damit ergibt sich für das Beispiel in Bild 2 bei "Sample Time" = 1 sec :

Auslastung = (31500+664+1280+4512+150)*8 / 9922048 = 3%

bei "Sample Time" = 100 msec (im zweiten Meßintervall) :

maximale Auslastung = 31500 * 8 / 992204,8 = 25%

mittlere Auslastung = 3% (über 1 Sekunde)

Bei einer theoretischen "Sample Time" von 1 msec wird bereits eine 100 %ige Auslastung errechnet, wenn in dieser Zeit gerade ein einziger langer Rahmen transferiert wird! Andererseits werden die Werte desto stärker gemittelt, je größer die "Sample Time" wird.

Bei den durchgeführten Messungen wurde willkürlich eine "Sample Time" von 6 Minuten gewählt um den Netzverkehr über einen ganzen Tag darstellen zu können.

Für den Netzbetreiber gibt es weitere Möglichkeiten, Teilaspekte der Netzwerkkommunikation detailiert zu betrachten. Die Verkehrsmatrix gibt an, zwischen welchen Stationen Datenströme existieren und wie hoch die Datenrate dabei ist. Damit lassen sich sofort stark belastete Verkehrsquellen und -senken erkennen. Ausgezeichnete Stationen am Netz wie Gateways zu anderen Netzen lassen sich auf ihre Verkehrsvolumen und Beziehungen untersuchen. Damit ist die Verkehrsmatrix eine erste Orientierungshilfe für die Datenflüsse im LAN.

Genauere Messungen erfordern weitere einschränkende Angaben. Je nach Auswahl des Teilverkehrs (durch Einsatz geeigneter Filter) erhält man so:

- stationsspezifische,

- protokollspezifische oder

- rahmenspezifische

Angaben.

Messungen, die Teilverkehre ausfiltern, sind dann sehr sinnvoll, wenn mehrere unterschiedliche Protokolle und/oder Anwendungen über das gleiche LAN laufen.

Entscheidend für eine Messung am LAN ist weiterhin, wann mit diesen Geräteeinstellungen das Netz beobachtet wird. Es hat sich gezeigt, daß vor bzw. nach Feiertagen oder Wochenenden ein anderer Verkehr im Lokalen Netz herrscht als an gewöhnlichen Arbeitstagen. Analoges gilt bei Messungen im Sekunden- bis Stundenbereich, da es an einem repräsentativen Tag in den meisten von uns betrachteten Netzen deutliche Belastungsschwankungen aufgrund ausgeprägtem Benutzerverhalten gibt.

Dies hat zur Definition des "Hauptverkehrstages" (HVTA) und der "Hauptverkehrsstunde" (HVST) geführt, die möglichst typisch für das jeweilige Netz sind.

- Im Bürobereich (Interaktivbetrieb) steht HVTA für einen Arbeitstag zwischen Dienstag und Donnerstag, sofern diese Woche keine Feiertage enthält, die HVST für die Zeit von 10 - 12 und von 13 - 17 Uhr,

- Bei Netzen der Fabrikautomatisierung gibt es keine so ausgeprägten Verkehrsschwankungen, da die überwiegenden Anwendungen ganztägig automatisch ablaufen.

Wird ein LAN-Protokollanalysator bei der Fehlersuche eingesetzt, so ist unbedingt erforderlich, daß mit dem eingesetzten LAN-Protokollanalysator:

- jeder Rahmen in seiner gesamten Länge,

- alle Rahmen auf dem Kabel, auch solche mit dem minimalen Rahmenabstand,

- Rahmen mit falscher Länge (misaligned frames),

- zu kurze Rahmen (runts),

- zu lange Rahmen (jabbers),

- Kollisionen und auch späte Kollisionen sowie

- Fehler in der Prüfsumme (frame check sequence errors)

erfaßt und gespeichert werden. Diese Anforderungen müssen auch über längere Meßperioden erfüllt werden.

Neben den protokollmäßig erlaubten Fehlern wie Kollisionen sind alle weiteren Fehler Indikatoren für die Fehlfunktion einer Netzkomponente. Für die Beurteilung der Netzgüte sollten auch Messungen zu diesen Fehlern gemacht werden, denn bei "runts", "jabbers" oder "misaligned frames" müssen die Ursachen bei fehlerhaften Stationen gesucht werden. Eine Zunahme der Prüfsummenfehler deutet auf Übertragungsfehler hin.

Die Häufigkeit der stattgefundenen Kollisionen nimmt bei zunehmender Netzbelastung im LAN deutlich zu.

4. Ergebnisse

In diesem Kapitel werden für die 6 durchgeführten Messungen, die in Tabelle 1 grob charakterisiert

Messung Nummer	Messung durch	Messung bei	Anwendung	Anzahl Stationen	MAC, Network, Transport
1	Siemens (München)	Siemens (München)	Büro Entwicklung	130	CSMA/CD, IP, XNS
2	Siemens (Nürnberg)	BMW (Regensburg)	Fabrik	< 100	CSMA/CD, ISO Network, ISO Transport
3	PCS	PCS (München)	Entwicklung	40–45	CSMA/CD, IP, TCP (Privat)
4	Kleindienst	Stadtsparkasse Köln	Büro	8	CSMA/CD, Privat, Privat
5	Hewlett Packard	Hewlett Packard (Böblingen)	Büro Entwicklung	175	CSMA/CD, Unterschiedlich
6	Siemens	Rhode&Schwarz (München)	Büro Entwicklung	232	CSMA/CD, TCP/IP, XNS, DEC

Tabelle 1 : Übersicht über die Messungen.

sind, die wesentlichen Ergebnisse dargestellt.

Für jede Messung wird in den folgenden Abschnitten die Anwendung, die zur Kommunikation das lokale Netz verwendete, genauer charakterisiert und die wesentlichen Ergebnisse diskutiert. Alle bisher durchgeführten Messungen basieren auf dem CSMA/CD Kanalzugriffsverfahren.

4.1. Messung Nr. 1

In dem Geschäftsbereich "Private Kommunikationssysteme und Netze" des Unternehmensbereiches "Kommunikation- und Datentechnik" der Firma Siemens AG in München wurde eine Messung (siehe [14]) in einer gemischten Büro- und Entwicklungumgebung durchgeführt. In der Büroumgebung wurden hauptsächlich mit Workstations Dokumente verarbeitet und in geringem Umfang CAD-Arbeiten (Computer Aided Design) durchgeführt. In der Entwicklungsumgebung wurde an Mikroprozessorentwicklungssystemen gearbeitet. Bei der Dokumentenverarbeitung an den Workstations wurden in den höheren Schichten des ISO-Referenzmodelles die XNS (XEROX Network System) Protokolle [19] verwendet.

In dem Bild 3 ist die Netzwerkauslastung für einen ganzen Tag mit Meßintervallen von 6 Minuten dargestellt. Man kann die typischen Büro-Arbeitszeiten wiedererkennen, aber es ist auch ein relativ hoher Verkehr in den Abendstunden durch automatisch ablaufende Vorgänge zu erkennen. In Bild 4 ist für einen Zeitraum von 1 Minute und Meßintervallen von 1 Sekunde die Netzwerkauslastung dargestellt. Die Kurve zeigt eine hohe Varianz, wie auch die Netzwerkauslastung über den ganzen Tag, aber die Spitzenwerte sind geringer als der doppelte Mittelwert über diesen Zeitraum.

In den Bildern 5 und 6 ist die Rahmenlängenverteilung für das gesamte Netzwerk und die Workstations zur Dokumentenverarbeitung dargestellt. Der typische Verlauf mit hohem Anteil von kurzen Rahmen und geringem Anteil von langen Rahmen wird wiederum bestätigt, wobei das Bürosystem 600 Byte lange Rahmen und die Entwicklungssysteme 1000 und 1500 Byte lange Rahmen verwendeten. Der gesamte Netzwerkverkehr hat somit eine Rahmenlängenverteilung mit 3 Anteilen bei langen Rahmen und einen überwiegenden Anteil bei kurzen Rahmen (< 200 Byte).

In Bild 7 ist als Abschluß dieser Messung die Verteilung der Pakettypen des XNS-Protokolles im Bürosystem dargestellt. Der "Sequenced Packet"-Typ (Datenpaket bei Verbindungen) hat den höchsten Anteil gefolgt von dem verbindungslosen Datentyp "Packet Exchange".

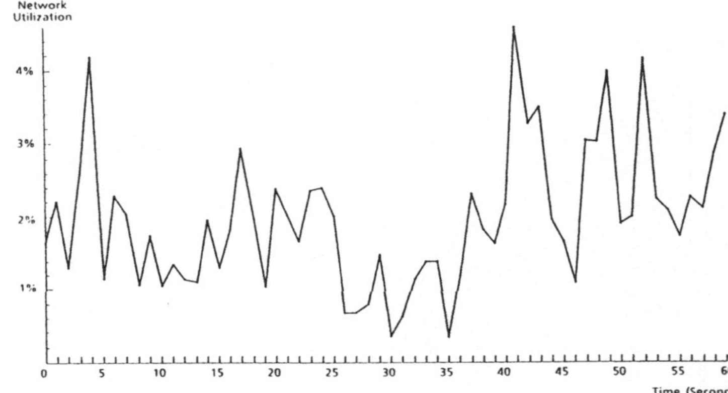

Bild 3 : Netzwerkauslastung über den ganzen Tag bei der Messung Nr. 1 (Siemens München) mit Meßintervallen von 6 Minuten.

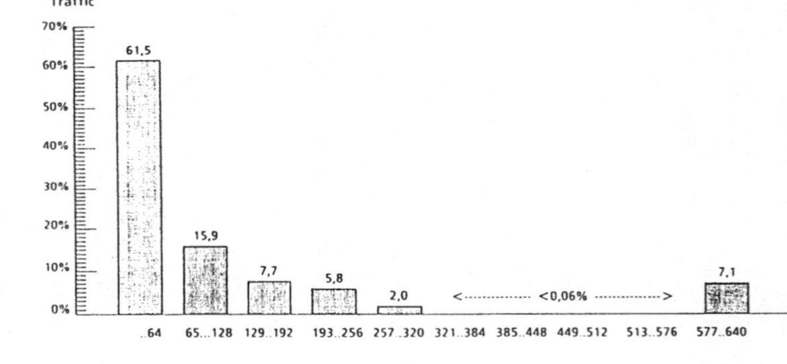

Bild 4 : Netzwerkauslastung über den Zeitraum einer Minute bei der Messung Nr. 1 (Siemens München) mit Meßintervallen von 1 Sekunde.

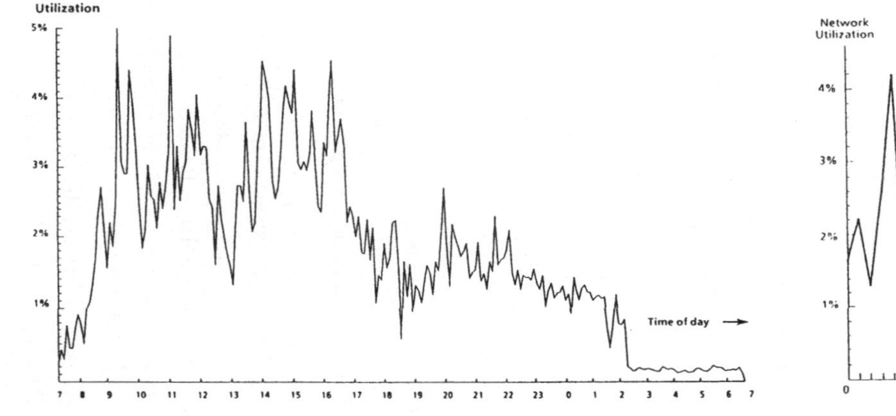

Bild 5 : Rahmenlängenverteilung des gesamten Verkehres (Schicht 2) auf dem Netzwerk bei Messung Nr. 1 (Siemens München).

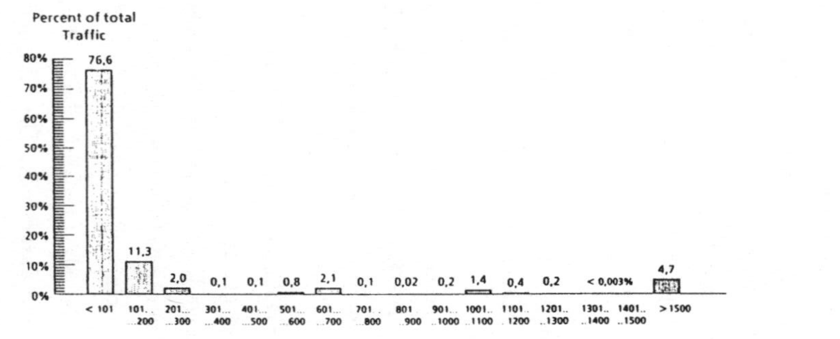

Bild 6 : Rahmenlängenverteilung des Verkehres (Schicht 2), der vom Bürosystem erzeugt wurde bei Messung Nr. 1 (Siemens München).

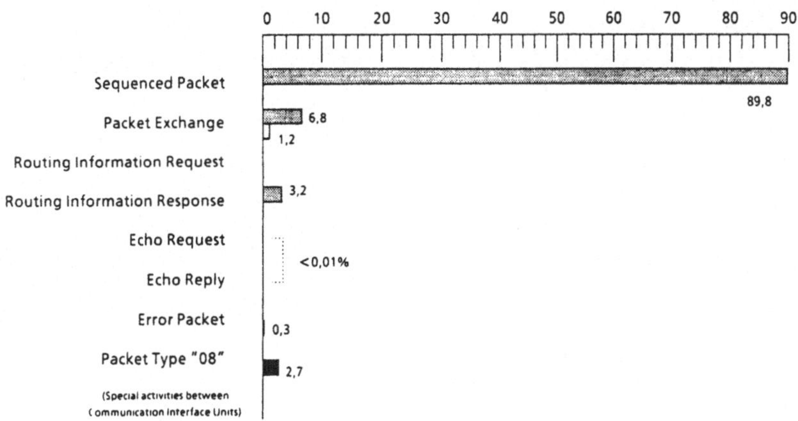

Bild 7 : Pakettypverteilung des XNS–Protokolles (Schicht 4) im Bürosystem bei Messung Nr. 1 (Siemens München).

4.2. Messung Nr. 2

Durch Vermittlung der Siemens AG wurde bei der Firma BMW in Regensburg eine Messung am dortigen Fabriknetz mit 16 über Bridges gekoppelten Segmenten durchgeführt. Angeschlossen an das Netz waren Automatisierungsgeräte der SIMATIC Familie und Rechner der SICOMP Familie, die Steuerungsfunktionen ausführten. Als Kommunikationsprotokolle wurden der transparente Modus ("Inactivity Set") des ISO Netzwerkprotokolles [9] und die Klasse 4 des ISO–Transportprotokolles [8] verwendet.

In Bild 8 ist die Netzwerkauslastung über einen ganzen Tag aufgetragen. Noch deutlicher als in der Büroumgebung sind die Arbeitszeiten zu erkennen und eine weitgehend konstante Auslastung außerhalb der Arbeitszeiten.

Bild 9 zeigt die Rahmenlängenverteilung mit einem Anteil von 93% bei Rahmen der Länge 60–70 Byte. Die Ankunftsabstandverteilung der Rahmen ist in Bild 10 aufgetragen und zeigt, daß kurze Abstände überwiegen. In Bild 11 ist für das Transportprotokoll der Anteil der Pakettypen dargestellt. Quittierungen (werden auch als "Inactivity Control" verwendet) haben den höchsten Anteil (>70%) gefolgt von den Datenpaketen (>20%). Der Anteil der "Connect Request"-Pakete (CR) war teilweise auf das Fehlverhalten einer Station zurückzuführen. Durch den homogenen Charakter der Anwendung ergaben sich in allen Ergebnissen klare Tendenzen.

4.3. Messung Nr. 3

Bei der Firma PCS wurde eine Messung in einer gemischten Büro– und Entwicklungsumgebung mit 40–45 Rechnern vom Typ CADMUS 9000 ausgeführt. Neben TCP/IP [18] wurden auf den höheren Schichten private, nicht standardisierte, Protokolle unter der Bezeichnung MUNIX–NET verwendet. Einige der Rechner waren als "Diskless Node" ausgeführt, bei denen Zugriffe auf den Sekundärspeicher des Servers über das Netzwerk abgewickelt wurden.

Bild 12 zeigt die Netzwerkauslastung über einen ganzen Tag. Es sind wiederum die typischen Arbeitszeiten zu erkennen. Die Verteilung der Pakettypen in MUNIX–NET ist in Bild 13 darge-

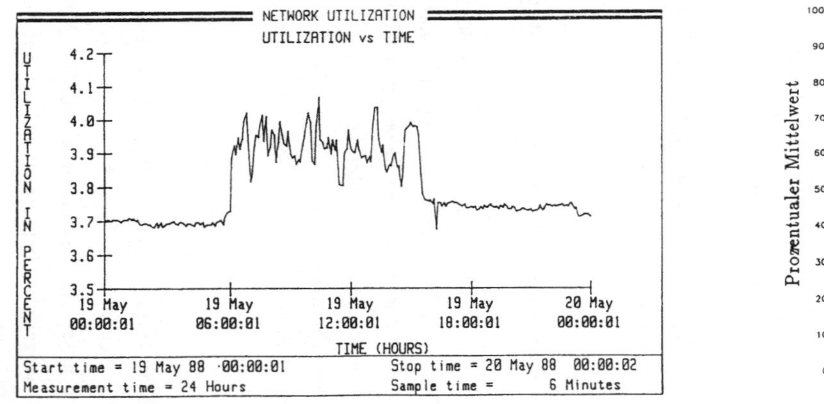

Bild 8 : Netzwerkauslastung über den ganzen Tag bei der Messung Nr. 2 (BMW Regensburg) mit Meßintervallen von 6 Minuten

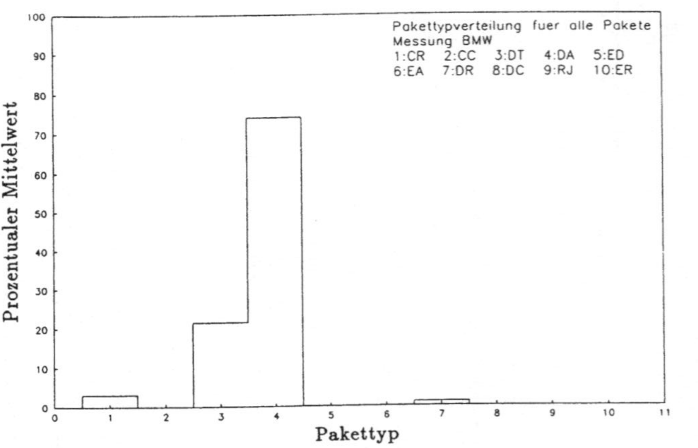

Bild 9 : Rahmenlängenverteilung des gesamten Verkehres auf dem Netzwerk bei Messung Nr. 2 (BMW Regensburg).

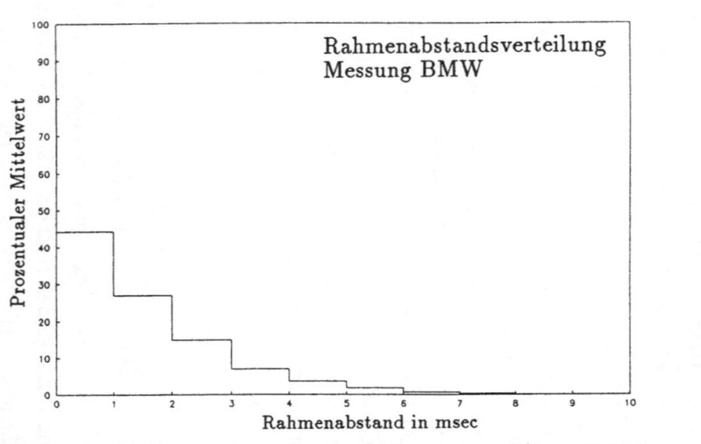

Bild 10 : Rahmenabstandsverteilung der übertragenen Rahmen bei Messung Nr. 2 (BMW Regensburg).

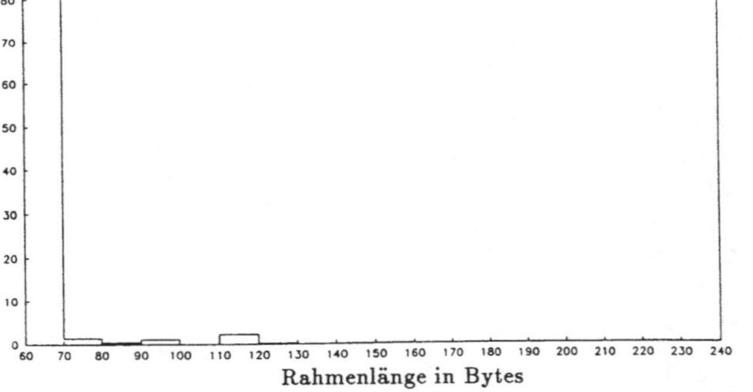

Bild 11 : Pakettypverteilung des ISO–Transportprotokolles bei Messung Nr. 2 (BMW Regensburg).

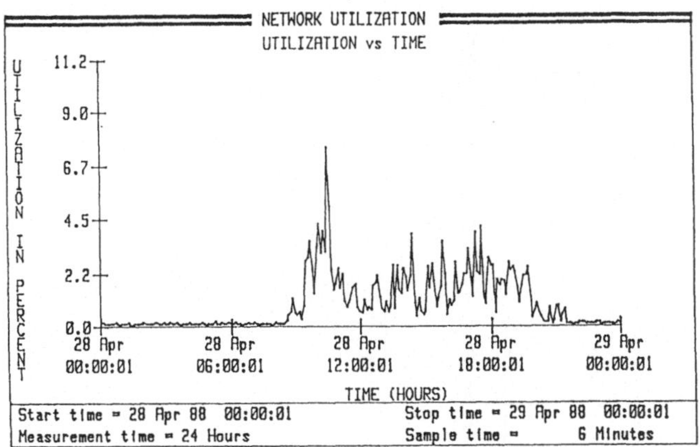

Bild 12 : Netzwerkauslastung über den ganzen Tag bei der Messung Nr. 3 (PCS München) mit Meßintervallen von 6 Minuten.

stellt mit einem hohen Anteil von RPC (Remote Procedure Call) Paketen und geringeren Anteilen von "Diskless Node" und "I am Here" Paketen. In den Bildern 14, 15 und 16 ist jeweils die Rahmenlängenverteilung für das gesamte Netz, für "RPC" und für "Diskless Node"-Rahmen dargestellt. Für "RPC"-Rahmen war ein großer Anteil von kurzen Rahmen zu beobachten, während für "Diskless Node"-Rahmen der überwiegende Anteil aus langen Rahmen (1000 Byte) bestand.

4.4. Messung Nr. 4

Bei der Stadtsparkasse in Köln sind Messungen von der Firma Kleindienst an einem kleinen Netz mit 7 Arbeitsstationen und einem Zentralrechner durchgeführt worden. Die Anwendung, die das lokale Netz benützte, bestand darin, daß an einer Einlesemaschine Belege aus dem Zahlungsverkehr eingelesen wurden, vom Zentralrechner die Schrift erkannt wurde und zur Überprüfung an einer Arbeitsstation eingelesener Beleg und erkannte Schrift angezeigt wurden.

Die Netzwerkauslastung zeigte wiederum das typische Verhalten während der Arbeitszeiten und war geringer als 1%. Die Rahmenlängenverteilung weist einen sehr großen Anteil bei kurzen Rahmen auf und einen weiteren Anteil bei langen Rahmen (Bild 17).

4.5. Messung Nr. 5

Bei der Firma Hewlett Packard in Böblingen wurde an dem lokalen Netz, das sich von Werk 1 bis Werk 4 erstreckt und aus mehreren Segmenten besteht, die mit Sternkopplern über Glasfaserverbindungen gekoppelt sind, Messungen vorgenommen. Es waren 175 Stationen der Typen

- 6 HP 1000 (Prozeßleitrechner),
- 39 HP 3000 (Finanzbuchhaltung, Personalbuchhaltung...),
- 82 HP 9000 (CAD,CAE...),
- 46 Personal Computer (Bürosoftware) und
- 2 Terminal Server

angeschlossen.

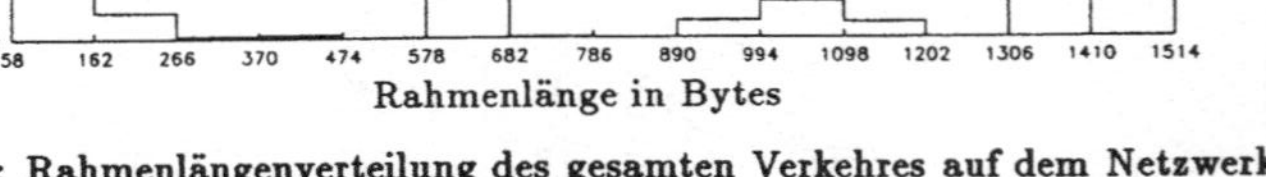

Bild 13 : Pakettypverteilung des MUNIX/NET Protokolles bei Messung Nr. 3 (PCS München).

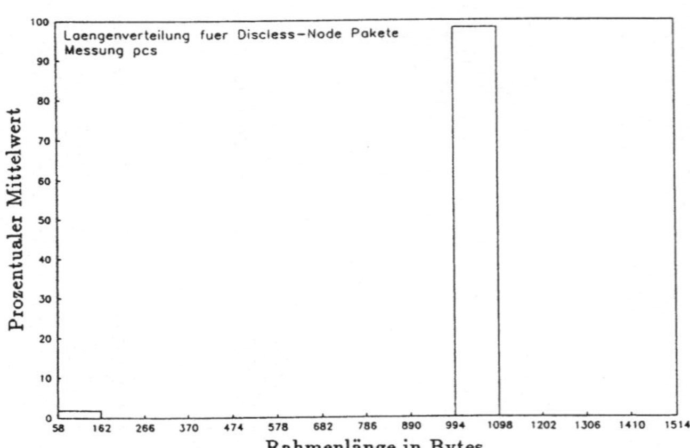

Bild 14 : Rahmenlängenverteilung des gesamten Verkehres auf dem Netzwerk bei Messung Nr. 3 (PCS München).

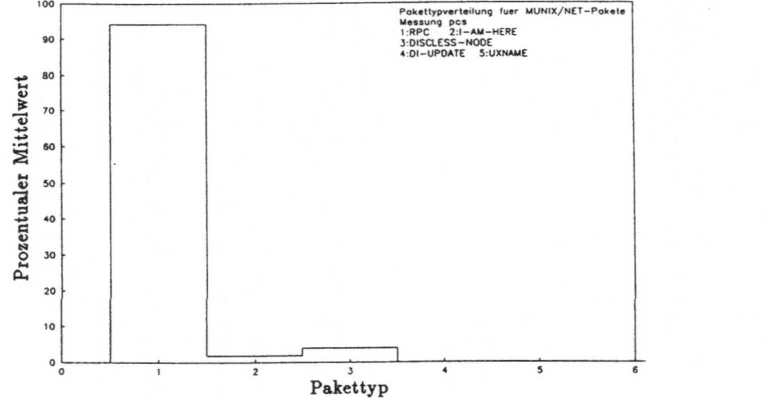

Bild 15 : Rahmenlängenverteilung der RPC (Remote Procedure Call) Rahmen auf dem Netzwerk bei Messung Nr. 3 (PCS München).

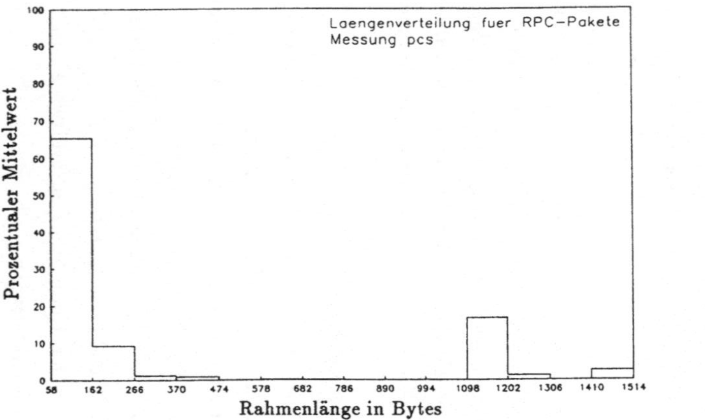

Bild 16 : Rahmenlängenverteilung der "Diskless Node" Rahmen auf dem Netzwerk bei Messung Nr. 3 (PCS München).

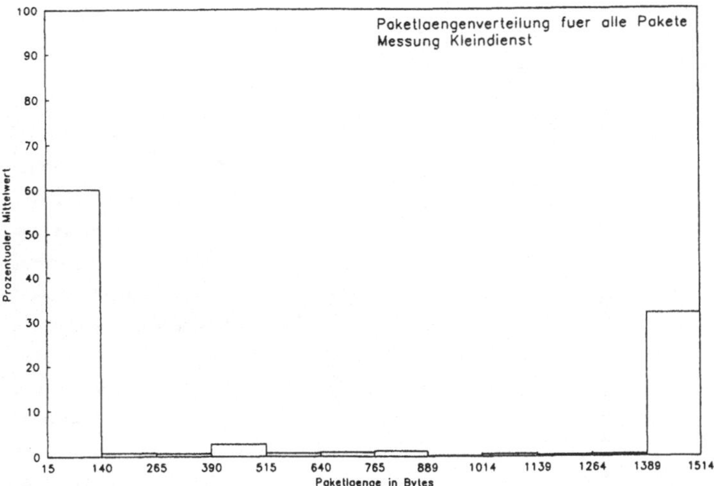

Bild 17 : Rahmenlängenverteilung des gesamten Verkehres (Schicht 2) auf dem Netzwerk bei Messung Nr. 4 (Stadtsparkasse Köln).

Die Bilder 18 und 19 zeigen die Netzwerkauslastung und die Rahmenlängenverteilung. Bild 20 zeigt die Ankunftsabstandverteilung, die darauf schließen läßt, daß, im Vergleich zu der Poisson-Verteilung, wiederum kurze Abstände häufiger auftraten. Dies kommt wohl daher, daß die Rahmen nicht als unabhängig voneinander angenommen werden können.

In Bild 21 ist schließlich die Netzwerksauslastung, gemittelt über den ganzen Tag, für den Zeitraum eines Monats dargestellt.

4.6. Messung Nr. 6

An dem großen Netzwerk der Firma Rhode&Schwarz in München am Standort Mühldorfstraße wurden in einer gemischten Büro- und Entwicklungsumgebung Messungen durchgeführt. Es waren folgende Geräte angeschlossen :

- 62 Siemens Bürosysteme 5800,
- 6 DEC-Rechner,
- 20 Terminal-Server,
- 4 Workstations (Apollo, SUN),
- 29 Intel-Entwicklungssysteme,
- 78 Personal Computer sowie einzelne weitere Geräte.

Der Datenaustausch mit anderen Standorten wird über das öffentliche Netz ausgeführt. In Bild 22 ist die Netzwerkauslastung für einen Tag mit Meßintervallen von 6 Minuten dargestellt. Der durchschnittliche Wert während der Arbeitsstunden liegt etwa bei 0.8% mit Spitzenwerten von 2.6%. Außerhalb der Arbeitszeiten ist nahezu kein Verkehr auf dem Netz zu beobachten. Durch die Vielfalt an Rechengeräten ergibt sich auch eine Vielfalt an Protokollen auf den höheren Schichten. Es konnten TCP/IP, XNS, DECNET, OPEN NET und ein privates Protokoll von Intel identifiziert werden. In Bild 23 ist der relative Anteil der Protokoll-Typen für TCP/IP, XNS und DECNET dargestellt. Ein spezielles Protokoll innerhalb von DECNET (DECLAT) bedient die Terminal-Server und ergab den überwiegenden Anteil des Verkehrsaufkommens. Während das XNS-Protokoll vergleichbare

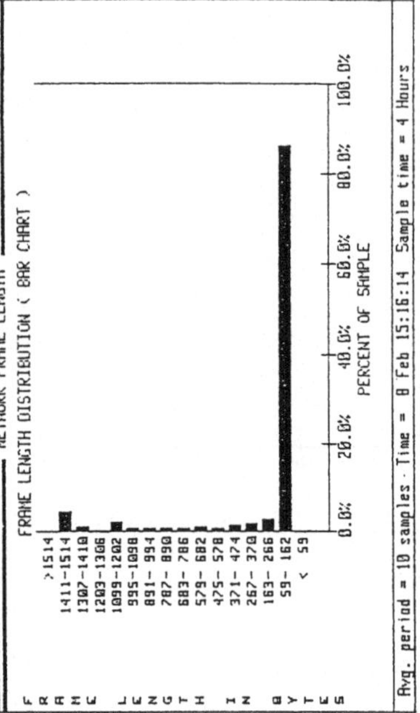

Bild 19 : Rahmenlängenverteilung des gesamten Verkehres auf dem Netzwerk bei Messung Nr. 5 (Hewlett Packard, Böblingen).

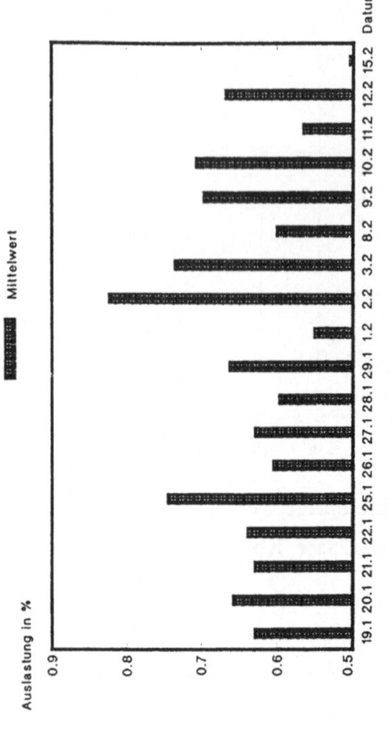

Bild 21 : Auslastung des Lokalen Netzes gemittelt über den ganzen Tag für den Zeitraum eines Monats

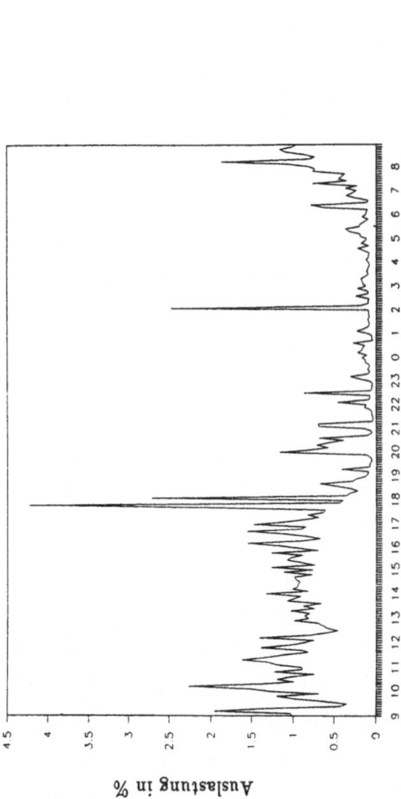

Bild 18 : Netzwerkauslastung über den ganzen Tag bei der Messung Nr. 5 (Hewlett Packard, Böblingen) mit Meßintervallen von 6 Minuten.

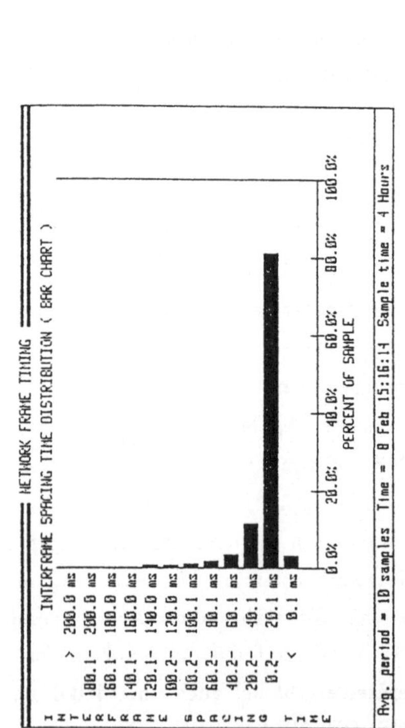

Bild 20 : Rahmenabstandsverteilung der übertragenen Rahmen (Schicht 2) bei Messung Nr. 5 (Hewlett Packard, Böblingen).

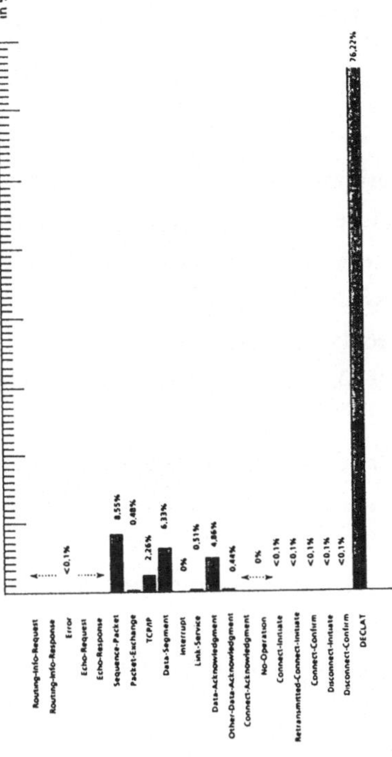

Bild 22 : Netzwerkauslastung über den ganzen Tag bei der Messung Nr. 6
(Rhode&Schwarz, München) mit Meßintervallen von 6 Minuten.

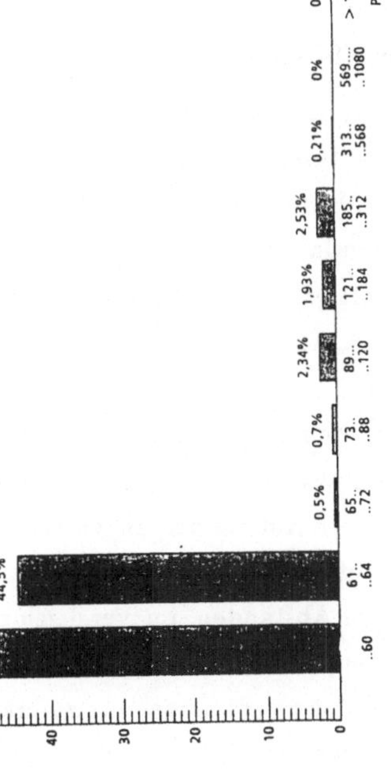

Bild 23 : Pakettypverteilung (Schicht 4) bei Messung Nr. 6 (Rhode&Schwarz,
München).

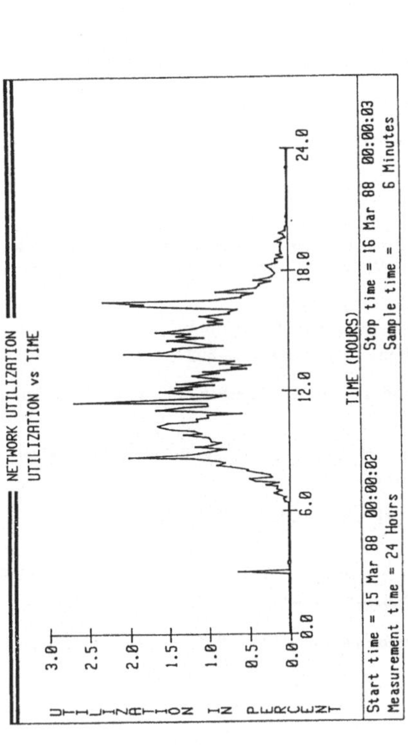

Bild 24 : Rahmenlängenverteilung des TCP/IP-Protokolles (Schicht 4) auf
dem Netzwerk bei Messung Nr. 6 (Rhode&Schwarz, München).

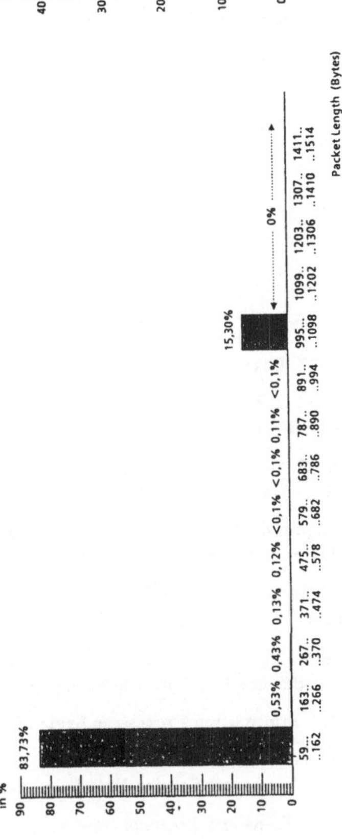

Bild 25 : Rahmenlängenverteilung des DECLAT-Protokolles (Schicht 4) auf
dem Netzwerk bei Messung Nr. 6 (Rhode&Schwarz, München).

Ergebnisse wie in Messung Nr. 1 lieferte, ist in Bild 24 die Rahmenlängenverteilung für das TCP/IP-Protokoll und in Bild 25 die Rahmenlängenverteilung für das DECLAT-Protokoll für die Gruppe der Terminal–Server dargestellt.

5. Zusammenfassung

Bei 6 lokalen Netzen aus der Büro–, Entwicklungs– und Fabrikumgebung wurden Messungen der Verkehrsprofile durchgeführt, die Ergebnisse dargestellt und diskutiert. Es wurden die wesentlichen Aussagen aus Messungen anderer Autoren bestätigt, teilweise erweitert und verfeinert. Die wesentlichen Aussagen lassen sich folgendermaßen kurz zusammenfassen.

- Die Arbeitszeiten der Benutzer lassen sich am Verkehrsprofil erkennen.
- Die Netzwerkauslastung ist i.a. gering (1..10%), gemittelt über längere Zeiträume (Minuten .. Stunden).
- Fehler auf dem lokalen Netz konnten vernachläßigt werden, da sie äußerst selten auftraten.
- Die Verteilung der Rahmenlängen weist einen großen Anteil an kurzen Rahmen auf und einen oder mehrere Anteile bei langen Rahmen.
- Die Ankunftsabstandverteilung der übertragenen Rahmen weist einen überproportionalen Anteil von kurzen Abständen, im Vergleich zu der Poisson–Verteilung, auf.
- Es sind deutliche Unterschiede zwischen den Anwendungen aus Büro– oder Entwicklungsumgebung und der Fabrikumgebung zu erkennen.

Weitere Messungen werden zur Zeit durchgeführt und es sollen Modelle, mit den sie beschreibenden Parametern, für die verschiedenen Anwendungen entwickelt werden.

Acknowledgement

Die Autoren möchten sich bei Herrn Hoffmann von der VDMA, allen Firmen und ihren Vertretern und den Studenten, die die Messungen durchgeführt haben, bedanken.

Literatur

[1] Paul D. Amer, Ram N. Kumar, Ruey-bin Kao, T. Phillips, Lillian N. Cassel; Local Area Broadcast Network Measurement: Traffic Characterization; Proceedings of COMCON SPRING 87, San Francisco, CA, February 23-27, 1987, Pages 64-70

[2] P. J. Brusil, C. E. La Barre; Characterization of network traffic generated by office automation users; Proceedings IEEE 4th Phoenix Conference on Computers and Communications, 1985, Pages 513-522

[3] David de S. Couch; Measuring the Performance of a mixed-vendor Ethernet; Data Communications, August 1987, Pages 139-145

[4] Digital Equipment Corporation, Intel Corporation, Xerox Corporation; The Ethernet, A Local Area Network, Data Link and Physical Layer Specifications; Version 2.0, November, 1980

[5] David C. Feldmeier; Traffic Measurements on a Token Ring Network; Proceedings of "The Computer Networking Symposium" Washington D.C., USA, November 16-18, 1986

[6] R. Gusella; The Analysis of Diskless Workstation Traffic on an Ethernet; Report No. UCB/CSD 87/379, Computer Science Division, University of California, Berkeley, December 1987

[7] ISO 7498 : Information Processing Systems – Open Systems Interconnection – Basic Reference Model, November 1983

[8] ISO 8072 : Transport Service Definition, May 1984

ISO 8073 : Transport Protocol Specification, May 1984

[9] ISO 8348 : Network Service Definition

ISO DIS 8473 : Protocol for Providing the Connectionless-Mode Network Service (Internetwork Protocol)

[10] ISO DIS 8802/3 (IEEE 802.3) : Local Area Networks – Carrier Sense Multiple Access with Collision Detection (CSMA/CD) Access Method and Physical Layer Specifications; John Wiley & Sons, Inc. 1985

[11] ISO DIS 8802/4 (IEEE 802.4) : Local Area Networks – Token Passing Bus Access Method and Physical Layer Specifications; John Wiley & Sons, Inc. 1985

[12] ISO DP 8802/5 (IEEE 802.5) : Local Area Networks – Token Ring Access Method and Physical Layer Specifications; John Wiley & Sons, Inc. 1985

[13] Raj Jain, Shawn A. Routhier; Packet Trains – Measurement and a New Model for Computer Network Traffic; IEEE Selected Areas in Communications, Volume SAC–4, Number 6, September 1986, Pages 986-995

[14] Ulrich Lübbe, Ottmar Gihr; Messung von Verkehrsprofilen in Lokalen Netzen; Datacom, 11/12 1987, Seite 88-94

[15] Peter F. Pawlita; Two Decades of Data Traffic Measurements: A Survey of Published Results, Experiments and Applicability; Proceedings of the Twelfth International Teletraffic Congress (ITC), Torino, June 1-8, 1988, Volume 5, Session 5.2A, Paper 5, Pages 1-9

[16] John F. Shoch, Jon A. Hupp; Measured Performance of an Ethernet Local Network; Communications of the ACM, Volume 23, Number 12, 1980, Pages 711-721

[17] Jürgen Suppan-Borowka; Analysis of Communication Requirements and Requested Capacity of LAN and PBX Systems in a Program Development Environment; IFIP Conference on LOCAL COMMUNICATION SYSTEMS: LAN and PBX, J. P. Cabanel, G. Pujolle and A. Danthine (Editors), North Holland, 1987, Pages 127-141

[18] Transmission Control Protocol; Military Standard, MIL-STD-1778, US Department of Defense, May 20, 1983

Internet Protocol; Military Standard, MIL-STD-1777, US Department of Defense, May 20, 1983

[19] XEROX; Internet Transport Protocols; XSIS 028112, December 1981

NETWORK MANAGEMENT AND DIAGNOSIS
OF ENTERPRISE-WIDE NETWORKS

W.D. Guilarte
Wandel & Goltermann, Inc.
Research Triangle Park, NC 27709/USA

PCs and workstations are the tools of choice for many workgroup applications. When attached to increasingly large and complex Local Area Networks (LANs), they share their own resources and those in diverse widely distributed servers. Increasingly, Wide Area Networks (WANs) are linking these LANs to form geographically distributed LAN/WANs with large numbers of computing and communication components. An effective network management system for these new enterprise networks must help manage a variety of vendor equipment, operating systems, and software components. The open systems solution to this problem is to define a widely accepted Network Management systems framework and a standard for a Common Management Information Protocol (CMIP) [1,2]. Although the International Standards Organization Open Systems Interconnection (OSI) committees have made good progress, these new heterogeneous networks will have a large diversity of standard and proprietary components. The installed base of these networks will continue to grow for many years to come. For this reason, OSI compliant LAN/WAN Network Management Systems architectures should provide modular adaptation to a variety of standardized and proprietary component types. They must also grow gracefully in modular increments, and remain operational in the presence of the very problems and incompatibilities it is designed to help manage.

Enterprise Networks

Campus LANs in large enterprises are frequently bridged over widely distributed geographic areas. The annual compound growth rate of LAN installations into local subnetworks is 40% through 1991 [3]. Wide Area Networks (WANs) are growing at approximately the same rate. Part of this growth involves interconnections with LANs. Figure 1. illustrates local subnetworks and their interconnection in an Enterprise Wide LAN/WAN.

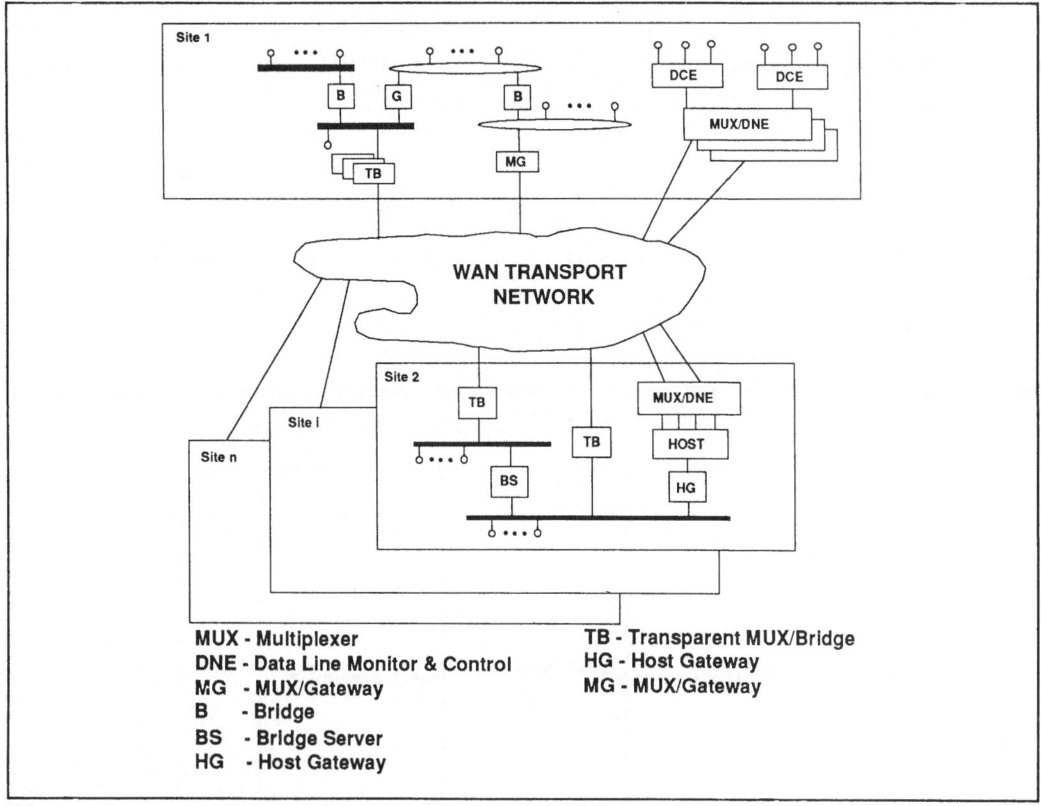

Figure 1. Enterprise-wide LAN/WAN

Local Subnetworks

Advances in network operating systems (NOS) have spearheaded the spread of LAN
and WAN installations. PC and workstation NOSs provide many of the benefits of
a centralized computing environment without its drawbacks [4]. The NOS effectively
extends the local resources of the workstations.   Virtual file systems, databases,
applications, and input-output devices appear to the workstations as additional local
resources. With the NOS, workstation applications can share resources and data in
one or more LAN servers.   Host gateways, [5], cost effectively connect
minicomputers and mainframes to the LANs.

A typical large LAN structure consists of many LAN media segments linked by
bridges, gateways and routers.   Each of these may interconnect two or more
segments. Table I shows the function of these segment spans at each OSI layer. For
routing redundancy and parallel capacity, there may be more than one route between
two segments. Repeaters can link two physical media segments to overcome media
length limitations. These are relatively inexpensive but do not help to contain local
segment traffic. Routers operate at OSI layer 3 and only pass intersegment traffic.

However, they can cost 5 to 10 times more than a repeater.   Gateways link segments with dissimilar layer 1 and higher protocols. For example, some gateways translate layer 7 electronic mail services from different vendors.

The Internetwork

Large institutions are linking their various sites into wide area heterogeneous LANs.

Table I OSI Functions of LAN Spans

Layer	Segment Spanning Device			
	Repeater	Bridge	Router	Gateway
7				
6				SNA DECNET TCP/IP XNS MAP/TP NET/MGMT
5	←	Transparent Transport	→	
4				
3			X.25 ISO INTERNET	
2		StarLAN 802.3		
1	802.3 RS-232	802.4 802.5		
		Transparent Bridges		

These LAN/WANs are growing at 56% per year and will reach $2,000 million in 1990 according to some forecasts. The nearly complete ISO standards and the availability of OSI products in 1989 will stimulate further multivendor network expansion. These large networks give LAN users virtually local access to remote services such as database, computation, and print spooling. LAN/WAN bridges and routers link LANs to other remote LAN segments and servers via WAN subnets. Remote LAN interconnecting bridges and routers efficiently combine PCM multiplexing and LAN bridge and router technology [3].

Management Problems in Large LAN/WANs

Local Area Networks with a few tens of stations and servers provide high bandwidth, reliable operation, and are relatively simple to manage. However, the experience with larger geographically distributed LAN/WANs [6,7,8] shows that as these high bandwidth islands are interconnected, network managers and their users encounter new administrative, planning, and maintenance needs. The ISO Management Framework defines a set of management facilities [1] for open network management systems. The following discussion addresses specific requirements for LAN/WAN management in terms of this framework.

Security Management

Most network and host operating systems keep user registration lists, their passwords, and related authorizations in local stoage only. These also apply only to the local resources of the server or host. In a LAN/WAN, a network manager needs to access multiple servers and hosts on the internet, and must know specific interfaces and procedures for each. An effective modular LAN/WAN management architecture includes specific modules that map proprietary interfaces to a common management information terms. These data collection and control modules can hide differences in syntax and procedure for each proprietary managed object from global or regional management processes.

Accounting Management

As in security management, an effective management system for heterogeneous distributed LAN/WANs must provide a global view that modularly hides idiosincratic accounting management interfaces.

Fault Management

Fault management involves fault detection, diagnosis, and correction. In LAN/WANs, fault detection and diagnosis usually involve analysis of diverse protocols and auditing of critical data in routers and servers from different vendors. An effective LAN/WAN management systems must cope with this diversity. As mentioned earlier, a strategy to solve this problem is to use specific modules that hide the differences among diverse incompatible managed objects. An existing proprietary management system [9] applies this approach in LANs to translation and collection of layer 2 error signals generated by the network devices themselves. These LAN/WAN management systems do not attempt to perform diagnostic tests on layer 2 or above, or on parametric data in system components. In LAN/WANs, however, protocol analysis is a principal tool for fault diagnosis.

Fault Diagnosis by Protocol Analysis
In heterogeneous networks, protocol implementation defects and even minor deviations from full standards compliance can cause multiple problems. In these cases, fault diagnosis involves analysis of protocol activity at layer 2 or higher. An example of this is when protocol incompatibilities at routers/bridges cause each router to re-broadcast an unrecognized broadcast. Routing logic in bridges and hosts on the LANs normally attempt to seek the destination of an unfamiliar destination address by broadcasting the packet forward. These bursts of broadcasts cause bridge and other processing components to overload at short intervals. Broadcast error bursts can also occur even if bridges or routers do not forward broadcasts if instead they all generate an error message, e.g. "destination unreachable". If all receivers generate the error message, a temporary overload may periodically occur. Bursts of synchronized error or other messages cause waves of high collision rates in Ethernets. Another cause for lost packets is one-way links: links passing messages in only one direction. Management system can diagnose one-way failure modes on bridges and other segment spans, by testing for data flow in each direction. This requires at least limited protocol analysis capability at network monitoring interfaces. When upper layer protocol failure modes occur, bridges and gateways saturate long before the media overloads. LAN/WAN management systems should provide distributed protocol analysis and fault detection capabilities to facilitate detection and diagnosis of upper layer protocol incompatibilities, and to provide ready access to diagnostic test on the network.

Fault Diagnosis by Configuration Data Audits
Software version consistency audits may reveal the cause of protocol problems. Misinterpretation of protocol data units such as broadcasts, failure to complete session establishment, and a potentially large number of arbitrary malfunctions occur when different computers are loaded with incompatible protocol software implementations.

Audits of configuration parameters in servers and routers can also diagnose the cause of LAN/WAN malfunction. A pair of misconfigured routers jointly can loose messages when reconfiguring. The problem arises when they are told they are on the same segment when in fact the segments are disjoint. One looses messages that only the other can route properly. An analysis of lost messages or queries not replied to will point to the problem.

Performance Management

To plan for network growth, the LAN/WAN manager must monitor the component utilization and server response time delay inserted by each component. The manager is responsible for maintaining user access to servers, and acceptable server response time to geographically dispersed users. Diverse servers in distant LAN segments complicate that task. To recognize and have effective control of these problems, the network administrator needs diagnostic and capacity planning data for each LAN/WAN component. The manager should be able to monitor each component's response time delay contribution (inserted round trip delay) and overall capacity utilization. To diagnose the cause of performance degradation, the network manager will need facilities that integrate information from protocol analysis tests at one or more remote WAN routers or LAN segments.

Span Utilization Monitoring and Analysis
Some dynamic routing algorithms require large fractions of network capacity. Certain routing processes, for example, run continuously to protect against undetected link failures. LAN/WAN segment monitors should be able to monitor the percent of total component capacity used by routing and other control messages. Decisions on extension of a LAN segment with a bridge or with a much more expensive router require knowledge of historic and trend utilization data on each LAN and WAN segment.

Transit Delay Analysis
Server response time performance on user transactions, a common area of concern, is not only a function of the server and application at the end points. Transactions between end points not affected by a local overload can be delayed by overloaded routers and gateways in the path. These spanning devices may build large internal queuing delays when routing traffic to other distant segments in localized overload. Delays propagated in this way can induce routing instabilities elsewhere in the network. For example, bridges, routers and other LAN/WAN spans can become severe bottlenecks. When routers hide a low speed wide area subnet linking high speed LANS they must handle a throughput disparity of 2 orders of magnitude. If the round trip delay parameters for retransmission algorithms of the Layer 4 protocols are not well tuned, the sending system will fill the router queue with retransmissions. This results in unnecessary router overload and inserted round trip delay for all transactions handled by the router regardless of origin or destination. Propagation of localized delays may result in confusing symptoms in a large network, unless the management system provides adequate information on component transit delay.

Cumulative segment and spanning device delays not only worsen user response time, but also limit the topological distance (number of components in the path) between communicating clients and servers. A distant server may be unreachable during periods of heavy localized traffic even though there is no hard fault anywhere in the network. As more distant servers become difficult to communicate with, a backlog of requests will develop. As the servers attempt to reply to the requests, they can maintain the network in overload.

To help the network manager understand these LAN/WAN delay propagation effects, the network management system should provide analysis of end-to-end average or expected transaction delays. The analysis should show the percent contribution of each network component to end-to-end delay between client-server pairs. The analysis should also measure server transaction delay performance against standards of service expected by the various user workgroups. Appropriate management response may be adding more network capacity at the appropriate points, or tuning of end-to-end protocol timeout parameters.

Configuration Management

Because of the diversity and large numbers of managed objects, LAN/WAN Management Systems must help the network manager to keep track of software and hardware components.

Software Configuration Management Facilities

To maintain network integrity, the network manager must maintain compatible software release levels in workstations, servers, and host applications. Sometimes a new version of networking software cannot coexist easily with the old version. A similar software configuration control problem exists in maintaining compatible software in the bridges, gateways and routers. Implementations of a protocol from two vendors can differ in subtle ways. LAN components, and protocols from multiple vendors must interwork at all OSI layers. Remote monitoring and control of the software version level of LAN/WAN components is essential for effective management of LAN/WANs.

The LAN/WAN manager also needs support to ensure that users workstations are configured with the proper NOS and system applications such as electronic mail. Electronic mail is an example of an application that succeeds only with strong software supervision by the LAN administrator. Users ignore the EMAIL system unless they are confident that their mail is reliably delivered and promptly read by the intended recipient.

Hardware Configuration Management Facilities
As the number of users, servers and LAN segments grows, the complexity of planning, operating and maintaining the network increase. The network administrator must keep track of hardware components, spares, and out-of-service equipment. The administrator must also track assignment of wiring hub ports, cable runs, and cable run length limitations. To manage this topological complexity, the network management system should provide databases and graphical views of the configuration and real-time status of the global network.

Overview of OSI Management

The OSI management framework defines a set of *network management facilities* and underlying services and protocols. Systems conforming to the defined interfaces are open in that sense.

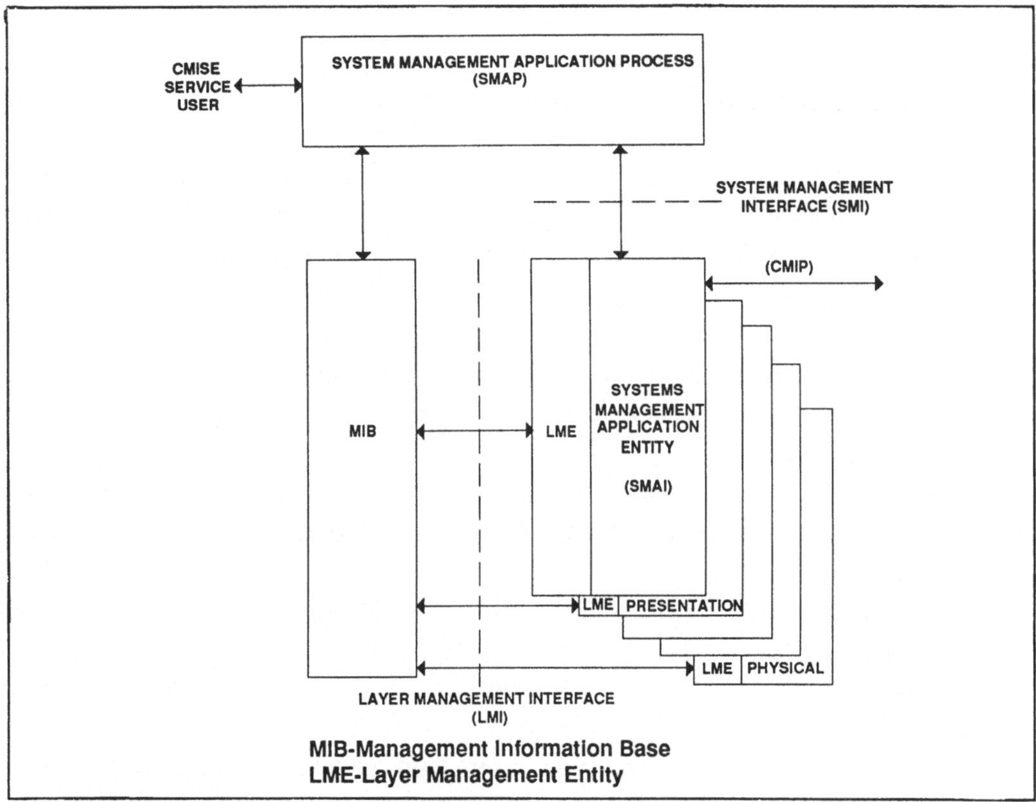

Figure 2. OSI Management Structure

Open systems provide defined standard *services* to the system management applications that realize the network management facilities. Open systems communicate using standard layer 7 *common management information protocols.*

OSI has defined a standard structure for open management systems. This is illustrated in Figure 2. The structure defines relationships between management applications, the common Management Information Base (MIB), and common management services processes. The applications layer or systems management entity (SMAE) interacts with others via the Common Management Information Protocol (CMIP). The System Management Application Processes (SMAP) in one management system provides *management facilities* to its direct global or regional users. SMAPs obtain *services* from their local SMAE, and through it from other distant SMAEs.

A global systems management application can therefore obtain management services from open network management systems designed to manage different domains. For example, both ISDN and LAN management systems can serve a global systems management application for both domains. Open management systems can interwork as peers or in a hierarchical environment.

Management Facilities

Draft proposals to further specify management facilities are in various stages of preparation by ISO subcommittees. These are referenced below. OSI management facilities are high level functions that network management systems can provide to the network managers.

Fault management [10]: detect, report via CMIS, log onto the Management Information Base (MIB), diagnose, and isolate hardware, software, and parameter data faults at all OSI layers.

Configuration and name management [11]: collect managed object states, report state transitions via CMIS, modify managed object attributes, and change system configuration.

Performance management [12]: collect delay and utilization measurements and disseminate via CMIS.

Security management [13]: control authentication and access to managed objects. Support encryption system.

Accounting Management [14]: determine users and allocate costs, provide account limits mechanism, and summarize costs across multiple managed objects.

Common Management Information Services

The OSI Common Management Information Services and supporting Protocol (CMIP) [2] define the interchange of management information between management entities communicating via a connection oriented service. As will be explained below, the current CMIP definition does not explicitly define synchronization of actions in a distributed management system environment [15]. Table 2. summarizes the CMIP Services currently specified.

Table II. Common Management Information Protocol Services

Service	Purpose	Reply
Data Manipul		
M_Confirmed_Set	Retrieve data from an MIB	M_Linked_Reply
M_Set	Modify Data in an MIB	
M_Confirmed_Set	Modifies data in an MIB and gets configuration	M_Linked_Reply
M_Confirmed_Create*	Add data to MIB	M_Linked_Reply
M_Confirmed_Del*	Delete data to MIB	M_Linked_Reply
Event Reporting Serv		
M_Event-Report	Report events to an SMAP or peer SMAE	
M_Confirmed_Event_Rep	SMAE in confine	M_Linked_Reply
Direct Control		
M_Action	Issue Command or Command Block to local SMAE or peer SMAE	
M_Confirmed_Action	Command w/Reply on execution	M_Linked_Reply
*Not in current DP.		
Association/Release		
M_Terminate	Conclude an association	
M_Initialize	Establish an association	
M_Abort	Abrupt termination	

LAN/WAN Management System Architecture

For more than a decade, Wandel & Goltermann has developed and currently markets several protocol analysis and network management instruments and systems. This section outlines some of the approaches we are currently studying to address the unique problems of large enterprise wide data networks discussed above. The architecture we present below addresses the problem of modular integration and effective fault diagnosis of the diverse standard and proprietary interfaces and protocols in these networks. It bridges the gap between current diverse proprietary network systems and future fully OSI compliant networks and management systems. We anticipate this transition will take at least one decade.

Design Objectives

a) Modular, readily extendable distributed control

b) Fault tolerant to the very problems it must help manage.

c) Open OSI architecture.

d) Modular programmable interfaces to diverse standard and proprietary managed objects to provide a unified set of global facilities.

e) For an arbitrary protocol stack, detect and diagnose protocol and configuration problems. Collect and interpret error or alarm messages at each layer.

Architecture

Modular Distributed Control

LAN/WANs are intrinsically geographically distributed. Its network management systems of necessity form an overlaying logical or physical network over the multiple diverse managed systems. We considered two options for placement of the management system functions: within existing computers, bridges and gateways, or in dedicated analysis and management modules (DA-MMs). Some proprietary and standard systems already provide at least some of the required detection and configuration services. It is also possible for an internal management application process to report on arbitrary internal states with less hardware. However, dedicated modules have the advantage of reporting on system performance as seen on the network. Computers in a heterogeneous network are likely to run a wide variety of operating systems and their variants. DA-MMs are independent of device or vendor diversity, but can be equipped with modules that service and interpret specific managed object interfaces. Because they process and transfer management information outside the managed network, they minimize load on the network devices. DA-MMs can be placed close to the managed objects and can predigest data thereby reducing management information traffic. Finally, DA-MMs can be easily added as the network grows or as the management load grows. Figure 3 illustrates the top level structure of the LAN/WAN management System.

Tolerant to Span Overload or Failure

A peer-distributed structure of linked DA-MMs eliminates single points of failure. Furthermore, as seen in earlier sections, a variety of protocol or hardware problems can adversely affect a router, bridge, or gateway. DA-MMs are not affected by overload or failure of these spanning devices. Host computers can be affected by the same overload inducing problems.

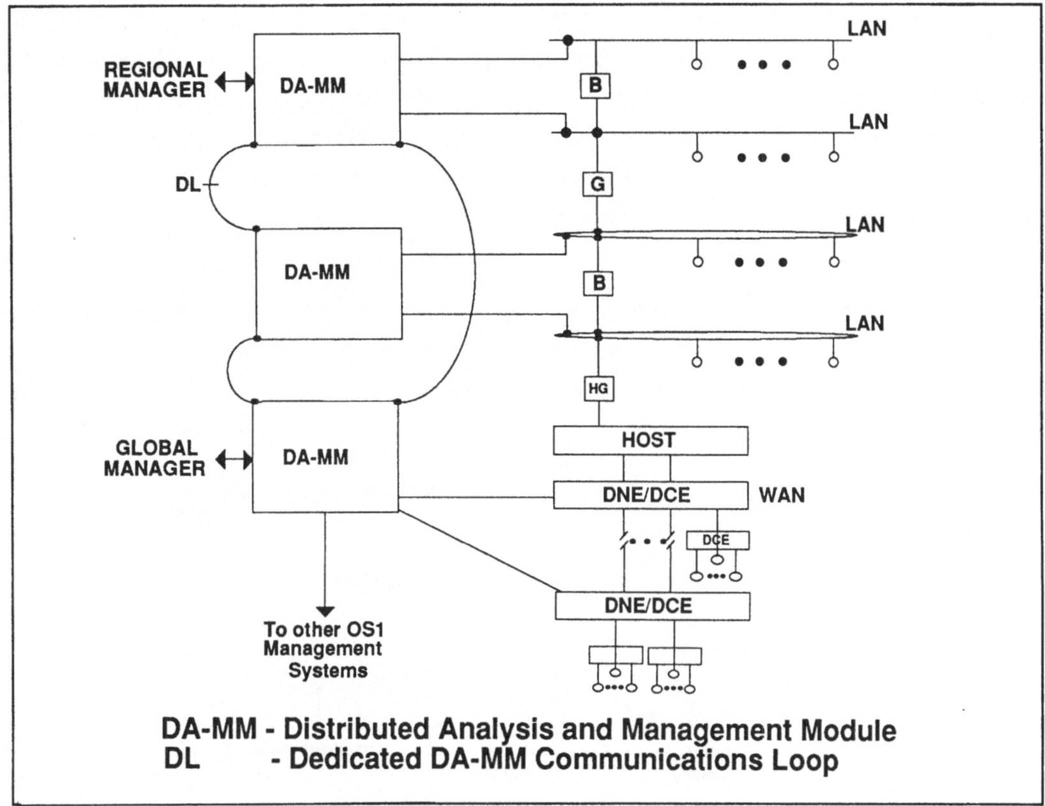

DA-MM - Distributed Analysis and Management Module
DL   - Dedicated DA-MM Communications Loop

Figure 3. LAN/WAN   Management   System   Architecture

Another critical choice to provide a robust core system is to opt for an independent and redundant communications channel among DA-MMs. As shown in Figure 3, a dedicated full duplex data link joins each DA-MM to its neighbors to form a bidirectional closed chain. The alternative, attempting to pass management information in-band during failure or overload states, adds demands to the network when it is least able to perform. The DL chain can be implemented over any reliable data link. Because more than one DA-MM can host a SMAP, the distributed management system can support more than one global management interface. Each DA-MM could support a regional management interface if required. Furthermore, any regional interface could takeover the global function. This adds both flexibility and redundancy.

Open OSI Architecture

The DA-MM Data Loop and external management system interfaces use the OSI protocol stack. Data Links in the DA-MM chain use OSI CMIP and the Remote Operations Service Elements (ROSE) at layer 7 for transaction oriented communication. OSI File Transfer Access Method (FTAM) provides bulk data transfer services. Layer 3 requires forwarding and rerouting services at the DA-

MMs. If the Systems Management Application queries a DA-MM more than one DA-MM away in the chain, the intermediate DA-MMs will forward both CMIP query and responses. If an attempt to reach a DA-MM fails on one DL, layer 3 makes an attempt on the second. One or more DA-MMs can provide a second data link external to the chain conforming to OSI protocols for interfacing as a peer or hierarchically to management systems in other domains.

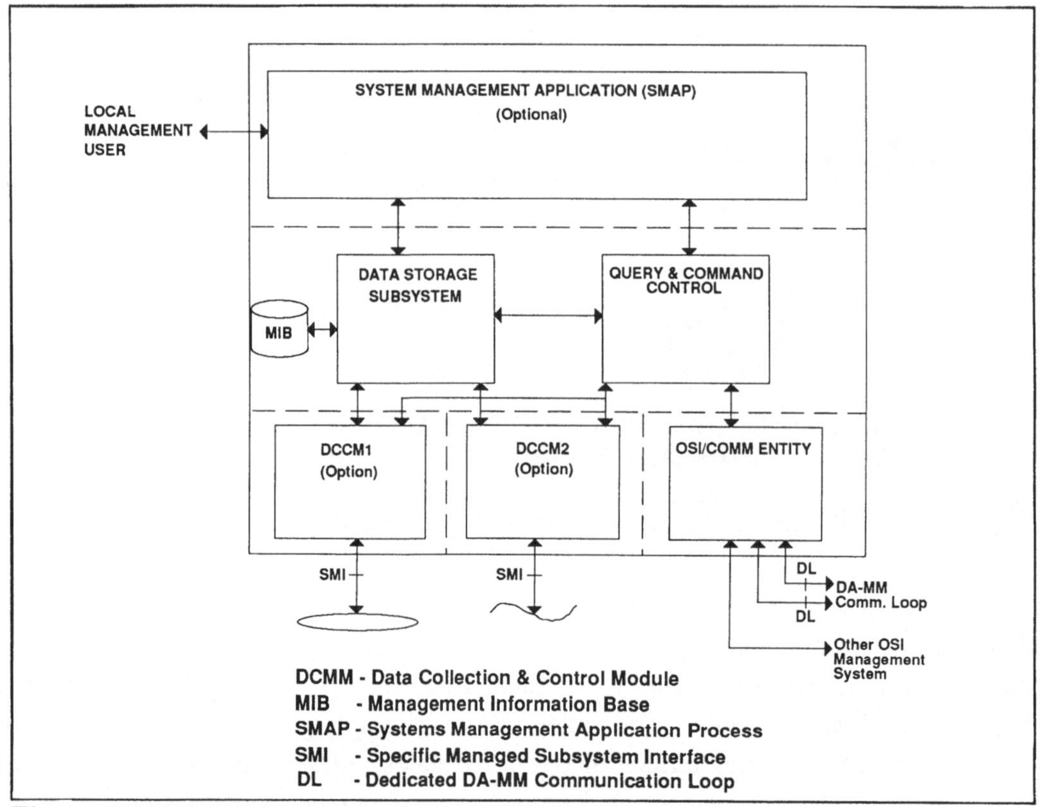

Figure 4. DA-MM Structure

Diverse Data Collection and Control Modules

Figure 4 shows the internal structure of a DA-MM. A DA-MM consists of two computing subsystems; the common subsystem, and at least one intelligent interface module. The common subsystem always provides a Management Information Base (MIB) Data Storage object and a Query and Control object. The MIB contains raw data recordings or statistics results from continuous or demand diagnostic tests. The local MIB also stores error, utilization, and delay statistics for the objects managed by the DA-MM. If a global or a regional management user station is installed on the DA-MM, the common subsystem may also run optional System Management Applications Processes that receive CMIS services from the two permanent common objects. The one required intelligent interface module is the OSI/CMIP Module. This module controls data link communication with other DA-MMs or to external OSI Management Systems.

Integral Programmable Protocol Analysis

Optional intelligent interface modules, the Data Collection and Control Modules (DCCMs) support physical and up to layer 7 protocol compatibility for diverse proprietary or standard data communications media. For example, the DNE DCCM (see Figure 3) will collect data line alarm messages conditions from V.24, V.35 or X.21 from attached DNE channel access and switching equipment. The DCCM enters this M_EVENT_REPORT data in the MIB for use by any regional or the global system management application. The DNE DCCM also executes M_CONFIRMED_ACTION commands issued by the Query and Command object, enters results in the MIB log, and replies with M_LINKED_REPLY data units. The DCCM downloads condition equations for physical and critical upper layer alarm states to its attached DNEs. The DNE DCCM will also run higher layer protocol diagnostic tests on a test object channel upon receiving the appropriate M_ACTION command. The protocol analysis package is downloaded to the DCCM at system initialization time, or whenever a special test suite is required.

At least one other DCCM with analogous capabilities can be installed in the same DA-MM. This second module, for example, may support a token ring (IEEE/ISO 802.5) physical interface.

Certain analysis tests, for example end-to-end transit delay tests, may require that one DA-MM begin a test by setting up associations or sessions with several other DA-MMs. The current definition of CMIP does not explicitly include the concurrency and commitment services required to do this. For example, the Protocol Analysis Language test programs to be executed in the involved DCMMs may have to be downloaded. Each DCMM must signal the coordinating DA-MM that it is ready to execute. When the last ready signal is received, the coordinating DCMM must send a TEST_START broadcast to involved DCMMs.

Summary

The network management problems of large heterogeneous enterprise wide LAN/WANs are distinctly different from those found in the much simpler isolated LAN workgroups. Even in the ideal case where the internet is fully compliant with international standards, there will be sufficient potential for diversity to cause significant management problems. Because of the large amounts of capital in the installed base, and in spite of the progress towards standardization, proprietary protocols and operating systems will add to this complexity for many years to come. In this paper we have reviewed large LAN/WAN management problems, and outlined the architecture of an OSI Management system for this class of network.

References

[1] ISO DIS 7498-4: Information Processing Systems - Open Systems Interconnection - Basic Reference Model - Part 4: Management Framework.

[2] ISO DP 9596/1,2: Information Processing Systems - Open Systems Interconnection -Management Information Protocol Specification.

[3] S. Runyon, L. Curran, et. al., "From Systems to Standards, the Pace Quickens in Networking," Electronics, Apr. 1988.

[4] F.J. Derfler,"A Field Guide to LAN Operating Systems," PC Magazine, Jun. 14, 1988

[5] F.J. Derfler,"Building Workgroup Solutions: LAN Gateways, Part 1," PC Magazine, Nov. 29, 1988

[6] M. Hurwicz,"Bridging Troubled LANs - Using Wide Area Connections to Link LANs," LAN Magazine, Sep. 1987.

[7] L. Bosack, C. Hedrick,"Problems in Large LANs," IEEE Network, Jan. 1988

[8] R. Perlman, G. Varghese,"Choosing the Appropriate ISO Layer for LAN Interconnection," IEEE Network, Jan. 1988.

[9] M. Willett, R. Martin,"LAN Management in an IBM Framework," IEEE Network, Mar. 1988.

[10] ISO TC97/SC21/WG4 N1383, Fault Management Service Definition, Second Working Draft - Oct. 1986.

[11] ISO TC97/SC21/WG4 N982, Configuration Management Service Definition, First Working Draft - Nov. 1985.

[12] ISO TC97/SC21/WG4 N983, Performance Management Service Definition, First Working Draft - Nov. 1985.

[13] ISO TC97/SC21/WG4 N1386, Security Management Service Definition, First Working Draft - Sep. 1986.

[14] ISO TC97/SC21/WG4 N981, Accounting Management Service Definition, First Working Draft - Nov. 1985.

[15] L.N. Cassel, P.D. Amer,"Management of Distributed Measurement Over Interconnected Networks," IEEE Network, Mar. 1988

Komponententest und Diagnosehilfsmittel für ein Transportprotokoll
Ein Erfahrungsbericht

Dr. Wolfgang Eichler

D ST DF 242

Siemens AG

Otto-Hahn-Ring 6

D-8000 München 83

Zusammenfassung

Am Beispiel einer Implementierung in C für die Transportschicht eines
ISO-LAN werden einige Hinweise zur Berücksichtigung der Test- und
Diagnosebelange gegeben.

Das betrifft das Gesamtkonzept des Komponententests im Zusammenhang
mit den Anforderungen, die den späteren Feldeinsatz betreffen, wie
auch einige technische Details der Programmierung.

Die Erfahrungen wurden bei weiteren Implementierungen genutzt. Der
Erfolg des Konzepts ließ sich an Termintreue, einem sehr geringen Feh-
leraufkommen und daher geringem Wartungsaufwand ablesen.

Einleitung

Der Erfolg eines genauen Komponententest sozusagen im Inneren der Protokollimplementierung zeigte sich auch darin, daß der später durchgeführte Conformancetest, der die Protokollimplementierung im Ganzen
als Black-Box sieht, fast keine Fehler mehr aufdecken konnte. Es wird
ein Erfahrungsbericht gegeben, der auf der Implementierung der Transportschicht für ein LAN-Board nach der ISO-Norm 8072 beruht. In-

zwischen sind diese Erfahrungen für weitere Implementierungen genutzt worden, z. B. für ISO- Protokolle für WAN auf verschiedener Hardware. Grundgedanke bei der Implementierung sollte sein, daß die Belange der Testbarkeit und der Diagnose frühzeitig durch den Entwickler gleichrangig neben Gesichtspunkten wie Funktionalität und Performance, Dokumentation und Wartbarkeit mitberücksichtigt werden.

Die Tests mit dem Testsystem wurden auf verschiedener Hardware durchgeführt: SINIX®- Rechner*, PC-D und im BS2000. Nur auf dem PC-D war Objektgleichheit zum Zielsystem. Dennoch gab es praktisch keine Portierungsprobleme, da von vorneherein auf Portabilität des C-Codings geachtet worden war.

Gliederung

Ziele
Überblick über HW- und SW-Konfiguration
Schritte des Testablaufs
Komponententest versus System- (Conformance-) Test
Implementierungsdetails
Resumee

Ziele

Die verfolgten Ziele bei der vorgenommenen Implementierung waren:

1. Die Tests sollen wiederholbar sein, dabei ist ein Vergleich mit früheren Ergebnissen erforderlich. (Dieser Vergleich sollte möglichst automatisch erfolgen können).
2. Ein- und Ausgabe der Tests sollen benutzerfreundlich sein (human interface).
3. Damit man mit kurzen Testsequenzen auskommt, wird nicht (nur) Input/Output der Protokollschicht "getraced", sondern es werden in der Schicht an vielen Stellen Traces gezogen.

----

*SINIX ist das UNIX® von Siemens.
 UNIX ist ein eingetragenes Warenzeichen von AT&T.

Überblick über HW- und SW-Konfiguration

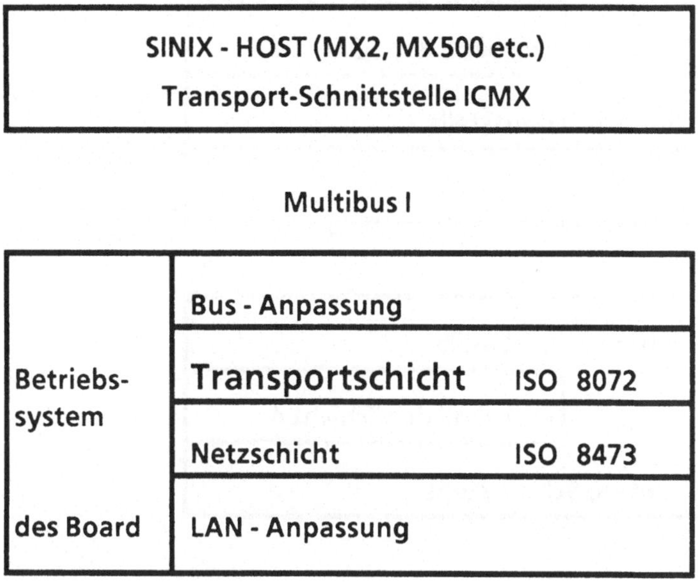

<table>
<tr><td colspan="2" align="center">SINIX - HOST (MX2, MX500 etc.)
Transport-Schnittstelle ICMX</td></tr>
</table>

Multibus I

Betriebs- system des Board	Bus - Anpassung	
	Transportschicht	ISO 8072
	Netzschicht	ISO 8473
	LAN - Anpassung	

Bild 1. Das LAN-Board für SINIX-Rechner

Schwerpunkt ist das Klasse 4 Protokoll der Transportschicht, das auf das Board ausgelagert wurde. Die Transportschicht hat einen Sourceumfang von ca. 15 000 Lines
of code und einen Programmspeicherbedarf von ca.
55 kbyte.

Das Board ist mit INTEL-Prozessor bestückt. Speicher 256 kbyte oder
512 kbyte. Die Transportschnittstelle ist die ICMX im Sinix. Über den
Bus wird eine Transportschnittstelle angesprochen, das ist die
Schnittstelle für die Ebene 4 (Protokoll nach ISO 8072).

Im Bild 2 ist diese Ebene herausgezeichnet und zwar im Zusammenhang
mit der Einbettung in den Testrahmen.

Der umhüllende Testrahmen mit der speziellen Betriebssystemschnitt-
stelle ist auf die Verhältnisse des Testrechners angepaßt, die eigentliche Protokollsoftware ist hardwareunabhängig.

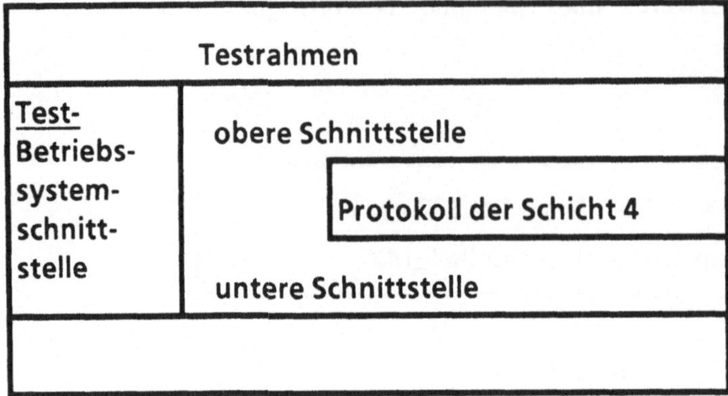

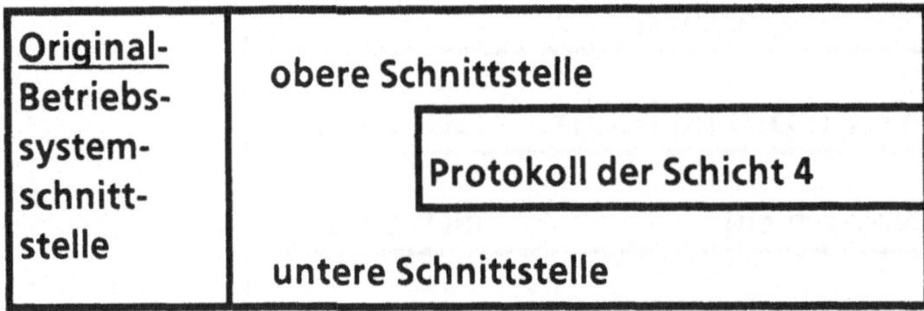

Bild 2. Die Transportschicht im Testrahmen und im Original

Schritte des Testablaufs

Der Ablauf einer Testsequenz aus dem Komponententest besteht aus drei Schritten. Im ersten wird aus dem lesbaren Testfall, der in einer eigenen Syntax geschrieben ist, ein Folge von datenorientierten Formaten erzeugt. Das Programm, das den 1. Schritt realisiert wurde mit Hilfe der UNIX-Tools LEX und YACC erstellt. Ein Vorzug dieses Vorgehens besteht in der leichten Erweiterbarkeit des Programms. Da der gesamte Testrahmen begleitend zur Implementierung der Schicht mitwächst, ist diese Eigenschaft wichtig.

Im 2. Schritt erfolgt dann der eigentliche Test, indem der Testrahmen die Daten aus dem datenorientierten Format einliest und entsprechend in Schnittstellensignale für die Protokolleinheit umwandelt. Außerdem können die Systemressourcen eingestellt werden, z. B. können an beliebigen Stellen Speicherengpaßsituationen simuliert werden. Weiterhin wird auch der Umfang der Traces gesteuert und man kann die Systemzeit manipulieren, um das Zusammenspiel der verschiedenen Timer auszutesten.

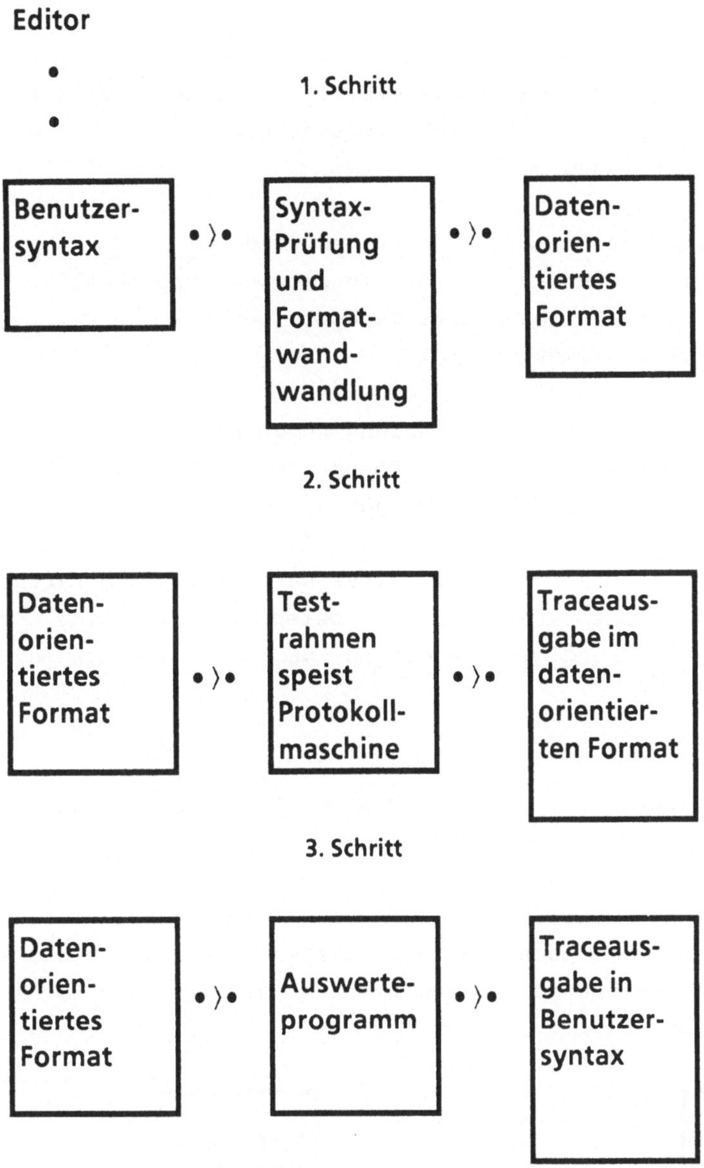

Editor

Bild 3. Die 3 Schritte des Testablaufes für eine
        Testsequenz.

Im 3. Schritt schließlich wird das datenorientierte Format des Traces
in lesbare Form gewandelt. Kommentare, die das Testszenario erläutern,
werden durchgereicht und erscheinen in der Ausgabedatei wieder. Die
Ausgabe hat folgendes Layout:

L: M n: Ai

L = Laufnummer als Bezug zur Eingabezeile. Mit **einer** Laufnummer,
     d. h. als Folge **einer** Eingabezeile erscheinen in der Regel
     mehrere solcher Ausgabezeilen
M = Modulname
n = n. Stelle im Modul M, an der getraced wird
Ai = i Traceinformationen, wie z. B. Signaltypen, Protokolle,
     Zustandsübergänge, Identifier, Verkettungen von
     Kontrollblöcken, Timerwerte, ...

Zur Vereinfachung der Testfallerstellung wurde ein sogenannter Spiegel
verwendet. Dabei werden die von der Ebene 4 erzeugten Datenformate an
der Schnittstelle zur Ebene 3 abgefangen und gleich wieder an die Ebene 4 hochgegeben. Zuvor sind lediglich einige kleine Änderungen vorzunehmen, damit die Ebene 4 glaubt, diese Daten kämen vom Partnerrech-
ner: aus einem connect-request ist beispielsweise eine connect-
indication zu bilden und die connection-identifier sind zu modifizie-
ren.

Komponenten-Test   versus   System-(Conformance)-Test

Der wesentliche Unterschied zwischen System-(Conformance)-Test und dem
hier beschriebenen Komponenten-Test besteht darin, daß die inneren
Betriebszustände der ganzen Protokollschicht direkt angesprochen werden. (Bilder 4 und 5)

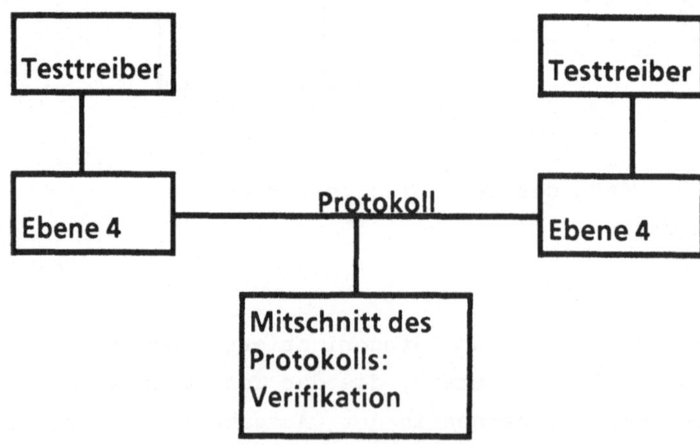

Bild 4.   Black Box Test der Ebene 4

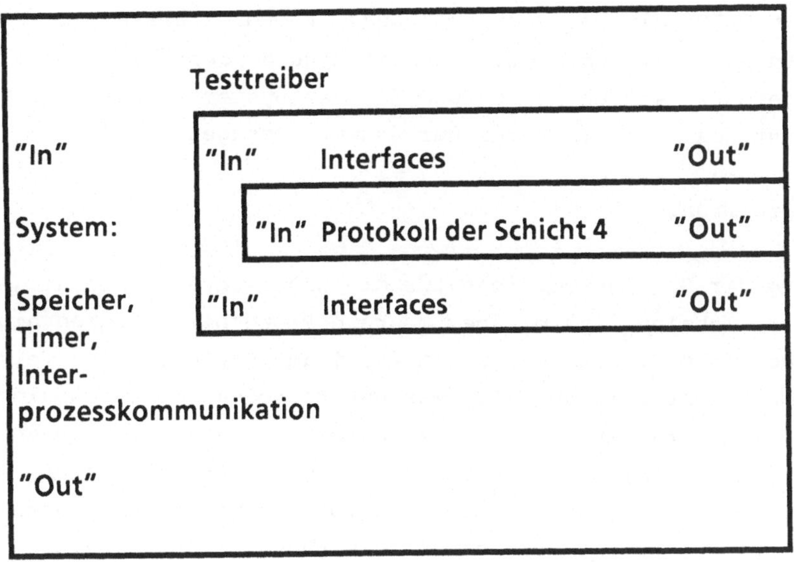

Bild 5. White Box Test der Ebene 4. "In" = Testinput,
"Out" = Testoutput. White Box bedeutet im Gegensatz zu
Black Box die Einbeziehung der inneren Vorgänge der Box.

Über die genormte Funktionalität der Transportschicht hinaus sind eine
ganze Reihe von Funktionen durch Tests zu verifizieren. Dazu gehören
z.B. folgende Themen:

a) lokale Flußsteuerung

Abhängig von Systemressourcen müssen nicht nur die fernen Kredite zu
den Kommunikationspartnern sondern auch die lokalen Kredite an den
Schnittstellen zu den Nachbarschichten gesteuert werden. Hier ist sowohl der Zusammenhang in der vertikalen Protokollsäule (Schichten 2-4)
als auch der horizontale Gesichtspunkt (Gleichbehandlung bzw. Bevorzu-
gung von mehreren Transportverbindungen, Netzverbindungen) zu beachten.

b) Fragmentierung

Die Funktion der Fragmentierung überlagert sich mit der internen Datendarstellung im Speicher. Diese Zusammenhänge sind im Protokoll und
an den Service-Schnittstellen nicht sichtbar. Die Darstellung im
Speicher erfolgt durch Aufteilung in gekettete Speichersegmente (Con-

tainer), deren Größe mit den Service- oder Protokollelementen nicht übereinstimmen muß. Das bedeutet, daß kritische Sonderfälle entstehen, die einzeln getestet werden müssen und die der Systemtest gar nicht so einfach erkennt oder auch manchmal nur schwer erzeugen kann.

c) Speicherverwaltung

Die Verwaltung der Speicherbereiche für die Nachrichten ist eine Aufgabe, die im lokalen System über mehrere Protokollschichten hinweg organisiert werden muß, wenn man nicht für jede Schicht eine eigene Kopie der Nachricht anlegen will, was aus Performance- und Speicherplatzgründen nicht tragbar ist. Hier sind deshalb auch Funktionen zu testen, die nicht unmittelbar mit dem Systemtest erfaßt werden. Auch die Verkettungen der verschiedenen Kontrollblöcke (Verbindungskontrollblöcke, service access points) und die Funktion der internen Warteschlangen der Schicht sind zu testen.

d) Timerverwaltung

Eine Transportschicht nach ISO 8072 muß pro Verbindung eine Reihe von Timern verwalten. Diese Timerverwaltung ist aus Performance- und Speicherplatzgründen am besten integriert in der Schicht selbst durchzuführen: die Timerfelder und Timerverkettungen werden in den Verbindungskontrollblöcke geführt. Zum Test ist es günstig, unabhängig von der realen Zeit die Timerabläufe gezielt ansprechen zu können. Dies geschieht im Testrahmen dadurch, daß die Zeitfortschaltung durch Traceeingaben gesteuert wird. Damit können auch in Realität seltene oder schwierig zu erzielende Testfälle durchgeführt werden.

e) interne Fehlerbehandlung

Beim Auftreten von Fehlerereignissen muß dafür gesorgt werden, daß protokollgerechte Reaktionen nach außen hin erfolgen und daß die internen Zustände, Speicherbereiche und Verkettungen korrekt behandelt werden.

Aus diesen Beispielen ergibt sich die andere strukturelle Stellung des Komponententests nach der White Box Methode.

Implementierungsdetails

Ohne hier allzu tief auf Einzelheiten der Codierung einzugehen, sollen einige Gesichtspunkte erwähnt werden, die als Erfahrung aus unserer Arbeit gewonnen wurden.

Anforderungen an Traces sind die folgenden:

a) schaltbar, verfügbar

Der Trace muß wahlweise verfügbar sein, da man nicht immer alle in bestimmten Fällen sinnvollen Traces mitlaufen lassen kann. Traces, die nur in der Programmsource als bedingt übersetzbare Teile vorliegen und nicht im Modul wirklich verfügbar sind, nützen für den Diagnosefall im Feld nichts.

b) sparsam im Speicherverbrauch

Damit nicht zu große Datenmengen entstehen, muß ein Traceeintrag möglichst kompakt sein. Kommentare oder sonstige Klartexte kann man sich in den Traces nicht leisten. Die Traces müssen auch verbindungsspezifisch schaltbar sein. Dies läßt sich so realisieren: ein Administrationskommando bestimmt, daß ab sofort bei allen neu aufgebauten Verbindungen Traces mitlaufen. Die bis dahin bestehenden Verbindungen laufen ohne Traces weiter. Ist der Trace für die gewünschte Verbindung eingeschaltet, wird durch ein weiteres Kommando diese Bereitschaft, neue Verbindungen zu "tracen", wieder ausgeschaltet.

c) ausgeschaltete Traces dürfen keinen Performanceverlust bringen

Einerseits soll der Trace im Bedarfsfall durch ein Kommando einschaltbar sein, andererseits soll diese Bereitschaft im Normalbetrieb möglichst keine zusätzlichen Pfadlängen bedeuten.

d) Trotz der Verfügbarkeit vieler einzelner Tracepunkte soll die Administration der Traces einfach sein.

e) Die Auswertroutine für die Traces soll maschinenunabhängig sein.

Aus diesen Anforderungen ergaben sich Konstruktionsmerkmale, die im folgenden erläutert werden.

a) Zentrale Bit-Leiste zum Schalten der Traces

Diese zentrale Bit-Leiste liegt im common-memory, damit aus allen Routinen direkt darauf zugegriffen werden kann. Während sonst ja möglichst alle Systemfunktionen über Call-Schnittstellen zur Verfügung gestellt werden sollten, ist in diesem Falle eine solche Datenschnittstelle sinnvoll. Hauptgrund ist das Performanceargument. Die Verfügbarkeit einer großen Anzahl von möglichen Traces bedingt, daß die Abfrage, ob ein Trace eingeschaltet ist, mit einer minimalen Anzahl von Maschinenbefehlen durchgeführt werden muß. Aus diesem Grund wurde ein Satz von Makros zur Verfügung gestellt, der in der Schreibweise einer Funktion ein hochperformantes in-line-coding für diese Abfragen absetzt. Vergleichbar ist dieses Verfahren vielleicht mit den Makros getc, putc, die ja ebenfalls im Gewande einer Funktion aus Performancegründen in-line-coding absetzen.

b) Die Forderung nach geringem Speicherverbrauch bedingt, daß eine Vielzahl verschiedener Traceformate geschrieben werden kann, die einer Dekodierroutine bedürfen, damit der Trace zum Schluß wieder interpretierbar wird. Das Verfahren wurde eingangs mit den drei Schritten dargelegt. Das Schreiben der kompakten Traces erfolgt im zweiten Schritt, die Aufbereitung in die lesbare Form im dritten Schritt.

Damit die Erzeugung dieser Traceformate für den Implementierer nicht zu aufwendig wird, wurde eine Funktion zur Verfügung gestellt, die etwas der Standardfunktion printf ähnelt. Wie bei printf wird eine Formatbeschreibung der Ausgabe erwartet. In Abweichung vom Verfahren dort wird aber kein Zeichenstring in abdruckbarer Form zur Formatsteuerung sondern ein kompaktes Datenarray verwendet. Damit kann mit ähnlichem Komfort wie bei printf ein Trace geschrieben werden.

c) Die Administration der Bit-Leiste zum Schalten der individuellen Traces erfolgt in einfacher Weise durch die Definition von Trace-Profilen. Ein Trace-Profil bedeutet eine bestimmte Auswahl von Tracepunkten, die gemeinsam ein- bzw. ausgeschaltet werden können. So können z.B. nur Ereignisse, die dem Verbindungsauf- oder -abbau betreffen, getraced werden.

d) Damit einerseits der Komponententest auf verschiedener Hardware stattfinden kann und andererseits die Auswertroutinen der Traces auf verschiedener Hardware ablaufen können, wird der Traceoutput maschinenunabhängig erzeugt, d.h. es wird z.B. bei der Ausgabe von Integerwerten eine feste Byteorder verwendet.

Resumee

Das Vorgehen bei der Implementierung war geprägt durch paralleles Vorantreiben der Funktionsteile und des Testrahmens. Kleinere Funktionskomplexe wurden sofort in den Testrahmen eingepaßt und zunächst isoliert getestet. Die Tracepunkte und die entsprechenden Testsequenzen bleiben aber erhalten und können zur späteren Diagnose und für Regressionstests weiterverwendet werden.

Dadurch wurde der Großteil der Fehler bereits in einem sehr frühen Stadium des Entwicklungsprozesses gefunden. Durch die früh hergestellte Nähe zur endgültigen Funktion konnten auch Strukturverbesserungen (teilweise Reimplementierungen einzelner Komplexe) aus den Komponententsterfahrungen abgeleitet werden. Daraus ergibt sich aber auch, daß es schwer ist, konkrete Fehlerzahlen aus diesem Teil des Entwicklungsprozesses zu nennen. Nach Übergabe der Implementierung an die Qualitätssicherung, die den Conformancetest durchführte, wurden nur noch zehn Fehler gefunden. Beim Zusammenspiel mit Fremdsystemen ergaben sich noch einige weitere Probleme aus interpretationsfähigen Passagen der zugrundeliegenden Normen

Zusammenfassend kann man sagen, daß durch die differenzierten Eingriffsmöglichkeiten des Komponententestrahmens die Gesamtfunktionalität der Protokollschicht in kleinen und damit übersichtlicheren Tests und auch vermutlich vollständiger gesichert werden kann als durch den Systemtest alleine.

Der begleitend zur Entwicklung dafür betriebene Aufwand hat sich unserer Meinung nach damit bezahlt gemacht.

Verteilte DV-Versorgung für Forschung und Lehre

E. Jessen

Verein zur Förderung eines Deutschen Forschungsnetzes (DFN)
TU München

Zusammenfassung

Stand und Tendenzen der verteilten DV-Versorgung deutscher Wissenschaftseinrichtungen werden beschrieben. Die Anforderungen an Datenkommunikation führen zu zwei überregionalen Netzprojekten: Ein Netz
mittlerer Geschwindigkeit (bis 64 Kb/s) und ein Breitbandnetz, beide
auf der Basis von X.25. Es zeichnet sich eine Synergie zwischen
neuen Kommunikationsanforderungen der Wissenschaft und den langfristigen Interessen der Netzanbieter ab.

Summary

Status and trends of distributed DP in German science are described.
The requirements for data communication give rise to two nationwide
network projects: a medium speed network (up to 64 kbps) and a high
speed network, both based on X.25. A synergism between the communication requirements of science and long term interests of the network
providers becomes visible.

Situation in der Bundesrepublik Deutschland

In der Bundesrepublik Deutschland besteht ein polyzentrisches Wissen-
schaftssystem. Es gibt etwa 400 Wissenschaftseinrichtungen, davon
knapp 80 Universitäten, über 200 Fachhochschulen, kirchliche Hochschulen, pädagogische Hochschulen und Kunsthochschulen. Die Großforschungseinrichtungen des Bundes unterhalten Institute an etwa 20
Standorten. Die Max-Planck-Gesellschaft und die Fraunhofer-Gesell-
schaft betreiben 60 bzw. 34 Institute. Dazu kommen zahlreiche weitere
Forschungseinrichtungen, unter anderem die der Industrie und der
Bundesbehörden. Allein an den Hochschulen arbeiten etwa 90.000 Personen an wissenschaftlichen und künstlerischen Aufgaben. Diese Zahl
wächst noch einmal um die Hälfte, wenn man die Forschungseinrichtungen
außerhalb der Hochschulen hinzu nimmt. An den Hochschulen studieren
insgesamt 1,5 Millionen Studenten.
Ein wichtiger Teil der genannten Wissenschaftler benutzt heute schon
Rechner in seiner täglichen Arbeit. Nach den Empfehlungen des Wissen-
schaftsrates werden sich Arbeitsplatzrechner als Instrumente der
täglichen Arbeit stark verbreiten. In vielen Fächern werden die Studenten eigene Rechner benutzen. Nur für einfache Anwendungen werden die
Rechner isoliert arbeiten. Wie vielerorts schon der Fall, werden
lokale Hochgeschwindigkeitsnetze die Arbeitsstätten der Wissenschaftler durchziehen und ihre Rechner mit denen anderer und mit
Spezialrechnern verbinden.
In Vorbereitung des Aufbaus eines kostengünstigen Sondernetzes für die
Wissenschaft in Deutschland hat der DFN-Verein im Juli 1988 eine Umfrage zur Benutzung der Datenkommunikation gemacht, die zu einem
Bild, wie in Abb. 1 dargestellt, führt. Hier ist nur die Kommunikation
unter Benutzung von öffentlichen Leitungen (Deutsche Bundespost) dargestellt. Das Bild der Datenströme ist übrigens stark durch den
internen Verkehr weniger Großforschungseinrichtungen bestimmt.

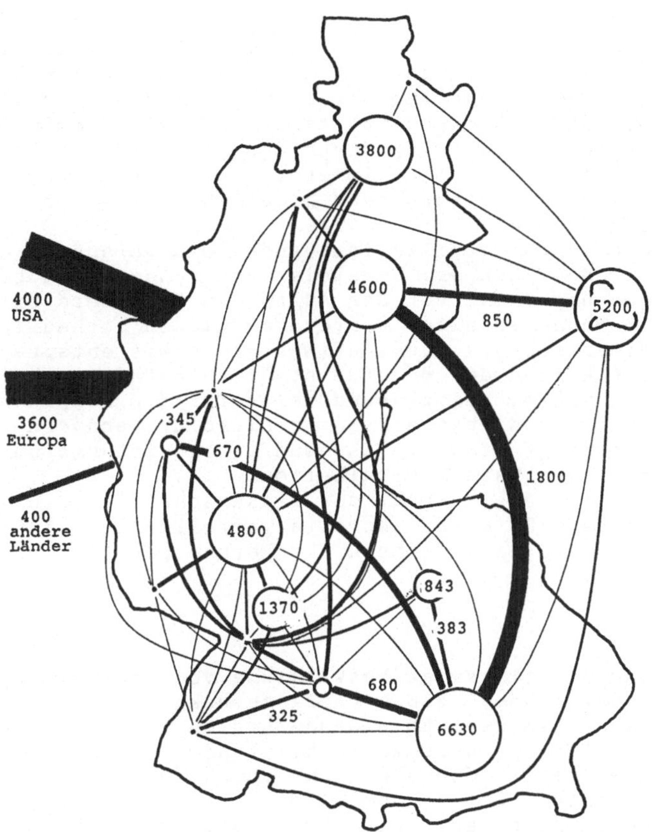

Abb. 1: Datenverkehr (MB/Monat) der öffentlich finanzierten Wissenschaftseinrichtungen unter Benutzung von Übertragungskanälen der
Deutschen Bundespost. Die Wissenschaftseinrichtungen sind zur Darstellung regional zusammengefaßt. Regionaler Verkehr ist durch die
Fläche der Kreisscheiben repräsentiert, interregionaler durch die
Stärke der Verbindungslinien: ———— : ≥ 5 MB/m, ▬▬▬ : ≥ 50 MB/m,
▬▬▬▬ : ≥ 100 MB/m. Werte über 200 MB/m sind explizit angegeben.

Tendenzen der Benutzung

Heute setzen etwa 20.000 Wissenschaftler Datenkommunikation bei ihrer
Arbeit ein. Aufgrund einer fächerspezifischen Prognose läßt sich
schätzen, daß sich diese Zahl bis Mitte des kommenden Jahrzehnts etwa
verfünffacht hat. Es sind im wesentlichen die folgenden Ursachen, die
diese Entwicklung vorantreiben.
Unterlagen aller Art entstehen heute bereits auf Rechnern. Sie können
auf Rechnern gespeichert werden und werden in schnell wachsendem Umfang über Rechner ausgetauscht werden. Damit wird die rechnergestützte
Kommunikation zwischen Personen und zwischen Personen und Rechnern
der Normalfall der schriftlichen Kommunikation.

Hochleistungsrechner, aufwendige Programmsysteme und umfangreiche
Datenbanken können nicht überall betrieben werden. Das ist nicht
nur eine Frage der Investitionen, sondern in wachsendem Umfang
eine Folge der begrenzten Verfügbarkeit von Spezialisten. Bereits
heute wird verbreitet in den Wissenschaftseinrichtungen die Forderung
erhoben, daß es keine Benachteiligung durch den Standort der Einrichtung geben darf. Dieses wird eine immer allgemeiner akzeptierte
Auffassung sein und zu einer entsprechend großen Nachfrage an
Kommunikationsdiensten führen.
Drei technische Entwicklungen greifen ineinander und verändern weitgehend das Umgehen mit dem Rechner: Hochleistungsrechner erlauben es,
Vorgänge zu generieren und diese vor den Augen den Benutzers bildlich
ablaufen zu lassen; moderne Arbeitsplatzrechner bieten hochauflösende
Farbbildschirme zu einem schnell rückläufigen Preis mit entsprechenden Interaktionsmöglichkeiten des Benutzers; die Glasfasertechnik
bietet die erforderliche Übertragungsbandbreite für die Kopplung
von Hochleistungsrechnern und abgesetzten Arbeitsplatzrechnern. Die
neue Arbeitstechnik verlangt etwa die tausendfache Leistungsfähigkeit
gegenüber der herkömmlichen Datenkommunikation.
Möglicherweise wächst die Bereitschaft der Wissenschaftler, in verteilten Teams zu arbeiten. Es werden bereits verteilte Institute gegründet, deren Erfolg diese neue Technik der Fernkooperation vor-
aussetzt.

<u>Wirtschaftlichkeit</u>

Etwas vereinfacht, war die bisherige Entwicklung von Kommunikationssystemen dadurch gekennzeichnet, daß schnell zurückgehenden Kosten
für die Rechnerhardware etwa gleichbleibende Kosten für Übertragung
und ansteigende Kosten für Software gegenüberstanden. Deregulierung
und Glasfasertechnik werden in den nächsten Jahren zu einem Rückgang der Übertragungskosten führen, der mindestens so groß wie der
der Kosten für die Rechnerhardware ist. Daraus darf man nicht folgern,
daß wir vor rückläufigen Kommunikationsbudgets stehen. Vielmehr werden
die neuen Nutzungsformen überhaupt erst durch den Rückgang der Kosten
je übertragenem Bit wirtschaftlich akzeptabel. Dabei wird zunächst
die durch Hochleistungsanwendungen geforderte Bandbreite die
Übertragungswege bestimmen. Sind diese verfügbar, so wird eine
zusätzliche Last durch bisher nicht über Netze abgewickelte Transporte
durch Massenkonjunktur die Wirtschaftlichkeit herstellen; hierzu gehört
z.B. die Softwaredistribution und die Massenübertragung von Experiment-
daten.

<u>Beginnende Entwicklungen</u>

In Zusammenarbeit mit der Deutschen Bundespost treibt das Deutsche
Forschungsnetz augenblicklich zwei zeitlich versetzte Entwicklungen
voran: den Aufbau eines speziellen X.25-Wissenschaftsnetzes und die
Planung einer dazu konsistenten Breitbandinfrastruktur.
Das X.25-Wissenschaftsnetz wird mit Übertragungsraten von 2,4, 9,6
und 64 Kb/s zu festen Anschlußkosten angeboten werden. Die Kosten sind
im Mittel erheblich günstiger als bei der Benutzung von Datex-P und
werden in aller Regel auch den Aufbau von eigenen Netzen der Wissen-
Wissenschaftseinrichtungen aus Festverbindungen unattraktiv machen. Damit besteht für die Wissenschaft in Deutschland die Chance, eine übergreifende Informationsinfrastruktur hoher Leistung zu erträglichen Kosten
aufzubauen. Das Netz soll seinen Betrieb noch 1989 aufnehmen. In
Vorbereitung dieses Schrittes werden zugleich die eigentümlichen
Nachteile der vielen in den Nahbereichen gestreuten Wissenschafts-

einrichtungen ausgeglichen werden.
Zugleich beginnt der Aufbau eines Breitbandnetzes. Vor genau
einem Jahr ist hier in Stuttgart demonstriert worden, wie man,
gestützt auf Entwicklungen an der Universität Stuttgart, den Fern-
anschluß eines graphisch interaktiven Arbeitsplatzrechners an einen
Hochleistungsrechner realisieren kann, der Bildfolgen auf dem Arbeitsplatzrechner ausgibt. Unter Rückgriff auf die Stuttgarter
Konzepte entstanden im Frühjahr 1988 mehrere Landeskonzepte für
den Aufbau von Breitbandnetzen, insbesondere in Baden-Württemberg,
in Bayern und in Nordrhein-Westfalen. Angesichts dieser und weiterer
Projekte für die Pilotnutzung von Breitbandleitungen forderte die
Deutsche Bundespost die Wissenschaftseinrichtungen auf, im DFN ein abge-
stimmtes Konzept zu erarbeiten. Im Sommer und Herbst 1988 entstand
dieses Konzept. Es sieht den Aufbau eines über die Bundesrepublik
ausgebreiteten Backbone-Netzes aus 140 Mb/s-Strecken vor unter
Verwendung des Netzzugangsprotokolls nach X.25. Im Netz können verschiedene Vermittlungstechniken verwendet werden: Ethernet oder
Token Ring als Vermittlungsknoten, später weitere Vermittlungstechniken. Das bundesweite Backbone-Netz wird vorrangig aufgebaut und
sichert die überregionale Kommunikation unabhängig vom Gang der
Realisierung der regionalen Subnetze in den einzelnen Bundesländern.

Wissenschaft und Kommunikation

Die Wissenschaft entwickelt neuartige Werkzeuge. In allen Dimensionen
der Entwicklung des elektronischen Rechnens hat sie dieses in den
letzten Jahrzehnten bewiesen. An den Hochschulen prägen die neuen
Arbeitstechniken die heranwachsende Generation.
Die Wissenschaft braucht Zugang zu der neuen Kommunikationstechnik,
und diese braucht die Entwicklung neuer Nutzungsformen und die
Heranführung der kommenden Benutzer. Die Wissenschaft und die Anbie-
ter von Kommunikationsdienstleistungen müssen erkennen, daß sie in
einer Symbiose leben. Alles spricht dafür, daß dieses Bewußtsein auf
beiden Seiten schnell wächst.
Zu den bisherigen Tarifen kann die Datenkommunikation in der deutschen
Wissenschaft nicht expandieren, und die Innovation tritt nicht ein.
Der Aufbau von Breitbandkommunikation und damit die Entwicklung von
umwälzend neuartigen Kommunikationsformen, ist ausgeschlossen zu den
bisherigen Tarifen. Vieles spricht dafür, daß die nächsten Monate hier
Entscheidungen bringen werden, die für Breitbandpilotprojekte sehr be-
friedigend sein werden.
Die Gegenleistung in dieser Symbiose muß die Innovation sein. Die
Wissenschaft ist daher aufgerufen, neue Kommunikationsformen zu kon-
zipieren, zu erproben und zu wertvollen Instrumenten einer kommenden
Arbeitswelt zu machen.

Literatur

Kommission für Rechenanlagen der Deutschen Forschungsgemeinschaft:
Netzmemorandum - Notwendigkeiten und Kosten der modernen Telekommuni-
kationstechnik im Hochschulbereich, Bonn 1987

Verein zur Förderung eines Deutschen Forschungsnetzes/Kultusminister-
konferenz: Datenkommunikation in Lehre und Forschung - Bedarf der
Wissenschaft und Anforderungen an die Deutsche Bundespost (erscheint
demnächst)

Wilhelm, M.: X.25-Netz für die Wissenschaft, DFN-Mitteilungen, Heft
13/14 (Dezember 1988), S. 17-18